KB014437

주역

단·상·문언전

주역 단·상·문언전

초판 1쇄 인쇄 2019년 5월 24일
초판 1쇄 발행 2019년 5월 31일

지은이 김상섭
펴낸이 신동렬
책임편집 신철호
외주디자인 아베끄
편 집 현상철·구남희
마케팅 박정수·김지현

펴낸곳 성균관대학교 출판부
등록 1975년 5월 21일 제1975-9호
주소 03063 서울특별시 종로구 성균관로 25-2
대표전화 02)760-1252~4
팩시밀리 02)762-7452
홈페이지 press.skku.edu

ISBN 979-11-5550-331-7 93150

주역

단·상·문언전

周易

彖·象·文言傳

김상섭 지음

성균관대학교
출 판 부

大亨以正, 天之道也.

임臨「단」에서

■ 책머리에

1.1

필자는 『내 눈으로 읽은 주역: 역전편』 상하권 원고를 2010년 3월 초에, 『역전해설』은 마무리 작업을 하여 7월 초에 출판사로 보냈다. 출판사는 2차례 수정을 거치는 등 꾸준히 준비하여 이 해 11월 말에 상권부터 차례로 출판할 계획이었다. 그러나 출판을 바로 눈앞에 두고 심각한 경제적 문제에 봉착하게 되어 출판은 기약 없이 연기되었다.

1.2

필자는 하염없이 기다림의 세월을 보내야 했다. 출판사는 어려운 형편 속에서도 끝내 약속을 지켰다. 2011년 6월 말에 『역전편』 상권이, 11월 말에 하권이, 『역전해설』은 2012년 8월 중순에 세상에 나왔다. 출판사에 원고를 넘겨주고 2년 6개월이 지나서야 3권 모두 세상에 나온 것이다. 책을 쓰는 데 3년, 출판하는 데 2년 반의 세월이 걸렸다. 산통은 길었고 산고는 깊었다.

2.1

이 3권의 책은 필자가 『주역』을 한 번도 강의해 보지 못하고 썼다. 출판사에 원고를 넘겨주고 지금까지 3차례 강의하였다. 교재는 『주역』 원문만 수록된 책을 복사하여 사용하였다. 창녕 성씨 고택에서의 처음 강의는 수강하시는 분들이 연세가 많고 대체로 한학에 조예가 깊은 분들이었으므로 이것을 감안하여 '이전해경以傳解經'의 방식으로 강의하였다. 즉 한 괘를 읽으면서, 괘사 → 「단」 → 「대상」 → 효사 → 「소상」의 순으로 강독하였다. "「단」은 괘사를 이러이러하게 해석하였다", "「상」은 효사를 이러이러하게 해석하였다"는 방식으로 강의하였다.

2.2

성균관대 유학대학원에서 2차례 강의하면서 처음과 달리 『경』과 『전』을 분리하여, '이경해경以經解經', '이전해전以傳解傳'의 방식으로 강의하였다. 즉 한 괘를 읽으면서, 괘사 → 효사 → 「단」 → 「상」의 순으로 육십사괘를 읽은 후, 「계사」 → 「문언」 → 「설괘」→「서괘」→「잡괘」의 순으로 강독하였다. "괘사의 본뜻은 이러이러하나 「단」은 이러이러하게 해석하였다", "효사의 본뜻은 이러이러하나 「상」은 이러이러하게 해석하였다"는 방식으로 강의하였다.

3.1

세 번째 강의할 때, 필자가 그동안 전혀 모르고 있었던 것들이 눈에 들어오기 시작하였다. 대수롭지 않게 지나쳤던 것들, 별 생각 없이 넘어갔던 것들이 의미심장하게 다가왔다. "지금까지 나는 『주역』에 대해 아무것도 모르면서 혼자 도취해 있었구나" 하는 생각이 들었다. 후인이 원문을 뜯어고친 것, 원문의 일부가 떨어져 나간 것, 원문이 잘못 쓰인 것, 운을 맞추기 위해 글자를 바꾸거나 도치하거나 아예 구절 자체를 바꾼 것, 지은 사람이 실수한 것 등등이 필자의 눈에 다 들어왔다. 세 번째 강의하면서 필자는 「단」과 「상」과 「문언」을 지은 사람들이 이것을 지으면서 고심했을 심리적 상태까지 짐작할 수 있게 되었다.

3.2

간단히 예를 들면, ① 건乾 「단」의 '대재건원大哉乾元'은 본래 '대재건호大哉乾乎'로 되어 있었는데, 「단」의 체례를 잘 이해하지 못한 한대 유생이 「문언」을 따라 '호乎'자를 지우고 '원元'자를 삽입하였고, ② 곤坤 「단」의 '내순승천乃順承天'은 본래 '내통지乃統地'로 써야 할 것을 운을 맞추기 위해 의도적으로 바꾼 것이다. ③ 무망无妄 「단」의 '无妄之往, 何之矣'는 '有妄之往, 何之矣'를 잘못 쓴 것이고, ④ 승升 「단」의 '柔以時升'은 본래 '升, 上也. 柔以時升, 故升.'으로 되어 있었는데, 원문이 떨어져 나갔다. ⑤ 건乾 九三 「상」의 '終日乾乾, 反復道也'는 '終日乾乾, 以脩身也'로 하는 것이 바른데 운을 맞추기 위해 의도적으로 '도道'자를 넣고 그 앞에 '반복反復'을 갖다 붙였고, ⑥ 명이明夷 六二 「상」의 '六二之吉, 順以則也'는 '六二之吉, 以中正也'로 하는 것이 바르나 운을 맞추기 위해 구절 자체를 바꾼 것이다. ⑦ 명이明夷 六四 「상」의 '入于左復, 獲心意也'는 '入于左復, 心意獲也'로 해야 운이 맞는데, 「상」을 지은 사람이 실수하여 글자를 도치하지 않았고, ⑧ 건 「문언」의 '先天而天弗違, 後天而奉天時'에서 '천시天時'는 '천명天命'으로 하는 것이 바르나 운을 맞추기 위해 의도적으로 글자를 바꾼 것이다.

3.3

필자가 예로 든 것은 실로 빙산의 일각이다. 세 번째 강의하면서 『주역』 원문의 잘못된 것들이 이렇게 필자의 눈에 다 들어왔다. 필자에게 『주역』은 손바닥만큼이나 작아졌으며, 손바닥을 들여다보는 것처럼 환하게 들여다볼 수 있게 되었다. 이렇게 되니 「단」과 「상」은 전국 후기 제나라 직하의 동일한 제나라 유생의 작품이고, 「문언」은 노나라 유생의 작품이며, 「단」의 19조의 변괘의 내용은 한대 상수역의 괘변설에 결정적인 영향을 끼쳤다는 사실을 깨닫게 되었다. 전한 맹희의 십이소식괘, 경방의 팔궁괘, 위나라 왕필의 주효설 등등은 모두 「단」에서 나왔다. 필자는 이 책에서 세 번째 강의하면서 깨달았던 내용들을 하나 빠짐없이 기술하였고, 『주역』 원문의 잘못된 부분들을 모두 바로잡았다.

4.1

임臨 「단」에 '大亨以正, 天之道也'라고 하였다. "크게 형통하고 바른 것이 하늘의 도이다"라는 말이다. 이것은 「계사」 하·1장의 '天下之動, 貞夫一者也', 『예기』 「중용」의 '誠者, 天之道也. 誠之者, 人之道也'와 같은 말이다. 「단」의 '정正'(바름)은 「계사」의 '정貞'이며 「중용」의 '성誠'(참됨)이다. 바름이 곧 참됨이다(大正至誠). 우주 만물은 고립되고 단절된 것이 아니라 모두 크게 소통하는(大亨) '큰 하나(大一統)'의 조화로운 생명체요, 이에 바르고 참된 것이 우주의 운행이고 자연의 이법이다. 인간은 이 거대한 '큰 하나'의 조화로움 속에서 바르고(正) 참되게(誠) 살아가는 것이 인간이 걸어가야 할 길이다. 바르지 않으면(有妄之往) 무엇을 할 수 있겠는가(何之矣)? 하늘이 도와주지 않는데(天命不祐) 살아갈 수 있겠는가(行矣哉)? 바르고 참된 것만이 이 '큰 하나' 속에서 티끌만한 존재에 불과한 인간이 영구히 생존할 수 있는 유일한 길이요, 자연과 더불어 하나가 될 수 있는 단 하나의 통로이다. 순응하는 자는 있게 되고 거스르는 자는 없어진다. 「단」의 이 한마디는 이것을 지은 사람의 사고의 스케일을 짐작하게 한다. 필자는 이 부분을 강의하면서 너무나 감동하여 한동안 말을 잇지 못하였다. 필자는 이래서 『주역』을 떠나지 못한다.

4.2

필자가 이 책에서 추구하고자 한 것은 '분석'이다. 문자를 분석하고 개념을 분석하고 구절을 분석하고 문장을 분석하는 것이다. 오로지 '분석'에 치중하여 필자 나름의 '분석역전分析易傳'이라는 학문의 틀을 세우고자 시도하였다. 이 책은 '완성'이 아니라 '과정'이다. 필자는 여전히 『주역』을 연구하는 과정에 있다. 아직 알지 못하고 미처 깨닫지 못한 부분도 많이 있을 것이다. 앞으로 끊임없이 발전할 것이며, 10여 년 뒤에는 더욱 훌륭한 책으로 열매를 맺을 수 있을 것이다.

4.3

이 책의 출판을 위해 힘써 주신 성균관대학교 출판부의 여러 선생님들을 비롯하여 도움을 주신 모든 분들에게 깊이 감사드린다.

2019년 2월 1일
달서 파산巴山 마을에서 김상섭 씀

■ 일러두기

1. 이 책에서 원문은 『십삼경주소』 왕필 본을 대본으로 하여 정리하였다. 왕필 본은 전한의 비직費直 본이 바탕이며, 비직 본은 춘추전국 시대 이래로 대전大篆으로 쓰인 고문역이다.
2. 괘효사의 구두점은 「단」과 「상」의 해석에 의거하여 찍었다.
3. 「단」과 「상」과 「문언」의 구두점은 필자의 이해에 근거하여 직접 찍었다.
4. 「단」을 해석하면서, 각 괘마다 ①먼저 괘사를 해석하고, ②그다음 「단」의 원문을 기록하고 직역하였으며, ③그다음 그 문장을 철저히 분석하였고, ④그다음 운을 정리하였으며, ⑤마지막으로 한 구절 한 글자씩 파헤쳤다.
5. 「상」을 해석하면서, 각 괘마다 ①먼저 「대상」을 설명하고, ②그다음 효사를 해석하고, ③그다음 「소상」의 원문을 기록하고 직역하였으며, ④그다음 원문을 한 구절 한 글자씩 설명하였고, ⑤마지막에 운을 정리하였다.
6. 「문언」은 각 단락마다, ①먼저 원문을 기록하고 직역하였고, ②그다음 그 문장을 철저히 분석하였으며, ③그다음 운을 정리하고, ④마지막으로 한 구절 한 글자씩 파헤쳤다.
7. 괘사의 우리글 해석은 「단」에, 효사의 우리글 해석은 「상」에 의거한 것이다.
8. 「단」은 이것을 지은 사람이 자신의 괘사에 대한 이해를 기록한 것이며, 「상」은 이것을 지은 사람이 자신의 효사에 대한 이해를 기록한 것이다. 따라서 이 책에서 괘효사의 해석은 「단」과 「상」을 지은 사람의 해석일 뿐이며, 3천여 년 전에 쓰인 괘효사의 해석과는 관련이 없다.
9. 한 구절 한 글자를 해석하면서 철저하게 '분석'에 치중하였다.
10. 운을 말하면서, 먼저 필자가 정리한 운을 기록하고, 이어 유백민劉百閔(1898~1969)과 스즈키(鈴木由次郎: 1901~1976)의 운을 소개하였다. 세 사람의 원문에 대한 이해가 다르니 운이 다른 부분이 종종 있다.
11. 「단」과 「상」은 운을 가장 중시하였다. 운에 맞추어 문장을 지었기 때문에 운을 모르면서 「단」과 「상」을 바로 이해한다는 것은 불가능하다. 독자들은 반드시 운을 잘 이해해야 한다.
12. 이 책에서 『설문해자』는 『설문』으로, 『주역집해』는 『집해』로, 『경전석문』은 『석문』으로, 『백서주역』은 『백서』로 요약하여 기술하였다.
13. 이 책은 필자의 『내 눈으로 읽은 주역: 역전편』 상권을 저본으로 하였다. 참고 문헌 및 저자들에 대한 소개는 하권에 모두 정리되어 있으므로 여기에서는 생략하였다.

■ 목차

하

상象

상

하

문언文言

단

彖

가. '단彖'의 뜻

「단」은 육십사괘의 괘명과 괘사를 해석한 것이다. '단彖'은 단사彖辭이며, '단사'는 곧 괘사이다. 「계사」에 '단'이 모두 4곳 기록되어 있는데, 한 곳을 제외한 나머지 3곳은 모두 괘사를 가리킨다. 「계사」 하·3장에 '彖者, 材也'라고 하였는데, '재材'는 '재裁'로 읽으며, 판단하다는 뜻의 단斷이다. "괘사는 한 괘의 뜻을 판단한 것"이라는 말이다. 한강백은 "'단'은 한 괘의 뜻을 총괄한 것(彖, 總一卦之義也)", 공영달은 "단사는 한 괘의 뜻을 총괄하여 말한 것이다. 혹은 괘의 덕을, 혹은 괘의 뜻을, 혹은 괘의 이름을 말하였다.……「단」은 단정한다는 뜻이다. 한 괘의 뜻을 단정하므로 그래서 이름이 '단'이다(夫子所作彖辭, 統論一卦之義, 或說其卦之德, 或說其卦之義, 或說其卦之名.……彖, 斷也. 斷定一卦之義, 所以名爲彖也)", 『석문』에 육덕명은 "'단'은 토吐와 난亂의 반절이다. 단정한다는 뜻이다(彖, 吐亂反. 斷也)", 『집해』에 이정조는 유환劉瓛의 말을 인용하여 "'단'은 단정한다는 뜻이다. 한 괘의 뜻을 단정한 것이다(彖者, 斷也. 斷一卦之才也)"라고 하였다. 이들은 '단彖'을 '단斷'으로 새겼는데 판단하다, 단정하다는 뜻이며, 한 괘의 뜻을 판단한 것이라는 말이다. 「단」은 괘명과 괘사의 뜻을 단정한 것이다.

「단」이라는 편명은 「단」을 지은 사람이 붙인 것이다. 필자의 『천하제일의 명문 주역 계사전』 750-751쪽을 참고하라.

나. 「단」의 구조

「단」의 구조는 먼저 괘명을 해석하고, 그다음 괘사를 해석하고, 마지막으로 괘의를 말한 순서로 되어 있다. 각 괘의 「단」은 이 3가지 내용으로 구성되어 있다. 31번 함咸 「단」을 가지고 예를 들겠다.

䷞ 咸, 亨, 利貞, 取女吉.

함은 형통하고, 바르게 하여 이롭고, 장가들면 길하다.

彖曰 咸, 感也. 柔上而剛下, 二氣感應以相與. 止而說, 男下女, 是以'亨', '利貞', 取女吉'也. 天地感而萬物化生, 聖人感人心而天下和平. 觀其所感, 而天地萬物之情可見矣.

함은 감응한다는 뜻이다. 유가 위에 강은 아래에 있어, 두 기가 감응하여 함께 있다. 멈추어 기뻐하며, 남자가 여자의 아래에 있으니, 그래서 '형통하고', '바르게 하여 이롭고', '장가들면 길하다'고 한 것이다. 천지가 감응하니 만물이 태어나 자라난다. 성인이 사람의 마음을 감화하니 천하가 평화롭다. 그 감응하는 바를 보고 천지 만물의 정황을 알 수 있다.

함「단」은 3단락으로 구성되어 있다. 첫째 단락은 '咸, 感也. 柔上而剛下, 二氣感應以相與.'이며, 괘명을 해석하였다. 둘째 단락은 '止而說, 男下女, 是以亨, 利貞, 取女吉也.'이며, 괘사를 해석하였다. 셋째 단락은 '天地感而萬物化生, 聖人感人心而天下和平. 觀其所感, 而天地萬物之情可見矣.'이며, 괘의를 말하였다. 아래에 차례로 설명하겠다.

1. 괘명 해석

「단」은 괘명을 해석하면서 ①훈고 ②상수(괘체, 괘상, 괘덕) ③의리(괘의)를 가지고 해석하였다. 간단히 정리하면 다음과 같다.

(1) 훈고로 해석
(2) 상수로 해석……① 괘체로 해석……㉠괘 ㉡효 ㉢효위, 3가지를 가지고 해석.
② 괘상으로 해석
③ 괘덕으로 해석
(3) 의리로 해석……① 괘의로 해석

첫째 단락 '咸, 感也. 柔上而剛下, 二氣感應以相與.'를 가지고 설명하겠다.

① '咸, 感也'는 훈고 방식을 취하여 괘명을 해석한 것이다. '감感'은 괘명 함의 뜻을 해석한 것이다. 괘명이 '함咸'인 것은 '함'은 감응한다는 뜻의 감感이라는 말이다.

② '柔上而剛下'는 괘체를 가지고 괘명을 해석한 것이다. 효로 말하면, '유'는 꼭대기 음효, '강'은 셋째 양효를 가리킨다. 두 효는 음양이 서로 감응한다. 괘로 말하면 '유'는 윗괘 태兌(☱), '강'은 아랫괘 간艮(☶)을 가리킨다. 두 괘는 음양이 서로 감응한다. 이것은 괘체를 말한 것이다. 「단」은 괘체를 가지고 괘명을 해석하면서 ㉠괘 ㉡효

㉢ 효위, 3가지를 가지고 해석하였다. '柔上而剛下'는 괘 혹은 효를 가지고 해석한 것이다.

③ '二氣感應以相與'는 괘상을 가지고 괘명을 해석한 것이다. '이기二氣'는 유인 태와 강인 간, 즉 음양 두 기를 가리킨다. 태는 못이며 음이고, 간은 산이며 양이다. 「설괘」 제3장에 "산과 못은 기를 통한다(山澤通氣)"라고 하였다. 이것은 괘상을 말한 것이다.

「단」은 함의 괘명을 훈고, 괘체, 괘상, 3가지를 가지고 해석하였다. 함에서는 괘덕과 괘의는 말하지 않았다. 괘체와 괘상과 괘덕은 상수로 해석한 것이고, 괘의는 의리로 해석한 것이다.

2. 괘사 해석

「단」은 괘사를 해석하면서 상수와 의리, 2가지를 가지고 해석하였다. 간단히 정리하면 다음와 같다.

(1) 상수로 해석……① 괘체로 해석……㉠ 괘 ㉡ 효 ㉢ 효위, 3가지를 가지고 해석.
② 괘상으로 해석
③ 괘덕으로 해석
(2) 의리로 해석……① 유가로 해석
② 도가로 해석
③ 천도를 가지고 인사를 해석

둘째 단락 '止而說, 男下女, 是以亨, 利貞, 取女吉也.'를 가지고 설명하겠다.

① '지이열止而說'은 괘덕으로 괘사를 해석한 것이다. 함은 아랫괘가 간이고 윗괘는 태이다. 간은 멈춤(止)이고 태는 기뻐함(說)이다. 이것은 괘덕을 말한 것이다.

② '남하녀男下女'는 괘상으로 괘사를 해석한 것이다. 함의 윗괘인 태는 막내딸(少女)이고, 아랫괘인 간은 막내아들(少男)이다. 이것은 괘상을 말한 것이다.

'止而說'하고 '男下女'하니 그래서 '亨, 利貞, 取女吉也'하다는 것이다. 「단」은 함의 괘사를 상수로 해석하면서 괘덕과 괘상, 2가지를 취하여 해석하였다.

3. 괘의를 말함

「단」은 괘의를 말하면서 먼저 자연계를 들고 이어 인간계를 말하였다. ① '天地感而萬物化生'은 자연계를 든 것이고 ② '聖人感人心而天下和平'은 인간계를 든 것이다. 마지막 구절 '觀其所感, 而天地萬物之情可見矣'는 결어이다.

이상「단」의 구조에 대해 31번 함「단」을 예로 들어 대략적으로 설명하였다. 아래에서 괘명 해석, 괘사 해석, 괘의를 말함, 3가지를 차례로 기술하겠다.

다. 괘명 해석

「단」이 괘명을 해석한 방식은 ①훈고 ②상수(괘체, 괘상, 괘덕), ③의리(괘의), 3가지이다. 32번 항恒「단」을 예로 들어 설명하겠다.

䷟ 恒, 亨, 无咎, 利貞. 利有攸往.
항은 형통하고 허물이 없으며 바르게 하여 이롭다. 갈 곳이 있으면 이롭다.

彖曰 恒, 久也. 剛上而柔下, 雷風相與, 巽而動, 剛柔皆應, 恒.
항은 항구하다는 뜻이다. 강이 위에 유가 아래에 있어, 우레와 바람이 함께 있으며, 겸손하여 움직이고, 강유가 모두 응하는 것이 항이다.

항「단」에서 괘명을 해석한 부분만 인용하였다.

① '恒, 久也'는 훈고 방식을 취하여 괘명을 해석한 것이다. '구久'는 괘명 항恒의 뜻을 해석한 것이다. 괘명이 '항恒'인 것은 '항'은 항구하다는 뜻의 구久라는 말이다.

② '剛上而柔下'는 괘체를 가지고 괘명을 해석한 것이다. 효로 말하면, '강'은 넷째 양효 혹은 둘째 양효, '유'는 처음 음효를 가리킨다. 괘로 말하면, '강'은 윗괘 진震(☳), '유'는 아랫괘 손巽(☴)을 가리킨다. 이것은 괘체를 말한 것이다.「단」은 괘체를 가지고 괘명을 해석하면서 ㉠괘 ㉡효 ㉢효위, 3가지를 가지고 해석하였다. '剛上而柔下'는 괘 혹은 효를 가지고 해석한 것이다.

③ '雷風相與'는 괘상을 가지고 괘명을 해석한 것이다. 항은 윗괘가 진이고 아랫괘는 손이다. 진은 우레(雷)이고 손은 바람(風)이다. 이것은 괘상을 말한 것이다.

④ '巽而動'은 괘덕을 가지고 괘명을 해석한 것이다. 항의 윗괘인 진은 움직임(動)이고, 아랫괘인 손은 겸손함(巽)이다. 이것은 괘덕을 말한 것이다.

⑤ '剛柔皆應'은 괘체에서 효위를 가지고 괘명을 해석한 것이다. 항의 처음 음효와 넷째 양효, 둘째 양효와 다섯째 음효, 셋째 양효와 꼭대기 음효는 강유가 서로 응한다. 그래서 괘명이 '항恒'이라는 말이다.

항「단」은 괘명을 해석하면서 훈고, 괘체, 괘상, 괘덕을 가지고 해석하였다. 괘의는 말하지 않았다. 괘체와 괘상과 괘덕은 상수로 해석한 것이고, 괘의는 의리로 해석한 것이다. 아래에서 ①훈고 ②상수(괘체, 괘상, 괘덕) ③의리(괘의)를 차례대로 설명하겠다.

1. 훈고로 해석함

육십사괘「단」가운데 훈고 방식을 취하여 괘명을 해석한 것은 모두 16곳 있다.

① 수需「단」: 需, 須也. 수는 기다린다는 뜻이다.
② 사師「단」: 師, 衆也. 사는 무리이다.
③ 비比「단」: 比, 輔也. 비는 보필한다는 뜻이다.
④ 박剝「단」: 剝, 剝也. 박은 떨어져 나간다는 뜻이다.
⑤ 리離「단」: 離, 麗也. 리는 붙는다는 뜻이다.
⑥ 함咸「단」: 咸, 感也. 함은 감응한다는 뜻이다.
⑦ 항恒「단」: 恒, 久也. 항은 항구하다는 뜻이다.
⑧ 진晉「단」: 晉, 進也. 진은 나아간다는 뜻이다.
⑨ 건蹇「단」: 蹇, 難也. 건은 어렵다는 뜻이다.
⑩ 쾌夬「단」: 夬, 決也. 쾌는 결단한다는 뜻이다.
⑪ 구姤「단」: 姤, 遇也. 구는 만난다는 뜻이다.
⑫ 췌萃「단」: 萃, 聚也. 췌는 모인다는 뜻이다.
⑬ 간艮「단」: 艮, 止也 간은 멈춘다는 뜻이다.
⑭ 점漸「단」: 漸之進也. 점은 나아간다는 뜻이다.
⑮ 풍豐「단」: 豐, 大也. 풍은 크다는 뜻이다.
⑯ 태兌「단」: 兌, 說也. 태는 기뻐한다는 뜻이다.

이상 16곳 모두 인용하였다.「단」의 이러한 훈고 방식으로 괘명을 해석한 것은 한대 훈고학의 출현에 결정적인 영향을 끼쳤다.

2. 상수로 해석함

(1) 괘체를 가지고 해석함

'괘체卦體'란 괘 자체, 괘 전체라는 뜻이다. '괘체를 가지고 괘명을 해석하였다'는 것은 괘 그림 전체를 가지고 괘명을 해석하였다는 말이다. 괘는 위아래 세 효가 한 소성괘를 이루고, 여섯 효가 한 괘체를 이룬다. 따라서 한 괘는 ①윗괘(外卦)와 아랫괘(內卦)가 있고 ②여섯 효로 구성되며 ③여섯 효는 각각 자신의 자리(효위)가 있다. 따라서 「단」은 괘체를 가지고 괘명을 해석하면서 첫째, 괘를 가지고 말함. 둘째, 효를 가지고 말함. 셋째, 효위를 가지고 말함, 3가지를 가지고 해석하였다. 지금 각각의 예를 간략하게 들겠다.

첫째. 괘를 가지고 말함

① ䷊ 태泰「단」: 上下交而其志同也. 상하가 교합하여 그 뜻이 같은 것이다.

태의 괘체는 '상上'은 곤坤(☷)이고 '하下'는 건乾(☰)이다. 건은 임금이고 곤은 백성이다. 그런즉 태는 임금의 뜻이 백성에 이르고 백성의 뜻이 임금에 이르니, 임금과 백성이 서로 교합한다. 임금과 백성이 서로 교합하면 그 뜻이 서로 같게 된다. 그래서 "상하가 교합하여 그 뜻이 같다"고 한 것이다. '태'는 형통하다는 뜻이다.

② ䷐ 수隨「단」: 剛來而下柔. 강이 와서 유 아래에 있다.

수의 괘체는 아랫괘가 진震(☳)이고 윗괘는 태兌(☱)이다. 진은 양괘이고 강이며, 태는 음괘이고 유이다. 그런즉 수는 강이 유 아래에 있는 것이다. 강은 임금이고 유는 백성이다. 임금이 와서 백성 아래에 있다는 것이다. 임금이 백성 아래에 있으니, 천하 사람들이 모두 따른다. '수'는 따른다는 뜻이다.

③ ䷑ 고蠱「단」: 剛上而柔下. 강이 위에 있고 유가 아래에 있다.

고의 괘체는 윗괘가 간艮(☶)이고 아랫괘는 손巽(☴)이다. 간은 양괘이고 강이며, 손은 음괘이고 유이다. 그런즉 고는 강이 위에 있고 유가 아래에 있다. 임금이 위에 백성이 아래에 있으니 천하의 일이 이루어진다. '고'는 일(事)이라는 뜻이다.

이상 상하 두 괘를 가지고 괘명을 해석한 예이다.

둘째. 효를 가지고 말함

① ䷉ 이履「단」: 柔履剛也. 유가 강을 밟고 있다.

'유'는 셋째 음효를, '강'은 처음과 둘째 양효를 가리킨다. 셋째 음효는 처음과 둘째 양효 위에서 두 양을 밟고 있다. '이'는 밟는다는 뜻이다.

② ䷖ 박剝「단」: 柔變剛也. 유가 강을 변하게 하는 것이다.

박은 아래의 다섯 음효가 세력이 매우 강성하여 꼭대기의 미약한 한 양효를 떨쳐 내고 있다. 꼭대기의 한 양효는 장차 떨어져 나가는 상이니, 유가 강을 변하게 하므로 '유변강'이라고 하였다. '박'은 떨어져 나간다는 뜻이다.

③ ䷪ 쾌夬「단」: 剛決柔也. 강이 유를 결단하는 것이다.

'강'은 쾌의 아래 다섯 양효를, '유'는 꼭대기의 한 음을 가리킨다. 쾌는 다섯 양효가 아래에, 한 음효가 꼭대기에 있다. 그런즉 아래의 다섯 양의 세력이 위로 올라가 꼭대기의 한 음을 결단하는 상이다. '쾌'는 결단한다는 뜻이다.

이상 효를 가지고 괘명을 해석한 예이다.

셋째, 효위를 가지고 말함

① ䷈ 소축小畜「단」: 柔得位而上下應之, 曰小畜. 유가 바른 자리를 얻어 상하가 이에 응하니, 소축이라고 한다.

'유'는 넷째 음효를 가리킨다. '득위'는 음이 음의 자리에 있다는 것이다. '유득위'는 넷째 음효는 음이 음의 자리에 있어 바른 자리를 얻었다는 말이다. '상하'는 나머지 다섯 양효를 가리키며, '지之'는 넷째 음효를 가리킨다. '상하응지'는 위아래의 다섯 양효가 모두 넷째 음효와 응하고 있다는 말이다. 소축은 넷째 음효가 바른 자리를 얻어 위아래 다섯 양효가 이에 응하니, 음이 하나에 양이 다섯이다. 음은 적고 양은 많으니, 적은 것으로 많은 것을 축적하는(以小畜大) 상이다. 그래서 괘명이 '소축'이다.

② ䷓ 관觀「단」: 中正以觀天下, 觀. 중정하여 천하 사람을 살피는 것이 관이다.

'중정'은 다섯째 양효를 가리킨다. 다섯째 양효는 윗괘의 가운데 자리에 있고(中), 양이 양의 자리에 있다(正). 관은 양효(임금)가 윗자리에서 중정의 도를 지니고 여러 음(백성)을 살피는 것이다. 그래서 괘명이 '관'이다.

③ ䷟ 항恒「단」: 剛柔皆應, 恒. 강유가 모두 응하는 것이 항이다.

항의 처음 음효와 넷째 양효, 둘째 양효와 다섯째 음효, 셋째 양효와 꼭대기 음효는 강유가 서로 응한다. 항은 여섯 효가 '강유가 모두 응하는 것'이다. 천지 만물이 응하고 음양 강유가 응한다. 군신 상하가 응하고 부부 남녀가 응한다. 이것은 자연계와 인간계의 항구한 도이다. 그래서 괘명이 '항'이다.

이상 효위를 가지고 괘명을 해석한 예이다. 「단」의 효위설은 아래에 별도로 정리하였다.

여기까지 괘체를 가지고 괘명을 해석한 예를 ㉠괘 ㉡효 ㉢효위, 3가지를 들어 설명하였다.

(2) 괘상을 가지고 해석함

'괘상卦象'이란 팔괘가 상징하는 물상을 가리킨다. 「단」은 상하 괘의 상을 취하여 괘명을 해석하였다. 「단」은 괘상을 말하면서 먼저 윗괘를 들고 이어 아랫괘를 말하였다. 이것은 「단」의 통례이다. 예외로 3번 준屯, 21번 서합噬嗑, 36번 명이明夷, 48번 정井, 50번 정鼎, 다섯 괘만 아랫괘를 먼저 들고 이어 윗괘를 말하였다. 아래에 예를 들겠다.

① ䷃ 몽蒙「단」: 山下有險. 산 아래에 험난함이 있다.

몽은 윗괘가 간艮(☶)이고 아랫괘는 감坎(☵)이다. 간은 산山이고 감은 험險이다. 그런즉 몽의 괘상은 '산 아래에 험난함이 있는 것'이다. 산 아래에 험난함이 있으니, 어디로 가야 할지 알지 못한다. '몽'은 몽매하다는 뜻이다.

② ䷢ 진晉「단」: 明出地上. 해가 땅 위에 떠오른다.

'명明'은 해(日)이다. 진은 윗괘가 리離(☲)이고 아랫괘는 곤坤(☷)이다. 리는 해(日)이고 곤은 땅(地)이다. 진의 괘상은 '해가 땅 위에 떠오르는 것'이다. 해가 땅 위에 떠오르면 위로 나아간다. '진'은 나아간다는 뜻이다.

③ ䷣ 명이明夷「단」: 明入地中. 해가 땅 속으로 들어간다.

명이는 아랫괘가 리離(☲)이고 윗괘는 곤坤(☷)이다. 리는 해(日)이고 곤은 땅(地)이다. 명이의 괘상은 '해가 땅 속으로 들어가는 것'이다. 해가 땅 속으로 들어가면 어둡다. 현인은 어려운 때를 만나 은둔한다. '명이'는 밝음이 어두워진 것(晦其明)이라는 뜻이다.

「단」에서 취한 괘상을 모두 정리하면 다음과 같다.

건乾 … 강(剛), 하늘(天).

곤坤 … 땅(地).

진震 … 우레(雷).

손巽 … 바람(風), 나무(木).

감坎 … 비(雨), 험난함(險).

리離 … 해(日), 불(火), 번개(電), 둘째딸(中女).

간艮 … 산(山), 두터움(篤實).

태兌 … 못(澤), 물(水), 막내딸(少女).

「설괘」 제11장에 팔괘가 상징하는 많은 물상이 기록되어 있는데, 그 가운데 「단」이 취한 상은 극히 한정되어 있다. 이상 괘상을 가지고 괘명을 해석한 예를 들었다.

(3) 괘덕을 가지고 해석함

'괘덕卦德'이란 팔괘가 가지고 있는 성질을 가리킨다. 괘에 '덕德'이란 말을 사용한 것은 「단」에서 비롯되었다. 14번 대유大有 「단」에 "其德剛健而文明(그 덕은 강건하여 문명하다)", 26번 대축大畜 「단」에 "其德剛上而尙賢(그 덕은 강이 위에 있어 현인을 숭상한다)"이라고 하였는데, 그 괘가 지니고 있는 덕을 가리켜 말한 것이다. 「단」은 또 괘덕을 괘상이라고도 하였다. 23번 박剝 「단」에 "順而止之, 觀象也(유순하여 멈추는 것은 박의 상을 살피는 것이다)", 26번 대축 「단」에 "其德剛上而尙賢(그 덕은 강이 위에 있어 현인을 숭상한다)"이라고 한 것은 괘덕으로 괘상을 가리킨 예이다. 「단」은 괘덕을 말하면서 먼저 아랫괘를 들고 이어 윗괘를 말하였다. 이것은 「단」의 통례이다. 예외로 39번 건蹇만 먼저 윗괘를 들고 이어 아랫괘를 말하였다. 아래에 예를 들겠다.

① ䷃ 몽蒙 「단」: 險而止. 험난하여 멈춘다.

몽은 아랫괘가 감坎이고 윗괘는 간艮이다. 감은 험險이고 간은 멈춤(止)이다. 그런즉 몽은 '험난하여 멈추는 것'이다. 험난하여 멈추고 어디로 가야할 지 알지 못하니, 몽매하여 어둡다. 그래서 괘명이 '몽'이다.

② ䷏ 예豫「단」: 順以動. 유순하여 움직인다.

예는 아랫괘가 곤坤이고 윗괘는 진震이다. 곤은 유순함(順)이고 진은 움직임(動)이다. 예는 '유순하여 움직이는 것'이다. 유순하여 움직이니 즐겁다. 그래서 괘명이 '예'이다.

③ ䷼ 중부中孚「단」: 說而巽, 孚乃化邦也. 기뻐하여 겸손하니, 믿음은 곧 나라를 교화한다.

중부는 아랫괘가 태兌이고 윗괘는 손巽이다. 태는 기뻐함(悅)이고 손은 겸손함(巽)이다. 중부는 '기뻐하여 겸손함'이다. 임금이 기뻐하여 겸손하니, 믿음은 곧 나라를 교화한다는 말이다. '중부'는 믿음(信)이라는 뜻이다.

「단」에서 취한 괘덕을 모두 정리하면 다음과 같다.

건乾…강건함(剛健), 강건함(健).
곤坤…유순함(順).
진震…움직임(動).
손巽…겸손함(巽).
감坎…험난함(險), 빠짐(陷).
리離…밝음(明), 문명(文明), 총명(聰明), 붙음(麗).
간艮…멈춤(止).
태兌…기뻐함(說).

이상 괘덕을 가지고 괘명을 해석한 예를 말하였다.

3. 의리로 해석함

(1) 괘의를 가지고 해석함

'괘의卦義'란 그 괘가 지니고 있는 의미를 가리킨다. 「단」에서 괘의를 가지고 괘명을 해석한 몇 가지 예가 있다.

① ䷝ 리離「단」: 離, 麗也. 日月麗乎天, 百穀草木麗乎土. 리는 붙는다는 뜻이다. 해와 달은 하늘에 붙어 있고, 백곡과 초목은 땅에 붙어 있다.

괘명 '리'를 붙는다는 뜻의 여麗로 해석하면서, 해와 달이 하늘에 붙어 있고, 백곡과 초목이 땅에 붙어 있다는 괘의를 말하였다.

② ䷳ 간艮「단」: 艮, 止也. 時止則止, 時行則行. 動靜不失其時, 其道光明. 간은 멈춘다는 뜻이다. 멈출 때에 멈추고, 행할 때에 행한다. 행함과 멈춤이 그 때를 잃지 아니하니, 그 도는 밝다.

간은 두 개의 간艮이 서로 겹쳐 있다. 간은 산山이며, 산은 고요히 멈추어 움직이지 않는 것이니, 간은 멈춘다는 지止의 뜻을 가지고 있는 것이다. 멈추는 것과 행하는 것은 반드시 그 때가 있으니, 때에 맞게 멈출 때에 멈추고, 때에 맞게 행할 때에 행하여, 행함과 멈춤이 그 때를 잃지 아니하니, 그 도는 밝다는 것이다. 이것은 괘의를 말한 것이다.

③ ䷵ 귀매歸妹「단」: 歸妹, 天地之大義也. 天地不交, 而萬物不興. 歸妹, 人之終始也. 귀매는 천지의 대의이다. 천지가 교합하지 않으면 만물은 생겨나지 않는다. 남녀가 짝이 되는 것은 인간사의 시작과 끝이다.

남녀가 장가들고 시집가는 것은 천지음양과 남녀 인간사의 중대한 도리이다. 천지음양이 교합하지 않으면 만물은 생겨날 수 없고, 남녀가 교합하지 않으면 사람은 생겨날 수 없다. '귀매'가 천지의 대의가 되는 것은 천지가 교합하여 만물을 낳고 또 낳기 때문이다. 남녀가 장가들고 시집가서 서로 짝이 되는 것은 인간사의 처음과 끝, 즉 가장 중요한 것이란 말이다.

이상 괘의를 가지고 괘명을 해석한 예를 말하였다.

여기까지「단」에서 괘명을 훈고, 상수(괘체, 괘상, 괘덕), 의리(괘의)로 해석한 예를 들었다.

라. 괘사 해석

「단」은 괘사를 해석하면서 상수와 의리, 2가지를 가지고 해석하였다. 상수로 해석하면서 ①괘체 ②괘상 ③괘덕으로 해석하였다. 또 괘체는 ㉠괘 ㉡효 ㉢효위, 3가지를 가지고 해석하였다. 의리로 해석하면서 ①유가 ②도가 ③천도를 가지고 인사를 해석하는 방식을 취하여 괘사를 해석하였다.

1. 상수로 해석함

「단」은 괘체, 괘상, 괘덕을 가지고 괘사를 해석하였는데, 이러한 해석은 모두 상수역에 속한다. 예를 들겠다.

䷔ 噬嗑, 亨, 利用獄.
서합은 형통하니, 형벌을 사용하는 것이 이롭다.

彖曰 頤中有物, 曰噬嗑. 噬嗑而'亨', 剛柔分, 動而明, 雷電合而章. 柔得中而上行, 雖不當位, '利用獄'也.
입속에 음식물이 있는 것이 서합이다. '서합이(입속에 음식물이 있어서) 형통하다'는 것은 강과 유가 교합하고, 움직여 밝으며, 우레와 번개가 합하여 선명하기 때문이다. 유가 가운데 자리를 얻어 위로 올라가니, 비록 합당한 자리는 아니나, '형벌을 사용하면 이롭다'는 것이다.

서합 「단」은 2단락으로 구성되어 있다. '頤中有物, 曰噬嗑.'은 괘체를 가지고 괘명을 해석한 것이고, 그 이하는 괘사를 해석한 것이다.

① '噬嗑而亨'은 괘명과 괘사의 '형亨'을 든 것이고, '剛柔分'은 괘체를 가지고 괘사 '형'을 해석한 것이다. '분分'은 교합하다는 뜻의 교交로 읽어야 한다. 강과 유가 서로 교합한다는 것은 입속의 음식물을 강한 이와 부드러운 혀가 서로 작용하여 씹어 삼킨다는 말이다. 그래서 서합이 '형통하다'는 것이다.

② '動而明'은 괘덕을 가지고 괘사 '형亨'을 해석한 것이다. 서합은 아랫괘가 진震이고 윗괘는 리離이다. 진은 움직임(動)이고, 리는 밝음(明)이다. 그런즉 서합은 또 '움직여 밝은 것'이다. 그래서 '형통하다'는 것이다.

③ '雷電合而章'은 괘상을 가지고 괘사 '형'을 해석한 것이다. '장章'은 뚜렷하다, 현저하다는 뜻의 창彰이다. 서합은 아랫괘가 진震이고 윗괘는 리離이다. 진은 우레(雷)

이고, 리는 번개(電)이다. 그런즉 서합의 괘상은 또 '우레와 번개가 합하여 선명한 것' 이다. 강과 유가 교합하고, 움직여 밝으며, 우레와 번개가 합하여 선명하기 때문에 '형통하다'고 해석하였다.

④ '柔得中而上行'은 괘체를 가지고 괘사 '利用獄'을 해석한 것이다. '유柔'는 둘째 음효와 다섯째 음효를 가리키며, 이들은 위아래의 가운데 자리에 있고, '상행上行'은 유가 둘째 효에서부터 위로 올라가 셋째와 다섯째 효에 이르는 것이다.

⑤ '雖不當位' 역시 괘체를 가지고 괘사 '利用獄'을 해석한 것이다. 둘째 음효의 유가 위로 올라가 셋째 음효와 다섯째 음효에 오르니, 이 두 음효는 양의 자리에 있는 것이므로, '합당한 자리가 아니다(不當位)'고 한 것이다. 서합은 유가 가운데 자리를 얻었고, 그 세력이 위로 올라가는 것이며, 올라간 자리가 양의 자리여서 비록 합당하지 않으나, 부드러움으로써 '형벌을 사용하는 것이 이롭다'고 해석하였다.

서합 「단」에서 괘체, 괘상, 괘덕을 가지고 괘사를 해석한 예이다. 「단」에는 괘체를 가지고 괘사를 해석한 것이 가장 많다. 『내 눈으로 읽은 주역: 역전해설』을 참고 하라. 해석한 방식과 취한 상은 괘명의 해석과 같으므로 여기에서는 생략하였다.

「단」은 괘체를 가지고 괘사를 해석하면서 첫째, 괘를 가지고 말함. 둘째, 효를 가지고 말함. 셋째, 효위를 가지고 말함, 3가지를 가지고 해석하였다. 지금 간략하게 예를 들겠다.

첫째. 괘를 가지고 말함

① ䷕ 비賁 「단」: 柔來而文剛, 故'亨'. 유가 와서 강을 꾸미니, 그러므로 '형통하다'는 것이다.

비의 아랫괘는 리離이고 윗괘는 간艮이다. 리는 음괘이고 유이며 또 꾸민다는 문文이다. 간은 양괘이고 강이다. 그런즉 비는 '유가 와서 강을 꾸미는 것(柔來而文剛)'이다. 「단」은 괘사 '형'을, 유가 와서 강을 꾸미므로 '형통하다'고 해석하였다.

② ䷕ 비賁 「단」: 分剛上而文柔, 故 '小利有攸往'. 강이 위에서 유를 꾸미니, 그러므로 '갈 곳이 있으면 조금 이롭다'는 것이다.

'분分'은 잘못 들어간 글자이다. 윗괘인 간은 산(山)이고, 산은 초목으로 꾸밈(文)이 있다. 아랫괘인 리 또한 꾸미는 것(文)이다. 그런즉 비는 또 '강이 위에서 유를 꾸미는 것(剛上而文柔)'이다. 「단」은 괘사 '小利有攸往'을, 강이 위에서 유를 꾸미므로 '갈 곳이 있으면 조금 이롭다'고 해석하였다.

둘째. 효를 가지고 말함

① ䷖ 박剝 「단」: '不利有攸往', 小人長也. '갈 곳이 있으면 이롭지 않다'는 것은 소인이 자라나기 때문이다.

박은 꼭대기에 한 양효가 있고 아래는 다섯 음이다. '소인小人'은 다섯 음을 가리킨다. '장長'은 자라난다는 뜻이다. 다섯 음이 더불어 자라나고, 소인의 무리들의 세력이 자라나니, 소인이 득세할 때 '갈 곳이 있으면 이롭지 않다'고 해석한 것이다.

② ䷗ 복復 「단」: 復 '亨', 剛反. 복이 '형통하다'는 것은 강이 돌아왔기 때문이다.

복은 아래에 한 양효이고 위에 다섯 음이다. 효를 가지고 해석하면, 아래에 한 양효가 돌아온 것이다. 또 상하 두 괘로 해석하면, 복은 아랫괘가 진震이고 윗괘는 곤坤이다. 진은 양괘이고 강剛이며, 곤은 음괘이고 유柔이다. 그런즉 복의 괘상은 강(진)이 아랫괘에 돌아온 것이라는 말이다. 「단」은 '강이 돌아온 것(剛反)'을 가지고 괘명 '복復'을 해석하였고, 또 괘사 '형亨'은 강이 돌아왔기 때문에 '형통하다'고 해석하였다.

③ ䷗ 복復 「단」: '利有攸往', 剛長也. '갈 곳이 있으며 이롭다'는 것은 강이 자라나기 때문이다.

'강장剛長'은 강이 자라나는 것이다. 「단」은 괘사 '利有攸往'을, 갈 곳이 있으면 이로운 것은 복의 아랫괘의 한 강이 자라나기 때문이라고 해석하였다. 강이 자라난다는 것은 군자의 세력이 자라나고 있음을 상징하니, 그래서 '갈 곳이 있으면 이롭다'는 것이다.

셋째. 효위를 가지고 말함

① ䷃ 몽蒙 「단」: '初筮告', 以剛中也. '처음 점을 치면 알려준다'는 것은 강이 가운데 자리에 있기 때문이다.

'강剛'은 둘째 양효를 가리키고, '중中'은 가운데 자리에 있는 것을 말한다. '강중剛

中'은 둘째 양효가 아랫괘의 가운데 자리에 있다는 것이며(효위), 중정의 도를 지니고 있는 상이다(효상). 「단」은 괘사 '초서고初筮告'를, 처음 점을 치면 알려주는 것은 둘째 양효가 가운데 자리에 있기 때문이라고 해석하였다.

② ䷆ 사師 「단」: 剛中而應. 강이 가운데 자리에서 유와 응한다.

괘사 '丈人吉, 无咎'를 해석하였다. '강剛'은 둘째 양효를 가리키고, '중中'은 아랫괘의 가운데 자리를 가리킨다. '강중剛中'은 둘째 양효가 아랫괘의 가운데 자리에 있다는 것이며(효위), 중정의 도를 지니고 있는 상이다(효상). '응應'은 둘째 양효가 다섯째 음효와 응하는 것이고, 혹은 둘째 양효가 나머지 다섯 음과 응하는 것이다. 강이 가운데 자리에 와서 유와 응하니, '장인은 길하여 허물이 없다'고 해석한 것이다.

③ ䷵ 귀매歸妹 「단」: '征凶', 位不當也. '시집가면 흉하다'는 것은 자리가 합당하지 않기 때문이다.

'위부당位不當'은 귀매의 가운데 네 효의 자리가 합당하지 않다는 것이다. 귀매는 둘째, 넷째는 양이면서 음의 자리에 있고 셋째, 다섯째는 음이면서 양의 자리에 있어 모두 자리가 합당하지 않다. 「단」은 귀매의 가운데 네 효는 모두 합당한 자리가 아니므로 '정벌하면 흉하다'고 해석하였다.

④ ䷵ 귀매歸妹 「단」: '无攸利', 柔乘剛也. '이로울 것이 없다'는 것은 유가 강을 탔기 때문이다.

'유승강柔乘剛'은 셋째 음효가 둘째 양효 위에, 다섯째 음효는 넷째 양효 위에 있어, 유가 강을 타고 있는 것이다. 「단」은 유가 강을 타고 있으므로 '이로울 것이 없다'고 해석하였다.

효위설은 중요한 내용이므로 다시 정리하겠다.

• 「단」의 효위설 •

'효위설'이란 그 효가 한 괘 여섯 효에서 위치해 있는 것을 가지고 괘사를 해석한 것을 말한다. 「단」에 기록되어 있는 효위는 '중中', '위位', '당위當位', '부당위不當位', '응應', '승乘', 등 6가지이다. 차례대로 설명하겠다.

① '中'…한 괘에서 아랫괘의 가운데 자리에 있는 둘째 효와 윗괘의 가운데 자리에 있는 다섯째 효를 '중'이라고 한다. '중'을 얻으면 길하다. '大中', '中正', '正中'이라고도 한다 .

② '位'…효가 위치해 있는 자리를 '위'라고 하였다. 다섯째 양효(九五)의 자리를 '尊位', '天位', '帝位'라고 한다.

③ '當位'…한 괘 여섯 효에서 처음, 셋째, 다섯째는 양의 자리이고, 둘째, 넷째, 꼭대기는 음의 자리이다. 양효가 양의 자리에 있고, 음효가 음의 자리에 있는 것을 '당위'라고 한다. '당위'면 길하다. '得位', '位當', '正位'라고도 한다.

④ '不當位'… 양효가 둘째, 넷째, 꼭대기 음의 자리에, 음효가 처음, 셋째, 다섯째 양의 자리에 있는 것. '부당위'면 흉하다. '位不當', '失位'라고도 한다.

⑤ '應'…한 괘 여섯 효 가운데 처음과 넷째, 둘째와 다섯째, 셋째와 꼭대기는 그 자리가 서로 응한다. 양효와 음효가 만나면 응하고, 양효와 양효 혹은 음효와 음효가 만나면 응하지 않는다. 응하면 길하고 응하지 않으면 흉하다. 서로 '응'하지 않는 것을 '敵應'이라고 한다. '적응'하면 흉하다.

⑥ '乘'…효가 효 위에 있는 것. 유가 강을 타면 흉하다.

효위설은 『내 눈으로 읽은 주역: 역전해설』에 자세하게 기록되어 있으니, 이것을 참고하라.

여기까지 괘체를 가지고 괘사를 해석한 예를 들었다.

2. 의리로 해석함

「단」은 의리로 괘사를 해석하면서 ①유가 ②도가 ③천도를 가지고 인사를 해석하는 방식을 취하였다. 차례로 설명하겠다.

(1) 유가를 취하여 해석함

「단」은 전국 후기, 제나라 직하 유생이 쓴 것이다. 당연히 그 바탕은 유가 사상이다. 몇 가지 예를 들겠다.

① ䷤ 가인家人「단」: 利女貞. 가인은 여자가 바르게 하여 이롭다.

彖曰 家人, 女正位乎內, 男正位乎外. 男女正, 天地之大義也. 家人有嚴君焉, 父母之謂也. 父父, 子子, 兄兄, 弟弟, 夫夫, 婦婦, 而家道正. 正家而天下定矣.

가인은 여자가 안에서 바른 자리에 있고, 남자는 밖에서 바른 자리에 있다. 남녀가 바른 것은 천지의 대의이다. 집안사람에게 존엄한 어른이 있으니, 부모를 말한다.

어버이는 어버이답고 자식은 자식다우며, 형은 형답고 아우는 아우다우며, 남편은 남편답고 아내는 아내다우면 집안의 도는 바르다. 집안을 바르게 하면 천하는 안정된다.

『논어』에 기록이 있다.

齊景公問政於孔子. 孔子對曰 "君君, 臣臣, 父父, 子子." 公曰 "善哉! 信如君不君, 臣不臣, 父不父, 子不子, 雖有粟, 吾得而食諸?"(「顔淵」)
제나라 경공이 공자에게 정치를 묻자 공자께서 대답하셨다. "임금은 임금다워야 하고, 신하는 신하다워야 하며, 어버이는 어버이다워야 하고, 자식은 자식다워야 합니다." 경공이 말하였다. "훌륭한 말이오. 정말 임금이 임금답지 못하고, 신하가 신하답지 못하며, 어버이가 어버이답지 못하고, 자식이 자식답지 못하면, 비록 곡식이 가득하다 해도 내 어찌 먹을 수 있겠소?"

季康子問政於孔子. 孔子對曰 "政者正也. 子率以正, 孰敢不正."(「顔淵」)
계강자가 공자에게 정치를 묻자 공자께서 대답하셨다. "정치는 바르게 하는 것이다. 그대가 바르게 이끌어 간다면 누가 감히 바르게 하지 않겠는가?"

子路曰 "衛君待子而爲政, 子將奚先?" 子曰 "必也正名乎."(「子路」)
자로가 물었다. "위나라 임금이 선생님을 모시고 정치를 하게 되면, 선생님은 무엇부터 하시겠습니까?" 공자께서 말씀하셨다. "반드시 이름부터 바로잡을 것이다."

공자가 말하고자 하는 요지는 가정과 사회의 구성원 각자가 자신의 자리에서 자신의 임무에 충실하면 천하는 반듯해진다는 것이며, 이것이 곧 정치라는 것이다. 「단」이 내용은 공자의 정명론을 들어 말한 것이다.

② ䷰ 혁革 「단」: 天地革而四時成, 湯武革命, 順乎天而應乎人.
천지가 바뀌니 사계절이 이루어진다.
탕과 무왕이 천명을 바꾸니, 하늘에 순응하고 사람에 응하는 것이다.

『맹자』에 기록이 있다.

賊仁者, 謂之賊. 賊義者, 謂之殘. 殘賊之人, 謂之一夫. 聞誅一夫紂矣, 未聞弑君也.(「梁惠王」 하)
인을 해친 자를 사악하다 하고, 의를 해친 자를 잔인하다고 한다. 잔인하고 사악한 사람을 한 사내라고 한다. 한 사내인 주를 죽였다는 말은 들어도 임금을 시해했다는 말은 듣지 못하였다.

順天者存, 逆天者亡.(「離婁」 상) 하늘에 순응하는 자는 살고, 거스르는 자는 죽는다.

앞의 문장은 맹자의 '혁명설'이고, 뒤의 것은 '순천설'이다. 「단」의 내용은 혁의 괘의를 말한 것이지만 의미는 혁의 괘명과 괘사 전체에 연관된다.

③ ䷞ 咸, 亨, 利貞, 取女吉. 함은 형통하고, 바르게 하여 이롭고, 장가들면 길하다.
彖曰 咸, 感也. 柔上而剛下, 二氣感應以相與. 止而說, 男下女, 是以'亨利貞, 取女吉'也.
함은 감응한다는 뜻이다. 유가 위에 강은 아래에 있어, 두 기가 감응하여 함께 있다. 멈추어 기뻐하며, 남자가 여자의 아래에 있으니, 그래서 '형통하고, 바르게 하여 이롭다, 장가들면 길하다'고 한 것이다.

『순자』에 기록이 있다.

易之咸見夫婦. 夫婦之道不可不正也, 君臣父子之本也. 咸, 感也. 以高下下, 以男下女, 柔上而剛下. 聘士之義, 親迎之道, 重始也.(「大略」)
『역』의 함에 부부의 도가 나타나 있다. 부부의 도는 바르지 않을 수 없으니, 군신과 부자의 근본이다. 함은 느끼는 것이다. 높은 것이 낮은 것 아래에 있고, 남자가 여자의 아래에 있으며, 유가 위에 강이 아래에 있다. 빙사(선비를 초빙하는 예)의 뜻과 친영(신랑이 신부를 맞이하는 예)의 도이니, 시작을 중히 하는 것이다.

「단」의 괘명과 괘사에 대한 해석은 『순자』를 바탕으로 하였다.

필자는 간단히 공맹순 3가의 예를 들었다. 이 3가지 외에도 『중용』 등과 유사한 내용이 많이 기록되어 있는데, 여기에서 모두 인용하지 않겠다. 『내 눈으로 읽은 주역: 역전해설』을 참고하라. 「단」은 유가 사상을 바탕으로 기술하였다.

(2) 도가를 취하여 해석함

「단」은 '천행天行', '손익損益', '소식영허消息盈虛' 등의 도가 용어를 사용하였다.

1) '천행天行'을 기술함

① ䷑ 고蠱 「단」: '先甲三日, 後甲三日', 終則有始, 天行也.

'갑일의 삼 일 전과 갑일의 삼 일 후'라는 것은 끝나면 또 시작하는 것이니, 하늘의 운행이다.

② ䷖ 박剝 「단」: 君子尙消息盈虛, 天行也.

군자는 사라지고 자라나며 가득하고 비는 것을 중시하니, 하늘의 운행이다.

③ ䷗ 복復 「단」: '反復其道, 七日來復', 天行也.

'그 길을 되돌아오는데, 칠 일이면 돌아온다'는 것은 하늘의 운행이다.

『장자』의 기록

① 知天樂者, 其生也天行, 其死也物化.(「天道」)

하늘의 즐거움을 아는 사람은 그 생은 하늘의 운행이고, 죽음은 사물이 변화한 것이다.

② 聖人之生也天行, 其死也物化.(「刻意」)

성인의 생은 하늘의 운행이고, 죽음은 사물이 변화한 것이다.

③ 動而以天行.(「刻意」) 하늘의 운행에 따라 움직인다.

2) '손익損益' '소식영허消息盈虛'를 기술함

① ䷨ 손損 「단」: 損益盈虛, 與時偕行.

덜고 더하고 차고 비는 것은 때와 더불어 함께 행한다.

② ䷶ 풍豐 「단」: 天地盈虛, 與時消息.

천지가 차고 비는 것은 사시四時와 더불어 사라지고 자라나는 것이다.

『노자』의 기록

① 爲學日益, 爲道日損. 損之又損, 以至於無爲.(48장)

학문을 하면 지식이나 욕구가 나날이 늘고, 도를 닦으면 지식이나 욕구가 나날이 줄어든다. 줄어들고 또 줄어들어 무위의 경지에 이르게 된다.

② 天之道, 損有餘而補不足. 人之道, 則不然, 損不足以奉有餘.(77장)

하늘의 도는 남는 것을 줄이고, 모자라는 것을 보충해 준다. 사람의 도는 그렇지 않으니, 모자라는 것을 축내어 남는 것을 받들게 한다.

『장자』의 기록

① 消息盈虛, 終則有始.(「秋水」)

사라지고 자라나며 가득하고 비며, 끝나면 또 시작한다.

② 消息滿虛, 一晦一明.(「田子方」)

사라지고 자라나며 가득하고 비며, 한 번 어둡고 한 번 밝다.

'손익'은 『노자』에게서, '천행', '소식영허'는 『장자』에서 가져온 것이다. 『백서주역』 「요要」에 '손익지도損益之道'에 대한 설명이 기록되어 있는데, 『노자』의 영향을 받은 것이다. 필자가 쓴 『마왕퇴 출토 백서주역』 하편을 참고하라.

(3) 천도를 가지고 인사를 해석하는 방식을 취함

「단」은 또 천도를 가지고 인사를 해석하는 방식을 취하여 괘사를 해석하였다. 몇 가지 예를 들겠다.

① ䷊ 태泰 「단」: '泰, 小往大來, 吉, 亨', 則是天地交而萬物通也, 上下交而其志同也.

'태는 작은 것은 가고 큰 것은 오니, 길하고 형통하다'는 것은 천지가 교합하여 만물이 형통하고, 상하(임금과 백성)가 교합하여 그 뜻이 같은 것이다.

② ䷋ 비否 「단」: 天地不交而萬物不通也, 上下不交而天下无邦也.

천지가 교합하지 못하여 만물이 통하지 아니하고, 상하(임금과 백성)가 교합하지 못하여 천하에 나라가 없는 것이다.

③ ䷎ 겸謙 「단」: '謙, 亨', 天道下濟而光明, 地道卑而上行. 天道虧盈而益謙, 地道變盈而流謙. 鬼神害盈而福謙, 人道惡盈而好謙.

'겸은 형통하다'는 것은 천도는 아래로 내려가서 밝게 빛나며, 지도는 낮으나 위로 운행한다. 천도는 가득 차면 덜어내고 겸허하면 보태며, 지도는 가득 차면 변화시키고 겸허하면 흘러 들어간다. 귀신은 가득 차면 해치고 겸허하면 복을 주며, 인도는 가득 차면 싫어하고 겸허하면 좋아한다.

④ ䷏ 예豫 「단」: 天地以順動, 故日月不過, 而四時不忒. 聖人以順動, 則刑罰清而民服.

천지는 유순하게 움직이므로 해와 달은 그릇되지 아니하고, 사계절은 어긋나지 아니한다. 성인이 유순하게 움직이니 형벌은 분명하고 백성이 복종한다.

⑤ ䷓ 관觀 「단」: 觀天之神道, 而四時不忒. 聖人以神道設教, 而天下服矣.
하늘의 신묘한 도를 보니, 사계절은 어긋나지 않는다. 성인은 신묘한 도로 교화를 베푸니, 천하 사람이 복종한다.

⑥ ䷕ 비賁 「단」: (剛柔交錯), 天文也. 文明以止, 人文也. 觀乎天文, 以察時變. 觀乎人文, 以化成天下.
(강유가 서로 뒤섞이는 것은) 하늘이 꾸미는 것이요, 문명하여 멈추는 것은 사람이 꾸미는 것이다. 하늘이 꾸미는 것을 보고 사계절의 변화를 살피고, 사람이 꾸미는 것을 보고 천하 사람을 교화하여 이룬다.

위의 예로 든 문장은 괘명 혹은 괘사 혹은 괘의를 해석한 것이다. 「단」이 천도를 가지고 인사를 해석하는 방법을 취하였다는 것을 충분히 설명해 주고 있다.

마. 괘의를 말함

「단」은 괘의를 말하면서 표현한 형식이 몇 가지 있는데, 가장 중요한 것이 자연계를 들고 인간계를 말한 것이다. 예를 들겠다.

① ䷚ 이頤 「단」: 天地養萬物, 聖人養賢以及萬民.
천지는 만물을 기르고, 성인은 현인과 만민을 기른다.

② ䷜ 감坎 「단」: 天險, 不可升也. 地險, 山川丘陵也. 王公設險, 以守其國.
하늘이 험난한 것은 오를 수 없기 때문이다. 땅이 험난한 것은 산천구릉이 있기 때문이다. 왕과 제후는 험난한 것을 만들어 그 나라를 지킨다.

③ ䷥ 규睽 「단」: 天地睽而其事同也, 男女睽而其志通也, 萬物睽而其事類也.
천지는 어긋나지만 그 일은 같고, 남녀는 어긋나지만 그 뜻은 통하며, 만물은 어긋나지만 그 일은 유사하다.

④ ䷶ 풍豐 「단」: 日中則昃, 月盈則食. 天地盈虛, 與時消息. 而況於人乎, 況於鬼神乎.
해는 중천에 있으면 기울고 달은 차면 이지러진다. 천지가 차고 비는 것은 사시四時와 더불어 사라지고 자라나는 것이니, 하물며 사람에게 있어서이겠는가! 하물며 귀신에게 있어서이겠는가!

⑤ ䷻ 절節「단」: 天地節, 而四時成. 節以制度, 不傷財, 不害民.
천지는 절도가 있어 사계절이 이루어진다. 절도로써 법도를 제정하니, 재물을 축내지 아니 하고 백성을 해치지 아니한다.

이와 같이「단」은 괘의를 말하면서 먼저 자연계를 들고 이어 인간계를 말하였다. 이와 같은 기록은 16번 예豫, 20번 관觀, 27번 이頤, 29번 감坎, 31번 함咸, 32번 항恒, 38번 규睽, 40번 해解, 49번 혁革, 54번 귀매歸妹, 55번 풍豐, 60번 절節 등 모두 12곳 있다.

바.「단」의 운에 대하여

「단」은 괘명과 괘사를 해석하고 괘의를 말하면서 운을 가장 중시하였다.「단」은 ①3가지 방법을 취하여 운을 사용하였고 ②운을 맞추기 위해 글자를 도치하기도 하고 ③글자를 바꾸기도 하고 ④글자를 생략하기도 하였다. 차례로 설명하겠다.

1. 3가지 방법을 취하여 운을 사용하였다.

(1) 마침표를 찍는 곳에 운을 사용하였다.

① 乾. 彖曰 大哉'乾元'! 萬物資始, 乃統天. 雲行雨施, 品物流形. 大明終始, 六位時成. 時乘 六龍, 以御天. 乾道變化, 各正性命. 保合大和, 乃'利貞'. 首出庶物, 萬國咸寧.

'大哉乾元'은 '大哉乾乎'로 읽는 것이 바르다. '건乾', '천天', '형形', '성成', '천天', '명命', '정貞', '녕寧'은 운이다.

② 遯. 彖曰 '遯, 亨', 遯而亨也. 剛當位而應, 與時行也. '小利貞', (柔)浸而長也. 遯之時義大矣哉.

'형亨', '행行', '장長'은 운이다.

③ 井. 彖曰 巽乎水而上水, 井. 井養而不窮也. '改邑不改井, (无喪无得)', 乃以

剛中也. '(往來 井井), 汔至亦未繘井', 未有功也. '羸其瓶', 是以'凶'也.

'궁窮', '중中', '공功', '흉凶'은 운이다.

마침표를 찍는 곳에 운을 사용한 것은 운을 사용하는 확실한 방법이다.

(2) 한 단락 안에서 운을 사용하였다.

① 大有. 彖曰 大有, 柔得尊位大中, 而上下應之, 曰大有. 其德剛健而文明, 應乎天而時行, 是 以'元亨'.

'명明', '행行', '형亨'은 운이다. 한 단락 안에서 운을 사용한 것이다.

② 大過. 彖曰 大過, 大者過也. '棟撓', 本末弱也. 剛過而中, 巽而說行, (是以) '利有攸往', 乃 '亨'. 大過之時大矣哉.

'중中', '행行', '왕往', '형亨'은 운이다.

③ 革. 彖曰 革, 水火相息, 二女同居, 其志不相得, 曰革. '巳日乃孚', 革而信之. 文明以說, 大'亨'以正. 革而當, 其'悔'乃'亡'. 天地革而四時成, 湯武革命, 順乎天而應乎人. 革之時大矣哉.

'식息', '득得', '혁革'과 '당當', '망亡'과 '성成', '명命', '인人'은 운이다.

(3) 위의 두 가지를 함께 사용하였다.

① 坤. 彖曰 至哉'坤元'! 萬物資生, 乃順承天. 坤厚載物, 德合无疆. 含弘光大, 品物咸'亨'. '牝馬'地類, 行地无疆, 柔順'利貞'. '君子'攸行, '先迷'失道, '後'順'得'常. '西南得朋', 乃與類 行. '東北喪朋', 乃終有慶. '安貞'之'吉', 應地无疆.

'至哉坤元'은 '至哉川乎'로 읽는 것이 바르다. '천川', '천天'과 '강疆', '형亨', '강疆', '정貞', '행行', '상常', '행行', '경慶', '강疆'은 운이다.

② 噬嗑. 彖曰 (噬嗑), 頤中有物, 曰噬嗑. '噬嗑而亨', 剛柔分, 動而明, 雷電合而章. 柔得中而 上行, 雖不當位, '利用獄'也.

'형亨', '명明', '장章', '행行'은 운이다.

③ 解. 彖曰 解, 險以動, 動而免乎險, 解. '解, 利西南', 往得衆也. '(无所往), 其來復吉', 乃得中也. '有攸往, 夙吉', 往有功也. 天地解而雷雨作, 雷雨作而百果草木皆甲坼. 解之時大矣哉.

'중衆 ', '중中', '공功'과 '작作', '탁坼'은 운이다.

이 3문장은 마침표를 찍는 곳에 운을 사용한 것과 한 단락 안에서 운을 사용한 것을 병용하였다.

이상 「단」이 3가지 방법을 취하여 운을 사용한 것을 설명하였다.

2. 운을 맞추기 위해 의도적으로 글자를 도치하였다.

「단」은 운을 맞추기 위해 의도적으로 글자를 도치하였는데, 모두 인용하겠다.

① 몽蒙 「단」: '志應也'는 '應志也'로 하는 것이 바르다.
② 수需 「단」: '正中也'는 '中正也'로 하는 것이 바르다.
③ 소축小畜 「단」: '志行也'는 '行志也'로 하는 것이 바르다.
④ 비否 「단」: '內柔而外剛'은 '內順而外健'으로 하는 것이 바르다.
⑤ 겸謙 「단」: '天道下濟而光明'은 '天道光明而下濟'로 하는 것이 바르다.
⑥ 예豫 「단」: '志行'은 '行志'로 하는 것이 바르다.
⑦ 대축大畜 「단」: '能止健'은 '健能止'로 하는 것이 바르다.
⑧ 승升 「단」: '志行也'는 '行志也'로 하는 것이 바르다.
⑨ 손巽 「단」: '志行也'는 '行志也'로 하는 것이 바르다.
⑩ 중부中孚 「단」: '乘木舟虛也'는 '乘虛木舟也'로 하는 것이 바르다.

이상 10곳은 운을 맞추기 위해 의도적으로 글자를 도치한 것이다.

3. 운을 맞추기 위해 의도적으로 글자를 바꾸었다.

① 곤坤 「단」: '乃順承天'은 '乃統地'로 하는 것이 바르다.

(乾) 大哉'乾'乎! 萬物資始, 乃統天. '乾'과 '天'은 운이다.

(坤) 至哉'川'乎! 萬物資生, 乃統地. '川'과 '地'는 운이 안 되니, '乃統地'를 '乃順承天'으로 바꾸었다. '川'과 '天'은 운이다.

② 무망无妄「단」: '天之命也'는 '天之道也'로 하는 것이 바르다.

③ 리離「단」: '百穀草木麗乎土'는 '百穀草木麗乎地'로 하는 것이 바르다.

④ 익益「단」: '木道乃行'은 '木道乃動'으로 하는 것이 바르다.

⑤ 진震「단」: '後有則也'는 '後有常也'로 하는 것이 바르다.

4. 운을 맞추기 위해 의도적으로 글자를 생략하였다.

晉. 彖曰 晉, 進也. 明出地上, (故晉). 順而麗乎大明, 柔進而上行, 是以'康侯用錫馬蕃庶, 晝日三接'也.

「단」의 체례에 따르면 '明出地上' 뒤에 '故晉'이 있어야 한다. 명이明夷「단」에는 있다.

彖曰 明入地中, 明夷.

진「단」은 운을 맞추기 위해 의도적으로 생략하였다. '상上', '명明', '행行'은 운이다.

이상 필자는「단」의 운에 대해 설명하였다.「단」과「상」은 괘사와 효사를 해석하면서 운을 가장 중시하였다. 운을 이해하지 못하면「단」과「상」을 바로 알지 못한다. 독자들은 지금까지 필자가 말한「단」의 체례를 잘 이해한 후 본문을 읽어야 한다. 아래에서 본격적으로「단」을 해석하겠다.

단彖

상

1. 건乾

☰ 乾, 元亨, 利貞.

건은 크게 형통하고, 바르게 하여 이롭다.

'건乾'은 괘명이며, 하늘이다. 「단」은 '천天'을 가지고 괘명 '건乾'을 해석하고, 또 괘사 '원형리정'을 해석하였다. 「단」은 '건, 원형, 이정.'으로 읽었다. '원元'은 크다는 뜻의 대大, '형亨'은 형통하다는 뜻의 통通, '이利'는 이롭다, '정貞'은 바르다는 뜻의 정正이다. '원'은 크게라는 부사, '형'은 형통하다는 형용사, '이'는 이롭다는 형용사, '정'은 바르다는 형용사 혹은 바르게 하다는 동사이다. '원형'은 크게 형통하다, '이정'은 바르게 하여 이롭다는 뜻이다. 건은 크게 형통하고(大通), 바르게 하여(正) 이롭다(利)는 것이다.

彖曰 大哉'乾元'! 萬物資始, 乃統天. 雲行雨施, 品物流形. 大明終始, 六位時成. 時乘六龍, 以御天. 乾道變化, 各正性命. 保合大和, 乃'利貞'. 首出庶物, 萬國咸寧.

위대하다, '건'이여! 만물은 이것에서 비롯되나니, 곧 하늘에 속한다. (하늘에서) 구름이 흐르고 비가 내리니, 만물은 '크게 형통하다.' (하늘에서) 해가 들어가고 나오니, 상하 사방은 이로써 정해진다. (해가) 때에 맞게 여섯 용이 모는 수레를 타고 하늘에서 운행한다. (이렇게) 건도가 변화하여 만물은 본성과 운명을 바르게 한다. (하늘이) 큰 조화를 보존하고 이루니, 이에 '바르게 하여 이롭다.' (하늘이) 처음 만물을 만들어내니, 만국이 모두 편안하다.

건 「단」은 3단락으로 구성되어 있다.

첫째 단락… 괘명 '乾'을 해석하였다.

① 大哉'乾元'… 건이 위대함. ('大哉乾乎'가 바르다)

② 萬物資始… 만물은 건에서 비롯됨.

③ 乃統天… 건은 하늘에 속함.

둘째 단락… 괘사를 해석하였다.

1. 괘사 '元亨'을 해석하였다.
   ① 雲行雨施…하늘에서 구름이 흐르고 비가 내림.
   ② 品物流形…만물은 '크게 형통함'. ('品物大亨'이 바르다)

2. 괘사 '利貞'을 해석하였다.
   ① 大明終始…하늘에서 해가 들어가고 나옴.
   ② 六位時成…상하 사방은 이로써 정해짐.
   ③ 時乘六龍, 以御天…해가 때에 맞게 여섯 용이 모는 수레를 타고 하늘에서 운행함.
   ④ 乾道變化…이렇게 건도가 변화함.
   ⑤ 各正性命…만물은 본성과 운명을 바르게 함.
   ⑥ 保合大和…하늘은 큰 조화를 보존하고 이룸.
   ⑦ 乃'利貞'…그래서 '바르게 하여 이로움'.

셋째 단락…맺는 글을 말하였다.
   ① 首出庶物…하늘이 처음 만물을 만들어냄.
   ② 萬國咸寧…만국이 모두 편안함.

건「단」에서 '건乾', '천天', '형形', '성成', '천天', '명命', '정貞', '녕寧'은 운이다.
유백민: '元', 二十二元. 與下'天', 鐵因反. '形', 十五青. '成', 十四清. '命', 音彌吝反. '貞', 十四清. '寧', 十五青. 以平去通爲一韻.
스즈키: '원元', '천天', '형形', '성成', '천天', '명命', '정貞', '녕寧'.

大哉 '乾元'

이하 괘명 '乾'을 해석하였다. '대재건원大哉乾元'은 '대재건호大哉乾乎'라고 하는 것이 바르다. '만물자시萬物資始, 내통천乃統天'은 괘명 '건乾'을 설명한 말이지, 괘명과 괘사 '원元'을 설명한 글이 아니다. 「단」은 일관되게 '원형元亨'으로 붙여 읽고 '크게 형통하다(大亨)'라고 해석하였지, '원元, 형亨'으로 끊어 읽지 않았다. 괘사에 '元亨利貞'을 말한 것이 6곳, '元亨'을 말한 것이 4곳 있는데, 「단」은 하나같이 '대형大亨'으로 읽었다. 모두 인용하겠다.

'원형리정'을 해석한 6곳

① 건乾 「단」: 雲行雨施, 品物流形. 구름이 흐르고 비가 내리니 만물은 크게 형통하다. ('流形'은 「단」의 체례에 따르면 '大亨'으로 읽는 것이 바르다.)
② 준屯 「단」: 大亨貞. 크게 형통하고 바르다. ('大亨以正'으로 하는 것이 바르다.)
③ 수隨 「단」: 大亨貞无咎. 크게 형통하고 바르고 허물이 없다.
④ 임臨 「단」: 大亨以正, 天之道也. 크게 형통하고 바른 것은 하늘의 도이다.
⑤ 무망无妄 「단」: 大亨以正, 天之命也. 크게 형통하고 바른 것은 하늘의 명이다.
⑥ 혁革 「단」: 大亨以正. 크게 형통하고 바르다.

이상 괘사 '원형리정'을 「단」은 일관되게 '大亨以正(크게 형통하고 바르다)'으로 해석하였다. 「단」은 '이利'를 말하지 않았지만, 크게 형통하고 바르다, 그러므로 '이롭다'고 여긴 것이다.

'원형'을 해석한 4곳
① 곤坤 「단」: 含弘光大, 品物咸亨. 품은 것이 크고 넓으니, 만물은 모두 형통하다. ('咸亨'은 「단」의 체례를 따르면 '大亨'으로 쓰는 것이 바르다.)
② 대유大有 「단」: 是以元亨. 그래서 크게 형통하다는 것이다. ('元亨'은 '大亨'으로 읽는 것이 바르다.)
③ 고蠱 「단」: 蠱元亨, 而天下治也. 고가 크게 형통하니 천하는 다스려진다.
④ 승升 「단」: 是以大亨. 그래서 크게 형통하다는 것이다.

이상 괘사의 '원형'을 「단」은 일관되게 '大亨(크게 형통하다)'으로 해석하였다.

따라서 「단」의 체례에 의하면 괘명 '건乾' 뒤에 '원元' 한 글자가 들어갈 수 없다. 「문언」에 기록이 있다.

> 大哉乾乎! 剛健中正, 純粹精也.
> 위대하다, 건이여! 강건하고 중정하며, 순수하고 정묘하다.

「문언」의 이 형식은 「단」과 꼭 같다. '강건중정剛健中正, 순수정야純粹精也'는 괘명 '건乾'을 찬양한 말이고, '건乾', '정正', '정精'은 운이다.

> 건乾 「단」: 大哉乾乎! 萬物資始, 乃統天.

「문언」과 「단」의 기록은 꼭 같지 않은가?

본래 「단」은 '大哉乾乎'라고 기록되어 있었는데, 「단」의 체례를 이해하지 못한 한대의 어느 유생이 '원元'자를 삽입하였을 것이다. 왜 삽입하였는가? 「문언」은 '乾, 元, 亨, 利, 貞.'이라고 읽고, 건의 4덕과 군자의 4덕으로 해석하였다. 「문언」에 '乾元'이라고 기록한 것이 3곳 있다.

① 乾元'用九', 天下治也. 건원의 용구는 천하가 다스려진다는 것이다.
② 乾元'用九', 乃見天則. 건원의 용구는 곧 하늘의 법칙을 나타낸 것이다.
③ 乾元(亨)者, 始而亨者也. 건의 '원(형)'은 만물이 비롯되고 형통하다는 것이다.

이 기록을 통해 한대의 어느 유생이 「문언」의 형식을 따라 「단」의 첫머리 '大哉乾乎'를 '大哉乾元'으로 뜯어 고친 것임을 알 수 있다. '대재건호大哉乾乎'라고 읽는 것이 「단」의 형식과 뜻에 부합한다. '대재건호大哉乾乎'의 '乾'과 '내통천乃統天'의 '天'은 운이다.

'대재大哉'는 감탄사이며, 위대하다는 뜻이다. 곤坤 「단」에서는 '지재至哉'라고 하였다. '건乾'은 괘명이다. '호乎'는 감탄 종결조사이다. '대재건호大哉乾乎'는 "위대하다 건이여!"라는 말이다. 건은 왜 위대한가? 만물은 건에서 비롯되며 하늘에 해당하기 때문이다.

萬物資始

'만물萬物'은 괘효로 말하면 64괘 384효를 가리키고, 자연계로 말하면 천지만물, 삼라만상이다. 『주역』의 64괘는 자연계에 있어서 만물이다. 「계사」 상·9장에 기록이 있다.

二篇之策萬有一千五百二十, 當萬物之數也
『주역』 상하 두 편의 시초 수는 11,520이니, 만물의 수에 해당한다.

'만물'은 『주역』 상하 편 64괘 384효를 가리키며, 이것을 자연계로 확대하니 천지만물이 되는 것이다. 『집해』에 순상은 "나누어 64괘, 11,520책이 되는 것은 모두 건에서 비롯됨을 말한 것이다. 책수를 건에서 처음 취하는 것은 만물이 생겨나는 것이 하늘에서 부여받은 것과 같다(謂分爲六十四卦, 萬一千五百二十策, 皆受始於乾也. 册取始於乾, 猶萬物之生稟於天)"라고 하였다.

'자資'는 의지하다는 뜻의 뢰賴, 빙憑이다. '시始'는 만물이 비롯되는 것이며, 시간 개념이다. '시始'는 건乾이 만물의 시원임을 말한 것이지, '원元'을 해석한 것이 아니다. 곤「단」에서 '至哉坤元, 萬物資生'이라고 하였는데, '생生'은 곤坤이 만물을 낳는 것을 말한 것이지, '원元'을 해석한 것이 아닌 것과 같다. 「문언」의 '乾元(亨)者, 始而亨者也'는 '시始'를 가지고 '원元'을 해석한 것이다.

'만물자시萬物資始'는 괘효로 말하면 64괘 384효는 건괘에서 비롯된다는 말이고, 자연계로 말하면 만물은 건에서 비롯된다는 것이며, 아래의 '수출서물首出庶物'과 같다. 「단」은 건(하늘)을 만물의 본원으로 여겼다. 선진先秦 유학에는 『역전』에 우주론만 있었지 본체론은 아직 없었다. 본체론은 도가와 불교의 영향을 받아 송대에 성립하게 된다.

乃統天

'내乃'는 부사이며 바로, 곧 즉卽이다. '통統'에 대해 몇 가지 해석이 있다.

첫째, 『석문』에 정현은 '통統'은 '본本'이라고 하였다(鄭云統, 本也). 즉 "건원은 하늘을 근본으로 한다(乾元乃本乎天)"는 말이다. 굴만리, 유백민이 이렇게 해석하였다.

둘째, 『집해』에 구가역은 '통統'을 잇다는 뜻의 '계繼'로 읽고, "건의 덕은 곧 천도를 이어서 하늘과 더불어 합하고 변화한다(乾之爲德, 乃統繼天道, 與天合化也)"라고 하였다. 주준성은 '통統'을 '본本'으로 읽었지만 구가역을 따라 해석하였다.

셋째, 왕필은 "하늘을 거느리는 것이 어찌 지극히 강건하지 않겠는가?(統之者, 豈非至健哉)"라고 하였는데, 공영달은 '통'을 통솔하다는 뜻의 '통령統領'으로 읽고, "건은 지극히 강건하고 만물을 시작하는 것으로 곧 하늘을 통솔할 수 있다(乃統天者, 以其至健而爲物始, 以此乃能統領於天)"라고 하였다. 주백곤, 진고응 등이 이렇게 해석하였다. 진고응은 '통령統領'을 주재主宰의 뜻으로 읽었다.

넷째, 정이는 통괄, 통합한다는 뜻의 '통統'으로 읽고, "하늘의 도를 통합하여 말한 것(統言天之道)"이라고 하였다.

다섯째, 주희는 관통한다는 뜻의 '관貫'으로 읽고, "천덕의 시작과 끝을 관통한다(貫乎天德之始終)"라고 해석하였다.

여섯째, 래지덕은 포괄한다는 뜻으로 새기고, "네 가지 덕을 포괄하니 곧 통천이다(統四德則統天矣)"라고 하였다.

일곱째, 고형은 "『삼국지·위지魏志』「관로전管輅傳」 배송지裴松之의 주에 「관로별전管輅別傳」을 기재하였는데, 여기에 이 세 구절을 인용하고, '통은 속한다는 뜻의 속(統者, 屬也)'이라 하였다" 하고, "'내통천'은 만물이 하늘에 귀속된다는 것을 말한 것('乃統

天', 謂萬物屬于天)"이라고 하였다.

여덟째, 필자는 『삼국지 · 위지魏志』를 따라 '통統'을 '속屬'의 뜻으로 읽고, '천天'은 건의 괘상이며, '내통천乃統天'은 건의 괘상이 곧 하늘에 해당된다는 뜻으로 해석하였다. 이렇게 읽어야 문맥이 뒤 구절과 자연스럽게 연결되어 건 「단」의 문장 전체가 반듯하게 해석되며, 또 곤 「단」의 '내순승천乃順承天'과 뜻이 통한다. 즉 건은 천에 해당하고, 곤은 천에 순응한다는 말이다.

'대재건호, 만물자시, 내통천'은 "위대하다, 건이여. 64괘(만물)는 이것에서 비롯되나니, 곧 하늘에 속한다"는 말이다. '건'은 64괘의 본원이며, '천'은 만물이 비롯되는 우주의 본원이다. 「단」은 '천天'을 가지고 괘명 '건乾'을 해석하였다. 「단」은 괘명 '건'을 하늘이라 하고, 하늘은 만물의 본원이니, 만물은 건에서 비롯된다고 해석하였다.

여기까지 괘명 '건乾'을 설명하였다.

雲行雨施

이하 괘사 '元亨'을 해석하였다. '운행雲行'은 구름이 흐른다, '시施'는 내리다(降), 떨어지다(落)는 뜻이며, '우시雨施'는 비가 내린다는 말이다. '운행우시'는 하늘에서 구름이 흐르고 비가 내린다는 말이다. 『장자』에 이 구절이 나온다.

> 舜曰 "天德而出寧, 日月照而四時行, 若晝夜之有經, 雲行而雨施矣."(「天道」)
> 순이 말하였다. "하늘은 높고 땅은 편안하며, 해와 달이 비치고 사시는 운행하며, 밤낮은 교대로 바뀌고 구름이 흐르고 비가 내리는 것과 같다.

品物流形

『설문』 구부口部에 "'품品'은 무리이다. 세 개의 입으로 되어 있다(品, 衆庶也, 从三口)"라고 하였다. 단옥재는 "사람이 셋이면 무리이다. 그러므로 세 개의 입으로 되어 있다. 회의 문자이다(人三爲衆, 故从三口, 會意)"라고 하였다. '품'은 무리(衆), 종류(種), 물건(物)이라는 뜻이며, '품물品物'은 곧 만물이다. '만물'이라 하지 않고 '품물'이라고 한 것은 바로 앞에 '만물'이 나왔기 때문이다. 뒤의 '서물庶物'도 같다.

'유流'는 유동流動하다, 즉 움직여 나아간다(就)는 뜻이다. '형形'은 '형亨'으로 읽어야 한다. 발음이 비슷하여 잘못 썼다. 곧 「단」에 그 증거가 있다.

> 含弘光大, 品物咸亨. 품은 것이 크고 넓으니, 만물은 모두 형통하다.

건「단」의 '雲行雨施, 品物流形'은 곤「단」의 '含弘光大, 品物咸亨'과 짝이 되며, 건「단」의 '形'은 당연히 곤「단」을 따라 '亨'으로 써야 바르다. '형亨'은 괘사의 '亨'이며, '품물류형品物流亨'은 만물은 형통한 곳으로 흘러 나아간다, 즉 만물은 형통하다는 말이다. 건「단」의 '品物流亨'은 곤「단」의 '品物咸亨'과 같은 말이다. 건에서 '品物流亨'이라 하고 곤에서 '品物咸亨'이라고 한 것은 당시 사람들의 '천동지정天動地靜'설을 반영한 것이다. 만약 '형形'자 그대로 해석하게 되면, 형체를 이룬다(成其形)가 되는데, '하늘에서 구름이 흐르고 비가 내리니, 만물은 움직여 형체를 이룬다'는 것과 '형통한 것(亨)'은 아무런 관련이 없다.

「문언」에는 이 구절을 '雲行雨施, 天下平也'(구름이 흐르고 비가 내리니, 천하가 평화롭다)라고 하였는데, '천하가 평화롭다'는 것은 '만물이 형통하다'는 것과 같은 말이다.

고형은 "'유流'는 '동動'과 같다(流猶動也)" 하고 "'유형流形'은 그 형체를 움직이는 것(流形謂運動其形體)", 진고응은 "'유형流形'은 각종 생물이 대기의 자연 유동 중에서 생장生長하고 성형成形을 얻은 것을 가리키니, 곧 『장자』「천지」의 '움직여 만물을 낳는다'는 것이다('流形', 是說各類生物在大氣的自然流動中得以生長成形, 卽『莊子』「天地」的'流動而生物')"라고 하였다.

필자는「단」의 체례에 따라 '유형流形'은 '대형大亨'으로 쓰는 것이 바르다고 생각한다. 이렇게 읽는 것이「단」의 형식과 뜻에 부합한다. '품물대형'은 만물은 크게 형통하다는 말이다. 괘효로 말하면, 건의 순양의 효는 64괘 384효에 두루 흩어져(雲行雨施), 크게 형통하다(品物大亨)는 것이다. 자연계로 말하면, 하늘에서 구름이 흐르고 비가 내리니(雲行雨施), 만물은 크게 형통하다(品物大亨)는 것이다. 인간계로 말하면,「단」이 쓰인 전국 후기는 농경사회였고, 하늘에서 구름이 흐르고 때에 맞게 비가 내리니(雲行雨施) 만물은 크게 형통하다(品物大亨)는 것이다.

건「단」의 앞부분은 다음과 같이 되어야 문장이 바르다.

> 大哉'乾'乎! 萬物資始, 乃統天. 雲行雨施, 品物大'亨'.
> 위대하다 '건'이여! 만물은 이것에서 비롯되나니, 곧 하늘에 속한다.
> (하늘에서) 구름이 흐르고 비가 내리니, 만물은 크게 '형통하다'.

'大哉乾乎, 萬物資始, 乃統天'은 괘명 '건乾'을, '雲行雨施, 品物大亨'은 괘사 '원형元亨'을 해석한 것이다. 필자는「단」이 처음 쓰였을 때는 당연히 이와 같았으나,「단」의 체례를 잘 이해하지 못한 한대의 어느 유생이 지금의 문장으로 뜯어고쳤을 것이라고 생각한다. 『집해』에 구가역이 '元者, 氣之始也'라고 하여 '원元'을 '기氣'로 해석하고, 또 후한의 순상이 '乾以雲雨, 流坤之形'이라고 한 것으로 보아 한대 유생의 소행임이 분명하다. 그는 「문언」을 따라 '大哉乾乎'에 '乎'를 지우고 '元'자를 갖다 붙이고, '品物大亨'을 '品物流亨'으로 고쳤는데, 이것을 또다시 잘못 기록하여 '品物流形'이 된 것이다.

여기까지 괘사 '원형元亨'을 해석하였다.

大明終始

이하 괘사 '利貞'을 해석하였다. '대명大明'은 해를 가리킨다. 『집해』에 후과는 "대명은 해(大明, 日也)"라고 하고, 또 "해는 낮과 밤을 가지고 끝나고 시작하는 것으로 한다(大明以晝夜爲終始)"라고 하였다. 『역전』은 해를 '대명大明' 혹은 '명明'이라고 하였다. 예를 들겠다.

① 진晉 「단」: 順而麗乎大明. 유순하여 해에 붙어 있다.
② 리離 「상」: 明兩作, 離. 해가 두 번 떠오르는 것이 리다.
③ 진晉 「단」: 明出地上. 해가 땅 위에 떠오른다.
④ 진晉 「상」: 明出地上, 晉. 해가 땅 위에 떠오르는 것이 진이다.
⑤ 명이明夷 「단」: 明入地中, 明夷. 해가 땅 속으로 들어가는 것이 명이이다.
⑥ 명이明夷 「상」: 明入地中, 明夷. 해가 땅 속으로 들어가는 것이 명이이다.

이상 '대명大明'과 '명明'은 모두 해를 가리킨다. 『예기禮記』 「예기禮器」에 "해는 동쪽에서 나오고, 달은 서쪽에서 나온다(大明生於東, 月生於西)"라고 하였는데, 정현은 주에서 "대명은 해(大明, 日也)"라고 하였다. 해는 하늘에서 가장 밝게 비추므로 '대명大明'이라고 한 것이다. '종終'은 해가 들어가는 것, '시始'는 해가 나오는 것이다. '대명종시'는 해가 들어가고 나온다는 말이다.

六位時成

'육위六位'에 대해,

첫째, 전통적인 해석에서는 처음 효에서 꼭대기 효에 이르는 '여섯 효의 자리'를 가리킨다. 「설괘」 제2장에 "역은 여섯 자리로써 문장을 이룬다(易六位而成章)"라고 하였다. 왕필 이후 모두 '여섯 효의 자리'로 해석하였다.

둘째, 『집해』에 후과는 "육위는 하늘과 땅, 봄·여름·가을·겨울 사계절(六位, 天地四時也)"이라고 하여 공간과 시간 개념으로 파악하였다.

셋째, 고형은 "상하와 동서남북 사방의 자리(六位, 上下四方之位)"라고 하여 공간 개념으로 파악하였다. 이러한 해석은 모두 통한다. 필자는 고형을 따라 공간 개념으로 해석하였다.

『설문』 일부日部의 '시時'자에서 단옥재는 『이아』 「석고釋詁」를 인용하여 "시時는 시是"라고 하고, "이것이 시의 본뜻(此時之本義)"이라고 하였다. '時'는 '是'로 읽는다. 백화로 '于是(yu2shi4)'이며(고형), '그래서', '그리하여'라는 뜻이다. '성成'은 정한다는 뜻의 정定이다(고형). 두 글자는 뜻이 같아 옛날에 통용되었다. '육위시성'은 상하 사방 여섯 자리가 이러하게 정해진다는 말이다. "하늘에서 해가 들어가고 나오니, 상하 사방은 이로써 정해진다"는 것이다.

時乘六龍, 以御天

'시時'는 '적시適時'이며, 때에 맞는다는 뜻이다. '승乘'은 타다, 오른다는 뜻의 등登, 수레를 몬다는 뜻의 가駕이다. '육룡六龍'은 고대 신화에 나오는 수레를 모는 여섯 용이다. '이以'는 이而와 같다. 『설문』 척부彳部에 "'어御'는 말을 부리는 것(御, 使馬也)"이라고 하였다. 『집해』에 순상은 "'어御'는 운행한다는 뜻(御者, 行也)"이라고 하였다. '천天'은 건의 괘상이다. '시승육룡, 이어천'은 해가 때에 맞게 여섯 용이 모는 수레를 타고 하늘에서 운행한다는 말이다. 해가 하늘에서 운행하여 낮과 밤이 바뀌고 사계절이 순환한다.

'육룡六龍'에 대해 두 가지 해석이 있다.

첫째, 괘효로 해석하는 것이다. 왕필은 『주역약례周易略例』 「명괘적변통효明卦適變通爻」에서 "'위位'는 효가 처해 있는 상이다(位者, 爻所處之象也)"라고 하였으니, 육룡六龍은 여섯 자리의 효가 취한 상으로 여겼다. 그리하여 '종시終始'는 곧 효상의 변동, 즉 처음 효(初爻)에서 꼭대기 효(上爻)에 이르는 변화를 가리키며(大明乎終始之道), '육위六位'는 육효六爻의 자리, 즉 한 괘 여섯 효가 처해 있는 자리이며(故六位不失其時而成), '육룡'은 건괘 여섯 효의 용으로 해석하였다(升降无常, 隨時而用. 處則乘潛龍, 出則乘飛龍). 즉 "건괘 처음 효에서 꼭대기 효에 이르는 변화의 도리를 크게 밝혀(大明終始), 여섯 효의 자리가 때에 맞게 이루어지니(六位時成), 때에 따라 여섯 용을 타고 하늘을 운행한다(時乘六龍以御天)"라고 해석하였다. 공영달은 "육룡은 건괘 여섯 자리의 용이다(六龍卽六位之龍也). 자리의 위아래를 가지고 말하면 '여섯 자리'이고(以所居上下言之謂之六位也), 양기가 오르고 내리는 것을 가지고 말하면 '여섯 용'이다(陽氣升降謂之六龍也)"라고 하였다. 왕필 이후 해석에 약간의 차이는 있어도 모두 괘효로 해석하였다. 전통적인 해석에서 '육룡'은 건괘의 여섯 양효, 즉 '잠룡潛龍', '현룡見龍', '척룡愓龍', '약룡躍龍', '비룡飛龍', '항룡亢龍'을 가리킨다.

둘째, 고대 신화로 해석하는 것이다. 고형은 해가 하늘에서 여섯 용을 몰고 운행한다는 옛날의 신화에서 인용한 것이라고 주장하였다. 그는 "상고 시대의 신화에 해는 하늘에서 운행하면서, 수레를 탔는데, 수레에는 여섯 용이 있어 그 어미인 희화가 몰았다고 한다(上古神話, 日行于天空, 乘車, 車上駕六龍, 其母羲和御之). 「단」은 이 신화를 인용하여, 해가 여섯 용을 몰고 때에 맞게 하늘에서 운행한다는 것을 말한 것이다(余謂彖傳借用此神話, 言日駕六龍以時運行于天空). 이 세 구절은 하늘에서 해가 운행하여, 상하 사방이 정해지고, 또 낮과 밤과 사계절이 이루어지는 것을 말한 것이다(此三句言天有日之運行, 以定上下四方, 以成晝夜四時)"라고 하였다. 두 가지 해석은 모두 통하나, 고형의 해석이 「단」의 본뜻과 부합한다. 필자는 고형의 해석을 따랐다.

'대명종시, 육위시성. 시승육룡, 이어천'은 하늘에서 해가 들어가고 나오니, 상하 사방은 이로써 정해진다. 해가 때에 맞게 여섯 용이 모는 수레를 타고 하늘에서 운행한다는 말이다. 결국 하늘에서 자연의 질서가 이루어진다는 것을 말한 것이다.

乾道變化

'건도乾道'는 앞의 '大明終始, 六位時成, 時乘六龍以御天'을 가리킨다. 하늘에서 해가 들어가고 나오니, 상하 사방은 이로써 정해지며, 해가 때에 맞게 여섯 용이 모는 수레를 타고 하늘에서 운행하니 낮과 밤이 바뀌고 사계절이 순환한다는 것이다. 이것이 '건도'이며, '건도'는 곧 '천도天道'이다. '천도'는 하늘에서 일어나는 각종의 자연 현상을 가리킨다. 자연 현상에는 일정한 법칙이 있다고 여겼으므로 '천도'라고 한 것이다. 요즘말로 '자연의 법칙', '자연의 이법'이다. '변화變化'는 천도의 작용을 가리킨다. '변變'과 '화化'는 같은 개념이다. 4글자로 짝을 맞추기 위해 두 글자를 붙여 '변화'라고 하였다. 고형은 "변화는 사계절, 낮과 밤, 바람과 구름, 우레와 비, 서리와 눈, 흐림과 맑음, 추위와 더위 등의 종종 변화를 가리킨다(變化指四時, 晝夜, 風雲, 雷雨, 霜雪, 陰晴, 寒暖之種種變化)"라고 구체적으로 설명하였다. '건도변화'는 건도가 변화한다는 말이다. 건도는 왜 변화하는가? 해가 때에 맞게 여섯 용이 모는 수레를 타고 하늘에서 운행하기 때문이다. 그래서 건도가 변화한다는 것이다.

各正性命

'각各'은 괘효로 말하면 64괘 384효를, 자연계로 말하면 만물을 가리킨다. 「단」은 '정正'을 가지고 괘사의 '정貞'을 해석하였으며, 바르게 하다는 동사로 사용하였다.

'성性'과 '명命'에 대해 몇 가지 해석이 있다.

첫째, 공영달은 "'성'은 선천적으로 가지고 오는 바탕이다. 강하고 부드럽고 느리고 빠른 것이 구별되는 것과 같다. '명'은 사람이 선천적으로 부여받은 것이다. 귀하고 천하고 수명이 짧고 긴 것이 속하는 것이 이와 같다(性者, 天生之質, 若剛柔遲速之別. 命者, 人所稟受, 若貴賤夭壽之屬是也)"라고 하였는데, '성'은 성질, '명'은 운명으로 보았다.

둘째, 정이, 주희, 래지덕, 진몽뢰 등은 "하늘이 부여한 것이 '명'이고, 사물이 부여받은 것이 '성'이다(天所賦爲命, 物所受爲性)"라고 하였다. 즉 '명'은 천명, '성'은 물성으로 보았다.

셋째, 고형은 '성'은 속성, '명'은 수명으로 보았다.

넷째, 주백곤은 본성과 수명으로 보았다.

다섯째, 진고응은 '성'은 만물의 본래 그러한 성(萬物本然之性), '명'은 만물의 최종 운명(萬物終極之命運), 즉 수명으로 보았다.

여섯째, 필자는 '성'은 사물의 본성이고, '명'은 사물의 운명으로 해석하였다.

'명命'에 대해, 『역전』에서 '운명'의 개념으로 쓰인 몇 가지 예를 들겠다.

① 대유大有 「상」: 順天休命. 하늘에 순응하여 자신의 운명을 아름답게 한다.
② 「계사」 상·4장: 樂天知命. 하늘의 뜻을 즐기고 운명을 안다.
③ 「설괘」 제1장: 窮理盡性以至於命. 주역점의 원리를 궁구하고 본성을 극진히 하여 운명의 원리에 통달하는 데 이르렀다.
④ 「설괘」 제2장: 順性命之理. 본성과 운명의 원리에 순응하였다.

건 「단」의 '명'은 이들과 같은 개념이다. 『주역』은 본래 점치는 책이기 때문에 '운명'으로 보는 것이 합당할 것이다. 『역전』에 '명'은 모두 21곳 기록되어 있다. 「단」에 5곳, 「상」에 11곳, 「계사」에 3곳, 「설괘」에 2곳이다. 이 가운데 '운명'이 5곳, '천명'이 5곳, '교명'이 3곳, '명령'이 4곳, '생명'이 한 곳, '사명'이 한 곳, '명하다'의 뜻이 한 곳, '알린다'는 뜻이 한 곳이다. 아래에 「단」의 5곳 '命'을 모두 인용하겠다.

① 건乾 「단」: 乾道變化, 各正性命. 건도가 변화하여 만물은 본성과 운명을 바르게 한다.
② 무망无妄 「단」: 大'亨'以正, 天之命也. 크게 '형통하고' 바른 것은 하늘의 명이다.
③ 췌萃 「단」: '用大牲吉, 利有攸往', 順天命也. '큰 희생을 사용하면 길하며, 갈 곳이 있으면 이롭다'는 것은 천명에 순응한다는 것이다.

④ 혁革 「단」: 天地革而四時成, 湯武革命, 順乎天而應乎人. 천지가 바뀌니 사계절이 이루어진다. 탕과 무왕이 천명을 바꾸니, 하늘에 순응하고 사람에 응하는 것이다.

⑤ 손巽 「단」: 重巽以申命. 손을 겹쳐 교명을 거듭한다.

'건도변화, 각정성명'은 건도가 변화하여 만물은 본성과 운명을 바르게 한다는 말이다. 이것은 천도가 변화하여 만물은 자신의 올바른 본성과 자신에게 알맞은 운명을 갖게 된다는 것이다. 괘효로 말하면 '성명性命'은 64괘 384효가 가지고 있는 도리를 말하며, 자연계로 말하면 만물이 품고 있는 본성과 운명이다. '건도변화, 각정성명'은 『중용』의 '천명지위성天命之謂性'과 같은 말이다(1장). 『중용』은 참된 본성(誠性)을 말하였고, 「단」은 올바른 본성(貞性)을 말하였다. 앞에서 정이와 주희 등이 '天所賦爲命, 物所受爲性'이라고 해석한 것은 『중용』을 가지고 「단」의 이 구절을 해석한 것이다.

保合大和

'보保'는 보존하다, '합合'은 이룬다는 뜻의 성成과 같다(고형). '보합保合'은 보존하여 이룬다는 뜻이다. '대大'는 태太로 읽는다. 두 글자는 음과 뜻이 같아 옛날에 통용되었다. '화和'는 『중용』의 "희로애락이 나타나지 않은 것을 '중'이라 하고, 나타나 모두 절도에 맞는 것을 '화'라고 한다(喜怒哀樂之未發謂之中, 發而皆中節謂之和)"의 '화'와 같다(1장). '태화太和'는 큰 조화, 즉 성과 명을 받은 우주 만물의 조화이다. 「단」은 우주 만물의 조화를 말하였고, 『중용』은 인간의 감정의 조화를 말하였다. 주희는 '대화大和'를 "음양이 모이고 합한 조화로운 기(陰陽會合沖和之氣)"라고 하였다. 주희 이후 후인들은 종종 '太和之氣'로 해석하였는데, 「단」에는 '氣' 개념이 없다. '보합대화'는 하늘이 큰 조화를 보존하고 이룬다는 말이다.

乃 '利貞'

'내乃'는 접속사이며, 이에, 그래서이다. '이정利貞'은 괘사를 인용한 것이다. 「단」은 일관되게 '정貞'을 '정正'으로 읽었는데, 제나라 직하稷下 유생들이 유가의 의리를 가지고 해석한 것이다. '이정'은 바르게 하여 이롭다는 말이다.

'보합대화, 내리정'은 하늘의 도가 작용하여 64괘(만물)는 각각 그 도리(본성과 운명)의 바름을 얻으며, 하늘은 큰 조화를 보존하고 이루니, 그래서 '바르게 하여 이롭다'는 것이다. 즉 건도가 '각정성명'하고 하늘이 '보합태화'하여 바르게 하는 것이어서 이롭다는 말이다. 즉 이로움은 건도가 '각정성명'하고 하늘이 '보합태화'하여 바르게 하는 데에 있다는 말이다.

여기까지 괘사 '이정利貞'을 해석하였다.

首出庶物

이하 건 「단」의 결어이다. 문장의 주어는 하늘(건)이다. '수首'는 먼저(先), 비로소(始), 시작하다(始)는 뜻이며, '萬物資始'의 '시始'와 같다. '출出'은 생출生出이며, 만들어낸다는 뜻이다. '서물庶物'은 온갖 사물이며, 앞에서 말한 '만물萬物', '품물品物'과 같다. 괘효로 말하면 64괘 384효이며, 자연계로 말하면 만물이다. '수출서물首出庶物'은 '만물자시萬物資始'와 같은 말이며, 하늘(건)이 처음 만물을 만들어낸다는 말이다.

萬國咸寧

'만국'은 천하라는 뜻이다. 『설문』 구부口部에 "'함'은 모두라는 뜻(咸, 皆也, 悉也)"이라고 하였다. '녕寧'은 편안하다(安)는 뜻이다. '만국함녕'은 만국이 모두 편안하다는 말이다. 괘효로 말하면 건이 64괘 384효를 만들어내니, 천하가 모두 편안하다는 것이다. 자연계로 말하면, 하늘(건)이 처음 만물을 만들어내니, 천하가 모두 편안해진다는 것이다. 건乾 「단」의 '萬國咸寧', 함咸 「단」의 '天下和平', 건乾 「문언」의 '天下平也' 등은 『역전』 각 편이 천하가 통일되고 화평한 한대 초기에 세상에 나왔다는 명백한 증거이다.

「단」은 괘사 '원형, 이정'을 가지고 건을 찬양하였다. 건에서 만물이 비롯되며 하늘에 속하고, 하늘에서 구름과 비를 운행하여 만물은 형통하니, 곧 '크게 형통하다(元亨)'는 것이며, 하늘에서 해가 운행하여 상하 사방이 정해지고, 이러한 건도가 작용하여 만물은 본성과 운명을 바르게 하며, 하늘은 큰 조화를 보존하고 이루니 그래서 '바르게 하여 이롭다(利貞)'는 것이다. 그리고 하늘이 만물을 만들어내니 천하가 평화롭다는 것으로 끝을 맺었다.

2. 곤坤

䷁ 坤, 元亨. 利牝馬之貞. 君子有攸往, 先迷後得主, 利. 西南得朋, 東北喪朋. 安貞吉.

곤은 크게 형통하다. 암말이 바르게 하여 이롭다.
군자가 갈 곳이 있어, 먼저 갈피를 잡지 못하여 길을 잃으나 뒤에 바른 길을 얻는다.
서남쪽은 벗을 얻고, 동북쪽은 벗을 잃는다. 바름에 편안히 머물면 길하다.

'곤坤'은 괘명이며, 땅이다. 「단」은 '지地'와 '순順'과 '유순柔順'을 가지고 괘명 '곤坤'을 해석하였다. '원元'은 크다는 뜻의 대大, '형亨'은 형통하다는 뜻의 통通이다. '원형元亨'은 크게 형통하다는 말이다. '빈牝'은 조수鳥獸의 암컷이다. '빈마牝馬'는 암말이다. '정貞'은 바르다는 뜻의 정正이다. '이빈마지정'은 암말이 바르게 하여 이롭다는 말이다. 「단」은 암말이 바른 것은 유순하기 때문이라고 하였다. '군자'는 도덕 수양이 훌륭한 사람이다. '유攸'는 『석문』에 "곳이라는 뜻의 소所"라고 하였다. '미迷'는 갈피를 잡지 못하고 길을 잃는 것이다. 「단」은 '실도失道'를 가지고 괘사의 '선미先迷'를 해석하였다. 즉 먼저 갈피를 잡지 못하고 길을 잃는다는 말이다. 「단」은 '상常'(바른 길)을 가지고 괘사의 '주主'를 해석하였다. '득주得主'는 바른 길을 얻는다는 말이다. 「단」은 괘사의 '利'를 말하지 않았다. 「문언」에도 '利'자가 없다. '상喪'은 『석문』에 "잃는다는 뜻의 실失"이라고 하였다. '붕朋'은 벗(朋友)이다. '안정길安貞吉'은 바름에 편안히 머물면 길하다는 말이다. 곤은 유순하고, 땅도 유순하며, 암말도 유순하고, 군자 또한 유순하다.

彖曰 至哉'坤元'! 萬物資生, 乃順承天. 坤厚載物, 德合无疆. 含弘光大, 品物咸'亨'. '牝馬'地類, 行地无疆, 柔順'利貞'. '君子'攸行, '先迷'失道, '後'順'得'常. '西南得朋', 乃與類行. '東北喪朋', 乃終有慶. '安貞'之'吉', 應地无疆.
지극하다, 곤이여! 만물은 이것에서 생겨나느니, 곧 유순히 하늘을 받든다. 곤은 두터이 만물을 실으니, 덕이 미치는 것이 끝이 없다. 품은 것이 크고 넓으니, 만물은 '크게 형통하다'. '암말'은 땅과 동류이니, 땅 위를 가는 것이 끝이 없고, 유순하여 '바르게 하여 이롭다'. '군자'가 갈 곳이 있어 '먼저 갈피를 잡지 못하여' 길을 잃으나, '뒤에' 순조롭게 바른 길을 '얻는다'. '서남쪽은 벗을 얻는다'는 것은 곧 동류와 더불어 간다는 것이다. '동북쪽은 벗을 잃는다'는 것은 곧 마침내 경사가 있다는 것이다. '바름에 편안히 머물면 길하다'는 것은 (군자가) 땅에 응하는 것이 끝이 없다는 것이다.

곤 「단」은 2단락으로 구성되어 있다.

첫째 단락…괘명 '坤'을 해석하였다.

① 至哉 '坤元'…곤이 지극함. ('至哉坤乎'가 바르다)

② 萬物資生…만물은 곤에서 생겨남.

③ 乃順承天…곤은 유순히 하늘을 받듦.

둘째 단락…괘사를 해석하였다.

1. 괘사 '元亨'을 해석하였다.

① 坤厚載物…곤은 두터이 만물을 실음.

② 德合无疆…덕이 미치는 것이 끝이 없음.

③ 含弘光大…품은 것이 크고 넓음.

④ 品物咸'亨'…만물은 '크게 형통함'. ('品物大亨'이 바르다)

2. 괘사 '利牝馬之貞'을 해석하였다.

① '牝馬'地類…'암말'은 땅과 동류임.

② 行地无疆…땅 위를 가는 것이 끝이 없음.

③ 柔順'利貞'…유순하여 '바르게 하여 이로움'.

3. 괘사 '君子有攸往, 先迷後得主'를 해석하였다.

① '君子'攸行…'군자'가 갈 곳이 있음.

② '先迷'失道…'먼저 갈피를 잡지 못하여' 길을 잃음.

③ '後'順'得'常…'뒤에' 순조롭게 바른 길을 '얻음'.

4. 괘사 '西南得朋'을 해석하였다.

① '西南得朋'…괘사 '서남득붕'을 들었음.

② 乃與類行…동류와 더불어 간다는 것임.

5. 괘사 東北喪朋'을 해석하였다.

① '東北喪朋'…괘사 '동북상붕'을 들었음.

② 乃終有慶…마침내 경사가 있다는 것임.

6. 괘사 '安貞吉'을 해석하였다.

① '安貞'之'吉'…괘사 '안정길'을 들었음.

② 應地无疆…군자가 땅에 응하는 것이 끝이 없다는 것임.

곤「단」에서 '천川', '천天'과 '강疆', '형亨', '강疆', '정貞', '행行', '상常', '행行', '경慶', '강疆'은 운이다.

유백민: '元', 二十二元. 與下'天', 鐵因反. 相韻.

'疆', 十陽. 與下'亨', 古音許郎反. '行', 戶郎反. '常', 十陽. '慶', 古音羌. 爲韻.

스즈키: '원元', '천天'과 '강疆', '형亨', '강疆', '행行', '상常', '행行', '경慶', '강疆'.

至哉 '坤元'

이하 괘명 '坤'을 해석하였다. '지재곤원至哉坤元'은 '지재곤호至哉坤乎'라고 하는 것이 바르다. '만물자생萬物資生, 내순승천乃順承天'은 괘명 '곤坤'을 설명한 말이지, 괘명과 괘사 '원元'을 설명한 글이 아니다.「단」은 일관되게 '원형元亨'으로 붙여 읽고 '크게 형통하다(大亨)'라고 해석하였지, '원元, 형亨'으로 끊어 읽지 않았다.

괘명 '坤'에 대해,

① 한초에 필사된『백서주역』에는 '坤'이 모두 '川'으로 되어 있다.
② 후한 말에 새겨진 희평熹平 석경에도 '巛'으로 되어 있다.
③『석문』에는 이렇게 기록되어 있다.

> 坤, 本又作巛. 巛, 今字也.
>
> 곤은 본래 또 천巛으로 썼다. 천巛은 금문이다.

'금자今字'는 한나라 때 예서隸書로 쓴 금문今文이라는 말이다. 한대에는 '坤'을 '巛'으로 썼다는 것이다.

④『옥편玉篇』천부川部에는 이렇게 기록하였다.

> 巛讀川, 古爲坤字.
>
> 천巛은 천川으로 읽으며, 옛날의 곤坤자이다.

이상의 내용을 살펴보면『백서주역』이 필사된 한초는 물론 희평 석경이 새겨진 후한 말에 이르기까지 '坤'이라는 괘명은 모두 '川'으로 되어 있었다.

⑤ 그런데『설문』토부土部에는 이렇게 기록하였다.

坤, 地也. 易之卦也.

곤은 땅이다. 역의 괘이다.

후한 허신(58?~149)은 '坤'을 역의 괘라고 하였다. 후한 초 중기에 괘명으로 '坤'을 썼다는 기록이다. 필자는 괘명 '坤'에 대한 다섯 가지 기록을 정리하고 다음과 같이 결론을 내린다.

'坤'은 본래 괘명이 '巛'이었다. 한대를 거치면서 점차 '坤'으로 정립되어, 왕필 본에 이르러 완전히 '巛'이 '坤'으로 쓰였다. 후인들은 고문헌에 '巛'으로 기록되어 있는 괘명을 모두 '坤'으로 바꿔 썼다. 『백서주역』은 한 초에 땅 속으로 들어가 2천여 년 동안 발굴되지 않았고, 희평 석경은 돌에 새겨져 있었으므로 온전하게 '巛'자를 그대로 간직하고 있었다.

희평 석경은 1920년대 낙양에서 출토된 후한 희평 연간의 잔석殘石을 말한다. 후한 12대 영제靈帝(재위:168~189) 희평熹平(172~178) 4년(175) 낙양洛陽의 태학太學에 『주역』『상서』 등 모두 7종의 경전을 돌에 새겼는데, 광화光和 6년(183)에 완성하여 태학 강당講堂의 동서 양쪽에 세웠다. 『주역』은 잔석 한쪽 면에 하경의 가인家人에서 귀매歸妹까지 18괘 286자, 또 다른 면에는 「문언」과 「설괘」 205자, 모두 합하여 491자가 새겨져 있다. 그 내용은 통행본과 대략 같으나 같지 않은 글자가 많다. 지금 서안西安 비림碑林에 보관되어 있다.

후한은 광무제光武帝 유수劉秀(재위:25~57)가 건국하여 14대 헌제獻帝 유협劉協(재위:189~220)에 멸망하였으며, 195년 동안 지속되었다. 후한 말, 12대 영제 때 태학 강당의 동서 양쪽에 세워진 석경은 국가의 공인된 문헌이다. 한나라 당시에는 '坤'자를 '巛'으로 썼음을 알 수 있다.

「단」이 쓰인 전국 후기에는 당연히 '곤坤'이라 쓰지 않고 '巛'이라고 썼다. 따라서 '至哉坤乎'는 당연히 '至哉巛乎'로 되어 있었다. '지재천호至哉巛乎'의 '巛'과 '내순승천乃順承天'의 '天'은 운이다.

'지至'는 형용사이며, 지극하다(極)는 뜻이다. 공영달은 "'지'는 지극(至, 謂至極也)"이라고 하였다. '지재至哉'는 감탄사이며, 지극하다는 뜻이다. 건 「단」에서는 '대재大哉', 곤 「단」에서는 '지재至哉'라고 하는데, '지재至哉'는 '대재大哉'보다 감탄의 정도가 조금 떨어지는 표현이다. 정이는 "건이 이미 '대大'라고 칭하였으니 곤은 '지至'라고 칭한 것이다. '지至'의 뜻은 다소 떨어져 '대大'의 성함만 못하다(乾旣稱大, 故坤稱至. 至義差緩, 不若大之盛也)"라고 하였다. '곤坤'은 괘명이다. '호乎'는 감탄 종결조사이다. '지재곤호'는 "지극하다, 곤이여!"라는 말이다. 곤이 왜 지극한가? 만물은 곤에서 생겨나며 유순히 하늘에 받들기 때문이다. 그래서 지극하다는 것이다.

萬物資生

'만물'은 괘효로 말하면 64괘 384효를 가리키고, 자연계로 말하면 천지만물, 삼라만상이다. 『주역』의 64괘는 자연계에 있어서 만물이다. '자資'는 의지하다는 뜻의 뢰賴, 빙憑이다. '생生'은 땅이 만물을 낳는 것이며, 공간 개념이다. '만물자생'은 만물은 곤에서 생겨난다는 말이다.

乃順承天

'내순승천乃順承天'은 '내통지乃統地'로 하는 것이 바르다. 운을 맞추고 4글자로 만들기 위해 의도적으로 글자를 고쳤다.

> (乾) 大哉'乾'乎! 萬物資始, 乃統天. (건은 하늘에 속한다.)
> (坤) 至哉'川'乎! 萬物資生, 乃統地. (곤은 땅에 속한다.)

이렇게 읽어야 서로 짝이 되며 내용이 반듯하다. 건의 '乾'과 '天'은 운이나, 곤의 '川'과 '地'는 운이 안 되니, '乃統地'를 '乃順承天'으로 바꾸었다. '川'과 '天'은 운이다.

'내乃'는 부사이며 바로, 곧 즉卽이다. '순順'은 유순하다는 뜻이며, 곤의 덕이다. 『설문』 수부手部에 "'승承'은 받든다는 뜻의 봉奉, 받는다는 뜻의 수受"라고 하였다. '내순승천'은 유순히 하늘을 받든다는 말이며, 땅이 하늘을 유순히 받들어 만물을 낳고 기르는 것이다. 건 「단」에서 '만물자시萬物資始', 곤 「단」에서는 '만물자생萬物資生'이라고 하였는데, 「단」은 하늘에서 만물이 비롯되며, 땅에서 만물이 생겨난다고 여긴 것이다.

坤厚載物

이하 괘사 '元亨'을 해석하였다. '곤坤'은 지地이다. '후厚'는 두텁다(不薄), '재載'는 싣다(乘), '물物'은 만물이다. '곤후재물'은 곤(땅)은 두터이 만물을 싣는다는 말이다. 『중용』에도 이와 유사한 말이 있다. "지금 땅은……그것이 넓고 두터움에 이르러서는 화산과 악산을 싣고 있으나 무겁지 않으며……만물이 실려 있다(今夫地,……及其廣厚, 載華嶽而不重,……萬物載焉)"라고 하였다(26장).

德合无疆

'덕德'은 만물을 싣고 있는 곤의 덕이다. 땅은 포용하지 않는 것이 없다. '합合'에 대해 두 가지 해석이 있다.

첫째, 『집해』에 촉재는 "하늘은 끝없는 덕을 가지고 있어 곤이 합하므로 '덕합무강'이라 하였다(天有无疆之德, 而坤合之, 故云德合无疆也)"라고 해석하였다. 촉재는 '합'을 합한다는 뜻으로 보고, "곤의 덕이 건의 덕과 합하여 끝이 없다"라고 해석한 것이다. 촉재 이후 모두 '합'을 합한다는 뜻으로 해석하였다. 정이는 "곤이 건의 무강에 합한다(合於乾之无疆)", 주희는 정이를 따라 "건과 짝함을 말한다(德合无疆, 謂配乾也)"라고 하였다.

둘째, 고형은 "'합合'은 태迨를 가차한 것이고(合借爲迨), 두 글자는 같은 성음 계열이며(二字同聲系) 옛날에는 통용되었다(古通用). 『설문』에 '태는 미친다는 뜻의 답(迨, 遝也)'이라고 하였다. 답遝은 이르다는 뜻의 급及이다. 『방언方言·삼三』에 '태는 이르다는 뜻의 급(迨, 及也)'이라고 하였다. '덕태무강德迨无疆'은 땅의 덕이 만물에 널리 미쳐 끝이 없다는 것이다(地德普及萬物而無邊)"라고 하였다. 두 가지 해석은 모두 통한다. 필자는 고형의 해석을 따랐다.

'강疆'은 지경(境界), 끝(限), 한계(限)의 뜻이다. '무강无疆'은 끝이 없다는 말이며, 곤(땅)에 의지하지 않는 것이 없다는 뜻이다. 공영달은 "'무강无疆'에는 두 가지 뜻이 있다. 하나는 넓은 것이 끝이 없다는 것이고, 또 하나는 장구한 것이 끝이 없다는 것이다(凡言無疆者, 其有二義. 一是廣博無疆, 二是長久無疆)"라고 하였다. 그는 공간과 시간, 두 가지 개념으로 설명하였다. '덕합무강'은 곤의 덕이 미치는 것이 끝이 없다는 말이다. 곤의 덕은 만물을 싣는 것, 만물을 포용하는 것이다. '덕이 미치는 것이 끝이 없다'는 것은 만물은 땅에 의지하여 생존하지 않는 것이 없다는 말이다.

含弘光大

'함含'은 품는다는 뜻의 함銜, '홍弘'은 『이아』「석고釋詁」에 "크다는 뜻의 대大"라고 하였는데, 형병邢昺은 "포용한 것이 크다(含容之大)"라고 하였다. '함홍含弘'은 땅이 품은 것이 크다는 말이다. '광光'은 넓다는 뜻의 광廣으로 읽는다. 『역전』에서 '광光'은 빛(光明)과 넓다(廣), 두 가지 뜻으로 사용되었다. '광光'과 '광廣'은 발음이 같아 옛날에 통용되었다. '광대光大'는 땅이 품은 것이 광대하다는 뜻이다. '함홍광대'는 곤이 품은 것이 크고 넓다는 말이다. 즉 모든 것을 다 포용하고 있다는 뜻이다. 정이는 '含, 弘, 光, 大'로 읽고, 네 가지는 곤도를 형용한 것(以含弘光大四者形容坤道)이라고 하였다.

品物咸'亨'

'품물品物'은 만물이다. '함咸'은 모두(皆)라는 뜻이다. '형亨'은 괘사의 '亨'이며, 형통하다는 뜻의 통通이다. '품물함형'은 만물이 모두 형통하다는 말이다. 곤은 두터이 만물을 실으니, 덕이 미치는 것이 끝이 없고, 품은 것이 크고 넓으니, 만물은 모두 형통하다는 것이다.

필자는 「단」의 체례에 따라 '함형咸形'은 '대형大亨'으로 쓰는 것이 바르다고 생각한다. 이렇게 읽는 것이 「단」의 형식과 뜻에 부합한다. '대형大亨'은 크게 형통하다(元亨)는 뜻이며, 뒤의 '이정利貞'과 짝이 된다. '품물대형'은 만물은 크게 형통하다는 말이다. 곤은 두터이 만물을 실으니(坤厚載物) 덕이 미치는 것이 끝이 없고(德合无疆), 품은 것이 크고 넓으니(含弘光大), 만물은 '크게 형통하다'(品物大亨)는 것이다.

곤 「단」의 앞부분은 다음과 같이 되어야 문장이 바르다.

> 至哉'坤'乎! 萬物資生, 乃順承天.
> 坤厚載物, 德合无疆. 含弘光大, 品物大'亨'.
> 지극하다 '곤'이여. 만물은 이것에서 생겨나느니, 곧 유순히 하늘을 받든다.
> 곤은 두터이 만물을 실으니, 덕이 미치는 것이 끝이 없다.
> 품은 것이 크고 넓으니, 만물은 크게 '형통하다'.

'至哉坤乎! 萬物資生, 乃順承天'은 괘명 '곤坤'을, '坤厚載物, 德合无疆. 含弘光大, 品物大亨'은 괘사 '원형元亨'을 해석한 것이다. 필자는 「단」이 처음 쓰였을 때는 '坤'이 '川'으로 되어 있고, 나머지는 당연히 이와 같았으나, 「단」의 체례를 잘 이해하지 못한 한대의 어느 유생이 지금의 문장으로 뜯어고쳤을 것이라고 생각한다. 『집해』에 구가역이 '乾氣至坤, 萬物資受而以生也'라고 하여 '기氣'로 해석하고, 또 후한의 순상이 '天地交, 萬物生, 故咸亨'이라고 한 것으로 보아 한대 유생의 소행임이 분명하다. 그는 「문언」을 따라 '至哉坤乎'에 '乎'를 지우고 '元'자를 갖다 붙이고, '品物大亨'을 '品物咸亨'으로 고친 것이다.

여기까지 괘사 '원형元亨'을 해석하였다.

'牝馬' 地類

이하 괘사 '利牝馬之貞'을 해석하였다. '빈마牝馬'는 암말, '유類'는 동류라는 뜻이다. '지류地類'의 땅과 같은 부류라는 말이다. 지地는 곤坤의 괘상이다. '빈마'도 '땅'도 모두 음에 속하며, 유순하다. '빈마지류'는 암말은 땅과 동류라는 말이다. 「단」은 '지

地'를 가지고 괘명 '곤'을 해석하였다.

行地无疆

'행行'은 간다(走)는 뜻이다. '행지行地'는 땅위를 가는 것이다. '무강无疆'은 끝이 없다는 뜻이다. '행지무강'은 암말이 땅 위를 가는 것이 끝이 없다는 말이다.

柔順 '利貞'

'유순柔順'은 암말의 성품이 유순하다는 것이다. '이정利貞'은 괘사를 인용한 것이며, 유순한 것이 암말의 바름이다. '유순이정'은 암말이 유순하여 바르게 하여 이롭다는 말이다. 「단」은 괘사 '이빈마지정'을, 암말은 땅과 동류이니 땅 위를 가는 것이 끝이 없고, 유순한 미덕을 가지고 있어 바르게 하여 이롭다고 해석하였다. 여기까지 괘사 '利牝馬之貞'을 해석하였다.

'君子' 攸行

이하 괘사 '君子有攸往, 先迷後得主, 利'를 해석하였다. 이 부분에 대해 두 가지 독법이 있다.

① 牝馬地類, 行地无疆. 柔順利貞, 君子攸行. 先迷失道, 後順得常.으로 읽는 것이다.

왕필이 이렇게 읽자, 후대의 공영달, 이정조, 호원, 장재, 정이, 주희, 진몽뢰, 주준성, 상병화, 유백민, 일본의 스즈키 요시지로(鈴木由次郎) 등 대부분 사람들이 이렇게 읽었다. 이렇게 읽으면 '강疆', '행行', '상常'이 운이 된다.

② 牝馬地類, 行地无疆, 柔順利貞. 君子攸行, 先迷失道, 後順得常.으로 읽는 것이다.

래지덕, 왕부지, 굴만리, 고형, 주백곤, 진고응 등이 이렇게 읽었다. 이렇게 읽으면 '정貞', '상常'이 운이 된다.

필자는 ②의 독법이 바르다고 생각한다. '牝馬地類, 行地无疆, 柔順利貞.'은 괘사의 '利牝馬之貞'을 해석한 것이고, '君子攸行, 先迷失道, 後順得常.'은 괘사의 '君子有攸往, 先迷後得主'를 해석한 것이기 때문이다.

'군자'는 도덕 수양이 훌륭한 사람이다. '군자' 뒤에 '유有'자가 있어야 한다. 4글자 짝을 맞추기 위해 의도적으로 생략하였다. '유攸'는 '소所'와 같다. '행行'은 가는 것이다. 「단」은 '행行'을 가지고 괘사의 '왕往'을 해석하였다. '군자유행'은 군자는 갈 곳이 있다는 말이다.

'先迷' 失道

'미迷'는 미혹하다(惑), 갈피를 잡지 못하다(未決)는 뜻이다. '도道'는 군자가 가는 길이다. '실도失道'는 군자가 길을 잃었다는 것이다. '선미실도'는 먼저 갈피를 잡지 못하여 길을 잃는다는 말이다. 「단」은 '실도失道'를 가지고 괘사의 '선미先迷'를 해석하였다.

'後' 順 '得' 常

'후後'는 실도失道한 '후'를 가리킨다. '순順'은 형용사이며 순조롭다는 뜻이다. '상常'은 상도常道이며, 정로正路(고형), 정도正道(진고응), 즉 바른 길이다. 바른 길은 군자가 걷는 길이다. 「단」은 '상常'을 가지고 괘사의 '주主'를 해석하였다. '후순득상'은 뒤에 순조롭게 바른 길을 얻는다는 말이다. 「단」은 괘사 '君子有攸往, 先迷後得主'를, 군자가 갈 곳이 있어, 먼저 갈피를 잡지 못하여 길을 잃으나 뒤에 순조롭게 바른 길을 얻는다고 해석하였다. 「단」은 '이利'를 말하지 않았다.

군자가 도덕 수행을 하는데(君子攸行), 먼저는 미혹하여 다른 길로 나아갔지만(先迷失道), 뒤에는 순조롭게 바른 길로 돌아와(後順得常) 도덕 수행을 한다는 것이다. 여기까지 괘사 '君子有攸往, 先迷後得主'를 해석하였다.

'西南得朋', 乃與類行.

괘사 '西南得朋'을 해석하였다. 주어는 군자이다. '서남'은 서남쪽이다. '붕'은 벗, '내'는 곧 즉 이며, '여'는 더불어(共), '유類'는 동류이다. 「단」은 '유類'를 가지고 괘사의 '붕朋'을 해석하였다. '붕朋'과 '유類'는 모두 '군자君子'와 동류의 군자이다. 같은 군자를 '붕朋'이라고 하였다. '내여류행'은 동류와 더불어 간다는 말이다. 「단」은 괘사 '서남득붕西南得朋'을, 군자가 가는데 서남쪽은 동류의 벗을 얻어 그와 함께 동행한다고 해석하였다. 「단」에 유사한 표현이 2곳 있다.

① 건蹇 「단」: 利西南, 往得中也. '서남쪽이 이롭다'는 것은 가면 중도를 얻기 때문이다.

② 해解 「단」: 利西南, 往得衆也. '서남쪽이 이롭다'는 것은 가면 백성을 얻기 때문

이다.

『집해』에 최경은 "서방은 곤괘와 태괘의 자리이고, 남방은 손괘와 리괘의 자리이니, 두 방위는 모두 음이어서 곤괘와 동류이므로 '서남득붕'이라 하였다(西方坤兌, 南方巽離, 二方皆陰, 與坤同類, 故曰西南得朋)"라고 하였고, 정이 역시 "서남은 음방이니, 동류를 좇으므로 벗을 얻는다(西南陰方, 從其類, 得朋也)"라고 해석하였는데, 이것은 「설괘」 제5장의 후천팔괘방위도를 가지고 '서남득붕'을 해석한 것이다. 「단」이 쓰인 당시에는 아직 「설괘」는 세상에 나오지 않았다.

'東北喪朋', 乃終有慶.

괘사 '東北喪朋'을 해석하였다. '동북東北'은 동북쪽이다. 『석문』에 마융은 "'상喪'은 잃는다는 뜻의 실失"이라고 하였다. '종終'은 마침내(竟), 다하다(窮), 끝(末)의 뜻이다. '경慶'은 경사이다. '내종유경'은 마침내 경사가 있다는 말이다. 「단」은 괘사 '동북상붕東北喪朋'을, 군자가 가는데 동북쪽은 벗을 잃으니, 좋지 않은 곳이나 그 결과는 경사가 있다고 해석하였다. 경사가 있는 것은 아래 구절에서 '안정安貞'하여 '길'하기 때문이다. 「단」에 유사한 표현이 1곳 있다.

> 건蹇「단」: 不利東北, 其道窮也.
> '동북쪽은 이롭지 않다'는 것은 그 길이 궁하기 때문이다.

『집해』에 최경은 "동방은 간괘와 진괘의 자리이고, 북방은 건괘와 감괘의 자리이니, 두 방위는 모두 양이어서 곤괘와 동류가 아니므로 '동북상붕'이라 하였다(東方艮震, 北方乾坎, 二方皆陽, 與坤非類, 故曰東北喪朋)"라고 하였고, 정이 역시 "동북은 양방이니, 동류에서 떨어지므로 벗을 잃는다(東北陽方, 離其類, 喪朋也)", 주희는 "동북은 비록 벗을 잃으나, 서남으로 돌아온다면 마침내 경사가 있다(東北, 雖喪朋, 然反之西南, 則終有慶矣)"라고 해석하였는데, 이 역시 「설괘」 제5장의 '후천팔괘방위도'를 가지고 '동북상붕'을 해석한 것이다. 여기까지 괘사 '西南得朋, 東北喪朋'을 해석하였다.

'安貞' 之 '吉'

이하 괘사 '安貞吉'을 해석하였다. '안安'은 편안히 머문다는 안거安居의 뜻이다. 괘사에 '之'가 없는데 '之'자를 넣은 것은 4글자 짝을 맞추기 위해서이다. '정貞'은 바르다는 뜻의 정正이다. '안정길'은 군자가 바름에 편안히 머물면 길하다는 말이다. '바름에 편안히 머문다'는 것은 곧 유순하다는 것이다. 곤은 유순하고, 땅도 유순하며, 암말도 유순하고, 군자 또한 유순하다. 군자가 유순한 것이 바름에 편안히 머무는 것이다.

應地无疆

'응應'은 서로 응하는 것(相應)이다. '응지應地'는 땅과 응한다는 뜻이다. 「단」은 '응지應地'를 가지고 괘사의 '안정길安貞吉'을 해석하였다. 즉 '안정길'하는 것은 '응지'하기 때문이라는 말이다. 즉 땅에 응하는 것이 바름에 편안히 머무는 것이라는 말이다. '응지'에 대해 몇 가지 해석이 있다.

첫째, 『집해』에 우번은 진의 처음 양효가 곤의 음을 이어서 땅의 도와 응하는 것(震爲應. 陽正於初, 以承坤陰, 地道應)이라고 하였다.

둘째, 공영달은 땅과 사람이 응하는 것(地體安靜, 而貞正人若得靜而能正, 卽得其吉, 應合地之無疆)이라고 하였다.

셋째, 정이는 "음이 양을 따르면 안정하고 길할 수 있어(從於陽則能安貞而吉), 땅의 도의 무강함에 응한다(應地道之無疆)"라고 하였는데, 주희가 이를 따랐다.

넷째, 래지덕은 정이를 따라 양은 베풀고 음은 받는 것(陽施陰受)이라고 하였다.

다섯째, 진몽뢰는 사람이 땅의 무강을 본받는 것(人法地之無疆)이라고 하였다.

여섯째, 왕부지는 군자가 지도와 응하는 것(君子所以應地道)이라고 하였다.

일곱째, 주준성과 상병화는 하늘과 땅이 덕을 합하는 것(天地合德)이라고 하였다.

여덟째, 굴만리는 땅이 유순히 하늘을 받드는 것(地順承天)이라고 하였다.

아홉째, 필자는 괘사의 주어가 군자이므로 군자가 지도地道와 서로 응하는 것이라고 해석하였다.

'무강无疆'은 끝이 없다는 뜻이다. '응지무강'은 군자가 땅에 응하는 것이 끝이 없다는 말이다. 땅은 한없이 유순하고 군자 또한 이에 응하여 한없이 유순하다는 것이다. 「단」은 괘사 '안정길安貞吉'을, 군자가 바름에 편안히 머물면 길한 것은 군자가 유순한 땅에 응하는 것이 끝이 없기 때문이라고 해석하였다. 여기까지 괘사 '安貞吉'을 해석하였다.

3. 준屯

䷂ 屯, 元亨, 利貞. 勿用有攸往. 利建侯.

준은 크게 형통하고, 바르게 하여 이롭다. 갈 곳이 있어도 가지 말라.
제후를 세우면 이롭다.

'준屯'은 괘명이며, 어렵다는 뜻의 난難, 모은다는 뜻의 취聚이다. 「단」은 '원형리정'을 '원형, 이정.'으로 읽었다. '원元'은 크다는 뜻의 대大, '형亨'은 형통하다는 뜻의 통通, '이利'는 이롭다, '정貞'은 바르다는 뜻의 정正이다. '원형元亨'은 크게 형통하다, '이정利貞'은 바르게 하여 이롭다는 뜻이다. '물勿'은 금지사이며, '용用'은 행行의 뜻이다. 『설문』 용부用部에 "시행할 수 있는 것(用, 可施行也)"이라고 하였다. '물용勿用'은 '물행勿行'이며, 행하지 말라는 뜻이다. '유攸'는 '소所'와 같다. '왕往'은 가다(行)는 뜻이다. '건建'은 세우다(立), '후侯'는 제후이다. '건후建侯'는 제후를 세우는 것이다.

彖曰 屯, 剛柔始交而難生. 動乎險中, 大'亨貞'. 雷雨之動滿盈, (是以'勿用有攸往'). 天造草昧, 宜'建侯'而不寧.
① 준은 강유가 처음 교합하여 어려움이 생겨나는 것이다. 험난한 가운데 움직이니, 크게 '형통하고 바르다'. 우레와 비가 일어나는 것이 천지 사이에 가득하니, (그래서 '갈 곳이 있어도 가지 말라'는 것이다). 하늘의 조화가 어지럽고 어두우니, 이러한 때에 마땅히 '제후를 세울 것'이요 편안함을 도모해서는 안 된다.
② 준은 강유가 처음 교합하여 어려움이 생겨나는 것이다. 험난한 가운데 움직이니, 크게 '형통하고 바르다'. 우레와 비의 움직임이 천지 사이에 가득하니, 하늘은 초목을 만들었다. 마땅히 '제후를 세울 것'이니 그렇게 하면 크게 편안할 것이다.

준 「단」은 2단락으로 구성되어 있다.

첫째 단락 … 괘상으로 괘명 '屯'을 해석하였다.

① 屯 … 괘명을 들었음.
② 剛柔始交而難生 … 강유가 처음 교합하여 어려움이 생겨나는 것임.

둘째 단락 … 괘사를 해석하였다.

1. 괘덕으로 괘사 '元亨利貞'을 해석하였다.
   ① 動乎險中 … 험난한 가운데 움직임.
   ② 大'亨貞' … 크게 '형통하고 바름'.

2. 괘상으로 괘사 '勿用有攸往'을 해석하였다.
   ① 雷雨之動滿盈 … 우레와 비가 일어나는 것이 천지 사이에 가득함.
   ② (是以'勿用有攸往') … 갈 곳이 있어도 가서는 안 됨.

3. 괘사 '利建侯'를 해석하였다.
   ① 天造草昧 … 하늘의 조화가 어지럽고 어두움.
   ② 宜'建侯'而不寧 … 마땅히 '제후를 세울 것'이니 편안함을 도모해서는 안 됨.

준「단」에서 '생生', '중中', '정貞', '영盈, '왕往', '녕寧'은 운이다.
유백민: '生', 十二庚. 與下'貞', 十四淸. '盈', 十四淸. '寧', 十四淸. 爲韻.
스즈키: '생生', '정貞', '영盈', '녕寧'.

屯

괘명이다. '屯'은 '준'과 '둔' 두 가지 발음이 있다. ①'준'으로 읽으면 어렵다(難), 망설이다, 머뭇거리며 나아가지 못한다는 뜻이고 ②'둔'으로 읽으면 모으다(聚), 축적하다, 주둔하다는 뜻이다. 중국 발음에서 '준'은 zhun1, '둔'은 tun2으로 발음한다. 『석문』에 "장張과 륜倫의 반절(屯, 張倫反)"이라 하였고, 주희도 『본의』에서 이것을 따랐다. '張'은 zhang1, '倫'은 lun2이니, 반절은 'zhun'이다. '屯'은 '쥰'(zhun)으로 발음한다는 것이다. 괘명은 '준'으로 발음한다.

「서괘」에 "'준'은 사물이 처음 생겨나는 것(屯者, 物之始生也)"이라고 하였다. 『설문』 철부屮部에 "'준屯'은 어렵다는 뜻의 난이다. 준은 초목이 처음 생겨나면서 어렵고 어려움을 나타낸다. 초屮가 일一을 뚫고, 아래가 굽어 있는 것으로 되어 있다. 일一은 땅이다(屯, 難也. 屯, 象艸木之初生, 屯然而難. 从屮寛一, 屈曲之也. 一, 地也)"라고 하였다. '屮'는 ① 싹 날 철 ②풀 초, 두 가지 발음으로 읽는다. '초屮'는 초艸의 옛글자이다. '준屯'자의 첫 획 '일一'은 땅이고, 아래의 '초屮'는 땅을 뚫고 나오는 싹의 아래가 굽어 있는 것을 나타낸 것이며, 이것은 사물이 처음 나올 때 매우 어렵다는 것을 상징하는 것이라는 말이다. 『석문』에도 '屯'을 어렵다는 뜻의 난難으로 새겼다.

주희는 "'준'은 어렵다는 것이고, 사물이 처음 생겨나 통하지 않는다는 뜻이다. 그러므로 이 글자는 싹이 땅을 뚫고 처음 나와 아직 펴지 못하는 것을 상징한다(屯, 難也. 物始生而未通之意. 故其爲字, 象屮穿地始出而未申也)"라고 하였다. 「단」은 어렵다는 뜻의 난難으로 새겼다. 허신과 육덕명은 『역전』에서 뜻을 취하였다.

剛柔始交而難生

괘상을 가지고 괘명을 해석하였다. '강剛'은 양, '유柔'는 음이다. '교交'는 교합(相合)이다. '시교始交'는 처음 교합한다는 말이다. '강유시교剛柔始交'는 '음양시교陰陽始交'와 같다. 「단」은 '난難'을 가지고 괘명 '준屯'을 해석하였다. '강유시교이난생'은 강유가 처음 교합하여 어려움이 생겨난다는 말이다. 이에 대해 두 가지 해석이 있다.

첫째, 괘상으로 해석하는 것이다. 준은 윗괘가 감坎이고 아랫괘는 진震이다. 「계사」의 팔괘 배열순서(선천 팔괘)에서 감은 음괘이고 진은 양괘이다. 감은 비(雨), 진은 우레(雷)이다. 준의 괘상은 우레와 비가 함께 일어나는 것이니, 음양이 처음 교합하여 어려움이 생겨난다는 말이다. 정이는 "구름과 우레 두 상으로 말하면 강유가 처음 교합하는 것이다(以雲雷二象言之, 則剛柔始交也)", 주희는 "상하 두 괘체를 가지고 괘명의 뜻을 해석하였다. '시교始交'는 아랫괘 진, '난생難生'은 윗괘 감이다(以二體釋卦名義. 始交謂震, 難生謂坎)"라고 하였다. 「설괘」 제10장에 "진은 건이 곤에게 한 번 구하여 아들을 얻은 것(震一索而得男)"이라 하였고, 또 감은 험난함이다. 고형은 "양은 강이고, 음은 유이니(陽爲剛, 陰爲柔), '강유시교'는 음양 두 기가 처음으로 서로 교접하는 것을 말한다('剛柔始交'謂陰陽二氣始相交接). 준의 아랫괘는 진이고 윗괘는 감이다(屯之下卦爲震, 上卦爲坎). 진은 우레이고, 감은 비다(震爲雷, 坎爲雨). 그런즉 준의 괘상은 우레와 비가 함께 일어나는 것이다(然則屯之卦象是雷雨幷作)"라고 해석하였다.

둘째, 건곤 두 괘로 해석하는 것이다. '강'은 건, '유'는 곤이다. 준은 건곤 두 괘가 서로 배합하여 이루어진 첫 번째 괘이므로 천지가 처음 교합하는 것을 상징한다. 천지의 처음 교합이 순조롭지 않으므로 어려움이 생겨난다는 말이다. 『집해』에 우번은 '乾剛坤柔', 호원은 '天地剛柔二氣始交', 래지덕은 '乾坤始交'라고 하였고, 왕부지, 유백민, 진고응 등이 이렇게 해석하였다. 두 가지 해석은 모두 통한다.

動乎險中, 大'亨貞'.

괘덕을 가지고 괘사 '元亨利貞'을 해석하였다. 준은 아랫괘가 진震이고 윗괘는 감坎이다. 진은 움직임(動)이고 감은 험난함(險)이다. 그런즉 준은 '험난한 가운데 움직이는 것(動乎險中)'이다.

'대형정大亨貞'은 괘사 '원형리정'을 인용한 것이며, '크게 형통하고 바르다'는 뜻이다. 「단」의 체례에 따르면 '大亨以正'으로 하는 것이 바르다. 「단」은 '대大'를 가지고 괘사의 '원元'을, '형亨'을 가지고 '형亨'을, '정正'을 가지고 '정貞'을 해석하였다. 「단」은 '이利'를 말하지 않았지만, '크게 형통하고 바르다' 그러므로 '이롭다'고 여긴 것이다. 즉 '바르게 하여 이롭다'는 것이다. 「단」은 괘사 '원형, 이정'을, 험난한 가운데 움직이니, 크게 형통하고, 바르게 하여 이롭다고 해석하였다.

雷雨之動滿盈

괘상을 가지고 괘사 '勿用有攸往'을 해석하였다. 준은 아랫괘가 진震이고 윗괘는 감坎이다. 진은 우레(雷)이고 감은 비(雨)이다. 그런즉 준의 괘상은 우레와 비가 함께 일어나는 것이다. 이것이 '우레와 비가 일어난다(雷雨之動)'는 것이다. 『설문』 역부力部에 "動, 作也"라고 하였는데, 단옥재는 "作者, 起也"라고 하였다. '동動'은 일어나다(起), 짓다(作)는 뜻이다. '만滿'과 '영盈'은 가득하다는 뜻이다. 『집해』에는 '영盈'이 '형形'으로 되어 있다. '뇌우지동만영'은 우레와 비가 일어나는 것이 천지 사이에 가득하다는 말이다. 왕필은 "우레와 비가 일어나 가득한 것은 모두 강유가 처음 교합하여 되는 것이다(雷雨之動, 乃得滿盈, 皆剛柔始交之所爲)"라고 하였다.

'만영滿盈' 뒤에 괘사 '물용유유왕勿用有攸往'이 있어야 한다. 「단」은 괘사를 해석하면서 괘사의 구절을 빠짐없이 인용하였다. 이것은 64괘 「단」의 통례이다. 여기에 '勿用有攸往'이 있어야 문장 전체가 반듯해진다. 「단」은 괘사 '물용유유왕'을, 우레와 비가 일어나는 것이 천지 사이에 가득하니, 갈 곳이 있어도 가지 말라고 해석하였다. 원문은 '雷雨之動滿盈, 是以勿用有攸往.'으로 하는 것이 바르다. 「단」이 세상에 나온 지 2천여 년, 수많은 사람들이 주해하여도 여기에 괘사 '물용유유왕'이 빠졌다고 지적한 사람은 단 한 명도 없었다. 「교감기」에도 기록이 없다.

「단」은 괘상을 말하면서 먼저 윗괘를 들고 이어 아랫괘를 말하였고, 괘덕을 말하면서 먼저 아랫괘를 들고 이어 윗괘를 말하였다. 이것은 「단」의 통례이다. 지금 괘상을 말하면서 먼저 아랫괘를 들고 이어 윗괘를 말하였다. 64괘 「단」에서 3번 준屯, 21번 서합噬嗑, 36번 명이明夷, 48번 정井, 50번 정鼎, 다섯 괘만 예외이다. 준의 '뇌우雷雨'는 '우뢰雨雷'라고 쓰는 것이 바르다. 40번 해(震上坎下) 「단」에는 '뇌우雷雨'라고 하였다.

天造草昧

이하 괘사 '利建侯'를 해석하였다. 이 구절에 대해 몇 가지 해석이 있다.

첫째, 『집해』에 순상은 "양이 아래에서 움직이니, 어둠 속에서 사물을 만드는 것을 말한다(謂陽動在下, 造物於冥昧之中也)", 우번은 "'조造'는 생물을 만드는 것이다. '초草'는 처음 만물을 만드는 것이다(造, 造生也. 草, 草創物也)", 왕필은 "'준屯'은 천지가 처음 만들 때이다. 사물을 처음 만들 때 어둠에서 시작하므로 '초매草昧'라고 하였다(屯者, 天地造始之時也. 造物之始, 始於冥昧, 故曰草昧)", 공영달은 "'초草'는 처음, '매昧'는 어둠을 말한다. 하늘이 만물을 처음 만드는 것은 어두울 때와 같음을 말한 것이다(草謂草創, 昧謂冥昧. 言天造萬物於草創之始, 如在冥昧之時也)"라고 하였다. '천조초매'는 하늘이 처음 만물을 만들 때는 어둡다는 말이다. 진고응이 이렇게 해석하였다(造化的力量正處於初創冥昧之時).

둘째, 정이는 '천조天造'를 시운으로(天造謂時運也), '초草'는 풀이 어지러워 질서가 없는 것(草亂无倫序), '매昧'는 어두워 밝지 않은 것(冥昧不明)으로 해석하였고, 주희는 '천조天造'는 천운(天造猶言天運), '초草'는 뒤섞여 어지러운 것(雜亂), '매昧'는 어두운 것(昧冥)으로 해석하였다. 정이의 '시운時運'이나 주희의 '천운天運'은 모두 하늘의 조화이다. '천조초매'는 시운(혹은 천운)이 어지럽고 어둡다는 말이다. 즉 음양이 처음 교합하고, 험난한 가운데 움직이며, 우레와 비가 일어나니, 하늘의 조화가 어지럽고 어둡다는 말이다.

셋째, 고형은 "'초매草昧'에 대한 옛날 해석은 모두 잘못되었다(草昧舊解皆誤). 장병린章炳麟은 '초매는 초목을 가차한 것(草昧借爲草木)'이라고 하였는데 맞는 말이다. '천조초매天造草昧'는 '천조초목天造草木'이며, 우레와 비의 움직임이 천하에 가득하니(雷雨之動滿盈于天下) 하늘은 우레와 비로써 초목을 만들었다는 말이다(乃天以雷雨創造草木). 해解「단」에 '우레와 비가 일어나니 백과와 초목이 모두 땅에서 나와 잎을 피운다(雷雨作而百果草木皆甲坼)'라고 하였는데 이것과 같은 뜻이다"라고 하였다. 「설괘」 제4장에 "우레로써 움직이게 하고, 비로써 윤택하게 한다(雷以動之, 雨以潤之)"라고 하였는데, 이것으로 만물은 자라나는 것이다. 이러한 해석은 모두 통한다. 필자는 주희의 해석을 따랐다.

宜'建侯'而不寧

'의宜'는 마땅하다, 옳다(適理當然)는 뜻이다. '녕寧'은 편안하다는 뜻의 안安이다. 이 구절에 대해 두 가지 해석이 있다.

첫째, 전통적인 해석이다. 정이는 "이러한 시운을 만나, 마땅히 제후를 세워 보필을 받으면 어려움을 넘을 수 있다. 비록 제후를 세워 스스로 보필을 받으나 또 근심하고 근면하고 조심하고 두려워하여 편안함에 처할 틈이 없으니, 성인의 깊은 경계이다(當此時運, 所宜建立輔助, 則可以濟屯. 雖建侯自輔, 又當憂勤兢畏, 不遑寧處, 聖人之深戒也)", 주희 역시 "마땅히 제후를 세워 통치할 것이니, 편안할 때라고 서둘러 말해서는 안 된다(宜立君而統治, 而未可遽謂安寧之時也)"라고 하였다. 이들은 '의건후이불녕'을, 시운이 어지럽고 어두운 때를 만나 제왕은 마땅히 제후를 세워 스스로 돕게 할 것이지 편안함을 도모해서는 안 된다고 해석하였다.

둘째, 고형의 해석이다. 그는 "『석문』에 '정현은 이而를 능能으로 읽고, 능은 안安과 같다(鄭讀而爲能, 能猶安也)' 하고 '이불녕而不寧'은 '어찌 편안하지 않겠는가(安不寧)'라는 뜻으로 여겼다. 그러나 '불不'은 당연히 '비丕'로 읽어야 한다(余疑不當讀爲丕). 고서에서 자주 '불不'을 '비丕'로 여겼다(古書常以不爲丕). 『이아』「석고」에 '비는 크다는 뜻의 대(丕, 大也)'라고 하였다. '비녕丕寧'은 크게 편안함(大安)이다. 준은 험난한 상이 있고(屯卦有險難之象), 나라에는 험난함이 있으니(王國有險難), 마땅히 제후를 세워(則宜建立諸侯) 나라를 호위하게 한다면(以衛護王朝) 크게 편안할 것이다(而后大安)"라고 하였다. 진고응은 '이而'를 '내乃'로 읽고 고형을 따라 해석하였다. 두 가지 해석은 모두 통한다.

「단」은 괘사 '이건후利建侯'를, 하늘의 조화가 어지럽고 어두우므로 마땅히 제후를 세울 것이요 편안함을 도모해서는 안 된다, 혹은 마땅히 제후를 세울 것이니 그렇게 하면 크게 편안할 것이라고 해석하였다.

4. 몽蒙

䷃ 蒙, 亨. 匪我求童蒙, 童蒙求我. 初筮告, 再三瀆, 瀆則不告. 利貞.

몽은 형통하다. 내가 동몽에게 가서 점을 치는 것이 아니라, 동몽이 나에게 와서 점을 친다. 처음 점을 치면 알려주고, 두 번 세 번 점을 치면 (점을 치는 사람을) 욕되게 하는 것이니, 욕되게 하면 알려주지 않는다. 바르게 하여 이롭다.

'몽蒙'은 괘명이며, 몽매하다(昧), 밝지 않다(不明)는 뜻이다. '형亨'은 형통하다는 뜻의 통通이다. '비匪'는 비非로 읽는다. 『석문』에 정현은 "'동童'은 어린아이(童, 鄭云未冠之稱)"라고 하였다. '나(我)'는 점을 치는 사람을, '동몽童蒙'은 몽매한 어린아이, 즉 점을 보고자 하는 사람을 가리킨다. '구求'는 점을 구하는 것이다. '서筮'는 시초점, 즉 주역점이다. 『석문』에 육덕명은 "결정하는 것(決也)", 정현은 "묻는 것(鄭云問)"이라고 하였다. '고告'는 알리다(報), 알려주다(告知)는 뜻이다. 『석문』에 "보여주다(示也), 말해주다(語也)"라고 하였다. 길흉화복을 알려주는 것이다. '독瀆'은 '독嬻'과 같으며, 더럽히다,

모독하다, 욕되다는 뜻의 욕辱이다. 『석문』에 육덕명은 "어지럽다는 뜻의 난亂", 정현은 "더럽힌다는 뜻의 설(鄭云褻也)"이라고 하였다. 『집해』에 최경은 "옛날 독黷자(古黷字也)"라고 하였는데, '독黷' 역시 더럽히다(嬻), 욕되게 하다(辱)는 뜻이다. '정貞'은 바르다는 뜻의 정正이다. '이정利貞'은 바르게 하여 이롭다는 말이다.

彖曰 蒙, 山下有險, 險而止, 蒙. '蒙, 亨', 以亨行時中也. '匪我求童蒙, 童蒙求我', 志應也. '初筮告', 以剛中也. '再三瀆, 瀆則不告', 瀆蒙也. 蒙以養正, 聖功也.

몽은 산 아래에 험난함이 있는 것이니, 험난하여 멈추는 것이 몽이다. '몽이 형통하다'는 것은 형통한 것으로 때에 맞게 행하기 때문이다. '내가 동몽에게 가서 점을 치는 것이 아니라, 동몽이 나에게 와서 점을 친다'는 것은 뜻이 응한다는 것이다. '처음 점을 치면 알려준다'는 것은 강이 가운데 자리에 있기 때문이다. '두 번 세 번 점을 치면 욕되게 하는 것이니, 욕되게 하면 알려주지 않는다'는 것은 욕되게 하고 몽매하기 때문이다. 몽매하여 바름을 기르니, 성인의 공덕이다.

몽「단」은 2단락으로 구성되어 있다.

첫째 단락 … 괘명 '蒙'을 해석하였다.

1. 괘상으로 해석하였다.
   ① 蒙 … 괘명 '몽'을 들었음.
   ② 山下有險 … 산 아래에 험난함이 있는 것임.

2. 괘덕으로 해석하였다.
   ① 險而止 … 험난하여 멈춤.
   ② 蒙 … 다시 괘명 '몽'을 들었음.

둘째 단락 … 괘사를 해석하였다.

1. 괘사 '亨'을 해석하였다.
   ① '蒙, 亨' … 괘명과 괘사 '형'을 들었음.
   ② 以亨行時中也 … 형통한 것으로 때에 맞게 행하기 때문임.

2. 괘사 '匪我求童蒙, 童蒙求我'를 해석하였다.

① '匪我求童蒙, 童蒙求我'…괘사 '비아구동몽, 동몽구아'를 들었음.
② 志應也…뜻이 응하는 것임.

3. 괘체로 괘사 '初筮告'를 해석하였다.
① '初筮告'… 괘사 '초서고'를 들었음.
② 以剛中也…강이 가운데 자리에 있기 때문임.

4. 괘사 '再三瀆, 瀆則不告'를 해석하였다.
① '再三瀆, 瀆則不告'… 괘사 '재삼독, 독즉불고'를 들었음.
② 瀆蒙也…욕되게 하고 몽매하기 때문임.

5. 괘사 '利貞'을 해석하였다.
① 蒙以養正…몽매하여 바름을 기름.
② 聖功也…성인의 공덕임.

몽「단」에서 '몽蒙', '중中', '응應', '중中', '몽蒙', '공功'은 운이다.
유백민: '中', 一東. 與下'應', 十六蒸, 四十七證二韻. '蒙', 一東. '功', 一東. 爲韻.
스즈키: '중中', '응應', '중中', '몽蒙', '공功'.

蒙

괘명이다. 『설문』 초부艸部에 "'몽蒙'은 초艸로 되어 있고, 몽冡은 성음이다(蒙, 从艸, 冡聲)"라고 하였는데, 형성 문자로 본 것이다. 이경지는 회의 문자로 보고, "'몽蒙'은 초草와 몽冡으로 되어 있다(从草从冡). 본뜻은 높은 땅(冡) 위의 초목(草)이 자라나는 것이다(本義是从生冡上的草木). 몽은 높은 땅이다(冡, 高地). 높은 땅이 초목으로 덮이고 가려져 있으므로(高地上草木蒙茸覆蔽), 몽폐, 몽매의 뜻으로 발전되었다(引申爲蒙蔽, 蒙昧)"라고 하였다. '몽蒙'은 풀이 우거져 있다(从艸), 혹은 초목이 덮여 있다(从草从冡)는 뜻인데, 어둡다(暗), 몽매하다(不明)는 뜻으로 발전되었다. 풀이 뒤덮여 있으므로 몽매한 것이다. 『석문』에 "'몽蒙'은 어리다는 뜻의 몽蒙, 어리다는 뜻의 치稚(蒙, 蒙也, 稚也)"라고 하고, 또 『방언』에서 인용하여 "싹 맹萌(方言云蒙, 萌也)"이라고 하였다. 「서괘」에 "사물이 생겨나면 반드시 어리니, 그러므로 몽으로 받는다. 몽은 어리다는 것이니, 사물이 어린 것이다(物生必蒙, 故受之以蒙. 蒙者, 蒙也, 物之穉也)"라고 하였다. 사물이 어리면 몽매하다. '몽'은 몽매하다는 뜻이다. 「단」은 '몽蒙'을 몽매하다는 뜻으로 새겼다.

정이는 "괘는 간이 위에 있고 감이 아래에 있다. 간은 산이고 멈춤이다. 감은 물이고 험난함이다. 산 아래에 험난함이 있으니, 험난함을 만나 멈추어 갈 곳을 알지 못하므로 몽의 상이다. 물은 반드시 흘러가는 것인데, 처음 나와 흘러갈 곳이 없으므로 몽이다(爲卦, 艮上坎下. 艮爲山, 爲止. 坎爲水, 爲險. 山下有險, 遇險而止, 莫知所之, 蒙之象也. 水必行之物, 始出未有所之, 故爲蒙)"라고 하였다.

山下有險

괘상을 가지고 괘명을 해석하였다. 몽은 윗괘가 간艮이고 아랫괘는 감坎이다. 간은 산山이고 감은 험險이다. 그런즉 몽의 괘상은 '산 아래에 험난함이 있는 것'이다.

險而止, 蒙.

괘덕을 가지고 괘명을 해석하였다. 몽은 아랫괘가 감坎이고 윗괘는 간艮이다. 감은 험險이고 간은 멈춤(止)이다. 그런즉 몽은 또 '험난하여 멈추는 것'이다. 산 아래에 험난함이 있어, 험난하여 멈추고 어디로 가야 할지 알지 못하니, 몽매하여 어둡다. 그래서 괘명이 '몽蒙'이다.

『집해』에 후과는 "간은 산이고 감은 험이니, 산 아래에 험난함이 있다. 험이 산에 의해 멈추고, 멈추면 통하지 않으니, 몽매한 상이다(艮爲山, 坎爲險, 是山下有險. 險被山止, 止則未通, 蒙昧之象也)"라고 하였다.

'蒙, 亨'

괘명과 괘사의 '형亨'을 인용하였다. "괘명인 '몽'이 '형통하다'고 하는 것은"이라는 말이다. 아래에 설명이 이어진다.

以亨行時中也

'이以'는 용用이다. '시중時中'은 때에 맞는다는 뜻이다. 『중용』에 "군자는 때에 맞게 행한다(君子而時中)"라고 하였다(2장). '이형행시중야'는 형통한 것으로 때에 맞게 행한다는 말이다. 「단」은 괘사 '형亨'을, 몽이 형통하다는 것은 형통한 것으로 때에 맞게 행하기 때문이라고 해석하였다. 즉 때에 맞게 행하기 때문에 형통하다는 것이다.

「단」에 '시중時中'은 여기 한 곳뿐이다.

'匪我求童蒙, 童蒙求我', 志應也.

괘사 '匪我求童蒙, 童蒙求我'를 해석하였다. 『석문』에 "'童蒙求我'는 어떤 책에는

'내구아來求我'로 되어 있다(一本作來求我)"라고 하였다. '내구아'로 읽으면 다섯 글자 앞뒤 짝이 맞다. '응應'은 응한다는 뜻이다. '아我'와 '동몽童蒙'이 응하는 것이다. '지응志應'은 뜻이 응한다는 말이다. '지응志應'은 '응지應志'로 읽은 것이 바르다. 운을 맞추기 위해 의도적으로 글자를 도치하였다. 「단」은 괘사 '비아구동몽, 동몽구아'를, 내가 동몽에게 가서 점을 치는 것이 아니라, 동몽이 나에게 와서 점을 친다는 것은 점을 치는 사람과 동몽이 서로 뜻을 응하는 것이라고 해석하였다.

『집해』에 우번은 "동몽은 다섯째 음효, 나는 둘째 양효(童蒙謂五. 我謂二也)"라고 하였는데, 순상은 "둘째 양효와 다섯째 음효의 뜻이 서로 응한다(二與五志相應也)"라고 하였다. 둘째 양효가 다섯째 음효에게 구하는 것이 아니라, 다섯째 음효가 둘째 양효에게 구하니, 서로 뜻이 응한다는 것이다. 「단」에 '응應'은 모두 15곳 기록되어 있다.

'初筮告', 以剛中也.

괘체를 가지고 괘사 '初筮告'를 해석하였다. '이以'는 원인을 나타내는 전치사 인因으로 읽는다. '강剛'은 둘째 양효를, '중中'은 가운데 자리에 있는 것을 말한다. '강중剛中'은 둘째 양효가 아래 괘의 가운데 자리에 있다는 것이며(효위), 중도를 지니고 있는 상이다(효상). '이강중야'는 강이 가운데 자리에 있기 때문이라는 말이다. 「단」은 괘사 '초서고'를, 처음 점을 치면 알려주는 것은 둘째 양효가 가운데 자리에 있기 때문이라고 해석하였다.

왕필은 "둘째 양효는 여러 음의 주인이다. 둘째 양효가 없다면 어디에서 처음 점쳐 알려주겠는가?(二爲衆陰之主也. 无剛失中, 何由得初筮之告乎?)"라고 하였는데, 처음 점을 치면 알려주는 것은 둘째 양효가 알려준다고 한 것이다. 왕필 이후 모두 이 해석을 따랐다. 『집해』에 최경은 "'처음 점을 친다'는 것은 다섯째 음효가 둘째 양효에게 해결을 구하는 것을 말한다. 둘째 양효가 알려준다(初筮, 謂六五求決於九二, 二則告之)"라고 하였다. 래지덕은 "내(둘째 양효)가 강중의 덕을 지니고 있는데, 다섯째 음효가 또 가운데 자리에 있으며 응하니, 심지가 나와 응하여 서로 믿고 뜻이 맞는 것이다. 그래서 알려주는 것이다(我有剛中之德, 而五又以中應之, 則心志應乎我而相孚契矣, 所以當告之也)"라고 하였다. 고형은 "'처음 점을 치면 알려준다'는 것은 점을 보는 사람이 강건하고 정중正中의 일을 점에 물었기 때문(因求筮者占問剛健正中之事也)"이라고 하였다.

「단」에 '이강중야以剛中也'는 ①몽蒙 ②비比 ③곤困, 3곳 기록되어 있다.

'再三瀆, 瀆則不告', 瀆蒙也.

괘사 '再三瀆, 瀆則不告'를 해석하였다. '독瀆'은 '독嬻'과 같으며, 욕되게 하다, '몽

蒙'은 몽매하다는 뜻이다. '독瀆'은 아我, 즉 점을 치는 사람을, '몽蒙'은 동몽, 즉 점을 보는 사람을 가리킨다. 「단」은 괘사 '재삼독, 독즉불고'를, 두 번 세 번 점을 치면 욕되게 하는 것이니, 욕되게 하면 알려주지 않는다는 것은 아(점을 치는 사람)를 욕되게 하고, 동몽(점을 보는 사람)이 몽매하기 때문이라고 해석하였다. 이렇게 되면 알려주지 않는다는 것이다.

蒙以養正, 聖功也.

괘사 '利貞'을 해석하였다. '몽이양정蒙以養正'은 '이몽양정以蒙養正' 혹은 '몽이양정蒙而養正', 두 가지 모두 읽을 수 있다. '양養'은 기르다(育)는 뜻이다. '몽이양정'은 몽매하여 바름을 기른다는 말이다. 「단」은 '정正'을 가지고 괘사의 '정貞'을 해석하였다. '성공야聖功也'는 성인의 공덕이라는 말이다.

「단」은 괘사 '이정'을, 몽매하여 분명하게 알지 못하나 바른 덕을 기르니, 성인의 공덕이라고 해석하였다. 즉 바른 덕을 기르니 바르게 하여 이롭다는 말이다. '성인'은 누구를 가리키는지 알 수 없다. 『주역』을 지은 사람을 가리키는 것이 아닌가 한다.

5. 수需

䷄ 需, 有孚, 光亨, 貞吉. 利涉大川.
수는 믿음이 있고, 밝게 형통하고, 바르게 하여 길하다.
큰 내를 건너면 길하다.

'수需'는 괘명이며, 기다린다는 뜻의 대待이다. 「단」은 괘사를 '有孚, 光亨, 貞吉.'로, 『석문』은 '有孚, 光, 亨貞吉.'로, 『집해』는 「단」과 같이 끊어 읽었다. '부孚'는 『석문』에 "믿음이라는 뜻의 신信"이라고 하였다. '유부有孚'는 믿음이 있다는 뜻이다. '광光'은 밝음(光明)이다. '형亨'은 형통하다는 뜻의 통通이다. '광형光亨'은 밝게 형통한다는 뜻이다. '정貞'은 바르다는 뜻의 정正이다. '섭涉'은 건너다(渡)는 뜻이다.

彖曰 需, 須也, 險在前也. 剛健而不陷, 其義不困窮矣. '需, 有孚, 光亨, 貞吉', 位乎天位, 以正中也. '利涉大川', 往有功也.
수는 기다린다는 뜻이며, 험난함이 앞에 있다. 강건하여 험난함에 빠지지 않으니,

마땅히 곤궁하지 않은 것이다. '수는 믿음이 있고, 밝게 형통하고, 바르게 하여 길하다'는 것은 임금의 자리에 위치하여 정중正中을 얻었기 때문이다. '큰 내를 건너면 길하다'는 것은 가면 공이 있다는 것이다.

수「단」은 2단락으로 구성되어 있다.

첫째 단락… 괘명 '需'를 해석하였다.

1. 훈고로 해석하였다.
   ① 需… 괘명을 들었음.
   ② 須也… 기다린다는 뜻임.

2. 괘상으로 해석하였다.
   ① 險在前也… 험난함이 앞에 있음.

3. 괘덕으로 해석하였다.
   ① 剛健而不陷… 강건하여 험난함에 빠지지 않음.
   ② 其義不困窮矣… 마땅히 곤궁하지 않음.

둘째 단락… 괘사를 해석하였다.

1. 괘체로 괘사 '有孚, 光亨, 貞吉'을 해석하였다.
   ① '需, 有孚, 光亨, 貞吉'… 괘명과 괘사 '유부, 광형, 정길'을 들었음.
   ② 位乎天位… 임금의 자리에 위치함.
   ③ 以正中也… 정중正中을 얻었기 때문임.

2. 괘사 '利涉大川'을 해석하였다.
   ① '利涉大川'… 괘사 '이섭대천'을 들었음.
   ② 往有功也… 가면 공이 있다는 것임.

수「단」에서 '궁窮', '중中', '공功'은 운이다
유백민: '窮', 一東. 與下'中', 一東. '功', 一東. 爲韻
스즈키: '궁窮', '중中', '공功'.

需

괘명이다. 『설문』 우부雨部는 '수需'를 3가지로 설명하였다.

① 需, 𩃬也. '需'는 기다린다는 뜻의 수𩃬이다. 단옥재는 "'수𩃬'는 기다린다는 뜻이다.……『역』「단」에 '수需는 기다린다는 뜻의 수須'라고 하였다. '수須'는 수𩃬의 가차자이다.……서로 기다려 이루는 것이 수需이다(𩃬者, 待也.……易彖傳曰'需, 須也.' 須卽𩃬之叚借也.……凡相待而成曰需)"라고 하였다.

② 遇雨不進止𩃬也. 从雨而. 비를 만나 나아가지 못하고 비가 멈추기를 기다리는 것이다. 우雨와 이而로 되어 있다. 단옥재는 "비를 만나 나아가지 못한다는 것은 '우雨'의 뜻에서 말한 것이다. '이而'는 기다린다는 수𩃬의 뜻이다. 이 글자는 회의 문자이다(遇雨不進, 說从雨之意. 而者, 𩃬之意. 此字爲會意)"라고 하였다.

③ 易曰 雲上于天, 需. 『역』에 "구름이 하늘 위에 있는 것이 수"라고 하였다. 단옥재는 "'구름이 하늘 위에 있다'는 것은 비가 내릴 조짐이다. 송충은 '구름이 하늘 위에 있으니, 때를 기다려 비를 내린다(雲上于天者, 雨之兆也. 宋衷曰 '雲上于天, 需時而降雨')"라고 하였다. 허신은 「단」과 「상」에서 인용하여 '수需'를 기다린다는 뜻의 수須로 풀이하였다.

「서괘」에 "사물이 어리면 기르지 않을 수 없으니, 그러므로 수需로 받는다. 수需는 음식의 도이다(物穉不可養也, 故受之以需. 需者, 飮食之道也)"라고 하였다. 『석문』에 "'수需'는 음식의 도이다. 기른다는 뜻으로 새긴다(需, 飮食之道也, 訓養)", 공영달은 "'수需'는 기다린다는 뜻이다. 사물은 처음에 몽매하여 어리니, 길러짐을 기다린 후에 이룬다(需者, 待也. 物初蒙稚, 待養而成)", 정이는 "무릇 사물이 어리면 반드시 길러짐을 기다려서 이룬다. 사물이 기르는 데 필요한 것은 음식이다. 그러므로 '수는 음식의 도'라 한 것이다(夫物之幼穉, 必待養而成. 養物之所需者飮食也, 故曰'需者, 飮食之道也')", 주희는 "'수需'는 기다린다는 뜻이다. 건이 감을 만났으니, 건은 강건함이고 감은 험난함이다. 강이 험을 만나 서둘러 들어가 험난함에 빠지지 않으니 기다린다는 뜻이다(需, 待也. 以乾遇坎, 乾健坎險, 以剛遇險, 而不遽進以陷於險, 待之義也)"라고 하였다. 「단」은 '수'를 기다린다는 뜻의 대待로 읽었다.

須也

훈고를 취하여 괘명을 해석하였다. '수須'는 기다린다는 뜻의 대待이다. 「단」은 '수須'를 가지고 괘명 '수需'를 해석하였다. '수需'는 기다린다는 뜻의 수須라는 말이다.

險在前也

괘상을 가지고 괘명을 해석하였다. 수는 윗괘가 감坎이고 아랫괘는 건乾이다. 감은 험난함(險)이다. 그런즉 감의 험난함이 건의 앞에 있다. 그래서 '험난함이 앞에 있다'고 하였다. 험난함이 앞에 있으니 때를 기다리는 것이다. 『집해』에 하타는 "이것은 괘명이 감에서 얻은 것임을 밝혔다. 감은 험난함이고, 험난함이 앞에 있어 함부로 건너서는 안 되니 때를 기다려 움직여야 한다(此明得名由於坎也. 坎爲險也, 有險在前, 不可妄涉, 故須待時然後動也)"라고 하였다.

剛健而不陷

괘덕을 가지고 괘명을 해석하였다. '강건剛健'은 건의 덕이며, 강건하다는 것이다. '함陷'은 감의 덕이며, 빠진다(沒)는 뜻이다. 『석문』에 "함몰의 함(陷沒之陷)"이라고 하였다. '불함不陷'은 험난함에 빠지지 않는다는 것이다. '강건이불함'은 강건하여 험난함에 빠지지 않는다는 말이다.

其義不困窮矣

'기其'는 어조사이다. '의義'는 마땅하다는 뜻의 의宜로 읽는다. 두 글자는 음과 뜻이 같아 통용되었다. 여旅 「상」에 "나그네이면서 윗자리에 있으니, 마땅히 불태워진 것이다(以旅在上, 其義焚也)"라고 한 것을, 『석문』에 "어떤 책에는 '宜其焚也'로 되어 있다(一本作'宜其焚也')"라고 하였다(고형). '곤困'은 '궁窮'과 뜻이 같다. '기의불곤궁의'는 마땅히 곤궁하지 않은 것이라는 말이다.

수는 아랫괘가 건乾이고 윗괘는 감坎이다. 건은 강건함(健)이고, 감은 험난함(險)이고 또 빠짐(陷)이다. 사람이 강건하여 험난함을 만나도 때를 기다려 험난함에 빠지지 않으니, 마땅히 곤궁하지 않은 것이라는 말이다. 『집해』에 후과는 "건체는 강건하여 험난함을 만나도 통할 수 있으니, 험난함이 험난할 수 없어 마땅히 궁하지 않은 것이다(乾體剛健, 遇險能通, 險不能險, 義不窮也)"라고 하였다.

'需, 有孚, 光亨, 貞吉', 位乎天位, 以正中也.

괘체를 가지고 괘사를 해석하였다. '위位'는 위치하다, 자리를 잡는다는 뜻의 동사이다. 고형은 '입立'으로 읽고 처한다는 뜻의 '처處'로 해석하였는데(上位字當讀爲立, 立猶處也), 같은 말이다. 굴만리는 "금문에는 대부분 '입立'을 '위位'로 썼다(金文多以立爲位)"라고 하였다. 두 글자는 옛날에 통용되었다. '천위天位'는 임금의 자리이며, 다섯째 양효를 가리킨다. '위호천위'는 다섯째 양효는 임금의 자리에 위치하였다는 말이다.

'이以'는 인因으로 읽는다. '정正'은 양 혹은 음이 자신의 자리에 있는 것이며, '중中'은 가운데 자리이다. 다섯째 양효는 양이 천위에 있으며, 자신의 자리에 있고(正) 또 가운데 자리(中)에 있으니(효위), 이것은 임금의 자리에 처하여 정중의 덕을 지니고 있는 상이다(효상). '이정중야'는 정중을 얻었기 때문이라는 말이다.

「단」은 괘사 '수, 유부, 광형, 정길'을, 수는 믿음이 있고, 밝게 형통하고, 바르게 하여 길하다는 것은 임금의 자리에 위치하여 정중을 얻었기 때문이라고 해석하였다. '정중正中'은 '중정中正'으로 하는 것이 바르다. 운을 맞추기 위해 의도적으로 글자를 도치하였다. '궁窮', '중中', '공功'은 운이다. 다섯째 양효(九五) 「상」에는 '以中正也'라고 하였다.

'利涉大川', 往有功也.

괘사 '利涉大川'을 해석하였다. '왕유공'은 가면 공이 있다는 말이다. 「단」은 '왕往'을 가지고 괘사의 '섭涉'을, '공功'을 가지고 '이利'를 해석하였다. 「단」은 괘사 '이섭대천'을, 큰 내를 건너면 이로운 것은 가면 공이 있기 때문이라고 해석하였다.

「단」에 '往有功也'는 모두 5곳 나온다.

① 수需 「단」: '利涉大川', 往有功也.
'큰 내를 건너면 길하다'는 것은 가면 공이 있다는 것이다.

② 감坎 「단」: '行有尙', 往有功也.
'가면 상이 있다'는 것은 가면 공이 있다는 것이다.

③ 건蹇 「단」: '利見大人', 往有功也.
'대인을 만나보는 것이 이롭다'는 것은 가면 공이 있다는 것이다.

④ 해解 「단」: '有攸往夙吉', 往有功也.
'갈 곳이 있다면 일찍 가는 것이 길하다'는 것은 가면 공이 있기 때문이다.

⑤ 점漸 「단」: '女歸吉也, 進得位, 往有功也'
'여자가 시집가면 길하다'는 것은 나아가 자리를 얻으니, 가면 공이 있다는 것이다.

①水天需 ②坎爲水 ③水山蹇 ④雷水解 ⑤風山漸인데, 앞의 4괘는 수水(坎)가 있으나, 마지막 점漸은 산山(艮)이 들어 있다.

6. 송訟

䷅ 訟, 有孚, 窒惕, 中吉, 終凶. 利見大人. 不利涉大川.

송은 믿음이 있으나, 막혀 있어 두려워하니, 중간은 길하나, 끝은 흉하다.
대인을 만나보는 것이 이롭다. 큰 내를 건너면 이롭지 않다.

'송訟'은 괘명이며, 송사이다. '부孚'는 믿음이라는 뜻의 신信이다. 『집해』에 우번은 "'질窒'은 막힌다는 뜻의 색지塞止"라고 하였다. 공영달은 "'질窒'은 막힌다는 뜻의 색塞, '척惕'은 두려워한다는 뜻의 구懼"라고 하였다. '섭涉'은 건너다(渡)는 뜻이다.

彖曰 訟, 上剛下險, 險而健, 訟. '訟, 有孚, 窒惕, 中吉', 剛來而得中也. '終凶', 訟不可成也. '利見大人', 尙中正也. '不利涉大川', 入于淵也.

송은 위는 강이고 아래는 험이니, 험난하고 강건한 것이 송이다. '송은 믿음이 있으나, 막혀 있어 두려워하니, 중간은 길하다'는 것은 강剛이 와서 가운데 자리를 얻었기 때문이다. '끝은 흉하다'는 것은 송사는 이루는 것이 없기 때문이다. '대인을 만나보는 것이 이롭다'는 것은 (대인이) 중정을 숭상하기 때문이다. '큰 내를 건너면 이롭지 않다'는 것은 연못 속으로 빠져들기 때문이다.

송「단」은 2단락으로 구성되어 있다.

첫째 단락… 괘명 '訟'을 해석하였다.

1. 괘상으로 해석하였다.
   ① 訟… 괘명을 들었음.
   ② 上剛下險… 위는 강이고 아래는 험임.

2. 괘덕으로 해석하였다.
   ① 險而健… 험난하고 강건한 것임.
   ② 訟… 다시 괘명을 들었음.

둘째 단락… 괘사를 해석하였다.

1. 괘체로 괘사 '訟, 有孚, 窒惕, 中吉'을 해석하였다.

① '訟, 有孚, 窒惕, 中吉' … 괘사 '송, 유부, 질척, 중길'을 들었음.
② 剛來而得中也 … 강剛이 와서 가운데 자리를 얻었기 때문임.

2. 괘사 '終凶'을 해석하였다.
① '終凶' … 괘사 '종흉'을 들었음.
② 訟不可成也 … 송사는 이루는 것이 없기 때문임.

3. 괘체로 괘사 '利見大人'을 해석하였다.
① '利見大人' … 괘사 '이견대인'을 들었음.
② 尙中正也 … 대인이 중정을 숭상하기 때문임.

4. 괘사 '不利涉大川'을 해석하였다.
① '不利涉大川' … 괘사 '불리섭대천'을 들었음.
② 入于淵也 … 연못 속으로 빠져들기 때문임.

송「단」에서 '중中', '성成', '정正', '연淵'은 운이다.
유백민: '成', 十四淸. 與下'正', 十四淸. '淵', 一先. 爲韻.
스즈키: '중中', '성成', '정正', '연淵'.

訟

괘명이다.「서괘」에 "음식에는 반드시 송사가 있게 되니, 그러므로 송으로 받는다(飮食必有訟, 故受之以訟)"라고 하였다.『설문』언부言部에 "'송訟'은 다투는 것이다. 언言으로 되어 있고, 공公은 성음이다(訟, 爭也. 从言, 公聲)"라고 하였다. 허신은 형성 문자로 보았는데, 말로 싸우는 것(言爭)이다. 단옥재는 "공정하게 말하는 것이다(公言之也)", "송사하는 말은 곧 공정한 말(訟言, 公言也)"이라 하고, 회의 문자로도 보았다(此形聲包會意).『석문』에 육덕명은 "다투는 것이며, 공정하게 말하는 것(訟, 爭也. 言之於公也)",『집해』에 정현은 "다투는 것(訟猶爭也)", 주희는 "말싸움(訟, 爭辯也)"이라고 하였다. 송은 윗괘가 건乾이고 강건하며, 아랫괘는 감坎이고 험난한 것이니, 서로 합하면 반드시 문제를 일으켜 송사를 하게 된다. '송'은 송사라는 뜻이다.

정이는 "괘는 건이 위에 감이 아래에 있다. 두 괘상으로 말하면 하늘의 양은 위로 운행하고, 물의 성은 아래로 내려가니, 그 운행은 서로 어긋나므로 그래서 송을 이룬다. 두 괘체로 말하면, 위는 강이고 아래는 험이다. 강과 험이 서로 접하니 송사가 없을 수 있겠는가? 또 사람은 안으로는 험난하나 밖으로는 강건하니, 그래서 송이다(爲卦, 乾上坎下. 以二象言之, 天陽上行, 水性就下, 其行相違, 所以成訟也. 以二體言之, 上剛下險, 剛險相接, 能无訟乎? 又人, 內險阻而外剛强, 所以訟也)"라고 하였다.

上剛下險

괘상을 가지고 괘명을 해석하였다. 「단」은 괘상을 말하면서 먼저 윗괘를 들고 이어서 아랫괘를 말하였다. 이것은 「단」의 통례이다. 송은 윗괘가 건乾이고 아랫괘는 감坎이다. 건은 강剛이고 감은 험險이다. 그런즉 송의 괘상은 '위는 강이고 아래는 험이다'.

險而健

괘덕을 가지고 괘명을 해석하였다. 「단」은 괘덕을 말하면서 먼저 아랫괘를 들고 이어 윗괘를 말하였다. 이것은 「단」의 통례이다. 송은 아랫괘가 감坎이고 윗괘가 건乾이다. 감은 험난함(險)이고 건은 강건함(健)이다. 그런즉 송은 '험난하고 강건한 것'이다.

訟

험난함과 강건함이 서로 합하여 송사가 일어난다. 그래서 괘명이 '송'이다. 「단」은 '송訟'을 송사(獄)의 뜻으로 새겼다.

정이는 "만약 강건하나 험난하지 않으면 송사가 일어나지 않으며, 험난하나 강건하지 않으면 송사를 할 수 없다. 험난하고 또 강건하니, 그래서 송이다(若健而不險, 不生訟也. 險而不健, 不能訟也. 險而又健, 是以訟也)"라고 하였다.

'訟, 有孚, 窒惕, 中吉', 剛來而得中也.

괘체를 가지고 괘사를 해석하였다. '강剛'에 대해, ①왕필은 둘째 양효를 가리킨다고 하였는데, 공영달은 "둘째 양효가 아랫괘로 와서 아랫괘의 가운데 자리에 처하여 '송의 주인'이 되었다(言中九二之剛, 來向下體, 而處下卦之中, 爲訟之主)"라고 하였다. 뒷사람들은 모두 이를 따랐다. ②고형은 둘째와 다섯째 양효를 가리킨다고 하였다. "다섯째 양효는 양이고, 강이며, 윗괘의 가운데 자리에 있다(九五爲陽爻, 爲剛, 居上卦之中位). 둘째 양효 또한 양이고 강이며 아랫괘의 가운데 자리에 있으니(九二亦爲陽爻, 爲剛, 居下卦之中位), 이것이 '강剛이 와서 가운데 자리를 얻었다'는 것이며(是爲'剛來得中'), 강건한 사람이 정중의 도를 얻었음을 상징한다(象剛健之人得正中之道)"라고 하였다.

'내來'에 대해 몇 가지 해석이 있다.

첫째, 『집해』에 촉재는 "송괘는 둔괘遯卦를 바탕으로 하였다. 둔괘의 둘째 음효가 나아가 셋째 양효의 자리에 있게 되고, 셋째 양효는 내려와 둘째 음효의 자리에 있게 되었다. 이것이 '강래이득중'이다(此本遯卦, 二進居三, 三降居二, 是剛來而得中也)"라고 하였다. 둔의 둘째 음효와 셋째 양효가 자리를 바꾸어 송이 되었다는 말이다. 주희가 이를 따랐다.

둘째, 래지덕은 종괘로 해석하였다. "수需와 송訟은 서로 종괘이다. 수需의 윗괘인 감이 송의 아랫괘로 와서 거하니 둘째 양효가 가운데 자리를 얻은 것이다(需訟相綜, 需上卦之坎, 來居訟之下卦, 九二得中也)"라고 하였다. 굴만리와 유백민이 이를 따랐다.

셋째, 진고응은 "대체로 '내'를 말한 것은(大凡言'來'), 하나는 다른 종류에 대해 말한 것인데(一是就異類而言), 만약 윗괘 혹은 아랫괘 모두 양효 혹은 음효이면(若上卦或下卦皆爲陽爻或陰爻), '내'와 관련이 없다(則無所謂'來'). 또 하나는 적은 것에 대해 말한 것인데(二是就寡者而言), 만약 아랫괘 혹은 윗괘가 2양 1음이면(若下卦或上卦爲二陽一陰), '유래柔來'라고 하고(則謂之'柔來'), 만약 아랫괘 혹은 윗괘가 2음 1양이면(若下卦或上卦爲二陰一陽), '강래剛來'라고 한다(則謂之'剛來')"라고 하였다. 그의 설명은 명쾌하다.

'득중得中'은 둘째 양효가 아랫괘의 가운데 자리를 얻었다는 것이며(효위), 강건한 사람이 중정의 도를 얻은 상이다(효상). '강래이득중'은 둘째 양효가 와서 가운데 자리를 얻었다는 말이다. 「단」은 '득중得中'을 가지고 괘사의 '중길中吉'을 해석하였다. 「단」은 괘사 '송, 유부, 질척, 중길'을, 송사는 믿음이 있으나 막혀 있어 두려워하니 중간은 길하다는 것은 둘째 양효가 와서 가운데 자리를 얻었기 때문이라고 해석하였다.

'終凶', 訟不可成也.

괘사 '終凶'을 해석하였다. '송불가성야'는 송사는 이루는 것이 없다는 말이다. 「단」은 괘사 '종흉終凶'을, 끝이 흉한 것은 송사는 이루는 것이 없기 때문이라고 해석하였다. 결국 송사는 이기든 지든 이롭지 않다는 말이다. 『집해』에 왕숙은 "송사하여 공을 이룬 사람은 끝에는 반드시 흉하다(以訟成功者, 終必凶也)"라고 하였다.

'利見大人', 尙中正也.

괘체를 가지고 괘사 '利見大人'을 해석하였다. '상尙'은 숭상한다(崇)는 뜻이다. '중中'은 윗괘 혹은 아랫괘의 가운데 자리를, '정正'은 양이 양의 자리에, 음이 음의 자리에 있는 것을 가리킨다. 처음(初), 셋째(三), 다섯째(五)는 양의 자리이고, 둘째(二), 넷째(四), 꼭대기(上)는 음의 자리이다. '중정中正'에 대해 몇 가지 해석이 있다.

첫째, 『집해』에 순상은 다섯째 양효를 가리킨다고 하였는데(五以中正之道, 解其訟也), 뒷사람들은 모두 이를 따랐다. 정이는 "중정대인은 다섯째 양효이다(中正大人, 九五是也)"라고 하였다.

둘째, 고형은 둘째와 다섯째 양효를 가리킨다고 하였다. "다섯째 양효와 둘째 양효는 위아래 괘의 가운데 자리에 있고(九五及九二分居上下卦之中位), 사람이 정중의 도를 얻은 것을 상징한다(象人得正中之道)"라고 하였다.

셋째, 필자는 다섯째 양효(九五) 「상」에 '以中正也'라고 하였으니 다섯째 양효를 가리키는 것으로 보았다. 다섯째 양효는 양이 윗괘의 가운데 자리에 있으니(효위), 대인이 중정의 도를 얻은 상이다(효상).

'상중정야'는 중정을 숭상한다는 말이다. 「단」은 괘사 '이견대인利見大人'을, 대인을 만나보는 것이 이로운 것은 대인이 중정을 숭상하기 때문이라고 해석하였다. 『집해』에 순상은 "둘째 양효와 넷째 양효가 송사를 하는데, 다섯째 양효를 만나보면 이롭다. 다섯째 양효는 중정의 도를 가지고 그 송사를 해결한다(二與四訟, 利見於五. 五以中正之道, 解其訟也)"라고 하였다.

'不利涉大川', 入于淵也.

괘사 '不利涉大川'을 해석하였다. '대천大川'은 송사를 가리킨다. '입우연入于淵'은 연못 속으로 들어간다는 말이다. 「단」은 '연淵'을 가지고 괘사의 '대천大川'을 해석하였다. '입우연야'는 연못 속으로 빠져든다는 말이다. 「단」은 괘사 '불리섭대천不利涉大川'을, 큰 내를 건너면 이롭지 않은 것은 송사를 하면 깊은 연못 속으로 빠져들기 때문이라고 해석하였다.

『집해』에 순상은 "양이 둘째 자리에 거하고 감이 아래에 있으니 연못이 된다(陽來居二, 坎在下, 爲淵)"라고 하였다. '연淵'을 감坎의 괘상으로 해석하였다.

7. 사師

䷆ 師, 貞, 丈人吉, 无咎.

사는 바르게 하니, 장인은 길하고 허물이 없다.

'사師'는 괘명이며, 무리 중衆이다. '정貞'은 바르다는 뜻의 정正이다. '장丈'은 어른장長이다. 「단」은 '장인丈人'을 왕으로 보았다.

彖曰 師, 衆也. '貞', 正也. 能以衆正, 可以王矣. 剛中而應, 行險而順, 以此毒天下, 而民從之, '吉'又何'咎'矣.

사는 무리이다. '정'은 바르다는 뜻이다. 장인이 백성을 바르게 할 수 있으니, 왕업을 이룰 수 있다. 강이 가운데 자리에서 유와 응하고, 험난함에 행하나 순종하며, 이것으로 천하를 다스려 백성들이 따르니, '길'하고 또 무슨 '허물'이 있겠는가?

사 「단」은 2단락으로 구성되어 있다.

첫째 단락… 훈고로 괘명 '師'를 해석하였다.

① 師… 괘명을 들었음.
② 衆也… 무리라는 뜻임.

둘째 단락… 괘사를 해석하였다.

1. 훈고로 괘사 '貞'을 해석하였다.
   ① '貞'… 괘사 '정'을 들었음.
   ② 正也… 바르다는 뜻임.

2. 괘사 '丈人'을 해석하였다.
   ① 能以衆正… 장인이 백성을 바르게 할 수 있음.
   ② 可以王矣… 왕업을 이룰 수 있음.

3. 괘사 '吉', '无咎'를 해석하였다.
   1) 괘체로 해석하였다.
      ① 剛中而應… 강이 가운데 자리에서 유와 응함.

   2) 괘덕으로 해석하였다.
      ① 行險而順… 험난함에 행하나 순종함.
      ② 以此毒天下… 이것으로 천하를 다스림.
      ③ 而民從之… 백성들이 따름.
      ④ '吉'又何'咎'矣… '길'하고 '허물'이 없음.

사 「단」에서 '중衆', '정正', '왕王'은 운이다.

유백민과 스즈키는 운을 말하지 않았다.

師

괘명이다. 「서괘」에 "소송에는 반드시 무리들의 일어남이 있으니, 그러므로 사로 받는다. 사는 무리이다(訟必有衆起, 故受之以師. 師者, 衆也)"라고 하였다. 『설문』 잡부帀部에 "이천오백 인이 사이다……무리라는 뜻이다(二千五百人爲師……帀衆意也)"라고 하였다. '사師'는 무리 중衆이고, '중衆'은 백성이고 군대이다. 『집해』에 하안은 "'사師'는 군대를 말한 것(師者, 軍旅之名)"이라고 하였다. 주희 역시 "'사'는 군대(師, 兵衆也)"라고 하고, "사는 둘째 양효의 한 양만이 아랫괘의 가운데에 거하니, 장수의 상이다. 위아래 다섯 음은 이에 순종하여 따르니, 군대의 상이다(又卦唯九二一陽居下卦之中, 爲將之象. 上下五陰順而從之, 爲衆之象)"라고 하였다. 「단」은 '무리', '백성'이라는 뜻으로 새겼다.

衆也

훈고를 취하여 괘명을 해석하였다. 「단」은 '중衆'을 가지고 괘명 '사師'를 해석하였다. '사師'는 무리라는 뜻의 중衆이라는 말이다. 「단」에서 '중衆'은 백성(民)이다.

괘상으로 해석하면, 사의 윗괘는 곤坤이고 아랫괘는 감坎이다. 「설괘」 제11장에 "곤은 무리(坤爲衆)"라고 하였고, 『국어』 「진어晉語」에 "감은 물이고 무리이다(坎, 水也, 衆也)"라고 하였다. 위아래 괘가 모두 '중衆'이다.

'貞', 正也.

훈고를 취하여 괘사의 '정貞'을 해석하였다. '貞'은 바르다는 뜻의 정正이라는 말이다.

能以衆正

이하 괘사 '장인丈人'을 해석하였다. 이 구절의 주어는 '장인'이며, 곧 왕이다. '능能'은 무엇을 할 수 있다는 조동사이다. '이以'는 '용用'이며, '용用'은 사使의 뜻이다. 고형은 "'능이能以'의 이以는 사使와 같다('能以'之以, 猶使也)"라고 하였다. '중衆'은 백성이다. 「단」은 '정正'을 가지고 효사의 '정貞'을 해석하였다.

'能以衆正'은 두 가지로 읽을 수 있다. 하나는 '能使衆正'이며, 장인이 백성을 바르게 할 수 있다는 말이다. 또 하나는 '능이能以'는 바로 뒤의 '가이可以'와 같이 조동사이며, 무엇을 할 수 있다는 뜻이다. '能以衆正'은 '能以正衆'이 바른 문장이며, 장인이 백성을 바르게 할 수 있다는 말이다. 「단」을 지은 사람이 잘못 썼거나 후인이 잘못 필사하였을 것이다. 두 가지 해석은 모두 통한다.

可以王矣

'가이可以'는 가능이나 능력을 나타내는 조동사이며, 무엇을 할 수 있다는 뜻이다. '왕王'은 천자의 개념이며, 제후를 가리키는 것이 아니다. 「단」이 쓰인 전국 후기 당시 제후들은 제각기 '왕'이라고 칭하였다. 그러나 여기의 '왕'은 동사이며, 천하를 통일하여 왕업을 이루는 것을 뜻한다. 고형은 "전국 시대에 일곱 나라 제후들은 모두 왕을 칭하였으나(戰國時代, 七國諸侯皆稱王), 여기의 王자는 왕을 칭한 것을 말한 것이 아니라(但此王字非稱王之謂也), 천하를 통일하여 왕업을 이룬 것을 말한다(乃統一天下, 成就王業之謂也)"라고 하였다. '가이왕의'는 왕업을 이루 수 있다, 천하를 다스릴 수 있다는 말이다. 장인이 백성을 바르게 할 수 있으니, 왕업을 이룰 수 있다는 것이다. 「단」은 '왕王'을 가지고 괘사의 '장인丈人'을 해석하였다.

剛中而應

괘체를 가지고 괘사 '길吉, 무구无咎'를 해석하였다. '강剛'은 둘째 양효를 가리키며 '장인丈人'이다. '중中'은 아랫괘의 가운데 자리를 가리킨다. '강중剛中'은 둘째 양효가 아랫괘의 가운데 자리에 있다는 것이며(효위), 장인이 중도를 지니고 있는 상이다(효상).

'응應'에 대해 두 가지 해석이 있다.

첫째, 전통적인 해석이다. 둘째 양효가 다섯째 음효와 응하는 것이다. 공영달은 "'강중剛中'은 둘째 양효를, '응應'은 다섯째 음효를 말한다(剛中謂九二, 而應謂六五)", 정이는 "둘째 양효는 강이 가운데 자리에 있으니, 강이면서 중도를 얻었다. 다섯째 음효인 임금과 정응하여 신임을 독차지한다(言二也. 以剛處中, 剛而得中道也. 六五之君爲正應, 信任之專也)", 주희 역시 "'강중'은 둘째 양효를 말하고, '응'은 다섯째 음효와 응하는 것을 말한다(剛中, 謂九二. 應, 謂六五應之)"라고 하였다. 굴만리, 유백민, 진고응 등 모두 이를 따랐다.

둘째, 고형의 해석이다. 둘째 양효와 나머지 다섯 음이 응하는 것이다. "사의 다섯 음효는 모두 음이고 유이며(初六, 六三, 六四, 六五, 上六皆爲陰爻, 爲柔) 둘째 양효인 강을 둘러싸고 있다(圍繞九二之剛). 이것은 다섯 유가 한 강에 응하고 있는 것이니(是爲五柔應一剛), 상하 모두가 응하고 있으므로(是爲上下皆應) 이를 간단히 칭하여 '응應'이라 한 것이다(簡稱曰應)"라고 하였다. 두 가지 해석은 모두 통한다.

필자는 강은 왕이고 나머지 다섯 음은 백성(民)이므로 「단」의 '민종지民從之'를 따라

고형의 주장이 맞는다고 생각한다. '강중이응'은 강이 가운데 자리에서 유와 응한다는 말이다. 즉 장인이 중도를 지니고 백성과 응한다는 것이다.

行險而順

괘덕을 가지고 해석하였다. 사는 아랫괘가 감坎이고 윗괘는 곤坤이다. 감은 험險이고 곤은 순順이다. 그런즉 사는 '험난함에 행하나 순종하는 것'이다. '순順'은 장인이 백성에 순종하는 것이다.

以此毒天下

'이以'는 용用이다. '차此'는 '剛中而應, 行險而順'을 가리킨다. 『설문』 초부艸部에 "'독毒'은 두터운 것이다. 사람에게 해로운 풀이며, 흔히 생겨난다. 초屮로 되어 있고, 애毒는 성음이다(毒, 厚也. 害人之草, 往往而生. 从屮, 毒聲)"라고 하였는데, 단옥재는 "글자를 만든 본뜻은 사람에게 해로운 풀에서 연유하였으며, 흔히 생겨난다(製字本義, 因害人之艸, 往往而生)"라고 하고, "파생되어 두텁다는 뜻이 되었다(引伸爲凡厚之義)"라고 하였다. '독毒'의 본래의 뜻은 '사람에게 해로운 풀(害人之艸)'이다. '독毒'에 대해 두 가지 해석이 있다.

첫째, 전통적인 해석이다. '독毒'은 해롭다는 뜻의 해害이다. 왕필은 '역役'이라고 하였는데(毒猶役也), '역役'은 '역疫'이며, 병이라는 뜻이다. 공영달은 왕필을 따라 '독毒'은 '역役'과 같다고 하였으나(毒猶役也), '사역使役'의 뜻으로 읽었다. 『석문』에 육덕명은 "'독毒'은 도徒와 독篤의 반절이다. 역役의 뜻이다(毒, 徒篤反. 役也)"라고 하였다. 정이와 주희는 '해害'의 뜻으로 읽었다. 주희는 "'독毒'은 해롭다는 뜻의 해害이다. 군대가 일어나는데 천하에 해롭지 않음이 없다. 그러나 올바른 재덕을 가지고 있으니, 백성들이 기뻐하여 따르는 것이다(毒, 害也. 師旅之興, 不无害於天下. 然以其有是才德, 是以民悅而從之也)"라고 하였다. '이차독천하'는 이것으로 천하를 해롭게 한다는 말이다.

둘째, 고형의 해석이다. "'독毒'은 다스린다는 뜻의 치治이다. 『석문』에 마융은 '독은 다스린다는 뜻의 치(毒, 馬云治也)'라고 하였다. 유월兪樾은 '독毒은 독督으로 읽으며, 다스린다는 뜻의 치(毒讀爲督, 治也)'라고 하였다." 고형은 '치治'로, 굴만리는 '안安'으로, 진고응은 '보保'로 읽었는데, 뜻은 비슷하다. '이차독천하'는 이것으로 천하를 다스린다는 말이다. 두 가지 해석은 모두 통한다. 필자는 고형의 해석을 따랐다.

而民從之

'민종지民從之'의 '민民'은 중衆이고, '지之'는 장인(왕)을 가리키며, 백성들이 장인을 따른다는 말이다. 강(장인)이 가운데 자리에서(중도를 지니고) 유(백성)와 응하고, 또 험난함에 행하나 백성에 순종하며, 이것으로 천하를 다스려(혹은 천하를 해롭게 하나) 백성들이 따른다는 말이다.

'吉' 又何 '咎' 矣

'길우하구의'는 길하고 또 무슨 허물이 있겠는가? 라는 말이다. 장인이 중도를 지니고 백성과 응하고, 또 험난함에 행하나 백성에 순종하며, 이것으로 천하를 다스려 백성들이 따르니, 그래서 '길하여 허물이 없다'는 것이다. 「단」은 '하구何咎'를 가지고 괘사의 '무구无咎'를 해석하였다.

8. 비比

䷇ 比, 吉. 原筮元永貞无咎. 不寧方來, 後夫凶.

비는 길하다. 원래의 점은 크고 영원히 바르게 하면 허물이 없다.

평안하지 않아 바야흐로 오는데, 뒤에 오는 사람은 흉하다.

'비比'는 괘명이며, 보필하다(輔), 친근하다(親)는 뜻이다. '원原'은 원래原來, 최초, 시초의 시始의 뜻이다. '서筮'는 주역점이다. '원서原筮'는 처음의 점(最初占筮)이다. 몽괘蒙卦 괘사의 '초서初筮'와 같다. '원元'은 크다는 뜻의 대大이다. '정貞'은 바르다는 뜻의 정正이다. '녕寧'은 평안하다(安)는 뜻이다. '방方'은 바야흐로, 이제라는 뜻의 금今이다. '후부後夫'는 뒤에 오는 사람이며, 잘 보필하지 않는 사람이다.

彖曰 '比, 吉'也, 比, 輔也. 下順從也. '原筮元永貞无咎', 以剛中也. '不寧方來', 上下應也. '後夫凶', 其道窮也.

비는 보필한다는 뜻이다. '비가 길한 것'은 아랫사람이 순종하기 때문이다. '원래의 점은 크고 영원히 바르게 하면 허물이 없다'는 것은 강이 가운데 자리에 있기 때문이다. '평안하지 않아 바야흐로 온다'는 것은 상하가 응한다는 것이다. '뒤에 오는 사람은 흉하다'는 것은 그 도가 궁하기 때문이다.

비 「단」은 2단락으로 구성되어 있다.

첫째 단락…훈고로 괘명 '比'를 해석하였다.

① 比…괘명을 들었음.

② 輔也…보필하는 것임.

둘째 단락…괘사를 해석하였다.

1. 괘체로 괘사 '吉'을 해석하였다.

① '比, 吉'也…'길'을 들었음.

② 下順從也…아랫사람이 순종하기 때문임

2. 괘체로 괘사 '原筮元永貞无咎'를 해석하였다.

① '原筮元永貞无咎'…'원서원영정무구'를 들었음.

② 以剛中也…강이 가운데 자리에 있기 때문임.

3. 괘체로 괘사 '不寧方來'를 해석하였다.

① '不寧方來'…괘사 '불녕방래'를 들었음.

② 上下應也…상하가 응한다는 것임.

4. 괘사 '後夫凶'을 해석하였다.

① '後夫凶'…괘사 '후부흉'을 들었음.

② 其道窮也…그 도가 궁하기 때문임.

비 「단」에서 '종從', '중中', '응應', '궁窮'은 운이다.
유백민: '從', 三鐘. 與下'中', 一東. '應', 十六蒸, 四十七證二韻. '窮', 一東. 爲韻.
스즈키: '종從', '중中', '응應', '궁窮'.

比

괘명이다. '비比'라는 글자는 두 사람이 나란히 서서 아주 친근한 것을 나타낸다. 「서괘」에 "무리에는 반드시 친근한(보필하는) 바가 있으니, 그러므로 비로 받는다. 비는 친근(보필)하다는 뜻이다(衆必有所比, 故受之以比. 比者, 比也)"라고 하였다. 『설문』 비부比部에 "'비比'는 친밀하다는 뜻이다. 두 사람이 从인데, 从을 거꾸로 하여 比이다(比, 密也. 二人爲从, 反从爲比)"라고 하였는데, 단옥재는 "그 본뜻은 서로 친밀한 것이며, 이외의 뜻이 보필하는 것이다(其本義謂相親密也. 餘義俌也)"라고 하였다. '보俌'는 보필하다는 뜻의 '보輔'와 같다. 「단」은 보필한다는 뜻으로 새겼다.

주희는 "'비比'는 보필하는 것이다. 다섯째 양효는 양강으로 윗괘의 가운데 자리에 거하여 바름을 얻었고, 위아래 다섯 음이 보필하여 따르니, 한 사람이 만방을 어루만지고, 사해가 한 사람을 우러러보는 상이다(比, 親輔也. 九五以陽剛居上之中而得其正, 上下五陰, 比而從之. 以一人而撫萬邦, 以四海而仰一人之象)"라고 하였다.

'比, 吉' 也. 比, 輔也, 下順從也.

이 구절에 대해 몇 가지 주장이 있다.

① 주희는 "'비길야比吉也' 세 글자는 잘못 들어간 글자가 아닌가 한다(此三字疑衍文)"라고 하였다.

② 고형은 주희와 왕념손의 말을 인용하여, '비길야比吉也'의 '야也'자는 잘못 들어간 것(吉下也字衍)이라고 하였다.

③ 필자는 '比, 吉也'와 '比, 輔也'는 자리가 바뀌었다고 생각한다. 「단」은 먼저 괘명을 해석하고 이어 괘사를 해석하였다. 이것은 「단」의 통례이다.

이 구절은 '比, 輔也. 比, 吉, 下順從也.'가 바르다. '比, 輔也'는 괘명을 해석한 것이고, '比, 吉'은 괘명과 괘사를 인용한 것이고, '下順從也'는 '比, 吉'을 해석한 것이다. 아래에 순서대로 설명하겠다.

比, 輔也.

훈고를 취하여 괘명을 해석하였다. '보輔'는 돕다(助), 보필하다(弼)는 뜻이다. 「단」은 '보輔'를 가지고 괘명 '비比'를 해석하였다. "'비'는 보필한다는 뜻"이라는 말이다.

'比, 吉' 也.

괘명과 괘사의 '길吉'을 인용하였다. '比, 吉也'의 '也'는 잘못 들어간 것이다. 「단」은 괘사를 인용하면서 어조사 등 다른 글자를 일체 삽입하지 않았다. "괘명인 '비'가 '길하다'고 하는 것은"이라는 말이다. 아래에 설명이 이어진다.

下順從也

괘체를 가지고 괘사를 해석하였다. '하순종'은 아랫사람이 순종한다는 말이다. 이에 대해 몇 가지 해석이 있다.

첫째, 공영달은 "여러 음이 다섯째 양효에 순종하는 것(衆陰順從九五)"이라고 하여, '하下'를 다섯째 양효를 제외한 '중음衆陰'으로 보았다. 뒷사람들은 대부분 이를 따랐다.

둘째, 정이는 "다섯째는 양효가 존위에 있고, 여러 아래가 순종하여 보필하니, 그래서 비이다(五以陽居尊位, 羣下順從以親輔之, 所以爲比也)"라고 하여, '하下'를 비의 아래 네 음효로 해석하였다. 유백민이 이를 따랐다.

셋째, 굴만리는 "아랫괘가 곤이므로 순종이다(下坤故順從)"라고 하여, '하下'를 아랫괘 곤으로 보았다.

넷째, 고형은 상수를 배척하고 "신하가 임금을 보좌하는 것이니(臣下輔佐其君也), 곧 아랫사람이 윗사람에게 순종하는 것이다(卽下順從其上也)"라고 하여 순수한 의리로 해석하였다. 진고응이 이를 따랐다(是在下親近順從在上的意思). 이러한 해석은 모두 통한다.

「단」은 괘사 '비比, 길吉'을, '비가 길'한 것은 아랫사람이 윗사람에게 순종하기 때문이라고 해석하였다. 「단」은 '하순종'을 가지고 괘사의 '길'을 해석하였다.

'原筮元永貞无咎', 以剛中也.

'이以'는 인因으로 읽는다. '강剛'은 다섯째 양효를 가리키고, '중中'은 다섯째 양효가 가운데 자리에 있다는 것이다. '강중剛中'은 다섯째 양효가 가운데 자리에 있다는 것이며(효위), 임금이 중도를 지니고 있는 상이다(효상). 「단」은 괘사 '원서원영정무구'를, 원래의 점은 크고 영원히 바르게 하면 허물이 없다는 것은 다섯째 양효가 가운데 자리에 있기 때문이라고 해석하였다. 즉 임금이 중도를 지니고 있기 때문이라는 것이다.

「단」에 '이강중야以剛中也'는 ①몽蒙 ②비比 ③곤困, 3곳 기록되어 있다.

'不寧方來', 上下應也.

'상하응야上下應也'는 상하가 응한다는 말이다. '상하上下'에 대해 세 가지 해석이 있다.

첫째, 『집해』에 우번은 윗괘인 감과 아랫괘인 곤이 응하는 것(水性流動, 故不寧. 坤陰爲方, 上下應之, 故方來也)이라고 하였다.

둘째, 왕필은 '상上'은 꼭대기 음효이고, '하下'는 아래 네 음효이며, 이들 상하가 다섯째 양효에 응하는 것(上下无陽以分其民, 五獨處尊, 莫不歸之)이라고 해석하였다. 뒷사람들은 대부분 이를 따랐다.

셋째, 진고응은 "효획에서 보면(從爻畫上看), 처음, 둘째, 셋째, 넷째, 모두 위에 있는 다섯째 양효와 응하고 친하므로(初, 二, 三, 四皆應合親比在上之九五), '상하응'이라 하였다(謂之'上下應')"라고 하였는데, '상上'은 다섯째 양효, '하下'는 아래의 네 음효를 가리키는 것으로 보았다. 이러한 해석은 모두 통한다. 필자는 왕필을 따랐다.

「단」은 괘사 '불녕방래不寧方來'를, 평안하지 않아 바야흐로 온다는 것은 상하 음효가 모두 다섯째 양효에게 응하는 것이라고 해석하였다. 고형은 "상하 제후가 그 임금에게 응화하는 것을 상징한다(象上下諸侯應和其君)"라고 하였다.

'後夫凶', 其道窮也.

'후부後夫'는 잘 보필하지 않는 사람이다. '기其'는 비比를 가리키고, '도道'는 비도比道이며, '기도其道'는 '비지도比之道' 즉 보필하는 도이다. '기도궁야'는 그 도가 궁하다는 말이며, 보필하는 것이 궁하다는 것이다. 공영달은 "이 구절은 꼭대기 음효를 말한다(此謂上六也)"라고 하였다. 꼭대기 음효는 다섯째 양효를 타고 있으니 '후부흉'이며, 한 괘의 꼭대기(上)에 있으니(효위), 그 도가 궁한 상이다(효상). 「단」은 괘사 '후부흉後夫凶'을, 뒤에 오는 사람은 보필하는 도가 궁하기 때문에 흉하다고 해석하였다.

고형은 "제후들은 모두 왕의 조정을 존중하여 앞다투어 오는데(言諸侯皆尊重王朝, 爭先而來), 뒤에 오는 사람은 조정을 멸시하여 반드시 벌을 받아야 하니(後至之人是輕慢王朝, 必受誅罰), 오는 그 길이 궁하여 통하지 않음을 말한 것이다(其所走之路乃窮困而不通也)"라고 해석하였다.

9. 소축小畜

☴☰ 小畜, 亨. 密雲不雨, 自我西郊.

소축은 형통하다.

짙은 구름이 일어도 비는 오지 않으니, 우리 서쪽들에서부터이다.

'소축小畜'은 괘명이며, 축적한 것이 적다는 뜻이다. '형亨'은 형통하다는 뜻의 통通이다. '밀운密雲'은 짙은 구름이며, '밀운불우密雲不雨'는 짙은 구름이 일어도 비는 오지 않는다는 뜻이다. '교郊'는 고을 밖을 교라고 한다(邑外謂之郊). 『설문』 읍부邑部에 "나라에서 백 리 떨어진 곳을 교라고 한다(距國百里爲郊)"라고 하였는데, 단옥재는 "오십 리 떨어진 곳을 근교, 백 리 떨어진 곳을 원교라 한다(杜子春注周禮曰五十里爲近郊, 百里爲遠郊)"라고 하였다.

彖曰 小畜, 柔得位而上下應之, 曰小畜. 健而巽, 剛中而志行, 乃'亨'. '密雲不雨', 尙往也. '自我西郊', 施未行也.
소축은 유가 바른 자리를 얻어 상하가 이에 응하니 소축이라고 한다. 강건하면서 겸손하고, 강이 가운데 자리를 얻어 뜻을 실행하니, 그래서 '형통하다'는 것이다. '짙은 구름이 일어도 비는 오지 않는다'는 것은 구름이 위로 간다는 것이다. '우리 서쪽들에서부터'라는 것은 구름이 뒤덮여 있으나 비는 아직 오지 않는다는 것이다.

소축 「단」은 2단락으로 구성되어 있다.

첫째 단락…괘체로 괘명 '小畜'을 해석하였다.
① 小畜…괘명을 들었음.
② 柔得位而上下應之…유가 바른 자리를 얻어 상하가 이에 응함.
③ 曰小畜…다시 괘명을 들었음.

둘째 단락…괘사를 해석하였다.
1. 괘사 '亨'을 해석하였다.
1) 괘덕으로 해석하였다.
① 健而巽…강건하면서 겸손함.

2) 괘체로 해석하였다.
① 剛中而志行…강이 가운데 자리를 얻어 뜻을 실행함.
② 乃'亨'…그래서 '형통하다'는 것임.

2. 괘사 '密雲不雨'를 해석하였다.
① '密雲不雨'…괘사 '밀운불우'를 들었음.
② 尙往也…구름이 위로 간다는 것임.

3. 괘사 '自我西郊'를 해석하였다.
① '自我西郊'…괘사 '자아서교'를 들었음.
② 施未行也…구름이 뒤덮여 있으나 비는 아직 오지 않는다는 것임.

소축 「단」에서 '행行', '형亨', '왕往', '행行'은 운이다.

유백민: '行', 戶郎反. 與下'亨', 許郎反. '往', 三十六養. 以平上通爲一韻.
스즈키: '행行', '형亨', '왕往', '행行'.

小畜

괘명이다. 「서괘」에 "친근하면 반드시 축적하는 바가 있으니, 그러므로 소축으로 받는다(比必有所畜, 故受之以小畜)"라고 하였다. 『석문』에 "'축畜'은 '축蓄'으로도 썼는데, 두 글자는 같다. 칙勅과 육六의 반절이다. 축적하다는 뜻의 적積, 모은다는 뜻의 취聚이다(畜, 本又作蓄, 同. 勅六反. 積也, 聚也)"라고 하였다. '축畜'은 축적한다는 뜻의 '축蓄'과 같다. '소축小畜'은 작은 것이 축적한다(以小畜大)는 뜻이다. 『역전』에서 '소'는 음, '대'는 양을 가리킨다. 소축은 한 음효에 다섯 양효가 있으니, 한 음이 다섯 양을 축적하고 있는 상이다. 「단」은 '소축小畜'을, 한 음이 다섯 양을 축적한다는 뜻으로 해석하였다.

주희는 "위는 손이고 아래는 건이니, 음이 양을 축적한다. 또 괘는 넷째만 한 음효이고, 위아래 다섯 양 모두 축적을 받으니, 그러므로 소축이다(上巽下乾, 以陰畜陽. 又卦唯六四一陰, 上下五陽皆爲所畜, 故爲小畜)"라고 하였다.

柔得位而上下應之

괘체를 가지고 괘명을 해석하였다. '유柔'는 넷째 음효를 가리킨다. '득위得位'는 양이 양의 자리에, 음이 음의 자리에 있는 것을 말한다. '유득위'는 유가 바른 자리를 얻었다는 말이다. 즉 넷째 음효는 음이 음의 자리에 있어 바른 자리를 얻었다는 것이다. '지之'는 넷째 음효를 가리킨다. '상하응지上下應之'는 상하가 이에 응한다는 말이다. 이에 대해 두 가지 해석이 있다.

첫째, 왕필은 위의 넷째 음효와 아래의 처음 양효가 응하는 것(體无二陰以分其應, 故上下應之)으로 보았다. 유백민이 이를 따랐다.

둘째, 공영달은 "이 괘는 오직 한 음이 있어, 상하 여러 양이 모두 응한다(此卦唯有一陰, 上下諸陽皆來應之)"라고 하여, 위아래의 다섯 양효가 모두 넷째 음효와 응하고 있는 것으로 해석하였다. '상上'은 다섯째와 꼭대기 양효를, '하下'는 처음과 둘째와 셋째 양효를 가리킨다. '상하'는 다섯 양효를 가리킨다. 뒷사람들은 모두 이를 따랐다.

曰小畜

소축은 넷째 음효가 바른 자리를 얻어 위아래 다섯 양효가 이에 응하니, 음이 하나에 양이 다섯이다. 음은 적고 양은 많으니, 적은 것으로 많은 것을 축적하는(以小畜大)

상이다. 그래서 괘명이 '소축'이다. 「단」은 '소축'을, 넷째 음효가 음의 자리를 얻어 다섯 양효가 이에 응하는 것으로 해석하였다.

健而巽

괘덕을 가지고 괘사 '형亨'을 해석하였다. '건健'은 강건함이다. '손巽'은 '손遜'과 같으며, 겸손함이다. 두 글자는 음이 같아 옛날에 통용되었다. 소축은 아랫괘가 건乾이고 윗괘는 손巽이다. 건은 강건함(健)이고 손은 겸손함(巽)이다. 그런즉 소축은 '강건하면서 겸손한 것'이다.

剛中而志行

괘체를 가지고 괘사 '형亨'을 해석하였다. '강剛'은 둘째와 다섯째 양효를 가리킨다. '강중剛中'은 둘째 양효가 아랫괘의 가운데 자리에, 다섯째 양효는 윗괘의 가운데 자리에 있다는 말이다. '지행志行'은 '행지行志'로 하는 것이 바르다. 운을 맞추기 위해 의도적으로 글자를 도치하였다. 「단」에서 '행行', '형亨', '왕往', '행行'은 운이다. '행지行志'는 뜻을 실행한다는 말이다. '강중이지행'은 강이 가운데 자리를 얻어 뜻을 실행한다는 말이다. 소축의 둘째와 다섯째 양효는 각각 아랫괘와 윗괘의 가운데 자리에 있으니(효위), 군자가 중도를 지니고 있어 뜻을 실행하는 상이다(효상). '뜻을 실행한다'는 것은 뜻을 이룬다는 것이다.

乃'亨'

'乃'는 접속사이며, 이에, 그래서라는 뜻이다. 「단」은 괘사 '형'을, 소축은 강건하면서 겸손하고, 강이 가운데 자리를 얻어 뜻을 실행하니, 그래서 '형통하다'고 하였다. 즉 두 군자가 강건하고 겸손하며, 정도를 얻어 뜻을 실행하니, 형통하다는 것이다.

'密雲不雨', 尙往也.

괘사 '密雲不雨'를 해석하였다. 『집해』에 우번은 '상왕尙往'을 '상왕上往'이라 하였고(密雲不雨, 上往也), 공영달은 '상진上進'으로(初九, 九二猶得上進) 해석하였는데, 뒷사람들은 이를 따랐다. '상尙'은 '상上'으로 읽는다. 두 글자는 음이 같아 옛날에 통용되었다. '상왕上往'은 '상행上行'과 같으며, 구름이 위로 간다는 말이다. 「단」은 괘사 '밀운불우密雲不雨'를, 짙은 구름이 일어도 비는 오지 않는다는 것은 구름이 위로 가기 때문이라고 해석하였다.

'自我西郊', 施未行也.

괘사 '自我西郊'를 해석하였다. '시施'는 펼치다(布), 베풀다(設)는 뜻이다. '미행未行'은 행하지 않는다는 뜻이다. '시미행야'는 베푸나 행하지 않는다는 말이다. 즉 구름이 덮여 있으나 비는 아직 오지 않는다는 것이다. 「단」은 괘사 '자아서교自我西郊'를, 구름이 서쪽들에 뒤덮여 있으나 비는 아직 오지 않는다고 해석하였다.

고형은 이 구절은 당연히 '密雲不雨, 施未行也. 自我西郊, 尙往也.'로 해야 한다고 하였다. "'시미행施未行'은 구름이 뒤덮여 있으나 비는 오지 않는다는 말이다(施未行謂雲布而雨未行). '시施'자는 '밀운密雲'을 해석한 것이고(施字正釋密雲), '미행未行'은 '불우不雨'를 해석한 것이니(未行正釋不雨), '시미행야'는 당연히 '밀운불우' 뒤에 있어야 하는 것이 명백하다(則'施未行也'當在'密雲不雨'之下, 明矣). '상尙'은 '상上'으로 읽는다(尙讀爲上). 두 글자는 옛날에 통용되었다(二字古通用). '상왕尙往'은 상왕上往이며(尙往卽上往), 구름이 위로 간다는 말이다(謂雲向上往). 우리 서쪽들에서 구름이 위로 가는 것이다(自何處向上往? 自西郊). '상왕上往'은 '자아서교'를 해석한 것이니(上往正釋自我西郊), 당연히 '자아서교' 뒤에 있어야 하는 것이 명백하다(則'上往也'當在'自我西郊'之下, 明矣)"라고 하였다.

10. 이履

䷉ (履), 履虎尾, 不咥人, 亨.

(이는) 호랑이 꼬리를 밟았으나, 사람을 물지 않으니, 형통하다.

「단」은 괘사 '이호미履虎尾'에서 괘명 '이履'를 들었다. 고형은 "'이履'자는 당연히 중복하여 써야 한다(履字當重). 앞의 '이'자는 괘명이고(上履字乃卦名), 뒤의 '이'자는 괘사이다(下履字乃卦辭也)"라고 하였다. '이履'는 괘명이며, 밟는다는 뜻의 천踐이다. 『석문』에 "'절咥'은 직直과 결結의 반절(咥, 直結反)"이라 하고, "문다는 뜻의 설齧, 마융은 문다는 뜻의 흘齕"이라고 하였다. '부절인不咥人'은 사람을 물지 않는다는 말이다. '형亨'은 형통하다는 뜻의 통通이다.

彖曰 履, 柔履剛也. 說而應乎乾, 是以'履虎尾, 不咥人, 亨.' 剛中正, 履帝位而不疚, 光明也.

이는 유가 강을 밟고 있는 것이다. 기뻐하여 강건함에 응하니, 그래서 '호랑이 꼬리를 밟았으나 사람을 물지 않으니 형통하다'고 한 것이다. 강이 가운데와 바른 자리를 얻고, 제왕의 자리에 처하여 과실이 없으니, 밝은 것이다.

이 「단」은 3단락으로 구성되어 있다.

첫째 단락…괘체로 괘명 '履'를 해석하였다.

① 履…괘명을 들었음.

② 柔履剛也…유가 강을 밟고 있는 것임.

둘째 단락…괘덕으로 괘사를 해석하였다.

① 說而應乎乾…기뻐하여 강건함에 응함.

② 是以'履虎尾, 不咥人, 亨.'…괘사를 들었음.

셋째 단락…괘체로 괘의를 설명하였다.

① 剛中正…강이 가운데와 바른 자리를 얻음.

② 履帝位而不疚…제왕의 자리에 처하여 과실이 없음.

③ 光明也…밝은 것임.

이 「단」에서 '강剛', '형亨', '명明'은 운이다.
유백민: '剛', 十五唐. 與下'亨', 許郎反. '明', 古音彌郎反. 爲韻.
스즈키: '강剛', '형亨', '명明'.

履

괘명이다. 『설문』 이부履部에 "'이履'는 발이 의지하는 것(履, 足所依也)"이라고 하였다. '이履'는 명사로 신이라는 뜻의 구屨, 동사로 밟는다, 실천한다는 뜻의 천踐, 행한다는 뜻의 행行이다. 「단」은 밟는다는 뜻으로 새겼다.

사람의 행동과 실천에는 반드시 일정한 준칙이 있으니, 이 준칙을 옛날에 '예禮'라고 칭하였다. 그래서 '이履'에는 '예'의 뜻이 있다. 「서괘」에 "사물이 축적된 연후에 예가 있으니, 그러므로 이로 받는다(物畜然後有禮, 故受之以履)"라고 하였고, 왕필의 『주역약례周易略例』 「괘례卦例」와 『집해』에는 「서괘」의 이 구절 뒤에 '履者, 禮也' 한 구절이 더 들어 있다. 『이아』 「석언釋言」에 "'이履'는 예(履, 禮也)"라고 하였고, 『석문』에도 "'이

履'는 예(履, 禮也)"라고 하였다. 『백서』에는 '이履'가 '예禮'로 되어 있다.

정이는 "'이履'는 예이다. 예는 사람이 실천하는 것이다. 괘는 하늘이 위에 있고 못이 아래에 있다. 하늘이 위에 있고 못이 아래에 처하니, 위아래의 분별과 높고 낮음의 올바름은 이치가 당연한 것이요, 예의 근본이며, 변하지 않는 이履의 도이니, 그러므로 이이다(履, 禮也. 禮, 人之所履也. 爲卦, 天上澤下. 天而在上, 澤而處下, 上下之分, 尊卑之義, 理之當也, 禮之本也, 常履之道也, 故爲履)"라고 하였다.

柔履剛也

괘체를 가지고 괘명을 해석하였다. '유리강'은 유가 강을 밟고 있다는 뜻이다. 이에 대해 몇 가지 해석이 있다.

첫째, 『집해』에 순상은 "셋째 음효가 둘째 양효를 밟고 있다(三履二也)"라고 하였다. 왕필, 공영달, 유백민 등이 이를 따랐다.

둘째, 정이는 "태는 음유이면서 건의 양강에 밟혀 있는 것이 '유리강'이다(兌以陰柔, 履藉乾之陽剛, 柔履剛也)"라고 하였는데, 주희가 이를 따라 "상하 두 괘를 가지고 괘명의 뜻을 해석한 것(以二體釋卦名義)"이라고 하였다. 즉 유는 아랫괘 태, 강은 윗괘 건으로 보고, 유(태)가 강(건)에 '밟혀 있다'라고 해석한 것이다.

셋째, 굴만리는 '유'는 아랫괘 태, '강'은 윗괘 건으로 보고, "태가 건을 밟고 있다(兌履乾)"라고 하였다.

넷째, 고형은 유는 셋째 음효, 강은 둘째와 처음 양효로 보고, "셋째 음효가 둘째와 처음 양효 위에 있으니(六三在九二, 初九之上) 이것이 '유리강'이다(是爲'柔履剛')"라고 하였다.

다섯째, 진고응은 "'유'는 셋째 음효('柔'指柔爻六三), '강'은 넷째 양효를 가리킨다('剛'指剛爻九四)" 하고, "셋째 음효가 위로 올라가니 '유리강'의 상이 있다(六三上行, 有'柔履剛'之象)"라고 하였다.

필자는 고형의 해석을 따랐다. '유柔'는 셋째 음효를, '강剛'은 처음과 둘째 양효를 가리킨다. '유리강柔履剛'은 유가 강을 밟고 있다는 말이며, 셋째 음효가 처음과 둘째 양효 위에서 두 양을 밟고 있다는 것이다. 그래서 괘명이 '이履'이다. 「단」은 '이履'를 가지고 괘명 '이履'를 해석하였다.

고형은 "사람과 호랑이를 서로 비교하면(人與虎相比), 사람은 유이고, 호랑이는 강이니(人爲柔, 虎爲剛), 그런즉 '유리강'은 사람이 호랑이 꼬리를 밟는 것을 상징할 수 있다(然則柔履剛可象人履虎尾)"라고 하였다. 그의 설명은 독보적이다.

說而應乎乾

이하 괘덕을 가지고 괘사를 해석하였다. '열說'은 열悅로 읽으며, 기뻐한다는 뜻이다. '호乎'는 '어於'와 같다. '건乾'은 '건健'으로 해야 맞다. '열說'과 '건健'은 괘덕이다. 이는 아랫괘가 태兌이고 윗괘는 건乾이다. 태는 기뻐함(說)이고 건은 강건함(健)이니, 이는 '기뻐하여 강건함에 응한다'는 것이다.

是以 '履虎尾, 不咥人, 亨.'

괘사를 인용하였다. 기뻐하여 강건함에 응하니, 그래서 '호랑이 꼬리를 밟았으나 사람을 물지 않으니 형통하다'고 한 것이다.

이의 괘상은 유약한 것(兌)이 사나운 것(乾)을 범하나 기뻐하는(說) 태도로 사나운 것(健)을 대하니, 사나운 것이 해치지 않는 것이다. 이것은 사람이 호랑이 꼬리를 밟았으나 호랑이가 사람을 물지 않는 것과 같다. 그래서 '형통하다'고 한 것이다.

剛中正

괘체를 가지고 괘의를 설명하였다. '강剛'은 다섯째 양효를 가리킨다. '중中'은 다섯째 양효가 윗괘의 가운데 자리를 얻었다는 것이고, '정正'은 다섯째 양효는 양이 양의 자리에 있다는 것이며(효위), 임금이 중정의 덕을 지니고 있는 상이다(효상). '강중정'은 강이 가운데와 바른 자리를 얻었다는 말이다.

履帝位而不疚

이는 윗괘가 건이고 건은 하늘(天)이며, 다섯째 양효는 건의 가운데 자리에 있으니, 제왕의 자리이다. '이제위履帝位'는 다섯째 양효가 제왕의 자리를 밟고 있다, 즉 제왕의 자리에 있다는 말이다. 『석문』에 "'구疚'는 구久와 우又의 반절이다. 마융은 병病이라 하였고, 육적 본에는 질疾로 되어 있다(疚, 久又反. 馬云病也, 陸本作疾)"라고 하였다. 여기에서는 잘못, 과실의 뜻이다(정이). 진고응은 '불구不疚'를 '무구无咎'와 같이 여기고, 다섯째 양효 효사에 '무구'가 떨어져 나갔다고 하였다. '이제위이불구'는 제왕의 자리에 처하여 과실이 없다는 말이다.

光明也

'광명光明'은 밝다는 말이다. 이는 다섯째 양효가 가운데와 바른 자리를 얻고, 제왕의 자리에 처하여 과실이 없으니, 밝은 것이라는 말이다.

정이는 "다섯째 양효는 양강으로 중정하고, 임금의 자리에 있으니 진실로 과실이 없으며, 이도履道의 지극히 선함을 얻었으니, 밝은 것이다. '구疚'는 과실을 말하니, 곧 '강하게 결단하여 행하는 것(夬履)'이다. '광명'은 덕이 성대하여 빛나는 것이다(九五以陽剛中正, 尊履帝位, 苟无疚病, 得履道之至善, 光明者也. 疚謂疵病, '夬履'是也. 光明, 德盛而輝光也)"라고 하였다. 정이의 해석이 아주 좋다.

11. 태泰

䷊ 泰, 小往大來, 吉, 亨.

태는 작은 것은 가고 큰 것은 오니, 길하고 형통하다.

'태泰'는 괘명이며, 형통하다는 뜻의 통通이다. 「단」에서 '소小'는 음陰, 순順, 소인小人을, '대大'는 양陽, 건健, 군자君子를 가리키며, 또 '왕往'은 외外, '내來'는 내內를 가리킨다. '소왕대래'는 곤(음)은 위로 올라가고 건(양)은 아래로 내려온다는 말이다. 그래서 '길'하고 '형통하다'는 것이다.

彖曰 '泰, 小往大來, 吉, 亨', 則是天地交而萬物通也, 上下交而其志同也. 內陽而外陰, 內健而外順, 內君子而外小人. 君子道長, 小人道消也.

'태는 작은 것은 가고 큰 것은 오니, 길하고 형통하다'는 것은 천지가 교합하여 만물이 형통하고, 상하가 교합하여 그 뜻이 같은 것이다. 안은 양이고 밖은 음이며, 안은 강건하고 밖은 유순하며, 안은 군자이고 밖은 소인이다. 군자의 도는 자라나고 소인의 도는 사라진다.

태「단」은 4단락으로 구성되어 있다.

첫째 단락… 괘명과 괘사를 인용하였다.

① 泰… 괘명을 들었음.

② 小往大來, 吉, 亨.… 괘사를 들었음.

둘째 단락… 괘명 '泰'를 해석하였다.

1. 괘상으로 해석하였다.
   ① 天地交而萬物通也 … 천지가 교합하여 만물이 형통함.

2. 괘체로 해석하였다.
   ① 上下交而其志同也 … 상하가 교합하여 그 뜻이 같음.

셋째 단락 … 괘사 '小往大來'를 해석하였다.

1. 괘체로 해석하였다.
   ① 內陽而外陰 … 안은 양이고 밖은 음임.

2. 괘덕으로 해석하였다.
   ① 內健而外順 … 안은 강건하고 밖은 유순함.

3. 괘상으로 해석하였다.
   ① 內君子而外小人 … 안은 군자이고 밖은 소인임.

넷째 단락 … 괘체로 괘사 '吉, 亨'을 해석하였다.
   ① 君子道長 … 군자의 도는 자라남.
   ② 小人道消也 … 소인의 도는 사라짐.

태 「단」에서 '통通', '동同'은 운이다.
유백민: '通', 一東. 與下'同', 一東. 爲韻.
스즈키: '통通', '동同'.

泰

괘명이다. 「서괘」에 "태는 형통하다는 뜻의 통(泰者, 通也)"이라고 하였다. 『석문』에 육덕명은 "'태泰'는 크게 형통하다(大通也), 정현은 형통하다(鄭云通也)"라고 하였다. 「단」」은 '태泰'를 형통하다는 뜻의 통通으로 새겼다. 태는 천지(음양)가 교합하고 상하가 교통하는 것을 가지고 형통하는 원리를 말하였다.

정이는 "괘는 음인 곤이 위에 있고 양인 건이 아래에 있다. 천지 음양의 기가 서로 교접하여 조화하니, 만물이 생성하므로 형통한 태가 된다(爲卦, 坤陰在上, 乾陽居下. 天地陰陽之氣相交而和, 則萬物生成, 故爲通泰)"라고 하였다.

小往大來, 吉, 亨.

괘사를 인용하였다. "태는 작은 것은 가고 큰 것은 오니, 길하고 형통하다"는 말이다. 즉 곤은 위로 올라가고 건은 아래로 내려오니, 길하고 형통하다는 것이다.

공영달은 "음이 사라지니 '소왕小往'이고, 양이 자라나니 '대래大來'이다. 이것으로 길하고 형통하다(陰去, 故小往. 陽長, 故大來. 以此吉而亨通)"라고 하였다.

天地交而萬物通也

괘상을 가지고 괘명을 해석하였다. 『집해』에 하타何妥는 "천도가 형통함을 밝힌 것(此明天道泰也)"이라고 하였다. 태는 아랫괘가 건乾이고 윗괘는 곤坤이다. 건은 하늘(天)이고 곤은 땅(地)이다. 태는 하늘이 아래에, 땅이 위에 있다. '교交'는 교합한다(相合)는 뜻이다. '천지교天地交'는 천지가 교합한다는 말이다. 태의 괘상은 천기天氣는 아래로 내려오고 지기地氣는 위로 올라가니, 하늘과 땅이 서로 교합한다. 하늘과 땅이 서로 교합하면 만물은 생을 얻어 자라난다. 그래서 "천지가 교합하여 만물이 형통하다"고 한 것이다. 「단」은 '통通'을 가지고 괘명 '태泰'를 해석하였다.

上下交而其志同也

괘체를 가지고 괘명을 해석하였다. 『집해』에 하타는 "인간사의 형통함을 밝힌 것(此明人事泰也)"이라고 하였다. '상上'은 윗괘 곤이고 '하下'는 아랫괘 건이다. 건은 임금이고 곤은 백성이다. 태는 임금이 아래에, 백성이 위에 있다. 그런즉 태는 임금의 뜻이 백성에 이르고 백성의 뜻이 임금에 이르니, 임금과 백성이 서로 교합한다. 임금과 백성이 서로 교합하면 그 뜻이 서로 같게 된다. 그래서 "상하가 교합하여 그 뜻이 같다"고 한 것이다. '같다'는 것은 '통한다'는 말이다. '通'과 '同'은 운이며, 같은 뜻으로 쓰였다.

內陽而外陰

괘체를 가지고 괘사 '小往大來'를 해석하였다. 『역전』은 아랫괘를 안(內)이라 하고 윗괘를 밖(外)이라고 하였다. 태는 아랫괘가 건乾이고 윗괘는 곤坤이다. 건은 양이고 곤은 음이다. 그래서 "안은 양이고 밖은 음이다"고 한 것이다. 『집해』에 하타는 "천도를 밝힌 것(此明天道也)"이라고 하였다.

內健而外順

괘덕을 가지고 괘사 '小往大來'를 해석하였다. 아랫괘 건은 강건함(健)이고 윗괘 곤은 유순함(順)이다. 그래서 "안은 강건하고 밖은 유순하다"고 한 것이다. 래지덕은 "음양은 기로 말한 것이고, 건순은 덕으로 말한 것이다(陰陽以氣言, 健順以德言)"라고 하였다. 『집해』에 하타는 "천도를 밝힌 것(此明天道也)"이라고 하였다.

內君子而外小人

괘상을 가지고 괘사 '小往大來'를 해석하였다. 아랫괘 건은 군자를, 윗괘 곤은 소인을 상징한다. 그래서 "안은 군자이고 밖은 소인이다"고 한 것이다. 군자는 조정 안에 있고, 소인은 조정 밖에 있다는 말이다. 『집해』에 하타는 "인간사를 밝힌 것(此明人事也)"이라고 하였다.

君子道長, 小人道消也.

괘체를 가지고 괘사 '吉, 亨'을 해석하였다. '군자'는 양이고 '소인'은 음이다. 태는 세 양이 아래에 있으니, 양이 점차 자라나는 상이다. 그러므로 "군자의 도는 자라난다"고 한 것이다. 세 음은 위에 있으니 음이 점차 사라지는 상이다. 그러므로 "소인의 도는 사라진다"고 한 것이다. '군자도장君子道長'은 괘사의 '대래大來'이고, '소인도소小人道消'는 괘사의 '소왕小往'이다. 소인은 사라지고 군자는 자라나니 그래서 '길'하고 '형통하다'는 것이다.

「단」의 이 구절은 전한 맹희孟喜의 12소식괘消息卦에 결정적인 영향을 끼쳤다. 12소식괘로 말하면 양은 복復에서 자라나 건乾에서 가득 차게 된다. 책 뒷부분의 '「단」의 변괘설'을 참고하라.

12. 비否

䷋ 否之匪人, 不利君子貞, 大往小來.

막혀야 할 것은 그 사람이 아니니, 군자가 바르게 하여도 이롭지 않다.
큰 것은 가고 작은 것은 온다.

'비否'는 괘명이며, 막힌다는 뜻의 폐閉, 색塞이다. '비匪'는 비非로 읽는다. '비지비인否之匪人'은 막혀야 할 것은 그 사람이 아니다, 즉 막혀야 하지 않을 사람이 막혀 있다는 것이다.

주희는 '否. 之匪人.'으로 읽고, "'지비인之匪人' 세 글자는 잘못 들어간 것이 아닌가 한다(或疑'之匪人'三字衍文). 비比 셋째 음효 효사 '比之匪人'을 따라 잘못 쓴 것이다(由比六三而誤也)"라고 하였는데, 진고응이 이를 따라 "지워야 한다(可删)"라고 하였다. 고형은 "'비否'는 당연히 중복하여 써야 한다(否字當重). 앞의 '비'자는 괘명이고(上否字乃卦名), 뒤의 '비'자는 괘사이다(下否字乃卦辭也)"라고 하였다. 「단」은 괘명 '否'를 따로 들지 않았고, '之匪人'을 인용하였으나 해석하지 않았다. 따라서 「단」에서 괘사 '之匪人' 세 글자는 잘못 들어간 것이다. 후세 사람이 넣었을 것이다.

'군자'는 도덕 수양이 훌륭한 사람, 훌륭한 덕성을 갖춘 사람이다. '정貞'은 바르다는 뜻의 정正이다. 「단」에서 '소小'는 음陰, 유柔, 소인小人을, '대大'는 양陽, 강剛, 군자君子를 가리키며, 또 '왕往'은 외外, '내來'는 내內를 가리킨다. '대왕소래'는 건(양)은 위로 올라가고 곤(음)은 아래로 내려온다는 말이다.

필자는 '不利君子貞'과 '大往小來'는 위치가 바뀌었다고 생각한다. 「단」에서 괘사는 다음과 같이 읽는 것이 바르다.

☷ 否, 大往小來, 不利君子貞.
비는 큰 것은 가고 작은 것은 오니, 군자가 바르게 하여도 이롭지 않다.

이것이 「단」의 독법이다. 이렇게 읽어야 태泰 괘사와 서술 형식이 맞게 된다. 「단」은 괘명 '否', 괘사 '大往小來', '不利君子貞'의 순서로 해석하였다.

彖曰 '否之匪人, 不利君子貞, 大往小來', 則是天地不交而萬物不通也, 上下不交而天下无邦也. 內陰而外陽, 內柔而外剛, 內小人而外君子. 小人道長, 君子道消也.
'막혀야 할 것은 그 사람이 아니니, 군자가 바르게 하여도 이롭지 않다. 큰 것은 가고 작은 것은 온다'는 것은 천지가 교합하지 못하여 만물이 통하지 아니하고, 상하가 교합하지 못하여 천하에 나라가 없는 것이다. 안은 음이고 밖은 양이며, 안은 유순하고 밖은 강건하며, 안은 소인이고 밖은 군자이다. 소인의 도는 자라나고 군자의 도는 사라진다.

비 「단」은 4단락으로 구성되어 있다.

첫째 단락 … 괘명과 괘사를 인용하였다.

① 否之匪人…괘명을 들었음.

② '否之匪人, 不利君子貞, 大往小來'.…괘사를 들었음.

둘째 단락…괘명 '否'를 해석하였다.

1. 괘상으로 해석하였다.

① 天地不交而萬物不通也…천지가 교합하지 못하여 만물이 통하지 아니함.

2. 괘체로 해석하였다.

① 上下不交而天下无邦也…상하가 교합하지 못하여 천하에 나라가 없음.

셋째 단락…괘사 '大往小來'를 해석하였다.

1. 괘체로 해석하였다.

① 內陰而外陽…안은 음이고 밖은 양임.

2. 괘덕으로 해석하였다.

① 內柔而外剛…안은 유순하고 밖은 강건함.

3. 괘상으로 해석하였다.

① 內小人而外君子…안은 소인이고 밖은 군자임.

넷째 단락…괘체로 괘사 '不利君子貞'을 해석하였다.

① 小人道長…소인의 도는 자라남.

② 君子道消也…군자의 도는 사라짐.

비 「단」에서 '통通', '방邦'은 운이다.

유백민: '通', 一東. 與下'邦', 博工反. 爲韻.

스즈키: '통通', '방邦'.

否

괘명이다. 「서괘」에 "태는 형통하다는 뜻이다. 사물은 끝까지 형통할 수 없으니, 그러므로 비로 받는다(泰者, 通也. 物不可以終通, 故受之以否)"라고 하였고, 「잡괘」에서는 "비와 태는 그 사류가 반대되는 것(否泰, 反其類也)"이라고 하였다. 『설문』 구부口部에 "'부

否'는 불不"이라고 하였는데, 단옥재는 "부否자의 파생된 뜻이 불통이다(否字引伸之義, 訓爲不通)"라고 하였다. 『집해』에 최경은 "'비否'는 통하지 않는 것(否, 不通也)"이라고 하였다. 『석문』에 "'비否'는 비備와 비鄙의 반절(否, 備鄙反)"이라 하고, "'비'는 막힌다는 뜻의 폐, 색(否, 閉, 塞也)"이라고 하였다. 태의 뜻이 형통하는 것이고, 비는 태와 뜻이 서로 반대되는 것이므로, 「단」은 막혀서 통하지 않는 것(閉塞不通)으로 뜻을 새겼다.

정이는 "괘는 하늘이 위에 있고 땅이 아래에 있다. 천지가 서로 교합하여 음양이 조화롭고 순조로우면 태泰가 된다. 하늘이 위에 있고 땅이 아래에 있어, 천지가 막혀 서로 교통하지 못하니, 그래서 비이다(爲卦, 天上地下. 天地相交, 陰陽和暢, 則爲泰. 天處上, 地處下, 是天地隔絶, 不相交通, 所以爲否也)"라고 하였다.

否之匪人, 不利君子貞, 大往小來.

괘사를 인용하였다. 괘사에 '비否'자가 있으므로 괘명이 생략되어 있다. "막혀야 할 것은 그 사람이 아니니, 군자가 바르게 하여도 이롭지 않다. 큰 것은 가고 작은 것은 온다"는 말이다. 즉 건은 위로 올라가고 곤은 아래로 내려온다는 것이다.

天地不交而萬物不通也

괘상을 가지고 괘명을 해석하였다. 『집해』에 하타何妥는 "천도의 막힘을 밝힌 것(此明天道否也)"이라고 하였다. 비는 윗괘가 건乾이고 아랫괘는 곤坤이다. 건은 하늘(天)이고 곤은 땅(地)이다. 비는 하늘이 위에, 땅이 아래에 있다. 그런즉 비의 괘상은 천기天氣는 위에 있어 아래로 내려오지 못하고 지기地氣는 아래에 있어 위로 올라가지 않으니, 하늘과 땅이 서로 교합하지 못한다. 하늘과 땅이 서로 교합하지 못하면 만물은 막힌다. 그래서 "천지가 교합하지 못하여 만물이 통하지 아니한다"라고 한 것이다. 「단」은 '불통不通'을 가지고 괘명 '비否'를 해석하였다. 『예기』 「월령月令」에 "천기는 위로 올라가고, 지기는 아래로 내려오니, 천지는 통하지 아니한다(天氣上騰, 地氣下降, 天地不通)"라고 하였다.

上下不交而天下无邦也

괘체를 가지고 괘명을 해석하였다. 『집해』에 하타는 "인간사의 막힘을 밝힌 것(此明人事否也)"이라고 하였다. '상上'은 윗괘 건이고 '하下'는 아랫괘 곤이다. 건은 임금이고 곤은 백성이다. 비는 임금이 위에, 백성이 아래에 있다. 그런즉 비는 임금의 뜻이 아래에 통하지 못하고 백성의 뜻이 위에 통하지 못하니, 임금과 백성이 서로 교합하지 못한다. 임금과 백성이 서로 교합하지 못하면 장차 천하에는 나라가 없게 된다. 그래서 "상하가 교합하지 못하여 천하에 나라가 없다"고 한 것이다.

內陰而外陽

괘체를 가지고 괘사 '大往小來'를 해석하였다. 『역전』은 아랫괘를 안(內)이라 하고 윗괘를 밖(外)이라고 하였다. 비는 아랫괘가 곤坤이고 윗괘는 건乾이다. 곤은 음이고, 건은 양이다. 그래서 "안은 음이고 밖은 양이다"고 한 것이다.

內柔而外剛

괘덕을 가지고 괘사 '大往小來'를 해석하였다. 아랫괘 곤은 유순함(柔)이며, 윗괘 건은 강건함(剛)이다. 그래서 "안은 유순하고 밖은 강건하다"고 한 것이다. 태 「단」에서 '內健而外順'이라고 하였으므로 여기에서는 '內順而外健'이라고 하는 것이 바르다. 「단」을 지은 사람이 실수하였을 것이다.

內小人而外君子

괘상을 가지고 괘사 '大往小來'를 해석하였다. 아랫괘 곤은 소인을, 윗괘 건은 군자를 상징한다. 그래서 "안은 소인이고 밖은 군자이다"고 한 것이다. 소인은 조정 안에서 득세하고, 군자는 조정 밖의 재야에서 있다는 말이다.

小人道長, 君子道消也.

괘체를 가지고 괘사 '不利君子貞'을 해석하였다. '소인'은 음이고 '군자'는 양이다. 비는 세 음이 아래에 있으니, 음이 점차 자라나는 상이다. 그러므로 "소인의 도는 자라난다"고 한 것이다. 세 양은 위에 있으니, 양이 점차 사라지는 상이다. 그러므로 "군자의 도는 사라진다"고 한 것이다. '소인도장小人道長'은 괘사의 '소래小來'이고, '군자도소君子道消'는 괘사의 '대왕大往'이다. 소인은 강성하고 군자는 사라지니 그래서 '군자가 바르게 해도 이롭지 않다'는 것이다.

「단」의 이 구절은 전한 맹희孟喜(?~?)의 12소식괘消息卦에 결정적인 영향을 끼쳤다. 12소식괘로 말하면 음은 구姤에서 자라나 곤坤에서 가득 차게 된다. 책 뒷부분의 '「단」의 변괘설'을 참고하라.

13. 동인同人

☲☰ (同人), 同人于野, 亨. 利涉大川. 利君子貞.
(동인은) 사람들과 들에서 함께 하니, 형통하다.
큰 내를 건너면 이롭다. 군자가 바르게 하여 이롭다.

「단」은 괘사 '동인우야同人于野' 앞에 괘명 '동인同人'을 들었다. 고형은 "'동인' 두 글자는 당연히 중복하여 써야 한다(同人二字當重). 앞의 '동인' 두 글자는 괘명이고(上同人二字乃卦名), 뒤의 '동인' 두 글자는 괘사이다(下同人二字乃卦辭也)"라고 하였다. '동同'은 모인다는 뜻의 회會이다. '동인同人'은 사람들과 함께 하는 것(與人同)이다. '야野'는 교외郊外이다. 『설문』 이부里部에 "'야野'는 교외(野, 郊外也)"라고 하였다. 경부冂部에 "고을 밖을 '교郊'라고 하고, 교외를 '야野'라고 하고, 야외를 '임林'이라 하고, 임외를 '경冂'이라 한다(邑外謂之郊, 郊外謂之野, 野外謂之林, 林外謂之冂)"라고 하였다. '섭涉'은 건너다(渡)는 뜻이다. '군자'는 최고 통치자이다. '정貞'은 바르다는 뜻의 정正이다.

象曰 同人, 柔得位得中, 而應乎乾, 曰同人. 同人曰 '同人于野, 亨. 利涉大川', 乾行也. 文明以健, 中正而應, '君子'正也. 唯君子爲能通天下之志.
동인은 유가 바른 자리와 가운데 자리를 얻었고, 건에 응하니, 동인이라고 한다. '사람들과 들에서 함께 하니, 형통하다. 큰 내를 건너면 이롭다'는 것은 임금이 행하는 것이다. 문명하고 강건하며, 중정의 자리에서 응하니, '군자'의 바름이다. 오직 군자만이 천하 사람의 뜻에 통할 수 있다.

동인 「단」은 2단락으로 구성되어 있다.

첫째 단락…괘체로 괘명 '同人'을 해석하였다.
① 同人…괘명을 들었음.
② 柔得位得中…유가 바른 자리와 가운데 자리를 얻었음.
③ 而應乎乾…건에 응함.
④ 曰同人…다시 괘명을 들었음.

둘째 단락… 괘사를 해석하였다.

1. 괘체 또는 괘상으로 괘사 '同人于野, 亨. 利涉大川'을 해석하였다.
   ① 同人曰 '同人于野, 亨. 利涉大川'… 괘사 '동인우야, 형. 이섭대천'을 들었음.
   ② 乾行也… 임금이 행하는 것임.

2. 괘사 '利君子貞'을 해석하였다.
   1) 괘덕으로 해석하였다.
      ① 文明以健… 문명하고 강건함.

   2) 괘체로 해석하였다.
      ① 中正而應… 중정의 자리에서 응함.
      ② '君子'正也… '군자'의 바름임.
      ③ 唯君子爲能通天下之志… 오직 군자만이 천하 사람의 뜻에 통할 수 있음.

동인「단」에서 '행行', '정正'은 운이다.
유백민: 운을 말하지 않았다.
스즈키: '행行', '정正'.

同人

괘명이다.「서괘」에 "사물은 끝까지 막힐 수 없으니, 그러므로 동인으로 받는다. 사람과 함께 하면 사물은 반드시 돌아온다(物不可以終否, 故受之以同人. 與人同者, 物必歸焉)"라고 하였고,「잡괘」는 "'동인'은 친하다는 뜻(同人, 親也)"이라고 하였다.『설문』冂部에 "'동同'은 모이는 것(同, 合會也)"이라고 하였다. '동同'은 모인다는 뜻의 회會이며, '동인同人'은 사람들과 함께 하는 것이다.『석문』은 "화합하는 것(同人, 和同也)",『집해』에 정현 역시 "사람과 화합하는 것(人和同者)"이라고 하였다. '사람과 함께 하는 것', '사람과 화합하는 것', '사람과 친한 것'이 '동인'이다. 주희는 "괘는 한 개의 음이 다섯 양과 함께 더불어 있으므로 동인이다(又卦唯一陰而五陽同與之, 故爲同人)"라고 하였다.「단」은 '응하는 것(應)'으로 해석하였는데, '사람과 함께 하는 것'과 같은 뜻이다. 응하므로 곧 함께 하는 것이다. 임금이 백성과 함께 하는 것이다.

柔得位得中

이하 괘체를 가지고 괘명을 해석하였다. '유柔'는 둘째 음효를 가리킨다. '득위得位'

는 둘째 음효는 음이 음의 자리에 있다는 것이고, '득중得中'은 둘째 음효가 아랫괘의 가운데 자리에 있다는 것이다. '유득위득중'은 유가 바른 자리와 가운데 자리를 얻었다는 말이다.

而應乎乾

'건乾'은 양효를 가리킨다. '응호건應乎乾'은 건에 응한다는 말인데, 이에 대해 두 가지 해석이 있다.

첫째, 공영달의 해석이다. '건乾'은 윗괘 건의 다섯째 양효를 가리키며, 둘째 음효가 다섯째 양효와 응한다는 것이다('柔得位得中'者, 謂六二也. 上應九五, 是應於乾也). 뒷사람들은 모두 이를 따랐다.

둘째, 고형의 해석이다. "동인의 윗괘는 건乾이며(同人之上卦爲乾), 둘째 음효는 건괘의 아래에 있으므로(六二居乾卦之下), 이것이 유가 '건에 응한다'는 것이다(是爲柔'應乎乾')"라고 하였다. 두 가지 해석은 모두 통한다.

필자는 바로 뒤에 '중정이응中正而應'이라고 하였는데, 이것은 다섯째 양효가 둘째 음효와 응하는 것을 말한 것이므로 공영달의 해석이 「단」의 본뜻이라고 생각한다. 「단」은 양효를 '건乾', 음효를 '곤坤'이라고 하였다.

曰同人

동인은 둘째 음효가 바른 자리와 가운데 자리를 얻었고 다섯째 양효인 건과 응하니, 그래서 '동인同人'이라고 한다는 것이다. 즉 백성이 자신의 알맞은 자리에서 중정의 도를 얻었고 임금과 호응하니, 그래서 괘명이 '동인'이라는 것이다. 「단」은 '응應'을 가지고 괘명 '동인同人'을 해석하였다. 백성이 임금과 응하고 사람과 사람이 응하니, 사람들과 함께 한다는 말이다. 「단」은 '동인同人'을 응하는 것(應)으로 해석하였다.

同人曰

'동인왈同人曰' 세 글자에 대해, 정이(此三字羡文)와 주희는 '잘못 들어간 글(衍文)'이라 하였는데, 진고응은 이를 따라 "지워야 한다(可刪之)"라고 하였다. 괘명에 '왈曰'자를 붙이고 괘사를 이어 쓴 것은 여기 한 곳뿐이니, 「단」의 통례가 아니다.

'同人于野, 亨. 利涉大川'

괘사를 인용하였다. "사람들과 들에서 함께 하니, 형통하다. 큰 내를 건너면 이롭다"는 말이다. 아래에 이를 해석하였다.

乾行也

괘체 또는 괘상을 가지고 괘사를 해석하였다. '건행야乾行也'에 대해 두 가지로 해석할 수 있다.

첫째, 괘체로 해석하면, '건乾'은 '應乎乾'의 '건乾'이며, 다섯째 양효(君)를 가리킨다. '건乾'은 곧 군君이며, '건행乾行'은 군행君行이니, '건행'은 임금이 행하는 것이다.

둘째, 괘상으로 해석하면, 동인은 윗괘가 건乾이고 아랫괘는 리離이다. 건은 임금이고 리는 백성이다. '건乾'은 윗괘인 건괘를 가리킨다. '건행乾行'은 건도乾道요(왕인지), '건도'는 군도君道를 말하니(고형). '건행'은 임금의 도이다. 두 가지 해석 모두 통한다.

진고응은 '건행乾行'을 '천행天行', '천도天道'로 읽고, "천도의 특성(天道的特性)"이라고 해석하였다.

「단」은 '동인우야, 형. 이섭대천'을, '사람들과 들에서 함께 하니 형통하다. 큰 내를 건너면 이롭다'는 것은 임금이 행하는 것(혹은 임금의 도)이라고 해석하였다. 임금은 다섯째 양효를 가리킨다.

文明以健

괘덕을 가지고 괘사 '이군자정利君子貞'을 해석하였다. 동인은 아랫괘가 리離이고 윗괘는 건乾이다. 리는 문명이고 건은 강건함이다. 그런즉 동인은 '문명하고 강건함'이니, 군자가 문명과 강건의 덕이 있다는 것이다. '문명'은 개화의 개념이다. '이以'는 이而와 같으며, 바로 아래의 '중정이응中正而應'의 '이而'와 짝으로 들은 것이다.

中正而應

괘체로 해석하였다. '중정中正'은 다섯째 양효를 가리킨다. 다섯째 양효는 윗괘의 가운데 자리에 있으며(中), 양이 양의 자리에 있다(正). '응應'은 다섯째 양효가 둘째 음효와 응하는 것이다. 다섯째 양효와 둘째 음효는 같은 효위에 있으니(中), 다섯째 양효인 강은 둘째 음효인 유와 응한다. '중정이응中正而應'은 중정의 자리에서 응한다는 말이다. 군자가 중정의 도를 지켜 백성과 응하는 것이다.

'君子' 正也

'군자'는 다섯째 양효이며, 최고 통치자이다. '정正'은 다섯째 양효는 양이 양의 자리에 있다는 것이다. 「단」은 '정正'을 가지고 괘사의 '정貞'을 해석하였다. 「단」은 '이군자정利君子貞'을, 군자가 문명과 강건의 덕을 지니고, 중정의 도를 지켜 백성과 응하니 곧 군자의 바름(正)이라고 해석하였다.

唯君子爲能通天下之志

『집해』에 우번은 "'유唯'는 오직, 유독(唯, 獨也)"이라고 하였다. '천하天下'는 천하 사람이다. 군자는 문명과 강건한 덕을 지니고 중정의 도를 지켜 백성과 호응하니, 군자는 바르게 하는 것이다. 그러므로 "오직 군자만이 천하 사람의 뜻에 통할 수 있다"는 것이다. 즉 군자만이 백성들과 뜻을 같이 할 수 있다는 것이다. 『대학』에 '唯仁人能愛人, 能惡人'이라고 하였다. "오직 인자한 사람만이 사람을 사랑할 수 있고, 사람을 미워할 수 있다"는 말이다. 형식이 같다.

14. 대유大有

䷍ 大有, 元亨.

대유는 크게 형통하다.

'대유大有'는 괘명이며, 가진 것이 크다는 뜻이다. 고형은 '대유大有'를 괘사로 보고, "'대유' 두 글자는 당연히 중복하여 써야 하는 것이 아닌가 한다(大有二字疑當重). 앞의 '대유' 두 글자는 괘명이고(上大有二字乃卦名), 뒤의 '대유' 두 글자는 괘사이다(下大有二字乃卦辭也)"라고 하였다. 「단」은 '대유大有'를 괘명으로 보았다. '원元'은 크다는 뜻의 대大이다. '형亨'은 형통하다는 뜻의 통通이다. '원형'은 크게 형통하다는 뜻이다.

彖曰 大有, 柔得尊位大中, 而上下應之, 曰大有. 其德剛健而文明, 應乎天而時行, 是以'元亨'.

대유는 유가 존귀한 자리와 한가운데 자리를 얻었고, 상하가 이에 응하니, 대유라고 한다. 그 덕은 강건하고 문명하며, 하늘에 응하여 때에 맞게 행하니, 그래서 '크게 형통하다'는 것이다.

대유 「단」은 2단락으로 구성되어 있다.

첫째 단락… 괘체로 괘명 '大有'를 해석하였다.

① 大有… 괘명을 들었음.

② 柔得尊位大中… 유가 존귀한 자리와 한가운데 자리를 얻었음.

③ 而上下應之…상하가 이에 응함.

④ 曰大有…다시 괘명을 들었음.

둘째 단락…괘사 '元亨'을 해석하였다.

1. 괘덕으로 해석하였다.

① 其德剛健而文明…그 덕은 강건하고 문명함.

2. 괘체로 해석하였다.

① 應乎天而時行…하늘에 응하여 때에 맞게 행함.

② 是以'元亨'…그래서 '원형'임.

대유「단」에서 '명明', '행行', '형亨'은 운이다.
유백민: '明', 彌郎反. 與下'行', 戶郎反. '亨', 許郎反. 相韻.
스즈키: '명明', '행行', '형亨'.

大有

괘명이다. 『설문』 대부大部에 "'대大'는 사람의 모양을 본뜬 것(象人形)"이라고 하였다. 성인의 모양을 본뜬 것이 '大'자이다. 다음은 '대유大有'에 대한 이경지의 설명이다.

'대유大有'는 대풍작이다. '유有'는 손(手)이 월月의 모양을 잡고 있는 것으로 되어 있다. 月은 밭을 가는 도구이며, 쟁기의 유이다. 또 '적耤'과 같다. 갑골문과 금문의 '적耤'자는 사람 손이 쟁기를 잡고 쟁기 아래의 끝을 밟고 있는 모양을 나타낸다. 『회남자』「주술훈」과 『염철론』「뇌통편」에는 모두 사람이 쟁기를 밟고 밭을 가는 것이라고 하였다. '有'는 쟁기를 잡고 밭 갈고 심는 것이므로 옛날 사람들은 농사의 풍작을 '유有'라고 하고 '유년有年'이라고 하였다. 『시경』「유필」에 "歲其有(해마다 풍년이다)" 하였는데, 모전에 "풍년이다"라고 하였고, 「보전」에 "自古有年(오래 전부터 풍년이다)"라고 하였다. '대유'는 '대유년'이고, 또한 대풍작이다. 『곡량전』에 오곡이 모두 익은 것을 '有年'이라 하고, 오곡이 크게 익은 것을 '大有年'이라고 하였다.

大有, 大豐收. 有, 从手持月形. 月是剌田工具, 耒耜之類. 又同于耤. 甲骨文, 金文耤字象人手持耒而脚踏耒下端形. 『淮南子 · 主術訓』, 『鹽鐵論 · 耒通篇』都說人蹠耒而耕. 由于'有'是持耒耕植, 故古人說農業豐收爲'有', 爲'有年'. 『詩經 · 有駜』"歲其

有." 毛傳 "豊年也." 「甫田」 "自古有年." 大有卽大有年, 亦卽大豊收. 『穀梁傳』謂五穀皆熟爲有年, 五穀大熟爲大有年. (『周易通義』 31쪽)

이경지는 명쾌하게 설명하였는데, '대유'의 본래의 뜻은 대풍년이다.

「서괘」에 "사람과 함께 하면 사물은 반드시 돌아올 것이니, 그러므로 대유로 받는다. 가진 것이 큰 것은 가득 찰 수 없으니, 그러므로 겸으로 받는다(與人同者, 物必歸焉, 故受之以大有. 有大者不可以盈, 故受之以謙)"라고 하였고, 「잡괘」에는 "'대유'는 많다는 것(大有, 衆也)"이라고 하였다. 「단」은 '대유大有'를, 가진 것이 크다(所有者大)는 뜻으로 새겼다.

『석문』에 육덕명은 "모든 것을 포용하여 풍부한 상(包容豐富之象)", 『집해』에 요규姚規는 "크게 풍부하다(大富有)"라고 해석하였다. 대유는 한 개의 음이 존위에 거하여 다섯 양의 호응을 받고 있으니, 크게 풍부한 상이다. 공영달은 "유가 존위에 처하여 여러 양이 함께 호응하니, 가진 바가 크므로 '대유'라고 한다(柔處尊位, 群陽并應, 大能所有, 故曰大有)", 주희는 "'대유'는 가진 것이 크다는 뜻이다. 리가 건 위에 있으니, 불이 하늘 위에서 비추지 않는 곳이 없다. 또 다섯째 음효 한 음이 존위에 거하여 가운데 자리를 얻었고, 다섯 양이 이에 호응하므로 '대유'이다(大有, 所有之大也. 離居乾上, 火在天上, 无所不照. 又六五一陰居尊得中, 而五陽應之, 故爲大有)"라고 하였다.

柔得尊位大中

괘체를 가지고 괘명을 해석하였다. '유柔'는 다섯째 음효를 가리킨다. '존위尊位'는 다섯째 효의 자리이며, 임금의 자리(帝位)이다. '대중大中'은 윗괘의 가운데 자리를 가리킨다. 공영달은 "유가 존귀한 자리에 처하였으니 '대'이고, 윗괘의 가운데 자리에 있으니 '중'이다(柔處尊位, 是其大也. 居上卦之內, 是其中也)"라고 하였다. 『역전』에서 '대중大中'을 말한 곳은 여기 한 곳뿐이다. '유득존위대중'은 다섯째 음효가 존귀한 자리에 있고, 또 윗괘의 가운데 자리에 있다는 말이다.

而上下應之

'상하上下'는 위아래의 다섯 양효를 가리킨다. '지之'는 다섯째 음효(六五)를 가리킨다. '상하응지'는 위아래 다섯 양효 모두 한 음효에 응하고 있다는 말이다. 소축「단」에도 '柔得位而上下應之'라고 하였다.

曰大有

대유는 유가 존귀한 자리와 한가운데 자리를 얻었고, 상하의 다섯 양효가 이에 응하니, 그래서 괘명을 '대유'라고 한다는 말이다. 『역전』에서 '대大'는 양, '소小'는 음이다. '대유大有'는 한 음이 다섯 양을 가지고 있다는 말이다. 「단」은 '대유大有'를 가진 것이 크다(所有者大)는 뜻으로 새겼다.

其德剛健而文明

괘덕을 가지고 괘사를 해석하였다. '기其'는 대유를 가리킨다. '덕德'은 정이가 "괘의 덕(卦之德)"이라고 하였다. '괘덕'이라는 말은 「단」에서 처음 사용하였다. '기덕其德'은 대유의 덕이다. 대유는 아랫괘가 건乾이고 윗괘는 리離이다. 건은 강건剛健한 것이고 리는 문명文明이다. 그런즉 대유는 '강건하고 문명한' 것이다. '기덕강건이문명'은 대유의 덕이 강건하고 문명하다는 말이다.

應乎天而時行

괘체를 가지고 괘사를 해석하였다. '응호천應乎天'은 '응호건應乎乾'으로 하는 것이 바르다. 이履와 동인同人 「단」에는 '應乎乾'이라고 하였다. '건乾'은 둘째 양효(九二)를 가리킨다. 『역전』은 양효를 '건乾', 음효를 '곤坤'이라고 하였다. '응호천應乎天'에 대해 두 가지 해석이 있다.

첫째, 전통적인 해석이다. 다섯째 음효가 둘째 양효와 응하는 것이다. 공영달이 이렇게 해석하자(六五應乾九二), 뒷사람들은 모두 이를 따랐다. 정이는 "다섯째 음효의 임금은 건의 둘째 양효와 응한다. 다섯째 음효의 성은 유순하고 밝아서 둘째 양효에 순응할 수 있다. 둘째 양효는 건의 주인이니, 이것이 건에 응한다는 것이다(六五之君, 應於乾之九二. 五之性柔順而明, 能順應乎二. 二, 乾之主也, 是應乎乾也)"라고 하였다. 주희 역시 "'하늘에 응한다'는 것은 다섯째 음효를 가리킨다(應天, 指六五也)"라고 하였다.

둘째, 고형의 해석이다. 그는 "리는 밝게 살피는 것이고(離爲明察) 건은 하늘이다(乾爲天)이다. 대유의 괘상은 또 사람이 천도를 밝게 살피는 것이다(然則大有之卦象又是人明察于天道). 천도를 밝게 살피면 이에 적응할 수 있어(明察于天道則能適應之), 때에 맞게 일을 행한다(以時行事)"라고 하였다. 고형은 '천天'을 천도로 여기고, '응호천應乎天'을 사람이 천도와 응한다고 해석하였다. 두 가지 해석은 모두 통한다.

진고응은 두 가지를 통합하여 "리의 다섯째 음효가 건의 둘째 양효와 응하니, 천도에 순응하는 것을 상징한다(離五應乾二, 象徵順應天道)"라고 하였다.

'시행時行'은 적시이행適時而行이며, 때에 맞게 행한다는 뜻이다. 『집해』에 우번은 "'시時'는 사계절(時, 謂四時也)"이라고 하였다. '응호천이시행'은 하늘에 응하여 때에 맞게 행한다는 말이다.

是以 '元亨'

괘사 '원형'을 인용하였다. 대유의 덕은 강건하고 문명하며, 하늘에 응하여 때에 맞게 행하니, 그래서 괘사에서 '크게 형통하다'라고 하였다는 것이다.

'元亨'은 '大亨'으로 하는 것이 바르다. 「단」은 항상 '大'를 가지고 '元'을 해석하였다. 승「단」에는 '是以大亨'이라고 하였다. 「단」을 지은 사람이 실수하였을 것이다.

15. 겸謙

䷎ 謙, 亨. 君子有終.

겸은 형통하다. 군자는 마침이 있다.

'겸謙'은 괘명이며, 겸허하다는 뜻이다. '형亨'은 형통하다는 뜻의 통通이다. '군자'는 도덕 수양이 훌륭한 사람이다. '종終'은 좋은 결과(善終)이다.

彖曰 '謙, 亨', 天道下濟而光明, 地道卑而上行. 天道虧盈而益謙, 地道變盈而流謙. 鬼神害盈而福謙, 人道惡盈而好謙. 謙, 尊而光, 卑而不可踰, '君子'之'終'也.

'겸은 형통하다'는 것은 천도는 아래로 내려가서 밝게 빛나며, 지도는 낮으나 위로 운행한다. 천도는 가득 차면 덜어내고 겸허하면 보태며, 지도는 가득 차면 변화시키고 겸허하면 흘러 들어간다. 귀신은 가득 차면 해치고 겸허하면 복을 주며, 인도는 가득 차면 싫어하고 겸허하면 좋아한다. 겸허하면 존귀한 자리에 처하여도 그 겸허함이 빛나고, 낮은 곳에 처하여도 남이 업신여기지 못하니, '군자의 마침'이다.

겸「단」은 2단락으로 구성되어 있다.

첫째 단락… 괘명 '謙'과 괘사 '亨'을 해석하였다.

① '謙, 亨'… 괘명과 괘사 '亨'을 들었음.
② 天道下濟而光明… 천도는 아래로 내려가서 밝게 빛남.
③ 地道卑而上行… 지도는 낮으나 위로 운행함.
④ 天道虧盈而益謙… 천도는 가득 차면 덜어내고 겸허하면 보탬.

⑤ 地道變盈而流謙…지도는 가득 차면 변화시키고 겸허하면 흘러 들어감.
⑥ 鬼神害盈而福謙…귀신은 가득 차면 해치고 겸허하면 복을 줌.
⑦ 人道惡盈而好謙…인도는 가득 차면 싫어하고 겸허하면 좋아함.

둘째 단락…괘사 '君子有終'을 해석하였다.
① 謙…겸허함.
② 尊而光…존귀한 자리에 처하여도 그 겸허함이 빛남.
③ 卑而不可踰…낮은 곳에 처하여도 남이 업신여기지 못함.
④ '君子'之'終'也…'군자의 마침'임.

겸「단」에서 '형亨', '명明', '행行'은 운이다.
유백민: '亨', 許郎反. 與下'明', 彌郎反. '行', 戶郎反. 爲韻.
스즈키: '형亨', '명明', '행行'.

謙

괘명이다.「서괘」에 "가진 것이 큰 것은 가득 찰 수 없으니, 그러므로 겸으로 받는다(大有者不可以盈, 故受之以謙)"라고 하였다.『설문』언부言部에 "'겸謙'은 공경한다는 뜻의 경(謙, 敬也)",『석문』에 "낮추고 겸양하다는 뜻이며, 자신을 굽혀 사물의 아래에 있는 것(卑退爲義, 屈己下物也)",『옥편玉篇』에 "'겸'은 사양한다는 뜻의 양(謙, 讓也)"이라고 하였다. '겸謙'은 겸손, 겸허, 겸양의 뜻이다.「단」은 겸허의 뜻으로 새겼다.

정이는 "괘는 곤이 위에 간이 아래에 있으니, 땅 속에 산이 있는 것이다. 땅은 낮아 아래에 있는 것인데 산은 높고 큰 것이나 땅 아래에 있으니, 겸손한 상이다. 숭고한 덕을 가지고 낮은 것의 아래에 처하니 겸손한 뜻이다(爲卦, 坤上艮下, 地中有山也. 地體卑下, 山高大之物, 而居地之下, 謙之象也. 以崇高之德, 而處卑之下, 謙之義也)"라고 하였다.

'兼, 亨.'

괘명 '謙'과 괘사 '亨'을 들었다. "괘명인 '겸'이 '형통하다'고 하는 것은"이라는 말이다. 아래에 이것을 해석하였다.

天道下濟而光明

'천도天道'는 하늘의 법칙이다.『이아』「석언釋言」에 "'제濟'는 건넌다는 뜻의 도渡"라고 하였다. '하제下濟'는 '하도下渡'이며, 아래로 내려간다(降下)는 뜻이다. '광명光明'

은 천도가 밝게 빛난다는 것이다. '천도하제이광명'은 하늘의 법칙은 아래로 내려가서 밝게 빛난다는 말이다. 「단」은 '하제下濟'를 가지고 괘명 '겸'을, '광명光明'을 가지고 괘사 '형'을 해석하였다.

굴만리는 "비와 눈은 아래로 내려오고, 해와 달은 아래를 비춘다(雨雪下降, 日月照下)"라고 하였다. 진고응은 "'天道光明而下濟'라고 하여야 아래 구절과 짝이 되나('天道下濟而光明'本當作'天道光明而下濟', 與'地道卑而上行'相對爲文), 운을 맞추기 위해 그 순서를 바꾸었다(爲了協韻而改變句式). '명明'과 '행行'은 양부의 운을 맞춘 것이다('明', '行'協陽部韻)"라고 하였다. '하제下濟'와 '광명光明'은 운을 맞추기 위해 의도적으로 도치하였다. '명明'과 '행行'은 운이다. 진고응은 이 구절을 괘상으로 해석하여 "'천도'는 양도이고, 간의 산은 본래 양괘이며 높은 것이나('天道'卽陽道, 艮山本爲陽卦, 爲高顯者), 지금 내려와 아래에 있으니, 그러므로 '천도광명이하제'라고 하였다(今降在下, 故云'天道光明而下濟')"라고 하였다. 고형은 "이 구절은 천도를 가지고 겸허하면 형통하는 원리를 설명한 것(此句以天道說明謙則亨之理)"이라고 하였다.

地道卑而上行

'지도地道'는 땅의 법칙이다. '비卑'는 땅이 낮다는 것이다. '비卑' 뒤에 한 글자가 더 있어야 '광명光明'과 짝이 되며, 첫째 단락 여섯 구절이 모두 일곱 글자가 되어 짝을 이룬다. 필자는 '미微' 혹은 '천賤'자가 있어야 '비미卑微'와 '광명光明', 혹은 '비천卑賤'과 '광명光明'은 짝이 된다고 생각한다. '상행上行'은 위로 운행한다는 것이다. '지도비이상행'은 땅의 법칙은 낮으나 위로 운행한다는 말이다. 「단」은 '비卑'를 가지고 괘명 '겸'을, '상행上行'을 가지고 괘사 '형亨'을 해석하였다.

정이는 "하늘의 도는 그 기가 아래로 내려가 교합하므로 만물을 낳아 기를 수 있으니, 그 도가 밝게 빛난다. 땅의 도는 낮은 곳에 처하여 그 기가 위로 운행하여 하늘과 교합하니, 모두 낮고 내려오는 것으로써 형통하다(天之道, 以其氣下際, 故能化育萬物, 其道光明. 地之道, 以其處卑, 所以其氣上行, 交於天, 皆以卑降而亨也)"라고 하였다. 굴만리는 "생물은 모두 위로 자란다(生物皆上長)"라고 하였다. 진고응은 괘상으로 해석하여 "'지도地道'는 음도이고, 곤의 지는 본래 음괘이며 낮은 것이나('地道'卽陰道, 坤地本爲陰卦, 爲低卑者), 지금 올라가 위에 있으니, 그러므로 '지도비이상행'이라 하였다(今升在上, 故云'地道卑而上行'). 위아래 괘가 자리를 바꾸어 이름이 '겸'이고, 음양이 교통하여 '형'이라 하였다(上下易位而名爲'謙', 陰陽交通而謂之'亨')"라고 하였다.

「단」은 '겸'을 겸허한 것으로 해석하였다. 고형은 "이 구절은 지도를 가지고 겸허하면 형통하는 원리를 설명한 것(此句以地道說明謙則亨之理)"이라고 하였다.

天道虧盈而益謙

'휴虧'는 덜어내다(損), '영盈'은 가득하다(滿)는 뜻이다. '휴영虧盈'은 가득 차면 덜어낸다는 말이다. 『석문』에 "마융 본에는 '훼영毁盈'으로 되어 있다(馬本作毁盈)"라고 하였는데, 같은 뜻이다. '익益'은 보태다(補)는 뜻이다. '익겸益謙'은 겸허하면 보탠다는 말이다. '천도휴영이익겸'은 하늘의 법칙은 가득 차면 덜어내고 겸허하면 보탠다는 말이다.

『집해』에 최경은 "해가 중천이면 기울고, 달이 차면 기우니, 남은 것을 덜어내어 부족한 것에 보태는 것이 하늘의 도이다(若日中則昃, 月滿則虧, 損有餘以補不足, 天之道也)", 정이는 "하늘의 운행으로 말하면, 가득한 것은 덜어내고, 겸허한 것은 보태니, 일월과 음양이 그렇다(以天行而言, 盈者則虧, 謙者則益, 日月陰陽是也)"라고 하였다. 즉 '휴영虧盈'은 해가 높이 솟으면 아래로 내려가고, 달이 가득 차면 점차 기우는 것 등이며, '익겸益謙'은 해가 지면 다시 위로 오르고, 달이 기울면 점차 가득 차는 것 등이라는 말이다. 고형은 "이 구절은 천도를 가지고 겸허하면 형통하고(此句以天道說明謙則亨), 겸허하지 않으면 형통하지 않는다는 원리를 설명한 것(不謙則不亨之理)"이라고 하였다.

地道變盈而流謙

'변變'은 변화시킨다, 즉 훼손한다는 뜻의 훼毁이며(兪樾), 앞의 '휴虧'와 같은 뜻이다. '변영變盈'은 가득 차면 변화시킨다는 말이며, 가득 차면 덜어낸다는 것이다. 『백서』「목화」에는 '소영銷盈'으로 되어 있다. '소銷'는 사라진다는 뜻의 소消로 읽으며, 가득 차면 덜어낸다는 뜻이다. '유流'는 흘러 들어간다, 즉 보태다는 뜻의 보補이며, 앞의 '익益'과 같은 뜻이다. '유겸流謙'은 겸허하면 흘러 들어간다는 말이며, 겸허하면 보탠다는 것이다. 물과 모래 흙 등이 움푹 파인 곳으로 흘러 들어가서, 움푹 파인 곳이 높아지는(增益) 것이다. 『백서』「이삼자」에는 '실겸實嗛'으로 되어 있다. '실實'은 충만하다는 뜻의 충充이며, 겸허하면 가득 채운다는 말이다. '지도변영이류겸'은 땅의 법칙은 가득 차면 변화시키고 겸허하면 흘러 들어간다는 말이다.

『집해』에 최경은 "높은 언덕이 골짜기가 되고, 깊은 골짜기가 언덕이 된다는 것이 '변영이류겸'이니, 땅의 도이다(高岸爲谷, 深谷爲陵, 是爲變盈而流謙, 地之道也)", 정이는 "땅의 형세로 말하면, 가득한 것은 기울어서 오히려 움푹 파이고, 낮고 아래에 있는 것은 흘러 들어가서 움푹 파인 곳이 높아지는 것이다(以地勢而言, 滿盈者傾變而反陷, 卑下者流注而益增也)"라고 하였다. 즉 '변영變盈'은 언덕이 점차 낮아지고, 하천이 넘으면 둑이 무너지는 것 등이고, '유겸流謙'은 땅이 파이면 모래가 흘러들어 점차 평평해지고, 구덩이가 비면 물이 흘러들어 차는 것 등이라는 말이다. 고형은 "이 구절은 지도를 가지고 겸허하면 형통하고(此句以地道說明謙則亨), 겸허하지 않으면 형통하지 않는다는 원리를 설명한 것(不謙則不亨之理)"이라고 하였다.

鬼神害盈而福謙

'귀신鬼神'은 인간에게 복도 주고 화도 행하는 존재, 즉 인간의 길흉화복, 생사고락을 주재하는 신령스러운 존재이다. 우리말로 '천지신명'이다. 55번 풍「단」에도 '鬼神'이 나온다.

> 天地盈虛, 與時消息. 而況於人乎, 況於鬼神乎.
> 천지가 차고 비는 것은 사시四時와 더불어 사라지고 자라나는 것이니,
> 하물며 사람에게 있어서이겠는가! 하물며 귀신에게 있어서이겠는가!

「단」에 나오는 두 개의 '귀신'은 같은 개념이다.『석문』에 "'복福'은 경방 본에는 '부富'로 되어 있다(而福, 京本作而富)"라고 하였다. 두 글자는 음과 뜻이 같아 옛날에 통용되었다. '귀신해영이복겸'은 귀신은 가득 차면 해치고, 겸허하면 복을 준다는 말이다.

『집해』에 최경은 "부귀한 집안은 귀신이 그 집을 내려다본다. 기장이 향기로운 것이 아니라 밝은 덕이 향기롭다는 것이 그 뜻이다(朱門之家, 鬼闞其室, 黍稷非馨, 明德有馨, 是其義矣)", 정이는 "귀신은 조화의 흔적을 말한다. 가득한 것은 해치고, 겸손한 것은 복을 주니, 무릇 지나치면 덜어내고, 부족하면 보태는 것이 모두 이렇다(鬼神謂造化之跡. 盈滿者禍害之, 謙損者福祐之, 凡過而損, 不足而益者, 皆是也)"라고 하였다. 고형은 "이 구절은 신도를 가지고 겸허하면 형통하고(此句以神道說明謙則亨), 겸허하지 않으면 형통하지 않는다는 원리를 설명한 것(不謙則不亨之理)"이라고 하였다.

人道惡盈而好謙

'인도人道'는 사람의 법칙이다. 정이는 '인정人情'이라고 하였다.『석문』에 "'惡'는 오烏와 로路의 반절(惡, 烏路反)"이라고 하였다.『설문』심부心部에 "'오惡'는 그릇된다는 뜻의 과過이다. 심心으로 되어 있고, 아亞는 성음이다(惡, 過也. 从心, 亞聲)"라고 하였다. '심心'은 의미이고 '아亞'는 발음이며, 형성 문자이다. 단옥재는 "사람이 잘못이 있는 것을 '오'라고 한다. 잘못이 있어 사람들이 싫어하는 것 또한 '오'라 한다(人有過曰惡. 有過而人憎之亦曰惡)"라고 하였다. '오惡'는 싫어한다는 뜻의 증憎이다. '인도오영이호겸'은 인도는 가득 차면 싫어하고 겸허하면 좋아한다는 말이다.

『집해』에 최경은 "자만하면 덜게 되고, 겸허하면 더하게 되는 것은 사람의 도이다

(滿招損, 謙受益, 人之道也)", 정이는 "인정은 가득한 것을 싫어하고 겸손한 것을 좋아한다. 겸허는 사람의 지극한 덕이므로 성인이 (겸허해야 할 이유를) 상세히 말하였으니, 가득한 것을 경계하고 겸허한 것을 권하는 것이다(人情疾惡於盈滿, 而好與於謙巽也. 謙者人之至德, 故聖人祥言, 所以戒盈而勸謙也)"라고 하였다. 고형은 "이 구절은 인도를 가지고 겸허하면 형통하고(此句以人道說明謙則亨), 겸허하지 않으면 형통하지 않는다는 원리를 설명한 것(不謙則不亨之理)"이라고 하였다.

이상 '天道', '地道', '鬼神', '人道'를 들어 괘명과 괘사 '겸, 형'을 설명하였다.

謙, 尊而光.

이하 괘사 '君子有終'을 해석하였다. '존尊'은 높은 자리, 존귀한 자리를 말한다. '광光'은 겸허함이 빛난다는 말이다. '겸, 존이광'은 겸허하면 존귀한 자리에 처하여도 겸허함이 빛난다는 말이다.

卑而不可踰

'비卑'는 낮은 자리이다. 『설문』 족부足部에 "'유踰'는 넘다는 뜻의 월越"이라고 하였다. 능멸하다, 업신여긴다는 뜻의 능凌이다. '비이불가유'는 겸허하면 낮은 곳에 처하여도 남이 업신여기지 못한다는 말이다.

'君子' 之 '終' 也

겸허하면 존귀한 자리에 처하여도 그 겸허함이 빛나고, 낮은 곳에 처하여도 남이 업신여기지 못하니, 이것이 '군자의 마침'이라는 말이다. '종終'은 좋은 결과(善終)를 말한다. 군자는 좋은 결과가 있다는 것이다.

16. 예豫

䷏ 豫, 利建侯行師.

예는 제후를 세우고 군사를 일으키는 것이 이롭다.

'예豫'는 괘명이며, 즐겁다는 뜻의 낙樂이다. '건후建侯'는 제후를 세우는 것이다. '행사行師'는 군사를 일으키는 것, 즉 출병이다.

彖曰 豫, 剛應而志行, 順以動, 豫. 豫, 順以動, 故天地如之, 而況'建侯行師'乎? 天地以順動, 故日月不過, 而四時不忒. 聖人以順動, 則刑罰淸而民服. 豫之時義大矣哉.

예는 강이 응하여 뜻을 행하고, 유순하여 움직이는 것이 예이다. 예는 유순하여 움직이는 것이니, 그러므로 천지도 이와 같은데, 하물며 '제후를 세우고 군사를 일으키는 것'이겠는가? 천지는 유순하게 움직이므로 해와 달은 그릇되지 아니하고, 사계절은 어긋나지 아니한다. 성인이 유순하게 움직이니 형벌은 분명하고 백성이 복종한다. 예의 때의 의의는 크기도 하다.

예「단」은 3단락으로 구성되어 있다.

첫째 단락…괘명 '豫'를 해석하였다.

1. 괘체로 해석하였다.
   ① 豫…괘명을 들었음.
   ② 剛應而志行…강이 응하여 뜻을 행함.

2. 괘덕으로 해석하였다.
   ① 順以動…유순하여 움직이는 것임.
   ② 豫…다시 괘명을 들었음.

둘째 단락…괘덕으로 괘사 '利建侯行師'를 해석하였다.

① 豫…괘명을 들었음.
② 順以動…유순하여 움직이는 것임.
③ 故天地如之…천지도 이와 같음.
④ 而況'建侯行師'乎?…'건후행사'를 들었음.

셋째 단락…괘의를 말하였다.

1. 자연계를 들었다.
   ① 天地以順動…천지는 유순하게 움직임.
   ② 故日月不過…해와 달은 그릇되지 아니함.
   ③ 而四時不忒…사계절은 어긋나지 아니함.

2. 인간계를 말하였다.

① 聖人以順動… 성인이 유순하게 움직임.

② 則刑罰淸而民服… 형벌은 분명하고 백성이 복종함.

③ 豫之時義大矣哉… 예의 때의 의의는 크기도 함.

예 「단」에서 '행行', '동動'과 '특忒', '복服'은 운이다.
유백민: '忒', 二十五德. 與下'服', 古音蒲北反. 爲韻.
스즈키: '특忒', '복服'.

豫

괘명이다. 「서괘」에 "가진 것이 크면서 겸허할 수 있으면 반드시 즐거우니, 그러므로 예로 받는다(有大而能謙必豫, 故受之以豫)"라고 하였는데, 가진 것이 크고 겸허하면 즐겁다(樂)는 말이다. 『설문』 상부象部에 "'예豫'는 코끼리가 큰 것(豫, 象之大者)"이라고 하였는데, 단옥재는 "큰 것은 모두 예라 칭한다(凡大皆偁豫)" 하고, "예는 관유의 뜻이다. 관대하면 즐거우므로 「석고」에 '예는 즐겁다는 뜻'이라 하였고, 『역』 정현의 주에는 '예는 기뻐 즐거워하는 모양'이라 하였다(豫, 寬裕之意也. 寬大則樂, 故釋詁曰 豫, 樂也. 易鄭注曰 豫, 喜豫說樂之皃也)"라고 하였다. 『이아』 「석고」에 "'예豫'는 즐겁다는 뜻의 낙(豫, 樂也)", 『석문』에 육덕명은 "즐겁다는 뜻의 열예(豫, 悅豫也)", 마융은 "즐겁다는 뜻의 낙(豫, 樂也)", 『집해』에 정현은 "기뻐 즐거워하는 모양(豫, 喜逸悅樂之貌也)"이라고 하였다. '예豫'는 즐겁다는 뜻의 낙樂, 즐긴다는 뜻의 오娛이다. 『설문』 여부女部에 "'오娛'는 즐겁다는 뜻의 낙(娛, 樂也)"이라고 하였다. 「단」은 즐겁다(樂)는 뜻으로 새겼다.

剛應而志行

괘체를 가지고 괘명을 해석하였다. '강剛'은 넷째 양효를 가리킨다. '응應'에 대해 두 가지 해석이 있다.

첫째, 『집해』에 후과는 넷째 양효가 다섯 음효와 응한다고 해석하였다(四爲卦主, 五陰應之, 剛志大行). 넷째 양효는 양이고 강이다. 위아래 다섯 효는 모두 음이고 유이다. 다섯 유가 한 강에 응하고 있으니, '강응剛應'이라고 한 것이라는 말이다. 정이와 래지덕 등 뒷사람들은 모두 후과의 해석을 따랐다.

둘째, 공영달은 넷째 양효와 처음 음효가 서로 응한다고 하였다(剛爲九四也, 陰爲初九也). 주백곤이 이 해석을 따랐다. 두 가지 해석은 모두 통한다.

'지행志行'은 '행지行志'라고 해야 맞다. 운을 맞추기 위해 의도적으로 도치하였다.

'행行'과 '동動'은 운이다. '지志'는 '건후행사建侯行師'하는 뜻이다. '지행志行'은 한 강이 다섯 유와 응하여 뜻을 행한다는 것이다. '강응이지행'은 강이 응하여 뜻을 행한다는 말이다. 즉 임금이 여러 신하들과 호응하니(剛應), 임금이 건후행사하는 뜻을 실행한다(志行)는 말이다.

順以動

괘덕을 가지고 괘명을 해석하였다. '이以'는 '이而'와 같다. 예는 아랫괘가 곤坤이고 윗괘는 진震이다. 곤은 유순함(順)이고 진은 움직임(動)이다. 그런즉 예는 '유순하여 움직이는 것'이다.

豫

넷째 양효는 여러 음과 응하니 뜻을 순조롭게 실현하며, 유순하여 움직이니 즐겁다. 그래서 괘명이 '예'이다. 즉 임금이 여러 신하들과 호응하니 그 뜻을 실행하고, 유순하여 움직이니, 즐겁다는 것이다. 「단」은 '예豫'를 즐겁다(樂)는 뜻으로 새겼다.

豫, 順以動

괘덕으로 괘사 '利建侯行師'를 해석하였다. 예는 아랫괘가 곤坤이고 윗괘는 진震이다. 곤은 유순함(順)이고 진은 움직임(動)이다. 그런즉 예는 '유순하여 움직이는 것'이다.

故天地如之

'천지天地'는 자연법칙을 가리킨다. '지之'는 順以動을 가리킨다. '여지如之'는 이와 같이 유순하여 움직인다는 뜻이다. '천지여지'는 천지도 이와 같이 유순하여 움직인다는 말이다.

『집해』에 우번은 "'여지如之'라는 것은 천지 또한 움직여 사계절을 이루는 것을 말한다(如之者, 謂天地亦動以成四時)"라고 하였다.

而況 '建侯行師' 乎

'황況'은 하물며 신矧의 뜻이다. '건후행사建侯行師'는 인간사를 가리킨다. 예는 유순하여 움직이는 것이다. 천지자연의 법칙이 모두 유순하여 움직이는데, 하물며 제후를 세우고 군사를 일으키는 인간사 또한 이와 같지 않을 수 있겠는가! 하는 말이다.

天地以順動

이하 괘의를 말하면서 자연계와 인간계를 차례로 들었다. '이以'는 용用이다. '천지이순동'은 천지는 유순하게 움직인다, 즉 천지는 유순하게 자연규율을 따라 운행한다는 말이다. 당시 사람들은 하늘은 좌선左旋하고 땅은 우선右旋한다고 믿었다.

故日月不過

'과過'는 그릇된다는 뜻의 오惡이다. '일월불과'는 해와 달이 그릇되지 않는다는 말이다. 해와 달은 교대로 솟아오르고 낮과 밤은 순서를 어기지 않는다. 우주의 움직임은 한 치의 그릇됨이 없다.

而四時不忒

'사시四時'는 사계절이다. 『석문』에 "'특忒'은 타他와 득得의 반절(忒, 他得反)이라 하고, 정현이 "어긋난다는 뜻의 차差", 『집해』에 우번은 "차질(忒, 差迭也)"이라고 하였다. '사시불특'은 사계절은 어긋나지 않는다는 말이다. 사계절의 순환은 한 치의 어긋남이 없다. 천지는 유순하게 이러한 자연규율에 따라 운행하니, 그래서 해와 달의 운행은 그릇되지 않으며, 사계절이 순환은 어긋나지 않는다는 말이다. 「단」은 '일월불과' '사시불특'을 가지고 천지가 '순동'하는 것을 설명하였다.

聖人以順動

인간계를 말하였다. '성인'은 훌륭한 통치자, 즉 수기치인 하는 사람을 가리킨다. '이以'는 용用이다. '성인이순동'은 성인이 자연법칙을 본받아 유순하게 움직인다는 말이다.

則刑罰淸而民服

『집해』에 우번은 "'청淸'은 분명하다는 뜻의 명明(淸, 猶明也)"이라고 하였다. '복服'은 복종하는 것이다. '형벌청이민복'은 형벌은 분명하고 백성이 복종한다는 말이다. 성인이 유순하게 인간사의 규율에 따라 움직이니 형벌은 분명하고 백성이 복종한다는 것이다. 「단」은 '형벌청이민복'을 가지고 성인이 '순동'하는 것을 설명하였다.

豫之時義大矣哉

'의義'는 의의意義이며, 중요함의 정도가 큰 것임을 나타낸 말이다. '시의時義'는 때의 의의이다. "예의 때의 의의는 크기도 하다"는 말이다. 『집해』에 우번은 "천지는 유순하게 운행하니, 해와 달과 사계절은 모두 그르침과 어긋남이 없고, 형벌은 분명하고 백성이 복종하므로 의의가 큰 것이다(順動天地, 使日月四時, 皆不過差. 刑罰淸而民服, 故義大也)"라고 하였다.

「단」에 '시의時義'는 5곳, '시용時用'은 3곳, '시時'는 4곳 말하였다.

'시의時義'를 말한 곳

① 예豫「단」: 豫之時義大矣哉. 예의 때의 의의는 크기도 하다.

② 수隨「단」: 隨時之義大矣哉. 수의 때의 의의는 크기도 하다.

③ 둔遯「단」: 遯之時義大矣哉. 둔의 때의 의의는 크기도 하다.

④ 구姤「단」: 姤之時義大矣哉. 구의 때의 의의는 크기도 하다.

⑤ 여旅「단」: 旅之時義大矣哉. 여의 때의 의의는 크기도 하다.

'시용時用'을 말한 곳

① 감坎「단」: 險之時用大矣哉. 감의 때의 쓰임은 크기도 하다.

② 규睽「단」: 睽之時用大矣哉. 규의 때의 쓰임은 크기도 하다.

③ 건蹇「단」: 蹇之時用大矣哉. 건의 때의 쓰임은 크기도 하다.

'시時'를 말한 곳

① 이頤「단」: 頤之時大矣哉. 이의 때는 크기도 하다.

② 대과大過「단」: 大過之時大矣哉. 대과의 때는 크기도 하다.

③ 해解「단」: 解之時大矣哉. 해의 때는 크기도 하다.

④ 혁革「단」: 革之時大矣哉. 혁의 때는 크기도 하다.

이 괘들은 모두 '대의재大矣哉'라는 감탄사와 함께 사용하였다. 필자는 '시의時義' '시용時用' '시時'의 개념은 큰 차이가 없다고 생각한다.

17. 수隨

䷐ 隨, 元亨, 利貞. 无咎.

수는 크게 형통하고, 바르게 하여 이롭다. 허물이 없다.

'수隨'는 괘명이며, 따르다(從)는 뜻이다. '원元'은 크다는 뜻의 대大이다. '형亨'은 형통하다는 뜻의 통通이다. '이利'는 이롭다는 뜻이다. '정貞'은 바르다는 뜻의 정正이다. 「단」은 '원형, 이정'으로 읽었다. '원형'은 크게 형통하다, '이정'은 바르게 하여 이롭다는 뜻이다.

彖曰 隨, 剛來而下柔, 動而說, 隨. 大'亨貞无咎', 而天下隨時, 隨時之義大矣哉.
수는 강이 와서 유 아래에 있고, 움직여 기뻐하는 것이 수이다. 크게 '형통하고 바르고 허물이 없어', 천하 사람들이 모두 따르니, 수의 때의 의의는 크기도 하다.

수「단」은 2단락으로 구성되어 있다.

첫째 단락… 괘명 '隨'를 해석하였다.
1. 괘체로 해석하였다.
① 隨… 괘명을 들었음.
② 剛來而下柔… 강이 와서 유 아래에 있음.

2. 괘덕으로 해석하였다.
① 動而說… 움직여 기뻐함.
② 隨… 다시 괘명을 들었음.

둘째 단락… 괘사 '元亨, 利貞. 无咎'를 해석하였다.
① 大'亨貞无咎'… 괘사를 들었음.
② 而天下隨時… 천하 사람들이 모두 따름.
③ 隨時之義大矣哉… 수의 때의 의의는 크기도 함.

수「단」에는 운이 없다.
유백민도 스즈키도 운을 말하지 않았다.

隨

괘명이다. 「서괘」에 "즐거우면 반드시 따르는 사람이 있으니, 그러므로 수로 받는다. 기쁨으로 남을 따르는 사람은 반드시 일을 처리하니, 그러므로 고로 받는다(豫必

有隨, 故受之以隨. 以喜隨人者必有事, 故受之以蠱)"라고 하였으니, '수隨'를 따른다는 종從의 뜻으로 새겼다. 『설문』 착부辵部에 "'수隨'는 따른다는 뜻의 종(隨, 從也)", 『석문』에도 "'수隨'는 따른다는 뜻의 종(隨, 從也)", 『집해』에 정현은 "따르는 것(隨從)", 『광아』「석고」에 "'수隨'는 순종한다는 뜻의 순(隨, 順也)"이라고 하였다. '수隨'는 따르다, 순종하다는 뜻이다. 「단」은 따른다는 뜻의 종從으로 새겼다.

剛來而下柔

괘체를 가지고 괘명을 해석하였다. '강래이하유'에 대해 몇 가지 해석이 있다.

첫째, 『집해』에 우번의 해석이다. 수隨는 비否에서 온 것이다. 비의 윗괘인 건괘의 꼭대기 양효가 곤괘 처음 음효의 자리에 왔다는 것이다(否乾上來之坤初). 즉 비(䷋)의 꼭대기 양효가(剛) 아래로 내려가(來) 둘째 음효(柔) 아래에 있다(下)는 것이다. 왕부지와 주준성이 이를 따랐다.

둘째, 왕필의 해석이다. 수隨는 아랫괘가 진震이고 윗괘는 태兌이다. 진은 양괘이고 강이다. 태는 음괘이고 유이다. 그런즉 수는 강이 유 아래에 있다는 것이다(震剛而兌柔也. 以剛下柔). 공영달, 고형, 진고응이 이를 따랐다.

셋째, 정이의 해석이다. "건의 꼭대기 양효가 곤의 아래에 와 있고, 곤의 처음 음효가 건의 꼭대기에 가 있다(乾之上來居坤之下, 坤之初往居乾之上)"는 것이다. 즉 비(䷋)의 꼭대기 양효가 처음 음효의 자리에 오고, 처음 음효가 꼭대기 양효의 자리로 가서 수가 되었다는 것이다. 진고응이 이것도 따랐다.

넷째, 주희의 해석이다. "괘변으로 말하면, 본래 곤괘困卦에서 둘째 양효가 와서 수괘 처음 효의 자리에 있고, 또 서합에서 꼭대기 양효가 와서 수괘 다섯째 효의 자리에 거하고, 미제에서 온 것은 이 두 변화를 겸하고 있으니, 모두 강이 와서 유를 따르는 뜻이다(以卦變言之, 本自困卦九來居初, 又自噬嗑九來居五, 而自未濟來者兼此二變, 皆剛來隨柔之義)"라고 하였다. 즉 곤困(䷮)의 처음 음효와 둘째 양효가 자리를 바꾸었고, 서합(䷔)의 꼭대기 양효가 다섯째 음효와 자리를 바꾸어 수가 되었는데, 이러한 두 가지 괘의 변화는 미제(䷿)가 겸하고 있으니, 모두 강이 와서 유를 따르는 것이라는 말이다. 진몽뢰가 이를 따랐다.

다섯째, 래지덕의 해석이다. 수隨는 고蠱(䷑)에서 온 것이며, 수의 처음 양효는 고괘 꼭대기 양효에서 온 것이라고 하였다(蠱下卦原是柔, 今艮剛來居于下而爲震, 是剛來而下于柔也). 이것은 종괘綜卦로 해석한 것이다. 굴만리와 유백민이 이를 따랐다.

여섯째, 주백곤은 "괘 중 각 효는 위아래로 왕래할 수 있다(卦中各爻可以上下往來). 위에서 아래로 내려오는 것은 '래來'이고(由上到下爲來), 아래에서 위로 올라가는 것은

'왕往'이다(由下往上往). 수의 '강래이하유'는 윗괘의 양효가 아랫괘의 두 음 아래에 거하여 진괘가 되는 것이다(上卦陽爻居于下卦二陰之下, 成爲震卦)"라고 하였다. 이러한 해석은 모두 통한다.

필자는 왕필의 해석을 따랐다. '강래이하유'는 강(震)이 와서 유(兌) 아래에 있다는 말이다. 인간계로 해석하면 강은 임금이고 유는 백성이다. 임금이 와서 백성 아래에 있다는 것이다.

動而說

괘덕을 가지고 괘명을 해석하였다. 『석문』에 "'열說'은 음이 열悅(說, 音悅)"이라고 하였다. '열說'은 기뻐하다는 뜻의 열悅이다. 수는 아랫괘가 진이고 윗괘는 태이다. 진은 움직임(動)이고, 태는 기뻐함(悅)이다. 그런즉 수는 또 '움직여 기뻐함'이다. 인간계로 말하면 임금은 움직이고 백성은 기뻐한다는 것이다.

隨

임금이 와서 백성 아래에 있고, 임금은 움직이고 백성은 기뻐하니, 천하 사람들이 모두 따른다. 그래서 괘명이 '수隨'이다. 「단」은 '수隨'를 따르다(從)는 뜻으로 해석하였다.

大 '亨貞无咎'

이하 괘사를 해석하였다. 「단」은 '대大'를 가지고 괘사의 '원元'을 해석하였다. 『석문』에 "'대형정'은 어떤 책에 '대형리정'으로도 되어 있다('大亨貞', 本又作'大亨利貞')"라고 하였다. 크게 형통하고, 바르게 하여 이롭다는 뜻이다. 원문의 '정貞'자는 '정正'으로 쓰는 것이 바르다. 19번 임 「단」에 '大亨以正'으로 되어 있다.

而天下隨時

'천하수시天下隨時'에 대해, 『석문』에 "왕숙 본에는 '수지隨之'로 되어 있다(王肅本作隨之)"라고 하였다. 주희는 "왕숙 본은 '시時'를 '지之'로 썼다. 지금 이를 따른다(王肅本, 時作之. 今當從之)"라고 하였다. '천하수시天下隨時'는 '천하수지天下隨之'로 해야 맞다. 천하 사람들이 모두 따른다는 말이다. 「단」은 '수隨'를 가지고 괘명 '수隨'를 해석하였다. '之'는 형식 목적어이다.

『집해』에 정현은 "진은 움직임이고 태는 기뻐함이다. 아랫괘는 덕으로 움직이고, 윗괘는 말로 기뻐하니, 천하 사람들이 모두 그 행실을 흠모하여 따른다. 그래서 '수'

라고 한다(震, 動也. 兌, 說也. 內動之以德, 外說之以言, 則天下之人咸慕其行而隨從之, 故謂之隨也)"라고 하였다.

隨時之義大矣哉

'수시지의隨時之義'에 대해, 『석문』에 "왕숙 본에는 '수지시의隨之時義'로 되어 있다(王肅本作隨之時義)"라고 하였다. 주희는 "왕숙 본은 '시時'자가 '지之'자 아래에 있다. 지금 이를 따른다(王肅本, 時字在之字下. 今當從之)"라고 하였다. '수시지의隨時之義'는 '수지시의隨之時義'로 해야 맞다. 「단」에서 '時義'를 이어 쓴 것이 5곳 있다.

① 예豫 「단」: 豫之時義大矣哉. 예의 때의 의의는 크기도 하다.
② 수隨 「단」: 隨時之義大矣哉. 수의 때의 의의는 크기도 하다.
③ 둔遯 「단」: 遯之時義大矣哉. 둔의 때의 의의는 크기도 하다.
④ 구姤 「단」: 姤之時義大矣哉. 구의 때의 의의는 크기도 하다.
⑤ 여旅 「단」: 旅之時義大矣哉. 여의 때의 의의는 크기도 하다.

'수지시의대의재'는 수의 때의 의의는 크기도 하다는 말이다. 「단」은 괘사 '원형리정무구'를, 크게 '형통하고 바르고 허물이 없어', 천하 사람들이 모두 따르니, 수의 때의 의의는 크기도 하다고 해석하였다.

18. 고蠱

☶☴ 蠱, 元亨. 利涉大川. 先甲三日, 後甲三日.
고는 크게 형통하다. 큰 내를 건너면 이롭다.
갑일의 삼 일 전과 갑일의 삼 일 후에 건너야 한다.

'고蠱'는 괘명이며, 일이라는 뜻의 사事이다. '원元'은 크다는 뜻의 대大이다. '형亨'은 형통하다는 뜻의 통通이다. '원형'은 크게 형통하다는 뜻이다. '섭涉'은 건너다는 뜻의 도渡이다. 갑일의 삼 일 전은 신일辛日이고, 삼 일 후는 정일丁日이다.

彖曰 蠱, 剛上而柔下, 巽而止, 蠱. '蠱, 元亨', 而天下治也. '利涉大川',

往有事也. '先甲三日, 後甲三日', 終則有始, 天行也.
고는 강이 위에 있고 유가 아래에 있으며, 겸손하여 멈추는 것이 고이다. '고는 크게 형통하니' 천하는 다스려진다. '큰 내를 건너면 이롭다'는 것은 가면 일이 있다는 것이다. '갑일의 삼 일 전과 갑일의 삼 일 후'라는 것은 끝나면 또 시작하는 것이니, 하늘의 운행이다.

고「단」은 2단락으로 구성되어 있다.

첫째 단락…괘명 '蠱'를 해석하였다.

1. 괘체로 해석하였다.
   ① 蠱…괘명을 들었음.
   ② 剛上而柔下…강이 위에 있고 유가 아래에 있음.

2. 괘덕으로 해석하였다.
   ① 巽而止…겸손하여 멈추는 것임.
   ② 蠱…다시 괘명을 들었음.

둘째 단락…괘사를 해석하였다.

1. 괘사 '元亨'을 해석하였다.
   ① '蠱, 元亨'…괘명과 괘사 '원형'을 들었음.
   ② 而天下治也…천하는 다스려짐.

2. 괘사 '利涉大川'을 해석하였다.
   ① '利涉大川'…괘사 '이섭대천'을 들었음.
   ② 往有事也…가면 일이 있다는 것임.

3. 괘사 '先甲三日, 後甲三日'을 해석하였다.
   ① '先甲三日, 後甲三日'…괘사 '선갑삼일, 후갑삼일'을 들었음.
   ② 終則有始, 天行也.…끝나면 또 시작하는 것이니, 하늘의 운행임.

고「단」에서 '치治', '사事'는 운이다.
유백민: '治', 七之, 七志二韻. 與下'事', 七志. 爲韻.

스즈키: '치治', '사事'.

蠱

괘명이다. 「서괘」에 "기쁨으로 남을 따르는 사람은 반드시 일을 처리하니, 그러므로 고로 받는다. 고는 일이다(以喜隨人者必有事, 故受之以蠱. 蠱者, 事也)"라고 하여, '사事'를 가지고 '고蠱'를 해석하였다. 『좌전』 「소공昭公 원년(B.C.541)」에 "그릇(皿) 위에 벌레(蟲)가 있는 것이 고이다(於文皿蟲爲蠱)"라고 하였다. 『설문』 충부蟲部에 "배속의 벌레(腹中蟲也)"라고 하였다. 『석문』에 "'고蠱'는 음이 고古이며, 일이라는 뜻의 사事, 미혹하다는 뜻의 혹惑, 어지럽다는 뜻의 난亂이다(蠱, 音古, 事也, 惑也, 亂也)"라고 하였다. 『집해』에 복만용은 "'고蠱'는 미혹하여 어지러운 것이다. 모든 일은 미혹한 것에서 일어나니, 고는 일이라는 뜻의 사事이다(伏曼容曰 蠱, 惑亂也. 萬事從惑而起, 故以蠱爲事也)"라고 하였다. 순상도 우번도 "일이라는 뜻의 사事"라고 하였다. '고蠱'는 '고故'와 같으며 일이라는 뜻의 사事이다. 「단」은 이 뜻으로 새겼다.

剛上而柔下

괘체를 가지고 괘명을 해석하였다. '강상이유하'에 대해 몇 가지 해석이 있다.

첫째, 『집해』에 우번의 해석이다. "태의 처음 양효가 고의 꼭대기로 갔으므로 강이 위에 있는 것이고, 곤의 꼭대기 음효가 고의 처음 효로 왔으므로 유가 아래에 있는 것이다(泰初之上, 故剛上. 坤上之初, 故柔下)"라고 하였다. '강상剛上'은 꼭대기 양효를, '유하柔下'는 처음 음효를 가리키는 것으로 보았다.

둘째, 왕필의 해석이다. "윗괘의 강은 법령을 결정할 수 있고, 아랫괘의 유는 법령을 시행할 수 있다(上剛可以斷制, 下柔可以施令)"라고 하였다. 고는 윗괘가 간艮이고 아랫괘는 손巽이다. 간은 양괘이고 강이며, 손은 음괘이고 유이다. 그런즉 고는 강이 위에 있고 유가 아래에 있다는 것이다. 공영달, 진몽뢰, 왕부지, 고형, 진고응 등이 이를 따랐다.

셋째, 정이의 해석이다. "'강상이유하'는 건의 처음 양효가 위로 가서 고의 꼭대기 양효가 되었고, 곤의 꼭대기 음효가 아래로 와서 고의 처음 음효가 되었다는 말이다(剛上而柔下, 謂乾之初九上而爲上九, 坤之上六下而爲初六也)"라고 하였다. 우번의 해석과 비슷하다.

넷째, 주희의 해석이다. "'강상이유하'는 괘가 변한 것이 비賁에서 온 것은 비의 처음 양효는 위로 가고 둘째 음효는 아래로 내려 왔고, 정井에서 온 것은 다섯째 양효는 위로 가고 꼭대기 음효는 아래로 내려 왔음을 말한 것이다. 기제에서 온 것은 이

두 가지를 겸하였으니, 또한 강이 위에 있고 유가 아래에 있는 것이며, 모두 고가 되는 것이다(或曰剛上而柔下, 謂卦變自賁來者, 初上二下. 自井來者, 五上上下. 自旣濟來者兼之, 亦剛上而柔下, 皆所以爲蠱也)"라고 하였다. 주희는 괘변으로 해석하였는데, 비(䷕)의 처음 양효와 둘째 음효가 자리를 바꾸어 고의 아랫괘가 되었고, 정(䷯)의 다섯째 양효와 꼭대기 음효가 자리를 바꾸어 고의 윗괘가 되었다는 것이며, 기제(䷾)가 이 두 변괘를 겸하고 있다는 것이다.

다섯째, 래지덕의 해석이다. "고蠱의 종괘는 수隨인데, 수의 처음 양효인 진의 강剛이 위로 가서 간이 되었다. 꼭대기 음효인 태의 유柔는 아래로 와서 손이 되었다(蠱綜隨, 隨初震之剛, 上而爲艮. 上六兌之柔, 下而爲巽也)"라고 하였다. 유백민이 이를 따랐다. 이러한 해석은 모두 통하나, 왕필의 해석이 「단」의 본뜻에 부합한다.

'강상이유하'는 강(艮)이 위에 유(巽)가 아래에 있다는 말이며, 인간계로 해석하면 임금은 위에 백성은 아래에 있으니 각각 자신의 자리에 있는 것이다.

巽而止

괘덕을 가지고 괘명을 해석하였다. 고는 아랫괘가 손이고 윗괘는 간이다. 손은 겸손함(巽)이고 간은 멈춤(止)이다. 그런즉 고는 또 '겸손하여 멈춘다'는 것이다. 인간계로 말하면 백성은 겸손하고 임금은 멈추어 권력을 남용하지 않는다.

蠱

임금은 위에 백성은 아래에 있고, 백성은 겸손하고 임금은 멈추어 권력을 남용하지 않으니 천하의 일이 이루어진다. 그래서 괘명이 '고蠱'이다. 「단」은 '고蠱'를 일(事)이라는 뜻으로 새겼다.

'蠱, 元亨'

괘명 '고'와 괘사 '원형'을 해석하였다. "괘명인 '고'가 '크게 형통하다'라고 하는 것은"이라는 말이다. 아래에 설명이 이어진다.

而天下治也

「단」은 괘명과 괘사 '고. 원형'을, 고는 크게 형통하니, 천하는 다스려진다고 해석하였다. 즉 천하가 다스려지므로 '고는 크게 형통하다'는 것이다. 즉 고가 크게 형통한 것은 천하가 다스려지기 때문이라는 것이다.

'利涉大川', 往有事也.

「단」은 '왕往'을 가지고 효사의 '섭涉'을, '사事'를 가지고 '고蠱'를 해석하였다. 5번 수需「단」에 '이섭대천'을 해석하여 '왕유공야往有功也'라고 하였는데, '사事'는 '공功'과 같으며, 공적, 업적이라는 뜻이다.「단」은 괘사 '이섭대천'을, 큰 내를 건너면 이롭다는 것은 가면 일(공적)이 있는 것이라고 해석하였다.

'先甲三日, 後甲三日', 終則有始, 天行也.

괘사 '선갑삼일, 후갑삼일'을 해석하였다. 갑일의 삼 일 전은 신일辛日이며, 삼일 후는 정일丁日이다.

甲 乙 丙 ㉠丁 戊 己 庚 ㉠辛 壬 癸

'유有'는 '우又'로 읽는다. 두 글자는 음이 같아 옛날에 통용되었다. '종즉유시'는 끝나면 또 시작한다는 말이다. '천행天行'은 천도天道이다. 하늘의 운행이라는 뜻이며, 천도 운행의 규율, 자연의 이법을 가리킨다.「단」은 '선갑삼일, 후갑삼일'을 천도를 가지고 설명하였다. 즉 '갑일의 삼 일 전과 갑일의 삼 일 후'라는 것은 끝나면 또 시작하는 것이니, 하늘의 운행이라는 말이다.

'종즉유시, 천행야'에 대해 고형의 해석이 매우 뛰어났으므로 그 내용을 원문과 함께 인용하겠다.

괘사의 '선갑삼일先甲三日, 후갑삼일後甲三日'은 천도에 근거한 것이다. 갑일 전의 3일에서 갑일 후의 3일까지 모두 7일이다. 천도의 운행은 1에서 시작하여 7에서 돌아오니, 끝나면 다시 시작하여 왕복 순환한다. 그런즉 갑일 전의 3일인 신일辛日은 이미 큰 내를 건너면 길하고, 신일부터 아래로 셈하여 7일째 되는 날에 이르러, 즉 갑일 후 3일인 정일丁日에도 또한 큰 내를 건너면 길하다.「단」이 천도는 7에 이르러 돌아온다고 여긴 것은 천도의 사계절에 근거한 것이다. 고대의 기후학으로 말하면, 봄과 여름은 양기가 다스림의 자리에 있는 시기이며, 모두 6개월이다. 가을과 겨울은 음기가 다스림의 자리에 있는 시기이며, 모두 6개월이다. 음기는 정월부터 다스림의 자리에서 물러나, 7월(정월 후의 7개월째)에 이르러 또 다스림의 자리로 나아가니, 음기는 7에 이르러 돌아오는 것이다. 양기는 7월부터 다스림의 자리에서 물러나, 정월(7월 후의 7개월째)에 이르러 또 다스림의 자리로 나아가니, 양기는 7에 이르러 돌아오는 것이다. 음양 두 기는 모두 7개월에 이르러 돌아오며, 끝나면 다시 시작하여 순환이 그치지 않으니, 「단」의 이른바 '끝나면 또 시작하는 것이니 하늘의 운행이다(終則有始, 天行也)'라는 것이다. 복괘復卦 괘사에 "그 길을 되돌아오는데, 칠 일이면 돌아온다(反復其道, 七日來復)"라고 한 것을, 「단」은 "'그 길을 되돌아오는데, 칠 일이면 돌아온다'는 것은 하늘의 운행이다(反復其道, 七日來復, 天行也)"라고 하였는데, 역시 천도를 가지고 7에 이르러 돌아온다는 것을 해석한 것이니, 뜻은 이것과 같다. (『주역』에서 괘의 효수 또한 7에 이르러 돌아온다. 각 괘의 여섯 효는 처음(初), 둘째(二), 셋째(三), 넷째(四), 다섯째(五), 꼭대기(上)의 차례로 헤아린다. 수가 7에 이르면 원래의 효로 돌아오니, 꼭 7에 이르러 돌아오는 것이다. 『역전』은 역괘의 효수가 7에 이르러 돌아오는 것이 곧 천도를 대표한다고 여긴 것이다.)

卦辭云'先甲三日, 後甲三日', 乃以天道爲據也. 蓋由甲前之三日至甲後之三日, 共爲七日. 天道之運行始于一而復于七, 終則又始, 往復循環. 然則甲前三日之辛日旣利涉大川, 則由辛日下數至第七日, 卽甲後三日之丁日亦利涉大川矣. 「彖傳」以爲天道至七而復, 蓋以天道之四時爲據. 以古代之氣候學言之, 春夏爲陽氣處于統治地位時期, 共爲六個月. 秋冬爲陰氣處于統治地位時期, 共爲六個月. 陰氣自正月退出統治地位, 至七月(正月後第七個月)又進入統治地位, 是陰氣至七而復. 陽氣自七月退出統治地位, 至正月(七月後第七個月)又進入統治地位, 是陽氣至七而復. 陰陽二氣皆至七個月而復, 終則又始, 循環不已, 卽「彖傳」所謂'終則又始, 天行也.'復卦卦辭'反復其道, 七日來復.' 「彖傳」曰'反復其道, 七日來復, 天行也.'亦以天道釋至七而復, 義與此同. (『周易』卦之爻數亦至七而復, 每卦六爻, 初, 二, 三, 四, 五, 上, 依次數之, 數至第七, 則復于原爻. 正是至七而復. 然則『易傳』認爲『易』卦之爻數至七而復, 乃代表天道.)

(고형 『주역대전금주』 201-202쪽에서 인용하였음)

필자는 고형의 이 설명을 통해 한 괘의 효가 왜 여섯인가를 나름대로 이해하게 되었다. 7은 우주 순환의 수이다. 즉 한 상황이 끝나고(終) 새로운 상황이 시작되는(始) 수이다. 끝나면 또 시작하여(終則有始) 끊임없이 반복되는 것이 천도의 운행이다(天行也).

진고응의 해석도 소개하겠다.

'갑'은 사물이 발전하는 시작점과 종결점을 나타낸다. '선갑삼일'은 사물이 발전에서 종결에 이르는 과정을 나타낸다. '후갑삼일'은 사물이 발생에서 발전에 이르는 과정을 나타낸다. 발생—발전—종결—신생—발전—재종결……, 종결과 시작은 서로 이어지며, 시작과 종결은 순환하니, 이것이 천도 운행의 규율이다. '천행'은 천도이다.

'甲', 表示事物發展的起始點和終結點. '先甲三日', 表示事物由發展到終結的過程. '後甲三日', 表示事物由發生到發展的過程. 發生 — 發展 — 終結 — 新生 — 發展 — 再終結……, 終始相繼, 始卒若環, 這是天道運行的規律. '天行', 天道. (진고응 『周易注譯與硏究』 175쪽에서 인용하였음)

19. 임臨

䷒ 臨, 元亨, 利貞. 至于八月有凶.

임은 크게 형통하고, 바르게 하여 이롭다. 팔월에 이르러 흉함이 있다.

'임臨'은 괘명이며, 백성에 임한다(臨民)는 뜻이다. '원元'은 크다는 뜻의 대大이다. '형亨'은 형통하다는 뜻의 통通이다. '이利'는 이롭다는 뜻이다. '정貞'은 바르다는 뜻의 정正이다. 「단」은 '원형, 이정.'으로 읽었다.

彖曰 臨, 剛浸而長, 說而順, 剛中而應, (臨). (臨), 大'亨'以正, 天之道也. '至于八月有凶', 消不久也.

임은 강이 점점 자라나고, 기뻐하여 유순하며, 강이 가운데 자리에서 응하는 것이 임이다. (임이) 크게 '형통하고' 바른 것은 하늘의 도이다. '팔월에 이르러 흉함이 있다'는 것은 양기가 쇠퇴하여 오래가지 않는다는 것이다.

임 「단」은 2단락으로 구성되어 있다.

첫째 단락… 괘명 '臨'을 해석하였다.

1. 괘체로 해석하였다.
   ① 臨… 괘명을 들었음.
   ② 剛浸而長… 강이 점점 자라남.

2. 괘덕으로 해석하였다.
   ① 說而順… 기뻐하여 유순함.

3. 괘체로 해석하였다.

① 剛中而應…강이 가운데 자리에서 응함.

② (臨)…다시 괘명을 들었음.

둘째 단락…괘사를 해석하였다.

1. 괘사 '元亨利貞'을 해석하였다.

① 大'亨'以正…괘사 '원형리정'을 들었음.

② 天之道也…하늘의 도임.

2. 괘사 '至于八月有凶'을 해석하였다.

① '至于八月有凶'…괘사 '지우팔월유흉'을 들었음.

② 消不久也…양기가 쇠퇴하여 오래가지 않는다는 것임.

임「단」에서 '도道', '구久'는 운이다.

유백민: '道', 三十皓. 與下'久', 古音几. 爲韻.

스즈키: '도道', '구久'.

臨

괘명이다. 『설문』 와부臥部에 "'임臨'은 살핀다는 뜻의 감(臨, 監也)", 『이아』「석고」에 "보다는 뜻의 시(視也)"라고 하였다. 이 뜻이 발전되어 나아가다(進), 다스리다(治)는 뜻으로 사용되었다. 『국어』「주어周語」에 "왕으로부터 직위를 받아 그 백성에 임한다(受職于王, 以臨其民)"라고 하였는데, '임臨'은 다스린다는 치治의 뜻이다. 「단」에서 '임臨'은 백성에 임하는 것(臨民), 백성을 다스리는 것(治民)이다. 「서괘」는 "일을 처리한 이후에 클 수 있으니, 그러므로 임으로 받는다. 임은 크다는 뜻이다(有事而後可大, 故受之以臨. 臨, 大也)"라고 하였는데, 「단」과 뜻이 다르다.

정이는 "괘는 못 위에 땅이 있다. 못 위의 땅은 기슭이며, 물과 서로 접하고 있고 물에 근접(臨近)하고 있으므로 임이다(爲卦, 澤上有地. 澤上之地, 岸也, 與水相際, 臨近乎水, 故爲臨)"라고 하였다.

剛浸而長

괘체를 가지고 괘명을 해석하였다. '강剛'은 임의 아래 두 양효를 가리킨다. '침浸'은 적시다(漬), 빠지다(沒), 잠기다(沈), 점점(漸) 등의 뜻이 있다. 정이는 '점점'이라는 뜻으로 읽었다(浸, 漸也). '장長'은 자라나다(息)는 뜻이다. '강침이장'은 강이 점점 자라난다는 말이다. 임의 아래에 있는 두 효는 양효이고, 강이다. 위에 있는 네 효는 모두 음효이고 유이다. 그런즉 임은 '강이 점점 자라나는 것(剛浸而長)'이며, 군자의 도가 점차 자라나는 것을 상징한다.

임 「단」의 '剛浸而長', 33번 둔遯 「단」의 '(柔)浸而長'의 설은 한대 상수역의 괘변설에 결정적인 영향을 끼쳤다. 맹희의 '12소식괘消息卦'는 이것을 바탕으로 발전되어 나온 것이다. 책 뒷부분의 '「단」의 변괘설'을 참고하라.

說而順

괘덕을 가지고 괘명을 해석하였다. 임은 아랫괘가 태兌이고 윗괘는 곤坤이다. 태는 기뻐함(悅)이고 곤은 유순함(順)이다. 그런즉 임은 '기뻐하여 유순하다'는 것이다.

剛中而應

괘체를 가지고 괘명을 해석하였다. '강剛'은 둘째 양효를 가리키고, '중中'은 가운데 자리를 얻었다는 말이다. 둘째 양효는 양이고 강이며 아랫괘의 가운데 자리에 있다. 다섯째 음효는 음이고 유이며 윗괘의 가운데 자리에 있다. 두 효는 음양이 가운데 자리에서 서로 응한다. 즉 임금이 중도를 지니고 백성과 호응한다는 것이다. '강중이응'은 강이 가운데 자리에서 응한다는 말이다. 구절 끝에 괘명 '臨'이 있어야 한다. 이것은 「단」의 통례이다.

임은 양이 점차 자라나고, 기뻐하여 유순하며, 또 양이 가운데 자리에서 서로 응하니, 임이라는 말이다. 인간계로 해석하면 군자의 도는 점점 자라나고, 기뻐하여 유순하며, 임금이 중도를 지니고 백성과 호응하는 것이다. 이것이 곧 나라를 다스리고 백성에 임하는 도이다. 그래서 괘명이 '임臨'이다. 「단」은 '임臨'을 백성에 임하는 것(臨民)으로 해석하였다.

大'亨'以正, 天之道也.

이하 괘사를 해석하였다. '大亨以正' 앞에 괘명 '臨'이 있어야 한다. 이것은 「단」의 통례이다. 「단」은 괘사 '원형리정'을 '대형이정大亨以貞'으로 읽었다. 크게 형통하고 바르다는 뜻이다. '이以'는 '이而'와 같다. 「단」은 '이利'를 말하지 않았으나, '크게 형통하고, 바르다' 그러므로 이롭다고 여긴 것이다. 즉 '바르게 하여 이롭다'는 것이다. 진고응은 '이以'를 '인因'으로 새기고, "바름을 지키기 때문에 크게 형통하다(因爲守正故能大通)"라고 해석하였다. 「단」은 괘사 '원형리정'을 하늘의 도라고 하였다. 즉 크게 형통하고 바른 것은 하늘의 도라는 말이다. 즉 천도는 바르다는 것이다. 「단」은 정말 위대한 말을 하였다.

'천도天道'는 하늘에서 일어나는 각종의 자연현상을 가리킨다. 즉 우주 운행의 규율, 자연의 이법이다. 예를 들면, 사계절이 어김없이 순환하고, 더위와 추위가 번갈아 찾아오며, 해와 달이 교대로 솟아오르고, 낮과 밤이 차례로 바뀌는 것 등이다. 『중용』에 '誠者, 天之道也(참된 것은 하늘의 도이다)'라고 하였는데(22장), 『중용』은 '천도'를 성誠(참됨)으로, 「단」은 정正(바름)으로 인식하였다. '성誠'과 '정正'은 결국 같은 뜻이다.

고형은 "크고 형통하고 바른 것은 하늘의 도이다(元大, 亨美而又貞正, 是天道也). 백성에 임하는 사람은 이 세 가지 덕을 지녀야 하니(臨民者有此三德), 하늘을 본받는 것이다(是法天也)"라고 하였다. 고형은 '원형리정'을 4가지 덕으로 여겼는데, 「단」의 본뜻이 아니다.

'至于八月有凶', 消不久也.

'소消'는 사라진다는 뜻의 멸滅이다. '불구不久'는 오래 가지 않는다는 뜻이다. '소불구'는 양기가 사라져 오래가지 않는다는 말이다. 임은 양이 점차 자라나는 것이며, 양기는 봄에 점차 자라나 음력 8월에 이르면 쇠퇴하기 시작한다. 왕필은 "팔월은 양이 쇠퇴하고 음이 자라나니, 소인의 도는 자라나고 군자의 도는 사라진다(八月陽衰而陰長, 小人道長, 君子道消也)"라고 하였다. 「단」은 괘사 '지우팔월유흉'을, 팔월에 이르러 흉함이 있는 것은 팔월이 되면 양기는 이미 쇠퇴하여 오래 가지 않기 때문이라고 해석하였다.

고형은 "백성에 임하는 사람은 그 덕을 더욱 닦지 않으면(臨民者不增修其德) 장차 소멸하는 운으로 들어갈 것이니(亦將進入消亡之運), 천도가 본래 이러한 것이다(天道固如此也)", 진고응은 "강이 점차 자라나는 크게 형통한 상황은 오래 갈 수 없다(剛浸而長的大通局面不會長久)"라고 하였다.

20. 관觀

䷓ 觀, 盥而不薦, 有孚顒若.

관은 제사에 술을 땅에 뿌렸으나 제물을 올리지 않았으니, 믿음을 지니고 공경해야 한다.

'관觀'은 괘명이며, 보다(視), 살피다(察)는 뜻이다. '관盥'은 뿌린다는 뜻의 관灌이다. 『집해』에 마융은 "술잔을 올리면서 술을 땅에 뿌려 신을 내리게 하는 것(盥者, 進爵灌地以降神也)"이라고 하였다. '천薦'은 올린다는 뜻의 헌獻이며, 귀신에게 제물을 올리는 것이다. 『석문』에 "'옹顒'은 어魚와 공恭의 반절(顒, 魚恭反)"이라고 하였다. 『집해』에 마융은 "'부孚'는 믿음이라는 뜻의 신信, '옹顒'은 공경한다는 뜻의 경敬"이라고 하였다. '옹약顒若'은 공경하여 우러러는 모양이다.

彖曰 (觀), 大觀在上, 順而巽, 中正以觀天下, 觀. '(觀), 盥而不薦, 有孚顒若', 下觀而化也. 觀天之神道, 而四時不忒. 聖人以神道設敎, 而天下服矣.

(관은) 큰 것(양)이 위에서 보며, 유순하여 겸손하고, 중정하여 천하 사람을 살피는 것이 관이다. '(관이) 제사에 술을 땅에 뿌렸으나 제물을 올리지 않았으니, 믿음을 지니고 공경해야 한다'는 것은 아래의 네 음효(백성)가 위의 양(임금)을 보고 감화하는 것이다. 하늘의 신묘한 도를 보니, 사계절은 어긋나지 않는다. 성인은 신묘한 도로 교화를 베푸니, 천하 사람이 복종한다.

관 「단」은 3단락으로 구성되어 있다.

첫째 단락… 괘명 '觀'을 해석하였다.

1. 괘체로 해석하였다.
   ① 大觀在上… 큰 것(양)이 위에서 보고 있음.

2. 괘덕으로 해석하였다.
   ① 順而巽… 유순하여 겸손함.

3. 괘체로 해석하였다.
   ① 中正以觀天下… 중정하여 천하 사람을 살피는 것임.
   ② 觀… 괘명을 들었음.

둘째 단락… 괘체로 괘사 '盥而不薦, 有孚顒若'을 해석하였다.

① '盥而不薦, 有孚顒若'… 괘사 '관이불천, 유부옹약'을 들었음.
② 下觀而化也… 아래의 네 음효(백성)가 위의 양(임금)을 보고 감화하는 것임.

셋째 단락…괘의를 말하였다.

1. 자연계를 들었다.
   ① 觀天之神道…하늘의 신묘한 도를 살핌.
   ② 而四時不忒…사계절은 어긋나지 않음.

2. 인간계를 말하였다.
   ① 聖人以神道設教…성인은 신묘한 도로 교화를 베풂.
   ② 而天下服矣…천하 사람이 복종함.

관「단」에서 '특忒', '복服'은 운이다.
유백민: '忒', 二十五德. 與下'服', 蒲北反. 爲韻.
스즈키: '특忒', '복服'.

大觀在上

괘체를 가지고 괘명을 해석하였다. 구절 앞에 괘명 '관觀'이 있어야 한다. 「단」은 첫마디에 항상 괘명을 인용하였다. 이것은 「단」의 통례이다. 여기에서는 바로 뒤에 '大觀'이 있으므로 생략하였다. '대大'는 관의 다섯째 양효, 즉 임금을 가리킨다. 『역전』은 '양'을 대大, '음'을 소小라고 하였다. 『석문』에 "'관觀'은 관官과 환喚의 반절이다. 보인다는 뜻이다(觀, 官喚反. 示也)"라고 하였다. '관觀'은 보다(視), 살피다(察)는 뜻이다. '재상在上'은 높은 자리에 있다는 것이다. 다섯째 양효는 양이 윗괘의 가운데 자리에 있으니, 한 괘의 높은 자리에 있다. 그 아래의 네 효(백성)는 모두 음효이다. 다섯째 양효는 네 음효의 위에 있으니, 위에서 내려보고 있는 상이다. '대관재상'은 다섯째 양효(임금)가 위에서 내려본다는 말이다.

順而巽

괘덕을 가지고 괘명을 해석하였다. 관은 아랫괘가 곤坤이고 윗괘는 손巽이다. 곤은 유순함(順)이고 손은 손遜이며 겸손함(巽)이다. 그런즉 관은 '유순하여 겸손한 것'이다.

中正以觀天下

괘체를 가지고 괘명을 해석하였다. 『집해』에 우번은 "'중정中正'은 다섯째 양효를 가리킨다(中正謂五)"라고 하였다. 다섯째 양효는 윗괘의 가운데 자리에 있고(中), 양이 양의 자리에 있다(正). '이以'는 '이而'와 같다. '중정이관천하'는 중정하여 천하 사람을 살핀다는 말이다. 임금이 중정의 도를 지니고 백성을 살피는 것이다.

觀

관의 괘상은 양효(임금)가 윗자리에서 여러 음(백성)을 살피며, 유순하고 겸손한 덕을 지니고 있고, 중정의 도를 지니고 천하 사람을 살펴보는 것이다. 그래서 괘명이 '관觀'이다. 「단」은 '관觀'을 가지고 괘명 '관觀'을 해석하였다.

'盥而不薦, 有孚顒若', 下觀而化也.

괘체를 가지고 괘사를 해석하였다. 구절 앞에 괘명 '觀'이 있어야 한다. 이것은 「단」의 통례이다. 『석문』에 "왕숙 본에는 '而觀薦'으로 되어 있다(王肅本作而觀薦)"라고 하였다. '盥而觀薦'으로 되어 있다는 것인데, "제사에 술을 땅에 뿌리고 제물을 올리는 것을 본다"는 말이다. 이렇게 읽어도 뜻은 통한다.

'하下'는 아래의 네 음효, 즉 백성을 가리킨다. '관觀'은 아래의 네 음효가 위의 양효, 즉 임금을 본다는 것이다. '화化'는 감화이다. '하관이화'는 아래 네 음효(백성)가 위의 양효(임금)를 보고 감화한다는 말이다. '下觀而化也'는 '下觀乎上而化也'로 읽으면 뜻이 분명해진다.

「단」은 괘사 '관이불천, 유부옹약'을, 위(임금)가 귀신에게 제사를 올리는데 술을 땅에 뿌렸으나 제물을 올리지 않았으니, 믿음을 지니고 공경한다면, 아래(백성)가 위(임금)를 보고 감화한다고 해석하였다.

觀天之神道

괘의를 말하면서 먼저 자연계를 들었다. '신神'은 신묘하다는 뜻이다. 진고응은 "천지조화의 신묘한 작용(天地造化的神妙作用)"이라고 하였다. '도道'는 자연 법칙이다. '신도神道'는 신묘한 자연 법칙이라는 뜻이다. 자연 법칙이란 해와 달이 교대로 솟아오르고, 낮과 밤이 차례로 바뀌며, 사계절이 어김없이 순환하고, 더위와 추위가 번갈아 찾아오는 것 등이다. 오늘날 이러한 자연 현상은 과학적으로 밝혀져 신기할 것이 없으나, 『역전』이 쓰인 전국 후기 당시에는 신비로운 것이었다. 정이는 "천도는 지극히 신묘하므로 신도라 한다(天道至神, 故曰神道)"라고 하였다. 「단」은 '신도'를 아래에서 '四時不忒'을 가지고 해석하였다. '관천지신도'는 하늘의 신묘한 도를 본다는 말이다.

而四時不忒

'사시四時'는 사계절이다. 『석문』에 "'특忒'은 토吐와 득得의 반절(忒, 吐得反)"이라 하고, 『집해』에 우번은 "'특忒'은 어긋난다는 뜻의 차差"라고 하였다. "하늘의 신묘한 법칙을 보니, 사계절의 운행은 어긋남이 없다"는 말이다. 「단」은 '사시불특四時不忒'을 가지고 '천지신도天之神道'를 설명하였다. 즉 '사시四時'를 가지고 '천도天道'를, '불특不忒'을 가지고 '신神'을 해석하였다. 사계절이 어긋나지 않고 순환하는 것이 하늘의 신묘한 도라는 것이다. 정이는 "하늘의 운행을 보면, 사계절이 어긋남이 없으니, 그 신묘함을 보는 것이다(觀天之運行, 四時无有差忒, 則見其神妙)"라고 하였다.

聖人以神道設教

인간계를 말하였다. '성인'은 훌륭한 통치자, 즉 수기치인 하는 사람을 가리킨다. 『집해』에는 '이以'자가 없는데, 왕필 본에는 있다. 『석문』에도 없는데, "어떤 책에는 있다(一本作以神道設教)"라고 하였다. '이以'는 용用의 뜻이다. '설設'은 베푼다는 뜻의 진陳이다. '교教'는 교화이다. '성인이신도설교'는 성인은 신묘한 도로 교화를 베푼다는 말이다. 성인의 '신도'는 무엇을 가리키는지 「단」은 말하지 않았다.

而天下服矣

'복服'은 복종하다는 뜻의 종從이다. "성인이 신묘한 법칙으로써 교화를 베푸니, 천하 만민이 이에 복종한다"는 말이다. 정이는 "성인이 천도의 신묘함을 보고, 신묘한 도를 체득하여 교화를 베풀므로 천하가 복종하지 않음이 없다(聖人見天道之神, 體神道以設教, 故天下莫不服也)"라고 하였다.

21. 서합噬嗑

䷔ 噬嗑, 亨. 利用獄.

서합은 형통하다. 형벌을 사용하는 것이 이롭다.

'서합噬嗑'은 괘명이며, '서噬'는 이로 음식물을 씹는 것이고, '합嗑'은 입을 닫는 것이다. '서합'은 입속에 음식물을 넣고 씹는다는 뜻이다. '형亨'은 형통하다는 뜻의 통通이다. '옥獄'은 형옥刑獄, 즉 형벌이다(이정조).

彖曰 (噬嗑), 頤中有物, 曰噬嗑. '噬嗑而亨', 剛柔分, 動而明, 雷電合而章. 柔得中而上行, 雖不當位, '利用獄'也.
(서합은) 입속에 음식물이 있는 것이 서합이다. '서합이(입속에 음식물이 있어서) 형통하다'는 것은 강과 유가 교합하고, 움직여 밝으며, 우레와 번개가 합하여 선명하기 때문이다. 유가 가운데 자리를 얻어 위로 올라가니, 비록 합당한 자리는 아니나, '형벌을 사용하는 것이 이롭다'는 것이다.

서합 「단」은 2단락으로 구성되어 있다.

첫째 단락…괘체로 괘명 '噬嗑'을 해석하였다.

① 頤中有物…입속에 음식물이 있는 것임.
② 曰噬嗑…괘명을 들었음.

둘째 단락…괘사를 해석하였다.

1. 괘명 '噬嗑'과 괘사 '亨'을 해석하였다.
   1) 괘체로 해석하였다.
      ① '噬嗑而亨'…괘명과 괘사 '형'을 들었음.
      ② 剛柔分…강과 유가 교합함.

   2) 괘덕으로 해석하였다.
      ① 動而明…움직여 밝음.

   3) 괘상으로 해석하였다.
      ① 雷電合而章…우레와 번개가 합하여 선명함.

2. 괘체로 괘사 '利用獄'을 해석하였다.
   ① 柔得中而上行…유가 가운데 자리를 얻어 위로 올라감.
   ② 雖不當位…합당한 자리는 아님.
   ③ '利用獄'也…괘사 '利用獄'을 들었음.

서합 「단」에서 '형亨', '명明', '장章', '행行'은 운이다.
유백민: '亨', 許郎反. 與下'明', 彌郎反. '章', 十陽. '行', 戶郎反. 爲韻.
스즈키: '형亨', '명明', '장章', '행行'.

頤中有物, 曰噬嗑.

괘체를 가지고 괘명을 해석하였다. 구절 앞에 괘명 '서합噬嗑'이 있어야 한다. 「단」은 첫마디에 괘명을 인용한 것이 통례이다. '이頤'는 턱이라는 뜻의 시顋이며, 입을 가리킨다. 『설문』 신부臣部에 단옥재는 "'신臣'은 옛글의 '頤'자이다(臣者, 古文頤也)"라고 하고, "이 글자는 당연히 가로로 보아야 한다. 가로로 보면 입 위, 입 아래, 입속의 모양이 모두 보인다(此文當橫視之, 橫視之則口上, 口下, 口中之形俱見矣)"라고 하였다. '이중頤中'은 구중口中이다. '물物'은 음식물이며, 넷째 양효를 가리킨다. '이중유물'은 입속에 음식물이 있다는 것이다. 「단」은 '서합噬嗑'을 입속에 음식물이 있는 것(頤中有物)이라고 해석하였다.

「서괘」에 "볼 수 있는 이후에 합하는 바가 있으니, 그러므로 서합으로 받는다. 합嗑은 합한다는 것이다(可觀而後有所合, 故受之以噬嗑. 嗑者, 合也)"라고 하였다. 『설문』 구부口部에 "'서噬'는 씹는다는 뜻의 담啗", 『석문』에 "'서噬'는 씹는다는 뜻의 설齧, '합嗑'은 합한다는 뜻의 합合"이라고 하였다. '서噬'는 이로 음식물을 씹는 것이고, '합嗑'은 입을 닫는 것이다. '서합噬嗑'은 입속에 음식물을 넣고 씹는 것이다.

정이는 "괘는 위아래가 두 강효이고 가운데는 유이므로, 밖은 강이나 가운데는 허하니, 사람의 입의 상이다. 가운데가 허한 속에 또 한 강효가 있으니 입속에 음식물이 있는 상이다. 입속에 음식물이 있으면 위아래가 떨어져 있어 입을 닫을 수 없으니, 반드시 씹어야 입을 닫을 수 있으므로 서합이다(卦, 上下二剛爻而中柔, 外剛中柔, 人頤口之象也. 中虛之中, 又一剛爻, 爲頤中有物之象. 口中有物, 則隔其上下, 不得嗑, 必齧之, 則得嗑, 故爲噬嗑)"라고 하였다.

'噬嗑而亨'

괘명과 괘사의 '형亨'을 들었다. 「단」의 용례에 따르면 이 구절은 '噬嗑, 亨'이 되어야 한다. "서합이 형통하다" 혹은 "입속에 음식물이 있어서 형통하다" 두 가지 해석 모두 통한다. 유백민은 '이而'를 '내乃'로 읽고, '합내형合乃亨'을 말한 것(加一而字, 卽說明噬嗑乃亨, 亦卽謂合乃亨也)이라고 하였다.

剛柔分

괘체를 가지고 괘사 '亨'을 해석하였다. '강유분剛柔分'은 강과 유가 나누어진다는 말이다. 이에 대해 몇 가지 해석이 있다.

첫째, 『집해』에 노씨는 "서합괘는 비괘否卦를 바탕으로 하였다. 비괘의 건의 다섯째 양효가 곤의 처음 음효의 자리로 나누어져 내려왔고, 곤의 처음 음효가 건의 다섯째 양효의 자리로 나누어져 올라갔다. 이것이 '강과 유가 나누어졌다'는 것이다(此本否卦. 乾之九五, 分降坤初. 坤之初六, 分升乾五. 是剛柔分也)"라고 하였다. 왕부지와 주준성이 이를 따랐다.

둘째, 왕필은 "강과 유가 나누어져 움직이니, 어지럽지 않고 밝다(剛柔分動, 不溷乃明)"라고 하였는데, 공영달은 "'강유분'은 강인 진震이 아래에 있고, 유인 리離가 위에 있어, 강과 유가 나누어졌다고 말한 것이다(剛柔分, 謂震剛在下, 離柔在上, 剛柔云分)"라고 하였다. 강은 아랫괘인 진震을, 유는 윗괘인 리離를 가리킨 것이라는 말이다. 래지덕과 굴만리가 이를 따랐다.

셋째, 정이는 "강효와 유효가 서로 떨어져 있어, 강과 유가 나누어져 서로 섞이지 아니하니, 밝게 분별되는 상이다(剛爻與柔爻相間, 剛柔分而不相雜, 爲明辨之象)"라고 하였고, 주희 역시 "세 개의 음과 세 개의 양이 있어, 강유가 각각 반이다(三陰三陽, 剛柔中半)"라고 하였다. 진몽뢰, 상병화, 유백민, 진고응 등이 이를 따랐다. 이들의 해석은 모두 통한다.

『집해』에 우번은 "비否의 다섯째 양효가 곤의 처음 효로 가고, 곤의 처음 음효가 다섯째 효로 가서 강과 유가 교합하므로 '형통하다'는 것이다(否五之坤初, 坤初之五, 剛柔交, 故亨也)"라고 하였는데, '강유분剛柔分'을 '강유교剛柔交'라고 하였다. 고형은 다음과 같이 주장하였다.

'분分'은 당연히 '교交'로 해야 한다. 예서와 해서의 '交'자와 '分'자는 글자 모양이 비슷하다. 전문에서는 '交'자를 '[篆]', '分'자를 '[篆]'으로 썼는데, 글자 모양이 또한 비슷하니, 잘못되었다. 『역전』의 예를 살펴보면, 양괘가 위에 있고 음괘가 아래에 있으면 '강유분剛柔分'이라고 하였다. 절節 「단」에 '강유분剛柔分'이라고 하였는데, 절은 윗괘가 감坎이고 아랫괘는 태兌이다. 감은 양괘이고 강이며, 태는 음괘이고 유이다. 그러므로 '강유분剛柔分'이라고 한 것이다. 이것이 그 예이다. 양괘가 아래에 있고 음괘가 위에 있으면 '강유교剛柔交'라고 하였다. 태泰 「단」과 「상」에 '천지가 교합한다(天地交)'라고 하였는데, 태는 아랫괘가 건乾이고 윗괘는 곤坤이다. 건은 하늘(天)이고 곤은 땅(地)이다. 그러므로 '천지교天地交'라고 한 것이다. 건은 양괘이고 강이며, 곤은 음괘이고 유이다. 그러므로 '天地交'는 '剛柔交'와 같다. 이것이 그 예이다. 서합은 아랫괘가 진震이고 윗괘는 리離이다. 진은 양괘이고 강이며, 리는 음괘이고 유이니, 당연히 '강유교剛柔交'라고 해야 하지 '강유분剛柔分'이라고 할 수 없는 것이 명백하다. 서합은 강이 아래에 있고 유가 위에 있으니, 이것이 '강과 유가 교합한다(剛柔交)'는 것이다.

亨按分當作交, 隷書楷書交字與分形近, 篆文交作[篆], 分作[篆], 形亦相近, 故誤. 『易傳』之例, 陽卦在上, 陰卦在下, 爲剛柔分. 節(䷻)「象傳」曰'剛柔分.' 節之上卦爲坎, 下卦爲兌, 坎爲陽卦, 爲剛, 兌, 爲陰卦, 爲柔, 故曰'剛柔分'. 卽其例. 陽卦在下, 陰卦在上, 爲剛柔交. 泰(䷊)「象傳」幷曰'天地交.' 泰之下卦爲乾, 上卦爲坤, 乾爲天, 坤爲地, 故曰'天地交'. 乾爲陽卦, 爲剛, 坤爲陰卦, 爲柔, 故天地交等于剛柔交. 卽其例. 噬嗑之下卦爲震, 上卦爲離, 震爲陽卦, 爲剛, 離爲陰卦, 爲柔, 則當云'剛柔交', 不當云'剛柔分', 明矣. 剛在下, 柔在上, 是爲'剛柔交'.

(『주역대전금주』 219, 225쪽에서 인용하였음)

고형은 명쾌하게 주장하였다. '剛柔交'는 괘사 '亨'을 해석한 것이다. 강과 유가 서로 교합한다는 것은 입속의 음식물을 강한 이와 부드러운 혀가 서로 작용하여 씹어 삼킨다는 말이다. 그래서 '서합이 형통하다'는 것이다.

動而明

괘덕을 가지고 괘사 '亨'을 해석하였다. 서합은 아랫괘가 진震이고 윗괘는 리離이다. 진은 움직임(動)이고, 리는 밝음(明)이다. 그런즉 서합은 또 '움직여 밝은 것'이다.

雷電合而章

괘상을 가지고 괘사 '亨'을 해석하였다. '뇌雷'는 우레, '전電'은 번개이다. 「단」은 '합合'을 가지고 괘명 '합嗑'을 해석하였다. '장章'은 '창彰'으로 읽으며, 뚜렷하다, 현저하다(著明)는 뜻이다. 서합은 아랫괘가 진震이고 윗괘는 리離이다. 진은 우레(雷)이고, 리는 번개(電)이다. 그런즉 서합의 괘상은 또 '우레와 번개가 합하여 선명한 것'이다.

「단」은 괘사의 '형亨'을, 강과 유가 교합하고, 움직여 밝으며, 우레와 번개가 합하여 선명하기 때문에 '형통하다'고 해석하였다.

'뇌전雷電'은 '전뢰電雷'로 하는 것이 바르다. 주희는 "'뇌전雷電'은 당연히 '전뢰電雷'로 해야 한다(雷電當作電雷)"라고 하였다. 「단」과 「상」은 괘상을 말하면서 먼저 윗괘를 들고 이어서 아랫괘를 말하였다. 풍豐(䷶) 「상」에서도 '雷電皆至, 豐'이라고 하였으니 주희의 말이 맞다. 한 희평 석경에는 '電雷'로 되어 있다.

「단」은 괘상을 말하면서 먼저 윗괘를 들고 이어서 아랫괘를 말하였고, 괘덕을 말하면서 먼저 아랫괘를 들고 이어서 윗괘를 말하였다. 이것은 「단」의 통례이다. 지금 괘상을 말하면서 먼저 아랫괘를 들고 이어 윗괘를 말하였다. 64괘 「단」에서 3번 준, 21번 서합, 36번 명이, 48번 정井, 50번 정鼎, 다섯 괘만 예외이다.

柔得中而上行

이하 괘체를 가지고 괘사 '이용옥利用獄'을 해석하였다. '유득중이상행'은 유가 가운데 자리를 얻어 위로 올라간다는 말이다. 이에 대해 몇 가지 해석이 있다.

첫째, 『집해』에 후과는 "곤의 처음 음효가 건의 다섯째 양효의 자리로 올라간 것이다. 이것이 '유가 가운데 자리를 얻어 위로 올라간다'는 것이다(坤之初六, 上升乾五, 是柔得中而上行)"라고 하였다. 왕부지와 주준성이 이를 따랐다.

둘째, 왕필은 '유柔'는 다섯째 음효를 가리키며(謂五也), '상행上行'은 앞으로 나아가는 것(上行, 所之在進也)이라고 하였는데, 공영달이 이를 따랐다.

셋째, 정이는 '유柔'는 다섯째 음효를 가리키며(六五以柔居中), '상행上行'은 다섯째 음효가 존위에 처하는 것(上行, 謂居尊位)이라고 하였다.

넷째, 주희는 "익괘의 넷째 음효의 유가 위로 올라가 다섯째 자리에 이르러 그 가운데를 얻은 것이다(本自益卦六四之柔, 上行以至於五而得其中)"라고 하였다.

다섯째, 래지덕은 "비賁의 아랫괘인 리離의 유가 가운데 자리를 얻어 위로 올라가 서합의 윗괘에 거한다(以賁下卦離之柔, 得中上行, 而居于噬嗑之上卦也)"라고 하였다. 이것은 종괘로 해석한 것이다. 진몽뢰, 굴만리, 유백민 등이 이를 따랐다.

여섯째, 고형은 '유柔'는 둘째 음효와 다섯째 음효를 가리키며, 이들은 위아래의 가운데 자리에 있다(噬嗑之六二爲陰爻, 爲柔, 居下卦之中位, 六五亦爲陰爻, 爲柔, 居上卦之中位, 是爲'柔得中')라고 하고, "'상행上行'은 유가 둘째 효에서부터 위로 올라가 셋째와 다섯째 효에 이르는 것(柔由第二爻上升至第三爻, 第五爻, 是爲'柔上行')"이라고 하였다. 진고응이 이를 따랐다.

일곱째, 필자는 '유'는 둘째 음효를 가리키며, 둘째 음효는 아랫괘의 가운데 자리에 있으므로 '柔得中'이라 하였고, 이것이 위로 올라가 셋째와 다섯째 효에 이르므로 '上行'이라 하였다고 해석하였다. 이러한 해석은 모두 통한다.

雖不當位, '利用獄' 也.

둘째 음효의 유가 위로 올라가 셋째 음효와 다섯째 음효에 오르니, 두 음효는 양의 자리에 있는 것이므로, '합당한 자리가 아니다(不當位)'라고 한 것이다. 「단」은 괘사 '이용옥利用獄'을, 유가 가운데 자리를 얻었고, 그 세력이 위로 올라가는 것이며, 올라간 자리가 양의 자리여서 비록 합당하지 않으나, 부드러움(柔)으로써 형벌을 사용하는 것이 이롭다고 해석하였다.

22. 비賁

☶☲ 賁, 亨. 小利有攸往.

비는 형통하다. 갈 곳이 있으면 조금 이롭다.

'비賁'는 괘명이며, 꾸민다는 뜻의 식飾이다. '형亨'은 형통하다는 뜻의 통通이다. '유攸'는 곳이라는 뜻의 소所이다.

彖曰 '賁, 亨', 柔來而文剛, 故'亨'. 分剛上而文柔, 故'小利有攸往'. (剛柔交錯), 天文也. 文明以止, 人文也. 觀乎天文, 以察時變. 觀乎人文, 以化成天下.

'비가 형통하다'는 것은 유가 와서 강을 꾸미니, 그러므로 '형통하다'는 것이다. 강이 위에서 유를 꾸미니, 그러므로 '갈 곳이 있으면 조금 이롭다'는 것이다. (강유가 서로 뒤섞이는 것은) 하늘이 꾸미는 것이요, 문명하여 멈추는 것은 사람이 꾸미는 것이다. 하늘이 꾸미는 것을 보고 사계절의 변화를 살피고, 사람이 꾸미는 것을 보고 천하 사람을 교화하여 이룬다.

비「단」은 3단락으로 구성되어 있다.

첫째 단락…괘체로 괘명 '賁'와 괘사 '亨'을 해석하였다.

① '賁, 亨'…괘명과 괘사 '형'을 들었음.
② 柔來而文剛…유가 와서 강을 꾸밈.
③ 故'亨'…괘사 '형'을 들었음.

둘째 단락…괘체로 괘사 '小利有攸往'을 해석하였다.

① 分剛上而文柔…강이 위에서 유를 꾸밈.
② 故'小利有攸往'…괘사 '소리유유왕'을 들었음.

셋째 단락…괘의를 말하였다.

1. 괘체로 천문을 설명하였다.

① (剛柔交錯)…(강유가 서로 뒤섞임)

② 天文也…하늘이 꾸미는 것임.

2. 괘덕으로 인문을 설명하였다.
   ① 文明以止…문명하여 멈춤.
   ② 人文也…사람이 꾸미는 것임.

3. 천문을 말하였다.
   ① 觀乎天文…하늘이 꾸미는 것을 봄.
   ② 以察時變…사계절의 변화를 살핌.

4. 인문을 말하였다.
   ① 觀乎人文…사람이 꾸미는 것을 봄.
   ② 以化成天下…천하 사람을 교화하여 이룸.

비「단」에서 '형亨', '강剛', '형亨', '왕往'과 '문文', '문文'은 운이다.
유백민과 스즈키는 운을 말하지 않았다.

賁

괘명이다.「서괘」에 "사물은 아무렇게나 합할 수 없을 뿐이니, 그러므로 비로 받는다. 비는 꾸민다는 것이다(物不可以苟合而已, 故受之以賁. 賁, 飾也)"라고 하였고,「잡괘」에 "비는 색이 없는 것(賁, 无色)"이라고 하였다. 색이 없는 것은 바탕이며, 곧 바탕으로 꾸민다는 뜻이다.「단」은 '비賁'를 꾸민다는 뜻의 문文으로 읽었다.

『설문』 패부貝部에 "'비賁'는 꾸민다는 뜻의 식飾이다. 패貝로 되어 있고, 훼卉는 성음이다(賁, 飾也 从貝, 卉聲)"라고 하였다.『석문』에 "부 씨가 말하기를, '비賁는 옛 반斑자이다. 무늬가 빛나는 모양이다'라고 하였고, 정현은 '변한다는 뜻의 변變이며, 꾸미는 모양이다'(傅氏云 '賁, 古斑字, 文章皃.' 鄭云 '變也, 文飾之皃')"라고 하였다.『집해』에 정현은 "꾸미는 것(文飾也)"이라고 하였다. '비賁'는 꾸민다(飾)는 뜻이다.

정이는 "괘는 산 아래에 불이 있다. 산은 초목과 만물이 모이는 곳이고, 아래에 불이 있으면 그 위를 밝게 비추어 초목과 만물이 모두 그 광채를 입으니, 꾸미는 상이 있다. 그러므로 비이다(爲卦, 山下有火. 山者, 草木百物之所聚也, 下有火, 則照見其上, 草木品彙皆被其光彩, 有賁飾之象, 故爲賁也)"라고 하였다.

'賁, 亨'

괘명 '비賁'와 괘사 '형亨'을 들었다. "'비'가 '형통하다'고 하는 것은"이라는 말이다. 아래에서 이것을 해석하였다.

柔來而文剛

괘체를 가지고 괘명 '비賁'와 괘사 '형亨'을 해석하였다. '문文'은 꾸민다는 뜻의 식飾이다. 「단」은 '문文'을 가지고 괘명 '비賁'를 해석하였다. '유래이문강'은 유가 와서 강을 꾸민다는 말이다. 이에 대해 여러 가지 해석이 있다.

첫째, 『집해』에 순상은 "비괘는 태괘를 바탕으로 하였다. 태괘의 음이 위에서 와서 건의 가운데 자리에 있는 것이다(此本泰卦, 謂陰從上來, 居乾之中)"라고 하였다. 즉 비괘(䷕)는 태괘(䷊)가 변하여 된 것인데, 태괘의 둘째 양효와 꼭대기 음효가 서로 자리를 바꾸어 비괘가 되었다는 것이다. 이것을 가지고 괘사 '亨'을 해석하였다.

둘째, 왕필은 "곤의 꼭대기 음효가 둘째 자리에 와서 있는 것이 '유래문강'의 뜻이다(坤之上六來居二位, 柔來文剛之義也)"라고 하였다. 공영달이 이를 따랐고, 정이도 이와 같이 해석하였다. 정이는 "아랫괘는 본래 건인데, 유가 와서 그 가운데를 꾸미니 리離가 되었다(下體本乾, 柔來文其中而爲離)"라고 하였다.

셋째, 주희는 "괘는 손에서 온 것은, 유가 손의 셋째 음효에서 와서 비의 둘째 음효를 꾸미고, 강은 손의 둘째 양효에서 위로 가서 비의 셋째 양효를 꾸민다. 기제에서 온 것은, 유가 기제 꼭대기 음효에서 와서 비의 다섯째 음효를 꾸미고, 강은 기제 다섯째 양효에서 위로 가서 비의 꼭대기 음효를 꾸민다(卦自損來者, 柔自三來文二, 剛自二上而文三. 自旣濟而來者, 柔自上來而文五, 剛自五上而文上)"라고 하였다. 즉 손(䷨)의 셋째 음효와 둘째 양효가 자리를 바꾸어 비의 아랫괘가 되었고, 기제(䷾)의 꼭대기 음효와 다섯째 양효가 자리를 바꾸어 비의 윗괘가 되었다는 것이다.

넷째, 래지덕은 "서합괘의 윗괘의 유가 괘의 둘째 음효로 와서 강을 꾸민다. 유는 리의 음괘를 가리키고, 강은 간의 양괘이다(噬嗑卦之柔, 來文賁之剛也. 柔指離之陰卦, 剛則艮之陽卦也)"라고 하였다.

다섯째, 고형은 "비의 아랫괘는 리離이고 윗괘는 간艮이다(賁之下卦爲離, 上卦爲艮). 리는 음괘이고 유이며 또 꾸민다는 문文이다(離爲陰卦, 爲柔, 又爲文). 간은 양괘이고 강이다(艮爲陽卦, 爲剛). 그런즉 비의 괘상은 '유가 와서 강을 꾸미는 것'이다(然則賁之卦象是'柔來而文剛')"라고 하였다.

여섯째, 진고응은 "비의 아랫괘는 리이고(賁卦下卦爲離), 리의 둘째 음효는 본래 곤의 유효가 아래로 와서 건괘 강을 꾸미는 것이다(離之六二本爲坤之柔爻下來文飾乾剛)"라고 하였다.

일곱째, 필자의 해석이다. '유래柔來'는 '유하柔下'로 해야 뒤의 '강상剛上'과 서로 짝이 된다.

> 柔下而文剛, 故'亨'.
> 剛上而文柔, 故'小利有攸往'.
> 유(離)가 아래에서 강(艮)을 꾸미니, 그러므로 '형통하다'는 것이다.
> 강(艮)이 위에서 유(離)를 꾸미니, 그러므로 '갈 곳이 있으면 조금 이롭다'는 것이다.

이렇게 해야 문장이 반듯하게 된다. '유柔'는 비의 아랫괘 리離를, '강剛'은 윗괘 간艮을 가리킨다. 리離가 아래에서 위에 있는 간艮을 꾸미니 '형통하다'는 것이고, 간艮이 위에서 아래에 있는 리離를 꾸미니, '갈 곳이 있으면 조금 이롭다'는 것이다. 필자의 해석이 「단」의 본뜻일 것이다.

故 '亨'

「단」은 괘사의 '형亨'을, 유가 아래에서 강을 꾸미므로 '형통하다'고 해석하였다. 즉 백성이 아래에서 임금을 꾸미고, 여자가 아래에서 남자를 꾸민다. 유는 객체이고 강이 주체이다. 그래서 '형통하다'는 것이다.

分剛上而文柔

괘체를 가지고 괘사 '小利有攸往'을 해석하였다. '분分'은 잘못 들어간 글자이다. '분分'이 없어야 앞의 구절 '유래이문강'과 서로 짝이 된다. 『석문』에는 '분分'자가 없다. 고형은 '分, 剛上而文柔'로 끊어 읽고, "'분分'은 강유가 나누어지는 것을 말하니(分爲剛柔分也), 위의 구절을 이어 썼으므로 '강유' 두 글자를 생략하였다(承上句省剛柔二字). 비괘는 양괘인 간이 위에 있고(賁卦是陽卦之艮在上), 음괘인 리가 아래에 있으니(陰卦之離在下), 이것이 강과 유가 '나누어진다(分)'는 것이다(是爲剛柔'分')"라고 하였다. 진고응은 "'분分'자는 잘못 들어간 글자가 아닌가 한다('分'字疑衍). 앞의 구절 '柔來而文剛'에서 '분'을 말하지 않았으니(上句'柔來而文剛'不言'分'), 이 구절에서 '분'자가 있는 것은 합당하지 않다(則此句亦不當有'分'字)"라고 하였다.

'강상이문유'는 강이 위에서 유를 꾸민다는 말이다. 이에 대해 앞에서 말한 것과 같이 몇 가지 해석이 있다.

첫째, 『집해』에 순상은 "태괘 건의 둘째 양효를 나누어, 곤의 위에 있고, 위에서 유도를 꾸며 두 음에 함께 의거하니, 그러므로 갈 곳이 있으면 조금 이로운 것이다(分乾之二, 居坤之上, 上飾柔道, 兼據二陰, 故小利有攸往矣)"라고 하였다. 즉 비(☶☲)는 태(☷☰)가 변하여 된 것인데, 태의 건의 둘째 양효와 곤의 꼭대기 음효가 서로 자리를 바꾸어 비가 되었다는 것이다. 이것을 가지고 괘사 '小利有攸往'을 해석하였다.

둘째, 왕필은 태의 윗괘인 곤의 꼭대기 음효가 변하여 아랫괘인 건의 둘째 양효의 자리에 이른 것이라 하였고, 정이도 "윗괘는 본래 곤인데 강이 가서 그 꼭대기를 꾸미니 간艮이 되었다(上體本坤, 剛往文其上而爲艮)"라고 하였다.

셋째, 주희는 앞에서 인용한 내용 그대로이다.

넷째, 래지덕은 역시 종괘로 해석하였다. "서합의 아랫괘의 강이 위로 올라가 간이 되어 유를 꾸민다. 강은 진의 양괘를 가리키고, 유는 리의 음괘이다(噬嗑下卦之剛, 上而爲艮, 以文柔也. 剛指震之陽卦, 柔則離之陰卦也)"라고 하였다.

다섯째, 고형은 "윗괘인 간은 산(山)이고(上卦艮爲山), 산은 초목으로 꾸밈(文)이 있다(山有草木之文). 아랫괘인 리 또한 꾸미는 것(文)이다(下卦離亦爲文). 그런즉 비의 괘상은 또 '강이 위에서 유를 꾸미는 것'이다(然則賁之卦象又是'剛上而文柔')"라고 하였다.

여섯째, 진고응은 "비의 윗괘는 간이고(賁卦上卦爲艮), 간의 꼭대기 양효는 본래 건의 양효가 앞으로 가서 곤의 유를 꾸미는 것이다(艮之上九本爲乾之剛爻前去文飾坤柔)"라고 하였다.

일곱째, 필자의 해석은 앞에서 말한 내용 그대로이다.

故 '小利有攸往'

「단」은 괘사 '소리유유왕'을, 강이 위에서 유를 꾸미므로 갈 곳이 있으면 조금 이롭다고 해석하였다. 즉 임금이 위에서 백성을 꾸미고, 남자가 위에서 여자를 꾸민다. 강은 객체이고 유가 주체이다. 그래서 '조금 이롭다'는 것이다.

(剛柔交錯)

이하 괘의를 설명하면서, 먼저 괘체를 가지고 '천문天文'을 설명하였다. '天文也' 앞에 '강유교착剛柔交錯' 네 글자가 있어야 한다. 왕필, 공영달, 주희 등은 모두 '강유교착' 네 글자가 있다고 여겼다. 왕필은 "강유가 서로 뒤섞여 문채를 이루니 하늘이 꾸미는 것이다(剛柔交錯而成文焉, 天之文也)", 공영달은 "강유가 서로 뒤섞여 문채를 이루는 것은 하늘이 꾸미는 것이다(剛柔交錯成文, 是天文也)", 주희는 "선유先儒는 '천문' 앞에 당연히 '강유교착' 네 글자가 있어야 한다고 말하였다(先儒說天文上當有剛柔交錯四字)"라고 하였는데, '선유先儒'는 왕필과 공영달을 가리킨다.

'강유剛柔'는 괘와 효 두 가지를 가지고 설명할 수 있다. 괘로 말하면, 비는 윗괘가 간이고 아랫괘는 리이다. 간은 양이고 강이며, 리는 음이고 유이다. 효로 말하면, 비는 세 효가 양이고 강이며, 세 효가 음이고 유이다. 괘도 효도 강유가 뒤섞여 비괘를 구성하고 있다. 자연계로 말하면, '강유교착'은 음양 강유가 번갈아 운행하며 뒤섞인다는 뜻이다. 인간계로 말하면, 인간 세상은 남자와 여자가 서로 뒤섞여 있다는 것이다.

天文也

'천문天文'은 하늘이 꾸미는 것이다. 음양 강유가 서로 뒤섞여 자연계의 천만 가지 물상을 만들어내는 것이 바로 하늘이 꾸미는 것이라는 말이다.

文明而止

괘덕을 가지고 인문을 설명하였다. 비는 아랫괘가 리이고 윗괘는 간이다. 리는 문명文明이고 간은 멈춤(止)이다. 그런즉 비는 또 '문명하여 멈추는 것'이다.

人文也

'인문人文'은 사람이 꾸미는 것이다. 사회의 예의 제도 등은 사람이 만들어낸 것이다. 문명하여 멈추어 사회의 예의 제도 등을 만들어내는 것이 바로 사람이 꾸미는 것이라는 말이다.

觀乎天文

'관호천문'은 하늘이 꾸미는 것을 본다는 말이다. 하늘이 꾸미는 것(天文)은 '강유교착'이다.

以察時變

'이以' 뒤에 '지之'자가 생략되어 있다. '이以'는 용用이며, '지之'는 관호천문觀乎天文을 가리킨다. '찰察'은 살핀다는 뜻의 관觀이다. '시時'는 사시四時, 즉 사계절이다. '시변時變'은 사계절이 바뀌는 변화이다. '이찰시변'은 사계절의 변화를 살핀다는 말이다. "하늘이 꾸미는 것을 보고 사계절의 변화를 살핀다"는 것이다.

觀乎人文

'관호인문'은 사람이 꾸미는 것을 본다는 말이다. 사람이 꾸미는 것(人文)은 '문명이지'이다.

以化成天下

'이以' 뒤에 '지之'자가 생략되어 있다. '이以'는 용用이며, '지之'는 관호천문觀乎天文을 가리킨다. '화化'는 교화 혹은 화육化育이다. '화성化成'은 교화하여 이룬다는 말이다. '화성천하'는 천하 사람을 교화하여 이룬다는 말이다. "사람이 꾸미는 것을 보고 천하 사람을 교화하여 이룬다"는 것이다.

위의 네 구절은 자연계와 인간계로 나누어 설명한 것이다.

자연계……천문……강유교착……시변……음양이 뒤섞여 사계절이 변화한다.

인간계……인문……문명이지……화성천하……문명하여 멈추어 예의 제도 등으로 천하 사람을 교화하여 이룬다.

23. 박剝

䷖ 剝, 不利有攸往.

박은 갈 곳이 있으면 이롭지 않다.

'박剝'은 괘명이며, 떨어져 나간다는 뜻이다. '유攸'는 소所와 같다. '왕往'은 행行이며, '갈 곳이 있으면 이롭지 않다'는 것은 행하는 바가 있으면 이롭지 않다는 말이다.

彖曰 剝, 剝也, 柔變剛也. '不利有攸往', 小人長也. 順而止之, 觀象也. 君子尙消息盈虛, 天行也.

박은 떨어져 나간다는 뜻이니, 유가 강을 변하게 하는 것이다. '갈 곳이 있으면 이롭지 않다'는 것은 소인이 자라나기 때문이다. 유순하여 멈추는 것은 박의 상을 살피는 것이다. 군자는 사라지고 자라나며 가득하고 비는 것을 중시하니, 하늘의 운행이다.

박「단」은 3단락으로 구성되어 있다.

첫째 단락…괘명 '剝'을 해석하였다.

1. 훈고로 해석하였다.

① 剝…괘명을 들었음.

② 剝也…떨어져 나간다는 뜻임.

2. 괘체로 해석하였다.

① 柔變剛也…유가 강을 변하게 하는 것임.

둘째 단락…괘체로 괘사 '不利有攸往'을 해석하였다.

① '不利有攸往'…괘사 '불리유유왕'을 들었음.

② 小人長也…소인이 자라나기 때문임.

셋째 단락…괘의를 말하였다.

1. 괘덕으로 괘의를 말하였다.

① 順而止之…유순하여 멈춤.

② 觀象也…박의 상을 살피는 것임.

2. 괘체로 괘의를 말하였다.

① 君子尙消息盈虛…군자는 사라지고 자라나며 가득하고 비는 것을 중시함.

② 天行也…하늘의 운행임.

박「단」에서 '강剛', '장長', '상象', '행行'은 운이다.

유백민: '剛', 十一唐. 與下'長', 十陽, 三十六養二韻. '象', 三十六養.
'行', 戶郎反. 以平上通爲一韻.

스즈키: '강剛', '장長', '상象', '행行'.

剝

괘명이다.「서괘」에 "꾸밈을 다한 연후에 아름다움은 다하니, 그러므로 박으로 받는다. 박은 떨어진다는 뜻이다(致飾然後, 亨則盡矣, 故受之以剝. 剝者, 剝也)"라고 하였다. 『설문』 도부刀部에 "'박剝'은 찢는다는 뜻이다. 도刀와 녹彔으로 되어 있다. 녹彔은 새긴다는 뜻이다. 또 '박剝'은 자른다는 뜻이다(剝, 裂也. 从刀彔. 彔, 刻也. 一曰剝, 割也)"라고 하였다. '박剝'의 본뜻은 칼로 물건을 자르는 것이다. 『석문』에 "'박剝'은 방邦과 각角의 반절이다. 마융은 '떨어지다는 뜻의 낙落'(剝, 邦角反. 馬云落也)"이라고 하였는데, 파생된 뜻이다. 「단」은 "떨어져 나가는 것(剝也)"으로 뜻을 새겼다.

정이는 "괘는 다섯 음에 한 양이다. 음이 아래에서 처음 생겨나 점차 자라나서 극성한 데에 이르니, 여러 음이 양을 떨쳐내므로 박이다(卦, 五陰而一陽, 陰始自下生, 漸長至于盛極, 羣陰消剝於陽, 故爲剝也)"라고 하였다.

剝也

훈고를 취하여 괘명을 해석하였다. 앞의 '박剝'은 괘명이고, 뒤의 '박剝'은 괘명을 설명한 것이다. '박剝'은 떨어져 나간다는 뜻이다. "괘명 '박剝'은 떨어져 나간다는 뜻의 박剝"이라는 말이다. 「단」은 괘명 '박剝'을 떨어져 나가는 것(剝)이라고 뜻을 새겼다.

柔變剛也

괘체를 가지고 괘명을 해석하였다. '유柔'는 아래의 다섯 음효를 가리킨다. '변變'은 변하게 하는 것이다. '강剛'은 꼭대기의 한 양효를 가리킨다. '유변강야'는 유가 강을 변하게 하는 것이라는 말이다. 박은 아래의 다섯 음효가 세력이 매우 강성하여 꼭대기의 미약한 한 양효를 떨쳐내고 있다. 꼭대기의 한 양효는 장차 떨어져 나가는 상이니, 유가 강을 변하게 하므로 '유변강'이라고 하였다.

자연계로 말하면 음기가 성하나 양기는 미약하다. 음기가 양기를 이기면 만물은 시들어 떨어진다. 인간계로 말하면 소인의 세력은 강하나 군자의 세력은 약하다. 소인의 세력이 군자의 세력을 누르면 나라의 질서는 무너진다. 박의 상은 유가 강을 변하게 하는 것이니, 강은 장차 떨어져 나간다. 그래서 괘명이 '박剝'이다.

박과 상반되는 괘가 쾌夬(䷪)이다. 쾌는 한 음효가 꼭대기에 있고, 아래에 다섯 양효가 있다. 「단」은 '강결유剛決柔'라고 하였다.

> 彖曰 夬, 決也, 剛決柔也.
> 쾌는 결단한다는 뜻이니, 강이 유를 결단하는 것이다.

'강剛'은 아래의 다섯 양효를, '유柔'는 꼭대기의 한 양효를 가리킨다. 쾌는 아래의 다섯 양의 세력이 위로 올라가 꼭대기의 한 음을 결단하는 상이다. 꼭대기의 한 음효는 장차 결단날 것이니, 강이 유를 결단하므로 '강결유'라고 하였다.

구姤 「단」에 '柔遇剛'이라고 하였다. 구姤䷫에서 한 음이 처음 자라나기 시작하여,

둔遯䷠, 비否䷋, 관觀䷓을 거쳐, 박剝䷖에서 '유변강柔變剛'이라 하였고, 곤坤䷁에서 '유변강'이 다하게 된다.

'不利有攸往', 小人長也.

괘체를 가지고 괘사를 해석하였다. '소인'은 다섯 음을 가리킨다. '장長'은 자라난다는 뜻의 식息이다. '소인장야'는 소인이 자라난다는 말이다. 「단」은 괘사 '不利有攸往'을, 다섯 음이 더불어 자라나고, 소인의 무리들의 세력이 자라나니, 소인이 득세할 때 갈 곳이 있으면 이롭지 않다고 해석하였다.

『집해』에 정현은 "다섯 음에 한 양은 소인의 성함이 극에 이른 것이니, 군자는 갈 곳이 있어서는 안 된다. 그러므로 '갈 곳이 있으면 이롭지 않다'는 것이다(五陰一陽, 小人極盛, 君子不可有所之, 故不利有攸往也)"라고 하였다.

이것은 쾌夬 「단」의 내용과 정반대이다.

> '利有攸往', 剛長乃終也.
> '갈 곳이 있으면 이롭다'는 것은 강이 자라나 끝을 맺기 때문이다.

'강'은 다섯 양을 가리킨다. 쾌는 다섯 양이 자라나 유를 결단하고, 군자의 세력이 자라나 소인을 결단하여 끝을 맺기 때문에 갈 곳이 있으면 이롭다는 것이다.

順而止之

괘덕을 가지고 괘의를 해석하였다. 박은 아랫괘가 곤坤이고 윗괘는 간艮이다. 곤은 유순함(順)이고 간은 멈춤(止)이다. 그런즉 박은 '유순하여 멈춘다'는 것이며, 소인의 세가 흥성하고 군자의 세가 미약할 때, 군자는 당연히 박의 상을 살펴, 형세에 순응하여(順) 멈추어(止) 나아가지 않는다는 말이다. '지之'는 형식목적어이다.

觀象也

'관상觀象'은 관박지상觀剝之象이다. 고형은 "사물의 현상을 관찰하는 것, 즉 객관적 형세를 관찰하는 것(觀察事物之現象, 卽觀察客觀形勢)", 진고응은 "괘상을 관찰하는 것(觀察卦象)"이라고 하였다. '관상觀象'은 박의 위아래 괘상을 살피는 것이니, 곧 유순하여 멈추는 상을 살피는 것이다. '순이지지, 관상야'는 군자가 형세에 순응하여 멈추어 나아가지 않는 것은 박의 상을 살피는 것이라는 말이다. 「단」은 '順而止之'라는 괘덕을 말하면서 '觀象'이라고 하였는데, 괘덕을 또 괘상이라고도 한 것이다.

君子尙消息盈虛

괘체를 가지고 괘의를 말하였다. '군자'는 꼭대기 양효(上九)를 가리킨다. '상尙'은 귀히 여기다(尊), 중시하다(崇)는 뜻이다. '소消'는 사라지는 것(滅), '식息'은 자라나는 것(長), '영盈'은 가득한 것(滿), '허虛'는 빈 것(空)이다.

괘로 말하면, 복復☷, 임臨☷, 태泰☷, 대장大壯☷, 쾌夬☷, 건乾☰은 양이 자라나 가득한 것이고(息, 盈) 음이 사라져 비는(消, 虛) 괘이다. 구姤☰, 둔遯☰, 비否☰, 관觀☴, 박剝☶, 곤坤☷은 모두 음이 자라나 가득한 것이고(息, 盈) 양이 사라져 비는(消, 虛) 괘이다.

사계절에 비유하면, '식息'은 봄, '영盈'은 여름, '소消'는 가을, '허虛'는 겨울이다. '식息'과 '영盈'은 소인의 형세에, '소消'와 '허虛'는 군자의 상황에 해당된다. '군자상소식영허'는 군자는 사라지고 자라나며 가득하고 비는 것을 중시한다는 말이다.

天行也

'천행天行'은 하늘의 운행이다. 천도와 같으며, 천도 운행의 규율, 자연의 이법이다. '천도天道'라고 하지 않고 '천행天行'이라고 한 것은 운을 맞추기 위해서이다. 「단」의 '강剛', '장長', '상象', '행行'은 운이다. 천지 만물에는 사라지고(消) 자라나고(息) 가득하고(盈) 비는(虛) 자연 규율이 있으니, 군자와 소인의 세력 또한 소식영허의 규율이 있는 것이다. 군자가 소식영허를 중시하여, 소인이 득세하고(息, 盈) 군자가 미약할 때(消, 虛), 형세에 순응하여 멈추어 나아가지 않는 것은 곧 천도, 즉 하늘의 운행에 부합한다는 것이다. '소식영허', '천행'은 모두 『장자』의 용어이다.

24. 복復

䷗ 復, 亨. 出入无疾, 朋來无咎. 反復其道, 七日來復. 利有攸往.

복은 형통하다. 나가고 들어감에 질병이 없고, 벗이 오니 허물이 없다.
그 길을 되돌아오는데, 칠 일이면 돌아온다. 갈 곳이 있으면 이롭다.

'복復'은 괘명이며, 돌아온다는 뜻의 반返이다. '형亨'은 형통하다는 뜻의 통通이다. '출出'은 나가는 것, '입入'은 들어오는 것이다. 『설문』 역부疒部에 "'질疾'은 병(疾, 病也)"이라고 하였다. '붕朋'은 벗이다. '반反'은 돌아온다는 뜻의 반返으로 읽는다. '복復'은 곧 반反이다. '도道'는 길이다.

彖曰 '復, 亨', 剛反. 動而以順行, 是以'出入无疾, 朋來无咎'. '反復其道, 七日來復', 天行也. '利有攸往', 剛長也. 復, 其見天地之心乎!
'복이 형통하다'는 것은 강이 돌아왔기 때문이다. 움직여 유순함으로 행하니, 그래서 '나가고 들어감에 질병이 없고, 벗이 오니 허물이 없다'는 것이다. '그 길을 되돌아오는데, 칠 일이면 돌아온다'는 것은 하늘의 운행이다. '갈 곳이 있으면 이롭다'는 것은 강이 자라나기 때문이다. 복은 천지의 마음을 나타낸 것인가!

복 「단」은 3단락으로 구성되어 있다.

첫째 단락… 괘체로 괘명 '復'과 괘사 '亨'을 해석하였다.
① '復, 亨'… 괘명과 괘사 '형'을 들었음.
② 剛反… 강이 돌아왔기 때문임.

둘째 단락… 괘사를 해석하였다.
1. 괘덕으로 괘사 '出入无疾, 朋來无咎'를 해석하였다.
① 動而以順行… 움직여 유순함으로 행함.
② 是以'出入无疾, 朋來无咎'… 괘사 '출입무질, 붕래무구'를 들었음.

2. 괘사 '反復其道, 七日來復'을 해석하였다.
① '反復其道, 七日來復'… 괘사 '반복기도, 칠일래복'을 들었음.
② 天行也… 하늘의 운행임.

3. 괘체로 괘사 '利有攸往'을 해석하였다.
① '利有攸往'… 괘사 '이유유왕'을 들었음.
② 剛長也… 강이 자라나기 때문임.

셋째 단락… 괘의를 말하였다.
① 復… 괘명을 들었음.
② 其見天地之心乎!… 천지의 마음을 나타낸 것임.

복「단」에서 '행行', '장長'은 운이다.

유백민: '行', 戶郎反. 與下'長', 十陽, 三十六養二韻. 爲韻.

스즈키: '행行', '장長'.

復

괘명이다. 「서괘」에 "사물은 끝까지 떨어질 수 없고, 위가 궁하면 아래로 돌아오니, 그러므로 복으로 받는다(物不可以終盡剝, 窮上反下, 故受之以復)"라고 하였고, 「잡괘」에서도 "'복復'은 돌아온다는 뜻의 반(復, 反也)"이라고 하였다. 『설문』 척부彳部에 "'복復'은 가서 오는 것(復, 往來也)"이라고 하였다. 단옥재는 "반返은 돌아온다는 뜻의 환還이다. 환還은 돌아온다는 뜻의 복復이다(返, 還也. 還, 復也)"라고 하였다. 『석문』에 "'복復'은 돌아온다는 뜻의 반反이고, 환還이다(復, 音服. 反也, 還也)"라고 하였다. 「단」은 '반反'을 가지고 '복復'을 해석하였다. '반反'은 돌아온다는 뜻의 반返으로 읽는다.

정이는 "괘는 한 양이 다섯 음 아래에서 생겨나고 있으니, 음이 극에 이르러 양이 돌아온 것이다. 시월이면 음이 성하여 이미 극에 이르고, 겨울이 오면 한 양이 다시 땅 속에서 생겨나므로 복이다(爲卦, 一陽生於五陰之下, 陰極而陽復也. 歲十月, 陰盛旣極, 冬至則一陽復生於地中, 故爲復也)"라고 하였다.

'復, 亨'

괘명 '복復'과 괘사 '형亨'을 들었다. "괘명인 '복'이 '형통하다'고 하는 것은"이라는 말이다. 아래에서 이것을 해석하였다.

剛反

괘체를 가지고 괘명과 괘사 '형亨'을 해석하였다. '강반剛反'은 강이 돌아왔다는 말이다. 이에 대해 몇 가지 해석이 있다.

첫째, 왕필은 "들어가면 돌아오는 것이고, 나가면 강이 자라나는 것이다(入則爲反, 出則剛長)"라고 하였는데, '위반爲反'은 양반陽反이며, 양이 돌아온 것을 말한다. 공영달은 "양이 돌아와서 형통한 것이다(以陽復則亨)"라고 하였다. 정이는 "'복형復亨'은 강이 돌아와서 형통하다는 말이다. 양강이 사라져 극에 이르러 돌아오는 것이니, 이미 돌아왔으니 점차 자라나 형통하다는 것이다(復亨, 謂剛反而亨也. 陽剛消極而來反, 旣來反, 則漸長而亨通矣)"라고 하였다. 이들은 '강반剛反'을 복의 아래에 양효가 돌아왔다(陽復)고 해석한 것이다.

둘째, 래지덕은 "'반反'은 박의 꼭대기 양효의 강이 끝이 궁하여 아래로 돌아와 복의 처음 양효의 강이 되었다는 말이다(反者, 言剝之剛, 窮上反下而爲復也)"라고 하였는데, 이것은 종괘로 해석한 것이다. 굴만리, 유백민, 주백곤, 진고응이 이를 따랐다.

셋째, 고형은 괘로 해석하였다. "복은 아랫괘가 진震이고(復之內卦爲震), 윗괘는 곤坤이다(外卦爲坤). 진은 양괘이고(震爲陽卦) 강剛이며(爲剛), 곤은 음괘이고(坤爲陰卦) 유柔이다(爲柔). 그런즉 복의 괘상은 '강반剛反'이니(然則復之卦象是'剛反'), 곧 강(震)이 아래 괘로 돌아온 것이다(卽剛返于內)"라고 하였다. 이러한 해석은 모두 통한다.

「단」은 '반反'을 가지고 괘명 '복復'을 해석하였고, 또 괘사의 '형亨'은 강이 돌아왔기 때문에 '형통하다'고 해석하였다.

動而以順行, 是以 '出入无疾, 朋來无咎'.

괘덕을 가지고 괘사 '出入无疾, 朋來无咎'를 해석하였다. '이以'는 용用이고, '시이是以'는 접속사이다. 복은 아랫괘가 진震이고 윗괘는 곤坤이다. 진은 움직임(動)이고 곤은 유순함(順)이다. 그런즉 복은 '움직여 유순함으로 행하는 것'이다.

「단」은 괘사 '출입무질出入无疾, 붕래무구朋來无咎'를, 움직여 유순함으로 행하기 때문에 나가고 들어감에 질병이 없고, 벗이 오니 허물이 없는 것이라고 해석하였다. 정이는 "움직여 유순함으로 행하니, 그래서 나가고 들어감에 질병이 없고, 벗이 오니 허물이 없다는 것이며, 괘재卦才를 가지고 그렇게 되는 연유를 말한 것이다(動而以順行, 是以出入无疾, 朋來无咎, 以卦才言其所以然也)"라고 하였다.

'反復其道, 七日來復', 天行也.

괘사 '反復其道, 七日來復'을 해석하였다. '천행天行'은 천도, 즉 하늘의 운행이며, 천도 운행의 규율, 자연의 이법이다. 괘사는 7에 이르러 돌아온다는 것이니, 효는 꼭대기(上) 다음 7에 이르러 처음(初)으로 돌아온다는 것이다. 「단」은 박剝의 꼭대기 양효가 7에 이르러 복復의 처음 양효로 돌아오는 것으로 여기고, 이것을 천도로 해석한 것이다. 7은 천도가 운행하여 순환하는 수이며, 한 상황이 끝나고 새로운 상황이 전개되는 수이다. 정월에 음기가 처음 물러나기 시작하여 7개월이 되는 7월에 이르러 돌아오고, 7월에 양기가 처음 물러나기 시작하여 7개월이 되는 정월에 이르러 돌아오는 것과 같다. 18번 고蠱「단」의 '천행天行'에 대한 고형의 해설을 참고하라.

「단」은 괘사 '반복기도反復其道, 칠일래복七日來復'을, 그 길을 되돌아오는데 칠일이면 돌아온다는 것은 하늘의 운행이라고 해석하였다. 18번 고蠱「단」의 '終則有始, 天行也'와 같은 말이다.

'利有攸往', 剛長也.

괘체를 가지고 괘사 '利有攸往'을 해석하였다. '강장剛長'은 강이 자라나는 것이다. 「단」은 괘사 '이유유왕利有攸往'을, 갈 곳이 있으면 이로운 것은 복의 아랫괘의 한 강이 자라나기 때문이라고 해석하였다. 강이 자라난다는 것은 군자의 세력이 자라나고 있음을 상징하니, 그래서 갈 곳이 있으면 이롭다는 것이다.

復, 其見天地之心乎.

괘의를 말하였다. '기其'는 감탄을 나타내는 조사이다. 『석문』에 "'見'은 현賢과 편遍의 반절(見, 賢遍反)"이라고 하였다. '현見'은 나타나다, 드러내다는 뜻의 현現이다. '심心'에 대해 몇 가지 해석이 있다.

첫째, 『집해』에 순상은 "양이 처음 양효에서 비롯되니, 천지의 심이다(陽起初九, 爲天地心)"라고 하였다. 복의 처음 양효가 심이라는 말이다.

둘째, 왕필은 '심心'을 '본本'으로 보았다. "'복復'은 근본으로 돌아가는 것을 말한다. 천지는 근본을 심으로 여긴다(復者, 反本之謂也. 天地以本爲心)"라고 하였다. '본本'은 세계 만물의 근본이다. 왕필의 이러한 해석은 노자를 가지고 『역』을 해석하였기 때문이다. 왕필은 노자의 허무虛無, 적정寂靜을 세계 만물의 근본으로 여긴 것이다. 공영달이 이를 따랐다.

셋째, 정이는 '심心'을 돌아온 한 개의 양이라 하고, 이것은 곧 천지가 만물을 낳는 심으로 여겼다. "한 양이 아래에 돌아오니, 천지가 만물을 낳는 심이다. 앞의 선비들은 모두 고요함(靜)을 천지의 심을 보는 것으로 여겼는데, 대개 움직임의 단서가 천지의 심임을 알지 못하였다. 도를 아는 사람이 아니면 누가 그것을 알 수 있겠는가!(一陽復於下, 乃天地生物之心也. 先儒皆以靜爲見天地之心, 蓋不知動之端乃天地之心也. 非知道者, 孰能識之!)"라고 하였다. '움직임의 단서(動之端)'라는 것이 곧 복의 한 양효이며, 이것이 천지가 만물을 낳는 심이라는 것이다. 주희, 래지덕, 진몽뢰 등이 이를 따랐다.

넷째, 상병화는 "천행은 천도이며, 음양강유왕래소장을 말한다. 천도는 본래 이와 같으니, 이것이 천지의 심이다. 곤은 심이다(天行, 天道也, 言陰陽剛柔往來消長. 天道固如斯也, 此天地之心也. 坤爲心)"라고 하였다.

다섯째, 유백민은 "천지의 마음은 볼 수 없으나 복에서 볼 수 있다(天地之心不可見, 於復見之). 끝나면 또 시작하고(終則有始), 그 길을 돌아오는데 7일이면 돌아온다는 것은 하늘의 운행이니(反復其道, 七日來復, 此天行也), 또한 천지의 마음이 있는 곳이다(亦則天地之心之所在也)"라고 하였다.

여섯째, 고형은 '심心'을 천지의 중심 규율로 여겼다. "가는 것이 있으면 반드시 돌아오는 것이 있다(有往必有復). 왕복하여 순환하는 것은 천지의 중심 규율이다(往復循環, 乃天地之中心規律)"라고 하고, 천지에 왕복 순환하지 않는 것이 없으며, 천지의 중심 규율에 따라 왕복 순환한다고 하였다.

일곱째, 주백곤은 "천지의 본성(天地的本性)"이라고 하였다.

여덟째, 진고응은 "천지 우주의 근본 규율(天地宇宙的根本規律)"이라고 하였다.

아홉째, 필자는 '복復'이 바로 '심心'이라고 이해하였다. '복復'은 가서 되돌아오는 것이며, 천도가 운행하는 것이다. '심心'은 우주의 중심 규율이며 반복 순환하는 것이다. 즉 '심心'은 '복復'이고, 괘체로 말하면 처음 양효(初九)이다. 이러한 해석은 모두 통한다.

「단」은 복復의 괘의를 말하면서, 천지의 심心은 오직 복復에서 나타난다고 말한 것이다. '심心'은 천지 운행의 중심 규율이며, 돌아오는 것(復)이다. 즉 '복復'에서 천지 운행의 중심 규율을 나타낸다는 말이다. 『노자』는 "되돌아오는 것이 도의 운행이다(反者, 道之動)"라고 하였다(40장).

25. 무망无妄

䷘ 无妄, 元亨, 利貞. 其匪正有眚, 不利有攸往.

무망은 크게 형통하고, 바르게 하여 이롭다.

하는 것이 바르지 않으면 재앙이 있으니, 갈 곳이 있으면 이롭지 않다.

'무망无妄'은 괘명이며, 도리에 어긋남이 없다는 뜻이다. '망妄'은 망녕되다, 도리에 맞지 않고 터무니없다는 뜻이다. '원元'은 크다는 뜻의 대大이다. '형亨'은 형통하다는 뜻의 통通이다. '이利'는 이롭다는 뜻이다. '정貞'은 바르다는 뜻의 정正이다. 「단」은 '원형, 이정'으로 읽었다. '기其'는 어조사이다. 5글자 짝으로 맞추기 위해 뜻 없이 들어간 글자이다. 진고응은 '약若'으로 읽었는데('其'猶若, 假若), 이렇게 읽어도 통한다. '비匪'는 '비非'로 읽는다(우번). '비정非正'은 괘명의 '망妄'이다. '생眚'은 재앙이라는 뜻의 재災이다. '왕往'은 행行이며, '갈 곳이 있으면 이롭지 않다'는 것은 행하는 바가 있으면 이롭지 않다는 말이다.

彖曰 无妄, 剛自外來而爲主於內, 動而健, 剛中而應. 大'亨'以正, 天之命也. '其匪正有眚, 不利有攸往', 无妄之往, 何之矣? 天命不祐, 行矣哉?
무망은 강이 윗괘에서 와서 아랫괘의 주효가 되고, 움직여 강건하며, 강이 가운데 자리에서 응한다. 크게 '형통하고' 바른 것은 하늘의 명이다. '하는 것이 바르지 않으면 재앙이 있으니, 갈 곳이 있으면 이롭지 않다'는 것은 도리에 어긋나게 행하면 어디로 가겠는가? 천명이 도와주지 않는데 행할 수 있겠는가? 라는 것이다.

무망 「단」은 2단락으로 구성되어 있다.

첫째 단락…괘명 '无妄'을 해석하였다.
1. 괘체로 해석하였다.
   ① 无妄…괘명을 들었음.
   ② 剛自外來而爲主於內…강이 윗괘에서 와서 아랫괘의 주효가 됨.

2. 괘덕으로 해석하였다.
   ① 動而健…움직여 강건함.

3. 괘체로 해석하였다.
   ① 剛中而應…강이 가운데 자리에서 응함.

둘째 단락…괘사를 해석하였다.
1. 괘사 '元亨利貞'을 해석하였다.
   ① 大'亨'以正…괘사 '원형리정'을 들었음.
   ② 天之命也…하늘의 명임.

2. 괘사 '其匪正有眚, 不利有攸往'을 해석하였다.
   ① '其匪正有眚, 不利有攸往'…괘사 '기비정유생, 불리유유왕'을 들었음.
   ② 无妄之往, 何之矣?…도리에 어긋나게 행하면 갈 곳이 없음.
   ③ 天命不祐, 行矣哉?…천명이 도와주지 않으면 행할 수 없음.

무망 「단」에서 '응應', '명命', '행行'은 운이다.
유백민과 스즈키는 운을 말하지 않았다.

无妄

괘명이다. 「서괘」에 "돌아오면 망령되지 않으니, 그러므로 무망으로 받는다(復則不妄矣, 故受之以无妄)"라고 하였다. 『설문』 여부女部에 "'망'은 어지럽다는 뜻의 난(妄, 亂也)"이라고 하였다. 『석문』에 "'망妄'은 망亡과 량亮의 반절이다. 허망함이 없는 것이다. 마융과 정현과 왕숙은 모두 '망妄은 망望과 같다'라고 하였는데, '바라는 바가 없는 것'을 말한다(无妄, 亡亮反. 无妄, 无虛妄也. 馬鄭王肅皆云妄猶望, 謂无所希望也)"라고 하였다. '망妄'을 '망望'으로 읽고 괘효사를 해석하여도 통한다. '망妄'은 도리에 어긋나고 터무니없는 것이다. '무망无妄'은 도리에 어긋남이 없다, 진실하고 거짓 없이 행한다는 뜻이다. 「단」은 이 뜻으로 새겼다.

剛自外來而爲主於內

괘체를 가지고 괘명을 해석하였다. '강剛'은 처음 양효를, '외外'는 윗괘 건을, '주主'는 주효主爻이며, '내內'는 아랫괘 진을 가리킨다. 『역전』에서 진震(☳), 감坎(☵), 간艮(☶) 세 양괘는 양효를 주효로 하고, 손巽(☴), 리離(☲), 태兌(☱) 세 음괘는 음효를 주효로 한다. 무망의 아랫괘 진은 처음 양효를 주효로 한다. "강(初九)이 윗괘(乾)에서 와서 아랫괘(震)의 주효(主)가 되었다"는 말이다. 이 구절에 대해 몇 가지 해석이 있다.

첫째, 『집해』에 촉재는 "무망은 둔괘를 바탕으로 하였다. 강이 위에서 내려와 처음 양효에서 주효가 되었다(此本遯卦, 剛自上降, 爲主於初)"라고 하였다. 둔괘(䷠) 셋째 양효가 아래로 내려와 처음 양효가 되었다는 것이다.

둘째, 공영달은 "진의 처음 양효가 윗괘에서 와서 아랫괘의 주효가 되었다(以震之剛, 從外而來, 爲主於內)"라고 하였다. 처음 양효는 윗괘인 건에서 왔다는 것이다. 고형, 진고응이 이를 따랐다.

셋째, 정이는 "곤의 처음 효가 변하여 진이 되었는데, 이것이 강이 밖에서 왔다는 것이다(坤初六變而爲震, 剛自外而來也)"라고 하였다.

넷째, 주희는 "무망은 송에서 변한 것이다. 양효는 둘째 자리에서 와서 처음 자리에 있게 되어, 또 진의 주효가 되었다(爲卦自訟而變. 九自二來而居於初, 又爲震主)"라고 하였다. 즉 송(䷅)의 둘째 양효와 처음 음효가 자리를 바꾸어 무망의 아랫괘인 진괘가 되었다는 것이다.

다섯째, 래지덕은 "대축의 윗괘 간이 무망의 아랫괘로 와서 진이 되었다(大畜上卦之艮, 來居无妄之下卦, 而爲震也)"라고 하였다. 처음 양효는 대축(䷙)의 윗괘인 간에서 왔다는 것이다. 종괘로 해석한 것이다.

여섯째, 굴만리는 "대축의 꼭대기 양효가 와서 무망의 처음 효가 되었다(大畜上來爲

无妄初)"라고 하였다. 역시 종괘로 해석한 것이다. 유백민도 이렇게 해석하였다.

일곱째, 고형의 해석이다. "무망의 윗괘는 건이고 세 효 모두 양이며 강이다(无妄之外卦爲乾, 三爻皆爲陽, 爲剛). 아랫괘는 진이고 처음 효가 양이며 강이다(內卦爲震, 初爻爲陽爻, 爲剛)." 아랫괘의 강은 윗괘에서 와서(內卦之剛乃自外卦而來) 아랫괘의 주효가 되었다(內卦之震乃以陽爻初九爲主爻)는 것이다. 진고응도 이와 같이 해석하였다(內卦震之陽爻初九自外卦而來, 成爲无妄之主爻). 이러한 해석은 모두 통한다.

이상의 내용을 간략하게 3가지로 요약할 수 있다.

① 처음 양효는 윗괘인 건에서 왔다.

② 대축의 윗괘인 간에서 왔다.

③ 둔괘 혹은 송괘가 변한 것이다.

필자는「단」이 쓰인 당시에는 아직 ②의 래지덕이나 굴만리와 같은 종괘의 개념이 없었고, ③의 촉재나 주희와 같은 괘변설도 없었으므로 ①이 맞는다고 생각한다.

動而健

괘덕을 가지고 괘명을 해석하였다. 무망은 아랫괘가 진이고 윗괘는 건이다. 진은 움직임(動)이고 건은 강건함(健)이다. 그런즉 무망은 '움직여 강건함'이다.

剛中而應

괘체를 가지고 괘명을 해석하였다. '강剛'은 다섯째 양효를 가리키고, '중中'은 다섯째 양효가 윗괘의 가운데 자리에 있다는 것이며, '응應'은 둘째 음효와 응하는 것이다. 다섯째 양효는 양효이고 강이며 윗괘의 가운데 자리에 있다. 둘째 음효는 음효이고 유이며 아랫괘의 가운데 자리에 있다. 두 효는 같은 자리에서 음양이 서로 응한다. '강중이응'은 강이 가운데 자리에서 응한다는 말이다.

무망은 강이 윗괘에서 와서 아랫괘의 주효가 되고, 움직여 강건하며, 강이 가운데 자리에서 유와 응하는 것이니, 도리에 어긋나고 터무니없는 것이 아니므로, 그래서 괘명이 '무망无妄'이라는 것이다.

大'亨'以正

괘사 '원형리정'을 해석하였다.「단」은 '대大'를 가지고 괘사의 '원元'을, '정正'을 가지고 '정貞'을 해석하였다. '대형이정'은 크게 형통하고 바르다는 뜻인데,「단」은 '이利'를 말하지 않았지만, "크게 형통하고, 바르다" 그러므로 이롭다고 여긴 것이다.

天之命也

'천명天命'은 천도이며, 하늘의 운행의 규율이다. 19번 임臨에 '大亨以正, 天之道也'라고 하였다. 정이는 "천명은 천도를 말한 것이고, 이른바 도리에 어긋남이 없는 것(무망)이다(天命謂天道也, 所謂无妄也)"라고 하였다. '도道'라고 하지 않고 '명命'이라고 한 것은 운을 맞추기 위해 임의로 글자를 바꾼 것이다.「단」의 '응應', '명命', '행行'은 운이다. 진고응은 "도가 스스로 그러한 존재인 것을 천도라고 하고(道之爲自然存在者謂之天道), 도가 인간사에 관여하는 것을 천명이라고 한다(道之干預人事者謂之天命)"라고 하여 '천도'와 '천명'을 분별하였다.

「단」은 괘사 '원형리정'을, 크게 형통하고 바른 것은 하늘의 운행의 규율이며, 이것은 곧 진실 무망한 것이라고 해석하였다.

'其匪正有眚, 不利有攸往'

이하 괘사의 '其匪正有眚, 不利有攸往'을 해석하였다. "하는 것이 바르지 않으면 재앙이 있으니, 갈 곳이 있으면 이롭지 않다"는 말이다.

无妄之往, 何之矣? 天命不祐, 行矣哉?

이 구절을 그대로 해석하면 "도리에 어긋남이 없이 행하면 어디로 가겠는가? 천명이 도와주지 않는데 행할 수 있겠는가?"라는 말인데, '无妄之往'을 그대로 해석하면 어법에 맞지 않는다. 이에 대해 몇 가지 해석이 있다.

첫째, 왕필은 "도리에 어긋나고 터무니없이 행하여서는 안 될 때에 거하여, 바르지 않는 것으로 가려고 하니, 장차 어디로 가려 하는가?(居不可以妄之時, 而欲以不正有所往, 將欲何之?)"라고 하였다. 왕필은 '无妄之往'의 '무无'를 불가不可로 해석하였다.

둘째, 공영달은 "몸은 이미 바르지 않는데, 도리에 어긋남이 없는 세상에서 갈 곳이 있어도 어디로 가겠는가?(身既非正, 在无妄之世, 欲有所往, 何所之適矣?)"라고 하였다. 공영달은 '无妄之往'을 몸은 이미 바르지 않는데 도리에 어긋남이 없는 세상에서 간다고 해석하였다.

셋째, 정이는 "무망은 이치가 바른 것이다. 다시 또 가니 장차 어디로 가겠는가? 곧 도리에 어긋나고 터무니없는 것으로 들어가는 것이다. 가면 천리에 어긋나는 것이므로, 천도가 돕지 않으니, 갈 수 있겠는가?(无妄者, 理之正也. 更有往, 將何之矣? 乃入於妄也. 往則悖於天理, 天道所不祐, 可行乎哉?)"라고 하였다. 정이는 '无妄之往'을 '이치가 바른데, 또 다시 간다'라고 해석하였다.

넷째, 고형은 "'무망无妄'의 '무无'자는 괘명을 따라 잘못 들어간 것(此處'无妄'之'无'乃

涉卦名而衍)"이라 하고, "'망지왕'은 '망지행'을 말한 것과 같으며('妄之往'猶言妄之行), 괘사의 '비정匪正'을 해석한 것(此釋卦辭之'匪正'也)"이라고 하였다. "망행을 하면 통할 길이 없으니 또한 어디로 가겠으며(妄行則无路可通, 尙何所往乎?), 망행을 하면 천명이 도와주지 않으니 또한 행할 수 있겠는가?(妄行則天命不佑, 尙可行哉?)"라고 해석하였다.

다섯째, 진고응은 "'무망无妄'은 '무망'의 끝에 처한 꼭대기 양효를 말한다('无妄', 謂處'无妄'之極的上九)"라고 하고 "'무망'의 끝에 처하여 갈 곳이 있으면(處'无妄'之極而有所行往) 출로는 어디에 있는가?(出路將在哪裡呢?) 그 행동은 천도의 보우를 받을 수 없다(它的行動是得不到天道祐助的)"라고 해석하였다.

여섯째, 필자의 해석이다. '무无'는 '유有'로 써야 한다. 괘명을 따라 잘못하여 '무无'로 썼다. 이 구절은 다음과 같이 써야 7글자가 서로 짝이 되어 어법이 바르다.

> 有妄之往, 何之矣? 도리에 어긋나게 행하면 어디로 가겠는가?
> 天命不祐, 行矣哉? 천명이 도와주지 않는데 행할 수 있겠는가?

원문의 '무망지왕无妄之往'은 '유망지왕有妄之往'으로 해야 바르며, 곧 '망행妄行'의 뜻이고, 도리에 어긋나게 행한다는 말이다. 「단」은 '유망有妄'을 가지고 괘사 '비기정其匪正'을, '하지何之'를 가지고 '不利有攸往'을, '지之'와 '행行'을 가지고 '왕往'을 해석하였다. '하지何之'는 '하왕何往'이다. '지之'는 가다는 뜻의 왕往이다. '의矣'는 호乎와 같다.

'우祐'는 『집해』에 '右'로 되어 있는데, 우번은 "돕는다는 뜻의 조助"라고 하였다. 『석문』에는 '佑'로 되어 있는데, "'우佑'는 음은 우右이다. 정현은 '돕는다는 뜻의 조助'라고 하였다. 어떤 책에는 '祐'로도 썼다. 마융은 '右'로 쓰고 '天不右行'이라 하였다(佑, 音右. 鄭云助也. 本又作祐. 馬作右, 謂天不右行)"라고 하였다. '祐', '右', '佑' 세 글자는 뜻과 음이 같아 옛날에 통용되었다. '행의재行矣哉'는 어찌 행하겠는가? 즉 행할 수 없다는 말이다.

「단」은 괘사 '기비정유생, 불리유유왕'을, 행하는 것이 바르지 않는 것이 망행妄行이고, 망행을 하면 갈 곳이 없으니 또한 어디로 갈 수 있겠으며, 망행을 하면 천명이 도와주지 않으니 또한 무엇을 행할 수 있겠는가? 라고 해석하였다. 필자의 해석이 「단」의 본뜻일 것이다.

26. 대축大畜

☶☰ 大畜, 利貞. 不家食吉. 利涉大川.

대축은 바르게 하여 이롭다. 집에서 먹지 않으면 길하다. 큰 내를 건너면 이롭다.

'대축大畜'은 괘명이며, 축적한 것이 크다는 뜻이다. '정貞'은 바르다는 뜻의 정正이다. '이정'은 바르게 하여 이롭다는 말이다. '불가식不家食'은 밥을 집에서 먹지 않는 것이다. '섭涉'은 건넌다는 뜻의 도渡이다.

彖曰 大畜, 剛健篤實, 輝光日新. 其德剛上而尙賢, 能止健, 大正也. '不家食吉', 養賢也. '利涉大川', 應乎天也.

대축은 강건하고 두터우며, 찬란한 빛이 날로 새롭다. 그 덕은 강이 위에 있어 현인을 숭상하며, 강건하여 멈추니, 크게 바르다. '집에서 먹지 않으면 길하다'는 것은 현인을 기른다는 것이다. '큰 내를 건너면 이롭다'는 것은 하늘에 응한다는 것이다.

대축「단」은 2단락으로 구성되어 있다.

첫째 단락…괘덕으로 괘명 '大畜'을 해석하였다.

① 大畜…괘명을 들었음.

② 剛健篤實…강건하고 두터움.

③ 輝光日新…찬란한 빛이 날로 새로움.

둘째 단락…괘사를 해석하였다.

1. 괘덕으로 괘사 '利貞'을 해석하였다.

① 其德剛上而尙賢…그 덕은 강이 위에 있어 현인을 숭상함.

② 能止健…강건하여 멈춤.

③ 大正也…크게 바름.

2. 괘사 '不家食吉'을 해석하였다.

① '不家食吉'…괘사 '불가식길'을 들었음.

② 養賢也…현인을 기른다는 것임.

3. 괘사 '利涉大川'을 해석하였다.
① '利涉大川'…괘사 '이섭대천'을 들었음.
② 應乎天也…하늘에 응한다는 것임.

대축「단」에서 '신新', '정正', '현賢', '천天'은 운이다.
유백민: '正', 十四淸, 四十五勁二韻. 與下'賢', 一先. '天', 一先. 爲韻.
스즈키: '신新', '현賢', '정正', '현賢', '천天'.

大畜

괘명이다. 「서괘」에 "망령됨이 없는 것이 있은 연후에 축적할 수 있으니, 그러므로 대축으로 받는다(有无妄, 物然後可畜, 故受之以大畜)"라고 하였다. 『석문』에 "'축畜'은 어떤 책에는 또 '축蓄'으로 썼다. 칙勑과 육六의 반절이다. 뜻은 소축과 같다(大畜, 本又作蓄, 勑六反, 義與小畜同)"라고 하였다. '축畜'은 축적하다는 뜻의 '축蓄'과 같다. 소축 『석문』에 "'축畜'은 축적하다는 뜻의 적積, 모은다는 뜻의 취聚(畜, 積也, 聚也)"라고 하였다. 대축은 축적한 것이 크다(所畜者大)는 뜻이다. 「단」은 이 뜻으로 새겼다. 주희는 "축적한 것이 큰 것(畜之大者也)"이라고 하였다.

剛健篤實

괘덕을 가지고 괘명을 해석하였다. '독篤'은 두텁다는 뜻의 후厚이다. '실實'은 굳다(固), 튼튼하다(健)는 뜻이다. '독실篤實'은 견실하다, 튼튼하다는 뜻이다. 대축은 아랫괘가 건乾이고 윗괘는 간艮이다. 건은 하늘(天)이고 간은 산(山)이다. 그런즉 하늘은 강건하고(剛健) 산은 두텁다(篤實).

輝光日新

'휘輝'는 빛난다는 뜻이고, '광光'은 빛이다. '휘광輝光'은 빛이 빛난다는 뜻이다. '일신日新'은 날마다 새롭다는 뜻이다. "대축은 강건하고 두터우며, 찬란한 빛이 날로 새롭다"는 말이다. 하늘은 강건하고 산은 두터우며, 찬란한 빛이 날로 새로우니, 온갖 생물이 자라나 축적한 것이 크게 된다. 그래서 괘명이 '대축大畜'이다.

진고응은 "건은 해가 빛나는 것이고(乾爲日輝), 하늘이며(爲天), 해가 하늘에서 비추는 것이다(日照於天). 그러므로 '휘輝'는 해가 빛나는 것을 말하며(故'輝'謂日輝), 아랫괘의 건을 가리킨다(指下卦乾). '광光'은 산의 빛을 말하며('光'謂山光), 윗괘 간을 가리킨다(指上卦艮). 해가 빛나고 산의 빛이 서로 비추므로(日輝山光交相輝映) 기상은 날로 새롭다(氣象日新)"라고 설명하였다.

'剛健篤實輝光日新其德剛上而尙賢'의 독법은 서로 다르다.

1. 『석문』: 大畜剛健, 篤實輝光, 日新其德, 剛上而尙賢.
2. 『석문』 정현: 大畜剛健, 篤實輝光, 日新, 其德剛上而尙賢.
3. 『집해』, 고형, 진고응: 剛健篤實, 輝光日新, 其德剛上而尙賢.
4. 왕필, 공영달, 왕부지: 剛健篤實, 輝光日新其德, 剛上而尙賢.
5. 정이, 주희, 래지덕, 굴만리: 剛健篤實輝光, 日新其德, 剛上而尙賢.
6. 유백민: 大畜, 剛健篤實, 輝光日新. 其德剛, 上而尙賢.

『집해』의 독법이 맞다. 다음은 왕념손王念孫의 주장이다.

「단」은 '신新', '정正', '현賢', '천天'을 함께 운으로 하였다. 만약 '일신기덕日新其德' 아래에 점을 찍는다면 그 운을 잃게 된다. 또 본괘 「단」에서 '其德剛上而尙賢'이라고 한 것과 대유大有 「단」에서 '其德剛健而文明'이라는 구절의 예가 꼭 같다.

「彖傳」乃以新, 正, 賢, 天諧韻. 若在日新其德下斷句, 則失其韻矣. 本卦「彖傳」曰'其德剛上而尙賢.' 大有「彖傳」曰'其德剛健而文明.'句例正同. (고형 『주역대전금주』 258쪽에서 인용하였음)

왕념손이 정확하게 말하였다. 고형과 진고응이 우번의 독법을 따라 읽었다.

其德剛上而尙賢

이하 괘덕을 가지고 괘사 '이정利貞'을 해석하였다. '기其'는 대축을 가리킨다. '기덕其德'은 대축의 괘덕이다. 「단」은 괘덕을 또 괘상이라고도 하였다. 진고응은 '덕德'을 아예 '괘상'으로 읽었다('德', 指卦象). '상尙'은 숭상하다(崇)는 뜻이다. '현賢'은 현인이다. '강상이상현'은 강이 위에 있어 현인을 숭상한다는 말이다. 이에 대해 몇 가지 해석이 있다.

첫째, 『집해』에 촉재는 "대축은 대장괘를 바탕으로 하였다. 대장괘의 강이 처음 효에서 위로 올라가 윗괘의 주효가 되니, 강양이 꼭대기에 거하여 현인을 높이 숭상하는 것이다(此本大壯卦. 剛自初升, 爲主於外, 剛陽居上, 尊尙賢也)"라고 하였다.

둘째, 왕필은 '강剛'을 꼭대기 양효를 말한 것이라 하고(謂上九也), "꼭대기에 처하여 크게 형통하고, 강이 와서 떨어지지 않으니, 현인을 숭상하는 것을 말한다(處上而大通, 剛來而不距, 尙賢之謂也)"라고 하였다. 공영달이 이를 따랐다. 정이는 "'강상剛上'은 양이 꼭대기에 있는 것이다. 양강이 존위의 위에 거하는 것이 현인을 숭상한다는 뜻이다(剛上, 陽居上也. 陽剛居尊位之上, 爲尙賢之義)"라고 하였다. 이들은 '강상剛上'을 양효가 대축의 꼭대기에 있는 것이며, 이것이 곧 현인을 숭상하는 것이라고 해석하였다. 굴만리는 "'강상剛上'은 꼭대기 양효이고, 양은 현인이다(剛上, 上九. 陽爲賢)", 진고응은 "'강상剛上'은 꼭대기 양효가 대축괘의 꼭대기에 있는 것을 가리킨다('剛上', 指上九居大畜卦之上). '상현尙賢'은 양강이 대축괘의 꼭대기에 있는 것을 말하며('尙賢', 謂陽剛居大畜卦之上爻), 현인을 숭상하는 것을 나타낸다(表示崇尙賢人)"라고 하여 이를 따랐다.

셋째, 주희는 "이 괘는 수需에서 왔는데, 양이 다섯째 효에서 위로 올라간 것이다. 괘체로 말하면, 다섯째 음효가 꼭대기 양효를 높이고 숭상하는 것이다(此卦自需而來, 九自五而上. 以卦體言, 六五尊而尙之)"라고 하였다.

넷째, 래지덕은 종괘로 해석하였다. "'강상剛上'은 대축의 종괘가 무망인데, 무망의 아랫괘 진震이 위로 올라가 대축의 간艮이 되었다. 위로 올라가 간이 되었으니, 양강의 현인이 위에 있는 것이다. 이것이 현인을 숭상하는 것이다(剛上者, 大畜綜无妄, 无妄下卦之震, 上而爲大畜之艮也. 上而爲艮, 則陽剛之賢在上矣, 是尙其賢也)"라고 하였다. 유백민이 이를 따랐다.

다섯째, 고형은 "대축의 윗괘는 간艮이고 아랫괘는 건乾이다(大畜之上卦爲艮, 下卦爲乾). 간은 산이고 양괘이며 강이고(艮爲山, 爲陽卦, 爲剛), 재능과 덕행이 높은 현인을 상징한다(象才德高大之賢人). 건은 하늘이고 조정을 상징한다(乾爲天, 象朝廷). 그런즉 대축의 괘상은 강의 괘가 건괘乾卦의 위에 있으니(然則大畜之卦象是剛卦在乾卦之上), 이것이 '강이 위에 있다는 것'이며(是爲'剛上'), 현인이 조정의 위에 있는 것을 상징하니(象賢人在朝廷之上), 임금이 '현인을 숭상한다'는 것이다(是國君'尙賢'也)"라고 하였다. 이러한 해석은 모두 통한다.

'강상이상현'은 ①효로 해석하면, '강剛'과 '현賢'은 꼭대기 양효를 가리킨다. 효가 꼭대기에 있어(剛上), 이것이 현인을 숭상하는 것(尙賢)을 나타낸다는 것이다. ②괘로 해석하면, 현인인 간괘가 조정인 건괘 위에 있어(剛上), 이것이 현인을 숭상하는 것(尙賢)이라는 말이다.

能止健

'능지건能止健'에 대해, 진몽뢰는 "강폭한 것을 금하는 것(禁强暴之類, 能止健也)"이라고 하였는데, 진고응은 이를 따라 "대축은 네 양효를 현인에(大畜卦以四陽爻喩賢人), 두 음효를 어리석은 것에 비유하였다(以二陰爻喩不肖). 어리석은 사람을 억지할 수 있으니(能抑止不肖) 비로소 현인을 숭상할 수 있는 것이다(方能尙賢)"라고 해석하였다. 고형은 다음과 같이 주장하였다.

『집해』에는 '능지건能止健'이 '능건지能健止'로 되어 있다. 그러나 이것은 당연히 '건능지健能止'로 해야 한다. 옮겨 쓰면서 잘못하여 '健'자가 뒤에 있게 되었다. 「단」은 팔괘를 가지고 한 괘의 뜻을 해석하면서 먼저 아랫괘를 말하고 뒤에 윗괘를 말하였는데, 이것은 「단」의 통례이다. '능能'은 당연히 '이而'로 읽어야 한다. 두 글자는 옛날에 통용되었다. '건능지健能止'는 곧 '건이지健而止'이다. 몽蒙 「단」에 '험이지險而止', 고蠱 「단」에 '손이지巽而止', 비賁 「단」에 '문명이지文明而止', 박剝 「단」에 '순이지지順而止之'라고 하였다.

'能止健'『集解』本作'能健止'. 亨按當作'健能止', 轉寫健字誤竄于下也. 「彖傳」以八經卦之義釋一別卦之義者, 皆先下卦而後上卦, 此其通例也. 能當讀爲而, 能而古通用. '健能止'卽健而止也. 蒙「彖傳」曰 '險而止', 蠱「彖傳」曰 '巽而止', 賁「彖傳」曰 '文明而止', 剝「彖傳」曰 '順而止之'. (고형 『주역대전금주』 258-259에서 발췌하여 인용하였음)

고형의 주장이 매우 합당하다. 그러나 그의 주장 가운데 두 가지 잘못 말한 것이 있다. 하나는 「단」은 팔괘를 가지고 한 괘의 뜻을 해석하면서, 괘상을 말할 때는 먼저 윗괘를 들고 이어서 아랫괘를 말하였고, 괘덕을 말할 때에는 먼저 아랫괘를 들고 이어 윗괘를 말하였다. 이것은 「단」의 통례이다. 고형은 『주역대전금주』에서 괘상과 괘덕을 분명히 구별하지 않고 동일시하였다. 주백곤은 괘상은 상수의 영역(取象)에, 괘덕은 의리의 영역(取義)에 해당시켰지만, 필자는 괘상과 괘덕 모두 상수의 영역으로 여긴다.

또 하나는 "옮겨 쓰면서 잘못하여 '건健'자가 뒤에 있게 되었다(轉寫健字誤竄于下也)"라고 하였는데, 필자가 보기에는 운을 맞추기 위해 의도적으로 글자를 도치하였다.

其德剛上而尙賢
能止健
大正也

이 단락에서 '현賢', '건健', '정正'은 운이다. '健能止'가 맞는데 「단」이 '건健'자를 뒤로 옮겨 '能止健'으로 한 것은 이 단락에서 운을 맞추기 위해 의도적으로 도치한 것이다.

대축은 아랫괘가 건乾이고 윗괘는 간艮이다. 건은 강건함(健)이고 간은 멈춤(止)이다. 그런즉 대축은 '강건하여 멈추는 것(健而止)'이다.

大正也

「단」은 '대정大正'을 가지고 괘사 '이정利貞'을 해석하였다. 「단」은 '이利'를 말하지 않았지만, '크게 바르다' 그러므로 '이롭다'고 여긴 것이다. 즉 '바르게 하여 이롭다'는 것이다.

「단」은 괘사 '이정利貞'을, 강이 위에 있어 현인을 숭상하며, 강건하여 멈추는 것이니, 이것은 크게 바른 것이라고 해석하였다.

'不家食吉', 養賢也.

'양현養賢'은 앞의 상현尙賢과 같다. 「단」은 괘사 '불가식길不家食吉'을, 집에서 먹지 않으면 길한 것은 임금이 현인을 숭상하여 현인을 기르기 때문에, 현인은 집에서 먹지 않고 조정에서 녹을 먹는다고 해석하였다. 왕필은 "현인이 집에서 먹지 않게 하면 길하다(令賢者不家食, 乃吉也)"라고 하였다.

'利涉大川', 應乎天也.

'응호천'은 하늘에 응한다는 말이다. 이에 대해 몇 가지 해석이 있다.

첫째, 공영달은 "윗괘의 간이 아랫괘의 건에 응하는 것이다(上體之艮應下體之乾)"라고 하였다." 괘로 해석한 것이다.

둘째, 정이는 다섯째 음효가 아랫괘 건의 둘째 효에 응한다고 해석하였다(六五, 君也, 下應乾之中爻, 乃大畜之君, 應乾而行也). 효로 해석한 것이다. 주희, 래지덕, 굴만리 등 뒷사람들은 이를 따랐다.

셋째, 고형은 문장 그대로 "천도에 응하여 자연규율을 따라 큰 내를 건넌다(其人能適應天道, 卽遵循自然規律, 以渡大川)"라고 해석하였고, 진고응은 "현인을 나아가게 하고 어리석은 사람을 억지하니(進賢止不肖), 이것이 천도에 순응하는 것이므로(是順應天道的), 험난함을 건너면 이로울 수 있다(故能利涉險難)"라고 해석하였다. 이러한 해석은 모두 통한다.

「단」은 괘사 '이섭대천利涉大川'을, 큰 내를 건너는 것은 천도에 순응하는 것이므로 이롭다고 해석하였다.

수需「단」에 "'利涉大川', 往有功也", 고蠱「단」에 "'利涉大川', 往有事也", 여기에서는 "'利涉大川', 應乎天也"라고 하였다.

27. 이頤

䷚ 頤, 貞吉. 觀頤, 自求口實.

이는 바르게 하면 길하다. 남이 먹는 것을 보고, 스스로 먹을 것을 구해야 한다.

'이頤'는 괘명이며, 기른다는 뜻의 양養이다. '정貞'은 바르다는 뜻의 정正이다. '이頤'의 본뜻은 뺨, 턱이라는 뜻의 시顋이나, 「단」은 기른다는 뜻의 양養으로 새겼다. '이頤'는 양생養生, 즉 먹는 것을 가리킨다. '관이觀頤'는 남이 먹는 것을 보는 것이다. 남이 먹는 것을 보아도 자신의 배는 부르지 않다. 그래서 스스로 먹을 것을 구해야 한다. '구실口實'은 구량口糧, 즉 식량이다.

彖曰 '頤, 貞吉', 養正則吉也. '觀頤', 觀其所養也. '自求口實', 觀其自養也. 天地養萬物, 聖人養賢以及萬民. 頤之時大矣哉.

'이가 바르게 하면 길하다'는 것은 기르는 것이 바르면 길하다는 것이다. '먹는 것을 본다'는 것은 남이 생명을 기르는 바를 본다는 것이다. '스스로 먹을 것을 구해야 한다'는 것은 자신이 스스로 생명을 기르는 바를 본다는 것이다. 천지는 만물을 기르고, 성인은 현인과 만민을 기른다. 이의 때는 크기도 하다.

이 「단」은 3단락으로 구성되어 있다.

첫째 단락…괘명 '頤'와 괘사 '貞吉'을 해석하였다.

① '頤, 貞吉'…괘명과 괘사 '정길'을 들었음.

② 養正則吉也…기르는 것이 바르면 길하다는 것임.

둘째 단락…괘사를 해석하였다.

1. 괘사 '觀頤'를 해석하였다.

① '觀頤'…괘사 '관이'를 들었음.

② 觀其所養也…남이 생명을 기르는 바를 본다는 것임.

2. 괘사 '自求口實'을 해석하였다.
① '自求口實'…괘사 '자구구실'을 들었음.
② 觀其自養也…자신이 스스로 생명을 기르는 바를 본다는 것임.

셋째 단락…괘의를 설명하였다.
1. 자연계를 들었다.
① 天地養萬物…천지는 만물을 기름.

2. 인간계를 들었다.
① 聖人養賢以及萬民…성인은 현인과 만민을 기름.

3. 괘의를 말하였다.
① 頤之時大矣哉…이의 때는 크기도 함.

이「단」에서 '양養', '양養'은 운이다.
유백민과 스즈키는 운을 말하지 않았다.

頤

괘명이다.「서괘」에 "재물이 축적된 연후에 기를 수 있으니, 그러므로 이로 받는다. 이는 기른다는 뜻이다(物畜然後可養, 故受之以頤. 頤, 養也)"라고 하였다.『설문』혈부頁部에 "'이頤'는 눈을 들어 사람을 보는 모양(頤, 擧目視人皃)"이라고 하였다. 신부臣部에 단옥재는 "신臣은 고문의 '이頤'자이다(臣者, 古文頤也)"라고 하고, "'이頤'는 기른다는 뜻의 양(頤, 養也)"이라고 하였다.『이아』「석고」에 "'이頤'는 기른다는 뜻의 양(頤, 養也)"이라 하였고,『석문』에도 "'이頤'는 이以와 지之의 반절이다. 기른다는 뜻의 양(頤, 以之反. 養也)"이라고 하였다. '이頤'의 본뜻은 뺨인데, 음식물이 입으로 들어가 생명을 기르므로 파생된 뜻이 양養이다. '양養'은 생명을 기르는 것(養生)이며, 먹는 것을 가리킨다.「단」은 기른다는 뜻의 양養으로 해석하였다.

『집해』에 정현은 "'이頤'는 턱이라는 것이다. 진이 아래에서 움직이고, 간은 위에서 멈추니, 턱이 움직여 위로 올라간다. 턱이 음식물을 씹어 사람을 기르니, 그러므로 '이'라고 한다. '이'는 기른다는 뜻이다(頤中, 口車輔之名也. 震動於下, 艮至於上, 口車動而上.

因輔嚼物以養人, 故謂之頤. 頤, 養也)"라고 하였다.

주희는 "괘는 위아래의 두 양이 안으로 네 음을 품고 있으니, 밖은 실하나 안은 허하고, 위는 멈추고 있으나 아래는 움직이는 것이니, 턱의 상이며, 기른다는 뜻이다(爲卦上下二陽, 內含四陰, 外實內虛, 上止下動, 爲頤之象, 養之義也)"라고 하였다. 사람은 음식물을 씹을 때 아래턱만 움직이고 위턱은 움직이지 않는다.

'頤, 貞吉'

괘명과 괘사 '貞吉'을 들었다. "괘명인 '이頤'가 '바르게 하면 길하다'고 하는 것은" 이라는 말이다. 아래에서 '이頤'는 '양養'으로, '정貞'은 '정正'으로 해석하였다.

養正則吉也.

「단」은 '양養'을 가지고 괘명 '이頤'를, '정正'을 가지고 괘사의 '정貞'을, '길吉'을 가지고 괘사의 '길吉'을 해석하였다. 「단」은 괘명과 괘사 '이정길頤貞吉'을, 기르는 것(養)이 바르면(正) 길하다(吉)고 해석하였다. 즉 정당한 방법으로 먹으면 길하다는 것이다.

'觀頤'

괘사 '觀頤'를 들었다. '이頤'는 양養이며, 생명을 기르는 것, 즉 먹는 것을 가리킨다. '관이'는 남이 먹는 것을 본다는 말이다.

觀其所養也

'기其'는 다른 사람을 가리킨다. '관기소양야'는 남이 생명을 기르는 바를 본다, 즉 먹는 것을 본다는 말이다. 「단」은 괘사 '관이觀頤'를, 먹는 것을 본다는 것은 그 사람이 생명을 기르는 바를(먹는 것을) 보는 것이라고 해석하였다. 즉 먹는 것은 생명을 기르는 것이라는 말이다.

'自求口實'

괘사 '自求口實'을 들었다. "스스로 먹을 것을 구해야 한다"는 말이다.

觀其自養也.

'기其'는 자신을 가리킨다. '관기자양야'는 자신이 스스로 생명을 기르는 바를 본다, 즉 먹는 것을 본다는 말이다. 「단」은 괘사 '자구구실自求口實'을, 스스로 먹을 것을 구해야 한다는 것은 자신이 스스로 생명을 기르는 바를(먹는 것을) 보는 것이라고 해석하였다. 즉 스스로 도생圖生하여, 먹어야 산다는 말이다.

天地養萬物

이하 괘의를 말하면서, 먼저 자연계를 들었다. 천지는 만물을 기른다. 정이는 "천지의 도는 만물을 양육하는 것이다. 만물을 양육하는 도는 바른 것뿐이다(天地之道, 則養育萬物. 養育萬物之道, 正而已矣)"라고 하였다.

聖人養賢以及萬民

인간계를 들었다. '성인'은 최고 통치자를 가리킨다. '이급以及'은 접속사이며 여與와 같다. 최고 통치자는 수기하고 치인하여, 천지가 만물을 기르듯, 현인과 만백성을 기른다.

頤之時大矣哉

괘의를 말하였다. 천지는 때에 맞게 만물을 기르고, 성인도 때에 맞게 현인과 만민을 기른다. 그러므로 이(기르는 것)의 때는 크다는 말이다.

『집해』에 적원은 "'천天'은 꼭대기 양효이고, '지地'는 처음 양효이며, '만물萬物'은 가운데의 여러 음이다. 천지는 원기로 만물을 기르고, 성인은 정도로써 현인과 만물을 기른다(天, 上. 地, 初也. 萬物, 衆陰也. 天地以元氣養萬物, 聖人以正道養賢及萬民)"라고 하였다.

진고응은 "기르는 것이 때를 얻는 것은 곧 기르는 것이 바름을 얻은 것이니(養得其時卽是養得其正), 바름과 때는 같은 것이다(正與時是一回事)"라고 하였다.

「단」에서 '時大矣哉'라고 한 것은 이頤, 대과大過, 해解, 혁革 등 모두 4괘이다.

28. 대과大過

䷛ 大過, 棟撓, 利有攸往, 亨.

대과는 마룻대가 굽었으니, 갈 곳이 있으면 이롭고 형통하다.

'대과大過'는 괘명이며, ①큰 것이 잘못되었다, ②큰 것이 지나쳤다는 뜻이다. 「단」은 두 가지 뜻으로 해석하였다. '동棟'은 마룻대이다. '요撓'에 대해, 『십삼경주소』 왕필 본에는 '撓'로 되어 있는데, 「교감기」에 "각 책에는 모두 '橈'로 되어 있다. 왕필 본의 '撓'자는 잘못 쓴 것이다. 『정의』에도 '撓'로 되어 있다(各本皆作橈, 是撓字誤也. 正義同)"라고 하였다. '요撓'는 '요橈'로 쓰는 것이 바르다. 셋째 양효 효사에도 "棟橈凶"으로 되어 있고, 『석문』과 『집해』 모두 '橈'로 되어 있다. 『설문』 수부手部에 "'요撓'는 어지럽다는 뜻의 요擾"라고 하였고, 목부木部에 "'요橈'는 굽은 나무(橈, 曲木也)"라고 하였는데, 단옥재는 "파생된 뜻이 굽었다는 것(引伸爲凡曲之偁)"이라고 하였다. 『석문』에 "'요橈'는 내乃와 교敎의 반절(橈, 乃教反)"이라 하고, "곡절(曲折也)"이라고 뜻을 새겼다. '요橈'는 굽는다는 뜻의 곡曲이다. '동뇨棟橈'는 마룻대가 지붕의 무게를 지탱하기에 부족하여 굽었다는 것이다.

> 彖曰 大過, 大者過也. '棟撓', 本末弱也. 剛過而中, 巽而說行, (是以) '利有攸往', 乃'亨'. 大過之時大矣哉.
>
> 대과는 큰 것이 잘못되었다는 것이다. '마룻대가 굽었다'는 것은 처음과 끝이 약하기 때문이다. 강이 잘못되었으나 가운데 자리에 있고, 겸손하여 기뻐하며 행하니, (그래서) '갈 곳이 있으면 이롭다'는 것이고, 또 '형통하다'는 것이다. 대과의 때는 크기도 하다.

대과 「단」은 3단락으로 구성되어 있다.

첫째 단락… 괘체로 괘명 '大過'를 해석하였다.

① 大過… 괘명을 들었음.

② 大者過也… 큰 것이 잘못되었다는 것임.

둘째 단락… 괘사를 해석하였다.

1. 괘체로 괘사 '棟撓'를 해석하였다.

① '棟撓'… 괘사 '동뇨'를 들었음.

② 本末弱也… 처음과 끝이 약하기 때문임.

2. 괘사 '利有攸往, 亨'을 해석하였다.

1) 괘체로 해석하였다.

① 剛過而中… 강이 잘못되었으나 가운데 자리에 있음.

2) 괘덕으로 해석하였다.

① 巽而說行… 겸손하여 기뻐하며 행함.

② '利有攸往', 乃'亨'.… 괘사 '이유유왕, 형'을 들었음.

셋째 단락… 괘의를 말하였다.

① 大過之時大矣哉… 대과의 때는 크기도 함.

대과 「단」에서 '중中', '행行', '왕往', '형亨'은 운이다.

유백민: '行', 戶郎反. 與下'往', 三十六養. '亨', 許郎反. 以平上通爲一韻.

스즈키: '행行', '왕往', '형亨'.

大過

괘명이다. 「서괘」에 "기르지 않으면 움직일 수 없으니, 그러므로 대과로 받는다. 사물은 끝까지 그릇될 수 없으니, 그러므로 감으로 받는다(不養則不可動, 故受之以大過. 物不可以終過, 故受之以坎)"라고 하였다. '기르지 않으면 움직일 수 없다'는 것은 크게 잘못된 것이다. 「서괘」는 '대과'를 크게 잘못되었다고 해석하였다. 이것은 경에서 '대과'의 본래의 뜻이다.

'대大'는 양을 가리키며, '과過'는 그릇되다(誤), 지나치다(甚)는 뜻이다. 「단」에서 '대과'는 ①큰 것이 잘못되었다 ②큰 것이 지나쳤다, 두 가지로 해석할 수 있다. 먼저 원문의 '本末弱也'에서 보면, 가운데 네 양효(大)는 지나치게 성하다. 그래서 '큰 것이 지나쳤다'라고 새길 수 있다. 다음 '剛過而中'에서 보면, '대과大過'는 곧 '강과剛過'이다. 가운데 네 양효(大)가 두 음효(小)보다 지나치게 성하니, '큰 것이 지나쳤다'로 새길 수 있고(정이, 주희), 또 둘째와 넷째, 두 양효(大)는 양이면서 음의 자리에 있으니 '큰 것이 잘못되었다'로 새길 수 있다(고형, 진고응). 「단」에서 두 가지 해석은 모두 통한다. 『석문』에 육덕명도 "죄과(罪過也)와 초과(超過也)", 두 가지 뜻으로 새겼다. '죄과'는 잘못되었다는 것이고, '초과'는 지나쳤다는 뜻이다.

'지나쳤다(過)'는 것은 '잘못되었다(過)'는 말이다. '큰 것이 지나쳤다(大過)'는 것은 '큰 것이 잘못되었다(大過)'는 말이다. 두 가지 해석은 뜻이 같다. 필자는 '큰 것이 잘못되었다'로 해석하였다. '소과小過'도 같다.

공영달은 "'과過'는 지나쳤다는 뜻이다(過謂過越之過)"라고 하고, "네 양이 가운데에 있고, 두 음이 위아래에 있으니, 양이 지나친 것이 심하다(四陽在中, 二陰在外, 以陽之過越之甚也)"라고 하였다. 그는 '과월過越'을 가지고 '대과大過'를 해석하였는데, '과월'은 지나쳤다는 말이다.

정이는 "괘는 윗괘가 태이고 아랫괘는 손이다. 못이 나무 위에 있으니 나무를 없애는 것이다. 못은 나무를 윤택하게 기르는 것인데, 나무를 없애는 데 이르렀으니, 대과의 뜻이다(爲卦, 上兌下巽, 澤在木上, 滅木也. 澤者潤養於木, 乃至滅沒於木, 爲大過之義)"라고 하였다. 정이는 괘상을 가지고 '대과'를 '크게 잘못되었다'라고 해석하였다.

大者過也.

괘체를 가지고 괘명을 해석하였다. '대大'는 양陽이다. '과過'는 잘못되었다, 지나쳤다, 두 가지로 해석할 수 있다. '大者過也'는 ①큰 것이 잘못되었다, ②큰 것이 지나쳤다는 말이다.

① 대과는 가운데 네 양효가 지나치게 강하니 '큰 것이 지나쳤다'는 것이다. 주희는 "'대大'는 양이다. 네 양이 가운데에 있어 지나치게 성하므로 대과이다(大, 陽也. 四陽居中過盛, 故爲大過)"라고 하였다. ② 대과는 둘째 넷째 양효가 양이면서 음의 자리에 있으니 '큰 것이 잘못되었다'는 것이다. 고형은 "대과의 둘째 양효는 양효면서 음의 자리에 있고, 넷째 양효 역시 양효면서 음의 자리에 있으니, 이것이 '강과剛過'이다(大過之九二爲陽爻居陰位, 九四亦爲陽爻居陰位, 是爲'剛過')"라고 하였다.

지나친 것은 잘못된 것이다. 「단」은 괘명 '대과大過'를, 큰 것이 잘못되었다고 해석하였다.

'棟撓', 本末弱也.

괘체를 가지고 괘사 '동뇨棟橈'를 해석하였다. '撓'는 '橈'로 쓰는 것이 바르다. '본本'은 처음 음효(初六), '말末'은 꼭대기 음효(上六)을 가리킨다. '본말약야'는 처음과 끝이 약하다는 말이다. 「계사」 하·9장에 "처음 효는 알기 어려우나, 꼭대기 효는 알기 쉬우니, 근본과 말단이기 때문이다(其初難知, 其上易知, 本末也)"라고 하였다. 왕필은 "처음 효가 본이고 꼭대기 효가 말이다(初爲本而上爲末也)", 주희는 "'본本'은 처음 음효를, '말末'은 꼭대기 음효를, '약弱'은 음이 유약한 것을 말한다(本謂初, 末謂上, 弱謂陰柔)"라고 하였다.

대과의 중간 네 효는 양효이고 강이다. 처음과 꼭대기는 음효이고 유이다. 처음 효는 괘체의 근본(本)이고, 꼭대기 효는 괘체의 끝(末)이다. 그런즉 대과는 가운데 부분은 단단하나 '처음과 끝은 약하니(本末弱)', 마룻대가 굽었다는 것이다. 「단」은 괘사 '동뇨棟橈'를, 마룻대의 가운데 부분은 단단하나 처음과 끝이 약하기 때문에 마룻대가 굽었다고 해석하였다.

剛過而中

괘체를 가지고 괘사 '利有攸往, 亨'을 해석하였다. '강과이중'은 강이 잘못되었으나 가운데 자리에 있다는 말이다. 이에 대해 몇 가지 해석이 있다.

첫째, 『집해』에 우번은 "'강과이중'은 둘째 양효를 말한다(剛過而中, 謂二也)"라고 하였다.

둘째, 왕필은 "'강剛'은 둘째 양효이고, 둘째 양효가 음의 자리에 있으니 잘못되었고, 또 가운데 자리에 있으니 '중'이라 하였다(謂二也. 居陰, 過也. 處二, 中也)"라고 하였는데, 공영달이 이를 따랐다.

셋째, 정이는 '강과剛過'는 네 양효가 두 음효보다 성하다는 것이고, '중中'은 둘째 양효와 다섯째 양효가 각각 가운데 자리에 있는 것을 가리킨다고 하였다(剛雖過, 而二五皆得中, 是處不失中道也). 주희, 래지덕, 진몽뢰 등이 이를 따랐다.

넷째, 고형은 '강과剛過'는 둘째 양효, 넷째 양효가 음의 자리에 있는 것이라 하고(大過之九二爲陽爻居陰位, 九四亦爲陽爻居陰位), '중中'은 둘째, 다섯째 양효가 각각 가운데 자리에 있는 것이라고 하였다(大過之九二爲剛, 居下卦之中位, 九五爲剛, 居上卦之中位). 진고응이 이를 따랐다.

다섯째, 필자의 설명이다. 대과 「단」은 '剛過而中'이라 하고, 소과 「단」에는 '剛失位而不中'이라고 하였다. '過'는 '失位'의 뜻이다. '강과이중'은 둘째와 넷째 양효가 양이면서 음의 자리에 있다(過)는 것이고, 둘째와 다섯째 양효가 가운데 자리에 있다(中)는 말이다. '강실위이부중'은 넷째 양효가 음의 자리에 있다(失位)는 것이고, 셋째와 넷째 양효가 가운데 자리에 있지 않다(不中)는 것이다.

巽而說行

괘덕을 가지고 괘사 '利有攸往, 亨'을 해석하였다. 대과는 아랫괘가 손巽이고 윗괘는 태兌이다. 손은 겸손함(巽)이고 태는 기뻐함(悅)이다. 그런즉 대과는 또 '겸손하여 기뻐함'이다. '손이열행'은 겸손하여 기뻐하며 행한다는 말이다.

'利有攸往', 乃'亨'.

괘사를 들었다. 구절 앞에 '是以'가 있어야 앞뒤 문장이 이어진다.

> 剛過而中, 巽而說行, 是以'利有攸往', 乃'亨'.
> 강이 잘못되었으나 가운데 자리에 있고, 겸손하여 기뻐하며 행하니,
> 그래서 '갈 곳이 있으면 이롭다'는 것이고, 또 '형통하다'는 것이다.

리離「단」에도 같은 형식의 문장이 있다.

> 柔麗乎中正, 故'亨', 是以'畜牝牛吉'也.
> 유가 가운데 자리에 붙어 있으므로 '형통하다'는 것이고,
> 그래서 '암소를 기르면 길하다'는 것이다.

'내乃'는 '우又'로 읽는다. "갈 곳이 있으면 이롭다는 것이고, 또 형통하다는 것이다"는 말이다. 즉 대과는 강이 잘못되었으나 가운데 자리에 있고, 겸손하여 기뻐하며 행하니, 그래서 갈 곳이 있으면 이롭다는 것이고 또 형통하다는 것이라는 말이다.

정이는 "아랫괘는 손이고 윗괘는 태이니 그래서 겸손하여 기뻐함의 도로써 행하는 것이다. 크게 잘못되었을 때, 중도를 지니고 겸손하여 기뻐함으로 행하니, 그러므로 갈 곳이 있으면 이롭고 이에 형통할 수 있는 것이다(下巽上兌, 是以巽順和說之道而行也. 在大過之時, 以中道巽說而行, 故利有攸往, 乃所以能亨也)"라고 하였다. 정이는 '내乃'를 접속사로 보았다.

大過之時大矣哉

괘의를 말하였다. "대과의 때는 크기도 하다"는 말이다. 『집해』에 우번은 효사를 인용하여 "나라의 대사는 제사와 군사에 있다. 제사에 흰 띠 풀로 짠 자리를 사용하고, 젊은 아내가 자식을 낳고, 대를 이어 제사를 받드니, 그러므로 크기도 하다(國之大事, 在祀與戎. 藉用白茅, 女妻有子, 繼世承祀, 故大矣哉)"라고 하였다. 정이는 "대과의 때는 그 일이 매우 크니, 그러므로 이를 찬양하여 '대의재'라고 하였다. 예컨대, 평범하지 않은 큰일을 세우고, 백세의 큰 공을 일으키고, 세속을 뛰어넘는 큰 덕을 이루는 것이 모두 '대과'의 일이다(大過之時, 其事甚大, 故贊之曰大矣哉. 如立非常之大事, 興百世之大功, 成絶俗之大德, 皆大過之事也)"라고 하였다.

진고응은 "「단」은 때로 '시時', 혹은 '시의時義', 혹은 '시용時用'을 말하였는데(「彖」或云'時', 或云'時義', 或云'時用'), 요컨대 '시時'에는 두 가지 뜻이 있다(要之, '時'有二義). 하나는 천시, 천명. 시기, 환경, 조건을 말하고(一謂天時, 天命, 時機, 環境, 條件), 또 하나는 상황에 따르는 것, 시기를 장악하는 것, 조건을 만드는 것을 말한다(一謂因順時境, 掌握時機, 創造條件). 대과의 상황이 이와 같으니(大過之時境如此), 군자는 당연히 상황을 분명하게 파악하고(君子當認淸時境) 조건을 만들어 크게 하는 것이 있으니(創造條件以大有所爲), 그 품은 뜻은 지극히 크므로(其內涵至大), '대과지시대의재'라고 말한 것이다(故云'大過之時大矣哉')"라고 하였다.

29. 감坎

䷜ 習坎, 有孚, 維心亨, 行有尙.

감은 믿음이 있어 마음은 형통하니, 가면 상이 있다.

'습감習坎'의 '습習'자는 잘못 들어간 것이다. '감坎'은 괘명이며, 물(水)이고, 험난함(險)이다. '부孚'는 믿음이라는 뜻의 신信이다. '유維'는 어조사이다. '형亨'은 형통하다는 뜻의 통通이다. '상尙'은 '상賞'으로 읽는다.

彖曰 '習坎', 重險也. ('有孚'), 水流而不盈, 行險而不失其信. '維心亨', 乃以剛中也. '行有尙', 往有功也. 天險, 不可升也. 地險, 山川丘陵也. 王公設險, 以守其國. 險之時用大矣哉.

'습감'은 험난함이 겹친 것이다. ('믿음이 있다'는 것은) 물이 흐르나 가득 차지 않으며, 험난함 속에 행하나 믿음을 잃지 않는다는 것이다. '마음은 형통하다'는 것은 강이 가운데 자리에 있기 때문이다. '가면 상이 있다'는 것은 가면 공이 있다는 것이다. 하늘이 험난한 것은 오를 수 없기 때문이다. 땅이 험난한 것은 산천구릉이 있기 때문이다. 왕과 제후는 험난한 것을 만들어 그 나라를 지킨다. 감의 때의 쓰임은 크기도 하다.

감 「단」은 3단락으로 구성되어 있다.

첫째 단락… 괘체로 괘명 '習坎'을 해석하였다.

① '習坎'… 괘명을 들었음.

② 重險也… 험난함이 겹친 것임.

둘째 단락… 괘사를 해석하였다.

1. 괘사 '有孚'를 해석하였다.

   1) 괘상으로 해석하였다.

      ① ('有孚')… 괘사 '유부'를 들었음.

      ② 水流而不盈… 물이 흐르나 가득 차지 않음.

2) 괘덕으로 해석하였다.

① 行險而不失其信…험난함 속에 행하나 믿음을 잃지 않는다는 것임.

2. 괘체로 괘사 '維心亨'을 해석하였다.

① '維心亨'…괘사 '유심형'을 들었음.

② 乃以剛中也…강이 가운데 자리에 있기 때문임.

3. 괘사 '行有尙'을 해석하였다.

① '行有尙'…괘사 '행유상'을 들었음.

② 往有功也…가면 공이 있다는 것임.

셋째 단락…괘의를 설명하였다.

1. 자연계를 들었다.

① 天險, 不可升也.…하늘이 험난한 것은 오를 수 없기 때문임.

② 地險, 山川丘陵也.…땅이 험난한 것은 산천구릉이 있기 때문임.

2. 인간계를 들었다.

① 王公設險, 以守其國.…왕과 제후는 험난한 것을 만들어 그 나라를 지킴.

3. 괘의를 말하였다.

① 險之時用大矣哉…감의 때의 쓰임은 크기도 함.

감「단」에서 '중中', '공功'과 '승升', '능陵'은 운이다.

유백민: '中', 一東. 與下'功', 一東. 爲韻. '升', 十六蒸. 與下'陵', 十六蒸. 爲韻.

스즈키: '중中', '공功'과 '승升', '능陵'.

習坎

『집해』에 육적과 『석문』에 육덕명은 "'습習'은 겹친다는 뜻의 중重"이라고 하였다. 『석문』에 유환은 "물이 흘러가 멈추지 않으므로 '습'이라 하였다(劉云水流行不休, 故曰習)"라고 하였다. 유백민은 "'습習'은 당연히 '습襲'으로 읽어야 한다(習當讀爲襲). 옛날에 글자는 통용되었다(古字通用). '습襲'은 겹친다는 뜻이다(襲, 重也)"라고 하였다. 고형은 "'습習'은 '습襲'을 가차한 것(習乃借爲襲)"이라 하고, 『광아』「석고釋詁」에 "'습襲'은 겹친다는 뜻이다(襲, 重也)"라고 하였다. 두 개의 감坎이 서로 겹쳐 있으므로 '습감習坎' 이라고 하였다는 것이다.

고형은 "이것은 괘체가 '습감'이라는 것이고(此謂本卦卦體是習坎), 괘상이 '중험'이라는 것이지(卦象是重險), 괘명이 '습감'이라는 말이 아니다(非謂卦名習坎也). 손巽(☴)「단」에 '손을 겹쳐 교명을 거듭 펼친다(重巽以申命)'라고 하였는데, '중손重巽'은 손의 괘체를 말한 것이지(乃以'重巽'二字釋巽卦卦體), 괘명을 가리키는 것이 아닌 것과 같다(非謂卦名重巽也). 괘사의 '습감習坎'의 '습習'자는 처음 음효 효사와「단」의 '습감習坎' 두 글자와 관련되어 잘못 들어간 것이 아닌가 한다(習字疑涉初九爻辭及彖傳之'習坎'二字而衍)"라고 하였다.『석문』과『집해』에는 괘명으로 '습감習坎',『백서』에는 '습공習贛'으로 되어 있다. 필자는 '習'자는 잘못 들어간 글자라고 생각한다.「단」은 항상 먼저 괘명을 인용하였다. 이것은「단」의 통례이다.「상」의 '습감習坎'도 '습習'자가 잘못 들어간 것이다.「서괘」와「잡괘」는 모두 '감坎'이라고 하였다.

「서괘」에 "사물은 끝까지 그릇될 수 없으니, 그러므로 감으로 받는다. 감은 빠진다는 것이다(物不可以終過, 故受之以坎. 坎者, 陷也)"라고 하였다.『석문』에 "'감坎'은 서려침이 고苦와 감感의 반절이라고 하였다. 어떤 책에는 '감埳'으로도 되어 있다. 경방과 유환은 '감欿'으로 썼다. 험난하다는 뜻의 험險, 빠지다는 뜻의 함陷이다(坎, 徐苦感反. 本亦作埳. 京劉作欿. 險也, 陷也)"라고 하였다.「단」은 '감坎'을 험난하다(險)는 뜻으로 새겼다.

정이는 "괘 가운데는 한 양이고 위아래는 두 음이다. 양은 실하고 음은 허하니, 위아래는 의지할 곳이 없다. 한 양이 두 음 속에 빠져 있으므로 빠진다는 뜻이다(卦中一陽上下二陰, 陽實陰虛, 上下无據, 一陽陷於二陰之中, 故爲坎陷之義)"라고 하였다.

重險也

괘체를 가지고 괘명을 해석하였다. '습習'은 겹친다는 뜻의 중重, '감坎'은 험난하다는 뜻의 험險이다.「단」은 '중重'을 가지고 습習을, '험險'을 가지고 감坎을 해석하였다. '중험'은 험난함이 겹쳐 있다는 말이다. 감은 위아래 모두 감이니, 험난함이 겹친 것이다.

이 구절은 당연히 "坎, 險也"라고 해야 바르다. 리離「단」에 '離, 麗也'라고 한 것과 같다. '습習'자가 잘못 들어갔으니 이것을 해석한 '중重'자도 잘못 들어갔다.

('有孚'), 水流而不盈

괘상을 가지고 괘사 '유부有孚'를 해석하였다. 구절 앞에 괘사 '有孚'가 있어야 한다. 옮겨 쓰면서 잘못하여 빠뜨렸을 것이다. '수水'는 감의 괘상이다. '영盈'은 가득하다는 뜻의 만滿이다. '수류이불영'은 물이 흐르나 가득 차지 않는다는 말이다. 감이 겹쳐 있으니, 물이 연이어 흐르나 가득 차지 않는다는 것이다.

行險而不失其信

괘덕을 가지고 괘사 '유부有孚'를 해석하였다. 「단」에서 '험險'은 감의 괘상과 괘덕, 두 가지로 사용하였다. 예를 들면, 몽蒙 「단」에 "蒙, 山下有險, 險而止, 蒙"이라고 하였는데, '山下有險'은 괘상으로, '險而止'는 괘덕으로 말한 것이다.

이 구절에서는 '신信'과 이어 말하였으므로 필자는 괘덕으로 보았다. '행험行險'은 감은 위아래 모두 감이니, 험난함 속에 행한다는 말이다. 「단」은 '신信'을 가지고 괘사의 '부孚'를 해석하였다. '부孚'는 믿음이라는 뜻의 신信이라는 말이다. '불실기신'은 믿음을 잃지 않는다는 말이다. "험난함(坎) 속에 행하나 그 믿음(孚)을 잃지 않는다"는 말이다.

'維心亨'

괘체를 가지고 괘사 '維心亨'을 해석하였다. 필자는 '유維'를 어조사로 보고, "마음은 형통하다"고 해석하였다. 진고응도 어조사로 보았다. 고형은 '유惟'로 읽고(維讀爲惟) 다만, 오직, 오로지라는 뜻으로 새기고, "오로지 마음은 형통하다"라고 해석하였다.

乃以剛中也

'내乃'는 동사이며, '시是'와 같다. '이以'는 원인을 나타내는 전치사이며, 인因으로 읽는다. '강剛'은 둘째와 다섯째 양효를 가리키며, '중中'은 두 효가 윗괘와 아랫괘의 가운데 자리에 있다는 것이다. '내이강중야'는 강이 가운데 자리에 있기 때문이라는 말이다. 『집해』에 후과는 "둘째와 다섯째는 강이 가운데 자리에 있으니 마음이 형통한 것이다(二五剛而居中, 則心亨也)"라고 하였다. 「단」은 괘사 '유심형維心亨'을, 마음이 형통한 것은 강이 가운데 자리에 있기 때문이라고 해석하였다. 즉 사람이 강건하고 중정의 덕을 지니고 있기 때문에 마음이 형통하다는 것이다.

'行有尙'

괘사 '行有尙'을 해석하였다. "가면 상이 있다"는 말이다.

往有功也

「단」은 '왕往'으로 괘사의 '행行'을, '공功'으로 '상尙'을 해석하였다. 「단」은 괘사 '행유상行有尙'을, 가면 상이 있는 것은 가면 공이 있는 것이라고 해석하였다.

물이 흐르나 가득 차지 않으며, 험난함 속에 행하나 그 믿음을 잃지 않고, 강건하고 중정의 덕을 지니고 있으니, 가면 공이 있다는 것이다.

天險, 不可升也.

이하 괘의를 설명하면서 먼저 자연계를 들었다. '승升'은 오른다는 뜻의 등登이다. '불가승야'는 오를 수 없다는 말이다. "하늘이 험난한 것은 오를 수 없기 때문"이라는 말이다.

地險, 山川丘陵也.

'능陵'은 재라는 뜻의 영嶺이다. "땅이 험난한 것은 산천구릉이 있기 때문"이라는 말이다.

王公設險, 以守其國.

인간계를 들었다. '왕王'은 천자, '공公'은 제후이다. '설設'은 베풀다(陳), 만들다(作)는 뜻이다. '왕공설험'은 왕과 제후는 험난한 것을 만든다는 말이다. '이以' 뒤에 '지之'자가 생략되어 있다. '이以'는 용用이며, '지之'는 설험設險을 가리킨다. 또 '이以'는 '이而'로 읽어도 통한다. '기其'는 왕공王公을 가리킨다. "왕과 제후는 험난한 것을 만들어 자신의 나라를 지킨다"는 말이다.

'국國'은 '방邦'으로 쓰는 것이 바르다. '방邦'으로 쓰면 '승升', '능陵', '방邦'은 운이 된다. 『집해』에 우번은 "王公大人, 謂乾五. 坤爲邦"이라고 하여 '방邦'으로 읽었다. 유백민은 "'국國'은 우번 본에는 '방邦'으로 되어 있다. 한나라 유방의 이름을 피하기 위해 '방邦'을 '국國'으로 고쳤다(國, 虞本作邦, 漢避廟諱, 改邦爲國)"라고 하였다. 피휘하기 위해서라면 '方'으로 써도 되는데 왜 '國'으로 썼는가? 그리고 「단」에 '邦'자가 4곳 나온다. ①비否 「단」에 '天下无邦', ②건蹇 「단」에 '以正邦也', ③점漸 「단」에 '以正邦也', ④중부中孚 「단」에 '乃化邦也'라고 하였다. 왜 이들은 '國'으로 바꾸지 않고 그대로 있는가? 유백민은 잘못 알고 말하였다.

하늘이 험난한 것은 오를 수 없기 때문이다. 땅이 험난한 것은 산천구릉이 있기 때문이다. 왕과 제후는 성곽과 해자 등의 험난한 것을 만들어 그 나라를 지킨다. 험난한 것은 때에 맞게 사용하면 이로운 것이다.

險之時用大矣哉

괘의를 말하였다. 이 구절은 앞의 세 구절을 총결한 것이다. '험險'은 당연히 '감坎'으로 써야 한다. 앞의 '천험天險' '지험地險' '왕공설험王公設險'의 세 험險자를 따라 잘못 쓴 것이다. 「단」에서 '대의재大矣哉'를 말한 것은 모두 11괘인데, 먼저 괘명을 들고, 그 다음 '시時' 혹은 '시의時義' 혹은 '시용時用'을 말한 후 '대의재'라고 하였다.

'시용時用'은 때에 알맞게 사용한다는 뜻이다. 진고응은 "때에 따라 사용한다(因時而用)"라고 하였다. "험난한 것을 만들어 때에 알맞게 사용하니, 감의 때의 쓰임은 크기도 하다"는 말이다. 「단」에서 '시용時用'을 말한 괘는 감坎, 규睽, 건蹇 등 3괘이다.

30. 리離

䷝ 離, 利貞, 亨. 畜牝牛吉.

리는 바르게 하여 이롭고, 형통하다. 암소를 기르면 길하다.

'리離'는 괘명이며, 붙다(麗), 부착하다(附)는 뜻이다. '이利'는 이롭다는 뜻이다. '정貞'은 바르다는 뜻의 정正이다. '이정利貞'은 바르게 하여 이롭다는 말이다. '형亨'은 형통하다는 뜻의 통通이다. 『집해』에 우번은 "'축畜'은 기른다는 뜻의 양養"이라고 하였다. '축'은 '휵'으로도 발음한다. 『석문』에 "'畜'은 허許와 육六의 반절(畜, 許六反)"이라고 하였는데, '휵'으로 발음한다는 것이다. 중국 발음에 '축'은 기른다는 동사로는 'xu4', 짐승 가축이라는 명사로는 'chu4', 두 가지 발음이 있다. 우리 발음으로 앞의 것은 '휵'이고 뒤의 것은 '축'이다. 그러나 우리는 동사로도 축목畜牧, 축양畜養, 축견畜犬, 축우畜牛와 같이 습관적으로 '축'으로 발음한다. '빈牝'은 조수鳥獸의 암컷이다. '빈우牝牛'는 암소이다. '축빈우길畜牝牛吉'은 암소의 성질이 유순하여 사람에게 붙을 수 있어 암소를 기르면 길하다는 말이다.

彖曰 離, 麗也. 日月麗乎天, 百穀草木麗乎土. ('利貞'), 重明以麗乎正, 乃化成天下. 柔麗乎中正, 故'亨', 是以'畜牝牛吉'也.

리는 붙는다는 뜻이다. 해와 달은 하늘에 붙어 있고, 백곡과 초목은 땅에 붙어 있다. ('바르게 하여 이롭다'는 것은) 밝음이 겹쳐 바름에 붙어 있으니, 그래서 천하를 교화하여 이룬다는 것이다. 유가 가운데와 바른 자리에 붙어 있으므로 '형통하다'는 것이고, 그래서 '암소를 기르면 길하다'는 것이다.

리 「단」은 2단락으로 구성되어 있다.

첫째 단락… 괘명 '離'를 해석하였다.

1. 훈고로 해석하였다.
   ① 離… 괘명을 들었음.
   ② 麗也… 붙는다는 뜻임.

2. '離'의 의미를 설명하였다.
   ① 日月麗乎天… 해와 달은 하늘에 붙어 있음.
   ② 百穀草木麗乎土… 백곡과 초목은 땅에 붙어 있음.

둘째 단락… 괘사를 해석하였다.

1. 괘상으로 괘사 '利貞'을 해석하였다.
   ① ('利貞')… 괘사 '이정'을 들었음.
   ② 重明以麗乎正… 밝음이 겹쳐서 바름에 붙어 있음.
   ③ 乃化成天下… 그래서 천하를 교화하여 이룬다는 것임.

2. 괘체로 괘사 '亨', '畜牝牛吉'을 해석하였다.
   ① 柔麗乎中正… 유가 가운데 자리에 붙어 있음.
   ② 故'亨', 是以'畜牝牛吉'也.… 괘사 '형', '축빈우길'을 들었음.

리 「단」에서 '토土', '하下'는 운이다.
유백민: '土', 十姥. 與下'下', 音戶. 相韻.
스즈키: '토土', '하下'.

離

괘명이다. 「서괘」에 "빠지면 반드시 붙는 곳이 있으니, 그러므로 리로 받는다. 리는 붙는다는 뜻이다(陷必有所麗, 故受之以離. 離者, 麗也)"라고 하였다. 『집해』에 순상은 "음이 양에 붙어 있으니, 서로 붙는 것이다(陰麗於陽, 相附麗也)", 『석문』에 육덕명은 "'리離'는 열列과 지池의 반절이다. 붙는다는 뜻의 리麗이고, 리麗는 붙는다는 뜻의 착著이다(離,

列池反. 麗也, 麗, 著也)"라고 하였다. 「단」은 괘명 '리離'를 붙다(麗)는 뜻으로 새겼다.

정이는 "리離는 붙는다는 뜻의 리麗, 밝다는 뜻의 명明이다. 음이 위아래의 양에 붙어 있는 것을 취하면 붙는다는 뜻이 되고, 가운데가 허한 것을 취하면 밝다는 뜻이 된다(離, 麗也, 明也. 取其陰麗於上下之陽, 則爲附麗之義. 取其中虛, 則爲明義)"라고 하였다.

麗也

훈고를 취하여 괘명을 해석하였다. 괘명이 리離인 것은 '리離'는 붙는다는 뜻의 리麗라는 말이다. 왕필은 "'리'는 붙는다는 뜻의 착著과 같다. 사물은 각각 알맞게 붙는다(麗, 猶著也, 各得其著之宜)"라고 하였다.

'麗'는 우리 발음에 '려'와 '리' 두 가지가 있는데, 모두 붙는다(附)는 뜻을 가지고 있다. 중국 발음으로는 두 가지 모두 'li4'이다. 우리가 '리'로 발음하는 것은 중국 발음을 그대로 따라 사용하는 것이다. 『석문』에 "'리離'는 음이 리麗(離, 音麗)"라고 하였고, 유백민은 "'리離'는 리麗를 가차한 것(離爲麗之叚借)"이라고 하였다.

日月麗乎天

이하 '離'의 의미를 설명하였다. "해와 달은 하늘에 붙어 있다"는 말이다.

百穀草木麗乎土

『설문』 토부土部에 "'토土'는 땅이 만물을 낳는 것이다(土, 地之吐生萬物者也)", "'二'는 땅의 위, 땅의 속을 나타내고(二象地之上, 地之中)", "'丨'은 사물이 나오는 모양이다(丨, 物出形也)"라고 하여, 세 개의 '지地'를 들어 설명하였다. '토土'는 『집해』에 '지地'로 되어 있고, 『석문』에 "왕숙 본은 '지地'로 썼다(王肅本作地)"라고 하였다. 고형은 "『역전』은 대부분 '천지天地'를 함께 말하였으니(『易傳』多以天地幷言), '지地'로 쓰는 것이 바르다(作地是也)"라고 하였다. 진고응은 "'토土'와 '화성천하'의 '하下'는 같이 어부魚部의 운을 맞춘 것이니('土'與'化成天下'的'下'同協魚部韻), '土'로 쓰는 것이 맞다(故作'土'是)"라고 하였다. 「단」이 '지地'로 쓰지 않고 '토土'로 쓴 것은 '토土'와 '하下'가 운이 되기 때문이다. 즉 운을 맞추기 위해 '地'로 써야 할 것을 의도적으로 '土'로 바꿔 쓴 것이다. "리는 붙는다는 뜻이며, 해와 달은 하늘에 붙어 있고, 백곡 초목은 땅에 붙어 있다"는 말이다.

('利貞') 重明以麗乎正

괘상을 가지고 괘사 '利貞'을 해석하였다. 구절 앞에 괘사 '利貞'이 있어야 한다. 옮겨 쓰면서 잘못하여 빠뜨렸을 것이다. '중명重明'은 밝음이 겹쳐 있다는 뜻이다. 리는 위아래 괘 모두 리이며, 리는 해(日)이고 밝음(明)이다. 그런즉 그 괘상은 '밝음이 겹쳐 있다(重明)'는 것이다. '이以'는 '이而'와 같다. 「단」은 '정正'을 가지고 괘사의 '정貞'을 해석하였다. '정正'은 정도正道이며, 어긋남이 없는 것이다. '중명이리호정'은 밝음이 겹쳐 바름에 붙어 있다는 말이다.

乃化成天下

'내乃'는 접속사이며, 이에, 그래서라는 뜻이다. '화化' 화육化育 혹은 교화敎化의 뜻이다. '화성化成'은 교화하여 이룬다는 뜻이다. '화성천하'는 천하를 교화하여 이룬다는 말이다. 「단」은 괘사 '이정利貞'을, 밝음이 겹쳐 바름에 붙어 있으니, 그래서 천하를 교화하여 이룬다고 해석하였다. 따라서 '이정利貞'은 바르게 하여 이롭다는 말이다.

공영달은 "'밝음이 겹쳤다'는 것은 괘의 위아래가 모두 리라는 말이다. '바름에 붙어 있다'는 것은 두 개의 음이 위아래 괘의 가운데에 있다는 말이다. 이미 밝음이 겹친 덕을 가지고 있고, 또 정도에 붙어 있으니, 그래서 천하를 교화하여 이루는 것이다(重明, 謂上下俱離. 麗乎正也者, 謂兩陰在內. 旣有重明之德, 又附於正道, 所以化成天下也)"라고 하였다.

柔麗乎中正

괘체를 가지고 괘사 '亨', '畜牝牛吉'을 해석하였다. '유柔'는 둘째와 다섯째 음효를 가리킨다. '중정中正'은 두 음효가 각각 위아래 괘의 가운데 자리(中)에 있고, 둘째 음효는 또 바른 자리(正)에 있다는 것이다. '유리호중정'은 유가 가운데와 바른 자리에 붙어 있다는 말이다. 정이는 "둘째와 다섯째는 유순하여 중정에 붙어 있으므로 형통할 수 있다(二五以柔順麗於中正, 所以能亨)"라고 하였다.

故 '亨'

「단」은 괘사 '형亨'을, 유가 가운데와 바른 자리에 붙어 있으므로 '형통하다'고 해석하였다.

是以 '畜牝牛吉' 也

「단」은 또 괘사 '축빈우길畜牝牛吉'을, 암소의 성질이 유순하여 사람에게 붙으니, 암소를 기르면 길하다고 해석하였다.

단彖

하

31. 함咸

䷞ 咸, 亨, 利貞, 取女吉.

함은 형통하고, 바르게 하여 이롭고, 장가들면 길하다.

'함咸'은 괘명이며, 감응한다는 뜻의 감感이다. '형亨'은 형통하다는 뜻의 통通이다. '정貞'은 바르다는 뜻의 정正이다. '이정利貞'은 바르게 하여 이롭다는 말이다. 『석문』에 "'취取'는 칠七과 구具의 반절이다. '취娶'로도 썼다(取, 七具反. 本亦作娶)"라고 하였다. '취取'는 '취娶'로 읽으며, 장가든다는 뜻이다. '취녀길取女吉'은 장가들면 길하다는 말이다.

彖曰 咸, 感也. 柔上而剛下, 二氣感應以相與. 止而說, 男下女, 是以'亨', '利貞', 取女吉'也. 天地感而萬物化生, 聖人感人心而天下和平. 觀其所感, 而天地萬物之情可見矣.

함은 감응한다는 뜻이다. 유가 위에 강은 아래에 있어, 두 기가 감응하여 함께 있다. 멈추어 기뻐하며, 남자가 여자의 아래에 있으니, 그래서 '형통하고', '바르게 하여 이롭고', '장가들면 길하다'고 한 것이다. 천지가 감응하니 만물이 태어나 자라난다. 성인이 사람의 마음을 감화하니 천하가 평화롭다. 그 감응하는 바를 보고 천지 만물의 정황을 알 수 있다.

함「단」은 3단락으로 구성되어 있다.

첫째 단락…괘명 '咸'을 해석하였다.

1. 훈고로 해석하였다.
   ① 咸…괘명을 들었음.
   ② 感也…감응한다는 뜻임.

2. 괘체로 해석하였다.
   ① 柔上而剛下…유가 위에 강이 아래에 있음.

3. 괘상으로 해석하였다.

① 二氣感應以相與 … 두 기가 감응하여 함께 있음.

둘째 단락 … 괘사 '亨', '利貞', '取女吉'을 해석하였다.
1. 괘덕으로 해석하였다.
① 止而說 … 멈추어 기뻐함.

2. 괘상으로 해석하였다.
① 男下女 … 남자가 여자의 아래에 있음.
② 是以'亨', '利貞', '取女吉'也. … 괘사 '형', '이정', '취녀길'을 들었음.

셋째 단락 … 괘의를 설명하였다.
1. 자연계를 들었다.
① 天地感而萬物化生 … 천지가 감응하니 만물이 태어나 자라남.

2. 인간계를 들었다.
① 聖人感人心而天下和平 … 성인이 사람의 마음을 감화하니 천하가 평화로움.

3. 결어를 말하였다.
① 觀其所感 … 그 감응하는 바를 살핌.
② 而天地萬物之情可見矣 … 천지 만물의 정황을 알 수 있음.

함 「단」에서 '하下', '여與', '여女'와 '생生', '평平'은 운이다.
유백민: '下', 音戶. 與下'與', 八語. '女', 八語. 爲韻.
'生', 十二庚. 與下'平', 十二庚. 爲韻.
스즈키: '하下', '여與', '여女'와 '생生', '평平'.

咸

괘명이다. '함咸'은 느낀다는 뜻의 감感으로 읽는다. 두 글자는 모양과 발음이 비슷하여 가차하였다. 자연계로 말하면 음양의 감응을 말하고, 인간계로 말하면 남녀의 교감을 말한다. 『설문』 심부心部에 "'감感'은 사람의 마음을 움직이는 것(感, 動人心也)"이라 하였고, 『이아』 「석고」에 "'감感'은 움직인다는 뜻의 동(感, 動也)"이라고 하였다. 이것은 '감感'을 감동의 뜻으로 해석한 것이다. '감동感動'이란 느껴서 마음이 움직이는 것이니, 곧 감응이요, 교감의 뜻이다. 「단」은 감응하다(感)는 뜻으로 새겼다. 『집해』에 우번과 정현, 『석문』에 육덕명은 「단」을 따라 "'감感'은 감응하다는 뜻(彖云咸, 感也)"이라고 하였다.

感也

훈고를 취하여 괘명을 해석하였다. 괘명이 '함咸'인 것은 '함'은 감응한다는 뜻의 감感이며, 강유가 서로 감응하고 남녀가 서로 교감하는 것이라는 말이다.

柔上而剛下

괘체를 가지고 괘명을 해석하였다. '유상이강하'는 유가 위에 강이 아래에 있다는 말이다. 이에 대해 세 가지 해석이 있다.

첫째, 효를 가지고 해석한 것이다. 『집해』에 촉재는 '유柔'를 꼭대기 음효, '강剛'을 셋째 양효로 보았다. "함괘는 비괘否卦를 근본으로 하였다. 비괘의 셋째 음효가 위로 올라가 함괘의 꼭대기 음효가 되었고, 비괘의 꼭대기 양효가 아래로 내려와 함괘의 셋째 양효가 되었다. 이것이 '유상이강하'이다(此本否卦, 六三升上, 上九降三, 是柔上而剛下)"라고 하였다. 주준성, 상병화가 이를 따랐다.

둘째, 괘를 가지고 해석한 것이다. 공영달은 '유柔'를 함의 윗괘인 태兌로, '강剛'은 아랫괘인 간艮으로 보았다. "간은 강이고 태는 유이다. 만약 강이 스스로 위에 있고, 유가 스스로 아래에 있다면, 서로 교감하지 않으니 통할 수 없게 된다. 지금 유인 태는 위에 있고 강인 간은 아래에 있으니, 이것이 두 기가 감응하여 서로 주는 것이며, 그래서 감은 형통하다는 것이다(艮剛而兌柔. 若剛自在上, 柔自在下, 則不相交感, 无由得通. 今兌柔在上而艮剛在下, 是二氣感應以相授與, 所以爲咸亨也)"라고 하였다. 진몽뢰, 유백민, 고형 등이 이를 따랐다.

래지덕은 종괘로 해석하였다. "'유상柔上'은 항의 아랫괘인 손이 위로 가서 함의 태가 된 것이고, '강하剛下'는 항의 윗괘인 진이 아래로 와서 함의 간이 된 것이다(柔上者, 恒下卦之巽, 上而爲咸之兌也. 剛下者, 恒上卦之震, 下而爲咸之艮也)"라고 하였다.

셋째, 괘와 효, 두 가지를 가지고 해석한 것이다. 정이는 "함에서 유효는 위로 올라가고 강효는 아래로 내려와서, 유는 위에서 강을 변화시켜 태가 되고, 강은 아래에서 유를 변화시켜 간이 되니, 음양이 서로 교합하고 남녀가 교감하는 뜻이다. 또 여자인 태는 위에 있고 남자인 간은 아래에 있으니, 또한 '유상이강하'이다(在卦, 則柔爻上而剛爻下, 柔上變剛而成兌, 剛下變柔而成艮, 陰陽相交, 爲男女交感之義. 又兌女在上, 艮男在下, 亦柔上而剛下也)"라고 하였다. 정이는 '유'는 꼭대기 음효, '강'은 셋째 양효로 보았는데, 이들은 각각 강유를 변화시켜 태와 간이 되어 음양이 교합한다고 하였다. '음양상교', '남녀교감'은 태와 간의 감응을 말한다. 또 태는 여자이고 위에, 간는 남자이며 아래에 있으니, 이것 또한 '유상이강하'라고 하였다.

진고응도 이와 같이 해석하여, "괘상에서 보면, 윗괘 태는 음유이고, 아랫괘 간은 양강이므로 '유상이강하'라고 하였다(從卦象看, 上卦兌爲陰柔, 下卦艮爲陽剛, 故云'柔上而剛下'). 괘효에서 보면, 윗괘의 유효 꼭대기 음효는 곤에서 올라가고, 아랫괘의 강효 셋째 양효는 건에서 내려오니, 그래서 '유상이강하'라고 말한 것이다(從卦爻上看, 上卦的柔爻上六自坤而上, 下卦的剛爻九三自乾而下, 所以說'柔上而剛下')"라고 하였다.

주희는 "유인 태가 위에 있고, 강인 간이 아래에 있다(兌柔在上, 艮剛在下)"라고 하였고, 또 '유'를 꼭대기 음효, '강'을 다섯째 양효로 보고, "혹은 괘변으로 '유상이강하'의 뜻을 말할 수 있다. 함咸은 여旅에서 온 것이다. 유는 위로 올라가 꼭대기 음효의 자리에 있고, 강은 아래로 내려와 다섯째 양효의 자리에 있다고 하여도 또한 통한다(或以卦變言柔上而剛下之義. 曰咸自旅來. 柔上居六, 剛下居五也. 亦通)"라고 하였다. 여旅(䷷)의 다섯째 음효와 꼭대기 양효가 자리를 바꾸어 함咸(䷞)이 되었다는 말이다. 이러한 해석은 모두 통한다.

'柔上而剛下'는 효로 해석하면, '유柔'는 꼭대기 음효, '강剛'은 셋째 양효를 가리킨다. 두 효는 음양이 서로 감응한다. 괘로 말하면, '유柔'는 윗괘 태兌, '강剛'은 아랫괘 간艮을 가리킨다. 태는 못이고 간은 산이다. 산과 못은 기를 통한다. '유상이강하'는 유가 위에 강은 아래에 있어 서로 감응한다는 말이다.

二氣感應以相與

괘상을 가지고 괘명을 해석하였다. '이기二氣'는 윗괘의 유인 태兌와 아랫괘의 강인 간艮, 즉 음양 두 기를 말한다. 태는 못이며 음이고, 간은 산이며 양이다. 「설괘」 제3장에 "산과 못은 기를 통한다(山澤通氣)"라고 하였다. 「단」은 '감응感應'을 가지고 괘명 咸(感)을 해석하였다. '이以'는 '이而'와 같다. 고형은 "'상여相與'는 같이 있다는 뜻의 상처相處와 같다(相與猶相處也)"라고 하였다. 항 「단」에도 '雷風相與'라고 하였다. '이기감응이상여'는 두 기가 감응하여 함께 있다는 말이다. 함의 괘상은 못이 위에 산이 아래에 있고, 음기가 위로 올라가고 양기가 아래로 내려오니, 음양 두 기가 감응하여 함께 있는 것이다.

『석문』에 정현은 '여與'를 "친하다는 뜻의 친親(鄭云與猶親也)"으로 새겼다. "두 기가 감응하여 서로 친하다"라고 해석한 것이다. 진고응이 이를 따라 '相親和'로 해석하였다.

止而說

괘덕을 가지고 괘사를 해석하였다. 함은 아랫괘가 간艮이고 윗괘는 태兌이다. 간은 멈춤(止)이고 태는 기뻐함(說)이다. 그런즉 함은 '멈추어 기뻐한다'는 것이다.

男下女

괘상을 가지고 괘사를 해석하였다. 함의 윗괘인 태는 소녀少女이고, 아랫괘인 간은 소남少男이다. 함의 괘상은 여자가 위에 있고 남자가 아래에 있으니, 남자가 여자의 아래에 있는 것이다.

是以'亨', '利貞', '取女吉' 也.

「단」은 '형리정亨利貞'으로 이어 썼지만, 태兌와 소과小過에서처럼 '형亨', '이정利貞'으로 읽는 것이 바르다. 「단」은 괘사 '형亨'을, 음양이 감응하고 남녀가 교감하므로 형통하다고 해석하였다. '이정利貞'은 음양과 남녀가 바르게 감응하므로 바르게 하여 이롭다고 해석하였다. '취녀길取女吉'은 남녀가 서로 감응하면 길하므로 장가들면 길하다고 해석하였다.

天地感而萬物化生

이하 괘의卦義를 설명하면서 먼저 자연계를 들었다. '천지天地'는 음양 두 기이다. '감感'은 감응하는 것이다. '화化'는 화육化育이며, 기른다는 뜻이다. '화생化生'은 '생육生育'이며, 낳아 기른다는 뜻이다. "천지가 감응하니 만물이 태어나 자라난다"는 말이다. 태泰「단」에 "천지가 교합하여 만물이 형통하다(天地交而萬物通也)"라고 하였다. '천지가 감응한다'는 것은 음양이 감응한다는 것이다. 천지 음양 남녀가 감응하니 이로써 만물이 태어나 자라난다.

聖人感人心而天下和平

인간계를 들어 설명하였다. '성인'은 최고 통치자를, '인人'은 백성을 가리킨다. 최고 통치자와 백성은 서로 감응한다. "성인은 사람의 마음을 감화하니 천하가 평화롭다"는 말이다. 감응하니 감화하는 것이다.

觀其所感

이하 결어를 말하였다. '기其'는 천지와 성인을 가리킨다. '관기소감'은 감응하는 바를 본다는 말이며, 천지, 음양, 성인, 백성, 남녀의 감응하는 바를 본다는 것이다.

而天地萬物之情可見矣

'천지만물'은 자연계와 인간계 모두 가리킨다. '정情'은 정황이며, 천지 만물의 각종 현상이다. '견見'은 보다, 안다는 뜻이다. 「단」은 자연계와 인간계의 모든 현상을 망라하여 '정情' 하나로 표현하였다. 천지 음양 만물 남녀는 모두 서로 감응한다. "천지 만물이 서로 감感하는 바를 보면 천지 만물의 정황을 알 수 있다"는 것이다.

『석문』에 "'見'은 현賢과 편遍의 반절(見, 賢遍反)"이라고 하여, '현'으로 읽었다. "감응하는 바를 보면 천지 만물의 정황이 드러날 수 있다"라고 해석한 것이다.

「단」에서 31번 함咸, 32번 항恒, 34번 대장大壯, 45번 췌萃 등, 4괘에서 '天地萬物之情可見矣'라고 하였다.

32. 항恒

䷟ 恒, 亨, 无咎, 利貞. 利有攸往.

항은 형통하고 허물이 없으며 바르게 하여 이롭다. 갈 곳이 있으면 이롭다.

'항恒'은 괘명이며, 항구하다는 뜻의 구久이다. '형亨'은 형통하다는 뜻의 통通이다. '구咎'는 허물 과過의 뜻이다. '무구无咎'는 허물이 없다는 말이다. '정貞'은 바르다는 뜻의 정正이다. '이정利貞'은 바르게 하여 이롭다는 말이다. '유攸'는 소所와 같다.

彖曰 恒, 久也. 剛上而柔下, 雷風相與, 巽而動, 剛柔皆應, 恒. '恒, 亨, 无咎, 利貞', 久於其道也. 天地之道, 恒久而不已也. '利有攸往', 終則有始也. 日月得天而能久照, 四時變化而能久成, 聖人久於其道而天下化成. 觀其所恒, 而天地萬物之情可見矣.

항은 항구하다는 뜻이다. 강이 위에 유는 아래에 있어, 우레와 바람이 함께 있으며, 겸손하여 움직이고, 강유가 모두 응하는 것이 항이다. '항이 형통하고 허물이 없으며 바르게 하여 이롭다'는 것은 그 도에 항구하기 때문이다. (천지의 도는 항구하여 멈추지 않는다.) '갈 곳이 있으면 이롭다'는 것은 끝나면 또 시작한다는 것이다. 천지의 도는 항구하여 멈추지 않으니, 해와 달은 하늘을 얻어 항구히 비출 수 있고, 사계절은 변화하여 항구히 이룰 수 있으며, 성인은 그 도에 항구하여 천하가 교화되고 이루어진다. 항구한 바를 보면 천지 만물의 정황을 알 수 있다.

항「단」은 3단락으로 구성되어 있다.

첫째 단락…괘명 '恒'을 해석하였다.

1. 훈고로 해석하였다.
   ① 恒…괘명을 들었음.
   ② 久也…항구하다는 뜻임.

2. 괘체로 해석하였다.
   ① 剛上而柔下…강이 위에 유는 아래에 있음.

3. 괘상으로 해석하였다.
   ① 雷風相與…우레와 바람이 함께 있음.

4. 괘덕으로 해석하였다.
   ① 巽而動…겸손하여 움직임.

5. 괘체로 해석하였다.
   ① 剛柔皆應…강유가 모두 응함.
   ② 恒…다시 괘명을 들었음.

둘째 단락…괘사를 해석하였다.

1. 괘사 '恒, 亨, 无咎, 利貞'을 해석하였다.
   ① '恒, 亨, 无咎, 利貞'…괘사 '항, 형, 무구, 이정'을 들었음.
   ② 久於其道也…그 도에 항구하기 때문임.

2. 괘사 '利有攸往'을 해석하였다.
   ① '利有攸往'…괘사 '이유유왕'을 들었음.
   ② 終則有始也…끝나면 또 시작한다는 것임.

셋째 단락…괘의를 설명하였다.

1. 자연계를 들었다.
   ① 天地之道, 恒久而不已也…천지의 도는 항구하여 멈추지 않음.

② 日月得天而能久照…해와 달은 하늘을 얻어 항구히 비출 수 있음.
③ 四時變化而能久成…사계절이 변화하여 항구히 이룰 수 있음.

2. 인간계를 들었다.
① 聖人久於其道而天下化成…성인은 그 도에 항구하여 천하가 교화되고 이루어짐.

3. 결어를 말하였다.
① 觀其所恒…항구한 바를 살핌.
② 而天地萬物之情可見矣…천지 만물의 정황을 알 수 있음.

항「단」에서 '하下', '여與'와 '동動', '응應'과 '이已', '시始'는 운이다.
유백민: '下', 八語. '已', 六止. 與下'始', 六止. 爲韻.
スズキ: '하下', '여與'와 '동動', '응應'과 '이已', '시始'.

恒

괘명이다. 「서괘」에 "부부의 도는 오래가지 않을 수 없으니, 그러므로 항으로 받는다. 항은 항구하다는 뜻이다(夫婦之道不可以不久也, 故受之以恒. 恒, 久也)"라고 하였고, 「잡괘」에서도 "'항恒'은 항구하다는 뜻의 구(恒, 久也)"라고 하였다. 『설문』 심부心部에 "'항恒'은 항상이라는 뜻의 상(恒, 常也)", 『집해』에 우번과 정현, 『석문』에 육덕명은 "'항恒'은 항구하다는 뜻의 구(恒, 久也)"라고 하였다. 「단」은 '항恒'을 항구하다(久)는 뜻으로 새겼다.

久也

훈고를 취하여 괘명을 해석하였다. 괘명이 '항恒'인 것은 '항恒'은 항구하다는 뜻의 구久라는 말이다. 「단」은 '구久'를 가지고 괘명 '항恒'을 해석하여, 항구하다는 뜻으로 새겼다.

剛上而柔下

괘체를 가지고 괘명을 해석하였다. '강상이유하'는 강이 위에 유는 아래에 있다는 말이다. 이에 대해 세 가지 해석이 있다.

첫째, 효를 가지고 해석한 것이다. 『집해』에 촉재는 '강剛'은 넷째 양효, '유柔'는 처음 음효로 보았다. "항괘는 태괘를 근본으로 하였다. 태괘의 넷째 음효가 아래로 내려와 항괘의 처음 음효가 되었고, 태괘의 처음 양효가 위로 올라가 항괘의 넷째 양효가 되었다. 이것이 '강상이유하'이다(此本泰卦, 六四降初, 初九升四, 是剛上而柔下也)"라고 하였다. 주준성, 상병화가 이를 따랐다.

정이 역시 '강'은 넷째 양효, '유'는 처음 음효로 보았다. "'강상이유하'는 건의 처음 양효가 위로 올라가서 항의 넷째 양효의 자리에 있고, 곤의 처음 음효가 아래로 내려와서 항의 처음 음효의 자리에 있어, 강효가 위에 있고 유효가 아래에 있는 것을 말한다(剛上而柔下, 謂乾之初上居於四, 坤之初下居於初, 剛爻上而柔爻下也)"라고 하였다.

둘째, 괘를 가지고 해석한 것이다. 항의 윗괘는 진震이고 아랫괘는 손巽이다. 진은 강이고 위에 있으며, 손은 유이고 아래에 있다는 것이다. 왕필은 "강은 높고 유는 낮으니, 그 순서를 얻었다(剛尊柔卑, 得其序也)"라고 하였는데, 공영달은 이를 해석하여 "진은 강이고 손은 유이다. 진은 강이고 높으니 위에 있고, 손은 유이고 낮으니 아래에 있어, 그 순서를 얻었으므로 항이 되는 것이다(震剛而巽柔. 震則剛尊在上, 巽則柔卑在下, 得其順序, 所以爲恒也)"라고 하였다. 진몽뢰, 유백민, 고형, 진고응 등이 이를 따랐다.

래지덕은 종괘로 해석하였다. "본괘의 종괘는 함咸이다. '강상剛上'은 함의 아랫괘인 간이 위로 가서 항의 진이 된 것이고, '유하柔下'는 함의 윗괘인 태가 아래로 와서 항의 손이 된 것이다(本卦綜咸. 剛上者, 咸下卦之艮, 上而爲恒之震也. 柔下者, 咸上卦之兌, 下而爲恒之巽也)"라고 하였다.

셋째, 괘와 효, 두 가지를 가지고 해석하는 것이다. 주희는 "강인 진이 위에 있고, 유인 손이 아래에 있다(震剛在上, 巽柔在下)"라고 하였고, 또 '강'은 둘째 양효, '유'는 처음 음효로 보고, "혹은 괘변으로 '강상유하'의 뜻을 말할 수 있다. 항은 풍에서 온 것이다. 강이 위로 올라가 둘째 양효의 자리에 있고, 유는 아래로 내려와 처음 음효의 자리에 있다고 하여도 또한 통한다(或以卦變言剛上柔下之義. 曰恒自豐來. 剛上居二, 柔下居初也. 亦通)"라고 하였다. 풍豐(䷶)의 아래 두 음양효가 서로 자리를 바꾼 것으로 해석하였다. 이러한 해석은 모두 통한다.

필자는 괘로 해석하는 것이 맞는다고 생각한다. '강상剛上'은 바로 뒤 구절의 '뇌雷'이고, '유하柔下'는 '풍風'을 가리킨다. 즉 '강상剛上'은 윗괘 진震이고, '유하柔下'는 아랫괘 손巽이다. 이렇게 해석해야 바로 뒤의 세 구절 '雷風相與(괘상), 巽而動(괘덕), 剛柔皆應(괘체), 恒'으로 자연스럽게 연결된다. 세 구절 모두 상하 괘를 가지고 말한 것이다.

위의 주장들을 정리하면, '剛上而柔下'는 효로 해석하면, '강剛'은 넷째 양효 혹은 둘째 양효, '유柔'는 처음 음효를 가리킨다. 괘로 말하면, '강剛'은 윗괘 진, '유柔'는 아랫괘 손을 가리킨다. '강상이유하'는 강이 위에 유는 아래에 있는 것은 자연계의 항구한 도라는 말이다. 즉 하늘은 위에 땅은 아래에 있고, 산은 높고 강은 낮은 것 등이다. 또 왕필의 해석처럼 강이 위에 유가 아래에 있는 것은 그 순서를 얻은 것이다. 즉 임금과 신하가 위아래에 처하고, 남자와 여자가 위아래에 있는 것이 인간계의 항구한 도(恒道)라는 것이다.

雷風相與

괘상을 가지고 괘명을 해석하였다. '뇌雷'는 '강상剛上'이고 '풍風'은 '유하柔下'이다. '상여相與'는 '상처相處'와 같으며(고형), 함께 있다는 뜻이다. 항은 윗괘가 진震이고 아랫괘는 손巽이다. 진은 우레(雷)이고 손은 바람(風)이다. 그런즉 항의 괘상은 '우레와 바람이 함께 있는 것'이다. 우레는 위에서 바람은 아래에서 운행하는 것은 자연계의 항구한 도이다.

정이는 "'뇌풍상여'는 우레가 진동하면 바람이 불어, 두 가지는 서로 필요하여 그 힘을 서로 돕는다. 그러므로 '상여相與'라고 하였으니, 항상 그러한 것이다(雷風相與, 雷震則風發, 二者相須, 交助其勢, 故云相與, 乃其常也)"라고 하여, '상여相與'를 '상교交助'로 읽고 "서로 돕는다"라고 해석하였다.

巽而動

괘덕을 가지고 괘명을 해석하였다. 항의 아랫괘인 손은 겸손함(巽)이고, 윗괘인 진은 움직임(動)이다. 항은 또 '겸손하여 움직이는 것'이다. 이것은 사람의 항구한 도이다.

剛柔皆應

괘체를 가지고 괘명을 해석하였다. '강剛'은 둘째, 셋째, 넷째 양효를, '유柔'는 처음, 다섯째, 꼭대기 음효를 가리킨다. 이들은 서로 응한다. 즉 항의 처음 음효와 넷째 양효, 둘째 양효와 다섯째 음효, 셋째 양효와 꼭대기 음효는 강유가 서로 응한다. 항의 여섯 효는 '강유가 모두 응하는 것'이다. 자연계로 말하면 천지 만물이 응하고 음양 강유가 응한다. 인간계로 말하면 군신 상하가 응하고 부부 남녀가 응하니, 이것은 자연계와 인간계의 항구한 도이다.

恒

항은 강이 위에 유가 아래에 있어, 우레와 바람이 함께 있으며, 겸손하여 움직이고,

강유가 모두 응한다, 항은 이러한 네 가지의 항구하다는 뜻을 지니고 있다. 그래서 괘명이 '항恒'이다.

'恒, 亨, 无咎, 利貞', 久於其道也.

괘사를 해석하였다. '기其'는 항恒을 가리킨다. '도道'에 대해, 왕필은 '항구할 수 있는 도(可久之道)', 공영달은 '항구한 도(恒久之道)', 정이는 '항의 정도(恒之正道)', 래지덕은 '천지의 정도(天地之正道)', 고형과 주백곤은 '정도正道', 진고응은 '항상의 도(恒常之道)', 필자는 '항도恒道'라고 하였다. '구어기도야'는 그 도에 항구하다는 말이다. 즉 항도에 항구하다는 말이다.

「단」은 괘사 '항, 형, 무구, 이정'을, 항이 형통하고 허물이 없으며 바르게 하여 이롭다는 것은 항도에 항구하기 때문이라고 해석하였다. 즉 항구한 도를 지니고 버리지 않으니, 형통하고 허물이 없으며 바르게 하여 이롭다는 것이다.

天地之道, 恒久而不已也

고형은 "'天地之道恒久而不已也'와 '利有攸往終則有始也'는 당연히 그 자리를 바꿔야 한다(兩句當互移其位). 옮겨 쓰면서 잘못되었을 것이다(蓋轉寫之誤)"라고 하였다. 지금 「단」은 괘사를 해석하고 있으므로 고형의 주장이 맞다.

'利有攸往', 終則有始也.

'종즉유시終則有始'의 '유有'는 '우又'로 읽는다. 두 글자는 옛날에 통용되었다. "끝나면 또 시작한다"는 말이다. 『석문』에는 '유시有始'가 '부시復始'로 되어 있는데, 뜻은 같다. 「단」은 괘사 '이유유왕'을, 갈 곳이 있으면 이롭다는 것은 끝나면 또 시작하고, 이르면 또 돌아오고, 반복하는 것이 끝이 없는 것이라고 해석하였다.

'종즉유시終則有始'는 자연계와 인간계의 항구한 도이며, 바로 다음 구절의 '天地之道恒久而不已也'이다. 아래 구절에서 해와 달이 운행하고, 사계절이 순환하며, 성인이 천하 사람을 교화하는 것이 '종즉유시'의 구체적인 예이다.

天地之道

이하 괘의를 설명하면서 먼저 자연계를 들었다. '천지'와 '일월'과 '사시'와 '성인'을 나란히 열거하여 항구적인 규율을 가지고 있음을 설명한 것이다. '도道'는 천지의 운행규율이며, 곧 자연의 이법이다. '천지지도天地之道'는 바로 앞의 '종즉유시終則有始'이고 바로 아래의 '항구불이恒久不已'이다. 끝나면 또 시작하고, 이르면 또 돌아오고, 끝없이 반복하여 항구하여 멈추지 않는 것이 '천지지도', 즉 천지의 운행규율이다. 그래서 천지의 도는 항구하여 끝이 없다는 것이다.

恒久而不已也

'이已'는 그치다(止), 멈추다(停)는 뜻이다. "천지의 도는 항구하여 멈추지 않는다"는 것은 천지는 영원히 순환 반복하는 항구한 규율을 가지고 있다는 말이다. 항구한 규율은 곧 변화와 불변을 겸하여 말한 것이다. '천도'는 아래에서 '일월'과 '사시'를, '지도'는 '성인'을 가지고 말하였다.

日月得天而能久照

'조照'는 해와 달이 비추는 것(耀)이다. 진고응은 "'득천得天'은 자연규율을 따르는 것('得天', 謂遵循自然規律)"이라고 하였다. "해와 달은 하늘을 얻어 항구히 비출 수 있다"는 것은 해와 달은 항구히 교대로 솟아오르며 변화하나 교대로 솟아오르는 것은 불변이다. 그러므로 해와 달의 운행에 항구한 규율이 있다는 것이다.

四時變化而能久成

'성成'은 '生成'이며, 만물을 생성하는 것이다. "사계절은 변화하여 항구히 이룰 수 있다"는 것은 사계절은 때에 맞게 항구히 변화하나 사계절의 순환은 불변이다. 그러므로 사계절의 변화는 항구한 규율이 있다는 것이다.

聖人久於其道而天下化成

인간계를 들었다. '성인'은 최고 통치자를 가리킨다. '기도其道'는 항도恒道이다. '천하天下'는 천하 사람이다. '화化'는 교화敎化이다. '화성化成'은 교화하여 이룬다는 뜻이다. "성인은 그 도에 항구하여 천하가 교화되고 이루어진다"는 것은 성인의 도는 변화와 불변을 겸하여 있으니, 항구한 법칙을 지니고 있다는 것이다.

觀其所恒

이하 결어를 말하였다. 공영달은 "항의 뜻을 총결하였다(總結恒義也)"라고 하였다. '기其'는 천지, 일월, 사시, 성인을 가리킨다. '관기소항'은 항구한 바를 본다는 말이며, 천지, 일월, 사시, 성인의 항구한 바를 본다는 것이다. 즉 자연계와 인간계의 항구한 바를 살핀다는 것이다.

而天地萬物之情可見矣

'천지만물'은 자연계와 인간계 모두 가리킨다. '정情'은 정황情況이다. '견見'은 보다, 안다는 뜻이다. 『석문』에는 "'見'은 현賢과 편遍의 반절(見, 賢遍反)"이라고 하여, 나타난다는 뜻의 현現으로 읽었다. 「단」은 자연계와 인간계의 모든 현상을 망라하여 '정情' 하나로 표현하였다. '천지'와 '일월'과 '사시'와 '성인'의 항구한 규율을 보면, 자연계와 인간계의 모든 정황을 알 수 있다는 것이다.

33. 둔遯

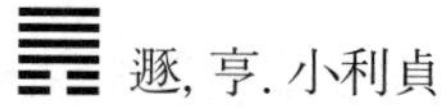 遯, 亨. 小利貞.

둔은 형통하다. 바르게 하나 조금 이롭다.

'둔遯'은 괘명이며, 은둔하다는 뜻의 은隱이다. '형亨'은 형통하다는 뜻의 통通이다. '정貞'은 바르다는 뜻의 정正이다. 「단」은 '亨小, 利貞'으로 끊어 읽지 않고, '小利貞'으로 읽었다. 바르게 하나 조금 이롭다는 말이다.

彖曰 '遯, 亨', 遯而亨也. 剛當位而應, 與時行也. '小利貞', (柔)浸而長也. 遯之時義大矣哉.

'둔이 형통하다'는 것은 은둔하여 형통하다는 것이다. 강이 합당한 자리에서 응하니, 때에 맞게 행하는 것이다. '바르게 하나 조금 이롭다'는 것은 유가 점점 자라나기 때문이다. 둔의 때의 의의는 크기도 하다.

둔「단」은 3단락으로 구성되어 있다.

첫째 단락 … 괘명 '遯'과 괘사 '亨'을 해석하였다.

1. 훈고로 해석하였다.
   ① '遯, 亨' … 괘명 '둔'과 괘사 '형'을 들었음.
   ② 遯而亨也 … 은둔하여 형통하다는 것임.

2. 괘체로 해석하였다.

① 剛當位而應…강이 합당한 자리에서 응함.

② 與時行也…때에 맞게 행하는 것임.

둘째 단락…괘체로 괘사 '小利貞'을 해석하였다.

① '小利貞'…괘사 '소리정'을 들었음.

② (柔)浸而長也…유가 점점 자라나기 때문임.

셋째 단락…괘의를 말하였다.

① 遯之時義大矣哉…둔의 때의 의의는 크기도 함.

둔「단」에서 '형亨', '행行', '장長'은 운이다.

유백민: '亨', 許郎反. 與下'行', 戶郎反. '長', 十陽, 三十六養二韻. 爲韻.

스즈키: '형亨', '행行', '장長'.

遯

괘명이다.「서괘」에 "사물은 오래 그 자리에 머물 수 없으니, 그러므로 둔으로 받는다. 둔은 물러난다는 뜻이다(物不可以久居其所, 故受之以遯. 遯者, 退也)"라고 하였고,「잡괘」에도 "'둔遯'은 물러나는 것(遯則退也)",『집해』에 우번은 "숨는 것(避之乃通)",『석문』에는 "'둔遯'은 물러나 숨는 것(遯, 隱退也)"이라고 하였다.「단」은 '둔遯'을 가지고 괘명 '둔遯'을 해석하였다. 둔遯은 물러나 은둔하는 것이다. '은둔'은 세상을 피해 숨어사는 것이 아니라, 어려운 때를 만나 잠시 피하여 훗날을 기다리는 것이다.

정이는 "두 음이 아래에서 생겨나, 음이 자라 장차 성하고 양이 사라져 물러나니, 소인은 점차 성하고 군자는 물러나 피하므로 둔이다(二陰生於下, 陰長將盛, 陽消而退, 小人漸盛, 君子退而避之, 故爲遯也)"라고 하였다.

'遯, 亨'

괘명 '遯'과 괘사 '亨'을 인용하였다. "괘명인 '둔'이 '형통하다'고 하는 것은"이라는 말이다.

遯而亨也

훈고를 취하여 괘명을 해석하였다. 즉 "遯, 遯也"이다. 둔은 은둔하는 것이라는 말이다.「단」은 '둔遯'을 가지고 괘명 '둔遯'을, '형亨'을 가지고 괘사 '형亨'을 해석하였다.

괘명과 괘사 '형亨'을 같이 인용하였으므로 "은둔하여 형통하다는 것"이라고 말하였다. 「단」은 괘명 '둔遯'과 괘사 '형亨'을, 은둔하여 형통하다고 해석하였다.

공영달은 "소인은 바야흐로 중용되고 군자는 날로 사라진다. 군자는 이러한 때를 당하여 은둔하여 세상을 피하지 않으면 해를 당하게 되니, 반드시 은둔한 이후에 형통하게 된다(小人方用, 君子日消. 君子當此之時, 若不隱遯避世, 卽受其害, 須遯而後得通)"라고 하였다.

剛當位而應

이하 괘체를 가지고 괘명을 해석하였다. '강剛'은 다섯째 양효를 가리킨다. '당위當位'는 다섯째 양효는 양이 양의 자리에 있다는 것이다. '응應'은 다섯째 양효가 둘째 음효와 서로 응한다는 것이다. 『집해』에 우번은 "'강剛'은 다섯째 양효를 말하고, 둘째 음효와 응한다(剛, 謂五. 而應二)"라고 하였다. '강당위이응'은 강이 합당한 자리에서 응한다는 말이다. 둔은 다섯째 양효가 자신의 자리에 있고 둘째 음효와 응하는 것이다. 그래서 '형통하다'는 것이다. '강당위이응'은 괘사 '亨'을 두고 말한 것이다.

與時行也

'여시與時'는 수시隨時, 순시順時, 인시因時와 같다. '행行'은 은둔하는 것이다. '여시행야'는 때에 따라 행한다, 즉 때에 맞게 은둔한다는 말이다. 군자가 은둔하니 곧 형통한 도이며, 시세에 따라 행하므로 낌새를 보고 은둔하는 것이다. '여시행야'는 괘명 '遯'을 두고 말한 것이다.

'小利貞'

괘사 '小利貞'을 인용하였다. "바르게 하나 조금 이롭다"는 말이다. 공영달은 "음도가 처음 점차 자라나기 시작하나, 정도 또한 완전히 없어진 것이 아니므로 '소리정'이라 한 것이다(陰道初始浸長, 正道亦未全滅, 故曰小利貞)"라고 하였다.

(柔)浸而長也

괘체를 가지고 괘사 '小利貞'을 해석하였다. 고형은 "'침浸'자 앞에 당연히 유柔자가 있어야 한다(浸上當有柔字). 옮겨 쓰면서 잘못하여 떨어져 나갔을 것이다(蓋轉寫誤脫). '유침이장'은 둔괘의 처음과 둘째의 두 효를 가리킨다('柔浸而長', 指遯卦之初, 二兩爻而言). 둔의 처음과 둘째 효는 모두 음효이고 유이니(遯之初六及六二皆爲陰爻, 爲柔), 이것이 유가 점점 자라나는 것이며(是爲柔浸而長), 소인의 세가 점차 자라나는 것을 상징한다(象小人之勢漸長也). 임臨 「단」에 '강침이장'이라고 하였는데(臨「彖傳」曰 '剛浸而長'), 임의 처음과 둘째의 두 효가 강인 것을 가리켜 말한 것이다(指臨之初, 二兩爻爲剛而言)"라고 하였다. 진고응은 고형의 주장에 대해, "'소리정'의 '소小'는 유柔를 가리키기 때문에('小'謂陰, 柔) '유'자가 생략되어 있으니(故'浸而長'蒙上而省'柔'字), 고형의 주장을 따라 '柔'자를 더할 필요가 없다(不必如高說增'柔'字)"라고 하였다. 필자는 고형을 따라 '柔'자가 있는 것이 맞는다고 생각한다.

'유柔'는 둔의 처음과 둘째의 두 음효를 가리킨다. '침浸'은 적시다(漬), 빠지다(沒), 잠기다(沈), 점점(漸) 등의 뜻을 가지고 있다. 공영달은 "'침浸'은 점차 나아간다는 뜻(浸者, 漸進之名)"이라 하고, 정이는 '침점浸漸'이라고 하여, 점점이라는 뜻의 점漸으로 읽었다. '장長'은 자라난다는 뜻이다. '유침이장'은 유가 점점 자라난다는 말이다. 둔은 아래 두 음효가 점차 자라나고 양은 점차 사라지니, 소인의 세력이 점차 자라나서 군자는 은둔하는 상이다.

「단」은 괘사 '소리정小利貞'을, 소인의 세력이 점차 자라나니, 군자가 은둔하는 것이 바르나 조금 이롭다고 해석하였다. 즉 '바르게 하는 것'은 군자가 은둔하는 것이고, '조금 이롭다'는 것은 소인의 세력이 점차 자라나기 때문이다.

遯之時義大矣哉

괘의를 말하였다. '시의時義'는 때의 의의意義이다. 음이 점차 자라나고 양은 점차 사라지니, 소인의 세력은 점차 자라나고 군자의 세력은 점차 사라진다. 이러한 때에 군자는 은둔하니, 은둔하는 때의 의의는 크기도 하다는 말이다.

34. 대장大壯

䷡ 大壯, 利貞.

대장은 바르게 하여 이롭다.

'대장大壯'은 괘명이며, 큰 것이 건장하다는 뜻이다. '정貞'은 바르다는 뜻의 정正이다. '이정利貞'은 바르게 하여 이롭다는 말이다.

彖曰 大壯, 大者壯也. 剛以動, 故(大)壯. '大壯, 利貞', 大者正也. 正大,而天地之情可見矣.
대장은 큰 것이 건장한 것이다. 강건하여 움직이니, 그러므로 대장이다. '대장이 바르게 하여 이롭다'는 것은 큰 것이 바르다는 것이다. 큰 것을 바르게 하면 천지의 정황을 알 수 있다.

대장「단」은 3단락으로 구성되어 있다.

첫째 단락…괘명 '大壯'을 해석하였다.

1. 괘체로 해석하였다.
   ① 大壯…괘명을 들었음.
   ② 大者壯也…큰 것이 건장한 것임.

2. 괘덕으로 해석하였다.
   ① 剛以動…강건하여 움직임.
   ② 故(大)壯…다시 괘명을 들었음.

둘째 단락…괘체로 괘사 '利貞'을 해석하였다.
   ① '大壯, 利貞'…괘명과 괘사 '이정'을 들었음.
   ② 大者正也…큰 것이 바르다는 것임.

셋째 단락…괘의를 말하였다.
   ① 正大…큰 것을 바르게 함.
   ② 而天地之情可見矣…천지의 정황을 알 수 있음.

대장「단」에서 '장壯', '장壯', '정正'은 운이다.
유백민과 스즈키는 운을 말하지 않았다.

大壯

괘명이다. '대大'는 양을 가리키고, '장壯'은 건장하다, 기운차다는 뜻이다. 괘 그림을 보면 아래의 네 양효(大)가 음효를 밀쳐내며 기운차게(壯) 위로 올라가고 있는 상이다. 「서괘」에 "사물은 끝까지 물러날 수 없으니, 그러므로 대장으로 받는다. 사물은 끝까지 건장할 수 없으니, 그러므로 진으로 받는다(物不可以終遯, 故受之以大壯. 物不可以

終壯, 故受之以晉)"라고 하였다. 『석문』에 "정현은 '기력이 점차 강해지는 것'(鄭云氣力浸强之名), 왕숙은 '성한 것'(王肅云壯, 盛也), 『광아』에는 '강건한 것'(廣雅云健也)"이라고 하였다. 공영달은 "'장壯'은 강성하다는 뜻이다. 양을 대라고 칭하고, 양이 자라나 이미 많으니, 큰 것이 강성하므로 '대장'이라 한다(壯者, 强盛之名. 以陽稱大, 陽長旣多, 是大者盛壯, 故曰大壯)"라고 하였다. 「단」은 '대장大壯'을 큰 것이 건장하다(大者强壯)는 뜻으로 새겼다.

大者壯也

괘체를 가지고 괘명을 해석하였다. "괘명이 '대장大壯'인 것은 큰 것이 건장한 것"이라는 말이다. 양강陽剛은 큰 것(大)이고, 음유陰柔는 작은 것(小)이다. '큰 것이 건장한 것'이라는 말은 양강이 건장하다는 말이다. 대장은 네 양이 아래에서 자라나는 상이다.

공영달은 "양효가 점차 자라나 이미 넷째 자리에 이르렀으니, 큰 것이 강성하므로 그래서 '대자장야'라고 하였다(陽爻浸長, 已至於四, 是大者盛壯, 故曰大者壯也)", 주희는 "괘체로 말하면, 양이 자라나 가운데 자리를 지났으니 큰 것이 건장한 것이다(以卦體言, 則陽長過中, 大者壯也)"라고 하였다.

剛以動

괘덕을 가지고 괘명을 해석하였다. '강剛'은 '건健'으로 쓰는 것이 바르다. 건乾의 괘덕은 '건健'이다. '이以'는 '이而'와 같다. 대장은 아랫괘가 건乾이고 윗괘는 진震이다. 건은 강건함(健)이고 진은 움직임(動)이다. 그런즉 대장은 '강건하여 움직이는 것'이다.

주희는 "괘덕으로 말하면, 건은 강건하고 진은 움직임이니, 그래서 건장하다(以卦德言, 則乾剛震動, 所以壯也)"라고 하였다. 고형은 "강건하여 움직이면 강하여 힘이 있다(剛以動, 則强而有力). 예를 들어 양기가 움직이면 만물이 성장하고(例如陽氣動, 則萬物生長), 임금이 움직이면 신민이 복종한다(國君動, 則臣民服從). 사람이 강건한 덕을 가지고 행동하면 만사는 성공한다(人有剛健之德, 有所行動, 則萬事成功). 그래서 괘명이 '대장'이다(是以卦名曰大壯)"라고 하였다.

故(大)壯

강건하여 움직이면 기운차고 힘이 있다. 그러므로 '대장'이라는 것이다. '장壯' 앞에 '대大'자가 있어야 한다. 옮겨 쓰면서 빠뜨렸을 것이다. 64괘 괘명 가운데 두 글자로 된 괘명이 16개 있는데, 「단」은 두 글자로 된 괘명을 말하면서 한 글자를 생략하고 인용한 예가 없다. 예를 들겠다.

① 소축小畜 「단」

小畜, 柔得位而上下應之, 曰小畜.

소축은 유가 바른 자리를 얻어 상하가 이에 응하니 소축이라고 한다.

② 동인同人 「단」

同人, 柔得位得中, 而應乎乾, 曰同人.

동인은 유가 바른 자리와 가운데 자리를 얻었고, 건에 응하니, 동인이라고 한다.

③ 대유大有 「단」

大有, 柔得尊位大中, 而上下應之, 曰大有.

대유는 유가 존귀한 자리와 한가운데 자리를 얻었고, 상하가 이에 응하니, 대유라고 한다.

④ 서합噬嗑 「단」

(噬嗑), 頤中有物, 曰噬嗑.

(서합은) 입속에 음식물이 있는 것이 서합이다.

필자는 4개의 괘를 예로 들었는데, 「단」은 두 글자로 된 16개의 괘명은 한 곳 예외 없이 모두 괘명 그대로 두 글자를 인용하였다.

「단」에서 괘명 앞에 '고故'자가 있는 것은 세 곳 있다.

① 췌萃 「단」

萃, 聚也. 順以說, 剛中而應, 故聚也.

췌는 모인다는 뜻이다. 유순하여 기뻐하고, 강이 가운데 자리에서 응하니, 그러므로 모인다는 것이다. ('聚'는 '萃'로 써야 한다)

② 대장大壯 「단」

大壯, 大者壯也. 剛以動, 故壯.

대장은 큰 것이 건장한 것이다. 강건하여 움직이니, 그러므로 장이다.

③ 풍豐「단」

豐, 大也. 明以動, 故豐.

풍은 크다는 뜻이다. 밝게 움직이니 그러므로 풍이다.

이상의 예에서 보는 바와 같이, 대장大壯 역시 '剛以動, 故大壯'으로 하는 것이 바르다.

'大壯, 利貞'

이하 괘체를 가지고 괘사 '利貞'을 해석하였다. 괘명 '大壯'을 또다시 든 것은 아래에서 '大者正也'를 말하기 위해서이다. "'대장'이 '바르게 하여 이롭다'는 것은"이라는 말이다.

大者正也

「단」은 '정正'을 가지고 괘사의 '정貞'을 해석하였다. '대자정야'는 큰 것이 바르다는 말이다. 「단」은 괘사 '이정利貞'을, 큰 것이 바르다고 해석하였다. '큰 것(大)'은 양을 가리킨다. '정正'에 대해 두 가지 해석이 있다.

첫째, '정正'은 음양이 자신의 자리에 있는 것이다. 처음(初), 셋째(三), 다섯째(五)는 양의 자리이고, 둘째(二), 넷째(四), 꼭대기(上)는 음의 자리이다. 대장의 처음 양효와 셋째 양효는 양이 양의 자리에 있다. 이것이 '대자정야'이다.

둘째, 양은 정正이다. 대장의 아래 네 양효는 양(大)이므로 정正이다. 자연계로 말하면 하늘(陽)이 바른 것이고, 인간계로 말하면 한 나라의 임금(陽)이 바르고, 한 집안의 아버지(陽)가 바른 것이다. 두 가지 해석 모두 통한다.

「단」은 '이利'를 말하지 않았지만, '큰 것이 바르다' 그러므로 이롭다고 여긴 것이다. 즉 '바르게 하여 이롭다'는 것이다.

正大

이하 괘의를 말하였다. '정正'은 술어, '대大'는 목적어이다. '정대正大'는 큰 것을 바르게 한다는 말이다.

而天地之情可見矣.

'정情'은 천지 만물의 각종 현상이다. 자연계와 인간계의 모든 현상을 망라하여 '정情' 하나로 표현하였다. 고형은 "큰 것이 바르면 작은 것도 바르지 않음이 없다(大者正,

則小者无不正). 하늘이 바르면 만물도 바르고(天道正, 則萬物正), 임금이 바르면 신하도 바르며(君道正, 則臣民正), 아버지가 바르면 집안사람도 바르다(父道正, 則家人正)"라고 하였다. 이렇게 큰 것을 바르게 하면 천지의 정황을 알 수 있다는 것이다.

35. 진晉

䷢ 晉, 康侯用錫馬蕃庶, 晝日三接.

진은 강후가 하사받은 말을 많이 번식시켰는데, 하루에 세 번 교접시켰다.

'진晉'은 괘명이며, 나아가다는 뜻의 진進이다. '강康'에 대해, 『석문』에 육덕명은 "아름답다는 뜻(康, 美之名也), 마융은 "편안하다는 뜻의 안(馬云安也)", 정현은 "높다는 뜻의 존, 넓다는 뜻의 광(鄭云尊也, 廣也)", 육적은 "편안하다는 뜻의 안, 즐겁다는 뜻의 낙(陸云安也, 樂也)"이라고 하였다. 『집해』에 우번은 "편안하다는 뜻의 안(康, 安也)", 후과는 "아름답다는 뜻의 미(康, 美也)"라고 하였는데, 뒷사람들은 대개 이런 뜻으로 해석하였다. 왕필은 "'강康'은 아름답다는 뜻(康, 美之名也)", 공영달은 "'강康'은 아름답다는 뜻이고, '후侯'는 승진한 신하이다(康者, 美之名也. 侯謂升進之臣也)"라고 하였다. 정이는 "'강후康侯'는 잘 다스리는 제후(康侯者, 治安之侯也)", 주희는 '안국지후安國之侯'라고 하였다. 「단」에서도 이와 같은 뜻으로 사용하였다. '용用'은 '이以'와 같으며, 사용한다는 뜻이다. '석錫'은 주다(予), 하사하다(賜)는 뜻이다. 『석문』에 "'번蕃'은 많다는 뜻의 다多" "'서庶'는 무리라는 뜻의 중衆"이라고 하였다. '번서蕃庶'는 동사이며, 번식繁殖시킨다는 뜻이다. '주일晝日'은 '일일一日'과 같다. '접接'은 교접하다(交)는 뜻이다.

彖曰 晉, 進也. 明出地上, (故晉). 順而麗乎大明, 柔進而上行, 是以'康侯用錫馬蕃庶, 晝日三接'也.

진은 나아간다는 뜻이다. 해가 땅 위에 떠오르니 (그러므로 진이다). 유순하여 해에 붙어 있고, 유가 나아가 위로 오르니, 그래서 '강후가 하사받은 말을 많이 번식시켰는데, 하루에 세 번 교접시켰다'는 것이다.

진 「단」은 2단락으로 구성되어 있다.

첫째 단락… 괘명 '晉'을 해석하였다.

1. 훈고로 해석하였다.
   ① 晉… 괘명을 들었음.
   ② 進也… 나아간다는 뜻임.

2. 괘상으로 해석하였다.
   ① 明出地上… 해가 땅 위에 떠오르는 것임.
   ② (故晉)… 다시 괘명을 들었음.

둘째 단락… 괘사 '康侯用錫馬蕃庶, 晝日三接'을 해석하였다.

1. 괘덕으로 해석하였다.
   ① 順而麗乎大明… 유순하여 해에 붙어 있음.

2. 괘체로 해석하였다.
   ① 柔進而上行… 유가 나아가 위로 오름.
   ② 是以'康侯用錫馬蕃庶, 晝日三接'也.… 괘사 '강후용석마번서, 주일삼접'을 들었음.

진「단」에서 '상上', '명明', '행行'은 운이다.

유백민: '上', 三十六養, 四十一漾二韻. 與下'明', 彌郎反. '行', 戶郎反. 以平去通爲一韻.

스즈키: '상上', '명明', '행行'.

晉

괘명이다.「서괘」에 "사물은 끝까지 건장할 수 없으니, 그러므로 진으로 받는다. 진은 나아간다는 뜻이다(物不可以終壯, 故受之以晉. 晉, 進也)"라고 하였다. 『설문』 일부日部에 "'진晉'은 나아간다는 뜻이다. 해가 떠올라 만물이 나아간다(晉, 進也. 日出而萬物進)"라고 하였다.「단」은 '진進'을 가지고 괘명 '진晉'을 해석하였다. '진晉'은 나아간다는 뜻이다.

정이는 "괘는 리가 곤의 위에 있으니, 밝음이 땅 위에 나오는 것이다. 해가 땅에서 나오면 위로 올라가 더욱 밝아지므로 진이다. 진은 나아가 밝음이 성대하다는 뜻이다(爲卦, 離在坤上, 明出地上也. 日出於地, 升而益明, 故爲晉. 晉, 進而光明盛大之意也)"라고 하였다.

進也

훈고를 취하여 괘명을 해석하였다. "괘명 '진晉'은 나아간다는 뜻의 진進"이라는 말이다.

明出地上

괘상을 가지고 괘명을 해석하였다. '명明'은 해(日)이고, '출出'은 나오는 것(入之對)이다. '명출지상'은 해가 땅 위에 떠오른다는 말이다. 진은 윗괘가 리離이고 아랫괘는 곤坤이다. 리는 해(日)이고 곤은 땅(地)이다. 그런즉 진의 괘상은 해가 땅 위에 떠오르는 것이다.

공영달은 "리가 위에 곤이 아래에 있으므로 '명출지상'이라고 하였다. 해가 이미 땅 위에 나왔으면 점차 나아가 올라가니, 그래서 진이다(離上坤下, 故言明出地上. 明旣出地, 漸就進長, 所以爲晉)"라고 하였다.

(故晉)

'명출지상明出地上' 뒤에 '고진故晉' 두 글자가 있어야 한다. 「단」에 그 예가 있다.

① 대장大壯 「단」

大壯, 大者壯也. 剛以動, 故(大)壯.

대장은 큰 것이 건장한 것이다. 강건하여 움직이니, 그러므로 대장이다.

② 풍豐 「단」

豐, 大也. 明以動, 故豐.

풍은 크다는 뜻이다. 밝게 움직이니 그러므로 풍이다.

「단」은 운을 맞추기 위해 의도적으로 생략하였거나, 후인이 옮겨 쓰면서 잘못하여 빠뜨렸을 것이다. 「단」의 '상上', '명明', '행行'은 운이다. 해가 땅 위에 떠오르면 위로 나아간다. 그래서 괘명이 '진晉'이라는 것이다.

順而麗乎大明

괘덕을 가지고 괘사를 해석하였다. '리麗'는 붙는다는 뜻의 부附이다. '대명大明'은 해(日)이다. 진은 아랫괘가 곤坤이고 윗괘는 리離이다. 곤이 리에 붙어 있는 것이다. 곤은 유순함(順)이고, 리는 붙음(麗)이고, 또 해(大明)이다. '붙음(麗)'은 리의 괘덕이고, 해

(大明)는 리의 괘상이다. 그런즉 진은 '유순하여 해에 붙어 있는 것'이다.

정이는 "곤은 리에 붙어 있어, 유순하여 해에 붙어 있는 것이니, 순덕한 신하가 위로 해인 임금에게 붙어 있는 것이다(坤麗於離, 以順麗於大明, 順德之臣上附於大明之君也)"라고 하였다. 즉 곤이 리에 붙어 있는 것은 유순한 신하가 해와 같은 임금에 붙어 있는 것을 상징한다는 것이다.

柔進而上行

괘체를 가지고 괘사를 해석하였다. '유진이상행'은 유가 나아가 위로 오른다는 말이다. 이에 대한 해석은 서로 다르다.

첫째, 『집해』에 촉재는 "진괘는 관괘를 바탕으로 하였다. 관괘의 다섯째 양효가 진괘의 넷째 양효로 내려오고, 관괘의 넷째 음효가 진괘의 다섯째 음효로 올라간 것이 '유진이상행'이다(此本觀卦. 九五降四, 六四進五, 是柔進而上行也)"라고 하였다. 즉 관의 넷째 음효가 다섯째 양효와 자리를 바꾸어 진의 다섯째 음효로 올라갔다는 것이다.

둘째, 왕필은 "'상행上行'이라는 말은 가는 곳이 귀한 자리에 있는 것이다(凡言上行者, 所之在貴也)"라고 하였는데, '귀한 자리'는 다섯째 음효를 가리킨다. 뒷사람들은 모두 왕필을 따라 '유柔'를 다섯째 음효로 보았다. 공영달은 "다섯째 음효는 유이면서 위로 올라가 귀한 자리로 나아간다(六五以柔而進上行貴位)"라고 하였다. 진고응이 이와 같이 해석하였다.

셋째, 정이는 "무릇 괘에서 리가 위에 있는 것은, 유가 임금의 자리에 있으므로 대개 '유진이상행'을 말하였는데, 서합噬嗑, 규睽, 정鼎이 그렇다(凡卦, 離在上者, 柔居君位, 多云柔進而上行, 噬嗑, 睽, 鼎是也)"라고 하였다. 21번 서합은 '柔得中而上行'이라 하였고, '柔進而上行'을 말한 괘는 35번 진晉, 38번 규睽, 50번 정鼎, 세 괘이다. 정이는 유가 임금의 자리에 있는 것을 가지고 '유진이상행'을 해석하였다. 상병화가 이를 따랐다.

넷째, 주희는 괘변으로 해석하였다. "진은 관에서 나왔다. 관의 넷째 음효의 유가 위로 올라가, 진의 다섯째 자리에 이른 것이다(又其變自觀而來. 爲六四之柔, 進而上行, 以至於五)"라고 하였다. 즉 관(䷓)의 넷째 음효가 위로 올라가 진(䷢)의 다섯째 음효가 되었다는 것인데, 촉재의 해석과 비슷하다. 왕부지가 이를 따랐다.

다섯째, 래지덕은 종괘로 해석하였다. "진의 종괘는 명이이다. 명이의 아랫괘인 리가 나아가 진의 윗괘인 리가 되었다(晉綜明夷. 明夷下卦之離, 進而爲晉上卦之離也)"라고 하였다. 즉 명이(䷣)의 둘째 음효가 위로 올라가 진(䷢)의 다섯째 음효의 자리에 있게 되었다는 것이다(虛中下賢之君, 而居于五之位也). 진몽뢰, 굴만리, 유백민이 이를 따랐다.

여섯째, 고형은 "진晉은 유柔가 처음 효부터 위로 올라 둘째, 셋째, 다섯째에 이르니

(柔由初爻上升至二, 三, 五爻), 이것이 '유가 나아가 위로 오르는 것'이며(然則晉之爻象是'柔進而上行'), 대신이 하는 일이 위로 오르는 것을 상징한다(象大臣之事功上升也)"라고 하였다. 필자 역시 처음 음효가 위로 올라가 둘째, 셋째 음효를 거쳐 다섯째 음효에 이른 것이라고 생각한다. 이러한 해석은 모두 통한다.

是以 '康侯用錫馬蕃庶, 晝日三接' 也.

「단」은 '順而麗乎大明'을 가지고 괘사 '康侯用錫馬蕃庶'를 해석하였다. 즉 곤이 유순하여 해에 붙어 있으니, 유순한 신하가 임금에 붙어 있는 것이다. 이것은 강후가 천자에게 붙어 말을 하사받았다는 것이다. 또 「단」은 '柔進而上行'을 가지고 괘사 '晝日三接'을 해석하였다. 즉 진은 유가 나아가 위로 오르는 것이며, 이것은 강후가 하사받은 말을 하루에 세 번 교접시켜 많이 번식시켰다는 것이다. 그래서 '강후가 하사받은 말을 많이 번식시켰는데, 하루에 세 번 교접시켰다'는 것이다.

36. 명이明夷

䷣ 明夷, 利艱貞.

명이는 어려움을 만나 바르게 하여 이롭다.

'명이明夷'는 괘명이다. '명明'은 해(日)이고, '이夷'는 없어지다는 뜻의 멸滅(촉재), 다치다는 뜻의 상傷이다(우번). '명이明夷'는 해가 없어졌다는 뜻이니, 해가 땅 속으로 들어가는 것이며, 현인이 어려운 때를 만나 은둔하는 것에 비유한 것이다. '간艱'은 어렵다는 뜻의 난難이다. '정貞'은 바르다는 뜻의 정正이다. '이간정'은 어려움을 만나 바르게 하여 이롭다는 말이다.

彖曰 (明夷, 明者夷也), 明入地中, 明夷. 內文明而外柔順, 以蒙大難, 文王以之. '利艱貞', 晦其明也, 內難而能正其志, 箕子以之.

(명이는 해가 없어진 것이니), 해가 땅 속으로 들어가는 것이 명이이다. 안으로는 문명하고 밖으로는 유순하며, 큰 어려움을 받으니, 문왕이 이와 같다. '어려움을 만나 바르게 하여 이롭다'는 것은 밝음을 감춘다는 것이며, 안으로는 어려우나 뜻을 바르게 할 수 있으니, 기자가 이와 같다.

명이「단」은 2단락으로 구성되어 있다.

첫째 단락…괘명 '明夷'를 해석하였다.

1. 괘상으로 해석하였다.
   ① (明夷)…괘명을 들었음.
   ② (明者夷也)…해가 없어진 것임.
   ③ 明入地中…해가 땅 속으로 들어감.
   ④ 明夷…다시 괘명을 들었음.

2. 괘덕으로 해석하였다.
   ① 內文明而外柔順…안으로는 문명하고 밖으로는 유순함.
   ② 以蒙大難…큰 어려움을 받음.
   ③ 文王以之…문왕이 이와 같음.

둘째 단락…괘사 '利艱貞'을 해석하였다.

1. 괘상으로 해석하였다.
   ① '利艱貞'…괘사 '이간정'을 들었음.
   ② 晦其明也…밝음을 감춘다는 것임.

2. 훈고로 해석하였다.
   ① 內難而能正其志…안으로는 어려우나 뜻을 바르게 할 수 있음.
   ② 箕子以之…기자가 이와 같음.

명이「단」에서 '지之', '지之'는 운이다.
유백민과 스즈키는 운을 말하지 않았다.

(明夷, 明者夷也)

「단」의 형식에 따르면, 먼저 괘명이 나오고 이어 괘명을 해석한 내용이 나온다. 따라서 명이「단」의 앞부분에는 '明夷, 明者夷也'가 있어야 한다. 옮겨 쓰면서 빠뜨렸을 것이다. "명이는 해가 없어진 것이다"라는 말이다.「단」에 예가 있다.

大壯, 大者壯也. 剛以動, 故(大)壯.

대장은 큰 것이 건장한 것이다. 강건하여 움직이니, 그러므로 대장이다.

明入地中

괘상을 가지고 괘명을 해석하였다. '명입지중'은 해가 땅 속에 들어갔다는 말이다. 명이는 아랫괘가 리離이고 윗괘는 곤坤이다. 리는 해(日)이고 곤은 땅(地)이다. 그런즉 명이의 괘상은 '해가 땅 속으로 들어가는 것'이니, 즉 밝음이 땅 속으로 숨어버리는 것이다. 이것은 현인이 어려운 때를 만나 은둔하는 것을 상징한다.

「단」은 괘상을 말하면서 먼저 윗괘를 들고 이어 아랫괘를 말하였고, 괘덕을 말하면서 먼저 아랫괘를 들고 이어 윗괘를 말하였다. 이것은 「단」의 통례이다. 지금 괘상을 말하면서 먼저 아랫괘(明)를 들고 이어 윗괘(地)를 말하였다. 64괘 「단」에서 3번 준屯, 21번 서합噬嗑, 36번 명이明夷, 48번 정井, 50번 정鼎, 다섯 괘만 예외이다.

明夷

괘명을 들었다. '명이明夷'의 '명明'은 해이다. 「서괘」에 "나아가는 것은 반드시 다치는 바가 있으니, 그러므로 명이로 받는다. '이夷'는 다친다는 뜻이다(進必有所傷, 故受之以明夷. 夷者, 傷也)"라고 하였고, 『집해』에 촉재는 "'이夷'는 없어지다는 뜻의 멸滅", 우번은 "다치다는 뜻의 상傷"이라고 하였다. 『석문』에 육덕명은 "다치다는 뜻의 상(夷, 傷也)"이라고 하였다. 「단」은 '명이明夷'를 '해가 땅 속으로 들어가는 것(明入地中)'이라고 해석하였다. 해가 땅 속으로 들어가면 당연히 어두워진다. 따라서 '명이'는 밝음이 없어진 것, 밝음이 상한 것, 밝음이 숨은 것, 밝음이 어두워진 것(晦其明)이라는 뜻이다.

정이는 "괘는 곤이 위에 리가 아래에 있으니 밝음이 땅 속으로 들어가는 것이다. 진晉을 거꾸로 하면 명이明夷가 되므로 뜻도 진과 서로 반대가 된다. 진은 밝음이 성한 괘이며, 현명한 임금이 위에 있고, 여러 현인들이 더불어 나아가는 때이다. 명이는 어두운 괘이며, 어리석은 임금이 위에 있고, 현명한 사람이 상하게 되는 때이다. 해가 땅 속으로 들어갔으니, 밝음이 상하여 어둡다. 그러므로 명이이다(爲卦, 坤上離下, 明入地中也. 反晉成明夷, 故義與晉正相反. 晉者明盛之卦, 明君在上, 羣賢並進之時也. 明夷昏暗之卦, 暗君在上, 明者見傷之時也. 日入於地中, 明傷而昏暗也. 故爲明夷)"라고 하였다.

內文明而外柔順

이하 괘덕을 가지고 괘명을 해석하였다. '내內'는 아랫괘, '외外'는 윗괘이다. 명이는 아랫괘가 리離이고 윗괘는 곤坤이다. 리는 문명文明이고 곤은 유순柔順이다. 그런즉 명이는 또 '안으로는 문명하고 밖으로는 유순함'이다.

以蒙大難

'이以' 뒤에 '지之'자가 생략되어 있다. '이以'는 용用이며, '지之'는 '內文明而外柔順'을 가리킨다. 또 '이以'는 이而로 읽어도 통한다. 『석문』에 정현은 "'몽蒙'은 입다, 당하다는 뜻의 조遭와 같다(鄭云蒙猶遭也)"라고 하였다. '대난大難'은 큰 어려움이다. '이몽대난'은 큰 어려움을 받는다는 말이다.

文王以之

'이以'에 대해, 『석문』에 "왕숙은 '오직 문왕만이 이것을 쓸 수 있었다'(王肅云唯文王能用之)"라고 하여 '이지以之'를 '용지用之'로 읽었다. 또 "정현, 순상, 향수는 '같다는 뜻의 사似'로 썼다(鄭荀向作似)"라고 하였다. 『석문』의 두 가지 해석은 모두 통한다. 필자는 후자를 따라 '이以'를 '사似'로 읽었다. '지之'는 괘명 '明夷', 괘상 '明入地中', 괘덕 '內文明而外柔順, 以蒙大難'을 가리킨다.

주나라 문왕이 안으로는 문명의 덕을 지니고 밖으로는 유순하였으니, 안으로는 '끊임없이 공경하시고(緝熙敬止)'(『시경』「대아大雅·문왕文王」), 밖으로는 '천하를 삼분하여 그 둘을 가지고도 은을 섬겼다(三分天下有其二, 以服事殷)'(『논어』「태백泰伯」). 그러나 마침내 큰 어려움을 당하여(以蒙大難) 은의 주왕紂王에 의해 유리羑里에 갇히게 되었으니(明入地中, 明夷), 문왕이 바로 이 괘명 또는 괘상 또는 괘덕과 같다는 것이다(文王似之).

'利艱貞', 晦其明也.

괘상을 가지고 괘사를 해석하였다. '회晦'는 어둡다(冥), 감추다(藏)는 뜻이다. '기其'는 어조사로 쓰였다. '명明'은 리의 괘상이다. '회기명晦其明'은 밝음을 감춘다, 자신의 현명함을 숨긴다는 말이다. '이간정利艱貞'의 '간艱'은 해가 땅 속으로 들어가(明入地中) 밝음을 감추는 것(晦其明), 즉 현인이 '어려움'을 만난 것을 가리킨다. 「단」은 괘사 '이간정利艱貞'을, 어려움을 만나 바르게 하여 이롭다는 것은 밝음을 감추는 것이라고 해석하였다. 즉 자신의 현명함을 감추는 것이 어려움을 만나 바르게 하여 이로운 것이라는 말이다.

공영달은 "해가 땅 속에 있는 것이 '회기명'이다. 이미 어두운 세상에 처했다면, 밖으로는 그 밝음을 감추어 사악함에 빠지는 것을 두려워하니, 그러므로 이로움은 그 바름을 어렵게 고수하여 그 바름을 잃지 않는 데에 있다. '이간정'이라고 말한 것은 '회기명(밝음을 감추는 것)'을 쓰는 것이다(明在地中, 是晦其明也. 旣處明夷之世, 外晦其明, 恐陷於邪道, 故利在艱固其貞, 不失其正. 言所以利艱貞者, 用晦其明也)"라고 하였다.

內難而能正其志

훈고를 취하여 괘사 '利艱貞'을 해석하였다. 「단」은 '난難'을 가지고 괘사의 '간艱'을, '정正'을 가지고 '정貞'을 해석하였다. '艱, 難也. 貞, 正也'라는 것이다. '기其'는 어조사이다. '지志'는 심지心志이다. "안으로는 어려우나 뜻을 바르게 할 수 있다"는 말이다.

箕子以之

'기자箕子'는 은의 마지막 왕 주왕紂王의 숙부이며, 서형庶兄 미자微子, 서형 혹은 숙부 비간比干과 더불어 은의 삼인三仁으로 불리는 사람이다. '이以'는 '사似'로 읽는다. '지之'는 괘사 '利艱貞' 혹은 '內難而能正其志'를 가리킨다. '기자이지'는 기자가 이와 같다는 것이다.

「단」은 괘사 '이간정利艱貞'을, 어려움을 만나 바르게 하여 이롭다는 것은 현인이 안으로는 어려우나 그 뜻을 바르게 할 수 있기 때문이라고 해석하였다. 기자는 밝은 덕을 지니고 있었으나 어려운 때를 만나 노예가 되어 신분을 감추고 숨어살다가 마침내 옥사에 갇히게 되었다. 그러나 그 뜻을 굳게 지켜 변하지 않았으니, 기자가 바로 이와 같다는 것이다.

37. 가인家人

䷤ 家人, 利女貞.

가인은 여자가 바르게 하여 이롭다.

'가인家人'은 괘명이며, 집안사람이라는 뜻이다. '정貞'은 바르다는 뜻의 정正이다. '이녀정'은 여자가 바르게 하여 이롭다는 말이다.

彖曰 家人, 女正位乎內, 男正位乎外. 男女正, 天地之大義也. 家人有嚴君焉, 父母之謂也. 父父子子, 兄兄弟弟, 夫夫婦婦, 而家道正. 正家而天下定矣.

가인은 여자가 안에서 바른 자리에 있고, 남자는 밖에서 바른 자리에 있다. 남녀가 바른 것은 천지의 대의이다. 집안사람에게 존엄한 어른이 있으니, 부모를 말한다. 어버이는 어버이답고 자식은 자식다우며, 형은 형답고 아우는 아우다우며, 남편은 남편답고 아내는 아내다우면 집안의 도는 바르다. 집안을 바르게 하면 천하는 안정된다.

가인 「단」은 3단락으로 구성되어 있다.

첫째 단락…괘체로 괘명 '家人'을 해석하였다.

① 家人…괘명을 들었음.
② 女正位乎內…여자가 안에서 바른 자리에 있음.
③ 男正位乎外…남자는 밖에서 바른 자리에 있음.

둘째 단락…괘사 '利女貞'을 해석하였다.

① 男女正…남녀가 바름.
② 天地之大義也…천지의 대의임.

셋째 단락…괘의를 설명하였다.

① 家人有嚴君焉…집안사람에게 존엄한 어른이 있음.
② 父母之謂也…부모를 말함.
③ 父父子子…어버이는 어버이답고 자식은 자식다움.
④ 兄兄弟弟…형은 형답고 아우는 아우다움.
⑤ 夫夫婦婦…남편은 남편답고 아내는 아내다움.
⑥ 而家道正…집안의 도는 바름.
⑦ 正家而天下定矣…집안을 바르게 하면 천하는 안정됨.

가인 「단」에서 '내內', '외外'와 '자子', '제弟', '부婦'와 '정正', '정定'은 운이다.

유백민: '內', 十八隊. 與下'外', 十四泰. 爲韻.
'子', 六止. 與下'弟', 十一薺. '婦', 古音房以反. 爲韻.
'正', 四十五勁. 與下'定', 四十六徑. 爲韻.

스즈키: '내內', '외外'와 '자子', '제弟', '부婦'와 '정正', '정定'.

家人

괘명이다. 『설문』 면부宀部에 "'가家'는 거尻(家, 尻也)"라고 하였는데, 단옥재는 "'거尻'는 각 책에 '거居'로 썼다. '거尻'는 거처한다는 뜻이고, '처處'는 머무른다는 뜻이다(尻各本作居, 尻, 處也. 處, 止也)"라고 하였다. 『석문』에 "사람이 머무르는 곳을 '가家'라고 한다. 『이아』는 집안을 '가家'라고 하였다(人所居稱家. 爾雅室內謂之家, 是也)"라고 하였다.

「서괘」에 "밖에서 다친 사람은 반드시 자신의 집으로 돌아오니, 그러므로 가인으로 받는다(傷於外者, 必反其家. 故受之以家人)"라고 하였다. 공영달은 "집안의 도를 밝히고, 집안사람을 바르게 하므로, '가인'이라 한다(明家內之道, 正一家之人, 故謂之家人)"라고 하였다. '가인家人'은 집안사람(一家之人), 가정이라는 뜻이다.

정이는 "'가인家人'은 집안의 도이다. 부자의 친함, 부부의 올바름, 존비 장유의 순서, 윤리를 바르게 하고, 은혜와 의리를 돈독히 하는 것이 집안사람의 도이다(家人者, 家內之道. 父子之親, 夫婦之義, 尊卑長幼之序, 正倫理, 篤恩義, 家人之道也)"라고 하였다.

女正位乎內

이하 괘체를 가지고 괘명을 해석하였다. 왕필은 "'여女'는 둘째 음효를 가리킨다(謂二也)"라고 하였다. 뒷사람들은 모두 이를 따랐다. '정위正位'는 둘째 음효는 음이 음의 자리에 있다는 것이다. '내內'는 내괘, 즉 아랫괘이다. '여정위호내'는 여자가 안에서 바른 자리에 있다는 말이며, 여자가 집안에서 자신의 바른 자리에 처하여 그 직분을 다한다는 것이다.

男正位乎外

왕필은 "'남男'은 다섯째 양효를 가리킨다(謂五也)"라고 하였다. 뒷사람들은 모두 이를 따랐다. '정위正位'는 다섯째 양효는 양이 양의 자리에 있다는 것이다. '외外'는 외괘, 즉 윗괘이다. '남정위호외'는 남자는 밖에서 바른 자리에 있다는 말이며, 남자가 집밖에서 자신의 바른 자리에 처하여 직분을 다한다는 것이다.

男女正

이하 괘사 '利女貞'을 해석하였다. 「단」은 '정正'을 가지고 괘사의 '정貞'을 해석하였다. '남녀정男女正'은 남녀가 바르다는 말이다. 남자는 밖에서 여자는 안에서, 각각 자신의 바른 자리에 처하여 그 직분을 다한다는 것이다.

天地之大義也

'천지天地'는 자연의 하늘과 땅이며, 하늘과 땅 사이의 모든 것, 즉 자연계와 인간계를 포괄하는 개념이다. '의義'는 의의, 도리이다. '대의大義'는 큰 의의, 큰 도리이다. "남녀가 바른 것은 천지의 커다란 의의, 중대한 도리"라는 말이다. '대의'의 내용은 바로 아래 구절에서 말하였다. 「단」은 괘사 '이녀정'을, 남녀가 바르게 하는 것은 천지의 대의라고 해석하였다. 그래서 '이롭다'는 것이다.

「대상」에 '天地之大義也'는 2곳 기록되어 있다.

① 가인家人 「단」: 男女正, 天地之大義也. 남녀가 바른 것은 천지의 대의이다.

② 귀매歸妹 「단」: '歸妹', 天地之大義也. 天地不交, 而萬物不興.
'귀매'는 천지의 대의이다. 천지가 교합하지 않으면 만물은 생겨나지 않는다.

'남녀가 바른 것'과 '남녀가 시집가고 장가가는 것'은 천지의 커다란 의의라는 것이다.

家人有嚴君焉

이하 괘의를 말하였다. '엄嚴'은 존엄(尊)의 뜻이다. '군君'은 임금이 아니라 어른(長)의 뜻이다. '언焉'은 어조사이다. '가인유엄군언'은 집안사람에게 존엄한 어른이 있다는 말이다.

父母之謂也

"집안사람에게 존엄한 어른이 있으니, 부모를 말한다"는 것이다. 『집해』에 이정조는 "둘째 음효와 다섯째 양효는 서로 응하며, 괘의 주인이다. 다섯째 양효는 밖에 있고, 둘째 음효는 안에 있으니 부모를 말한다(二五相應, 爲卦之主. 五陽在外, 二陰在內, 父母之謂也)"라고 하였다.

父父子子

앞의 '부父'는 주어이고, 뒤의 '부父'는 술어이다. '부부父父'는 어버이는 어버이다워야 한다는 말이고, '자자子子'는 자식은 자식다워야 한다는 말이다. 즉 '부자자효父慈子孝'하는 것이다. 어버이는 자식을 사랑하고 자식은 어버이에게 효도하는 것이 어버이와 자식의 도리이다.

兄兄弟弟

"형은 형답고 아우는 아우다워야 한다"는 말이다. 즉 '형우제공兄友弟恭'하는 것이다. 형은 동생에게 우애롭고 동생은 형을 공경하는 것이 형과 동생의 도리이다.

夫夫婦婦

"남편은 남편답고 아내는 아내다워야 한다"는 말이다. 즉 '부의부청夫義婦聽'하는 것이다. 남편은 올바르게 처신하고 아내는 남편에 순종하는 것이 남편과 아내의 도리이다. 부자父子, 형제兄弟, 부부夫婦가 이렇게 되면 가정의 질서는 반듯해진다.

而家道正

"어버이는 어버이답고 자식은 자식다우며, 형은 형답고 아우는 아우다우며, 남편은 남편답고 아내는 아내다우면 집안의 도는 바르다"는 말이다.

正家, 而天下定矣.

"집안을 바르게 하면 천하는 안정된다"는 것이다.

'남녀정男女正', '가도정家道正', '천하정天下定'을 이어 말한 것은 『대학』의 수신修身, 제가齊家, 치국治國, 평천하平天下를 순서대로 말한 것이다.

『집해』에 순상은 "아버지는 다섯째 양효를, 아들은 넷째 음효를, 형은 셋째 양효를, 아우는 처음 양효를, 남편은 다섯째 양효를, 아내는 둘째 음효를 말한다. 각각 자신의 자리를 얻었으므로 천하는 안정된다(父謂五, 子謂四. 兄謂三. 弟謂初. 夫謂五. 婦謂二也. 各得其正, 故天下定矣)"라고 하였다. 주희는 "꼭대기는 아버지이고 처음 양효는 아들이다. 다섯째와 셋째 양효는 남편이고, 넷째와 둘째 음효는 아내이다. 다섯째 양효는 형이고 셋째 양효는 동생이다(上父初子, 五三夫, 四二婦, 五兄三弟)"라고 하였다.

어버이는 어버이답고 자식은 자식다우며, 형은 형답고 아우는 아우다우며, 남편은 남편답고 아내는 아내다우면 집안의 도는 바르다. 집안을 바르게 하면 천하는 안정된다. 남녀가 바른 것이 천지의 대의가 되는 것은 남녀가 바르면 집안이 바르고, 집안이 바르면 천하가 안정되기 때문이다. 천하는 왜 안정되지 못하는가? 집안이 바르지 못하기 때문이다. 집안이 왜 바르지 못하는가? 가족 구성원들이 자신의 직분에 충실하지 못하기 때문이다.

『논어』「안연顔淵」에 다음과 같은 말이 있다.

제나라 경공이 공자에게 정치를 묻자 공자께서 대답하셨다. "임금은 임금다워야 하고, 신하는 신하다워야 하며, 어버이는 어버이다워야 하고, 자식은 자식다워야 합니다." 경공이 말하였다. "훌륭한 말이오. 정말 임금이 임금답지 못하고, 신하가 신하답지 못하며, 어버이가 어버이답지 못하고, 자식이 자식답지 못하면, 비록 곡식이 가득하다 해도 내 어찌 먹을 수 있겠소?"

齊景公問政於孔子. 孔子對曰 "君君, 臣臣, 父父, 子子." 公曰 "善哉! 信如君不君, 臣不臣, 父不父, 子不子, 雖有粟, 吾得而食諸?"

가정과 사회 구성원 각자가 자신의 자리에서 자신의 임무에 충실하면 천하는 반듯해진다는 말이며, 이것이 곧 정치라는 것이다. 「단」의 내용은 공자의 정명론을 들어 말한 것이다.

38. 규睽

䷥ 睽, 小事吉.

규는 작은 일이 길하다.

'규睽'는 괘명이며, 어긋난다는 뜻의 괴乖이다. 『백서』에는 '규睽'가 '괴乖'로 되어 있고, 『집해』에 정현은 "'규睽'는 괴乖"라고 하였는데, 두 글자는 발음이 비슷하고 뜻이 같아 통용되었다. 「단」은 음을 '소小'라고 하였다. '소사길小事吉'은 작은 일이 길하다, 즉 음이 길하다는 말이다.

彖曰 睽, 火動而上, 澤動而下. 二女同居, 其志不同行. 說而麗乎明, 柔進而上行, 得中而應乎剛, 是以'小事吉'. 天地睽而其事同也, 男女睽而其志通也, 萬物睽而其事類也, 睽之時用大矣哉.

규는 불이 움직여 위로 올라가고, 못이 움직여 아래로 내려간다. 두 여자가 동거하나, 그 뜻은 함께 행하지 아니한다. 기뻐하여 밝음에 붙어 있고, 유가 나아가 위로 올라가서, 가운데 자리를 얻어 강에 응하니, 그래서 '작은 일이 길하다'는 것이다. 천지는 어긋나지만 그 일은 같고, 남녀는 어긋나지만 그 뜻은 통하며, 만물은 어긋나지만 그 일은 유사하니, 규의 때의 쓰임은 크기도 하다.

규「단」은 3단락으로 구성되어 있다.

첫째 단락…괘명 '睽'를 해석하였다.

1. 괘상으로 해석하였다.
   ① 睽…괘명을 들었음.
   ② 火動而上…불이 움직여 위로 올라감.
   ③ 澤動而下…못이 움직여 아래로 내려감.

2. 괘체로 해석하였다.
   ① 二女同居…두 여자가 동거함.
   ② 其志不同行…그 뜻은 함께 행하지 아니함.

둘째 단락…괘사 '小事吉'을 해석하였다.

1. 괘덕으로 해석하였다.
   ① 說而麗乎明…기뻐하여 밝음에 붙어 있음.

2. 괘체로 해석하였다.
   ① 柔進而上行…유가 나아가 위로 올라감.
   ② 得中而應乎剛…가운데 자리를 얻어 강에 응함.
   ③ 是以'小事吉'…괘사 '소사길'을 들었음.

셋째 단락…괘의를 설명하였다.

1. 자연계를 들었다.
   ① 天地睽而其事同也…천지는 어긋나지만 그 일은 같음.

2. 인간계를 들었다.
   ① 男女睽而其志通也…남녀는 어긋나지만 그 뜻은 통함.
   ② 萬物睽而其事類也…만물은 어긋나지만 그 일은 유사함.

3. 괘의를 들었다.
   ① 睽之時用大矣哉…규의 때의 쓰임은 크기도 함.

규「단」에서 '행行', '명明', '행行', '강剛'과 '동同', '통通'은 운이다.
유백민: '行', 戶郎反. 與下'明', 彌郎切. '剛'十一唐. 爲韻.
'同', 一東. 與下'通', 一東. 爲韻.
스즈키: '행行', '명明', '행行', '강剛'과 '동同', '통通'.

睽

괘명이다. 「서괘」에 "가도가 궁하면 반드시 어긋나니, 그러므로 규로 받는다. 규는 어긋난다는 뜻이다(家道窮必乖, 故受之以睽. 睽, 乖也)"라고 하였다. 『잡괘』에 "'규睽'는 밖에서 떨어지는 것(睽, 外也)", 『광아』「석고」에 "'괴乖'는 떨어지다는 뜻의 리(乖, 離也)"라 고 하였다. 『설문』 목부目部에 "'규睽'는 눈이 서로 듣지 않는 것(睽, 目不相聽也)"이라고 하였는데, '불상청不相聽'은 서로 어긋난다(相背)는 말이다. 단옥재는 "두 눈이 같이 보지 않는 것(二目不同視也)"이라고 하였다. 눈을 서로 마주치지 않는 것은 서로 어긋난다는 말이다. '규睽'는 서로 어긋나는 것(乖)이고, 서로 떨어지는 것(離)이다. 「단」은 이와 같은 뜻으로 새겼다.

火動而上, 澤動而下.

괘상을 가지고 괘명을 해석하였다. 『석문』에 "'상上'은 상행과 같다(上, 上行同)"라고 하였다. 규는 윗괘가 리離이고 아랫괘는 태兌이다. 리는 불(火)이고 태는 못(澤)이다. 그런즉 규의 괘상은 불이 위에 못이 아래에 있는 것이다. '화동이상'은 불이 움직여 위로 올라간다는 말이고, '택동이하'는 못은 움직여 아래로 내려간다는 말이다. 불은 위로 올라가고 못은 아래로 내려가니 서로 어긋난다.

二女同居

이하 괘체를 가지고 괘명을 해석하였다. 규의 윗괘인 리는 둘째딸(中女)이고 아랫괘인 태는 막내딸(少女)이다. '이녀二女'는 두 딸이다. '동거同居'는 리와 태가 한 괘를 이루고 있다는 것이며, 두 딸이 부모 집에 함께 사는 것을 말한다. '이녀동거'는 두 여자가 동거한다는 말이다.

혁「단」에도 같은 기록이 있다.

> 革, 水火相息, 二女同居, 其志不相得曰革.
> 혁은 물과 불이 서로 없애고, 두 여자가 동거하여,
> 그 뜻이 서로 사이좋게 지낼 수 없는 것을 '혁'이라고 한다.

혁革(䷰)은 윗괘가 태이고 아랫괘는 리이다. 막내딸이 위에 둘째딸이 아래에 있다. 「단」에서 '二女同居'가 나오는 것은 규睽와 혁革, 두 괘이다.

其志不同行

'기其'는 '이녀二女'를 가리킨다. '지志'는 두 여자의 의향이다. '행行'은 시집가는 것을 말한다. '기지부동행'은 그 뜻은 함께 행하지 아니한다는 말이다. 즉 각자 지향하는 바가 같지 않다는 것이다. 자매가 어릴 때는 같이 살지만 자라서는 각자 시집가니, 두 여자가 동거하나 그 뜻은 함께 행하지 아니하는 것이다. 그래서 서로 어긋나는 것이다.

괘로 말하면, 리와 태가 한 괘를 이루고 있으며, 리는 불이니 속성이 위로 올라가고, 태는 못이니 속성이 아래로 내려가므로 그 뜻은 함께 행하지 아니한다는 것이다.

이 구절을 통해 은나라 때부터 내려오던 전통적인 혼인 풍속 '제잉제娣媵制'가 붕괴되었음을 알 수 있다. 이것은 「단」이 쓰인 시기가 봉건제가 붕괴된 전국 후기라는 결정적인 증거이다.

說而麗乎明

괘덕을 가지고 괘사를 해석하였다. 『석문』에 "'열說'은 음이 열悅(說, 音悅)"이라고 하였다. '열說'은 기뻐하다는 뜻의 열悅이다. '리麗'는 붙는다는 뜻의 부附이다. 규는 아랫괘가 태이고 윗괘는 리이다. 태는 기뻐함(悅)이고, 리는 붙음(麗)이고 또 밝음(明)이다. 아랫괘는 윗괘에 붙어 있으니, 규는 또 '기뻐하여 밝음에 붙어 있는 것'이다.

柔進而上行

이하 괘체를 가지고 괘사를 해석하였다. '유柔'는 다섯째 음효를 가리킨다. '유진이상행'은 유가 나아가 위로 올라간다는 말이다. 즉 유가 나아가 위로 올라가 다섯째 음효의 자리에 있게 되었다는 것이다. '유진이상행'에 대해 35번 진晉 「단」의 설명을 참고하라.

得中而應乎剛

'득중得中'은 다섯째 음효가 윗괘의 가운데 자리에 있다는 말이다. '강剛'은 둘째 양효를 가리킨다. '응호강應乎剛'은 윗괘의 가운데 자리에 있는 다섯째 음효가 아랫괘의 가운데 자리에 있는 둘째 양효와 호응한다는 말이다.

是以 '小事吉'

「단」은 괘사 '소사길'을, 아랫괘는 기뻐하여 윗괘의 밝음에 붙어 있고, 유가 나아가 위로 올라가서 가운데 자리를 얻어 아래의 강과 응하니, 그래서 '작은 일이 길하다'고 해석하였다. 즉 다섯째 음효가 윗괘의 가운데 자리를 얻어 아랫괘의 둘째 양효와 응하므로 '길하다'는 것이고, 다섯째 음효는 윗괘의 가운데 자리를 얻었으나 자신의 자리가 아니며, 음이면서 임금의 자리에 있고, 또 둘째 양효는 아랫괘의 가운데 자리(음의 자리)에 있으므로 '작은 일이 길하다'는 것이다.

天地睽而其事同也

이하 괘의를 설명하면서 먼저 자연계를 들었다. '천지규'는 천지가 어긋난다는 것이다. '기其'는 '천지'를 가리킨다. '사事'는 천지가 하는 일이다. '기사동'은 천지가 하는 일은 같다는 말이다. "천지는 어긋나지만 그 일은 같다"는 말이다. 하늘은 높고 땅은 낮으며, 하늘은 양이고 땅은 음이니, '천지가 어긋나는 것'이다. 그러나 천지는 서로 교접하여 만물을 낳아 기르니, 하는 일은 같다.

공영달은 "하늘은 높고 땅은 낮으니, 서로 현격한 것이 '천지가 어긋나는 것'이다. 그러나 만물을 생성하니, 그 일은 같은 것이다(天高地卑, 其體懸隔, 是天地睽也. 而生成品物, 其事則同也)"라고 하였다.

男女睽而其志通也

인간계를 들었다. '기其'는 '남녀'를 가리킨다. '지志'는 남녀가 지향하는 것이다. "남녀는 어긋나지만 그 뜻은 통한다"는 말이다. 남자는 강이고 여자는 유이며, 남자는 밖이고 여자는 안이니, '남녀가 어긋나는 것'이다. 그러나 남녀는 짝이 되어 가정을 이루고 자녀를 기르니 그 뜻은 통한다.

공영달은 "남자는 밖에 여자는 안에 있어, 자리의 구별이 있는 것이 '남녀가 어긋나는 것'이다. 그러나 가정을 이루어 집안일을 처리하니, 그 뜻은 통하는 것이다(男外女內, 分位有別, 是男女睽也. 而成家理事, 其志則通也)"라고 하였다.

萬物睽而其事類也

'기其'는 '만물'을 가리킨다. '사事'는 만물이 생멸 변화하는 일이다. '유類'는 유사하다는 뜻이며, 앞의 '동同', '통通'과 같은 의미이다. "만물은 어긋나지만 그 일은 유사하다"는 말이다. 만물은 형체와 속성이 각양각색, 천차만별이니 '만물이 어긋나는 것'이다. 그러나 만물이 생멸 변화하는 것을 보면 서로 유사하다.

공영달은 "만물은 모양이 다르고 각각 상을 갖는 것이 '만물이 어긋나는 것'이다. 그러나 나서 자라나는 것이 고르니, 그 일은 곧 유사한 것이다(萬物殊形, 各自爲象, 是萬物睽也. 而均於生長, 其事卽類)"라고 하였다.

睽之時用大矣哉

괘의를 들었다. 천지는 어긋나지만 하는 일이 같고, 남녀는 어긋나지만 지향하는 것은 통하며, 만물은 어긋나지만 생멸 변화하는 것은 유사하니, 어긋나고 같은 것은 모두 '때(時)'에 따라 하는 것이다. 그러므로 "규의 때의 쓰임은 크기도 하다"는 말이다.

39. 건蹇

䷦ 蹇, 利西南, 不利東北. 利見大人. 貞吉.
건은 서남쪽이 이롭고, 동북쪽은 이롭지 않다.
대인을 만나보는 것이 이롭다. 바르게 하여 길하다.

'건蹇'은 괘명이며, 어렵다는 뜻의 난難이다. '대인大人'은 사회 신분이 높은 사람, 혹은 도덕 수양이 훌륭한 사람을 가리킨다. '정貞'은 바르다는 뜻의 정正이다. '정길貞吉'은 자신의 자리에서 바르게 하여 길하다는 뜻이다.

彖曰 蹇, 難也, 險在前也. 見險而能止, 知矣哉. '蹇, 利西南', 往得中也. '不利東北', 其道窮也. '利見大人', 往有功也. 當位'貞吉', 以正邦也. 蹇之時用大矣哉.
건은 어렵다는 뜻이니, 험난함이 앞에 있다. 험난함을 보고 멈출 수 있으니, 지혜롭기도 하다. '건이 서남쪽이 이롭다'는 것은 가면 중도를 얻기 때문이다. '동북쪽은 이롭지 않다'는 것은 그 길이 궁하기 때문이다. '대인을 만나보는 것이 이롭다'는 것은 가면 공이 있다는 것이다. 합당한 자리에서 '바르게 하여 길하다'는 것은 나라를 바르게 한다는 것이다. 건의 때의 쓰임은 크기도 하다.

건「단」은 3단락으로 구성되어 있다.

첫째 단락…괘명 '蹇'을 해석하였다.

1. 훈고로 해석하였다.
   ① 蹇…괘명을 들었음.
   ② 難也…어렵다는 뜻임.

2. 괘상으로 해석하였다.
   ① 險在前也…험난함이 앞에 있음.

3. 괘덕으로 해석하였다.
   ① 見險而能止…험난함을 보고 멈출 수 있음.
   ② 知矣哉…지혜롭기도 함.

둘째 단락…괘사를 해석하였다.

1. 괘체로 괘사 '蹇, 利西南'을 해석하였다.
   ① '蹇, 利西南'…괘명과 괘사 '이서남'을 들었음.
   ② 往得中也…가면 중도를 얻기 때문임.

2. 괘사 '不利東北'을 해석하였다.
   ① '不利東北'…괘사 '불리동북'을 들었음.
   ② 其道窮也…그 길이 궁하기 때문임.

3. 괘사 '利見大人'을 해석하였다.
   ① '利見大人'…괘사 '이견대인'을 들었음.
   ② 往有功也…가면 공이 있다는 것임.

4. 괘체로 괘사 '貞吉'을 해석하였다.
   ① 當位'貞吉'…괘사 '정길'을 들었음.
   ② 以正邦也…나라를 바르게 한다는 것임.

셋째 단락…괘의를 말하였다.

① 蹇之時用大矣哉…건의 때의 쓰임은 크기도 함.

건「단」에서 '중中', '궁窮', '공功', '방邦'은 운이다.
유백민: '中', 一東. 與下'窮', 一東. '功', 一東. '邦', 博工反. 爲韻.
스즈키: '중中', '궁窮', '공功', '방邦'.

蹇

괘명이다. 「서괘」에 "어긋나는 것은 반드시 어려움이 있으니, 그러므로 건으로 받는다. 건은 어렵다는 뜻이다(乖必有難, 故受之以蹇. 蹇者, 難也)"라고 하였고, 「잡괘」에서도 "'건蹇'은 어렵다는 뜻의 난(蹇, 難也)"이라고 하였다. 「단」에서도 '건蹇'은 어렵다는 뜻의 난難으로 새겼다.

정이는 "괘는 감이 위에 간이 아래에 있다. 감은 험난함이고 간은 멈춤이니, 험난함이 앞에 있어 멈추어 나아갈 수 없는 것이다. 앞에는 험난함이 있고 뒤에는 막혀 있으니, 그러므로 건이다(爲卦, 坎上艮下. 坎, 險也, 艮, 止也, 險在前而止不能進也. 前有險陷, 後有峻阻, 故爲蹇也)"라고 하였다. 주희는 "발이 나아갈 수 없으니, 가는 것이 어려운 것이다(足不能進, 行之難也)"라고 하였다.

難也

훈고를 취하여 해석하였다. "괘명인 '건蹇'은 어렵다는 뜻의 난難"이라는 말이다. 앞에서 주희는 '난難'을 '건지난行之難'으로 읽었는데, 아주 정확하게 읽었다. '난難'은 행로지난行路之難, 길을 가는 것이 어려운 것이다.

險在前也

괘상을 가지고 괘명을 해석하였다. '건蹇'은 어렵다는 뜻의 난難이고, 험난함이 앞에 있기 때문에 어렵다는 말이다. 건은 윗괘가 감坎이고 아랫괘는 간艮이다. 감은 물이고 또 험난함(險)이며, 간은 산이다. 윗괘는 '전前'이고 아랫괘는 '후後'이다. 그런즉 건은 '험난함이 앞에 있는 것'이다. 「단」은 험난함(險)을 괘상과 괘덕으로 사용하였다.

見險而能止

괘덕을 가지고 괘명을 해석하였다. 건은 윗괘가 감坎이고 아랫괘는 간艮이다. 감은 험난함(險)이고 간은 멈춤(止)이다. 그런즉 건은 '험난함을 보고 멈출 수 있는 것'이다.

「단」은 괘상을 말하면서 먼저 윗괘를 들고 이어 아랫괘를 말하였고, 괘덕을 말하면서 먼저 아랫괘를 들고 이어 윗괘를 말하였다. 이것은 「단」의 통례이다. 지금 괘덕을 말하면서 먼저 윗괘를 들고 이어 아랫괘를 말하였는데, 64괘 「단」 가운데 오직

39번 건蹇「단」만 예외이다.

知矣哉

『석문』에 "'지知'는 음이 지智(知, 音智)"라고 하였다. '지知'는 지혜롭다는 뜻의 지智로 읽는다. 험난함을 보고 멈추어 화를 당하지 않으니, 지혜롭기도 하다는 말이다.

공영달은 "감이 윗괘에 있으니 '험재전'이다. 험난함이 앞에 있으니 그래서 어렵다는 것이다. 만약 험난함을 무릅쓰고 간다면, 혹 그 해를 입게 된다. 간은 아랫괘에 있으니, 멈추어 가지 아니하고, 때를 기다려 움직이니 지혜롭지 않으면 할 수 없다. 그러므로 '견험이능지, 지의재'라고 한 것이다(坎在其外, 是險在前也. 有險在前, 所以爲難. 若冒險而行, 或罹其害. 艮居其內, 止而不往, 相時而動, 非知不能, 故曰見險而能止, 知矣哉也)"라고 하였다.

'蹇, 利西南', 往得中也.

괘체를 가지고 괘사 '利西南'을 해석하였다. '利西南, 不利東北'에 대해, 『집해』에 우번은 "곤은 서남괘(坤, 西南卦)", "간은 동북괘(艮, 東北之卦)"라고 하였고, 순상 역시 "서남은 곤을 말한다(西南, 謂坤)", "동북은 간이다(東北, 艮也)"라고 하였다. 왕필은 "서남쪽은 땅(坤)이고, 동북쪽은 산(艮)이다. 어려움을 가지고 평탄한 곳으로 가면 어려움이 풀리고, 어려움을 가지고 산으로 가면 길이 궁하다(西南, 地也. 東北, 山也. 以難之平則難解, 以難之山則道窮)"라고 하였다. 이들은 「설괘」 제5장의 팔괘방위설을 가지고 해석하였는데, 이후 뒷사람들은 모두 이 해석을 따랐다. 팔괘방위설을 가지고 괘사의 '서남쪽이 이롭고 동북쪽은 불리하다'는 해석은 모두 이들에게서 비롯되었다.

'왕往'은 서남쪽으로 가는 것이다. 『석문』에 "'중中'은 정현이 조화롭다, 왕숙은 알맞다는 뜻(中, 鄭云和也. 王肅云中, 適也)"이라고 하였다. '중中'은 순상과 우번이 다섯째 양효를 가리킨다고 하였는데, 뒷사람들은 또 모두 이를 따랐다. 「단」은 '득중得中'을 가지고 괘사의 '이利'를 해석하였다. '왕득중야往得中也'는 서남쪽으로 가면 중도를 얻는다는 말이다. 그래서 이롭다는 것이다. 다섯째 양효는 윗괘의 가운데 자리에 있으니(효위), 중도를 얻은 상이다(효상). '중도'는 정도正道이며, 바른 길이다. 「단」은 괘사 '이서남利西南'을, 서남쪽은 곤방坤方이고, 곤은 땅(地)이며, 땅은 평탄하여 서남쪽으로 가면 중도를 얻기 때문에 이롭다고 해석하였다.

'不利東北', 其道窮也.

괘사 '不利東北'을 해석하였다. '기其'는 동북東北을 가리킨다. '기도其道'는 동북쪽의 길이다. 「단」은 '궁窮'을 가지고 괘사의 '불리不利'를 해석하였다. '기도궁야其道窮也'는 동북쪽의 길이 궁하다는 말이다. 그래서 불리하다는 것이다. 『집해』에 순상은 "동북은 간이다. 간은 감의 아래에 있으니, 험난함을 보고 멈추는 것이다. 그러므로 그 길이 궁한 것이다(東北, 艮也. 艮在坎下, 見險而止, 故其道窮也)"라고 하였다. 「단」은 괘사 '불리동북不利東北'을, 동북쪽은 간방艮方이고, 간은 산山이며, 산은 높고 험하여 동북쪽으로 가면 그 길이 궁하여 이롭지 않다고 해석하였다.

'利見大人', 往有功也.

괘사 '利見大人'을 해석하였다. '왕往'은 대인을 만나보러 가는 것이다. '공功'은 대인을 만나보는 공이다. 「단」은 '공功'을 가지고 괘사의 '이利'를 해석하였다. '왕유공야'는 가면 대인을 만나보는 공이 있다는 말이다.

『집해』에 우번은 "대인은 다섯째 양효를 가리킨다. 둘째 음효가 자리를 얻어 다섯째 양효와 응하고 있으므로 '이견대인, 왕유공야'라고 한 것이다(大人, 謂五. 二得位應五, 故利見大人, 往有功也)"라고 하였다. 뒷사람들은 대부분 이를 따랐다. 정이는 "어려울 때, 성현이 아니면 천하의 어려움을 구제할 수 없으니, 그러므로 대인을 만나보는 것이 이롭다(蹇難之時, 非聖賢不能濟天下之蹇, 故利於見大人也)"라고 하였다. 그는 '대인'을 어려울 때 천하의 어려움을 구해주는 사람으로 해석하였다.

「단」은 괘사 '이견대인利見大人'을, 대인을 만나보는 것이 이롭다는 것은 대인을 만나보러 가면 대인을 만나보는 공이 있는 것이라고 해석하였다.

當位 '貞吉'

괘체를 가지고 괘사 '貞吉'을 해석하였다. '당위當位'에 대해 몇 가지 해석이 있다.

첫째, 『집해』에 순상은 "다섯째 양효는 존위에서 바르게 거하고 있고, 여러 음이 순종하므로 나라를 바르게 할 수 있다(五當尊位, 正居是, 群陰順從, 故能正邦國)", 우번은 "다섯째 양효는 합당한 자리에서 나라를 바르게 하므로 '정길'이라 말하였다(謂五當位正邦, 故貞吉也)"라고 하였다. 이들은 '당위當位'를 다섯째 양효가 자신의 자리에 있는 것이라고 하였다. 굴만리가 이를 따랐다.

둘째, 공영달은 "둘째, 셋째, 넷째, 다섯째 효가 모두 합당한 자리이니, 그래서 바른 자리를 얻어 길하다(二三四五爻皆當位, 所以得正而吉)"라고 하였다. 건은 처음 음효를 제외하고 나머지 다섯 효는 모두 음양이 자신의 자리에 있으므로 '당위當位'라고 하였다는 말이다. 정이, 주희, 진몽뢰, 왕부지, 유백민 등 뒷사람들은 대부분 이를 따랐다.

셋째, 정이는 또 "대인이 합당한 자리에 있어 어려움을 구제하는 공을 이루니, 가면 공이 있는 것이다(大人當位, 則成濟蹇之功矣, 往而有功也)"라고 하여, 대인이 합당한 자리에 있다고 해석하였다.

넷째, 래지덕은 '당위當位'를 셋째, 다섯째 두 양효가 자신의 자리에 있는 것이라고 하였다(陽剛皆當其位).

다섯째, 고형은 다섯째 양효와 둘째 음효를 가리킨다고 하였다('當位貞吉'之說乃以九五及六二之爻象爻位爲據). 다섯째 양효와 둘째 음효는 위아래 괘의 가운데 자리에서 각각 자신의 자리에 있으며, 합당한 자리에 처해 중정의 도를 지니고 있다는 것이다. 진고응도 "둘째 양효는 신하의 자리이고, 음효가 유의 자리에 있으며(六二爲臣位, 陰爻居柔位), 다섯째 양효는 임금의 자리이고, 양효가 강의 자리에 있으니(九五爲君位, 陽爻居剛位), 처한 자리가 합당한 것이다(是其居位適當)"라고 하여, 이와 같이 해석하였다. 이러한 해석은 모두 통한다.

以正邦也

'이以' 뒤에 '지之'가 생략되어 있다. '이以'는 용用이며, '지之'는 '당위當位'를 가리킨다. 「단」은 '정正'을 가지고 괘사의 '정貞'을 해석하였다. '정방正邦'의 '정正'은 곧 '중中'이므로 위의 다섯 가지 해석 가운데 고형과 진고응의 해석이 가장 합당하다. 다섯째 양효는 임금이고 둘째 양효는 신하와 백성이다. 임금과 백성이 각자 자신의 자리(當位)에서 나라를 바르게 한다(正邦)는 것이다.

「단」은 괘사 '정길貞吉'을, 합당한 자리에서 바르게 하여 길한 것은 나라를 바르게 하는 것이라고 해석하였다. 즉 건의 다섯째 양효와 둘째 음효가 각각 자신의 자리에 처하여 있는 것(當位)을 가지고 나라의 임금과 신하와 백성이 각각 자신의 직분에 충실한 것(正邦)에 비유하였다.

『석문』에 "순상과 육적 본에는 '정국正國'으로 되어 있는데, 한조 유방의 이름을 피하기 위해서이다(荀陸本作正國, 爲漢朝諱)"라고 하였다. 순상과 육적 본에는 유방의 이름을 피하기 위해 '방邦'을 '국國'으로 썼다는 것이다.

蹇之時用大矣哉

괘의를 말하였다. 건이 험난한 것을 보고 멈추고, 서남쪽이 이롭고, 동북쪽은 이롭지 않으며, 대인을 만나보는 것이 이롭고, 또 자신의 자리에 처하여 바르게 하여 길하다는 것은 모두 건의 때에 따른 쓰임이니, 그 때의 쓰임은 크기도 하다는 말이다.

40. 해解

䷧ 解, 利西南. 无所往, 其來復吉. 有攸往, 夙吉.

해는 서남쪽이 이롭다. (서남쪽으로) 갈 곳이 없다면 돌아오는 것이 길하다. (서남쪽으로) 갈 곳이 있다면 일찍 가는 것이 길하다.

'해解'는 괘명이며, 벗어나다는 뜻의 면免, 푼다는 뜻의 완緩이다. '복復'은 돌아온다는 뜻의 반返이다. 『집해』에 우번은 "'숙夙'은 이르다는 뜻의 조早"라고 하였다. '기래복길其來復吉'에서 '기래其來'는 잘못 들어간 글자가 아닌가 한다. 이 글자가 없으면 '무소왕无所往'과 '유소왕有攸往', '복길復吉'과 '숙길夙吉'이 짝이 맞는다. '기래其來'가 있어야 한다면 '기거숙길其去夙吉'이 되어야 '무소왕无所往'과 '유소왕有攸往', '기래복길其來復吉'과 '기거숙길其去夙吉'이 서로 짝이 된다.

彖曰 解, 險以動, 動而免乎險, 解. '解, 利西南', 往得衆也. '(无所往), 其來復吉', 乃得中也. '有攸往, 夙吉', 往有功也. 天地解而雷雨作, 雷雨作而百果草木皆甲坼. 解之時大矣哉.

해는 험난하여 움직이는 것이니, 움직여 험난함에서 벗어나는 것이 해이다. '해가 서남쪽이 이롭다'는 것은 (서남쪽으로) 가면 백성을 얻기 때문이다. '(갈 곳이 없다면) 돌아오는 것이 길하다'는 것은 중도를 얻기 때문이다. '갈 곳이 있다면 일찍 가는 것이 길하다'는 것은 가면 공이 있기 때문이다. 천지가 풀리니 우레와 비가 일어나며, 우레와 비가 일어나니 백과와 초목이 모두 땅에서 나와 잎을 피운다. 해의 때는 크기도 하다.

해 「단」은 3단락으로 구성되어 있다.

첫째 단락…괘덕으로 괘명 '解'를 해석하였다.

① 解…괘명을 들었음.
② 險以動…험난하여 움직이는 것임.
③ 動而免乎險…움직여 험난함에서 벗어나는 것임.
④ 解…다시 괘명을 들었음.

둘째 단락… 괘사를 해석하였다.

1. 괘상으로 괘사 '解, 利西南'을 해석하였다.
   ① '解, 利西南'… 괘명과 괘사 '이서남'을 들었음.
   ② 往得衆也…(서남쪽으로) 가면 백성을 얻기 때문임.

2. 괘사 '其來復吉'을 해석하였다.
   ① '其來復吉'… 괘사 '기래복길'을 들었음.
   ② 乃得中也… 중도를 얻기 때문임.

3. 괘사 '有攸往, 夙吉'을 해석하였다.
   ① '有攸往, 夙吉'… 괘사 '유유왕, 숙길'을 들었음.
   ② 往有功也… 가면 공이 있기 때문임.

셋째 단락… 괘의를 설명하였다.

1. 괘상으로 말하였다.
   ① 天地解而雷雨作… 천지가 풀리니 우레와 비가 일어남.
   ② 雷雨作而百果草木皆甲坼… 우레와 비가 일어나니 백과와 초목이 모두 땅에서 나와 잎을 피움.

2. 결어를 말하였다.
   ① 解之時大矣哉… 해의 때는 크기도 함.

해「단」에서 '중衆', '중中', '공功'과 '작作', '탁坼'은 운이다.

유백민: '衆', 一東, 一送二韻. 與下'中', 一東. '功', 一東. 爲韻.
'作', 十九鐸. 與下'坼', 二十陌. 爲韻

スズキ: '중衆', '중中', '공功'과 '작作', '탁坼'.

解

괘명이다. 「서괘」에 "사물은 끝까지 어려울 수 없으니, 그러므로 해로 받는다. 해는 푼다는 뜻이다(物不可以終難, 故受之以解. 解者, 緩也)"라고 하였고, 「잡괘」에서도 "'해解'는 푼다는 뜻의 완(解, 緩也)"이라고 하였다. 「단」은 '면免'과 '해解'를 가지고 괘명 '해解'를 해석하였다. '해'는 벗어나다(免), 풀다(緩)는 뜻이다.

정이는 "괘는 진이 위에 감이 아래에 있다. 진은 움직임이고 감은 험난함이니, 험난함 밖에서 움직여 험난함에서 벗어나는 것이다. 그러므로 환난이 풀어지는 상이다(爲卦, 坎上震下. 震, 動也, 坎, 險也, 動於險外, 出乎險也, 故爲患難解散之象)"라고 하였다.

險以動

이하 괘덕를 가지고 괘명을 해석하였다. '이以'는 '이而'와 같다. 해는 아랫괘가 감坎이고 윗괘는 진震이다. 감은 험난함(險)이고 진은 움직임(動)이다. 그런즉 해는 '험난하여 움직이는 것'이다.

動而免乎險

'면免'은 벗어나다(脫), 피한다(避)는 뜻이다. '동動'은 윗괘 진震이고, '험險'은 아랫괘 감坎이다. 움직임이 험난함의 밖에 있으니, 험난함의 밖에서 움직이는 것이다. 험난함의 밖에서 움직인다는 것은 곧 '움직여 험난함에서 벗어난다'는 것이다.

解

해는 험난하여 움직이는 것이니, 움직여 험난함에서 벗어나는 것이다. 그래서 괘명이 '해解'이다. 「단」은 '면免'을 가지고 괘명 '해解'를 해석하였다. '해解'는 벗어난다는 뜻이다.

'解, 利西南', 往得衆也.

괘상을 가지고 괘사 '利西南'을 해석하였다. '왕往'은 서남쪽으로 가는 것이다. 후천팔괘방위도에서 서남쪽은 곤방坤方이고, 곤은 백성(衆)이다. 「설괘」 제11장에 '坤爲衆'이라고 하였다. 「단」은 '득중得衆'을 가지고 괘사의 '이利'를 해석하였다. '왕득중야'는 가면 백성을 얻는다는 말이다. 「단」은 괘사 '이서남'을, 서남쪽이 이로운 것은 서남쪽으로 가면 백성을 얻기 때문이라고 해석하였다.

'其來復吉', 乃得中也.

'기래복길其來復吉' 앞에 '무소왕无所往'이 있어야 한다. 옮겨 쓰면서 잘못하여 빠뜨렸을 것이다. '중中'에 대해, 『집해』에 순상은 둘째 양효로 보았는데(來復居二, 處中成險), 주희, 래지덕, 굴만리, 유백민이 이렇게 해석하였다. 공영달은 "어려움을 해결할 수 없으니, 물러나 침묵을 지켜 이치의 가운데를 얻는다(无難可解, 退守靜默, 得理之中)"라고 하였고, 정이는 "갈 곳이 없으니, 연후에 선왕의 다스림으로 돌아와 중도를 얻으니,

마땅함과 합하는 것을 말한다(无所往, 然後來復先王之治, 乃得中道, 謂合宜也)"라고 하여, '중도中道'로 해석하였다. 진고응은 '중中'을 '정도'로 해석하였다('中', 正道).

「단」은 괘사 '무소왕, 기래복길'을, 갈 곳이 없다면 돌아오는 것이 길한 것은 중도를 얻기 때문이라고 해석하였다.

'有攸往, 夙吉', 往有功也.

「단」은 '공功'을 가지고 괘사의 '길吉'을 해석하였다. '왕유공야'는 가면 공이 있다는 말이다. 「단」은 괘사 '유유왕, 숙길'을, 갈 곳이 있다면 일찍 가는 것이 길한 것은 가면 공이 있기 때문이라고 해석하였다. 주희는 "'득중得中'과 '유공有功'은 모두 둘째 양효를 가리킨다(得中有功皆指九二)"라고 하였다.

天地解而雷雨作

이하 괘상으로 괘의를 해석하였다. '천지해天地解'는 봄이 오니, 천지가 풀리고, 음양이 풀리고, 기후가 풀린다는 것이다. 「단」은 '해解'를 가지고 괘명 '해解'를 해석하였다. '해解'는 풀리다(緩)는 뜻이다. '작作'은 일어난다는 뜻의 기起이다. 해는 윗괘가 진震이고 아랫괘는 감坎이다. 진은 우레(雷)이고 감은 비(雨)이다. 그런즉 해의 괘상은 '우레와 비가 일어나는 것'이다. "천지가 풀리니 우레와 비가 일어난다"는 말이다.

雷雨作而百果草木皆甲坼

'갑甲'은 초목이 땅에서 나오는 것(木初生)이다. '탁坼'에 대해, 『설문』 토부土部에 "찢는다는 뜻의 열裂", 『광아』에 "나누다는 뜻의 분分"이라고 하였다. 『석문』에 "마융과 육적은 '택宅'으로 쓰고, 뿌리 '근'이다(馬陸作宅, 云根也)"라고 하였다. 『집해』에도 '택宅'으로 되어 있다. 왕인지王引之는 "'탁坼'과 '택宅'은 모두 풀잎이라는 뜻의 '적乇'을 가차한 것이다. 초목이 잎을 피우는 것이다(坼, 宅皆借爲乇, 草木生葉也)"라고 하였다. 공영달은 '부갑개탁孚甲開坼'이라고 하였는데, '부갑孚甲'은 싹이 나오는 것, '개탁開坼'은 입을 피우는 것이다. '갑탁甲坼'은 초목이 땅에서 나와 싹을 내미는 것이다. 천지가 풀린 후에 우레와 비가 일어난다. "우레와 비가 일어나니 백과 초목이 모두 땅에서 나와 잎을 피운다"는 말이다.

解之時大矣哉

결어를 말하였다. 천지가 풀리니, 우레와 비가 일어나고, 백과 초목이 모두 땅에서 나와 잎을 피운다. 그러므로 해의 때는 크기도 하다는 말이다.

41. 손損

䷨ 損, 有孚, 元吉, 无咎, 可貞, 利有攸往. 曷之用? 二簋可用享.
손은 믿음이 있으니, 크게 길하고, 허물이 없으며,
바르게 할 수 있고, 갈 곳이 있으면 이롭다.
(제사에) 무엇을 사용하겠는가? 두 개의 대나무 제기로 제사를 올릴 수 있다.

'손損'은 괘명이며, 덜어낸다는 뜻의 감減이다. '부孚'는 믿음이라는 뜻의 신信이다. '원元'은 크다는 뜻의 대大이다. '정貞'은 바르다는 뜻의 정正이다. 『집해』에 최경은 "'갈曷'은 의문사 하何(曷, 何也)"라고 하였다. '갈지용曷之用'은 무엇을 사용하여 제사를 올리겠는가? 라는 뜻이다. '궤簋'는 대로 만든 제기이다. 『집해』에 순상은 "종묘에 사용하는 그릇(簋, 宗廟之器)"이라고 하였다. '가용可用'은 '가이可以'와 같다. '향享'은 제사를 올린다는 뜻의 헌獻이다.

彖曰 損, 損下益上, 其道上行. '損而有孚, 元吉, 无咎, 可貞, 利有攸往. 曷之用, 二簋可用享', 二簋應有時. 損剛益柔有時, 損益盈虛, 與時偕行.
손은 아래를 덜어 위를 더하는 것이니, 그 도는 위로 운행한다. '손은 믿음이 있으니, 크게 길하고, 허물이 없으며, 바르게 할 수 있고, 갈 곳이 있으면 이롭다. (제사에) 무엇을 사용하겠는가? 두 개의 대나무 제기로 제사를 올릴 수 있다'는 것이니, 두 개의 대나무 제기는 마땅히 때가 있는 것이다. 강을 덜어 유에 더하는 것은 때가 있으니, 덜고 더하고 차고 비는 것은 때와 더불어 함께 행한다.

손「단」은 3단락으로 구성되어 있다.

첫째 단락…괘체로 괘명 '損'을 해석하였다.
① 損…괘명을 들었음.
② 損下益上…아래를 덜어 위를 더하는 것임.
③ 其道上行…그 도는 위로 운행함.

둘째 단락…괘사 전체를 해석하였다.

① '損而有孚, 元吉, 无咎, 可貞, 利有攸往. 曷之用, 二簋可用享'… 괘사 전체를 들었음.
② 二簋應有時… 두 개의 대나무 제기는 마땅히 때가 있는 것임.

셋째 단락… 괘체로 괘의를 설명하였다.
① 損剛益柔有時… 강을 덜어 유에 더하는 것은 때가 있음.
② 損益盈虛… 덜고 더하고 차고 비는 것임.
③ 與時偕行… 때와 더불어 함께 행함.

손「단」에서 '상上', '행行', '왕往', '향享', '행行'은 운이다.
유백민: '上', 三十六養, 四十一漾二韻. 與下'行', 戶郎反. 以平去通爲一韻.
스즈키: '상上', '행行', '왕往', '향享', '행行'.

損

괘명이다. 「서괘」에 "푼 것은 반드시 잃는 바가 있으니, 그러므로 손으로 받는다(緩必有所失, 故受之以損)"라고 하였다. 『석문』에 "'손損'은 덜어낸다는 뜻이다. 또 잃는다는 뜻으로도 새긴다(損, 省減之義也. 又訓失)"라고 하였다. 「단」은 덜어내다(減)는 뜻으로 새겼다.

損下益上, 其道上行.

괘체를 가지고 괘명을 해석하였다. '손損'은 덜어내다, '하下'는 아랫괘, '익益'은 더하다, '상上'은 윗괘를 가리킨다. '손하익상'은 아랫괘를 덜어 윗괘를 더하는 것이며, '기도상행'은 그 도는 위로 운행한다는 말이다. 이 구절에 대해 여러 가지 해석이 있다.

첫째, 『집해』에 촉재는 효를 가지고 해석하였다. "손괘는 태괘를 근본으로 하였다. 태괘의 윗괘인 곤의 꼭대기 음효가 아래로 내려와 건의 셋째 효에 처하고, 태괘의 아랫괘인 건의 셋째 양효가 위로 올라가 곤의 꼭대기 효가 된 것이 '손하익상'이다. 양의 덕이 위로 올라가므로 '기도상행'이라 말하였다(此本泰卦. 坤之上六, 下處乾三. 乾之九三, 上升坤六, 損下益上者也. 陽德上行, 故曰其道上行矣)"라고 하였다. 즉 손損(䷨)의 아랫괘인 태兌는 태泰(䷊)의 아랫괘인 건乾의 한 양효를 덜어낸 것이고, 윗괘인 간은 곤의 한 음효에 양을 더한 것이니, 아랫괘는 건(☰)이 변하여 태(☱)가 되었고, 윗괘는 곤(☷)이 변하여 간(☶)이 된 것이다. 이것이 곧 아랫괘의 한 양효를 덜어내어 윗괘에 양효를 더한 것(損下益上)이라는 말이다. 양은 셋째 효에서 꼭대기로 올라갔으니 그 도는 위로 운행한다는 것(其道上行)이다.

둘째, 왕필은 괘를 가지고 해석하였다. 즉 '상上'을 윗괘인 간으로, '하下'를 아랫괘인 태로 보았다. "간은 양이고, 태는 음이니, 무릇 음은 양에게 유순한 것이다. 양은 위에서 멈추어 있고, 음은 기뻐하여 순종하니, 아래를 덜어 위를 더해주므로, 위로 운행한다는 뜻이다(艮爲陽, 兌爲陰, 凡陰順於陽者也. 陽止於上, 陰說而順, 損下益上, 上行之義也)"라고 하였다. 공영달이 이 해석을 따랐다.

셋째, 정이는 네 가지로 해석하였다. ①"손은 간이 위에 태가 아래에 있다. 산의 형체는 높고 못의 형체는 깊다. 아래가 깊으면 위는 더욱 높아지니, '손하익상'의 뜻이다(爲卦, 艮上兌下. 山體高, 澤體深, 下深則上益高, 爲損下益上之義)"라고 하여, 괘상으로 해석하였다. ②"또 못이 산 아래에 있으니, 그 기는 위로 통하여, 초목과 온갖 사물을 윤택하게 한다. 이것이 아래를 덜어 위를 더하는 것이다(又澤在山下, 其氣上通, 潤及草木百物, 是損下而益上也)"라고 하여, 기로 해석하였다. ③"또 아래의 태는 기뻐하는 것이고, 세 효는 모두 위로 응하고 있으니, 이것은 기뻐하여 위를 받드는 것이므로, 또한 '손하익상'의 뜻이다(又下爲兌說, 三爻皆上應, 是說以奉上, 亦損下益上之義)"라고 하여, 괘덕과 효위의 응應을 가지고 해석하였다. ④"또 아래의 태가 태가 되는 것은 셋째 음효가 변하였기 때문이고, 위의 간이 간이 되는 것은 꼭대기 양효가 변하였기 때문이다. 셋째 효는 본래 강이나 유를 이루고, 꼭대기는 본래 유이나 강을 이루니, 또한 '손하익상'의 뜻이다(又下兌之成兌, 由六三之變也, 上艮之成艮, 自上九之變也, 三本剛而成柔, 上本柔而成剛, 亦損下益上之義)"라고 하여, 효로 해석하였다.

넷째, 주희는 "괘는 아랫괘의 윗획인 양효를 덜어서 윗괘의 윗획인 음효에 보태는 것이다. 못의 깊음을 덜어서 산의 높음에 보태고, 아래를 덜어 위를 보태고, 안을 덜어 밖을 보태니, 백성을 벗겨서 임금을 받드는 상이다. 그래서 손이다(爲卦, 損下卦上畫之陽, 益上卦上畫之陰. 損兌澤之深, 益艮山之高, 損下益上, 損內益外, 剝民奉君之象, 所以爲損也)"라고 하여, 효와 괘로 해석하였다.

다섯째, 래지덕은 종괘로 해석하였다. "손괘의 종괘는 익괘이다.……익괘는 유괘가 위에 있고, 강괘가 아래에 있다. '손하익상'은 익의 아랫괘인 진을 덜어내어, 위로 올라가 손괘의 윗괘에 거하여 간이 되는 것이다. 그러므로 그 도는 위로 운행하는 것이니, '유진이상행'이라고 말한 것과 같다(本卦綜益卦.……益卦, 柔卦居上, 剛卦居下. 損下益上者, 損益下卦之震, 上行居損卦之上而爲艮也. 故其道上行, 如言柔進而上行也)"라고 하였다. 유백민도 종괘로 해석하였다.

다섯째, 굴만리는 "셋째 효를 덜어 꼭대기 효에 더한 것(損三益上)"이라고 하였다.

여섯째, 고형은 "손의 윗괘는 간이고 아랫괘는 태이다(損之上卦爲艮, 下卦爲兌). 간은 산이고, 산은 귀족에 비유한다(艮爲山, 山比貴族). 태는 못이고, 못은 백성에 비유한다(兌爲澤, 澤比民). 간은 양괘이고 강이며 귀족을 상징하고(艮爲陽卦, 爲剛, 象貴族), 태는 음괘이고 유이며 백성을 상징한다(兌爲陰卦, 爲柔, 象民). 그런즉 그 괘상은 귀족이 백성 위에 높이 거하는 것이다(然則損之卦象是貴族高居民上也). 귀족이 백성 위에 높이 거하여(貴族高居民上) 백성들에게 부세를 취하고 노동을 시켜 그 재물을 늘리며(對民取賦稅, 征力役, 以益其財物), 백성은 귀족에게 부세를 납부하고 노동을 제공하며 그 재물을 덜어낸다(民對貴族納賦稅, 出力役, 而損其財物). 이것이 '아래를 덜어 위를 더하는 것'이다(是爲'損上益下')"라고 하였다.

일곱째, 진고응은 "손괘 괘상은 아랫괘 건의 한 양효를 덜어 윗괘인 곤에 보태어(損卦卦象爲減損下卦乾之一陽爻而增益上卦坤), 아랫괘인 건은 태로 변하고(使下卦乾變爲兌), 윗괘인 곤은 간으로 변하였다(上卦坤變爲艮)"라고 하였는데, 주희의 해석과 같다. 또 "'하下'는 신민이고 '상上'은 임금이며('下'兼指居下位的臣民, '上'兼指居上位的君上)", "'기도상행'의 '상'은 임금이고, '행行'은 받든다는 뜻의 봉奉이다('上', 君上. '行', 奉)." "'기도상행'은 신민이 자신을 덜어내는 것을 거쳐 임금을 받드는 것(臣民通過自我減損以奉獻君上)"이라고 해석하였다.

이러한 해석은 모두 통하나, 바로 뒤에서 '손강익유損剛益柔'라고 한 것을 보면 주희의 해석이 「단」의 본뜻일 것이다. 손은 아랫괘를 덜어 윗괘를 더하는 것(損下益上)이다. 그러므로 손의 도는 위로 운행하는 것(上行)이 되는 것이다. '기도其道'는 손의 도, 덜어내는 도이다. 아래를 덜어 위를 더하는 도이다.

'損而有孚, 元吉, 无咎, 可貞, 利有攸往. 曷之用, 二簋可用享.'

괘사 전체를 인용하였다. '손損'은 괘명이고 '이而'는 「단」의 용례로 보면 잘못 들어갔다. 그러나 '而'를 넣어 주격조사로 읽어도 통한다. '손은 믿음이 있으니, 크게 길하고, 허물이 없으며, 바르게 할 수 있고, 갈 곳이 있으면 이롭다'는 것이다. '이궤二簋'는 두 개의 대나무 제기이며, 제례에서 아주 보잘것없는 제물이다. '갈지용, 이궤가용향'은 제사에 무엇을 사용하겠는가? 두 개의 대나무 제기로 제사를 올릴 수 있다'는 말이다. 마음속에 믿음을 간직하면 두 개의 대나무 제기라는 보잘것없는 제물로도 제사를 올릴 수 있다는 것이다.

二簋應有時

'응應'은 『석문』에 "응대의 응(應對之應)"이라고 하여 명사로 읽고, "이궤가 응하는 것은 때가 있다"로 해석하였다. 필자는 부사로 보고, 마땅히, 응당의 뜻으로 읽었다. '시時'는 어떤 상황이며, 덜어내는 때(減損之時)를 가리킨다. '이궤응유시'는 두 개의 대나무 제기는 마땅히 때가 있는 것이라는 말이다. 이렇게 간소한 제사를 올리는 것은 항상 그러한 것이 아니며, 마땅히 덜어내는 특수한 상황일 때에 그렇게 한다는 말이다. 특수한 상황은 제물이 부족할 때일 것이다. 왕필은 '이궤응유시二簋應有時'를, "(두 개의 대나무 제기는 마땅히 때가 있으니) 지극히 간소한 도는 항상 그러할 수는 없다(至約之道, 不可常也)"라고 해석하였다.

損剛益柔有時

이하 괘의를 말하였다. '손강익유損剛益柔'는 앞의 '손하익상損下益上'과 같다. 즉 아래의 강을 덜어서 위의 유에 더한다는 말이다. '손강익유유시'는 강을 덜어 유에 더하는 것은 때가 있다는 말이다.

損益盈虛

'손損'은 덜어내는 것(減), '익益'은 더하는 것(增), '영盈'은 가득 차는 것(滿), '비虛'는 텅 비는 것(虧)이다. 자연계로 말하면, 봄과 여름은 '익영益盈'이고, 가을과 겨울은 '손허損虛'이다. 인간계로 말하면, 사업이 번성하고 한 왕조가 번영하는 것은 '익영'이고, 사업이 쇠락하고 한 왕조가 몰락하는 것은 '손허'이다.

與時偕行

『설문』 인부人部에 "'해偕'는 함께 구俱(偕, 一曰俱也)", "'구俱'는 모두 개皆(俱, 皆也)"라고 하였다. '여시해행與時偕行'은 '인시이행因時而行'이며, 때에 따라 행한다는 말이다. "강을 덜어 유에 더하는 것은 때가 있으니, 덜고 더하고 차고 비는 것은 때와 더불어 함께 행한다"는 말이다. '손익영허'는 자연의 이법이며, 자연의 이법은 그 때가 있다는 것이다. 즉 손익영허의 중점이 '때'라는 것이다.

42. 익益

䷩ 益, 利有攸往. 利涉大川.

익은 갈 곳이 있으면 이롭다. 큰 내를 건너면 이롭다.

'익益'은 괘명이며, 이롭다(利), 돕다(助), 더하다(增)는 뜻이다. '섭涉'은 물을 건넌다(渡)는 뜻이다.

象曰 益, 損上益下, 民說无疆. 自上下下, 其道大光. '利有攸往', 中正有慶. '利涉大川', 木道乃行. 益動而巽, 日進无疆. 天施地生, 其益无方. 凡益之道, 與時偕行.

익은 위를 덜어 아래를 더하는 것이니, 백성의 기쁨은 끝이 없다. 스스로 윗사람이면서 아랫사람에 낮추니, 그 도는 크게 빛난다. '갈 곳이 있으면 이롭다'는 것은 중정의 자리에 있어 경사가 있기 때문이다. '큰 내를 건너면 이롭다'는 것은 나무배가 물위를 갈 수 있기 때문이다. 익은 움직여 겸손하니 날로 나아감이 끝이 없다. 하늘은 베풀고 땅은 낳으니, 그 이로움은 경계가 없다. 무릇 익의 도는 때와 더불어 함께 행한다.

익「단」은 3단락으로 구성되어 있다.

첫째 단락…괘체로 괘명 '益'을 해석하였다.

① 益…괘명을 들었음.
② 損上益下…위를 덜어 아래를 더하는 것임.
③ 民說无疆…백성의 기쁨은 끝이 없음.
④ 自上下下…스스로 윗사람이면서 아랫사람에 낮춤.
⑤ 其道大光…그 도는 크게 빛남.

둘째 단락…괘사를 해석하였다.

1. 괘체로 괘사 '利有攸往'을 해석하였다.
   ① '利有攸往'…괘사 '이유유왕'을 들었음.
   ② 中正有慶…중정의 자리에 있어 경사가 있기 때문임.

2. 괘상으로 괘사 '利涉大川'을 해석하였다.
   ① '利涉大川'…괘사 '이섭대천'을 들었음.
   ② 木道乃行…나무배가 물위를 갈 수 있기 때문임.

셋째 단락…괘의를 말하였다.

1. 괘덕으로 말하였다.
   ① 益動而巽 … 익은 움직여 겸손함.
   ② 日進无疆 … 날로 나아감에 끝이 없음.

2. 자연계를 들었다.
   ① 天施地生 … 하늘은 베풀고 땅은 낳음.
   ② 其益无方 … 그 이로움은 경계가 없음.

3. 결어를 말하였다.
   ① 凡益之道 … 익의 도를 들었음.
   ② 與時偕行 … 때와 더불어 함께 행함.

익 「단」에서 '강疆', '광光', '경慶', '행行', '강疆', '방方', '행行'은 운이다.
유백민: '疆', 十陽. 與下'光', 十一唐. '慶'音羌, '行', 戶郎反. '方', 十陽. 爲韻.
スズキ: '강疆', '광光', '경慶', '행行', '강疆', '방方', '행行'.

益

괘명이다. 「서괘」에 "잃는 것이 멈추지 않으면 반드시 더하니, 그러므로 익으로 받는다(損而不已必益, 故受之以益)"라고 하였다. 『석문』에 "'익益'은 증가한다는 말이며, 또 크게 넉넉하다는 뜻이다(益, 增長之名, 又以弘裕爲義)", 『광아』 「석고」에 "'익益'은 더하다는 뜻의 가(益, 加也)"라고 하였다. 「단」은 더하다(加)는 뜻으로 새겼다.

손은 아랫괘의 한 양효를 덜어내므로 괘명이 '손損'이고, 익은 아랫괘에 한 양효를 더하므로 괘명이 '익益'이다. 또 익은 윗괘가 손이고 아랫괘는 진이다. 손은 바람이고 진은 우레이다. 바람과 우레는 서로 도와 그 힘을 더한다. 그래서 괘명이 '익'이다.

損上益下

이하 괘체를 가지고 괘명을 해석하였다. '손損'은 덜어내다, '상上'은 윗괘, '익益'은 더하다, '하下'는 아랫괘를 가리킨다. '손상익하'는 윗괘를 덜어 아랫괘를 더하는 것이라는 말이다. 이 구절에 대해 몇 가지 해석이 있다.

첫째, 『집해』에 촉재는 효를 가지고 해석하였다. "익괘는 비괘를 근본으로 하였다. 비괘의 윗괘인 건의 꼭대기 양효가 아래로 내려와 곤의 처음 효에 처하고, 비괘의 아랫괘인 곤의 처음 음효가 위로 올라가 건의 넷째 효가 된 것이 '손상익하'이다(此本否

卦. 乾之上九, 下處坤初. 坤之初六, 上升乾四, 損上益下者也)"라고 하였다. 즉 익益(䷩)의 아랫괘인 진震은 비否(䷋)의 윗괘인 건의 한 양효를 더한 것이고, 윗괘인 손은 건의 한 양효를 덜어낸 것이니, 아랫괘는 곤(☷)이 변하여 진(☳)이 되었고, 윗괘는 건(☰)이 변하여 손(☴)이 된 것이다. 이것이 곧 윗괘의 한 양효를 덜어내어 아랫괘에 양효를 더한 것(損上益下)이라는 말이다.

둘째, 왕필은 괘를 가지고 해석하였다. "진은 양이고, 손은 음이다. 손은 진을 어기지 않는 것이며, 위에 처하여 겸손하여, 아래를 어기지 않으니, '손상익하'를 말한 것이다(震, 陽也. 巽, 陰也. 巽非違震者也, 處上而巽, 不違於下, 損上益下之謂也)"라고 하였다. 그는 '상上'은 손이고 음이며, '하下'는 진이고 양인데, 음이 위에 처하여 겸손하게 아래의 양을 어기지 않는 것을 '손상익하'라고 해석하였다. 공영달이 이를 따랐다.

셋째, 정이는 "진손 두 괘는 아래 효가 변하여 이루어진 것이다. 양이 변하여 음이 된 것이 덜어내는 것(損)이고, 음이 변하여 양이 된 것이 더하는 것(益)이다. 윗괘는 덜어내고 아랫괘는 더하니, '손상익하'이며 익이 되는 것이고, 이것은 뜻으로 말한 것이다(震巽二卦, 皆由下變而成. 陽變而爲陰者, 損也. 陰變而爲陽者, 益也. 上卦損而下卦益, 損上益下, 所以爲益, 此以義言也)"라고 하였다.

넷째, 주희는 "괘는 윗괘의 처음 획인 양효을 덜어서 아랫괘의 처음 획인 음에 더하니, 윗괘로부터 아랫괘의 아래로 내려오므로 익이다(爲卦, 損上卦初畫之陽, 益下卦初畫之陰, 自上卦而下於下卦之下, 故爲益)"라고 하였다.

다섯째, 래지덕은 종괘로 해석하였다. "익과 손은 서로 종괘이다. 익의 아랫괘인 진이 위로 가서 손의 간이 되니, 아래를 덜어서 위에 더하는 것이다. 그래서 이름이 손이다. 손의 윗괘인 간이 아래로 내려와 익의 진이 되니, 위를 덜어서 아래를 더하는 것이다. 그래서 이름이 익이다(益與損相綜. 益之震, 上而爲艮, 則損下以益上, 所以名損. 損之艮, 下而爲震, 則損上以益下, 所以名益)"라고 하였다. 유백민도 종괘로 해석하였다.

여섯째, 굴만리는 "넷째 효를 덜어 처음 효에 더한 것(損四益初)"이라고 하였다.

일곱째, 고형은 "본괘의 이름이 익인 것은(本卦所以名益者) 그 괘상이 위를 덜어 아래를 더하는 것이기 때문이다(因其卦象是損上益下也). 익의 아랫괘는 진이고 윗괘는 손이다(益之下卦爲震, 上卦爲巽). 진은 양괘이고 강이며 임금을 상징하고(震爲陽卦, 爲剛, 象君), 손은 음괘이고 유이며 백성을 상징한다(巽爲陰卦, 爲柔, 象民). 그런즉 그 괘상은 임금이 스스로 백성 아래에 거하는 것이다(然則益之卦象是君自居于民下也). 부세를 경감하여 임금의 재물 수입이 조금 감소하고(減輕賦稅之剝削, 君之財物收入稍減) 백성들의 재물이 조금 더하는 것이니(民之財物保有稍加), 이것이 '위를 덜어 아래를 더하는 것'이다(是爲損上益下)"라고 하였다.

여덟째, 진고응은 "익괘는 윗괘인 건의 한 양효를 덜어, 아래의 곤에 보탠 것(益卦本爲上乾損去一陽而下坤受益一陽)"이라고 하였는데, 주희의 해석과 같다. 이러한 해석은 모두 통한다.

괘명이 '익益'인 것은 그 괘체가 위를 덜어 아래를 더하는 것이기 때문이다.

民說无疆

『석문』에 "'열說'은 음이 열悅(說, 音悅)"이라고 하였다. '열說'은 '열悅'로 읽으며, 기쁘다는 뜻이다. '무강无疆'은 끝이 없다는 뜻이다. '민열무강'은 백성이 기뻐하는 것이 끝이 없다는 말이다. 효로 말하면 익의 넷째 음효는 음이고 백성이며, 처음 양효는 양이고 임금이다. 괘로 말하면, 익의 윗괘인 손은 음괘이고 백성을 상징하며, 아랫괘인 진은 양괘이며 임금을 상징한다. 그런즉 임금이 백성 아래에 있는 것이다. 위에 있는 임금이 자신을 덜어 아래에 처하여 백성을 더하니, 백성이 기뻐하는 것이 끝이 없다는 말이다.

진고응은 "건은 위에 있는 통치자에 비유하고(乾喩在上之統治者), 곤은 아래에 있는 민중에 비유하여(坤喩在下之民衆), 위는 스스로 덜어내고 아래는 받아 더하니(上自損而下受益), 그래서 '민열무강'이라는 것이다(故云'民說無疆')"라고 하였다.

自上下下

이 구절에 대해 두 가지 해석이 있다.

첫째, 효를 가지고 해석한 것이다. 왕필은 "다섯째 양효는 중정에 처하여, 위로부터 아래로 내려가므로 경사가 있다는 것이다(五處中正, 自上下下, 故有慶也)"라고 하였다. 그는 '자自'는 어디에서부터라고 해석하고, '상上'은 다섯째 양효, 앞의 '하下'는 아래로 내려온다는 동사로, 뒤의 '하下'는 처음 음효로 보고, '자상하하'를 익의 다섯째 양효가 아래로 내려와 아랫괘의 처음 효에 있게 된 것이라고 해석하였다.

정이는 "위에서 내려와 아래에 처하니, 그 도는 크게 빛난다. 양이 내려와 처음 효에 거하고, 음이 올라가 넷째 효에 거하니, '자상하하'의 뜻이 되는 것이다(自上而降己以下下, 其道之大光顯也. 陽下居初, 陰上居四, 爲自上下下之義)"라고 하였다. 정이 역시 '자自'는 어디에서부터라고 해석하고, '상上'은 다섯째 양효, 앞의 '하下'는 하거下居, 뒤의 '하下'는 처음 효로 보고, '자상하하'를 익의 다섯째 양효가 아래로 내려와 아랫괘 처음 효에 처한 것이라고 해석하였다.

둘째, 괘를 가지고 해석한 것이다. 즉 익의 아랫괘인 진은 양괘이며 높은 것이고, 윗괘인 손은 음괘이고 낮은 것인데, 지금 진이 아래에 거하여 손의 아래에 있으니, 이것으로 '자상하하'를 해석하는 것이다. 즉 임금은 높으나 백성 아래에 있으니, 임금은 겸손하고 낮은 태도로 백성에 임하는 것이며, 이것이 '스스로 윗사람이면서 아랫사람에 낮춘다(自上下下)'는 것이다. 그래서 그 도는 빛난다고 하였다.

고형은 "백성에 대한 핍박을 줄이고(減輕壓迫), 임금은 겸손하고 낮은 태도로(君上以謙卑之態度), 백성의 의견을 청취하니(聽取民之意見), 이것이 '자상하하'이다(是爲自上下下)", 진고응은 "'상'은 윗괘를 말하고('上'謂上卦), '하하'는 아랫괘가 아래에 있음을 말하며('下下', 謂下居下卦), 또한 아래에 대한 겸하와 존경을 말한다(亦謂對下位的謙下, 尊敬)"라고 하였다. 두 가지 해석은 모두 통한다.

其道大光

'기도其道'는 익의 도, 더하는 도(益道)이다. 위를 덜어 아래를 더하는 도이다. '기도대광'은 '자상하하'하니 그 도는 크게 빛난다는 말이다.

'利有攸往', 中正有慶.

괘체를 가지고 괘사 '利有攸往'을 해석하였다. '중정中正'에 대해, 『집해』에 우번은 "다섯째 양효를 말하며, 둘째 음효와 응한다(中正謂五, 而二應之)"라고 하였다. 뒷사람들은 모두 우번을 따랐다. 다섯째 양효는 윗괘의 가운데 자리에 있고(中), 양의 자리에 있으며(正), 둘째 음효는 아랫괘의 가운데 자리에 있고(中), 음의 자리에 있다(正). 이들은 음양이 서로 응한다. 이것은 임금과 백성이 각각 자신의 바른 자리에서 중도를 행하면서 서로 응하는 것을 상징한다. '경慶'은 경사이다. '중정유경'은 중정의 자리에 있어 경사가 있다는 말이다.

「단」은 괘사 '이유유왕利有攸往'을, 다섯째 양효와 둘째 음효가 각각 가운데 자리와 바른 자리에 있어 중도를 행하여 경사가 있기 때문에 갈 곳이 있으면 이롭다고 해석하였다.

정이는 "다섯째 양효는 양강이 중정하여 존위에 거하고, 둘째 음효 역시 중정의 자리에서 이에 응하니, 이것이 중정의 도로써 천하를 더하는 것이며, 천하는 그 경사스러움을 받는 것이다(五以剛陽中正居尊位, 二復以中正應之, 是以中正之道益天下, 天下受其福慶也)"라고 하였다.

'利涉大川', 木道乃行.

괘상을 가지고 괘사 '利涉大川'을 해석하였다. '목도木道'는 '목주木舟'로 써야 한다. 옮겨 쓰면서 잘못 썼을 것이다. '목주'는 나무배이다. '내乃'는 부사이며 오늘날 백화로 就是이다. '행行'은 가는 것이다. 익은 윗괘가 손巽이고 아랫괘는 진震이다. 손은 나무(木)이고 진은 움직임(動)이다. 그런즉 익의 괘상은 나무가 움직이는 것이니, 즉 나무배가 물에 떠서 가는 것이다. 「단」에 유사한 표현이 두 곳 있다.

① 환渙 「단」: 利涉大川, 乘木有功也.
'큰 내를 건너면 이롭다'는 것은 배를 타면 공이 있다는 것이다.

② 중부中孚 「단」: 利涉大川, 乘木舟虛也.
'큰 내를 건너면 이롭다'는 것은 빈 나무배를 탄다는 것이다.

환(䷺)은 巽上坎下, 중부(䷼)는 巽上兌下, 익(䷩)은 巽上震下이다.

원문에서 '목도내행木道乃行'은 '목주내동木舟乃動'으로 쓰는 것이 바르다. 운을 맞추기 위해 의도적으로 '행行'자를 썼다. 「단」의 '강疆', '광光', '경慶', '행行', '강疆', '방方', '행行'은 운이다. '목도내행'은 나무배가 물위를 간다는 말이다.
「단」은 괘사 '이섭대천利涉大川'을, 큰 내를 건너면 이로운 것은 나무배가 물위를 갈 수 있기 때문이라고 해석하였다.

益動而巽

이하 괘덕을 가지고 괘의를 말하였다. '익益'은 괘명이다. '손巽'은 겸손謙遜이다. 익은 아랫괘가 진이고 윗괘는 손이다. 진은 움직임(動)이고 손은 겸손함(巽)이다. 그런즉 익은 또 '움직여 겸손한 것'이다.

日進无疆

'일진무강'은 날로 나아감에 끝이 없다는 말이다. 도덕 수양이 그렇다는 것이다. "익은 움직여 겸손하니 날로 앞으로 나아감이 끝이 없다"는 말이다. 즉 덕을 쌓음이 날로 더해간다는 것이다.

天施地生

이하 괘의를 말하면서 자연계를 들었다. '시施'는 펴다(布), 베풀다(設)는 뜻이다. '천시天施'는 하늘이 만물에 혜택을 베푼다는 것이다. '지생地生'은 땅이 만물을 낳는다는 것이다. '천시지생'은 하늘은 베풀고 땅은 낳는다는 말이다.

其益无方

'기其'는 '천시지생'을 가리킨다. '익益'은 하늘은 베풀고 땅은 낳는 이로움(利)이다. '방方'은 지역이라는 뜻의 역域이다. '무방无方'은 경계가 없다는 뜻이며, 앞의 '무강无疆'과 같다. '기익무방'은 하늘은 만물에 베풀고 땅은 만물을 낳으니, 그 이로움은 경계가 없다는 말이다.

凡益之道

결어를 말하였다. '익지도益之道'는 '위를 덜어서 아래를 더하는(損上益下)' 도를 가리킨다.

與時偕行

'해偕'는 함께 구俱이다. '여시해행與時偕行'은 '인시이행因時而行'이다. 익은 움직여 겸손하니 날로 나아감에 끝이 없고, 하늘은 만물에 베풀고 땅은 만물을 낳고 기르며, 만물에 더해주는 것은 경계가 없으니, 이것이 곧 익의 도이며, 그 도는 때와 더불어 함께 행한다는 말이다.

43. 쾌夬

䷪ 夬, 揚于王庭, 孚號有厲. 告自邑不利卽戎, 利有攸往.

쾌는 (한 소인이) 왕정에 드날리는데, (그의) 호령을 믿으니 위태롭다.

자신의 고을에 적에게 나아가면 이롭지 않다고 알린다. 갈 곳이 있으면 이롭다.

'쾌夬'는 괘명이며, 결단하다는 뜻의 결決이다. '양揚'은 드날리다(飛擧)는 뜻이다. '부孚'는 믿음이라는 뜻의 신信이다. '호號'는 호령號令이다. '읍邑'은 성읍城邑이다. '告自邑'은 자신의 고을에 알린다는 말이다. 태泰 꼭대기 음효에도 '自邑告命'이라고 하였다. '즉卽'은 나아간다는 뜻의 취就이며, 적에게 나아가 싸우는 것이다. '융戎'은 군사(兵)라는 뜻이다.

彖曰 夬, 決也, 剛決柔也. 健而說, 決而和. '揚于王庭', 柔乘五剛也. '孚號有厲', 其危乃光也. '告自邑不利卽戎', 所尙乃窮也. '利有攸往',

剛長乃終也.

쾌는 결단한다는 뜻이니, 강이 유를 결단하는 것이다. 강건하여 기뻐하며, 결단하여 온화하다. '왕정에 드날린다'는 것은 유가 다섯 강을 탔다는 것이다. '호령을 믿으니 위태롭다'는 것은 그 위태로움이 곧 영광스럽다는 것이다. '자신의 고을에 적에게 나아가면 이롭지 않다고 알린다'는 것은 숭상하는 것이 곧 궁하다는 것이다. '갈 곳이 있으면 이롭다'는 것은 강이 자라나서 끝을 맺기 때문이다.

쾌「단」은 2단락으로 구성되어 있다.

첫째 단락…괘명 '夬'를 해석하였다.

1. 훈고로 해석하였다.
   ① 夬…괘명을 들었음.
   ② 決也…결단한다는 뜻임.

2. 괘체로 해석하였다.
   ① 剛決柔也…강이 유를 결단하는 것임.

3. 괘덕으로 해석하였다.
   ① 健而說…강건하여 기뻐함.
   ② 決而和…결단하여 온화함.

둘째 단락…괘사를 해석하였다.

1. 괘체로 괘사 '揚于王庭'을 해석하였다.
   ① '揚于王庭'…괘사 '양우왕정'을 들었음.
   ② 柔乘五剛也…유가 다섯 강을 탔다는 것임.

2. 괘사 '孚號有厲'를 해석하였다.
   ① '孚號有厲'…괘사 '부호유려'를 들었음.
   ② 其危乃光也…그 위태로움이 곧 영광스럽다는 것임.

3. 괘사 '告自邑不利卽戎'을 해석하였다.
   ① '告自邑不利卽戎'…괘사 '고자읍불리즉융'을 들었음.

② 所尙乃窮也…숭상하는 것이 곧 궁하다는 것임.

4. 괘체로 괘사 '利有攸往'을 해석하였다.
① '利有攸往'…괘사 '이유유왕'을 들었음.
② 剛長乃終也…강이 자라서 끝을 맺기 때문임.

쾌 「단」에서 '강剛', '광光'과 '궁窮', '종終'은 운이다.
유백민: '剛', 十一唐. 與下'光', 十一唐. 爲韻.
'窮', 一東. 與下'終', 一東. 爲韻.
스즈키: '강剛', '광光'과 '궁窮', '종終'.

夬

괘명이다. 「서괘」에 "더하는 것이 멈추지 않으면 반드시 터지니, 그러므로 쾌로 받는다. 쾌는 터진다는 뜻이다(益而不已必決, 故受之以夬. 夬者, 決也)"라고 하였다. 「잡괘」에서는 "'쾌夬'는 결단한다는 뜻이니, 강이 유를 결단하는 것이다(夬, 決也, 剛決柔也)"라고 하였다. '쾌夬'는 결단하다, 터지다는 뜻이다. 「단」은 결단하다(決)는 뜻으로 새겼다.

공영달은 "쾌는 결단한다는 뜻이다. 이것은 음이 사라지고 양이 자라나는 괘이다. 양이 자라나 다섯째 자리에 이르러 다섯 양이 함께 한 음을 결단하므로 그래서 이름이 쾌이다(夬, 決也. 此陰消陽息之卦也. 陽長至五, 五陽共決一陰, 故名爲夬也)", 정이는 "쾌는 강이 결단한다는 뜻이다. 여러 양이 나아가 한 음을 결단하여 없애니, 군자의 도는 자라나고 소인은 사라져 장차 없어지려는 때이다(夬者, 剛決之義. 衆陽進而決去一陰, 君子道長, 小人消衰將盡之時也)"라고 하였다.

決也

훈고를 취하여 괘명을 해석하였다. '결決'은 결단하다(斷)는 뜻이다. "괘명 '쾌夬'는 결단한다는 뜻의 결決"이라는 말이다.

剛決柔也

괘체를 가지고 괘명을 해석하였다. '강剛'은 쾌의 아래 다섯 양효를, '유柔'는 꼭대기의 한 음효를 가리킨다. '강결유야'는 강이 유를 결단한다는 말이다. 쾌는 다섯 양효가 아래에, 한 음효가 꼭대기에 있다. 그런즉 쾌는 아래의 다섯 양의 세력이 위로 올라가 꼭대기의 한 음을 결단하는 상이다. 즉 아래의 다섯 군자가 위의 한 소인을 결단하는 것이다. "괘명 '쾌夬'는 그 뜻이 '결決'이며, 강이 유를 결단한다"는 말이다.

쾌와 상반되는 괘가 박剝(䷖)이다. 박은 한 양효가 꼭대기에 있고, 아래에 다섯 음효가 있다. 「단」은 '유변강柔變剛'이라고 하였다.

彖曰 剝, 剝也, 柔變剛也.

박은 떨어져 나간다는 뜻이니, 유가 강을 변하게 하는 것이다.

'유柔'는 아래의 다섯 음효를, '강剛'은 꼭대기의 한 양효를 가리킨다. 박은 아래의 다섯 음효가 세력이 매우 강성하여 꼭대기의 미약한 한 양효를 떨쳐내고 있다. 꼭대기의 한 양효는 장차 떨어져나가는 상이니, 유가 강을 변하게 하므로 '유변강'이라고 하였다.

복復「단」에 '剛反'이라고 하였다. 복䷗에서 한 양이 처음 자라나기 시작하여, 임臨䷒, 태泰䷊, 대장大壯䷡을 거쳐, 쾌夬䷪에서 '剛決柔'라고 하였고, 건乾䷀에서 '강결유'가 다하게 된다.

健而說

이하 괘덕을 가지고 괘명을 해석하였다. 쾌는 아랫괘가 건乾이고 윗괘는 태兌이다. 건은 강건함(健)이고 태는 기뻐함(悅)이다. 그런즉 쾌는 '강건하여 기뻐함'이다.

決而和

또 건은 강건하니 과감하게 결단하는 것이고, 태는 기뻐하여 온화한 것이다. 그래서 '결단하여 온화하다'고 한 것이다. 양(군자)이 음(소인)을 결단하는데, 강건 과감하고 기뻐하여 온화한 덕을 지닌다는 것이다.

왕필은 "강건하여 기뻐한다는 것은 곧 결단하여 온화하다는 것이다(健而說, 則決而和也)", 공영달은 "건은 강건함이고 태는 기뻐함이니, 강건하면 결단할 수 있고, 기뻐하면 온화할 수 있으니, 그래서 '결이화'라고 말한 것이다(乾健而兌說, 健則能決, 說則能和, 故曰決而和也)"라고 하였다.

'揚于王庭', 柔乘五剛也.

괘체를 가지고 괘사 '揚于王庭'을 해석하였다. '유승오강야'는 꼭대기의 한 유가 아래의 다섯 강을 타고 있다는 말이다. 즉 쾌는 한 소인이 다섯 군자의 위에 있으니, 한 소인이 왕정에 드날리고 있는 상이다.

「단」은 괘사 '양우왕정揚于王庭'을, 유가 다섯 강을 타고(한 소인이 다섯 군자를 타고) 왕정에 드날리고 있다고 해석하였다.

'孚號有厲', 其危乃光也.

괘사 '孚號有厲'를 해석하였다. '부호유려'는 왕정에 드날리고 있는 소인의 호령을 믿으니 위태롭다는 말이다. '기其'는 소인의 호령을 믿는 것이며, 한 음이 다섯 양을 타고 있는 것을 가리킨다. 「단」은 '위危'를 가지고 괘사의 '여厲'를 해석하였다. '위危'는 소인의 호령을 믿는 위태로움이며, 한 음이 다섯 양을 타고 있는 위태로움, 즉 한 소인이 왕정에 드날리고 있으니 군자는 위태롭다는 것이다. '내乃'는 부사이다. '광光'은 빛난다는 것, 영광이라는 뜻이다. '기위내광야'는 그 위태로움이 곧 영광스럽다는 말이다.

「단」은 괘사 '부호유려孚號有厲'를, 한 소인이 다섯 군자를 타고 조정에서 드날리고 있어 군자가 위태로움에 처해 있으나, 군자의 세력이 점차 자라나 장차 소인을 결단할 것이니, 그 위태로움은 끝내 극복하여 곧 영광스럽다고 해석하였다.

혹은 '광光'을 '광廣'으로 읽어, "'호령을 믿으니 위태롭다'는 것은 그 위태로움이 곧 넓다는 것이다"라고 해석하여도 통한다.

'告自邑不利卽戎', 所尙乃窮也.

괘사 '告自邑不利卽戎'을 해석하였다. '자自'는 다섯 양효, 즉 군자 자신을 가리킨다. '자읍自邑'은 군자의 성읍城邑이다. '고자읍告自邑'은 군자가 자신의 고을에 알린다는 말이다. '융戎'은 꼭대기 음효를 가리킨다. '상尙'은 숭상한다(崇)는 뜻이다. '소상내궁야'는 숭상하는 것이 곧 궁하다는 말이다. 「단」은 괘사 '고자읍불리즉융'을, 자신의 고을에 적에게 나아가면 이롭지 않다고 알리는 것은 군사를 움직여 꼭대기 음효 즉 소인을 정벌하는 것은 숭상하는 것이 다만 무력이니, 무력을 숭상하는 것은 곧 궁한 것이어서 이롭지 않다고 해석하였다.

왕필은 "무력을 숭상하여 승리를 취하는 것은 만물 공동의 재앙이다(尙力取勝, 物所同疾也)", 정이는 "당연히 먼저 스스로 다스리는 것이지, 오로지 강한 무력을 숭상하는 것은 마땅치 않다. 적에게 나아가면 숭상하는 것이 곧 궁극에 이르게 된다(當先自治, 不宜專尙剛武. 卽戎, 則所尙乃至窮極矣)"라고 하였다.

'利有攸往', 剛長乃終也.

괘체를 가지고 괘사 '利有攸往'을 해석하였다. '내乃'는 접속사 '이而'와 같다. '종終'

은 종결의 뜻이며, '강장내종야'는 강이 자라나 마침내 유를 결단한다는 말이다. 「단」은 괘사 '이유유왕利有攸往'을, 갈 곳이 있으면 이로운 것은 강의 세력이 자라나 마침내 유를 결단하여 끝을 맺기 때문이라고 해석하였다. 즉 군자의 세력이 자라나 소인을 결단하여 끝을 맺는다는 것이다.

이것은 박剝䷖ 「단」의 내용과 정반대이다.

'不利有攸往', 小人長也.

'갈 곳이 있으면 이롭지 않다'는 것은 소인이 자라나기 때문이다.

'소인'은 다섯 음을 가리킨다. 박은 다섯 음이 더불어 자라나고, 소인의 무리들의 세력이 자라나니, 소인이 득세할 때 갈 곳이 있으면 이롭지 않다는 것이다.

44. 구姤

䷫ 姤, 女壯, 勿用取女.

구는 여자가 건장하니(남자를 상하게 한다), 장가들지 말라.

'구姤'는 괘명이며, 만나다는 뜻의 우遇이다. '장壯'은 건장하다(健)는 뜻이다. 구는 한 음효가 아래에, 다섯 양효가 위에 있다. 한 음이 다섯 양을 만나고, 한 여자가 다섯 남자를 만나므로 여자가 지나치게 건장한 것이다. '물용勿用'은 '물행勿行'과 같다. '취取'는 『석문』에 '취娶'로 되어 있으며, "어떤 책에는 취取로도 썼다. 음은 같다(娶, 本亦作取, 音同)"라고 하였다. '取'는 '娶'로 읽으며, 장가든다는 뜻이다.

정이는 "한 음이 처음 생겨나 자라나서 점차 강성하여지니, 이것은 여자가 장차 자라나서 건장해지려는 것이다. 음이 자라나면 양은 사라지고, 여자가 건장하면 남자는 유약하므로, 이러한 여자에게 장가들지 말라고 경계한 것이다(一陰始生, 自是而長, 漸以盛矣, 是女之將長壯也. 陰長則陽消, 女壯則男弱, 故戒勿用取如是之女)"라고 하였다.

彖曰 姤, 遇也, 柔遇剛也. '(女壯), 勿用取女', 不可與長也. 天地相遇, 品物咸章也. 剛遇中正, 天下大行也. 姤之時義大矣哉.

구는 만난다는 뜻이니, 유가 강을 만나는 것이다. '(여자가 건장하니), 장가들지 말라'

는 것은 이 여자와 함께 오래 있을 수 없기 때문이다. 천지가 서로 만나니, 만물이 모두 번성한다. 강이 중정의 자리를 만나니, 중정의 도가 천하에 크게 행한다. 구의 때의 의의는 크기도 하다.

구「단」은 3단락으로 구성되어 있다.

첫째 단락… 괘명 '姤'를 해석하였다.

1. 훈고로 해석하였다.
   ① 姤… 괘명을 들었음.
   ② 遇也… 만난다는 뜻임.

2. 괘체로 해석하였다.
   ① 柔遇剛也… 유가 강을 만나는 것임.

둘째 단락… 괘사를 해석하였다.
   ① '(女壯), 勿用取女'… 괘사를 들었음.
   ② 不可與長也… 이 여자와 함께 오래 있을 수 없기 때문임.

셋째 단락… 괘의를 말하였다.

1. 자연계를 들었다.
   ① 天地相遇… 천지가 서로 만남.
   ② 品物咸章也… 만물이 모두 번성함.

2. 괘체로 말하였다.
   ① 剛遇中正… 강이 중정의 자리를 만남.
   ② 天下大行也… 중정의 도가 천하에 크게 행함.

3. 결어를 말하였다.
   ① 姤之時義大矣哉… 구의 때의 의의는 크기도 함.

구「단」에서 '강剛', '장長', '장章', '행行'은 운이다.
유백민: '剛', 十一唐. 與下'長', 十陽, 三十六養二韻. '章', 十陽. '行', 戶郞反. 爲韻.

스즈키: '강剛', '장長', '장章', '행行'.

姤

괘명이다. 『석문』에 "'구姤'는 고古와 두豆의 반절(姤, 古豆反)"이라고 하였다. 「서괘」에 "터지는 것은 반드시 만나는 바가 있으니, 그러므로 구로 받는다. 구는 만난다는 뜻이다(決必有所遇, 故受之以姤. 姤者, 遇也)"라고 하였고, 「잡괘」에서도 "'구姤'는 만난다는 뜻이니, 유가 강을 만나는 것이다(姤, 遇也, 柔遇剛也)"라고 하였다. 「단」은 이와 같은 뜻으로 새겼다.

『석문』에 "설우는 '고문에 구遘로 되어 있다'고 말했는데, 정현도 같다(薛云古文作遘, 鄭同)"라고 하였다. 고형은 "'구姤'는 당연히 '구遘'로 읽어야 한다(姤當讀爲遘)"라고 하였다. 『설문』 착부辵部에 "'구遘'는 만나다는 뜻의 우(遘, 遇也)"라고 하였다. '구姤'는 만나다(遇)는 뜻이다.

遇也

훈고를 취하여 괘명을 해석하였다. '우遇'는 만나다(逢)는 뜻이다. "괘명 '구姤'는 만나다는 뜻의 '우遇'"라는 말이다.

공영달은 "'구姤'는 만난다는 뜻이다. 이 괘의 한 유가 다섯 강을 만나므로 이름이 구이다(姤, 遇也. 此卦一柔而遇五剛, 故名爲姤)", 정이는 "한 음이 아래에서 처음 생겨나, 음과 양이 만나는 것이므로 구이다(又一陰始生於下, 陰與陽遇也, 故爲姤)"라고 하였다.

柔遇剛也

괘체를 가지고 괘명을 해석하였다. '유우강柔遇剛'은 유가 강을 만난다는 말이다. 이에 대해 두 가지 해석이 있다.

첫째, 효로 해석하는 것이다. 구는 한 음효가 아래에, 다섯 양효가 위에 있다. '유柔'는 아래의 한 음효(初六)를 가리키고, '강剛'은 위의 다섯 양효(五陽)를 가리킨다. '유우강'은 아래의 한 음효가 위의 다섯 양효를 만난다는 뜻이다.

둘째, 괘로 해석하는 것이다. 윗괘인 건은 양괘이고 아랫괘인 손은 음괘이니, '유우강'은 아래의 손이 위의 건을 만난다고 해석하는 것이다. 두 가지 해석은 모두 통한다.

"괘명 '구姤'는 그 뜻이 만난다는 우遇이며, 유가 강을 만나는 것"이라는 말이다. 왕필은 "인간계로 말하면 여자가 남자를 만나는 것(施之於人, 卽女遇男也)"이라고 하였다.

'(女壯), 勿用取女', 不可與長也.

괘사를 해석하였다. '勿用取女' 앞에 괘사의 '女壯'이 있어야 한다. 옮겨 쓰면서 잘못하여 빠뜨렸을 것이다. '장長'은 장구長久의 뜻이다. '불가여장야'는 건장한 여자와 오래 함께 있을 수 없다는 말이다.

「단」은 괘사 '(여장), 물용취녀'를, 여자가 건장하여 남자를 상하게 하니, 이런 여자와 오랫동안 함께 있을 수 없기 때문에 여자에게 장가들지 말라고 해석하였다.

『집해』에 정현은 "구는 만난다는 뜻이다. 한 음이 다섯 양을 받들고, 한 여자가 다섯 남자를 상대하여 서로 만날 뿐이니, 예의가 바른 것이 아니다. 그러므로 '구'라고 하였다. 여자가 건장한 것이 이와 같으면 건장하여 음란하므로 장가들어서는 안 된다. 부인은 정숙한 것을 덕으로 한다(姤, 遇也. 一陰承五陽, 一女當五男, 苟相遇耳, 非禮之正也, 故謂之姤. 女壯如是, 壯健以淫, 故不可娶. 婦人以婉娩爲其德也)", 왕필은 "한 여자가 다섯 남자를 만나니, 건장함이 지극히 지나치므로 장가들어서는 안 된다(一女而遇五男, 爲壯至甚, 故不可取也)", 정이는 "한 음이 생겨나 점차 자라나 강성하니, 음이 강성하면 양은 쇠약해진다. 여자에게 장가든다는 것은 오랫동안 가정을 이루고자 하는 것이니, 점차 강성해지는 음이 장차 양을 이겨 사라지게 할 것이므로 이와 더불어 오래 있을 수 없다는 것이다(一陰旣生, 漸長而盛, 陰盛則陽衰矣. 取女者, 欲長久而成家也, 此漸盛之陰, 將消勝於陽, 不可與之長久也)"라고 하였다.

天地相遇

이하 괘의를 말하면서 자연계를 들었다. '천지'는 음양 강유 남녀를 가리킨다. '천지상우'는 천지가 서로 만난다는 말이다. 인간계로 말하면 남녀가 서로 만난다는 말이다.

品物咸章也

'품물品物'은 만물이며, 천지 사물을 가리킨다. '함咸'은 모두 개皆이다. '장章'에 대해, ①공영달은 나타나다, 드러난다는 뜻의 '창현彰顯', ②정이는 밝다는 뜻의 '장명章明', ③굴만리는 드러난다는 뜻의 '현저顯著', ④고형은 번성하다는 뜻의 '성盛', ⑤진고응은 무성하다는 뜻의 '무성茂盛'으로 읽었는데, 모두 통한다. '품물함장'은 만물이 모두 번성한다는 말이다. 천지가 서로 교합하고 음양이 서로 교류하며 남녀가 서로 정기를 합하니, 만물이 모두 번성하게 자라난다는 것이다.

정이는 "음이 아래에서 처음 생겨나 양과 서로 만나니, 천지가 서로 만나는 것이다. 음양이 서로 만나지 않는다면 만물은 생겨날 수 없다. 천지가 서로 만나니, 여러 사물을 화육하고 만물이 모두 드러나, 만물은 분명히 나타난다(陰始生於下, 與陽相遇, 天地相遇也. 陰陽不相交遇, 則萬物不生. 天地相遇, 則化育庶類, 品物咸章, 萬物章明也)"라고 하였다.

剛遇中正

이하 괘체를 가지고 괘의를 말하였다. '강剛'에 대해 세 가지 해석이 있다.

첫째, '강'은 다섯째 양효를 가리킨다. 『집해』에 적원은 "강은 다섯째 양효를 가리키며, 가운데 자리를 얻고 바른 자리에 처하여, 천하에 교화가 크게 행하고 있다(剛謂九五, 遇中處正, 教化大行於天下也)"라고 하였다. 주희가 이를 따랐다.

둘째, '강'은 둘째와 다섯째 양효를 가리킨다. 정이는 "다섯째와 둘째는 모두 양강이면서 가운데와 바른 자리에 거하니, 중정으로 서로 만난 것이다. 임금이 강중의 신하를 얻고, 신하는 중정의 임금을 얻으니, 군신이 강양으로 중정을 만났으므로, 그 도는 천하에 크게 행할 수 있는 것이다(五與二皆以陽剛居中與正, 以中正相遇也. 君得剛中之臣, 臣遇中正之君, 君臣以剛陽遇中正, 其道可以大行於天下矣)"라고 하였다. 고형과 진고응이 이를 따랐다.

셋째 '강'은 둘째 양효를 가리킨다. 래지덕은 "강은 둘째 양효를 가리킨다. '강우중정'은 둘째 양효의 양의 덕이 다섯째 양효의 중정을 만나는 것이다(剛指九二. 剛遇中正者, 九二之陽德, 遇乎九五之中正也)"라고 하였다. 세 가지 모두 통한다.

'강'은 다섯째, 혹은 둘째와 다섯째, 혹은 둘째 양효를 가리킨다. '중정中正'은 둘째와 다섯째 양효가 위아래 괘의 가운데 자리(中)에 있으며 또 다섯째 양효는 바른 자리(正)에 있다는 것이다. '강우중정'은 강이 중정의 자리를 만났다는 말이다. 즉 강이 가운데와 바른 자리를 만나, 중정의 도를 행하고 있다는 것이다.

天下大行也

'천하대행야'는 천하에 크게 행한다는 말이다. 강이 가운데와 바른 자리를 만나, 중정의 도를 행하고 있으니, 중정의 도가 천하에 크게 행하고 있다는 것이다.

姤之時義大矣哉

결어를 말하였다. '시의時義'는 때의 의의이다. 천지가 서로 만나 만물이 번성하고, 강이 중정의 자리를 만나, 중정의 도가 천하에 크게 행하니, 구의 때의 의의는 크기도 하다는 말이다.

정이는 "구의 때와 구의 의의가 지극히 큰 것을 찬양하였다. 천지가 서로 만나지 않으면 만물은 생겨나지 않는다. 군신이 서로 만나지 않으면 정치는 흥하지 않는다.

성현이 서로 만나지 않으면 도덕은 형통하지 않는다. 사물이 서로 만나지 않으면 효용은 이루어지지 않는다. 구의 때와 의의는 모두 심대한 것이다(贊姤之時, 與姤之義至大也. 天地不相遇, 則萬物不生. 君臣不相遇, 則政治不興. 聖賢不相遇, 則道德不亨. 事物不相遇, 則功用不成. 姤之時與義, 皆甚大也)"라고 하였다.

45. 췌萃

䷬ 萃, 亨, 王假有廟. 利見大人, 亨. 利貞. 用大牲吉, 利有攸往.
췌는 제사를 올리려고 왕이 종묘에 온다. 대인을 만나보는 것이 이롭고, 형통하다. 바르게 하여 이롭다. 큰 희생을 사용하면 길하고, 갈 곳이 있으면 이롭다.

'췌萃'는 괘명이며, 모이다는 뜻의 취聚이다. '형亨'은 '향享'으로 읽으며, 제사를 올린다(薦)는 뜻이다. 주희는 "'왕王'자 앞의 '형亨'자는 잘못 들어간 글자(亨字衍文)"라고 하였다. 『백서』에는 '형'자가 없으나, 왕필 본과 『석문』과 『집해』에는 있다. 『석문』에는 "왕숙 본에는 '형'자가 있으나, 마융, 정현, 육적 등은 모두 이 글자가 없다(王肅本同, 馬鄭陸等並无此字)"라고 하였다. 「단」에는 '亨'자가 인용되어 있지 않으나, '향享'을 가지고 괘사의 '亨'을 해석하였다. 『석문』에 "'假'은 경更과 백白의 반절(更白反)"이라고 하였는데, '격'으로 발음한다. 『집해』에 우번은 "'격假'은 이르다는 뜻의 지至"라고 하였다. '유有'는 '우于'와 같다. 『백서』에는 '우于'로 되어 있다. '王假有廟'는 '王至于廟'이다. '정貞'은 바르다는 뜻의 정正이다. '이정'은 바르게 하여 이롭다는 말이다. '대생大牲'은 제사에 올리는 큰 희생이다.

彖曰 萃, 聚也. 順以說, 剛中而應, 故聚也. '(亨), 王假有廟', 致孝享也. '利見大人亨(利貞)', 聚以正也. '用大牲吉, 利有攸往', 順天命也. 觀其所聚, 而天地萬物之情可見矣.
췌는 모인다는 뜻이다. 유순하여 기뻐하고, 강이 가운데 자리에서 응하니, 그러므로 모인다는 것이다. '(제사를 올리려고) 왕이 종묘에 온다'는 것은 효를 다하여 제사를 올린다는 것이다. '대인을 만나보는 것이 이롭고, 형통하다. (바르게 하여 이롭다)'는 것은 바른 것으로 모인다는 것이다. '큰 희생을 사용하면 길하고, 갈 곳이 있으면 이롭다'는 것은 천명에 순응한다는 것이다. 그 모이는 것을 보고, 천지 만물의 정황을 알 수 있다.

췌「단」은 3단락으로 구성되어 있다.

첫째 단락…괘명 '萃'를 해석하였다.

1. 훈고로 해석하였다.
   ① 萃…괘명을 들었음.
   ② 聚也…모인다는 뜻임.

2. 괘덕으로 해석하였다.
   ① 順以說…유순하여 기뻐함.

3. 괘체로 해석하였다.
   ① 剛中而應…강이 가운데 자리에서 응함.
   ② 故聚也…그러므로 모인다는 것임.

둘째 단락…괘사를 해석하였다.

1. 괘사 '王假有廟'를 해석하였다.
   ① '(亨), 王假有廟'…괘사 '(형), 왕격유묘'를 들었음.
   ② 致孝享也…효를 다하여 제사를 올린다는 것임.

2. 괘사 '利見大人亨(利貞)'을 해석하였다.
   ① '利見大人亨(利貞)'…괘사 '이견대인형(이정)'을 들었음.
   ② 聚以正也…바른 것으로 모인다는 것임.

3. 괘사 '用大牲吉, 利有攸往'을 해석하였다.
   ① '用大牲吉, 利有攸往'…괘사 '용대생길, 이유유왕'을 들었음.
   ② 順天命也…천명에 순응한다는 것임.

셋째 단락…괘의를 말하였다.
   ① 觀其所聚…그 모이는 것을 살핌.
   ② 而天地萬物之情可見矣…천지 만물의 정황을 알 수 있음.

췌「단」에서 '정正', '명命'은 운이다.
유백민: '正', 四十五勁. 與下'命', 彌吝反. 爲韻.
스즈키: '정正', '명命'.

萃

괘명이다.「서괘」에 "사물은 서로 만난 이후에 모이게 되니, 그러므로 췌로 받는다. 췌는 모인다는 뜻이다(物相遇而後聚, 故受之以萃. 萃者, 聚也)"라고 하였고,「잡괘」에서도 "'췌萃'는 모인다는 뜻의 취(萃, 聚也)"라고 하였다.「단」은 '취聚'를 가지고 괘명 '췌萃'를 해석하였다. '췌'는 모이다는 뜻이다.

정이는 "괘는 태가 위에 곤이 아래에 있어, 못이 땅위에 있으니, 물이 모이는 것이므로 췌이다(爲卦, 兌上坤下, 澤上於地, 水之聚也, 故爲萃)"라고 하였다.

聚也

훈고를 취하여 괘명을 해석하였다. '취聚'는 모이다(集會)는 뜻이다. "괘명인 '췌萃'는 그 뜻이 모이다는 취聚"라는 말이다.

공영달은 "췌는 취聚이니, 모인다는 뜻이다. 백성을 부르고 사물을 모을 수 있고, 사물로 하여금 돌아가 모이게 할 뿐이니, 그러므로 괘명이 췌이다(萃, 聚也, 聚集之義也. 能招民聚物, 使物歸而聚已, 故名爲萃也)"라고 하였다.

順以說

괘덕을 가지고 괘명을 해석하였다. '이以'는 '이而'와 같다.『석문』에 "'열說'은 음이 열悅(說, 音悅)"이라고 하였다. '열說'은 '열悅'로 읽는다. 췌는 아랫괘가 곤坤이고 윗괘는 태兌이다. 곤은 유순함(順)이고 태는 기뻐함(悅)이다. 그런즉 췌는 '유순하여 기뻐함'이다. 임금이 백성에 유순하면 백성은 기뻐하여 모이게 된다.

剛中而應

괘체를 가지고 괘명을 해석하였다. '강剛'은 다섯째 양효를 가리키고, '중中'은 다섯째 양효가 윗괘의 가운데 자리에 있다는 것이다. '응應'은 다섯째 양효가 윗괘의 가운데 자리에서 아랫괘의 가운데 자리에 있는 둘째 음효와 서로 응한다는 것이다. '강중이응'은 강이 가운데 자리에서 응한다는 말이다. 인간계로 해석하면, '강剛'은 임금이고, '중中'은 임금이 중도(正道)를 행하는 것이며, '응應'은 백성과 응하는 것이다. 임금이 뜻과 행실을 바르게 하여 백성과 응하면 백성은 모이게 된다.

故聚也

'취聚'는 '췌萃'로 써야 한다. 「단」은 이 자리에 괘명을 기록하였지 그 뜻을 쓴 곳은 없다. 예를 들겠다.

> 풍 「단」: 豐, 大也. 明以動, 故豐.
> 풍은 크다는 뜻이다. 밝게 움직이니, 그러므로 풍이다.

따라서 췌 「단」은 이렇게 써야 한다.

> 萃, 聚也. 順以說, 剛中而應, 故萃也.
> 췌는 모인다는 뜻이다.
> 유순하여 기뻐하고, 강이 가운데 자리에서 응하니, 그러므로 췌이다.

임금은 민심에 순응하여 백성이 기뻐하고, 뜻과 행실을 바르게 하여 백성과 호응하니 백성은 모이게 되므로 그래서 괘명이 '췌'라는 말이다.

『집해』에 순상은 "다섯째 양효는 강이 가운데 자리에 있어, 여러 음이 유순하여 기뻐하며 따른다. 그러므로 백성을 모을 수 있다(謂五以剛居中, 羣陰順悅而從之, 故能聚衆也)"라고 하였다.

'(亨), 王假有廟', 致孝享也.

이하 괘사를 해석하였다. '왕王'자 앞에 '형亨'자가 있어야 한다. 주희가 괘사의 '亨'자를 잘못 들어간 글자로 여긴 것은 「단」에 '亨'자를 인용하지 않았기 때문이다. 그러나 「단」은 '향享'을 가지고 '형亨'을 해석하였다. 『집해』에 우번은 "'향享'은 제사를 올리는 것(享祀)"이라고 하였다. 왕이 종묘에 오는 것은 제사를 올리기 위해서이다. '치致'는 다하다(窮), 극진하다(極)는 뜻이다. '치효致孝'는 효를 다한다는 뜻이다. '치효향야'는 효를 다하여 제사를 올린다는 말이다. 「단」은 괘사 '형亨, 왕격유묘王假有廟'를, 왕이 종묘에 와서 효를 다하여 제사를 올린다고 해석하였다. 왕이 효를 다하여 제사를 올리면 천하의 민심은 모인다.

'利見大人亨(利貞)', 聚以正也.

'형亨'자 뒤에 '이정利貞'이 있어야 한다. 「단」은 '정正'을 가지고 괘사의 '정貞'을 해석하였고, '정貞'을 가지고 괘사 '이견대인형'을 해석하였다. '취이정야'는 바른 것으로 모인다는 말이다. '이以'는 용用의 뜻이다. 「단」은 괘사 '이견대인, 형. 이정'을, 바른 것으로 모이기 때문에 대인을 만나보는 것이 이롭고, 형통하고, 바르게 하여 이롭다고 해석하였다. 즉 대인을 만나보는 것이 바른 것이며, 대인을 만나보기 위해 모인다는 것이다.

『집해』에는 '聚以正也' 뒤에 '利貞'이 기록되어 있고, 구가역의 주 "다섯째 양효는 바른 것으로 양을 모으니 그래서 '이정'이다(九家易曰, 五以正聚陽, 故曰利貞)"가 붙어 있다. 곽경郭京 본에는 '聚以正也' 앞에 '利貞'이 기록되어 있다. 고형은 왕인지王引之의 주장을 인용하여 곽경 본이 맞는다고 하였다. 필자 역시 '利貞'이 있는 것이 맞는다고 생각한다. 「단」은 괘사의 '利貞'을 해석하면서 항상 '利'는 말하지 않았고, '貞'은 '正'으로 해석하였다.

'用大牲吉, 利有攸往', 順天命也.

『설문』 우부牛部에 단옥재는 '牛'자에 대해 주를 달면서, "소가 큰 희생(乃改之云大牲也)"이라고 하였다. 『집해』에 정현은 "큰 희생은 소이다. 대인이 아름다운 모임이 있을 때 일을 주관할 수 있으니, 반드시 소를 잡아 맹약하는 것을 말한다. 맹약을 하였다면 갈 수 있으니, 그러므로 '갈 곳이 있으면 이롭다'는 것이다(大牲, 牛也. 言大人有嘉會時可幹事, 必殺牛而盟. 旣盟則可以往, 故曰利往)"라고 하였다.

원문에서 '큰 희생을 사용한다(用大牲吉)'는 것은 앞의 '효를 다하여 제사를 올린다(致孝享也)'는 구절을 이어서 말한 것이며, 제사에 대해 말한 것이다. 「단」은 괘사 '용대생길, 이유유왕'을 천명에 순응하는 것이라고 해석하였다. 즉 큰 희생을 사용하여 제사를 올리고, 갈 곳이 있으면 이로운 것은 천명에 순응하는 것이어서 하늘의 보살핌을 받는다는 말이다.

觀其所聚

이하 괘의를 말하였다. '관기소취'는 천지 만물이 모이는 바를 본다는 말이다.

而天地萬物之情可見矣

'정情'은 천지 만물의 각종 현상이다. 자연계와 인간계의 모든 현상을 망라하여 '정情' 하나로 표현하였다. 천지 만물은 동류로써 서로 모인다. "천지 만물이 서로 모이는 바를 보고 천지 만물의 정황을 알 수 있다"는 것이다.

건乾 「문언」에 "같은 소리는 서로 응하고, 같은 기운은 서로 구한다. 물은 습한 곳으로 흐르고, 불은 건조한 곳으로 나아간다. 구름은 용을 좇고 바람은 범을 좇는다.

성인이 일어나니 만인이 따른다. 하늘에 근본을 둔 것은 위에 따르고, 땅에 근본을 둔 것은 아래에 따르니, 각각 그 동류를 좇는다(同聲相應, 同氣相求, 水流濕, 火就燥, 雲從龍, 風從虎, 聖人作而萬物覩, 本乎天者親上, 本乎地者親下, 則各從其類也)"라고 하였다. 그런즉 천지 만물이 모이는 바를 보고 천지 만물의 정황을 알 수 있는 것이다.

진고응은 "모이는 도리를 관찰하면(觀察聚蓄的道理), 천지만물의 내재 규율을 파악할 수 있다(那麼天地萬物的內在規律就可以把握了)"라고 해석하였다.

46. 승升

䷭ 升, 元亨. 用見大人, 勿恤. 南征吉.

승은 크게 형통하다. 대인을 만나보는 것이 이로우니, 근심하지 말라.

남쪽을 정벌하면 길하다.

'승升'은 괘명이며, 위로 오른다는 뜻의 상上이다. 『석문』에 "식과 능의 반절(式陵反)"이라고 하였다. '원元'은 크다는 뜻의 대大이다. '형亨'은 형통하다는 뜻의 통通이다. '원형'은 크게 형통하다는 뜻이다. '용견用見'은 이견利見이다. 『석문』에는 '이견'으로(本或作利見), 『백서』에도 '利見'으로 되어 있다. '휼恤'은 근심하다(憂)는 뜻이다.

彖曰 (升, 上也). 柔以時升, (故升). 巽而順, 剛中而應, 是以大'亨'. '用見大人, 勿恤', 有慶也. '南征吉', 志行也.

(승은 오른다는 뜻이다). 유가 때에 따라 위로 오르니 (그러므로 승이다). 겸손하고 유순하며, 강이 가운데 자리에서 응하니, 그래서 크게 '형통하다'는 것이다. '대인을 만나보는 것이 이로우니 근심하지 말라'는 것은 경사가 있다는 것이다. '남쪽을 정벌하면 길하다'는 것은 뜻을 행한다는 것이다.

왕필 본에는 '象曰'로 되어 있는데, 「교감기」를 따라 '彖曰'로 고쳐야 한다. 『집해』에는 '彖曰'로 되어 있다.

승「단」은 2단락으로 구성되어 있다.

첫째 단락…괘명 '升'을 해석하였다.
1. 훈고로 해석하였다.
   ① (升)…괘명을 들었음.
   ② (上也)…오른다는 뜻임.

2. 괘체로 해석하였다.
   ① 柔以時升…유가 때에 따라 위로 오름.
   ② (故升)…다시 괘명을 들었음.

둘째 단락…괘사를 해석하였다.
1. 괘사 '元亨'을 해석하였다.
   1) 괘덕으로 해석하였다.
      ① 巽而順…겸손하고 유순함.

   2) 괘체로 해석하였다.
      ① 剛中而應…강이 가운데 자리에서 응함.
      ② 是以大'亨'…그래서 크게 '형통하다'는 것임.

2. 괘사 '用見大人, 勿恤'을 해석하였다.
   ① '用見大人, 勿恤'…괘사 '용견대인, 물휼'을 들었음.
   ② 有慶也…경사가 있다는 것임.

3. 괘사 '南征吉'을 해석하였다.
   ① '南征吉'…괘사 '남정길'을 들었음.
   ② 志行也…뜻을 행한다는 것임.

승「단」에서 '승升', '형亨', '경慶', '행行'은 운이다.
유백민: '亨', 許郎反. 與下'慶', 古讀若羌. '行', 戶郎反. 爲韻.
스즈키: '형亨', '경慶', '행行'.

승「단」의 앞부분은 다음과 같이 되어 있어야 바르다. 옮겨 쓰면서 잘못되었을 것이다.

彖曰 升, 上也. 柔以時升, 故升.

「단」에서 같은 예를 들겠다.

① 대장「단」: 大壯, 大者壯也. 剛以動, 故(大)壯.
대장은 큰 것이 건장한 것이다. 강건하여 움직이니, 그러므로 건장하다.

② 췌「단」: 萃, 聚也. 順以說, 剛中而應, 故聚也.
췌는 모인다는 뜻이다. 유순하여 기뻐하고, 강이 가운데 자리에서 응하니, 그러므로 모인다는 것이다.

③ 풍「단」: 豐, 大也. 明以動, 故豐.
풍은 크다는 뜻이다. 밝게 움직이니 그러므로 풍이다.

이와 같은 예를 따라 승「단」은 당연히 '彖曰 升, 上也. 柔以時升, 故升.'으로 써야 맞다.

「서괘」에 "모여서 위로 올라가는 것을 승이라고 하니, 그러므로 승으로 받는다(聚而上者謂之升, 故受之以升)"라고 하여 '上'을 가지고 괘명 '升'을 해석하였다. 「잡괘」에 "'췌'는 모이는 것이고, '승'은 위로 올라가 돌아오지 않는 것이다(萃聚而升不來也)"라고 하였다. 『집해』에 정현은 "'승'은 오른다는 뜻의 상(升, 上也)", 『석문』에 "정현 본에는 오른다는 뜻의 승昇으로 되어 있다(鄭本作昇)" 하고 또 "마융은 높다는 뜻의 高(馬云高也)"라고 하였다. 공영달은 "위로 오른다는 뜻(升者, 登上之義)", 정이는 "나아가 오르는 것(升者, 進而上也)"이라고 하였다. '승'은 위로 오른다는 뜻의 상上이다. 「단」은 이 뜻으로 새겼다. 『백서』에는 '登'으로 되어 있다.

柔以時升

괘체를 가지고 괘명을 해석하였다. '이以'는 인因으로 읽으며, '이시以時'는 인시因時 또는 수시隨時와 같다. '유이시승'은 유가 때에 따라 위로 오른다는 말이다. 이에 대해 여러 가지 해석이 있다.

첫째, 『집해』에 우번은 "'유柔'는 다섯째 음효를 말하며, 곤이다. '승升'은 둘째 양효를 말한다. 곤에는 양효가 없으니, 둘째 양효가 당연히 다섯째 음효로 오르는 것이다(柔, 謂五, 坤也. 升, 謂二. 坤邑无君, 二當升五虛)"라고 하였다.

둘째, 공영달은 "'승'의 뜻은 아래에서 높은 곳으로 오르는 것이니, 다섯째 음효에 나아가 존위에 거하여 이것으로 괘명 '승'의 뜻을 해석하였다. 다섯째 음효는 음유이면서 존위에 올랐다(升之爲義, 自下升高, 故就六五居尊, 以釋名升之意. 五以陰柔乏質, 起升貴位)"라고 하였다.

셋째, 정이는 "유가 위로 오른다는 것은 곤이 위로 간 것을 말한다(柔升, 謂坤上行)"라고 하여, 괘로 해석하였다.

넷째, 주희는 "해의 셋째 음효가 위로 올라가 넷째 효에 거한 것(卦自解來, 柔上居四)"이라고 하여, 괘변으로 해석하였다. 진몽뢰가 이를 따랐다.

다섯째, 래지덕은 '유柔'는 곤을 가리키며, "췌의 아랫괘인 곤이 위로 올라가 승의 윗괘가 되었다(萃下卦之坤, 升而爲升之上卦)"라고 하여, 종괘로 해석하였다. 굴만리가 이를 따랐다.

여섯째, 유백민은 "승의 처음 음효가 췌의 꼭대기 음효로 올라간 것(升之初六以時升爲萃之上六也)"이라고 하여, 역시 종괘로 해석하였다.

일곱째, 고형은 "'유柔'는 처음 음효가 위로 올라가 넷째 효, 다섯째 효, 꼭대기 효에 이르는 것(柔由初爻上升至四爻, 至五爻, 至上爻)"이라고 하였다. 진고응이 이를 따랐다('柔' 指陰爻初六. 陰爻初六, 誠信守時, 依次升進, 至四, 至五, 至上). 이러한 해석은 모두 통한다. 필자는 고형의 해석을 따랐다.

'유이시승'은 유가 때에 따라 위로 오른다는 말이며, 신하의 지위가 때에 맞게 위로 오르는 것을 나타낸다. "승은 오른다는 뜻이다. 유가 때에 따라 위로 오르니 그러므로 승이다"라는 말이다.

巽而順

괘덕을 가지고 괘사 '원형'을 해석하였다. '손巽'은 손遜으로 읽으며, 겸손이다. 승은 아랫괘가 손巽이고 윗괘는 곤坤이다. 손은 겸손함(巽)이고 곤은 유순함(順)이다. 그런즉 승은 '겸손하고 유순함'이며, 신하가 위로 오를 때 겸손하고 또 유순한 것을 말한다.

剛中而應

괘체를 가지고 괘사 '원형'을 해석하였다. '강剛'은 둘째 양효를, '중中'은 둘째 양효가 아랫괘의 가운데 자리에 있다는 것이며, '응應'은 둘째 양효가 윗괘의 가운데 자리에 있는 다섯째 음효와 서로 응한다는 것이다. '강중이응'은 강이 가운데 자리에서 음과 응한다는 말이다. 즉 임금이 중도를 지니고 신하와 호응한다는 것이다.

是以大'亨'

「단」은 '대大'를 가지고 괘사의 '원元'을 해석하였다. 승은 겸손하고 유순하며, 강이 중도를 행하여 유와 호응하니, 그래서 크게 '형통하다'는 것이다. 즉 신하가 겸손하고 유순하며, 임금이 뜻과 행실을 바르게 하여 신하와 호응하니, 크게 형통하다는 것이다.

정이는 "「단」은 잘못하여 '대형'으로 썼다(彖文誤作大亨)"라고 하였다. 대유 「단」에는 '元亨'으로 되어 있으니, 이곳의 '大亨'은 '元亨'으로 하는 것이 맞는다는 말이다. 필자는 '大亨'이 맞는다고 생각한다. 「단」은 항상 '大'를 가지고 '元'을 해석하여, 괘사의 '元亨'을 '大亨'으로 썼다. 이것은 「단」의 통례이다.

'用見大人, 勿恤', 有慶也.

이하 괘사를 해석하였다. '용견用見'은 '이견利見'으로 읽어야 한다. '유경有慶'은 경사스런 일이 있다는 것이다. 「단」은 괘사 '용견대인, 물휼'을, 대인을 만나보면 이로우니 근심하지 말라는 것은 대인을 만나보면 경사가 있기 때문이라고 해석하였다. 즉 대인을 만나보는 것은 경사스러운 일이니 근심하지 말라는 것이다. 진고응은 '대인'은 다섯째 음효라고 하였다(大人蓋謂'剛中而應'的應爻六五, 居尊位者).

'南征吉', 志行也.

'지행志行'은 '행지行志'로 하는 것이 바르다. 운을 맞추기 위해 의도적으로 도치하였다. 「단」은 '지志'를 가지고 괘사의 '남정南征'을, '행行'으로 '길吉'을 해석하였다. '지志'는 남정지지南征之志, 즉 남쪽을 정벌하려는 뜻이다. '행行'은 행한다는 뜻이다. 「단」은 괘사 '남정길'을, 남쪽을 정벌하면 정벌하려는 뜻을 실행하는 것이므로 길하다고 해석하였다. 즉 남쪽을 정벌하려는 뜻을 이룬다는 말이다.

진고응은 "괘효에 대해 말하면, '남'은 위를 말하고 앞을 말한다(就卦爻而論, '南'謂上, 謂前). '남정'은 앞으로 가는 것이고, 위로 나아가는 것이다('南征'卽前往, 上進). '행'은 이루는 것이다('行', 成). '지행'은 위로 나아가는 뜻을 이루는 것을 말한다('志行', 謂成就升進之志)"라고 해석하였다.

47. 곤困

䷮ 困, 亨. 貞大人吉, 无咎. 有言不信.

곤은 형통하다. 바르게 하여 대인은 길하고 허물이 없다. 말을 하여도 믿지 않는다.

'곤困'은 괘명이며, 곤궁하다는 뜻의 궁窮이다. '형亨'은 형통하다는 뜻의 통通이다. '정貞'은 바르다는 뜻의 정正이다. '대인大人'은 도덕 수양이 훌륭한 사람이다. '유언불신有言不信'은 말을 하여도 믿지 않는다는 뜻이다.

彖曰 困, 剛揜也. 險以說, 困而不失其所, '亨', 其唯君子乎! '貞大人吉, (无咎)', 以剛中也. '有言不信', 尙口乃窮也.

곤은 강이 가려진 것이다. 험난하나 기뻐하며, 곤궁하나 그 있을 곳을 잃지 않으니, '형통하다'는 것이며, 오직 군자만이 그렇게 하는 것이다. '바르게 하여 대인은 길하고 (허물이 없다)'는 것은 강이 가운데 자리에 있기 때문이다. '말을 하여도 믿지 않는다'는 것은 말하는 것을 숭상하여 궁하다는 것이다.

곤 「단」은 2단락으로 구성되어 있다.

첫째 단락 … 괘체로 괘명 '困'을 해석하였다.

① 困 … 괘명을 들었음.

② 剛揜也 … 강이 가려진 것임.

둘째 단락 … 괘사를 해석하였다.

1. 괘사 '亨'을 해석하였다.

 1) 괘덕으로 해석하였다.

  ① 險以說 … 험난하나 기뻐함.

 2) 괘체로 해석하였다.

  ① 困而不失其所 … 곤궁하나 그 있을 곳을 잃지 않음.

  ② '亨' … 괘사 '형'을 들었음.

  ③ 其唯君子乎 … 오직 군자만이 그렇게 함.

2. 괘체로 괘사 '貞大人吉, (无咎)'를 해석하였다.
   ① '貞大人吉, (无咎)'⋯괘사 '정대인길, (무구)'를 들었음.
   ② 以剛中也⋯강이 가운데 자리에 있기 때문임.

3. 괘사 '有言不信'을 해석하였다.
   ① '有言不信'⋯괘사 '유언불신'을 들었음.
   ② 尙口乃窮也⋯말하는 것을 숭상하여 궁하다는 것임.

곤「단」에서 '중中', '궁窮'은 운이다.
유백민: '中', 一東. 與下'窮', 一東. 爲韻.
스즈키: '중中', '궁窮'.

困

괘명이다.「서괘」에 "올라가 멈추지 않으면 반드시 곤란하게 되니, 그러므로 곤으로 받는다(升而不已必困, 故受之以困)"라고 하였다.「잡괘」에 "정은 통하는 것이고, 곤은 서로 막아 통하지 않는 것이다(井通而困相遇也)"라고 하였다.『석문』에 육덕명은 "곤궁하다는 뜻이다. 곤궁하여 덮여 가려진 뜻이다(困, 窮也. 窮悴掩蔽之義)"라고 하였다. 공영달은 "궁박하고 빈곤하여 지친다는 뜻(窮厄委頓之名)", 주희는 "궁하여 스스로 구제할 수 없다는 뜻(窮而不能自振之義)"이라고 하였다. '곤困'은 곤궁하다, 곤란하다는 뜻이다. 「단」은 곤궁하다(窮)는 뜻으로 새겼다.

정이는 "괘는 태가 위에 감이 아래에 있다. 물이 못 위에 있으면, 못 속에 물이 있는 것이나, 물이 못 아래에 있어서 물이 말라 없는 상이니, 곤궁하다는 뜻이다(爲卦, 兌上而坎下. 水居澤上, 則澤中有水也, 乃在澤下, 枯涸无水之象, 爲困乏之義)"라고 하였다.

剛揜也

괘체를 가지고 괘명을 해석하였다. '엄揜'은 왕필 본과『석문』에는 '揜'으로 되어 있고,『석문』에는 또 "'엄掩'으로도 썼다(本又作掩)" 하고 "우번은 '弇'으로 썼다(虞作弇)"라고 하였다.『집해』에는 '엄弇'으로 되어 있는데, 순상은 주에서 일관되게 '弇'으로 썼다. '엄揜', '엄掩', '엄弇'은 음과 뜻이 같고 글자 모양이 비슷하여 옛날에 통용되었다. '엄揜'은 덮다(覆), 가리다(蔽)는 뜻이다. '강엄剛揜'은 강이 유에 의해 덮여 가려졌다는 뜻이다. 이에 대해 세 가지 해석이 있다.

첫째, 효로 해석하는 것이다.『집해』에 순상은 "둘째 양효가 셋째 음효에, 다섯째 양효가 꼭대기 음효에 덮여 가려져 있다(謂二五爲陰所弇也)"라고 하였다. 유백민이 이를 따랐다(二五之剛爲三與上之柔所揜蓋也).

둘째, 괘로 해석하는 것이다. 곤의 아랫괘 감坎은 양괘이고 강이며, 윗괘 태兌는 음괘이고 유이다. 강이 아래에 있고 유가 위에 있으니, 강이 유에 의해 덮여 가려져 있다는 것이다. 왕필이 이렇게 주장하자(剛見揜於柔也), 공영달, 정이, 굴만리, 고형 등 뒷사람들은 대개 이 주장을 따랐다.

셋째, 괘와 효 두 가지로 해석하는 것이다. 주희는 "아랫괘 감이 윗괘 태에 의해 덮여 가려져 있고, 또 둘째 양효는 처음과 셋째 음효에, 넷째와 다섯째 양효는 꼭대기 음효에 덮여 가려져 있다(坎剛爲兌柔所揜. 九二爲二陰所揜. 四五爲上六所揜)"라고 하였다. 래지덕, 진고응이 이를 따랐다. 세 가지 해석은 모두 통한다.

필자는 바로 뒤 구절 '困而不失其所', '以剛中也'에 의거하여 순상의 해석이 맞는다고 생각한다. '강엄剛揜'은 유덕한 군자(二五)가 천박한 소인(三上)에 의해 덮여 가려져 곤궁한 지경에 처해 있는 것을 상징한다. 정이는 "양강의 군자가 음유한 소인에게 덮여 가려져 있으니, 군자의 도가 곤궁하여 막힌 때이다(陽剛君子而爲陰柔小人所掩蔽, 君子之道困窒之時也)"라고 하였다.

필자는 이 구절이 '困, 窮也. 剛揜也, 故困.'으로 하는 것이 바르다고 생각한다.

險以說

괘덕을 가지고 괘사 '亨'을 해석하였다. '이以'는 '이而'와 같다. 『석문』에 "'열說'은 음이 열悅(說, 音悅)"이라고 하였다. '열說'은 '열悅'로 읽는다. 곤의 아랫괘인 감坎은 험난함(險)이고, 윗괘인 태兌는 기뻐함(說)이다. 그런즉 곤은 '험난하나 기뻐함'이다. 즉 군자가 험난한 가운데 있으나 내심으로 기뻐하는 것이다. 진고응은 "곤궁한 지경을 만나 하늘을 원망하고 남을 탓하는 것은(遇到困境而怨天尤人) 군자 대인이 아니다(則非君子大人)"라고 해석하였다.

困而不失其所

괘체를 가지고 괘사 '亨'을 해석하였다. '곤困'은 곤궁하다(窮)는 뜻이며, 둘째와 다섯째 양효가 셋째와 꼭대기 음효에 의해 덮여 가려져 있는 상황을 가리킨다. '소所'는 자신이 처해 있어야 할 곳이다. '불실기소不失其所'는 처해 있어야 할 자신의 자리를 잃지 않는다는 것이다. "곤궁하나 그 있을 곳을 잃지 않는다"는 말이다. 즉 둘째와 다섯째 양효는 셋째와 꼭대기 음효에 의해 덮여 가려져 곤궁한 지경에 처해 있으나 자신의 자리(中)를 잃지 않는다는 것이다.

'亨'

괘사 '형'을 인용하였다. 험난한 가운데 있으면서 내심으로 기뻐하며, 곤궁한 지경에 처하고 있으나 그 있을 곳을 잃지 않으니, 그래서 괘사에서 '형통하다'고 한 것이라는 말이다.

其唯君子乎

'기其'는 감탄을 나타내는 조사이다. '유唯'는 오직, 다만(獨)의 뜻이다. '군자君子'는 둘째와 다섯째 양효를 가리킨다. 양은 군자, 음은 소인이다. '군자'는 괘사의 '大人'과 같다. 정이는 "군자는 대인의 통칭(君子, 大人通稱)"이라고 하였다. '기유군자호'는 오직 군자인 것인가! 라는 말이다. 험난하나 기뻐하며, 곤궁하나 그 있을 곳을 잃지 않으니, '형통하다'는 것이며, 오직 군자만이 그렇게 하는 것이라는 말이다. 즉 그렇게 할 수 있는 것은 군자밖에 없다는 것이다.

'貞大人吉, (无咎)', 以剛中也.

괘체를 가지고 괘사 '貞大人吉, (无咎)'를 해석하였다. '貞大人吉' 뒤에 괘사의 '无咎' 두 글자가 있어야 한다. 옮겨 쓰면서 잘못하여 빠뜨렸을 것이다. '이以'는 원인을 나타내는 전치사이며, 인因의 뜻이다. '이강중야'는 강이 가운데 자리에 있기 때문이라는 말이다.

'강剛'에 대해, 『집해』에 순상은 다섯째 양효를(體剛得中, 正居五位), 공영달은 둘째와 다섯째 양효를 가리킨다(此就二五之爻釋貞大人之義)고 하였다. 정이가 공영달을 따르니(五與二是也), 뒷사람들은 모두 정이를 따랐다. '강'은 괘사의 '대인'이다. '중中'은 둘째와 다섯째 양효는 각각 위아래 괘의 가운데 자리에 있다는 것이며(효위), 대인이 중도를 얻은 상이다(효상).

「단」은 괘사 '정대인길, 무구'를, 바르게 하여 대인은 길하고 허물이 없다는 것은 강이 가운데 자리에 있기 때문이라고 해석하였다. 즉 대인(二五)이 중도를 행하므로 바르게 하여 길하고 허물이 없다는 것이다.

「단」에 '이강중야以剛中也'는 ①몽蒙 ②비比 ③곤困, 3곳 기록되어 있다.

'有言不信', 尙口乃窮也.

'상尙'은 숭상한다(崇), '구口'는 말하는 것(言)이다. '상구尙口'는 말하는 것을 숭상한다, 즉 말하기를 좋아한다는 뜻이다. '내乃'는 접속사이며, '이而'와 같다. '궁窮'은 궁하다(困)는 뜻이다. '상구내궁'은 말하는 것을 숭상하여 궁하다는 것이다. 「단」은 '구口'

를 가지고 괘사의 '유언有言'을, '궁窮'을 가지고 '불신不信'을 해석하였다.

「단」은 괘사 '유언불신有言不信'을, 말을 하여도 믿지 않는다는 것은 말하는 것을 숭상하여 궁하다고 해석하였다. 즉 말하는 것을 좋아하여 스스로 곤궁함(不信)을 불러들인다는 것이다.

「단」의 해석만으로 누가 무엇을 '有言'하고 누가 무엇 때문에 '不信'하는가 하는 것은 이해할 수 없다. 고형은 "그 사람이 말하나 다른 사람이 믿지 않음을 말한 것(言其人有言而他人不相信)", 진고응은 "말을 숭상하나 행동이 없으면(崇尙言辭而無行動), 곤궁함만 더할 뿐(只能更加困窮)"이라고 해석하였다.

48. 정井

䷯ 井, 改邑不改井, 无喪无得. 往來井井, 汔至亦未繘井, 羸其甁, 凶.

정은 고을을 개축하여도 우물을 개조하지 않으니, 잃는 것도 얻는 것도 없다.
사람들이 왕래하며 우물에서 물을 길어가,
물이 마르게 되어 또한 우물물을 긷지 못하게 되었는데, 두레박을 부수니, 흉하다.

'정井'은 괘명이며, 물을 긷는 우물이다. '개改'에 대해, 왕필은 '바꾸다'(井以不變爲德者也), 정이는 '옮기다'(井不可遷也)는 뜻으로 새겼다. '읍邑'은 대부의 식읍, 혹은 가신이 대부를 대신하여 다스리는 마을, 혹은 조그마한 마을 등을 '읍'이라고 하였다. 『논어』 「공야장公冶長」에 "천 호의 고을(千室之邑)", "십 호의 고을(十室之邑)", 「옹야雍也」에 "계씨가 민자건을 비읍의 책임자로 삼으려 했다(季氏使閔子騫爲費宰)"는 것들이 그 예이다.

'상喪'은 물이 마르는 것이고, '득得'은 물이 넘치는 것이다. 정이는 "물을 길러도 다하지 않고, 그냥 두어도 가득하지 않는 것이 '무상무득'이다(汲之而不竭, 存之而不盈, 无喪无得也)"라고 하였다. '왕래往來'는 사람들이 우물에 왕래한다는 말이다. '정정井井'은 우물에서 물을 퍼 올린다는 뜻이다. 앞의 '井'은 동사, 뒤의 '井'은 명사이다.

'흘汔'은 물이 마르다(涸)는 뜻이며, '흘지汔至'는 물이 바싹 마르는 데까지 이르게 되었다는 말이다. 『집해』에 순상은 '至汔竟'이라고 하였다. '율繘'은 『집해』에 순상이 "물을 퍼 올리는 도구(繘者, 綆汲之具也)", 『석문』에 정현은 "두레박줄이라는 뜻의 경(鄭云綆也)", 곽박은 "물을 퍼 올리는 줄(郭璞云汲水索也)"이라고 하였다. 이것이 동사 자리에 놓여 있으니, 물을 긷는다는 뜻으로 파생된 것이다. '미율정未繘井'은 우물물을 긷지 못한다는 뜻이다.

정이는 "'리羸'는 부순다는 뜻의 훼패(羸, 毁敗也)"라고 하였다. '병瓶'은 질그릇으로 만든 두레박이다. '리기병羸其瓶'은 두레박을 부수는 것이다. 『석문』에 "촉재는 '루累'로 썼고, 정현은 '류虆'로 읽었다(蜀才作累, 鄭讀曰虆)"라고 하였는데, "두레박을 묶어두니 흉하다"고 해석한 것이다.

> 彖曰 巽乎水而上水, 井. 井養而不窮也. '改邑不改井, (无喪无得)', 乃以剛中也. '(往來井井), 汔至亦未繘井', 未有功也. '羸其瓶', 是以'凶'也.
> 나무 두레박을 물에 넣어 물을 퍼 올리는 것이 정이다. 우물은 사람을 길러도 물은 다하지 않는다. '고을을 개축하여도 우물은 개조하지 않으니, (잃는 것도 얻는 것도 없다)'는 것은 강이 가운데 자리에 있기 때문이다. '(사람들이 왕래하며 우물에서 물을 길어 가), 물이 말라 긷지 못하게 되었다'는 것은 우물의 효용이 없다는 것이다. '두레박을 부순다'는 것은 그래서 흉하다는 것이다.

정「단」은 2단락으로 구성되어 있다.

첫째 단락…괘상으로 괘명 '井'을 해석하였다.

① 巽乎水而上水…나무 두레박을 물에 넣어 물을 퍼 올리는 것임.
② 井…괘명을 들었음.
③ 井養而不窮也…우물은 사람을 길러도 물은 다하지 않음.

둘째 단락…괘사를 해석하였다.

1. 괘체로 괘사 '改邑不改井'을 해석하였다.
   ① '改邑不改井, (无喪无得)'…괘사 '개읍불개정, (무상무득)'을 들었음.
   ② 乃以剛中也…강이 가운데 자리에 있기 때문임.

2. 괘사 '汔至亦未繘井'을 해석하였다.
   ① '(往來井井), 汔至亦未繘井'…괘사 '(왕래정정), 흘지역미율정'을 들었음.
   ② 未有功也…우물의 효용이 없다는 것임.

3. 괘사 '羸其瓶' '凶'을 해석하였다.
   ① '羸其瓶'…괘사 '리기병'을 들었음.

② 是以'凶'也…그래서 흉하다는 것임.

정「단」에서 '궁窮', '중中', '공功', '흉凶'은 운이다.
유백민: '窮', 一東. 與下'中', 一東. '功', 一東. '凶', 三鍾. 爲韻.
스즈키: '궁窮', '중中', '공功', '흉凶'.

巽乎水而上水

괘상을 가지고 괘명을 해석하였다. '손호수巽乎水'는 '목손호수木巽乎水'라고 해야 한다. 고형은 "손巽 앞에 당연히 목木자가 있어야 한다(巽上當有木字, 轉寫脫去)"라고 하였고, 진고응은 '木巽乎坎水'라고 하였다. '木巽乎水'는 곧 '木入于水'이다. 정은 아랫괘가 손巽이고 윗괘는 감坎이다. 손은 나무(木)이고 또 들어감(入)이며, 감은 물(水)이다. '손호수巽乎水'는 나무 두레박이 물에 들어간다는 것이고, '상수上水'는 물을 퍼 올린다는 뜻이다. '손호수이상수巽乎水而上水'는 나무 두레박을 물에 넣어 물을 퍼 올린다는 말이다.

공영달은 "정井의 감坎은 물이고 위에 있으며, 손巽은 나무이고 아래에 있다. 또 손은 들어가는 것이다. 나무가 물에 들어가 물을 퍼 올리는 것이 정의 상이다(此卦坎爲水在上, 巽爲木在下, 又巽爲入. 以木入於水而又上水, 井之象也)", 정이는 "괘는 감이 위에 손이 아래에 있다. 감은 물이고, 손의 상은 나무이며, 손의 뜻은 들어감이다. 나무는 도구의 상이다. 나무가 물속에 들어가 물을 퍼 올리니, 우물물을 긷는 상이다(爲卦, 坎上巽下. 坎水也, 巽之象則木也, 巽之義則入也. 木, 器之象. 木入於水下而上乎水, 汲井之象也)", 주희는 "나무 두레박을 물속에 넣어 물을 퍼 올리므로 정이다(以巽木入乎坎水之下, 而上出其水, 故爲井)"라고 하였다. 독자들은 필자가 밑줄 친 부분을 잘 비교하여 살펴야 한다.

「단」은 괘상을 말하면서 먼저 윗괘를 들고 이어 아랫괘를 말하였고, 괘덕을 말하면서 먼저 아랫괘를 들고 이어 윗괘를 말하였다. 이것은「단」의 통례이다. 지금 괘상을 말하면서 먼저 아랫괘를 들고 이어 윗괘를 말하였다. 64괘「단」에서 3번 준, 21번 서합, 36번 명이, 48번 정井, 50번 정鼎, 다섯 괘만 예외이다.

井

나무 두레박을 물에 넣어 물을 퍼 올리는 것이 '정井'이라는 말이다. '정'은 우물이다. 『백서』에는 '丼'으로 되어 있는데, 뜻은 같다.

공영달은 "'정'은 물상의 이름이다. 옛날에는 땅을 파서 물을 얻었는데, 두레박으로 물을 퍼 올렸으니, 그것을 정이라고 하였다. 이 괘는 군자가 덕을 닦고 백성을 기르며, 일정하여 변하지 아니하고, 시종 고치지 않는 것을 밝혔다. 사물을 기르는 것이 끝이 없는 것은 정(우물)보다 지나치는 것은 없으니, 그러므로 덕을 닦는 괘를 가지고 비유를 취하여 정이라고 이름 한 것이다(井者, 物象之名也. 古者穿地取水, 以瓶引汲, 謂之爲井. 此卦明君子脩德養民, 有常不變, 終始无改. 養物不窮, 莫過乎井, 故以修德之卦取譬, 名之井焉)"라고 하였다.

井養而不窮也

'정양井養'은 우물이 사람을 기른다, '불궁不窮'은 물이 다하지 않는다는 말이다. '정양이불궁야'는 우물은 사람을 길러도 물은 다하지 않는다는 말이다. 이 구절은 '井'의 덕에 대한 설명이다.

진고응은 "'井養而不窮也'는 '無喪無得, 往來井井'을 해석한 것이니('井養而不窮也'是解釋'無喪無得, 往來井井'的), 당연히 '往來井井' 아래에 있어야 한다(當在'往來井井'之下)"라고 하였다.

'改邑不改井', 乃以剛中也.

괘체를 가지고 괘사를 해석하였다. '改邑不改井' 뒤에 '无喪无得'이 있어야 한다. '내乃'는 뜻 없이 들어간 어조사이다. 인용한 효사 '改邑不改井'의 5글자와 글자 수를 맞추기 위해 의도적으로 삽입하였다. '이以'는 인因의 뜻이다. '강剛'은 둘째와 다섯째 양효를 가리킨다. 둘째와 다섯째 양효는 강이고 위아래 괘에서 가운데 자리에 있으며(효위), 우물이 강건하여 불변의 덕을 지니고 있는 상이다(효상). '이강중야以剛中也'는 강이 가운데 자리에 있기 때문이라는 말이다.

「단」은 괘사 '개읍불개정, (무상무득)'을, 고을을 개축하여도 우물은 개조하지 않으니, (잃는 것도 얻는 것도 없다)는 것은 강이 가운데 자리에서 불변의 덕을 지니고 있기 때문이라고 해석하였다. 왕필은 "우물은 변하지 않는 것을 덕으로 한다(井以不變爲德者也)"라고 하였다.

원문에 대해, ①『집해』에는 '乃以剛中也' 아래에 '无喪无得', '往來井井' 두 구절이 들어가 있고, 순상의 주가 붙어 있다. ②진고응은 "「단전」의 문자는 뒤바뀌었다(「彖傳」文字有脫倒). 원문은 당연히(原文似當作) '改邑不改井, 乃以剛中也. 無喪無得, 往來井井, 井養而不窮也'가 되어야 한다"라고 하였다. ③필자는 '无喪无得'은 '改邑不改井' 뒤에, '往來井井'은 '汔至亦未繘井' 앞에 있어야 한다고 하였다.

'汔至亦未繘井', 未有功也.

'汔至亦未繘井' 앞에 '往來井井'이 있어야 한다. '공功'은 공용功用의 공功, 즉 효용이며, 우물이 사람을 기르는 기능이다. '미유공未有功'은 우물이 사람을 기르는 기능을 다 할 수 없다는 말이다. 「단」은 괘사 '(왕래정정), 흘지역미율정'을, (사람들이 왕래하며 우물에서 물을 길어가), 물이 말라 긷지 못하게 되었으니, 우물이 사람을 기르는 기능을 다 할 수 없게 되었다고 해석하였다.

'羸其甁', 是以'凶'也.

『집해』에는 '리기병羸其甁' 앞에 '정井'자가 붙어 있다. 「단」은 괘사 '리기병, 흉'을, 물을 긷지 못하게 되어 두레박을 부수니, 그래서 흉하다고 해석하였다.

49. 혁革

䷰ 革, 巳日乃孚, 元亨, 利貞. 悔亡.

혁은 개혁을 이룬 날에 백성이 믿음을 가지니, 크게 형통하고, 바르게 하여 이롭다. 뉘우침이 없어진다.

'혁革'은 괘명이며, 개혁, 변혁, 고치다, 바꾸다(改)는 뜻이다. 「단」은 '혁革'을 가지고 괘사의 '사일巳日'을, '이而'를 가지고 '내乃'를, '신信'을 가지고 '부孚'를 해석하였다. '사일巳日'은 개혁을 이룬 날이다. 왕필은 "변혁의 도는 변혁하는 그날에 믿는 것이 아니라, 변혁을 이룬 날에 믿는다(革之爲道, 卽日不孚, 巳日乃孚也)"라고 하였다. '내乃'는 접속사 '이而'이다. '부孚'는 믿음이라는 뜻의 신信이다. '사일내부'는 개혁을 이룬 날에 백성이 믿음을 가진다는 뜻이다. '원元'은 크다는 뜻의 대大, '형亨'은 형통하다는 뜻의 통通, '정貞'은 바르다는 뜻의 정正이다. 「단」은 '원형, 이정'으로 읽었다. '원형'은 크게 형통하다, '이정'은 바르게 하여 이롭다는 뜻이다. '회망悔亡'은 장차 뉘우침이 없어진다는 말이다.

彖曰 革, 水火相息, 二女同居, 其志不相得, 曰革. '巳日乃孚', 革而信之. 文明以說, 大'亨'以正. 革而當, 其'悔'乃'亡'. 天地革而四時成, 湯武革命, 順乎天而應乎人. 革之時大矣哉.

혁은 물과 불이 서로 없애고, 두 여자가 동거하여, 그 뜻이 서로 사이좋게 지낼 수 없는 것을 '혁'이라고 한다. '개혁을 이룬 날에 믿음을 가진다'는 것은 개혁하여 백성이 믿는다는 것이다. 문명하여 기뻐하니, 크게 '형통하고' 바르다. 개혁하는 것이 합당하니, 그 '뉘우침'은 곧 '없어진다'. 천지가 바뀌니 사계절이 이루어진다. 탕과 무왕이 천명을 바꾸니, 하늘에 순응하고 사람에 응하는 것이다. 혁의 때는 크기도 하다.

혁 「단」은 3단락으로 구성되어 있다.

첫째 단락… 괘명 '革'을 해석하였다.

1. 괘상으로 해석하였다.
   ① 革… 괘명을 들었음.
   ② 水火相息… 물과 불이 서로 없애는 것임.

2. 괘체로 해석하였다.
   ① 二女同居… 두 여자가 동거함.
   ② 其志不相得… 그 뜻이 서로 사이좋게 지낼 수 없음.
   ③ 曰革… 다시 괘명을 들었음.

둘째 단락… 괘사를 해석하였다.

1. 괘사 '巳日乃孚'를 해석하였다.
   ① '巳日乃孚'… 괘사 '사일내부'를 들었음.
   ② 革而信之… 개혁하여 백성이 믿는다는 것임.

2. 괘덕으로 괘사 '원형리정'을 해석하였다.
   ① 文明以說… 문명하여 기뻐함.
   ② 大'亨'以正… 크게 형통하고 바름.

3. 괘사 '悔亡'을 해석하였다.
   ① 革而當… 개혁하는 것이 합당함.
   ② 其'悔'乃'亡'… 그 뉘우침은 곧 없어짐.

셋째 단락…괘의를 설명하였다.

1. 자연계를 들었다.
   ① 天地革而四時成…천지가 바뀌니 사계절이 이루어짐.

2. 인간계를 들었다.
   ① 湯武革命…탕과 무왕이 천명을 바꿈.
   ② 順乎天而應乎人…하늘에 순응하고 사람에 응하는 것임.

3. 결어를 말하였다.
   ① 革之時大矣哉…혁의 때는 크기도 함.

혁「단」에서 '식息', '득得', '혁革'과 '당當', '망亡'과 '성成', '명命', '인人'은 운이다.

유백민: '息', 二十四職. 與下'得', 二十五德. '革', 音棘. 爲韻.
'當', 十一唐, 四十二宕二韻. 與下'亡', 十陽. 爲韻.
'成', 十四淸. 與下'命', 彌吝反. '人', 十七眞. 以平去通爲一韻.

スズキ: '식息', '득得', '혁革'과 '부孚', '지之'와 '당當', '망亡'과 '성成', '명命', '인人'.

革

괘명이다. 「서괘」에 "우물의 도는 바꾸지 않을 수 없으니, 그러므로 혁으로 받는다(井道不可不革, 故受之以革)"라고 하였다. 「잡괘」에 "'혁革'은 옛 것을 없애는 것(革, 去故也)"이라고 하였다. 『설문』 혁부革部에 "'혁革'은 짐승 가죽에 털을 제거하는 것을 혁이라고 한다(革, 獸皮治去其毛曰革)" 하고, 또 "'혁'은 고친다는 뜻이다(革, 更也)"라고 하였다. 단옥재는 "고친다는 뜻(更改之義)"이라고 하였다. 『석문』에 마융과 『집해』에 정현은 "'혁革'은 바꾼다는 뜻의 개(革, 改也)", 공영달은 "개변의 뜻(革者, 改變之名也)"이라고 하였다. '혁革'은 본래 가죽의 뜻이나, 이것이 파생되어 고치다, 바꾸다, 개혁, 변혁의 뜻으로 사용되었다. 「단」은 개혁(革)과 바꾸다(改)는 뜻으로 새겼다.

水火相息

괘상을 가지고 괘명을 해석하였다. '식息'은 『집해』에 우번이 "자라난다는 뜻의 장(息, 長也)"이라고 하였다. 『석문』에 마융은 "없앤다는 뜻의 멸(馬云滅也)"이라 하고, 또 "『설문』에는 '식熄'으로 되어 있다(說文作熄)"라고 하였다. 『설문』 화부火部에 "'식熄'은 불을 끄는 것(亦曰滅火)"이라고 하였다. '식息'은 '식熄'으로 읽으며, 불을 끄다, 없애다는 뜻이다. 혁은 윗괘가 태兌이고 아랫괘는 리離이다. 태는 못(澤)이고 못에는 물(水)이 있으며, 리는 불(火)이다. 그런즉 혁의 괘상은 물이 불 위에 있는 것이다. 물이 불 위에 있어, 물의 힘이 강하면 불을 끄고(水盛則滅火), 불의 힘이 강하면 물을 없애버린다(火盛則燥水). 이것이 물과 불이 서로 없애는 것이니, 따라서 반드시 변혁이 일어난다. '수화상식'은 물과 불이 서로 없앤다는 말이다.

주희는 "태의 못이 위에 있고, 리의 불이 아래에 있으니, 불이 타오르면 물은 마르고, 물이 터지면 불은 꺼진다(兌澤在上, 離火在下, 火然則水乾, 水決則火滅)"라고 하였다.

二女同居

이하 괘체를 가지고 괘명을 해석하였다. '이녀二女'는 혁의 위아래 두 괘를 가리킨다. 윗괘인 태는 막내딸(少女)이고, 아랫괘인 리는 둘째딸(中女)이다. '동거同居'는 태와 리가 한 괘를 이루고 있다는 것이며, 두 딸이 부모 집에 함께 사는 것을 말한다. '이녀동거'는 두 여자가 동거한다는 말이다. 두 딸이 시집가기 전 부모와 한 집에 사는 것을 가리킨다.

규睽「단」에도 같은 기록이 있다.

> 睽, 火動而上, 澤動而下. 二女同居, 其志不同行.
> 규는 불이 움직여 위로 올라가고, 못이 움직여 아래로 내려간다.
> 두 여자가 동거하나, 그 뜻은 함께 행하지 아니한다.

규는 윗괘가 리이고 아랫괘는 태이다. 둘째딸이 위에 있고 막내딸이 아래에 있다.

其志不相得

'기其'는 '이녀二女'를 가리킨다. '기지其志'는 두 여자의 뜻이다. '불상득不相得'은 불상합不相合, 불상용不相容의 뜻이며, 서로 사이좋게 지낼 수 없다는 말이다. '기지불상득'은 그 뜻이 서로 사이좋게 지낼 수 없다는 말이다.

曰革

"두 여자가 동거하여, 그 뜻이 서로 사이좋게 지낼 수 없는 것을 '혁'이라고 한다"는 말이다. 두 여자가 한 집에 동거하면 서로 질투하고 다투어 그 뜻이 서로 사이좋게 지낼 수 없다. 따라서 반드시 변화가 일어난다는 것이다.

공영달은 "'두 여자가 동거한다'는 것은 인간사를 가지고 '혁'을 밝힌 것이다. 둘째와 막내딸 두 여자가 한 괘를 이루니, 비록 형체는 같으나 뜻은 변혁하는 것이다. 한 남자와 한 여자는 서로 감응한다. 두 여자는 비록 동거하나 그 뜻은 끝내 서로 얻을 수 없으니, 뜻이 서로 얻을 수 없으면 변화는 반드시 생겨난다. 그래서 '혁'이다(二女同居者, 此就人事明革也. 中少二女而成一卦, 此雖形同而志革也. 一男一女, 乃相感應. 二女雖復同居, 其志終不相得, 志不相得則變必生矣, 所以爲革)", 주희는 "둘째와 막내딸이 합하여 한 괘가 되어, 막내딸은 위에 둘째 딸은 아래에 있으니, 뜻이 서로 사이좋게 지낼 수 없다. 그러므로 괘는 혁이다(中少二女, 合爲一卦, 而少上中下, 志不相得, 故其卦爲革也)"라고 하였다.

'已日乃孚', 革而信之,

이하 괘사를 해석하였다. 「단」은 '혁革'을 가지고 괘사의 '사일巳日'을, '이而'를 가지고 '내乃'를, '신信'을 가지고 '부孚'를 해석하였다. '사일巳日'은 개혁을 이룬 날이다. '내乃'는 접속사이다. '부孚'는 믿음이라는 뜻의 신信이다. '지之'는 형식목적어이다. 『석문』에 "어떤 책에는 '之'자가 없다(一本无之字)"라고 하였다. '혁이신지'는 개혁하여 백성이 믿는다는 뜻이다.

「단」은 괘사 '사일내부巳日乃孚'를, 개혁을 이룬 날에 믿음을 가진다는 것은 개혁하여 백성이 믿는 것이라고 해석하였다.

文明以說, 大'亨'以正.

괘덕을 가지고 괘사 '원형리정'을 해석하였다. 두 개의 '이以'는 '이而'와 같다. 『석문』에 "'열說'은 음이 열悅(說, 音悅)"이라고 하였다. '열說'은 '열悅'로 읽으며, 기뻐한다는 뜻이다. 혁은 아랫괘가 리離이고 윗괘는 태兌이다. 리는 문명文明이고 태는 기뻐함(悅)이다. 그런즉 혁은 '문명하여 기뻐하는 것'이니, 그래서 크게 '형통하고' 바르다는 것이다. 「단」은 '이利'를 말하지 않았지만, '크게 형통하고 바르다' 그러므로 '이롭다'고 여긴 것이다. 즉 '바르게 하여 이롭다'는 것이다. 「단」은 '대大'를 가지고 괘사의 '원元'을, '형亨'을 가지고 '형亨'을, '정正'을 가지고 '정貞'을 해석하였다.

「단」은 괘사 '원형元亨, 이정利貞'을, 문명하여 기뻐하니, 크게 형통하고, 바르게 하여 이롭다고 해석하였다.

革而當, 其'悔'乃'亡'.

괘사 '회망悔亡'을 해석하였다. '이而'는 주격 조사이다. '당當'은 합당하다는 뜻이다. '기其'는 '혁革'을 가리킨다. '회悔'는 개혁하는 뉘우침이다. '내乃'는 부사이며, 즉則과 같다. '혁이당'은 개혁하는 것이 합당하다는 말이다. 그래서 그 '뉘우침'은 곧 '없어진다'는 것이다.

天地革而四時成

이하 괘의를 말하면서 먼저 자연계를 들었다. '천지혁天地革'은 천지가 바뀐다, '사시성四時成'은 사계절이 이루어진다는 말이다. "천지가 바뀌니 사계절이 이루어진다"는 말이다. 즉 사계절이 '성成'하는 것은 천지가 먼저 '혁革'하기 때문이라는 것이다. '혁革'해야 '성成'한다는 것이다. 즉 음양이 바뀌니(革) 계절이 오고간다(成)는 것이다.

湯武革命

인간계를 들었다. '탕湯'은 하나라 걸桀 임금을 축출하고 상나라를 세운 임금이고, '무武'는 은나라 주왕紂王을 무너뜨리고 주나라를 세운 무왕이다. '혁革'은 바꾼다는 뜻이고, '명命'은 천명이다. '혁명革命'은 천명을 바꾼다는 뜻이다. '탕무혁명'은 탕과 무왕이 천명을 바꾸어 새 왕조를 세웠다는 말이다.

順乎天而應乎人

'순호천順乎天'은 하늘에 순응하는 것, '응호인應乎人'은 사람에 응한다는 뜻이다. 58번 태兌「단」에도 똑같은 구절이 나온다.

> 說以'利貞', 是以順乎天而應乎人.
> 기뻐하여 '바르게 하여 이로우니', 그래서 하늘에 순응하고 사람에 응한다.

'순호천이응호인'은 탕과 무왕이 천명을 바꾸니, 하늘에 순응하고 사람에 응하는 것이라는 말이다. 혁명은 하늘(天)과 백성(人)의 뜻이다. 하늘과 백성의 뜻에 어긋나면 결코 혁명은 성사될 수 없다는 것이다.

「단」의 '혁명설'은 맹자에게서 가져온 것이다. 『맹자』「진심盡心」 하下에 기록이 있다.

> 백성이 가장 중하고, 나라는 그다음이며, 임금이 가장 가볍다. 그러므로 백성의 마음을 얻으면 천자가 되고, 천자의 마음을 얻으면 제후가 되며, 제후의 마음을 얻으면 대부가 된다.
> 民爲重, 社稷次之, 君爲輕. 是故得乎丘民而爲天子, 得乎天子爲諸侯, 得乎諸侯爲大夫.

맹자 이전에는 하늘의 명을 받은 사람(受命於天)이 천자가 된다고 여겼다. 맹자는 민심으로 천명을 해석하고, 민심을 얻는 자가 천자가 된다고 하였다. 민심이 곧 천심이다.

「양혜왕」 下에 다음과 같은 기록이 있다.

> 제나라 선왕이 물었다. "탕이 걸을 쫓아내고, 무왕이 주왕을 정벌하였다는데 그런 일이 있었습니까?" 맹자가 답하였다. "전해오는 말에 있습니다." "신하가 그 임금을 시해하는 것이 가합니까?" "인을 해친 자를 사악하다고 하고, 의를 해친 자를 잔인하다고 합니다. 사악하고 잔인한 사람을 한 사내라고 합니다. 한 사내인 주를 죽였다는 말을 들었어도, 임금을 시해했다는 말은 듣지 못했습니다."
> 齊宣王問曰 "湯放桀, 武王伐紂, 有諸?" 孟子對曰 "於傳有之." 曰 "臣弑其君可乎?" 曰 "賊仁者謂之賊, 賊義者謂之殘. 殘賊之人謂之一夫. 聞誅一夫紂矣, 未聞弑君也.

임금이 훌륭한 덕성을 갖추고 인간의 본성에 바탕을 둔 정치(善政)를 베풀지 않으면 백성은 혁명을 일으켜 임금을 쫓아낼 수 있는 도의적 권리를 가지고 있다는 것이다. 조선의 27명의 왕 가운데 10대 연산군과 15대 광해군이 왕좌에서 쫓겨난 배후에는 바로 맹자의 '혁명설'이 있었다.

'혁명'이라는 용어는 「단」에 처음 나오나, 그 사상은 맹자에 비롯되었다. 맹자의 '혁명설'은 이 시대에도 여전히 유용하다.

革之時大矣哉

개혁은 자연계와 인간계의 보편 규율이다. 개혁은 반드시 때(時)의 필요에 응해야 한다. 천지가 때에 맞게 바뀌니 사계절이 이루어지고, 탕과 무왕이 때에 응하여 천명을 바꾸니, 하늘에 순응하고 사람에 응하는 것이다. 때에 이르면 곧 개혁하는 것이니, 혁의 때는 크기도 하다는 말이다.

50. 정鼎

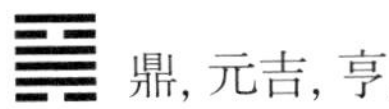 鼎, 元吉, 亨.

정은 크게 길하고, 형통하다.

'정鼎'은 괘명이며, 음식을 삶는 그릇이다. '원元'은 크다는 뜻의 대大, '형亨'은 형통하다는 뜻이 통通이다. 정이와 주희는 「단」에 의거하여 "'길吉'자는 잘못 들어간 글자(吉, 衍文)"라고 하였다. 괘사의 '吉'자는 잘못 들어간 글자로도 볼 수 있고, 또 「단」이 '吉'자를 빠뜨리고 '元亨'만 기술하였다고도 볼 수 있다. 고형은 "'원元' 아래에 당연히 吉자가 있어야 한다('元'下當有吉字)", 진고응은 "괘사가 맞고(疑經文不誤) 「단」이 잘못되었다(「彖傳」有誤)"라고 하였다. 괘효사에 '원길元吉'은 모두 14곳 기록되어 있다.

彖曰 鼎, 象也, 以木巽火, 亨飪也. 聖人亨以享上帝, 而大亨以養聖賢. 巽而耳目聰明, 柔進而上行, 得中而應乎剛, 是以'元(吉)亨'.
정은 요리하는 것이니, 나무를 불에 넣어 요리하는 것이다. 성인은 요리하여 상제에게 제사를 올리고, 크게 요리하여 성인과 현인을 기른다. 겸손하여 이목이 총명하고, 유가 나아가 위로 오르며, 가운데 자리를 얻어 강에 응하니, 그래서 '크게 (길하고) 형통하다'는 것이다.

정 「단」은 2단락으로 구성되어 있다.

첫째 단락…괘명 '鼎'을 해석하였다.
1. 훈고로 해석하였다.
   ① 鼎…괘명을 들었음.
   ② 象也…요리하는 것임.

2. 괘상으로 해석하였다.
   ① 以木巽火…나무를 불에 넣는 것임.
   ② 亨飪也…요리함.

3. 괘명의 뜻을 설명하였다.
   ① 聖人亨以享上帝…성인은 요리하여 상제에게 제사를 올림.
   ② 而大亨以養聖賢…크게 요리하여 성인과 현인을 기름.

둘째 단락…괘사 '元吉, 亨'을 해석하였다.
1. 괘덕으로 해석하였다.
   ① 巽而耳目聰明…겸손하여 이목이 총명함.

2. 괘체로 해석하였다.

① 柔進而上行…유가 나아가 위로 오름.

② 得中而應乎剛…가운데 자리를 얻어 강에 응함.

③ 是以'元(吉)亨'…그래서 '크게 (길하고) 형통하다'는 것임.

정 「단」에서 '명明', '행行', '강剛', '형亨'은 운이다.

유백민: '明', 彌郎反. 與下'行', 戶郎反. '剛', 十一唐. '亨', 許郎反. 爲韻.

スズキ: '명明', '행行', '강剛', '형亨'.

鼎

괘명이다. 『석문』에 "'정鼎'은 정丁과 냉冷의 반절(鼎, 丁冷反)"이라고 하였다. 「서괘」에 "사물을 바꾸는 것은 솥만 한 것이 없으니, 그러므로 정으로 받는다(革物者莫如鼎, 故受之以鼎)"라고 하였다. 「잡괘」에 "'정鼎'은 새 것을 취하는 것(鼎, 取新也)"이라고 하였다. 『석문』에 "'정鼎'은 상을 본뜬 것이니, 즉 솥이라는 그릇이다(鼎, 法象也, 卽鼎器也)"라고 하였다. '정鼎'이라는 글자는 솥의 모양을 본뜬 것이라는 말이다.

공영달은 "정이 그릇이 되는 것은 또 두 가지 뜻이 있다. 하나는 요리하는 데 사용하는 것이고, 또 하나는 사물의 모양을 본뜬 것이다(鼎之爲器, 且有二義. 一有烹飪之用, 二有物象之法)"라고 하였다. '정鼎'은 세 발에 두 귀를 가진 음식을 삶는 그릇이며, 종묘제사에 많이 사용하였으므로 국가 권력을 상징하는 것으로도 여기게 되었다.

象也

훈고를 취하여 괘명을 해석하였다. '정鼎, 상야象也'에 대해 몇 가지 해석이 있다.

첫째, 전통적인 해석이다. 왕필은 "정은 상을 본뜬 것이다(法象也)"라고 하였는데, 누우렬樓宇烈은 "정괘는 정의 상을 본뜬 것(鼎卦是效法於鼎之象)"이라고 해석하였다. 정은 솥이라는 그릇의 모양을 본뜬 것이라는 말이다. 뒷사람들은 대개 이 해석을 따랐다. 정이는 "괘가 정이 되는 것은 솥의 상을 취한 것이다. 솥이 그릇이 되는 것은 괘의 상을 본뜬 것이다(卦之爲鼎, 取鼎之象也. 鼎之爲器, 法卦之象也)"라고 하였는데, 주희는 "정은 처음 음효가 솥의 발이고, 둘째 셋째 넷째 양효는 배이며, 다섯째 음효는 귀이고, 꼭대기 양효는 고리이니, 솥의 상이 있다(爲卦下陰爲足, 二三四陽爲腹, 五陰爲耳, 上陽爲鉉, 有鼎之象)"라고 하여 본뜬 괘의 상을 구체적으로 설명하였다. 래지덕은 주희의 설을 따라 "'상象'은 여섯 효가 솥의 상이 있는 것이다(象者, 六爻有鼎之象也)"라고 하였다. 따라서 이 구절은 '정鼎, 상야象也.'라고 읽으며, 해석은 당연히 "정은 형상이다" 혹은 "정은 괘상이다"라고 하여야 한다.

둘째, 『집해』의 해석이다. 순상과 구가역九家易은 "솥은 삶아 요리하는 상이다(鼎鑊, 烹飪之象也)"라고 하였다. 즉 정은 나무를 불에 넣어 요리하는 상(以木巽火, 亨飪之象)이라는 말이다. 이것은 '정상야鼎象也'로 읽으며, 정괘의 상이라는 말이다. '상象'은 괘상이며, 정은 윗괘가 불, 아랫괘가 나무이다. 고형은 "'정상鼎象'은 정괘의 상(鼎象, 鼎卦之象)", 진고응은 "정괘의 괘상은 나무를 불에 넣어 음식물을 삶아 익히는 것(鼎卦卦象爲以木入火以烹飪食物)"이라고 하여 이 해석을 따랐다. 따라서 이 구절의 해석은 "정괘의 상은 나무를 불에 넣어 요리하는 것이다"라고 하여야 한다.

셋째, 유월兪樾의 주장이다. "'상象'자는 『설문』에 의거하여 당연히 '상像'으로 써야 한다(周易'象'字, 依說文當作像). 『설문』 인부人部에 '상像은 상象이다. 인人으로 되어 있고, 상象은 성음이다. 양養자의 양養과 같이 읽는다(像, 象也. 从人象聲. 讀若養字之養)'라고 하였다. 그런즉 '정鼎, 상야象也.'는 '정鼎, 양야養也.'라고 한 것과 같다. 뒤에 이어지는 두 구절은 바로 이 뜻이다. 공부하는 사람들은 '상象'이 양養의 가차자인 것을 몰랐으므로(學者不知象爲'養'之假字), 그 뜻을 알지 못하였다(故不得其義)"라고 하였다(『古書疑義舉例』). 따라서 이 구절은 "정은 기르는 것이다"라고 해석하는 것이다. 유백민이 이렇게 해석하였다.

넷째, 필자의 해석이다. '鼎, 象也'는 '鼎, 亨也'로 해야 한다. '형亨'으로 써야 하는 것을 잘못하여 '상象'으로 썼다. 「단」은 먼저 괘명을 들고, 이어 훈고 혹은 괘체 혹은 괘상 혹은 괘덕 등으로 그 괘명의 뜻을 설명하였지, 곧장 '괘의 상이 어떻다'라고 언급한 예는 없다. 이것은 64괘 「단」의 통례이다. '鼎, 亨也'는 훈고 방식을 취한 것이며, '형亨'을 가지고 괘명 '정鼎'의 뜻을 해석한 것이다. 뒤에 이어지는 세 개의 '형亨'자는 바로 이 '형야亨也'를 든 것이다. '형亨'은 '팽烹'으로 읽으며, 삶는다는 뜻이다. 따라서 이 구절은 "정은 요리하는 것이다"라고 해석하는 것이다.

이상 네 가지 해석은 모두 통하나, 필자는 필자의 방식대로 해석하였다.

以木巽火

괘상을 가지고 괘명을 해석하였다. '이以'는 용用의 뜻이다. '손巽'은 들어간다(入)는 뜻이다. 정은 아랫괘가 손巽이고 윗괘는 리離이다. 손은 나무(木)이고 또 들어감(入)이며, 리는 불(火)이다. 그런즉 정의 괘상은 '나무를 불에 넣는 것'이다. 나무를 불에 넣는다는 것은 요리한다는 것이다.

亨飪也

『석문』에 "'형亨'자는 어떤 책에는 '항亯'으로도 썼는데, 같은 뜻이다. 보普와 경庚의 반절이며, 삶는다는 뜻이다. 아래의 '聖人亨', '大亨', '亨飪'의 '亨'자는 모두 같은 뜻이다(亨, 本又作亯同. 普庚反, 煑也. 下及注聖人亨, 大亨, 亨飪亨者並同)"라고 하였다. 고형은 "보普와 경庚의 반절은 팽烹자의 음(普庚反卽烹字之音)"이라고 하였다. '형亨'은 '팽烹'으로 읽으며, 삶는다는 뜻이다. 뒤 구절의 '聖人亨', '大亨' 두 개의 '형亨'자도 모두 '팽烹'으로 읽어야 한다. 이 세 개의 '亨'자는 앞의 '鼎, 亨也'를 이어 말한 것이다. '임飪'은 『석문』에 "익다는 뜻의 숙熟"이라고 하였다. '팽임烹飪'은 삶아 익힌다, 즉 요리한다는 뜻이다. "정은 요리하는 것이니, 나무를 불에 넣어 요리하는 것"이라는 말이다.

「단」은 괘상을 말하면서 먼저 윗괘를 들고 이어 아랫괘를 말하였고, 괘덕을 말하면서 먼저 아랫괘를 들고 이어 윗괘를 말하였다. 이것은 「단」의 통례이다. 지금 괘상을 말하면서 먼저 아랫괘를 들고 이어 윗괘를 말하였다. 64괘 「단」에서 3번 준屯, 21번 서합噬嗑, 36번 명이明夷, 48번 정井, 50번 정鼎, 다섯 괘만 예외이다.

聖人亨以享上帝

이하 괘명의 뜻을 설명하였다. '성인'에 대해 정이는 "옛날의 성왕(古之聖王)", 굴만리는 '천자天子'라고 하였는데, 「단」은 구체적으로 어떤 사람을 가리키는지 암시하지 않았다. '형亨'은 '팽烹'으로 읽으며, 요리한다는 뜻이다. '이以'는 '이而'와 같다. '향享'은 제사를 올린다(薦)는 뜻이다. '상제上帝'는 '천제天帝'와 같으며, 하느님이다. 16번 예豫 「상」에도 이 용어가 나온다.

> 象曰 雷出地奮, 豫. 先王以作樂崇德, 殷薦之上帝, 以配祖考.
> 우레가 땅에서 나와 움직이는 것이 예의 상이다.
> 선왕은 이 상을 본받아 음악을 만들어 공덕을 높이 받들고,
> 성대하게 상제에게 제사를 올리고 조상에게 배향한다.

'성인형이향상제'는 성인은 요리하여 상제에게 제사를 올린다는 말이다.

而大亨以養聖賢

'이而'는 순접이다. '대大'는 정이가 "넓다(言其廣)"는 뜻이라고 하였는데, 많다(多)는 뜻이다. '형亨'은 '팽烹'으로 읽으며, 요리한다는 뜻이다. '이以'는 '이而'와 같다. '대형이양성현'은 크게 요리하여 성인과 현인을 기른다는 말이다. 성인은 솥을 사용하여

음식물을 요리하여 상제에게 제사를 올리고, 또 많이 요리하여 성인과 현인을 기른다는 말이다. 이것은 솥의 중요한 용도이다.

공영달은 "이것은 솥의 사용이 아름답다는 것을 밝힌 것이다. 요리하는 데 필요한 것은 두 가지를 넘지 않는다. 하나는 제사를 올리는 것이고, 또 하나는 손님을 접대하는 것이다. 만약 제사를 올리는 것이라면 천신이 크고, 손님을 접대하는 것이라면 성현이 중하다. 그러므로 중하고 큰 것을 들면 가볍고 작은 것을 알 수 있다. 상제에게 제사를 올리는 것은 곧장 '亨'을 말하였고, 사람을 기르는 것은 '大亨'이라고 말한 것은 제사를 올리는 것은 질을 숭상하고, 특별한 희생일 뿐이니, 그러므로 '亨'을 바로 말하였고, 성현은 이미 많으니, 기르는 것은 반드시 배가 불러야 하므로, 그래서 '亨' 자 앞에 '大'자를 더하였다(此明鼎用之美. 亨飪所須, 不出二種. 一供祭祀, 二當賓客. 若祭祀則天神爲大, 賓客則聖賢爲重. 故質其牲大, 則輕小可知. 享帝直言亨, 養人則言大亨者, 享帝尙質, 特性而已, 故直言亨. 聖賢旣多, 養須飽飫, 故亨上加大字也)"라고 하였다.

「단」은 '성인'이 '성인'과 '현인'을 기른다는 하였는데, '성인'이 '성인'을 기른다는 말에서 '성인'은 인간 세상을 이끌어 가는 사람이고, '현인'은 성인의 도를 따르는 사람 정도로 이해할 수 있다. 즉 세상을 이끌어 가는 사람(성인)이 자신과 같은 사람(성인)과 자신의 도를 실천하는 사람(현인)을 기른다는 말이다.

巽而耳目聰明

괘덕을 가지고 괘사를 해석하였다. '손巽'은 손遜이며, 겸손이다. '聰'은 왕필 본에는 '聰', 『집해』에는 '聽'으로 되어 있다. '총聰'과 '총聽'은 같으며, 총명하다는 뜻이다. 정은 아랫괘가 손巽이고 윗괘는 리離이다. 손은 겸손함이고 리는 총명함이다. 그런즉 정은 '겸손하여 이목이 총명한 것'이다.

柔進而上行

이하 괘체를 가지고 괘사를 해석하였다. 「단」은 리(☲)가 윗괘에 있을 때, 대개 '유진이상행'이라고 하였다. 35번 진晉, 38번 규睽, 50번 정鼎이 그렇고, 21번 서합噬嗑은 '유득중이상행柔得中而上行'이라고 하였다. 이에 대해 진晉 「단」에서 여섯 가지 해석을 설명하였으니, 이것을 참고하라. '유진이상행'은 유가 나아가 위로 오른다는 말이며, 유가 처음 음효에서 다섯째 음효로 올라갔다는 것이다.

得中而應乎剛

주어는 '유柔'이며, 다섯째 음효를 가리킨다. '중中'은 다섯째 음효가 윗괘의 가운데 자리에 있다는 것이며(효위), 중도를 얻은 상이다(효상). '응應'은 다섯째 음효가 둘째 양효와 응한다는 것이며, '강剛'은 둘째 양효를 가리킨다. "유는 위로 올라가 가운데 자리를 얻어 강에 응한다"는 말이다.

是以 '元亨'

'원元'자 아래에 '길吉'자가 있어야 한다. 괘사에 '원길형元吉亨'이라고 하였다. 옮겨 쓰면서 잘못하여 빠뜨렸을 것이다. 정은 안으로는 겸손하고 밖으로는 이목이 총명하며, 유는 위로 올라가 가운데 자리를 얻어 강에 응하니 그래서 '크게 길하고 형통하다'는 말이다. 즉 신하가 겸손하고 총명하며, 지위가 위로 올라가 중도를 얻어 임금과 응하니, 그래서 '크게 길하고 형통하다'는 것이다.

51. 진震

䷲ 震, 亨. 震來虩虩, 笑言啞啞. 震驚百里, 不喪匕鬯.

진은 형통하다. 우레가 울려 두려워하다가, 웃음소리를 낸다.

우레가 백 리를 놀라게 하여도 숟가락과 창주鬯酒 그릇을 떨어뜨리지 않는다.

'진震'은 괘명이며, 우레이다. '형亨'은 형통하다는 뜻의 통通이다. 『석문』에 "'혁虩'은 허許와 역逆의 반절이다. 마융은 '두려워하는 모양'이라고 하였는데, 정현도 같다. 순상은 '색색愬愬'으로 썼다(虩, 許逆反. 馬云恐懼皃, 鄭同. 荀作愬愬)"라고 하였다. '혁虩'은 두려워하다(懼)는 뜻이며, '혁혁虩虩'은 두려워하는 모양이다. '색색愬愬"도 두려워하는 모양이다. 10번 이履 넷째 양효에도 '愬愬'이라고 하였다. 『백서』에는 '삭삭朔朔'으로 되어 있는데, '색색愬愬'의 간화자일 것이다. 『석문』에 "'언言'은 어語로도 썼다(言, 亦作語)"라고 하였다. '아아啞啞'는 웃음소리(笑聲)이다. 『석문』에 "'아啞'는 오烏와 객客의 반절이다. 마융은 '웃음소리', 정현은 '즐거움'(啞, 烏客反. 馬云笑聲, 鄭云樂也)"이라고 하였다.

'백리百里'는 제후국이다. 제후국은 봉지封地가 백 리이었다. '진경백리'는 우레가 한 나라를 놀라게 한다는 뜻이다. 『집해』에 정현은 "우레가 소리를 내는 것이 백 리에 들리니, 옛날 제후의 상이다. 제후가 교령을 발하여 그 나라를 방비하고 경계할 수 있으며, 안으로는 종묘사직을 지키고 제사의 주인이 되어, 숟가락과 창주 그릇을 잃지 않는다(雷發聲, 聞於百里, 古者諸侯之象. 諸侯出教令, 能警戒其國, 內則守其宗廟社稷, 爲之祭主, 不亡匕與鬯也)"라고 하였다.

'상喪'은 잃다(失)는 뜻이며, 손에 들고 있는 것을 떨어뜨리는 것을 말한다. '비匕'는 숟가락이다. 고형은 "모양이 오늘날의 숟가락과 비슷하며(形似今之羹匙), 큰 것도 있고 작은 것도 있는데(有大有小), 솥 속의 고기를 푸거나(用之挹鼎中之肉), 그릇 속에 밥을 푸거나(簋中之飯), 술통 속의 술을 뜨는 데 사용한다(尊中之酒等)"라고 하였다. '비匕'는 오늘날의 국자(湯勺)와 같은 것이다. '창鬯'은 공영달과 『석문』에 육덕명은 '향주香酒'라고 하였다. 고형은 "검은 기장(黑黍)과 향초香草를 사용하여 빚어낸 향기로운 술의 이름이며(鬯, 用黑黍與香草釀成之香酒名鬯), 창주를 담는 그릇 또한 창鬯이라고 하는데(盛鬯酒之器亦名鬯), 여기에서는 뒤의 뜻을 사용하였다(此用後義). '비匕'와 '창鬯'은 모두 제사를 올릴 때 사용하는 도구이다(匕, 鬯皆祭祀之器)"라고 하였다. '불상비창'의 주어는 '진경백리'의 주인인 어느 제후이며, "우레가 백 리를 놀라게 하여도 숟가락과 창주그릇을 떨어뜨리지 않는다"는 말이다.

彖曰 '震, 亨', (剛上而亨也). '震來虩虩', 恐致福也. '笑言啞啞', 後有則也. '震驚百里', 驚遠而懼邇也. ('不喪匕鬯'), (君)出可以守宗廟社稷, 以爲祭主也.

'진이 형통하다'는 것은 (강이 위로 올라가 형통하다는 것이다). '우레가 울려 두려워한다'는 것은 두려워하는 것이 복을 가져온다는 것이다. '웃음소리를 낸다'는 것은 두려워한 뒤에 법도가 있다는 것이다. '우레가 백 리를 놀라게 한다'는 것은 멀리 있는 사람을 놀라게 하고 가까이 있는 사람을 두려워하게 한다는 것이다. ('숟가락과 창주鬯酒 그릇을 떨어뜨리지 않는다'는 것은) 임금이 나아가 종묘사직을 지키고 제사의 주인이 될 수 있다는 것이다.

진「단」은 2단락으로 구성되어 있다.

첫째 단락 … 괘명 '震'과 괘사 '亨'을 해석하였다.

① '震, 亨'. … 괘명 '진'과 괘사 '형'을 들었음.

② (剛上而亨也) … (강이 위로 올라가 형통하다는 것임)

둘째 단락 … 괘사를 해석하였다.

1. 괘사 '震來虩虩'을 해석하였다.

① '震來虩虩' … 괘사 '진래혁혁'을 들었음.

② 恐致福也 … 두려워하는 것이 복을 가져온다는 것임.

2. 괘사 '笑言啞啞'를 해석하였다.

① '笑言啞啞' … 괘사 '소언아아'를 들었음.

② 後有則也 … 두려워한 뒤에 법도가 있다는 것임.

3. 괘사 '震驚百里'를 해석하였다.

① '震驚百里' … 괘사 '진경백리'를 들었음.

② 驚遠而懼邇也 … 멀리 있는 사람을 놀라게 하고 가까이 있는 사람을 두려워하게 한다는 것임.

4. 괘사 '不喪匕鬯'을 해석하였다.

① ('不喪匕鬯') … 괘사 '불상비창'을 들었음.

② (君)出可以守宗廟社稷 … 임금이 나아가 종묘사직을 지킴.

③ 以爲祭主也 … 제사의 주인이 될 수 있다는 것임.

진「단」에서 '복福', '칙則'은 운이다.
유백민: '福', 方墨反. 與下'則', 二十五德. 爲韻.
스즈키: '복福', '칙則'.

震

괘명이다.「설괘」에 "진은 우레(震爲雷)"라고 하고, 또 '맏아들(長男)'이라고 하였다, 「서괘」에 "나라의 주인은 맏아들만한 것이 없으니, 그러므로 진으로 받는다. 진은 움직임이다(主器者莫若長子, 故受之以震. 震者, 動也)"라고 하였다.『석문』에 "'진震'은 지止와 신愼의 반절(震, 止愼反)"이라 하고, 또 "움직임(動也)"이라고 하였다. '진震'은 우레(雷)이며, 이것이 파생되어 움직임(動), 진동이라는 뜻을 갖게 되었다.

『집해』에 정현은 "진은 우레다. 우레는 사물을 움직이는 기이다. 우레가 울리는 것은 임금이 정교를 발하여 나라사람을 움직이는 것과 같으니, 그러므로 진이라고 한다. 임금이 선한 정교를 내리면 아름다운 예는 통한다(震爲雷. 雷, 動物之氣也. 雷之發聲, 猶人君出政教以動中國之人, 故謂之震. 人君有善聲教, 則嘉會之禮通矣)", 정이는 "진은 한 양이 두 음 아래에서 생겨나 움직여 위로 오르는 것이니, 그러므로 진이다. 진은 움직임이다

(震之爲卦, 一陽生於二陰之下, 動而上者也, 故爲震. 震, 動也)"라고 하였다.

'震, 亨'

괘명과 괘사 '亨'을 들었다. 공영달은 "'진형震亨'은 다른 뜻이 없고, 혹 (「단」에) 본래 이 두 글자가 없었다(震亨, 更无他義, 或本无此二字)"라고 하였다. 두 글자가 없는 것이 아니라 두 글자에 대한 설명이 떨어져 나가고 없다. 즉 '진震, 형亨'은 진은 형통하다는 말이며, 괘명과 괘사 '亨'을 인용만 하였지, 뒤에 있어야 할 설명이 없다는 것이다. 옮겨 쓰면서 잘못하여 빠뜨렸을 것이다.

「단」에 괘명 다음에 '亨'자를 든 것이 모두 12곳 있다.

① 몽 「단」: '蒙, 亨', 以亨行時中也. '몽이 형통하다'는 것은 형통한 것으로 때에 알맞게 행하기 때문이다.

② 겸 「단」: '謙, 亨', 天道下濟而光明, 地道卑而上行. '겸은 형통하다'는 것은 천도는 아래로 내려가서 밝게 빛나며, 지도는 낮으나 위로 운행한다.

③ 서합 「단」: '噬嗑而亨', 剛柔分, 動而明, 雷電合而章. '서합이 형통하다'는 것은 강과 유가 교합하고, 움직여 밝으며, 우레와 번개가 합하여 선명하기 때문이다.

④ 비賁 「단」: '賁, 亨', 柔來而文剛, 故'亨'. '비가 형통하다'는 것은 유가 와서 강을 꾸미므로, '형통하다'는 것이다.

⑤ 복 「단」: '復, 亨', 剛反. '복이 형통하다'는 것은 강이 돌아왔기 때문이다.

⑥ 둔遯 「단」: '遯, 亨', 遯而亨也. '둔이 형통하다'는 것은 은둔하여 형통하다는 것이다.

⑦ 진震 「단」: '震, 亨'. '진이 형통하다'는 것은

⑧ 환 「단」: '渙, 亨', 剛來而不窮, 柔得位乎外而上同. '환이 형통하다'는 것은 강이 와서 다하지 아니하고, 유가 밖에서 바른 자리를 얻어 위와 같기 때문이다.

⑨ 절 「단」: '節, 亨', 剛柔分而剛得中. '절이 형통하다'는 것은 강유가 나뉘어져 강이 가운데 자리를 얻었기 때문이다.

⑩ 소과 「단」: '小過, (亨)', 小者過而亨也. '소과가 형통하다'는 것은 작은 것이 잘못되었으나 형통하다는 것이다.

⑪ 기제 「단」: '旣濟, '亨', 小者亨也. '기제가 형통하다'는 것은 작은 것이 형통하다는 것이다.

⑫ 미제 「단」: '未濟, 亨', 柔得中也. '미제가 형통하다'는 것은 유가 가운데 자리를 얻었기 때문이다.

인용한 12곳 가운데 ⑦진震 한 괘만 왜 형통한가에 대한 설명이 없으니, 설명한 말을 빠뜨린 것이 분명하다. 필자는 '剛上而亨也'를 넣었다. "강이 위로 올라가 형통하다"는 말이며, 괘체를 가지고 해석하였다. '剛上'은 처음 양효가 움직여(動) 넷째 양효로 올라간 것이며, 그래서 '형통하다'는 것이다. 정이는 "양이 아래에서 생겨나 위로 오르니, 형통하다는 뜻이 있다(陽生於下而上進, 有亨之義)"라고 하였다.

'震來虩虩', 恐致福也.

이하 괘사를 해석하였다. '공恐'은 두려워하다(懼)는 뜻이다. 「단」은 '공恐'을 가지고 괘사의 '혁虩'을 해석하였다. '치致'는 도치導致이며, 어떤 사태를 야기하다, 가져오다, 불러오다(招)는 뜻이다. '공치복야'는 복을 가져온다는 말이다.

「단」은 괘사 '진래혁혁震來虩虩'을, 우레가 울려 두려워하는 것이 결과적으로 복을 가져온다고 해석하였다.

'笑言啞啞', 後有則也.

'후유칙야後有則也'는 '후유상야後有常也'로 하는 것이 바르다. 운을 맞추기 위해 의도적으로 '칙則'자로 바꿔 썼다. 「단」의 '복福'과 '칙則'은 운이다. '후後'는 두려워한 뒤를 가리킨다. 『집해』에 우번은 "'칙'은 법(則, 法也)"이라고 하였다. '칙則'은 법도이며, 일상의 법도를 가리킨다. 일상으로 다시 돌아왔다는 말이다. 굴만리는 '상常'이라고 하였는데, 같은 말이다. '후유칙야'는 우레가 울려 두려워한 뒤에 일상의 법도, 즉 정상을 되찾는다는 말이다.

「단」은 괘사 '소언아아笑言啞啞'를, 우레가 울려 두려워한 뒤에 웃음소리를 내니 일상의 법도를 되찾은 것이라고 해석하였다. 우레가 울려 두려워하는 것이 결과적으로 복을 가져오고, 또 우레가 울려 두려워한 뒤에 웃음소리를 내니 일상의 법도를 되찾은 것이라는 말이다. 즉 일상으로 되돌아왔다는 것이다.

'震驚百里', 驚遠而懼邇也.

'경驚'은 놀라다, '원遠'은 멀다는 뜻이다. '경원驚遠'은 멀리 있는 사람을 놀라게 한다는 말이다. '구懼'는 두려워하다, '이邇'는 가깝다(近)는 뜻이다. '구이懼邇'는 가까이 있는 사람을 두려워하게 한다는 뜻이다. '경원이구이야'는 멀리 있는 사람을 놀라게 하고 가까이 있는 사람을 두려워하게 한다는 것이다.

「단」은 괘사 '진경백리震驚百里'를, 우레가 백 리를 놀라게 한다는 것은 멀리 있는 사람을 놀라게 하고 가까이 있는 사람을 두려워하게 한다고 해석하였다. 즉 멀고 가까운 데 있는 사람이 모두 놀라고 두려워한다는 것이다.

(‘不喪匕鬯’)

왕필 본에는 ‘불상비창不喪匕鬯’ 네 글자가 없다. 곽경郭京 본에는 이 글자가 있으며, 왕필은 주에서 이 글자를 인용하였다(不喪匕鬯, 則己出可以守宗廟). 정이와 주희는 당연히 있어야 한다고 하였다. 괘사 ‘불상비창’ 다음에 「단」의 해석이 이어지므로 당연히 이 글자는 있어야 한다.

出可以守宗廟社稷

‘종묘宗廟’는 역대 제왕의 위패를 모시는 사당이다. ‘사직社稷’에 대해, 옛날에 토신土神을 ‘사社’라고 하고 또 토신에게 제사 올리는 단壇도 ‘사社’라고 하였다. 곡신穀神을 ‘직稷’이라 하고 또 곡신에 제사 올리는 단壇도 ‘직稷’이라고 하였다. ‘종묘사직’은 곧 국가이다. ‘가이수종묘사직’은 종묘사직을 지킬 수 있다는 말이며, 나라를 지킬 수 있다는 것이다.

‘출出’에 대해 해석이 분분하다.

첫째, 『석문』에는 ‘已出’로 되어 있는데, “음은 기(音紀)”라고 하였다. 왕필은 “숟가락과 창주 그릇을 잃지 않으니, 자신이 밖으로 나가도 종묘를 지킬 수 있다(不喪匕鬯, 則己出可以守宗廟)”라고 하였다. ‘기己’는 임금 자신을 가리키는 것이며, 자신(임금)이 밖으로 나가도, 여전히 맏아들이 종묘사직을 지킨다는 말이다. 공영달은 “‘출’은 임금이 순시나 사냥 등의 일로 나가는 것이다. 임금이 나가면 맏아들은 남아서 종묘사직을 지키고, 제주의 예를 대신한다(出, 謂君出巡狩等事也. 君出則長子留守宗廟社稷, 攝祭主之禮事也)”라고 하여, ‘출’의 내용을 구체적으로 밝혔다. 정이도 ‘君出而可以守宗廟社稷’이라고 하여 왕필의 해석을 따랐다.

둘째, 주희는 “‘출’은 대를 이어 제사를 주관하는 것이다. 어떤 사람은 ‘출은 창鬯자를 잘못 쓴 것’이라 말하였다(出謂繼世而主祭也. 或云, 出卽鬯字之誤)”라고 하였다. 래지덕이 “‘출’은 맏아들이 대를 이어 나온 것(出者, 長子已繼世而出也)”이라 하여 이를 따랐다.

셋째, 굴만리는 “천자가 되는 것(出, 爲天子)”이라고 하였다.

넷째, 고형은 “왕과 제후가 되는 것(出謂立爲王侯)”이라고 하였다.

다섯째, 진고응은 주희를 인용하여 ‘출’자는 ‘창鬯’자를 잘못 쓴 것이거나, 주준성을 인용하여 잘못 들어간 글자로 보았다.

여섯째, 필자는 ①‘出’자는 잘못 들어간 글자이거나 아니면 ②‘出’자 앞에 주어인 ‘君’자가 있어야 한다고 생각한다. ①의 경우, “‘숟가락과 창주鬯酒 그릇을 떨어뜨리지 않는다'는 것은 종묘사직을 지키고 제사의 주인이 될 수 있다는 것이다"라고 해석한다. ②의 경우, '君'자는 옮겨 쓰면서 잘못하여 빠뜨렸을 것이다. '군'은 바로 '제주祭主'이며, 종묘사직을 지키는 임금(제후)이다. 「상」에 '君子以恐懼脩省'(군자는 이 괘상을 본받아 두려워하여 몸을 닦고 허물을 살핀다)이라고 하였는데 바로 이 '군자'이다. "'숟가락과 창주匕鬯 그릇을 떨어뜨리지 않는다'는 것은 임금이 나아가 종묘사직을 지키고 제사의 주인이 될 수 있다는 것이다"라는 말이다. 두 가지 해석 모두 통한다.

以爲祭主也

'이以'는 '이而'와 같다. '위爲'는 '수守'와 같이 동사이며, 된다는 뜻이다. '제주祭主'는 제사를 올리는 중심인물, 즉 한 나라의 주인이다. '이위제주야'는 제사의 주인이 된다는 말이다.

「단」은 괘사 '불상비창不喪匕鬯'을, 우레가 백 리를 놀라게 하여도 숟가락과 창주 그릇을 떨어뜨리지 않으니, 그 임금은 나아가 종묘사직을 지키고 제사의 주인, 즉 나라의 주인이 될 수 있다고 해석하였다.

52. 간艮

䷳ 艮其背, 不獲其身, 行其庭, 不見其人, 无咎.
그 등을 멈추니, 그 몸을 얻지 못하고,
그 뜰을 걸어가도, 그 사람을 보지 못하니, 허물이 없다.

'간艮'은 괘명이며, 멈춘다는 뜻의 지止이다. 고형은 "'간艮'자는 당연히 중복하여 써야 한다(艮字當重). 앞의 '간'자는 괘명이고(上艮字乃卦名), 뒤의 '간'자는 괘사이다(下艮字乃卦辭也)"라고 하였다. '간기배艮其背'는 등을 멈춘다는 말이며, 고형은 "다시 직무를 맡지 않는 것(不再負荷職務也)"으로 해석하였다. '획獲'은 얻다(得)는 뜻이다. '불획기신不獲其身'은 몸을 얻지 못한다는 말이다. '행기정行其庭, 불견기인不見其人'은 그 뜰을 걸어가도 그 사람을 보지 못한다는 말이다. 고형은 "군자가 직무의 부담을 내려놓으니(艮其背), 조정에서 그 사람을 얻지 못하고(不獲其身), 그 집을 찾아가도(行其庭) 그 사람을 볼 수 없으니(不見其人), 이것은 군자가 관직을 떠나(此乃寫君子辭去官職) 멀리 숨어 은둔하는 것(遠遯隱居)이며, 그래서 '허물이 없다(无咎)'라고 한 것이다"라고 하였다. 고형다운 해석이다.

彖曰 艮, 止也. 時止則止, 時行則行. 動靜不失其時, 其道光明. '艮其止', 止其所也. 上下敵應, 不相與也, 是以'不獲其身, 行其庭, 不見其人, 无咎'也.

간은 멈춘다는 뜻이다. 멈출 때에 멈추고, 행할 때에 행한다. 행함과 멈춤이 그 때를 잃지 아니하니, 그 도는 밝다. '등을 멈춘다'는 것은 멈추는 곳에 멈춘다는 것이다. 위아래가 적대하여 응하여 서로 함께 하지 않으니, 그래서 '몸을 얻지 못하고, 뜰을 걸어가도, 사람을 보지 못하니, 허물이 없다'는 것이다.

간「단」은 2단락으로 구성되어 있다.

첫째 단락… 괘명 '艮'을 해석하였다.

1. 훈고로 해석하였다.
   ① 艮… 괘명을 들었음.
   ② 止也… 멈춘다는 뜻임.

2. 괘덕으로 괘명을 해석하였다.
   ① 時止則止… 멈출 때에 멈춤.
   ② 時行則行… 행할 때에 행함.
   ③ 動靜不失其時… 행함과 멈춤이 그 때를 잃지 아니함.
   ④ 其道光明… 그 도는 밝음.

둘째 단락… 괘사를 해석하였다.

1. 괘사 '艮其止'를 해석하였다.
   ① '艮其止'… 괘사 '간기지'를 들었음.
   ② 止其所也… 멈추는 곳에 멈춘다는 것임.

2. 괘체로 '不獲其身, 行其庭, 不見其人, 无咎'를 해석하였다.
   ① 上下敵應… 위아래가 적대하여 응함.
   ② 不相與也… 서로 함께 하지 않음.
   ③ 是以'不獲其身, 行其庭, 不見其人, 无咎'也.… 괘사를 들었음.

간「단」에서 '행行', '명明'과 '소所', '여與'는 운이다.
유백민: '行', 戶郎反. 與下'明', 彌郎反. 爲韻.
'所', 八語. 與下'與', 八語. 爲韻.
스즈키: '행行', '명明'과 '소所', '여與'.

艮

괘명이다. 「서괘」에 "사물은 끝까지 움직일 수 없으니, 그러므로 간으로 받는다. 간은 멈춘다는 뜻이다(物不可以終動, 止之, 故受之以艮. 艮, 止也)"라고 하였고, 「설괘」와 「잡괘」에서도 "'간艮'은 멈춘다는 뜻(艮, 止也)"이라고 하였다. 『석문』에 "'간艮'은 근根과 한恨의 반절이다. 멈춘다는 뜻이다(艮, 根恨反. 止也)"라고 하였다. 「단」 역시 '지止'를 가지고 괘명 '간艮'을 해석하였다.

주희는 "간은 멈춘다는 뜻이다. 한 양이 두 음 위에서 멈추고 있으니, 양은 아래에서 올라와 위의 끝에 이르러 멈추는 것이다(艮, 止也. 一陽止於二陰之上, 陽自下升, 極上而止也)"라고 하였다.

止也

훈고를 취하여 괘명을 해석하였다. 간은 두 개의 간艮이 서로 겹쳐 있다. 간은 산山이며, 산은 고요히 멈추어 움직이지 않는 것이니, 간은 멈춘다는 뜻의 지止이다.

時止則止

이하 괘덕을 가지고 괘명을 해석하였다. '시時'는 시기, 상황이다. '시지즉지'는 멈출 때에 멈춘다는 말이다. 괘사의 '艮其背'를 말한 것이다.

時行則行

'시행즉행'은 행할 때에 행한다는 말이다. 괘사의 '行其庭'을 말한 것이다.

動靜不失其時

'동動'은 행行, '정靜'은 지止이다. '기其'는 동정動靜을 가리킨다. '동정불실기시'는 행함과 멈춤이 그 때를 잃지 아니한다는 말이다.

其道光明

'기其'는 간艮을 가리키며, 멈추는 것이다. '도道'는 간도艮道, 즉 멈추는 도이다. '기도광명'은 그 도는 밝다는 말이다. 멈추는 것과 행하는 것은 반드시 그 때가 있으니, 때에 맞게 멈출 때에 멈추고, 때에 맞게 행할 때에 행하여, 행함과 멈춤이 그 때를 잃지 아니하니, 그 도는 밝다는 것이다.

왕필은 "멈추는 도는 항상 사용할 수 없으니, 반드시 행할 수 없을 때 시행한다. 그 때에 적합하면 도는 밝은 것이다(止道不可常用, 必施於不可以行. 適於其時, 道乃光明也)"라고 하였다.

'艮其止', 止其所也.

이하 괘사를 해석하였다. '艮其止'는 괘사 '艮其背'로 써야 한다. 왕필 이후 모두 '艮其背'로 해야 한다고 하였다. 『백서』에는 괘사의 '배背'가 '배北'로 되어 있는데, '배背'의 옛 글자이다. 고형은 "'배背'의 옛글자가 '배北'이니(蓋背古字作北), 글자 모양이 비슷하여 '지止'로 잘못 썼다(因形近誤爲止). 혹은 '배背'자의 획을 빠뜨려 '배北'가 되었는데(或背字筆劃損缺成北), 글자 모양이 비슷하여 '지止'로 잘못 썼다(因形近誤爲止也)"라고 하였다. 「단」은 '지止'를 가지고 괘사의 '간艮'을, '소所'를 가지고 '배背'를 해석하였다. '소所'는 괘사의 '배背'를 해석한 것이니, 멈추는 곳이다. '지기소야'는 멈추는 곳에 멈춘다는 말이다. 「단」은 괘사 '간기배艮其背'를, 등을 멈춘다는 것은 멈추는 곳에 멈추는 것이라고 해석하였다.

『대학』에 "멈춤에 있어서 그 멈추는 바를 안다(於止, 知其所止)", "임금이 되어서는 인仁에 멈추고, 신하가 되어서는 경敬에 멈추며, 어버이가 되어서는 자慈에 멈추고, 나라 사람과 사귀면서 신信에 멈춘다(爲人君止於仁, 爲人臣止於敬, 爲人子止於孝, 爲人父止於慈, 爲國人交止於信)"라고 하였는데 '지기소止其所'를 말한 것이다.

上下敵應

괘체를 가지고 괘사를 해석하였다. '상하上下'는 간의 상하 여섯 효를 가리킨다. '적응適應'은 서로 적대시하여 응한다는 것이다. '상하적응'은 위아래가 적대하여 응한다는 말이다. 간은 처음과 넷째, 둘째와 다섯째는 서로 음이며, 셋째와 꼭대기는 서로 양이어서, 음과 음, 양과 양이 적대시하여 응하고 있다.

不相與也

'여與'는 더불어, 함께 공共이다. '불상여야'는 서로 함께 하지 않는다는 말이다. 즉 간은 상하 여섯 효가 적대하여 응하여 서로 함께 하지 않는다는 것이다. 간의 여섯 효는 서로 적응하여 함께하지 않으며 각각 멈추는 곳에 멈추어 있다.

是以'不獲其身, 行其庭, 不見其人, 无咎'也.

간은 상하 여섯 효가 적대하여 응하여 서로 함께 하지 않으므로, 그래서 '그 몸을 얻지 못하고, 그 뜰을 걸어가도, 그 사람을 보지 못하니, 허물이 없다'라고 하였다는 것이다.

고형은 "괘사의 '간기배'는(卦辭云'艮其背'者) 군자가 그 등을 멈추고(謂君子止息其背) 다시 직무를 맡지 않는 것이니(不再負荷職務), 곧 그 직위를 멈추는 것이다(卽停止其職位). 바꿔 말하면(易言之), 관리를 그만두고 관직을 떠나는 것이다(卽罷官去職也). 이 이유는(其所以罷官去職) 조정의 상하인들 모두가 서로 적대하여 돕지 않기 때문이다(因朝廷之上下人等皆相敵對而不相助也).……조정이 이러하니(朝廷有此現象) 군자는 더 이상 머물 수 없어(君子不可再留) 멀리 은둔하여(所以去而遠遯), 조정에도 있지 않고(不在于朝) 집에도 있지 않다(亦不在家). 멀리 떠나가(其人旣去) 명철하게 보신하니(便是明哲保身), 그래서 '허물이 없다'는 것이다(是以卦辭又云'无咎')"라고 하였다. 그의 해석은 매우 독창적이며, 「단」의 뜻에 부합한다.

53. 점漸

䷴ 漸, 女歸吉. 利貞.

점은 여자가 시집가니 길하다. 바르게 하여 이롭다.

'점漸'은 괘명이며, 나아가다는 뜻의 진進이다. 『집해』에 우번은 "'귀歸'는 여자가 시집가는 것(歸, 嫁也)"이라고 하였다. '여귀길女歸吉'은 여자가 시집가니 길하다는 말이다. '정貞'은 바르다는 뜻의 정正이다. '이정利貞'은 바르게 하여 이롭다는 말이다. 여자가 시집가는 것이 바른 것이며, 시집가서 이롭다는 것이다.

彖曰 漸之進也. '女歸吉'也, 進得位, 往有功也. 進以正, 可以正邦也. 其位剛得中, (上下應也). 止而巽, 動不窮也.

점은 나아간다는 뜻이다. '여자가 시집가니 길하다'는 것은 나아가 자리를 얻으니, 가면 공이 있다는 것이다. 나아가는 것이 바르니 나라를 바르게 할 수 있다. 그 자리는 강이 가운데 자리를 얻어 (상하가 응하는 것이다). 멈추어 겸손하니, 움직임이 궁하지 않은 것이다.

점 「단」은 3단락으로 구성되어 있다.

첫째 단락 … 훈고로 괘명 '漸'을 해석하였다.

① 漸 … 괘명을 들었음.

② 進也 … 나아간다는 뜻임.

둘째 단락 … 괘사를 해석하였다.

1. 괘체로 괘사 '女歸吉'을 해석하였다.

① '女歸吉'也 … 괘사 '여귀길'을 들었음.

② 進得位 … 나아가 자리를 얻음.

③ 往有功也 … 가면 공이 있다는 것임.

2. 괘체로 괘사 '利貞'을 해석하였다.

① 進以正 … 나아가는 것이 바름.

② 可以正邦也 … 나라를 바르게 할 수 있음.

셋째 단락 … 괘의를 말하였다.

1. 괘체로 남편을 말하였다.

① 其位剛得中也 … 그 자리는 강이 가운데 자리를 얻음.

② (上下應也) … 상하가 응하는 것임.

2. 괘덕으로 아내를 말하였다.

① 止而巽 … 멈추어 겸손함.

② 動不窮也 … 움직임이 궁하지 않은 것임.

점 「단」에서 '공功', '방邦', '응應', '궁窮'은 운이다.

유백민: '功', 一東. 與下'邦', 博工反. '中', 一東. '窮', 一東. 爲韻.

스즈키: '공功', '방邦', '중中', '궁窮'.

漸

괘명이다. 「서괘」에 "사물은 끝까지 멈출 수 없으니, 그러므로 점으로 받는다. 점은 나아간다는 뜻이다(物不可以終止, 故受之以漸. 漸者, 進也)"라고 하였다. 「단」 역시 '진進'으로 괘명 '점漸'을 해석하였다. 왕필은 "'점'은 점차 나아가는 괘(漸者, 漸進之卦也)", 공영달은 "'점'은 빠르지 않은 것을 말한다. 사물이 변화하면서 천천히 빠르지 않는 것을 점이라 한다(漸者, 不速之名也. 凡物有變移, 徐而不速, 謂之漸也)"라고 하였다. '점漸'은 점차 나아가다(漸進)는 뜻이다.

정이는 "괘는 윗괘가 손이고 아랫괘는 간이다. 산 위에 나무가 있으니, 나무가 높은 것은 산으로 인한 것이어서, 그 높은 것은 까닭이 있다. 높은 것이 까닭이 있다는 것은 곧 나아가는 것이 순서가 있다는 것이다. 그래서 점이다(爲卦, 上巽下艮. 山上有木, 木之高而因山, 其高有因也. 其高有因, 乃其進有序也, 所以爲漸也)"라고 하였다.

漸之進也

훈고를 취하여 괘명을 해석하였다. '점漸'은 괘명이다. 주희는 "'지之'자는 잘못 들어간 글자인 것 같다(之字疑衍)"라고 하고, 또 "혹은 '점'자이다(或是漸字)"라고 하였다. 주희는 두 가지로 설명하였는데, 모두 맞는 말이다. ①잘못 들어간 글자로 보면, '漸, 進也.'가 된다. "점은 나아간다는 뜻"이며, '진進'을 가지고 괘명을 해석한 것이다. ② '漸'자로 보면, '漸, 漸進也.'가 된다. "점은 점차 나아간다는 뜻"이며, '점진漸進'을 가지고 괘명을 해석한 것이다.

고형은 64괘 「단」에서 훈고로 괘명을 해석한 15괘의 예를 들어 ①이 맞는다고 주장하였고, 진고응은 "'지'자는 당연히 '점'자가 겹친 것을 표시한 부호인데, 뒤에 잘못 써서 '지'자가 되었다('之'當爲'漸'字的重文號, 後訛爲'之')"라고 하여 ②가 맞는다고 주장하였다. 필자는 두 가지 모두 설명할 수 있다고 생각한다. ①은 「단」에서 '進得位', '進以正' 등 두 번 '진進'자를 사용하였으므로 본뜻이며, ②는 괘명의 뜻을 명확하게 나타낸 것이다.

배학해裴學海는 『고서허자집석古書虛字集釋』에서 "'지之'는 '자者'와 같다. '지之'와 '자者'는 한 성음이 바뀐 것이다. 주희는 '지之'를 잘못 들어간 글자라고 하였는데, 잘못되었다('之'猶'者'也, '之'與'者'一聲之轉. 朱熹謂'之'爲衍文, 失之)"라고 하였다. 그는 '漸者進也'로 읽었는데, 필자가 보기에 배학해의 주장이 잘못되었다. 「단」은 괘명을 인용하면서 괘명 뒤에 '자者'자를 붙인 예는 한 곳도 없다. 진晉 「단」에도 '晉, 進也.'라고 하였다.

왕필은 '之於進也'(나아가는 것)라고 하였는데, 공영달은 '漸是之於進也'(점은 나아가는 것)라고 하여, '지之'를 동사로 보고, 앞으로 가는 것(前行)으로 뜻을 새겼다. 이들은 '지之'를 우리말의 갈지자로 보고, "점은 나아가는 것이다"라고 해석하였다.

'女歸吉' 也

이하 괘체를 가지고 괘사 '女歸吉'을 해석하였다. '귀歸'는 여자가 시집가는 것이다. '야也'는 잘못 들어간 글자이다. 괘사에는 이 글자가 없다. 『석문』에 "왕숙 본에는 '也'자가 없다(王肅本還作'女歸吉, 利貞')"라고 하였다. 「단」은 괘사를 한 구절씩 인용하여 해석하면서 구절 뒤에 '也'자를 붙인 예는 없다.

進得位

'진득위'는 나아가 자리를 얻는다는 말이다. 이에 대해 여러 가지 해석이 있다.

첫째, 『집해』에 우번은 "비否의 셋째 음효가 넷째 양효로 나아가 자리를 얻었으니, 음양이 바르다(三進四, 得位. 陰陽體正)"라고 하였다. '음양체정陰陽體正'은 점의 셋째 양효와 넷째 음효가 각각 자신의 자리에 있다는 것이다.

둘째, 왕필은 "점차 나아가 자리를 얻는 것(以漸進得位也)"이라고 하였는데, 공영달은 "다섯째 양효가 자리를 얻은 것(九五得位)"이라 하고 "나아가 존귀한 자리를 얻었다(進而得於貴位)"라고 하였다. 유백민이 이를 따랐다.

셋째, 정이는 "음양이 각각 바른 자리를 얻은 것(陰陽各得正位)"이라 하고, "넷째 음효는 다시 위로 나아가 바른 자리를 얻었고, 셋째 양효는 아래에 떨어져 아랫괘의 꼭대기가 되어 마침내 바른 자리를 얻었으니, 또한 '진득위'의 뜻이다(四復由上進而得正位, 三離下而爲上, 遂得正位, 亦爲進得位之義)"라고 하였다.

넷째, 주희는 "점의 변화가 환渙에서 온 것은 양효가 나아가 셋째 양효의 자리에 있게 되었고, 여旅에서 온 것은 양효가 나아가 다섯째 양효의 자리에 있게 되었으니, 모두 자리를 얻은 것이 바른 것이다(蓋此卦之變, 自渙而來, 九進居三. 自旅而來, 九進居五. 皆爲得位之正)"라고 하였다. 즉 환渙(䷺)의 둘째 양효가 셋째 음효와 자리를 바꾸어 점의 셋째 양효가 되었고, 여旅(䷷)의 넷째 양효가 다섯째 음효와 자리를 바꾸어 점의 다섯째 양효가 되었는데, 이것이 '진득위'라는 것이다.

다섯째, 래지덕은 종괘로 설명하였다. "점의 종괘는 귀매이다.……귀매의 아랫괘인 태가 나아가 점의 윗괘인 손이 되어, 다섯째 양효의 자리를 얻은 것이다(進得位者, 本卦綜歸妹,… 言歸妹下卦之兌, 進而爲漸上卦之巽, 得九五之位也)"라고 하였다. 진몽뢰가 이를 따랐다.

여섯째, 왕부지는 "진은 음이 나아가니, 넷째 음효를 말한다(進, 陰進, 謂六四也)"라고 하였다.

일곱째, 굴만리는 다섯째 양효(謂九五)를 가리키는 것으로 보았다.

여덟째, 고형은 "점의 처음 음효는 양의 자리에(漸之初六爲陰爻, 爲柔, 居陽位), 둘째 음효는 음의 자리에(六二爲陰爻, 爲柔, 居陰位), 넷째 음효는 음의 자리에 있다(六四爲陰爻, 爲柔, 居陰位). 유는 처음 효에서 위로 나아가 둘째, 넷째 효에 이르러 모두 자리를 얻었다(柔由初六上進至第二爻, 第四爻, 皆得位)"라고 하였다.

아홉째, 진고응은 "음효가 처음 효에서 점차 나아가 둘째 효에 이르러(陰爻由初漸進至二), 가운데 자리에서 바름을 얻은 것(居中得正)"이라고 하였다. 진고응이 정확하게 보았다.

열째, 필자는 '진득위'의 주어는 괘사의 '여女', 즉 음효이고, '득위得位'의 '위位'는 다음 구절의 '기위其位'의 '위位'와 짝이 되며, '기위其位'의 '위位'는 다섯째 양효를 가리키므로, '득위得位'의 '위位'는 당연히 둘째 음효를 가리킨 것이라고 생각한다. 즉 '진득위'는 음효가 처음 음효에서 점차 나아가 둘째 음효에 이르러 가운데 자리를 얻었고(得中) 또한 바른 자리를 얻은 것(得位)이다. 즉 여자가 시집가서(進) 자신의 바른 자리를 얻었다(得位)는 것이다. '득위'는 아내의 자리, 며느리의 자리, 안주인의 자리이다. 「단」은 '진進'을 가지고 괘사의 '귀歸'를 해석하였다. '進得位'는 '柔進而得中得位'가 바른 표현인데, 세 글자로 생략하였다.

往有功也

「단」은 '왕往'을 가지고 괘사의 '귀歸'를, '공功'을 가지고 '길吉'을 해석하였다. 이것을 간단하게 정리하면 다음과 같다.

歸……進……往
吉……得位……功

'왕유공'의 '왕往'은 여자가 시집가는 것(進)이고, '공功'은 자신의 자리를 얻은(得位) 공이다. 둘째 음효는 다섯째 양효와 음양이 서로 응하므로 '가면 공이 있다'고 한 것이다. 「단」은 괘사 '여귀길女歸吉'을, 여자가 시집가서 바른 자리를 얻었고 또 남녀 부부가 서로 응하므로 시집가면 공이 있다고 해석하였다. 『집해』에 우번은 "'공功'은 다섯째 양효를 말한다. 넷째 음효가 나아가 다섯째 양효를 이으니, 그러므로 가면 공이 있다(功, 謂五. 四進承五, 故往有功)"라고 하였는데, 필자의 해석과는 다르다.

進以正

이하 괘체를 가지고 괘사 '利貞'을 해석하였다. '이以'는 이而로 읽고 주격조사로 보아도 되고 용用으로 읽어도 통한다. 「단」은 '정正'을 가지고 괘사의 '정貞'을 해석하였다. '진이정'은 나아가는 것이 바르다는 말이며, 처음 음효가 나아가(進) 둘째의 바른 자리를 얻은 것(正)을 가리킨다. '正'은 둘째 음효가 음이면서 음의 자리에 있다는 것이다. 즉 둘째 음효가 자신의 자리를 얻은 것이며, 여자가 시집가서 자신의 바른 자리를 얻어 집안을 바르게 한다는 것이다. '進以正'은 앞의 '進得位'와 같은 말이다.

可以正邦也

「단」은 '정正'을 가지고 괘사의 '정貞'을 해석하였다. "나아가는 것이 바르니 나라를 바르게 할 수 있다"는 말이다. 즉 여자가 시집가서 자신의 바른 자리를 얻어 집안을 바르게 하니, 나라도 바르게 할 수 있다는 것이다. 정이는 "정도로 나아가니, 나라를 바르게 할 수 있고 천하를 바르게 하는 데에 이를 수 있다. 무릇 일에 나아가고, 덕에 나아가고, 자리에 나아가는 것은 모두 마땅히 바른 것으로 하지 않는 것이 없다(以正道而進, 可以正邦國, 至於天下也. 凡進於事, 進於德, 進於位, 莫不皆當以正也)"라고 하였다.

「단」은 괘사 '이정利貞'을, 나아가는 것이 바르니 나라를 바르게 할 수 있으므로 바르게 하여 이롭다고 해석하였다. 「단」은 '利'를 말하지 않았지만, '나아가는 것이 바르니' 그러므로 '이롭다'고 여긴 것이다. 즉 '바르게 하여 이롭다'는 것이다.

39번 건蹇 「단」에도 같은 말이 있다.

> 當位'貞吉', 以正邦也.
> 합당한 자리에서 '바르게 하여 길하다'는 것은 나라를 바르게 한다는 것이다.

'이以' 뒤에 '지之'자가 생략되어 있다. '이以'는 용用이며, '지之'는 '당위當位'를 가리킨다.

其位剛得中也

이하 괘의를 말하면서 먼저 괘체를 가지고 남편을 말하였다. 이 구절은 '其位剛得中, 上下應也.'가 바르다. 옮겨 쓰면서 잘못하여 '上下應也'를 빠뜨렸을 것이다. '기위其位'는 다섯째 양효의 자리를, '강剛'은 다섯째 양효를, '득중得中'은 다섯째 양효가 윗괘의 가운데 자리를 얻었다는 것이며(효위), 자신의 자리에서 중정의 도를 행하는 상이다(효상). '기위강득중야'는 그 자리는 강이 가운데 자리를 얻은 것이라는 말이다. 둘째 음효도 다섯째 양효도 가운데 자리(中)와 바른 자리(正)를 얻었다. 그래서 "상하가 응하는 것이다"라고 한 것이다. 즉 남편이 자신의 자리에서 중정의 도를 행하여 남편과 아내는 호응한다는 것이다.

止而巽

이하 괘덕을 가지고 아내를 말하였다. 점은 아랫괘가 간艮이고 윗괘는 손巽이다. 간은 멈춤(止)이고 손은 겸손함(巽)이다. 그런즉 점은 '멈추어 겸손한 것'이다.

動不窮也

'동動'은 앞의 '진進'이고 '왕往'이며 '귀歸'이다. 즉 시집가는 것을 가리킨다. '불궁不窮'은 궁하지 않다는 뜻이다. '동불궁야'는 움직임이 궁하지 않은 것이라는 말이다. 즉 아내는 고요히 멈추어 겸손하니, 시집가는 것이 정도에 부합하여 궁하지 않은 것이라는 말이다.

'其位剛得中, (上下應也)'는 남편을, '止而巽, 動不窮也'는 아내를 두고 한 말이다. 즉 남편은 자신의 자리에서 뜻과 행실을 바르게 하여 남편과 아내는 호응하고, 아내는 고요히 멈추어 겸손하니, 시집가는 것이 정도에 부합하여 궁하지 않은 것이라는 말이다.

고형은 "임금이 정중의 도를 얻으면 바른 것으로 나아갈 수 있으니, 나라를 바르게 할 수 있다(君得正中之道, 則能進以正, 可以正邦矣). 임금이 고요히 멈추어 겸손하며, 성급하지도 교만하지도 않으면, 그 행동은 모두 정도에 부합하여, 스스로 이로움이 있어 곤궁하지 않는 것이다(君能靜止而謙遜, 不躁不驕, 則其動皆合于正道, 自有利而不困窮矣)", 진고응은 "정도를 좇아 앞으로 나아가는 이러한 정신은 백성의 마음을 바르게 할 수 있으니, 군주는 반드시 강건하고 중정한 도에 입각해야 한다(遵循正道前進, 此種精神可以善正國人之心, 君主必須立足於剛健中正之道). 안으로는 안정되어 성급하지 않으며 밖으로는 공경하고 화순함을 나타내면, 그 행동은 또한 영원히 곤궁하지 않을 것이다(內心安靜不躁而外表謹敬和順, 那麼其行動也就永遠不會困窮)"라고 해석하였다.

54. 귀매歸妹

䷵ 歸妹, 征凶, 无攸利.

귀매는 시집가면 흉하니, 이로울 것 없다.

'귀매歸妹'는 괘명이며, '귀歸'는 시집가다는 뜻의 가嫁(우번), '매妹'는 소녀를 칭한 것이다(왕필). '귀매歸妹'는 여자가 시집가는 것이다. '정征'은 행行의 뜻이며, 시집가는 것을 가리킨다. '유攸'는 곳이라는 뜻의 소所이다.

象曰 '歸妹', 天地之大義也. 天地不交, 而萬物不興. '歸妹', 人之終始也. (男女不交, 而後世不昌). 說以動, 所(以)'歸妹'也. '征凶', 位不當也. '无攸利', 柔乘剛也.

'귀매'는 천지의 대의이다. 천지가 교합하지 않으면 만물은 생겨나지 않는다. 남녀가 짝이 되는 것은 인간사의 끝과 시작이다. (남녀가 교합하지 않으면 후세는 창성하지 않는다). 기뻐하여 움직이니, 그래서 '귀매'이다. '시집가면 흉하다'는 것은 자리가 합당하지 않기 때문이다. '이로울 것 없다'는 것은 유가 강을 탔기 때문이다.

귀매「단」은 2단락으로 구성되어 있다.

첫째 단락… 괘명 '歸妹'를 해석하였다.

1. 자연계로 해석하였다.
   ① '歸妹'… 괘명을 들었음.
   ② 天地之大義也… 천지의 대의임.
   ③ 天地不交… 천지가 교합하지 않음.
   ④ 而萬物不興… 만물은 생겨나지 않음.

2. 인간계로 해석하였다.
   ① '歸妹'… 괘명을 들었음.
   ② 人之終始也… 인간사의 끝과 시작임.
   ③ (男女不交)… 남녀가 교합하지 않음.
   ④ (而後世不昌)… 후세는 창성하지 않음.

3. 괘덕으로 해석하였다.
   ① 說以動… 기뻐하여 움직임.
   ② 所(以)歸妹也… 괘명을 들었음.

둘째 단락… 괘사를 해석하였다.

1. 괘체로 괘사 '征凶'을 해석하였다.
   ① '征凶'… 괘사 '정흉'을 들었음.

② 位不當也…자리가 합당하지 않기 때문임.

2. 괘체로 괘사 '无不利'를 해석하였다.

① '无攸利'…괘사 '무불리'를 들었음.

② 柔乘剛也…유가 강을 탔기 때문임.

귀매 「단」에서 '흥興', '창昌', '당當', '강剛'은 운이다.

유백민: '當', 十一唐, 四十二宕二韻. 與下'剛', 十一唐. 爲韻.

스즈키: '당當', '강剛'.

歸妹

괘명이다. 『석문』에 "부인이 시집가는 것을 '귀'라고 하고, '매'는 소녀를 칭한 것이다(婦人謂嫁曰歸, 妹者, 少女之稱)"라고 하였다. 옛날에 여자가 시집가는 것을 '귀歸'라고 하고, 소녀少女를 '매妹'라고 하였다. '귀매'는 여자가 시집간다는 뜻이다.

왕필은 "'매妹'는 소녀를 칭한 것이다. 태는 소음이고, 진은 장양이니, 소음이 장양으로 이었고, 기뻐하여 움직이니, 여자가 시집가는 상이다(妹者, 少女之稱. 兌爲少陰, 震爲長陽, 少陰而承長陽, 說而動, 嫁妹之象也)", 정이는 "귀매는 진이 위에 태가 아래에 있으니, 소녀가 장남을 따르는 것이다. 남자는 움직이고 여자는 기뻐하며, 또 기뻐하여 움직이니, 모두 남자가 여자를 기쁘게 하고 여자가 남자를 따르는 뜻이다(爲卦, 震上兌下, 以少女從長男也. 男動而女說, 又以說而動, 皆男說女, 女從男之義)"라고 하였다.

天地之大義也.

이하 괘명을 해석하면서 먼저 자연계를 들었다. '귀매'는 괘명이며, 남녀가 장가들고 시집가는 것을 가리킨다. '천지'는 자연의 하늘과 땅이며, 하늘과 땅 사이의 모든 것, 즉 자연계를 포괄하는 개념이다. '의義'는 의의, 도리이다. '대의大義'는 큰 의의, 큰 도리이다. "남녀가 장가들고 시집가는 것은 천지의 커다란 의의, 중대한 도리"라는 말이다. '대의'의 내용은 바로 아래의 '天地不交, 而萬物不興'이다.

정이는 "하나의 음과 하나의 양을 도라고 한다. 음양이 서로 감응하고 남녀가 짝이 되어 합하는 것은 천지의 변하지 않는 도리이다. 귀매는 여자가 남자에게 시집가는 것이니, 그러므로 천지의 대의라고 한 것이다(一陰一陽之謂道. 陰陽交感, 男女配合, 天地之常理也. 歸妹, 女歸於男也, 故云天地之大義也)"라고 하였다.

주백곤은 괘체로 해석하여 "귀매괘는 윗괘가 진이고 아랫괘는 태이다(歸妹卦, 震上

兌下). 진은 맏아들이고 태는 막내딸이니(震爲長男, 兌爲少女), 또한 천지가 서로 교합하는 상이다(亦天地相交之象). 그래서 '귀매는 천지의 대의'라고 한 것이다(所以說'歸妹, 天地之大義也')"라고 하였다.

天地不交

'천지'는 음양이며 남녀이다. '교交'는 교합하는 것이다. '천지불교'는 천지가 교합하지 않는다는 말이다.

而萬物不興

'흥興'은 일어나다(起), 생겨나다(生)는 뜻이다. '만물불흥'은 만물은 생겨나지 않는다는 말이다. 천지음양이 교합하지 않으면 만물은 생겨나지 않고, 남녀부부가 교합하지 않으면 사람은 생겨나지 않는다. '귀매'가 천지의 대의가 되는 것은 천지가 교합하여 만물을 낳고 또 낳기 때문이다.

歸妹, 人之終始也.

인간계를 들었다. '人'은 남녀이며, 인간사의 모든 것, 즉 인간계를 포괄하는 개념이다. '종시終始'는 끝과 시작, 즉 모든 것이라는 뜻이며, 중요성을 표현한 말이다. 남녀가 장가들고 시집가서 서로 짝이 되는 것은 인간사의 처음과 끝, 인간사의 전부, 즉 가장 중요한 것이라는 말이다. 이 구절 뒤에 '종시終始'의 내용이 있어야 하는데 없다. 즉 원문은 다음과 같이 서로 짝이 되어야 한다.

> '歸妹', 天地之大義也. 天地不交, 而萬物不興.
> '歸妹', 人之終始也. (　　　　), (　　　　).

괄호 안에 '男女不交, 而後世不昌'이 있어야 '天地不交, 而萬物不興'과 짝이 되어 문장이 반듯하게 된다. "남녀가 교합하지 않으면 후세는 창성하지 않는다"는 말이다.

정이는 "천지가 교합하지 않으면 만물은 어디서 생겨나겠는가? 여자가 남자에게 시집가는 것은 낳고 또 낳아 서로 이어가는 도이다. 남녀가 교합한 후에 자식을 낳고, 자식을 낳은 후에 그 마침은 끝이 없는 것이다. 앞의 것은 마침이 있는 것이고, 뒤의 것은 시작이 있는 것이다. 서로 이어가는 것이 다함이 없으니, 이것이 인간사의 끝과 시작이다(天地不交, 則萬物何從而生? 女之歸男, 乃生生相續之道. 男女交而後有生息, 有生息而後其終不窮. 前者有終, 而後者有始, 相續不窮, 是人之終始也)"라고 하였다. 정이는 '종終'을 여자가 시집가는 것, '시始'는 시집가서 자식을 낳는 것으로 해석하였다.

說以動

괘덕을 가지고 괘명을 해석하였다. 귀매는 아랫괘가 태兌이고 윗괘는 진震이다. 태는 기뻐함(悅)이고 진은 움직임(動)이다. 그런즉 귀매는 '기뻐하여 움직이는 것'이니, 남녀가 서로 기뻐하여 혼인한다는 것이다.

所歸妹也

『석문』에 "'소귀매야'는 어떤 책에는 혹 '소이귀매'로 되어 있다(所歸妹也, 本或作所以歸妹)"라고 하였는데, '소所' 뒤에 '이以'자가 있어야 문장이 순조롭다. '소이所以'는 오늘날의 백화와 마찬가지로 '그래서'라는 뜻이다. 혹은 '소所'를 '고故'자가 잘못 쓰인 것으로도 볼 수 있다. 「단」은 34번 대장大壯, 45번 췌萃, 55번 풍豐에서 먼저 괘덕을 열거한 후 괘명 앞에 '고故'자를 썼다.

한 가지 예를 들겠다.

> 풍「단」: 豐, 大也. 明以動, 故豐.
> 풍은 크다는 뜻이다. 밝게 움직이니 그러므로 풍이다.

'소이所以'와 '고故'는 뜻이 같다. "남녀가 서로 기뻐하여 혼인하므로, 그래서 '귀매'이다"라는 말이다.

'征凶', 位不當也.

괘체를 가지고 괘사 '征凶'을 해석하였다. '정征'은 시집가는 일을 가리킨다. '위부당位不當'은 귀매의 가운데 네 효의 자리가 합당하지 않다는 것이다. 왕필은 '이어부정履於不正'이라고 하였는데, 공영달은 "둘째, 셋째, 넷째, 다섯째 효는 모두 합당한 자리가 아니다(二三四五皆不當位)"라고 하였다. 둘째, 넷째는 양이면서 음의 자리에 있고, 셋째, 다섯째는 음이면서 양의 자리에 있어 모두 자리가 합당하지 않다는 것이다. 『집해』에 최경은 "가운데 네 효는 모두 자신의 자리가 아니어서, 시집가는 여자가 정실이 아님을 상징하니, 그래서 '시집가면 흉하다'는 것이다(中四爻皆失位, 以象歸妹非正嫡, 故征凶也)"라고 하였다.

「단」은 괘사 '정흉征凶'을, 귀매의 가운데 네 효는 모두 합당한 자리가 아니므로 시집가면 흉하다고 해석하였다.

'无攸利', 柔乘剛也.

괘체를 가지고 괘사 '无攸利'를 해석하였다. '유柔'에 대해, 공영달은 셋째와 다섯째 음효를 가리킨다고 하였는데, 뒷사람들은 모두 이를 따랐다. '유승강'은 유가 강을 타고 있다는 말이며, 셋째 음효가 둘째 양효 위에, 다섯째 음효는 넷째 양효 위에 있어, 유가 강을 타고 있다.

굴만리는 "다섯째 음효가 넷째 양효 위에 있는 것(六五在九四上)", 고형은 "셋째 음효는 처음과 둘째 양효 위에(蓋歸妹之下卦是一陰爻六三在兩陽爻九二初九之上), 다섯째와 꼭대기 음효는 넷째 양효 위에 있는 것(上卦是兩陰爻上六六五在一陽爻九四之上)"이라 하고 "약한 자가 강한 자를 능멸하는 것을 상징한다(象弱者侵凌强者)", 진고응은 "다섯째 음효가 넷째 양효를 타고 있고(六五乘九四), 셋째 음효가 둘째 양효를 타고 있다(六三乘九二)"라고 하고 "남자가 여자에게 제압당하는 것을 상징한다(此象男制於女)"라고 하였다.

「단」은 괘사 '무유리无攸利'를, 유가 강을 타고 있으므로 이로울 것이 없다고 해석하였다.

55. 풍豐

䷶ 豐, 亨, 王假之. 勿憂, 宜日中.

풍은 형통하니, 왕이 온다. 근심하지 말라, 마땅히 해가 중천에 있다.

'풍豐'은 괘명이며, 크다는 뜻의 대大이다. '형亨'은 형통하다는 뜻의 통通이다. 『석문』에 "'격假'은 경庚과 백白의 반절(假, 庚白反)"이라 하고, "이르다는 뜻의 지(至也)"라고 하였다. '지之'는 형식목적어이다. '왕격지王假之'는 왕이 친히 온다, 즉 귀인이 친림한다는 뜻이다. '물우勿憂'는 근심하지 말라는 뜻이다. '의宜'는 마땅하다는 뜻의 당當이다. 진고응은 '이利'로 읽었다. '의일중宜日中'은 마땅히 해가 중천에 있어 천하를 비춘다는 말이다.

彖曰 豐, 大也. 明以動, 故豐. '(亨), 王假之', 尙大也. '勿憂, 宜日中', 宜照天下也. 日中則昃, 月盈則食. 天地盈虛, 與時消息. 而況於人乎, 況於鬼神乎.

풍은 크다는 뜻이다. 밝게 움직이니 그러므로 풍이다. '(형통하니), 왕이 온다'는 것은 큰일을 숭상한다는 것이다. '근심하지 말라, 마땅히 해가 중천에 있다'는 것은 마땅히 천하를 비춘다는 것이다. 해는 중천에 있으면 기울고 달은 차면 이지러진다. 천지가 차고 비는 것은 사시四時와 더불어 사라지고 자라나는 것이니, 하물며 사람에게 있어서이겠는가! 하물며 귀신에게 있어서이겠는가!

풍「단」은 3단락으로 구성되어 있다.

첫째 단락…괘명 '豐'을 해석하였다.

1. 훈고로 해석하였다.
   ① 豐…괘명을 들었음.
   ② 大也…크다는 뜻임.

2. 괘덕으로 해석하였다.
   ① 明以動…밝게 움직임.
   ② 故豐…다시 괘명을 들었음.

둘째 단락…괘사를 해석하였다.

1. 괘사 '(亨), 王假之'를 해석하였다.
   ① '(亨), 王假之'…괘사 '(형), 왕격지'를 들었음.
   ② 尙大也…큰일을 숭상한다는 것임.

2. 괘사 '勿憂, 宜日中'을 해석하였다.
   ① '勿憂, 宜日中'…괘사 '물우, 의일중'을 들었음.
   ② 宜照天下也…마땅히 천하를 비춘다는 것임.

셋째 단락…괘의를 설명하였다.
   ① 日中則昃…해는 중천에 있으면 기울어짐.
   ② 月盈則食…달은 차면 이지러짐.
   ③ 天地盈虛…천지가 차고 빔.
   ④ 與時消息…사시四時와 더불어 사라지고 자라나는 것임.
   ⑤ 而況於人乎…사람도 그러함.
   ⑥ 況於鬼神乎…귀신도 그러함.

풍「단」에서 '측昃', '식食', '식息'과 '인人', '신神'은 운이다.
유백민: '昃', 二十四職. 與下'食', 二十四職. '息', 二十四職. 爲韻.
'人', 十七眞. 與下'神', 十七眞. 爲韻.
스즈키: '측昃', '식食', '식息'과 '인人', '신神'.

豐

괘명이다. 「서괘」에 "돌아가는 바를 얻은 자는 반드시 크니, 그러므로 풍으로 받는다. 풍은 크다는 뜻이다(得其所歸者必大, 故受之以豐. 豐者, 大也)"라고 하였다. 『설문』 두부豆部에 "'풍豐'은 제사 그릇이 풍만한 것(豐, 豆之豊滿者)"이라 하였고, 『석문』에 육덕명은 "풍성하고 후하고 빛나고 크다는 뜻(豐是腆厚光大之義)"이라 하고, 정현은 "'풍'은 풍성함을 말한 것이니, 충만하다는 뜻이다(鄭云豐之言腆, 充滿意也)"라고 하였다. 공영달은 "「단」과 「서괘」는 모두 크다는 뜻으로 풍을 새겼다. 그런즉 풍은 많다, 크다는 말이요, 가득하다, 넉넉하다는 뜻이다(彖及序卦皆以大訓豐也. 然則豐者, 多大之名, 盈足之義)"라고 하였다. 「단」은 '풍豐'을 크다(大)는 뜻으로 새겼다.

정이는 "풍은 성대하다는 뜻이다. 괘는 진이 위에 있고 리가 아래에 있다. 진은 움직임이고 리는 밝음이다. 밝은 것으로 움직이고 움직여 밝을 수 있으니, 모두 풍에 이르는 도이다. 밝음은 비추기에 충분하고 움직임은 형통하기에 충분하니, 그런 연후에 풍대한 것에 이를 수 있는 것이다(豐, 盛大之義. 爲卦, 震上離下. 震, 動也. 離, 明也. 以明而動, 動而能明, 皆致豐之道. 明足以照, 動足以亨, 然後能致豐大也)"라고 하였다.

大也

훈고 방식을 취하여 괘명을 해석하였다. "괘명인 '풍'은 그 뜻이 크다는 대大"라는 말이다. '대大'는 풍대豐大하다, 성대盛大하다는 뜻이다.

明以動

괘덕을 가지고 괘명을 해석하였다. '이以'는 이而와 같다. 풍은 아랫괘가 리離이고 윗괘는 진震이다. 리는 밝음(明)이고 진은 움직임(動)이다. 그런즉 풍은 '밝게 움직이는 것'이다.

진고응은 "풍괘의 아랫괘는 리이고, 리는 밝음이며, 사람이 광명한 성덕을 가지고 있음을 상징한다(豐卦內卦爲離, 離爲明, 象人有光明之盛德). 윗괘는 진이고, 진은 행동이다(外卦爲震, 震爲行動). 그런즉 풍괘는 사람이 광명의 덕을 가지고 그 행동을 이끄는 것이며, 또한 내성외왕의 도를 상징한다(然則豐卦象人有光明之德以指導其行動, 亦內聖外王之道)"

라고 하였다. 그는 아랫괘 리의 '明'을 '내성'에, 윗괘 진의 '動'을 '외왕'에 결부하여 설명하였다. 아주 독창적인 해석이다.

故豐

다시 괘명을 들었다. 밝게 움직여 일을 추구하면 이루는 바가 크다. 그래서 괘명이 '풍豐'이라는 것이다. 공영달은 "움직이나 밝지 않으면 빛나고 클 수 없다. 밝음에 의지하여 움직이니, 풍에 이를 수 있다(動而不明, 未能光大. 資明以動, 乃能致豐)"라고 하였다.

'(亨), 王假之', 尙大也.

이하 괘사를 해석하였다. '왕격지王假之' 앞에 당연히 괘사의 '형亨'자가 있어야 한다. 옮겨 쓰면서 잘못하여 빠뜨렸을 것이다. '상尙'은 숭상하다(崇)는 뜻이다. '대大'는 큰일(大事)이며, 나라의 대사를 가리킨다. 굴만리는 '제사(祭祀爲大事)'라고 하였다. '상대尙大'는 큰일을 숭상한다는 말이며, 왕이 친히 와서 나라의 대사를 주관한다는 것이다.

「단」은 괘사 '(형亨), 왕격지王假之'를, 왕이 오는 것은 큰일을 숭상하는 것이므로 (나라의 대사를 주관하는 것이므로) 형통하다고 해석하였다.

'勿憂, 宜日中', 宜照天下也.

'우憂'는 나라의 큰일에 대한 근심이다. '일중日中'은 해가 하늘 한 가운데 있는 것, 즉 정오 때이며, 해가 풍대한 것이다. '일日'은 왕이며, '중中'은 가장 높은 자리이다. '의조천하宜照天下'는 마땅히 천하를 비춘다는 말이다. 해가 하늘 한 가운데 있다는 것(日中)은 하늘 한 가운데에서 천하 사방을 고루 비춘다는 말이며(宜照天下), 이것은 왕이 가장 높은 곳에서 천하를 두루 잘 다스린다는 말에 비유한 것이다. 「단」은 '조천하照天下'를 가지고 괘사의 '일중日中'을 해석하였다.

「단」은 괘사 '물우勿憂, 의일중宜日中'을, 해가 하늘 한 가운데에서 천하를 고루 비추고 있으니(왕이 천하를 두루 잘 다스리고 있으니), 나라의 대사를 근심하지 말라고 해석하였다.

日中則昃

이하 괘의를 말하였다. '일중日中'은 해가 하늘 한 가운데, 가장 높이 있는 것이다. '측昃'은 해가 서쪽으로 기우는 것(側)이다. '일중즉측'은 해가 중천에 있으면 기운다는 말이다.

月盈則食

'월영月盈'은 달이 가득한 것, 즉 보름달을 가리킨다. 『석문』에 "'식食'은 혹 일식, 월식의 식蝕으로 썼는데, 아니다(食, 如字或作蝕, 非)"라고 하였다. 두 글자는 옛날에 통용되었다. '식食'은 '식蝕'으로 읽으며, 손상하다는 뜻의 손損이다. '월영즉식'은 달이 차면 이지러진다는 말이다. 해는 중천에 있으면 기울고 달은 차면 이지러진다. 자연계와 인간계는 극에 이르면 반드시 되돌아온다.

天地盈虛

'천지天地'는 자연의 하늘과 땅이다. '영盈'과 '허虛'는 반대 개념이며, 서로 짝으로 쓰였다. '영盈'은 가득 차는 것(滿), '허虛'는 텅 비는 것(空)이다. '천지영허'는 천지가 가득 차고 텅 빈다는 말이다. '하늘이 차고 비는 것'은 일월성신의 변화를 가리키고, '땅이 차고 비는 것'은 백과 초목이 철에 따라 무성하고 시드는 것을 가리킨다.

與時消息

『설문』 일부日部에 "'시時'는 사계절(時, 四時也)"이라고 하였는데, 단옥재는 "본래 춘추동하를 말한 것(本春秋冬夏之稱)"이라고 하였다. '시時'는 천시天時이며, 사계절(四時)을 가리킨다. '소消'와 '식息'은 반대 개념이며, 서로 짝으로 쓰였다. '소消'는 사라지는 것(滅), '식息'은 자라나는 것(長)이다. '소식消息'은 소장消長이며, 음기와 양기가 사라지고 자라나는 것이다. '여시소식'은 사시四時와 더불어 사라지고 자라나는 것이라는 말이다. 천지가 차고 비는 것은 사시와 더불어 사라지고 자라나는 것이니, 우주 만물은 그 어느 것도 이러한 자연 규율에서 예외일 수 없다.

사계절에서, '영盈'은 봄에서 여름으로 가는 것이니, 음기는 사라지고(消) 양기가 자라나는(息) 것이고, '허虛'는 가을에서 겨울로 가는 것이니, 양기는 사라지고(消) 음기가 자라나는(息) 것이다. 천지만물은 '소消'하여 '허虛'하게 되고, '식息'하여 '영盈'하게 된다. '영盈'하면 '허虛'하게 되고, '소消'하면 '식息'하게 된다.

而況於人乎, 況於鬼神乎.

'이而'자는 없는 것이 더 낫다. 다섯 글자 짝으로 맞추기 위해 의도적으로 넣은 것이다. '인人'과 '귀신鬼神'을 짝으로 들었다. '인'은 시공의 제약을 받는 유한한 존재이고, '귀신'은 시공을 초월한 무한한 존재이다. '귀신'은 인간에게 복도 주고 화도 행하는 존재, 즉 인간의 길흉화복, 생사고락을 주재하는 신령스러운 존재이다. 우리말로 '천지신명'이다.

15번 겸謙「단」에도 '귀신'이 나온다.

天道虧盈而益謙, 地道變盈而流謙. 鬼神害盈而福謙, 人道惡盈而好謙.
천도는 가득 차면 덜어내고 겸허하면 보태며,
지도는 가득 차면 변화시키고 겸허하면 흘러 들어간다.
귀신은 가득 차면 해치고 겸허하면 복을 주며,
인도는 가득 차면 싫어하고 겸허하면 좋아한다.

「단」에 나오는 두 개의 '귀신'은 같은 개념이다. 해는 중천에 있으면 기울고 달은 차면 이지러진다. 천지가 차고 비는 것은 사시와 더불어 사라지고 자라나는 것이니, 우주 만물은 그 어느 것도 이러한 자연 규율에서 예외일 수 없다. 하물며 사람이 이러한 '천지영허, 여시소식'의 자연 규율에서 벗어나겠는가! 귀신이 벗어나겠는가! 사람도 귀신도 자연 규율에서 예외일 수 없다는 것이다.

「단」에서 11번 태泰, 12번 비否, 23번 박剝, 24번 복復, 41번 손損, 42번 익益, 55번 풍豐은 모두 '소식영허消息盈虛'의 도를 말하였다. 이것은 『장자』의 용어이다.

56. 여旅

䷷ 旅, 小亨, 旅貞吉.
여는 조금 형통하니, 나그네가 바르게 하여 길하다.

'여旅'는 괘명이며, 나그네(旅人)이다. '형亨'은 형통하다는 뜻의 통通이다. '소형小亨'은 조금 형통하다는 말이다. '정貞'은 바르다는 뜻의 정正이다.

彖曰 '旅, 小亨'('旅', 旅人也). 柔得中乎外, 而順乎剛, 止而麗乎明, 是以 '小亨, 旅貞吉'也. 旅之時義大矣哉.
'여'는 나그네이다. 유가 밖에서 가운데 자리를 얻었고, 강에 순종하며, 멈추어 밝음에 붙어 있으니, 그래서 '조금 형통하니, 나그네가 바르게 하여 길하다'는 것이다. 여의 때의 의의는 크기도 하다.

여「단」은 3단락으로 구성되어 있다.

첫째 단락…훈고로 괘명 '旅'를 해석하였다.
① '旅'…괘명을 들었음.
② 小亨(旅人也)…나그네임.

둘째 단락…괘사를 해석하였다.
1. 괘체로 해석하였다.
① 柔得中乎外…유가 밖에서 가운데 자리를 얻었음.
② 而順乎剛…강에 순종함.

2. 괘덕으로 해석하였다.
① 止而麗乎明…멈추어 밝음에 붙어 있음.
② 是以'小亨, 旅貞吉'也…괘사를 들었음.

셋째 단락…괘의를 말하였다.
① 旅之時義大矣哉…여의 때의 의의는 크기도 함.

여「단」에서 '강剛', '명明'은 운이다.
유백민: '亨', 許郎反. 與下'剛', 十一唐. '明', 彌郎反. 爲韻.
스즈키: '형亨', '강剛', '명明'.

旅

괘명이다. 「서괘」에 "큰 것을 다한 것은 반드시 그 있던 곳을 잃으니, 그러므로 여로 받는다(窮大者必失其居, 故受之以旅)"라고 하였는데, '있던 곳을 잃는 것(失其居)'을 가지고 '여旅'를 해석하였다. 「잡괘」에 "여는 친한 사람이 적은 것(親寡旅)"이라고 하였는데, 사람이 타향에서 나그네가 되면 친한 사람이 적다. 『석문』에 "역力과 거擧의 반절(旅, 力擧反)"이라 하고, 또 "타향에 머무는 것(羈旅也)"이라고 하였다. 공영달은 "'여旅'는 떠돈다는 뜻이고, 타향에 머무는 것을 말한다. 본래 있던 곳을 잃고 타향에 머무는 것을 여라고 한다(旅者, 客寄之名, 羈旅之稱. 失其本居, 而寄他方, 謂之爲旅)"라고 하였다. 괘효사의 '여旅'는 모두 꼭대기 양효 효사의 '여인旅人'이며, 나그네라는 뜻이다.

정이는 "괘는 리가 위에 간이 아래에 있다. 산은 멈추어 옮기지 아니하고, 불은 번져 멈추지 않으니, 떨어져서 멈추지 않는 상이다. 그러므로 여이다(爲卦, 離上艮下. 山止而不遷, 火行而不居, 違去而不處之象, 故爲旅也)"라고 하였다.

'小亨'

훈고를 취하여 괘명을 해석하였다. '소형小亨'은 잘못 들어간 글자이다. 바로 뒤에 '소형'이 또 나오는데, 「단」은 괘사를 중복하여 인용한 예가 한 곳도 없다. 이 구절은 괘명을 해석한 것이므로 '小亨' 자리에 당연히 '여인旅人'이 들어가야 한다. 즉 '旅, 旅人也'가 되어야 바르다. "괘명인 '旅'는 그 뜻이 나그네"라는 말이다. 태兌 「단」에도 '兌, 說也.'(태는 기뻐한다는 뜻이다)라고 하였다.

진고응은 "「단」은 괘사를 해석하면서 앞뒤에 중복하여 인용하지 않았으니(「彖」釋卦辭, 前後不重出), 「단」의 예에 의하여(故依「彖」例), '여, 소형'의 '소형' 두 글자는 당연히 잘못 들어간 글자이다('旅, 小亨'之'小亨'二字當爲衍文)"라고 하였다. 그의 주장대로 '소형'을 지워버리면 「단」에는 괘명 '旅'에 대한 설명이 없게 된다.

柔得中乎外

이하 괘체를 가지고 괘사를 해석하였다. '유柔'는 다섯째 음효를 가리키며, 나그네이다. '득중得中'은 다섯째 음효가 윗괘의 가운데 자리를 얻었다는 것이며(효위), 나그네가 중도를 얻은 상이다(효상). '호乎'는 어於와 같다. '외外'는 윗괘이다. '유득중호외'는 유가 밖에서 가운데 자리를 얻었다는 말이다. 즉 다섯째 음효가 윗괘에서 가운데 자리를 얻었다는 것이며, 나그네가 밖에서 중도를 행하는 것에 비유하였다. '중도中道'는 정도正道이며, 뜻과 행실이 바른 것이다.

而順乎剛

'순호강'은 강에 순종한다는 말이다. '순順'의 주어는 다섯째 음효이며, 이것(유)이 강에 순종한다는 것이다. '강剛'에 대해 두 가지 해석이 있다.

첫째, '강剛'을 꼭대기 양효로 보는 것이다. 『집해』에 촉재는 "위로 강에 순종한다(上順於剛)"라고 하였고, 왕필은 "오직 다섯째 음효는 강을 타고 다시 윗괘에서 가운데 자리를 얻어 꼭대기에 잇는다(唯六五乘剛而復得中乎外, 以承于上)"라고 하여, '강'을 꼭대기 양효로 보았다. 즉 다섯째 음효는 꼭대기 양효의 아래에 있으니, 이것이 '유가 강에 순종한다'는 것이다. 공영달, 왕부지, 주준성, 고형, 진고응 등이 이를 따랐다.

둘째, '강剛'을 넷째 양효와 꼭대기 양효로 보는 것이다. 정이는 "음이 윗괘의 다섯째 자리에 있으니, 유가 윗괘의 가운데 자리를 얻은 것이다. 위아래의 강에 붙어 있으니, 강에 순종하는 것이다(六上居五, 柔得中乎外也. 麗乎上下之剛, 順乎剛也)"라고 하여, '강'을 넷째 양효와 꼭대기 양효로 보았다. 즉 다섯째 음효는 넷째 양효와 꼭대기 양효의 사이에 있으니, 이것이 '유가 강에 순종한다'는 것이다. 주희, 래지덕, 진몽뢰, 상병화 등이 이를 따랐다. 두 가지 해석은 모두 통한다. '유가 강에 순종한다'는 것은 나그네가 강한 사람에게 순종한다는 말이다.

止而麗乎明

괘덕을 가지고 괘사를 해석하였다. '리麗'는 붙는다는 뜻의 부附이다. 여는 아랫괘가 간艮이고 윗괘는 리離이다. 간은 멈춤(止)이고 리는 밝음(明)이고 또 붙음(麗)이다. 그런즉 여는 '멈추어 밝음에 붙어 있는 것'이다. 즉 나그네가 멈추어 윗사람에게 붙어 있다는 말이다.

是以'小亨, 旅貞吉'也

괘사를 인용하였다. 여는 유가 윗괘에서 가운데 자리를 얻었고, 강에 순종하며, 멈추어 밝음에 붙어 있으니, 그래서 괘사에서 '조금 형통하니, 나그네가 바르게 하여 길하다'고 한 것이라는 말이다. 즉 나그네가 집을 떠나 외지에서 뜻과 행실을 바르게 행하며, 강한 사람에 순종하고, 멈추어 윗사람에게 붙어 있으니, 그래서 조금 형통하고, 바르게 하여 길하다는 것이다.

旅之時義大矣哉

괘의를 말하였다. 여는 나그네가 중도를 얻었고(柔得中乎外), 강한 사람에게 순종하며(而順乎剛), 멈추어 윗사람에 붙어 있으니(止而麗乎明), 조금 형통하다. 나그네가 바르게 하여 길한 것은 나그네가 이러하게 때에 맞게 처신하기 때문이니, "여의 때의 의의는 크기도 하다"는 말이다.

57. 손巽

☴ 巽, 小亨, 利有攸往, 利見大人.

손은 조금 형통하니, 갈 곳이 있으면 이롭고, 대인을 만나보는 것이 이롭다.

'손巽'은 괘명이며, 들어간다는 뜻의 입入이다. '형亨'은 형통하다는 뜻의 통通이다. '대인大人'은 도덕 수양이 훌륭한 사람이다.

彖曰 (巽, 入也.) 重巽以申命, 剛巽乎中正而志行, 柔皆順乎剛, 是以'小亨, 利有攸往, 利見大人.'
손은 들어간다는 뜻이다. 손을 겹쳐 교명을 거듭하고, 강이 가운데 자리에 들어가 뜻을 실행하며, 유는 모두 강에 순종하니, 그래서 '조금 형통하니, 갈 곳이 있으면 이롭고, 대인을 만나보는 것이 이롭다'는 것이다.

손「단」은 2단락으로 구성되어 있다.

첫째 단락…훈고로 괘명 '巽'을 해석하였다.
① (巽)…괘명을 들었음.
② (入也)…들어간다는 뜻임.

둘째 단락…괘체로 괘사를 해석하였다.
① 重巽以申命…손을 겹쳐 교명을 거듭함.
② 剛巽乎中正而志行…강이 가운데 자리에 들어가 뜻을 실행함.
③ 柔皆順乎剛…유는 모두 강에 순종함.
④ 是以'小亨, 利有攸往, 利見大人.'…괘사를 들었음.

손「단」에서 '명命', '행行', '강剛'은 운이다.
유백민: '行', 戶郎反. 與下'剛', 十一唐. 爲韻.
스즈키: '행行', '강剛'.

손巽「단」 앞부분에 '巽, 入也'가 있어야 괘명을 설명한 것이 있게 된다. 옮겨 쓰면서 잘못하여 빠뜨렸을 것이다. 58번 태兌「단」에는 있다.

兌, 說也.
剛中而柔外, (故'亨').
說以'利貞', 是以順乎天而應乎人.
태는 기뻐한다는 뜻이다.

강이 가운데 자리에 있고 유는 밖에 있으니, (그러므로 '형통하다'는 것이다).
기뻐하여 '바르게 하여 이로우니', 그래서 하늘에 순응하고 사람에 응한다.

(巽)

괘명이다. 「서괘」에 "나그네는 몸을 둘 곳이 없으니, 그러므로 손으로 받는다. 손은 들어간다는 뜻이다(旅而无所容, 故受之以巽. 巽者, 入也)"라고 하였고, 「설괘」에서도 "'손巽'은 들어간다는 뜻의 입(巽, 入也)"이라고 하였는데, 「단」의 뜻과 같다. 「잡괘」에서는 "'손巽'은 엎드린다는 뜻의 복(巽, 伏也)"이라고 하였다. 『석문』에 "손孫과 문問의 반절(巽, 孫問反)"이라 하고, 또 "들어가는 것(入也)"이라 하고, 또 "『광아』에는 순종하는 것(廣雅云順也)"이라고 하였다.

공영달은 "손은 낮추어 순종한다는 뜻이다. 「설괘」에 '손은 들어간다는 뜻의 입入'이라고 하였다. 손은 바람을 상징하는 괘이며, 바람은 불어 들어가지 않는 곳이 없으므로 들어가는 것으로 뜻을 새겼다. 만약 인간사에 적용한다면, 스스로 낮추어 겸손할 수 있는 사람은 또한 받아들이지 않는 곳이 없다. 그러나 손의 뜻은 낮추어 겸손한 것을 체로 하고, 받아들이는 것을 용으로 하므로, 손의 이름을 받은 것이다(巽者, 卑順之名. 「說卦」云 巽, 入也. 蓋以巽是象風之卦, 風行無所不入, 故以入爲訓. 若施之於人事, 能自卑巽者, 亦無所不容. 然巽之爲義, 以卑順爲體, 以容入爲用, 故受巽名矣)"라고 하였다. 손은 순종하다(順), 엎드리다(伏), 들어간다(入)는 뜻이다. 정이는 "괘는 한 음이 두 양의 아래에 있어, 양에 순종하니, 손이 되는 것이다(爲卦, 一陰在二陽之下, 巽順於陽, 所以爲巽也)"라고 하였다. 진고응은 "'손'의 본 글자는 두 사람이 꿇어앉은 모양을 상징하니('巽'之本字象二人伏跽之形), 그 뜻은 순종하는 것이며(其義爲伏順), 「잡괘」의 '손은 엎드린다는 복'은 그 본뜻이다(「雜卦」'巽, 伏也'卽其本義)"라고 하였다.

(入也)

훈고를 취하여 괘명을 해석하였다. 『석문』에 "'손巽'은 들어가는 것(巽, 入也)"이라고 하였다. '입入'은 들어간다는 뜻이다(出之對). "괘명인 '손巽'은 들어간다는 뜻이다"라는 말이다.

重巽以申命

이하 괘체를 가지고 괘사를 해석하였다. 문장의 구조가 56번 여旅와 같다.

손巽 「단」: 重巽以申命, 剛巽乎中正而志行, 柔皆順乎剛, 是以'小亨, 利有攸往, 利

見大人.'

여旅「단」: 柔得中乎外, 而順乎剛, 止而麗乎明, 是以'小亨, 旅貞吉'也.

'중重'은 겹치다(疊), 거듭하다(複)는 뜻이고, '손巽'은 괘명이다. '중손重巽'은 두 개의 손巽이 서로 겹쳐 있다는 것이다. '이以'는 '이而'와 같다. '신申'은 거듭하다, 되풀이한다는 뜻의 중重이다. '重巽以申命'에서 '중重'과 '신申'은 뜻이 같다.

'명命'에 대해 두 가지 해석이 있다. 하나는 『집해』에 육적이 '명령命令'이라고 하였는데, 뒷사람들은 모두 이를 따랐다. 또 하나는 고형이 임금이 내리는 '교명敎命'이라고 하였는데, 진고응이 또 이를 따랐다. '교명'은 하교下敎와 같다. 두 가지 해석은 모두 통한다.

'명령'과 '교명'은 같은 말이다. 「상」의 '군자신명君子申命'의 '命'도 '명령' 혹은 '교명', 두 가지 모두 통한다. '중손이신명'은 손을 겹쳐 교명을 거듭한다는 말이다. 두 개의 손이 서로 겹쳐 있으므로 교명을 거듭한다고 말한 것이다. 손은 바람이고, 바람은 교명이다. 고형은 "손은 바람이고(巽爲風), 『역전』은 바람을 임금의 교명에 비유하였다(『易傳』以風比君之敎命). 그런즉 손의 괘상은 임금이 교명을 거듭하는 것이다(然則巽之卦象是君上重申其敎命)"라고 하였다.

剛巽乎中正而志行

'강剛'에 대해 두 가지 해석이 있다. 하나는 '강'을 다섯째 양효로 보는 것이다. 우번, 주희, 래지덕, 굴만리, 유백민, 진고응 등이 이렇게 해석하였다. 또 하나는 둘째 양효와 다섯째 양효로 보는 것이다. 육적, 공영달, 정이, 고형 등 뒷사람들은 대부분 이렇게 해석하였다. 두 가지 해석은 모두 통한다. 필자는 이곳의 '강剛'은 바로 뒤 구절의 '강'과 같으므로 둘째와 다섯째 양효로 보는 것이 타당하다고 생각한다.

'손巽'은 들어간다는 뜻의 입入이며, 거하다는 뜻의 거居로 사용하였다. 「단」은 '손巽'을 들어간다는 뜻의 입入으로 해석하였다. '호乎'는 '어於'와 같다. '중정中正'은 다섯째 양효가 윗괘의 가운데(中)와 바른 자리(正)에 있다는 것, 혹은 둘째 양효가 아랫괘의 가운데 자리에, 다섯째 양효는 윗괘의 가운데와 바른 자리에 있다는 것이며(효위), 중정의 도를 행하는 상이다(효상). 역례에서 둘째와 다섯째 자리는 양효가 오든 음효가 오든 모두 '중정中正'이라고 하였다.

'지행志行'은 '행지行志'로 읽는 것이 바르다. 즉 주술 구조가 아니라 술목 구조가 되어야 바르다. 운을 맞추기 위해 의도적으로 도치하였다. '행行'과 '강剛'은 운이다. '행지'는 뜻을 실행한다는 말이다. '강손호중정이지행'은 강이 가운데 자리에 들어가 뜻을 실행한다는 말이다. '지志'는 중정의 도를 실행하는 뜻(志)이다.

고형은 "손의 둘째 양효는 양효이고, 강이며, 아랫괘의 가운데 자리에 있다(巽之九二爲陽爻, 爲剛, 居下卦之中位). 다섯째 양효는 양효이고, 강이며, 윗괘의 가운데 자리에 있다(九五爲陽爻, 爲剛, 居上卦之中位). 이것이 강이 가운데 자리에 들어간 것이며, 임금이 중정의 도에 진입한 것을 상징한다(是爲剛入于中正, 象君進入中正之道). 임금이 중정의 도에 진입하면, 그 교령은 바름에 합하니, 신민은 복종하여(君進入中正之道, 其教命合乎正, 則臣民從之), 임금의 뜻은 행할 수 있다(而君之志得行矣)"라고 하였다. 그의 해석은 뛰어났다.

柔皆順乎剛

'유柔'는 처음과 넷째 음효를 가리킨다. '유개순호강'은 유는 모두 강에 순종한다는 말이다. '호乎'는 '어於'와 같다. '강剛'에 대해 두 가지 해석이 있다.

하나는 앞의 '강'과 같은 것으로 여기고, 둘째와 다섯째 양효로 보는 것이다. 즉 처음 음효는 둘째 양효에, 넷째 음효는 다섯째 양효에 순종한다는 것이다. 공영달, 정이, 굴만리, 유백민, 진고응 등이 이렇게 해석하였다. 또 하나는 '강'을 둘째, 셋째, 다섯째, 꼭대기 양효로 보는 것이다. 즉 아랫괘의 처음 음효는 둘째와 셋째 양효의 아래에 있고, 윗괘의 넷째 음효는 다섯째와 꼭대기 양효의 아래에 있다. 이것이 유는 모두 강에 순종한다는 것이다. 래지덕과 고형 등이 이렇게 해석하였다. 두 가지 해석은 모두 통한다. 필자는 이곳의 '강剛'은 앞 구절의 '강'과 같으므로 둘째와 다섯째 양효로 보는 것이 타당하다고 생각한다.

고형은 "'유개순호강'은 신민이 모두 그 임금에게 순종하는 것을 상징한다(柔皆順乎剛, 象臣民皆順從其君)", 진고응은 "백성이 통치자의 교령에 순종하는 것을 상징한다(象百姓順從統治者的教令)"라고 하였다.

是以'小亨, 利有攸往, 利見大人.'

손을 겹쳐 교명을 거듭하고, 강이 가운데 자리에 들어가 뜻을 실행하며, 유는 모두 강에 순종하니, 그래서 괘사에서 '조금 형통하니, 갈 곳이 있으면 이롭고, 대인을 만나보는 것이 이롭다'고 한 것이라는 말이다.

항안세項安世는 『주역완사周易玩辭』에서 "괘체로 말하면 '重巽以申命'은 '是以小亨'이고(以卦體言之, 重巽以申命, 是以小亨也), 다섯째 양효로 말하면 '剛巽乎中正而志行'은 '利有攸往'이며(以九五言之, 剛巽乎中正而志行, 是利有攸往也), 처음 음효와 넷째 음효로 말하면 '柔皆順乎剛'은 '利見大人'이다(以初六, 六四言之, 柔皆順乎剛, 是利見大人也)"라고 하

였다.

진고응은 "'소'는 음을 가리키며, 아래에 있는 백성을 말하니, 위의 문장 '유柔'자를 이어서 말한 것이다('小'指陰, 謂在下之百姓, 承上文'柔'字而說). 백성이 통치자의 교령에 순종하니, 그래서 하는 일이 순통하고(百姓順從統治者之敎令, 所以行事通順), 앞으로 나아감에 이롭고(利於前往), 대인을 알현하면 이로워, 임금에게 관직을 얻고 임금의 도움과 복을 얻는다(利於參謁大人, 干祿於君上而得君上之幇助和賜福)"라고 하였다.

58. 태兌

䷹ 兌, 亨, 利貞.

태는 형통하고, 바르게 하여 이롭다.

'태兌'는 괘명이며, 기뻐하다는 뜻의 열悅이다. '형亨'은 형통하다는 뜻의 통通이다. '정貞'은 바르다는 뜻의 정正이다. '이정利貞'은 바르게 하여 이롭다는 말이다.

彖曰 兌, 說也. 剛中而柔外, (故'亨'). 說以'利貞', 是以順乎天而應乎人. 說以先民, 民忘其勞. 說以犯難, 民忘其死. 說之大, 民勸矣哉.

태는 기뻐한다는 뜻이다. 강이 가운데 자리에 있고 유는 밖에 있으니, (그러므로 '형통하다'는 것이다). 기뻐하여 '바르게 하여 이로우니', 그래서 하늘에 순응하고 사람에 응한다. 기뻐하여 백성보다 먼저 하니, 백성은 수고로움을 잊는다. 기뻐하여 위험을 무릅쓰니, 백성은 죽음을 잊는다. 기뻐하는 것이 크니, 백성은 힘쓰는 것이다.

태「단」은 3단락으로 구성되어 있다.

첫째 단락…훈고로 괘명 '兌'를 해석하였다.

① 兌…괘명을 들었음.

② 說也…기뻐한다는 뜻임.

둘째 단락…괘사를 해석하였다.

1. 괘체로 괘사 '亨'을 해석하였다.

① 剛中而柔外 … 강이 가운데 자리에 있고 유는 밖에 있음.
② (故'亨') … 괘사 '亨'을 들었음.

2. 괘사 '利貞'을 해석하였다.
① 說以'利貞' … 기뻐하여 '바르게 하여 이로움'.
② 是以順乎天而應乎人 … 그래서 하늘에 순응하고 사람에 응함.

셋째 단락 … 괘의를 설명하였다.
① 說以先民 … 기뻐하여 백성보다 먼저 함.
② 民忘其勞 … 백성은 수고로움을 잊음.
③ 說以犯難 … 기뻐하여 위험을 무릅씀.
④ 民忘其死 … 백성은 죽음을 잊음.
⑤ 說之大 … 기뻐하는 것이 큼.
⑥ 民勸矣哉 … 백성은 힘쓰는 것임.

태 「단」에서 '형亨', '정貞', '인人'은 운이다.
유백민: '貞', 十四淸. 與下'人', 十四眞. 爲韻. 古人於耕, 淸, 靑韻中字, 往往讀入眞, 諄, 臻韻.
스즈키: '정貞', '인人'.

兌

괘명이다. 「서괘」에 "들어간 이후에 기뻐하니, 그러므로 태로 받는다. 태는 기뻐한다는 뜻이다(入而後說之, 故受之以兌. 兌者, 說也)"라고 하였고, 「설괘」에 "만물을 기쁘게 하는 것은 못보다 기쁘게 하는 것이 없다(說萬物者莫說乎澤)"라고 하였는데, 「단」 역시 '열說'을 가지고 괘명 '태兌'를 설명하였다. 『집해』에 우번은 "'태兌'는 입이다. 그래서 기뻐한다는 것이다(兌, 口. 故說也)"라고 하였고, 『석문』에 "'태兌'는 도徒와 외外의 반절이다. 기뻐한다는 뜻이다(兌, 徒外反. 悅也)"라고 하였다. '태兌'는 기뻐하다(說)는 뜻이다.

주희는 "태는 기뻐하는 것이다. 한 음이 두 양의 위로 나아가니, 기쁨이 밖에서 나타나는 것이다(兌, 說也. 一陰進乎二陽之上, 喜之見乎外也)"라고 하였다. 그는 '희喜'를 가지고 '열說'을 해석하였다.

說也

훈고를 취하여 괘명을 해석하였다. 『석문』에 "'열說'의 음은 열悅(音悅)"이라고 하였다. '열說'은 기뻐하다는 뜻의 열悅이다. "괘명인 '태兌'는 그 뜻이 기뻐하다는 뜻의 '열說'"이라는 말이다.

剛中而柔外

이하 괘체를 가지고 괘사 '亨'을 해석하였다. 『집해』에 우번은 "'강중剛中'은 둘째와 다섯째 양효를 가리킨다(剛中, 謂二五)"라고 하였다. '강剛'은 둘째와 다섯째 양효를, '중中'은 둘째 양효는 아랫괘의 가운데 자리에(효위), 다섯째 양효는 윗괘의 가운데 자리에 있다는 것이며(효위), 군자가 안으로 강건하게 중도를 행하는 상이다(효상).

『집해』에 우번은 "'유외柔外'는 셋째와 꼭대기 음효를 말한다(柔外, 謂三上也)"라고 하였다 '유柔'는 셋째와 꼭대기 음효를, '외外'는 셋째 음효는 아랫괘의 밖에(효위), 꼭대기 음효는 윗괘의 밖에 있다는 것이며(효위), 군자가 밖으로 부드러운 상이다(효상). '강중이유외'는 강이 가운데 자리에 있고 유는 밖에 있다는 말이다. 즉 군자는 안으로 강건하게 중도를 행하고 밖으로 부드럽다는 것이다. '외유내강外柔內剛'과 같은 말이다.

진고응은 "둘째와 다섯째 양효는 가운데 자리에 있으니, '강중剛中'이라고 하였다(九二, 九五陽剛居中位, 所以說'剛中'). 또 '가운데'는 안을 말한다(又'中'謂內). 처음, 둘째, 넷째, 다섯째는 양이 상하 괘의 안에 있으니, 또한 '강중剛中'이라고 말한다(初, 二, 四, 五陽剛居上下卦之內, 亦謂'剛中'). 셋째와 꼭대기는 음이 상하 괘의 밖에 있으니, '유외柔外'라고 하였다(三上陰柔居上下卦之外, 所以說'柔外'). 이것은 임금이 강건하고 가운데 자리에 있는 것을 본本으로 하고, 유화로 밖에 처하여 사물에 접하는 것을 보輔로 한 것을 상징하니(此象人君以剛健居中爲本而以柔和處外接物爲輔), 강건은 체이고, 유화는 용이다(剛健是體, 柔和是用)"라고 하였다.

(故'亨')

'剛中而柔外' 뒤에 '故亨'이 있어야 한다. 옮겨 쓰면서 잘못하여 빠뜨렸을 것이다. "강이 가운데 자리에 있고 유는 밖에 있으니, 그러므로 '형통하다'"는 말이다. 즉 군자는 안으로 강건하게 중도를 행하고 밖으로 부드러우니 형통하다는 것이다.

說以'利貞'

이하 괘사 '利貞'을 해석하였다. '열說'은 괘명 '태兌'로 쓰는 것이 바르다. 「단」에 그 증거가 있다.

① 중부中孚「단」: 中孚以利貞
② 소과小過「단」: (小)過以利貞

두 곳 모두 괘명을 들었다. '태兌'는 '열說'이며, 기뻐하다는 뜻의 열悅이다. '이以'는 '이而'와 같다. '태이리정兌以利貞'은 기뻐하여 바르게 하여 이롭다는 말이다. 주어는 '군자(剛)'이다.

是以順乎天而應乎人

'시이是以'는 접속사이다. 두 개의 '호乎'는 '어於'와 같다. '순호천'은 하늘에 순응하는 것, '응호인'은 사람에 응한다는 뜻이다. 49번 혁「단」에도 똑같은 구절이 나온다.

天地革而四時成, 湯武革命, 順乎天而應乎人.
천지가 바뀌니 사계절이 이루어진다.
탕과 무왕이 천명을 바꾸니,
하늘에 순응하고 사람에 응하는 것이다.

군자는 기뻐하여 바르게 하여 이로우니, 그래서 하늘에 순응하고 사람에 응한다는 것이다. 즉 '순호천'하고 '응호인'하는 것이 바르게 하는 것이어서 이로운 것이라는 말이다.

「단」은 괘사 '이정利貞'을, 기뻐하여 '바르게 하여 이로우니', 그래서 하늘에 순응하고 사람에 응한다고 해석하였다.

說以先民

이하 괘의를 말하였다. 주어는 '강중이유외剛中而柔外'의 '강剛'이며, 안으로 강건하게 중도를 행하고 밖으로 부드러운 군자이다. '열說'은 '열悅'이며, 기뻐하다는 뜻이다. '이以'는 '이而'와 같다. '선민先民'은 백성 앞에 서서 백성보다 먼저 한다는 뜻이다. '열이선민'은 군자가 기뻐하여 백성보다 먼저 한다는 말이다. 즉 솔선수범한다는 것이다.

民忘其勞

'민民'은 군자를 따르는 백성이다. '망忘'은 잊는다는 뜻이다. '기其'는 백성 자신을 가리킨다. '노勞'는 부지런하다(勤), 수고롭다(事功)는 뜻이다. '민망기로'는 백성은 수고로움을 잊는다는 말이다. "군자가 기뻐하여 백성보다 먼저 하니, 백성은 수고로움을 잊는다"는 것이다.

說以犯難

'열說'은 '열悅'이며, 기뻐하다는 뜻이다. '이以'는 '이而'와 같다. '범犯'은 범하다(干), 당하다(遭), '난難'은 어렵다(艱)는 뜻이다. '범난犯難'은 어려움을 범한다, 즉 위험을 무릅쓴다는 뜻이다. '열이범난'은 군자가 기뻐하여 위험을 무릅쓴다는 말이다.

民忘其死

'망忘'은 잊는다는 뜻이다. '기其'는 백성 자신을 가리킨다. '민망기사'는 백성은 죽음을 잊는다는 말이다. "군자가 기뻐하여 위험을 무릅쓰니, 백성은 죽음을 잊는다"는 것이다.

진고응은 '是以順乎天而應乎人'이 한 구절, '說以先民'에서 '民忘其死'까지 한 구절로 보고, "'인人'과 '사死'는 진眞, 지脂의 운을 맞춘 것('人'與'死'爲眞, 脂協韻)"이라고 하였다.

說之大

'열說'은 '열悅'이며, 기뻐하다는 뜻이다. '지之'는 주격조사로 쓰였다. '대大'는 앞의 '說以先民', '說以犯難'이다. 즉 군자가 '선민先民'하고 '범난犯難'하는 것이다. '열지대'는 기뻐하는 것이 크다는 말이다. 군자가 '선민'하고 '범난'하니, 기뻐하는 것이 크다는 것이다.

民勸矣哉

『설문』 역부力部에 "'권勸'은 힘쓴다는 뜻의 면勉"이라고 하였다. 단옥재는 "힘을 써서 기쁘게 따르는 것 또한 '권'이라 한다(勉之而悅從亦曰勸)"라고 하였다. '권勸'은 앞의 '民忘其勞', '民忘其死'이다. 즉 백성이 '망로忘勞'하고 '망사忘死'하는 것이다. '의재矣哉'는 감탄 종결조사이다. '민권의재'는 백성은 힘쓴다는 말이다. 백성이 '망로'하고 '망사'하니, 백성은 힘쓴다는 것이다. "기뻐하는 것이 크니, 백성은 힘쓴다"는 것이다.

군자가 기뻐하여 백성보다 먼저 하고, 기뻐하여 위험을 무릅쓰니, 기뻐하는 것이 큰 것이다. 기뻐하는 것이 크니, 백성은 수고로움도 잊고 죽음도 잊고 분발하여 힘쓰는 것이라는 말이다.

59. 환渙

䷺ 渙, 亨, 王假有廟. 利涉大川. 利貞.

환은 형통하니, 왕이 종묘에 온다. 큰 내를 건너면 이롭다. 바르게 하여 이롭다.

'환渙'은 괘명이며, 물이 세차게 거침없이 흘러간다는 뜻이다. '형亨'은 형통하다는 뜻의 통通이다. 『석문』에 "'격假'은 경庚과 백白의 반절이다. 양나라 무제는 '가'로 발음하였다(假, 庚白反. 梁武帝音賈)"라고 하였다. 『집해』에 우번은 "'격假'은 이르다는 뜻의 지至"라고 하였다. 『백서』에는 '유有'가 '우于'로 되어 있다. '유有'는 '우于'로 읽는다. '왕격유묘'는 왕이 종묘에 온다는 말인데, 췌萃와 환渙「단」, 두 곳 기록되어 있다. '섭涉'은 물을 건너다(渡)는 뜻이다. '정貞'은 바르다는 뜻의 정正이다. '이정利貞'은 바르게 하여 이롭다는 말이다.

彖曰 '渙, 亨', 剛來而不窮, 柔得位乎外而上同. '王假有廟', 王乃在中也. '利涉大川', 乘木有功也.

'환이 형통하다'는 것은, 강이 와서 다하지 아니하고, 유가 밖에서 바른 자리를 얻어 위와 같기 때문이다. '왕이 종묘에 온다'는 것은 왕이 곧 가운데에 있다는 것이다. '큰 내를 건너면 이롭다'는 것은 나무배를 타면 공이 있다는 것이다(「단」은 괘사 '利貞'을 해석하지 않았다).

환「단」은 2단락으로 구성되어 있다.

첫째 단락…괘체로 괘명 '渙'과 괘사 '亨'을 해석하였다.

① '渙, 亨'…괘명과 괘사 '형'을 들었음.
② 剛來而不窮…강이 와서 다하지 아니함.
③ 柔得位乎外而上同…유가 밖에서 바른 자리를 얻어 위와 같음.

둘째 단락… 괘사를 해석하였다.

1. 괘체로 괘사 '王假有廟'를 해석하였다.
   ① '王假有廟'… 괘사 '왕격유묘'를 들었음.
   ② 王乃在中也… 왕이 곧 가운데에 있다는 것임.

2. 괘상으로 괘사 '利涉大川'을 해석하였다.
   ① '利涉大川'… 괘사 '이섭대천'을 들었음.
   ② 乘木有功也… 나무배를 타면 공이 있다는 것임.

환「단」에서 '궁窮', '동同', '중中', '공功'은 운이다.
유백민: '窮', 一東. 與下'同', 一東. '中', 一東. '功', 一東. 爲韻.
スズキ: '궁窮', '동同', '중中', '공功'.

渙

괘명이다.「서괘」에 "기뻐한 후에 흩어지니, 그러므로 환으로 받는다. 환은 떨어진다는 뜻이다(說而後散之, 故受之以渙. 渙者, 離也)"라고 하였다.「서괘」는 '산散'과 '리離' 두 가지 뜻으로 새겼다.「잡괘」에 "'환渙'은 떨어진다는 뜻(渙, 離也)"이라고 하였다.『설문』 수부水部에 "'환渙'은 물이 흘러 흩어지는 것(渙, 水流散也)"이라 하였고,『석문』에 "'환渙'은 호呼와 난亂의 반절이다. 흩어진다는 뜻이다(渙, 呼亂反. 散也)"라고 하였다. 물이 사방으로 흩어져 흘러가는 것이 '환'이다.「단」은 '剛來而不窮'을 가지고 괘명 '환'을 해석하였다. "강이 와서 다하지 아니한다"는 말이다.「단」은 '환渙'을, 물이 세차게 거침없이 흘러간다(水流洶涌奔蕩)는 뜻으로 새겼다.

정이는 "환은 손이 위에 감이 아래에 있다. 물위에 바람이 부니, 물이 바람을 만나면 흩어지므로 환이다(爲卦, 巽上坎下. 風行於水上, 水遇風則渙散, 所以爲渙也)"라고 하였다.

'渙, 亨'

괘명과 괘사의 '형亨'을 인용하였다. "괘명인 '환渙'이 '형통하다'고 하는 것은"이라는 말이다. 아래에 설명이 이어진다.

剛來而不窮

괘체를 가지고 괘명 '환渙'을 해석하였다. '강래剛來'는 강이 왔다는 것이고, '불궁不窮'은 다하지 않는다는 말이다. '강래이불궁'은 강이 와서 다하지 아니한다는 말이다.

'강래剛來'에 대해 여러 가지 해석이 있다.

첫째, 『집해』에 노씨는 "환괘는 비괘否卦를 근본으로 하였다. 비괘의 윗괘인 건의 넷째 양효가 곤의 가운데 자리에 와서 거하니, 강이 와서 감을 이루어, 물이 흘러 다하지 않는 것이다(此本否卦. 乾之九四, 來居坤中, 剛來成坎, 水流而不窮也)"라고 하였다. 비否(䷋)의 윗괘 건의 넷째 양효(剛)가 아래로 와서(來) 곤의 가운데 자리에 있으니 환渙(䷺)이 되었다는 것이다.

둘째, 왕필은 "둘째는 강이 와서 아랫괘에 거하여 감인 험난함을 다하지 않는다(二以剛來居內, 而不窮於險)"라고 하였다. 공영달은 "둘째는 강의 덕을 가지고 감의 험난함 중에 와서 거하여, 험난함을 다하지 않는다(二以剛德來居險中, 而不窮於險)"라고 하였다.

셋째, 정이는 "양이 와서 둘째 자리에 거한다(由九來居二)"라고 하였다.

넷째, 주희는 "그 괘변은 본래 점괘에서 왔다. 양이 와서 둘째 자리에 거하여 가운데 자리를 얻었다(其變則本自漸卦. 九來居二而得中)"라고 하였다. 점漸(䷴)의 셋째 양효와 둘째 음효가 자리를 바꾸었다는 말이다.

다섯째, 래지덕은 종괘로 해석하였다. "환의 종괘는 절이다.……절의 윗괘인 감의 가운데 양이 환의 둘째 자리에 와서 거한 것을 말한다. 강이 와서 또한 아랫괘의 가운데 자리에 있으니, 다함에 이르지 않는 것을 말한다(本卦綜節.……言節上卦坎中之陽, 來居于渙之二也. 言剛來亦在下之中, 不至于窮極也)"라고 하였다. 유백민도 "渙反爲節, 節之九五, 來而爲渙之九二"라고 하여 종괘로 해석하였다.

여섯째, 굴만리는 "'강'은 둘째 양효이다(剛謂九二). 가운데에 있으므로 다함이 없다(在中故不窮)"라고 하였다.

일곱째, 고형은 둘째와 다섯째 양효를 가리킨다고 하였다. "환의 둘재 양효는 양효이고 강이며 아랫괘의 주효이다(渙之內卦九二爲陽爻, 爲剛, 爲內卦之主爻). 윗괘의 다섯째 양효는 양효이고 강이며 한 괘의 높은 자리에 있다(外卦九五爲陽爻, 爲剛, 居一卦之尊位). 강이 안에서 주인을 하고 밖에서 높은 자리에 있으니(剛在內爲主, 在外居尊), 이것이 '강래이불궁'이며(是爲'剛來而不窮'), 왕이 자신의 자리에서 권력을 가지고, 곤궁하지 않는 것을 상징한다(乃象王居位用權, 而不窮困)"라고 하였다.

여덟째, 진고응은 "'강'은 둘째 양효('剛'指陽爻九二), '내'는 건의 처음 양효가 아래로 와서 곤의 둘째 효에 이른 것이다('來'指由乾初下來至坤二). 건의 처음 양효가 곤의 둘째 효에 이르러 감의 험난함이 되었으나(乾初來至坤二而成坎險), 둘째 양효는 강건하고 가운데 자리에 있어(但九二剛健居中), 감속에 들어가도 곤궁함에 빠지지 않으니(入於坎中而不困陷), 그래서 '불궁'이라 하였다(所以說'不窮')"라고 하였다.

아홉째, 필자의 해석이다. 「단」은 위에서 아래로 온 것을 '내來', 아래에서 위로 간 것을 '왕往'이라고 하였다. '강剛'은 당연히 둘째 양효를 가리키며, '내來'는 강이 둘째 양효의 자리에 왔다는 것이다. '불궁不窮'은 '무궁無窮'과 같으며, 다함이 없다는 뜻이다. '강래이불궁'은 둘째 양효(剛)가 아랫괘의 가운데 자리로 와서(來) 다하지 아니한다(不窮)는 말이다. 「단」은 괘명 '환渙'을, 강이 와서 다하지 아니한다, 즉 물이 세차게 거침없이 흘러간다는 뜻으로 새겼다. 이러한 해석은 모두 통한다.

柔得位乎外而上同

괘체를 가지고 괘사의 '형亨'을 해석하였다. '유柔'는 넷째 음효를 가리킨다. '득위得位'는 넷째 음효가 음이 음의 자리를 얻었다는 것이다. '호乎'는 '어於'와 같다. '외外'는 윗괘를 가리킨다. '상上'은 다섯째 양효를 가리킨다. '동同'은 넷째 음효는 다섯째 양효와 같이 윗괘에 있다는 말이다. '유득위호외이상동'은 유가 밖에서 바른 자리를 얻어 위와 같다는 말이다. 이에 대해 여러 가지 해석이 있다.

첫째, 『집해』에 노씨는 "비괘의 아랫괘인 곤의 둘째 음효가 위로 건의 넷째 자리로 올라가, 유가 윗괘에서 바른 자리를 얻어 위로 존귀한 왕에게 이어서 위와 더불어 같다(坤之六二, 上升乾四, 柔得位乎外, 上承貴王, 與上同也)"라고 하였다.

둘째, 왕필은 "넷째는 유가 윗괘에서 바른 자리를 얻어 위의 다섯째 양효와 더불어 같다(四以柔得位乎外, 而與上同)"라고 하였다. 공영달은 "넷째는 유순하여 윗괘에서 바른 자리를 얻어 위의 다섯째와 더불어 같다(四以柔順得位於外, 而上與五同)"라고 하였다. 굴만리와 유백민도 이렇게 해석하였다.

셋째, 정이는 "음이 올라가 넷째 자리에 거하는 것(六上居四也)"이라 하였다.

넷째, 주희는 "음이 셋째 자리에 가서 거하여 양의 자리를 얻어, 위로 넷째 음효와 같은 것이다(六往居三, 得九之位, 而上同於四)"라고 하였다. 점漸(䷴)의 둘째 음효와 셋째 양효가 자리를 바꾸어 둘째 음효가 셋째 양효의 자리를 얻어, 위로 넷째 음효와 같다는 말이다.

다섯째, 래지덕은 "절의 아랫괘인 태의 셋째 음효가 위로 가서 손의 넷째 음효가 되어, 다섯째 양효와 더불어 같은 덕을 가지고 다섯째 양효를 보좌하는 것이다(節下卦兌三之柔, 上行而爲巽之四, 與五同德, 以輔佐乎五也)"라고 하였다.

여섯째, 고형은 "넷째 음효는 음효이고 유이며 윗괘의 음의 자리에 있으니(六四爲陰爻, 爲柔, 居外卦之陰位), 이것이 '유득위호외'이며(是爲'柔得位乎外'), 신민이 조정 밖에 처하여 각각 자신의 자리를 얻고 자신의 직분을 다하는 것을 상징한다(乃象臣民處于朝外, 各得其位, 各盡其職). 또 넷째 음효는 유이고 다섯째 양효는 강이다(六四爲柔, 九五爲剛). 넷째 음효는 다섯째 양효의 아래에 있으니(六四居九五之下), 이것은 유가 강에 순종하는 것이며(是爲柔順乎剛), 신민이 왕에게 순종하여 말과 행동이 위로 임금과 같음을 상징하니(乃象臣民順從其王, 言行上同于君王), 이것이 '상동'이다(是爲'上同'). 종합하면, 환의 효상은 왕이 자신의 자리에서 권력을 가지고 곤궁하지 않으며(綜之, 渙之爻象是王居位用權而不困窮), 신민은 자신의 자리를 얻어 직분을 다하여 임금을 따르니(臣民得位盡職以從其君), 이렇게 하면 정교는 통행하여 막힘이 없는 것이(如此則政教通行而無阻), 물이 흘러 사방으로 흩어져 막힘이 없는 것과 같으니(如水流四散而無阻矣), 그래서 괘명이 '환'이고(是以卦名曰渙), 괘사에서 '형'이라고 말한 것이다(卦辭云'亨'也)"라고 하였다. 고형이 깔끔하게 설명하였다.

일곱째, 진고응은 "'유'는 넷째 음효이며('柔'指陰爻六四), 대신이 자리에 있으므로 '득위'라고 하였다(六四爲大臣之位, 所以說'得位'). 곤의 둘째 효가 건의 처음에 들어가서 넷째 음효가 되니(坤二入乾初而成六四), 아랫괘에서 윗괘에 거하므로 '외'라고 하였다(由內卦居外卦, 所以說'外'). 넷째 음효는 위의 다섯째 양효와 이웃하여 덕을 같이 하므로 '상동'이라 하였다(六四承比在上位的九五, 與九五尊上同德, 所以說'上同')"라고 하였다. 이러한 해석은 모두 통한다.

'유득위호외이상동'은 유(넷째 음효)가 윗괘에서 자신의 자리를 얻어 다섯째 양효와 같이 윗괘에 있다는 말이다. 그래서 "환은 형통하다"는 것이다.

'王假有廟', 王乃在中也.

'내乃'는 부사이며, 즉則의 뜻이다. '왕내재중야'는 왕이 곧 가운데에 있다는 말이다. 이에 대해 두 가지 해석이 있다.

첫째, 괘체를 가지고 해석한 것이다. '왕王' 다섯째 양효이고, '중中'은 윗괘의 가운데 자리이다. '왕내재중야'는 다섯째 양효가 윗괘의 가운데 자리에 있다는 것이다. 『집해』에 순상은 "다섯째의 큰 자리에 거하여 윗괘의 가운데에 있다(居五大位, 上體之中)"라고 하였고, 래지덕은 "다섯째 양효는 윗괘의 가운데 자리에 있다(九五居上體之中)"라고 하였다. 진몽뢰, 유백민, 진고응이 이를 따랐다.

둘째, 괘의를 가지고 해석한 것이다. '왕'은 종묘에 온 왕이며, '중'에 대해 ①왕필은 '흩어지는 가운데'라고 하고, "왕은 곧 흩어지는 가운데 있으니, 그러므로 종묘에 오는 것이다(王乃在乎渙然之中, 故至有廟也)"라고 하였다. 공영달이 이를 따랐다(此重明渙時可以有廟之義). ②정이는 '사람의 심중'이라 하고, "천하가 흩어지는 때 왕은 인심을 거두어들이기 위해 종묘에 오니, 곧 사람의 마음속에 있다는 것이다. '재중'은 마음속을 구하여 얻는다는 말이며, 인심을 흡수하는 것을 말한 것이다. 중은 마음의 상이다(天下離散之時, 王者收合人心, 至於有廟, 乃是在其中也. 在中謂求得其中, 攝其心之謂也. 中者心之象)"

라고 하였다. ③주희는 "'중'은 종묘 속(中, 廟中)"이라고 하였다. 왕이 종묘 안에 있다는 것이다. ④고형은 "'왕격유묘'는 왕이 종묘 제사를 받들 수 있다는 말이다('王假有廟', 謂王能奉其宗廟祭祀). 왕이 종묘 제사를 받들 수 있는 것은(王所以能奉宗廟祭祀) 왕의 행실이 정중의 도에 있기 때문이다(以王之行在正中之道也). 다섯째 양효는 양효이고 강이며 윗괘의 가운데 자리에 있고(九五爲陽爻, 爲剛, 居上卦之中位), 또 한 괘의 높은 자리에 있으니(亦居一卦之尊位), 왕이 정중의 도를 지키는 것을 상징한다(正象王守正中之道)"라고 하였다. 이러한 해석은 모두 통한다.

「단」은 괘사 '왕격유묘'를, 왕이 종묘에 온다는 것은 다섯째 양효가 윗괘의 가운데 자리에 있는 것이라고 해석하였다. 다섯째 양효가 윗괘의 가운데 자리에 있으니(효위), 왕이 중도를 행하는 상이다(효상).

'利涉大川', 乘木有功也.

괘상을 가지고 괘사 '利涉大川'을 해석하였다. '승乘'은 타다(登)는 뜻이고, '목木'은 나무배를 가리킨다. '목木' 뒤에 '주舟'자가 있어야 한다. 「단」에 그 증거가 있다.

> 중부中孚 「단」: 乘木舟虛也.

중부에는 '주舟'자가 있으나 여기에는 없는 것은 앞의 '王乃在中也'와 5글자 짝을 만들기 위해 의도적으로 생략하였기 때문이다. '공功'은 물을 건너는 공이다. '승목유공야'는 나무배를 타면 공이 있다는 말이다.

환은 윗괘가 손巽이고 아랫괘는 감坎이다. 손은 나무(木)이고 감은 물(水)이다. 그런즉 환의 괘상은 나무가 물위에 있는 것이니, 즉 나무배가 내 위에 떠서 건너가는 것이다. 「단」은 괘사 '이섭대천利涉大川'을, 나무배를 타고 물을 건너면 공이 있다고 해석하였다.

「단」에서 '손巽'으로 '이섭대천'을 말한 것은 세 곳이 있는데, 모두 '목木'을 말하였다. 42번 익益(䷩) 「단」 '木道乃行', 59번 환渙(䷺) 「단」 '乘木有功也', 61번 중부中孚(䷼) 「단」 '乘木舟虛也' 등 세 곳이다.

「단」은 괘사 '利貞'을 해석하지 않았다.

60. 절節

䷻ 節, 亨. 苦節不可貞.

절은 형통하다. 절도를 고통으로 여기면 바를 수 없다.

'절節'은 괘명이며, 절도節度의 뜻이다. '형亨'은 형통하다는 뜻의 통通이다. '고절苦節'은 절도를 고통으로 여긴다는 뜻이다. '정貞'은 바르다는 뜻의 정正이다.

彖曰 '節, 亨', 剛柔分而剛得中. '苦節不可貞', 其道窮也. 說以行險, 當位以節, 中正以通. 天地節, 而四時成. 節以制度, 不傷財, 不害民.

'절이 형통하다'는 것은 강유가 나누어져 있고 강이 가운데 자리를 얻었기 때문이다. '절도를 고통으로 여기면 바를 수 없다'는 것은 그 도가 궁하기 때문이다. 기뻐하여 험난함을 행하고, 합당한 자리에서 절도가 있으며, 중정을 행하여 통한다. 천지는 절도가 있어 사계절이 이루어진다. 절도로써 법도를 제정하니, 재물을 축내지 아니하고 백성을 해치지 아니한다.

절 「단」은 4단락으로 구성되어 있다.

첫째 단락… 괘체로 괘명 '節'과 괘사 '亨'을 해석하였다.

① '節, 亨'… 괘명과 괘사 '형'을 들었음.

② 剛柔分而剛得中… 강유가 나누어져 있고 강이 가운데 자리를 얻었음.

둘째 단락… 괘사 '苦節不可貞'을 해석하였다.

① '苦節不可貞'… 괘사 '고절불가정'을 들었음.

② 其道窮也… 그 도가 궁하다는 것임.

셋째 단락… 괘덕과 괘체를 말하였다.

1. 괘덕을 말하였다.

① 說以行險… 기뻐하여 험난함을 행함.

2. 괘체를 말하였다.

① 當位以節 … 합당한 자리에서 절도가 있음.

② 中正以通 … 중정을 행하여 통함.

넷째 단락 … 괘의를 설명하였다.

1. 자연계를 들었다.

① 天地節 … 천지는 절도가 있음.

② 而四時成 … 사계절이 이루어짐.

2. 인간계를 들었다.

① 節以制度 … 절도로써 법도를 제정함.

② 不傷財 … 재물을 축내지 아니함.

③ 不害民 … 백성을 해치지 아니함.

절「단」에서 '중中', '궁窮', '통通'과 '성成', '민民'은 운이다.

유백민: '中', 一東. 與下'窮', 一東. '通', 一東. 爲韻.
'成', 十四淸. 與下'民', 十七眞. 爲韻.
耕, 淸, 靑韻, 古人往往讀入眞, 諄, 臻韻.

스즈키: '중中', '궁窮', '통通'과 '성成', '민民'.

節

괘명이다.「서괘」에 "사물은 끝까지 떨어질 수 없으니, 그러므로 절로 받는다. 절도가 있으면 믿으니, 그러므로 중부로 받는다(物不可以終離, 故受之以節. 節而信之, 故受之以中孚)"라고 하였고,「잡괘」에서는 "'절節'은 제지한다는 뜻(節, 止也)"이라고 하였다.「단」은 '강유분剛柔分'을 가지고 괘명 '절節'을 해석하였다. '강유가 나누어져 있다'는 것은 절도가 있다는 것이다.「단」은 절도의 뜻으로 새겼다.『중용』의 '發而皆中節'의 '節'과 같은 개념이다.

공영달은 "'절'은 제도라는 말이고, 제지한다는 뜻이다(節者, 制度之名, 節止之義)", 정이는 "괘는 못 위에 물이 있는 것이다. 못이 물을 받아들이는 것은 한계가 있으니, 못 위에 물을 담아 가득 차면 담을 수 없으니, 절제가 있는 상이다. 그러므로 절이다(爲卦, 澤上有水. 澤之容有限, 澤上置水, 滿則不容, 爲有節之象, 故爲節)"라고 하였다. '절'은 본래 대나무 마디라는 뜻이나, 이것이 제지, 절제, 절약, 절도의 뜻을 갖게 되었다.

'節, 亨'

괘명과 괘사의 '형亨'을 인용하였다. "괘명인 '절節'이 '형통하다'고 하는 것은"이라는 말이다. 아래에 설명이 이어진다.

剛柔分而剛得中

괘체를 가지고 괘명과 괘사의 '형亨'을 해석하였다. '강유분'은 강유가 나누어져 있다는 말인데, 괘명 '節'을 해석한 것이고, '강득중'은 강이 가운데 자리를 얻었다는 말이며, 괘사 '亨'을 해석한 것이다. '강유분이강득중'에 대해 세 가지 해석이 있다.

첫째, 『집해』에 노씨의 해석이다. "절괘는 태괘를 근본으로 하였다. 태괘의 아랫괘인 건의 셋째 양효가 위로 올라가 곤의 다섯째 자리에 있고, 태괘의 윗괘인 곤의 다섯째 음효가 아래로 내려와 건의 셋째 자리에 있는 것이 '강유가 나누어져 강이 가운데 자리를 얻었다'는 것이다(此本泰卦. 分乾九三升坤五, 分坤六五下處乾三, 是'剛柔分而剛得中'也)"라고 하였다. 즉 '강유분'은 절의 다섯째 양효와 셋째 음효를 가리키고, '득중'은 다섯째 양효를 가리킨다는 것이다.

둘째, 왕필의 해석이다. "감은 양이고 태는 음이다. 양이 위에 있고 음이 아래에 있으니, 강유가 나누어진 것이다. 강유가 나누어져 어지럽지 않으며, 강이 가운데 자리를 얻어 절제를 하니, 절제의 주인의 뜻이다. 절제가 큰 것은 강유가 나누어지고 남녀가 유별한 것만한 것이 없다(坎陽而陰兌也. 陽上而陰下, 剛柔分也. 剛柔分而不亂, 剛得中而爲制, 主節之義也. 節之大者, 莫若剛柔分, 男女別也)"라고 하였다. 절은 윗괘가 감坎이고 아랫괘는 태兌이다. 감은 양괘이고 태는 음괘이다. 강이 위에 있고 유가 아래에 있으니, '강유가 나누어져 있다'는 것이다. '득중得中'은 둘째와 다섯째 양효를 가리키며, 이 두 효가 절제하여 절제의 주인이 된다는 것이다. 공영달, 래지덕, 유백민, 고형, 진고응 등이 이를 따랐다.

셋째, 주희의 해석이다. "괘체는 음양이 각각 반이고, 둘째와 다섯째는 모두 양이다(其體陰陽各半, 而二五皆陽)"라고 하였다. '강유분'은 절은 음효와 양효가 각각 세 개인 것을 가리키며, '득중'은 둘째와 다섯째 양효를 가리킨다는 것이다. 진몽뢰, 왕부지, 굴만리, 진고응 등이 이를 따랐다. 이러한 해석은 모두 통한다.

절은 강유가 나누어져 있으니, 그러므로 '절도'가 있다. 또 강이 가운데 자리를 얻었으므로 '형통하다'는 것이다. 「단」은 '절節, 형亨'을, '절이 형통하다'는 것은 강유가 나누어져 있고(節) 강이 가운데 자리를 얻었기(亨) 때문이라고 해석하였다.

고형은 "'강유분'은 임금은 윗자리에, 신민은 아랫자리에서 각각 직분을 지키는 것을 상징한다('剛柔分', 乃象君上居上位, 臣民居下位, 各守職分). '강득중'은 임금이 정중의 도를 얻은 것을 상징한다('剛得中', 乃象君上得正中之道). 종합하여 말하면, 절의 효상은 임금과 신민이 자신의 자리에 있는 것을 상징하니(綜之, 節之爻象是君上與臣民分居其位), 이것은 곧 절도의 규정을 준수하는 것이며(此乃遵守節度之規定), 또 임금은 정중의 도를 얻은 것이니(又是君上得正中之道), 이것은 곧 절도를 준칙으로 하는 것이다(此乃以節度爲準則). 그래서 괘명이 '절'이다(是以卦名曰'節'). 사람이 절도가 있어, 절도에 따라 일을 행하면 통하여 막히는 것이 없으니(人有節度, 依節度行事, 則通而無阻), 그래서 괘사에 '형'이라 한 것이다(是以卦辭云'亨')"라고 하였다. 그의 설명은 독창적이고 명쾌하다.

'苦節不可貞', 其道窮也.

괘사를 해석하였다. '기其'는 절節을 가리키며, '도道'는 절도지도節度之道이다. '궁窮'은 절도의 도가 궁하다는 것이다. '기도궁야'는 그 도가 궁하다는 말이다. 「단」은 괘사 '고절불가정'을, 절도를 고통으로 여기면 바를 수 없는 것은 절도의 도가 궁하기 때문이라고 해석하였다.

『집해』에 우번은 "자리가 꼭대기에서 다하고, 양을 타고 있으므로 궁하다(位極於上, 乘陽, 故窮也)"라고 하여, 꼭대기 음효의 효위를 가지고 '궁'을 해석하였다.

說以行險

괘덕을 말하였다. '열說'은 기쁘다는 뜻의 열悅이다. '이以'는 '이而'와 같다. 절은 아랫괘가 태兌이고 윗괘는 감坎이다. 태는 기뻐함(悅)이고 감은 험난함(險)이다. 그런즉 절은 '기뻐하여 험난함을 행하는 것'이다.

當位以節

이하 괘체를 말하였다. '당위當位'는 합당한 자리이며, 양효가 양의 자리에, 음효가 음의 자리에 있는 것을 가리킨다. 처음(初), 셋째(三), 다섯째(五)는 양의 자리이고, 둘째(二), 넷째(四), 꼭대기(上)는 음의 자리이다. '이以'는 '이而'와 같다. '절節'은 절도이다. '당위이절'은 합당한 자리에서 절도가 있다는 말이다. '당위當位'에 대해 세 가지 주장이 있다.

첫째, 『집해』에 우번은 "다섯째가 '당위이절'(五當位以節)"이라고 하여, 다섯째 양효로 보았다. 정이, 주희, 래지덕, 유백민 등이 이를 따랐다.

둘째, 공영달은 넷째 음효와 다섯째 양효를 가리킨다(四五當位)고 하였다. 넷째와 다섯째는 음양이 각각 그 자리를 얻은 것이다. 진고응이 이를 따랐다.

셋째, 고형은 "넷째, 다섯째, 꼭대기, 세 효는 음양이 모두 합당한 자리에 있으며(三

爻剛柔皆當位), 군신이 각각 자신의 자리를 얻어, 절도를 지키는 것을 상징한다(象君臣各得其位, 以守節度)"라고 하였다. 이들의 주장은 모두 통한다.

절은 처음(양), 넷째(음), 다섯째(양), 꼭대기(음) 효가 음양이 합당한 자리에서 절도가 있다는 것이다.

中正以通

'중정이통'은 중정을 행하여 통한다는 말이다. '이以'는 '이而'와 같다. '중정中正'에 대해 세 가지 해석이 있다.

첫째, 『집해』에 우번은 "'중정'은 다섯째 양효를 말한다. 감은 통하는 것이다(中正, 謂五. 坎爲通也)"라고 하였다. 정이, 주희, 래지덕, 유백민 등은 다섯째 양효를 가리킨다고 하였다. 다섯째 양효는 윗괘의 가운데와 바른 자리에 있으며(효위), 중정의 도를 행하는 상이다(효상).

둘째, 고형은 "다섯째와 둘째는 위아래 괘의 가운데 자리에 나누어 있으니(九五, 九二又分居上下卦之中位), 임금이 정중의 도를 얻었음을 상징한다(象君得正中之道). 임금이 정중의 도를 얻어 정교를 행하면 막힘이 없다(君得正中之道, 以行其政教, 則通行無阻)"라고 하여, 둘째와 다섯째 양효로 보았다.

셋째, 진고응은 "넷째 음효와 다섯째 양효는 바른 자리를 얻었고(四五得正), 다섯째 양효는 또 가운데 자리에 있다(五又居中)"라고 하였다. 이러한 해석은 모두 통한다.

절은 중정의 도를 행하여 막힘없이 통한다는 말이다. 필자는 '說以行險, 當位以節, 中正以通' 이 세 구절이 왜 들어갔으며 무엇을 설명한 것인지 이해할 수 없다. 고형은 "절의 괘의(以上三點亦是節之卦義)"라고 하였다.

天地節

이하 괘의를 말하면서 먼저 자연계를 들었다. '천지'는 자연의 하늘과 땅이다. '절節'은 절도, 즉 자연의 규율이다. '천지절'은 천지는 절도가 있다는 말이며, 자연계는 자연의 규율이 있다는 것이다.

而四時成

'사시四時'는 사계절이다. '사시성'은 사계절이 이루어진다는 말이다. "천지는 절도가 있어 사계절이 이루어진다"는 것이다. 천지는 음양 변화의 규율을 가지고 있어 사계절이 이루어진다. 혁「단」에 같은 말이 있다.

天地革而四時成. 천지가 바뀌니 사계절이 이루어진다.

'천지절天地節'은 곧 '천지혁天地革'이다.

節以制度

이하 인간계를 들었다. 앞의 구절은 '天地'가 주어인데, 이 구절에는 주어가 없다. '성인' 혹은 '임금(君)'이 주어인데 4글자 짝으로 만들기 위해 의도적으로 생략하였다. '節以制度'는 '以節制度'가 바른 표현이다. 문장의 멋을 위하여 도치하였다. '이以'는 용用의 뜻이다. '절節'은 절도, 즉 인간의 규율이다. '제制'는 만들다(製), '도度'는 법도(法)이다. '절이제도'는 절도로써 법도를 제정한다는 말이다. 천지에 절도가 있듯, 인간에게도 절도가 있다. 이것으로 법도를 제정한다는 것이다. 주어는 성인 혹은 임금(君)이다.

不傷財

'상傷'은 손해를 입히다(戕), 해하다(害)는 뜻이다. '재財'는 재물이다. '불상재'는 재물을 축내지 아니한다는 말이다.

不害民

'불해민'은 백성을 해치지 아니한다는 말이다. "성인(임금)이 절도로써 법도를 제정하니, 재물을 축내지 아니하고 백성을 해치지 아니한다"는 것이다.

61. 중부中孚

䷼ 中孚, 豚魚吉. 利涉大川. 利貞.

중부는 돼지와 물고기면 길하다. 큰 내를 건너면 이롭다. 바르게 하여 이롭다.

'중부中孚'는 괘명이며, 믿음이라는 뜻의 신信이다. 고형은 "'중부中孚' 두 글자는 당연히 중복하여 써야 한다(中孚二字當重). 앞의 '중부' 두 글자는 괘명이고(上中孚二字乃卦名), 뒤의 '중부' 두 글자는 괘사이다(下中孚二字乃卦辭也)"라고 하였다. '돈豚'은 작은 돼지이고, '어魚'는 작은 물고기이다. 왕필은 "'어魚'는 벌레가 은미한 것이고, '돈豚'은 짐승이 미천한 것(魚者, 蟲之隱者也. 豚者, 獸之微賤者也)"이라고 하여, 하찮은 사물(微隱之物)을 가리키는 것이라고 하였다. '중부돈어中孚豚魚'는 믿음이 돼지와 물고기라는 하찮은 것에까지 미친다는 뜻이다. '섭涉'은 물을 건너다(渡)는 뜻이다. '정貞'은 바르다는 뜻의 정正이다. '이정利貞'은 바르게 하여 이롭다는 말이다.

彖曰 中孚, 柔在內而剛得中, 說而巽, 孚乃化邦也. '豚魚吉', 信及豚魚也. '利涉大川', 乘木舟虛也. 中孚以'利貞', 乃應乎天也.
중부는 유가 안에 있고 강이 가운데 자리를 얻었으며, 기뻐하여 겸손하니, 믿음이 곧 나라를 교화한다. '돼지와 물고기면 길하다'는 것은 믿음이 돼지와 물고기에 미친다는 것이다. '큰 내를 건너면 이롭다'는 것은 빈 나무배를 탄다는 것이다. 중부가 (혹은 믿음이 있어) '바르게 하여 이롭다'는 것은 하늘에 응한다는 것이다.

중부 「단」은 2단락으로 구성되어 있다.

첫째 단락… 괘사 '中孚'를 해석하였다.

1. 괘체로 해석하였다.
   ① 中孚…괘명을 들었음.
   ② 柔在內而剛得中…유가 안에 있고 강이 가운데 자리를 얻었음.

2. 괘덕으로 해석하였다.
   ① 說而巽…기뻐하여 겸손함.
   ② 孚乃化邦也…믿음이 곧 나라를 교화함.

둘째 단락… 괘사를 해석하였다.

1. 괘사 '豚魚吉'을 해석하였다.
   ① '豚魚吉'… 괘사 '돈어길'을 들었음.
   ② 信及豚魚也…믿음이 돼지와 물고기에 미친다는 것임.

2. 괘상과 괘체로 괘사 '利涉大川'을 해석하였다.
   ① '利涉大川'… 괘사 '이섭대천'을 들었음.
   ② 乘木舟虛也…빈 나무배를 탄다는 것임.

3. 괘사 '利貞'을 해석하였다.

① 中孚以'利貞'… 괘사 '이정'을 들었음.

② 乃應乎天也… 하늘에 응한다는 것임.

중부 「단」에서 '중中', '방邦'과 '어魚', '허虛'는 운이다.

유백민: '中', 一東. 與下'邦', 博工反. 爲韻.
　　　　'魚', 九魚. 與下'虛', 九魚. 爲韻.

스즈키: '중中', '방邦'과 '어魚', '허虛'.

中孚

괘명이다. 「서괘」에 "절도가 있으면 믿으니, 그러므로 중부로 받는다(節而信之, 故受之以中孚)"라고 하였고, 「잡괘」에서도 "'중부中孚'는 믿음이라는 뜻(中孚, 信也)"이라고 하였다. 『석문』에는 "'중부中孚'는 방芳과 부夫의 반절이며, 믿음이라는 뜻이다('中孚', 芳夫反, 信也)"라고 하였다. 「단」 역시 '신信'의 뜻으로 새겼다.

공영달은 "믿음이 마음속에서 나타나니, 이를 '중부'라 한다(信發於中, 謂之中孚)"라고 하였는데, '중中'은 마음속이고, '부孚'는 믿음이다. '중부中孚'는 마음속이 진실한 것(誠信)이다. 주희는 "'부孚'는 믿음이다. 괘는 두 음이 안에 있고, 네 양이 밖에 있다. 둘째와 다섯째의 양은 모두 가운데 자리를 얻었다. 한 괘로 말하면 가운데가 허하고, 상하 두 괘로 말하면 가운데가 실하니, 모두 믿음의 상이다(孚, 信也. 爲卦, 二陰在內, 四陽在外. 而二五之陽, 皆得其中. 以一卦言之爲中虛, 以二體言之爲中實, 皆孚信之象也)"라고 하였다.

柔在內而剛得中

괘체를 가지고 괘명을 해석하였다. '유柔'는 셋째와 넷째 음효를 가리킨다. 이 두 효는 한 괘에서 안에 있다. '유재내柔在內'는 중부 여섯 효에서 두 음효가 안에 있고 네 양효가 밖에 있는 것을 말하며, 임금이 안으로 유순한 덕을 지니고 있는 것을 상징한다. '강剛'은 둘째와 다섯째 양효를 가리킨다. 이 두 효는 위아래 괘에서 가운데 자리에 있다. '강득중剛得中'은 둘째와 다섯째 양효는 각각 위아래 괘의 가운데 자리를 얻었다는 것이며, 임금이 강건하여 중도를 행하는 것을 상징한다. 「단」은 '내內'와 '중中'을 가지고 괘명 '중中'을 해석하였다. '유재내이강득중'은 유가 안에 있고 강이 가운데 자리를 얻었다는 말이다.

說而巽

이하 괘덕을 가지고 괘명을 해석하였다. 『석문』에 "'열說'은 음이 열悅(說, 音悅)"이라고 하였다. '열說'은 '열悅'로 읽으며, 기뻐하다는 뜻이다. '손巽'은 '손遜'으로 읽으며, 겸손하다는 뜻이다. 중부는 아랫괘가 태兌이고 윗괘는 손巽이다. 태는 기뻐함(說)이고 손은 겸손함(巽)이다. 그런즉 중부는 '기뻐하여 겸손함'이다.

孚乃化邦也.

'부孚'는 신信으로 쓰는 것이 바르다. 바로 뒤 구절에서는 '信及豚魚也'라고 하여 '信'으로 썼다. '내乃'는 부사이며 즉則의 뜻이다. '화化'는 교화이다. '부내화방야'는 믿음이 곧 나라를 교화한다는 말이다. 임금이 안으로 유순한 덕을 지니고, 밖으로 강건하여 중도를 행하며, 기뻐하여 겸손하니, 믿음이 곧 나라를 교화한다는 것이다.

'豚魚吉', 信及豚魚也.

괘사 '豚魚吉'을 해석하였다. 「단」은 '신信'을 가지고 괘명 '中孚'를 해석하였다. '급及'은 이른다는 뜻의 지至이다. '신급돈어야'는 믿음이 돼지와 물고기에 미친다는 말이다. 「단」은 괘사 '돈어길豚魚吉'을, 돼지와 물고기면 길하다는 것은 믿음이 돼지와 물고기라는 하찮은 것에까지 미치니 길하다고 해석하였다.

공영달은 "'어魚'는 벌레가 은미한 것이고, '돈豚'은 짐승이 미천한 것이다. 사람의 마음속이 진실하면, 비록 하찮은 사물이라도, 믿음이 모두 이른다(魚者, 蟲之幽隱. 豚者, 獸之微賤. 人主內有誠信, 則雖微隱之物, 信皆及矣)", 정이는 "믿음이 돈어에 감응할 수 있으면, 이르지 않는 곳이 없으니, 그래서 길하다(孚信能感於豚魚, 則无不至矣, 所以吉也)"라고 하였다.

'利涉大川', 乘木舟虛也.

괘상과 괘체를 가지고 괘사 '利涉大川'을 해석하였다. '승목주허야乘木舟虛也'는 '승허목주야乘虛木舟也'로 하는 것이 바르다. 정이는 '卦虛中, 爲虛舟之象'이라고 하였다. 운을 맞추기 위해 의도적으로 글자를 도치하였다. '어魚'와 '허虛'는 운이다. '승乘'은 타다(登)는 뜻이고, '목주木舟'는 나무배이다. '허虛'는 나무배의 속이 비었다는 것이다. '승목주허야'는 빈 나무배를 탄다는 말이다.

괘상으로 해석하면, 중부는 윗괘가 손巽이고 아랫괘는 태兌이다. 손은 나무(木)고 태는 못(澤)이다. 그런즉 중부의 괘상은 나무가 못 위에 있는 것이니, 즉 나무배가 물 위에 떠 있는 것이다. 괘체로 해석하면, 양은 실實이고 음은 허虛이다. 중부는 두 음효가 가운데에 있어, 가운데가 비어 있는 상이다. 나무를 깎아 가운데를 비워 배를 만든다. 「단」은 괘사 '이섭대천利涉大川'을, 큰 내를 건너면 이롭다는 것은 가운데가 빈 나무배를 타고 물을 건너는 것이라고 해석하였다.

中孚以'利貞', 乃應乎天也.

괘사 '이정利貞'을 해석하였다. '중부中孚'를 효위로 말하면, '중中'은 다섯째 양효를 가리킨다. 다섯째 양효는 윗괘의 가운데 자리에 있다. '부孚'는 다섯째 양효가 양이고 바른 자리에 있으므로 '부'라고 한 것이다. '중부中孚'는 괘명으로 읽을 수도 있고, 또 뜻으로 해석할 수도 있다. 괘명으로 읽으면 '중부이리정'은 중부가 '바르게 하여 이롭다'는 것이고, 뜻으로 해석하면 믿음이 있어 '바르게 하여 이롭다'는 것이다. 괘명으로 읽으면 '이以'는 '이而'와 같으며 주격조사이고, 뜻으로 해석하면 '이以'는 '이而'와 같으며 접속사이다.

'내乃'는 어조사이며, 5글자 짝을 만들기 위해 뜻 없이 들어간 것이다. '孚乃化邦也', '信及豚魚也', '乘木舟虛也', '乃應乎天也'는 모두 5글자로 짝을 이루고 있다. '응應'은 감응한다는 뜻, '호乎'는 '어於'와 같다. '중부中孚'의 '중'은 다섯째 양효를 가리키며, 다섯째 양효는 하늘의 자리(天位)이므로 '천天'이라고 하였다. '응호천야'는 하늘에 호응한다는 말이다.

「단」은 괘사 '이정利貞'을, 중부가(혹은 믿음이 있어) '바르게 하여 이롭다'는 것은 하늘에 응하는 것이라고 해석하였다. 즉 바르게 하는 것이 하늘에 응하는 것이므로 이롭다는 말이다.

62. 소과小過

䷽ 小過, 亨, 利貞. 可小事, 不可大事. 飛鳥遺之音, 不宜上, 宜下, 大吉.

소과는 형통하고, 바르게 하여 이롭다. 작은 일은 할 수 있으나, 큰일은 할 수 없다. 날아가는 새가 소리를 내는데, 위에 이르면 마땅하지 못하고, 아래에 이르면 마땅하니, 크게 길하다.

'소과小過'는 괘명이며, 작은 것이 잘못되었다는 뜻이다. '형亨'은 형통하다는 뜻의 통通이다. '정貞'은 바르다는 뜻의 정正이다. '이정利貞'은 바르게 하여 이롭다는 말이다. 음을 '소小', 양을 '대大'라고 한다. '소사小事'는 음유陰柔가 하는 일이고, '대사大事'는 양강陽剛이 하는 일이다. '유遺'는 주다는 뜻의 여予이다. '유지음遺之音'은 소리를 낸다는 뜻이다. '의宜'는 마땅하다, 올바르다(適理當然)는 뜻이다. '상上'은 위로 올라간다, '하下'는 아래로 내려온다는 뜻이다.

彖曰 '小過, (亨)', 小者過而亨也. (小)過以'利貞', 與時行也. 柔得中, 是以'小事吉'也. 剛失位而不中, 是以'不可大事'也. 有'飛鳥'之象焉, '飛鳥遺之音, 不宜上, 宜下, 大吉', 上逆而下順也.
'소과가 (형통하다)'는 것은 작은 것이 잘못되었으나 형통하다는 것이다. 소과가 (혹은 작은 것이 잘못되었으나) '바르게 하여 이롭다'는 것은 때와 더불어 행하기 때문이다. 유가 가운데 자리를 얻었으니, 그래서 '작은 일은 할 수 있다'는 것이다. 강이 바른 자리를 잃고 가운데 자리에 있지 않으니, 그래서 '큰일은 할 수 없다'는 것이다. '날아가는 새'의 상이 있으니, '날아가는 새가 소리를 내는데, 위에 이르면 마땅하지 못하고, 아래에 이르면 마땅하니, 크게 길하다'는 것은 위로 날아가면 거스르는 것이고 아래로 날아가면 순응하는 것이라는 말이다.

소과 「단」은 2단락으로 구성되어 있다.

첫째 단락… 괘체로 괘명 '小過'와 괘사 '亨'을 해석하였다.
① '小過, (亨)'… 괘명과 괘사 '형'을 들었음.
② 小者過而亨也… 작은 것이 잘못되었으나 형통하다는 것임.

둘째 단락… 괘사를 해석하였다.
1. 괘사 '利貞'을 해석하였다.
① (小)過以'利貞'… 괘사 '이정'을 들었음.
② 與時行也… 때와 더불어 행하기 때문임.

2. 괘체로 괘사 '可小事'를 해석하였다.
① 柔得中… 유가 가운데 자리를 얻었음.
② 是以'小事吉'也… 괘사 '가소사'를 들었음.

3. 괘체로 괘사 '不可大事'를 해석하였다.

① 剛失位而不中 … 강이 바른 자리를 잃고 가운데 자리에 있지 않음.
② 是以'不可大事'也 … 괘사 '불가대사'를 들었음.

4. 괘체로 괘사 '飛鳥遺之音, 不宜上, 宜下, 大吉'을 해석하였다.
① 有'飛鳥'之象焉 … '날아가는 새'의 상이 있음.
② '飛鳥遺之音, 不宜上, 宜下, 大吉' … 괘사를 들었음.
③ 上逆而下順也 … 위로 날아가면 거스르는 것이고 아래로 날아가면 순응하는 것임.

소과 「단」에서 '형亨', '행行'은 운이다.
유백민: '亨', 許郞反. 與下'行', 戶郞反. 爲韻.
스즈키: '형亨', '행行'.

小過

괘명이다. 「서괘」에 "믿음이 있는 사람은 반드시 행하니, 그러므로 소과로 받는다(有其信者必行之, 故受之以小過)"라고 하였다. 사람이 어떤 일을 행하는 데는 반드시 작은 과실이 있기 마련이라는 것이다. 「잡괘」에는 "'소과小過'는 과실이다(小過, 過也)"라고 하였다.

주희는 "'소小'는 음을 말한다. 괘는 네 음이 밖에 있고, 두 양이 안에 있어, 음이 양보다 많으니, 작은 것이 지나친 것이다(小, 謂陰也. 爲卦, 四陰在外, 二陽在內, 陰多於陽, 小者過也)"라고 하였다. 괘체로 보면, 위아래에 두 개씩 모두 네 음이 있고, 가운데에 두 양이 있으니, 음(소)이 많으므로 '소과'라고 한 것이라는 말이다. 「단」은 괘명 '소과小過'를, 작은 것이 잘못되었다(小者過也)는 뜻으로 해석하였다. 『석문』에 "'과過'는 고古와 와臥의 반절이다. 뜻은 '대과'와 같다(過, 古臥反. 義與大過同)"라고 하였다. 「단」은 '대과大過'를 큰 것이 잘못되었다(大者過也)라고 하였다. 28번 대과大過와 비교하여 읽어보라.

'小過, (亨)'

괘명과 괘사 '형亨'을 인용하였다. 왕념손은 "'소과小過' 아래에 당연히 '형亨'자가 있어야 한다(小過下當有亨字)"라고 하였다. 옮겨 쓰면서 잘못하여 빠뜨렸을 것이다. "괘명인 '소과'가 '형통하다'고 하는 것은"이라는 말이다. 아래에 설명이 이어진다.

小者過而亨也

괘체를 가지고 괘명 '小過'와 괘사 '亨'을 해석하였다. '소小'는 음을 가리키고, '과過'는 잘못되다(誤), 지나치다(越)는 뜻이다. 「단」은 '소과小過'를, 작은 것(小者)이 잘못되었다(過)라고 해석하였다. 「단」은 '소과小過, 형亨'을, '소과가 형통하다'는 것은 작은 것이 잘못되었으나 형통하다는 것이라고 해석하였다.

(小)過以'利貞', 與時行也.

괘사 '이정利貞'을 해석하였다. '과過'앞에 '소小'자가 있어야 한다. 옮겨 쓰면서 잘못하여 빠뜨렸을 것이다. 중부中孚 「단」에 기록이 있다.

中孚以利貞.

'소과小過'는 괘명으로 읽을 수도 있고, 또 뜻으로 해석할 수도 있다. 괘명으로 읽으면 '소과이이정'은 소과가 '바르게 하여 이롭다'는 것이고, 뜻으로 해석하면 작은 것이 잘못되었으나 '바르게 하여 이롭다'는 것이다. 괘명으로 읽으면 '이以'는 '이而'와 같으며 주격조사이고, 뜻으로 해석하면 '이以'는 '이而'와 같으며 접속사이다.

'시時'는 때, 상황이다. '시행時行'은 때(상황)에 맞게(適時) 행한다는 뜻이다. '여시행야'는 때와 더불어 행한다는 말이며, 객관 상황에 상응하는 행동을 한다는 것이다. 그렇기 때문에 바르게 하여 이롭다는 것이다.

「단」은 괘사 '이정利貞'을, 작은 것이 잘못되었으나 '바르게 하여 이롭다'는 것은 때와 더불어 행하기 때문이라고 해석하였다. 즉 때에 맞게 바르게 행하여 이롭다는 말이다.

柔得中, 是以 '小事吉' 也.

괘체를 가지고 괘사 '可小事'를 해석하였다. '유柔'는 둘째와 다섯째 음효를 가리킨다. '득중得中'은 둘째와 다섯째 음효가 각각 위아래 괘에서 가운데 자리를 얻었다는 것이며(효위), 유약한 사람이 중도를 얻은 상이다(효상). '유득중'은 유가 가운데 자리를 얻었다는 말이다.

'소사길小事吉'은 괘사를 따라 당연히 '가소사可小事'라고 해야 한다. 옮겨 쓰면서 잘못 썼을 것이다. 「단」은 괘사 '가소사可小事'를, 둘째와 다섯째 음효가 가운데 자리를 얻었으므로 작은 일은 할 수 있다고 해석하였다. 즉 유약한 사람이 중도를 얻었으므로 작은 일은 할 수 있다는 것이다. '유柔'는 '음'이고 '소小'이므로 '소사小事'라고 하였다.

剛失位而不中, 是以'不可大事'也.

괘체를 가지고 괘사 '不可大事'를 해석하였다. '강剛'은 셋째와 넷째 양효를 가리킨다. '실위失位'는 넷째 양효가 양이면서 음의 자리에 있다는 것이고, '부중不中'은 셋째와 넷째 양효가 가운데 자리에 있지 않다는 것이며(효위), 강건한 사람이 합당한 자리에 처하지 못하고 또 중도를 얻지 못한 상이다(효상). '강실위이부중'은 강이 바른 자리를 잃고 가운데 자리에 있지 않다는 말이다.

「단」은 괘사 '불가대사不可大事'를, 넷째 양효가 바른 자리를 잃고, 셋째와 넷째 양효가 가운데 자리에 있지 않으므로 큰일은 할 수 없다고 해석하였다. 즉 강건한 사람이 합당한 자리에 처하지 못하고 또 중도를 얻지 못하였으므로 큰일은 할 수 없다는 것이다. '강剛'은 '양'이고 '대大'이므로 '대사大事'라고 하였다.

공영달은 "이것은 둘째 다섯째 음효가 유이면서 가운데 자리에 있고, 넷째 양효는 바른 자리를 잃고 가운데 자리에 있지 않으며, 셋째 양효는 바른 자리를 얻었으나 가운데 자리에 있지 않는 것을 가지고 '가소사, 불가대사'의 뜻을 해석하였다. 유순한 사람은 다만 작은 일을 할 수 있는데, 유가 가운데 자리를 얻었으니, 이것은 행하는 것이 조금 때에 맞는 것이므로 '소사길'이라고 하였다. 강건한 사람은 큰일을 할 수 있으나, 바른 자리를 잃고 가운데 자리가 아니니, 이것은 행하는 것이 크게 때에 맞지 않는 것이므로 '대사불가'라고 한 것이다(此就六二六五以柔居中, 九四失位不中, 九三得位不中, 釋'可小事, 不可大事'之義. 柔順之人, 惟能行小事, 柔以得中, 是行小中時, 故曰'小事吉'也. 剛健之人, 乃能行大事, 失位不中, 是行大不中時, 故曰'不可大事'也)"라고 하였다. 그의 해석이 좋다.

소과 「단」은 '剛失位而不中'이라 하고, 대과 「단」에는 '剛過而中'이라고 하였다. '失位'는 '過'의 뜻이다. '강실위이부중'은 넷째 양효가 음의 자리에 있다(失位)는 것이고, 셋째와 넷째 양효가 가운데 자리에 있지 않다(不中)는 말이다. '강과이중'은 둘째와 넷째 양효가 양이면서 음의 자리에 있다(過)는 것이고, 둘째와 다섯째 양효가 가운데 자리에 있다(中)는 것이다.

有'飛鳥'之象焉

이하 괘체를 가지고 괘사를 해석하였다. '유비조지상언'은 날아가는 새의 상이 있다는 말이다. 소과의 괘체는 날아가는 새의 상이 있다. 『집해』에 송충은 "두 양이 안에 있고, 위아래가 각각 음이니, 날아가는 새가 날개를 펴는 상과 같다(二陰在內, 上下各陰, 有似飛鳥舒翮之象)", 정이는 "가운데가 강이고 밖은 유이니, 날아가는 새의 상이다(中剛外柔, 飛鳥之象)", 주희와 래지덕은 "괘체는 안은 실하나 밖은 허하니, 날아가는 새의 상이다(卦體內實外虛, 有飛鳥之象)"라고 하였다.

정이는 "이 한 구절은 「단」의 문체와 같지 않으니, 아마 해석한 사람의 말인데, 잘못해서 「단」에 들어갔을 것이다(此一句, 不類彖體. 蓋解者之辭, 誤入彖中)"라고 하였다. 필자는 정이의 말에 동의한다. 괘사를 해석하는 곳에 이 구절이 들어가야 할 이유가 없다.

'飛鳥遺之音, 不宜上, 宜下, 大吉', 上逆而下順也.

'상역上逆'은 위로 날아가면 거스르는 것이고, '하순下順'은 아래로 날아가면 순응하는 것이라는 말이다. 이에 대해 몇 가지 해석이 있다.

첫째, 『집해』에 왕숙은 "넷째 양효와 다섯째 음효는 바른 자리를 잃었으니 '상역'이라 하고, 둘째 음효와 셋째 양효는 바른 자리를 얻었으니 '하순'이라 한다(四五失位, 故曰上逆. 二三得正, 故曰下順也)"라고 하였다. 넷째 양효는 양이면서 음의 자리에 있고 다섯째 음효는 음이면서 양의 자리에 있으니 위가 거스른다는 것이고, 둘째 음효는 음이 음의 자리에, 셋째 양효는 양이 양의 자리에 있으니 아래가 순응한다는 말이다. 유백민이 이를 따랐다.

둘째, 왕필은 "위는 강을 타고 있으니 역이고, 아래는 양을 잇고 있으니, 순이다(上則乘剛, 逆也. 下則承陽, 順也)"라고 하였다. 즉 다섯째 음효는 넷째 양효를 타고 있으니 거스르는 것이고, 둘째 음효는 셋째 양효를 이으니 순응하는 것이라는 말이다. 공영달이 이를 따랐다(上則乘剛而逆, 下則承陽而順).

셋째, 정이는 "소리가 거슬러 위로 올라가면 듣기가 어렵고, 순응하여 아래로 내려오면 듣기가 쉽다(夫聲逆而上則難, 順而下則易)"라고 하였다. 즉 새의 울음소리가 위로 올라가면 거스르는 것이니 듣기가 어렵고, 아래로 내려오면 순응하는 것이니 듣기가 쉽다는 말이다. 고형이 이를 따라, "소과의 윗괘는 진이고 아랫괘는 간이다(小過之上卦爲震, 下卦爲艮). 「설괘」에 '진은 백조'라고 하였고, 또 간은 산이다(「說卦」曰: 震爲鵠, 又艮爲山). 그런즉 소과의 괘상은 백조가 산 위를 날아가는 것이다(然則小過之卦象是鵠飛過山上). 백조가 산 위를 날아가면서 소리를 내는데(鵠飛過山上, 予人以音), 위로 날아가면 사람은 듣지 못하니 사람의 요구에 거스르는 것이고(向上飛則人不聞, 逆乎人之要求), 아래로 날아가면 사람이 들을 수 있으니 사람의 요구에 순응하는 것이다(向下飛則人聞之, 順乎人之要求). 이것이 '상역이하순'이다(是爲'上逆而下順')"라고 하였다. 그런데 「설괘」에 '진은 백조'라는 말이 없다. 그는 "『석문』에 순상을 인용한 곳과 『구가집해』 본에는 이 구절이 있으나, 금본 「설괘」에는 없다. '곡鵠'은 오늘날 백조라고 한다(『釋文』引荀爽『九家集解』本有此句, 今本无. 鵠, 今名天鵝)"라고 하였다.

넷째, 래지덕은 "윗괘는 양을 타고 또 넷째 다섯째가 바른 자리를 잃었으니 역이고, 아랫괘는 양을 잇고 또 둘째와 셋째가 바른 자리를 얻었으니, 순이다(上卦乘陽, 且四五失位, 逆也. 下卦承陽, 且二三得正, 順也)"라고 하였다. 즉 윗괘의 다섯째와 꼭대기 음효는 넷째 양효를 타고 있고, 또 넷째 양효가 양이면서 음의 자리에, 다섯째 음효가 음이면서 양의 자리에 있으니 거스르는 것이고, 아랫괘의 처음과 둘째 음효는 셋째 양효를 잇고 있고, 또 둘째 음효와 셋째 양효는 음양이 각각 자신의 바른 자리에 있으니 순응하는 것이라는 말이다.

다섯째, 진고응은 "'상上'은 나아가 행하는 것이고('上'謂進取有爲), '하下'는 물러나 편안히 지키는 것이다('下'爲退而安守). 음이 강하고 양이 약할 때(陰强陽弱之時), 나아가 행하는 것은 때를 거슬러 움직이는 것이고(進取有爲是逆時而動), 물러나 자신을 지키는 것은 때에 부합하는 것이다(退而安守才是順合時宜的)"라고 하였다. 이러한 해석은 모두 통한다. 필자는 정이와 고형의 해석을 따랐다.

「단」은 괘사 '비조유지음飛鳥遺之音, 불의상不宜上, 의하宜下, 대길大吉'을, 날아가는 새가 소리를 내는데, 위를 향하여 날아가면 사람이 들을 수 없으니 거스르는 것이고, 아래를 향하여 날아가면 사람이 들을 수 있으니 순응하는 것이라고 해석하였다. 그러므로 소리가 위에 이르면 마땅하지 못하고, 아래에 이르면 마땅하니, 그 마땅함을 얻어 크게 길하다는 것이다.

63. 기제既濟

䷾ 既濟, 亨小. 利貞. 初吉, 終亂.

기제는 작은 것이 형통하다. 바르게 하여 이롭다. 처음은 길하나, 끝은 어지럽다.

'기제既濟'는 괘명이며, 일이 이미 이루어졌다(已成)는 뜻이다. '기既'는 이미(已), '제濟'는 이루다(成)는 뜻이다. '형亨'은 형통하다는 뜻의 통通이다. '형소亨小'에 대해, ①『집해』에는 '亨小'로 되어 있는데, 우번은 '柔得中, 故亨小.'라고 하였다. ②『석문』에도 '亨小'로 되어 있는데, 육덕명은 "'형소亨小'에 구절을 끊어야 한다(亨小絶句)"라고 하고, 이어 "'소'를 '이정'에 이어 쓴 것은 잘못된 것이다(以小連利貞者非)"라고 하였다. ③『백서』에도 '亨小利貞'으로 되어 있다. ④주희는 "'형소亨小'는 당연히 '소형小亨'으로 해야 한다(亨小當爲小亨)"라고 하였다. ⑤「단」에서도 '小者亨也'라고 해석하여 '小亨'으로 읽었다. 「단」을 따라 '亨小'는 '小亨'으로 읽어야 한다. 옮겨 쓰면서 잘못하여 글자의 위치가 바뀌었을 것이다. 56번 여旅와 57번 손巽 괘사에 모두 '小亨'이라고 하였다. '小亨'은 작은 것이 형통하다는 말이다. '정貞'은 바르다는 뜻의 정正이다. '이정利貞'은 바르게 하여 이롭다는 말이다.

彖曰 既濟, (已成也). '(小)亨', 小者亨也. '利貞', 剛柔正而位當也. '初吉', 柔得中也. '終'止則'亂', 其道窮也.
기제는 (이미 이루어졌다는 뜻이다). '(작은 것이) 형통하다'는 것은 작은 것이 형통하다는 것이다. '바르게 하여 이롭다'는 것은 강유가 바르고 자리가 합당하기 때문이다. '처음은 길하다'는 것은 유가 가운데 자리를 얻었기 때문이다. '끝은 어지럽다'는 것은 그 도가 궁하다는 것이다.

기제 「단」은 2단락으로 구성되어 있다.

첫째 단락…훈고로 괘명 '既濟'를 해석하였다.

① 既濟…괘명을 들었음.
② (已成也)…이미 이루어졌다는 뜻임.

둘째 단락…괘사를 해석하였다.

1. 괘체로 괘사 '小亨'을 해석하였다.
   ① '(小)亨'…괘사 '소형'을 들었음.
   ② 小者亨也…작은 것이 형통하다는 것임.

2. 괘체로 괘사 '利貞'을 해석하였다.
   ① '利貞'…괘사 '이정'을 들었음.
   ② 剛柔正而位當也…강유가 바르고 자리가 합당하기 때문임.

3. 괘체로 괘사 '初吉'을 해석하였다.
   ① '初吉'…괘사 '초길'을 들었음.
   ② 柔得中也…유가 가운데 자리를 얻었기 때문임.

4. 괘체로 괘사 '終亂'을 해석하였다.
   ① '終'止則'亂'…괘사 '종란'을 들었음.

② 其道窮也…그 도가 궁하다는 것임.

기제「단」에서 '형亨', '당當'과 '중中', '궁窮'은 운이다.

유백민: '亨', 許郎反. 與下'當', 十一唐, 四十二宕二韻. 爲韻.
'中', 一東. 與下'窮', 一東. 爲韻.

스즈키: '형亨', '당當'과 '중中', '궁窮'.

既濟

괘명이다.「서괘」에 "그릇된 일이 있는 사람은 반드시 이루니, 그러므로 기제로 받는다(有過物者必濟, 故受之以旣濟)"라고 하였다.『이아』「석언」에 "'제濟'는 이룬다는 뜻(濟, 成也)"이라 하였고,「잡괘」에는 "'기제既濟'는 정한다는 뜻(既濟, 定也)"이라고 하였는데, '성成'과 '정定'은 같다.『석문』에 "'제濟'는 절節과 계計의 반절(濟, 節計反)"이라 하고, "정현은 '기既'는 이미 이已, 다하다는 뜻의 진盡(鄭云既, 已也, 盡也), '제濟'는 건너다는 뜻의 탁度(濟, 度也)"이라고 하였다. 공영달은 "'제濟'는 건넌다는 뜻이고, '기既'는 모두 다되었다는 말이다. 만사가 모두 이루어졌으니, 그러므로 기제를 이름으로 하였다(濟者, 濟渡之名. 既者, 皆盡之稱. 萬事皆濟, 故以既濟爲名)"라고 하였다. '기제既濟'는 '기성既成', '이탁已度'이며, 일이 이미 이루어졌다, 즉 완성이라는 뜻이다.

주희는 "'기제'는 일이 이미 이루어졌다는 것이다. 괘는 물과 불이 서로 교합하니, 각각 그 쓰임을 얻었다. 여섯 효의 자리가 각각 바른 자리를 얻었으므로 기제이다(既濟, 事之既成也. 爲卦, 水火相交, 各得其用. 六爻之位, 各得其正, 故爲既濟)"라고 하였다.

(已成也)

64괘「단」에는 괘명을 들고 이어서 괘명을 설명하는 글이 기록되어 있는데 기제既濟에만 없다. 옮겨 쓰면서 잘못하여 빠뜨렸을 것이다. 필자는 훈고 방식을 취하여 괘명의 뜻을 보충해 넣었다. '既濟, 已成也.'라고 해야 문장이 반듯해진다. '이已'는 이미(既)라는 뜻이고, '성成'은 이루다(濟)는 뜻이다. '이성야已成也'는 이미 이루어졌다는 말이다. '기제既濟'는 이미 이루어졌다(已成)는 뜻이라는 말이다.

'(小)亨', 小者亨也.

괘체를 가지고 괘사 '소형小亨'을 해석하였다. 주희는 "'제濟'자 아래에 '소小'자가 떨어져 나간 것 같다(濟下疑脫小字)"라고 하였다. 옮겨 쓰면서 잘못하여 빠뜨렸을 것이다. 괘사에서 '小亨'이라고 하였으므로,「단」에서 이를 해석하여 '小者亨也'라고 한 것이다. '기제既濟'는 괘명이고, '소형小亨'은 괘사이며, '소자형야小者亨也'는 괘사를 해석한 것이다. '小者亨也'는 작은 것(小者)이 형통하다(亨)는 말이다. 「단」은 괘사 '소형小亨'을, 작은 것이 형통하다고 해석하였다. '小'는 음이고, 기제의 세 음효가 각각 자신의 자리에 있으므로 '형통하다'는 것이다. 진고응은 "'소'는 '유득중'의 '유'이며('小'卽'柔得中'之'柔'), 둘째 음효를 가리킨다(指陰柔六二). 또 작은 일도 가리킨다(亦指小事)"라고 하였다.

괘사에 '小亨'은 모두 3곳 기록되어 있다.

① 旅, 小亨, 旅貞吉. 여는 조금 형통하니, 나그네가 바르게 하여 길하다.
② 巽, 小亨, 利有攸往, 利見大人. 손은 조금 형통하니, 갈 곳이 있으면 이롭고, 대인을 만나보는 것이 이롭다.
③ 旣濟, 亨小. 利貞. 初吉, 終亂. 기제는 작은 것이 형통하다. 바르게 하여 이롭다. 처음은 길하나, 끝은 어지럽다.

여旅 「단」에서 '順乎剛'(유가 강에 순종한다), 손巽 「단」에서 '柔皆順乎剛'(유는 모두 강에 순종한다)이라고 하였으므로 두 곳의 '소형'은 "조금 형통하다"라고 해석하였고, 기제旣濟 「단」은 '小者亨也'라고 하였으므로 "작은 것이 형통하다"라고 해석하였다.

'利貞', 剛柔正而位當也.

괘체를 가지고 괘사 '이정利貞'을 해석하였다. '강유정剛柔正'은 강유가 바르다는 것이고, '위당位當'은 자리가 합당하다는 것이다. '강유정'과 '위당'은 같은 말이다. '강유정이위당야'는 강유가 바르고 자리가 합당하다는 말이다. 이에 대해 세 가지 해석이 있다.

첫째, 『집해』에 후과는 "기제괘는 태괘를 근본으로 하였다. 태괘의 다섯째 음효가 기제괘의 둘째 자리로 내려오고, 태괘의 둘째 양효가 기제괘의 다섯째 자리로 올라간 것이다. 이것이 강유가 바르고 자리가 합당한 것이다(此本泰卦. 六五降二, 九二升五, 是剛柔正當位也)"라고 하였다. 그는 '강'을 다섯째 양효, '유'를 둘째 음효로 보았다. 다섯째 양효는 윗괘의 가운데 자리에 있고, 양이 양의 자리에 있다. 둘째 음효는 아랫괘의 가운데 자리에 있으며, 음이 음의 자리에 있다. 그래서 '강유가 바르고 자리가 합당하다'는 것이다.

둘째, 공영달은 "둘째, 셋째, 넷째, 다섯째가 모두 바른 자리를 얻은 것으로 '이정'을 해석하였다. 강유가 모두 바르면 사악함은 행할 수 없다(此就二三四五, 並皆得正, 以釋

利貞也. 剛柔皆正, 則邪不可行)"라고 하였다. 즉 '강剛'은 처음, 셋째, 다섯째 양효를 가리키고, '유柔'는 둘째, 넷째, 꼭대기 음효를 가리킨다. '정正'과 '위당位當'은 같은 뜻이다. 처음, 셋째, 다섯째 양효는 양이 양의 자리에, 둘째, 넷째, 꼭대기 음효는 음이 음의 자리에 있다는 말이다. 그래서 '강유가 바르고 자리가 합당하다'는 것이다. 뒷사람들은 모두 이를 따랐다. 래지덕은 "처음, 셋째, 다섯째는 양이 양의 자리에 있고, 둘째, 넷째, 꼭대기는 음이 음의 자리에 있으니, 강유가 바르고 자리가 합당한 것이다. 강유가 바른 것이 곧 자리가 합당한 것이며, '바르다(貞)'는 뜻이 있다. 그러므로 '이정'이라 한 것이다(初三五, 陽居陽位, 二四六, 陰居陰位, 剛柔正而位當也. 剛柔正, 卽是位當, 有貞之義, 故曰利貞)"라고 하였다.

셋째, 고형은 "기제의 윗괘는 감이고 아랫괘는 리이다(既濟之上卦爲坎, 下卦爲離). 감은 양괘이고 강이며(坎爲陽卦, 爲剛), 리는 음괘이고 유이다(離爲陰卦, 爲柔). 강은 위에 있고 유는 아래에 있으니(剛上柔下), 이것이 '강유정'이며(是爲'剛柔正'), 군신 상하 각자의 자리가 바른 것을 상징한다(象君臣上下各正其位). 또 기제의 처음, 셋째, 다섯째 양효는 모두 양효이고 강이며 양의 자리에 있다(既濟之初九, 九三, 九五皆爲陽爻, 爲剛, 居陽位). 둘째, 넷째, 꼭대기는 모두 음효이고 유이며 음의 자리에 있다(六二, 六四, 上六皆爲陰爻, 爲柔, 居陰位). 이것이 강유 모두 '위당'이며(是爲剛柔皆'位當'), 군신 상하가 모두 적당한 지위에 있으며, 모두 그 직위에 해당하는 것을 상징한다(象君臣上下皆處于適當之地位, 皆稱其職)"라고 하였다. 그는 괘로 '강유정'을, 효로 '위당'을 해석하였다. 세 가지 해석은 모두 통한다.

「단」은 괘사 '이정利貞'을, 기제는 강유가 바르고 자리가 합당하기 때문에 바르게 하여 이롭다고 해석하였다.

'初吉', 柔得中也.

괘체를 가지고 괘사 '초길初吉'을 해석하였다. '유柔'는 둘째 음효를 가리킨다. '득중得中'은 둘째 음효가 아랫괘의 가운데 자리를 얻었다는 것이며(효위), 중정의 도를 얻은 상이다(효상). '유득중야'는 유가 가운데 자리를 얻었다는 말이다. 「단」은 괘사 '초길初吉'을, 둘째 음효가 아랫괘의 가운데 자리를 얻었으므로 처음은 길하다고 해석하였다.

'終' 止則 '亂', 其道窮也.

괘체를 가지고 괘사 '종란終亂'을 해석하였다. 「단」은 '궁窮'을 가지고 괘사의 '종終'을 해석하였다. '종終'과 '궁窮'은 꼭대기 음효를 가리켜 말한 것이다. 꼭대기 음효는 한 괘의 꼭대기에 있으니(효위), '끝(終)'이고, '궁(窮)'한 상이다(효상). '지즉止則' 두 글자는 잘못 들어간 것이다. 「단」은 먼저 괘사를 들고 이어 해석하였다. 이것은 64괘 「단」의 통례이다. 또 이 두 글자가 없어야 '초길, 유득중야', '종란, 기도궁야'가 서로 짝이 된다.

'기其'는 기제를 가리키며, '도道'는 기제의 도, 즉 이미 이루어진 도이다. '기도궁야'는 그 도가 궁하다는 말이다. 「단」은 괘사 '종란終亂'을, 끝은 어지럽다는 것은 기제의 도가 궁한 것이라고 해석하였다.

진고응은 "'終止則亂'은 '終亂, 止則亂, 其道窮也'의 생략한 글('終止則亂'卽'終亂, 止則亂, 其道窮也'之省文)"이라고 하였다. 이렇게 읽어도 통한다. 「단」은 '지止'를 가지고 '종終'을 해석한 것이다. '지止'는 기제旣濟의 제濟의 뜻이다. "끝이 어지럽다는 것(終亂)은 일을 이루면 어지럽다는 것이니(止則亂), 그 도가 궁한 것이다(其道窮也)"라는 말이다. 기제의 끝(終)은 모든 것이 이미 다 이루어졌다. 사물은 극에 이르면 반드시 돌아오니, 이루어지면(止) 반드시 어지러워지며(亂), 이것은 기제, 즉 이미 이루어진 도道가 다하였다(窮)는 말이다. 「단」은 괘사 '종란終亂'을, 끝은 어지럽다는 것은 일을 이루면 어지럽다는 것이니, 기제의 도가 궁한 것이라고 해석하였다. 이렇게 해석하여도 통한다.

배학해裴學海는 『집석集釋』에서 "'즉則'은 '어於'와 같다. '즉則'을 '어於'로 새기는 것은 '어於'를 '즉則'으로 새기는 것과 같다. '終止則亂'은 '終止於亂'을 말한다(則, 猶於也. 則訓於, 猶於訓則. 終止則亂, 言終止於亂也)"라고 하였다. '終止於亂'은 어지러움에서 끝난다는 말이다. "어지러움에서 끝난다는 것은 그 도가 궁하다는 것이다"라고 해석한 것이다.

64. 미제未濟

䷿ 未濟, 亨. 小狐汔濟, 濡其尾, 无攸利.
미제는 형통하다.
작은 여우가 물을 거의 다 건너다가, 꼬리를 적시니, 이로울 것 없다.

'미제未濟'는 괘명이며, 일이 이루어지지 않았다는 뜻이다. 『집해』에 우번은 "'제濟'는 이룬다는 뜻(濟, 成也)"이라고 하였다. '형亨'은 형통하다는 뜻의 통通이다. 『석문』에

"'흘汔'은 허許와 흘訖의 반절(汔, 許訖反)"이라 하고, "정현은 '거의라는 뜻의 기'(鄭云幾也)"라고 하였다. 『집해』에 우번도 "거의라는 뜻의 기(汔, 幾也)"라고 하였다. '제濟'는 물을 건너다(渡)는 뜻이다. '유濡'는 물에 젖다(需)는 뜻이다. '유攸'는 '소所'와 같다. 주희는 "'흘汔'은 거의라는 뜻이다. 거의 다 건넜으나 꼬리를 적시니 건너지 않은 것과 같다(汔, 幾也. 幾濟而濡尾, 猶未濟也)"라고 하였다.

象曰 '未濟, 亨', 柔得中也. '小狐汔濟', 未出中也. '濡其尾, 无攸利', 不續終也. 雖不當位, 剛柔應也.

'미제가 형통하다'는 것은 유가 가운데 자리를 얻었기 때문이다. '작은 여우가 물을 거의 다 건넌다'는 것은 아직 물속에서 나오지 않았다는 것이다. '꼬리를 적시니 이로울 것 없다'는 것은 계속하여 끝까지 건널 수 없다는 것이다. 비록 합당한 자리는 아니나, 강과 유는 응한다.

미제「단」은 3단락으로 구성되어 있다.

첫째 단락… 괘체로 괘명 '未濟'와 괘사 '亨'을 해석하였다.

① '未濟, 亨'… 괘명과 괘사 '형'을 들었음.
② 柔得中也… 유가 가운데 자리를 얻었기 때문임.

둘째 단락… 괘사를 해석하였다.

1. 괘사 '小狐汔濟'를 해석하였다.
   ① '小狐汔濟'… 괘사 '소호흘제'를 들었음.
   ② 未出中也… 아직 물속에서 나오지 않았다는 것임.

2. 괘사 '濡其尾, 无攸利'를 해석하였다.
   ① '濡其尾, 无攸利'… 괘사 '유기미, 무유리'를 들었음.
   ② 不續終也… 계속하여 끝까지 건널 수 없다는 것임.

셋째 단락… 괘체를 설명하였다.

① 雖不當位… 비록 합당한 자리는 아님.
② 剛柔應也… 강과 유는 응함.

미제 「단」에서 '중中', '중中', '종終', '응應'은 운이다.

유백민: '中', 一東. 與下'終', 一東. '應', 十六蒸, 四十七證二韻. 爲韻.

'應'從'中'字爲韻, 顧炎武『易音』以爲或亦出於方音, 不敢强爲之解.

スズキ: '중中', '중中', '종終', '응應'.

未濟

괘명이다. 「서괘」에 "사물은 다 할 수 없으니, 그러므로 미제로 받아서 끝난다(物不可窮也, 故受之未濟終焉)"라고 하여, '불가궁不可窮'을 가지고 '미제未濟'를 해석하였다. 주희는 "'미제未濟'는 일이 이루어지지 않은 때이다. 물과 불이 교합하지 않으니, 서로 쓰임이 되지 않는다. 괘의 여섯 효는 모두 바른 자리를 잃었으므로 미제이다(未濟, 事未成之時也. 水火不交, 不相爲用. 卦之六爻, 皆失其位, 故爲未濟)"라고 하였다. '미제'는 미완성이라는 뜻이다. 우주와 인간의 생멸 변화는 영원히 끝나지 않는다. 자연계와 인간계의 변화는 한 과정이 끝나면 또 다른 과정이 시작하여, 낳고 또 낳는 것이 끝없이 이어진다. 그러므로 『주역』은 미제(미완성)로 끝을 맺었다.

'未濟, 亨'

괘명과 괘사의 '형亨'을 인용하였다. "괘명인 '미제未濟'가 '형통하다'고 하는 것은"이라는 말이다. 아래에 설명이 이어진다.

柔得中也

괘체를 가지고 괘명과 괘사의 '형亨'을 해석하였다. '미제未濟'는 괘명이고, '형亨'은 괘사이며, '유득중柔得中'은 괘명과 괘사를 해석한 것이다. '유柔'는 다섯째 음효를 가리킨다. '득중得中'은 다섯째 음효가 윗괘의 가운데 자리를 얻었다는 것이며(효위), 중도를 얻은 상이다(효상). '유득중야'는 유가 가운데 자리를 얻었다는 말이다. 「단」은 '미제未濟, 형亨'을, 일이 이루어지지 않았으나 형통하다는 것은 유가 윗괘의 가운데 자리를 얻었기 때문이라고 해석하였다. 즉 '유柔'가 '득중得中'하였으므로 '미제未濟'라는 것이고, 또 '득중得中'하였으므로 '형亨'하다는 것이다.

'小狐汔濟', 未出中也.

이하 괘사를 해석하였다. '미출중'에 대해 여러 가지 해석이 있다.

첫째 『집해』에 우번은 "둘째 양효는 변하지 않으니, 감의 가운데에 있음을 말한다(謂二未變, 在坎中也)"라고 하여, '중'을 아랫괘의 가운데 자리에 있는 둘째 양효로 보았다.

둘째, 왕필은 "위험 속에서 나올 수 없다(未能出險之中)"라고 하였는데, '험險'은 아랫괘 감坎을 가리킨다. 공영달도 이와 같이 해석하였다.

셋째, 정이는 "둘째 양효에 의거하여 말한 것이다. 둘째 양효는 양강으로 위험 가운데 있고 장차 건너려는 것이며, 또 위로 다섯째 음효와 응하고 있다.……그러므로 꼬리를 적시는 환난이 있으니, 위험 속에서 나올 수 없는 것이다(據二而言也. 二以剛陽居險中, 將濟者也, 又上應於五.……故有濡尾之患, 未能出於險中也)"라고 하였다. 미제는 아랫괘가 감이며, 감은 험險이니, 둘째 양효가 감의 가운데, 즉 위험 속(中)에서 나올 수 없는 것이라고 해석한 것이다. 뒷사람들은 대개 이 해석을 따랐다.

넷째, 왕부지는 "'미출중'은 음이 꼭대기로 건너려고 하나 다섯째 자리에 멈추어 꼭대기에 이르지 못하는 것이다. 양의 자리는 다섯째에서 다하고, 음의 자리는 꼭대기에서 다하니, 꼭대기는 음의 존위이다(未出中者, 欲上濟而止於五, 未達乎上也. 陽位極於五, 陰位極於上. 上者, 陰之尊位也)"라고 하였다. 즉 음이 꼭대기에 이르고자 하나 다섯째 자리에서 멈추었으므로 '미출중'이라고 하였다는 것이다.

다섯째, 고형은 '중中'을 '정正'으로 보고, "작은 여우는 헤엄치는 재주가 없는데 물을 만나 곧장 건너는 것을 가지고(以小狐無游水之技能, 遇水以直渡), 범인이 일을 맡을 능력이 없으면서 일을 만나 무턱대고 하는 것에 비유하였으니(喻庸人無任事之才力, 遇事而蠻干), 이것은 정도에서 나온 것이 아니다(未出于正道也)"라고 해석하였다.

여섯째, 진고응은 전통적 해석을 따라 '未出坎險之中'이라고 하였다.

일곱째, 필자는 '중中'을 문장을 따라 '물속'이라고 해석하였다. '미출중야'는 아직 물속에서 나오지 않았다는 말이다. 이렇게 해석해야 다음 구절과 내용이 이어진다. 「단」은 괘사 '소호흘제小狐汔濟'를, 작은 여우가 물을 거의 다 건넌다는 것은 작은 여우가 아직 물속에서 나오지 않은 것이라고 해석하였다. '물속에서 나오지 않았다'는 것은 '작은 여우가 물을 거의 다 건넜으나(幾濟) 아직 다 건너지 않았다(未濟)'는 말이다. 필자의 해석이 「단」의 본뜻일 것이다.

'濡其尾, 无攸利', 不續終也.

'불속종'은 계속하여 끝까지 건널 수 없다는 뜻이다. 「단」은 괘사 '유기미濡其尾, 무유리无攸利'를, 작은 여우가 꼬리를 적시니, 계속하여 끝까지 건널 수 없기 때문에 이로울 것이 없다고 해석하였다.

雖不當位

이하 괘체를 설명하였다. '부당위'는 미제 여섯 효는 모두 합당한 자리에 있지 않다는 것이다. 처음, 셋째, 다섯째는 모두 음이면서 양의 자리에 있고, 둘째, 넷째, 꼭대기는 모두 양이면서 음의 자리에 있다.

剛柔應也

'강유응'은 여섯 효 모두 음양이 서로 응하고 있다는 것이다. 처음 음효와 넷째 양효, 둘째 양효와 다섯째 음효, 셋째 음효와 꼭대기 양효는 모두 음양이 서로 응하고 있다. 미제는 여섯 효 모두 합당한 자리에 있지 않으나 음양이 서로 응하고 있다는 것이다.

필자는 '雖不當位, 剛柔應也'가 무엇을 말하고자 한 것이며, 왜 들어갔는지 이해할 수 없다. 고형은 "'부당위'는 군신 상하의 처해 있는 지위가 모두 부적당하고('不當位', 象君臣上下所處之地位皆不適當), 재덕이 모두 그 직위에 해당하지 않는 것을 상징하니(才德皆不稱其職), 이와 같으면 일이 이루어지지 않으므로(如此則其事不成), 그래서 괘명을 '미제'라고 하였다(故卦名曰未濟). '강유응'은 신하가 모두 임금에게 응하여 화합하는 것을 상징하니('剛柔應', 象臣下皆應和其君上), 이와 같으면 행하는 일이 통하므로(如此則行而通), 그래서 괘사에 '형'이라 하였다(故卦辭曰'亨')"라고 하였다.

진고응은 "부당위는 당위를 향한 발전의 여지가 있는 것이고(不當位則有向當位發展之餘地), 모두 응한다는 것은 당위를 향한 발전의 조건이다(皆有應則是向當位發展之條件). 부당위는 세계가 혼란하고 무질서한 것에 비유한 것이고(不當位喩世界之混亂無序), 강유응은 군신 군민 등과 같은 인간의 무리들이 오히려 서로 도와 험난함을 해결할 수 있는 것에 비유한 것이다(剛柔應喩人類群體如君臣君民等反而能相互救助以濟險難)"라고 하였다.

상
象

가. '상象'의 뜻

「상」은 64괘 괘상과 386효의 효상을 해석한 것이다. '상象'은 괘상과 효상을 가리킨다. 「계사」 하·3장에 "易者, 象也. 象也者, 像也(역은 상이다. 상은 본뜬 것이다)"라고 하였다. '易者, 象也'에서 '역易'은 주역점이며, '상象'은 괘상과 효상을 가리킨다. 주역점은 괘상과 효상이 근본이라는 말이다. 즉 주역점은 괘상과 효상이 점을 판단하는 중요한 요소라는 것이다. '象也者, 像也'에서 '象'은 괘상과 효상을 가리키고, '像'은 '象'으로 읽어야 한다. 『집해』에는 '象'으로 되어 있고, 『석문』에는 "맹희, 경방, 우번, 동우, 요신은 '象'으로 썼다(孟京虞董姚還作象)"라고 하였고, 『백서』에는 '馬'로 되어 있는데, '馬'는 '象'이다. 『백서』는 '象'을 모두 '馬'로 썼다. '象'은 본뜬다는 뜻이다. 괘상과 효상은 객관 사물을 본뜬 것이라는 말이다. 괘상은 팔괘가 지니는 자연 물상이고, 효상은 음양효의 4가지 효상과 이것이 지니는 물상이다. 「계사」의 뜻은 "주역점은 괘상과 효상이 근본이며, 괘상과 효상은 사물을 본뜬 것이다"라는 말이다. '상'은 곧 객관 사물의 상을 취한 것이다.

「상」이라는 편명은 「상」을 지은 사람이 붙인 것이다. 필자의 『천하제일의 명문 주역 계사전』 750-751쪽을 참고하라.

나. 「상」의 구성

「상」은 두 부분으로 구성되어 있다. 하나는 괘상을 해설한 부분이고, 또 하나는 효상을 해설한 부분이다. 괘상을 해설한 부분을 「대상大象」, 효상을 해설한 부분을 「소상小象」이라고 한다. 이 용어는 공영달의 『주역정의』 건乾 「상」에 처음 나온다.

> 總象一卦, 故謂之大象. 한 괘의 상을 총괄하였으므로 '대상'이라고 한다.
> 釋六爻之象辭, 謂之小象. 여섯 효의 효사를 해석한 것을 '소상'이라고 한다.

'總象一卦'는 '總一卦之象'으로 읽어야 '釋六爻之象辭'와 형식이 같게 된다.

「대상」은 한 괘의 상을 말한 것이고, 「소상」은 여섯 효의 상을 말한 것이다. 「대상」은 팔괘가 상징하는 여덟 가지 자연 물상을 가지고 괘상이 가진 뜻을 괘명과 결부하여 말하고, 이어 이것을 인간사에 결부시켜 설명하였다. 「소상」은 효상을 해석한 것인데, 「상」에서 효사는 효상을 설명한 글이므로, 효사에 대한 해석이 곧 효상을 해석한 것이다.

다. 「대상」에 대하여

1. 구조

「대상」은 짧은 한 문장으로 되어 있는데, 앞뒤 두 부분으로 나뉘어 있다.

> 윗괘의 괘상+아랫괘의 괘상, 괘명. 君子以①수기②치인③수기치인.

육십사괘 「대상」은 건곤 두 괘를 제외하고 모두 이런 구조로 되어 있다. 앞부분은 위아래 괘의 상을 들어 괘상을 괘명과 결부시켜 해설하고, 뒷부분에서는 '누구'가 이 괘상을 본받아 혹은 '수기修己' 혹은 '치인治人' 혹은 '수기치인'해야 한다는 것을 말하였다. 즉 괘상을 인간사에 연결하여 설명하였다. 예를 들겠다.

> 7번 사師 ䷆
> 象曰 地中有水, 師. 君子以容民畜衆.
> 땅 가운데 물이 있는 것이 사의 상이다.
> 군자는 이 상을 본받아 백성을 포용하여 무리를 기른다.

① '地中有水, 師.'가 앞부분이다. '지중유수'는 위아래 괘의 상을 든 것이다. 사는 윗괘가 곤坤이고 아랫괘는 감坎이다. 곤은 땅(地)이고 감은 물(水)이다. 그런즉 사의 괘상은 '땅 가운데 물이 있는 것'이다. '사師'는 괘명이다. "땅 가운데 물이 있는 것이 사의 상이다"라는 말이다.

② '君子以容民畜衆.'이 뒷부분이다. 사의 상을 인간사에 연결하여 해설한 것이다. 땅 가운데 물이 있으니, 무리들이 모여 있는 상이다. "군자는 이 상을 보고 이를 본받아 백성을 포용하여 무리를 기른다"는 말이다. '군자'는 최고 통치자

이며, '容民畜衆'은 '치인治人'에 해당된다.

육십사괘「대상」은 건곤 두 괘를 제외하고 모두 이런 구조로 되어 있다. 필자는 먼저 괘상을 기술한 부분(앞부분)에서 ①취한 상 ②서술 형식을 설명하고, 이어서 수기치인을 기술한 부분(뒷부분)을 설명하겠다.

2. 괘상을 기술한 부분

「대상」은 괘상을 말하면서 47괘는 먼저 윗괘를 들고 이어 아랫괘를 말하였다. 이것은「상」의 통례이다. 나머지 17괘는 먼저 아랫괘를 들고 이어 윗괘를 말하였다. 비比, 태泰, 임臨, 서합噬嗑, 복復, 대축大畜, 함咸, 명이明夷, 건蹇, 정井, 정鼎, 점漸, 귀매歸妹, 여旅, 절節, 중부中孚, 소과小過 등이다.

(1) 취한 상

「대상」이 취한 괘상은 모두 14개이며, 자연 물상이다. 그 내용을 정리하겠다.

① 건乾 … 하늘(天). 건乾 등 모두 모두 14괘에서 이 상을 취하였다.

② 곤坤 … 땅(地). 곤坤 등 모두 15괘에서 이 상을 취하였다.

③ 진震 … 우레(雷). 준屯 등 모두 14괘에서 이 상을 취하였다.

④ 손巽 … 바람(風), 나무(木). 2개의 상을 취하였다.
'풍風'을 취한 것은 대축小畜 등 모두 9괘이다.
'목木'을 취한 것은 대과大過 등 모두 5괘이다.

⑤ 감坎 … 물(水), 비(雨), 구름(雲), 샘(泉). 4개의 상을 취하였다.
'수水'를 취한 것은 송訟 등 모두 11괘이다.
'우雨'를 취한 것은 해解 한 괘이다.
'운雲'을 취한 것은 준屯, 수需 괘이다.
'천泉'을 취한 것은 몽蒙 한 괘이다.

⑥ 리離 … 불(火), 해(明), 번개(電). 3개의 상을 취하였다.
'화火'를 취한 것은 동인同人 등 10괘이다.
'명明'을 취한 것은 리離, 진晉, 명이明夷 등 3괘이다.
'전電'을 취한 것 … 서합噬嗑, 풍豐 등 2괘이다.

⑦ 간艮 … 산(山). 몽蒙 등 15괘에서 이 상을 취하였다.

⑧ 태兌 … 못(澤). 이履 등 15괘에서 이 상을 취하였다.

『내 눈으로 읽은 주역: 역전해설』에 자세히 기록되어 있으니 이것을 참고하라.

(2) 서술 형식

「대상」이 괘상을 서술한 형식은 모두 13종이다. 이것을 열거하며 간단히 예를 들고 이에 해당하는 괘명을 모두 정리하겠다.

1) 두 상을 하나로 말한 형식…8괘

① 건乾…天行, 健. 하늘의 운행이 강건한 것이 건의 상이다.

② 곤坤…地勢, 坤. 땅의 형세가 유순한 것이 곤의 상이다.

진震, 간艮, 손巽, 태兌, 감坎, 리離 등 모두 여덟 괘이다.

2) 두 상을 합하여 말한 형식…4괘

① 준屯…雲雷, 屯. 구름과 우레가 함께 일어나는 것이 준의 상이다.

② 서합噬嗑…雷電, 噬嗑. 우레와 번개가 함께 일어나는 것이 서합의 상이다.

항恒, 익益 등 4괘이다.

3) '위는 무엇이고 아래는 무엇이다(上某下某)'의 형식…2괘

① 이履…上天下澤, 履. 위는 하늘이고 아래는 못인 것이 이의 상이다.

② 규睽…上火下澤, 睽. 위는 불이고 아래가 못인 것이 규의 상이다.

4) '무엇 위에 무엇이 있다(某上有某)'의 형식…12괘

① 비比…地上有水, 比. 땅 위에 물이 있는 것이 비의 상이다.

② 임臨…澤上有地, 臨. 못 위에 땅이 있는 것이 임의 상이다.

함咸, 건蹇, 정井, 정鼎, 점漸, 귀매歸妹, 여旅, 절節, 중부中孚, 소과小過 등 12괘이다.

5) '무엇 아래에 무엇이 있다(某下有某)'의 형식…8괘

① 고蠱…山下有風, 蠱. 산 아래에 바람이 있는 것이 고의 상이다.

② 비賁…山下有火, 賁. 산 아래에 불이 있는 것이 비의 상이다.

이頤, 둔遯, 손損, 구姤, 몽蒙(조금 변형된 형식임), 무망无妄 등 여덟 괘이다.

6) '무엇 속에 무엇이 있다(某中有某)'의 형식…5괘

① 사師…地中有水, 師. 땅 가운데 물이 있는 것이 사의 상이다.

② 겸謙…地中有山, 謙. 땅 속에 산이 있는 것이 겸의 상이다.

수隨, 혁革, 승升(조금 변형된 형식임) 등 5괘이다.

7) '무엇과 무엇이 어떻다는 것(某與某)'의 형식…2괘

① 송訟…天與水違行, 訟. 하늘과 물이 어긋나게 운행하는 것이 송의 상이다.

② 동인同人…天與火, 同人. 하늘과 불이 함께 하는 것이 동인의 상이다.

8) '무엇이 무엇 위에 있다(某在某上)'의 형식…8괘

① 대유大有…火在天上, 大有. 불이 하늘 위에 있는 것이 대유의 상이다.

② 대장大壯…雷在天上, 大壯. 우레가 하늘 위에 있는 것이 대장의 상이다.

기제旣濟, 미제未濟, 소축小畜(조금 변형된 형식임), 관觀, 환渙, 진晉 등 여덟 괘이다.

9) '무엇이 무엇 위에 있다(某上於天)'의 형식…4괘

① 수需…雲上於天, 需. 구름이 하늘 위에 있는 것이 수의 상이다.

② 쾌夬…澤上於天, 夬. 못이 하늘 위에 있는 것이 쾌의 상이다.

췌萃, 박剝(조금 변형된 형식임) 등 4괘이다.

10) '무엇이 무엇 속에 있다(某在某中)'의 형식…3괘

① 복復…雷在地中, 復. 우레가 땅 속에 있는 것이 복의 상이다.

② 대축大畜…天在山中, 大畜. 하늘이 산 속에 있는 것이 대축의 상이다.

③ 명이明夷…明入地中, 明夷. 해가 땅 속으로 들어가는 것이 명이의 상이다.

11) '무엇이 무엇으로부터 나와 어떻게 한다(某出某○○)'의 형식…2괘

① 예豫…雷出地奮, 豫. 우레가 땅에서 나와 움직이는 것이 예의 상이다.

② 가인家人…風自火出, 家人. 바람이 불에서 나오는 것이 가인의 상이다.

12) '무엇이 무엇을 어떻게 한다(某○○某)'의 형식…2괘

① 대과大過…澤滅木, 大過. 못이 나무를 없애는 것이 대과의 상이다.

② 곤困…澤无水, 困. 못에 물이 없는 것이 곤의 상이다.

13)'무엇 무엇이 어떻다(某某○○)'의 형식…4괘

① 태泰…天地交, 泰. 천지가 교합하는 것이 태의 상이다.

② 비否…天地不交, 否. 천지가 교합하지 못하는 것이 비의 상이다.

해解, 풍豐 등 4괘이다.

이상 「대상」의 괘상을 기술한 부분(앞부분)에서 13가지 서술 형식을 정리하였다.

3. 수기치인을 기술한 부분

(1) 수기치인의 주체

「대상」의 수기치인을 기술한 부분(뒷부분)에서는 앞부분에서 제시한 위아래 괘의 상을 본받아 '누구'가 혹은 '수기' 혹은 '치인' 혹은 '수기치인' 한다는 인간사를 서술하였다. '누구'에 해당하는 사람은 다섯 종류 기록되어 있다.

① 군자君子…53곳 기록되어 있다.

② 선왕先王…비比, 예豫, 관觀, 서합噬嗑, 복復, 무망无妄, 환渙 등 7곳 기록되어 있다.

③ 후后…태泰, 복復, 구姤 등 3곳 기록되어 있다.

(복復에는 '선왕'과 '후'가 함께 기록되어 있다.)

④ 상上…박剝 한 곳 기록되어 있다.

⑤ 대인大人…리離 한 곳 기록되어 있다.

이들 다섯 종류의 사람들은 모두 같은 개념이며, 최고 통치자를 가리킨다. 고형은 "『역전』 중의 군자는 작위가 있든 없든 재덕才德이 있는 사람을 칭한 것"이라고 하였는데, 진고응이 이를 따랐다. 필자가 보기에는 그렇지 않다.

'누가' 어떻게 한다는 인간사의 내용은 대개 '수기修己'와 '치인治人', '내성內聖'과 '외왕外王'이다. 최고 통치자가 해야 할 일은 당연히 '수기'하여 '치인'하는 것이요, '내성'하여 '외왕'이 되는 일이다.

(2) 수기를 기술한 예

① 건乾 「상」: 天行, 健. 君子以自强不息.

하늘의 운행이 강건한 것이 건의 상이다.

군자는 이 상을 본받아 스스로 강하여 멈추지 않는다.

건의 괘상은 하늘이며, 하늘의 운행은 강건하니, 군자는 이 상을 본받아 도덕 수양을 게을리 하지 않는다는 말이다.

② 건蹇「상」: 山上有水, 蹇. 君子以反身修德.
산 위에 물이 있는 것이 건의 상이다.
군자는 이 상을 본받아 자신을 되돌아보고 덕을 닦는다.

(3) 치인을 기술한 예

① 이履「상」: 上天下澤, 履. 君子以辯上下, 定民志.
위는 하늘이고 아래는 못인 것이 이의 상이다.
군자는 이 상을 본받아 상하를 분별하여 백성의 뜻을 안정시킨다.

② 해解「상」: 雷雨作, 解. 君子以赦過宥罪.
우레와 비가 일어나는 것이 해의 상이다.
군자는 이 상을 본받아 잘못이 있는 사람을 용서하고 죄를 지은 사람을 관대하게 대한다.

(4) 수기치인을 기술한 예

① 곤坤「상」: 地勢, 坤. 君子以厚德載物.
땅의 형세가 유순한 것이 곤의 상이다.
군자는 이 상을 본받아 덕을 두터이 하여 만물을 싣는다.

'만물을 싣는다'는 것은 모든 사람을 포용한다는 말이다. '후덕'은 수기, '재물'은 치인이다.

② 감坎「상」: 水洊至, 習坎. 君子以常德行, 習敎事.
물이 연이어 이르는 것이 감의 상이다.
군자는 이 상을 본받아 항상 도덕 수행을 하고, 정교의 일을 익힌다.

이상 수기치인을 기술한 부분을 설명하였다.

라. 「소상」에 대하여

1. 구조

「소상」은 효사를 해석하면서, 먼저 4글자로 효사를 인용하고, 그다음 4글자로 해석하였다. 인용한 부분과 해석한 부분이 4글자 짝이 되도록 하여, 두 구절 여덟 글자가 한 문장을 구성하도록 하였다.

4글자 효사 인용, 4글자 효사 해석.

386효의 「소상」은 대개 이런 구조로 되어 있다. 이것을 우리글로 해석할 때 2가지 방식이 있다. 하나는 '~라는 것은 ~라는 것이다'라고 설명 형식으로 해석하는 것이고, 또 하나는 '~라는 것은 ~하기 때문이다'라고 인과 형식으로 해석하는 것이다. 예를 들겠다.

① 건乾 初九 「상」: '潛龍勿用', 陽在下也.
'잠겨 있는 용이니, 사용하지 말라'는 것은 양이 아래에 있다는 것이다.

② 곤坤 上六 「상」: '龍戰于野', 其道窮也.
'용이 들에서 싸운다'는 것은 그 도가 궁하기 때문이다.

두 괘의 앞부분 '潛龍勿用'과 '龍戰于野'는 4글자로 효사를 인용한 것이고, 뒷부분 '陽在下也'와 '其道窮也'는 4글자로 효사를 해석한 것이다. 건 初九의 해석은 설명 형식이고, 곤 上六의 해석은 인과 형식이다. 386효의 해석은 이 2가지 유형에서 벗어나지 않는다.

「소상」은 효사를 인용하면서 간혹 3글자 혹은 5글자로 인용한 곳도 있고, 효사를 해석하면서 간혹 2글자 혹은 3글자 혹은 5글자 혹은 6글자로 해석한 곳도 있다. 그러나 인용 4글자, 해석 4글자가 「소상」의 정형이다. 아래에 효사를 인용한 부분과 해석한 부분을 차례로 설명하겠다.

2. 효사 인용

「상」은 효사를 인용하면서 효사의 문장이 긴 경우에는 4글자로 줄여 인용하였다. 그러다보니 효사를 생략하여 기술하게 되었다. 예를 들겠다.

① 건乾. 九三, 君子終日乾乾, 夕惕若, 厲, 无咎.
셋째 양효는 군자는 종일 부지런히 힘쓰고, 저녁에 두려워한다면, 위태로우나 허물이 없다.
象曰 '終日乾乾', 反復道也. '종일 부지런히 힘쓴다'는 것은 도를 되풀이 한다는 것이다.

'終日乾乾'은 효사 '君子終日乾乾, 夕惕若, 厲, 无咎.'를 줄인 것이다. 4글자로 인용하기 위해 나머지 글자는 생략하였다.

② 준屯. 六三, 卽鹿无虞, 惟入于林中, 君子幾不如舍, 往吝.
셋째 음효는 사슴을 쫓는데 몰이꾼이 없다. 사슴이 숲 속으로 들어갔으니, 군자가 기미를 보고 그만 두는 것만 못하므로, 가면 어렵다.
象曰 '卽鹿无虞', 以從禽也. '君子舍'之, '往吝'窮也.
'사슴을 쫓는데 몰이꾼이 없다'는 것은 몰이꾼 없이 사슴을 쫓는 것이다.
'군자가 이를 그만 둔다'는 것은 '가면 어려워' 궁하다는 것이다.

'卽鹿无虞'는 효사 앞부분 '卽鹿无虞, 惟入于林中'을, '君子舍之'는 뒷부분 '君子幾不如舍, 往吝.'을 생략하여 인용한 것이다.

③ 몽蒙. 六三, 勿用取女, 見金夫, 不有躬, 无攸利.
셋째 음효는 여자에게 장가들지 말라.
돈 있는 남자를 보고 몸이 없으니, 이로울 것 없다.
象曰 '勿用取女', 行不順也.
'여자에게 장가들지 말라'는 것은 행실이 불순하기 때문이다.

'勿用取女'는 효사 '勿用取女, 見金夫, 不有躬, 无攸利.'를 생략하여 4글자로 인용한 것이다.

이와 같이 「상」은 효사의 문장이 긴 경우 이를 4글자로 줄여 인용하고, 해석한 것도 4글자로 하여 서로 짝으로 맞추어 기술하였다. 생략하여 인용한 효사는 사실 효사 전체를 가리킨다. 효사를 4글자로 맞추다 보니 간혹 이해하기 어려운 부분이 있게 되었다. 예를 들겠다.

① 고蠱. 九二, 幹母之蠱, 不可貞.
둘째 양효는 어머니의 일을 계승하니, 바르다고 할 수 없다.
象曰 '幹母之蠱', 得中道也.
'어머니의 일을 계승한다'는 것은 중도를 얻었기 때문이다.

「상」은 '幹母之蠱' 뒤에 '不可貞'을 생략하였다. 「상」의 기록만으로 해석하면 이해가 불가능하니, 둘째 양효 효사 전체를 가지고 해석해야 한다. 즉 "아들이 어머니의 일을 계승한다는 것은 둘째 양효가 중도를 얻었기 때문에 바르다고 할 수 없다"라고 해석해야 바른 해석이 된다. 즉 어머니의 일을 계승하는 것은 바른 일(中道)이 아니라는 것이다.

또 해석한 부분도 4글자로 줄여 쓰다 보니 간혹 이해하기 어려운 부분이 있게 되었다. 예를 들겠다.

② 관觀. 上九, 觀其生, 君子无咎.
꼭대기 양효는 다른 나라의 백성을 살피니, 군자는 허물이 없다.
象曰 '觀其生', 志未平也.
'다른 나라의 백성을 살핀다'는 것은 뜻이 (나의 백성과) 고르지 않는가를 살피는 것이다.

'志未平也'는 '志在觀未平者也'로 하는 것이 바르다. 4글자로 맞추기 위해 의도적으로 글자를 생략하였다. "다른 나라의 백성을 살피는 것은 살피는 뜻이 나의 백성과 서로 고르지 않는가를 살피는 데 있다"라고 해석해야 된다. 즉 다른 나라의 백성을 살피는 뜻은 나의 백성과 서로 고르게 하기 위함이니, 군자는 허물이 없다는 말이다.

3. 효사 해석

「상」에서 효사의 해석 방식에는 2가지가 있다. 하나는 상수이고, 또 하나는 의리이다.

(1) 상수로 해석함

「소상」은 효상을 해석한 것이다. 주나라 초기에 쓰인 본래의 『주역』에서 효사는 단순히 점 글이었지만, 「상」에서 효사는 효상을 설명한 글이므로 효사에 대한 해석이 곧 효상을 해석한 것이다. 「상」은 효사는 효상을 설명한 것이라고 여겼으므로 효상을 가지고 효사를 해석하였다. 효상은 효위爻位를 가지고 말하였는데, 이른바 '효위설爻位說'이라는 것이다.

「상」의 효위설

「상」의 효위설을 간단하게 소개하겠다.

① '中'… 둘째 효와 다섯째 효를 '중'이라고 한다. 둘째 효는 아랫괘의 가운데, 다섯째 효는 윗괘의 가운데 자리에 있다. '중'을 얻으면 길하다. '中正', '正中', '中直', '中道'라고도 한다.

② '下'… 처음 효는 한 괘에서 가장 아래에 있으므로 '하'라고 칭하였다. '卑', '始'라고도 한다.

③ '上'… 꼭대기 효는 한 괘에서 가장 위에 있으므로 '상'이라고 칭하였다. '窮', '終', '亢', '盈'이라고도 하였다.

④ '當位'… 한 괘 여섯 효에서 처음, 셋째, 다섯째는 양의 자리이고, 둘째, 넷째, 꼭대기는 음의 자리이다. 양효가 양의 자리에 있고, 음효가 음의 자리에 있는 것을 '당위'라고 한다. '당위'면 길하다. '位正當', '正位', '正', '居位', '在位'라고도 한다.

⑤ '不當位'… 양효가 둘째, 넷째, 꼭대기 음의 자리에, 음효가 처음, 셋째, 다섯째 양의 자리에 있는 것이다. '부당위'면 흉하다. '未當位', '位不當', '非其位', '未得位', '不當', '未當'이라고도 한다.

⑥ '乘'… 효가 효 위에 있는 것. 유가 강을 타면 흉하다.

⑦ '比'… 효가 서로 이웃하여 친근한 것을 '비'라고 한다.

이상 「상」의 효위설 일곱 가지를 설명하였다. 한 가지 주목해야 할 것은 「상」에서는 '응應'을 말하지 않았다는 것이다. '응應'이란 효위에서 처음과 넷째, 둘째와 다섯째, 셋째와 꼭대기 효는 음양이 서로 응하는 것을 말한다. 「상」에는 「단」과 달리 '응'이라는 글자가 한 곳도 없으며, 음양이 응하는 것으로 효사를 해석하지 않았다. 「단」은 괘체를 가지고 괘사를 해석하였고, 「상」은 각 효사를 해석하였기 때문일 것이다. 효위설은 『내 눈으로 읽은 주역: 역전해설』에 자세하게 정리되어 있으니 이것을 참고하라.

(2) 의리로 해석함

「상」은 「단」과 마찬가지로 유가 사상을 바탕으로 기술하였다. 「대상」에서 기술한

'수기치인'은 유가 사상의 핵심이다. 몽蒙의 '果行育德', 대유大有의 '順天休命', 대장大壯의 '非禮弗履', 진晉의 '自昭明德', 건蹇의 '反身脩德', 익益의 '見善則遷, 有過則改', 곤困의 '致命遂志', 정鼎의 '正位應命', 진震의 '恐懼脩省', 간艮의 '思不出其位', 태兌의 '朋友講習' 등등은 그 바탕이 유가라는 사실을 충분히 보여주고 있다.

「소상」 역시 효사를 해석하면서 유가 사상을 바탕으로 하였다. 앞에서 말한 효위설에서 '중中', '정正', '당위當位', '승강乘剛', '중도中道', '중정中正' 등등의 용어는 모두 유가 사상에서 나왔다. 아래에 효사를 해석한 몇 구절을 인용하여 「상」은 유가의 의리를 바탕으로 기술하였다는 것을 간략히 설명하겠다.

① 건乾 九三 「상」: '終日乾乾', 反復道也.
'종일 부지런히 힘쓴다'는 것은 도를 되풀이한다는 것이다.

군자는 종일 부지런히 수신하는 것이다.

② 복復 初九 「상」: '不遠'之'復', 以脩身也.
'멀리 가지 아니하고 돌아온다'는 것은 수신하기 때문이다.

수신하기 때문에 멀리 가지 아니하고 바른 길로 돌아온다는 것이다.

③ 복復 六二 「상」: '休復'之'吉', 以下仁也.
'(잘못을) 멈추고 돌아오니, 길하다'는 것은 아래가 어질기 때문이다.

처음 양효가 어질기 때문에 둘째 음효는 잘못을 멈추고 바른 길로 돌아오니 길하다고 해석하였다. 이 구절은 효위로 말하면 상수로 해석한 것이지만, 내용은 유가의 의리로 해석한 것이다.

④ 둔遯 九五 「상」: '嘉遯貞吉', 以正志也.
'은둔을 아름답게 여기니, 바르게 하여 길하다'는 것은 (은둔하려는) 뜻이 바르기 때문이다.

은둔을 아름답게 여기는 것은 다섯째 양효가 중정의 자리에 있어 은둔하려는 뜻이 바르기 때문이라고 해석하였다. 이 구절은 효위로 말하면 상수로 해석한 것이지만,

내용은 유가의 의리로 해석한 것이다.

⑤ 진晉 初六 「상」: '晉如摧如', 獨行正也.
'나아가기도 하고 물러나기도 한다'는 것은 홀로 바름을 행한다는 것이다.

홀로 그 바름을 행하므로 길하다고 하였다.

⑥ 가인家人 上九 「상」: '威如'之'吉', 反身之謂也.
'위엄이 있으니 길하다'는 것은 자신을 되돌아보는 것을 말한다.

'반신反身'은 자신을 되돌아보고 잘못을 반성한다는 말이다. 자신을 되돌아보고 잘못을 자신에게서 구하니, 위엄이 있어 마침내 길하다는 것이다.

「상」이 유가의 의리로 효사를 해석한 예는 너무 많아 모두 들 수가 없다.

「상」은 유가를 바탕으로 하였으나, 간혹 도가 성분도 있다. 예를 들어 건乾 「대상」의 '天行', 上九 「소상」의 '盈不可久也'는 도가의 '消息盈虛' 사상을 반영한 것이다.

4. 이해하지 못한 것

「상」이 효사를 어떻게 해석한 것인지 필자가 이해할 수 없는 것이 6곳 있었다.

① 태泰 九二 「상」: '包荒得尙于中行', 以光大也.
'굶주림을 안고 중도에서 상을 얻는다'는 것은 (둘째 양효의 덕이) 넓고 크기 때문이다.

굶주림을 안고 걸어서 강을 건너는데, 멀리 버려두지 않은 벗이 없어졌으나, 중도에서 상을 얻는 것은 둘째 양효의 덕이 넓고 크기 때문이라는 것이다. 필자는 「상」이 효사를 어떻게 해석하였는지 이해할 수 없다.

② 명이明夷 六四 「상」: '入于左腹', 獲心意也.
'왼쪽 배에 들어간다'는 것은 마음의 뜻을 얻었다는 것이다.

왼쪽 배에 들어가 어두울 때 숨으려는 마음의 뜻을 얻었다는 말인데, 필자는 「상」이 도대체 이 구절을 어떻게 해석한 것인지 이해할 수 없다.

③ 해解 九四「상」: '解而拇', 未當位也.
'너의 엄지발가락을 벗긴다'는 것은 합당한 자리가 아니기 때문이다.

너의 엄지발가락을 벗긴다는 것은 넷째 양효가 합당한 자리에 있지 않기 때문이라는 말인데, 필자는「상」이 효사를 어떻게 해석한 것인지 이해할 수 없다.

④ 구姤 九五「상」: '有隕自天', 志不舍命也.
'하늘에서 내려온 것이다'는 것은 (다섯째 양효의) 뜻이 천명을 어기지 않는다는 것이다.

하늘에서 내려온 것이라는 것은 다섯째 양효의 뜻이 하늘의 명을 어기지 않는 것이라는 말이다. 필자는「상」이 효사를 어떻게 해석한 것인지 분명하게 이해할 수 없다.

⑤ 췌萃 初六「상」: '乃亂乃萃', 其志亂也.
'어지러워 모인다'는 것은 그 뜻이 어지럽다는 것이다.

어지러워 모인다는 것은 모이는 뜻이 어지러워 모인다는 것인데,「상」의 내용을 가지고 효사를 이해한다는 것은 불가능하다.

⑥ 간艮 九三「상」: '艮其限', 危'薰心'也.
'허리를 멈춘다'는 것은 위태로워 마음이 혼란하다는 것이다.

허리를 멈춘다는 것은 위태로워 마음이 혼란한 것이라고, 효사 그대로 해석하였다. 필자는「상」이 효사를 어떻게 해석하였는지 이해할 수 없다.「상」을 지은 사람은 효사가 무슨 말인지 이해하지 못하였을 것이다.

이상 필자가 이해하지 못한 6곳을 기록하였다.「상」의 해석은「상」을 지은 사람의 효사에 대한 이해를 기록한 것이다. 필자는 과연「상」을 지은 사람이 이러한 효사를 바로 이해했는지 의문이 든다.

마. 「상」의 운에 대하여

「상」은 「단」과 마찬가지로 정연하게 운을 사용하였다. 「상」의 운에 대해 몇 가지 기술할 것이 있다.

1. 운을 맞추기 위하여 의도적으로 글자를 도치하였다.

① 건乾 九二 「상」: 見龍在田, 德施普也.
'德施普也'는 '普施德也'로 하는 것이 바르다. 운을 맞추기 위해 의도적으로 글자를 도치하였다. 건 「상」에서 '하下(音戶)', '보普', '도道', '구咎', '조造', '구久', '수首'는 운이다.

② 비比 六二 「상」: '不自失也'는 '不失自也'로 하는 것이 바르다.

③ 비比 九五 「상」: '位正中也'는 '位中正也'로 하는 것이 바르다.

④ 이履 九四 「상」: '志行也'는 '行志也'로 하는 것이 바르다.

⑤ 비否 六四 「상」: '志行也'는 '行志也'로 하는 것이 바르다.

⑥ 동인同人 上九 「상」: '志未得也'는 '未得志也'로 하는 것이 바르다.

⑦ 겸謙 六二 「상」: '中心得也'는 '心得中也'로 하는 것이 바르다.

⑧ 겸謙 上九 「상」: '志未得也'는 '未得志也'로 하는 것이 바르다.

⑨ 예豫 九四 「상」: '志大行也'는 '大行志也'로 하는 것이 바르다.

⑩ 수隨 九五 「상」: '位正中也'는 '位中正也'로 하는 것이 바르다.

⑪ 고蠱 上九 「상」: '志可則也'는 '可則志也'로 하는 것이 바르다.

⑫ 고蠱 六五 「상」: '承以德也'는 '以德承也'로 하는 것이 바르다.

⑬ 이頤 肉三 「상」: '道大悖也'는 '大悖道也'로 하는 것이 바르다.

⑭ 이頤 六四 「상」: '上施光也'는 '上光施也'로 하는 것이 바르다.

⑮ 둔遯 六二 「상」: '固志也'는 '志固也'로 하는 것이 바르다.

⑯ 둔遯 九五 「상」: '以正志也'는 '以志正也'로 하는 것이 바르다.

⑰ 규睽 九四 「상」: '志行也'는 '行志也'로 하는 것이 바르다.

⑱ 구姤 九三 「상」: '行未牽也'는 '未牽行也'로 하는 것이 바르다.

⑲ 췌萃 上六 「상」: '未安上也'는 '上未安也'로 하는 것이 바르다.

⑳ 곤困 上六 「상」: '吉行也'는 '行吉也'로 하는 것이 바르다.

㉑ 진震 上六 「상」: '中未得也'는 '未得中也'로 하는 것이 바르다.

㉒ 풍豐 九四 「상」: '吉行也'는 '行吉也'로 하는 것이 바르다.

㉓ 손巽 初六 「상」: '志疑也'는 '疑志也'로 하는 것이 바르다.

㉔ 손巽 初六 「상」: '志治也'는 '治志也'로 하는 것이 바르다.
㉕ 손巽 九五 「상」: '位正中也'는 '位中正也'로 하는 것이 바르다.
㉖ 환渙 九五 「상」: '正位也'는 '位正也'로 하는 것이 바르다.
㉗ 미제未濟 九四 「상」: '志行也'는 '行志也'로 하는 것이 바르다.

이상 「상」에서 운을 맞추기 위해 의도적으로 글자를 도치한 27곳을 모두 들었다. 필자가 발견하지 못한 것도 있을 것이다.

2. 운을 맞추기 위하여 의도적으로 글자를 바꾸었다.

운을 맞추기 위해 의도적으로 글자를 바꾼 것도 있다. '중정中正'을 '중직中直'으로 바꾼 것이 그렇다. 예를 들겠다.

① 동인同人
九四 「상」: '乘其墉', 義'弗克'也. 其'吉', 則困而反則也.
九五 「상」: '同人'之'先', 以中直也. '大師相遇', 言相'克'也.
上九 「상」: '同人于郊', 志未得也.
'극克', '칙則', '직直' '극克', '득得'은 운이다. 다섯째 양효에서 '직直'은 곧 정正이다. 곧 「문언」에 "곧은 것은 바른 것이다(直其正也)"라고 하였다. '중직中直'은 곧 '중정中正'이다. 운을 맞추기 위해 의도적으로 '中正'을 '中直'으로 바꾸었다.

② 곤困 九五 「상」: '劓刖', 志未得也. '乃徐有說', 以中直也. '利用祭祀', 受福也.
'득得', '직直', '복福'은 운이다. 운을 맞추기 위해 의도적으로 '中正'을 '中直'으로 바꾼 것이다.

또 '득중得中'을 '득당得當'으로 바꾸었다.
③ 서합噬嗑 六五 「상」: '貞厲无咎', 得當也.
다섯째 음효는 음이면서 양의 자리에 있으므로 '得當'이라 할 수 없고, 가운데 자리에 있으므로 '재중在中' 혹은 '이중以中' 혹은 '득중得中'이라고 하는 것이 바르다. '得當'이라고 한 것은 위아래 여섯 구절 '행行', '강剛', '당當', '광光', '당當', '명明'이 운이기 때문이다. 운을 맞추기 위해 의도적으로 '당當'자를 사용한 것이다.
④ 이履 六三 「상」: '眇能視, 不足以有明也'는 '眇能視, 不足以有視也'로 하는 것

이 바르다.

⑤ 무망无妄 九五 「상」: '无妄之藥, 不可試也'는 '无妄之藥, 不可服也'로 하는 것이 바르다.

⑥ 명이明夷 上六 「상」: '初登于天, 照四國也. 後入于地, 失則也'는 '後入于地, 失明也'로 하는 것이 바르다. '國'과 운을 맞추기 위하여 의도적으로 '則'자로 바꾸었다. 이 구절은 '初登于天, 照四方也. '後入于地, 失明也로 하는 것이 바르다. '方'과 '明'은 운이다. 「상」을 지은 사람이 실수하였다.

⑦ 곤困 九四 「상」: '來徐徐, 志在下也. 雖不當位, 有與也'는 '雖不當位, 有終也'로 하는 것이 바르다. '下'와 '與'는 운이다. 운을 맞추기 위해 의도적으로 '終'을 '與'로 바꾸었다.

⑧ 진震 初九 「상」: '震來虩虩, 恐致福也. 笑言啞啞, 後有則也'는 '笑言啞啞, 後有常也'로 하는 것이 바르다. '福'과 '則'은 운이다.

⑨ 기제旣濟 九五 「상」: '東鄰殺牛, 不如西鄰之時. 實受其福, 吉大來也'는 '東鄰殺牛, 不如西鄰之禴祭'로 하는 것이 바르다. '時'와 '來'는 운이다. 운을 맞추기 위해 의도적으로 '禴祭'를 '時'로 바꾸어 기술하였다.

이상 「상」에서 운을 맞추기 위해 의도적으로 글자를 바꾼 9곳을 모두 들었다. 필자가 발견하지 못한 것도 있을 것이다.

3. 운을 맞추기 위하여 의도적으로 「상」의 형식에 맞지 않게 구절을 도치하였다.

「상」의 형식은 먼저 효사 4글자를 들고, 뒤에 4글자를 들어 해석하였다. 운을 맞추기 위해 이 형식을 따르지 않은 것이 있다.

① 곤坤 初九 「상」: 履霜堅冰, 陰始應也. 馴致其道, 至堅冰也.
'응應'과 '빙冰'은 다음 효의 '直以方也', '地道光也'의 '방方'과 '광光'과 운이 되는데, 운을 맞추기 위해 의도적으로 구절을 도치하였다. '堅冰之至, 馴致道也'가 형식에 맞는 문장이다.

② 곤坤 六二 「상」: '六二之動, 直以方也'는 '直以方, 六二之動也'가 형식에 맞다.

③ 비比 九五 「상」: '舍逆取順, 失前禽也'는 '失前禽, 舍逆取順也'가 형식에 맞다.

④ 감坎 上六 「상」: '上六失道, 凶三歲也'는 '上六凶三歲, 失道也'가 형식에 맞다.

⑤ 구姤 上九 「상」: '姤其角, 上窮吝也'는 '姤其角吝, 上窮也'가 형식에 맞다.

⑥ 진震 六五 「상」: '其事在中, 大无喪也'는 '大无喪, 其事在中也'가 형식에 맞다.

⑦ 여旅 九三「상」: '以旅與下, 其義喪也'는 '喪其童僕, 義也'가 형식에 맞다.

이상「상」에서 운을 맞추기 위해 의도적으로「상」의 형식에 맞지 않게 구절을 도치한 7곳을 모두 들었다. 필자가 발견하지 못한 것도 있을 것이다.

4. 운을 맞추기 위하여 의도적으로 구절 자체를 바꾸었다.

① 건乾 九三「상」: '終日乾乾, 反復道也'는 '終日乾乾, 以修身也'로 하는 것이 바르다.

② 명이明夷 六二「상」: '六二之吉, 順以則也'는 '六二之吉, 以中正也'로 하는 것이 바르다.

③ 절節 九五「상」: '甘節之吉, 居位中也'는 '甘節之吉, 位中正也'로 하는 것이 바르다. 운을 맞추기 위해 의도적으로 '正'자를 생략하고 '居'자를 더하여, 4글자로 만들어 구절을 바꾸었다.

이상「상」에서 운을 맞추기 위해 의도적으로 구절을 바꾼 3곳을 모두 들었다. 필자가 발견하지 못한 것도 있을 것이다.

5. 운을 맞추기 위하여 의도적으로 글자를 넣었다.

① 동인同人 六二「상」: '同人于宗, 吝道也'에 '道'자를 넣었다. '吝也'가 맞다.
② 고蠱 九二「상」: '幹母之蠱, 得中道也'에 '道'자를 넣었다. '得中也'가 맞다.
③ 임臨 六五「상」: '大君之宜, 行中之謂也'에 '謂'자를 넣었다. '行中也'가 맞다.
④ 리離 六二「상」: '黃離元吉, 得中道也'에 '道'자를 넣었다. '得中也'가 맞다.
⑤ 가인家人 上九「상」: '威如之吉, 反身之謂也'에 '謂'자를 넣었다. '以反身也'가 맞다.
⑥ 건蹇 九五「상」: '大蹇朋來, 以中節也'에 '節'자를 넣었다. '以中也'가 맞다.
⑦ 해解 九二「상」: '九二貞吉, 得中道也'에 '道'자를 넣었다. '得中也'가 맞다.
⑧ 쾌夬 九二「상」: '有戎勿恤, 得中道也'에 '道'자를 넣었다. '得中也'가 맞다.
⑨ 절節 九二「상」: '不出門庭凶, 失時極也'에 '極'자를 넣었다. '失時也'가 맞다.
⑩ 절節 六四「상」: '安節之亨, 承上道也'에 '道'자를 넣었다. '承上也'가 맞다.
⑪ 기제旣濟 六二「상」: '七日得, 以中道也'에 '道'자를 넣었다. '以中也'가 맞다.

이상「상」에서 운을 맞추기 위해 의도적으로 글자를 넣은 11곳을 모두 들었다. 필자가 발견하지 못한 것도 있을 것이다.

6. 「상」을 지은 사람이 실수하여 잘못 기술하였다.

「상」을 지은 사람이 운을 맞추면서 실수한 것이 있다.

① 예豫 六二 「상」: '不終日貞吉, 以中正也'는 '不終日貞吉, 以正中也'로 해야 앞의 '志窮凶也'의 '凶'과 운이 맞다. 「상」을 지은 사람이 실수하였다.
② 명이明夷 九三 「상」: '南狩之志, 乃得大也'는 '南狩之志, 大首得也'로 해야 앞의 '順以則也'의 '則'과 운이 맞다.
③ 명이明夷 六四 「상」: '入于左腹, 獲心意也'는 '入于左腹, 心意獲也'로 바꿔야 한다. 명이 「상」에서 '식食', '칙則', '득得', '획獲', '식息', '국國', '칙則'은 운이다.
④ 기제旣濟 九五 「상」: 東鄰殺牛, 不如西鄰之時. 實受其福, 吉大來也.
「상」은 효사를 해석하면서 '實受其福, 吉大來也'라고만 하는 것이 맞다. 효사 전체를 인용한 것은 「상」을 지은 사람의 실수였다. '東鄰殺牛, 不如西鄰之時'는 불필요하게 들어갔다.
⑤ 미제未濟 九二 「상」: '九二貞吉, 中以行正也'는 '九二貞吉, 中以行直也'로 해야 앞의 '濡其尾, 亦不知極也'의 '極'과 운이 맞다.

이상 「상」에서 운을 맞추면서 실수한 5곳을 모두 들었다. 필자가 발견하지 못한 것도 있을 것이다.

이상 「상」의 운에 대해 기술하였다. 「상」은 효사를 해석하면서 육십사괘 모두 운을 사용하였다. 「단」과 「상」은 괘사와 효사를 해석하면서 운을 가장 중시하였다. 운을 모르면서 「단」과 「상」을 이해한다는 것은 불가능하다. 운을 알면 「단」과 「상」을 지은 사람이 이것을 지으면서 운을 맞추기 위해 고심했을 심리적 상태까지도 짐작할 수 있게 된다. 「단」과 「상」을 해석하면서 운을 말하지 않는다는 것은 있을 수 없는 일이다. 필자가 미처 찾아내지 못한 운도 있을 것이니 독자들은 유념해야 한다. 아래에서 본격적으로 「상」을 해석하겠다.

상象

상

1. 건乾

☰ 象曰 天行, 健. 君子以自强不息.

하늘의 운행이 강건한 것이 건의 상이다.

군자는 이 상을 본받아 스스로 강하여 멈추지 않는다.

象曰

'상象'은 「상전」이라는 『역전』의 한 편명이다. 『집해』에 이정조는 "'상'은 본떠 형상화한 것이다. 괘효의 덕을 본뜬 것을 취한 것이다(象者, 像也. 取其法象卦爻之德)"라고 하였다. 「상」은 괘상과 효상을 설명한 것이다. 한 괘의 상하 괘상을 설명한 것을 「대상大象」, 여섯 효의 효상을 설명한 것을 「소상小象」이라고 한다. '天行, 健. 君子以自强不息'은 건의 「대상」이고, 이하 여섯 효사에 대한 해석은 건의 「소상」이다. '상왈'은 「상전」에서 말하였다는 것이다.

天行

'천天'은 건의 상이며, 건괘는 위아래 모두 건이니, 하늘이 겹쳐 있다. '천'은 천체(하안) 혹은 천도(정이), 두 가지 해석이 모두 통하나 천도로 보는 것이 『역전』의 뜻과 부합한다. '행行'은 운행(運)이다. 공영달은 "'행'은 운행을 말한 것(行者, 運動之稱)"이라고 하였다. 옛날 사람들은 '하늘은 움직이고 땅은 고요하다(天動地靜)'라고 생각하였다. 그래서 '천天' 뒤에 '행行'을 쓴 것이다. '천행天行'은 천도의 운행이다. 즉 사계절이 차례로 순환하고, 해와 달이 교대로 솟아오르며, 낮과 밤이 번갈아 찾아오고, 더위와 추위가 순서대로 바뀌는 것 등등이다. 「단」에 '天行'이 3곳 기록되어 있다.

① 고蠱 「단」: 終則有始, 天行也. 끝나면 또 시작하는 것은 하늘의 운행이다.
② 박剝 「단」: 君子尙消息盈虛, 天行也. 군자는 사라지고 자라나며 가득하고 비는 것을 중시하니, 하늘의 운행이다.
③ 복復 「단」: '反復其道, 七日來復', 天行也. '그 길을 되돌아오는데, 칠 일이면 돌아온다'는 것은 하늘의 운행이다.

'천행天行'은 '소식영허消息盈虛'이며, '종즉유시終則有始'하는 것이다. 소식영허 하는 천도의 운행은 순환하여 멈추지 않는다. 하늘의 운행은 스스로 강하여 멈추지 않는 것(自强不息)이다.

健

'건健'은 당연히 괘명 '건乾'으로 써야 한다. 「대상」은 먼저 괘상을 들고 이어서 괘명을 말하였다. 이것은 육십사괘 「대상」의 통례이다. 예를 들어, ①'地勢, 坤' ②'雲雷, 屯' ③'山下出泉, 蒙'이라고 하여, 먼저 괘상을 들고 이어서 괘명을 말하였다. 이것은 육십사괘 「대상」에 예외가 없다. 따라서 '健'은 당연히 괘명 '乾'으로 써야 맞다. 유월俞樾은 『군경평의羣經平議』에서 "건健은 건乾이다. 건健을 건乾으로 하는 것은 또한 순順을 곤坤으로 하는 것과 같다(健卽乾也. 以健爲乾, 亦猶以順爲坤)"라고 하였다. '天行, 乾'이라고 해야 곧 「상」의 '地勢, 坤'과 짝이 된다.

'天行, 乾'은 하늘이 운행하는 것이 건의 상이라는 말이다. 「상」은 '자강불식自强不息'을 가지고 '천행天行'을 해석하였다. 하늘의 운행은 잠시도 멈춤이 없다는 말이다. 즉 봄·여름·가을·겨울 사계절이 차례로 순환하고, 해와 달이 교대로 솟아오르며, 낮과 밤이 번갈아 찾아오고, 더위와 추위가 순서대로 바뀌는 것, 자라고 무성하고 열매 맺고 시들어 사라지는 자연의 이법, 태어나 자라고 늙어서 없어지는 인생의 과정 등 그 어느 것 하나 한 순간 멈추는 것이 없다. 건괘는 두 개의 하늘이 겹쳐 있고, 하늘의 운행은 강건하다. 「상」은 '건乾'을 강건하다는 뜻의 건健으로 새겼다.

필자는 '天行健'은 다음과 같이 읽어야 바르다고 생각한다.

> 天行健, 乾.
> 하늘의 운행이 강건한 것이 건의 상이다.

이렇게 읽어야 육십사괘 「대상」의 형식에 부합한다.

君子以自强不息

'군자'에 대해, 고형은 "역전 중의 군자는 재덕이 있는 사람을 가리킨다(易傳中之君子乃有才德之人之稱). 작위가 있든 없든 관계가 없다(无論其有爵位與无爵位)"라고 하였는데, 진고응도 이를 따랐다. 필자는 최고 통치자를 가리키는 것으로 보았다. 「대상」은 '군자'(53곳) 외에도 '선왕先王'(7곳), '후后'(2곳), '대인大人'(1곳), '상上'(1곳)을 말하였는데, 모두 같은 개념이며, 최고 통치자를 가리킨다. 최고 통치자는 마땅히 훌륭한 덕성을 갖춰야 한다. 건 「문언」에 "군자는 덕을 이루는 것을 행실로 여긴다(君子以成德爲行)"라고 하였다.

'이以'에 대해 해석이 분분하다.

첫째, 공영달은 '용차괘상用此卦象'이라고 하였다.

둘째, 정이는 취한다는 뜻의 취取, 본받는다는 뜻의 법法으로 읽었다(諸卦皆取象以爲法).

셋째, 주희는 '본받다(法之)'는 뜻으로 새겼다.

넷째, 래지덕은 '이以'는 용用이라고 하였다. 즉 '군자용천행건君子用天行健'이라는 것이다.

다섯째, 왕부지 역시 '용用'의 뜻으로 읽고 "군자는 이 지극히 강하여 부드럽지 않는 도를 가지고 스스로 자신의 사사로움을 이기고 천리를 남김없이 체현한다(君子以此至剛不柔之道, 自克己私, 盡體天理)"라고 하였다.

여섯째, 유백민은 '이以'는 용用이라 하고, '君子用乾之象'이라고 하였다.

일곱째, 진고응은 '是以', '所以', '因此'로 새겼다. 그래서, 따라서 라는 뜻이다.

여덟째, 필자는 '이以' 뒤에 '지之'자가 생략되어 있으며, '이以'는 용用과 같고, '지之'는 '乾之象'을 가리키며, '군자이건지상君子以乾之象'의 뜻으로 읽었다. 즉 군자는 건의 상을 보고 이를 본받는다(君子觀乾之象而法之)는 말이다.

'강强'에 대해, 왕필 본, 『석문』, 『집해』, 장재 본에는 '强'으로 되어 있고, 호원, 정이, 주희 본에는 '彊'으로 되어 있다. 본래는 '强'으로 되어 있는 것을 송대 유학자들이 '彊'자로 고쳤음을 알 수 있다. 두 글자는 음도 뜻도 같다. '강强'은 강하다(不屈), 힘쓰다(勉), 노력하다(勉)는 뜻이다. 『집해』에 우번은 "건은 강건하므로 강하다(乾健, 故强)"라고 하였다. '자강'은 스스로 힘쓴다는 말이며, 수신修身에 힘쓴다는 것이다. '식息'은 멈추다(止), 쉬다(休)는 뜻이다. '불식不息'은 멈추지 않는다는 말이다.

'군자이자강불식'은 군자는 이 건의 상을 보고 이를 본받아 스스로 노력하여 멈추지 않는다는 말이다. 「상」은 '천天'을 건의 상으로 하여, 그 강건한 덕을 나타내고, 군자는 이를 본받아 '자강불식'해야 하는 것을 말하였다. '자강불식'은 인간 수양(修身)하는 것이다. 군자는 하늘의 강건한 덕을 본받아 인간 수양에 온힘을 쏟는다는 것이다.

공영달은 "'천행건'은 하늘의 스스로 그러한 상을 말한 것이다. '군자이자강불식'은 인간사를 가지고 하늘이 하는 것을 본받는 것이니, 군자가 이 괘상을 본받아 스스로 강하여 노력하여 멈추지 않는 것을 말한 것이다(天行健, 此謂天之自然之象. 君子以自强不息, 此以人事法天所行, 言君子之人用此卦象, 自彊勉力不有止息.)"라고 하였다.

初九, 潛龍, 勿用.

처음 양효는 잠겨 있는 용이니 사용하지 말라.

「상」은 '하下'를 가지고, 「문언」은 '은隱'을 가지고 효사의 '잠潛'을 해석하였다. 「상」은 상수로, 「문언」은 의리로 해석한 것이다. '잠潛'은 잠기다(沈), 숨다(隱)는 뜻이다. '용龍'은 양에 속하는 것이며, 변화막측한 것이다. '잠룡'은 「상」에서는 물속에 잠겨 있는 용이고, 「문언」에서는 숨어 있는 용이다. '물용勿用'은 「상」에서는 사용해서는 안 된다, 「문언」은 움직이지 말라(確乎其不可拔)는 뜻으로 해석하였다.

(象曰) '潛龍勿用', 陽在下也.
'잠겨 있는 용이니 사용하지 말라'는 것은 양이 아래에 있다는 것이다.

潛龍勿用

구절 앞에 '상왈象曰'이 있어야 한다. 효사를 인용하면서 앞부분에 '象曰'을 넣은 것은 육십사괘 「소상」의 통례이다. '잠룡물용'은 처음 양효 효사를 인용한 것이다. '잠룡潛龍'은 처음 양효의 상이다. 처음 양효는 잠겨 있는 용의 상이다. 「상」에서 효사는 효상을 설명한 것이다. 386효가 모두 그렇다. '물용勿用'은 사용하지 말라는 말이다. '잠룡물용'은 잠겨 있는 용이니, 사용하지 말라는 말이다.

陽在下也

'양재하야'는 효사를 해석한 것이다. '양陽'은 처음 양효를 가리키며, '하下'는 한 괘의 아랫자리(初爻)를 가리킨다. 「상」은 '양陽'을 가지고 효사의 '용龍'을, '하下'를 가지고 효사의 '잠潛'을 해석하였다. 처음 양효는 한 괘의 아랫자리에 있으니(효위) '잠겨 있는 용'의 상이다(효상). '양재하야'는 양이 아래에 있다는 말이다. 「상」은 효사 '잠룡물용潛龍勿用'을, 잠겨 있는 용이니 사용하지 말라는 것은 용을 상징하는 양효가 한 괘의 아랫자리에 있는 것이라고 해석하였다.

「소상」에 '하下'는 모두 12곳 기록되어 있다.

① 건乾 初九 「상」: '潛龍勿用', 陽在下也.
'잠겨 있는 용이니, 사용하지 말라'는 것은 양이 아래에 있다는 것이다.

② 준屯 初九 「상」: 以貴下賤, 大得民也.
귀한 것이 천한 것 아래에 있으니, 크게 백성을 얻는다.

③ 수隨 六三 「상」: '係丈夫', 志舍下也.
'어른을 묶는다'는 것은 뜻이 낮은 것을 버린다는 것이다.

④ 박剝 初六 「상」: '剝牀以足', 以滅下也.

'침상의 다리가 떨어져 나간다'는 것은 침상의 다리를 없애기 때문이다.

⑤ 복復 六二 「상」: '休復'之'吉', 以下仁也.

'(잘못을) 멈추고 돌아오니, 길하다'는 것은 아래가 어질기 때문이다.

⑥ 대과大過 初六 「상」: '藉用白茅', 柔在下也.

'흰 띠 풀로 짠 자리를 깔았다'는 것은 유가 아래에 있다는 것이다.

⑦ 대과大過 九四 「상」: '棟隆'之'吉', 不橈乎下也.

'마룻대가 높이 솟아올랐으니 길하다'는 것은 아래에 굽히지 않는다는 것이다.(때문이다)

⑧ 함咸 九三 「상」: 志在'隨'人, 所'執'下也.

뜻이 남을 '따르는 데' 있으니, '견지하는 것'이 아래에 있다는 것이다.

⑨ 익益 初九 「상」: '元吉无咎', 下不厚事也.

'크게 길하여 허물이 없다'는 것은 아랫사람이 큰일을 하는데 게으르지 않다는 것이다.

⑩ 곤困 九四 「상」: '來徐徐', 志在下也.

'오는 것이 더디다'는 것은 뜻이 아래에 있기 때문이다.

⑪ 정井 初六 「상」: '井泥不食', 下也.

'우물에 진흙이 차여 물을 마실 수 없다'는 것은 아래에 있기 때문이다.

⑫ 여旅 九三 「상」: 以旅與下, 其義'喪'也.

나그네와 사내종이 함께 있었기 때문에, 마땅히 '잃었다'는 것이다.

수隨 六三은 어린아이를, 박剝 초육初六은 침상의 다리를, 항恒 九三은 둘째 음효(九二)를, 여旅 九三은 사내종을 가리키고, 그 외는 모두 처음 효(初爻)를 가리킨다.

九二, 見龍在田, 利見大人.

둘째 양효는 나타난 용이 밭에 있으니, 대인을 만나보는 것이 이롭다.

『석문』에 "'현見'은 현賢과 편遍의 반절이다. 보이는 것이다(見, 賢遍反. 示也)"라고 하였다. 앞의 '현見'은 나타나다는 뜻의 현現, 뒤의 '견見'은 만나보다는 뜻의 견見으로 읽는다. 처음 양효의 있는 곳을 떠나 '나타나는 것(見)'이다. '전田'은 땅 위이다. 『집해』에 순상은 "'대인'은 천자를 말한다(大人, 謂天子)"라고 하였는데, 「상」에서 '대인大人'은 최고 통치자이나, 「문언」에서는 도덕 수양이 훌륭한 사람을 가리킨다. '군자'도 같은 개념이다.

(象曰) '見龍在田', 德施普也.
'나타난 용이 밭에 있다'는 것은 (대인이) 덕을 널리 베푼다는 것이다.

'현룡재전'은 둘째 양효 효사를 인용한 것이고, '덕시보야'는 효사를 해석한 것이다. '시施'는 『석문』에 "주다는 뜻의 여與"라고 하였다. '시'는 주다(與), 펴다(布), 베풀다(設)는 뜻이다. '보普'는 넓다(博), 크다(大), 두루(遍)라는 뜻이다. '덕시보야'는 덕을 널리 베푼다는 말이다. 대인이 덕을 널리 베푸는 것이다.

'덕시보德施普'는 보시덕普施德으로 하는 것이 바르다. 운을 맞추기 위해 의도적으로 글자를 도치하였다. 「상」의 '하下', '보普', '도道', '구咎', '조造', '구久', '수首'는 운이다. 「상」은 효사 '현룡재전見龍在田'을, 나타난 용이 밭에 있다는 것은 대인이 세상에 나타나 덕을 널리 베풀고 있는 것이라고 해석하였다. 그래서 그를 만나보는 것이 이롭다는 것이다. 「상」은 '용'과 '대인'을 동일한 것으로 여겼다.

九三, 君子終日乾乾, 夕惕若, 厲, 无咎.
셋째 양효는 군자는 종일 부지런히 힘쓰고,
저녁에 두려워한다면, 위태로우나 허물이 없다.

'군자'는 최고 통치자이다. '건건乾乾'은 '건건健健'으로 읽는다. 강건하고 또 강건하며(健之又健), 스스로 강하여 멈추지 않는다(自强不息)는 뜻이다. 군자가 종일 부지런히 힘쓰는 것은 '수신'하는 것이다. '척惕'은 『석문』에 정현이 "두려워하다는 뜻의 구懼"라고 하였다. '약若'은 어조사이다. '척약惕若'은 '척연惕然'과 같으며, 두려워하는 모양을 나타낸다. '여厲'는 『석문』에 "위태롭다는 뜻의 위危"라고 하였다. '무无'는 무無의 옛 글자이다. '구咎'는 허물 과過이며, '흉凶'보다 가벼운 재앙이다(고형).

(象曰) '終日乾乾', 反復道也.
'종일 부지런히 힘쓴다'는 것은 도를 되풀이한다는 것이다.

'終日乾乾'은 효사 '君子終日乾乾, 夕惕若, 厲, 无咎'를 줄인 것이다. 4글자로 인용하기 위해 나머지 글자는 임의로 생략하였다. '반복도야反復道也'는 '이수신야以脩身也'로 하는 것이 바르다. "'종일 부지런히 힘쓴다'는 것은 수신하기 때문이다"라는 말이다.

「상」에 같은 기록이 있다.

복復 初九「상」: 不遠之復, 以脩身也.
'멀리 가지 아니하고 돌아온다'는 것은 수신하기 때문이다.

「상」은 운을 맞추기 위해 의도적으로 '도道'자를 넣고 그 앞에 '반복反復'을 갖다 붙이고, '반복反復'을 가지고 효사의 '건건乾乾'을 해석하였다. '건건乾乾'은 '건건健健'으로 읽으며, 부지런히 힘쓴다는 뜻이다. 즉 부지런히 수신한다는 것이다. '반복反復'은 되풀이한다는 뜻이며, 멈추지 않는다는 것이다. 주희는 "되풀이 하여 실천한다는 뜻(重複踐行之意)"이라고 하였다. '도'는 ① 유백민은 건도乾道 ② 고형, 주백곤, 진고응 등은 '정도正道' ③ 필자는 수신하는 도(修身之道), 즉 부지런히 힘쓰는 것(健之又健)으로 보았다. '반복도야'는 도를 되풀이한다는 말이다. 「상」은 효사 '종일건건終日乾乾'을, 군자가 종일 부지런히 힘쓴다는 것은 군자가 부지런히 힘쓰는 것을 멈추지 아니하고 되풀이하는 것이라고 해석하였다. 군자는 되풀이하여 종일 부지런히 수신하고, 저녁에는 두려워한다면, 비록 위태로운 지경에 처해 있으나 또한 허물이 없다는 것이다.

「소상」에 '도道'는 모두 18곳 기록되어 있는데, 하나같이 무슨 철학적 의미가 없다.

① 건乾 九三「상」: '終日乾乾', 反復道也.
'종일 부지런히 힘쓴다'는 것은 도를 되풀이한다는 것이다. (수신하는 도이다)

② 곤坤 初六「상」: 馴致其道, 至'堅冰'也.
그 도에 점차 이르니 '굳은 얼음'이 언다는 것이다. (자연규율이다)

③ 곤坤 六二「상」: '不習无不利', 地道光也.
'익히지 않아도 이롭지 않음이 없다'는 것은 땅의 도가 넓고 크다는 것이다.

④ 곤坤 上六「상」: '龍戰于野', 其道窮也.
'용이 들에서 싸운다'는 것은 그 도가 궁하다는 것이다. (곤도이다)

⑤ 동인同人 六二「상」: '同人于宗', '吝'道也.
'사람들과 종묘에서 함께 한다'는 것은 '어려움'의 도이다.

⑥ 관觀 初六「상」: '初六童觀', '小人'道也.
'처음 음효가 어리게 살핀다'는 것은 '소인'의 (사물을 살피는) 방법이다.

⑦ 관觀 六三「상」: '觀我生進退', 未失道也.
'나의 백성을 살펴서, 나아가고 물러간다'는 것은 (살피는) 도를 잃지 않는다는 것이다.

⑧ 복復 六四「상」: '中行獨復', 以從道也.
'중도에서 혼자 돌아온다'는 것은 정도를 따르기 때문이다.

⑨ 복復 上六「상」: '迷復'之'凶', 反君道也.
'길을 잃고 돌아오니, 흉하다'는 것은 임금의 도를 어겼기 때문이다.
⑩ 대축大畜 上九「상」: '何天之衢', 道大行也.
'하늘의 대도를 짊어진다'는 것은 도가 크게 행한다는 것이다.
⑪ 이頤 六三「상」: '十年勿用', 道大悖也.
'십 년을 행할 수 없다'는 것은 도가 크게 어긋났기 때문이다. (양생지도養生之道이다)
⑫ 감坎 初六「상」: '習坎入坎', 失道'凶'也.
'구덩이가 겹쳐 있어 구덩이 속에 들어간다'는 것은 길을 잃어 '흉하다'는 것이다.
⑬ 진晉 上九「상」: '維用伐邑', 道未光也.
'고을을 정벌한다'는 것은 도가 밝지 않기 때문이다. (다스림의 방법이다)
⑭ 규睽 九三「상」: '遇主于巷', 未失道也.
'주인을 거리에서 만난다'는 것은 길을 잃지 않는다는 것이다.
⑮ 구姤 初六「상」: '繫于金柅', 柔道牽也.
'금 실패에 매여 있다'는 것은 유한 것이 이끌린다는 것이다. (음도이다)
⑯ 점漸 九三「상」: '婦孕不育', 失其道也.
'부인은 아이를 가졌으나 유산하였다'는 것은 그 도를 잃었다는 것이다. (부도이다)
⑰ 절節 六四「상」: '安節'之'亨', 承上道也.
'절제에 안주하니 형통하다'는 것은 윗사람의 도를 받든다는 것이다.
⑱ 절節 上六「상」: '苦節貞凶', 其道窮也.
'절제를 고통으로 여기니, 바르게 해도 흉하다'는 것은 그 도가 궁하다는 것이다. ('도道'는 절제지도節制之道이다.)

九四, 或躍在淵, 无咎.
넷째 양효는 용이 혹 못에서 뛰어오르고 있으니, 허물이 없다.

효사는 앞의 문장을 이어서 말하였으므로 '용龍'자가 생략되어 있다. '혹或'은 「문언」이 "의심하는 것(或之者, 疑之也)"이라고 하였는데, 왕필 이후 모두 이를 따랐다. 공영달은 "의심하는 것(或, 疑也)", 정이는 "의심하는 글이며, 꼭 그런 것이 아님을 말한 것(或, 疑辭, 謂非必也)", 주희는 "의심하여 결정하지 않은 말(或者, 疑而未定之辭)"이라고 하였다. 『석문』에 "'약躍'은 양羊과 작灼의 반절이다. 『광아』에 '위로 오른다는 뜻의 상上'이라 하였다(躍, 羊灼反. 廣雅云上也)"라고 하였다. '약躍'은 뛰어오른다는 뜻의 도약跳躍이다(공영달). '연淵'은 용이 편안히 머물고 있는 곳이다. 「문언」은 "넷째 양효는 용이 혹 뛰어오르거나 못에 있으니, 허물이 없다"라고 해석하였다.

(象曰) '或躍在淵', 進'无咎'也.
'용이 혹 못에서 뛰어오르고 있다'는 것은 나아가면 '허물이 없다'는 것이다.

'혹或'의 의심하는 말이다. 주어는 용이다. '진進'은 앞으로 나아간다는 뜻이다. 「상」은 '진進'을 가지고 효사의 '약躍'을 해석하였다. '진무구야'는 나아가면 허물이 없다는 말이다. 「상」은 효사 '혹약재연或躍在淵'을, 용이 혹 못에서 뛰어오르고 있다는 것은 군자가 앞으로 나아가면 자연히 허물이 없는 것이라고 해석하였다.

九五, 飛龍在天, 利見大人.
다섯째 양효는 나는 용이 하늘에 있으니, 대인을 만나보는 것이 이롭다.

『집해』에 순상은 "'비飛'는 거리낌이 없는 것에 비유한 것(飛者, 喩无所拘)"이라고 하였다. '견見'은 만나보다는 뜻의 견見으로 읽는다. 「상」에서 '대인大人'은 최고 통치자이나, 「문언」에서는 도덕 수양이 훌륭한 사람을 가리킨다.

(象曰) '飛龍在天', 大人造也.
'나는 용이 하늘에 있다'는 것은 대인이 하는 바가 있다는 것이다.

'대인大人'은 최고 통치자이다. 『석문』에 정현이 "'조造'는 조徂와 조早의 반절이다. 하다는 뜻의 위爲이다(造, 鄭徂早反. 爲也)"라고 하였다. '조'는 하다는 뜻의 위爲(공영달), 짓는다는 뜻의 작作이다(주희). '大人造也'는 '大人所造也'가 정확한 문장이다. 4글자 짝으로 맞추기 위해 의도적은 '소所'자를 생략하였다. '대인조야'는 대인이 하는 바가 있다는 말이다. 「상」은 효사 '비룡재천飛龍在天'을, 나는 용이 하늘에 있다는 것은 대인이 존귀한 자리에 처하여 하는 바가 있는 것이라고 해석하였다. 그래서 그를 만나보는 것이 이롭다는 것이다. 「문언」에 "성인이 일어나니 만인이 우러러본다(聖人作而萬物覩)"라고 하였다. 「상」은 '용'과 '대인'을 동일한 것으로 보았다.

上九, 亢龍, 有悔.
꼭대기 양효는 끝까지 올라간 용이니 뉘우침이 있다.

'항亢'은 『설문』에 "사람의 목(人頸也)"이라고 하였는데, 단옥재는 "'항亢'의 파생된 뜻이 고高(亢之引申爲高也)"라고 하였다. 사람의 목은 인체에서 높은 곳에 있다. 『석문』은 자하전을 인용하여 "끝(極也)"이라 하고 또 『광아廣雅』를 인용하여 "높은 것(高也)"이라고 하였다. 공영달은 "사물은 끝에 이르면 돌아오니, 그러므로 뉘우침이 있다(物極則反, 故有悔)"라고 하였다. '항亢'은 높다(高), 끝(極)이라는 뜻이다. '항용'은 끝까지 올라간 용이며, 용이 하늘 끝까지 올라가 더 이상 올라갈 곳이 없다는 말이다. '회悔'는 뉘우친다는 뜻이며, 비교적 작은 불행이다. '항룡'은 끝까지 올라간 용이며, 이렇게 되면 뉘우침이 있다는 것이다.

(象曰) '亢龍有悔', 盈不可久也.
'끝까지 올라간 용이니 뉘우침이 있다'는 것은
가득 찬 것은 오래 갈 수 없기 때문이다.

'영盈'은 가득하다(滿), 다하다(窮)는 뜻이다. 「상」은 '영盈'을 가지고 효사의 '항亢'을, '불가구不可久'를 가지고 '유회有悔'를 해석하였다. '구久'는 시간적으로 길다(長)는 뜻이다. '불가구不可久'는 오래 갈 수 없다는 말이다. 꼭대기 양효는 한 괘의 꼭대기에 있으니(효위), 오래 갈 수 없는 상이다(효상). '영불가구야'는 가득 찬 것은 오래 갈 수 없다는 말이다. 「상」은 효사 '항룡유회亢龍有悔'를, 끝까지 올라간 용이니 뉘우침이 있다는 것은 가득 찬 것은 오래 갈 수 없기 때문이라고 해석하였다. 「상」의 해석은 『장자』의 소식영허消息盈虛설을 가지고 해석한 것이다.

用九, 見羣龍无首, 吉.
용구는 나타난 여러 용들의 우두머리가 없으니, 길하다.

'용구用九'는 여섯 효 모두 九라는 뜻이다. 시초를 셈하여 건괘를 얻어, 여섯 효의 영수가 모두 9면 '용구'의 효사로 점을 판단한다. '현見'은 나타나다는 뜻의 현現이다. '군룡羣龍'은 건괘의 여섯 효를 가리킨다. 여섯 효는 여섯 마리 용이며 모두 움직임(動)의 상이다. '수首'는 우두머리를 가리킨다. 고형은 '용왕龍王'이라고 하였다.

(象曰) '用九', 天德不可爲首也.
'용구'는 하늘의 덕은 우두머리가 될 수 없다는 것이다.

'용구用九'는 '용구지길用九之吉'로 해야 「소상」의 형식에 맞게 된다. 진고응도 필자와 같은 주장을 하였다. 효사를 해석한 '天德不可爲首也'의 글자 수가 4글자를 넘기 때문에 간단히 '용구'로 인용하였다.

『집해』에 송충은 "'용구'는 여섯 효가 모두 9(양)라는 것이다. 그러므로 '현군룡'이라고 하였다. 순양이 곧 천덕이다(用九, 六位皆九, 故曰見羣龍. 純陽則天德也)"라고 하였다. '천天'은 양이고 용이다. '천덕天德'은 건괘 여섯 양효(用九), 즉 여섯 마리의 용을 가리키며, 이들은 모두 하늘의 강건한 덕을 지니고 있다. '용구'는 여섯 효 모두 순양의 강건한 용이므로 하늘의 덕(天德)에 비유하였다. '천덕'은 하늘의 강건한 덕이다. '천덕불가위수야'는 천덕은 우두머리가 될 수 없다는 말이다. 「상」은 '용구'의 효사를, 여섯 양효 즉 여러 용들이 함께 나타나니, 각각 하늘의 덕을 지니고 있어, 그 가운데 우두머리가 되는 것은 불가하다고 해석하였다.

건 「상」에서 '하下', '보普', '도道', '구咎', '조造', '구久', '수首'는 운이다.
유백민: '下', 音戶. 與下'普', 十姥. '道', 三十二皓. '咎', 四十四有.
'造', 三十二皓. '久', 音韮. '首', 四十四有. 爲韻.
스즈키: '하下', '보普', '도道', '구咎', '조造', '구久', '수首'.

2. 곤坤

☷ 象曰 地勢, 坤. 君子以厚德載物.
땅의 형세가 유순한 것이 곤의 상이다.
군자는 이 상을 본받아 덕을 두터이 하여 만물을 싣는다.

地勢

'지地'는 곤의 상이며, 곤괘는 위아래 모두 곤이니, 땅이 겹쳐 있다. '세勢'는 형세, 추세라는 뜻이다. '지세地勢'는 땅의 형세라는 말이다. 옛날 사람들은 '하늘은 움직이고 땅은 고요하다(天動地靜)'고 생각하였다. 그래서 건에서 '천天' 뒤에 '행行'을 이어

쓰고, 곤에서 '지地' 뒤에 '세勢'를 이어 쓴 것이다. 땅의 형세는 덕을 두터이 하여 만물을 싣는 것(厚德載物)이다. '천행天行'은 '자강불식自强不息'하니 건괘의 상이고, '지세地勢'는 '후덕재물厚德載物'하니 곤괘의 상이다.

진고응은 "'지세地勢'는 본래 당연히 '지집地執'으로 되어 있었다('地勢'當本作'地執'). '집執'은 '예埶'와 글자가 비슷하여 잘못하여 '埶'로 쓴 것을(因形近'埶'而訛爲'埶'), 뒷사람이 다시 '세勢'로 바꿔 썼다(後又作勢)" 하고 "'지집地執'은 땅이 고요하다는 뜻의 지처地處, 지정地靜"이라고 하였다. 이렇게 읽으면 건의 '天行'과 곤의 '地執'은 서로 짝이 되며, 천동지정天動地靜의 뜻에 맞게 된다. 즉 하늘은 움직이고(天行), 땅은 고요하다(地執)는 말이다. 그는 이 구절을 "땅이 고요한 것이 곤괘의 상이다(大地寧定靜處, 這便是坤卦的意象)"라고 해석하였다. 진고응은 독특한 주장을 하였지만 '땅이 고요한 것'과 '君子以厚德載物'은 연관이 되지 않는다. 진고응은 잘못 말하였다.

坤

'地勢坤'은 '地勢, 坤'으로 읽어야 한다. 「대상」은 먼저 괘상을 들고 이어서 괘명을 말하였다. 이것은 육십사괘 「대상」의 통례이다. '地勢, 坤'은 땅의 형세가 곤의 상이라는 말이다. 「상」은 '후덕재물厚德載物'을 가지고 '지세地勢'를 해석하였다. 땅의 형세는 덕을 두터이 하여 만물을 싣고 있는 것이다. 만물은 땅에 실려 있지 않는 것이 없고, 땅의 의지하여 생명을 이어가지 않는 것이 없다. 땅은 모든 것에게 후덕하다. 곤괘는 두 개의 땅이 겹쳐 있고, 땅의 형세는 유순하다.

전통적인 해석에서, 곤坤은 그 덕이 유순하므로 '지세곤地勢坤'을 '지세순地勢順'으로 읽고, 땅의 형세는 유순하다고 해석하였다. 『집해』에 송충은 "형세를 가지고 그 성을 말한 것(以形勢言其性也)"이라 하였고, 왕필은 "지형은 유순하지 않으나 그 형세는 유순하다(地形不順, 其勢順)"라고 하였는데, 왕필 이후 모두 '곤坤'을 유순하다는 뜻의 '순順'으로 새겼다. 이렇게 새겨야 건 「단」의 '천행건天行健'과 서로 짝이 된다고 여겼다. 땅의 형세는 유순하며, '곤坤'은 유순하다(順)는 뜻이다. 「상」은 '곤坤'을 유순하다(順)는 뜻으로 새겼다.

필자는 '地勢坤'은 다음과 같이 읽어야 바르다고 생각한다.

> 地勢順, 坤.
> 땅의 형세가 유순한 것이 곤의 상이다.

이렇게 읽어야 육십사괘 「대상」의 형식에 부합한다. 정이는 "땅은 두텁고 그 형세는 유순한 것으로 기우니, 유순하고 두터운 상을 취하여 '지세곤'이라고 하였다(地厚而其勢順傾, 故取其順厚之象而云地勢坤也)", 주희는 "중복하여 말하지 아니하고 그 형세가 유순함을 말하였다(不言重而言其勢之順)"라고 하여, '순順'을 가지고 '지세地勢'를 설명하였다.

君子以厚德載物

'군자'는 최고 통치자이다. '이以' 뒤에 '지之'자가 생략되어 있다. '지之'는 용用이고, '지之'는 '곤지상坤之象'을 가리킨다. 즉 군자는 곤의 상을 보고 이를 본받는다(君子觀坤之象而法之)는 말이다. '후厚'는 두텁다, '덕德'은 도덕 수양이다. '재載'는 싣는다, '물物'은 만물이다. '후덕재물厚德載物'은 덕을 두터이 하여 만물을 싣는다는 말이다. 땅은 천도를 받들어 유순히 하늘에 순응하며, 그 덕은 두터워 만물을 싣고 있다. 군자는 이 괘상을 보고 이를 본받아 덕을 두터이 하여 만인을 포용한다는 것이다. 『중용』에도 이와 유사한 구절이 있다. 즉 "넓고 두터움은 땅에 짝한다(博厚配地)", "넓고 두터움은 만물을 싣는 것이다(博厚所以載物也)"라고 하였다(26장).

'군자이후덕재물'은 군자는 이 곤의 상을 보고 이를 본받아 덕을 두터이 하여 만물을 싣는다는 말이다. 「상」은 '지地'를 곤의 상으로 하여, 그 유순한 덕을 나타내고, 군자는 이를 본받아 '후덕재물'해야 하는 것을 말하였다. '후덕厚德'은 수기修己에, '재물載物'은 치인治人에 해당한다. '후덕厚德'은 『대학』의 '명명덕明明德'이며, '재물載物'은 '친민親民'이다.

정이는 "곤도의 큼은 건과 같으니, 성인이 아니면 누가 체득할 수 있겠는가? 땅은 두텁고 그 형세는 유순한 것으로 기우니, 그러므로 유순하고 두터운 상을 취하여 '지세곤'이라고 말하였다. 군자는 곤의 두터운 상을 보고, 깊고 두터운 덕으로 만물을 포용하여 싣는다(坤道之大猶乾也, 非聖人孰能體之? 地厚而其勢順傾, 故取其順厚之象, 而云地勢坤也. 君子觀坤厚之象, 以深厚之德, 容載庶物)"라고 하였다.

初六, 履霜, 堅冰至.
처음 음효는 서리를 밟으니, 굳은 얼음이 언다.

'이履'는 밟다(踐), '상霜'은 서리이며, '이상履霜'은 음기가 처음 엉기는 것을 나타낸다. '견堅'은 굳다(固)는 뜻이다. '견빙堅冰'은 굳은 얼음이다. '지至'는 장차 이른다는 뜻이며 필연의 세를 나타낸다.

> **象曰 '履霜堅冰', 陰始凝也. 馴致其道, 至'堅冰'也.**
> '서리를 밟으니 굳은 얼음이 언다'는 것은 음이 비로소 엉긴다는 것이다.
> 그 도에 점차 이르니 '굳은 얼음'이 언다는 것이다.

'履霜堅冰', 陰始凝也.

효사 '履霜'을 해석하였다. 주희는 "『위지』에 '초육이상初六履霜'이라고 하였는데, 지금 이것을 따른다(魏志作'初六履霜', 今當從之)"라고 하였다. 『삼국지』「위지魏志 · 문제기文帝紀」에는 '初六履霜'으로 인용되어 있다. '이상견빙履霜堅冰'은 당연히 '초육이상初六履霜'으로 해야 맞다. 그 이유는 두 가지이다. ①「상」은 '음시응陰始凝'을 가지고 효사의 '이상履霜'을 해석하였지 '견빙堅冰'을 해석한 것이 아니다. '견빙堅冰'은 '순치기도馴致其道'를 가지고 해석하였다. ②「상」은 효사를 인용하면서 같은 구절을 두 번 인용한 예는 없다. 지금 '견빙堅冰'을 두 번 인용하고 있는데, '이상견빙履霜堅冰'의 '견빙堅冰'은 잘못 인용한 것이다.

'음陰'은 처음 음효(初六)를 가리킨다. '시始'는 부사이며, 비로소라는 뜻이다. 처음 음효는 한 괘의 시작이므로 '시始'라고 한 것이다. 처음 음효는 음이 한 괘의 가장 아래에 있으니(효위), 음기가 처음 엉기는 상이다(효상). 「소상」에 '시始'는 2곳 기록되어 있다.

① 곤坤 初六 「상」: '履霜堅冰', 陰始凝也.
'서리를 밟으니 굳은 얼음이 언다'는 것은 음이 비로소 엉긴다는 것이다.
② 항恒 初六 「상」: '浚恒'之'凶', 始求深也.
'깊이 파는 것이 오래 되었으니, 흉하다'는 것은 처음부터 깊이 파고자 하였기 때문이다.

2곳 모두 처음 음효를 가리킨다.

'응凝'은 응결하다는 뜻의 결結이다. '음시응'은 음이 비로소 엉긴다는 말이다. 「상」은 효사 '이상履霜'을, 서리를 밟는다는 것은 음이 비로소 엉기는 것이라고 해석하였다.

馴致其道, 至'堅冰'也.

효사 '堅冰至'를 해석하였다. 『설문』 마부馬部에 "'순馴'은 말이 순한 것이다. 마馬로 되어 있고, 천川은 성음이다(馴, 馬馴也. 从馬, 川聲)"라고 하였다. 단옥재는 "옛날에는 '순馴' '훈訓' '순順' 세 글자는 서로 가차하였다. 모두 천川이 성음이다(古馴訓順三字互相叚借, 皆川聲也)"라고 하였다. 『집해』에 구가역은 "'순馴'은 순하다는 뜻의 순順과 같다(馴, 猶順也)", 『석문』에 향수는 "따른다는 뜻의 종從"이라고 하였다. '순馴'은 순하다(順), 따르다(從)는 뜻이다. '치致'는 이른다는 뜻의 지至이다. 「상」은 '치致'를 가지고 효사의 '지至'를 해석하였다. '순치馴致'는 '점치漸致'와 같으며, 순순히 이른다, 점차 이른다는 뜻이다. '도道'는 서리에서 얼음에 이르는 도, 즉 자연 규율, 자연의 이법이다. '순치기도'는 점차 그 도에 이른다는 말이다. '지견빙至堅冰'은 효사를 인용한 것인데, '堅冰至'로 인용하는 것이 맞다. 운을 맞추기 위해 의도적으로 글자를 도치하였다.

「소상」은 먼저 효사를 4글자로 인용하고, 이어 4글자로 해석하였다. 이것은 「소상」의 통례이다. 이 구절은 '堅冰之至, 馴致道也'가 되어야 바르다. 운을 맞추기 위해 의도적으로 구절을 도치하였다. '응凝', '빙冰'은 운이다. 「상」은 효사 '견빙지堅冰至'를, 굳은 얼음이 언다는 것은 순순히 그 도에 이르는 것이라고 해석하였다.

「상」의 바른 문장은 다음과 같다.

> 初六'履霜', 陰始凝也. '堅冰之至', 馴致道也.
> 처음 음효의 '서리를 밟는다'는 것은 음이 비로소 엉긴다는 것이다.
> 굳은 얼음이 언다는 것은 점차 도에 이른다는 것이다.

이렇게 읽어야 효사의 '이상履霜'과 '견빙지堅冰至'를 차례로 해석하게 되고 「상」의 형식에도 맞게 된다. 「상」은 운을 맞추기 위해 종종 글자와 구절을 도치하였다.

六二, 直方, (大) 不習无不利.
둘째 음효는 곧고 반듯하니, 익히지 않아도 이롭지 않음이 없다.

'직直'은 곧다, '방方'은 반듯하다는 뜻이다. 「상」에서 '대大'는 잘못 들어간 글자이다. '습習'은 익힌다는 뜻이다. '불습不習'은 익히지 않더라도, 저절로라는 뜻이다. 「문언」은 "둘째 음효는 곧고 반듯하니, 크게 익히지 않아도 이롭지 않음이 없다"라고 해석하였다.

象曰 '六二'之動, '直'以'方'也. '不習无不利', 地道光也.
'둘째 음효'는 그 덕행이 '곧고' '반듯하다'는 것이다.

'익히지 않아도 이롭지 않음이 없다'는 것은 땅의 도가 넓고 크다는 것이다.

'六二'之動, '直'以'方'也.

효사 '直方'을 해석하였다. '동動'은 둘째 음효의 행동, 즉 덕행을 가리킨다. '이以'는 '이而'와 같다. '직이방直以方'은 둘째 음효의 행동이 곧고 반듯하다는 말이다. 둘째 음효는 아랫괘의 가운데 자리(中)에 있고, 또 음효가 음효의 자리(正)에 있으니(효위), 그 덕행이 곧고(直) 반듯한(方) 상이다(효상). 「상」은 효사 '직방直方'을, 둘째 음효의 덕행이 곧고 반듯하다고 해석하였다.

「상」과 「문언」은 '직방直方'에서 구절을 끊어 읽었다. 고형은 "「상」에서는 '대大'자를 말하지 않았는데(象傳擧經文未及'大'字), 「상」이 의거한 경문에는 본래 '대大'자가 없었을 것이다(似其所據經文本无'大'字)"라고 하였다. 굴만리는 혜정우惠定宇 『구경고의九經古義』의 웅십력熊十力의 『경설經說』에서 인용하여 "정현의 고역古易에 말하기를 곤괘의 효사 '이상履霜', '직방直方', '함장含章', '괄낭括囊', '황상黃裳', '현황玄黃'은 운을 맞춘 것이다(鄭氏古易云, 坤爻辭履霜, 直方, 含章, 括囊, 黃裳, 玄黃協韻). 그러므로 「상」과 「문언」은 '대大'를 해석하지 않았다(故象傳文言, 皆不釋大). '대'자는 잘못 들어간 글이 아닌가 한다(疑大字衍)"라고 하였다. 문일다는 "뒤의 '불不'자를 따라 잘못 들어간 글자일 것(大蓋卽不之譌衍)"이라 여겼고, 진고응은 "'대大'자의 모양과 뜻이 '방方'자와 비슷하여 잘못 들어간 것이다(可能'大'字形義與'方'相近而衍). '방方'에는 '대大'의 뜻이 있다('方'有'大'義)"라고 하였다. 이들의 주장은 매우 설득력이 있으며, 필자는 동의한다. 「상」은 '六二, 直方, 不習无不利.'로 끊어 읽었다.

'不習无不利', 地道光也.

효사 '不習无不利'를 해석하였다. '지도地道'는 만물을 낳아 기르는 땅의 유순한 도이다. '광光'은 넓다는 뜻의 광廣으로 읽는다. '지도광야地道廣也'는 땅의 도가 넓어 만물을 싣고 모든 것을 포용한다는 말이다. 「상」은 둘째 음효가 음이니 땅을 상징하므로 '지도地道'라고 하였고(효상), 또 가운데 자리(中)와 바른 자리(正)에 있으므로(효위) '직直'이라 하고 '방方'이라고 한 것이다. 「상」은 효사 '불습무불리不習无不利'를, 땅의 도가 넓어 만물을 싣고 모든 것을 포용하고 있으니, 익히지 않더라도 저절로 그러하여 이롭지 않음이 없다고 해석하였다.

「소상」에 '~光也'는 모두 9곳 기록 되어 있는데, 이 가운데 ①곤坤 六二, ②준屯 九五, ③이頤 六四, ④쾌夬 九五, ⑤진震 九四 등 5곳은 넓다(廣)는 뜻으로 새겨야 하고, ①서합噬嗑 九四, ②진晉 上九, ③췌萃 九五, ④태兌 上六 등 4곳은 밝다(明)는 뜻으로 새겨야 한다.

六三, 含章可貞, 或從王事, 无成有終.
셋째 음효는 아름다움을 품고 바를 수 있으니,
혹 왕의 일을 따라도, 이루는 것 없이 마친다.

'함含'은 품다(容), '장章'은 아름답다는 뜻의 미美이다. '정貞'은 바르다는 뜻의 정正이다. 「문언」은 '함장가정'을 "음은 비록 아름다움을 가지고 있으나 아름다움을 품고(陰雖有美, 含之)"라고 하여, '장章'을 '미美'로 해석하였다. 왕필은 '含美而可貞者'라고 하여, 셋째 음효는 곤의 아름다운 덕을 품고 바를 수 있다고 해석하였다. 공영달은 "'장章'은 아름답다는 뜻의 미(章, 美也)"라고 하였다. 뒷사람들은 모두 이를 따라 '장章'을 '장미章美'라고 해석하였다. 『집해』에 우번은 "음이면서 양을 품고 있으니, 아름다움을 품고 있는 것(以陰包陽, 故含章)"이라고 하였다. 셋째 음효는 음이 양의 자리에 있어 아름다움을 품고 있다는 것이다.

「문언」은 "셋째 음효는 아름다움을 품고 바를 수 있으니, 혹 왕의 일을 따라도, 이루는 것은 없으나 마치는 것은 있다"라고 해석하였다.

象曰 '含章可貞', 以時發也. '或從王事', 知光大也.
'아름다움을 품고 바를 수 있다'는 것은
때에 맞게 (품고 있는 아름다움을) 나타낸다는 것이다.
'혹 왕의 일을 따른다'는 것은 지혜가 넓고 크다는 것이다.

'含章可貞', 以時發也.

효사 '含章可貞'을 해석하였다. '이以'는 두 가지로 해석할 수 있다. ①'이以'는 인因으로 읽으며, '인시因時'는 수시隨時이며 적시適時이다. ②'이以'는 용用이며, 뒤에 '지之'가 생략되어 있다. '지之'는 '함장含章'을 가리킨다. '시時'는 적시適時이며, 때에 맞게 행한다는 뜻이다. '발發'은 나타내 보이는 것(現)이다. 두 가지 해석은 모두 통한다. '이시발以時發'은 품고 있는 아름다움을 때에 맞게 밖으로 나타낸다는 말이다. 「상」은 효사 '함장가정含章可貞'을, 셋째 음효는 아름다움을 품고 있으니 반드시 때에 맞게 밖으로 나타내어서, 일을 행함에 바르게 할 수 있다고 해석하였다.

'或從王事', 知光大也.

효사 '或從王事, 无成有終'을 해석하였다. '지知'는 지혜 지智로 읽는다. '광光'은 넓다는 뜻의 광廣이다. 「상」은 효사 '혹종왕사或從王事'를, 지혜가 넓고 크므로 왕의 일에 따른다고 해석하였다. 그러나 셋째 음효는 지혜가 넓고 커서 왕의 일을 따른다 해도 이루는 것 없이 마친다고 하였다.

六四, 括囊, 无咎无譽.
넷째 음효는 주머니를 묶으니, 허물도 없고 명예도 없다.

『설문』 수부手部에 "'괄'은 묶는다는 뜻의 혈(括, 絜也)", 『석문』에 "'괄括'은 고古와 활活의 반절이다. 묶는다는 뜻의 결結이다(括, 古活反. 結也)", 『집해』에 우번은 "'괄括'은 묶는다는 뜻의 결結"이라고 하였다. 『석문』에 "'낭囊'은 내乃와 강剛의 반절(囊, 乃剛反)"이라고 하였다. '낭囊'은 주머니이다. '괄낭括囊'은 주머니의 입을 묶는 것이다. '구咎'는 허물 과過이다. '예譽'는 명예라는 뜻이다.

象曰 '括囊无咎', 愼不害也.
'주머니를 묶으니 허물이 없다'는 것은 (말을) 삼가면 해가 없다는 것이다.

효사는 4글자로 인용하기 위해 '무예无譽'를 생략하였다. '신愼'은 삼가다는 뜻의 근謹이다. 「상」은 '신愼'을 가지고 효사의 '괄낭括囊'을, '불해不害'를 가지고 '무구无咎'를 해석하였다. '신불해야'는 삼가면 해가 없다는 말이다. 『집해』에 노씨는 "말을 삼가면 허물이 없는 것이다(愼言則无咎也)"라고 하였다. 「상」은 효사 '괄낭무구括囊无咎'를, 주머니 입을 묶으니 허물이 없다는 것은 사람이 말을 삼가면 해가 없는 것이라고 해석하였다.

六五, 黃裳, 元吉.
다섯째 음효는 황색 치마를 입었으니, 크게 길하다.

'황黃'은 황색, '상裳'은 치마이다. '황상黃裳'은 존귀하고 길한 옷이다. '원元'은 크다는 뜻의 대大이다.

象曰 '黃裳元吉', 文在中也.

'황색 치마를 입었으니, 크게 길하다'는 것은 아름다움이 속에 있기 때문이다.

「문언」은 "아름다움이 그 속에 있다(美在其中)"라고 해석하였는데, '문文'은 문채文采, 즉 아름답다는 뜻의 미美이다. 「상」은 '문文'을 가지고 효사의 '황상黃裳'을 해석하였다. '중中'은 다섯째 음효가 윗괘의 가운데 자리에 있다는 것이며(효위), 아름다움이 속(中)에 있는 상이다(효상). 고형은 "옛날 사람들은 긴 저고리를 입고 아래의 치마를 가렸다(古人穿長衣, 衣掩覆下裳)"라고 하였다. 「상」은 '황색 치마'라는 저고리에 가려진 치마의 아름다움을 사람의 속마음의 아름다움에 비유하였다. 「상」은 효사 '황상원길黃裳元吉'을, 황색 치마를 입었으니 크게 길하다는 것은 사람이 아름다운 덕을 마음속에 가지고 있기 때문이라고 해석하였다. 『집해』에 간보와 공영달은 '문文'을 문덕文德으로, 고형은 꾸민다는 뜻의 식飾으로, 진고응은 미덕美德으로 해석하였는데, 이렇게 해석하여도 모두 통한다.

上六, 龍戰于野, 其血玄黃.
꼭대기 음효는 용이 들에서 싸우니, 그 피가 검고 누렇다.

『설문』 이부里部에 "'야野'는 교외(野, 郊外也)"라고 하였다. 단옥재는 경부冂部에서 인용하여 "고을 밖을 '교郊'라 하고, 교외를 '야野'라 하고, 야외를 '임林'이라 하고, 임외를 '경冂'이라 한다(邑外謂之郊, 郊外謂之野, 野外謂之林, 林外謂之冂)"라고 하였다. '현玄'은 검은 색이고, '황黃'은 누런색이다. '현황玄黃'은 검고 누렇다는 말이다.

象曰 '龍戰于野', 其道窮也.
'용이 들에서 싸운다'는 것은 그 도가 궁하기 때문이다.

'기其'는 곤을 가리키며, '도道'는 곤도坤道이며 음도陰道이다. '궁窮'은 꼭대기 음효(上六)를 가리키며, 궁하다, 다하다는 뜻의 진盡이다. 꼭대기 음효는 한 괘의 꼭대기에 있어(효위) 그 도가 궁한 상이다(효상). 「상」은 '궁窮'을 가지고 효사의 '전戰'을 해석하였다. 「상」은 효사 '용전우야龍戰于野'를, 용이 들에서 싸운다는 것은 곤이 꼭대기(끝)에 이르러 궁하기 때문이라고 해석하였다.

「소상」에 '궁窮'자는 모두 11곳 기록되어 있다.

① 곤坤 上六 「상」: '龍戰于野', 其道窮也.

'용이 들에서 싸운다'는 것은 그 도가 궁하다는 것이다.

② 준屯 六三「상」: '君子舍'之, '往吝'窮也.

'군자가 이를 그만둔다'는 것은 '가면 어려워' 궁하다는 것이다.

③ 예豫 初六「상」: '初六鳴豫', 志窮'凶'也.

'처음 음효가 명성이 있어 즐거워한다'는 것은 뜻이 궁하여 '흉하다'는 것이다.

④ 수隨 上六「상」: '拘係之', 上窮也.

'잡아 묶는다'는 것은 꼭대기가 궁하다는 것이다.

⑤ 무망无妄 上九「상」: '无妄'之'行', 窮之災也.

'도리에 어긋남이 없이 행한다'는 것은 궁극에는 재앙이 있다는 것이다.

⑥ 대장大壯 九三「상」: '壯于趾', 其'孚'窮也.

'발이 튼튼하다'는 것은 '믿음'이 궁하기 때문이다.

⑦ 구姤 上九「상」: '姤其角', 上窮'吝'也.

'짐승의 뿔을 만난다'는 것은 위가 궁하여 '어렵다'는 것이다.

⑧ 여旅 初六「상」: '旅瑣瑣', 志窮'災'也.

'나그네가 쬐죄죄하다'는 것은 뜻이 궁하여 '재앙'을 불러들인다는 것이다.

⑨ 손巽 九三「상」: '頻巽'之'吝', 志窮也.

'찡그리며 들어가니, 어렵다'는 것은 뜻이 궁하다는 것이다.

⑩ 손巽 上九「상」: '巽在牀下', 上窮也.

'상 아래에 들어간다'는 것은 위가 궁하다는 것이다.

⑪ 절節 上六「상」: '苦節貞凶', 其道窮也.

'절제를 고통으로 여기니, 바르게 해도 흉하다'는 것은 그 도가 궁하다는 것이다.

11곳 가운데 6곳의 꼭대기 효(上爻)는 모두 효위로, 나머지는 문장으로 해석하였다. 「소상」에 '기도궁야其道窮也'는 ①곤坤 上六 ②절節 上六, 2곳 기록되어 있다.

用六, 利永貞.

용육은 영원히 바르게 하여 이롭다.

'영永'은 영구永久, 오랫동안이라는 뜻이다. '정貞'은 바르다는 뜻의 정正이다. '이영정'은 영원히 바르게 하여 이롭다는 말이다.

象曰 '用六永貞', 以大終也.

'용육이 영원히 바르게 한다'는 것은 크게 일을 마치기 때문이다.

'용육영정用六永貞'에서 효사 '이영정利永貞'의 '영정永貞'만 든 것은 4글자 짝으로 맞추기 위해서이고, '이利'자는 임의로 생략하였다. '이以'는 원인을 나타내는 전치사 인因으로 읽는다. '대大'는 크다, '종終'은 끝난다는 뜻이며, 좋은 결과를 가리킨다. '대종大終'은 크게 일을 끝낸다, 크게 좋은 결과가 있다는 뜻이다. 영원히 바르게 하면 크게 좋은 결과가 있어 이롭다는 것이다. 「상」은 효사 '이영정利永貞'을, 영원히 바르게 하여 이로운 것은 크게 일을 끝내기 때문이라고 해석하였다. 즉 영원히 바르게 하면 덕업이 광대한 결과를 얻으므로 이롭다고 해석하였다.

주희는 '대大'를 양을 가리키는 것으로 여기고, "처음(初六)은 음이고 뒤(上六)에는 양이므로 '대종大終'이라고 하였다(初陰後陽, 故曰大終)", 상병화는 "양은 대이고 음은 소이다. '이대종'은 음이 극에 이르면 반드시 양으로 돌아가는 것을 말한 것이다(陽大陰小, 以大終者, 言陰極必返陽也)"라고 하였다.

「소상」에 '종終'자는 모두 18곳 기록되어 있다.

① 수需 九二 「상」: 雖'小有言', 以'吉''終'也.
비록 '조금 말이 있으나' '길'로써 '마친다'는 것이다.

② 비比 上六 「상」: '比之无首', 无所終也.
'친근하다가 머리가 없다'는 것은 마치는 것이 없다는 것이다.

③ 비否 上九 「상」: '否'終則'傾', 何可長也.
'막힘'이 끝나면 '기울어'지니, 어찌 오래 갈 수 있겠는가?

④ 고蠱 九三 「상」: '幹父之蠱', 終'无咎'也.
'아버지의 일을 계승한다'는 것은 마침내 '허물이 없다'는 것이다.

⑤ 비賁 九三 「상」: '永貞'之'吉', 終莫之陵也.
'영원히 바르게 하면 길하다'는 것은 끝내 업신여기는 사람이 없다는 것이다.

⑥ 비賁 六四 「상」: '匪寇婚媾', 終无尤也.
'도적이 아니라 혼인하는 것이다'는 것은 끝내 허물이 없다는 것이다.

⑦ 박剝 六五 「상」: '以宮人寵', 終无尤也.
'궁인들을 총애한다'는 것은 끝내 허물이 없다는 것이다.

⑧ 박剝 上九 「상」: '小人剝廬', 終不可用也.
'소인은 초가를 무너뜨린다'는 것은 끝내 사용할 수 없다는 것이다.

⑨ 감坎 六三「상」: '來之坎坎', 終无功也.

'오고 가도 구덩이고 구덩이다'는 것은 끝내 공이 없다는 것이다.

⑩ 건蹇 六二「상」: '王臣蹇蹇', 終无尤也.

'왕의 신하들이 어렵고 또 어렵다'는 것은 끝내 (그들에게) 허물이 없다는 것이다.

⑪ 쾌夬 九三「상」: '君子夬夬', 終'无咎'也.

'군자가 과단성이 있다'는 것은 마침내 '허물'이 없다는 것이다.

⑫ 쾌夬 上六「상」: '无號'之'凶', 終不可長也.

'울부짖는 소리가 없으니 마침내 흉하다'는 것은 마침내 오래 갈 수 없다는 것이다.

⑬ 정鼎 九二「상」: '我仇有疾', 終无尤也.

'아내가 병이 들었다'는 것은 끝내 허물이 없다는 것이다.

⑭ 간艮 上九「상」: '敦艮'之'吉', 以厚終也.

'돈후하게 멈추니, 길하다'는 것은 돈후하게 끝나기 때문이다.

⑮ 풍豐 九三「상」: '折其右肱', 終不可用也.

'오른팔을 부러뜨린다'는 것은 끝내 사용할 수 없다는 것이다.

⑯ 여旅 六二「상」: '得童僕貞', 終无尤也.

'사내종을 바르게 얻었다'는 것은 마침내 허물이 없다는 것이다.

⑰ 여旅 上九「상」: '喪牛于易', 終莫之聞也.

'소를 쉽게 잃었다'는 것은 끝내 (소에 대해) 듣지 못했다는 것이다.

⑱ 소과小過 九四「상」: '往厲必戒', 終不可長也.

'위태로운 곳으로 가면 반드시 경고한다'는 것은 끝내 오래 갈 수 없다는 것이다.

18곳 가운데 ②비比 上六, ③비否 上九, ⑫쾌夬 上六, ⑭간艮 上九, 4곳은 효위로, 나머지는 문장으로 해석하였다.

곤「상」에서 '응凝', '빙冰'과 '방方', '광光'과 '발發', '대大', '해害'와 '중中', '궁窮', '종終'은 운이다.

유백민: '凝', 十六蒸. 與下 '冰', 十六蒸. 爲韻

'方', 十陽. 與下 '光', 十一唐. 爲韻.

'發', 音施, 十月. 與下'大', 十四泰, '害', 十四泰. 爲韻.

'中', 一東. 與下'窮', 一東. '終', 一東. 爲韻. 『易音』: "此傳以去入通爲一

韻."

스즈키: '응凝', '빙冰'과 '방方', '광光'과 '발發', '대大', '해害'와 '중中', '궁窮', '종終'.

3. 준屯

䷂ 象曰 雲雷, 屯. 君子以經綸.
구름과 우레가 함께 일어나는 것이 준의 상이다.
군자는 이 상을 본받아 천하를 다스린다.

雲雷, 屯.

준은 윗괘가 감坎이고 아랫괘는 진震이다. 감은 구름(雲)이고 진은 우레(雷)이다. 그런즉 '구름과 우레가 함께 일어나는 것'이 준의 상이다. 구름과 우레가 함께 일어나니, 비바람이 몰아쳐 천하가 어려운 상이다. 「상」은 '준屯'을 어렵다(難)는 뜻으로 새겼다.

君子以經綸

'군자'는 최고 통치자이다. '경륜經綸'은 『집해』와 『석문』에 '경론經論'으로 되어 있다. 『집해』에 순상은 "'경經'은 변하지 않는 것이고, '논論'은 원리이다. '군자이경론'은 상도를 잃지 않는 것이다(經者, 常也. 論者, 理也. 君子以經論, 不失常道也)", 『석문』에 정현은 "『서』『예』『악』을 짓고 정사를 베푸는 것(鄭如字謂論, 撰書禮樂, 施政事)"이라 하고, "황영은 '경륜經綸'이라 하였는데, 구제하는 것이다(黃穎云經綸, 匡濟也)"라고 하였다. 주희는 "'경륜經綸'은 실을 잘 다듬는 일이다. '경經'은 실을 뽑아내는 것이고, '륜綸'은 실을 가지런히 하는 것이다(經綸, 治絲之事. 經, 引之. 綸, 理之也)"라고 하였다. 『설문』 사부糸部에 "'경經'은 실을 짜는 것(經, 織從絲也)", "'륜綸'은 푸른 실끈을 꼬는 것(綸, 糾青絲綬也)"이라고 하였다. '경經'은 실을 짜서 베를 만드는 것이고, '륜綸'은 실을 꼬아 줄을 만드는 것이다. '경륜經綸'은 실을 잘 다듬는다(治絲)는 뜻이다. 이 뜻이 발전하여 나라를 잘 다스린다는 뜻으로 사용되었다. '경經'은 다스리다, '윤綸'도 다스린다는 뜻이다. 『중용』에 "오직 천하에 지극히 참되어야 천하의 대경을 경륜하고 천하의 대본을 세울 수 있다(唯天下至誠, 爲能經綸天下之大經, 立天下之大本)"라고 하였다(32장).

구름과 우레가 함께 일어나니, 천하가 어려운 상이다. '구름과 우레가 함께 일어나는 것이 준의 상'이라는 것은 「단」의 '강유가 처음 교합하는 것(剛柔始交)', '험난한 가운데 움직이는 것(動乎險中)', '우레와 비의 움직임이 천지 사이에 가득한 것(雷雨之動滿盈)'과 같다. 「상」 역시 '준'을 어렵다는 뜻의 난難으로 새겼다. 군자는 이 상을 보고 이를 본받아 천하의 어려움을 잘 다스린다.

정이는 "감을 비라고 하지 않고 구름이라고 말한 것은 구름은 비가 되지만 아직 비가 되지 않은 것이다. 아직 비가 되지 않았으니 그래서 준이다. 군자는 준의 상을 보고 천하의 일을 경륜하여 어려움을 해결한다(坎不云雨而云雲者, 雲爲雨而未成者也. 未能成雨, 所以爲屯. 君子觀屯之象, 經綸天下之事, 以濟於屯難)"라고 하였다.

初九, 磐桓, 利居貞, 利建侯.
처음 양효는 머뭇거리며 나아가지 못하니,
바름에 머무르면 이롭고, 제후를 세우면 이롭다.

『석문』에 "'반磐'은 '반盤'으로도 썼고 '반槃'으로도 썼다(磐, 本亦作盤, 又作槃)"라고 하였는데, 세 글자는 음과 뜻이 같아 통용되었다. '반磐'은 머뭇거리다(邅), 배회하다(徊)는 뜻이다. '환桓'은 『석문』에 "마융이 '반환槃桓'이라고 하였는데, 선회한다는 뜻의 선旋이다(桓, 馬云槃桓, 旋也)"라고 하였다. '환桓' 역시 머뭇거리다(難進)는 뜻이다. '반환磐桓'은 머뭇거리며 나아가지 못하는 것이다. 『집해』에 순상은 "움직여 물러나는 것(磐桓者, 動而退也)", 공영달은 "나아가지 못하는 모양(不進之貌)", 주희는 "나아가기 어려운 모양(難進之貌)"이라고 하였다. '정貞'은 바르다는 뜻의 정正이다. '건建'은 세우다(立), '후侯'는 제후이다.

象曰 雖'磐桓', 志行正也. 以貴下賤, 大得民也.
비록 '머뭇거리며 나아가지 못하고' 있으나, 뜻과 행실이 바르다.
귀한 것이 천한 것 아래에 있으니, 크게 백성을 얻는다.

雖'磐桓', 志行正也.

효사 '磐桓, 利居貞'을 해석하였다. '지행志行'은 뜻과 행실이다. 「상」은 '정正'을 가지고 효사의 '정貞'을 해석하였다. '정正'은 처음 양효가 양이 양의 자리에 있으므로 바른 자리에 있다는 것이며(효위), 뜻과 행실이 바른 상이다(효상). 「상」은 효사 '반환磐桓'을, 처음 양효는 비록 머뭇거리며 나아가지 못하고 있으나, 양이 양의 자리에 있으므로 뜻과 행실은 바르다고 해석하였다.

「소상」에 '지행정志行正'은 모두 2곳 기록되어 있다.

① 준屯 初九「상」: 雖'磐桓', 志行正也.
비록 '머뭇거리며 나아가지 못하고' 있으나, 뜻과 행실이 바르다.

② 임臨 初九「상」: '咸臨貞吉', 志行正也.
'감응하여 백성에 임하니, 바르게 하여 길하다'는 것은 뜻과 행실이 바르다는 것이다.

「소상」에 '정正'은 13곳 기록되어 있다. 중요한 개념이므로 한눈에 살펴볼 수 있도록 모두 정리하겠다.

① 준屯 初九「상」: 雖'磐桓', 志行正也.
비록 '머뭇거리며 나아가지 못하고' 있으나, 뜻과 행실이 바르다.

② 몽蒙 初六「상」: '利用刑人', 以正法也.
'형인을 사용하는 것이 이롭다'는 것은 법을 바르게 하기 때문이다.

③ 사師 上六「상」: '大君有命', 以正功也.
'대군의 명이 있다'는 것은 공을 바르게 한다는 것이다.

④ 소축小畜 九三「상」: '夫妻反目', 不能正室也.
'남편과 아내가 반목한다'는 것은 집안을 바르게 할 수 없다는 것이다.

⑤ 수隨 初九「상」: '官有渝', 從正'吉'也.
'벼슬에 변고가 있다'는 것은 바름을 따르면 '길하다'는 것이다.

⑥ 임臨 初九「상」: '咸臨貞吉', 志行正也.
'감응하여 백성에 임하니, 바르게 하여 길하다'는 것은 뜻과 행실이 바르다는 것이다.

⑦ 리離 上九「상」: '王用出征', 以正邦也.
'왕이 출정한다'는 것은 나라를 안정시킨다는 것이다.

⑧ 둔遯 九五「상」: '嘉遯貞吉', 以正志也.
'은둔을 아름답게 여기니, 바르게 하여 길하다'는 것은 (은둔하려는) 뜻이 바르기 때문이다.

⑨ 진晉 初六「상」: '晉如摧如', 獨行正也.
'나아가기도 하고 물러나기도 한다'는 것은 홀로 바름을 행한다는 것이다.

⑩ 간艮 初六「상」: '艮其趾', 未失正也.

'발을 멈춘다'는 것은 바름을 잃지 않는다는 것이다.

⑪ 손巽 上九 「상」: '喪其資斧', 正乎'凶'也.
'재화를 잃는다'는 것은 바르게 해도 '흉하다'는 것이다.

⑫ 환渙 九五 「상」: '王居无咎', 正位也.
'왕의 거소는 허물이 없다'는 것은 자리가 바르기 때문이다.

⑬ 미제未濟 九二 「상」: '九二''貞吉', 中以行正也.
'둘째 양효가 바르게 하여 길하다'는 것은 가운데 자리에서 중도를 지니고 바름을 행하기 때문이다.

13곳 가운데 ①준屯 初九 ⑤수隨 初九 ⑥임臨 初九 ⑧둔遯 九五 ⑩간艮 初六 ⑫환渙 九五 등 6곳은 효위로 해석한 것이고, 나머지는 문장으로 혹은 효사의 '정貞'을 해석한 것이다.

以貴下賤, 大得民也.

효사 '利建侯'를 해석하였다. '이以'는 용用이며, '귀貴'는 처음 양효를, '천賤'은 둘째, 셋째, 넷째 음효를 가리킨다. 처음 양효는 양이고, 그 나머지는 모두 음이다. 공영달은 "처음 양효가 세 음효 아래에 있는 것(言初九之陽在三陰之下)"이라고 하였다. 양은 임금이고 귀하나, 음은 백성이고 천하다. 처음 양효는 둘째, 셋째, 넷째 음효의 아래에 있으니(효위), 귀한 것이 천한 것 아래에 있으며, 자신을 낮추어 백성을 대하니 크게 민심을 얻는 상이다(효상). 「상」은 효사 '이건후利建侯'를, 세워진 제후가 귀한 사람이면서 천한 사람들 아래에 있으니, 겸허한 태도로 백성을 대하므로 크게 백성을 얻는다고 해석하였다.

六二, 屯如邅如, 乘馬班如, 匪寇婚媾. 女子貞不字, 十年乃字.
둘째 음효는 어려워하여 머뭇거리며, 말을 타고 빙빙 돌고 있으니,
도적이 아니라 혼인하는 것이다.
여자가 바르게 하여 시집가지 않다가 십 년이 되어 시집간다.

준屯'은 어렵다는 뜻의 난難이다. '여如'는 접미사이며, 명사나 형용사나 동사 뒤에 붙어 어떤 상황이나 상태를 나타낸다. '준여屯如'는 어려워한다는 말이다. 『석문』에 "'전邅'은 장張과 연連의 반절(邅, 張連反)"이라 하고, 마융은 "가기 어려워 나아가지 못하는 모양(馬云難行不進之貌)"이라고 하였다. '전邅'은 머뭇거리다(磐)는 뜻이다. '전여邅

如'는 머뭇거린다는 말이다. '반班'은 돌다(回), 선회하다(旋)는 뜻이다. 『석문』에 "서로 끌어서 나아가지 못하는 모양(子夏傳云相牽不進皃)", 『집해』에 순상은 "멈춰 서다는 뜻이다. 말이 나아가지 못하는 것이다(班, 躓也. 馬不進)", 공영달은 "빙빙 돌며 나아가지 못하는 것(班旋不進也)"이라고 하였다. '반여班如'는 빙빙 도는 것이다. 『석문』에 "정현본에는 '반般'으로 썼다(鄭本作般)"라고 하였는데, '반班'과 '반般'은 음이 같아 통용되었다. 옛말에 '반사班師'는 회군한다는 뜻이며, '반班'을 '반般'으로 읽어 '반사般師' 역시 회군한다는 뜻이다. 『집해』에 우번은 "'비匪'는 비非"라고 하였다. '구寇'는 왜구倭寇의 구寇이며, 떼를 지어 재물을 약탈하고 사람을 죽이는 도적이다. '혼婚'은 '혼婚'이며 혼인하다, '구媾'도 같은 뜻이다. '혼구婚媾'는 혼인婚姻이다. '정貞'은 바르다는 뜻의 정正이다. '자字'는 허혼하다(許嫁), 시집간다(嫁)는 뜻이다. '내乃'는 접속사 이而와 같다.

象曰 '六二'之難, 乘剛也. '十年乃字', 反常也.

'둘째 음효'가 어려운 것은 강을 탔기 때문이다.
'십 년이 되어 시집간다'는 것은 일상의 도로 되돌아온다는 것이다.

'六二' 之難, (柔)乘剛也.

효사 '屯如邅如, 乘馬班如'를 해석하였다. 「상」은 '난難'을 가지고 효사의 '준屯'을 해석하였다. '난難'은 효사 '준여전여屯如邅如'의 난, 즉 어려워하여 나아가지 못하고 머뭇거리는 '난難'이다. '승乘' 앞에 '유柔'자가 있어야 한다. 고형은 "본 효가 음이고 유이므로(因本爻爲陰爲柔) '유柔'자를 생략하였다(故省柔字)"라고 하였다. '승乘'은 효가 효 위에 있는 것이며, '강剛'은 처음 양효를 가리킨다. '승강乘剛'은 유柔가 강剛을 탔다는 것이다. 둘째 음효는 음이면서 처음 양효 위에 있으니, 유승강柔乘剛이며(효위), 어려워하여 머뭇거리며 나아가지 못하는 상이다(효상). 유가 강을 타면 흉하다. 『집해』에 최경은 "아래로 처음 양효를 타고 있으니, 어려움이 된다(下乘初九, 故爲之難也)"라고 하였다. 「상」은 효사 '준여전여屯如邅如'를, 어려워하여 머뭇거리는 것은 유가 강을 탔기 때문이라고 해석하였다.

「소상」에 '승강乘剛'은 모두 5곳 기록되어 있다.

① 준屯 六二 「상」: '六二'之難, 乘剛也.
'둘째 음효'가 어려운 것은 강을 탔기 때문이다.

② 예豫 六五 「상」: '六五貞疾', 乘剛也.
'다섯째 음효가 바르게 하여도 병이 든다'는 것은 강을 탔기 때문이다.

③ 서합噬嗑 六二「상」: '噬膚滅鼻', 乘剛也.

'고기를 씹다가 코가 잘려 나간다'는 것은 유가 강을 탔기 때문이다.

④ 곤困 六三「상」: '據于蒺蔾', 乘剛也.

'가시나무에 의지한다'는 것은 강을 탔기 때문이다.

⑤ 진震 六二「상」: '震來厲', 乘剛也.

'우레가 울려 위태롭다'는 것은 강을 탔기 때문이다.

5곳 모두 음효에 사용하였다.

'十年乃字', 反常也.

효사 '女子貞不字, 十年乃字'를 해석하였다. '반反'은 되돌아온다는 뜻의 반返이다. '상常'은 여자가 남자를 따르는 일상적인 윤리이다. '반상反常'은 여자가 바르게 하여 시집가지 않다가 십 년이 되어 시집가니, 남자를 따르는 일상의 도로 되돌아왔다는 말이다. 공영달은 "정상으로 되돌아온 것(反歸於常)"이라고 하였다. 「상」은 효사 '십년 내자十年乃字'를, 여자가 십 년이 되어 시집가는 것은 남자를 따르는 일상의 도로 되돌아온 것으로 해석하였다. 고형은 '반反'을 어긴다는 뜻의 위반違反으로 새기고, "'십 년이 되어 허혼한다'는 것은(其人直至十年, 始能許嫁) 일상의 도를 어긴 것이다(以其人違反男尊女卑, 男健女順之常道也)"라고 해석하였다. 이렇게 해석하여도 통한다.

「소상」에 '상常'은 모두 4곳 기록되어 있다.

① 준屯 六二「상」: '十年乃字', 反常也.

'십 년이 되어 시집간다'는 것은 일상의 도로 되돌아온다는 것이다.

② 수需 初九「상」: '利用恒无咎', 未失常也.

'그대로 기다리면 이롭고 허물이 없다'는 것은 하는 그대로 기다리는 것을 잃지 않는다는 것이다.

③ 사師 六四「상」: '左次无咎', 未失常也.

'왼쪽에 주둔하니 허물이 없다'는 것은 (진법의) 상도를 잃지 않는다는 것이다.

④ 귀매歸妹 九二「상」: '利幽人之貞', 未變常也.

'여자가 바르게 하여 이롭다'는 것은 항상 그러함(바르게 함)을 변하지 않는다는 것이다.

'상常'은 늘, 항상의 뜻으로 사용하였지, 『노자』처럼 무슨 철학적 의미가 있는 것이 아니다.

六三, 卽鹿無虞, 惟入于林中, 君子幾不如舍, 往吝.
셋째 음효는 사슴을 좇는데 몰이꾼이 없다. 사슴이 숲 속으로 들어갔으니,
군자는 기미를 보고 그만두는 것만 못하므로, 가면 어렵다.

『집해』에 우번은 "'즉卽'은 나아가다는 뜻의 취就"라고 하였다. '즉록卽鹿'은 취록就鹿, 축록逐鹿과 같으며, 사슴을 좇는 것이다. 우번은 "'우虞'는 우인을 말한다. 새와 짐승을 관장하였다(虞謂虞人, 掌禽獸者)", 공영달은 "'우虞'는 우관(虞謂虞官)"이라고 하였다. '우虞'는 관명이며, 여기에 소속된 우인虞人은 사냥할 때 새와 짐승을 쫒는 몰이꾼 역할을 하였다. '유惟'는 발어사 혹은 접속사 혹은 어조사로 쓰였다. 3가지 모두 가능하다. '기幾'는 기미幾微, 낌새라는 뜻이다. 「계사」 하·5장에 기록이 있다.

幾者, 動之微, 吉(凶)之先見者也.
'기'는 움직임이 은밀한 것이고, 길흉이 먼저 나타나는 것이다.

'사舍'는 '사捨'로 읽으며, 포기하다는 뜻의 기棄이다. 『석문』에 육덕명은 "그만두다는 뜻의 지止", 『집해』에 우번은 "버려두다는 뜻의 치置"라고 하였다. '인吝'은 '인遴'으로 읽으며, 어렵다는 뜻의 난難이다(고형). 아직 흉함에 이르지 않은 것이다. 『석문』에 마융은 "뉘우친다는 뜻의 한恨"이라고 하였다.

象曰 '卽鹿无虞', 以從禽也. '君子舍'之, '往吝'窮也.
'사슴을 좇는데 몰이꾼이 없다'는 것은 몰이꾼 없이 사슴을 좇는 것이다.
'군자가 이를 그만둔다'는 것은 '가면 어려워' 궁하다는 것이다.

'卽鹿无虞', 以從禽也.

효사 '卽鹿无虞, 惟入于林中'을 해석하였다. '이以' 뒤에 '지之'자가 생략되어 있다. '이以'는 용用이고, '지之'는 몰이꾼이 없는 것(无虞)을 가리킨다. 『설문』 종부从部에 "'종從'은 뒤따라 가는 것(從, 隨行也)"이라고 하였다. '종從'은 뒤쫓는다는 뜻의 축逐이다. '금禽'은 『설문』 유부内部에 "걸어 다니는 짐승의 총명(走獸總名)", 『집해』에 "새와 짐승의 총명(白虎通云, 禽者何? 鳥獸之總名)"이라고 하였는데, 사슴을 가리킨다. 「상」은 '종從'을 가지고 효사의 '즉卽'을, '금禽'을 가지고 '녹鹿'을 해석하였다. 「상」은 효사 '즉록무

우卽鹿无虞'를, 사슴을 좇는데 몰이꾼이 없다는 것은 몰이꾼 없이 사슴을 좇는 것이라고 해석하였다.

'君子舍'之, '往吝'窮也.

효사 '君子幾不如舍, 往吝'을 해석하였다. '궁窮'은 궁하다는 뜻의 진盡이며, 더 이상 어떻게 할 방도가 없다는 것이다. '왕린궁야'는 가면 어려워 궁하다는 말이다. 「상」은 효사 '군자기불여사君子幾不如舍, 왕린往吝'을, 군자가 기미를 보고 그만두는 것만 못하므로 가면 어려워 더 이상 잡을 방도가 없는 것이라고 해석하였다.

六四, 乘馬班如, 求婚媾, 往吉, 无不利.
넷째 음효는 말을 타고 빙빙 돌며 혼인을 구하니, 가면 길하여 이롭지 않음이 없다.

'반班'은 돌다, 선회하다는 뜻의 선旋이다. '반여班如'는 빙빙 도는 것이다. '혼구婚媾'는 혼인婚姻이다.

象曰 '求'而'往', 明也.
혼인을 '구하러' '가는 것'은 (앞길이) 밝다는 것이다.

효사를 '求而往'으로 요약하였다. '명明'은 혼인을 구하러 가는 앞길이 밝다는 뜻이다. 「상」은 '명明'을 가지고 효사의 '길吉, 무불리无不利'를 해석하였다. 「상」은 효사 '구혼구求婚媾, 왕길往吉'을, 혼인을 구하러 가면 혼인이 성사될 것이므로 앞길이 밝다고 해석하였다. 그래서 '가면 길하여 이롭지 않음이 없다'는 것이다.

왕필은 '명明'을 "저쪽의 상황을 아는 것(見彼之情狀也)"이라고 하였는데, "혼인을 구하러 가는 것은 여자의 상황을 명백히 알고자 함이다"라고 해석한 것이다. 공영달은 "처음 양효에 혼인을 구하러 가니, 처음 양효와 둘째 음효의 상황을 밝게 아는 것을 말한 것(言求初而往婚媾, 明識初與二之情狀)"이라고 하였는데, 넷째 음효가 혼인을 구하러 가는 것을 처음 양효와 '응應'하는 것으로 해석한 것이다. 그러나 처음 양효는 둘째 음효와 가까이 있으니, 넷째 음효가 처음 양효와 둘째 음효의 상황을 밝게 알아야 한다고 해석하였다. 이것이 「상」의 본뜻인지는 알 수 없다.

九五, 屯其膏, 小貞吉, 大貞凶.
다섯째 양효는 재물을 쌓아두니, 작은 일에 바르면 길하나, 큰일에 바르면 흉하다.

'둔屯'은 모으다(聚), 쌓다(積)는 뜻이다. '고膏'는 살진 고기(肥肉)의 뜻이나 재물, 재화의 뜻으로 발전되었다. 『집해』에 최경은 "고택을 베푼다(有膏澤之惠)", 공영달은 "고택, 은혜의 유(膏謂膏澤恩惠之類)"라고 하였는데, '고택膏澤'은 은혜, 혜택의 뜻이며, 재물로 은혜 혹은 혜택을 베푸는 것이다. 「상」은 재물, 재화의 뜻으로 해석하였다. '정貞'은 바르다는 뜻의 정正이다. '소정小貞'은 작은 일에 바르게 하는 것이고, '대정大貞'은 큰일에 바르게 하는 것이다.

象曰 '屯其膏', 施未光也.
'재물을 쌓아둔다'는 것은 베푸는 것이 넓지 않다는 것이다.

'시施'는 펴다(布), 베풀다(設)는 뜻이다. '광光'은 넓다는 뜻의 '광廣'으로 읽는다. '시미광施未光'은 베푸는 것이 넓지 않다는 말이다. 「상」은 효사 '둔기고屯其膏'를, 재물을 쌓아둔다는 것은 베푸는 것이 넓지 않다고 해석하였다. 이러한 사람은 작은 일은 바르게 할 수 있어 길하나, 큰일은 바르게 할 수 없으므로 흉하다는 것이다.

上六, 乘馬班如, 泣血漣如.
꼭대기 음효는 말을 타고 빙빙 돌며, 피눈물을 줄줄 흘린다.

'반班'은 돌다(回), 선회하다(旋)는 뜻이다. '반여班如'는 빙빙 도는 것이다. '읍泣'은 소리 없이 울다(無聲出涕), 눈물(淚)의 뜻이다. '읍혈泣血'은 피눈물을 흘리는 것이며, 슬픔이 극에 달한 것을 나타낸다. '연漣'은 눈물을 줄줄 흘린다는 뜻이다. '연여漣如'는 '연연漣然'과 같으며, 눈물을 줄줄 흘리는 것이다.

象曰 '泣血漣如', 何可長也.
'피눈물을 줄줄 흘리니' 어찌 오래 갈 수 있겠는가.

'장長'은 오래 구久이다. '하가장야'는 어찌 오래 갈 수 있겠는가, 즉 오래 갈 수 없다는 말이다. 「상」은 효사 '읍혈연여泣血漣如'를, 피눈물을 줄줄 흘리는 슬픔이 극에 달한 일은 오래 갈 수 없다고 해석하였다. 꼭대기 음효는 한 괘의 꼭대기에 있으니(효위), 오래 갈 수 없는 상이다(효상). 『집해』에 우번은 "유가 강을 타고 있으니, 오래 갈 수 없다(柔乘於剛, 故不可長也)"라고 하였다.

「소상」에 '하가장何可長'은 모두 4곳 기록되어 있다.

① 준屯 上六「상」: '泣血漣如', 何可長也.
'피눈물을 줄줄 흘리니' 어찌 오래 갈 수 있겠는가.

② 비否 上九「상」: '否'終則'傾', 何可長也.
'막힘'이 끝나면 '기울어'지니, 어찌 오래 갈 수 있겠는가?

③ 예豫 上九「상」: '冥豫'在'上', 何可長也.
'어두운데 즐거워하는 것'이 '위에' 있으니, 어찌 오래 갈 수 있겠는가?

④ 중부中孚 上九「상」: '翰音登于天', 何可長也.
'닭이 하늘로 올라갔다'는 것은 오래 갈 수 없다는 것이다.

4곳 모두 꼭대기 효(上爻)에 사용하였으며, 효위로 해석하였다.

준「상」에서 '정正', '민民'과 '강剛', '상常'과 '금禽', '궁窮'과 '명明', '광廣', '장長'은 운이다.

유백민: '正', 十四淸, 四十五勁二韻. 與下'民', 十七眞. 爲韻.
'剛', 十一唐. 與下'常', 十一唐. 爲韻.
'禽', 『易音』: "夫子傳易, 於屯於比於恒, 三用此字, 皆從窮中爲韻. 宋吳機『韻補』: '禽, 渠容切'" 與下'窮', 一東. 爲韻.
'明', 彌郞反. 與'廣', 十一唐. '長', 十陽, 三十六養二韻. 爲韻.

스즈키: '정正', '민民'과 '강剛', '상常'과 '금禽', '궁窮'과 '명明', '광廣', '장長'.

4. 몽蒙

䷃ 象曰 山下出泉, 蒙. 君子以果行育德.
산 아래에 샘이 나오는 것이 몽의 상이다.
군자는 이 상을 본받아 행동을 과감히 하고 덕을 기른다.

象曰

왕필 본에는 '단왈彖曰'로 되어 있는데, '상왈象曰'로 고쳐야 한다.

山下出泉, 蒙.

몽은 윗괘가 간艮이고 아랫괘는 감坎이다. 간은 산(山)이고 감은 샘(泉)이다. 그런즉 '산 아래에 샘이 나오는 것'이 몽의 상이다. 산 아래에 샘이 나오니, 어디로 흘러가야 할지 모르는 상이다. 「상」은 '몽蒙'을 몽매하다(昧)는 뜻으로 새겼다.

君子以果行育德

'군자'는 최고 통치자이다. '과果'는 과감하다(敢)는 뜻이다. '행行'은 행위이다. 『논어』「자로子路」에 기록이 있다.

> 行必果. 행동은 반드시 과감해야 한다.

『집해』에 우번은 "'육育'은 기른다는 뜻의 양養"이라고 하였다. '덕德'은 덕성이다. '육덕育德'은 덕을 기른다는 말이다. '과행육덕果行育德'은 행동을 과감히 하고 덕을 기른다는 말이다. 산 아래에 샘이 나오니, 어디로 흘러가야 할지 모르는 상이다. 군자는 이 상을 보고 이를 본받아 망설임 없이 행동을 과감히 하고 물이 만물을 이롭게 하듯 덕을 기른다.

정이는 "산 아래에 샘이 나오니, 물이 흘러나와 험난함을 만나 갈 곳이 없는 것이 몽의 상이다. 사람이 몽매하고 어려서 갈 곳을 알지 못하는 것과 같다. 군자는 몽의 상을 보고, 행동을 과감히 하고 덕을 기른다. 물이 흘러나와 흘러갈 수 없음을 보고 갈 곳을 과감히 결단하고, 처음 흘러나와 향하는 바가 없음을 보고 밝은 덕을 기른다(山下出泉, 出而遇險, 未有所之, 蒙之象也. 若人蒙穉, 未知所適也. 君子觀蒙之象, 以果行育德. 觀其出而未能通行, 則以果決其所行. 觀其始出而未有所向, 則以養育其明德也)"라고 하였다.

> 初六, 發蒙, 利用刑人. 用說桎梏, 以往吝.
> 처음 음효는 몽매한 사람을 깨우치니, 형인을 사용하는 것이 이롭다.
> 몽매한 사람을 형틀에서 벗어나게 하나, 가면 어렵다.

'발發'은 계발하다, 계몽하다는 뜻이다. '몽蒙'은 몽매한 사람을 가리킨다. '발몽發蒙'은 계몽啓蒙과 같으며, 몽매한 사람을 깨우친다는 뜻이다. '형인刑人'은 형벌을 주는 사람이다. '이용형인利用刑人'은 형인을 사용하는 것이 이롭다는 말이다. '용用'은 사使의 뜻이며, 뒤에 '지之'자가 생략되어 있다. '지之'는 몽매한 사람을 가리킨다. 『석문』에 "'說'은 토吐와 활活의 반절(說, 吐活反)"이라고 하였다. '열說'은 벗어나다는 뜻의 탈

脫로 읽는다. '질桎'은 족쇄, '곡梏'은 수갑이며, 형틀(校)이다. 『설문』 목부木部에 "'질桎'은 발에 채우는 형틀(桎, 足械也)", "'곡梏'은 손에 채우는 형틀(梏, 手械也)"이라고 하였다. 『석문』에 "발에 채우는 것을 질, 손에 채우는 것을 곡이라 한다(在足曰桎, 在手曰梏)"라고 하였다. '용열질곡用說桎梏'은 형틀에서 벗어나게 한다는 뜻이다. '이以'는 이而와 같다. '인吝'은 어렵다는 뜻의 난難이다.

象曰 '利用刑人', 以正法也.
'형인을 사용하는 것이 이롭다'는 것은 법을 바르게 하기 때문이다.

'이以'는 인因으로 읽는다. 『설문』 치부廌部에 "'법은 형벌(灋, 刑也)"이라고 하였다. '정법正法'은 법을 바르게 하는 것이다. 「상」은 효사 '이용형인利用刑人'을, 형인을 사용하는 것이 이롭다는 것은 형인이 법을 바르게 하기 때문이라고 해석하였다. 몽매하여 죄를 지은 사람을 깨우치는 데 형인이 법을 바르게 하므로 형인을 사용하는 것이 이롭다. 형인이 몽매한 사람을 형틀에서 벗어나게 하나, 몽매한 사람은 여전히 몽매하여 앞으로 어렵다는 말이다.

九二, 包蒙吉. 納婦吉. 子克家.
둘째 양효는 몽매한 사람을 포용하니 길하다.
몽매한 사람을 부인으로 맞아들이니 길하다. 아들이 가정을 다스린다.

'포包'는 『석문』에 '포苞'로 되어 있다. 두 글자는 음과 뜻이 같아 옛날에 통용되었다. '포包'는 싸다(裹), 포용하다(容)는 뜻이다. '몽蒙'은 몽매한 사람이며, '부婦'를 가리킨다. '포몽包蒙'은 몽매한 사람을 포용한다는 말이다. '납納'은 받아들인다는 뜻의 수受이다. '부婦'는 부인이다. '납부納婦'는 몽매한 사람을 부인으로 받아들이는 것이다. 몽매한 사람을 포용한 것은 그 사람을 부인으로 받아들인 것이다. '극克'은 다스린다는 뜻의 치治이다. 공영달은 '克幹家事也', 정이는 "人子克治其家也"라고 하였다. '자극가子克家'는 아들이 몽매한 사람을 부인으로 받아들여 가정을 다스린다는 뜻이다. 즉 부인이 몽매하니 아들이 가정을 다스린다는 것이다.

象曰 '子克家', 剛柔節也.
'아들이 가정을 다스린다'는 것은 강과 유가 접해 있기 때문이다.

'절節'에 대해, 왕필 본에는 '절節'로 되어 있고, 공영달은 '강유상접剛柔相接'이라고 하여 '접接'으로 해석하였다. 호원, 장재, 정이, 주희 본에는 모두 '접接'으로 되어 있다. '접接'으로 읽어야 '법法'과 '접接'은 운이 된다.

'강剛'은 아들(子), '유柔'는 몽매한 부인(婦)이다. 아들이 몽매한 사람을 부인으로 받아들여 가정을 다스리는 것은 남녀가 서로 결합하는 것이며 강유가 서로 접하는 것이다. 「상」은 효사 '자극가子克家'를, 아들이 가정을 다스린다는 것은 강과 유가 서로 접해 있기 때문이라고 해석하였다. '접接'에 대해 몇 가지 해석이 있다.

첫째, 공영달은 둘째 양효와 여러 음(羣陰)이 접한다고 해석하였다. 이 주장이라면 강과 유가 '접'해 있다고 말할 수 없다.

둘째, 정이는 둘째 양효와 다섯째 음효가 접한다고 해석하였다. 주희, 래지덕, 유백민, 진고응 등이 이를 따랐다. 이 주장이라면 「상」은 '강유응야剛柔應也'라고 하였을 것이다.

셋째, 고형은 둘째 양효와 셋째 음효가 접한다고 해석하였다. 이 주장이라면 '유가 강을 탄 것(柔乘剛)'이 되는데, 유가 강을 타면 흉한 것이므로 '아들이 가정을 다스리는' 길한 일에는 합당한 해석이 될 수 없다.

넷째, 굴만리는 유를 처음 음효로 보았다.

다섯째, 필자는 둘째 양효와 처음 음효가 접하는 것이라고 해석하였다. 둘째 양효는 양효이고 강이며 아들(子)이고, 처음 음효는 음효이고 유이며, 부인(婦)이다. 둘째 양효는 처음 음효의 위에 있으니(효위), 이것이 '강과 유가 접해 있다(剛柔接)'는 것이며, 남녀가 서로 결합하는 상이다(효상). 아들이 몽매한 사람을 포용하여 부인으로 받아들여 가정을 다스리니 길하다는 것이다.

六三, 勿用取女, 見金夫, 不有躬, 无攸利.
셋째 음효는 여자에게 장가들지 말라.
돈 있는 남자를 보고 몸이 없으니, 이로울 것 없다.

'물용勿用'은 물행勿行이다. '취取'는 『석문』에 "'취娶'로도 썼다(本又作娶)"라고 하였다. 『설문』 여부女部에 "'취娶'는 아내를 얻는 것(娶, 取婦也)"이라고 하였다. '취娶'는 장가를 가는 것이다. '금부金夫'는 돈 많은 남자이다. '궁躬'은 몸이라는 뜻의 신身이며, '여女'의 신身이다. '불유궁不有躬'은 몸이 없다는 말이다.

象曰 '勿用取女', 行不順也.

'여자에게 장가들지 말라'는 것은 행실이 불순하기 때문이다.

'행行'은 여자의 행실, 즉 돈 있는 남자를 보고 사족을 못쓰는 것을 가리킨다. '행불순야'는 행실이 불순하다는 말이다. 「상」은 효사 '물용취녀勿用取女'를, 여자에게 장가들지 말라는 것은 여자의 행실이 불순하기 때문이라고 해석하였다. 돈 있는 남자를 보고 몸이 없는 그런 행실이 불순한 여자에게 장가들면 이로울 것이 없다는 것이다.

'금부金夫'에 대해, 『집해』에 우번은 "둘째 양효(金夫謂二)"라고 하고, "셋째 음효는 양의 자리에 있고 둘째 양효를 타고 있으니 행실이 불순하다(失位乘剛, 故行不順)"라고 하였다. 왕필은 '강부剛夫'라고 하고 꼭대기 양효로 보았으며, 공영달은 '꼭대기 양효'(見金夫者, 謂上九. 以其剛陽, 故稱金夫)를 가리키는 것이라고 하였다. 우번의 해석이 좋다. 셋째 음효는 둘째 양효 위에 있으니(효위) 유가 강을 타고 있는 것이며, 여자의 행실이 불순한 상이다(효상).

六四, 困蒙, 吝.
넷째 음효는 몽매한 사람이 곤경에 처해 있으니, 어렵다.

'곤困'은 곤경, 곤궁의 뜻이다. '곤몽困蒙'은 몽매한 사람이 곤경에 처해 있다는 뜻이다.

象曰 '困蒙'之'吝', 獨遠實也.
'몽매한 사람이 곤경에 처하여 어렵다'는 것은 홀로 사실과 멀다는 것이다.

'실實'은 사실이다. '독원실야'는 홀로 사실과 멀다는 말이다. 「상」은 효사 '곤몽린困蒙吝'을, 몽매한 사람이 곤경에 처하여 어려운 것은 몽매하여 보는 것이 사실과 멀리 떨어져 있기 때문이라고 해석하였다.

왕필은 "양을 '실實'이라고 한다. 넷째 음효는 홀로 양에서 멀고 두 음 사이에 있어 어두움이 나온다(陽稱實也, 獨遠於陽, 處兩陰之中, 闇莫之發), 공영달은 "'실實'은 둘째 양효를 말한다. 둘째 양효는 양이므로 '실實'이라고 칭한 것이다. 셋째 음효는 둘째 양효와 가깝고, 다섯째 음효는 꼭대기 양효와 가깝고 또 둘째 양효와 응하나, 오직 넷째 음효는 둘째와 가깝지도 않고, 또 꼭대기와도 가깝지 않으니, 그러므로 '독원실'이라 하였다(實謂九二之陽也. 九二以陽故稱實也. 六三近九二, 六五近上九, 又應九二. 唯此六四既不近二, 又不近上, 故云獨遠實也)"라고 해석하였다. 뒷사람들은 이들의 해석을 따랐다.

「소상」에 '실實'자는 모두 4곳 기록되어 있다.

① 몽蒙 六四「상」: '困蒙'之'吝', 獨遠實也.
'몽매한 사람이 곤경에 처하여 어렵다'는 것은 홀로 사실과 멀다는 것이다.
② 태泰 六四「상」: '翩翩不富', 皆失實也.
'우쭐거리다가 가난하게 되었다'는 것은 모두 재물을 잃었다는 것이다.
③ 건蹇 六四「상」: '往蹇來連', 當位實也.
'가는 것은 어려우나, 오는 것은 연을 타고 온다'는 것은 합당한 자리에서 부유하기 때문이다.
④ 정鼎 六五「상」: '鼎黃耳', 中以爲實也.
'솥에 황색 귀와 금 고리를 걸었다'는 것은 가운데 자리에서 중도를 행하여 부유해졌다는 것이다.

몽蒙 한 곳은 사실, 3곳은 재물, 부유하다는 뜻으로 사용되었다.

六五, 童蒙, 吉.
다섯째 음효는 어리고 몽매한 사람이니, 길하다.

'동몽童蒙'은 어리고 몽매한 사람이다.

象曰 '童蒙'之'吉', 順以巽也.
'어리고 몽매한 사람이 길하다'는 것은 유순하여 복종하기 때문이다.

'손巽'은 『석문』에 정현이 "당연히 '손遜'으로 써야 한다(鄭云當作遜)"라고 하였다. '손巽'은 '손遜'과 같으며, 겸손하다(謙), 순종하다(順), 복종하다(伏)는 뜻이다. '이以'는 '이而'와 같다. '순이손順以巽'은 유순하여 복종하는 것이다. 다섯째 음효는 꼭대기 양효 아래에 있으니(효위), 유순한 것이 강한 것에게 복종하는 상이다(효상). 『집해』에 순상은 "꼭대기 양효에게 유순하고, 둘째 양효에게 복종한다(順於上, 巽於二)"라고 하였다. 「상」은 효사 '동몽길童蒙吉'을, 동몽이 유순하여 복종하므로 길하다고 해석하였다.
「소상」에 '順以巽也'는 모두 3곳 기록되어 있다.

① 몽蒙 六五「상」: 童蒙之吉, 順以巽也.

'어리고 몽매한 사람이 길하다'는 것은 유순하여 복종하기 때문이다.

② 가인家人 六二「상」: 六二之吉, 順以巽也.
'둘째 음효가 길하다'는 것은 유순하여 복종하기 때문이다.

③ 점漸 六四「상」: 或得其角, 順以巽也.
'혹 서까래를 얻었다'는 것은 유순하여 복종하기 때문이다.

3곳 모두 효위로 해석하였다. 몽蒙(䷃), 가인家人(䷤), 점漸(䷴), 3곳 모두 음효가 양효 아래에 있다.

上九, 擊蒙, 不利爲寇, 利禦寇.
꼭대기 양효는 몽매한 사람을 공격하니,
도적이 되면 이롭지 않고, 도적을 막으면 이롭다.

'격擊'은 치다(打), 두드리다(撲)는 뜻이다. '몽蒙'은 몽매한 사람이며, '구寇'이다. '격몽擊蒙'은 몽매한 사람을 공격하는 것이다. '구寇'는 도적이다. '위구爲寇'는 도적과 한패가 되는 것이다. '어禦'는 『집해』에 우번이 "멈춘다는 뜻의 지止", 『석문』에 "또 위衞로도 썼다(本又作衞)"라고 하였는데, 막다(拒), 방어하다(防)는 뜻이다.

象曰 '利'用'禦寇', 上下順也.
'도적을 막으면 이롭다'는 것은 상하가 순종한다는 것이다.

'용用'은 '어於'와 같다. 4글자로 만들기 위해 임의로 삽입하였다. '상하순야'는 상하가 순종한다는 말이다.「상」은 효사 '이어구利禦寇'를, 위로는 대신에서 아래로는 백성에 이르기까지 모두 임금의 명령에 순종하여 도적을 막으니 이롭다고 해석하였다. 몽매한 도적이 되면 이롭지 않고, 몽매한 도적을 공격하여 이를 막으면 이롭다는 것이다.

「소상」에 '上下'는 모두 3곳 기록되어 있다.

① 몽蒙 上九「상」: '利'用'禦寇', 上下順也.
'도적을 막으면 이롭다'는 것은 상하가 순종한다는 것이다.

② 송訟 九二「상」: 自下訟上, 患至掇也.
아랫사람들이 윗사람을 소송하니 환난이 멈추었다는 것이다.

③ 박剝 六三「상」: '剝之无咎', 失上下也.

'침상의 몸체와 다리가 떨어져 나가나, 허물이 없다'는 것은 위아래를 잃었다는 것이다.

몽蒙 上九와 송訟 九二는 효위로 말하지 않았고, 박剝 六三은 문장, 효위 2가지 모두 해석할 수 있다.

몽「상」에서 '법法', '접接'과 '순順', '실實'과 '손巽', '순順'은 운이다.

유백민: '法', 三十四乏. 與下'接', 二十九葉. 爲韻

'順', 『易音』: 二十二稕. 與下'實', 五質 (『易音』: "夫子傳易, 四用此字, 於蹇於鼎皆合. 蒙與順巽, 泰與願亂爲韻, 蓋不可曉. 或古文有此音.")爲韻.

'巽', 二十六恩. 『釋文』引鄭康成曰: "巽當作遜." 『正義』: "巽亦順也." 與下'順', (見上). 爲韻. 『易音』: "此傳以去入通爲一韻."

スズキ: '법法', '접接'과 '순順', '실實'과 '손巽', '순順'.

5. 수需

䷄ 象曰 雲上於天, 需. 君子以飮食宴樂.

구름이 하늘 위에 있는 것이 수의 상이다.

군자는 이 상을 본받아 마시고 먹으며 편안하게 즐긴다.

雲上於天, 需.

『석문』에 "왕숙 본에는 '雲在天上'으로 되어 있다"라고 하였다. 수는 윗괘가 감坎이고 아랫 괘는 건乾이다. 감은 구름(雲)이고 건은 하늘(天)이다. 그런즉 '구름이 하늘 위에 있는 것'이 수의 상이다. 구름이 하늘 위에 있으니, 비가 되려면 때를 기다려야 한다. 「상」은 '수需'를 기다리다(待)는 뜻으로 새겼다. 『집해』에 송충은 "구름이 하늘 위에 있으니, 때를 기다려 비가 내린다(雲上於天, 須時而降也)"라고 하였다.

君子以飮食宴樂

'군자'는 최고 통치자이다. '음飮'은 마시는 것, '식食'은 먹는 것이다. '연宴'은 편안하다(安), 잔치(饗), 즐기다(樂) 등의 뜻이 있다. 『석문』에 육덕명은 "편안하다는 뜻의 안安", 정현은 "향연(鄭云享宴也)"이라고 하였다. '음식연락'은 마시고 먹으며 편안히 즐긴다는 말이다. 구름이 하늘 위에 있으니, 비가 되려면 때를 기다려야 한다. 군자는 이 상을 보고 이를 본받아 먹고 마시며 편안하게 즐기면서 때가 오기를 기다린다.

정이는 "구름의 기운이 증발하여 하늘로 올라가면 반드시 음양과 화합을 기다린 후에 비가 된다. 구름이 이제 하늘로 올라가 아직 비가 되지 않았으므로 기다린다는 뜻이다. 음양의 기가 교감하였으나 아직 비가 되지 않은 것은 군자가 재덕을 길렀으나 아직 쓰이지 않는 것과 같다. 군자는 구름이 하늘로 올라가 기다려서 비가 되는 상을 보고, 도와 덕을 간직하고 편안히 때를 기다린다. 음식을 먹으며 기체를 기르고, 편안하게 즐기며 심지를 부드럽게 하니, 이른바 편안히 머물며 명을 기다리는 것이다(雲氣蒸而上升於天, 必待陰陽和洽, 然後成雨. 雲方上於天, 未成雨也, 故爲須待之義. 陰陽之氣交感而未成雨澤, 猶君子畜其才德而未施於用也. 君子觀雲上於天, 需而爲雨之象, 懷其道德, 安以待時, 飮食以養其氣體, 宴樂以和其心志, 所謂居易以俟命也)"라고 하였다.

初九, 需于郊, 利用恒, 无咎.
처음 양효는 넓은 들에서 기다리니, 그대로 기다리면 이롭고, 허물이 없다.

'수需'는 기다린다는 뜻의 대待이다. '교郊'는 고을 밖(邑外)의 평평하고 넓은 들이다. '이용利用'은 이어利於와 같다(굴만리). '항恒'은 상常의 뜻이며(공영달), 하는 그대로 기다린다는 말이다.

象曰 '需于郊', 不犯難行也. '利用恒无咎', 未失常也.
'넓은 들에서 기다린다'는 것은 어려움을 범하지 아니하고 행한다는 것이다.
'그대로 기다리면 이롭고 허물이 없다'는 것은 하는 그대로 기다리는 것을 잃지 않는다는 것이다.

'需于郊', 不犯難行也.

효사 '需于郊'를 해석하였다. '불범不犯'은 범하지 않는 것이다. '불범난행야'는 어려움을 범하지 않고 행한다는 것, 즉 쉽게 할 수 있는 일이라는 말이다. 왕필은 처음 양효는 윗괘인 감의 어려움에서 가장 멀다(最遠於難)라고 하였는데, 공영달은 "어려움에서 이미 멀리 떨어져 있으므로 어려움을 범하지 아니하고 행하는 것이다(去難旣遠, 故不犯難而行)"라고 하였다. 정이는 "넓고 먼 곳에 처한 것은 험난함을 무릅쓰는 것을 범하지 아니하고 행하는 것이다(處曠遠者, 不犯冒險難而行也)"라고 하였다. 「상」은 효사 '수우교需于郊'를, 넓은 들에서 기다린다는 것은 어려움을 범하지 아니하고 행하는 것이라고 해석하였다. 즉 넓은 들에서 기다리는 것은 쉽게 할 수 있는 일이라는 것이다.

'利用恒无咎', 未失常也.

효사 '利用恒, 无咎'를 해석하였다. 「상」은 '상常'을 가지고 효사의 '항恒'을, '미실未失'을 가지고 '무구无咎'를 해석하였다. '상常'은 하는 그대로 한다는 뜻이다. '미실상'은 그대로 기다리는 것을 잃지 않는다는 말이다. 「상」은 효사 '이용항利用恒, 무구无咎'를, 넓은 들에서 기다리니, 그대로 기다리면 이롭고 허물이 없다는 것은 그대로 기다리는 것을 잃지 않는 것이라고 해석하였다. 즉 그대로 기다린다는 것이다.

「소상」에 '未失常'은 2곳 기록되어 있다.

① 수需 初九 「상」: '利用恒无咎', 未失常也.
'그대로 기다리면 이롭고 허물이 없다'는 것은 하는 그대로 기다리는 것을 잃지 않는다는 것이다.
② 사師 六四 「상」: '左次无咎', 未失常也.
'왼쪽에 주둔하니 허물이 없다'는 것은 (진법의) 상도를 잃지 않는다는 것이다.

九二, 需于沙, 小有言, 終吉.
둘째 양효는 모래밭에서 기다리니, 조금 말이 있으나, 마침내 길하다.

'사沙'는 모래밭이다. 『석문』에 "정현은 '지沚'로 썼다(鄭作沚)"라고 하였다. '지沚'는 모래톱, 물가이다. '소유언小有言'은 조금 말이 있다는 뜻이며, 조금 과실이 있다는 말이다. 모래밭에서 기다리는 것이 조그마한 과실이 있다는 것이다.

象曰 '需于沙', 衍在中也. 雖'小有言', 以'吉''終'也.
'모래밭에서 기다린다'는 것은 물이 가운데로 흐르기 때문이다.
비록 '조금 말이 있으나' '길'로써 '마친다'는 것이다.

'需于沙', 衍在中也.

효사 '需于沙'를 해석하였다. 『집해』에 우번은 "'연衍'은 흐른다는 뜻의 유流"라고 하였다. '중中'은 둘째 양효가 아랫괘의 가운데 자리에 있다는 것이며(효위), 물이 모래밭 가운데로 흐르는 상이다(효상). '연재중'은 물이 가운데로 흐른다는 말이다. 「상」은 효사 '수우사需于沙'를, 모래밭에서 기다린다는 것은 물이 모래밭 가운데로 흐르기 때문이라고 해석하였다. 즉 물이 모래밭 가운데로 흐르고 있기 때문에 물가의 모래밭에서 기다린다는 것이다.

고형은 "'연衍'은 건愆자를 생략한 글자이다(衍蓋古文愆字之省). '연衍'은 과실이라는 뜻의 '건愆'으로 읽으며(讀衍爲愆, 是也), 두 글자는 같은 발음 계열이어서 옛날에 통용되었다(衍, 愆同聲系, 古通用). '중中'은 안이라는 뜻의 내內와 같으며(中猶內也), 그 사람 자신을 가리킨다(指其人之自身)"라고 하였다. 즉 효사 '수우사需于沙'를, 모래밭에서 기다린다는 것은 과실이 자신에 있다는 것이라고 해석하였다. 고형은 『논어』 「위령공衛靈公」의 "군자는 자신을 책하고, 소인은 남을 탓한다(君子求諸己, 小人求諸人)와 같은 의미의 의리로 해석하였는데, 「상」은 상수로 해석하였다. 「상」에서 둘째와 다섯째 효에 '중中'을 사용한 것이 모두 30곳인데, 하나같이 효위를 가지고 효상을 해석하였다.

雖 '小有言', 以 '吉' '終' 也.

효사 '小有言, 終吉'을 해석하였다. '이以'는 용用의 뜻이다. 공영달의 『정의』에는 '종길終吉'로 되어 있는데, 왕필 본과 『집해』 등 다른 책에는 모두 '길종吉終'으로 되어 있다. 「교감기」에 "'종終'과 '중中'은 운이니, '종길終吉'로 하는 것은 잘못되었다(終與中韻, 作終吉者, 非)"라고 하였다. 운을 맞추기 위해 의도적으로 글자를 도치한 것이다. 「상」의 '행行', '상常', 은 운이다. 「상」은 효사 '소유언小有言, 종길終吉'을, 모래밭에서 기다리는 것은 비록 조금 말이 있으나 길로써 마친다고 해석하였다.

九三, 需于泥, 致寇至.

셋째 양효는 진흙탕에서 기다리니, 도적을 불러들인다.

'니泥'는 수렁, 진흙탕이다. '치致'는 초치招致이며, 끌어들이다, 불러들인다는 뜻이다. '구寇'는 도적이다. 『석문』에 "정현과 왕숙 본에는 '융戎'으로 되어 있다(鄭王肅本作戎)"라고 하였다. '지至'는 이르게 한다는 뜻이다.

象曰 '需于泥', 災在外也. 自我'致寇', 敬愼不敗也.

'진흙탕에서 기다린다'는 것은 재앙이 밖에 있다는 것이다.

내가 스스로 '도적을 불러들인다'는 것은 공경하고 삼가면 그르치지 않는다는 것이다.

'需于泥', 災在外也.

효사 '需于泥'를 해석하였다. '재災'는 재앙이다. '외外'는 윗괘 감을 가리킨다. 「설괘」 제11장에 '坎爲盜'(감은 도적이다)라고 하였다. 「상」은 '재災'를 가지고 효사의 '구寇'를, '외外'를 가지고 '니泥'를 해석하였다. '재재외야'는 재앙이 밖에 있다는 말이다. 「상」은 효사 '수우니需于泥'를, 진흙탕에서 기다린다는 것은 재앙이 밖에 있어 장차 재앙이 밖에서 온다고 해석하였다.

自我'致寇', 敬愼不敗也.

효사 '致寇至'를 해석하였다. '경敬'은 공경하다(恭), '신愼'은 삼가다(謹)는 뜻이다. '패敗'는 패하다(北), 무너지다(壞), 그르치다(誤) 등의 뜻이 있다. '경신불패'는 공경하고 삼가면 그르치지 않는다는 말이다. 「상」은 효사 '치구지致寇至'를, 내가 스스로 도적을 불러들이는 것이나 공경하고 삼가면 그르치지 않는다고 해석하였다.

『집해』에 최경은 "'니泥'는 윗괘에 가까운 것이다. 셋째 양효는 윗괘 감에 가깝고, 감은 위험한 도적이니, 그래서 도적을 불러들이는 것이고, 재앙이 밖에 있는 것이다(泥近乎外者也. 三逼於坎, 坎爲險盜, 故致寇至. 是災在外也)"라고 하였다. 즉 '외外'는 윗괘(外卦)를 가리키고, 감이 도적이며, 도적이 윗괘에 있는 것이 '재앙이 밖에 있는 것'이라고 해석하였다.

六四, 需于血, 出自穴.
넷째 음효는 피에 젖어 기다리니, 움집에서 나온다.

'혈血'은 피를 흘리는 것을 말한다. '수우혈需于血'은 피에 젖어 기다린다는 것이다. 『설문』 혈부穴部에 "'혈穴'은 움집이다. 면宀으로 되어 있고, 혈八은 성음이다(穴, 土室也. 从宀, 八聲)"라고 하였다. 움집(土室)은 땅을 파서 그 위에 거적 등을 얹고 흙을 덮어 사람이 거주하던 흙집이다. '출자혈出自穴'은 움집에서 나온다는 말이다.

> 象曰 '需于血', 順以聽也.
> '피에 젖어 기다린다'는 것은 순순히 명을 듣는다는 것이다.

'이以'는 '이而'와 같다. '순이청順以聽'은 순순히 명을 듣는다는 뜻이다. 넷째 음효는 음효이니 유순하며(順), 다섯째 양효의 아래에 있으니(효위), 약한 자가 강한 자의 명을 듣는(聽) 상이다(효상). 「상」은 효사 '수우혈需于血'을, 피에 젖어 기다린다는 것은 순순히 명을 듣는 것이라고 해석하였다.

주희는 "'피(血)'라는 것은 죽이고 다치는 곳이고, '혈穴'이라는 것은 위험하여 빠지는 곳이다. 넷째 음효는 감의 위험 속으로 들어가는 것이니, 그러므로 죽이고 다치는 위험한 곳에서 기다리는 상이다. 그러나 유가 그 바른 자리를 얻어, 기다리나 나아가지 않으므로, 또 혈에서 나오는 상이다(血者, 殺傷之地. 穴者, 險陷之所. 四爻坎體入乎險矣, 故爲需于血之象. 然柔得其正, 需而不進, 故又爲出自穴之象)"라고 해석하였다.

九五, 需于酒食, 貞吉.

다섯째 양효는 술과 음식 앞에서 기다리니, 바르게 하여 길하다.

象曰 '酒食貞吉', 以中正也.

'술과 음식 앞에서 기다리니, 바르게 하여 길하다'는 것은 중정을 얻었기 때문이다.

'이以'는 인因으로 읽는다. '중中'은 다섯째 양효가 윗괘의 가운데 자리에 있다는 것이고, '정正'은 다섯째 양효는 양이 양의 자리에 있다는 것이며(효위), 중정의 덕을 지니고 있는 상이다(효상). 「상」은 효사 '주식정길酒食貞吉'을, 술과 음식 앞에서 기다리니 바르게 하여 길하다는 것은 다섯째 양효가 중정을 얻었기 때문이라고 해석하였다.

「소상」에 '중정中正'은 모두 7곳 기록되어 있다.

① 수需 九五 「상」: '酒食貞吉', 以中正也.
'술과 음식 앞에서 기다리니, 바르게 하여 길하다'는 것은 중정을 얻었기 때문이다.

② 송訟 九五 「상」: '訟元吉', 以中正也.
'송사에 크게 길하다'는 것은 중정을 얻었기 때문이다.

③ 예豫 六二 「상」: '不終日貞吉', 以中正也.
'종일을 가지 않으니, 바르게 하여 길하다'는 것은 중정의 자리를 얻었기 때문이다.

④ 진晉 六二 「상」: '受玆介福', 以中正也.
'큰상을 받는다'는 것은 중정의 도를 행하기 때문이다.

⑤ 구姤 九五 「상」: '九五''含章', 中正也.
'다섯째 양효'가 '아름다움을 품고 있다'는 것은 중정의 덕이 있기 때문이다.

⑥ 정井 九五 「상」: '寒泉之食', 中正也.

'차가운 샘물은 마신다'는 것은 중정의 덕이 있기 때문이다.

⑦ 간艮 六五「상」: '艮其輔', 以中正也.

'뺨을 멈춘다'는 것은 중정의 도를 행하기 때문이다.

7곳 모두 둘째 효(二爻) 아니면 다섯째 효(五爻)에서 '中正'을 말하였다. 앞의 여섯 괘는 양효가 양의 자리(九五), 음효가 음의 자리(六二)에 있는 것을 '中正'이라 하였고, 마지막 간괘는 음효가 양의 자리(六五)에 있는데, '中正'이라고 하였다.

上六, 入于穴, 有不速之客三人來, 敬之終吉.

꼭대기 음효는 움집에 들어가니 청하지 않은 손님 세 사람이 온다.

이들을 공경하면 마침내 길하다.

'혈穴'은 움집(穴居)이다. '속速'은 『석문』에 마융이 "청한다는 뜻의 소召"라고 하였다. 『집해』에 순상은 "세 사람은 아래 괘의 세 양을 말한다(三人謂下三陽也)"라고 하였다.

象曰 '不速之客來, 敬之終吉', 雖不當位, 未大失也.

'청하지 않은 손님이 오니, 그들을 공경하면 마침내 길하다'는 것은, 비록 합당한 것은 아니나, 크게 잃지 않는다는 것이다.

『역전』은 양효가 양의 자리에, 음효가 음의 자리에 있는 것을 '당위當位'라고 하고, 양효가 음의 자리에, 음효가 양의 자리에 있는 것을 '부당위不當位'라고 한다. 처음(初), 셋째(三), 다섯째(五)는 양의 자리이고, 둘째(二), 넷째(四), 꼭대기(上)는 음의 자리이다. 꼭대기 음효(上六)는 음효이고 음의 자리에 있으니 당위인데, 지금「상」에서 '부당위'라고 하였다. 이에 대해 몇 가지 해석이 있다.

첫째, 왕필은 "지위가 없는 곳에 처하는 것이 '부당위'이다(處无爲之地, 不當位者也)"라고 하였다. 꼭대기 음효는 지위가 없는 곳에 있으니 '부당위'라고 하였다는 것이다.

둘째, 정이는 "음은 마땅히 아래에 있어야 하는데, 위에 있으니 부당위이다(陰宜在下, 而居上爲不當位也)"라고 하였다. 음은 본래 천한 것이어서 아래에 있어야 하는데, 지금 꼭대기에 있으니 '부당위'라고 하였다는 것이다. 주희는 "음이 꼭대기에 있는 것은 당위인데, '부당위'라고 하니 확실히 알 수 없다(以陰居上, 是爲當位, 言不當位, 未詳)"라고 하였다.

셋째, 굴만리는 "이 '위位'자는 미未자와 음이 비슷하여 잘못 들어간 글자가 아닌가 한다(此位字, 疑因與未字音近而衍). 뜻은 청하지 않은 손님이므로 본래 공경하는 것이 합당하지 않으나 지금 공경하니(義謂不速之客, 固不當敬, 今敬之), 비록 합당하지 않으나 또한 크게 잃지 않는다는 것이다(雖不當, 亦未大失也). '대실大失'은 '부당不當'과 응한다('大失'正如'不當'應). 곤困 「상」에서도 '미당야未當也'라고 하였는데 이것과 뜻이 비슷하다(坤上六象傳, 亦云'未當也'與此義近)" 하고, "'청하지 않은 손님이 오니, 그들을 공경하면 마침내 길하다'는 것은, 비록 합당한 것은 아니나 크게 잃지 않는다는 것이다"라고 해석하였다. '位'와 '未'는 오늘날 발음으로 'wei4'이며 같다. 진고응은 굴만리를 따라 "'위位'는 '미未'음을 따라 잘못 들어갔을 것(蓋'位'涉'未'音而衍)"이라고 하였다.

넷째, 고형은 "'수雖'는 당연히 '유唯'로 읽어야 하며(疑雖當讀爲唯), '부不'는 당연히 '기其'로 써야 하는 것이 아닌가 한다(不當作其). 전문篆文에서 글자 모양이 비슷하여 잘못되었다(篆文形相近, 故誤). 효사는 주인이 손님을 공경하는 것은 그 자리에 합당한 것이고(言主人敬客, 恰當其位), 오직 당위이므로 크게 잃는 것이 아니라는 말이다(唯其當位, 不爲大失). 그래서 마침내 길하다는 것이다(所以終吉)" 하고, "'청하지 않은 손님이 오니, 그들을 공경하면 마침내 길하다'는 것은, 오직 합당한 자리이므로 크게 잃지 않는다는 것이다"라고 해석하였다. 이러한 해석은 모두 통한다.

필자는 굴만리의 해석을 따랐다. '위位'자는 잘못 들어간 글자이다. 「상」은 '부당不當'을 가지고 효사의 '경지敬之'를, '미대실未大失'을 가지고 '종길終吉'을 해석하였다. 「상」은 효사를, 청하지 않은 손님이 오니, 그들을 공경하면 마침내 길하다는 것은 비록 합당한 것은 아니나, 크게 잃지 않는 것이라고 해석하였다.

수 「상」에서 '행行', '상常'과 '중中', '종終'과 '외外', '패敗'와 '청聽', '정正'과 '길吉', '실失'은 운이다.

유백민: '行', 戶郎反. 與下'常', 十陽. 爲韻.
'中', 一東. 與下'終', 一東. 爲韻
'外', 十四泰. 與下'敗', 十七夬. 爲韻.
'聽', 四十六徑. 與下'正', 四十五勁. 爲韻.
'吉', 五質. 與下'失', 五質. 爲韻.

스즈키: '행行', '상常'과 '중中', '종終'과 '외外', '패敗'와 '청聽', '정正'과 '길吉', '실失'.

6. 송訟

䷅ 象曰 天與水違行, 訟. 君子以作事謀始.
하늘과 물이 어긋나게 운행하는 것이 송의 상이다.
군자는 이 상을 본받아 일을 도모함에 시작을 깊이 생각한다.

天與水違行, 訟.

'위違'는 어긋나다(背), '행行'은 운행하다(運)는 뜻이다. 송은 윗괘가 건乾이고 아랫괘는 감坎이다. 건은 하늘(天)이고 감은 물(水)이다. 그런즉 하늘은 위에서 운행하고 물은 아래에서 흐르는 것이니, '하늘과 물이 서로 어긋나게 운행하는 것'이 송의 상이다. 하늘과 물이 어긋나게 운행하니, 사람과 사람이 서로 어긋나게 행동하면 송사가 일어난다. 「상」은 '송訟'을 송사(獄)의 뜻으로 새겼다.

『집해』에 순상은 "하늘은 서쪽을 향해 운행하고, 물은 동쪽을 향해 흐른다. 위아래가 어긋나서 운행하니, 송사를 이루는 상이다(天自西轉, 水自東流, 上下違行, 成訟之象也)", 공영달은 "천도는 서쪽을 향해 운행하고, 물은 동쪽을 향해 흐르니, 이것은 하늘과 물이 서로 어긋나서 운행하는 것이며, 사람이 피차 서로 어긋나는 것을 상징하므로 송사에 이르는 것이다(天道西轉, 水流東注, 是天與水相違而行, 象人彼此兩相乖戾 故致訟也)", 정이는 "하늘은 위에 땅은 아래에서 서로 어긋나게 운행한다(天上水下, 相違而行)"라고 하였다.

君子以作事謀始

'군자'는 최고 통치자이다. '작사作事'는 일을 도모하는 것, '모시謀始'는 일을 처음 시작할 때 깊이 생각한다는 뜻이다. '작사모시'는 일을 도모함에 시작을 깊이 생각한다는 말이다. 하늘과 물이 어긋나게 운행하니, 사람과 사람이 서로 어긋나게 행동하면 송사가 일어난다. 군자는 이 상을 보고 이를 본받아 일을 도모함에 반드시 그 시작을 깊이 생각하여, 분쟁의 단서를 미리 막아 뒷날에 송사가 없도록 한다.

初六, 不永所事, 小有言, 終吉.
처음 음효는 송사를 오래하지 않으니, 조금 말이 있으나, 마침내 길하다.

『집해』에 우번은 "'영永'은 길다, 오래하다는 뜻의 장長"이라고 하였다. 「상」은 '영

永'을 '장長'으로 해석하였다. '사事'는 송사를 가리킨다. '언言'은 송사하여 다투는 말이다(言爭). '소유언小有言'은 조금 언쟁이 있다는 뜻이다.

象曰 '不永所事', 訟不可長也. 雖'小有言', 其辯明也.
'송사를 오래하지 않는다'는 것은 송사는 오래해서는 안 된다는 것이다.
비록 '조금 말이 있으나' (시비의) 분별이 분명해졌다는 것이다.

'不永所事', 訟不可長也.

효사 '不永所事'를 해석하였다. 「상」은 '송訟'을 가지고 효사의 '사事'를, '장長'을 가지고 '영永'을 해석하였다. '송불가장야'는 송사는 오래 해서는 안 된다는 말이다. 「상」은 효사 '불영소사不永所事'를, 송사를 오래하지 않는다는 것은 송사는 오래해서는 안 되는 것이라고 해석하였다.

雖 '小有言', 其辯明也.

효사 '小有言, 終吉'을 해석하였다. '기其'는 어조사이다. 4글자로 맞추기 위해 뜻없이 들어갔다. '변辯'은 '변辨'으로 읽으며, 사리를 분별하는 것이고, '명明'은 분명히 밝힌다는 뜻이다. 공영달은 '변석분명辯析分明'이라고 하였다. '기변명야'는 시비의 분별이 분명해졌다는 말이다. 「상」은 '기변명其辯明'을 가지고 효사의 '종길終吉'을 해석하였다. 「상」은 효사 '소유언小有言'을, 송사를 오래하지 않으니 비록 조금 언쟁이 있으나 시비가 분명해졌으므로 마침내 길하다고 해석하였다.

九二, 不克訟, 歸而逋, 其邑人三百戶, 无眚.
둘째 양효는 송사에 이기지 못하여 돌아가 도망을 가니,
고을 사람 삼백 호가 재앙이 없다.

'극克'은 이긴다는 뜻의 승勝이다. '극송克訟'은 승소勝訴이다. 『집해』에 순상은 "'포逋'는 도망가다는 뜻의 도逃"라고 하였다. 『논어』「공야장公冶長」에 "집이 열 채 정도의 고을에도 반드시 정성과 믿음이 나와 같은 사람이 있다(十室之邑, 必有忠信如丘者焉)"라고 하였는데, '십실十室'은 작은 고을이니, '삼백호三百戶'는 큰 고을이다(굴만리). '생眚'은 『석문』에 마융이 "재앙이라는 뜻의 재災", 정현은 "허물이라는 뜻의 과過", 『집해』에 우번은 '재災'라고 하였다.

象曰 '不克訟', '歸逋', 竄也. 自下訟上, 患至掇也.
'송사에 이기지 못하여', '돌아가 도망을 간다'는 것은 도망을 가는 것이다.
아랫사람들이 윗사람을 소송하니 환난이 멈추었다는 것이다.

'不克訟', '歸逋', 竄也.

효사 '不克訟, 歸而逋'를 해석하였다. 『설문』 혈부穴部에 "'찬竄'은 숨는 것이다. 쥐가 구멍 속에 있는 것으로 되어 있다(竄, 匿也. 从鼠在穴中)"라고 하였다. 『석문』에 "칠七과 난亂의 반절(竄, 七亂反)"이라 하고 "도망가다는 뜻의 도逃"라고 하였다. 「상」은 '찬竄'을 가지고 효사의 '귀이포歸而逋'를 해석하였다. 「상」은 효사 '불극송不克訟, 귀이포歸而逋'를, 송사에 이기지 못하여 돌아가 도망을 간다는 것은 도망을 가는 것이라고 해석하였다. 진고응은 "둘째 양효는 음의 자리에 처하여(九二處柔位) 두 음 사이에 숨어 있으니(藏於二陰之間), '찬'의 상이 있다(故有'竄'象)"라고 하였는데, 이것이 「상」의 본뜻인지는 알 수 없다.

自下訟上, 患至掇也.

효사 '其邑人三百戶, 无眚'을 해석하였다. '하下'는 고을 사람, '상上'은 송사에 패하여 도망간 윗사람이다. 정이는 '하下'는 둘째 양효를, '상上'은 다섯째 양효를 가리키는 것으로 보고, "둘째와 다섯째는 서로 응하는 곳이나, 두 양이 서로 응하지 않으니, 서로 소송하는 것이다(二五相應之地, 而兩剛不相與, 相訟者也)"라고 하였다. '환患'은 근심(憂), 어렵다(難)는 뜻이다. '지至'는 이르다(到)는 뜻이다. 고형은 '지止'로 읽었다(至, 止也). 『석문』에 "'철掇'은 정현 본에 '철惙'로 되어 있다. 척陟과 열劣의 반절이며, 근심한다는 뜻이다(掇, 鄭本作惙, 陟劣反, 憂也)"라고 하였다. 고형은 "'철掇'은 당연히 '철輟'로 읽어야 한다(掇當讀爲輟). 멈춘다는 뜻이다(輟亦止也). 두 글자는 같은 성음 계열이며 옛날에 통용되었다(二字同聲系, 古通用)"라고 하였다. '철掇'은 줍다(拾), '철惙'은 근심하다(憂), '철輟'은 멈추다(止)는 뜻이다. '환지철患至輟'은 환난이 멈추었다는 뜻이다. 「상」은 '환지철患至掇'을 가지고 효사의 '무생无眚'을 해석하였다. 「상」은 효사 '기읍인삼백호其邑人三百戶, 무생无眚'을, 아랫사람인 고을 사람들이 윗사람을 소송하니, 환난이 멈추었다고 해석하였다.

六三, 食舊德, 貞厲, 終吉. 或從王事, 无成.
셋째 음효는 옛날의 덕을 먹으니, 바르게 해도 위태로우나, 마침내 길하다.
혹 왕의 일을 따라도 이루는 것이 없다.

‘구덕舊德’은 지난날의 미덕이다. ‘식구덕食舊德’은 지난날의 미덕을 먹는다는 말이며, 옛날에 쌓아놓은 선행의 덕을 본다는 것이다. ‘정貞’은 바르다는 뜻의 정正이다. ‘여厲’는 위태롭다는 뜻의 위危이다.

象曰 ‘食舊德’, 從上‘吉’也.
‘옛날의 덕을 먹는다’는 것은 왕을 따르면 ‘길하다’는 것이다.

‘상上’은 효사의 ‘왕’이다. 「상」은 ‘종상從上’을 가지고 효사의 ‘종왕從王’을 해석하였다. ‘종상길야’는 왕을 따르면 길하다는 말이다. 「상」은 효사 ‘식구덕食舊德’을, 지난날의 미덕을 먹으니 바르게 해도 위태로우나, 왕을 따르면 마침내 길하다고 해석하였다. 「상」은 ‘或從王事, 无成’에 대해 해석하지 않았다.

‘상上’에 대해 몇 가지 해석이 있다.

첫째, 『집해』에 후과는 ‘상上’을 꼭대기 양효로 보았다. 셋째 음효는 꼭대기 양효와 음양이 응하고 있다. 뒷사람들은 대개 이 해석을 따랐다.

둘째, 상병화는 ‘상上’을 윗괘인 건괘로 보고, ‘종상從上’은 ‘승건承乾’이라고 하였다.

셋째, 고형은 ‘상上’을 넷째 양효로 보았다. 셋째 음효와 넷째 양효는 서로 이웃하고(比) 있으며, 셋째 음효는 넷째 양효 아래에 있으니(효위), 아랫사람이 윗사람을 따르는 상이다(효상).

넷째, 필자는 ‘상上’을 효사의 ‘왕王’으로 보았다. 이러한 해석은 모두 통한다.

九四, 不克訟, 復卽命渝. 安貞吉.
넷째 양효는 송사에 이기지 못하여 돌아오니 왕명이 바뀌었다.
바름에 안주하면 길하다.

‘극克’은 이기다(勝), ‘복復’은 돌아오다(返), ‘즉卽’은 즉則, 내乃, 취就의 뜻이다. ‘명命’은 왕명이다. 『석문』에 “‘유渝’는 이以와 주朱의 반절이다. 변한다는 뜻이다(渝, 以朱反. 變也)”, 『집해』에 우번은 “‘유渝’는 바뀌다, 변한다는 뜻의 변變”이라고 하였다. ‘투’로도 발음한다. ‘정貞’은 바르다는 뜻의 정正이다. ‘안정安貞’은 바름에 안주하는 것, 바르게 처신하는 것이다.

象曰 ‘復卽命渝’, ‘安貞’不失也.
‘돌아오니 왕명이 바뀌었다’는 것은 ‘바름에 안주하면’ 잃지 않는다는 것이다.

「상」은 '불실不失'을 가지고 효사의 '길吉'을 해석하였다. 「상」은 효사 '복즉명유復卽命渝'를, 송사에 이기지 못하여 돌아오니 왕명이 바뀌었는데, 바름에 안주하면 (자신의 생명을) 잃지 않으므로 길하다고 해석하였다.

九五, 訟, 元吉.
다섯째 양효는 송사에 크게 길하다.

'원元'은 크다는 뜻의 대大이다.

象曰 '訟元吉', 以中正也.
'송사에 크게 길하다'는 것은 중정을 얻었기 때문이다.

'이以'는 인因으로 읽는다. '중정中正'은 다섯째 양효가 윗괘의 가운데 자리와 바른 자리에 있다는 것이며(효위), 송사하는 사람이 중정의 도를 지니고 있는 상이다(효상). '이중정야'는 중정을 얻었기 때문이라는 말이다. 「상」은 효사 '송원길訟元吉'을, 송사에 크게 길한 것은 다섯째 양효가 중정을 얻었기 때문이라고 해석하였다.

왕필은 "존위에 처하여 송의 주인이 된다. 중정을 사용하여 시비를 결단한다. 중은 지나치지 아니하고, 정은 사악하지 아니하며, 강은 미혹하는 바가 없고, 공은 치우치는 바가 없으므로, '송사에 크게 길하다'는 것이다(處得尊位, 爲訟之主. 用其中正, 以斷枉直. 中則不過, 正則不邪, 剛无所溺, 公无所偏, 故訟元吉)"라고 하였다.

上九, 或錫之鞶帶, 終朝三褫之.
꼭대기 양효는 혹 왕이 큰 띠를 내려주었으나, 아침나절에 세 번 빼앗아 간다.

『석문』에 "'석錫'은 주다는 뜻의 사賜", "'반鞶'은 보步와 간干의 반절(鞶, 步干反)"이라 하고, "마융은 크다는 뜻의 대(馬云大也)", "서려침은 '왕숙은 소반이라는 뜻의 반槃으로 썼다'(徐云王肅作槃)"라고 하였다. 『설문』 혁부革部에 "'반'은 큰 띠이다. 혁革으로 되어 있고, 반般은 성음이다(鞶, 大帶也. 从革, 般聲)"라고 하였고, 『집해』에 우번은 "'반대鞶帶'는 큰 띠이다. 남자는 큰 가죽 띠를 맨다(鞶帶, 大帶. 男子鞶革)"라고 하였다. '반鞶'은 가죽으로 만든 큰 띠, '대帶'는 띠(紳)이다. 주희는 "관복에 꾸미는 것(命服之飾)", 고형은 "'반대鞶帶'는 관복에 두르는 가죽으로 만든 허리띠이며(鞶帶, 以革制成之腰帶), 대부 이상이 하사받아 사용하였다(大夫以上始得繫之)"라고 하였다.

'종조終朝'에 대해, 『석문』에 마융은 "아침이 식시食時(7~9시)에 이른 것(終朝, 旦至食時爲終朝)", 왕필은 "조회를 마치는 동안(終朝之間)", 공영달 역시 "조회를 마치는 동안(終一朝之間)", 고형은 '종일終日', 진고응은 '하루 동안(一日之內)'이라고 하였다. 필자는 '終朝'는 건괘 九三의 '終日'과 다르므로 '아침나절'로 뜻을 새겼다. 모두 통한다. 『석문』에 "'치褫'는 왕숙은 푼다는 뜻의 해解, 정현 본에는 빼앗는다는 뜻의 타拕로 되어 있다(褫, 王肅云解也. 鄭本作拕)"라고 하였다. 『집해』에는 '타拕'로 되어 있다. 후과는 '해解'(拕, 解也)라고 하였다. '치褫'는 빼앗는다는 뜻의 탈奪이다.

> 象曰 以訟受服, 亦不足敬也.
> 송사하여 의복을 받으나, 또한 공경을 받기에는 부족하다는 것이다.

'이以'는 용用의 뜻이다. 『집해』에 우번은 "'복服'은 효사의 '반대鞶帶'"라고 하였다. 「상」은 '복服'을 가지고 효사의 '반대鞶帶'를, '부족경不足敬'을 가지고 '삼치지三褫之'를 해석하였다. 「상」은 효사를, 송사에 이겨 큰 띠가 달린 의복을 하사받으나, 아침나절에 세 번 빼앗아가니, 이것은 공경받기에는 여전히 부족한 것이라고 해석하였다.

송 「상」에서 '장長', '명明'과 '찬竄', '철掇'과 '길吉', '실失'과 '정正', '경敬'은 운이다.

유백민: '長', 十陽, 三十六陽二韻. 與下'明', 彌郎反. 爲韻.
'竄', 『易音』: "徐音七外反, 後人誤入二十九換韻."
與下'掇', 十三末, 轉音都芮反. 爲韻.
'吉', 五質. 與下'失', 五質. 爲韻.
'正', 四十五勁. 與下'敬', 四十三映. 爲韻. 『易音』: "此傳以去入通爲一韻."

스즈키: '장長', '명明'과 '찬竄', '철掇'과 '길吉', '실失'과 '정正', '경敬'

7. 사師

> ䷆ 象曰 地中有水, 師. 君子以容民畜衆.
> 땅 가운데 물이 있는 것이 사의 상이다.
> 군자는 이 상을 본받아 백성을 포용하여 무리를 기른다.

地中有水, 師.

사는 윗괘가 곤坤이고 아랫괘는 감坎이다. 곤은 땅(地)이고 감은 물(水)이다. 그런즉 '땅 가운데 물이 있는 것'이 사의 상이다. 땅 가운데 물이 있으니, 무리들이 모여 있는 상이다. 「상」은 '사師'를 '무리'와 '군대'의 뜻으로 새겼다. 『집해』에 육적은 "'사師'는 무리이다. 땅 가운데 무리는 물을 능가하는 것이 없다(師, 衆也. 坤中衆者, 莫過於水)"라고 하였다.

君子以容民畜衆

'군자'는 최고 통치자이다. 『집해』에 우번은 "'용容'은 너그럽다는 뜻의 관寬"이라고 하였다. 용납하다(受), 받아들이다(納)는 뜻이다. '용민容民'은 백성들을 포용하는 것이다. 『석문』에 육덕명은 "'축畜'은 칙勅과 육六의 반절이며, 모은다는 뜻이다. 왕숙은 허許와 육六의 반절이라 하고, 기른다는 뜻의 양養으로 읽었다(畜, 勅六反, 聚也. 王肅許六反, 養也)"라고 하였다. 육덕명은 '축'으로, 왕숙은 '휵'으로 발음하였다. 『집해』에 우번은 "기른다는 뜻의 양養"이라고 하였다. '민民'은 '중衆'과 같다. 백성들이 모이면 무리가 된다. '축중畜衆'은 무리들을 기른다는 말이다. 「상」은 '중衆'을 가지고 괘명 '사師'를 해석하였다. 땅 가운데 물이 있으니, 무리들이 모여 있는 상이다. 군자는 이 괘상을 보고 이를 본받아 백성을 포용하여 무리를 기른다.

정이는 "땅 가운데 물이 있다는 것은 물이 땅 가운데 모여 있는 것이니, 무리들이 모여 있는 상이므로 사이다. 군자는 땅 가운데 물이 있는 상을 보고, 백성을 포용하여 보호하고, 무리를 모아서 기른다(地中有水, 水聚於地中, 爲衆聚之象, 故爲師也. 君子觀地中有水之象, 以容保其民, 畜聚其衆也)"라고 하였다.

初六, 師出以律, 否臧凶.

처음 음효는 군대의 출정은 군율로써 할 것이니, 군율을 지키지 않으면 흉하다.

'사師'는 군대이다. '율律'은 군율軍律이다. 『석문』에 "'否'는 음이 비이다. 악惡의 뜻이다(否, 音鄙. 惡也)"라고 하였다. 『설문』 구부口部에 "'부否'는 불不이다. 구口와 불不로 되어 있다(否, 不也. 从口不)"라고 하였다. 『백서』에는 '부否'가 '불不'로 되어 있다. '부否'는 불不로 읽는다(주희). 『설문』 신부臣部에 "'장臧'은 착하다는 뜻의 선善이다. 신臣으로 되어 있고, 장戕은 성음이다(臧, 善也. 从臣, 戕聲)"라고 하였다. 『석문』에 "작作과 랑郎의 반절이다. 착하다는 뜻의 선이다(臧, 作郎反. 善也)"라고 하였다. '부장不臧'은 '불선不善'이며, '선하지 않다'는 것은 군율을 지키지 않는다(不遵守軍律)는 뜻이다. 고형은 '장

臧'을 따르다, 지킨다는 뜻의 준遵으로 읽고, '부장否臧'은 부준不遵이며, 기율을 지키지 않는 것(不遵守紀律)으로 해석하였다.

象曰 '師出以律', 失律'凶'也.
'군대의 출정은 군율로써 한다'는 것은 군율을 잃으면 '흉하다'는 것이다.

「상」은 '실률失律'을 가지고 효사의 '부장否臧'을 해석하였다. 「상」은 효사 '사출이율師出以律'을, 군대의 출정은 군율로써 한다는 것은 군율을 잃으면 패할 것이니 흉하다고 해석하였다.

『집해』에 이정조는 "처음 음효는 음이면서 양의 자리에 있으니, 그 자리를 잃은 것이다. 자리가 이미 바르지 않으니, 비록 영을 내려도 따르지 않는다. 이것으로 군사를 일으키니, 군율을 잃은 것이다(初六以陰居陽, 履失其位. 位既匪正, 雖令不從. 以斯行師, 失律者也)"라고 하였다.

九二, 在師中吉, 无咎. 王三錫命.
둘째 양효는 군대 안에 있으니 길하고 허물이 없다. 왕이 세 번 명령을 내린다.

'사중師中'은 군대 안이다. 『석문』에 "'석錫'은 정현 본에 주다는 뜻의 사賜로 되어 있다(鄭本作賜)"라고 하였다. '석명錫命'은 왕이 신하에게 명령을 내리는 것이다.

象曰 '在師中吉', 承天寵也. '王三錫命', 懷萬邦也.
'군대 안에 있으니 길하다'는 것은 왕의 은총을 받는다는 것이다.
'왕이 세 번 명령을 내린다'는 것은 만국을 품는다는 것이다.

'在師中吉', 承天寵也.

효사 '在師中吉, 无咎'를 해석하였다. '승承'은 받다(受)는 뜻이다. 공영달은 '승수承受'라고 하였다(正謂承受五之恩寵). '천天'은 왕이다. '총寵'은 사랑하다(愛)는 뜻이다. '천총天寵'은 왕(천자)의 은총이다. '승천총야'는 왕의 은총을 받는다는 말이다. 둘째 양효는 가운데 자리에 있으니 '중中'이라 하였고(효위), 다섯째 음효와 응하고 있으므로 '승천총承天寵'이라고 하였다(효상). 「상」은 효사 '재사중길在師中吉'을, 군대 안에 있으니 왕의 은총을 받아 길하고 허물이 없다고 해석하였다.

'王三錫命', 懷萬邦也.

효사 '王三錫命'을 해석하였다. '회懷'는 품는다는 뜻의 장藏이다. '만방萬邦'은 만국이며, 제후들의 나라를 가리킨다. '회만방야'는 만국을 품는다는 말이다. 둘째 양효는 나머지 다섯 음을 품고 있으니(효위) 만국을 품고 있는 상이다(효상). 그래서 '회만방'이라고 한 것이다. 「상」은 효사 '왕삼석명王三錫命'을, 왕이 세 번 명을 내려 제후들을 격려하고 만국을 품는다고 해석하였다.

六三, 師或輿尸, 凶.
셋째 음효는 군대가 혹 수레에 시체를 실으니, 흉하다.

'여輿'는 수레에 싣는다는 동사이다. '시尸'는 시체 시屍이다. '여시輿尸'는 '재시載尸'이며(문일다), 수레에 죽은 사람을 싣는 것이다.

象曰 '師或輿尸', 大无功也.
'군대가 혹 수레에 시체를 싣는다'는 것은 크게 공이 없다는 것이다.

「상」은 효사 '사혹여시師或輿尸'를, 군대가 혹 수레에 시체를 싣는다는 것은 군대가 출정하였으나 전쟁에 패하여 많은 군졸들이 죽었으니, 크게 공이 없는 것이라고 해석하였다. 『집해』에 노씨는 "셋째 음효는 음이면서 양의 자리에 있고(失位), 강을 타고 있으며(乘剛), 안팎으로 응하는 것이 없으니(內外无應) '크게 공이 없는 것'"이라고 해석하였다.

「소상」에 '대무공大无功'은 2곳 기록되어 있다.

① 사師 六三 「상」: '師或輿尸', 大无功也.
'군대가 혹 수레에 시체를 싣는다'는 것은 크게 공이 없다는 것이다.
② 항恒 上六 「상」: '振恒'在上, 大无功也.
'움직임이 오래 가는 것'이 위에 있으니, 크게 공이 없다는 것이다.

六四, 師左次, 无咎.
넷째 음효는 군대가 왼쪽에 주둔하니 허물이 없다.

'좌左'는 왼쪽이며, 유리한 지형이다. 『집해』에 순상은 "'차次'는 집이란 뜻의 사舍"

라고 하였다. '사舍'는 주둔하다는 뜻의 주駐이다(고형). '좌차左次'는 '거좌居左'이며(최경), 왼쪽에 주둔하는 것이다.

象曰 '左次无咎', 未失常也.
'왼쪽에 주둔하니 허물이 없다'는 것은 (진법의) 상도를 잃지 않는다는 것이다.

'상常'은 일상의 도, 즉 진법의 상도常道를 가리킨다. '미실상야'는 상도를 잃지 않는다는 말이다. 넷째 음효는 음이 음의 자리에 있으니(효위), 상도를 잃지 않은 상이다(효상). 「상」은 효사 '좌차무구左次无咎'를, 군대가 왼쪽에 주둔하니 진법의 상도를 잃지 않는 것이므로 허물이 없다고 해석하였다. 『집해』에 최경은 "보좌하는 장군은 왼쪽에 주둔한다. 왼쪽에 주둔하는 것은 정상으로 갖춰있는 군대이다(偏將軍居左, 左次, 常備師也)"라고 하였다.

六五, 田有禽, 利執言, 无咎. 長子帥師, 弟子輿尸, 貞凶.
다섯째 음효는 밭에 새와 짐승이 있으니, 잡으면 이롭고 허물이 없다.
(적이 침입하였으니 토벌해야 한다).
큰아들은 군사를 거느리고, 둘째아들은 수레에 시체를 실으니, 바르고 흉하다.

'전田'은 밭이다. 『집해』에 순상은 "사냥하다는 뜻의 엽獵"으로 읽었다. '금禽'은 새와 짐승의 통칭이다. 『석문』에 "서려침徐呂忱 본에는 사로잡는다는 뜻의 '금擒'으로 되어 있다(徐本作擒)"라고 하였다. '집執'은 잡다(捕), '언言'은 '언焉'으로 읽으며, 대명사 '지之'와 같다. '지之'는 금禽을 가리킨다. '장자長子'는 큰아들이다. '솔帥'은 거느린다는 뜻의 솔率이다. '제자弟子'는 둘째아들이다. '여시輿尸'는 수레에 시체를 싣는 것이다. '정貞'은 바르다는 뜻의 정正이다. '정흉貞凶'에 대해 고형은 "'정貞'은 '장자솔사長子帥師'를 가리키고, '흉凶'은 '제자여시弟子輿尸'를 가리킨다. 이것은 큰아들을 부리면 그 바름(貞)을 얻고(此言用長子得其正), 둘째아들을 부리면 흉凶을 초래한다는 말이니(用次子招凶禍), 비록 바르나 또한 흉하다는 말이다(雖正亦凶)"라고 하였다. 고형의 해석을 따랐다.

象曰 '長子帥師', 以中行也. '弟子輿尸', 使不當也.
'큰아들은 군사를 거느린다'는 것은 중도를 행하기 때문이다.
'둘째아들은 수레에 시체를 싣는다'는 것은 시킨 것이 합당하지 않기 때문이다.

'長子帥師', 以中行也.

「상」은 효사 앞부분 '田有禽, 利執言, 无咎'를 해석하지 않았다. 필자는 뒤에 이어지는 문장을 따라 이 부분을 해석하였다. '이以'는 인因으로 읽는다. 『집해』에 우번과 순상은 "'장자長子'는 둘째 양효를 가리킨다(長子, 謂二)"라고 하였다. '중中'은 둘째 양효가 아랫괘의 가운데 자리에 있다는 것이며(효위), 큰아들이 중도를 행하는 상이다(효상). '중도中道'는 '정도正道'이며, 뜻과 행실이 바른 것이다. 「상」은 효사 '장자솔사長子帥師'를, 큰아들이 군사를 거느리는 것은 중도를 행하기 때문이라고 해석하였다. 그러므로 효사에서 '정貞'을 말하였다.

「소상」에 '중행中行'은 여기 한 곳뿐이다.

'弟子輿尸', 使不當也.

『집해』에 우번과 송충은 "'제자弟子'는 셋째 음효를 가리킨다(弟子, 謂三)"라고 하였다. '사使'는 부리다(役)는 뜻이며, 뒤에 '지之'자가 생략되어 있다. '지之'는 '제자弟子'를 가리킨다. '부당不當'은 셋째 음효가 음이면서 양의 자리에 있다는 것이며(효위), 둘째 아들을 부리는 것이 합당하지 않은 상이다(효상). 고형은 '중中'도 '부당不當'도 다섯째 음효를 가리키는 것으로 보았다. 즉 "'중中'은 다섯째 음효가 윗괘의 가운데 자리에 있는 것이며(六五居上卦之中位), '부당不當'은 다섯째 음효가 음이면서 양의 자리에 있는 것(六五爲陰爻居陽位)"이라고 하였다. 두 가지 해석은 모두 통한다. '사부당야'는 시킨 것이 합당하지 않다는 말이다. 「상」은 효사 '제자여시弟子輿尸'를, 둘째아들이 수레에 시체를 싣는 것은 시킨 것이 합당하지 않기 때문이라고 해석하였다. 그러므로 효사에서 '흉凶'을 말하였다.

「소상」에 '사부당使不當'은 여기 한 곳뿐이다.

上六, 大君有命, 開國承家. 小人勿用.
꼭대기 음효는 대군의 명이 있어 제후를 봉하고 대부를 세운다. 소인은 쓰지 말라.

'대군大君'은 둘째 양효의 '왕'이며, 천자이다. '명命'은 제후와 대부로 봉하는 명령이다. '개開'는 '봉封'과 같다. '국國'은 제후의 봉국을 가리킨다. 『집해』에 우번은 "'승承'은 받는다는 뜻의 수受"라고 하였다. '가家'는 대부의 봉읍을 가리킨다. 『집해』에 순상은 "'개국開國'은 제후를 봉하는 것이고, '승가承家'는 대부를 세우는 것(開國, 封諸侯. 承家, 立大夫也)"이라고 하였다. '소인小人'은 도덕 수양이 천박한 사람, 즉 오늘날의 소인배이다. '물용勿用'은 개국승가하지 않는 것이다.

> 象曰 '大君有命', 以正功也. '小人勿用', 必亂邦也.
> '대군의 명이 있다'는 것은 공을 바르게 한다는 것이다.
> '소인은 쓰지 말라'는 것은 반드시 나라를 어지럽히기 때문이다.

'大君有命', 以正功也.

효사 '大君有命, 開國承家'를 해석하였다. '이以' 뒤에 '지之'자가 생략되어 있다. '이以'는 용用이며, '지之'는 대군의 명을 가리킨다. '이정공야'는 공을 바르게 한다는 말이다. 「상」은 효사 '대군유명大君有命'을, 대군이 명을 내려, 공이 큰 사람은 나라를 받아 제후가 되고 공이 작은 사람은 고을을 받아 대부가 되니, 여러 신하들의 공을 바르게 한다고 해석하였다.

'小人勿用', 必亂邦也.

효사 '小人勿用'을 해석하였다. '소인小人'은 소인배이며, 대군의 명에 불만을 품은 사람, 즉 '개국승가'에 불만을 품고 난을 일으키려는 사람이다. '필란방야'는 소인은 반드시 나라를 어지럽힌다는 말이다. 「상」은 효사 '소인물용小人勿用'을, 소인배는 반드시 나라를 어지럽히기 때문에 '개국승가'하지 말라고 해석하였다.

사 「상」에서 '흉凶', '총寵', '방邦', '공功', '상常', '행行', '당當', '공功', '방邦'은 운이다.
유백민: '凶', 三鐘. 與下'寵', 二腫. '邦', 博工反. '功', 一東. 爲韻.
'常', 十陽. 與下'行', 戶郎反. '當', 十一唐, 四十二宕二韻. 爲韻.
스즈키: '흉凶', '총寵', '방邦', '공功', '상常', '행行', '당當', '공功', '방邦'.

8. 비比

> ䷇ 象曰 地上有水, 比. 先王以建萬國, 親諸侯.
> 땅 위에 물이 있는 것이 비의 상이다.
> 선왕은 이 상을 본받아 만국을 세우고 제후와 친근하게 지낸다.

地上有水, 比.

비는 아랫괘가 곤坤이고 윗괘는 감坎이다. 곤은 땅(地)이고 감은 물(水)이다. 그런즉

'땅 위에 물이 있는 것'이 비의 상이다. 땅 위에 물이 있으니, 서로 친근하여 해치지 않는다. 「상」은 '비比'를 친근하다(親)는 뜻으로 새겼다. 『석문』과 『집해』에 자하전을 인용하여 "땅은 물을 얻어 부드럽고, 물은 땅을 얻어 흘러가니, 그래서 친근하다는 것이다(子夏傳云地得水而柔, 水得地而流, 故曰比)"라고 하였다.

先王以建萬國, 親諸侯.

'선왕先王'은 옛날의 이상적인 통치자를 가리킨다. '건建'은 봉封의 뜻이다. '건만국建萬國'은 '건제후建諸侯'와 같은 말이며, 천자가 제후를 봉하여 나라를 세우는 것이다. '친제후親諸侯'는 천자가 제후와 친근하게 지내는 것이다. 「상」은 '친親'을 가지고 '비比'를 해석하였다. 땅 위에 물이 있으니, 서로 친근하여 해치지 않는다. 선왕은 이 상을 보고 이를 본받아 만국을 세우고 제후와 친근하게 지낸다.

정이는 "무릇 사물이 서로 친근하여 틈이 없는 것은 물이 땅 위에 있는 것 만한 것이 없으니, 그래서 비이다. 선왕은 비의 상을 보고 만국을 세우고 제후와 친근하게 지낸다. 만국을 세우는 것은 백성과 친근한 것이고, 제후를 친히 돌보는 것은 천하와 친근한 것이다(夫物相親比而无間者, 莫如水在地上, 所以爲比也. 先王觀比之象, 以建萬國, 親諸侯. 建立萬國, 所以比民也, 親撫諸侯, 所以比天下也)"라고 하였다.

初六, 有孚比之, 无咎. 有孚盈缶, 終來有它, 吉.
처음 음효는 믿음을 가지고 친근하니, 허물이 없다.
믿음이 동이에 가득하니, 마지막에 뜻밖의 환난이 있으나 길하다.

'부孚'는 믿음이라는 뜻의 신信이다. '유부有孚'는 믿음이 있다는 뜻이다. '비比'는 친근하다는 뜻의 친親이다. 『설문』 부부缶部에 "'부缶'는 질그릇이다. 술을 담는 것이다(缶, 瓦器. 所以盛酒漿)", 『석문』에 "'부缶'는 방方과 유有의 반절이며, 질그릇이다. 정현은 물을 긷는 그릇, 『이아』에는 동이를 부라고 한다(缶, 方有反, 瓦器也. 鄭云汲器也. 爾雅云盎謂之缶)"라고 하였는데, 동이이다. '유부영부有孚盈缶'는 믿음이 동이 속에 가득한 것을 말한다. 정이는 "믿음이 마음속에 충실한 것이 물건이 동이 속에 가득한 것과 같다(誠信充實於內, 若物之盈滿於缶中也)"라고 하였다. '내來'는 어조사이다. '타它'는 『석문』에 '타他'로도 썼다(本亦作他)고 하였는데, 옛말에서 뜻밖의 환난을 '타'라고 하였다.

우성오는 "'내來'는 '미未'자를 잘못 쓴 것이 아닌가 한다. 고문에 '내來'와 '미未' 두 글자는 모양이 비슷하였다. 끝내 다른 일이 없으므로 길을 말한 것이다(來疑未字之訛, 古文來未二字形近. 終未有它, 故言吉也)"라고 하였는데, 고형은 "「상전」에 '有它吉也'라고 하였으니, 「상전」을 지은 사람이 의거한 책에는 '내來'로 되어 있었다(象傳曰··'有它吉也.' 可見, 象傳作者所據本作來)"라고 하였다.

象曰 比之'初六', '有它吉'也.
비의 '처음 음효'는 '뜻밖의 환난이 있으나 길하다'는 것이다.

'유타길有它吉'은 '종래유타終來有它, 길吉'을 생략한 것이다. 뜻밖의 환난이 있으나 길하다는 말이다. 「상」은 효사를, 믿음을 가지고 친근하니 허물이 없고, 믿음이 동이에 가득하니, 마지막에 뜻밖의 환난이 있으나 길하다고 해석하였다.

유백민은 "'유타有它' 앞에 '종미終未' 두 글자가 떨어져 나갔으니 '終未有它'라고 해야 하는 것이 아닌가 한다(有它上疑脫'終未'二字, 終未有它句). 『역』에 '유타有它'라고 말한 것은 모두 불길한 상이며(易言'有它', 皆不吉之象), 끝내 다른 일이 없으므로 길한 것이다(終未有它, 故吉也)"라고 하였다. 진고응은 "'비지초육比之初六'의 뜻은 '초육비지初六比之'이며, 처음 음효가 다른 사람과 친한 것을 말한다(謂初六之親比他人)"라고 하였다.

六二, 比之自內, 貞吉.
둘째 음효는 친근한 것은 자신으로부터이니, 바르게 하여 길하다.

'비比'는 친근하다는 뜻의 친親이다. '자自'는 무엇으로부터, '내內'는 자신을 가리킨다. '자내自內'는 자신으로부터라는 뜻이다. '비지자내比之自內'는 친근한 것은 자신으로부터라는 말이다. '정貞'은 바르다는 뜻의 정正이다.

象曰 '比之自內', 不自失也.
① '친근한 것은 자신으로부터이다'는 것은 자신을 잃지 않는다는 것이다.
② '친근한 것은 자신으로부터이다'는 것은 자신의 친근함을 잃지 않는다는 것이다.
③ '친근한 것은 자신으로부터이다'는 것은 스스로 중정의 도를 잃지 않는다는 것이다.

①의 해석은 '不自失也'를 '不失自也'로 읽은 것이다. '실失'은 앞 효사 「상」의 '有它吉也'의 '길吉'과 운이므로 운을 맞추기 위해 의도적으로 '자自'와 '실失'을 도치하였다. '실失'은 자신을 잃지 않는 것이다. 「상」은 '자自'를 가지고 효사의 '내內'를 해석하였다. 즉 효사 '비지자내比之自內'를, 친근한 것은 자신으로부터라는 것은 자신을 잃지

않는 것이라고 해석하였다.

②의 해석은 『집해』에 최경이 "안으로부터 친근하니, 자신의 친근함을 잃지 않는다(自內而比, 不失已親也)"라고 하였다. '실失'은 자신의 친근함을 잃지 않는 것이다. 「상」은 효사 '비지자내比之自內'를, 친근한 것은 자신으로부터라는 것은 자신의 친근함을 잃지 않는 것이라고 해석하였다.

③은 효위로 해석한 것이다. '내內'는 둘째 음효를 가리킨다. 둘째 음효는 아랫괘(內卦)의 가운데 자리를 얻었고, 음이 음의 자리에 있으니(효위), 중정의 도를 얻은 상이다(효상). '실失'은 중정의 도를 잃지 않는 것이다. 「상」은 효사 '비지자내比之自內'를, 친근한 것은 자신으로부터라는 것은 스스로 중정의 도를 잃지 않는 것이라고 해석하였다. 세 가지 해석은 모두 통한다.

정이는 "둘째 음효와 다섯째 양효는 서로 응하며 모두 중정을 얻었으니, 중정의 도를 가지고 서로 친근한 것이다. 둘째는 아랫괘에 있으니, '자내自內'는 자신으로부터라는 말이다(二與五爲正應, 皆得中正, 以中正之道相比者也. 二處於內, 自內, 謂由己也)", 주희 역시 "유순하고 중정하여 다섯째 양효와 서로 응한다. 자신으로부터 밖으로 친근하여 그 바름을 얻은 것이니, 길의 도이다(柔順中正, 相應九五. 自內比外而得其貞, 吉之道也)", 진고응은 "'내內'는 아랫괘 둘째 음효를 말하며, 다섯째 음효와 바로 응하고 있다. 위로 다섯째 양효와 친근하나 가운데 자리에도 자신의 자리에도 있지 않은 셋째 음효와 친근하지 않으니, 그러므로 중정의 도를 잃지 않는다고 말하였다(內謂內卦六二, 與九五爲正應, 上比九五而不比於不中不正的六三, 故云不自失中正之道)"라고 하였다.

「소상」에 '부자실야不自失也'는 2곳 기록되어 있다.

① 비比 六二 「상」: '比之自內', 不自失也.
'친근한 것은 자신으로부터이다'는 것은 스스로 중정의 도를 잃지 않는다는 것이다.
② 소축小畜 九二 「상」: '牽復'在中, 亦不自失也.
'끌면서 돌아온다'는 것이 가운데 자리에 있으니,
또한 스스로 (중도를) 잃지 않는다는 것이다.

필자는 2곳 모두 효위로 해석하였다.

六三, 比之匪人.
셋째 음효는 친근한 것은 그 사람이 아니다.

『석문』에 마융과 『집해』에 우번은 '비匪'를 비非로 읽었다. '비지비인比之匪人'은 친근한 것은 그 사람이 아니다, 즉 친근해서는 안 될 사람과 친근하다는 말이다. 『석문』에 "왕숙 본에는 '비인匪人' 뒤에 '흉凶'자가 있다(王肅本作匪人凶)"라고 하였다.

象曰 '比之匪人', 不亦傷乎.
'친근한 것은 그 사람이 아니니' 또한 마음이 상하는 일이 아닌가.

'상傷'에 대해, 공영달은 슬프고 마음이 쓰리다는 뜻의 '비상悲傷'으로, 래지덕은 비통해하다는 뜻의 '애상哀傷'으로 해석하였다. 「상」은 효사 '비지비인比之匪人'을, 친근해서는 안 될 사람과 친근하니, 또한 마음이 상하는 일이라고 해석하였다.

왕필은 "넷째 음효는 밖에서 친근하고, 둘째와 다섯째는 응하니, (셋째 음효는) 가까이는 서로 얻지 못하고, 멀리는 응하는 것이 없다. 더불어 친한 것은 모두 자신과 친한 것이 아니므로 '비지비인'이라 한 것이다(四自外比, 二爲五應, 近不相得, 遠則无應. 所與比者皆非己親, 故曰比之匪人)", 주희는 "오직 셋째 음효는 꼭대기 음효와 응하나, 꼭대기 음효는 '친근하려다가 머리가 없는 것'이다. 그러므로 '친근한 것은 그 사람이 아니다'가 되는 것이다(惟三乃應上, 上爲比之无首者, 故爲比之匪人也)", 진고응은 "셋째 음효는 넷째 음효와 친근하나, 넷째 음효는 음유이고 가운데 자리에 있지 않으니, 당연히 친근해야 할 바가 아니다. 그러므로 상하는 바가 있다(六三比於六四, 而六四陰柔不中, 非其所當比, 故有所傷)"라고 하였다.

고형은 "'호乎'는 당연히 '야也'로 해야 한다(乎似當作也). 「상」은 효사를 해석하면서 구법이 모두 같아(易經三百八十六爻爻辭, 象傳作釋, 句法皆相類), 383효 구절의 끝에는 모두 '야也'자를 사용하였고(有三百八十三爻句尾皆用也字), 두 구절 끝에 '의矣'자를 사용하였다(有兩爻句尾用矣字). 지금 이 구절만 예외로 '호乎'자를 사용한 것은 잘못 기록한 것이다(不宜此爻獨是例外而用乎字). '호乎'는 당연히 '야也'자로 해야 한다(可證其爲誤字矣)"라고 하였다.

六四, 外比之, 貞吉.
넷째 음효는 밖에서 현인과 친근하니, 바르게 하여 길하다.

'외外'는 밖이라는 뜻이다. 「상」은 '지之'를 현인을 가리키는 것으로 해석하였다. '정貞'은 바르다는 뜻의 정正이다.

象曰 '外比'於賢, 以從上也.
'밖에서 현인과 친근하다'는 것은 윗사람을 따르기 때문이다.

「상」은 '외비어현外比於賢'을 가지고 효사 '외비지外比之'를 해석하였다. 이以'는 인因으로 읽는다. 『집해』에 우번은 "넷째 음효는 윗괘에 있으므로 '외外'라고 칭하였다(在外體, 故稱外)"라고 하였다. '현賢'과 '상上'은 다섯째 양효를 가리킨다. 넷째 음효는 다섯째 양효의 아래에 있으니(효위), 음이 양의 아래에 있으므로 윗사람을 따르는 상이다(효상). 공영달은 "무릇 아랫괘를 '내內'라고 하고, 윗괘를 '외外'라고 한다. 넷째 음효는 다섯째 양효와 친근하므로 '외비外比'라 말한 것이다(凡下體爲內, 上體爲外. 六四比五, 故云外比也)"라고 하였다. 「상」은 효사 '외비外比'를, 밖에서 현인과 친근한 것이라 하고, 이것은 윗사람을 따르기 때문이라고 해석하였다.

九五, 顯比, 王用三驅, 失前禽. 邑人不誡, 吉.
다섯째 양효는 친근함을 드러내니, 왕이 삼면에서 몰아 사냥을 하는데,
앞면으로 짐승을 놓쳐버렸다. 고을 사람들이 경계하지 않으니, 길하다.

'현顯'은 현저하다, 뚜렷하다는 뜻의 저著이다. '현비顯比'는 친근함을 드러낸다는 말이다. 왕이 고을 사람에게 친근함을 드러내는 것을 가리킨다. '용用'은 행한다는 뜻의 행行이다. '구驅'는 몬다는 뜻의 축逐이다. 『석문』에 "정현은 '구毆'로 썼다(鄭作毆)"라고 하였는데, '구毆'는 '구驅'와 뜻이 같다. '삼구三驅'는 왼쪽 오른쪽 뒤쪽, 삼 면에서 짐승을 모는 것이다. '실전금失前禽'은 열어놓은 앞면으로 짐승이 도망을 갔다는 뜻이다. '읍인邑人'은 몰이꾼 역할을 하는 고을 사람이다. '계誡'는 '계戒'와 같으며, 경계한다는 뜻이다. 『백서』에는 '계戒'로 되어 있다. 한 희평熹平 석경石經 「상」에도 '계戒'로 되어 있다(굴만리).

象曰 '顯比'之'吉', 位正中也. 舍逆取順, '失前禽'也. '邑人不誡', 上使中也.
'친근함을 드러낸다'는 것이 '길'한 것은 자리가 정중이기 때문이다.
다가오는 짐승을 버려두고 도망가는 짐승을 취하니,
'앞면으로 짐승을 놓친 것'이다.
'고을 사람들이 경계하지 않는다'는 것은 왕이 중도를 행하기 때문이다.

'顯比'之'吉', 位正中也.

효사 '顯比, 吉'을 해석하였다. '위位'는 자리에 있다는 동사이다. '정중正中'은 '중정中正'으로 해야 바르다. 운을 맞추기 위해 의도적으로 글자를 도치하였다. 「상」의 '중中', '금禽', '중中', '종終'은 운이다. '정중正中'은 다섯째 양효가 양의 자리에 있고, 또 윗괘의 가운데 자리에 있다는 것이며(효위), 임금이 정중의 도를 행하는 상이다(효상). 「상」은 효사 '현비顯比 길吉'을, 친근함을 드러내니 길하다는 것은 다섯째 양효가 정중의 자리를 얻었기 때문이라고 해석하였다.

「소상」에 '정중正中'은 모두 3곳 기록되어 있다.

① 비比 九五 「상」: '顯比'之'吉', 位正中也.
'친근함을 드러낸다'는 것이 '길'한 것은 자리가 정중이기 때문이다.
② 수隨 九五 「상」: '孚于嘉吉', 位正中也.
'올바름에 믿음을 가지면 길하다'는 것은 자리가 정중이기 때문이다.
③ 손巽 九五 「상」: '九五'之'吉', 位正中也.
'다섯째 양효가 길하다'는 것은 자리가 정중이기 때문이다.

3곳 모두 '중정中正'이라고 해야 할 것을 운을 맞추기 위해 의도적으로 '정중正中'이라고 하였다.

舍逆取順, '失前禽'也.

효사 '失前禽'을 해석하였다. '사역취순舍逆取順, 실전금失前禽'은 마땅히 '실전금失前禽, 사역취순舍逆取順'으로 해야 한다. 「상」은 먼저 효사를 들고 이어 효사를 해석하였다. 이것은 「상」의 통례이다. 지금 운을 맞추기 위해 의도적으로 도치하였다. '중中', '금禽', '중中', '종終'은 운이다.

'사舍'는 버린다는 뜻의 사捨로 읽는다. '역逆'은 거스르다, 거역하다는 뜻이며, 앞면에 있는 왕을 향해 다가오는 짐승을 가리킨다. '취取'는 '사捨'의 반대말이다. '순順'은 '역逆'의 반대말이며, 왕에게 등을 보이며 도망가는 짐승을 가리킨다. '사역취순捨逆取順'은 다가오는 짐승은 버려두고 도망가는 짐승을 잡는다는 말이다. 그래서 앞면으로 짐승을 놓친 것이다. 「상」은 효사 '실전금失前禽'을, 다가오는 짐승은 버려두고 도망가는 짐승을 잡으려고 하다가 앞면으로 짐승을 놓쳤다고 해석하였다.

고형은 "짐승이 사냥꾼을 향해 다가와서 사냥꾼에게 대항하는 것이 '역逆'이고(獸向獵人對抗爲逆), 짐승이 사냥꾼에 돌아서서 도망가는 것이 '순順'이다(獸背獵人而逃, 不與獵

人對抗爲順). 사냥꾼은 다가오는 짐승은 쉽게 잡을 수 있지만(獵人射其逆者則易獲得), 도망가는 짐승은 쉽게 잡을 수 없다(逐其順者則多不及)"라고 하였다.

'邑人不誡', 上使中也.

효사 '邑人不誡'를 해석하였다. '상上'은 왕을 가리킨다. '사使'는 '왕용삼구王用三驅'의 '용用'으로 읽으며, 행한다는 뜻이다. '중中'은 중도이다. '중도'는 정도正道이며, 뜻과 행실이 바른 것이다. '상사중上使中'은 '왕용중王用中'이며, 왕이 중도를 행한다는 말이다. 「상」은 효사 '읍인불계邑人不誡'를, 고을사람들이 경계하지 않는 것은 왕이 중도를 행하기 때문이라고 해석하였다.

上六, 比之无首, 凶.
꼭대기 음효는 친근하다가 머리가 없으니, 흉하다.

'비지무수比之无首'는 친근하다가 머리가 없다는 뜻이다.

象曰 '比之无首', 无所終也.
'친근하다가 머리가 없다'는 것은 마치는 것이 없다는 것이다.

「상」은 '수首'를 '종終'으로 읽어, '무수无首'를 '무종无終'으로 해석하였다. 옛말에 좋은 결과를 '종終'이라고 하였다. 또 '종終'은 꼭대기 음효를 가리킨다. 꼭대기 음효는 한 괘의 끝(終)에 있으니(효위), 좋은 결과가 없는 상이다(효상). '무소종야'는 마치는 것이 없다는 말이다. 「상」은 효사 '비지무수比之无首'를, 친근하다가 머리가 없다는 것은 좋은 결과가 없는 것이라고 해석하였다.

비 「상」에서 '길吉', '실失'과 '상傷', '상上'과 '중中', '금禽', '중中', '종終'은 운이다.
유백민: '吉', 五質. 與下'失', 五質. 爲韻.
'傷', 十陽. 與下'上', 三十六養, 四十一漾二韻. 爲韻.
'中', 一東. 與下'禽', 二十一侵(說見屯卦). '終', 一東. 爲韻
스즈키: '길吉', '실失'과 '상傷', '상上'과 '중中', '금禽', '중中', '종終'.

9. 소축小畜

䷈ 象曰 風行天上, 小畜. 君子以懿文德.

바람이 하늘 위에서 불고 있는 것이 소축의 상이다.
군자는 이 상을 본받아 문덕을 아름답게 한다.

風行天上, 小畜.

'행行'은 바람이 불다(吹)는 뜻이다. 소축은 윗괘가 손巽이고 아랫괘는 건乾이다. 손은 바람(風)이고 건은 하늘(天)이다. 그런즉 '바람이 하늘 위에서 불고 있는 것'이 소축의 상이다. 바람이 하늘 위에서 불고 있으니, 아직 땅에는 미치지 않아 축적한 것이 적다. 「상」은 '소축小畜'을 축적한 것이 적다(小有所畜)는 뜻으로 새겼다.

『집해』에 구가역은 "바람은 하늘의 명령이다. 지금 하늘 위에서 불고 있다는 것은 곧 명령이 아래로 운행되지 않고 있다는 것이다. 축적하여 아래로 내려가지 않으니, 소축의 뜻이다(風者, 天之命令也. 今行天上, 則是令未下行. 畜而未下, 小畜之義也)"라고 하였다.

고형은 "「상전」은 바람을 덕교에(象傳以風比德教), 하늘을 조정에 비유하여(以天比朝廷), 바람이 하늘 위에서 불고 있는 것을 덕교가 조정에서 운행하는 것에 비유하였다(以風行天上比德教行于朝廷之上). 덕교는 조정에서 운행되니 공을 이루는 것은 점차 축적된다(德教行于朝廷之上, 其成功是逐漸積蓄). 그러나 그 덕교는 다만 조정에만 미칠 뿐 민간에게는 이르지 못하니(但其德教僅及于朝廷, 未及于民間), 그 축적한 것이 아직 적다(其積蓄尙小). 그래서 괘명이 '소축'이다(是以卦名曰小畜)"라고 하였다.

진고응은 "옛날 사람들은 바람을 천제의 사자이며 호령을 알리는 자로 여겼다(古人認爲風爲天帝使者, 頒布號令者). 『초사楚辭』 홍흥조洪興祖의 보주에 『하도제통기河圖帝通紀』에서 인용하여 말하기를 '바람은 천제의 사자이며, 호령을 알린다(風者, 天帝之使, 乃告號令)'라고 하였다. 지금 바람이 하늘 위에서 불고 있으니(今風行天上), 조정의 호령 교화가 아직 천하에 파급되지 않은 것이다(是朝廷之號令教化尙未播及天下). 그래서 이름이 '소축'이다(故名小畜)"라고 하였다.

君子以懿文德

'군자'는 최고 통치자이다. 『설문』 일부壹部에 "'의懿'는 한결같이 항구하여 아름다운 것(懿, 嫥久而美也)"이라고 하였는데, 단옥재는 "'전嫥'은 전일하다는 뜻(嫥者, 壹也)"이라고 하였다. 『집해』에 우번은 "'의懿'는 아름답다는 뜻의 미美"라고 하였다. '문덕文德'

은 정이가 '문장의 재능과 기예(文章才藝)', 진고응은 '문명의 덕(文明之德)'이라고 하였다. '의문덕懿文德'은 문덕을 아름답게 한다는 말이며, 군자가 수기修己하는 것을 가리킨다. 바람이 하늘 위에서 불고 있으니, 아직 땅에는 미치지 않아 축적한 것이 적다. 군자는 이 괘상을 보고 이를 본받아 문덕을 아름답게 하여 백성에까지 미치도록 노력한다. 『논어』「안연顏淵」에 "군자의 덕은 바람과 같다(君子之德風)"라고 하였다.

初九, 復自道, 何其咎, 吉.
처음 양효는 바른 길로 돌아오니 무슨 허물이 있겠는가? 길하다.

『설문』 척부彳部에 "'복'은 가서 오는 것(復, 往來也)"이라고 하였다. '복復'은 돌아온다는 뜻의 반返이다. '자自'는 유由와 같다. 「상」은 '도道'를 바른 길(正道)로 새겼다. '기其'는 '유有'로 읽는다. '하기구何其咎'는 무슨 허물이 있겠는가? 즉 허물이 없다는 말이다.

象曰 '復自道', 其義'吉'也.
'바른 길로 돌아온다'는 것은 마땅히 '길하다'는 것이다.

'기其'는 어조사이다. 4글자로 만들기 위해 뜻 없이 들어갔다. '의義'는 마땅하다는 뜻의 의宜로 읽는다. 「상」은 효사 '복자도復自道'를, 바른 길로 돌아온다는 것은 마땅히 길한 것이라고 해석하였다.

九二, 牽復, 吉.
둘째 양효는 끌면서 돌아오니, 길하다.

'견牽'은 끌다(引)는 뜻이다. '견복牽復'은 끌면서 바른 길로 돌아오는 것이다.

象曰 '牽復'在中, 亦不自失也.
'끌면서 돌아온다'는 것이 가운데 자리에 있으니,
또한 스스로 (중도를) 잃지 않는다는 것이다.

'중中'은 둘째 양효가 아랫괘의 가운데 자리에 있다는 것이며(효위), 중도를 얻은 상이다(효상). '중도'는 정도正道이며, 뜻과 행실이 바르다는 것이다. '자自'는 스스로(躬

親), '실失'은 잃는다는 뜻의 상喪이다. '부자실야'는 스스로 중도를 잃지 않는다는 말이다. 「상」은 효사 '견복牽復'을, 끌면서 바른 길로 돌아온다는 것은 둘째 양효가 가운데 자리에 있으니, 또한 스스로 중도를 잃지 않는 것이라고 해석하였다.

九三, 輿說輻, 夫妻反目.
셋째 양효는 수레에 바퀴살이 떨어져 나가니, 남편과 아내가 반목한다.

『집해』에 우번은 "'여輿'는 수레 거車"라고 하였다. 『석문』에 "'열說'은 토吐와 활活의 반절이다. 벗어난다는 뜻이다(說, 吐活反. 說, 云解也)"라고 하였다. '열說'은 이탈하다는 뜻의 탈脫로 읽는다. 『설문』 거부車部에 "'복輻'은 수레의 바퀴살(輻, 輪轑也)"이라고 하였다. 『석문』에 "'복輹'으로도 썼다(本亦作輹)"라고 하고, 마융은 "수레 아래에 묶는 것(馬云車下縛也)", 정현은 "복토(鄭云伏菟)"라고 하였다. '복토伏菟'는 수레 몸체와 수레 축을 묶어 서로 잇는 끈이다. 『설문』 거부車部에 "'복輹'은 수레 축에 묶는 것(輹, 車軸縛也)"이라고 하였다. '반목反目'은 서로 적대시하는 것이다. '부처반목夫妻反目'은 남편과 아내가 서로 증오하여 얼굴을 돌리고 보지 않는 것이다.

象曰 '夫妻反目', 不能正室也.
'남편과 아내가 반목한다'는 것은 집안을 바르게 할 수 없다는 것이다.

'불능不能'은 무엇을 할 수 없다는 뜻이다. '정正'은 바르게 하다는 동사이다. '실室'은 집안, 가정이다. '불능정실야'는 집안을 바르게 할 수 없다는 말이다. 「상」은 효사 '부처반목夫妻反目'을, 남편과 아내가 반목하는 것은 집안을 바르게 할 수 없는 것이라고 해석하였다. 「상」이 쓰인 시대는 괘효사가 쓰인 시대와 달리 '부부유별夫婦有別'의 윤리가 확립되어 있었다.

정이는 "셋째 양효는 양효이면서 가운데 자리를 얻지 못하고 넷째 음효와 가깝게 있으니, 음양의 정을 서로 구하는 것이다. 또 서로 친밀하나 가운데 자리를 얻지 못하고, 음에 의해 제어를 당하는 것이므로 앞으로 나아가지 못하는 것이 수레의 바퀴살이 떨어져나간 것과 같으니, 갈 수 없음을 말한 것이다. '부처반목'은 음이 양에게 제어를 당하는 것이나 지금 오히려 양을 제어하니, 부부가 반목하는 것과 같다. 반목은 노한 눈으로 서로 보는 것이니, 남편에게 순종하지 않고 오히려 제어하는 것이다(三以陽爻, 居不得中, 而密比於四, 陰陽之情, 相求也. 又暱比而不中, 爲陰畜制者也, 故不能前進, 猶車輿說去輪輻, 言不能行也. 夫妻反目, 陰制於陽也, 今反制陽, 如夫妻之反目也. 反目謂怒目相視, 不順其夫, 而

反制之也)"라고 해석하였다.

六四, 有孚, 血去惕出, 无咎.
넷째 음효는 믿음이 있으면, 다치고 두려워하는 것이 없어지니, 허물이 없다.

'부孚'는 믿음이라는 뜻의 신信이다. '혈血'은 피를 흘리는 것, 즉 다치다(傷)는 뜻이다. '척惕'은 두려워하다(懼)는 뜻이다. 『집해』에 우번은 "근심한다는 뜻의 우憂"라고 하였다. '거去'와 '출出'은 짝으로 사용되었으며, 없어진다는 뜻이다.

象曰 '有孚惕出', 上合志也.
'믿음이 있으면, 두려워하는 것이 없어진다'는 것은 위와 뜻을 합하기 때문이다.

'상上'에 대해, ① 왕필과 공영달은 꼭대기 양효를 가리킨다 하였고, ② 『집해』에 순상, 정이, 래지덕, 왕부지 등은 다섯째 양효를 가리킨다 하였으며, ③ 진고응은 다섯째와 꼭대기 두 양효 다 가리킨다고 하였다. ④ 고형은 '상尙'으로 읽고 "또한 뜻과 합한다는 것이다(尙能符合志愿)"라고 해석하였다. 이러한 해석은 모두 통한다.

필자는 정이의 해석을 따랐다. '상上'은 다섯째 양효를 가리키며, 넷째 음효는 다섯째 양효의 아래에 있으니(효위), 윗사람과 뜻을 합하는 상이다(효상). 「상」은 효사 '유부출척有孚惕出'을, 믿음이 있으면 다치고 두려워하는 것이 없어진다는 것은 다섯째 양효와 뜻을 합하기 때문이라고 해석하였다. 정이는 "넷째 음효는 이미 믿음이 있으니, 다섯째 양효가 이를 신임을 하여, 이와 더불어 뜻을 합하니, 두려워하는 것이 없어져 허물이 없는 것이다(四旣有孚, 則五信任之, 與之合之, 所以得惕出而无咎也)"라고 하였다.

「소상」에 '상합지야上合志也'는 모두 4곳 기록되어 있다.

① 소축小畜 六四 「상」: '有孚惕出', 上合志也.
'믿음이 있으면, 두려워하는 것이 없어진다'는 것은 위와 뜻을 합하기 때문이다.
② 대축大畜 九三 「상」: '利有攸往', 上合志也.
'갈 곳이 있으면 이롭다'는 것은 위와 뜻을 합하기 때문이다.
③ 승升 初六 「상」: '允升大吉', 上合志也.
'나아가 위로 오르니 크게 길하다'는 것은 위와 뜻을 합하기 때문이다.

'尙合志也'가 한 곳 기록되어 있는데, '尙'은 '上'이다.

① 손損 初九「상」: '巳事遄往', 尙合志也.
'제사를 지내는 일은 빨리 가야 한다'는 것은 위와 뜻을 합하기 때문이다.

이상 4곳의 '상上'은 가리키는 것이 각각 다르다.

九五, 有孚攣如, 富以其鄰.
다섯째 양효는 믿음이 있어 (이웃과) 이어지니, 이웃과 더불어 부유해진다.

'부孚'는 믿음이라는 뜻의 신信이다. 『설문』 수부手部에 "'연攣'은 매다, 잇다는 뜻의 계係(攣, 係也)"라고 하였다. 『석문』에 "역力과 전專의 반절(攣, 力專反)"이라 하고, 마융은 '연連'이라고 하였다(馬云連也). '연連'은 잇다, 매다는 뜻의 계係이다. '여如'는 어조사이다. 『집해』에 구가역은 '연여攣如'를 '連接其鄰'이라고 하였다. '유부련여有孚攣如'는 믿음이 있어 이웃과 이어진다는 뜻이다. 『집해』에 우번은 "'이以'는 함께, 더불어 급及", 『광아廣雅』에는 "여與"라고 하였다. '부富'는 부유함이다. 믿음이 있어 이웃과 이어지니, 이웃과 더불어 부유해진다는 말이다.

象曰 '有孚攣如', 不獨富也.
'믿음이 있어 (이웃과) 이어진다'는 것은 홀로 부유한 것이 아니라는 것이다.

「상」은 '부독부不獨富'를 가지고 효사 '부이기린富以其鄰'을 해석하였다. 「상」은 효사 '유부련여有孚攣如'를, 믿음이 있어 이웃과 이어지니, 이웃과 더불어 부유해진다는 것은 이웃과 더불어 부를 누린다는 것이니, 홀로 부유한 것이 아니라고 해석하였다.
「소상」에 '부富'는 ①소축小畜 九五 ②무망无妄 六二 ③승升 上六 등 3곳 기록되어 있는데, 모두 '부유하다'는 뜻으로 새겼다.

上九, 旣雨旣處, 尙德載. 婦貞厲. 月幾望, 君子征凶.
꼭대기 양효는 비는 왔다가 이미 갰으니, 아직 수레에 실을 수 있다.
부인이 바르게 하여도 위태롭다. 보름이 지나서 군자가 정벌한다면 흉하다.

『집해』에 우번은 "'기旣'는 이미 이已"라고 하였다. 『설문』 궤부几部에 "'처處'는 멈춘다는 뜻의 지止"라고 하였다. '기처旣處'는 '기지旣止'와 같다. '덕德'은 '득得'으로 읽는다. 『백서』와 『집해』에는 '득得'으로 되어 있다. '득得'은 조동사이며, 동사 앞에 놓여

'무엇을 할 수 있다'는 가능성을 나타낸다. 『설문』 거부車部에 "'재載'는 싣는다는 뜻의 승乘"이라고 하였다. '덕재德載'는 농작물을 수레에 실을 수 있다는 것이다. '정貞'은 바르다는 뜻의 정正이다. '여厲'는 위태롭다는 뜻의 위危이다. '부정려婦貞厲'는 부인이 비록 바른 정조를 지니고 있다 해도 위태롭다는 말이다.

'기幾'는 근近과 기旣, 두 가지로 읽는다. 『집해』에 우번은 "'기幾'는 가깝다는 뜻의 근近", 『석문』에 "자하전에는 '근近'으로 되어 있다(子夏傳作近)"라고 하였다. 중부中孚 넷째 음효(六四)에도 '月幾望'이라고 하였는데, 『석문』에 "경방은 '근近', 순상은 '기旣'로 썼다(京作近, 荀作旣)"라고 하였다. 이경지와 진고응은 '근近', 고형은 '기旣'로 읽었다. '망望'은 보름이며, 매달 음력 열닷새이다. '근近'으로 읽으면 '근망近望'이며, 보름이 가까워라는 뜻이다. '기旣'로 읽으면 '기망旣望'이며, 보름이 지나서라는 뜻이다. 두 가지 모두 통한다. 보름이 가까우면 달은 밝을 것이고, 보름이 지나면 달은 어두울 것이다. 군자가 보름이 지나 밤이 어두워 정벌에 나간다면 흉하다는 것이다. 필자는 '기幾'는 '기旣'를 가차한 것으로 보고, '기旣'로 읽었다.

象曰 '旣雨旣處', '德'積'載'也. '君子征凶', 有所疑也.
'비는 왔다가 이미 개었다'는 것은 수레에 실을 수 있다는 것이다.
'군자가 정벌한다면 흉하다'는 것은 의심하는 바가 있기 때문이다.

'旣雨旣處', '德' 積 '載' 也.

'덕德'은 득得으로 읽는다. '적재積載'는 수레에 싣는 것이다. 「상」은 효사 '기우기처旣雨旣處'를, 비는 왔다가 이미 갰으니 수레에 실을 수 있다고 해석하였다.

'君子征凶', 有所疑也.

「상」은 효사 '군자정흉君子征凶'을, 군자가 정벌하면 흉한 것은 의심하는 바가 있기 때문이라고 해석하였다. 무엇을 의심하는지 「상」은 말하지 않았다.

「소상」에 '유소의야有所疑也'는 ① 소축小畜 上九 ② 기제旣濟 六四 2곳, '무소의야无所疑也'도 ① 둔遯 上九 ② 승升 九三, 2곳 기록되어 있다.

소축 「상」에서 '길吉', '실失', '실室', '지志', '부富', '재載', '의疑'는 운이다.
유백민: '吉', 五質. 與下'失', 五質. '室', 五質. '志', 七志. '富', 古音方墨反.
'載', 十九代. '疑', 七之. 『易音』: "此傳以平去入通爲一韻."
스즈키: '길吉', '실失', '실室', '지志', '부富', '재載', '의疑'.

10. 이履

☰☱ 象曰 上天下澤, 履. 君子以辯上下, 定民志.
위는 하늘이고 아래는 못인 것이 이의 상이다.
군자는 이 상을 본받아 상하를 분별하여 백성의 뜻을 안정시킨다.

上天下澤, 履.

이는 윗괘가 건乾이고 아랫괘는 태兌이다. 건은 하늘(天)이고 태는 못(澤)이다. 그런즉 '위는 하늘이고 아래는 못인 것'이 이의 상이다. 하늘과 못은 각각 자신의 자리를 밟고 있다. 「상」은 '이履'를 밟다(踐), 행하다(行)는 뜻으로 새겼다.

君子以辯上下

'군자'는 최고 통치자이다. '변辯'은 '변辨'으로 읽는다. '변辯'은 말을 잘하다(善言), '변辨'은 분별하다는 뜻의 별別이다(우번). '상上'은 천天, '하下'는 택澤이다. '상하上下'는 군신, 부자, 부부, 남녀 등의 존비 서열이며, 인간 사회의 위계질서를 가리킨다. '변상하'는 상하를 분별한다는 말이다.

定民志

'정定'은 안정시키다(安), '민民'은 백성이다. '민지民志'는 백성의 뜻이며, 곧 민심이다. '정민지定民志'는 민심을 안정시킨다는 말이다. 하늘은 위에 있고 못은 아래로 있으니, 각각 자신의 자리를 밟고 있다. 군자는 이 상을 보고 이를 본받아 인간 사회의 위계질서를 확립하여 백성의 뜻을 안정시킨다.

정이는 "하늘은 위에, 못은 아래에 있으니, 위아래의 바른 이치이다. 사람이 밟는 것이 마땅히 이와 같아야 하니, 그러므로 그 상을 취하여 이가 되었다. 군자는 이의 상을 보고 상하의 나뉨을 분별하여 백성의 뜻을 안정시킨다(天在上, 澤居下, 上下之正理也. 人之所履當如是, 故取其象而爲履. 君子觀履之象, 以辨別上下之分, 以定其民志)"라고 하였다.

初九, 素履, 往, 无咎.
처음 양효는 본래의 뜻을 행하니, 가면 허물이 없다.

'소素'는 본래, 원래, 평소라는 뜻이다. '소리素履'는 본래의 생각을 행한다는 뜻이다.

象曰 '素履'之'往', 獨行願也.
'본래의 뜻을 행하여' '간다'는 것은 홀로 원하는 바를 행한다는 것이다.

「상」은 '행行'을 가지고 효사의 '왕往'을, '원願'을 가지고 '소리素履'를 해석하였다. 원하는 것은 본래의 뜻을 행하는 것이라는 말이다. '독행원야'는 홀로 원하는 바를 행한다는 말이다. 「상」은 효사 '소리素履, 왕往'을, 본래의 뜻을 행하여 간다는 것은 홀로 본래의 원하는 바를 행하는 것이라고 해석하였다. 그러므로 허물이 없다는 것이다.

『집해』에 순상은 '소리素履'를 포의지사布衣之士라고 하였다. '소素'는 본래 꾸밈이 없다는 뜻인데, 이 뜻이 발전하여 무명 옷(布衣)을 입은 초야의 선비가 되었다. '소리素履'는 가난한 선비가 밟는 길이라는 뜻이다. 순상은 "'소리素履'는 무명옷을 입은 선비를 말한다. 있어야 할 자리를 얻지 못하고, 홀로 예의를 행하여, 그 바름을 잃지 아니하므로 허물이 없는 것이다(素履者, 謂布衣之士, 未得居位, 獨行禮義, 不失其正, 故无咎也)"라고 하였다.

九二, 履道坦坦, 幽人貞吉.
둘째 양효는 밟는 길이 평탄하니, 숨은 사람이 바르게 하여 길하다.

'이履'는 밟는다는 뜻의 천踐이다. '탄탄坦坦'은 『석문』에 "토吐와 단但의 반절(坦, 吐但反)"이라 하고, 『광아』를 인용하여 "평탄하다는 뜻의 평平"이라고 하였다. 『설문』 요부幺部에 "'유幽'는 숨는다는 뜻의 은隱"이라고 하였다. 왕필은 숨는다는 뜻의 은隱으로 읽었는데, 공영달은 '유은지인幽隱之人'이라고 하여 은자로 해석하였다. '유인幽人'은 은둔한 사람이다. 『집해』에 우번은 '옥獄'으로 읽고 갇힌 사람으로 보았다. 「상」은 '유인幽人'을 '부자란不自亂'으로 해석하였으므로 '은둔한 사람'으로 보는 것이 바르다. '정貞'은 바르다는 뜻의 정正이다.

象曰 '幽人貞吉', 中不自亂也.
'숨은 사람이 바르게 하여 길하다'는 것은
가운데 자리에서 스스로 (마음을) 어지럽게 하지 않는다는 것이다.

「상」은 '중中'을 가지고 효사의 '정貞'을, '부자란不自亂'을 가지고 '유인幽人'을 해석하였다. '중中'은 '정正'이고 '정貞'이다. '중中'은 둘째 양효가 아랫괘의 가운데 자리에 있다는 것이며(효위), 바르게 하여 스스로 어지럽게 하지 않는 상이다(효상). 「상」은 효사 '유인정길幽人貞吉'을, 숨은 사람이 바르게 하여 길하다는 것은 둘째 양효가 가운데 자리를 얻어 바르게 하므로 은둔한 사람이 스스로 마음을 어지럽게 하지 않는 것이라고 해석하였다.

六三, 眇能視, 跛能履. 履虎尾, 咥人, 凶. 武人爲于大君.
셋째 음효는 눈 먼 사람이 볼 수 있고, 절름발이가 걸을 수 있다.
호랑이 꼬리를 밟아 사람을 무니 흉하다. 무인이 대군이 되었다.

『석문』에 "'묘眇'는 묘妙와 소小의 반절(眇, 妙小反)"이라 하고, 『자서』에서 인용하여 "눈이 멀다는 뜻의 맹盲(字書云盲也)"이라고 하였다. '능能'은 조동사이며, 무엇을 할 수 있다는 뜻이다. 『석문』에 "'파跛'는 파波와 아我의 반절이다. 절뚝거리는 것이다(跛, 波我反. 足跛也)"라고 하였다. '파跛'는 절름발이이다. '절咥'은 문다는 뜻의 설齧이다. 두 개의 '능能'자는 『집해』에 '이而'로 되어 있다. "눈이 멀면서 보려고 하고, 절름발이이면서 걸으려고 한다"는 뜻이다. 이렇게 해석하여도 통한다.

象曰 '眇能視', 不足以有明也. '跛能履', 不足以與行也.
'咥人'之'凶', 位不當也. '武人爲于大君', 志剛也.
'눈 먼 사람이 볼 수 있다'는 것은 밝기에는(보기에는) 부족하다는 것이다.
'절름발이가 걸을 수 있다'는 것은 걷기에는 부족하다는 것이다.
'사람을 물어' '흉하다'는 것은 자리가 합당하지 않기 때문이다.
'무인이 대군이 되었다'는 것은 기질이 강하다는 것이다.

'眇能視', 不足以有明也.

'부족不足'은 무엇을 하기에는 부족하다는 뜻이다. '이以' 뒤에 '지之'자가 생략되어 있다. '이以'는 용用이며, '지之'는 '묘능시眇能視'를 가리킨다. 「상」은 '명明'을 가지고 효사의 '시視'를 해석하였다. '명明'은 '시視'로 하는 것이 바르다. 운을 맞추기 위해 의도적으로 '명明'자로 바꾸었다. 「상」의 '명明', '행行', '당當', '강剛', '행行', '당當', '경慶'은 운이다. '부족이유명야'는 밝기에는(보기에는) 부족하다는 말이다. 「상」은 효사 '묘능시眇能視'를, 눈 먼 사람이 볼 수 있다는 것은 그 눈이 밝기에는(보기에는) 부족하다고 해석하였다.

'跛能履', 不足以與行也.

'여與'는 앞의 '유명有明'의 '유有'와 같다. 같은 글자를 두 번 반복하여 쓰지 않기 위해 의도적으로 '여與'자를 썼다. 배학해는 『고서허자집석』에서 "'여與'는 '유有'와 같다. '여與'와 '유有'는 한 성음이 변한 것이다. '여與'와 앞의 '유有'는 서로 짝이다(與, 猶'有'也. 與, 有一聲之轉, '與'與上'有'互文)"라고 하였다. 「상」은 '행行'을 가지고 효사의 '이履'를 해석하였다. '부족이여행야'는 걷기에는 부족하다는 말이다. 「상」은 효사 '파능리跛能履'를, 절름발이가 걸을 수 있다는 것은 그 발이 걷기에는 부족하다고 해석하였다.

'咥人'之'凶', 位不當也.

'위부당位不當'은 자리가 합당하지 않다는 말이다. 셋째 음효는 음이면서 양의 자리에 있다는 것이며(효위), 처한 자리가 합당하지 않는 상이다(효상). 「상」은 효사 '절인咥人, 흉凶'을, 밟기에도 부족하고 걷기에도 부족한 사람이 호랑이 꼬리를 밟아 물리니, 자신이 처한 자리가 합당하지 않아 흉하다고 해석하였다.

「소상」에 '위부당야位不當也'는 모두 16곳 기록되어 있다.

①이履 六三 ②비否 六三 ③예豫 六三 ④임臨 六三 ⑤서합噬嗑 六三 ⑥대장大壯 六五 ⑦진晉 九四 ⑧규睽 六三 ⑨쾌夬 九四 ⑩췌萃 九四 ⑪진震 六三 ⑫풍豐 九四 ⑬태兌 六三 ⑭중부中孚 六三 ⑮소과小過 九四 ⑯미제未濟 六三.

16곳 모두 양효가 음의 자리에, 혹은 음효가 양의 자리에 있다.

'武人爲于大君', 志剛也.

'지志'는 무인의 기질이다. '지강志剛'은 기질이 강하다는 말이다. 「상」은 효사 '무인위우대군武人爲于大君'을, 무인이 대군이 되었다는 것은 무인의 기질이 강하다고 해석하였다.

九四, 履虎尾, 愬愬, 終吉.
넷째 양효는 호랑이 꼬리를 밟아 두려워하나, 마침내 길하다.

'색愬'은 두려워하다는 뜻의 구懼이다. 『석문』에 "'색색愬愬'은 자하전에 '놀라 두려워하는 모양'이라 하였고, 마융 본에는 혁혁으로 되어 있는데, 허許와 역逆의 반절이며, '놀라 두려워하는 모양'이라고 하였다. 『설문』은 『광아』와 같이 '두려워하는 것'이라고 하였다(愬愬, 子夏傳云恐懼皃. 馬本作虩虩, 許逆反, 云恐懼也. 說文同廣雅云懼也)"라고 하였다. 『집해』에 우번은 '구懼'를 가지고 '색색'을 설명하였고(四多懼, 故愬愬), 후과는 "놀라 두려워하는 것(愬愬, 恐懼也)"이라고 하였다. '색색愬愬'은 놀라 두려워하는 모양이다. 우번과 왕필은 '다구多懼', 공영달은 '위구危懼'로 해석하였다.

> 象曰 '愬愬終吉', 志行也.
> '두려워하나 마침내 길하다'는 것은 뜻을 행한다는 것이다.

'지행志行'은 '행지行志'로 하는 것이 바르다. 운을 맞추기 위해 의도적으로 글자를 도치하였다. '지행志行'은 뜻을 행한다, 즉 뜻을 행하여 이룬다는 말이다. 「상」은 효사 '색색종길愬愬終吉'을, 호랑이 꼬리를 밟아 두려워하나 마침내 길한 것은 뜻대로 이루어지기 때문이라고 해석하였다.

「소상」에 '지행志行'은 ①이履 九四 ②비否 九四 ③규睽 九四 ④미제未濟 九四, 모두 4곳 기록되어 있다. 4곳 모두 양효가 음의 자리에 있으며, 운을 맞추기 위해 의도적으로 글자를 도치하였다.

九五, 夬履, 貞厲.
다섯째 양효는 결연히 행하니, 바르게 해도 위태롭다.

『집해』에 간보는 "'쾌夬'는 결단한다는 뜻의 결決", 공영달은 "강하게 결단한다는 뜻(剛決)"이라고 하였다. 필자는 '결연決然히'라고 뜻을 새겼다. '쾌리夬履'는 決然而行이다. '정貞'은 바르다는 뜻의 정正이다. '여厲'는 위태롭다는 뜻의 위危이다.

> 象曰 '夬履貞厲', 位正當也.
> '결연히 행하니, 바르게 해도 위태롭다'는 것은 자리가 바르고 합당하기 때문이다.

'위정당位正當'은 다섯째 양효는 윗괘의 가운데 자리에 있고, 또 양이 양의 자리에 있다는 것이며(효위), 결연히 행하는 상이다(효상). 「상」은 효사 '쾌리정려夬履貞厲'를, 결연히 행하니, 바르게 해도 위태롭다는 것은 다섯째 양효의 자리가 바르고 합당하기 때문이라고 해석하였다.

공영달은 "'쾌夬'는 결단하다는 뜻의 결決이다. '여厲'는 위태롭다는 뜻의 위危이다. '쾌리정려'라고 하는 것은 그 자리가 바르고 합당한 것으로 다섯째 양효의 자리에 있으니, 그 이치를 결단하지 않을 수 없고, 바르게 해도 위태로움이 있지 않을 수 없으니, 자리가 여기에 있는 까닭이다(夬者, 決也. 厲, 危也. 所以夬履貞厲者, 以其位正當, 處在九五之位, 不得不決斷其理, 不得不有其貞厲, 以位居此故也)"라고 하였다.

정이는 "다섯째 양효는 양이고 강이며 건체乾體이면서 지존의 자리에 있고, 강한 결단을 맡아 행하는 것이다. 이렇게 하면 비록 바른 자리를 얻었으나 오히려 위태로운 것이다(五以陽剛乾體居至尊之位, 任其剛決而行者也. 如此則雖得正, 猶危厲也)"라고 하였다.

진고응은 "'정려貞厲' 아래에 '무구无咎' 두 글자가 빠졌다('貞厲' 下當脫 '無咎' 二字)" 하고, "과감하게 결단하여 나아가니(果決行進), 바르게 해도 위태로우나 허물이 없는 것은(貞厲無咎) 다섯째 양효의 자리가 바르고 합당하기 때문이다(這是因爲九五居位正當)"라고 해석하였다. 진고응의 해석이 비교적 매끄럽다.

「소상」에 '위정당야位正當也'는 ①이履 九五 ②비否 九五 ③태兌 九五 ④중부中孚 九五, 모두 4곳 기록되어 있다. 4곳 모두 다섯째 양효가 자신의 자리에 있다.

上九, 視履, 考祥, 其旋元吉.
꼭대기 양효는 살펴서 행하고, 고려하는 것이 자세하니,
돌아오는 것이 크게 길하다.

'시視'는 자세히 살피는 것이다. 『집해』에 우번은 "'고考'는 고려하다, 고찰하다는 뜻의 계稽"라고 하였다. '상祥'은 『집해』에 '상詳'으로 되어 있다. 『석문』에 "'상詳'으로도 썼다(考祥, 本亦作詳)"라고 하였다. '상祥'은 '상詳'으로 읽으며, 두 글자는 발음이 같고 모양이 비슷하여 통용되었다. '상祥'은 상서롭다, '상詳'은 자세하다는 뜻이다. 우번은 "'상詳'은 선善"이라고 하였다. '선旋'은 돌아온다는 뜻의 환還이다. '원元'은 크다는 뜻의 대大이다.

象曰 '元吉'在上, 大有慶也.
'크게 길하다'는 것은 위에 있으니, 크게 경사가 있다는 것이다.

「상」은 '대大'를 가지고 효사의 '원元'을, '경慶'을 가지고 '길吉'을 해석하였다. 즉 '대경大慶'을 가지고 효사의 '원길元吉'을 해석하였다. '상上'은 꼭대기 양효를 가리키며, 꼭대기 양효는 한 괘의 윗자리에 있으니(효위), 크게 경사가 있는 상이다(효상). 「상」은 효사 '원길元吉'을, 돌아오는 것이 크게 길하다는 것은 가장 높은 자리에서 크게 경사가 있는 것이라고 해석하였다.

「소상」에 '대유경야大有慶也'는 ①이履 上九 ②이頤 上九, 2곳 기록되어 있다. 2곳 모두 꼭대기 양효에서 말하였다.

이 「상」에서 '원願', '난亂'과 '명明', '행行', '당當', '강剛', '행行', '당當', '경慶'은 운이다.
유백민: '願', 二十五願. 與下'亂', 二十九換. 爲韻.
'明', 彌郎反. 與下'行', 戶郎反. 爲韻.
'當', 十一唐, 四十二宕二韻. 與下'剛', 十一唐. 爲韻.
'行', '當', (見上). 與下'慶', 音光. 爲韻.
スズキ: '원願', '난亂'과 '명明', '행行'과 '당當', '강剛'과 '행行', '당當', '경慶'.

11. 태泰

䷊ 象曰 天地交, 泰. 后以財成天地之道, 輔相天地之宜, 以左右民.
천지가 교합하는 것이 태의 상이다.
임금은 이 상을 본받아 천지의 도를 헤아려 이루고,
천지의 알맞음을 도와서 백성을 이끌어 나간다.

天地交, 泰.

태는 아랫괘가 건乾이고 윗괘는 곤坤이다. 건은 하늘(天)이고 곤은 땅(地)이다. 천기는 아래로 내려오고 지기는 위로 올라가니, 하늘과 땅이 서로 교합한다. 그런즉 '천지가 교합하는 것'이 태의 상이다. 천지가 교합하니 만물은 형통하다. 「상」은 '태泰'를 형통하다(通)는 뜻으로 새겼다.

『집해』에 순상은 "곤기가 위로 올라가 천도를 이루고, 지기가 아래로 내려와 곤도를 이룬다. 천지 두 기가 때에 맞게 교합하지 않으면 막히게 된다. 지금 이미 서로 교합하니 형통하다(坤氣上升, 以成天道. 乾氣下降, 以成地道. 天地二氣, 若時不交, 則爲閉塞. 今旣相交, 乃通泰)"라고 하였다.

后以財成天地之道

『이아』「석고釋詁」에 "'후后'는 임금(后, 君也)"이라 하였고, 『집해』에 우번도 "'후后'는 임금(后, 君也)"이라고 하였다. '후后'는 '군자'와 같은 개념이며, 최고 통치자이다. 「상」

에서 '후后'는 태泰, 복復, 구姤, 3곳 기록되어 있다. '재財'는 '재裁'로 읽는다. 『석문』에 "순상은 재裁로 썼다(荀作裁)"라고 하였다. 주희는 "재財와 재裁는 같다(財, 裁同)"라고 하였다. 두 글자는 발음이 같아 옛날에 통용되었다. '재財'는 재물(貨), '재裁'는 헤아리다(度)는 뜻이다. '재성財成'은 '재성裁成'이며, 헤아려서 이룬다는 뜻이다. '천지지도天地之道'는 천지가 교합하는 도이다. 고형은 "천지의 사계절의 변화와 만물을 낳아 기르는 규율(天地之四時變化及生長萬物之規律)", 진고응은 '자연 규율'이라고 하였다. '후이재성천지지도后以財成天地之道'는 임금은 이 상을 본받아 천지의 도를 헤아려 이룬다는 말이다.

輔相天地之宜

『집해』에 정현은 "'보輔'는 돕는다는 뜻의 상相"이라 하였고, 우번은 "'상相'은 돕는다는 뜻의 찬(相, 贊)"이라고 하였다. '보輔'와 '상相'은 돕는다는 뜻의 조助이다. '의宜'는 알맞다, 마땅하다(適理當然)는 뜻이다. '천지지의天地之宜'는 천지가 교합하는 알맞음, 즉 천지가 만물을 낳고 기르는 알맞음을 말한다. '보상천지지의輔相天地之宜'는 천지의 알맞음을 돕는다는 말이다.

以左右民

'이以' 뒤에 '지之'자가 생략되어 있다. '이以'는 용用이며, '지之'는 財成天地之道, 輔相天地之宜를 가리킨다. 또 '이以'는 '이而'로 읽어도 통한다. '좌우左右'는 좌우하다, 지배하다, 인도하다는 뜻이다. '이좌우민以左右民'은 백성을 이끌어 나간다는 말이다. 『석문』에 육덕명은 '좌左'를 돕는다는 뜻의 좌佐로(左音佐), '우右'를 돕는다는 뜻의 우佑로(右音佑) 읽고, "'좌우左右'는 돕는다는 뜻의 조助(左右, 助也)"라고 하였다. 『집해』에 우번과 정현도 "돕는 것(左右, 助也)"이라고 하였다. 이들은 "백성을 돕는다"라고 해석하였다. 천지가 교합하니, 만물은 형통한다. 임금은 이 상을 보고 이를 본받아 천지가 교합하는 도를 헤아려 이루고, 천지가 만물을 낳고 기르는 알맞음을 도와서 백성을 이끌어 나간다.

初九, 拔茅茹以其彙, 征吉.
처음 양효는 띠 뿌리와 그 동류를 뽑으니, 정벌하면 길하다.

'발拔'은 뽑다(抽), '모茅'는 띠이다. 『집해』에 우번은 "'여茹'는 띠 뿌리(茅根)"라고 하였다. '모여茅茹'는 띠 뿌리이다. '이以'는 더불어 급及, 여與의 뜻이다. '기其'는 모여茅茹

를 가리킨다. 『석문』에 육덕명과 『집해』에 우번은 "'휘彙'는 동류라는 뜻의 유類"라고 하였다.

> 象曰 '拔茅征吉', 志在外也.
> '띠 풀을 뽑으니 정벌하면 길하다'는 것은 뜻이 밖에 있다는 것이다.

'발모정길拔茅征吉'은 효사 전체를 4글자로 줄여 쓴 것이다. '지志'는 정벌하려는 뜻이다. '지재외志在外'는 정벌하려는 뜻이 밖에 있다는 말이다. '외外'에 대해 몇 가지 해석이 있다.

첫째, 『집해』에 우번은 처음 양효는 넷째 음효와 응한다(初應四. 外, 謂四也)고 해석하였다. 뒷사람들은 대개 이 해석을 따랐다.

둘째, 왕필은 아랫괘의 세 양은 뜻이 같으며, 모두 윗괘(外卦)에 뜻이 있다(三陽同志, 俱志在外)라고 하였다.

셋째, 정이는 "시절이 장차 태평하면, 여러 현인들이 모두 위로 올라가고자 한다. 세 양의 뜻이 나아가고자 하니, 같은 것이다(時將泰, 羣賢皆欲上進. 三陽之志欲進, 同也)"라고 하고, "'지재외'는 위로 올라가는 것(志在外, 上進也)"이라고 해석하였다.

넷째, 고형은 "뜻이 다른 나라를 정벌하는 데 있다(志在征伐外國)"라고 해석하였다.

다섯째, 진고응은 "'외外'는 외괘, 즉 윗괘를 가리키며, 처음 양효의 '행함'은 뜻이 위로 나아가는 것에 있음을 말한 것이다('外', 指外卦, 上卦, 謂初九之'征'(行), 志在上進)" 하고 "처음 양효의 뜻은 위로 올라가는 데에 있다(初九立志在於上進)"라고 해석하였다.

이러한 해석은 모두 통한다. 「상」은 효사 '발모정길拔茅征吉'을, 띠 뿌리와 그 동류를 뽑으니 정벌하면 길하다는 것은 정벌하려는 뜻이 밖에 있는 것이라고 해석하였다. 「상」은 효사를 넷째 음효와 응하는 것으로 해석하였다. 필자는 우번의 해석을 따랐다.

「소상」에 '지재외야志在外也'는 모두 3곳 기록되어 있다.

① 태泰 初九 「상」: '拔茅征吉', 志在外也.
'띠 풀을 뽑으니 정벌하면 길하다'는 것은 뜻이 밖에 있다는 것이다.

② 함咸 初六 「상」: '咸其拇', 志在外也.
'엄지발가락을 움직인다'는 것은 뜻이 밖에 있다는 것이다.

③ 환渙 六三 「상」: '渙其躬', 志在外也.
'물이 몸을 세차게 휩쓸고 흘러간다'는 것은 뜻이 밖에 있다는 것이다.

3곳 모두 아랫괘에 쓰였으며, ① 태泰 初九는 六四와 ② 함咸 初六은 九四와 ③ 환渙 六三은 上九와 응하는 것으로 해석하였다. 「소상」에 '지재내야志在內也'는 ① 임臨 上六 ② 건蹇 上六, 2곳 기록되어 있는데, 윗괘에 쓰였으며, ① 임臨 上六은 六三과 응하지 않으나 ② 건蹇 上六은 九三과 응한다.

九二, 包荒, 用馮河, 不遐遺朋亡, 得尙于中行.
둘째 양효는 굶주림을 안고 걸어서 내를 건너는데,
멀리 버려두지 않은 벗이 없어졌으나, 중도에서 상을 얻는다.

『석문』에는 '포包'가 '포苞'로 되어 있는데, "'포包'로도 썼다(本又作包)"라고 하였다. 두 글자 모두 싸다는 뜻이며, 음과 뜻이 같아 통용되었다. '포包'는 안다는 뜻의 포抱로 읽는다. 『집해』에는 '황荒'이 '황巟'으로 되어 있다. 『석문』에 "'황巟'으로도 썼다. 음은 같다(本又作巟, 音同)"라고 하였다. '황荒'은 기황饑荒의 황荒이며, 굶주린다는 뜻의 기饑이다. '포황包荒'은 굶주림을 안는다는 뜻이다. 『집해』에 우번은 "'황荒'은 큰 내(荒, 大川也)"라고 하였다. '용用'은 '이以' 혹은 '이而'와 같다. '빙馮'은 걸어서 건너다(徒涉)는 뜻이다. 『집해』에 우번은 "'빙하'는 내를 건너는 것(馮河, 涉河)", 『이아』 「석훈釋訓」에는 "'빙하'는 걸어서 강을 건너는 것(馮河, 渡涉也)"이라고 하였다. '빙하馮河'는 걸어서 내를 건넌다는 뜻이다. 『집해』에 우번은 "'하遐'는 멀다는 뜻의 원遠"이라고 하였다. '유遺'는 버린다는 뜻의 기棄(공영달), 떨어지다는 뜻의 리離이다. '붕朋'은 벗이다. '망亡'은 없어진다는 뜻의 실失이다. '붕망朋亡'은 벗이 없어졌다는 말이다. '상尙'은 '상賞'으로 읽는다. '행行'은 길이라는 뜻의 도道이다. '중행中行'은 중도中道이다. 필자는 효사를 「상」을 따라 글자 그대로 해석하였다.

象曰 '包荒得尙于中行', 以光大也.
'굶주림을 안고 중도에서 상을 얻는다'는 것은 (둘째 양효의 덕이) 넓고 크기 때문이다.

'이以'는 인因으로 읽는다. '광光'은 넓다는 뜻의 광廣으로 읽는다. '이광대야以光大也'는 넓고 크기 때문이라는 말이다. 「상」은 효사를, 굶주림을 안고 걸어서 강을 건너는데, 멀리 버려두지 않은 벗이 없어졌으나, 중도에서 상을 얻는 것은 둘째 양효의 덕이 넓고 크기 때문이라고 해석하였다. 둘째 양효는 아랫괘의 가운데 자리에 있으며(효위), 그 덕이 넓고 큰 상이다(효상). 「상」은 효사를 어떻게 해석하였는지 필자는 이해할 수 없다.

九三, 无平不陂, 无往不復. 艱貞无咎, 勿恤其孚, 于食有福.

셋째 양효는 평평한 것은 기울지 않음이 없고, 간 것은 돌아오지 않음이 없다. 어려움에 처하여 바르게 하면 허물이 없으니, 믿음을 근심하지 말라. 먹음에 복이 있다.

『석문』에 육덕명과 『집해』에 우번은 "'피陂'는 기울다는 뜻의 경傾"이라고 하였다. '복復'은 돌아오다(返), '간艱'은 어렵다(難)는 뜻이다. '정貞'은 바르다는 뜻의 정正이다. '간정무구艱貞无咎'는 어려움에 처하여 바름을 지키면 허물이 없다는 말이다(주희). 『집해』에 우번은 "'휼恤'은 근심이라는 뜻의 우憂, '부孚'는 믿음이라는 뜻의 신信"이라고 하였다.

象曰 '无往不復', 天地際也.

'간 것은 돌아오지 않음이 없다'는 것은 천지가 교합하기 때문이다.

『석문』에는 '무왕불복无往不復'이 '무평불피无平不陂'로 되어 있는데, "어떤 책에는 '무왕불복'으로 되어 있다(一本作无往不復)"라고 하였다. '제際'에 대해 몇 가지 해석이 있다.

첫째, 『집해』에 송충은 '제際'를 응應의 뜻으로 읽고, "건의 끝에 자리하여 곤의 끝과 응하고 있다(位在乾極, 應在坤極)"라고 하였다. 셋째 양효는 꼭대기 음효와 응하고 있다는 말이다. 주준성과 상병화 등이 이를 따랐다.

둘째, 공영달은 '제際'를 교접하다는 뜻으로 새기고, "셋째 양효는 하늘과 땅이 교접하는 곳에 처해 있다(三處天地交際之處)"라고 하였는데, 주백곤, 굴만리, 유백민, 진고응 등이 이를 따랐다. 정이 역시 "천지가 교접하는 것을 말한다(言天地之交際也)"라고 하였다.

셋째, 래지덕은 "셋째 양효와 넷째 음효의 교접(九三六四之際)"이라고 하였는데, 왕부지가 이를 따랐다.

넷째, 고형은 "'제際'는 당연히 '채蔡'로 읽어야 한다(際當讀爲蔡). 두 글자는 같은 성음 계열이며 옛날에는 통용되었다(二字同聲系, 故通用). 『소이아』「광고」에 '채는 법'이라 하였고(小爾雅廣詁: '蔡, 法也'), 『서경』「우공」에 '이백리채'라고 한 것을(書禹貢: '二百里蔡'), 위공전에 '채는 법'이라고 하였는데(僞孔傳: '蔡, 法也'), 이것이 '채蔡'에 법의 뜻이 있다는 증거이다(此蔡有法義之證)"라고 하였다. 즉 '간 것은 돌아오지 않음이 없다'는 것은 천지의 법칙이요, 자연의 규율이라고 해석한 것이다.

다섯째, 필자는 '제際'는 모이다(會), 어울리다, 합하다(合), 만나다(逢)는 뜻으로 읽었다. '천天'은 아랫괘 건을, '지地'는 윗괘 곤을 가리키며, 셋째 양효는 천지가 교합하는 곳이다. 「상」은 효사 '무왕불복无往不復'을, 평평한 것은 기울지 않음이 없고 간 것은 돌아오지 않음이 없는 것은 천지가 교합하기 때문이라고 해석하였다.

「소상」에 '천지제天地際'는 여기 한 곳뿐인데, 이와 유사한 '강유제剛柔際'가 2곳 기록되어 있다.

① 감坎 六四 「상」: '樽酒簋貳', 剛柔際也.
'술병의 술과 밥그릇 두 개'라는 것은 강과 유가 교접하고 있다는 것이다.

② 해解 初九 「상」: 剛柔之際, 義'无咎'也.
강유가 교접하니, 마땅히 '허물이 없다'는 것이다.

①감坎 六四 「상」은 강(九五)과 유(六四)가 교접한다는 것이고, ②해解 初九 「상」은 처음 음효와 넷째 양효가 서로 응한다, 혹은 처음 음효와 둘째 양효가 교접하는 것을 가리킨다.

六四, 翩翩, 不富以其鄰, 不戒以孚.
넷째 음효는 우쭐거리다가 이웃과 가난하게 되었으니,
경계하지 아니하고 믿었기 때문이다.

『석문』에는 '翩翩'이 '篇篇'으로 되어 있는데, "자하전에는 '翩翩'으로 되어 있다. 향수 본도 같으며, '경거망동한 모양'이라고 하였다. 고문에는 '偏偏'으로 되어 있다(篇篇, 子夏傳作翩翩, 向本同, 云輕擧皃. 古文作偏偏)"라고 하였다. '편편翩翩'은 새가 빨리 나는 모양이며, 사람에 비유하면 스스로 만족하여 우쭐거리는 모양이다. '부富'는 부유하다는 뜻이며, '불부不富'는 가난하게 되었다 뜻이다. '이以'는 더불어 급及, 여與와 같다. '인鄰'은 이웃이다. '계戒'는 경계하다는 뜻의 경警이다. '이以'는 이而와 같다(굴만리). '부孚'는 믿음이라는 뜻의 신信이다.

象曰 '翩翩不富', 皆失實也. '不戒以孚', 中心願也.
'우쭐거리다가 가난하게 되었다'는 것은 모두 재물을 잃었다는 것이다.
'경계하지 아니하고 믿었다'는 것은 마음속으로 (믿기를) 원했기 때문이다.

'翩翩不富', 皆失實也.

'편편불부翩翩不富'는 '편편翩翩, 불부이기린不富以其鄰'을 4글자로 줄인 것이다. '개皆'는 우쭐거리는 본인과 이웃 모두를 가리킨다. 『설문』 면부宀部에 "'실實'은 재물이 넉넉한 것이다. 면宀과 관貫으로 되어 있다. 관貫은 재물이다(實, 富也. 从宀貫, 貫爲貨物)"라고 하였다. 단옥재는 "파생된 뜻의 초목의 과실이다(引伸之爲艸木之實)"라고 하고, "재물이 집안에 넉넉하게 있는 것이 실이다(以貨物充於屋下是爲實)"라고 하였다. '실실失實'은 재물을 잃는다는 말이며, '개실실皆失實'은 모두 재물을 잃었다는 말이다. 「상」은 효사 '편편불부翩翩不富'를, 우쭐거리다가 이웃과 가난하게 되었다는 것은 그 사람과 이웃이 모두 재물을 잃은 것이라고 해석하였다.

『집해』에 송충은 '실實'을 양으로 해석하고 "곤이 윗괘에 있으므로 양을 잃었다고 말한 것이다(陰虛陽實, 坤今居上, 故言失實也)"라고 하였다.

'不戒以孚', 中心願也.

'중심中心'은 심중心中이다. '중심원中心願'은 심중원心中願이며, 마음속으로 원했다는 말이다. '원願'은 부孚(믿음)에 대한 원이다. 「상」은 효사 '불계이부不戒以孚'를, 경계하지 아니하고 믿었다는 것은 마음속으로 믿기를 원했기 때문이라고 해석하였다.

「소상」에 '중심원야中心願也'는 ① 태泰 六四 ② 중부中孚 九二 2곳 기록되어 있는데, 모두 '심중心中'으로 읽어야 한다.

六五, 帝乙歸妹, 以祉, 元吉.
다섯째 음효는 제을이 딸을 시집보내는데, 복이 있으니, 크게 길하다.

'제을帝乙'은 은의 마지막 왕 주紂의 아버지이다. 『집해』에 우번은 "'귀歸'는 시집가다는 뜻의 가嫁"라고 하였다. '매妹'는 누이동생 혹은 여자아이 두 가지 뜻이 있는데, 여기에서는 여자아이를 가리키며, 소녀의 통칭이다(왕필). 『설문』 시부示部에 "지祉는 복福"이라 하였고, 『집해』에 우번은 "'지祉'는 복福"이라고 하였다. '이지以祉'는 '유복有福'과 같다. '원元'은 크다는 뜻의 대大이다. '원길元吉'은 대길大吉이다.

象曰 '以祉元吉', 中以行願也.
'복이 있으니 크게 길하다'는 것은 가운데 자리에서 원하는 바를 행한다는 것이다.

'중이행원中以行願'은 이중행원以中行願이다. '중中'은 다섯째 음효가 윗괘의 가운데 자리에 있다는 것이며(효위), 원하는 바를 행하는 상이다(효상). '원願'은 제을이 임금의 자리에서 딸을 시집보내는 것이다. '중이행원야'는 가운데 자리에서 원하는 바를 행한다는 말이다. 「상」은 효사 '이지원길以祉元吉'을, 제을이 딸을 시집보내는데 복이 있어 크게 길하다는 것은 가운데 자리에서 원하는 바를 행하는 것이라고 해석하였다.

上六, 城復于隍, 勿用師, 自邑告命, 貞吝.
꼭대기 음효는 성이 구덩이로 무너졌으나,
군사를 일으키니 말라고 고을에서 명을 알린다. 바르게 해도 어렵다.

'복復'은 '복覆'으로 읽으며(고형), 엎어지다, 넘어지다는 뜻의 도倒이다. 『석문』에 "'황隍'은 성의 구덩이(隍, 城塹也)"라고 하였다. 『설문』 부부阜部에 "'황'은 성의 못이다. 물이 있는 것을 '지'라 하고, 물이 없는 것을 '황'이라 한다(隍, 城池也. 有水曰稱池, 無水曰隍)"라고 하였다. 『집해』에 우번은 "'황隍'은 성 아래의 구덩이다. 물이 없으면 '황隍'이라 하고, 물이 있으면 '지池'라 한다(隍, 城下溝. 無水稱隍, 有水稱池)"라고 하였다. '용사用師'는 '행사行師'이며, 군사를 일으키는 것이다. '자自'는 유由와 같다. '읍邑'은 천자가 있는 도성이다. '명命'은 명령이다. 쾌 「단」에는 '告自邑'이라고 하였다. '정貞'은 바르다는 뜻의 정正이다. '인吝'은 어렵다는 뜻의 난難이다.

象曰 '城復于隍', 其命亂也.
'성이 구덩이로 무너졌다'는 것은 그 명이 어지럽다는 것이다.

'기명其命'은 고을에서 알리는 명이다. '기명란其命亂'은 고을에서 알리는 명이 어지럽다는 말이다. 「상」은 효사 '성복우황城復于隍'을, 성이 구덩이로 무너졌으나 군사를 일으키지 말라고 고을에서 명을 알리니, 그 명이 어지러워 바르게 해도 어렵다고 해석하였다.

「소상」에 '명命'은 모두 4곳 기록되어 있다.

① 태泰 上六 「상」: '城復于隍', 其命亂也.
'성이 구덩이로 무너졌다'는 것은 그 명이 어지럽다는 것이다.
② 임臨 九二 「상」: '咸臨吉无不利', 未順命也.
'위엄으로 백성에 임하니, 길하여 이롭지 않음이 없다'는 것은
(백성이) 명령에 순종하지 않기 때문이다.

③ 진晉 初六「상」: '裕无咎', 未受命也.
'관대하여 허물이 없다'는 것은 명령을 받지 않았다는 것이다.
④ 구姤 九五「상」: '有隕自天', 志不舍命也.
'하늘에서 내려온 것이다'는 것은 (다섯째 양효의) 뜻이 천명을 어기지 않는다는 것이다.

앞의 3괘는 '명령'의 뜻이고, 마지막 구괘姤卦는 '천명'의 뜻이다.

태「상」에서 '외外', '대大', '제際'와 '실實', '원願', '원願', '난亂'은 운이다.
유백민: '外', 十四泰. 與下'大', 十四泰. 爲韻.
'際', 十三際. 與下'實', 五質. 爲韻.
'願', 見上. 與下'亂', 二十九換. 爲韻. 『역음』: "此傳以去入通爲一韻."
스즈키: '외外', '대大', '제際'와 '실實', '원願', '원願', '난亂'.

12. 비否

䷋ 象曰 天地不交, 否. 君子以儉德辟難, 不可榮以祿.
천지가 교합하지 못하는 것이 비의 상이다.
군자는 이 상을 본받아 덕을 검소히 하여 어려움을 피하고,
영예와 녹위를 탐하지 아니한다.

天地不交, 否.

비는 윗괘가 건乾이고 아랫괘는 곤坤이다. 건은 하늘(天)이고 곤은 땅(地)이다. 천기는 아래로 내려오지 못하고 지기는 위로 올라가지 않으니, 하늘과 땅이 서로 교합하지 못한다. 그런즉 '천지가 교합하지 못하는 것'이 비의 상이다. 천지가 교합하지 못하니 만물은 통하지 아니한다. 「상」은 '비否'를 막혀서 통하지 않는다(閉塞不通)는 뜻으로 새겼다.

『집해』에 송충은 "천기는 위로 올라가 내려오지 아니하고, 지기는 아래로 가라앉아 위로 오르지 아니하여, 두 기가 특별히 떨어지므로 '비'라고 말하였다(天氣上升, 而不下降. 地氣沈下, 又不上升. 二氣特隔, 故云否也)"라고 하였다.

君子以儉德辟難

'군자'는 최고 통치자이다. '검儉'은 검소하다는 뜻이다. '검덕儉德'은 덕을 검소히 하는 것이다. 『석문』에 "'辟'의 성음은 피避(辟, 音避)"라고 하였다. '피辟'는 피한다는 뜻의 피避이다. '난難'은 '천지불교天地不交'의 난, 소인들이 일으킨 어려움이다. '검덕피난儉德辟難'은 덕을 검소히 하여 어려움을 피한다는 말이다.

不可榮以祿

'불가不可'는 무엇을 해서는 안 된다는 뜻이다. '不可' 뒤에 '구어求於' 혹은 '탐어貪於'가 있어야 문장이 순조롭다. '영榮'은 영예, '이以'는 급及, 여與와 같으며, '녹祿'은 녹위이다. 『집해』에 우번은 '榮'을 '營'으로 쓰고(故不可營以祿), "'영營'은 어떤 책에는 '영榮'으로, '검儉'은 어떤 책에는 '험險'으로 썼다(營, 或作榮. 儉, 或作險)"라고 하였다. '불가영이록不可榮以祿'은 영예와 녹위를 탐해서는 안 된다는 말이다. 천지가 교합하지 못하니, 만물은 막힌다. 군자는 이 상을 보고 이를 본받아 천지가 막혀 통하지 않을 때, 덕을 검소히 하여 소인들이 일으키는 어려움을 피하고, 영예와 녹위를 탐하여 입신출세를 도모하지 아니한다.

이 구절에 대해 몇 가지 해석이 있다.

① 공영달은 "군자는 이 막혀 통하지 않는 때에 절약하고 검소한 것을 덕으로 여겨 어려움을 피하고, 그 몸을 영화롭게 하여 녹위에 안주해서는 안 된다(君子於此否塞之時, 以節儉爲德, 辟其危難, 不可榮華其身, 以居俸位)"라고 해석하였다.

② 정이는 "막혀 통하지 않는 때에 군자의 도는 사라지니, 당연히 막혀 통하지 않는 상을 보고, 그 덕을 검소하게 하여 어려움을 피하고, 영예롭게 녹위에 안주해서는 안 된다(否塞之時, 君子道消, 當觀否塞之象, 而以儉損其德, 避免禍難, 不可榮居祿位也)"라고 해석하였다.

③ 주희는 "그 덕을 감추고 밖으로 드러내지 아니하여, 소인이 일으킨 어려움을 피한다. 사람은 녹위를 영예롭게 여겨서는 안 된다(收斂其德, 不形於外, 以避小人之難. 人不得以祿位榮之)"라고 하였다. 그는 '검儉'을 '염斂'으로 읽었다. '검儉'은 검소하다, '염斂'은 감춘다(藏)는 뜻이다. "군자는 이 상을 본받아 덕을 감추어 어려움을 피하고, 녹위를 영예롭게 여기지 아니한다"라고 해석한 것이다.

④ 고형은 "왕인지는 '영榮'은 '영營'으로 읽는다. 혹惑의 뜻이다(榮讀爲營, 惑也)'라고 하였는데, 유혹을 말한다(謂誘惑也). 군자는 이 괘상과 괘명을 보고(君子觀此卦象及卦名), 나라가 바야흐로 막혀 벼슬자리에 나아가는 것이 불가할 때(當國家方否不可進仕之時), 검소한 덕을 숭상하여(從而崇尙儉德) 가난에 안주하고(以安貧賤) 재

난을 피하며(以避禍難), 녹봉의 유혹을 받아(不爲利祿所誘惑) 부귀를 도모하지 아니한다(而苟圖富貴)"라고 해석하였다.

⑤ 진고응은 "군자는 당연히 감추고 거두어 어려움을 피하고(君子應該含藏收斂以避危難), 입신출세하여 녹위를 탐해서는 안 된다(不可榮顯而貪於祿位)"라고 해석하였다.

初六, 拔茅茹以其彙, 貞吉, 亨.
처음 음효는 띠 뿌리와 그 동류를 뽑으니, 바르게 하여 길하고 형통하다.

'발拔'은 뽑다(抽), '모茅'는 띠, 『집해』에 우번은 "'여茹'는 띠 뿌리(茅根)"라고 하였다. '모여茅茹'는 띠 뿌리이다. '이以'는 더불어 급及, 여與이다. '기其'는 모여茅茹를 가리킨다. 『집해』에 순상은 "'휘彙'는 동류라는 뜻의 유類(彙者, 類也)"라고 하였다. '정貞'은 바르다는 뜻의 정正이다. '형亨'은 형통하다는 뜻의 통通이다.

象曰 '拔茅貞吉', 志在君也.
'띠 풀을 뽑으니 바르게 하여 길하다'는 것은 뜻이 임금에게 있다는 것이다.

「상」은 '발모拔茅'를 소인을 제거하는 것으로 해석하였다. '지志'는 발모拔茅하는 뜻, 즉 소인을 제거하는 뜻이다. 「상」은 효사 '발모정길拔茅貞吉'을, 소인을 제거하는 것이 곧 바르게 하는 것이고 길한 것이며, 그 뜻은 임금을 향하고 있기 때문이라고 해석하였다. 또 처음 음효의 효위와 효상에 근거하여, '군君'을 넷째 양효로 보고, 처음 음효의 뜻이 넷째 양효의 군과 응하는 데 있다고 해석하여도 통한다.

六二, 包承, 小人吉, 大人否亨.
둘째 음효는 경계하는 마음을 품으니, 소인은 길하고 대인은 형통하지 아니한다.

'포包'는 마음에 품는다는 뜻의 포抱이다. 고형은 "「상전」은 당연히 '포包'를 '포抱'로 읽었고(象傳當讀包爲抱), '승承'을 '징懲'으로 읽었다(讀承爲懲). 두 글자는 옛날에 통용되었다(承, 懲古通用). '승承'은 '징懲'을 가차한 것이며, '징懲'은 경계한다는 뜻이다(承借爲懲, 戒也)"라고 하였다. 「상」은 '대인부형大人否亨'을 한 구절로 읽었다. 『집해』에 우번은 "'부否'는 불不"이라고 하였다. 『백서』에는 '大人不亨'으로 되어 있다. '부형否亨'은 형통하지 아니한다는 말이다.

象曰 '大人否亨', 不亂羣也.

'대인은 형통하지 아니한다'는 것은 (소인의) 무리들과 어지럽게 행동하지 않기 때문이다.

'부否'는 한漢 희평熹平 석경石經에 '불不'로 되어 있다(굴만리). '군群'은 소인의 무리이다. '불란군不亂羣'은 대인이 소인의 무리와 더불어 휩쓸려 어지럽게 행동하지 않는다는 말이다. 「상」은 효사 '대인부형大人否亨'을, 천지가 막히는 때에 대인이 경계하는 마음을 품고 소인의 무리들과 더불어 휩쓸려 어지럽게 행동하지 않으므로 대인은 형통하지 아니한다고 해석하였다. 즉 천지가 막히는 때에 대인은 경계하는 마음을 품지 않고, 소인배들과 더불어 어지럽게 행동한다면 형통할 것인데, 그렇지 않기 때문에 형통하지 아니한다는 것이다.

『집해』에 우번은 '군羣'을 아랫괘 곤의 세 음효로 보고, "사물이 세 개이면 무리라고 칭하니, 곤의 세 음효가 난을 일으켜 임금을 시해하는 것을 말한다. 대인은 이에 따르지 않으니, 그러므로 소인의 무리들과 난을 일으키지 않는다(物三稱羣, 謂坤三陰亂弑君. 大人不從, 故不亂羣也)"라고 하였다.

六三, 包羞.

셋째 음효는 수치스러운 마음을 품는다.

'포包'는 마음에 품는다는 뜻의 포抱이다. 순상, 왕필, 공영달은 '수羞'를 수치羞恥의 수羞로 읽었다. '포수包羞'는 마음에 수치스러움을 품는다는 말이다.

象曰 '包羞', 位不當也.

'수치스러운 마음을 품는다'는 것은 자리가 합당하지 않기 때문이다.

'위부당位不當'은 셋째 음효가 음이면서 양의 자리에 있다는 것이며(효위), 수치스런 마음을 품고 있는 상이다(효상). 「상」은 효사 '포수包羞'를, 수치스런 마음을 품는다는 것은 셋째 음효의 자리가 합당하지 않기 때문이라고 해석하였다.

「소상」에 '위부당야位不當也'는 모두 16곳 기록되어 있다. 10번 이履 六三 「상」을 참고하라.

九四, 有命, 无咎, 疇離祉.

넷째 양효는 천명이 있으니, 허물이 없으며, 복을 받는다.

'명命'은 천명天命이다. '주疇'는 어조사이다. 『예기』「단궁檀弓」 상上에 '予疇昔之夢(나는 어제 밤 꿈에)'라고 하였는데, '주'가 어조사로 쓰인 예이다. 『집해』에 구가역은 "'리離'는 붙는다는 뜻의 부附이고, '지祉'는 복福"이라고 하였다. 공영달은 "'리離'는 여麗이며, 여麗는 붙는 것을 말한다(離, 麗也. 麗謂附著也)"라고 하였다. '지祉'는 복福이다. '주리지疇離祉'는 복에 붙는다, 즉 복을 받는다는 뜻이다. 『집해』에 구가역은 "'주疇'는 동류라는 뜻(疇, 類也)"이라 하고, "아래 세 음효가 넷째 양효에 붙으므로 복이 있다고 말한 것(陰皆附之, 故曰有福)"이라고 해석하였다.

象曰 '有命无咎', 志行也.
'천명이 있으니 허물이 없다'는 것은 뜻을 행한다는 것이다.

'지행志行'은 '행지行志'로 하는 것이 바르다. 운을 맞추기 위해 의도적으로 글자를 도치하였다. 「상」의 '당當', '행行', '당當', '장長'은 운이다. '행지行志'는 바라는 것을 실행한다는 것이다. 「상」은 효사 '유명무구有命无咎'를, 천명이 있으니 허물이 없다는 것은 천명을 받들어 뜻을 행하니, 허물이 없으며 복을 받는다고 해석하였다. 『집해』에 순상은 "아래 세 음효에 뜻을 행하는 것(謂志行於羣陰也)"이라고 하였다.

「소상」에 '지행志行'은 ①이履 九四 ②비否 九四 ③규睽 九四 ④미제未濟 九四, 모두 4곳 기록되어 있다. 4곳 모두 양효가 음의 자리에 있으며, 운을 맞추기 위해 의도적으로 글자를 도치하였다.

九五, 休否, 大人吉. 其亡其亡, 繫于苞桑.
다섯째 양효는 막히는 것을 멈추니, 대인은 길하다.
망한다 망한다 하면서, 무성한 뽕나무에 매어두었다.

『석문』에 "'휴休'는 허許와 구求의 반절이며, 멈춘다는 뜻이다(休, 許求反, 息也)"라고 하였다. '휴休'는 '식息'과 같으며 멈춘다는 뜻의 지止이다. '대인大人'은 도덕 수양이 훌륭한 사람이다. '기망기망其亡其亡'은 생사존망의 위기를 두려워하는 것이다. '계繫'는 매다(維), 묶다(結)는 뜻이다. '포苞'는 무성하다(茂)는 뜻이다. 『집해』에는 '苞'가 '包'로 되어 있다. 두 글자는 싸다는 뜻도 있고, 무성하다는 뜻도 있으니, 음도 뜻도 같아 통용되었다. '상桑'은 뽕나무이다. '계우포상繫于苞桑'은 무성한 뽕나무에 매어두었다는 뜻이며, 안정되고 견고한 것에 비유한 말이다.

象曰 '大人' 之 '吉', 位正當也.
'대인'이 '길'한 것은 자리가 바르고 합당하기 때문이다.

'위정당位正當'은 다섯째 양효가 윗괘의 가운데 자리에 있고, 또 양이 양의 자리에 있다는 것이며(효위), 대인이 중정의 도를 지니고 정당한 자리에 처해 있는 상이다(효상). 「상」은 효사 '대인길大人吉'을, 대인이 길한 것은 다섯째 양효의 자리가 바르고 합당하기 때문이라고 해석하였다.

「계사」 하·5장에 "위태로운 것은 그 자리를 안전하게 하는 것이요, 망하는 것은 그 생존을 보존하게 하는 것이요, 어지러운 것은 다스림을 있게 하는 것이다. 그러므로 군자는 편안해도 위태로움을 잊지 아니하고, 생존해도 망하는 것을 잊지 아니하며, 다스려져도 어지러워지는 것을 잊지 아니하니, 이로써 몸은 편안하고 국가는 보존할 수 있는 것이다. 『역』에 이르기를 '망한다 망한다 하면서, 무성한 뽕나무에 매어 두었다'고 하였다(子曰 危者, 安其位者也. 亡者, 保其存者也. 亂者, 有其治者也. 是故君子安而不忘危, 存而不忘亡, 治而不忘亂, 是以身安而國家可保也. 易曰 '其亡其亡, 系于苞桑')"라고 하였다. 「상」은 상수로, 「계사」는 의리로 해석하였다.

上九, 傾否, 先否後喜.
꼭대기 양효는 막힘이 기울어지니, 먼저 막히나 뒤에는 기쁘다.

『집해』에 후과는 "'경傾'은 기울다, 뒤집는다는 뜻의 복覆이다. 막힘이 다하면 기운다. '경傾'은 '비否'와 같다(傾爲覆也. 否窮則傾矣. 傾猶否)"라고 하였다.

象曰 '否'終則'傾', 何可長也.
'막힘'이 끝나면 '기울어'지니, 어찌 오래 갈 수 있겠는가?

'하가장何可長'은 꼭대기 양효의 효위와 효상을 가지고 말한 것이다. 꼭대기 양효는 비의 꼭대기에 있으며(효위), 막히는 것이 끝(終)에 이르러 오래 가지 못하는 상이다(효상). 「상」은 효사 '경비傾否'를, 막힘이 끝에 이르러 기울어지니 오래가지 못한다고 해석하였다. 즉 막힘이 끝에 이르렀으니 막힘은 오래 가지 못한다는 것이다.

정이는 "막힘이 끝에 이르면 반드시 기울어지니, 어찌 오랫동안 막히는 이치가 있겠는가? 극에 이르면 반드시 되돌아오니, 이치가 항상 그러함이다. 그러나 위태로움이 도리어 편안함이 되고, 어지러움이 바뀌어 다스림이 되는 것은 반드시 양의 강건한 재질을 갖춘 후에 할 수 있는 것이다(否終則必傾, 豈有長否之理? 極而必反, 理之常也. 然反危爲安, 易亂爲治, 必有剛陽之才而後能也)"라고 하였다.

「소상」에 '하가장야何可長也'는 모두 4곳 기록되어 있다.

①준屯 上六 ②비否 上九 ③예豫 上六 ④중부中孚 上九

4곳 모두 꼭대기 효(上爻)에 쓰였다.

비「상」에서 '군君', '군羣'과 '당當', '행行', '당當', '장長'은 운이다.
유백민: '君', 十二文. 與下'羣', 十二文. 爲韻.
　　　　'當', '行', 見上. 與下'長', 十陽, 三十六養二韻. 爲韻.
스즈키: '군君', '군羣'과 '당當', '행行', '당當', '장長'.

13. 동인同人

䷌ 象曰 天與火, 同人. 君子以類族辨物.
하늘과 불이 함께 하는 것이 동인의 상이다.
군자는 이 상을 본받아 종류를 분류하여 사물을 분별한다.

天與火, 同人.

동인은 윗괘가 건乾이고 아랫괘는 리離이다. 건은 하늘(天)이고 리는 불(火)이다. 그런즉 '하늘과 불이 함께 하는 것'이 동인의 상이다. 「상」은 '여與'를 가지고 괘명 '동同'을 해석하였다. '여與'는 동사이며, 같이 하다, 함께 한다는 뜻의 동同과 같다. 「상」은 '동인同人'을 사람들과 함께 하는 것(與人同)으로 해석하였다.

공영달은 "하늘은 위에 있고, 불은 또 위로 타오르니, 그 성질이 같음을 취한 것이다(天體在上, 火又炎上, 取其性同)"라고 하였는데, 그 성질을 가지고 말한 것이다. 진고응도 이와 같이 해석하였다.

君子以類族辨物

'군자'는 최고 통치자이다. '유類'는 분류하다는 뜻의 분分이다. 「계사」 하·2장에 "만물의 정황을 분류하였다(以類萬物之情)"의 '유類'와 같다. '족族'은 종족種族, 종류種類의 뜻이다. '유족類族'은 종류를 분류하는 것이다. '변辨'은 왕필 본에는 '辨', 『집해』와 『석문』에는 '辯'으로 되어 있다. 두 글자는 옛날에 통용되었다. 『집해』에 우번은 "'변辯'은 분별한다는 뜻의 별別"이라고 하였다. '변辨'은 분변分辨, 즉 분별한다는 뜻이다. '물物'은 사물이다. '변물辨物'은 사물을 분별하는 것이다. '유족변물'은 종류를 분류하여 사물을 분별한다는 말이며, 「계사」 상·1장의 '方以類聚, 物以群分', 「문언」의 '同聲相應, 同氣相求'와 같은 말이다. 하늘과 불이 함께 하니, 천하가 밝다. 군자는 이 괘상을 보고 이를 본받아 하늘과 불처럼 밝게 살펴 종류를 분류하여 사물을 분별한다.

初九, 同人于門, 无咎.
처음 양효는 사람들과 문 밖에서 함께 하니, 허물이 없다.

'동인同人'은 사람들과 함께 하는 것이다. 「상」은 '문門'을 '출문出門이라고 하였으니, 문 밖, 즉 왕문王門 밖을 가리킨다. '동인우문同人于門'은 적이 침입하여 왕이 백성들과 왕문 밖에서 함께 한다는 말이다.

象曰 '出門同人', 又誰'咎'也.
'문 밖을 나서 사람들과 함께 하니', 또 누구의 '허물'이겠는가?

「상」은 '우수구야又誰咎也'를 가지고 효사의 '무구无咎'를 해석하였다. 「상」은 효사 '동인우문同人于門'을 '출문동인出門同人'이라 하고, 문 밖을 나서 문 밖에서 사람들과 함께 하여 적이 침입한 사실을 알리는 것은 그 누구의 탓도 아니라고 해석하였다.

「소상」에 '우수구야又誰咎也'는 ①동인同人 初九 ②해解 六三 ③절節 九二 등 모두 3곳 기록되어 있는데, 해解 六三을 제외한 나머지 두 괘의 효사에는 '무구无咎'가 있다.

六二, 同人于宗, 吝.
둘째 음효는 사람들과 종묘에서 함께 하니, 어렵다.

'종宗'은 종묘이다. 『설문』 면부宀部에 "'종宗'은 조상을 모신 사당(宗, 尊祖廟)"이라고 하였다. '인吝'은 어렵다는 뜻의 난難이다.

象曰 '同人于宗', '吝'道也.
'사람들과 종묘에서 함께 한다'는 것은 '어려움'의 도이다.

'도道'는 뜻 없이 들어간 글자이다. 이 구절은 '同人于宗, 吝也.'가 바르다. "'사람들과 종묘에서 함께 한다'는 것은 '어렵다'는 것이다"라는 말이다. 운을 맞추기 위해 의도적으로 '도道'자를 넣었다. '구咎'와 '도道'는 운이다. 「상」은 효사 '동인우종同人于宗'을, 사람들과 종묘에서 함께 하는 것은 왕이 백성들과 종묘에서 함께 제사를 올리며 출정을 고하나, 적과의 싸움이 어렵다고 해석하였다.

九三, 伏戎于莽, 升其高陵, 三歲不興.
셋째 양효는 군사를 풀숲에 숨겨두고, 높은 언덕에 올라갔으니,
삼 년 동안 일어나지 못한다.

'복伏'은 엎드리다(跧), 감추다(藏)는 뜻이며, 매복埋伏이다. '융戎'은 군사라는 뜻의 병兵이다. '복융伏戎'은 복병이다. '망莽'은 풀숲이다. 『석문』에 "막莫과 탕蕩의 반절(莽, 莫蕩反)"이라 하고, 정현은 "총목叢木"(나무가 우거진 것)이라고 하였다. '복융우망伏戎于莽'은 군사를 풀숲 속에 매복시켜둔 것이다. '승升'은 오른다는 뜻의 등登이다. '기其'는 ①군사를 숨겨둔 풀숲을 가리키거나 ②혹은 어조사이며, 앞뒤 4글자 짝으로 맞추기 위해 뜻 없이 들어간 것이다. 두 가지 다 통한다. '능陵'은 언덕이다. 적을 살피기 위해 높은 언덕에 오른 것이다. 『집해』에 우번은 "'흥興'은 일어나다는 뜻의 기起"라고 하였다.

象曰 '伏戎于莽', 敵剛也. '三歲不興', 安行也.
'군사를 풀숲에 숨겨두었다'는 것은 적이 강하기 때문이다.
'삼 년 동안 일어나지 못한다'는 것은 어찌 (전쟁을) 행할 수 있겠는가 하는 것이다.

'伏戎于莽', 敵剛也.

'강剛'은 강强이다. 「상」은 효사 '복융우망伏戎于莽'을, 적이 강하기 때문에 군사를 풀숲 속에 숨겨두었다고 해석하였다.

'三歲不興', 安行也.

'안安'은 의문사이며, 하何(공영달), 언焉(굴만리)과 같다. '행行'은 작위이다. '안행安行'은 어찌 행하겠는가? 즉 행할 수 없다는 말이다. 『집해』에 최경은 '안가행安可行', 공영달은 '하가행何可行'(어찌 행할 수 있겠는가?), 주희는 "행할 수 없다는 말이다(言不能行)"라고 하였다. 「상」은 효사 '삼세불흥三歲不興'을, 삼 년 동안 일어나지 못한다는 것은 치명적인 타격을 입고 오랫동안 전쟁을 행할 수 없는 것이라고 해석하였다. 즉 출병하여 군사를 풀숲 속에 매복시켜 두고, 높은 언덕에 올라가 적정을 살피다가 적에게 발각되어 크게 패하여 삼 년 동안 일어나지 못하니, 어찌 전쟁을 행할 수 있겠는가 하는 말이다.

九四, 乘其墉, 弗克, 攻吉.
넷째 양효는 (적이) 성벽에 올라왔으나 아직 성이 함락되지 않았으니,
(적을) 공격하면 길하다.

'승乘'은 오른다는 뜻의 등登이다. '용墉'은 『집해』에 '庸'으로 되어 있다. 『석문』에는 '墉'으로 되어 있고, "정현은 '庸'으로 썼다(鄭作庸)"라고 하였다. 두 글자는 음이 같고 글자 모양이 비슷하여 옛날에 통용되었다. 『설문』 토부土部에 "'용墉'은 성벽이다. 토土로 되어 있고, 용庸은 성음이다(墉, 城垣也. 从土, 庸聲)"라고 하였다. '극克'은 이긴다는 뜻의 승勝이며, 성을 함락하는 것이다. 「상」은 '弗克'과 '攻'을 끊어 읽었다.

象曰 '乘其墉', 義'弗克'也. 其'吉', 則困而反則也.
'(적이) 성벽에 올라왔다'는 것은 마땅히 '함락되지 않았다'는 것이다.
'(공격하면) 길하다'는 것은 곤경에 처하나 원칙으로 돌아가기 때문이다.

'乘其墉', 義'弗克'也.

'의義'는 '의宜'로 읽는다. '의불극야'는 마땅히 함락되지 않았다는 말이다. 「상」은 효사 '승기용乘其墉'을, 적이 성벽에 올라왔다는 것은 당연히 아직 성이 함락되지 않은 것이라고 해석하였다.

「소상」에 '의불극야義弗克也'의 형식으로 기술한 것이 4곳 있다.

① 동인同人 九四 「상」: '乘其墉', 義'弗克'也.
'(적이) 성벽에 올라왔다'는 것은 마땅히 '함락되지 않았다'는 것이다.

② 비賁 初九「상」: '舍車以徒', 義弗乘也.

'수레를 버리고 걸어서 간다'는 것은 마땅히 수레를 타지 않는다는 것이다.

③ 명이明夷 初九「상」: '君子于行', 義'不食'也.

'군자가 간다'는 것은 마땅히 '먹지 못한다'는 것이다.

④ 구姤 九二「상」: '包有魚', 義不及'賓'也.

'부엌에 물고기가 있다'는 것은 마땅히 '손님'에게 대접하지 않는다는 것이다.

'의무구義无咎'가 4곳 있다.

① 복復 六三「상」: 頻復之厲, 義'无咎'也.

'급박하게 돌아오니 위태롭다'는 것은 마땅히 '허물이 없다'는 것이다.

② 해解 初六「상」: 剛柔之際, 義'无咎'也.

강유가 교접하니, 마땅히 '허물이 없다'는 것이다.

③ 점漸 初六「상」: 小子之厲, 義'无咎'也.

'어린아이가 위태롭다'는 것은 마땅히 '허물이 없다'는 것이다.

④ 기제旣濟 初九「상」: 曳其輪, 義'无咎'也.

'수레바퀴를 끈다'는 것은 마땅히 '허물이 없다'는 것이다.

'기의其義' 형식이 4곳 있다.

① 수隨 九四「상」: '隨有獲', 其義'凶'也.

'뒤쫓아 가서 잡는다'는 것은 마땅히 '흉하다'는 것이다.

② 소축小畜 初九「상」: '復自道', 其義'吉'也.

'바른 길로 돌아온다'는 것은 마땅히 '길하다'는 것이다.

③ 여旅 九三「상」: 以旅與下, 其義'喪'也.

나그네와 사내종이 함께 있었기 때문에, 마땅히 '잃었다'는 것이다.

④ 여旅 上九「상」: 以'旅'在'上', 其義'焚'也.

'나그네'이면서 '윗자리'에 있으니, 마땅히 '불태워진 것'이다.

12곳의 '의義'는 모두 '의宜'의 뜻으로 새겼다.

其 '吉', 則困而反則也.

이 구절은 『석문』에 '不克則反, 反則得吉也'로 되어 있는데, "어떤 책에는 '反則得, 得則吉也'로 되어 있다(一本作反則得, 得則吉也)"라고 하였다. 이 구절은 한대를 거치며 다듬어졌을 것이다. '기其'는 효사의 '공攻'으로 써야 한다. 후인이 잘못 썼을 것이다. 만약 '기其'로 읽는다면 효사의 '공攻'으로 뜻을 새겨야 한다. 즉 "공격하면 길하다는 것은"이라고 해석하는 것이 맞다. '곤困'은 곤란하다, 곤경에 처한다는 뜻이다. 적이 성벽에 올라왔으므로 곤경에 처한 것이다. '반反'은 돌아간다는 뜻의 반返으로 읽는다. '칙則'은 왕필(反正則) 이하 모두 '법칙'으로 읽었다. 원칙, 법칙, 정도라는 뜻이다. '반칙反則'은 원칙으로 돌아간다는 뜻이다. 원칙으로 돌아간다는 것은 적을 공격하는 것이다. 「상」은 '반칙反則'을 가지고 효사의 '공攻'을 해석하였다. 「상」은 효사 '공길攻吉'을, 적이 성벽을 올라와 우리가 곤경에 처하였으나 항복하지 않고 원칙으로 돌아가 적을 공격하기 때문에 길하다고 해석하였다.

九五, 同人先號咷而後笑. 大師克相遇.
다섯째 양효는 사람들과 함께 먼저 울부짖다가 뒤에는 웃는다.
대군이 적을 이겨 서로 만난다.

'호도號咷'는 『석문』에 '제호啼呼'라고 하였는데, 크게 울부짖는 것(大哭)이다. '대사大師'는 대군이다. 굴만리는 '원병(救兵)'이라고 하였다. '극克'은 이긴다는 뜻의 승勝이다. '상우相遇'는 원병과 서로 만나는 것이다.

象曰 '同人'之'先', 以中直也. '大師相遇', 言相'克'也.
'사람들과 함께' '먼저 울부짖다가 뒤에는 웃는다'는 것은 중정의 자리를 얻었기 때문이다. '대군이 서로 만난다'는 것은 서로가 적을 '이겼다'는 말이다.

'同人'之'先', 以中直也.

'同人之先'은 '同人先號咷而後笑'를 4글자로 줄인 말이다. 공영달은 "「상」은 '호도號咷' 두 글자를 생략하였으므로 곧장 '동인지선'을 말하였다(象略號咷二字, 故直云同人之先)"라고 하였다. '이以'는 인因으로 읽는다. '직直'은 '정正'이다. 「문언」에 "곧은 것은 바른 것이다(直其正也)"라고 하였다. '중직中直'은 '중정中正'이다. '중정中正'이라고 해야 할 것을 운을 맞추기 위해 의도적으로 '중직中直'으로 바꿔 썼다. 「상」의 '극克', '칙則', '직直', '극克', '득得'은 운이다. '중직中直'은 다섯째 양효를 가리킨다. 다섯째 양효는 양이 양의 자리에 있고 또 윗괘의 가운데 자리에 있으며(효위), 중정의 도를 얻은 상이다(효상). 「상」은 효사 '동인선호도이후소同人先號咷而後笑'를, 사람들과 함께 먼저 울부짖다가 뒤에는 웃는다는 것은 다섯째 양효가 중정의 자리를 얻었기 때문이라고 해석하였다.

「소상」에 '중직中直'은 2곳 기록되어 있다.

① 동인同人 九五 「상」: '同人'之'先', 以中直也.
'사람들과 함께' '먼저 울부짖다가 뒤에는 웃는다'는 것은
중정의 자리를 얻었기 때문이다.

② 곤困 九五 「상」: '乃徐有說', 以中直也.
'서서히 벗어난다'는 것은 중정의 자리를 얻었기 때문이다.

2곳의 '중직中直'은 모두 '중정中正'이며, 운을 맞추기 위해 의도적으로 글자를 바꿔 썼다.

'大師相遇', 言相 '克' 也.

'상相'은 대군과 성안에 있는 군사를 가리킨다. '극克'은 이긴다는 뜻의 승勝이다. 「상」은 효사 '대사극상우大師克相遇'를, 대군이 서로 만난다는 것은 양군이 서로 적을 이긴 것이라고 해석하였다.

「계사」 상·8장에 "'사람들과 함께 먼저 울부짖다가 뒤에는 웃는다.' 공자께서 말씀하셨다. '군자의 도는 어떤 사람은 나가고 어떤 사람은 머무르며, 어떤 사람은 말이 없고 어떤 사람은 말하기도 한다. 두 사람이 마음을 같이하면 그 예리함은 쇠도 자른다. 마음을 같이한 말은 그 향기가 난초와 같다'(同人先號咷而後笑. 子曰 君子之道, 或出或處, 或默或語. 二人同心, 其利斷金. 同心之言, 其臭如蘭)"라고 하였는데, 동심同心을 가지고 '동인同人'을 해석하였다. 즉 두 사람이 마음을 같이하면 그 예리함은 쇠도 자르고, 그 향기는 난초와 같다는 말이다. 「상」은 상수로, 「계사」는 의리로 해석하였다.

上九, 同人于郊, 无悔.
꼭대기 양효는 사람들과 교외에서 함께 하니, 뉘우침이 없다.

'교郊'는 고을(邑) 밖의 땅이다. 옛날 사람들은 교외에서 하늘에 제사를 올렸으므[illegible] 그 이름을 '교제郊祭'라고 하였고 또 '교郊'라고도 하였다. '회悔'는 뉘우친다는 뜻의 恨이다. '무회无悔'는 뉘우침이 없다는 말이며, 전쟁에 승리하여 교외에서 승전의 [illegible]사를 올리니, 후회가 없다는 것이다.

象曰 '同人于郊', 志未得也.
'사람들과 교외에서 함께 한다'는 것은 뜻을 얻지 못하였다는 것이다.

'지미득志未得'은 '미득지未得志'로 하는 것이 바르다. 운을 맞추기 위해 의도적으로 글자를 도치하였다. '지미득志未得'은 뜻을 실현하지 못하였다는 말이다. 「상」은 효사 '동인우교同人于郊'를, 사람들과 교외에서 함께 승전의 제사를 올리나 그 뜻은 실현하지 못하였다, 즉 뜻대로 전쟁을 수행하지 못하였다고 해석하였다. '미득未得'은 셋째 양효에서 복병을 풀숲에 숨겨두었으나 크게 패한 것, 넷째 양효에서 적이 성벽에 올라온 것, 다섯째 양효에서 성이 함락되어 많은 사람들이 모여 울부짖은 것 등을 가리킨다.

「상」은 '지미득志未得'을 가지고 효사의 '무회无悔'를 해석하였는데, '뜻을 얻지 못하였다'는 것을 가지고 '뉘우침이 없다'를 해석한 것은 말이 맞지 않는다. 따라서 '미未'는 '대大'자를 잘못 쓴 것으로 보고, "뜻을 크게 얻은 것"이라고 해석하여도 통한다. 또는 '미未'를 뜻이 없는 어조사 혹은 잘못 들어간 글자로 보고, "뜻을 이루었다는 것"이라고 해석하여도 통한다. 이 두 가지 해석이 비교적 자연스럽다.

「소상」에 '지미득야志未得也'는 ①동인同人 上九 ②겸謙 上六 ③곤困 九五, 3곳 기록되어 있다.

동인 「상」에서 '구咎', '도道'와 '강剛', '행行'과 '극克', '칙則', '직直', '극克', '득得'은 운이다.

유백민: '咎', 四十四有. 與下'道', 三十二皓. 爲韻
'剛', 十一唐. 與下'行', 戶郎反. 爲韻.
'克', 二十五德. 與下'則', 二十五德. '直', 二十四職. '得', 二十五德. 爲韻.

스즈키: '구咎', '도道'와 '강剛', '행行'과 '극克', '칙則', '직直', '극克', '득得'.

14. 대유大有

☲ 象曰 火在天上, 大有. 君子以遏惡揚善, 順天休命.
불이 하늘 위에 있는 것이 대유의 상이다.
군자는 이 상을 본받아 악을 막고 선을 높이 들어,

하늘에 순응하여 자신의 운명을 아름답게 한다.

火在天上, 大有.

대유는 윗괘가 리離이고 아랫괘는 건乾이다. 리는 불(火)이고 건은 하늘(天)이다. 그런즉 '불이 하늘 위에 있는 것'이 대유의 상이다. 불이 하늘 위에 있으니 천하는 밝다. 온 세상이 밝으니, 세상에는 가진 것이 많다. 「상」은 '대유大有'를 가진 것이 크다(所有者大)는 뜻으로 새겼다. 『석문』은 "많은 것을 포용한 상(包容豐富之象)", 정이는 "불은 높이 하늘 위에서 만물의 많은 것을 비추니, '대유'이다(火高在天上, 照見萬物之衆多, 故爲大有)"라고 하였다.

君子以遏惡揚善

'군자'는 최고 통치자이다. 『석문』에 "'알遏'은 어於와 갈葛의 반절이다. 멈춘다는 뜻의 지止이다(遏, 於葛反. 止也)", 『집해』에 우번은 "막는다는 뜻의 절絶"이라고 하였다. '알악遏惡'은 악을 막는다는 뜻이다. '양揚'은 우번이 "든다는 뜻의 거擧"라고 하였다. '양선揚善'은 선을 높이 든다는 뜻이다. '알악양선'은 악을 막고 선을 높이 든다는 뜻이며, 나쁜 짓은 하지 않고(遏惡) 착한 일만 한다(揚善)는 말이다.

順天休命

'순천順天'은 하늘에 순응하는 것이다. 『맹자』 「이루離婁」 상上에 "하늘에 순응하는 자는 살고, 거스르는 자는 망한다(順天者存, 逆天者亡)"라고 하였다. 「상」의 '순천설'은 『맹자』에서 나왔다. 『석문』에 "'휴休'는 아름답다는 뜻의 미美"라고 하였다.

'명命'에 대해 몇 가지 해석이 있다.

첫째, 왕필은 '사물의 명(休物之命)'이라고 하였는데, 공영달은 '사물의 성명(休美物之性命)'이라고 하였다.

둘째, 정이는 '순천휴명順天休命'을 '순천휴지명順天休之命'으로 읽어, "하늘의 아름다운 명을 받든다(奉順天休美之命)"라고 해석하였고, 주희 역시 '천명(天命有善无惡)'으로 읽었으며, 래지덕 역시 "하늘의 아름다운 명(順天之美命也)"이라고 하였다. 뒷사람들은 모두 '명命'을 천명天命으로 읽었다. '휴명休命'은 천명을 아름답게 하는 것이다.

셋째, 고형은 '명命'을 운명으로 보고, '휴명休命'을 자신의 운명을 아름답게 하는 것(使己之命運美好)이라고 하였다.

넷째, 진고응은 '명命'을 인사규율, 사회법칙으로 보고, "천도가 결정한 합리적 사회법칙에 순응하는 것(順應由天道所決定的合理的社會準則)"이라고 하였다. 이러한 해석은 모두 통한다.

다섯째, 필자는 고형을 따라 '운명'으로 보았다. 『주역』은 본래 점치는 책이므로 「단」과 「설괘」의 '명命'과 같이 운명으로 보는 것이 타당할 것이다. '휴명休命'은 자신의 운명을 아름답게 하는 것이다. '순천휴명'은 하늘에 순응하여 자신의 운명을 아름답게 한다는 것이며, 곧 '알악양선'하는 것이다. 즉 악을 막고 선을 높이 드는 것이 하늘에 순응하는 것이며 자신의 운명을 아름답게 하는 것이다. 즉 '순천휴명'하고자 하면 '알악양선'하라는 것이다. '알악양선'이 곧 '순천'이고 '휴명'이라는 말이다. 불이 하늘 위에 있으니, 세상을 비추는 것이 밝다. 군자는 이 상을 보고 이를 본받아 하늘 위의 불처럼 밝게 살펴 악한 것을 막고 선한 것을 높이 들어, 하늘에 순응하여 자신의 운명을 아름답게 한다.

初九, 无交害, 匪咎. 艱則无咎.
처음 양효는 서로 해치지 않으니, 허물이 아니다. 어려움에 처하여도 허물이 없다.

'교交'는 서로 상相의 뜻이다. '해害'는 해롭게 하다는 뜻의 화禍이다. '교해交害'는 서로 해치는 것이다. '비匪'는 '비非'로 읽는다. 『집해』에 우번은 "'간艱'은 어렵다는 뜻의 난難"이라고 하였다.

象曰 大有'初九', '无交害'也.
대유의 '처음 양효'는 '서로 해치지 않는다'는 것이다.

「상」은 효사를, 서로 해치지 않는 것이라고 해석하여 효사를 그대로 인용하였다. 효사를 그대로 인용한 것은 운을 맞추기 위해서이다. 「상」의 '해害', '패敗', '해害'는 운이다.

필자는 이 구절이 다음과 같이 되어야 바르다고 생각한다.

① 初六匪咎, 无交害也.
처음 음효의 허물이 아닌 것은 서로 해치지 않기 때문이다.

② 艱則无咎, 无交害也.
어려움에 처하여도 허물이 없는 것은 서로 해치지 않기 때문이다.

「소상」은 효사를 인용하여 해석한 것인데, 효사를 인용하지 않고 괘명을 인용한 예는 대유에만 두 차례 있고(初九와 上九) 나머지 384효사 「상」에는 없다. 「상」을 지은 사람이 실수하였을 것이다.

九二, 大車以載, 有攸往, 无咎.
둘째 양효는 큰 수레에 싣고, 갈 곳이 있으니 허물이 없다.

『석문』에 "'거車'는 왕숙이 강剛과 서徐의 반절이다. 촉재는 수레 '여輿'로 썼다(車, 王肅剛徐反. 蜀才作輿)"라고 하였다. '대거大車'는 큰 수레이다. '이以'는 용用이다. '大車以載'는 '以大車載物'을 4글자로 줄인 것이다. '재載'는 싣다(乘)는 뜻이다. '유攸'는 곳이라는 뜻의 소所이다.

象曰 '大車以載', 積中不敗也.
'큰 수레에 실었다'는 것은 수레 속에 물건을 실어도 넘어지지 않는다는 것이다.

「상」은 '적積'을 가지고 효사의 '재載'를 해석하였다. '중中'은 둘째 양효가 아랫괘의 가운데 자리에 있다는 것이며(효위), 큰 수레 가운데 물건을 가득 실은 상이다(효상). '적중積中'은 '적대거지중積大車之中'이며, 큰 수레 속에 물건을 싣는다는 뜻이다. 고형은 '積物于車中', 진고응은 '車中所積甚大'라고 하였다. '패敗'는 망치다, 무너진다는 뜻의 괴壞이다. 즉 전복된다는 말이다. '적중불패야'는 수레 속에 물건을 실어도 넘어지지 않는다는 말이다. 「상」은 효사 '대거이재大車以載'를, 큰 수레 속에 가득 물건을 실었으나 뒤집어지지 않는다고 해석하였다. 뒤집어지지 않는 것은 둘째 양효가 가운데 자리를 얻었기 때문이다.

『집해』에 노씨는 "건乾은 큰 수레이므로 '대거이재'라고 하였다. 둘째 양효는 강이 가운데 자리에 있으니, 임무가 무겁다고 할 수 있다(乾爲大車, 故曰大車以載. 體剛履中, 可以任重)"라고 하여, '중中'을 둘째 양효가 아랫괘의 가운데 자리에 있어 임무가 무거운 것으로 해석하였다.

九三, 公用亨于天子, 小人弗克.
셋째 양효는 제후가 천자에게 조공을 바치나, 소인은 할 수 없다.

'공公'은 제후를 가리킨다. '용用'은 행하다(行)는 뜻이다. 『석문』은 '형亨'을 '향享'으로 읽었다. "많은 사람들이 모두 향香과 양兩의 반절로 읽었다(亨, 衆家並香兩反). 경방은 '바친다는 뜻의 헌獻', 간보는 '연회라는 뜻의 연宴', 요신은 '제사라는 뜻의 향사享祀'로 새겼다(京云獻也. 干云亨, 宴也. 姚云享祀也)"라고 하였다. '형亨'은 '향享'으로 읽으며, 바친다는 뜻의 헌獻이다. 주희는 "조공을 바치는 것(朝獻也)"이라고 하였는데, 「상」의 뜻과 부합한다. '우于'는 『집해』에 '어於'로 되어 있다. '공公'은 제후이므로 '소인小人'은 당연히 일반 백성을 가리킨다. '극克'은 할 수 있다는 능能이다. '불극弗克'은 할 수 없다는 뜻의 불능不能과 같다.

象曰 '公用亨于天子', '小人'害也.

'제후가 천자에게 조공을 바친다'는 것은 '소인'이 (그렇게 하면) 해를 입는다는 것이다.

「상」은 '해害'를 가지고 효사의 '불극弗克'을 해석하였다. 「상」은 효사 '공용형우천자公用亨于天子'를, 공후가 천자에게 조공을 바치는 것은 가하나, 소인은 천자에게 조공을 바칠 수 없으며, 만약 그렇게 하면 화를 당한다고 해석하였다. 고형은 '형亨'을 통한다는 뜻의 통通으로 읽고, "공후는 천자에게 곧장 통할 수 있으나(公侯可直達于天子) 서민은 불가능하다(庶民則不能)"라고 해석하였다.

九四, 匪其彭, 无咎.

넷째 양효는 바르지 않는 것을 배척하니, 허물이 없다.

『집해』에 우번은 "'비匪'는 비非"라고 하고, 고형은 "'비非'는 배척하다, 반대한다는 뜻(排斥, 反對之義)"이라고 하였다. '彭'은 『석문』이 '방'으로 읽었다. "보步와 랑郎의 반절이다. 자하전에는 '방旁'으로 되어 있다. 간보는 '방彭은 형亨'이라 하고, 교만한 모양이라고 하였다. 왕숙은 '건장하다는 뜻의 장壯'이라고 하였다. 우번은 '왕尫'으로 썼다. 요신은 '방彭은 방旁'으로 읽었다(彭, 步郎反. 子夏作旁. 干云彭, 亨. 驕慢皃. 王肅云壯也. 虞作尫. 姚云彭, 旁)"라고 하였다. 『집해』에는 '방彭'이 '왕尫'으로 되어 있다. 우번은 "'왕尫'은 어떤 사람은 '彭'으로 쓰고, '방'으로 발음하는데, 글자가 잘못된 것이다(尫或作彭, 作旁聲, 字之誤)"라고 하고, "걷는 것이 바르지 않다(體行不正)"는 뜻으로 새겼다. 고형은 "'왕'은 굽은 것(尫, 邪曲也)"이라고 하였다. 필자는 바르지 않는 것(不正)으로 뜻을 새겼다. 이것이 「상」의 해석과 비교적 부합한다.

象曰 '匪其彭无咎', 明辨晢也.
'바르지 않는 것을 배척하니, 허물이 없다'는 것은
살피고 분별하는 것이 명확하다는 것이다.

'명明'은 살피다(察), '변辨'은 분별하다(別), '절晢'은 밝다, 분명하다(明)는 뜻이다. 『설문』 일부日部에 "'절晢'은 소절昭晢이며, 밝은 것이다. 일日로 되어 있고, 절折은 성음이다(晢, 昭晢, 明也. 从日, 折聲)"라고 하였다. '명변절明辨晢'은 살피고 분별하는 것이 명확하다는 말이다. 「상」은 효사 '비기팽무구匪其彭无咎'를, 바르지 않는 것을 배척하니 허물이 없다는 것은 살피고 분별하는 것이 명확하다고 해석하였다. 즉 살피고 분별하는 것이 명확하니, 바르지 않는 것을 배척하여 허물이 없다는 것이다.

'변辨'에 대해, 왕필 본과 호원과 주희 본에는 '辨'으로 되어 있고, 『집해』와 공영달과 정이 본에는 '辯'으로 되어 있다. '변辨'은 분별하다, '변辯'은 말을 잘한다는 뜻이며, 두 글자는 통용되었다.

'절晢'에 대해, 왕필 본과 공영달, 『석문』에는 '절晢'로 되어 있고, 호원과 정이와 주희 본에는 '석晳'으로 되어 있으며, 『집해』에는 '절折'로 되어 있다. 『석문』에 "장章과 설舌의 반절이다. 왕이는 '절晣'로 썼고, 음은 같다. 서려침과 이 씨는 지之와 세世의 반절로 읽고, 또 '철哲'자로 썼다. 정현 본에는 '체遰'로 되어 있고, 밝은 별이 밝다는 뜻의 '석晳'으로 읽는다고 하였다. '석晳'은 육적 본에는 '절逝'로 되어 있다. 우번은 '절折'로 썼다(晢, 章舌反. 王廙作晣, 音同. 徐李之世反, 又作哲字. 鄭本作遰, 云讀如明星晳. 晳, 陸本作逝. 虞作折)"라고 하였다. '절晢', '석晳', '절晣', '철哲'은 뜻이 같으며, 밝다, 명확하다는 뜻이다. '체遰'와 '절逝'은 떠난다는 뜻이고, '절折'은 꺾는다는 뜻이다. 왕필 본으로 따라 '절晢'로 읽어도 되고, 주희 본을 따라 '석晳'으로 읽어도 된다. 필자의 생각으로 본래는 '절晢'자였으나 후인들이 뜻을 분명하게 하기 위해 '석晳'자로 바꾸었을 것이다.

六五, 厥孚交如, 威如, 吉.
다섯째 음효는 믿음으로 (사람과) 사귀며, 위엄이 있으니, 길하다.

'궐厥'은 기其이다. 『집해』에 우번은 "'부孚'는 믿음이라는 뜻의 신信"이라고 하였다. '교交'는 서로 사귀는 것이다. '교여交如'는 '교연交然'과 같으며, 서로 사귀는 모양이다. '위여威如'는 '위연威然'과 같으며, 위엄이 있는 모양이다.

象曰 '厥孚交如', 信以發志也. '威如'之'吉', 易而无備也.

'믿음으로 사귄다'는 것은 믿음으로 뜻을 나타낸다는 것이다.
'위엄이 있으니' '길하다'는 것은 평이하게 행동하여 방비하는 바가 없다는 것이다.

'厥孚交如', 信以發志也.

'신이발지信以發志'는 '이신발지信以發志'이다. 「상」은 '신信'을 가지고 효사의 '부孚'를 해석하였다. '발發'은 펴다(舒), 나타내다(現)는 뜻이다. '지志'는 사귀는 뜻이다. '발지發志'는 뜻을 나타낸다는 것이며, 효사의 '교여交如'를 해석한 것이다. '신이발지야'는 믿음으로 뜻을 나타낸다는 말이다. 「상」은 효사 '궐부교여厥孚交如'를, 믿음으로 사귄다는 것은 믿음으로 사귀는 뜻을 나타내는 것이라고 해석하였다.

「소상」에 '신이발지信以發志'는 ① 대유大有 六五 ② 풍豐 六二, 2곳 기록되어 있다.

'威如' 之 '吉', 易而无備也.

'이易'는 간이簡易, 평이平易의 뜻이다. '무비无備'는 방비하는 바가 없다는 뜻이다. 『집해』에 후과는 "오직 행위가 간이하여 방비하는 바가 없으니, 사물도 그 덕에 감화한다(唯行簡易, 无所防備, 物感其德)"라고 하였고, 공영달은 "다만 행위가 간이하여 방비하는 바가 없으니, 사물은 스스로 두려워한다(唯行簡易, 无所防備, 物自畏之)"라고 하였다. '이이무비야'는 평이하게 행동하여 방비하는 바가 없다는 말이다. 「상」은 효사 '위여威如, 길吉'을, 행동을 평이하게 하여 방비하는 바가 없으니, 스스로 위엄이 있어 길하다고 해석하였다.

上九, 自天祐之, 吉, 无不利.
꼭대기 양효는 하늘이 도우니, 길하여 이롭지 않음이 없다.

'우祐'는 돕는다는 뜻의 조助이며, 귀신이 돕는 것이다. 『백서』와 『집해』에는 '右'로 되어 있다. 우번은 "'우右'는 돕는다는 뜻(右, 助也)"이라고 하였다. 두 글자는 음이 같아 옛날에 통용되었다.

象曰 大有 '上' 吉, 自天祐也.
대유의 '꼭대기 효'가 길한 것은 하늘이 돕기 때문이다.

'상上'은 꼭대기 양효를 가리킨다. '상길上吉'은 꼭대기 양효의 효사의 '길吉'을 가리킨다. 『집해』에는 '우祐'가 '우右'로 되어 있다. 「상」은 효사 '길吉'을 하늘에서 돕기 때문에 길하다고 해석하였는데, 효사를 그대로 인용하였다.

필자는 이 구절이 다음과 같이 써야 바르다고 생각한다.

上九之吉, 自天祐也.

꼭대기 양효가 길한 것은 하늘이 돕기 때문이다.

「상」을 지은 사람이 실수하였을 것이다. 386효사 「상」에 괘명을 인용한 것은 대유에만 두 곳 있고, 효의 명칭을 인용한 것은 34곳 있다.

「계사」 상·12장에 "『역』에 말하였다. '하늘에서 도우니 길하여 이롭지 않음이 없다.' 공자께서 말씀하셨다. '우祐는 돕는다는 것이다. 하늘이 돕는 것은 순응하기 때문이다. 사람이 돕는 것은 믿음이 있기 때문이다. 믿음을 지키고, (하늘에) 순응하는 것을 생각하고, 또 현인을 숭상하기 때문에 그래서 하늘에서 도우니, 길하여 이롭지 않음이 없다는 것이다'(易曰 自天祐之, 吉无不利. 子曰 祐者, 助也. 天之所助者, 順也. 人之所助者, 信也. 履信, 思乎順, 又以尙賢也, 是以自天祐之, 吉无不利也)"라고 하였다.

대유 「상」에서 '해害', '패敗', '해害'와 '절晢', '지志', '비備', '우祐'는 운이다.

유백민: '害', 十四泰. 與下'敗', 十七夬. 爲韻.

'晢', 十七薛. 轉音制, 字从折从日. (顧炎武『九經誤字』: "石經晢字從折從日, 與『詩』'明星晢晢' 之晢同音. 折, 又音制. 監本誤從析, 作曾晳之晳非.") 與下 '志', 七志. '備', 六至. '祐', 古音以. (『易音』: "考易祐字凡二見. 『楚辭』一見. 竝同. 後人混入四十九宥韻. 此傳以上去入通爲一韻.")

스즈키: '해害', '패敗', '해害', '석晢'과 '지志', '비備', '우祐'.

15. 겸謙

䷎ 象曰 地中有山, 謙. 君子以裒多益寡, 稱物平施.

땅 속에 산이 있는 것이 겸의 상이다.

군자는 이 상을 본받아 많은 것을 덜어 적은 것에 보태고,

재물을 가늠하여 공평하게 베푼다.

地中有山, 謙.

겸은 윗괘가 곤坤이고 아랫괘는 간艮이다. 곤은 땅(地)이고 간은 산山이다. 그런즉 '땅 속에 산이 있는 것'이 겸의 상이다. 산은 본래 땅 위에 높이 있는 것이나, 지금 땅 아래에 있다. 「상」은 '겸謙'을 겸허한 것(謙虛)으로 뜻을 새겼다.

君子以裒多益寡

'군자'는 최고 통치자이다. 『석문』에 "'부裒'는 포蒲와 후侯의 반절이다. 정현, 순상, 동우, 촉재는 '부捊'로 쓰고, '취한다는 뜻의 취取'라고 하였다. 『자서』에는 '부掊'로 되어 있는데, 『광아』에 '부掊'는 덜어낸다는 뜻의 감減(裒, 蒲侯反. 鄭荀董蜀才作捊云取也. 字書作掊, 廣雅云掊, 減)"이라고 하였다.

『집해』에는 '부捊'로 되어 있는데, 우번은 "취한다는 뜻의 취取"라고 하였다. 『설문』 수부手部에 "부捊, 인추야引堅也"라고 하였다. 단옥재는 "'추堅'는 여러 책에 '취取'로 되어 있는데, 지금 바로잡는다.……'추堅'는 모은다는 취聚와 뜻이 같다. '인추引堅'는 끌어 모은다는 것이다. 『옥편』에는 '인취引聚'라고 바로 썼다(堅各本作取, 今正.……堅義同聚. 引堅者, 引使聚也. 玉篇正作引聚也)"라고 하였다. '부捊'는 끌어 모으다(引聚)는 뜻이라는 말이다.

'부다裒多'는 많은 것을 덜어낸다는 뜻이다. '익益'은 더하다(加), '과寡'는 적다(少)는 뜻이다. '익과益寡'는 적은 것에 보탠다는 뜻이다. '부다익과'는 많은 것을 덜어 적은 것에 보탠다는 말이다. '부裒'와 '익益', '다多'와 '과寡'는 짝으로 사용하였다.

稱物平施

『설문』 화부禾部에 "'칭稱'은 저울질하다는 뜻의 전銓", 금부金部에 "'전銓'은 가늠하다는 뜻의 칭稱"이라고 하였다. '물物'은 재물이다. '칭물稱物'은 재물을 저울질한다는 뜻이다. '평平'은 고르다는 뜻의 균均이다. '시施'는 베풀다(設), 주다(與)는 뜻이다. '평시平施'는 공평하게 베푼다는 뜻이다. '칭물평시'는 재물을 가늠하여 공평하게 베푼다는 말이다. 땅 속에 산이 있으니, 산은 본래 땅 위에 높이 있는 것이나 지금 땅 아래에 있다. 군자는 이 상을 보고 이를 본받아 많은 것을 덜어 적은 것에 보태고, 재물을 저울질하여 공평하게 베푼다.

정이는 "땅은 낮은 것인데, 산은 높고 크면서 땅 속에 있으니, 밖으로는 낮으면서 안으로 높고 큰 것을 품고 있는 상이므로 겸이다(地體卑下, 山之高大而在地中, 外卑下而內蘊高大之象, 故爲謙也)"라고 하였다.

初六, 謙謙君子, 用涉大川, 吉.
처음 음효는 겸허하고 또 겸허한 군자는 큰 내를 건너면 길하다.

'겸겸謙謙'은 겸허하고 또 겸허한 것(謙而又謙)이며, 매우 겸허한 것을 말한다. '군자'는 도덕 수양이 훌륭한 사람이다. '섭涉'은 건너다는 뜻의 도渡이다. 괘효사에 '용섭대천用涉大川'은 여기 한 곳뿐인데, 「상」은 이것을 해석하지 않았다.

象曰 '謙謙君子', 卑以自牧也.
'겸허하고 또 겸허한 군자'는 (자신을) 낮추어 스스로 (겸허의 덕을) 기르는 것이다.

'이以'는 '이而'와 같다. 『집해』에 구가역은 '以陽自牧養也'라고 하여, '목牧'을 기른다는 뜻의 양養으로 읽었다. 『석문』도 '牧養之牧'이라고 하여, '양養'의 뜻으로 새겼다. '비卑'는 처음 음효를 가리킨다. 처음 음효는 한 괘에서 가장 아래에 있으므로(효위), 자신을 낮추어 스스로 덕을 기르는 상이다(효상). '비이자목卑而自牧'은 자신을 낮추어 스스로 겸허의 덕을 기른다는 말이다. 「상」은 효사 '겸겸군자兼兼君子'를, 겸허하고 또 겸허한 군자는 자신을 낮추어 스스로 겸허의 덕을 기르는 것이라고 해석하였다. 그래서 큰 내를 건너면 길하다는 것이다.

六二, 鳴謙, 貞吉.
둘째 음효는 명성이 있으나 겸허하니, 바르게 하여 길하다.

'명鳴'은 명성이라는 뜻의 명名으로 읽는다. '鳴', '名', '命', '明'은 발음이 같아 옛날에 서로 가차하였다. '명겸鳴謙'은 '명겸名謙'이며, 명성이 있으나 겸허한 것이다. '정貞'은 바르다는 뜻의 정正이다.

象曰 '鳴謙貞吉', 中心得也.
'명성이 있으나 겸허하니, 바르게 하여 길하다'는 것은 마음이 바름을 얻는다는 것이다.

'중심득中心得'에 대해 몇 가지 해석이 있다.

첫째, 정이와 래지덕 등 전통적인 해석은 '중中'을 둘째 음효가 아랫괘의 가운데 자리(中)에 있는 것으로 여기고, "가운데(中心)에 처하여 얻는 바(得)가 있다"라고 해석하였다.

둘째, 고형은 '중심득中心得'을 '심득중心得中'으로 읽어, "마음이 바름을 얻는다(心得其正)"라고 해석하였다. 그는 "'심득중心得中'이라 말하지 않고 '중심득中心得'이라고 말한 것은(不言心得中而言中心得) '득得'자로 운을 하였기 때문이다(乃以得字爲韻耳). '중中'은 바르다(正)는 뜻이다(中, 正也). 「상」은 '중中'자를 가지고 효사의 '정貞'을 해석하였다(象傳以'中'字釋爻辭之'貞')"라고 하였다. 고형이 반듯하게 해석하였다.

셋째, 진고응은 '중심득中心得'을 심중득心中得으로 읽어, "마음속에 얻는 바가 있다, 마음속으로 득도한다(心中有所得, 心中得道)"라고 해석하였다.

필자는 고형의 해석을 따랐다. '중심득中心得'은 '심득중心得中'으로 해야 바르다. 운을 맞추기 위해 의도적으로 글자를 도치하였다. 「상」의 '목牧', '득得', '복服', '칙則', '복服', '득得', '국國'은 운이다. '중中'은 둘째 음효를 가리키며, 둘째 음효는 아랫괘의 가운데 자리에 있으니(효위), 바름(正)을 얻은 상이다(효상). '정正'이라고 해야 할 것을 효위를 따라 '중中'이라고 하였다. 「상」은 효사 '명겸정길鳴謙貞吉'을, 명성은 있으나 겸허하니 마음이 바름을 얻어 길하다고 해석하였다.

九三, 勞謙君子, 有終, 吉.

셋째 양효는 공로가 있으나 겸허한 군자는, 마침이 있으니 길하다.

'노勞'는 공로功勞이다. '노겸勞謙'은 공로가 있으나 겸허한 것이다. '종終'은 좋은 결과를 말한다.

象曰 '勞謙君子', 萬民服也.

'공로가 있으나 겸허한 군자'는 만백성이 복종하는 것이다.

「상」은 '만민복萬民服'을 가지고 효사의 '유종有終, 길吉'을 해석하였다. 「상」은 효사 '노겸군자勞謙君子'를, 공로가 있으나 겸허한 군자는 만백성이 복종하니, 마침이 있어 길하다고 해석하였다. 겸은 셋째 양효 홀로 양이고, 나머지는 모두 음이다. 양은 군자를, 다섯 음효는 만백성을 상징한다. 『집해』에 순상은 "여러 음이 양에 순종하니, 그래서 만민이 복종한다는 것이다(羣陰順陽, 故萬民服也)"라고 하였다.

「계사」 상·8장에 "'공로가 있으나 겸허하니, 군자는 마침이 있어 길하다'. 공자께서 말씀하셨다. '공로가 있으나 자랑하지 아니하고, 공이 있으나 자신의 덕으로 여기지 아니하니, 두터움이 지극한 것이다. 이것은 공이 있으면서도 자신을 낮추는 사람을 말한 것이다. 그 덕은 성대하고 예는 공손하다. 겸허라는 것은 공손하여 그 자리를 보존하는 것이다'(勞謙, 君子有終吉. 子曰 勞而不伐, 有功而不德, 厚之至也. 語以其功下人者也. 德言盛. 禮言恭. 謙也者, 致恭以存其位者也)"라고 하였다.

정이는 "셋째 양효는 양강의 덕을 지니고 아랫괘에 거하고 있어 여러 음이 받들고, 바른 자리를 얻어 아랫괘의 꼭대기에 있다. 이것은 위로는 임금의 신임을 받고 아래로는 백성이 따르는 것이니, 공로가 있으나 겸허의 덕을 지닌 것이다. 그러므로 '공로가 있으나 겸허한 것'이라 말하였다(三以陽剛之德而居下體, 爲衆陰所宗, 履得其位, 爲下之上, 是上爲君所任, 下爲衆所從, 有功勞而持謙德者也, 故曰勞謙)"라고 하였다.

六四, 无不利, 撝謙.

넷째 음효는 이롭지 않음이 없으니, (사람에게) 베푸나 겸허하다.

『설문』 수부手部에 "'휘撝'는 찢는다는 뜻의 열裂"이라고 하였다. 단옥재는 "'휘겸撝謙'은 겸허함을 널리 흩어 겸허하지 않는 것이 없는 것이니, '열裂'의 뜻이 파생된 것이다(撝謙者, 溥散其謙, 无所往而不用謙, 裂義之引申也)"라고 하였다. 단옥재는 '휘撝'를 널리 나누는 것(溥散)으로 해석하였다.

『석문』은 "'휘撝'는 훼毁와 피皮의 반절이다. 지휘이며, 뜻은 '지휘하다는 휘麾'와 같다(撝, 毁皮反. 指撝也. 義與麾同)", 『집해』에 순상은 "든다는 뜻의 거擧", 왕필은 "이르는 곳(所到之處)", 정이는 "겸허함을 베푸는 상(施布之象)", 주희는 '휘撝'를 발휘한다는 뜻의 '휘揮'로 읽고, '휘겸撝謙'은 겸허함을 발휘한다(發揮其謙)라고 해석하였다. 고형은 『석문』의 정현을 따라(鄭讀爲宣) '휘撝'를 '선宣'으로 읽고, '선宣'은 밝은 지혜(明智)의 뜻이며, '휘겸撝謙'은 지혜로우나 겸허하다(明智而謙)라고 해석하였다. 굴만리는 "경방은 '휘揮'로 썼고(京房作'揮'), 한 희평 석경에도 '휘揮'로 되어 있다(熹平石經作'揮')"라고 하고, 주희와 같이 "겸허함을 발휘한다"는 뜻으로 새겼는데, 『설문』의 뜻과 같다. 진고응도 '발휘發揮'로 뜻을 새겼다. 이러한 해석은 모두 통한다.

필자는 정이를 따라 '휘撝'를 '시포施布'로 읽고 베푼다는 뜻으로 해석하였다. 이렇게 읽어야 六二 鳴謙(명성이 있으나 겸허하다), 九三 勞謙(공로가 있으나 겸허하다), 六四 撝謙(베푸나 겸허하다), 上六 鳴謙(명성이 있으나 겸허하다)과 더불어 구절의 형식이 같기 때문이다.

象曰 '无不利撝謙', 不違則也.

'이롭지 않음이 없으니, 베푸나 겸허하다'는 것은 법칙에 어긋나지 않는다는 것이다.

『집해』에 구가역은 '不違法則'이라고 하여 '칙則'을 법칙으로 읽었다. '칙則'은 겸허의 도를 가리킨다. '불위칙야'는 법칙에 어긋나지 않는다, 즉 겸허의 도에서 벗어나지 않는다는 말이다. 「상」은 효사 '무불리휘겸无不利撝謙'을, 사람에게 베푸나 겸허하다는 것은 겸허의 도에 어긋나지 아니하니 이롭지 않음이 없다고 해석하였다.

六五, 不富以其鄰, 利用侵伐, 无不利.
다섯째 음효는 이웃과 가난하게 되었으니, 정벌하면 이로우며, 이롭지 않음이 없다.

'부富'는 부유하다는 뜻이며, '불부不富'는 가난하게 되었다는 뜻이다. '이以'는 더불어 급及, 여與와 같다. '인鄰'은 이웃이다. '이용利用'은 '이우利于'와 같다. '침벌侵伐'은 정벌征伐이다.

象曰 '利用侵伐', 征不服也.
'정벌하면 이롭다'는 것은 복종하지 않는 자를 정벌한다는 것이다.

「상」은 '정征'을 가지고 효사의 '침벌侵伐'을 해석하였다. '불복不服'은 복종하지 않는 것이다. '정불복야'는 복종하지 않는 자를 정벌한다는 말이다. 「상」은 효사 '이용침벌利用侵伐'을, 적의 약탈로 인해 이웃과 가난하게 되었으니, 복종하지 않는 자를 정벌하면 이롭지 않음이 없다고 해석하였다.

上六, 鳴謙, 利用行師, 征邑國.
꼭대기 음효는 명성이 있으나 겸허하니, 군사를 일으키면 이로워 읍국을 정벌한다.

'명鳴'은 명성이라는 뜻의 명名이다. '명겸鳴謙'은 명성이 있으나 겸허한 것이다. '이용利用'은 '이우利于'와 같다. '행사行師'는 군사를 일으켜 출병하는 것이다. 11번 태泰 꼭대기 음효의 '물용사勿用師', 16번 예豫 괘사 '이건후행사利建侯行師', 24번 복復 꼭대기 음효의 '용행사用行師'와 같다. '읍邑'과 '국國'은 같은 개념이다. 제후가 다스리는 봉읍封邑, 봉국封國이며, 제후의 나라를 가리킨다. 『설문』 읍부邑部에 "읍은 나라(邑, 國也)"라고 하였는데, 단옥재는 "옛날에 국과 읍은 통칭되었다(古國邑通偁)"라고 하였다. 『석문』에는 '정국征國'으로 되어 있는데, "어떤 책에 '정읍국'으로 되어 있는 것은 잘못된 것이다(本或作征邑國者非)"라고 하였다.

象曰 '鳴謙', 志未得也. 可'用行師', '征邑國'也.
'명성이 있으나 겸허하다'는 것은 뜻을 얻지 못하였다는 것이다.
'군사를 일으킬 수 있다'는 것은 '읍국을 정벌한다'는 것이다.

'鳴謙', 志未得也.

'지미득志未得'은 '미득지未得志'로 하는 것이 바르다. 운을 맞추기 위해 의도적으로 글자를 도치하였다. '지미득'은 뜻을 실현하지 못하였다는 말이다. 「상」은 효사 '명겸鳴謙'을, 명성이 있으나 겸허한 것은 뜻을 얻지 못한 것이라고 해석하였다. 아직 읍국을 정벌하지 않았으니 뜻을 얻지 못한 것이다.

「소상」에 '지미득야志未得也'는 ①동인同人 上九 ②겸謙 上六 ③곤困 九五, 3곳 기록되어 있다.

可 '用行師', '征邑國' 也.

'가可'는 '可以'와 같으며, 무엇을 할 수 있다는 가능성을 나타내는 조동사이다. 「상」은 효사 '용행사用行師' '정읍국征邑國'을, 군사를 일으킬 수 있다는 것은 읍국을 정벌한다는 것이라고 해석하였다. 즉 군사를 일으킬 수 있으니 복종하지 않는 읍국을 정벌하여 뜻을 얻을 수 있다는 것이다.

혹은 '가可'는 효사의 '이利'자를 잘못 쓴 것으로 보고, "'군사를 일으키면 이롭다'는 것은 '읍국을 정벌한다'는 것이다"라고 해석하여도 통한다.

겸 「상」에서 '목牧', '득得', '복服', '칙則', '복服', '득得', '국國'은 운이다.
유백민: '牧', 一屋. 與下'服', 蒲北反. 爲韻.
'得', 二十五德. 與下'則', '國'同韻.
스즈키: '목牧', '득得', '복服', '칙則', '복服', '득得', '국國'.

16. 예豫

䷏ 象曰 雷出地奮, 豫. 先王以作樂崇德, 殷薦之上帝, 以配祖考.
우레가 땅에서 나와 움직이는 것이 예의 상이다.
선왕은 이 상을 본받아 음악을 만들어 공덕을 높이 받들고,

성대하게 상제에게 제사를 올리고 조상에게 배향한다.

雷出地奮, 豫.

『집해』에 정현은 "'분奮'은 움직인다는 뜻의 동動"이라고 하였다. 예는 윗괘가 진震이고 아랫괘는 곤坤이다. 진은 우레(雷)이고 움직임(動)이며, 곤은 땅(地)이다. 그런즉 '우레가 땅에서 나와 위로 올라가 분발하여 움직이는 것'이 예의 상이다. 천기가 따뜻할 때 우레는 땅 위에 나온다. 우레가 땅에서 나와 움직이니, 때는 봄이다. 만물은 다시 생을 얻어 천지가 즐겁다. 「상」은 '예豫'를 즐겁다(樂)는 뜻으로 새겼다. 『집해』에 정현은 "우레가 땅위에서 움직이니, 만물은 즐겁다(雷動於地上, 而萬物乃豫也)"라고 하였다.

先王以作樂崇德

'선왕先王'은 옛날의 이상적인 통치자를 가리킨다. '작作'은 만든다는 뜻의 조造이다. '악樂'은 음악이다. 『예기』「악기樂記」에 "음악은 천지의 조화이다(樂者, 天地之和也)"라고 하였다. '작락作樂'은 음악을 만드는 것이다. '숭崇'은 높이다(尊), 공경하다(敬)는 뜻이다. '덕德'은 '雷出地奮'하는 자연의 공덕이다. 진고응은 '문덕文德'이라고 하였다. '숭덕崇德'은 공덕을 우러러 받든다는 말이다. '작락숭덕'은 음악을 만들어 자연의 공덕을 높이 받든다는 말이다.

殷薦之上帝

『석문』에 "'은殷'은 어於와 근勤의 반절이다. 마융은 '은殷은 성대하다는 뜻의 성盛'이라 하였다. 『설문』은 음악을 만드는 성대함을 '은'이라 칭한다고 하였다. 경방은 '숨는다는 뜻의 은隱'으로 썼다(殷, 於勤反. 馬云盛也. 說文云作樂之盛稱殷. 京作隱)"라고 하였다. 『집해』에 정현은 "'은殷'은 성대하다는 뜻의 성盛"이라 하고, 또 "'천薦'은 올린다는 뜻의 진進"이라고 하였다. '천薦'은 바친다는 진헌進獻의 뜻이며, 제사를 올리는 것이다.

'지之'자는 잘못 들어간 글자일 것이다. 왜 '之'자가 있어야 하는지 필자는 설명할 수 없다. '之'자가 없어야 '作樂崇德', '殷薦上帝', '以配祖考' 4글자씩 짝이 된다. 만약 '지之'자를 개사로 본다면 뒤에 '어於'자가 있어야 한다. 즉 '殷薦之於上帝, 以配之於祖考'가 되어야 문장이 반듯하다.

정현은 "'상제上帝'는 하늘(天)"이라고 하였다. '상제上帝'는 천제이며, 하느님이다. 50번 정鼎 「단」에도 '上帝'가 나온다. '은천지상제'는 성대하게 상제에게 제사를 올린다는 말이다.

以配祖考

'이以'는 '이而'와 같다. '배配'는 올린다는 뜻의 헌獻이며, 제사를 올리는 것이다. 『한서』「예문지」에 '배配'를 '향享'으로 인용하였는데, '향享' 또한 '헌獻'이다(고형). '배配'와 '향享'은 같은 뜻이므로 함께 이어 쓴다. '조고祖考'는 조상이다. '이배조고'는 조상에게 배향한다는 말이다.

천기가 따뜻할 때 우레는 땅 위에 나온다. 우레가 땅에서 나와 움직이니, 때는 봄이다. 만물은 다시 생을 얻어 천지가 즐겁다. 선왕은 이 괘상을 보고 이를 본받아 음악을 만들어 자연의 공덕을 찬양하고, 성대하게 상제와 조상에게 제사를 올린다.

고형은 다음과 같이 주장하였다.

『역전』은 우레에 대해 과학적이지 못한 지식을 가지고 있었다. 대륙 지역에서는 천기가 따뜻할 때 우레는 땅 위로 나온다고 여겼으니, 예「상」의 '우레가 땅에서 나와 움직이는 것이 예의 상이다(雷出地奮, 豫)'라고 한 것이 그렇다. 천기가 차가울 때 우레는 땅 속으로 들어간다고 여겼으니, 복「상」의 '우레가 땅 속에 있는 것이 복의 상이다(雷在地中, 復)'라고 한 것이 그렇다. 물가 지역에서는 천기가 따뜻할 때 우레는 못 위로 나온다고 여겼으니, 귀매「상」의 '못 위에 우레가 있는 것이 귀매의 상이다(澤上有雷, 歸妹)'라고 한 것이 그렇다. 천기가 차가울 때 우레는 못 속으로 들어간다고 여겼으니, 수「상」의 '못 속에 우레가 있는 것이 수의 상이다(澤中有雷, 隨)'라고 한 것이 그렇다.

易傳對于雷有不科學之謬說, 認爲··大陸地區, 天暖時雷出于地上, 豫象傳曰'雷出地奮, 豫'是也. 天寒時雷返于地中, 復象傳曰'雷在地中, 復'是也. 濱湖地區, 天暖時雷出于澤上, 歸妹象傳曰'澤上有雷, 歸妹'是也. 天寒時雷入于澤中, 隨象傳曰'澤中有雷, 隨'是也.

고형은 정확하고 명확하게 설명하였다. 『역전』은 천기가 따뜻할 때 우레는 땅 위로 나오고(豫), 차가울 때 땅 속으로 들어가며(復), 또 천기가 따뜻할 때 우레는 못 위로 나오고(歸妹), 차가울 때 못 속으로 들어간다(隨)고 여긴 것이다.

初六, 鳴豫, 凶.

처음 음효는 명성이 있어 즐거워하니, 흉하다.

'명鳴'은 명성이라는 뜻의 명名으로 읽는다. '鳴', '名', '命', '明'은 발음이 같아 옛날에 서로 가차하였다. '예豫'는 즐겁다는 뜻의 낙樂이다. '명예鳴豫'는 명성이 있어 즐거워한다는 말이다.

象曰 '初六鳴豫', 志窮'凶'也.
'처음 음효가 명성이 있어 즐거워한다'는 것은 뜻이 궁하여 '흉하다'는 것이다.

「상」은 '지궁志窮'을 가지고 효사의 '명예鳴豫'를 해석하였다. 「상」은 효사 '명예鳴豫'를, 명성이 있어 즐거워하는 것은 뜻이 궁한 것이라고 해석하였다. 명성이 있어 즐거워하는 것은 가슴속에 무슨 큰 뜻이 없다는 것이며, 뜻이 궁하니 흉하다는 것이다.

六二, 介于石, 不終日, 貞吉.
둘째 음효는 돌 틈에 끼였으나, 종일을 가지 않으니, 바르게 하여 길하다.

'개介'는 낀다는 뜻의 협夾이다. '개우석介于石'은 돌 틈에 끼여 있다는 뜻이다. '정貞'은 바르다는 뜻의 정正이다.

象曰 '不終日貞吉', 以中正也.
'종일을 가지 않으니, 바르게 하여 길하다'는 것은 중정의 자리를 얻었기 때문이다.

'이以'는 원인을 나타내는 전치사이며, 인因으로 읽는다. '중中'은 둘째 음효가 아랫괘의 가운데 자리에 있고, '정正'은 음이 음의 자리에 있다는 것이며(효위), 중정의 도를 행하는 상이다(효상).

유백민과 スズキ에 의하면, '中正'은 '正中'으로 해야 앞의 '凶'과 운이 맞게 된다. 「상」의 '흉凶'과 '중中'은 운이며, 또 뒤의 '당當', '행行', '강剛', '망亡', '장長'도 운이다. 그러나 진고응은 "이 구절은 본래 '初六鳴豫凶, 志窮也'로 해야 한다(此本當作'初六鳴豫凶, 志窮也'). '궁窮'은 동부冬部여서 '정正', '당當', '행行' 등과 운이 맞지 않으므로(然'窮'在冬部, 與'正', '當', '行'等不韻), 글자 순서를 바꾸었다(故改變字序). '흉凶', '정正', '당當' 등은 동부東部, 양부陽部, 경부耕部이기 때문에 운이 맞다(因'凶'與'正', '當'等爲東, 陽, 耕合韻)"라고 하였다. 필자는 진고응을 따라 운을 기록하였다.

「상」은 '중정中正'을 가지고 효사 '정길貞吉'을 해석하였다. 「상」은 효사 '부종일정길不終日貞吉'을, 돌 틈에 끼였으나, 종일을 가지 않으니 바르게 하여 길하다는 것은 둘째 음효가 중정의 자리에서 중정의 도를 행하기 때문이라고 해석하였다.

「계사」 하·5장에 "공자께서 말씀하셨다. 기미를 아는 것은 신묘한 것인가! 군자는 윗사람을 사귀어도 아첨하지 아니하고, 아랫사람과 사귀어도 업신여기지 아니하니, 기미를 아는 것이다. 기미란 움직임이 은밀한 것이고, 길흉이 먼저 나타나는 것이다. 군자는 기미를 보고 일을 하되, 날이 다할 때까지 기다리지 않는다. 『역』에 이르기를 '돌처럼 단단하나 종일을 가지 않으니, 바르게 하면 길하다'고 하였다. 돌과 같이 단단하나, 어찌 종일을 기다리겠는가? 단연히 알 수 있는 것이다. 군자는 은밀한 것을 알면 드러난 것을 알며, 부드러운 것을 알면 강한 것을 아니, 모든 사람이 우러러본다(子曰 知幾其神乎. 君子上交不諂, 下交不瀆, 其知幾乎. 幾者, 動之微, 吉凶之先見者也. 君子見幾而作, 不俟終日. 易曰 '介于石, 不終日, 貞吉.' 介如石焉, 寧用終日, 斷可識矣. 君子知微知彰, 知柔知剛, 萬夫之望)"라고 하였다. 「계사」는 '개介'를 개砎로 읽고, 단단하다는 뜻의 견堅으로 새겼다. '우于'는 여如와 같다. '개우석介于石'은 돌과 같이 단단하다는 뜻이다. 「계사」는 군자의 심성이 돌과 같이 단단하나, 기미를 보면 기다리지 않고 즉시 행동을 취하는 것으로 해석하였다. 「상」은 상수로, 「계사」는 의리로 해석하였다.

六三, 盱豫, 悔, 遲有悔.
셋째 음효는 우러러보며 즐거워하니, 뉘우치며, 더디나 뉘우침이 있다.

『석문』에 "'우盱'는 향香과 우于의 반절이다. '휴우睢盱'이다. 향수는 '휴우는 소인이 기뻐하는 모양'이라고 하였다(盱, 香于反. 睢盱也. 向云睢盱, 小人喜悅之皃)"라고 하고, "'휴睢'는 『설문』에 우러러보는 것이라 하였다(睢, 香維反. 說文云仰目也)"라고 하였다. 『집해』에 향수는 "'휴우'는 소인이 기뻐하며 아첨하는 모양(向秀曰睢盱, 小人喜悅佞媚之貌也)"이라고 하였다. '우盱'는 눈을 크게 뜨고 쳐다보는 것이며, 득세하여 기뻐하는 모양이다. '우예盱豫'는 윗사람을 우러러보며 아첨하는 얼굴로 권세에 빌붙어 즐거워한다는 뜻이다. '회悔'는 뉘우친다는 뜻의 한恨이며, 조그마한 불행이다. '지遲'는 더디다는 뜻의 완緩이다.

象曰 '盱豫有悔', 位不當也.
'우러러보며 즐거워하니 뉘우침이 있다'는 것은 자리가 합당하지 않기 때문이다.

'위부당位不當'은 셋째 음효는 음이면서 양의 자리에 있다는 것이며(효위), 처한 자리가 합당하지 않는 상이다(효상). 「상」은 '위부당位不當'을 가지고 효사의 '유회有悔'를 해석하였다. 「상」은 효사 '우예유회盱豫有悔'를, 우러러보며 즐거워하니 뉘우침이 있다는 것은 셋째 음효의 자리가 합당하지 않기 때문이라고 해석하였다.

정이는 "셋째 음효는 음이면서 양의 자리에 있으니, 바르지 못한 사람이다. 바르지 못하면서 즐거움에 처하고 있으니, 움직이면 모든 것이 뉘우친다. '우盱'는 위로 보는 것이다. 넷째 양효를 우러러보고 있으나, 바르지 못한 것이어서 넷째 양효가 취하지 않으므로 뉘우침이 있는 것이다(六三陰而居陽, 不中不正之人也. 以不中正而處豫, 動皆有悔. 盱, 上視也. 瞻望於四, 則以不中正, 不爲四所取, 故有悔也)"라고 하였다. 정이는 의리로 『주역』을 해석하였지만 상수에서 벗어나지 못하였다.

九四, 由豫, 大有得. 勿疑, 朋盍簪.
넷째 양효는 (뜻을) 행하여 즐거워하니, 크게 얻는 것이 있다.
의심하지 않아도 벗들이 모여든다.

'유由'는 행한다는 뜻의 행行이다. 『맹자』「등문공」 하에 "得志, 與民由之. 不得志, 獨行其道"라고 하였는데, '유由'는 '행行'과 같다. 뜻을 얻으면 백성들과 함께 행하고, 뜻을 얻지 못하면 홀로 자신의 길을 걸어간다는 말이다. 「상」은 '행行'을 가지고 '유由'를 해석하였다. '물勿'은 '불不'과 같다. '붕朋'은 벗(朋友)이다. 『석문』에 "'합盍'은 호胡와 랍臘의 반절이다. 합한다는 뜻이다(盍, 胡臘反, 合也)", 『집해』에 우번은 "'합盍'은 합한다는 뜻의 합合"이라고 하였다. '잠簪'은 본래 비녀의 뜻이나, 모인다는 취聚, 회會의 뜻으로 파생되었다. 비녀는 머리를 모아 꼽는 것이다. '합잠盍簪'은 '합회合會'와 같다.

象曰 '由豫大有得', 志大行也.
'(뜻을) 행하여 즐거워하니, 크게 얻는 것이 있다'는 것은 뜻을 크게 실행한다는 것이다.

'지대행志大行'은 '대행지大行志'로 해야 바르다. 운을 맞추기 위해 의도적으로 글자를 도치하였다. 「상」의 '당當', '행行', '강剛', '망亡', '장長'은 운이다. 「상」은 '지대행志大行'을 가지고 효사의 '대유득大有得'을 해석하였다. 정이는 "'대유득'은 그 뜻이 크게 실행됨을 얻는다는 말이다(大有得, 謂其志得大行也)"라고 하였다. 「상」은 또 '행行'을 가지고 효사의 '유由'를 해석하였다. '행行'은 실행한다는 뜻이다. 「상」은 효사 '유예대유득由豫大有得'을, (뜻을) 행하여 즐거워하니 크게 얻는 것이 있다는 것은 뜻을 크게 실행하는 것이라고 해석하였다. 그래서 의심하지 않아도 벗들(다섯 음효)이 모여든다는 말이다. 넷째 양효는 양효이고 다섯 음이 순종하고 있으니, 뜻을 크게 실행하는 상이다.

六五, 貞疾, 恒不死.
다섯째 음효는 바르게 해도 병이 드나, 오랫동안 죽지 않는다.

'정貞'은 바르다는 뜻의 정正이다. '질疾'은 병이다. '항恒'은 오래 구久이다. 『집해』에 우번은 '상常'이라고 하였다(恒, 常也).

象曰 '六五貞疾', 乘剛也. '恒不死', 中未亡也.
'다섯째 음효가 바르게 해도 병이 든다'는 것은 강을 탔기 때문이다.
'오랫동안 죽지 않는다'는 것은 가운데 자리에 있어 죽지 않는다는 것이다.

'六五貞疾', 乘剛也.

'승강乘剛'은 유승강柔乘剛이다. 유가 강을 타는 것, 즉 음효가 양효 위에 있는 것이다. 「상」은 '육오정질六五貞疾'을, 바르게 해도 병이 든다는 것은 다섯째 음효인 유가 넷째 양효인 강을 탔기 때문이라고 해석하였다.

'恒不死', 中未亡也.

'중미망야中未亡也'는 '중이미망야中以未亡也'로 하는 것이 바르다. 4글자로 만들기 위해 의도적의로 '이以'자를 생략하였다. '중中'은 다섯째 음효가 윗괘의 가운데 자리에 있다는 것이며(효위), 중정의 도를 행하는 상이다(효상). '중미망中未亡'은 가운데 자리에 있어 죽지 않는다는 말이다. 「상」은 '미망未亡'을 가지고 효사의 '불사不死'를 해석하였다. 「상」은 효사 '항불사恒不死'를, 오랫동안 죽지 않는다는 것은 다섯째 음효가 윗괘의 가운데 자리에 있어 죽지 않는다고 해석하였다.
「소상」에 '중이미망야中以未亡也'와 같은 형식으로 기술한 것이 모두 5곳 있다.

① 태泰 六五 「상」: '以祉元吉', 中以行願也.
'복이 있으니 크게 길하다'는 것은 가운데 자리에서 원하는 바를 행한다는 것이다.
② 복復 六五 「상」: '敦復无悔', 中以自考也.
'돈후하게 돌아오니, 뉘우침이 없다'는 것은
가운데 자리에서 스스로 (잘못을) 살핀다는 것이다.

③ 손損 九二「상」: '九二''利貞', 中以爲志也.
'둘째 양효가 바르게 하여 이롭다'는 것은
가운데 자리에서 중도를 행하는 것을 뜻으로 여기기 때문이다.
④ 정鼎 六五「상」: '鼎黃耳', 中以爲實也.
'솥에 황색 귀와 금 고리를 걸었다'는 것은
가운데 자리에서 부유해졌다는 것이다.
⑤ 미제未濟 九二「상」: '九二''貞吉', 中以行正也.
'둘째 양효가 바르게 하여 길하다'는 것은
가운데 자리에서 바름을 행하기 때문이다.

5곳 모두 '중中' 뒤에 '이以'자가 있으며, '이以'는 '이而'와 같다.

上六, 冥豫, 成有渝, 无咎.
꼭대기 음효는 어두운데 즐거워하니,
이루어 놓은 일에 변함이 있을 것이나, 허물이 없다.

『설문』 명부冥部에 "'명冥'은 어둡다는 뜻의 요窈"라고 하였는데, 단옥재는 "'요'는 각 책에 유幽로 썼다(窈, 各本作幽)"라고 하였다. '명冥'은 어둡다는 뜻의 유幽이다. 『석문』에 "'명冥'은 멱覓과 경經의 반절이다. 마융이 '어두워 즐거움에 빠지는 것'이라 하였다(冥, 覓經反. 馬云冥昧耽於樂也)"라고 하였다. 『석문』에 "'유渝'는 양羊과 주朱의 반절이다(渝, 羊朱反)", 『집해』에 우번은 "'유渝'는 변한다는 뜻의 변變"이라고 하였다.

象曰 '冥豫'在'上', 何可長也.
'어두운데 즐거워하는 것'이 '위에' 있으니, 어찌 오래 갈 수 있겠는가?

'상上' 꼭대기 음효를 가리키며, 꼭대기 음효는 괘의 꼭대기에 있으니(효위), 오래 가지 못하는 상이다(효상). 「상」은 효사 '명예冥豫'를, 해가 져서 어두운 때에 즐거워하는 것이 꼭대기에 이르렀으니, 오래 가지 못한다고 해석하였다. 즉 즐거움이 끝났다는 말이다.

고형은 "「상」은 '하가장何可長'을 가지고 효사의 '성유유成有渝'를 해석하였지(象傳以'何可長也'釋爻辭之'成有渝'), '무구无咎'는 해석하지 않았다(未釋爻辭之'无咎'). 또 '하가장'과 '무구'는 뜻이 서로 모순되니(且'何可長也'與'无咎'意相矛盾), 「상」을 지은 사람이 의거한

『역경』에는 본래 '무구' 두 글자가 없었을 것이다(足證象傳作者所據易經本无'无咎'二字)"라고 하였다.

예 「상」에서 '흉凶', '정正', '당當', '행行', '강剛', '망亡', '장長'은 운이다.
유백민: '凶', 三鍾. 與下正'中'(不作中正), 一東. 爲韻.
'當', 十一唐, 四十二宕二韻. 與下'行', 戶郎反. '剛', 十一唐.
'亡', 十陽. '長', 十陽, 三十六養二韻. 爲韻.
스즈키: '흉凶', '중中'과 '당當', '행行', '강剛', '망亡', '장長'.

17. 수隨

䷐ 象曰 澤中有雷, 隨. 君子以嚮晦入宴息.
못 속에 우레가 있는 것이 수의 상이다.
군자는 이 상을 본받아 날이 저물면 내실에 들어가 편안히 쉰다.

澤中有雷, 隨.

수는 윗괘가 태兌이고 아랫괘는 진震이다. 태는 못(澤)이고 진은 우레(雷)이다. 그런즉 '못 속에 우레가 있는 것'이 수의 상이다. 천기가 차가울 때 우레는 못 속으로 들어가니, 우레는 천기를 따라 휴식을 취한다. 「상」은 '수隨'를 처음 양효에서 따른다(從), 셋째 음효와 넷째 양효에서는 뒤쫓는다(追)는 뜻으로 새겼다.

君子以嚮晦入宴息

'군자'는 최고 통치자이다. '향嚮'은 향向의 본 글자이며, '향向'은 향嚮의 속자이다. 『석문』에 "향向으로도 썼다. 허許와 양亮의 반절이다. 왕숙 본에는 '향鄕'으로 되어 있는데, 발음은 같다(嚮, 本又作向. 許亮反. 王肅本作鄕, 音同)"라고 하였다. 『집해』에 적원은 "'회晦'는 어둡다는 뜻의 명冥"이라고 하였다. '향회嚮晦'는 저물녘, 날이 저문다는 뜻이다. '입入' 뒤에 '내內' 혹은 '실室'자가 생략되어 있다. '입내入內'는 내실로 들어가는 것이다. 『설문』 면부宀部에 "'연宴'은 편안하다는 뜻의 안安"이라고 하였다. '식息'은 쉰다(休)는 뜻이다. '연식宴息'은 '휴식休息'이며, 편안히 쉬는 것이다. 공영달은 "임금은 해가 진 뒤에 침실에 들어가 쉰다(人君旣夕之後, 入於宴寢而止息)"라고 하였다.

못 속에 우레가 있으니, 천기가 차가울 때 우레는 못 속으로 들어간다. 이것은 곧 우레가 천기를 따라 휴식하는 것이다. 군자는 이 괘상을 보고 이를 본받아 천기가 차가울 때 날이 저물면 내실에 들어가 편안히 휴식을 취한다. 『집해』에 적원은 "우레는 양기이다. 봄여름에 일을 하고 지금은 못 속에 있으니 가을 겨울이다(雷者, 陽氣. 春夏用事, 今在澤中, 秋冬時也)"라고 하였다.

初九, 官有渝, 貞吉. 出門交有功.
처음 양효는 벼슬에 변고가 있으니, 바르게 하면 길하다.
문 밖을 나가 사귀면 공이 있다.

'관官'은 벼슬이라는 뜻의 직職이다. 『집해』에 구가역은 "'유渝'는 변한다는 뜻의 변變"이라고 하였다. '유渝'는 사고, 변고라는 뜻이다. '관유유官有渝'는 벼슬에 변고가 있다는 말이다. 『석문』에 "'관유官有'는 촉재 본에는 '관유館有'로 되어 있다(官有, 蜀本作館有)"라고 하였다. 촉재를 따라 해석하면 "관사에 변고가 있다"는 말이다. '교交'는 사귄다는 뜻의 제際이다.

象曰 '官有渝', 從正'吉'也. '出門交有功', 不失也.
'벼슬에 변고가 있다'는 것은 바름을 따르면 '길하다'는 것이다.
'문 밖을 나가 사귀면 공이 있다'는 것은 (바름을 따르는 것을) 잃지 않기 때문이다.

'官有渝', 從正'吉'也.

'종從'은 따른다는 뜻의 수隨이다. 「상」은 '종從'을 가지고 괘명 '수隨'를 해석하였다. 또 '정길正吉'을 가지고 효사의 '정길貞吉'을 해석하였다. 「상」은 '정貞'을 정正으로 읽었다. '정正'은 처음 양효가 양이 양의 자리에 있다는 것이며(효위), 바름을 따르는 상이다(효상). '종정길야'는 바름을 따르면 길하다는 말이다. 「상」은 효사 '관유유官有渝'를, 벼슬에 변고가 생겼으니, 바름을 따르면 길하다고 해석하였다.

'出門交有功', 不失也.

'불실不失'은 당연히 '불실종정不失從正'을 줄인 말이다. 바름을 따르는 것을 잃지 않는다, 즉 문 밖을 나가 사귀는 것이 바르다는 말이다. 「상」은 효사 '출문교유공出門交有功'을, 문 밖을 나가 사귀는 것은 바름을 좇는 것을 잃지 않는 것이기 때문에 공이 있다고 해석하였다. 진고응은 "변고에서 길하고 이로운 것으로 바뀌는 시기를 잃지 않는 것(未喪失由變故轉化吉利的時機)"이라고 하였다.

六二, 係小子, 失丈夫.
둘째 음효는 어린 사람을 묶고, 어른을 잃는다.

『설문』 인부人部에 "'계係'는 묶는다는 뜻이다. 인人으로 되어 있고, 계系는 성음이다(係, 絜束也, 从人, 系聲)"라고 하였다. 단옥재는 "'혈絜'은 삼 한 단이다. '혈속絜束'은 동여매는 것이다(絜者, 麻一耑也. 絜束者, 圍而束之)"라고 하였다. '계係'는 묶는다는 뜻의 속束이다. '소자小子'는 '장부丈夫'와 반대 개념이며, 아직 장가들지 않은 남자, 즉 미성년자를 가리킨다. '장부丈夫'는 장가든 남자, 즉 성인을 가리킨다. 옛날에 남자가 20세가 되면 관冠을 쓰고 '장부'라고 칭하였다.

象曰 '係小子', 弗兼與也.
'어린 사람을 묶는다'는 것은 (어린 사람과 어른을) 아울러 함께 하지 않는다는 것이다.

'계소자係小子' 뒤에 '실장부失丈夫'가 생략되어 있다. '불弗'은 '불不'과 같다. '겸兼'은 겸하다, 아우른다는 뜻의 병幷이다. '여與'는 함께, 더불어 공共이다. '불겸여야'는 아울러 함께 하지 않는다는 말이다. 「상」은 효사 '계소자係小子'를, 어린 사람을 묶고 어른을 잃는 것은 어린 사람과 어른을 아울러 함께 하지 않는 것이라고 해석하였다. 진고응은 "동시에 얻을 수 없는 것(不能同時得到)"이라고 하였다.
『집해』에 우번은 "어린 사람은 다섯째 양효이고(小子, 謂五), 어른은 넷째 양효이다(丈夫, 謂四). 둘째 음효는 이미 다섯째 양효에게 묶여 있으니(已係於五), 넷째 양효와 함께 하지 않는다(不兼與四也)"라고 해석하였다.

六三, 係丈夫, 失小子, 隨有求得. 利居貞.
셋째 음효는 어른을 묶고, 어린 사람을 잃으니, 뒤쫓아 가서 구하면 얻게 된다.
바름에 머물면 이롭다.

'계係'는 묶는다는 뜻의 속束이다. '장부丈夫'는 어른이고, '소자小子'는 어린 사람이다. '수隨'는 뒤쫓는다는 뜻의 추追이다. '유有'는 '이以'로 읽으며, '이而'와 같다. '구求'는 구한다는 뜻의 멱覓이며, 뒤쫓아 가는 것이다. '득得'은 앞의 '실失'과 반대이며, 잡는 것이다. '수유구득隨有求得'은 뒤쫓아 가서 구하면 잡을 수 있다는 뜻이다. '이거정

利居貞'은 바른 것을 지키면 이롭다는 말이다.

象曰 '係丈夫', 志舍下也.
'어른을 묶는다'는 것은 뜻이 낮은 것을 버린다는 것이다.

'지志'는 어른을 묶는 뜻이다. 『석문』에 "'사舍'는 음이 사捨(舍, 音捨)"라고 하였다. '사舍'는 버린다는 뜻의 사捨로 읽는다. 「상」은 '하下'를 가지고 효사의 '소자小子'를 해석하였다. '지사하야'는 뜻이 낮은 것을 버린다는 말이다. 「상」은 효사 '계장부係丈夫'를, 어른을 묶고 어린 사람을 잃는다는 것은 어른을 묶는 뜻이 낮은 것(어린 사람)을 버리는 것이라고 해석하였다.

왕필은 '하下'를 처음 양효를 가리킨다고 하였다(下, 謂初也). "처음 양효를 버리고 넷째 양효에 묶여 있으니, 뜻이 장부에 있다(舍初係四, 志在丈夫)"라고 하였는데, '장부丈夫'는 넷째 양효를, '소자小子'는 처음 양효를 가리키며, 셋째 음효는 넷째 양효를 따르고 처음 양효는 버린다는 말이다. 왕필은 상수로 해석하였는데, 「상」의 본뜻과 부합하는지 알 수 없다.

고형은 "사람이 포로를 잡았는데(言人得俘虜), 어른도 있고 어린 사람도 있다(有丈夫, 有小子). 어른은 힘이 세어 가치가 높으므로 묶어두고(丈夫勞動力强, 價値高, 故係之), 어린 사람은 힘이 약해 가치가 낮으므로 묶어두지 않았다(小子勞動力弱, 價値低, 故不係). 그 뜻은 가치가 낮은 어린 사람을 버리기를 원한다는 말이다(其心寧愿舍其價値低下之小子也)"라고 하였다. 고형은 문장으로 해석하였다.

九四, 隨有獲, 貞凶. 有孚在道, 以明, 何咎.
넷째 양효는 뒤쫓아 가서 잡으니, 바르게 해도 흉하다.
길에서 믿음을 가지고 밝게 살피니 무슨 허물이 있겠는가?

'수隨'는 뒤쫓는다는 뜻의 추追이다. '유有'는 '이以'로 읽으며, '이而'와 같다. '획獲'은 얻다(得), 사로잡다(捕)는 뜻이다. '수유획'은 뒤쫓아 가서 잡는다는 말이다. '수유획隨有獲'은 셋째 음효의 '수유구득隨有求得'과 같다. '정貞'은 바르다는 뜻의 정正이다. '부孚'는 믿음이라는 뜻의 신信이다. '도道'는 길 로路이다. '이以'는 '이而'로 읽는다. 혹은 '이以' 용用이며, 뒤에 '지之'자가 생략되어 있는 것으로 보아도 통한다. '지之'는 부孚(믿음)를 가리킨다. '명明'은 밝게 살피는 것(明察)이다.

象曰 '隨有獲', 其義'凶'也. '有孚在道', '明'功也.
'뒤쫓아 가서 잡는다'는 것은 마땅히 '흉하다'는 것이다.
'길에서 믿음을 가진다'는 것은 '밝게 살피는' 공이라는 것이다.

'隨有獲', 其義 '凶' 也.

'기其'는 어조사이다. 4글자로 맞추기 위해 뜻 없이 들어갔다. '의義'는 마땅하다는 뜻의 의宜로 읽는다. 「상」은 효사 '수유획隨有獲'을, 뒤쫓아 가서 잡는다는 것은 어린 사람을 잡는 것이므로 마땅히 흉하다고 해석하였다.

'有孚在道', '明' 功也.

'명明'은 밝게 살피는 것(明察)이다. '공功'은 밝게 살피는 공이다. 「상」은 '공功'을 가지고 효사의 '하구何咎'를 해석하였다. 「상」은 효사 '유부재도有孚在道'를, 길에서 믿음이 있다는 것은 믿음을 가지고 어린 사람을 잡기 위해 밝게 살피는 공이 있으니 허물이 없다고 해석하였다.

九五, 孚于嘉, 吉.
다섯째 양효는 올바름에 믿음을 가지니, 길하다.

'부孚'는 믿음이라는 뜻의 신信이다. 『설문』 주부壴部에 "'가嘉'는 아름답다는 뜻의 미美"라고 하였다. 공영달은 '선善'이라고 하였는데, 정이, 주희, 고형 등 대부분 이를 따랐다. 「상」은 '정중正中'을 가지고 효사의 '가嘉'를 해석하였다. 다섯째 양효는 '중정中正'의 자리이다. '가嘉'는 곧 올바름(正中)이요, '부우가孚于嘉'는 올바름에 믿음을 가진다는 말이다.

象曰 '孚于嘉吉', 位正中也.
'올바름에 믿음을 가지면 길하다'는 것은 자리가 정중이기 때문이다.

'정중正中'은 '중정中正'으로 하는 것이 바르다. 운을 맞추기 위해 의도적으로 글자를 도치하였다. 「상」의 '흉凶', '공功', '중中', '궁窮'은 운이다. 『집해』에 우번은 '中正'으로 읽었다. 『석문』에는 '位正中也'가 '未正中也'로 되어 있고, "어떤 책에는 '中正'으로 되어 있다(一本作中正)"라고 하였다. '정正'은 다섯째 양효가 양이 양의 자리에 있다는 것이고, '중中'은 윗괘의 가운데 자리에 있다는 것이며(효위), 올바름을 가지고 있는 상이다(효상). 「상」은 효사 '부우가길孚于嘉吉'을, 올바름에 믿음을 가지니 길하다는 것은 다섯째 양효가 바르고 알맞는 자리를 얻었기 때문이라고 해석하였다.

上六, 拘係之, 乃從維之. 王用亨于西山.
꼭대기 음효는 잡아 묶어놓고, 또 뒤좇아 가서 잡아 묶는다.
왕이 서산에 제사를 올린다.

'구拘'는 잡는다는 뜻의 집執이다. '계係'는 '계繫'이며, 끈으로 묶는 것이다. '구계지拘係之'는 잡아 묶는다는 뜻이다. '내乃'는 '우又'와 같다. '종從'은 '수隨'이며, 뒤좇는다는 뜻의 추追이다. '유維'는 매다, 묶는다는 뜻의 계繫이다. '유지維之'는 '계지係之'와 같다. '내종유지乃從維之'는 또 뒤좇아 가서 잡아 묶는다는 뜻이다. 『석문』에 "'형亨'은 육적이 허許와 양兩의 반절이며, '제祭'라는 뜻이다(亨, 陸許兩反, 云祭也)"라고 하였다. '형亨'은 '향享'으로 읽으며, 제사를 올린다는 뜻이다.

象曰 '拘係之', 上窮也.
'잡아 묶는다'는 것은 꼭대기가 궁하다는 것이다.

'상上'은 꼭대기 음효를 가리키며, 꼭대기 음효는 한 괘의 꼭대기 자리에 있으니(효위), 궁한 지경에 처해 있는 상이다(효상). 「상」은 효사 '구계지拘係之'를, 잡아 묶는다는 것은 꼭대기 음효가 꼭대기에 이르러 궁한 지경에 처해 있는 것이라고 해석하였다. 『집해』에 우번은 "강을 타고 응하는 것이 없으니 꼭대기가 궁하다(乘剛无應, 故上窮也)"라고 하였다. 고형은 '상上'을 효사의 왕으로 읽고, "왕이 구금을 당하여 곤궁한 지경에 처해 있다(王被囚繫, 乃處于困窮之境地也)"라고 해석하였다.
「소상」에 '상궁야上窮也'는 ① 수隨 上六 ② 손巽 上九, 2곳 기록되어 있다.

수 「상」에서 '길吉', '실失'과 '여與', '하下'와 '흉凶', '공功', '중中', '궁窮'은 운이다.
유백민: '吉', 五質. 與下'失'同韻.
'與', 八語. 與下'下', 音戶. 爲韻.
'凶', 三鍾. 『經義述聞』: "其義凶也, 言其道凶也." 與下'功', 一東.
'中', 一東(『周易集解』引虞注'正中, 作中正'). '窮', 一東.
李富孫『易經異文釋』二: "中與凶, 功, 窮音協."
스즈키: '길吉', '실失'과 '여與', '下'와 '흉凶', '공功', '중中', '궁窮'.

18. 고蠱

象曰 山下有風, 蠱. 君子以振民育德.
산 아래에 바람이 있는 것이 고의 상이다.
군자는 이 상을 본받아 백성을 구제하고 덕을 기른다.

山下有風, 蠱.

고는 윗괘가 간艮이고 아랫괘는 손巽이다. 간은 산(山)이고 손은 바람(風)이다. 그런즉 '산 아래에 바람이 있는 것'이 고의 상이다. 산 아래에 바람이 불고 있으니, 일이 일어난다. 「상」은 '고蠱'를 일(事)이라는 뜻으로 새겼다. 정이는 "산 아래에 바람이 있으니, 바람이 산을 만나면 돌아가므로 만물은 모두 흩어져 어지럽다. 그러므로 일이 있는 상이다(山下有風, 風遇山而回, 則物皆散亂, 故爲有事之象)"라고 하였다.

君子以振民育德

'군자'는 최고 통치자이다. 『설문』 수부手部에 "'진振'은 구제하는 것(振, 擧救之也)", 『석문』에 "'진振'은 지之와 신愼의 반절이다. 구제한다는 뜻의 제濟이다(振, 之愼反. 濟也)"라고 하였다. '진민振民'은 백성을 구제한다는 뜻이다. '육育'은 기른다는 뜻의 양養이다. 『석문』에 "왕숙은 '육毓'으로 썼는데 옛날 '육育'자이다(王肅作毓, 古育字)"라고 하였다. '육毓'과 '육育'은 음도 뜻도 같다. '덕德'은 도덕 수양이다. '양덕養德'은 덕을 기른다는 뜻이다. 왕필은 '진민육덕振民育德'을 '제민양덕濟民養德'이라고 하였다. 백성을 구제하고 덕을 기른다는 말이다.

산 아래에 바람이 불고 있으니, 세상이 평온무사하지 못하고 일이 일어난다. 군자는 이 상을 보고 이를 본받아 백성을 구제하고 덕을 기른다. '진민振民'은 '치인治人'이고, '육덕育德'은 '수기修己'이다. '진민육덕振民育德'은 '육덕진민育德振民'으로 하는 것이 '수기치인修己治人'과 부합한다. 덕을 길러 백성을 구제하고, 자신을 수양한 후에 남을 다스린다.

정이는 "산 아래에 바람이 있으니, 바람이 산을 만나면 돌아가므로 만물은 모두 흩어져 어지럽다. 그러므로 일이 있는 상이다. 군자는 일이 있는 상을 보고 백성을 구제하고 그 덕을 기른다(山下有風, 風遇山而回, 則物皆散亂, 故爲有事之象. 君子觀有事之象, 以振濟於民, 養育其德也)"라고 하였다.

유백민은 "『주역』은 '육덕育德'을 말하면서(易言育德), 산에서 많이 취했으니(多取於

山), 몽괘 「상전」에서도 '果行育德'이라 하였다(故蒙象傳亦曰'果行育德')"라고 하였다.

初六, 幹父之蠱, 有子, 考无咎, 厲, 終吉.
처음 음효는 아버지의 일을 계승하는 아들이 있으니,
아버지는 허물이 없으며, (아들은) 위태로우나 마침내 길하다.

「상」은 처음 음효와 다섯째 음효에서 '승承'을 가지고 '간幹'을 해석하였다. '간幹'은 계승하다는 뜻의 승承이다. '고蠱'는 일이라는 뜻의 사事이다. '고考'는 아버지(父)이다. 옛날에는 아버지가 살아 있거나 죽었거나 모두 '고考'라고 칭하였다(고형, 굴만리). 「상」은 '고考'를 죽은 아버지(亡父)로 여겼다(굴만리). '여厲'는 위태롭다는 뜻의 위危이다.

『석문』에 "'有子考无咎'라고 이어 읽고 구절을 끊었다. 주 씨는 마융과 왕숙에 의거하여 '有子考, 无咎'로 구절을 끊었다('有子考无咎', 絶句. 周依馬王肅以考絶句)"라고 하였다. 『집해』에 우번도 '有子考, 无咎'로 끊어 읽었다. 이렇게 읽으면 두 가지 해석이 가능하다. ①상병화尙秉和는 '고考'를 동사로 보고 '성成'으로 읽었다. 『광운廣韻』에 "'고考'는 이룬다는 뜻의 성成"이라고 하였다. "아들이 아버지의 일을 이룬다"는 말이다. ②우성오于省吾는 '고考'를 '효孝'로 읽고 "아들은 효자이다"라고 해석하였다. 문일다와 이경지 등이 이를 따랐다. 고형은 '有子, 考无咎', 진고응은 '有子考无咎'로 끊고, '고考'를 '성成'으로 읽었다. 「상」은 '有子, 考无咎'로 구절을 끊어 읽고, '고考'를 '부父'로 해석하였다.

象曰 '幹父之蠱', 意承'考'也.
'아버지의 일을 계승한다'는 것은 (아들의) 뜻이 '아버지'를 계승한다는 것이다.

'승承'은 잇는다는 뜻의 계繼이다. 「상」은 '승承'을 가지고 효사의 '간幹'을, '고考'를 가지고 '부父'를 해석하였다. '의승고야'는 뜻이 아버지를 계승한다는 말이다. 「상」은 효사 '간부지고幹父之蠱'를, 아들이 아버지의 일을 계승하는 것은 아들의 뜻이 아버지를 계승하는 데 있으니, 아버지는 허물이 없다고 해석하였다.

九二, 幹母之蠱, 不可貞.
둘째 양효는 어머니의 일을 계승하니, 바르다고 할 수 없다.

'간幹'은 계승하다는 뜻의 승承이다. '고蠱'는 일이라는 뜻의 사事이다. '불가不可'는 무엇을 해서는 안 된다, 무엇을 할 수 없다는 뜻이다. '정貞'은 바르다는 뜻의 정正이다. '불가정不可貞'은 바르다고 할 수 없다는 말이다.

象曰 '幹母之蠱', 得中道也.
'어머니의 일을 계승한다'는 것은 중도를 얻었기 때문이다.

'득중도야得中道也'는 '이득중야以得中也' 혹은 '득중야得中也'로 하는 것이 바르다. 운을 맞추고 4글자로 만들기 위해 의도적으로 '도道'자를 넣었다. 「상」의 '고考', '도道', '구咎'는 운이다.

'간모지고幹母之蠱' 뒤에 '불가정不可貞'이 생략되어 있다. '중中'은 정正이며, 「상」은 '중中'을 가지고 효사의 '정貞'을 해석하였다. '중도中道'는 둘째 양효가 아랫괘의 가운데 자리를 얻었다는 것이며(효위), 중도를 얻은 상이다(효상). '중도'는 정도正道이며, 뜻과 행실이 바르다는 말이다. 「상」은 효사 '간모지고幹母之蠱'를, 아들이 어머니의 일을 계승한다는 것은 둘째 양효가 중도를 얻었기 때문에 바르다고 할 수 없는 것이라고 해석하였다. 즉 어머니의 일을 계승하는 것은 바른 일(中道)이 아니라는 것이다.

「소상」에 '득중도야得中道也'는 4곳, '이중도야以中道也'는 한 곳 기록되어 있다.

① 고蠱 九二 「상」: '幹母之蠱', 得中道也.
'어머니의 일을 계승한다'는 것은 중도를 얻었기 때문이다.
② 리離 六二 「상」: '黃離元吉', 得中道也.
'황색이 붙었으니, 크게 길하다'는 것은 중도를 얻었기 때문이다.
③ 해解 九二 「상」: '九二''貞吉', 得中道也.
'둘째 양효가 바르게 하여 길하다'는 것은 중도를 얻었기 때문이다.
④ 쾌夬 九二 「상」: '有戎勿恤', 得中道也.
'적이 쳐들어 왔으나 근심하지 말라'는 것은 중도를 얻었기 때문이다.
⑤ 기제旣濟 六二 「상」: '七日得', 以中道也.
'칠 일이면 얻는다'는 것은 중도를 얻었기 때문이다.

5곳 모두 운을 맞추기 위해 의도적으로 '도道'자를 삽입하였다.

九三, 幹父之蠱, 小有悔, 无大咎.
셋째 양효는 아버지의 일을 계승하니, 조금 뉘우침이 있으나, 큰 허물은 없다.

'간幹'은 계승하다는 뜻의 승承이다. '고蠱'는 일이라는 뜻의 사事이다. '회悔'는 뉘우친다는 뜻의 한恨이다.

象曰 '幹父之蠱', 終'无咎'也.
'아버지의 일을 계승한다'는 것은 마침내 '허물이 없다'는 것이다.

「상」은 '종무구終无咎'를 가지고 효사의 '무대구无大咎'를 해석하였다. 「상」은 효사 '간부지고幹父之蠱'를, 아버지의 일을 계승한다는 것은 조금 뉘우침이 있으나 마침내 허물이 없는 것이라고 해석하였다. 즉 아버지의 일을 계승하는 것은 당연한 것이라는 말이다.

六四, 裕父之蠱, 往見吝.
넷째 음효는 아버지의 일을 더욱 빛나게 하려 하나, 가면 어려움을 만난다.

『석문』에 "'유裕'는 양羊과 수樹의 반절이다. 마융은 '너그럽다는 뜻의 관寬'으로 새겼다(裕, 羊樹反. 馬云寬也)"라고 하였다. 너그럽다(寬), 넉넉하다(饒), 더욱 빛나게 하다(光大)는 뜻이다. '고蠱'는 일이라는 뜻의 사事이다. '견見'은 보다(視), 만나다(逢), 당하다(當)는 뜻이다. '인吝'은 어렵다는 뜻의 난難이다. '왕견린往見吝'은 가면 어려움을 만난다는 말이다.

象曰 '裕父之蠱', 往未得也.
'아버지의 일을 더욱 빛나게 하려 한다'는 것은 가면 (결과를) 얻지 못한다는 것이다.

「상」은 '왕미득往未得'을 가지고 효사의 '왕견린往見吝'을 해석하였다. '미득未得'은 좋은 결과를 얻지 못한다는 뜻이다. 「상」은 효사 '유부지고裕父之蠱'를, 아버지의 일을 더욱 빛나게 하려 하나, 가면 어려움을 만나므로 좋은 결과를 얻지 못한다고 해석하였다.

六五, 幹父之蠱, 用譽.
다섯째 음효는 아버지의 일을 계승하니, 명예롭다.

'간幹'은 계승하다는 뜻의 승承이다. '고蠱'는 일이라는 뜻의 사事이다. '용用'은 '이

以'로 읽으며, 오늘날 백화로 인이因以, 인이因而이다(굴만리). 따라서, 그래서 라는 뜻이다. '예譽'는 명예이다. '용예用譽'는 명예롭다는 뜻이다.

象曰 '幹父用譽', 承以德也.
'아버지의 일을 계승하니, 명예롭다'는 것은 덕으로 계승한다는 것이다.

'승이덕야承以德也'는 '이덕승야以德承也'로 하는 것이 바르다. 운을 맞추기 위해 의도적으로 글자를 도치하였다. 「상」의 '득得', '덕德', '칙則'은 운이다. '승承'은 잇는다는 뜻의 계繼이다. 「상」은 '승承'을 가지고 효사의 '간幹'을 해석하였다. '이以'는 용用의 뜻이다. '덕德'은 곧 중덕中德이다. 다섯째 음효는 윗괘의 가운데 자리에 있으니(효위), 중덕을 얻은 상이다(효상). '승이덕야'는 덕으로 계승한다는 말이다. 「상」은 효사 '간부용예幹父用譽'를, 아버지의 일을 계승하니 명예롭다는 것은 아들이 덕으로 그 아버지를 계승하는 것이라고 해석하였다.

上九, 不事王侯, 高尚其事.
꼭대기 양효는 왕을 섬기지 않으니, 그 일이 고상하다.

앞의 '사事'는 동사이며 섬긴다는 뜻의 봉奉이고, 뒤의 '사事'는 명사이며 왕을 섬기지 않는 일(不事)을 가리킨다. '고상高尚'은 왕을 섬기지 않는 일이 고상하다는 것이다.

象曰 '不事王侯', 志可則也.
'왕을 섬기지 않는다'는 것은 뜻을 본받을 수 있다는 것이다.

'지가칙야志可則也'는 '가칙지야可則志也'로 하는 것이 바르다. 운을 맞추기 위해 의도적으로 글자를 도치하였다. 「상」의 '득得', '덕德', '칙則'은 운이다. '지志'는 왕을 섬기지 않는 뜻이다. 『이아』「석고釋詁」에 "'칙則'은 본받는 것(則, 法也)"이라고 하였다. '칙則'은 본받는다는 뜻의 법法, 효效이며, 백화로 '效法'이다. '지가칙志可則'은 그 뜻을 본받을 수 있다는 말이다. 「상」은 효사 '불사왕후不事王侯'를, 왕을 섬기지 않는 그 고상한 뜻을 본받을 만하다고 해석하였다.

고「상」에서 '고考', '도道', '구咎'와 '득得', '덕德', '칙則'은 운이다.
유백민: '考', 三十二皓. 與'道'同韻. '咎', 四十四有. 古音杲. 協'考''道'爲韻.

'得', 二十四德. 與'德''則'同韻.

스즈키: '고考', '도道', '구咎'와 '득得', '덕德', '칙則'.

19. 임臨

䷒ 象曰 澤上有地, 臨. 君子以教思无窮, 容保民无疆.

못 위에 땅이 있는 것이 임의 상이다.

군자는 이 상을 본받아 백성을 교화하고 생각하는 것이 끝이 없고, 백성을 포용하고 보호하는 것이 한이 없다.

澤上有地, 臨.

임은 아랫괘가 태兌이고 윗괘는 곤坤이다. 태는 못(澤)이고 곤은 땅(地)이다. 그런즉 '못 위에 땅이 있는 것'이 임의 상이다. 못 위에 땅이 있으니, 땅은 높고 못은 낮아 높은 땅이 낮은 못에 임하고 있다. 「상」은 '임臨'을 임한다는 뜻으로 새겼다. 『집해』에 순상은 "못은 낮고 땅은 높으니, 높은 것과 낮은 것이 서로 임하는 상이다(澤卑地高, 高下相臨之象也)"라고 하였다. 「상」에서 '임臨'은 백성에 임하는 것(臨民), 백성을 다스리는 것(治民)이다.

君子以教思无窮

'군자'는 최고 통치자이다. '교사教思' 뒤에 '민民'자가 있어야 한다. 그래야 '용보민무강'과 서로 짝이 된다(고형). '교教'는 교화한다는 뜻이다. 고형과 굴만리는 '사思'를 생각한다는 뜻의 염念으로, 진고응은 사찰司察, 감찰督察의 뜻으로 새겼다. '교사민'은 백성을 교화시키고 관심을 가지고 살핀다는 말이다. '궁窮'은 아래의 '강疆'과 같으며, 다하다는 뜻의 진盡이다. '교사민무궁'은 백성을 교화하고 생각하는 것이 끝이 없다는 말이다.

容保民无疆

『집해』에 우번은 "'용容'은 너그럽다는 뜻의 관寬"이라고 하였다. '용容'은 관용, 포용의 뜻이고, '보保'는 보호하는 것이다. '용보민'은 백성을 포용하고 보호한다는 말이다. '무궁无窮'과 '무강无疆'은 같은 말이며, 끝이 없다, 한이 없다는 뜻이다. '용보민무강'은 백성을 포용하고 보호하는 것이 한이 없다는 말이다.

못 위에 땅이 있으니, 땅은 높고 못은 낮아 높은 땅이 낮은 못에 임하고 있다. 군자는 이 상을 보고 이를 본받아 끝없이 백성을 교화하고 생각하며, 한없이 백성을 포용하고 보호한다. 「상」은 윗괘 곤(地)을 군자에, 아랫괘 태(澤)를 백성에 비유하였다. '궁窮'과 '강疆'은 운이다.

初九, 咸臨, 貞吉.

처음 양효는 감응하여 백성에 임하니, 바르게 하여 길하다.

함咸 「단」에 "함은 감응하다는 뜻의 감(咸, 感也)"이라고 하였다. 『집해』에 우번과 왕필은 '함咸'을 감응하다는 뜻의 감感으로 읽었다. 정이는 감동하다는 뜻의 감感으로 읽었다. 두 글자는 같은 성음 계열이며 옛날에 통용되었다. '함咸'은 모두라는 뜻의 개皆, '감感'은 『설문』 심부心部에 "사람의 마음을 움직이는 것이다. 심心으로 되어 있고, 함咸은 성음이다(感, 動人心也. 从心, 咸聲)"라고 하였다. '감'은 감동하다(動), 감화하다(化), 감응하다(應)는 뜻이다. '임臨'은 백성에 임하는 것(臨民)이다. '함림咸臨'은 감응하여 백성에 임하는 것이다. '정貞'은 바르다는 뜻의 정正이다.

象曰 '咸臨貞吉', 志行正也.

'감응하여 백성에 임하니, 바르게 하여 길하다'는 것은 뜻과 행실이 바르다는 것이다.

「상」은 '정正'을 가지고 효사의 '정貞'을 해석하였다. '정正'은 처음 양효가 양이 양의 자리에 있다는 것이며(효위), 뜻과 행실이 바른 상이다(효상). '지행정'은 뜻과 행실이 바르다는 말이다. 「상」은 효사 '함림정길咸臨貞吉'을, 임금이 감응하여 백성에 임하니, 뜻과 행실이 바른 것이므로 길하다고 해석하였다.

九二, 咸臨, 吉, 无不利.

둘째 양효는 위엄으로 백성에 임하니, 길하여 이롭지 않음이 없다.

고형은 "'함咸'자는 위엄이라는 뜻의 '위威'자로 써야 한다(此咸字疑當作威). 글자 모양이 비슷하여 잘못되었을 것이다(形似而誤)"라고 하였다. 「상」의 해석을 보면 고형의 주장이 타당하다. '임臨'은 백성에 임하는 것(臨民)이다. '위림威臨'은 위엄으로 백성에 임하는 것이다.

> 象曰 '咸臨吉无不利', 未順命也.
> '위엄으로 백성에 임하니, 길하여 이롭지 않음이 없다'는 것은
> (백성이) 명령에 순종하지 않기 때문이다.

'미未'는 부정 부사이다. '순順'은 순종하는 것이다. '명命'은 임금의 명령이다. '미순명야'는 임금의 명령에 복종하지 않는다는 말이다. 「상」은 효사 '함림길무불리咸臨吉无不利'를, 백성이 임금의 명령에 복종하지 아니하므로, 위엄으로 백성에 임하니 길하여 이롭지 않음이 없다고 해석하였다. 배학해裴學海는 『고서허자집석古書虛字集釋』에서 '미未'를 뜻이 없는 어조사로 보았다. 이 경우, "위엄으로 백성에 임하니, 백성들이 명령에 순종하므로 길하여 이롭지 않음이 없다"라고 해석한다. 유백민이 이를 따랐다. 두 가지 모두 통한다.

六三, 甘臨, 无攸利. 既憂之, 无咎.
셋째 음효는 달콤한 말로 백성에 임하니, 이로울 것 없다.
이를 근심한다면, 허물이 없다.

'감甘'은 감언甘言이다. '감림甘臨'은 감언이설로 백성에 임하는 것이다. '기既'는 무엇을 한 바에는, 무엇을 한 이상에는, 무엇을 했다면 등의 뜻을 가진 접속사이다. '우憂'는 근심하다는 뜻의 여慮이다. '지之'는 감림甘臨을 가리킨다. '기우지既憂之'는 감언이설로 백성에 임하는 것을 근심한다는 말이다.

> 象曰 '甘臨', 位不當也. '既憂之', '咎'不長也.
> '달콤한 말로 백성에 임한다'는 것은 자리가 합당하지 않기 때문이다.
> '이를 근심한다'는 것은 '허물'이 오래 가지 않는다는 것이다.

'甘臨', 位不當也.

'위부당位不當'은 셋째 음효가 음이면서 양의 자리에 있다는 것이며(효위), 처한 자리가 합당하지 않는 상이다(효상). 「상」은 효사 '감림甘臨'을, 달콤한 말로 백성에 임하는 것은 셋째 음효가 양의 자리에 있어 그 자리가 합당하지 않기 때문이라고 해석하였다.

'既憂之', '咎'不長也.

「상」은 '구부장咎不長'을 가지고 효사의 '무구无咎'를 해석하였다. '부장不長'은 오래 가지 않는다는 뜻이다. 「상」은 효사 '기우지既憂之'를, 달콤한 말로 백성에 임하는 것이 옳지 않음을 알고 이를 근심한다면 허물은 오래 가지 않는다고 해석하였다.

六四, 至臨, 无咎.
넷째 음효는 지극한 마음으로 백성에 임하니, 허물이 없다.

'지림至臨'은 지극한 마음으로 백성에 임하는 것이다.

象曰 '至臨无咎', 位當也.
'지극한 마음으로 백성에 임하니, 허물이 없다'는 것은 자리가 합당하기 때문이다.

'위당位當'은 넷째 음효가 음이 음의 자리에 있다는 것이며(효위), 합당한 자리에 처해 있는 상이다(효상). 「상」은 효사 '지림무구至臨无咎'를, 지극한 마음으로 백성에 임하니 허물이 없다는 것은 넷째 음효가 음의 자리에 있어 그 자리가 합당하기 때문이라고 해석하였다.

『집해』에는 '위당位當'이 '당위실야當位實也'로 되어 있다. 『석문』은 "어떤 책에는 '당위실當位實'로 되어 있는데, 잘못된 것이다(本或作當位實, 非也)"라고 하였다.

六五, 知臨, 大君之宜, 吉.
다섯째 음효는 지혜로 백성에 임하는 것은 대군의 마땅함이니, 길하다.

『석문』에 "'지知'는 음이 지智(知, 音智)"라고 하였다. '지知'는 지혜라는 뜻의 지智로 읽는다. '지림知臨'은 지혜로 백성에 임하는 것이다. '의宜'는 마땅하다는 뜻의 당當이다.

象曰 '大君之宜', 行中之謂也.
'대군의 마땅함이다'는 것은 중도를 행하는 것을 말한다.

'행중지위야行中之謂也'는 '행중야行中也'로 하는 것이 바르다. "'대군의 마땅함이다'는 것은 중도를 행한다는 것이다"는 말이다. 운을 맞추기 위해 의도적으로 '위謂'자를 넣어 5글자가 되었다. 「상」의 '위謂'와 '내內'는 운이다. '중中'은 다섯째 음효가 윗괘의 가운데 자리에 있다는 것이며(효위), 중도를 행하는 상이다(효상). '중도'는 정도이며, 뜻과 행실이 바른 것을 말한다. 「상」은 효사 '대군지의大君之宜'를, 지혜로 백성에 임하는 것이 대군의 마땅함이라는 것은 다섯째 음효가 가운데 자리에서 중도를 행하는 것을 말하는 것이라고 해석하였다. 즉 지혜로 백성에 임하는 것이 대군의 마땅함이고, 이것이 곧 중도를 행하는 것이라는 말이다.

上六, 敦臨, 吉, 无咎.
꼭대기 음효는 돈후하게 백성에 임하니, 길하여 허물이 없다.

『집해』에 순상은 "'돈敦'은 돈후하다는 뜻(敦, 敦厚之意)"이라고 하였다. '돈림敦臨'은 돈후하게 백성에 임하는 것이다.

象曰 '敦臨'之'吉', 志在內也.
'돈후하게 백성에 임하니' '길하다'는 것은 뜻이 안에 있기 때문이다.

'지志'는 돈후하게 백성에 임하는 뜻이다. '내內'에 대해 몇 가지 해석이 있다.

첫째, 『집해』에 구가역은 "뜻이 둘째 양효에 나아가는 것이다. 음은 양을 위주로 하므로 뜻이 안에 있는 것이다(志在升二也. 陰以陽爲主, 故志在內也)"라고 하여, 둘째 양효로 보았다.

둘째, 공영달은 "아랫괘의 두 양효(志意恒在於內之二陽)"라고 하였는데, 뒷사람들은 모두 이를 따랐다.

셋째, 고형은 '내內'를 마음속으로 보고, "돈후하게 백성에 임하니 길한 것은(君上以敦厚臨民) 곧 돈후한 마음이 임금의 마음속에 있기 때문(乃因其敦厚之心存于內)"이라고 해석하였다.

넷째, 진고응은 '내內'를 아랫괘(內卦)로 보고, 아랫괘의 태는 못이고 백성을 상징하므로, "돈후하게 백성에 임하니 길한 것은(以仁厚督治百姓) 마음이 백성에 있기 때문(這說明上六心中裝有天下百姓)"이라고 해석하였다.

'내內'는 ①둘째 양효 ②아랫괘 두 양효 ③마음속 ④아랫괘이다. 이러한 해석은 모두 통한다. 「상」은 효사 '돈림敦臨'을, 돈후하게 백성에 임하니 길한 것은 꼭대기 음효의 뜻이 안에 있기 때문이라고 해석하였다.

「소상」에 '지재내야志在內也'는 ① 임臨 上六 ② 건蹇 上六, 2곳 기록되어 있는데, 윗괘에 쓰였으며, ① 임臨 上六은 六三과 응하지 않으나 ② 건蹇 上六은 九三과 응한다. '지재외야志在外也'는 3곳 기록되어 있다. 11번 태泰 初九 「상」을 참고하라.

임 「상」에서 '궁窮', '강疆'과 '정正', '명命'과 '당當', '장長', '당當'과 '위謂', '내內'는 운이다.

유백민: '正', 四十五勁. 與下'命', 四十三映. 爲韻. 『易音』: "古映勁同用."
'當', 十一唐, 四十二宕二韻. 與下'長', 十陽. 爲韻. 陽, 當, 漾, 宕同用.
'謂', 八未. 與下'內', 十八隊. 爲韻. 未隊古韻相通.

스즈키: '정正', '명命'과 '당當', '장長', '당當'과 '위謂', '내內'.

20. 관觀

䷓ 象曰 風行地上, 觀. 先王以省方觀民設教.
바람이 땅 위에서 부는 것이 관의 상이다.
선왕은 이 상을 본받아 나라를 순시하여 백성을 살피며 교화를 베푼다.

風行地上, 觀.

관은 윗괘가 손巽이고 아랫괘는 곤坤이다. 손은 바람(風)이고 곤은 땅(地)이다. 그런즉 '바람이 땅 위에서 부는 것'이 관의 상이다. 바람이 땅 위에서 불고 있으니, 이르지 않는 곳이 없고 보지 않는 것이 없다. 「상」은 '관觀'을 보다(視), 살피다(察)는 뜻으로 해석하였다.

先王以省方觀民設教

'선왕先王'은 옛날의 이상적인 통치자를 가리킨다. 『설문』 구부目部에 "'성省'은 보다는 뜻의 시視", 『이아』 「석고」에는 "살핀다는 뜻의 찰察"이라고 하였다. '방方'에 대해, 공영달은 나라 '방邦'과 같다 하였고, 『집해』에 구가역과 정이 등은 '사방四方'이라고 해석하였다. 두 가지 모두 통한다. '성방省方'은 나라를 순시하는 것이다. 24번 복復 「상」에도 '后不省方'이라고 하였는데 같은 뜻이다. '설設'은 베푼다는 뜻의 진陳이다. '교教'는 교화, 혹은 정교政教이다. '설교設教'는 교화를 베푼다는 말이다. 『집해』에 구가역은 '省察四方, 觀視民俗, 而設其教也'라고 해석하였다.

바람이 땅 위에서 불고 있으니, 이르지 않는 곳이 없고 보지 않는 것이 없다. 선왕은 이 상을 보고 이를 본받아 나라를 순시하여 백성을 살피며 교화를 베푼다. 「상」은 '관觀'을 가지고 괘명 '관觀'을 해석하였다.

정이는 "바람이 땅 위에 불어 만물에 두루 미치니 빠짐없이 보는 상이다. 그러므로 선왕은 이를 체득하여 사방을 순시하는 예로 하여 백성의 풍속을 살펴서 정교를 베푼다(風行地上, 周及庶物, 爲由歷周覽之象, 故先王體之爲省方之禮, 以觀民俗而設政敎也)"라고 하였다.

고형은 "『상전』은 바람을 덕교에 비교하여(象傳以風比德敎), 바람이 땅 위에서 부는 것을 덕교가 각 지역에 행하는 것에 비교하였다(以風行地上比德敎行于各地). 임금은 나라를 순시하여(國君巡視邦國), 민정을 살피는 것은(觀察民情), 바로 덕교의 활동을 추진하는 것이니(正是推行德敎之活動), 그래서 괘명이 관이다(是以卦名曰觀)"라고 하였다.

初六, 童觀, 小人无咎, 君子吝.
처음 음효는 어리게 살피니, 소인은 허물이 없으나, 군자는 어렵다.

『석문』에 "'동童'은 마융이 '홀로 독獨과 같다', 정현은 '어리다는 뜻의 치稚'(童, 馬云童猶獨也. 鄭云稚也)"라고 하였다. '동관童觀'은 어리게 살핀다는 뜻이며, 보는 것이 얕다는 말이다. '소인'은 도덕 수양이 천박한 사람을, '군자'는 도덕 수양이 훌륭한 사람을 가리키며, 넷째 음효의 '왕'이다. '왕'은 당연히 도덕 수양이 훌륭해야 한다. 『집해』에 우번은 "음은 소인이고, 양은 군자이다(陰, 小人. 陽, 君子)"라고 하였다. '인吝'은 어렵다는 뜻의 난難이다.

象曰 '初六童觀', '小人'道也.
'처음 음효가 어리게 살핀다'는 것은 '소인'의 (사물을 살피는) 방법이다.

「상」은 '소인'을 처음 음효에 비유하였다. 『역전』에서 '음'은 소인이다. '소인'은 도덕 수양이 천박한 사람이다. 처음 음효는 음이고 아래에 처하여 있으니(효위), 소인이 어리게 살피는 상이다(효상). '도道'는 방법이라는 뜻이다. '소인도小人道'는 소인이 사물을 살피는 방법이라는 말이다. 「상」은 효사 '동관童觀'을, 어리게 살피는 것은 소인이 사물을 살피는 방법이라고 해석하였다. 소인은 어리게 살피므로 허물이 없으나, 나라를 이끌어 가는 군자가 어리게 살피면 어렵다는 말이다.

六二, 闚觀, 利女貞.
둘째 음효는 엿보니, 여자가 바르게 하여 이롭다.

『석문』에 "'규闚'는 고苦와 규規의 반절이다. '규窺'로도 썼다(闚, 苦規反. 本亦作窺)"라고 하였다. '규闚'와 '규窺'는 엿본다는 뜻이며, 두 글자는 음과 뜻이 같아 통용되었다. '규관闚觀'은 문틈이나 구멍으로 엿보는 것이다. 『집해』에 우번은 "훔쳐보는 것(竊觀稱闚)"이라고 하였다. '여女'는 아직 시집가지 않은 여자이다. '정貞'은 바르다는 뜻의 정正이다.

象曰 '闚觀女貞', 亦可醜也.
'엿보니, 여자가 바르게 하여 이롭다'는 것은 또한 추할 수 있다는 것이다.

효사의 '이利'자는 생략되었다. 『석문』에 "어떤 책에는 '이利'자가 있다(一本有利字)"라고 하였다. '추醜'는 추하다는 뜻이다. '역가추야'는 또한 추할 수 있다는 말이다. 「상」은 효사 '규관窺觀'을, 여자가 엿보는 것은 바르게 하여 이롭다 해도 또한 추할 수 있는 일이라고 해석하였다.

「소상」에 '역가추야亦可醜也'는 ① 관觀 六二 ② 대과大過 九五 ③ 해解 六三 등 3곳 기록되어 있다.

六三, 觀我生, 進退.
셋째 음효는 나의 백성을 살펴서, 나아가고 물러간다.

'관觀'은 살피다, 고찰하다(察)는 뜻이다. 「상」은 다섯째 양효에서 효사의 '생生'을 백성(民)으로 해석하였다. 『집해』에 우번은 "'생生'은 생민生民"이라고 하였는데, 곧 백성이다. '생生'과 '성姓'과 '성性'은 옛날에 통용되었다. '진퇴進退'는 정령政令을 시행하고 시행하지 않음을 말한다. '진進'은 정령을 시행하는 것을, '퇴退'는 정령을 시행하지 않는 것을 말한다. 나의 백성을 살피는 것은 정령을 시행하든가 시행하지 않든가 하기 위해서이다.

象曰 '觀我生進退', 未失道也.
'나의 백성을 살펴서, 나아가고 물러간다'는 것은 (살피는) 도를 잃지 않는다는 것이다.

'도道'는 관도觀道, 즉 살피는 도이다. 고형과 진고응은 '정도'라고 하였는데, 이렇게 해석해도 통한다. '미실도야'는 도를 잃지 않는다는 말이다. 「상」은 효사 '관아생진퇴觀我生進退'를, 나의 백성을 살펴서 나아가고 물러간다는 것은 살피는 도를 잃지 않는 것이라고 해석하였다. 즉 백성을 잘 살펴서 정령을 시행하고 시행하지 않는 것이 살피는 도이며, 이것을 잃지 않는다는 말이다.

六四, 觀國之光, 利用賓于王.

넷째 음효는 나라의 찬란함을 살피고, 왕의 빈객이 되니 이롭다.

'국지광國之光'은 나라의 문물의 찬란함을 말한다. '이용利用'은 '이우利于'와 같다. '빈賓'은 동사이며 손님이 된다(作客)는 뜻이다.

象曰 '觀國之光', 尙 '賓' 也.

① '나라의 찬란함을 살핀다'는 것은 왕의 빈객이 되기를 바란다는 것이다.

② '나라의 찬란함을 살핀다'는 것은 왕이 빈객을 숭상한다는 것이다.

③ '나라의 찬란함을 살핀다'는 것은 왕의 빈객이 된다는 것이다.

이 구절은 몇 가지로 해석할 수 있다.

첫째, 전통적인 해석이다. 왕필은 "지존에 가장 가까이 있어 나라의 빛을 보는 사람이다(最近至尊, 觀國之光者也)"라고 하였는데, '관국지광'하는 것은 넷째 음효이고, '왕'은 다섯째 양효로 보았다. 공영달은 이를 따라 "지존의 도에 가까이 있어, 뜻은 왕의 빈객이 되기를 바라는 것이다(居近至尊之道, 志意慕尙爲王賓也)"라고 하였다. 뒷사람들은 대개 이를 따랐다. 정이는 "'상尙'은 뜻이 바라는 것이다. 그 뜻은 조정에 빈객이 되기를 원하고 생각하는 것이다(尙謂志尙, 其志意願慕賓于王朝也)", 래지덕은 "'상尙'은 심지가 바라는 것이다. 그 뜻은 왕의 조정에 빈객이 되기를 원하는 것이다(尙謂心志之所尙, 其志意願賓于王朝)"라고 하였다. 「상」의 효사 '관국지광觀國之光'을, 나라의 찬란함을 살핀다는 것은 조정에 빈객이 되기를 바라는 것이라고 해석하였다.

둘째, 필자의 해석이다. '상尙'은 숭상한다는 뜻의 숭崇이다. '상빈尙賓'은 왕이 빈객을 숭상한다는 것이다. 「상」은 효사 '관국지광'을, 제후가 왕의 조정에 가서 나라의 찬란함을 살피고 왕의 빈객이 되니, 왕이 빈객을 숭상하여 이롭다고 해석하였다.

셋째, 이부손李富孫의 『역경이문석易經異文釋』 이二에 "'상尙'은 경방과 육적이 '상上'으로 썼다. 경전에서 '상尙'과 '상上' 두 글자는 통용되었다(尙, 京陸績作上, 經典尙上二字

通用)"라고 하였다. '상尙'은 '상上'으로 읽으며, 효사의 '왕' 혹은 다섯째 양효를 가리킨다. '상빈尙賓'은 '상빈上賓'이며, 제후가 왕의 빈객이 되는 것을 말한다. 「상」은 효사 '관국지광觀國之光'을, 제후가 왕의 조정에 가서 나라의 찬란함을 살피고 왕의 빈객이 되는 것(作王之賓客)이라고 해석하였다. 고형, 굴만리, 진고응 등은 '상尙'을 '상上'으로 읽었다. 이러한 해석은 모두 통한다.

九五, 觀我生, 君子无咎.
다섯째 양효는 나의 백성을 살피니, 군자는 허물이 없다.

'생生'은 백성이다. 『집해』에 우번은 '생민生民'이라고 하였는데, 백성이라는 뜻이다.

象曰 '觀我生', 觀民也.
'나의 백성을 살핀다'는 것은 백성을 살핀다는 것이다.

「상」은 '민民'을 가지고 효사의 '생生'을 해석하였다. 「상」은 효사 '관아생觀我生'을, 나의 백성을 살핀다는 것은 백성을 살피는 것이라고 해석하였다.

上九. 觀其生, 君子无咎.
꼭대기 양효는 다른 나라의 백성을 살피니, 군자는 허물이 없다.

고형은 "'기其'는 저것 피彼와 같으며(其猶彼也), 다른 나라를 가리킨다(指他國)"라고 하였다. '생生'은 백성이다.

象曰 '觀其生', 志未平也.
'다른 나라의 백성을 살핀다'는 것은 뜻이 (나의 백성과) 고르지 않는가를 살피는 것이다.

'지미평야志未平也'는 '지재미평야志在觀未平也'로 하는 것이 바르다. 4글자로 맞추기 위해 의도적으로 글자를 생략하였다. '지志'는 다른 나라의 백성을 살피는 뜻이다. '평平'은 평평하다, 고르다는 뜻의 균均이다. '지미평야'는 뜻이 나의 백성과 고르지 않는가를 살핀다는 말이다. 「상」은 효사 '관기생觀其生'을, 다른 나라의 백성을 살피는 것은 살피는 뜻이 나의 백성과 서로 고르지 않는가를 살피는 데 있는 것이라고 해석하였다. 즉 다른 나라의 백성을 살피는 뜻은 나의 백성과 서로 고르게 하기 위함이니, 군자는 허물이 없다는 말이다.

고형은 "'평平'은 변辨을 가차한 것이며(平借爲辨), 분명하게 가리는 것을 말한다(謂辨明也)"하고, "임금이 다른 나라의 서민을 살피는 것은(國君考察他國之庶民), 마음속으로 다른 나라의 서민의 상황을 분명하게 가릴 수 없기 때문이다(因其心中未能辨明他國庶民之情況也)"라고 해석하였다.

관「상」에서 '도道', '추醜', '도道'와 '빈賓', '민民', '평平'은 운이다.

유백민: '道', 三十二皓. 與下'醜', 四十四有. 『唐韻正』: "四十四有韻中之半, 古與筱, 小, 巧, 皓通爲一韻." 故 '醜' 叶音疇, 與道相韻
'賓', 十七眞. 與下'平', 十二庚. 爲韻.

스즈키: '도道', '추醜', '도道'와 '빈賓', '민民', '평平'.

21. 서합噬嗑

䷔ 象曰 雷電, 噬嗑. 先王以明罰勅法.
우레와 번개가 함께 일어나는 것이 서합의 상이다.
선왕은 이 상을 본받아 형벌을 밝게 살펴 법령을 정비한다.

雷電, 噬嗑.

주희는 "'뇌전雷電'은 당연히 '전뢰電雷'로 해야 한다(雷電當作電雷)"라고 하였다. 「단」과 「상」은 괘상을 말하면서 먼저 윗괘를 들고 이어서 아랫괘를 말하였다. 풍豐(䷶) 「상」에서도 '雷電皆至, 豐'이라고 하였으니 주희의 말이 맞다. 한 희평 석경에는 '電雷'로 되어 있다. 「상」은 「단」을 따라 '뇌전雷電'이라고 하였다.

서합은 아랫괘가 진震이고 윗괘는 리離이다. 진은 우레(雷)이고 리는 번개(電)이다. 그런즉 '우레와 번개가 함께 일어나는 것'이 서합의 상이다. 우레와 번개가 함께 일어나니, 그 힘은 서로 합한다. 「상」은 '서합噬嗑'을 입속에 음식물을 넣고 위아래 턱을 합하여(嗑) 씹다(噬)는 뜻으로 새겼다. 정이는 "우레와 번개는 서로 기다려 함께 나타나는 것이니, 또한 합嗑의 상이 있다(雷電相須並見之物, 亦有嗑象)"라고 하였다.

先王以明罰勑法

'선왕先王'은 옛날의 이상적인 통치자이다. '명明'은 밝게 살피다(明察), '벌罰'은 형벌刑罰이다. '명벌明罰'은 형벌을 밝게 살핀다는 뜻이다. 『석문』에 "'칙勑'은 치恥와 역力의 반절이며, 속자이다. 『자림』에 '칙勅'으로 되어 있다. 정현은 '다스린다는 뜻의 이理와 같다'고 하였다. '정리한다는 정整'의 뜻도 있다(勑, 恥力反. 此俗字也. 字林作勅. 鄭云勑猶理也. 一云整也)"라고 하였다. '勑', '勅', '敕', '飭'은 음과 뜻이 같아 옛날에 통용되었다. '칙勑'은 술어이며, 정비하다, 정돈하다(飭)는 뜻이다. '법法'은 법령이다. '칙법勑法'은 법령을 정비한다는 뜻이다. '명벌칙법明罰勑法'은 형벌을 밝게 살펴 법령을 정비한다는 말이다. 번개와 우레가 함께 일어나니, 천하가 밝다. 번개는 밝음이고(明罰), 우레는 위엄이다(勑法). 선왕은 이 상을 보고 이를 본받아 형벌을 밝게 살펴 법령을 정비한다.

『집해』에 송충은 "우레가 움직이니 위엄이고, 번개가 움직이니 밝음이다(雷動而威, 電動而明)", 정이는 "번개는 밝고 우레는 위엄이 있다. 선왕은 우레와 번개의 상을 보고 그 밝음과 위엄을 본받아 형벌을 밝게 하고 법령을 정비한다. 법이라는 것은 사리를 밝혀서 방비하는 것이다(電明而雷威. 先王觀雷電之象, 法其明與威, 以明其刑罰, 飭其法令. 法者, 明事理而爲之防者也)"라고 하였다.

고형은 "형벌을 밝게 살피고(然欲明察其刑罰), 법률을 바로 잡으려면(修正其法律), 반드시 형법 조문을 음미하여(必須玩味刑法條文), 이로움과 폐단을 알아야 하니(以知其利弊), 입에 음식물을 물고(正如口含食物), 씹어서 그 맛을 아는 것과 꼭 같다(咀嚼以知其味), 그래서 괘명이 '서합'이다(是以卦名曰噬嗑)"라고 하였다.

初九, 屨校滅趾, 无咎.

처음 양효는 족쇄를 끌며 발이 잘려 나가나, 허물이 없다.

『석문』에 "'구屨'는 기紀와 구具의 반절(屨, 紀具反)"이라고 하였다. '구屨'는 '누婁'로 읽는다(고형). '구屨'는 명사이며 신(履)이고, '누婁'는 동사이며 끈다는 뜻의 예曳이다. 『설문』 목부木部에 "'교校'는 나무로 만든 형구(校, 木囚也)"라고 하였다. '교校'는 나무로 만든 형구刑具이며, 목에 사용하는 것은 칼(枷), 손에 사용하는 것은 수갑(梏), 발에 사용하는 것을 족쇄(桎)라고 하는데, 이들을 통틀어 '교校'라고 한다. 여기에서는 족쇄(桎)를 가리킨다. '멸滅'은 공영달이 '멸몰滅沒'이라고 하였는데, 없애다(去), 끊다(絶)는 뜻이다. '지趾'는 『석문』에 '지止'로 되어 있는데, "'지趾'로도 썼다. '지趾'는 발이다(本亦作趾. 趾, 足也)"라고 하였다. 『집해』에 우번과 간보는 "'지趾'는 발(足)"이라고 하였다.

'멸지滅趾'는 발이 잘려 나간다는 말이다. 발이 잘려 나가는 형벌을 '월형刖刑'이라고 하였다.

象曰 '屨校滅趾', 不行也.

① '족쇄를 끌며 발이 잘려나간다'는 것은 다시 나쁜 일을 저지르지 않는다는 것이다.

② '족쇄를 끌며 발이 잘려나간다'는 것은 걷지 못한다는 것이다.

이 구절은 두 가지로 해석할 수 있다.

첫째, '불행不行'은 행하지 않는다, 즉 다시 나쁜 일을 저지르지 않는다는 뜻이다. 「상」은 효사 '구교멸지屨校滅趾'를, 족쇄를 끌며 발이 잘려 나가나 허물이 없다는 것은 다시는 나쁜 일을 저지르지 않기 때문이라고 해석하였다.

둘째, 『석문』에 "어떤 책에는 '지불행야止不行也'로 되어 있다(本或作止不行也)"라고 하였다. "'족쇄를 끌며 발이 잘려나간다'는 것은 걷지 못한다는 것이다"라는 말이다. 이렇게 해석하여도 통한다. 『집해』에 간보는 "억지로 따라 걸을 수 없는 것(不敢遂行强也)"이라고 하였다.

「계사」 하·5장에 "공자께서 말씀하셨다. 소인은 인자하지 않음을 부끄럽게 여기지 아니하고, 의롭지 않음을 두렵게 여기지 아니하며, 이로움을 보지 않으면 힘쓰지 아니하고, 위엄이 아니면 징계할 수 없다. 작은 징계를 받고 큰일을 경계하니, 이것은 소인의 복이다. 『역』에 이르기를 '족쇄를 끌며 발이 잘려나가나, 허물이 없다'고 한 것은 이것을 말한 것이다(子曰 小人不恥不仁, 不畏不義, 不見利不勸, 不威不懲, 小懲而大誡, 此小人之福也. 易曰 屨校滅趾, 无咎. 此之謂也)"라고 하였다. 「계사」 역시 작은 징계를 받고 큰일을 경계하니, '다시 나쁜 일을 저지르지 않는다'라고 해석하였다.

六二, 噬膚滅鼻, 无咎.

둘째 음효는 고기를 씹다가 코가 잘려 나가나, 허물이 없다.

'서噬'는 씹는다는 뜻의 설齧이다. 『집해』에는 "먹는 것(噬, 食也)"이라고 하였다. '부膚'는 고기(肉)이다. 『석문』에 "'부膚'는 방方과 우于의 반절이다. 마융은 '부드럽고 토실토실한 것을 부라고 한다'(膚, 方于反. 馬云柔脃肥美曰膚)", 왕필은 "부드러운 것(柔脆之物也)"이라고 하였다. '부膚'는 연하고 통통한 고기이다. '멸滅'은 없어지다는 뜻의 몰沒이며(굴만리), 잘려 나간다는 뜻이다(고형). '멸비滅鼻'는 코가 잘려 나간다는 말이다. 코가 잘려 나가는 형벌을 '의형劓刑'이라고 하였다.

象曰 '噬膚滅鼻', 乘剛也.
'고기를 씹다가 코가 잘려 나간다'는 것은 유가 강을 탔기 때문이다.

'승강乘剛'은 유승강柔乘剛이다. 둘째 음효가 처음 양효를 타고 있는 것이다. 둘째 음효는 음이고 유이며, 처음 양효는 양이고 강이다. 둘째 음효는 처음 양효의 위에 있으니(효위), 아랫사람이 윗사람을 범하고 있는 상이다(효상). 「상」은 효사 '서부멸비噬膚滅鼻'를, 고기를 씹다가 코가 잘려 나가는 것은 유가 강을 탔기 때문이라고 해석하였다. 즉 아랫사람이 윗사람을 범하였기 때문에 고기를 씹다가 코가 잘려 나간다는 말이다.

六三, 噬腊肉, 遇毒, 小吝, 无咎.
셋째 음효는 마른 고기를 씹다가 독을 만났으니, 조금 어려우나 허물이 없다.

'서噬'는 씹는다는 뜻의 설齧이다. '석腊'은 마른 고기(乾肉)이다. 『석문』에 "'석腊'은 음이 석昔(腊, 音昔)"이라고 하였는데, 『집해』에는 '昔'으로 되어 있다. 『설문』 일부日部에 "'석昔'은 마른 고기(昔, 乾肉也)"라고 하였다. 공영달은 "질긴 고기(堅剛之肉)"라고 하였다. '독毒'은 나쁜 것(惡), 해로운 것(害)이다. 『집해』에 우번은 "화살 독(毒, 謂矢毒也)", 공영달은 "더러운 것(苦惡之物)"이라고 하였다. '인吝'은 어렵다는 뜻의 난難이다.

象曰 '遇毒', 位不當也.
'독을 만났다'는 것은 자리가 합당하지 않기 때문이다.

'위부당位不當'은 셋째 음효가 음이면서 양의 자리에 있다는 것이며(효위), 처한 자리가 합당하지 않는 상이다(효상). 「상」은 효사 '우독遇毒'을, 마른 고기를 씹다가 독을 만난 것은 셋째 음효의 자리가 합당하지 않기 때문이라고 해석하였다.

九四, 噬乾胏, 得金矢, 利艱貞吉.
넷째 양효는 뼈가 있는 마른 고기를 씹다가 금 화살촉을 얻었으니,
어려움 속에서도 바르게 하여 이롭고 길하다.

‘서噬’는 씹는다는 뜻의 설齧이다. 『석문』에 “‘건乾’은 음이 간干(乾, 音干)”이라고 하였다. ‘자胏’에 대해, 『석문』에 마융은 “뼈가 있는 것을 ‘자胏’라고 한다(胏, 馬云有骨謂之胏)”, 『집해』에 육적은 “고기에 뼈가 있는 것을 ‘자胏’라고 한다(肉有骨, 謂之胏)”라고 하였다. ‘건자乾胏’는 뼈가 있는 마른 고기이다. ‘시矢’는 화살촉(鏃)이다. ‘간艱’은 어렵다는 뜻의 난難이다. ‘정貞’은 바르다는 뜻의 정正이다. ‘이간정길’은 어려움 속에서도 바르게 하여 이롭고 길하다는 뜻이다.

象曰 ‘利艱貞吉’, 未光也.
‘어려움 속에서도 바르게 하여 이롭고 길하다’는 것은 밝지 않다는 것이다.

「상」은 효사 ‘이간정길利艱貞吉’을, 뼈가 있는 마른 고기를 씹다가 금 화살촉을 얻었으니, 어려움 속에서도 바르게 하여 이롭고 길하나, 어려움으로 인해 밝지 않다고 해석하였다. 『석문』에는 ‘未光大也’로 되어 있는데, “어떤 책에는 ‘대’자가 없다(本亦無大字)”라고 하였다. 『집해』에 육적은 ‘未爲光大也’로 해석하였다. ‘대大’가 있으면 운이 맞지 않는다.

진고응은 ‘명明’을 ‘광명光明’으로 해석하고, “광명은 윗괘 리를 말하니(光明, 謂上卦離也), 리는 광명의 뜻이다(離是光明之義). 넷째 양효는 리괘에 들어가나(九四雖入離卦), 자리가 리괘의 시작이니(但位在離之初), 그래서 ‘밝지 않다’라고 한 것이다(故云‘未光’)”라고 하였다. 그는 철저하게 상수로 해석하였는데, 이것이 「상」의 본뜻인지는 알 수 없다. 필자는 「상」의 본뜻이 아니라고 생각한다.

「소상」에 ‘미광야未光也’는 ①서합噬嗑 九四 ②진震 九四 ③태兌 上六, 3곳 기록되어 있다. ①과 ③은 ‘光’의 뜻으로, ②는 ‘廣’의 뜻으로 쓰였다. 「소상」에 ‘~光也’는 모두 9곳 기록되어 있다. 2번 곤坤 六二 「상」을 참고하라.

六五, 噬乾肉, 得黃金, 貞厲无咎.
다섯째 음효는 마른 고기를 씹다가 황금을 얻었으니,
바르게 해도 위태로우나 허물이 없다.

‘서噬’는 씹는다는 뜻의 설齧이다. ‘건육乾肉’은 육포肉脯이다. 왕필은 “질기다(乾肉, 堅也)”라고 하였다. 『집해』에 우번은 “‘여厲’는 위태롭다는 뜻의 위危”라고 하였다.

象曰 ‘貞厲无咎’, 得當也.

'바르게 해도 위태로우나 허물이 없다'는 것은 합당한 가운데 자리를 얻었기 때문이다.

「단」은 "雖不當位, 利用獄也"라고 하여, 다섯째 음효를 '부당위不當位'라고 하였는데, 「상」은 '득당得當'이라고 하였다. 다섯째 음효는 음이면서 양의 자리에 있으므로 '득당'이라 할 수 없고, 가운데 자리에 있으므로 '재중在中' 혹은 '이중以中' 혹은 '득중得中'이라고 해야 바르다. 운을 맞추기 위해 의도적으로 '중中'을 '당當'으로 바꾼 것이다. 「상」의 '행行', '강剛', '당當', '광光', '당當', '명明'은 운韻이다. '당當'은 당연히 '중中'으로 읽어야 한다. '득당得當'은 다섯째 음효가 윗괘의 가운데 자리에 있다는 것이며(효위), 합당한 자리에 처해 있는 상이다(효상). 「상」은 효사 '정려무구貞厲无咎'를, 바르게 해도 위태로우나 허물이 없는 것은 다섯째 음효가 합당한 가운데 자리를 얻었기 때문이라고 해석하였다.

유백민은 "서합 다섯째 음효의 '득당'은(噬嗑六五之得當), 수需 꼭대기 음효의 '수부당雖不當'과 같으니(猶需上六之'雖不當'), 모두 움직임이 '득당' 혹은 '부당'을 말한 것이지(皆謂動而得當或不當), 자리가 '득당' 혹은 '부당'을 말한 것이 아니다(非謂位之當不當也)"라고 하였다.

「소상」에서 '득당得當'을 말한 곳은 여기 한 곳뿐이다.

上九, 何校滅耳, 凶.

꼭대기 양효는 형틀을 지고 귀가 잘려 나가니, 흉하다.

『석문』에 "'하何'는 멘다는 뜻의 하荷로도 썼다(何, 本亦作荷)"라고 하고, "왕숙은 멘다는 뜻의 담擔으로 새겼다(王肅曰何, 擔也)"라고 하였다. 『백서』에는 '하荷'로 되어 있다. '하何'는 '하荷'로 읽으며, 어깨에 지다는 뜻의 부負이다. '교校'는 칼(枷)이라는 형구이다. '멸滅'은 잘려 나간다는 뜻이다. '하교멸이何校滅耳'는 형틀을 지고 귀가 잘려 나간다는 말이다.

象曰 '何校滅耳', 聰不明也.

'형틀을 지고 귀가 잘려 나간다'는 것은 듣는 것이 분명하지 않다는 것이다.

'총聰'은 '총聽'이다. 공영달은 "'총聽'은 듣는다는 뜻의 청聽"이라고 하였다. 『석문』에 마융은 "귀가 듣지 못하는 것(馬云耳無所聞)", 정현은 "눈이 밝지 못하고, 귀가 듣지 못하는 것(鄭云目不明, 耳不聰)", 왕숙은 "'총불명'은 듣는 것이 분명하지 않다는 말(王肅云言其聰之不明)"이라고 하였다. 「상」은 효사 '하교멸이何校滅耳'를, 형틀을 지고 귀가 잘려 나가니 분명하게 들을 수 없어 흉하다고 해석하였다. 고형은 "그 사람이 중죄를 짓고 중형을 받은 것은(蓋其人犯重罪而受重刑), 듣는 것이 명확하지 않아(乃因其聽不明), 이해에 어둡기 때문이니(昧于利害), 그래서 화를 불러들인 것이다(故招凶禍也)"라고 하였다. 그는 "'형틀을 지고 귀가 잘려 나간다'는 것은 들은 것이 분명하지 않기 때문이다"라고 해석한 것이다. 이렇게 해석하여도 통한다.

「소상」에 '총불명야聽不明也'는 ① 서합噬嗑 上九 ② 쾌夬 九四, 2곳 기록되어 있다.

「계사」 하·5장에 다음과 같이 말하였다. "공자께서 말씀하셨다. 선행이 쌓이지 않으면 이름을 이루기에 부족하고, 악행이 쌓이지 않으면 몸을 망치기에 부족하다. 소인은 조그마한 선행도 이로움이 없다고 여겨 하지 않고, 조그마한 악행도 해로울 것이 없다고 여겨 버리지 않는다. 그러므로 악행이 쌓이면 가릴 수 없고, 죄가 커지면 풀 수 없다. 『역』에 이르기를 '형틀을 지고 귀가 잘려 나가니 흉하다'라고 하였다(子曰 善不積, 不足以成名. 惡不積, 不足以滅身. 小人以小善爲无益而弗爲也, 以小惡爲无傷而弗去也, 故惡積而不可掩, 罪大而不可解. 易曰 何校滅耳, 凶.)" 「계사」는 소인의 악행이 쌓이고 죄가 커져 형틀을 지고 귀가 잘려 나가니 흉하다고 해석하였는데, 「상」의 해석과는 아주 다르다. 「계사」는 효사의 '멸이滅耳'를 '멸신滅身'으로 해석하였다.

서합 「상」에서 '행行', '강剛', '당當', '광光', '당當', '명明'은 운韻이다.

유백민: '行', 音杭. 與下'剛' '光', 十一唐. '當', 四十二宕, 十一唐二韻. '明', 彌郎反. 爲韻.

스즈키: '행行', '강剛', '당當', '광光', '당當', '명明'.

22. 비賁

☶☲ 象曰 山下有火, 賁. 君子以明庶政, 无敢折獄.

산 아래에 불이 있는 것이 비의 상이다.

군자는 이 상을 본받아 온갖 정사를 살피고, 함부로 송사를 판결하지 아니한다.

山下有火, 賁.

비는 윗괘가 간艮이고 아랫괘는 리離이다. 간은 산(山)이고 리는 불(火)이다. 그런즉 '산 아래에 불이 있는 것'이 비의 상이다. 산 아래에 불이 있으니, 불은 산을 꾸민다. 「상」은 '비賁'를 꾸미다(飾)는 뜻으로 해석하였다.

정이는 "산은 초목과 온갖 생물이 모여서 살아가는 곳이고, 불이 산 아래에서 위를 비추니, 온갖 생물은 모두 그 빛을 받으므로 꾸미는 상이다(山者, 草木百物之所聚生也, 火在其下而上照, 庶類皆被其光明, 爲賁飾之象也)"라고 하였다.

君子以明庶政

'군자'는 최고 통치자이다. '명明'은 살핀다는 뜻의 찰察이다. 『석문』에 "촉재 본에는 '명命'으로 되어 있다(蜀才本作命)"라고 하였다. '서庶'는 여럿 중衆이다. '정政'은 정사이다. '서정庶政'은 온갖 정사이다. '명서정明庶政'은 온갖 정사를 살핀다는 말이다.

无敢折獄

'무无'는 '불不'과 같다. '감敢'은 감히, 함부로 뜻이다. 『석문』에 "'절折'은 지之와 설舌의 반절이다. 정현은 '판단한다는 뜻의 단斷'(折, 之舌反. 鄭云斷也)"이라고 하였다. '옥獄'은 송사(訟)이다. '절옥折獄'은 송사를 판결하는 것이다. 『논어』 「안연」에 같은 기록이 있다.

> 片言可以折獄者, 其由也與.
> 한마디로써 송사를 판결할 수 있는 사람은 자로일 것이다.

'무감절옥无敢折獄'은 함부로 송사를 판결하지 아니한다는 말이다. 산 아래에 불이 있으니, 산이 꾸미는 것은 밝다. 군자는 이 괘상을 보고 이를 본받아 온갖 정사를 밝게 살피고, 감히 송사를 가볍게 판결하지 아니한다.

初九, 賁其趾, 舍車而徒.
처음 양효는 그 발을 꾸미니, 수레를 버리고 걸어서 간다.

'비賁'은 꾸민다는 뜻의 식飾이다. 『석문』에 "'지趾'는 어떤 책에 '지止'로 되어 있다. 정현은 '지趾는 발'이라고 하였다(趾, 一本作止. 鄭云趾, 足)", 『집해』에 우번도 '발(足)'이라고 하였다. '비기지賁其趾'는 발에 꽃신 등을 신고 발을 꾸민 것이다. 『석문』에 "'사

舍'는 음이 사捨(舍, 音捨)"라고 하였다. '사舍'는 버린다는 뜻의 사捨로 읽는다. 『석문』에 "'거車'는 음이 거居이다. 정현과 장번 본에는 '여輿'로 되어 있다. 한대부터 비로소 '거居'로 발음하였다(車, 音居. 鄭張本作輿. 從漢時始有居音)"라고 하였다. 『설문』 척부彳部에 "'도徒'는 걸어서 가는 것(徒, 步行也)", 『집해』에 우번은 "'도徒'는 걸어서 가는 것(步行)"이라고 하였다.

象曰 '舍車以徒', 義弗乘也.
'수레를 버리고 걸어서 간다'는 것은 마땅히 수레를 타지 않는다는 것이다.

'의義'는 마땅하다는 뜻의 의宜로 읽는다. '불弗'은 '불不'이다. '승乘'은 수레를 타는 것(登)이다. '의불승義弗乘'은 마땅히 수레를 타지 않는다는 말이다. 「상」은 효사 '사거이도舍車以徒'를, 수레를 버리고 걸어서 간다는 것은 그 발을 꾸몄으므로 마땅히 수레를 타지 않는 것이라고 해석하였다. 『집해』에 왕숙은 "한 괘의 아래에 있으므로 '발'이라고 하였다. 수레를 버리고 그 발을 꾸몄으므로 걸어서 가는 것이다(在下, 故稱趾. 既舍其車, 又飾其趾, 是徒步也)"라고 하였다.

六二, 賁其須.
둘째 음효는 그 수염을 꾸민다.

'비賁'는 꾸민다는 뜻의 식飾이다. '수須'는 '수鬚'로 읽으며, 턱수염이라는 뜻이다.

象曰 '賁其須', 與上興也.
'그 수염을 꾸민다'는 것은 위를 따라 움직인다는 것이다.

'여與'는 따른다는 뜻의 종從이다. '상上'은 셋째 양효를 가리킨다. '흥興'은 일어나다(起), 움직이다(動)는 뜻이다. '여상흥與上興'은 '종상이동從上而動'이며, 아래에 있는 둘째 음효가 위에 있는 셋째 양효를 따라 움직인다는 말이다. 수염은 입 아래에 있어 입이 움직이면 수염도 따라 움직인다. 둘째 음효는 가운데(中)와 바른(正) 자리를 얻었으나(효위) 셋째 양효 아래에 있으니 이를 따라 움직이는 상이다(효상). 「상」은 효사 '비기수賁其須'를, 그 수염을 꾸민다는 것은 둘째 음효가 셋째 양효를 따라 움직이는 것이라고 해석하였다.

九三, 賁如濡如, 永貞吉.
셋째 양효는 화려하게 꾸미고 젖었다. 영원히 바르게 하면 길하다.

'비賁'는 꾸민다는 뜻의 식飾이다. '여如'는 어조사이며 명사, 형용사, 부사, 동사 뒤에 붙어서 어떤 상황이나 상태를 나타낸다. '비여賁如'는 화려하게 꾸몄다는 말이다. '유濡'는 젖는다는 뜻의 점霑이다. '유여濡如'는 젖었다는 말이다. '정貞'은 바르다는 뜻의 정正이다. '영정永貞'은 영원히 바르게 한다는 뜻이다.

象曰 '永貞'之'吉', 終莫之陵也.
'영원히 바르게 하면 길하다'는 것은 끝내 업신여기는 사람이 없다는 것이다.

'종終'은 마침내(竟), 끝(末), 다하다(極)는 뜻이다. '막지莫之'는 없다는 뜻이다. '능陵'은 '능凌'으로 읽으며, 업신여기다(侮, 蔑)는 뜻이다. 왕필, 공영달이 이렇게 읽었다. '종막지릉終莫之陵'은 끝내 업신여기는 사람이 없다는 말이다. 「상」은 효사 '영정길永貞吉'을, 영원히 바르게 하면 끝내 아무도 업신여기지 않으므로 길하다고 해석하였다.

六四, 賁如皤如, 白馬翰如, 匪寇婚媾.
넷째 음효는 화려하게 꾸미고 (머리가) 새하얗고, 백마는 나는 듯 달린다.
도적이 아니라 혼인하러 가는 것이다.

『설문』 백부白部에 "'파皤'는 노인이 흰 것이다. 백白으로 되어 있고, 번番은 성음이다(皤, 老人白也. 从白, 番聲)", 『집해』에 이정조는 "'파皤'는 백白이며, 하얀 모양이다(皤亦白, 素之貌也)"라고 하였다. '파皤'는 머리가 희다는 뜻이며, '파여皤如'는 새하얗다는 말이다. '한翰'은 날개(羽), 날다(飛)는 뜻이며, 말이 나는 듯 달리는 것을 가리킨다. '비匪'는 '비非'로 읽는다. '혼婚'은 '혼婚'과 같다. '혼구婚媾'는 '혼인婚姻'과 같다.

象曰 '六四', 當位疑也. '匪寇婚媾', 終无尤也.
'넷째 음효'는 합당한 자리이나 (도적이 아닌가) 의심하는 것이다.
'도적이 아니라 혼인하는 것이다'는 것은 끝내 허물이 없다는 것이다.

'六四', 當位疑也.

'당위當位'는 넷째 음효가 음이 음의 자리에 있다는 것이며(효위), 합당한 자리에 처해 있는 상이다(효상). '의疑'는 의심하는 것이다. '당위의當位疑'는 합당한 자리이나 의심한다는 말이다. 「상」은 효사를, 넷째 음효는 합당한 자리에 있으나 한 무리가 말을 타고 있으니 도적이 아닌가 의심하는 것이라고 해석하였다.

「소상」에 '당위當位'는 ①비賁 六四 ②건蹇 六四, 2곳 기록되어 있다.

'匪寇婚媾', 終无尤也.

'우尤'는 허물 구咎와 같다. '종무우終无尤'는 끝내 허물이 없다는 말이다. 「상」은 효사 '비구혼구匪寇婚媾'를, 도적이 아니라 혼인하는 사람임이 밝혀졌으니, 끝내 허물이 없다고 해석하였다.

「소상」에 '종무우야終无尤也'는 ①비賁 六四 ②박剝 六五 ③건蹇 六二 ④정鼎 九二 ⑤여旅 六二 등 5곳 기록되어 있고, '중무우야中无尤也'는 대축大畜 九二 한 곳 기록되어 있다.

六五, 賁于丘園, 束帛戔戔, 吝, 終吉.

다섯째 음효는 사는 집을 꾸미나, 폐백이 보잘것없으니, 어려우나 마침내 길하다.

『집해』에는 '구丘'가 '구邱'로 되어 있다. '구원丘園'은 신부가 거주하는 집이다. '비우구원賁于丘園'은 폐백을 받아들이는 날에 신부 쪽에서 그 집을 아름답게 꾸미는 것을 말한다. '속束'은 『석문』에 자하전은 "비단 다섯 필이 속이다(子夏傳云五匹爲束)"라고 하였다. '백帛'은 비단이다. '속백束帛'은 비단 다섯 필을 묶은 것이며, 신랑이 신부에게 보내는 폐백이다. 주희는 "보잘것없는 물건(束帛, 薄物)"이라고 하였다. 고형은 "옛날에 한 속백의 길이는 이백 자였다(古代一束帛長二百尺)"라고 하였다. '전전戔戔'은 작다, 적다, 보잘것없다는 뜻이다. 주희는 "보잘것없다는 뜻(戔戔, 淺小之意)"이라고 하였다. '인吝'은 어렵다는 뜻의 난難이다. 신랑이 신부 집으로 폐백을 보내는 것을 납징納徵이라고 하였다.

象曰 '六五'之'吉', 有喜也.

'다섯째 음효가 길한 것은' (혼인의) 기쁨이 있기 때문이다.

「상」은 '희喜'를 가지고 효사의 '길吉'을 해석하였다. '유희有喜'는 혼인의 기쁨이 있다는 말이다. 「상」은 다섯째 음효가 길한 것은 혼인의 기쁨이 있기 때문이라고 해석하였다.

「소상」에 유사한 표현이 2곳 있다.

① 풍豐 六五「상」: 六五之吉, 有慶也.
② 태兌 九四「상」: 九四之喜, 有慶也.

『집해』에 우번은 "'희喜'와 '경慶'을 말한 것은 모두 양효이다(凡言喜慶, 皆陽爻)"라고 하였는데, 틀린 말이다.

上九, 白賁, 无咎.
꼭대기 양효는 하얗게 꾸미니, 허물이 없다.

『집해』에 간보는 "'백白'은 희다는 뜻의 소素"라고 하였다. '백비白賁'는 흰색으로 아름답게 꾸미는 것이며, 신부가 얼굴에 흰 분을 발라 예쁘게 꾸민 것을 나타낸 것이다.

象曰 '白賁无咎', 上得志也.
'하얗게 꾸미니 허물이 없다'는 것은 꼭대기 효가 뜻을 얻었다는 것이다.

'상上'은 꼭대기 양효를 가리키며, 한 괘의 꼭대기에 있어(효위) 뜻을 얻은 상이다(효상). '득지得志'는 혼사가 뜻대로 이루어졌음을 말한다. 「상」은 효사 '백비무구白賁无咎'를, 하얗게 꾸미니 허물이 없다는 것은 꼭대기 양효가 자신의 뜻대로 혼사가 이루어진 것이라고 해석하였다.

비「상」에서 '승乘', '여與', '능陵'과 '의疑', '우尤', '희喜', '지志'는 운이다.
유백민: '乘', 十六蒸. 與下'與''陵', 十六蒸. 爲韻.
'疑', 七之. 與下'尤'(『易音』: "古音羽其反, 見『詩』載馳.") '喜', 六止. '志', 七志. 爲韻. 『易音』: "此傳以平上去通爲一韻."
스즈키: '승乘', '여與', '능陵'과 '의疑', '우尤', '희喜', '지志'.

23. 박剝

☷ 象曰 山附於地, 剝. 上以厚下安宅.

산이 땅에 붙어 있는 것이 박의 상이다.

임금은 이 상을 본받아 백성을 후하게 대하여 백성을 편안하게 한다.

山附於地, 剝.

'부附'는 붙는다는 뜻의 착着이다. 박은 윗괘가 간艮이고 아랫괘는 곤坤이다. 간은 산(山)이고 곤은 땅(地)이다. 그런즉 '산이 땅에 붙어 있는 것'이 박의 상이다. 산이 땅에 붙어 있으니, 산은 땅에 의해 장차 떨어져 나가는 상이다. 「상」은 '박剝'을 떨어져 나가다(剝落)는 뜻으로 새겼다. 『집해』에 육적은 "높은 것이 낮은 것에 붙어 있고, 귀한 것이 천한 것에 붙어 있으니, 임금은 신하를 제어하지 못한다(高附於卑, 貴附於賤, 君不能制臣也)"라고 하였다.

上以厚下安宅

『집해』에 노씨는 "'상上'은 임금(上, 君也)"이라고 하였다. '상上'은 임금을, '하下'는 백성을 가리킨다. 괘로 말하면, '상'은 간艮(윗사람), '하'는 곤坤(아랫사람)을 가리킨다. 효로 말하면, '상'은 꼭대기 양효를, '하'는 아래의 다섯 음을 가리킨다. '후厚'는 두텁다는 뜻의 돈敦이다. '후하厚下'는 백성을 후하게 대한다는 말이다. '택宅'은 집(舍)이며, '하下'와 같은 개념, 즉 백성에 비유하였다. 백성은 나라의 근본이고 집은 생활의 기본이다. '안택安宅'은 백성을 편안하게 한다는 말이다. 편안하게 한다는 것은 괴롭히지 않는다는 것이다. '후하안택'은 백성을 후하게 대하여 백성을 편안하게 한다는 말이다.

혹은 '택宅'을 '거居'로 읽어 "임금은 백성을 후하게 대하고 편안히 머문다"라고 해석하여도 통한다. '厚下安宅'은 술목술목 구조로 보는 것이 맞다. '후厚'와 '안安', '하下'와 '택宅'은 짝이다.

산이 땅에 붙어 있으니, 아래의 다섯 음에 의해 산의 밑 부분이 떨어져 나가고 있다. 그래서 괘명이 '박'이다. 그러나 땅이 두터우면 산은 편안히 붙어 있고, 백성에게 베풀면 임금은 안전하다. 임금은 이 상을 보고 이를 본받아 백성을 후하게 대하여 백성을 괴롭히지 않는다. 이렇게 하면 떨어져 나가는 것을 면할 수 있다.

공영달은 "산은 본래 높은 것이나, 지금 땅에 붙어 있으니, 곧 떨어져 나가는 상이다. 그래서 '산이 땅에 붙어 있으니, 떨어져 나가는 것이다'고 말하였다(山本高峻, 今附於地, 卽是剝落之象, 故云山附於地剝也)"라고 하였다.

정이는 "아랫사람은 윗사람의 근본이다. 근본이 단단하면서 떨어져 나가는 것은 없다. 그러므로 윗사람이 떨어져 나가는 것은 반드시 아랫사람으로부터이니, 아랫사람이 떨어져 나가면 윗사람은 위험해진다. 위에 있는 사람은 이치가 이러함을 알고, 백성을 편안히 길러 그 근본을 두터이 하는 것이 곧 그 거함을 편안히 하는 것이다. 『서경』에 '백성은 나라의 근본이다. 근본이 단단해야 나라가 편안하다'라고 말하였다(下者, 上之本. 未有基本固而能剝者也. 故上之剝必自下, 下剝則上危矣. 爲人上者知理之如是, 則安養人民以厚其本, 乃所以安其居也. 書曰 '民惟邦本, 本固邦寧')"라고 하였다.

初六, 剝牀以足, 蔑貞, 凶.
처음 음효는 침상의 다리가 떨어져 나가니, 바름을 없애버려 흉하다.

'박상이족剝牀以足'은 '牀足之剝'으로 읽는다. '박剝'은 떨어져 나간다는 뜻이다. '상牀'에 대해 왕필은 "사람이 편안한 곳(人之所以安者)"이라고 하였는데, 침상을 가리킨다. 또 "'박상이족剝牀以足'은 '삭상지족削牀之足'과 같다"라고 하였는데, '이以'를 '지之'로 읽은 것이다. 『석문』에 "'멸蔑'은 막莫과 결結이 반절이다. 깎는다는 뜻의 '삭削'과 같다. 초나라 풍속에 '삭멸'이라는 말이 있다. 마융은 '없다는 뜻의 무無'라고 하고, 정현은 '멸시하다'는 뜻이라 하고, 순상은 '없어지다는 뜻의 멸滅'로 썼다(蔑, 莫結反. 猶削也. 楚俗有削蔑之言. 馬云無也. 鄭云輕慢. 荀作滅)"라고 하였다. 『집해』에 우번은 "없다는 뜻의 무无", 노씨는 "없어지다는 뜻의 멸滅"이라고 하였다. '멸蔑'과 '멸滅'은 옛날에 통용되었다. '정貞'은 바르다는 뜻의 정正이다. '멸정흉蔑貞凶'에 대해 왕필은 "바른 것이 떨어져 나가니 흉함이 오는 것(正削而凶來也)"이라고 하였다.

象曰 '剝牀以足', 以滅下也.
'침상의 다리가 떨어져 나간다'는 것은 침상의 다리를 없애기 때문이다.

'이以'는 원인을 나타내는 전치사이며, 인因의 뜻이다. '멸滅'은 없애다(亡), 제거하다(去)는 뜻이다. '하下'는 침상의 다리를 가리킨다. 「상」은 '멸滅'을 가지고 효사의 '멸蔑'을, '하下'를 가지고 '족足'을 해석하였다. 「상」은 효사 '박상이족剝牀以足'을, 침상의 다리가 떨어져 나간다는 것은 침상의 다리를 없애기 때문이니, 흉하다고 해석하였다.

공영달은 "'박상이족'의 뜻은 침상은 사람 아래에 있고, 다리는 또 침상 아래에 있다. 지금 침상의 다리가 떨어져 나갔으니, 이것은 아래에서 다 없어졌다는 것이다(剝牀以足之義, 牀在人下, 足又在牀下. 今剝牀之足, 是盡滅於下也)"라고 하였다.

六二, 剝牀以辨, 蔑貞, 凶.
둘째 음효는 침상의 장부가 떨어져 나가니, 바름을 없애버려 흉하다.

'박상이변剝牀以辨'은 '牀辨之剝'으로 읽는다. '박剝'은 떨어져 나간다는 뜻이다. '이以'는 '지之'와 같다. '변辨'에 대해, 『석문』에 "서려침徐呂枕은 음이 '판구辦具'의 '판辦'이라 하고, 침상의 다리 위라고 하였다. 마융과 정현도 같다. 황 씨는 상궤牀簣, 설우와 우번은 '무릎 아래'(徐音辦具之辦, 足上也. 馬鄭同. 黃云牀簣也. 薛虞膝下也)"라고 하였다. 『집해』에 정현은 "침상의 다리 위(足上稱辨)", 왕필도 "침상의 다리 위(足之上也)", 공영달은 "침상 몸체의 아래, 다리의 위를 말하며, 다리와 몸체가 구분되는 곳이다(辨謂牀身之下, 牀足之上. 足與牀身分辨之處也)"라고 하였다. '변辨'은 침상의 몸체와 다리가 연결되는 부분이며, 우리말에서 '장부'이다. 『집해』에 최경은 '상폐牀梐(침상의 마름쇠)'라고 하였다. 고형은 "'변辨'을 '편牑'으로 읽으며, 상판이다(辨讀爲牑, 床板也)"라고 하고, "침상의 판을 떨쳐내다(取掉床之版)"라고 해석하였다. '멸蔑'은 없다는 뜻의 무无, 없어지다는 뜻의 멸滅이다. '정貞'은 바르다는 뜻의 정正이다.

象曰 '剝牀以辨', 未有與也.
'침상의 장부가 떨어져 나간다'는 것은 함께 하는 것이 없다는 것이다.

'미유未有'는 있지 아니하다, 즉 없다는 말이다. 백화의 '沒有(mei2you3)'와 같다. '여與'는 함께, 더불어 공共이다. '미유여未有與'는 함께 하는 것이 없다는 말이다. 「상」은 효사 '박상이변剝牀以辨'을, 침상의 장부가 떨어져 나가니 몸체와 다리가 함께 하는 것이 없어 흉하다고 해석하였다.

『집해』에 최경은 "셋째 음효에 이르면 꼭대기 양효와 응하므로 둘째 음효는 함께 하는 것이 없다는 말이다(言至三則應, 故二未有與也)"라고 하였다. 둘째 음효는 다섯째 음효와 응하지 않으므로 함께 하는 것이 없다는 것이다.

六三, 剝之, 无咎.
셋째 음효는 침상의 몸체와 다리가 떨어져 나가나, 허물이 없다.

효사 '剝之, 无咎'는 『백서』와 『집해』와 『석문』에 '剝无咎'로 되어 있다. 『석문』에 "'박무구'는 어떤 책에 '박지무구'로 되어 있는데, 잘못된 것이다(剝无咎, 一本作剝之无咎, 非)"라고 하였다. 상병화는 "'지之'자는 「상전」을 따라 잘못 들어갔다. 없는 것이 맞다(之字, 乃從象傳而衍. 无者是也)"라고 하였다. 필자가 보기에 '지之'자가 있는 것이 좋다. '박剝'은 떨어져 나간다는 뜻이다. 「상」은 '박지剝之'를 '실상하失上下'로 설명하였다. '박지剝之'는 침상의 몸체와 다리가 떨어져 나갔다는 말이다.

『집해』에 순상은 "뭇 음이 모두 양을 떨쳐내는데, 셋째 음효 홀로 꼭대기 양과 응하고 있으니, 떨쳐낼 의도가 없는 것이다. 그래서 허물이 없는 것이다(衆皆剝陽, 三獨應上, 无剝害意, 是以无咎)"라고 하였다.

象曰 '剝之无咎', 失上下也.
'침상의 몸체와 다리가 떨어져 나가나, 허물이 없다'는 것은 위아래를 잃었다는 것이다.

「상」은 '실상하失上下'를 가지고 효사의 '박지剝之'를 해석하였다. '상上'은 침상의 몸체를, '하下'는 다리를 가리킨다. 「상」은 효사 '박지무구剝之无咎'를, 침상의 몸체와 다리가 떨어져 나가나 허물이 없다는 것은 침상의 몸체와 다리를 잃었다는 것이라고 해석하였다. 또 '상하上下'는 셋째 음효의 위아래 네 음효를 가리킨다. 셋째 음효는 홀로 꼭대기 양효와 응하고 있으니 위의 넷째, 다섯째 음효와 아래의 처음, 둘째 음효 등 네 음효와 서로 어긋나서 위아래를 잃었다는 것이다. 「상」은 효사 '박지무구剝之无咎'를, 침상의 몸체와 다리가 떨어져 나가나 허물이 없다는 것은 셋째 음효가 홀로 꼭대기 양효와 응하여 위아래의 네 음효를 잃었기 때문이라고 해석하였다. 두 가지 해석은 모두 통한다.

六四, 剝牀以膚, 凶.
넷째 음효는 침상의 자리가 떨어져 나가니, 흉하다.

'박상이부剝牀以膚'는 '牀膚之剝'으로 읽는다. '박剝'은 떨어져 나가다는 뜻이다. '이以'는 '지之'와 같다. '부膚'는 자리라는 뜻의 석席이다. 『집해』에 최경은 "침상의 자리를 짚방석이라고 하며, 짐승에게 모피가 있는 것과 같다(牀之膚謂薦席, 若獸之有皮毛也)"라고 하였다. 침상에 자리가 있는 것은 짐승에게 가죽껍질이 있는 것과 같으니, 침상의 자리를 '부膚'라고 칭한다는 말이다.

象曰 '剝牀以膚', 切近災也.
'침상의 자리가 떨어져 나간다'는 것은 재앙에 아주 가깝다는 것이다.

『석문』에 정현은 "'절切'은 급하다는 뜻의 급急(鄭云切, 急也)"이라고 하였다. '절切'은 끊다(斷), 절실하다, 간절하다는 뜻이다. '절근切近'은 아주 가깝다는 뜻이다. '재災'는 재앙이다. '절근재切近災'는 재앙에 아주 가깝다는 말이다. 「상」은 '재災'를 가지고 효사의 '흉凶'을 해석하였다. 「상」은 효사 '박상이부剝牀以膚'를, 침상의 자리가 떨어져 나가면 침상은 사용할 수 없으므로 재앙에 가깝다고 해석하였다.

왕필은 "넷째 음효에 이르러, 박도는 점차 자라나, 침상은 이제 다 떨어져 나가 사람의 몸에 미친다(至四, 剝道浸長, 床旣剝盡, 以及人身)"라고 하여 효사의 '재災'를 설명하였다.

六五, 貫魚以宮人寵, 无不利.
다섯째 음효는 물고기를 꿴 것처럼 궁인들을 총애하면, 이롭지 않음이 없다.

『석문』에 "'관貫'은 꿰다, 뚫는다는 뜻의 천穿"이라고 하였다. '관어貫魚'는 끈으로 물고기를 뚫어 차례대로 꿴 것이며, 차례에 비유한 것이다. 굴만리는 "'이以'는 같다는 뜻의 사似로 읽는다(以與似通)"라고 하였다. '궁인宮人'은 궁중의 왕비나 후궁을 말한다. '총寵'은 사랑한다는 뜻의 애愛이다.

『집해』에 하안은 "무릇 박괘는 아래의 다섯 음이 서로 이웃하여, 머리를 나란히 하여 순서대로 있는 것이 물고기를 차례대로 꿰어 맨 것과 같다. 물고기는 음에 속하고 여러 음에 비유한 것이다. 궁인이라는 것은 왕비와 후궁이니, 각각 순서가 있어 서로 어지럽혀서는 안 된다. 이것이 곧 귀천에 질서가 있고 총애에 순서가 있다는 것이다(夫剝之爲卦, 下比五陰, 駢頭相次, 似貫魚也. 魚爲陰物, 以喩衆陰也. 夫宮人者, 后夫人嬪妾, 各有次序, 不相瀆亂. 此則貴賤有章, 寵御有序)"라고 하였다. 그는 '이以'를 '사似'로 읽었는데, 공영달이 이를 따라 "머리를 나란히 하여 순서대로 있는 것이 물고기를 차례대로 꿰어 맨 것과 같다(駢頭相次, 似貫魚也)"라고 하였다.

象曰 '以宮人寵', 終无尤也.
'궁인들을 총애한다'는 것은 끝내 허물이 없다는 것이다.

'우尤'는 허물이라는 뜻의 과過이다. 「상」은 '종무우終无尤'를 가지고 효사의 '무불리

无不利'를 해석하였다. 「상」은 효사 '이궁인총以宮人寵'을, 궁인을 차례로 총애하면 끝내 허물이 없어 이롭지 않음이 없다고 해석하였다.

上九, 碩果不食, 君子得輿, 小人剝廬.
꼭대기 양효는 큰 열매는 먹지 않으니,
군자는 수레를 얻고, 소인은 초가를 무너뜨린다.

'석碩'은 크다는 뜻의 대大이다. '과果'는 열매, 과일(木果)이다. '군자'는 지위가 높은 사람을 가리킨다. '여輿'는 수레(車)이다. '득여得輿'는 『백서』에 '득거得車', 『집해』에는 '득거德車'로 되어 있다. 『석문』에 "경방은 '덕여德輿', 동우는 '덕거德車'로 썼다(京作德輿, 董作德車)"라고 하였다. '득得'과 '덕德'은 음이 같고, '여輿'와 '거車'는 뜻이 같아 통용되었다. '소인'은 지위가 없는 사람을 가리킨다. '박剝'은 허물다, 무너뜨리다(毁壞)는 뜻이다. '여廬'는 초가이다.

象曰 '君子得輿', 民所載也. '小人剝廬', 終不可用也.
'군자는 수레를 얻는다'는 것은 백성이 실어준다는 것이다.
'소인은 초가를 무너뜨린다'는 것은 끝내 사용할 수 없다는 것이다.

'君子得輿', 民所載也.

'여輿'는 수레이며, 백성에 비유하였다. 「상」은 '민民'을 가지고 효사의 '여輿'를 해석하였다. '득여得輿'는 '득민得民'이며, '군자득여君子得輿'는 '군자득민君子得民'과 같다. '민소재民所載'는 위민소재爲民所載이며, 백성이 실어준다, 즉 백성의 지지를 받는다는 뜻이다. 「상」은 효사 '군자득여君子得輿'를, 군자는 수레를 얻는다는 것은 백성의 지지를 받는 것이라고 해석하였다. 『집해』에는 '君子德車'로 되어 있다. 『석문』에 "경방은 '덕여德輿', 동우는 '덕거德車'라고 썼다(京作德輿, 董作德車)"라고 하였다. '덕德'과 '득得'은 음이 같아 옛날에 통용되었다.

'小人剝廬', 終不可用也.

'불가不可'는 무엇을 할 수 없다, 무엇을 해서는 안 된다는 뜻이다. '용用'은 사용한다는 뜻이다. '종불가용終不可用'은 끝내 사용할 수 없다는 말이다. 「상」은 효사 '소인박려小人剝廬'를, 소인은 초가를 무너뜨린다는 것은 끝내 초가를 사용할 수 없는 것이라고 해석하였다.

왕념손은 "'용用'은 '이以'로 읽는다(用讀爲以)……'용用'은 '이以'로 읽을 수 있으니(蓋用可讀爲以), '이以'와 통용되었다(故與以通用也). 박剝 「상전」은 '재災', '우尤', '재載', '용用'이 운이다(剝象傳以災, 尤, 載, 用爲隕). 풍豐 「상전」은 '재災', '지志', '사事', '용用'이 운이다(豐象傳以災, 志, 事, 用爲韻). '재災', '우尤', '재載', '지志', '사事'는 고음에서 모두 지부之部에 속하고(災, 尤, 載, 志, 事于古音幷屬之部), '용用'은 '이以'로 읽어(用讀爲以), 고음에서 또한 지부之部에 속하니(于古音亦屬之部), 그러므로 '용用'은 '재災', '우尤', '재載', '지志', '사事'와 더불어 운이다(故與災, 尤, 載, 志, 事爲韻)"라고 하였다.

「소상」에 '종불가용終不可用'은 ① 박剝 上九 ② 풍豐 九三, 2곳 기록되어 있다.

박「상」에서 '하下', '여與', '하下'와 '재災', '우尤', '재載', '용用'은 운이다.

유백민: '下', 音戶. 與下'與', 八語. 爲韻.

'災', 十六咍. 叶子之切. 與下'尤', 叶音怡(羽其反). '載', 叶爲祭(十九代).

'用', 讀爲以(三用). 爲韻.

스즈키: '하下', '여與', '하下'와 '재災', '우尤', '재載', '용用'.

24. 복復

䷗ 象曰 雷在地中, 復. 先王以至日閉關, 商旅不行, 后不省方.

우레가 땅 속에 있는 것이 복의 상이다.
선왕은 이 상을 본받아 동짓날에 성문을 닫아,
상인과 나그네는 길을 가지 아니하며, 임금은 나라를 순시하지 아니한다.

雷在地中, 復.

복은 아랫괘가 진震이고 윗괘는 곤坤이다. 진은 우레(雷)이고 곤은 땅(地)이다. 그런즉 '우레가 땅 속에 있는 것'이 복의 상이다. 우레가 땅 속에 있으니, 우레가 땅 속으로 돌아왔다. 「상」은 '복復'을 돌아오다(返)는 뜻으로 새겼다.

先王以至日閉關

'선왕先王'은 「대상」에 비比, 예豫, 관觀, 서합噬嗑, 복復, 무망无妄, 환渙 등 7괘에 기록이 되어 있는데, 모두 옛날의 이상적인 통치자를 가리킨다. 『집해』에 우번은 "'지일至

日'은 동지일(至日, 冬至日)"이라고 하였다. 동지는 양기가 처음 돌아오는 날이며, 양기는 지극히 미약하다. '폐閉'는 닫는다는 뜻의 합闔, '관關'은 관문이다. '폐관閉關'은 성문을 닫는 것이다. '지일폐관至日閉關'은 동짓날에 성문을 닫는다는 말이다.

商旅不行

『석문』에 정현은 "재화를 지니고 가는 것을 '상商'이라 한다. '여旅'는 나그네이다(鄭云資貨而行曰商. 旅, 客也)"라고 하였다. '상商'은 상인이고, '여旅'는 나그네이다. '상려불행商旅不行'은 상인과 나그네는 길을 가지 않는다는 말이다.

后不省方

'후后'는 「대상」에 태泰, 복復, 구姤 등 3괘에 기록되어 있는데, 군君의 뜻이며 최고 통치자를 가리킨다. '선왕先王'과 '후后'는 같은 개념이며, 최고 통치자, 즉 제왕帝王이다. '선왕'과 '후'는 다른 괘에서 각각 쓰인 것으로 보아 본 구절은 '后以不省方'으로 하는 것이 맞다. 4글자로 맞추기 위해 의도적으로 '이以'자를 생략하였다. '성省'은 살핀다는 뜻의 찰察이다. '방方'은 나라 방邦으로 읽는다. 『집해』에 우번은 '사방四方'으로 읽었는데, 무방하다. 구姤 「상」에 '后以施命誥四方'이라고 하였다. 왕필은 "일(方, 事也)"이라고 하였다. '불성방不省方'은 나라를 순시하지 않는다는 말이다.

우레가 땅 속에 있으니, 천기가 차갑다. 선왕은 이 상을 보고 이를 본받아 동짓날에 성문을 닫아, 상인과 나그네는 길을 가지 아니하며, 임금은 나라를 순시하지 아니한다. '至日閉關'하고 '商旅不行'하며 '后不省方'하여 지극히 미약한 양기를 기르는 것이다.

정이는 "임금이 사방을 순시하지 않는 것은, 복의 상을 보고 천도에 순응하는 것이다(人君不省視四方, 觀復之象而順天道也)"라고 하였다.

初九, 不遠復, 无祇悔, 元吉.
처음 양효는 멀리 가지 아니하고 (바른 길로) 돌아오니,
큰 뉘우침이 없으며, 크게 길하다.

'복復'은 돌아온다는 뜻의 반返이다. 「상」은 '복復'을 바른 길(正道)로 돌아오는 것으로 해석하였다. '불원복不遠復'은 옆길로 나갔다가 멀리 가지 아니하고 바른 길로 돌아오는 것이다. 『석문』에 한강백은 "'지祇'는 기祁와 지支의 반절이다. 크다는 뜻의 대大이다(韓伯祁支反. 云大也)", 『집해』에 후과 역시 "크다는 뜻의 대大"라고 뜻을 새겼다.

'회悔'는 뉘우친다는 뜻의 한恨이며, 비교적 작은 불행이다. '원元'은 크다는 뜻의 대大이다.

象曰 '不遠'之'復', 以脩身也.
'멀리 가지 아니하고 돌아온다'는 것은 수신하기 때문이다.

'이以'는 '인因'으로 읽는다. '수脩'는 '수修'와 같다. '수신修身'은 인간 수양이다. 「상」은 '수신脩身'을 가지고 효사 '불원복不遠復'을 해석하였다. 「상」은 효사 '불원복不遠復'을, 수신하기 때문에 멀리 가지 아니하고 바른 길로 돌아온다고 해석하였다. 즉 바르지 않음을 알고 멀리 가지 아니하고 바른 길로 돌아와, 수신하여 잘못을 바로잡으므로 큰 뉘우침이 없으며 또 크게 길하다고 해석한 것이다.

「계사」 하·5장에 "공자께서 말씀하셨다. 안회는 대개 도에 가까웠다. 잘못이 있으면 반드시 알았고, 잘못을 알았으면 다시 저지르지 않았다. 『역』에 이르기를 '멀리 가지 아니하고 돌아오니, 큰 뉘우침이 없으며, 크게 길하다'라고 하였다(子曰 顔氏之子, 其殆庶幾乎. 有不善未嘗不知, 知之未嘗復行也. 易曰 '不遠復, 无祗悔, 元吉')"라고 하였는데, 잘못을 알고 바로잡는 것으로 '불원복'을 해석하였으니, 「상」의 해석과 같다.

정이는 "복은 양이 되돌아온 것이다. 양은 군자의 도이니, 그러므로 복은 선으로 돌아온다는 뜻이다. 처음 양효가 돌아와 괘의 처음에 거하니, 돌아옴에 가장 앞선 것이다. 이것이 멀리 가지 않고 돌아오는 것이다(復者, 陽反來復也. 陽, 君子之道, 故復爲反善之義. 初陽剛來復, 處卦之初, 復之最先者也, 是不遠而復也)"라고 하였다. 「상」과 「계사」는 의리로 해석하였으나, 정이는 상수와 의리를 겸하여 해석하였다.

六二, 休復, 吉.
둘째 음효는 (잘못을) 멈추고 (바른 길로) 돌아오니, 길하다.

『설문』 목부木部에 "'휴休'는 멈춘다는 뜻의 식지息止이다. 사람이 나무에 기대고 있는 것으로 되어 있다(休, 息止也. 從人依木)"라고 하였다. '휴복休復'은 잘못을 멈추고 바른 길로 돌아오는 것이다.

象曰 '休復'之'吉', 以下仁也.
'(잘못을) 멈추고 돌아오니, 길하다'는 것은 아래가 어질기 때문이다.

'이以'는 인因으로 읽는다. '하下'는 처음 양효를 가리킨다. 둘째 음효는 아래의 처음 양효에 친하게 붙어 있으니(효위), 잘못을 멈추고 바른 길로 돌아오는 상이다(효상). 「상」은 효사 '휴복길休復吉'을, 처음 양효가 어질기 때문에 둘째 음효는 잘못을 멈추고 바른 길로 돌아오니 길하다고 해석하였다.

六三, 頻復, 厲, 无咎.
셋째 음효는 급박하게 (바른 길로) 돌아오니, 위태로우나 허물이 없다.

'빈頻'은 급하다는 뜻의 급急이다. '빈복頻復'은 급박하게 돌아오는 것이다. '여厲'는 위태롭다는 뜻의 위危이다.

象曰 '頻復'之'厲', 義'无咎'也.
'급박하게 돌아오니 위태롭다'는 것은 마땅히 '허물이 없다'는 것이다.

'의義'는 마땅하다는 뜻의 의宜로 읽는다. 「상」은 효사 '빈복려頻復厲'를, 급박하게 바른 길로 돌아오니, 위태로우나 마땅히 허물이 없다고 해석하였다. 「상」은 효사를 그대로 인용하였다.
「소상」에 '의무구義无咎'는 ①복復 六三 ②해解 初六 ③점漸 初六 ④기제旣濟 初九 등 4곳 기록되어 있다. 「소상」에 '의무구義无咎'와 같은 형식이 12곳 있다. 13번 동인同人 九四를 참고하라.

六四, 中行獨復.
넷째 음효는 중도에서 혼자 (바른 길로) 돌아온다.

'행行'은 길이라는 뜻의 도道이며, '중행中行'은 중도中道와 같다. '독복獨復'은 혼자 돌아오는 것이다.

象曰 '中行獨復', 以從道也.
'중도에서 혼자 돌아온다'는 것은 정도를 따르기 때문이다.

'이以'는 인因으로 읽는다. '종從'은 따른다는 뜻의 수隨이다. '도道'는 정도正道이다. 정이는 '군자의 선도(君子之善道)', 래지덕은 '수신하는 일(修身之事)'이라고 하였다. '이

종도야以從道也'는 '이종정도야以從正道也'로 해야 바르다. 4글자로 맞추기 위해 임의로 '정正'자를 생략하였다. 「상」은 '정正'을 가지고 효사의 '중中'을, '정도正道'를 가지고 '중행中行'을 해석하였다. 「상」은 효사 '중행독복中行獨復'을, 정도를 따르기 때문에 중도에서 혼자 바른 길로 돌아온다고 해석하였다.

전통적인 해석은 '중中'을 넷째 음효가 다섯 음의 가운데에 있는 것으로 해석한다. 왕필은 "넷째 음효는 위아래에 각각 두 음이 있고, 그 가운데에 처하여, 자신의 자리를 얻어 처음 양효와 응하고 있으니, 홀로 돌아오는 것을 얻었다(四, 上下各有二陰, 而處厥中, 履得其位, 而應於初, 獨得其復)"라고 하였는데, 뒷사람들은 모두 이를 따랐다. 주희는 "넷째 음효는 여러 음의 가운데에 처해 있으면서 홀로 처음 양효와 응하고 있으며, 여러 음과 함께 가다가 홀로 선을 따르는 상이다(四處群陰之中, 而獨與初應, 爲與衆俱行, 而獨能從善之象)"라고 하였다. 래지덕은 "'중행中行'은 가운데에서 행한다는 것이다. 다섯 음에 넷째가 그 가운데에 있으니, '중'의 상이다(中行者, 在中行也. 五陰而四居其中, 中之象也)"하고 또 "넷째 음효는 유가 바른 자리를 얻어 여러 음의 가운데에 있으며, 홀로 아래의 양강과 응할 수 있으므로 '중행독복'의 상이 있다(六四柔而得正, 在羣陰之中, 而獨能下應于陽剛, 故有中行獨復之象)"라고 하였다.

六五, 敦復, 无悔.
다섯째 음효는 돈후하게 (바른 길로) 돌아오니 뉘우침이 없다.

'돈敦'은 도탑다는 뜻의 후厚이며, 돈후하다는 뜻이다.

象曰 '敦復无悔', 中以自考也.
'돈후하게 돌아오니, 뉘우침이 없다'는 것은
가운데 자리에서 스스로 (잘못을) 살핀다는 것이다.

'중中'은 다섯째 음효가 윗괘의 가운데 자리에 있다는 것이며(효위), 중도를 행하는 상이다(효상). '이以'는 '이而'와 같다. 『석문』에 항수는 "'고考'는 살핀다는 뜻의 찰察", 『집해』에 후과는 '能自考省'이라고 하여, 살핀다는 뜻의 성省으로 새겼다. '중이자고야中以自考也'는 가운데 자리에서 스스로 잘못을 살핀다는 말이다. 「상」은 효사 '돈복무회敦復无悔'를, 돈후하게 바른 길로 돌아오는 것은 다섯째 음효가 가운데 자리에서 중도를 행하여 스스로 잘못을 살피기 때문이니 뉘우침이 없다고 해석하였다.

上六, 迷復, 凶, 有災眚. 用行師, 終有大敗, 以其國君, 凶. 至于十年, 不克征.
꼭대기 음효는 길을 잃고 돌아오니 흉하며 재앙이 있다.
출병하였으나 마침내 크게 패한 것은 임금으로 인하여 흉하게 된 것이니,
십 년이 되어도 정벌할 수 없다.

'미복迷復'은 길을 잃고 돌아오는 것이다. '재災'는 『석문』에 '재灾'로 되어 있는데, "또 '災'로도 썼다. 정현은 '烖'로 썼다. 『설문』은 '烖'는 정자라고 하였다. '灾'는 별자이다. '災'는 대전이다(灾, 本又作災. 鄭作烖. 按說文烖, 正字也. 灾, 或字也. 災, 籀文也)"라고 하였다. 『석문』에 자하전은 "상하고 해치는 것이 재災, 요상하고 상서로운 것이 생眚이다(子夏傳云傷害曰災, 妖祥曰眚)" 하고 또 정현은 "괴이한 것이 안에서 생기는 것이 생眚, 밖에서 생기는 것이 상祥, 사물을 해치는 것이 재災이다(鄭云異自內生曰眚, 自外曰祥, 害物曰災)"라고 하였다. '생眚'은 '재災'와 같으며, 재앙이라는 뜻이다. '용행사用行師'는 출정하는 것이다. 「상」은 효사의 '이以'를 '인因'으로 읽었다. '극克'은 할 수 있다는 뜻의 능能이다.

象曰 '迷復'之'凶', 反君道也.
'길을 잃고 돌아오니, 흉하다'는 것은 임금의 도를 어겼기 때문이다.

'반反'은 어긴다는 뜻의 위違이다. '군도君道'는 위군지도爲君之道, 즉 임금이 해야 할 도리이다. '반군도反君道'는 임금이 해야 할 도리를 어겼다는 말이다. '반군도反君道'의 주체는 君이다. 임금이 도를 어겼기 때문에 마침내 크게 패한 것이다. 「상」은 효사 '미복흉迷復凶'을, 군사가 출정하여 길을 잃고 돌아오니 크게 패한 것은 임금이 해야 할 도리를 위반했기 때문이라고 해석하였다. 아마 전쟁의 상황을 잘 모르는 임금이 명령을 내려 대패하였을 것이다. 『손자병법』 「모공謀攻」에 "승리를 아는 데에는 다섯 가지가 있다.……장수가 유능하고 임금이 제어하지 않으면 이긴다(知勝有五……將能而君不御者勝)"라고 하였다.

정이는 "돌아오는 것은 곧 도와 합하는 것인데, 이미 돌아옴에 길을 잃었으니, 도와 상반되는 것이어서 그 흉함을 알 수 있다. 임금으로 인하여 흉하게 되었다는 것은 임금의 도를 어겼음을 말한 것이다. 임금은 위에서 백성을 다스리니, 당연히 천하의 선을 따라야 하나, 곧 돌아옴에 길을 잃었으니, 임금의 도에 어긋나는 것이다. 임금에게만 국한하지 않고, 범인이라도 돌아옴에 길을 잃은 자는 모두 도에 어긋나 흉한 것

이다(復則合道, 既迷於復, 與道相反也, 其凶可知. 以其國君凶, 謂其反君道也. 人君居上而治衆, 當從天下之善, 乃迷於復, 反君之道也. 非止人君, 凡人迷於復者, 皆反道而凶也)"라고 하였다.

복「상」에서 '신身', '인仁'과 '구咎', '도道', '고考', '도道'는 운이다.
유백민: '身', 十七眞. 與下'仁', 十七眞. 爲韻.
'咎', 古音杲. 與下'道''考', 三十二皓. 爲韻.
스즈키: '신身', '인仁'과 '구咎', '도道', '고考', '도道'.

25. 무망无妄

䷘ 象曰 天下雷行, 物與无妄. 先王以茂對時育萬物.
하늘 아래에 우레가 운행하는 것이 무망의 상이다.
선왕은 이 상을 본받아 때에 맞게 힘써 만물을 기른다.

天下雷行, 物與无妄.

'물여物與'는 잘못 들어간 글자이다.「상」은 먼저 상하 두 괘의 괘상을 말하고 곧바로 이어서 괘명을 들었다. 이것은 64괘「대상」의 통례이며, 예외가 없다. 왕필은 '여與'를 모두라는 뜻의 개皆로 읽었는데(與, 辭也. 猶皆也), 공영달은 '天下雷行, 物皆无妄'이라고 하였다. 하늘 아래에 우레가 운행하니, 만물은 모두 도리에 맞지 않음이 없다는 말이다.

무망은 윗괘가 건乾이고 아랫괘는 진震이다. 건은 하늘(天)이고 진은 우레(雷)이다. 그런즉 '하늘 아래에 우레가 운행하는 것'이 무망의 상이다. 하늘 아래에 우레가 울리니, 만물은 나서 자라나는 것이 도리에 어긋남이 없다.「상」은 '무망无妄'을 도리에 어긋남이 없다는 뜻으로 새겼다.

先王以茂對時育萬物

'선왕先王'은 옛날의 이상적인 통치자를 가리킨다.『석문』에 "'무茂'는 성하다는 뜻의 성盛이다. 마융은 '힘쓴다는 뜻의 면勉'으로 읽었다(茂, 盛也. 馬云茂, 勉也)"라고 하였다. '무茂'는 성하다(盛), 힘쓰다(勉), 노력하다(懋)는 뜻이다. '대對'는 마융이 '배配'(對, 配也), 공영달은 '당當'(對, 當也)이라고 하였는데, 순응한다는 뜻과 같다. 정이는 '시時'

를 천시天時라고 하고, '대시對時'를 "천시에 유순히 합하는 것(對時, 謂順合天時)"이라고 하였다. '무대시茂對時'는 때에 맞게 힘쓴다는 말이다. '육育'은 기른다는 뜻의 양養이다. '육만물育萬物'은 만물을 기른다는 말이다. '무대시육만물'은 때에 맞게 힘써 만물을 기른다는 말이다.

하늘 아래에 우레가 운행하니, 만물은 나서 자라나는 것이 도리에 어긋남이 없다. 선왕은 이 괘상을 보고 이를 본받아 때에 맞게 힘써 만물을 기른다. 때에 맞게 힘써 만물을 기르는 것이 곧 도리에 어긋남이 없는 것(无妄)이다.

필자는 주희를 따라 '先王以茂對時育萬物'로 읽었다. 주희는 이 구절을 '先王法此以對時育物'로 해석하였다. 유백민은 혜사기惠士奇의 『역설易說』과 혜동惠棟의 『주역술周易述』을 따라 '先王以茂對, 時育萬物'로 끊어 읽고, '무茂'는 성盛, '대對'는 배配로 새기고, "성대한 덕으로 천지와 짝하여(以盛德配天地), 때에 맞게 만물을 기른다(而時育萬物也)"라고 해석하였다.

初九, 无妄往, 吉.
처음 양효는 도리에 어긋남이 없이 가니, 길하다.

'무망无妄'은 도리에 어긋남이 없다는 뜻이다. '왕往'은 행行의 뜻이다. 「상」은 '无妄往, 吉'로 끊어 읽었다.

象曰 '无妄'之'往', 得志也.
'도리에 어긋남이 없이 간다'는 것은 뜻을 얻었다는 것이다.

「상」은 '득지得志'를 가지고 효사의 '길吉'을 해석하였다. 「상」은 효사 '무망왕无妄往'을, 도리에 어긋남이 없이 가니 뜻을 얻어 길하다고 해석하였다.

六二, 不耕穫, 不菑畬, 則利有攸往.
둘째 음효는 밭을 갈지 않아 수확할 것이 없고,
개간하지 않아 경작할 것이 없으니, 갈 곳이 있으면 이롭다.

『석문』에 "'확穫'은 황黃과 곽郭의 반절이다. 어떤 사람은 주에 의거하여 '不耕而穫'(밭을 갈지 않으면서 수확하려 한다)으로 썼는데, 아니다. 다음 구절 역시 그러하다(不耕穫, 黃郭反. 或依注作不耕而穫, 非. 下句亦然)"라고 하였다. 왕필은 '불경이확不耕而穫', '불치이여不菑而畬'로 읽었다. '경耕'은 경작하다, '확穫'은 수확하다는 뜻이다. '불경확不耕穫'은 '불경불확不耕不穫'이며, 경작하지 않아 수확할 것이 없다는 말이다.

『이아』「석지釋地」에 "일 년 된 밭을 '치'라고 한다(田一歲曰菑)", 『석문』에 "'치菑'는 측側과 기其의 반절이다. 마융은 '일 년 된 밭'이라고 하였다(菑, 側其反. 馬云田一歲也)", 『집해』에 우번도 "일 년 된 밭(一歲曰菑)"이라고 하였다. '치菑'는 황무지를 처음 개간하는 것이다.

『이아』「석지釋地」에 "삼 년 된 밭을 '여畬'라고 한다(三歲曰畬)", 『설문』 전부田部에 "2년 경작한 밭(二歲治田也)", 『석문』에 마융은 "삼 년 된 밭(馬曰田三歲也)", 『집해』에 우번도 "삼 년 된 밭(三歲曰畬)"이라고 하였다. '여畬'는 몇 년을 경작한 경작지이다. '불치여不菑畬'는 '불치불여不菑不畬'이며, 황무지를 개간하지 않아 경작할 땅이 없다는 말이다. '왕往'은 앞 효사의 '왕往'과 같으며, 행하는 바가 있으면 이롭다는 말이다.

> 象曰 '不耕穫', 未富也.
> '밭을 갈지 않아 수확할 것이 없다'는 것은 넉넉하지 않다는 것이다.

'불경확不耕穫'은 효사 '不耕穫, 不菑畬'를 생략한 것이다. '부富'는 넉넉하다는 뜻의 유裕이다. 「상」은 효사 '불경확不耕穫'을, 밭을 갈지 않아 수확할 것이 없으니, 넉넉하지 않다고 해석하였다. 『석문』에는 '획獲'으로 되어 있는데, "어떤 사람은 '확穫'으로 썼는데, 아니다(或作穫, 非)"라고 하였다.

「소상」에 '부富'자는 모두 3곳 기록되어 있다. 소축小畜 九五를 참고하라.

六三, 无妄之災, 或繫之牛, 行人之得, 邑人之災.
셋째 음효는 도리에 어긋남이 없는 재앙이다.
어떤 사람이 매어 둔 소를 행인이 얻었으니, 고을 사람의 재앙이다.

'무망지재无妄之災'는 도리에 어긋남이 없는 재앙이라는 뜻이다. 즉 재앙이 도리에 맞지 않는 것에서 나온 것이 아니라 도리에 어긋남이 없는 것에서 나온 것이라는 말이다. '혹或'은 어떤 사람이다.

> 象曰 '行人得'牛, '邑人災'也.
> '행인이 소를 얻은 것'은 '고을 사람의 재앙'이라는 것이다

「상」은 효사를, 매어둔 소를 행인이 얻은 것은 고을 사람의 재앙이며, 이것은 도리에 어긋남이 없는 재앙이라고 해석하였다.

九四, 可貞, 无咎.
넷째 양효는 바르게 할 수 있으니, 허물이 없다.

'정貞'은 바르다는 뜻의 정正이다. 『집해』에 우번은 "움직임이 바를 수 있으니, '가정可貞'이다(動得正, 故可貞)"라고 하였다.

象曰 '可貞无咎', 固有之也.
'바르게 할 수 있으니, 허물이 없다'는 것은 본래 (바른 품성을) 가지고 있다는 것이다.

'고유固有'는 본래부터 있었다는 뜻이다. '지之'는 효사의 '가정可貞'을 가리킨다. 「상」은 효사 '가정무구可貞无咎'를, 본래 바른 품성을 가지고 있으므로 바르게 할 수 있어 허물이 없다고 해석하였다.

「소상」에 '고유지야固有之也'는 ① 무망无妄 九四 ② 익益 六三, 2곳 기록되어 있다.

九五, 无妄之疾, 勿藥有喜.
다섯째 양효는 도리에 어긋남이 없는 병이니, 약을 먹지 않아도 낫는다.

'무망지질无妄之疾'은 도리에 어긋남이 없는 병이라는 뜻이다. 즉 병이 도리에 맞지 않는 것에서 나온 것이 아니라 도리에 어긋남이 없는 것에서 나온 것이라는 말이다. '유희有喜'는 병이 낫는 것이다. 고형은 "옛말에 병이 낫는 것을 '유희有喜'라고 하였는데(古語謂病愈爲有喜), 병이 낫는 것은 곧 기쁜 일이기 때문이다(因病愈乃可喜之事也)"라고 하였다.

象曰 '无妄'之'藥', 不可試也.
'도리에 어긋남이 없는 병이니, 약을 먹지 않아도 낫는다'는 것은
약을 복용해서는 안 된다는 것이다.

'불가시야不可試也'는 '불가복야不可服也'라고 하는 것이 바르다. 운을 맞추기 위해 의도적으로 글자를 바꾸었다. 「상」의 '지志', '부富', '재災', '지之', '시試', '재災'는 운이

다. '무망지약无妄之藥'은 효사 전체를 4글자로 줄인 것이다. 『석문』에 "'가시可試'는 시험하는 것이며, 또 '용用'이라 한다(可試, 試驗. 一云用也)"라고 하였는데, '용用'은 먹다, 복용하다는 뜻이다. '불가시야'는 복용해서는 안 된다는 말이다. 「상」은 효사를, 도리에 어긋남이 없는 병이니, 약을 먹지 않아도 낫는다는 것은 약을 복용해서는 안 된다고 해석하였다. 고형은 이 구절을 '무망지질无妄之疾, 약불가시야藥不可試也'로 해야 한다고 하였다. 『집해』에 후과도 '약불가시藥不可試'라고 하였다.

上九, 无妄行, 有眚, 无攸利.
꼭대기 양효는 도리에 어긋남이 없이 행하나, 재앙이 있어, 이로울 바 없다.

'무망행无妄行'은 도리에 어긋남이 없이 행한다는 뜻이다. '생眚'은 재앙이라는 뜻의 재災이다. 「상」은 '无妄行, 有眚'으로 끊어 읽었다.

象曰 '无妄'之'行', 窮之災也.
'도리에 어긋남이 없이 행한다'는 것은 궁극에는 재앙이 있다는 것이다.

'궁窮'은 꼭대기 양효의 효위를 가리켜 말한 것이며, 꼭대기 양효는 한 괘의 꼭대기에 있으니(효위), 행하는 것이 궁극에 이른 상이다(효상). '지之'는 '유有'로 읽는다. 「상」은 '재災'를 가지고 효사의 '생眚'을 해석하였다. '궁지재야'는 궁극에는 재앙이 있다는 말이다. 「상」은 효사 '무망행无妄行'을, 도리에 어긋남이 없이 행한다는 것은 궁극에는 재앙이 있다고 해석하였다. 즉 도리에 어긋남이 없이 행하나 꼭대기 양효의 효위가 극에 이른 것이므로 궁극에는 재앙이 있다는 것이다.

유백민은 "'무无'는 잘못 들어간 글자가 아닌가 한다('无'疑衍)", 고형은 "'무망행无妄行'의 '무无'자는(此无妄之无) 위의 문장을 따라 잘못 들어간 것이 아닌가 한다(疑涉上文而衍)"라고 하고, "터무니없는 행동은(謬妄之行) 반드시 곤궁하여 통하지 않으니(必窮而不通) 재앙을 불러온다(以招災生也)"라고 해석하였다.

「소상」에 '궁지재야窮之災也'는 25번 무망无妄 上九에 한 곳 기록되어 있고, 건「문언」 둘째 단락에 또 한 곳 기록되어 있다. '지궁재야志窮災也'는 56번 여旅 初六 한 곳 기록되어 있다.

무망「상」에서 '지志', '부富', '재災', '지之', '시試', '재災'는 운이다.
유백민: '志', 七志. 與下'富', 方二反. '災', 十六咍. '之', 七之. '試', 七志. 以平去通

爲一韻.

스즈키: '지志', '부富', '재災', '지之', '시試', '재災'.

26. 대축大畜

☶☰ 象曰 天在山中, 大畜. 君子以多識前言往行, 以畜其德.

하늘이 산 속에 있는 것이 대축의 상이다.
군자는 이 상을 본받아 성현의 언행을 널리 학습하여 자신의 덕을 축적한다.

天在山中, 大畜.

대축은 아랫괘가 건乾이고 윗괘는 간艮이다. 건은 하늘(天)이고 간은 산(山)이다. 그런즉 '하늘이 산 속에 있는 것'이 대축의 상이다. 하늘이 산 속에 있으니, 산이 축적하고 있는 것이 크다. 「상」은 '대축大畜'을 축적한 것이 크다(所畜者大)는 뜻으로 새겼다.

君子以多識前言往行

'군자'는 최고 통치자이다. '다多'는 많다, '식識'은 안다는 뜻이며, 학습하는 것이다. 혹은 '지識'로 읽어, 기록하다(記), 표시하다(表)라고 해석하여도 통한다. '전前'은 앞 시대, '왕往'은 지난 시대를 가리키며, 앞 시대를 살다간 성현을 두고 한 말이다. '언言'은 말, '행行'은 행실이다. '전언왕행前言往行'은 성현의 언행이다. '다식전언왕행'은 성현의 언행을 널리 학습한다는 말이다.

以畜其德

'이以' 뒤에 '지之'자가 생략되어 있다. '이以'는 용用이며, '지之'는 多識前言往行을 가리킨다. 혹은 '이以'를 '이而'로 읽어도 통한다. '축畜'은 괘명 '대축大畜'의 축畜이며, 쌓는다는 뜻의 적積이다. '기其'는 군자 자신을 가리킨다. '덕德'은 도덕 수양이다. '이축기덕'은 군자가 자신의 덕을 축적한다는 말이다.

하늘이 산 속에 있으니, 산이 축적하고 있는 것이 크다. 군자는 이 상을 보고 이를 본받아 성현의 언행을 널리 학습하여 자신의 덕을 축적한다.

공영달은 "사물은 이미 크게 축적하였다면, 덕 또한 크게 축적할 수 있다. 그러므로 고인의 말과 현인의 행동을 많이 학습하여, 많이 듣고 많이 보아서 자신의 덕을 축적하므로 '이축기덕'이라 한 것이다(物既大畜, 德亦大畜. 故多記識前代之言, 往賢之行, 使多聞多見, 以畜積己德, 故云以畜其德也)"라고 하였다.

初九, 有厲, 利巳.
처음 양효는 위태로움이 있으니, 멈추는 것이 이롭다.

'여厲'는 위태롭다는 뜻의 위危이다. 왕필 본에는 '사巳'로, 『석문』과 『집해』에는 '기己'로 되어 있다. 『백서』에는 '乙'자처럼 쓰여 있어 '사巳'자인지 '이已'자인지 확실히 구별할 수 없다. 『석문』에 "'已'는 이夷와 지止의 반절이다. 혹 '기紀'로 발음한다(已, 夷止反. 或音紀)"라고 하였다. '이夷와 지止의 반절'이라는 것은 '이已'로 읽는다는 말이다. '사巳', '기己'는 '이已'로 읽어야 한다. '이已'는 멈춘다는 뜻의 지止이다.

象曰 '有厲利巳', 不犯災也.
'위태로움이 있으니, 멈추는 것이 이롭다'는 것은 재난을 범하지 않는다는 것이다.

'범犯'은 범한다는 뜻의 간干이다. 「상」은 '불범不犯'을 가지고 효사의 '이사利巳'를, '재災'를 가지고 '여厲'를 해석하였다. '불범재야'는 재난을 범하지 않는다는 말이다. 「상」은 효사 '유려리이有厲利已'를, 위태로움이 있으니 멈추어 하지 않으면, 재난을 범하지 않는 것이라고 해석하였다.

九二, 輿說輹.
둘째 양효는 수레에 바퀴통이 떨어져 나갔다.

'여輿'는 수레(車)이다. 『석문』에 "'여輿'는 혹은 '거轝'로도 썼다. 음은 같다(輿, 本或作轝, 音同)"라고 하였다. 『석문』에 "'열說'은 토吐와 활活의 반절(說, 吐活反)"이라 하고 마융은 "벗어나다는 뜻의 해解(馬云解也)"라고 하였다. '열說'은 이탈하다는 뜻의 탈脫로 읽는다.

『설문』 거부車部에 "'복輹'은 수레 축에 묶는 것(輹, 車軸縛也)"이라고 하였다. 『석문』에 "혹은 '복輻'으로도 썼다(或作輻)"라고 하였는데, 『설문』 거부車部에 "'복輻'은 수레의 바퀴살(輻, 輪轑也)"이라고 하였다. 『석문』에 "'복輹'은 수레 아래에 묶는 것(車下縛也)"이라 하고, 또 "「석명」에 '복은 사람의 나막신과 같다' 하고, 또 '복토伏菟'라고 한다(釋名云輹似人屐. 又曰伏菟)"라고 하였는데, '복토伏菟'는 수레 몸체와 수레 축을 묶어 서로 잇는 끈이다. 『집해』에는 '복腹'으로 되어 있는데, 우번은 "'복腹'은 혹 '복輹'으로 썼다(腹, 或作輹)"라고 하였다. 노씨는 "'복輹'은 수레를 거는 중심이며, 굴대에 끼우는 물건이다(輹, 車之鉤心, 夾軸之物)"라고 하였다. 고형은 "차체와 차축을 묶어 서로 이은 줄(縛車體與車軸使之相聯之繩)"이라고 하였다. 필자는 '복輹'을 수레의 바퀴통으로 간단히 해석하였다.

象曰 '輿說輹', 中无尤也.
'수레에 바퀴통이 떨어져나갔다'는 것은 가운데 자리에서 허물이 없다는 것이다.

'중무우야中无尤也'는 '중이무우야中以无尤也'가 바른 표현이다. 4글자로 맞추기 위해 의도적의로 '以'자를 생략하였다. '중中'은 둘째 양효가 아랫괘의 가운데 자리에 있다는 것이며(효위), 중도를 행하는 상이다(효상). '우尤'는 허물 구咎이다. 「상」은 효사 '여탈복輿說輹'을, 둘째 양효가 아랫괘의 가운데 자리에 있어, 수레에 바퀴통이 떨어져 나갔지만 중도를 행하여 허물이 없다고 해석하였다.

九三, 良馬逐, 利艱貞. 曰閑輿衛, 利有攸往.
셋째 양효는 좋은 말이 쫓아가니, 어려움에 바르게 하여 이롭다.
매일 수레를 타고 지키는 것을 익히니, 갈 곳이 있으면 이롭다.

『석문』에 "정현 본에는 '축축逐逐'으로 되어 있는데 말 두 필이라고 하였다(鄭本作逐逐, 云兩馬走也)"라고 하고, 요신은 "'축축은 빠르게 말을 나란히 모는 모양'(姚云逐逐疾並驅之皃)"이라고 하였다. 『설문』에 "'축逐'은 쫓아가다는 뜻의 추追"라고 하였다. '양마축'은 좋은 말이 쫓아간다는 말이다. '간정艱貞'은 어려움에 바르게 한다는 뜻이다.

『석문』에 유표는 "'왈曰'은 언言과 같다(劉云曰猶言也)"라고 하였는데, 정현은 "인人과 실實의 반절이다. 수레를 익히는 무리이다(人實反. 云日習車徒)"라고 하였다. 정현이 '인人과 실實의 반절'이라고 한 것은 '일日'로 읽었다는 말이다. 『집해』에는 '일日'로 되어 있다. 매일이라는 뜻이다. '한閑'은 『석문』에 마융과 정현이 "연습하다, 익힌다는 뜻의 습習(馬鄭云習)", 『집해』에 우번은 '한습閑習'이라고 하였다. '여輿'는 수레, '위衛'는 지키다(守), 방비하다(防)는 뜻이다. '여위輿衛'는 수레를 타고 지키는 것을 말한다. '일한여위'는 매일 수레를 타고 가축을 지키는 것을 익힌다는 말이다.

象曰 '利有攸往', 上合志也.

'갈 곳이 있으면 이롭다'는 것은 위와 뜻을 합하기 때문이다.

'상上'에 대해 세 가지 해석이 있다.

첫째, 꼭대기 양효를 가리킨다. 정이는 "갈 곳이 있으면 이롭다는 것은 꼭대기에 있는 것과 뜻을 합하기 때문이다. 꼭대기 양효의 양성이 위로 나아가고, 또 기르는 것은 이미 끝이므로, 아래의 셋째 양효를 기르지 않고, (셋째 양효와) 더불어 뜻을 합하여 위로 나아가는 것이다(所以利有攸往者, 以與在上者合志也. 上九陽性上進, 且畜已極, 故不下畜三, 而與合志上進也)"라고 하였다. 뒷사람들은 대부분 이를 따랐다.

둘째, 넷째 음효를 가리킨다. 굴만리가 '上謂六四'라고 해석하였다.

셋째, 고형은 "'상上'을 상尙으로 읽는다(上讀爲尙). '합지合志'는 뜻에 부합하는 것이다(合志, 符合志愿)"라고 하고, "또한 뜻에 부합한다는 것이다"라고 해석하였다.

세 가지 해석은 모두 통한다. '지志'는 셋째 양효의 뜻이다. '상합지야'는 위와 뜻을 합한다는 말이다. 「상」은 효사 '이유유왕利有攸往'을, 위와 뜻을 합하므로 갈 곳이 있으면 이롭다고 해석하였다.

「소상」에 '상합지야上合志也'는 모두 4곳 기록되어 있다. 9번 소축小畜 六四 「상」을 참고하라.

六四, 童牛之牿, 元吉.

넷째 음효는 송아지의 뿔에 나무를 대어 놓으니, 크게 길하다.

'동우童牛'는 송아지이다. '지之'는 '유有'와 같다(고형). '곡牿'은 소의 뿔에 가로로 대어놓은 나무(橫木)이다. 『집해』에는 '고告'로 되어 있다. 우번은 "'고告'는 나무를 소의 뿔에 가로로 대어 놓은 것을 말한다(告, 謂以木楅其角)", 후과는 "'곡牿'은 소의 뿔에 가로로 대어 놓은 것이다. 나무로 만들어 뿔에 가로로 대어 놓으면, 소가 들이받는 두려움을 막는다(牿, 楅也. 以木爲之, 橫施於角, 止其觝之威也)"라고 하였다. 원元'은 크다는 뜻의 대大이다.

象曰 '六四元吉', 有喜也.

'넷째 음효가 크게 길하다'는 것은 기쁨이 있다는 것이다.

「상」은 '희喜'를 가지고 효사의 '원길元吉'을 해석하였다. 「상」은 효사 '원길元吉'을, 송아지 뿔에 나무를 대어 놓으면 사람과 물건이 다치지 않고, 그 뿔도 상하지 않게 될 것이니, 크게 길하여 기쁨이 있다고 해석하였다.

「소상」에 '유희야有喜也'는 ① 대축大畜 六四 ② 승升 九二, 2곳 기록되어 있다.

六五, 豶豕之牙, 吉.

다섯째 음효는 거세한 돼지의 어금니이니, 길하다.

『석문』에 "'분豶'은 부符와 운云의 반절이다. 유표는 '돼지를 거세한 것을 분이라 한다'(豶, 符云反. 劉云豕去勢曰豶)"라고 하였다. '지之'는 유有와 같다(고형). '아牙'는 어금니이다.

象曰 '六五'之'吉', 有慶也.

'다섯째 음효'가 '길하다'는 것은 경사가 있다는 것이다.

「상」은 '경慶'을 가지고 효사의 '길吉'을 해석하였다. '경慶'은 경사라는 뜻이다. 「상」은 효사 '길吉'을, 경사가 있어 거세한 돼지를 잡아 어금니를 얻었으니, 길하다고 해석하였다. 태兌 九四 「상」에 '九四之喜, 有慶也'라고 하였는데, '경慶'은 곧 '희喜'이다.

「소상」에 '유경야有慶也'는 ① 대축大畜 六五 ② 풍豐 六五 ③ 태兌 九四, 3곳 기록되어 있다. '대유경야大有慶也'는 ① 이履 上九 ② 이頤 上九 2곳, '왕유경야往有慶也'는 ① 진晉 六五 ② 규睽 六五, 2곳 기록되어 있다.

上九, 何天之衢, 亨.

꼭대기 양효는 하늘의 대도를 짊어지니, 형통하다.

'하何'는 멘다는 뜻의 하荷로 읽는다. 『석문』에 "'구衢'는 기其와 구俱의 반절(衢, 其俱反)"이라 하고, 마융이 "사방으로 이르는 것을 '구'라고 한다(馬云四達謂之衢)"라고 하였다. 『집해』에 우번은 "사방으로 통하는 길(四交道)"이라고 하였다. 「상」은 '구衢'를 '도道'로 해석하였다.

象曰 '何天之衢', 道大行也.

'하늘의 대도를 짊어진다'는 것은 도가 크게 행한다는 것이다.

「상」은 '도道'를 가지고 효사의 '구衢'를, '대행大行'을 가지고 '형亨'을 해석하였다.

「상」은 효사 '하천지구何天之衢'를, 하늘의 대도를 짊어지니, 그 도가 크게 행하여 형통하다고 해석하였다.

대축「상」에서 '재災', '우尤', '지志', '희喜'와 '경慶', '행行'은 운이다.
유백민: '災', 十六咍. 與下'尤', 羽其反, 音疑. '志', 七志. '喜', 六止. 以平上去通爲一韻.
'慶', 音羌. 與下'行', 戶郎反. 爲韻.
스즈키: '재災', '우尤', '지志', '희喜'와 '경慶', '행行'.

27. 이頤

䷚ 象曰 山下有雷, 頤. 君子以愼言語, 節飮食.
산 아래에 우레가 있는 것이 이의 상이다.
군자는 이 상을 본받아 말을 삼가고 음식을 절제한다.

山下有雷, 頤.

이는 윗괘가 간艮이고 아랫괘는 진震이다. 간은 산(山)이고 진은 우레(雷)이다. 그런즉 '산 아래에 우레가 있는 것'이 이의 상이다. 산 아래에 우레가 있으니, 산은 고요하나(止) 우레는 움직인다(動). 이것은 사람이 음식을 먹을 때 위의 턱은 움직이지 않으나, 아래턱은 움직이는 것과 같다. 「상」은 '이頤'를 먹는 것(食物)으로 해석하였다. 사람은 먹어서 생명을 기른다(養生).

『집해』에 유표는 "산은 위에서 고요하고, 우레는 아래에서 움직이니, 턱의 상이다(山止於上, 雷動於下, 頤之象也)"라고 하였다. 고형은 "산 아래에 우레가 있으니(山下有雷), 천기가 따뜻할 때이며(是天暖之時), 천지가 만물을 기르는 때이니(是天地養萬物之時), 그래서 괘명이 '이'이다(是以卦名曰頤)"라고 하였다.

君子以愼言語

'군자'는 최고 통치자이다. '신愼'은 삼가다(謹)는 뜻이다. '신언어愼言語'는 말을 삼간다는 것이다.

節飮食

'절節'은 절제하다(制)는 뜻이다. '절음식節飮食'은 음식을 절제한다는 말이다. 산 아래에 우레가 있으니, 산은 고요하나 우레는 움직인다. 이것은 사람이 음식을 먹을 때 위의 턱은 움직이지 않으나, 아래턱은 움직이는 것과 같다. 군자는 이 상을 보고 이를 본받아 입에서 나오는 말은 삼가고 입으로 들어가는 음식은 절제하여 생명을 기른다.

공영달은 "사람이 말하고 음식을 씹는 것은 모두 턱을 움직이는 일이다. 그러므로 군자는 턱의 상을 보고 말을 삼가고 음식을 절제한다. 앞의 선비들은 재앙은 입에서 나오고 우환은 입으로 들어간다고 말하였다. 그러므로 턱에서 기르는 것을 삼가고 절제하는 것이다(人之開發言語, 咀嚼飮食, 皆動頤之事. 故君子觀此頤象, 以謹愼言語, 裁節飮食. 先儒云禍從口出, 患從口入. 故於頤養而愼節也)"라고 하였다.

初九, 舍爾靈龜, 觀我朶頤, 凶.
처음 양효는 너의 영험한 거북을 버려두고, 내가 먹는 것을 보고 있으니, 흉하다.

『석문』에 "'사舍'는 음이 사捨(舍, 音捨)"라고 하였다. '사舍'는 버린다는 뜻의 사捨로 읽는다. '영귀靈龜'는 영험한 거북이다. 고형은 "그 껍질은 점을 칠 때 사용하였고(其甲宜卜) 고기는 먹었다(其肉可食)"라고 하였다. '아我'는 음식을 먹고 있는 사람을 가리킨다. '타朶'는 왕필, 호원, 주희 본에는 '朶', 『석문』, 『집해』, 정이 본에는 '朵'로 되어 있다. 음과 뜻은 같다. 『석문』에 "'타朵'는 다多와 과果의 반절이다. 움직인다는 뜻의 동動이다(朵, 多果反. 動也)"라고 하였다. '타朶'는 동사이며, 음식을 먹을 때 턱이 움직이는 것이다. '이頤'는 양생, 즉 먹는 것을 가리킨다. '타이朶頤'는 턱을 움직인다, 즉 먹는다는 뜻이다. 『집해』에 이정조는 "'타이'는 턱을 아래로 늘어뜨려 움직이는 모양이다(朵頤, 垂下動之貌)"라고 하였다. '관아타이'는 내가 먹는 것을 보고 있다는 말이다.

象曰 '觀我朶頤', 亦不足貴也.
'내가 먹는 것을 보고 있다'는 것은 또한 귀하게 여기기에는 부족하다는 것이다.

「상」은 효사 '관아타이觀我朶頤'를, 자신의 영험한 거북은 버려두고 남이 먹는 것을 보고 침을 흘리고 있으니, 영험한 거북을 귀하게 여기기에는 부족하다고 해석하였다.

六二, 顚頤, 拂經于丘. 頤, 征凶.

둘째 음효는 잘 먹기 위해 언덕에 황무지를 개간한다. 먹기 위해 정벌하면 흉하다.

이경지는 "'전顚'은 진眞의 성음이므로 신愼자를 가차한 것이며, 선善의 뜻이다(顚, 眞聲, 故借爲愼, 善也)"라고 하였다. '신愼', '순順', '선善'은 같은 성음 계열이며 옛날에 통용되었다. '전顚'은 '신愼'을 가차한 것이며, 잘하다, 좋다는 뜻의 선善이다. '이頤'는 양생, 즉 먹는 것을 가리킨다. '전이顚頤'는 '선이善頤'이며, 잘 먹는다는 뜻이다.

『설문』 수부手部에 "'불拂'은 지나치게 치는 것(拂, 過擊也)"이라고 하였는데, 단옥재는 "서개徐鍇는 '치는 것이 지나친 것(徐鍇曰擊而過之也)'이라고 하였다. 도부刀部에 '불刜'은 친다는 뜻의 격擊'이라고 하였으니, '불刜'은 '불拂'과 같은 뜻이다(刀部曰刜, 擊也. 與拂同義)"라고 하였다. '불拂'은 '불刜'로 읽으며, 『설문』에는 "친다는 뜻의 격擊", 『광아』「석언」에는 "자른다는 뜻의 작斫"이라고 하였다. '경經'은 『광아』「석언」에 "길이라는 뜻의 경徑"이라고 하였는데, 논밭 길을 가리킨다. 이경지는 '불경拂經'을 '불경刜徑'으로 읽고, 황무지를 개간한다는 뜻으로 해석하였다. '구丘'는 언덕이다.

象曰 '六二征凶', 行失類也.
'둘째 음효가 정벌하면 흉하다'는 것은 행하면 동류를 잃는다는 것이다.

「상」은 '행行'을 가지고 효사의 '정征'을, '실류失類'를 가지고 '흉凶'을 해석하였다. '유類'는 동류이다. '행실류行失類'는 행하면 잘못하여 동류를 잃는다는 말이다. 「상」은 효사 '정흉征凶'을, 먹기 위해 언덕에 황무지를 개간하는 것이 바른 것이지, 만약 먹기 위해 다른 사람의 식량을 약탈한다면, 동류를 잃어 오히려 피해를 입어 흉하다고 해석하였다.

六三, 拂頤, 貞凶. 十年勿用, 无攸利.
셋째 음효는 그릇되게 먹으니, 바르게 해도 흉하다.
십 년을 행할 수 없으니, 이로울 것 없다.

『석문』에 "'불拂'은 부符와 불弗의 반절이다. 어긴다는 뜻의 위違이다(拂, 符弗反. 違也)", 『집해』에 왕숙은 "'불拂'은 어긴다는 뜻의 위違"라고 하였다. '불拂'은 거스르다(逆), 어기다(違)는 뜻이다. '이頤'는 양생, 즉 먹는 것을 가리킨다. '불이拂頤'는 그릇되게 먹는다는 뜻이다. '십 년十年'은 구체적인 햇수를 나타내는 것이 아니라 긴 세월을 뜻한다. '용用'은 행行의 뜻이다.

象曰 '十年勿用', 道大悖也.
'십 년을 행할 수 없다'는 것은 도가 크게 어긋났기 때문이다.

'도대패야道大悖也'는 '대패도야大悖道也'로 하는 것이 바르다. "도를 크게 어겼다는 것이다"는 말이다. 운을 맞추기 위해 의도적으로 글자를 도치하였다. 「상」의 '귀貴', '패悖', '유類'는 운이다. '도道'는 이도頤道, 즉 양생지도養生之道이다. 『석문』에 "'패悖'는 포布와 내內의 반절이다. 어긴다는 뜻의 역逆이다(悖, 布內反. 逆也)"라고 하였다. '패悖'는 어기다(逆), 어긋나다(戾)는 뜻이다. 「상」은 효사 '십년물용十年勿用'을, 그릇되게 먹으니 바르게 해도 흉하며, 오랜 세월 행할 수 없으니, 먹는 도가 크게 어긋나 (먹는 도를 크게 어겨) 이로울 것 없다고 해석하였다.

六四, 顚頤, 吉. 虎視耽耽, 其欲逐逐, 无咎.
넷째 음효는 잘 먹으니 길하다. 호랑이가 노려보며 잡아채려고 하나, 허물이 없다.

'전이顚頤'는 '선이善頤'이며, 잘 먹는다는 뜻이다. 『집해』에는 '시視'가 '시眎'로 되어 있다. 두 글자는 음과 뜻이 같아 옛날에 통용되었다. '耽'은 왕필, 『석문』, 호원, 주희, 래지덕 본에는 '耽', 『집해』, 정이 본에는 '眈'으로 되어 있다. '耽'과 '眈'은 음과 뜻이 같아 통용되었다. 『집해』에 우번은 '眈眈'이라고 썼다. 『석문』에 마융은 "호랑이가 내려보는 모양(馬云虎下視皃)"이라고 하였는데, '탐탐耽耽'과 '탐탐眈眈'은 눈을 부릅뜨고 노려보고 있는 모습이다. '기其'는 호虎를, '욕欲'은 시視와 같이 동사이다. 『석문』에 설우薛虞는 "'축逐'은 빠르다는 뜻의 속速(薛云速也)"이라고 하였는데, '축축逐逐'은 재빠르게 움직이는 것이다.

象曰 '顚頤'之'吉', 上施光也.
'잘 먹으니, 길하다'는 것은 위에서 널리 베풀기 때문이다.

'상시광야上施光也'는 '상광시야上光施也'로 하는 것이 바르다. 운을 맞추기 위해 의도적으로 글자를 도치하였다. 「상」의 '광光', '상上', '경慶'은 운이다. '상上'은 꼭대기 양효를 가리킨다. '광光'은 넓다는 뜻의 광廣으로 읽는다. '상시광야'는 위에서 널리 베푼다는 말이다. 「상」은 효사 '전이길顚頤吉'을, 잘 먹으니 길하다는 것은 꼭대기 양효가 널리 베풀기 때문이라고 해석하였다.

공영달은 '상上'은 넷째 음효를 가리킨다 하고, 아래로 처음 양효를 기르므로 이것이 '상시광'이라고 하였다. 고형은 '상上'을 임금으로 읽어, 임금이 널리 베풀기 때문이라고 해석하였다. 이러한 해석은 모두 통한다.

六五, 拂經, 居貞吉. 不可涉大川.
다섯째 음효는 황무지를 개간하니, 바름에 머물러 길하다.
큰 내를 건너서는 안 된다.

'불경拂經'은 '불경刜徑'이며, 황무지를 개간한다는 뜻이다. '정貞'은 바르다는 뜻의 정正이다. '섭涉'은 물을 건너다(渡)는 뜻이다.

象曰 '居貞'之'吉', 順以從上也.
'바름에 머물러 길하다'는 것은 유순하여 위를 따르기 때문이다.

'이以'는 '이而'와 같다. '종從'은 따른다(隨)는 뜻이다. '상上'은 꼭대기 양효를 가리킨다. '순이종상順以從上'은 다섯째 음효가 유순하여 꼭대기 양효를 따른다는 말이다. 다섯째 음효는 꼭대기 양효의 아래에 있으니(효위), 유가 유순하여 강을 따르는 상이다(효상). 「상」은 효사 '거정길居貞吉'을, 황무지를 개간하는 것은 바름에 머무는 것이고, 이것은 다섯째 음효가 유순하여 꼭대기 양효를 따르기 때문이라고 해석하였다. 고형은 '상'을 임금으로 해석하였다.

上九, 由頤, 厲, 吉. 利涉大川.
꼭대기 양효는 바르게 먹으니, 위태로우나 길하다. 큰 내를 건너면 이롭다.

『집해』에 우번은 "'유由'는 스스로 따르는 것(由, 自從也)"이라고 하였다. '유由'는 따른다는 뜻의 종從이다. '유이由頤'는 올바른 방법을 따라 먹는다는 뜻이다. 『석문』에 마융과 왕숙은 "'여厲'는 위태롭다는 뜻의 위危(厲, 馬王肅云危)"라고 하였다.

16번 예豫 九四에 '유예由豫'라고 하였는데, 필자는 '유由'를 행한다는 뜻의 행行으로 새겼다. '유이由頤' 역시 '행이行頤'로 읽어, "바르게 먹는다"라고 해석하여도 통한다.

象曰 '由頤厲吉', 大有慶也.
'바르게 먹으니 위태로우나 길하다'는 것은 크게 경사가 있다는 것이다.

「상」은 '경慶'을 가지고 효사의 '길吉'을 해석하였다. 「상」은 효사 '유이려길由頤厲吉'을, 올바른 방법을 따라 먹으니 위태로움을 극복할 수 있어, 크게 경사가 있어 길하다고 해석하였다.

이 「상」에서 '귀貴', '유類', '패悖'와 '광光', '상上', '경慶'은 운이다.
유백민: '貴', 八未. 與下'類', 六至. '悖', 十八隊. 爲韻. '未', '至', '隊'古通.
'光', 十一唐. 與下'上', 叶辰羊切, 音常. '慶', 音羌. 以平去通爲一韻.
スズキ: '귀貴', '유類', '패悖'와 '광光', '상上', '경慶'.

28. 대과大過

䷛ 象曰 澤滅木, 大過. 君子以獨立不懼, 遯世无悶.
못이 나무를 없애는 것이 대과의 상이다.
군자는 이 상을 본받아 홀로 서서 두려워하지 아니하고,
세상을 숨어서 살아가니 번민이 없다.

澤滅木, 大過.

'멸滅'은 없어지다(沒), 침몰시키다(淹)는 뜻이다. 대과는 윗괘가 태兌이고 아랫괘는 손巽이다. 태는 못(澤)이고 손은 나무(木)이다. 못 아래에 나무가 잠겨 있다. 그런즉 '못이 나무를 없애는 것'이 대과의 상이다. 못이 나무를 없애니, 크게 잘못되었다. 「상」은 '대과大過'를 크게 잘못되었다(大爲過錯)고 해석하였다.

정이는 "못은 나무를 윤택하게 하여 기르는 것인데, 나무를 없애는 데 이르렀으니, 잘못이 심하다. 그래서 '대과'이다(澤, 潤養於木者也, 乃至滅沒於木, 則過甚矣, 故爲'大過')"라고 하였다.

고형은 "「상전」은 못의 물이 나무배를 침몰시키는 것을 가지고 서민이 의를 일으켜(象傳乃以澤水淹沒木舟比庶民起義), 왕과 제후의 조정이나 국가를 뒤엎어 망하게 하는 것에 비유하였다(覆滅王侯之朝廷或國家). 이것은 나라를 다스리는 사람의 큰 잘못이니(此乃治國者之大過矣), 그래서 괘명이 '대과'이다(是以卦名曰大過)"라고 하였다. 『순자』 「왕제王制」에 "임금은 배다. 백성은 물이다. 물은 배를 싣기도 하고 뒤집기도 한다(君者, 舟也. 庶人者, 水也. 水則載舟. 水則覆舟)"라고 하였다.

君子以獨立不懼

'군자'는 최고 통치자이다. '구懼'는 두려워하다는 뜻의 공恐이다. '독립불구獨立不懼'는 홀로 서서 두려워하지 아니한다는 말이다.

遯世无悶

『석문』에 "'둔遯'은 둔遁으로도 썼다(遯, 本又作遁)"라고 하였다. 두 글자는 음과 뜻이 같아 통용되었다. '둔遯'은 숨다(隱)는 뜻이다, '민悶'은 번민(煩)이다. '둔세무민遯世无悶'은 세상을 숨어서 살아가니 번민이 없다는 말이다. 못이 나무를 없애니, 크게 잘못 되었다. 군자는 이 상을 보고 이를 본받아 세상이 크게 잘못 되었을 때 홀로 서서 두려워하지 아니하고, 세상을 숨어서 살아가니 번민이 없다.

건「문언」에 같은 기록이 있다.

> 初九曰 '潛龍勿用', 何謂也? 子曰 "龍德而隱者也. 不易乎世, 不成乎名, 遯世无悶, 不見是而无悶, 樂則行之, 憂則違之, 確乎其不可拔, '潛龍'也."
> 처음 양효의 '숨어 있는 용이니, 움직이지 말라'는 것은 무엇을 말한 것입니까? 공자께서 말씀하셨다. "용의 덕이 숨어 있는 것이다. 세상에 따라 변하지 아니하고, 명성을 이루고자 추구하지 아니하며, 세상을 숨어서 살아가니 번민이 없고, 옳다고 여기지 않아도 번민이 없다. 즐거우면 행하고, 근심되면 피하며, 확고하여 변할 수 없으니, '숨어 있는 용'이라고 한 것이다."

初六, 藉用白茅, 无咎.
처음 음효는 흰 띠 풀로 짠 자리를 깔았으니, 허물이 없다.

『석문』에 "'자藉'는 재在와 야夜의 반절(藉, 在夜反)"이라 하고, 마융은 "아래에 있는 것을 '자'라고 한다(馬云在下曰藉)", 『집해』에 우번은 "자리가 아래에 있는 것을 '자'라고 한다(位在下稱藉)"라고 하였다. '자藉'는 자리를 깐다는 뜻의 천薦이다. '용用'은 이以와 같다. '모茅'는 띠며, 풀이름이다. '백모白茅'는 흰 띠 풀이다. '자용백모藉用白茅'는 흰 띠 풀로 짠 자리를 깔았다는 말이다.

象曰 '藉用白茅', 柔在下也.
'흰 띠 풀로 짠 자리를 깔았다'는 것은 유가 아래에 있다는 것이다.

「상」은 '유柔'를 가지고 효사의 '백모白茅'를, '하下'를 가지고 '자藉'를 해석하였다. '유柔'는 처음 음효를 가리키며, '하下'는 처음 음효가 아래에 있다는 것이다. 처음 음효는 유이며 한 괘의 아랫자리에 있으니(효위), 부드러운 것이 아래에 있는 상이다(효상). 「상」은 효사 '자용백모藉用白茅'를, 흰 띠 풀로 짠 자리를 깔았다는 것은 흰 띠 풀을 상징하는 음효가 한 괘의 아랫자리에 있는 것이라고 해석하였다.

「계사」 상·8장에 "처음 음효에 '흰 띠 풀로 짠 자리를 깔았으니, 허물이 없다'고 하였다. 공자께서 말씀하셨다. '땅에 놓아도 좋으나 띠 풀을 사용하여 깔았으니, 무슨 허물이 있겠는가? 신중함이 지극한 것이다. 띠 풀의 물건 됨은 얇으나 쓰임은 중하다. 신중한 도를 따라 행하니, 잃는 바가 없다'(初六 藉用白茅, 无咎. 子曰 苟錯諸地而可矣. 藉之用茅, 何咎之有, 愼之至也. 夫茅之爲物薄, 而用可重也. 愼斯術也以往, 其无所失矣)"라고 하였다. 「계사」는 '흰 띠 풀로 짠 자리를 깔았다'는 것을, 지극히 신중하게 일을 처리하는 것으로 해석하였다. 「상」은 상수로, 「계사」는 의리로 해석하였다.

九二, 枯楊生稊, 老夫得其女妻, 无不利.
둘째 양효는 마른 버드나무에 새싹이 나고,
늙은 사내가 젊은 처를 얻었으니, 이롭지 않음이 없다.

'고枯'는 나무가 마르다(槁)는 뜻이다. '양楊'은 버드나무이다. 『석문』에 "'제稊'는 도徒와 계稽의 반절이다. 버드나무에 잎이 피는 것이다. 정현은 '이荑'로 썼다. '이荑'는 나무가 다시 나는 것이다. 음은 이夷이다(稊, 徒稽反. 楊之秀也. 鄭作荑. 荑, 木更生. 音夷)"라고 하였다. '荑'는 '제'로도 발음한다. '제稊'와 '이荑'는 같은 글자이며, 잎이 처음 나는 것이다. 『집해』에 우번은 "'제稊'는 어린 것이다. 버드나무 잎이 아직 자라지 않은 것을 '제稊'라고 한다(稊, 穉也. 楊葉未舒稱稊)"라고 하였다. '노부老夫'는 늙은 남자이다. 젊은 남자는 다섯째 양효에서 '사부士夫'라고 하였다. '여女'는 젊은 여자이다. 늙은 여자는 다섯째 양효에서 '노부老婦'라고 하였다.

象曰 '老夫女妻', 過以相與也.
'늙은 사내가 젊은 처를 얻었다'는 것은 잘못하여 서로 짝이 되었다는 것이다.

'老夫女妻'는 '老夫得其女妻'를 4글자로 줄인 것이다. '과過'는 괘명 '대과大過'의 '과過'이며, 과실, 잘못이다. '이以'는 '이而'와 같다. 고형은 "'상여相與'는 두 사람이 함께 있는 것이 '여與'이니(相與, 二人共處爲與), 짝이 맞는다는 뜻의 상배相配와 같다(故相

與猶相配也)"라고 하였다. '과이상여야'는 잘못하여 서로 짝이 되었다는 말이다. 「상」은 효사 '노부여처老夫女妻'를, 늙은 사내가 젊은 처를 얻었다는 것은 서로 나이가 맞지 않는데 짝이 되어 잘못 되었다고 해석하였다. 「상」은 효사 '무불리无不利'는 해석하지 않았다.

九三, 棟橈, 凶.
셋째 양효는 마룻대가 굽었으니, 흉하다.

'동棟'은 마룻대이다. 『석문』에 "'요橈'는 내乃와 교教의 반절이다. 굽는 것이다(橈, 乃教反. 曲折也)"라고 하였다. 굽는다(曲)는 뜻이다.

象曰 '棟橈'之'凶', 不可以有輔也.
'마룻대가 굽었으니, 흉하다'는 것은 바로잡을 수 없다는 것이다.

'불가이不可以'는 무엇을 할 수 없다는 말이다. 『설문』에 "'보輔'는 『춘추전』에 '수레를 도와 서로 의지하는 것'이라고 하였다. 거車로 되어 있고 보甫는 성음이다(春秋傳曰輔車相依. 从車, 甫聲)"라고 하였다. '보輔'는 수레 덧방나무라는 뜻이다. 수레의 양쪽 가장자리에 덧대어 힘을 돕는 나무인데, 이것이 파생되어 바르게 하다, 돕다, 보필하다는 뜻이 되었다. '유보有輔'는 굽은 마룻대를 바르게 할 수 있도록 나무를 갖다 대어 돕는다는 뜻이다. 「상」은 효사 '동뇨흉棟橈凶'을, 마룻대가 굽었으나 보수하여 바로잡을 수 없기 때문에 흉하다고 해석하였다.

九四, 棟隆, 吉. 有它, 吝.
넷째 양효는 마룻대가 높이 솟아올랐으니, 길하다. 뜻밖의 환난이 있으면 어렵다.

'동棟'은 마룻대이다. '융隆'은 높다는 뜻의 고高이다. 고형은 "옛말에 뜻밖의 환난을 '타它'라고 한다(古語謂意外之患爲它)"라고 하였다. '유타有它'는 뜻밖의 환난이 있다는 말이다. '인吝'은 어렵다는 뜻의 난難이다.

象曰 '棟隆'之'吉', 不橈乎下也.
① '마룻대가 높이 솟아올랐으니 길하다'는 것은 아래에 굽히지 않는다는 것이다.
② '마룻대가 높이 솟아올랐으니 길하다'는 것은 아래가 굽지 않았기 때문이다.

이 구절은 두 가지로 해석할 수 있다.

첫째, 전통적인 해석인데, 효위를 가지고 해석한 것이다. '하下'를 처음 음효로 보고, 넷째 양효는 처음 음효와 서로 응하나, 아래(처음 음효)를 향해 굽히지 않기 때문에 길하다고 해석하는 것이다. 왕필이 이렇게 해석하자 뒷사람들은 이를 따랐다.

둘째, 고형의 해석이다. 그는 효사 '동륭길棟隆吉'을, 마룻대가 높이 솟아오른 것은 마룻대 아래의 마룻대를 받치는 기둥이 굽지 않았기 때문에 길하다(棟隆吉, 乃因棟下之梁柱不曲, 故吉也)고 해석하였다. 두 가지 해석은 모두 통한다.

九五, 枯楊生華, 老婦得其士夫, 无咎无譽.
다섯째 양효는 마른 버드나무에 꽃이 피고,
늙은 여자가 젊은 남편을 얻었으니, 허물도 명예도 없다.

『설문』 화부華部에 "'화華'는 꽃(華, 榮也)"이라고 하였다. 『석문』에 "'화華'는 서려침이 음이 화花(華, 徐音花)"라고 하였다. '화華'는 '화花'의 옛 글자이다. 고형은 "'부婦'는 이미 시집 간 여자 혹은 시집 간 적이 있는 여자이고(婦, 已嫁人或曾嫁人之女子稱婦), '사士'는 아직 장가들지 않은 남자이다(士, 未曾娶妻之男子稱士)"라고 하였다.

象曰 '枯楊生華', 何可久也. '老婦士夫', 亦可醜也.
'마른 버드나무에 꽃이 핀다'는 것은 오래 갈 수 없다는 것이다.
'늙은 여자가 젊은 남편을 얻는다'는 것은 또한 추할 수 있다는 것이다.

'枯楊生華', 何可久也.

'하가구何可久'는 어찌 오래 갈 수 있겠는가? 즉 오래 갈 수 없다는 말이다. 「상」은 효사 '고양생화枯楊生華'를, 마른 버드나무에 핀 꽃은 오래 갈 수 없다고 해석하였다.

「소상」에 '하가구야何可久也'는 ① 대과大過 九五 ② 리離 九三 ③ 기제旣濟 上六 등 모두 3곳 기록되어 있다.

'老婦士夫', 亦可醜也.

'老婦士夫'는 '老婦得其士夫'를 4글자로 줄인 것이다. 「상」은 효사 '노부사부老婦士夫'를, 늙은 여자가 젊은 남편을 얻는 것은 또한 추할 수 있다고 해석하였다. 「상」은 효사 '무구무예无咎无譽'는 해석하지 않았다.

上六, 過涉滅頂, 凶, 无咎.
꼭대기 음효는 물을 잘못 건너 머리가 잠기니, 흉하나 허물이 없다.

'과過'는 잘못하다(誤), '섭涉'은 건너다(渡)는 뜻이다. '과섭過涉'은 '오섭誤涉'과 같으며, 물을 잘못 건넌다는 뜻이다. '멸滅'은 잠기다(沒), 빠지다(沈)는 뜻이다. '정頂'은 정수리, 머리(物之最上部)이다. '멸정滅頂'은 머리가 물에 잠긴다는 뜻이다.

象曰 '過涉'之'凶', 不可'咎'也.
'물을 잘못 건너 머리가 잠기니 흉하다'는 것은 허물이라고 할 수 없다는 것이다.

'구咎'는 허물이라는 뜻의 과過이다. 「상」은 '불가구不可咎'를 가지고 효사의 '무구无咎'를 해석하였다. 「상」은 효사 '과섭멸정흉過涉滅頂凶'을, 물을 잘못 건너 머리가 잠기니 흉하나 이미 물을 건넜으므로 허물이라고 할 수 없다고 해석하였다.

정이는 "물을 잘못 건너 빠진 것은 스스로 그렇게 한 것이므로, 허물이 있다고 할 수 없으니, 원망할 바가 없음을 말한다(過涉至溺, 乃自爲之, 不可以有咎也, 言无所怨咎)"라고 해석하였다.

대과 「상」에서 '하下', '여與', '보輔', '하下'와 '구久', '추醜', '구咎'는 운이다.
유백민: '下', 音戶. 與下'與', 八語. '輔', 九虞. 爲韻.
'久', 音韭. 與下'醜''咎', 四十四有. 爲韻.
스즈키: 하下', '여與', '보輔', '하下'와 '구久', '추醜', '구咎'.

29. 감坎

䷜ 象曰 水洊至, 習坎. 君子以常德行, 習教事.
물이 연이어 이르는 것이 감의 상이다.
군자는 이 상을 본받아 덕행을 숭상하고, 정교의 일을 익힌다.

水洊至, 習坎.

『석문』에 "'천洊'은 『이아』에 '거듭 재再'라고 하였다(洊, 爾雅云再也)"라고 하였는데,

『이아』「석언釋言」에 "洊, 再也"라고 하였다. 『집해』에 육적도 "'천洊'은 거듭 재再"라고 하였다. 『석문』에 "우 씨는 '천荐'으로 썼다(洊, 于作荐)"라고 하였는데, 유백민은 "'천洊'은 본래 '천荐'으로 썼다. 이들은 가차자이며, 정식 글자는 당연히 '천瀳'으로 써야 한다(洊, 本作荐, 此假借字, 正當作瀳)"라고 하였다. '洊', '荐', '瀳'은 음도 뜻도 같다. 『설문』 수부水部에 "'천瀳'은 물이 흘러 이르는 것(瀳, 水至也)"이라고 하였다. '수천지水洊至'는 물이 연이어 이르는 것(水至而又至也), 물이 흘러 그치지 않는 것(水流不息之象)이다. 고형은 "'습習'자는 잘못 들어간 글자(習字亦是衍文)"라고 하였다. 괘명은 '坎'이지 '習坎'이 아니다.

감은 위아래 괘 모두 감坎이다. 감은 물(水)이다. 그런즉 '물이 연이어 이르는 것'이 감의 상이다. 물은 연이어 흘러가면서 구덩이를 가득 메운다. 「상」은 '감坎'을 구덩이(坑)라는 뜻으로 새겼다.

君子以常德行

'군자'는 최고 통치자이다. 고형은 "'상常'은 당연히 상尙으로 읽어야 하며(常當讀爲尙), 숭상한다는 뜻이다(尊尙也). 두 글자는 같은 성음 계열이며(常, 尙同聲系), 옛날에 통용되었다(古通用). 『논어』「헌문」에는 '尙德哉若人'이라 하여 바로 '尙'자를 썼다(正用尙字)"라고 하였다. '상常'은 뒤의 '습習'과 짝이 되며 동사가 되어야 하니, 당연히 '상尙'으로 읽고 숭상하다, 중시한다는 뜻으로 새겨야 한다. '덕행德行'은 덕스러운 행실이다. '상덕행常德行'은 덕행을 숭상한다는 말이다.

習教事

'습習'은 동사이며, 익히는 것(熟習)이다. '교教'는 정교政教(공영달), 교령教令(우번, 정이)이다. 래지덕은 '백성을 가르치는 것(教民)'이라고 하였다. '습교사習教事'는 정교의 일을 익힌다는 말이다. '정교政教'와 '교령教令'은 임금이 백성에게 하교하는 것이다.

두 개의 감坎이 겹쳐 있어 물이 연이어 이르니, 물은 끊임없이 앞으로 흘러간다. 군자는 이 상을 보고 이를 본받아 덕행을 숭상하고 정교를 익혀 끊임없이 앞으로 나아간다.

初六, 習坎, 入于坎窞, 凶.
처음 음효는 구덩이가 겹쳐 있어, 구덩이 속에 들어가니 또 구덩이가 있다. 흉하다.

『집해』에 육적은 "'습習'은 겹친다는 뜻의 중重", 우번은 "쌓는다는 뜻의 적積"이라고 하였다. '습習'은 '습襲'으로 읽으며, 겹치다(重)는 뜻이다. 두 글자는 음도 뜻도 같아 옛날에 통용되었다. '감坎'은 구덩이(坑)이다. '습감習坎'은 구덩이가 겹쳐 있다는 말이다.

『석문』에 "'담窞'은 도徒와 감坎의 반절이다. 『설문』에 구덩이 속에 또 구덩이가 있는 것이라고 하였다. 왕숙은 또 능陵과 감感의 반절이라 하고, 구덩이 밑바닥이라고 하였다. 『자림』은 구덩이 속의 작은 구덩이라고 하였다(窞, 徒坎反. 說文云坎中更有坎. 王肅又作陵感反, 云窞, 坎底也. 字林云坎中小坎)"라고 하였다. 『집해』에 간보는 "'담窞'은 구덩이가 깊은 것(窞, 坎之深者也)", 우번은 "구덩이 속의 작은 구덩이(坎中小穴稱窞)"라고 하였다. '담窞'은 구덩이 속의 구덩이(坎中小坎)라는 뜻이다. 구덩이가 겹쳐 있으니(習坎), 당연히 구덩이 속에 또 구덩이가 있는 것이다(坎窞).

象曰 '習坎入坎', 失道'凶'也.

'구덩이가 겹쳐 있어 구덩이 속에 들어간다'는 것은 길을 잃어 '흉하다'는 것이다.

'실도흉야失道凶也'는 '실도이흉야失道而凶也'가 바른 표현이다. 4글자로 맞추기 위해 의도적으로 '而'자를 생략하였다. 「상」은 효사 '습감입감習坎入坎'을, 길을 잃고 구덩이 속으로 들어가니 또 구덩이가 있어 흉하다고 해석하였다.

九二, 坎有險, 求小得.

둘째 양효는 구덩이 속에 위험이 있으나, 구하면 조금 얻는다.

'감坎'은 구덩이(坑)이다. '소득小得'은 조금 얻는다는 뜻이다.

象曰 '求小得', 未出中也.

'구하면 조금 얻는다'는 것은 가운데 자리에서 벗어나지 않았기 때문이다.

'중中'은 둘째 양효가 아랫괘의 가운데 자리에 있다는 것이며(효위), 중도를 행하는 상이다(효상). 「상」은 효사 '구소득求小得'을, 둘째 양효가 가운데 자리에 있어, 중도를 행하는 것에서 벗어나지 않았기 때문에, 구덩이 속에 위험이 있으나 구하면 조금 얻는다고 해석하였다. 『집해』에 순상은 '중中'을 험중險中으로 보고, "위험 속에서 나오지 못한다(未出於險中)"라고 해석하였는데, 왕필도 '중'을 '험지중險之中'으로 보고, "위험 속에서 나올 수 없다(未能出險之中)"라고 하였고, 공영달도 "위험 속에서 나올 수 없다(未得出險之中)"라고 하였다. 정이는 '중中'을 감중지험坎中之險으로 보고, "구덩이 속의 위험에서 나올 수 없다(未能出坎中之險)"라고 해석하였다. 뒷사람들은 이들의 해석을 따랐다.

고형은 '중中'을 바르다는 뜻의 정正으로 읽고(中, 正也), "구덩이 속에 위험이 있으니(坎中有險), 구하는 것이 있으면 본래 매우 얻기 어려우나(有求本甚難得), 조금 얻을 수 있는 것은(然尙能小得者) 구하는 바가 정도에서 떨어지지 않았기 때문이다(因其所求未離去正道也)"라고 해석하였다. 이러한 해석은 모두 통한다.

六三, 來之坎坎, 險且枕. 入于坎窞, 勿用.
셋째 음효는 오고 가도 구덩이고 구덩이며, 위험하고 또 깊다.
구덩이 속에 들어가니 또 구덩이가 있다. 들어가지 말라.

'지之'는 가다는 뜻의 왕往이다. '내지來之'는 '내왕來往'과 같다(굴만리). 『석문』에 "'침枕'은 고문에 '침沈'으로 되어 있다. '침沈'은 직直과 임林의 반절이다(枕, 古文作沈. 沈, 直林反)"라고 하였다. '침枕'은 '침沈'으로 읽으며, 깊다는 뜻의 심深이다. '담窞'은 역시 구덩이라는 뜻이다. '용用'은 행行이다. '물용勿用'은 '물행勿行'과 같으며, 행하지 말라, 즉 들어가지 말라는 뜻이다.

象曰 '來之坎坎', 終无功也.
'오고 가도 구덩이고 구덩이다'는 것은 끝내 공이 없다는 것이다.

'공功'은 구덩이에서 빠져나오는 공이다. '종무공終无功'은 끝내 구덩이에서 빠져나오는 공이 없다는 말이다. 「상」은 효사 '내지감감來之坎坎'을, 오고 가도 구덩이고 구덩이인데, 구덩이 속에 들어가면 또 구덩이가 있어 끝내 구덩이에서 빠져 나오는 공이 없다고 해석하였다. 그래서 들어가지 말라는 것이다.

왕필은 "셋째 음효는 음의 자리가 아닌 곳에 있으며, 또 두 구덩이 사이에 처하여, 나가도 구덩이이고 머물러도 구덩이이므로 '내지감감'이다(旣履非其位, 而又處兩坎之間, 出則之坎, 居則亦坎, 故曰來之坎坎也)"라고 하였다. 이러한 해석은 「상」의 본뜻이 아닐 것이다.

六四, 樽酒簋貳用缶, 納約自牖, 終无咎.
넷째 음효는 술병의 술과 밥그릇 두 개는 질그릇을 사용하여,

창을 통해 안으로 들이고 받으니, 마침내 허물이 없다.

'준樽'은 술을 담는 그릇, 즉 술병이다. '궤簋'는 밥을 담는 대그릇, 즉 밥그릇이다. '이貳'는 두 이二이다. 왕필은 "한 술병의 술, 두 밥그릇의 밥(一樽之酒, 二簋之食)"이라고 하였다. '부缶'는 질그릇이다. '납納'은 들여보내는 것이다. 『집해』에는 '내內'로 되어 있다. 고형은 "'약約'은 탁擢으로 읽으며(約讀爲擢), 받아내는 것이다(取出也)"라고 하였다. '유牖'은 집 벽 위의 창窓이다.

象曰 '樽酒簋貳', 剛柔際也.
'술병의 술과 밥그릇 두 개'라는 것은 강과 유가 교접하고 있다는 것이다.

'강剛'은 다섯째 양효를, '유柔'는 넷째 음효를 가리킨다. '제際'는 교접交接하다는 뜻이다. 넷째 음효와 다섯째 양효는 음과 양이 위아래에 있으니(효위), 서로 교접하고 있는 상이다(효상). 「상」은 효사 '준주궤이樽酒簋貳'를, 술병의 술과 밥그릇 두 개를 창을 통해 들이고 받는다는 것은 넷째 음효와 다섯째 양효가 서로 교접하고 있기 때문이라고 해석하였다. 즉 밖에 있는 사람(九五)과 안에 있는 사람(六四)이 술과 밥을 주고 받으며 교접하고 있다는 말이다.

왕필은 "강유가 서로 이웃하여 친한 것을 '제際'라고 한다(剛柔相比而相親焉, 際之謂也)", 정이는 "강유는 넷째 음효와 다섯째 양효를 가리키며, 군신이 교제하는 것을 말한다(剛柔指四與五, 謂君臣之交際也)"라고 하였다.

「소상」에 '강유제剛柔際'는 ① 감坎 六四 ② 해解 初九, 2곳 기록되어 있다.

九五, 坎不盈, 祇既平, 无咎.
다섯째 양효는 구덩이는 가득 차지 않았는데,
작은 언덕은 이미 평평하게 되었으나, 허물이 없다.

『집해』에 우번은 "'영盈'은 가득하다는 뜻의 일溢(盈, 溢也)"이라고 하였다. '지祇'는 『집해』에 '제禔'로 되어 있는데, 우번은 "'제禔'는 편안하다는 뜻의 안安"이라고 하였다. 『석문』에 정현은 "'지祇'는 당연히 저坻이며, 작은 언덕이다(祇, 鄭云當爲坻, 小丘也)"라고 하였다.

象曰 '坎不盈', 中未大也.

'구덩이는 가득 차지 않았다'는 것은 가운데 자리에서 (공이) 크지 않다는 것이다.

'중미대야中未大也'는 '중이공미대야中以功未大也'가 바른 표현이다. 4글자로 만들기 위해 의도적으로 '이공以功'을 생략하였다. '중中'은 다섯째 양효가 윗괘의 가운데 자리에 있다는 것이며(효위), 중도를 행하는 상이다(효상). 또 다섯째 양효는 윗괘의 가운데 자리에 있으나 두 음 사이에 있으므로(효위), 공이 크지 않는 상이다(효상). 「상」은 효사 '감불영坎不盈'을, 구덩이는 가득 차지 않았는데 작은 언덕은 이미 평평하게 되었으니, 다섯째 양효가 가운데 자리에서 중도를 행하나 구덩이를 채우는 공이 크지 않다고 해석하였다. 고형은 "정중의 도를 행하는 것이 크지 않다(其行正中之道不爲宏大)"라고 해석하였다.

上六, 係用徽纆, 寘于叢棘, 三歲不得, 凶.
꼭대기 음효는 밧줄로 묶어 옥사에 놓아두었는데,
삼 년이 되어도 풀려나지 않으니, 흉하다.

'계係'는 묶는다는 뜻의 계繫이다. 『석문』에 유표는 "'휘徽'는 세 가닥으로 꼰 줄, '묵纆'은 두 가닥으로 꼰 줄이며, 모두 줄 이름이다(劉云三股曰徽, 兩股曰纆, 皆索名)"라고 하였다. '휘묵徽纆'은 밧줄이며, 죄인을 묶을 때 사용하였다. 『집해』에 우번은 '검은 밧줄(黑索)'이라고 하였다.

『석문』에 육덕명은 "'치寘'는 지之와 시豉의 반절이다. 놓는다는 뜻의 치置이다. 장번은 '치置'로 썼다(寘, 之豉反. 置也. 張作置)"라고 하였다. 『집해』에 우번은 "'치寘'는 놓는다는 뜻의 치置"라고 하였다. '총극叢棘'은 옥사를 가리킨다. 우번은 "옥사 밖에 아홉 그루의 가시나무를 심었으므로 '총극'이라 한다(獄外種九棘, 故稱叢棘)", 고형은 "감옥 주위에 가시나무를 심어(監獄墻上墻外皆種有棘之棘木) 죄인이 도망가지 못하게 하였으므로(以防囚人之逃出) 감옥을 '총극'이라 칭하였다(故稱之爲叢棘)"라고 하였다.

'삼세三歲'는 삼 년이다. '득得'은 놓다, 석방하다는 치置의 뜻이다. 우번은 "'부득不得'은 옥사에서 나올 수 없다는 말이다(不得謂不得出獄)"라고 하였다. 고형은 "'득得'은 당연히 '치置'를 가차한 글자이다(得當借爲置), 두 글자는 옛날에 통용되었다(二字古通用))"라고 하였다. 『설문』 망부网部에 "'치置'는 사면하다는 뜻의 사赦이다. 망网과 직直으로 되어 있다(置, 赦也, 从网直)"라고 하였다. '삼세부득三歲不得'은 삼 년이 되어도 풀려나지 않는다는 말이다.

> 象曰 '上六'失道, '凶三歲'也.
> '꼭대기 음효가 흉한 것이 삼 년'이라는 것은 정도를 잃었다는 것이다.

이 구절은 '上六三歲凶, 失道也'라고 하는 것이 바르다. 운을 맞추기 위해 의도적으로 구절을 도치하였다. 「상」의 '제際', '대大', '세歲'는 운이다. 진고응은 "'세歲'와 '제際'와 '대大'는 월부月部의 운이다('歲'與'際', '大'協月部韻)"라고 하였다. '도道'는 정도이다. 「상」은 효사 '삼세흉三歲凶'을, 삼 년이 되어도 풀려나지 않으니 흉한 것은 가둔 사람이 정도를 잃은 것이라고 해석하였다.

감 「상」에서 '흉凶', '중中', '공功'과 '제際', '대大', '세歲'는 운이다.
유백민: '凶', 三鐘. 與下'中''功', 一東. 爲韻.
'際', 十三祭. 與下'大', 十四泰, 音第(十二霽). '歲', 十三祭. 爲韻. 祭, 霽同用.
스즈키: '흉凶', '중中', '공功'과 '제際', '대大', '세歲'.

30. 리離

> ䷝ 象曰 明兩作, 離. 大人以繼明照于四方.
> 해가 두 번 떠오르는 것이 리의 상이다.
> 대인은 이 상을 본받아 밝음을 이어서 사방을 비춘다.

明兩作, 離.

『역전』은 해(日)를 '대명大明'이라 칭하고 또 '명明'이라고 칭하였다. 『석문』에 정현은 "'작作'은 일어난다는 뜻의 기起(鄭云作, 起也)"라고 하였다. 떠오른다는 뜻이다. '양명작兩明作'은 곧 「단」의 '중명重明'이다. 리는 위아래 괘가 모두 리이다. 리는 해이고 밝음이다. 그런즉 '해가 두 번 떠오르는 것'이 리의 상이다. 해가 두 번 떠올라 하늘에 붙어 있다. 「상」은 '리離'를 붙는다(麗)는 뜻으로 새겼다.

大人以繼明照于四方

'대인大人'은 최고 통치자이다. 「문언」에 "해와 달과 더불어 그 밝음을 합하는 사람(夫大人者, 與日月合其明)"이라고 하였다. 정이는 "대인은 덕으로 말하면 성인이고, 자리로 말하면 왕 된 자이다(大人, 以德言則聖人, 以位言則王者)"라고 하였다. '계명繼明'이 곧 '양명작兩明作'이다. '조照'는 비춘다(炤)는 뜻이다. '사방四方'은 천하이다. 해가 두 번 떠오르니, 천하가 밝다. 대인은 이 상을 보고 이를 본받아 그 밝음을 이어서 천하를 밝게 비춘다.

初九, 履錯然, 敬之, 无咎.
처음 양효는 앞으로 나아감에 신중하고 경계하면, 허물이 없다.

'이履'는 밟다, 행하다, 즉 앞으로 나아간다는 뜻이다. '착연錯然'은 왕필이 "경계하고 삼가는 모양(警愼之貌也)"이라고 하였다. 신중하다는 뜻이다. 『석문』에는 '경敬'이 '경警'으로 되어 있다. '경敬'은 경계하다는 뜻의 경警, 삼가다는 뜻의 신愼이다. '지之'는 형식목적어이다.

왕필은 "'착연錯然'은 경계하고 삼가는 모양이다. 리괘의 처음에 처하여 장차 나아가 성하려고 한다. 이루어진 것이 아니므로 마땅히 나아가는 바를 삼가고, 공경에 힘써서 허물을 피한다(錯然者, 警愼之貌也. 處離之始, 將進而盛. 未在旣濟, 故宜愼其所履. 以敬爲務, 辟其咎也)"라고 해석하였다.

象曰 '履錯'之'敬', 以辟咎也.
'앞으로 나아감에 신중하고 경계한다'는 것은 허물을 모면한다는 것이다.

'이以' 뒤에 '지之'자가 생략되어 있다. '이以'는 용用이며, '지之'는 '이착지경履錯之敬'을 가리킨다. 『석문』에 "'피辟'는 음이 피避(辟, 音避)"라고 하였다. '피辟'는 '피避'로 읽으며 피하다, 모면하다는 뜻이다. 『석문』에는 '피기辟其'로 되어 있는데, '피辟' 뒤에 '기其'자가 있다는 것이다. '이피구야'는 신중하고 경계하는 것으로써 허물을 피한다는 말이다. 「상」은 효사 '이착경履錯敬'을, 앞으로 나아감에 신중하고 경계한다면 허물을 모면할 수 있다고 해석하였다.

六二, 黃離, 元吉.
둘째 음효는 황색이 붙었으니, 크게 길하다.

'황黃'은 황색이다. 『역전』은 황색을 길한 것으로 여겼다. '리離'는 붙는다는 뜻의 리麗이다. '麗'는 '려'와 '리', 두 가지 발음이 있는데, 모두 붙는다는 뜻을 가지고 있다.

'황리黃離'는 황색이 붙어 있다는 것이다. '원元'은 크다는 뜻의 대大이다.

象曰 '黃離元吉', 得中道也.

'황색이 붙었으니, 크게 길하다'는 것은 중도를 얻었기 때문이다.

'득중도야得中道也'는 '이득중야以得中也' 혹은 '득중야得中也'로 하는 것이 바르다. 운을 맞추고 4글자로 만들기 위해 의도적으로 '도道'자를 넣었다. 「상」의 '구咎', '도道', '구久'는 운이다.

'중中'은 둘째 음효가 음의 자리에 있으면서 아랫괘의 가운데 자리에 있다는 것이며(효위), 중도를 얻은 상이다(효상). '중도'란 뜻과 행실이 바르다는 말이다. 「상」은 효사 '황리원길黃離元吉'을, 황색이 붙었으니 크게 길하다는 것은 둘째 음효가 가운데 자리에 있어 중도를 얻었기 때문이라고 해석하였다. 왕필은 '중中'을 가지고 효사의 '황黃'을 해석하여, '황리黃離'를 리괘의 가운데 자리를 얻은 것으로 해석하였다.

「소상」에 '득중도야得中道也'는 ① 고蠱 九二 ② 리離 六二 ③ 해解 九二 ④ 쾌夬 九二 등 4곳 기록되어 있고, '이중도야以中道也'는 ① 기제旣濟 六二 한 곳 기록되어 있다. 5곳 모두 운을 맞추기 위해 의도적으로 '도道'자를 삽입하였다.

九三, 日昃之離, 不鼓缶而歌, 則大耋之嗟, 凶.

셋째 양효는 해가 기우는데 붙어 있으니,
부를 두드리고 노래를 부르지 않으면, 늙은이는 탄식하니, 흉하다.

'일측日昃'은 일측日側이며, 해가 기우는 것이다. '리離'는 붙다(麗)는 뜻이다. 『석문』에 "'고鼓'는 정현 본에 '두드린다는 뜻의 격擊'으로 되어 있다(鼓, 鄭本作擊)"라고 하였다. '부缶'는 질그릇이다. 옛날에는 이것을 악기로도 사용하였다. 『설문』 부부缶部에 "진나라 사람들은 이것을 두드리며 노래를 불렀다(秦人鼓之, 以節謌)"라고 하였다. '대질大耋'은 늙은이이다. 『석문』에는 '질耊'로 되어 있는데, 마융은 "70을 질이라고 한다(七十曰耊)", 왕숙은 "80을 질이라고 한다(八十曰耊)", 『설문』 노부老部에도 '질耊'로 쓰고 "80세(年八十曰耊)"라고 하였다. '질耊'과 '질耋'은 뜻이 같다. '차嗟'는 탄식하는 것이다. 『석문』에 "고문과 정현 본에는 '흉凶'자가 없다(古文及鄭无凶字)"라고 하였다.

象曰 '日昃之離', 何可久也.

'해가 기우는데 붙어 있다'는 것은 오래 갈 수 없다는 것이다.

'하가구何可久'는 어찌 오래 갈 수 있겠는가? 즉 오래 갈 수 없다는 말이다. 「상」은 효사 '일측지리日昃之離'를, 해가 서쪽으로 기우는데 하늘에 붙어 있으니 오래 가지 않아 해가 떨어질 것이라고 해석하였다. 마찬가지로 사람이 늙어 오래 가지 않아 죽을 것이니, 부를 두드리고 노래를 불러 즐기기 않는다면, 늙은이는 탄식할 것이니, 흉하다는 것이다.

「소상」에 '하가구야何可久也'는 ① 대과大過 九五 ② 리離 九三 ③ 기제旣濟 上六 등 모두 3곳 기록되어 있다.

九四, 突如其來如, 焚如, 死如, 棄如.

넷째 양효는 갑자기 그가 와서 불태우고, 죽이고, 던져버린다.

'돌突'은 갑자기라는 뜻이다. '여如'는 '지之'와 같다. '기其'는 그 사람이다. '분焚'은 불태우는 것이다. '기棄'는 내버린다는 뜻이다.

象曰 '突如其來如', 无所容也.

'갑자기 왔다'는 것은 받아들이는 곳이 없다는 것이다.

'용容'은 용납하다(納), 받아들이다(受)는 뜻이다. '무소용야无所容也'는 받아들이는 곳이 없다는 말이다. 「상」은 효사 '돌여기래여突如其來如'를, 갑자기 그가 와서 불태우고 죽이고 던져버리니, 그 사람을 받아들이는 곳이 없다고 해석하였다.

「소상」에 '무소용야无所容也'는 ① 리離 九四 ② 항恒 九三, 2곳 기록되어 있다.

六五, 出涕沱若, 戚嗟若, 吉.

다섯째 음효는 눈물을 줄줄 흘리며 슬퍼하고 탄식하나, 길하다.

'체涕'는 눈물 누淚이다. '타沱'는 눈물을 많이 흘리는 것이다. '타약沱若'은 눈물을 많이 흘리는 모양이다. '척戚'은 근심하고(憂), 슬퍼하는(悲) 것이다. '차약嗟若'은 탄식하는 모양이다.

象曰 '六五'之'吉', 離王公也.

'다섯째 음효'가 '길'한 것은 왕공에게 붙어 있기 때문이다.

'리離'는 붙다(麗)는 뜻이다. 『석문』에 "'리離'는 음이 리麗이다. 정현은 '리麗'로 썼다(離, 音麗. 鄭作麗)"라고 하였다. '왕王'은 천자이고, '공公'은 제후이며, 최고 통치자를 가리킨다. '왕王'만 써도 되는데 구태여 '공公'자를 넣어 '왕공'으로 쓴 것은 4글자로 맞추기 위해서이고, 또 운을 맞추기 위해서이다. 「상」의 '용容', '공公', '방邦'은 운이다. 다섯째 음효는 꼭대기 양효의 아래에 있으니(효위), 음이 양에 붙어 있고 신하가 왕공에게 붙어 있는 상이다(효상). 「상」은 효사 '길吉'을, 눈물을 줄줄 흘리며 슬퍼하고 탄식하나, 길한 것은 다섯째 음효가 왕공인 꼭대기 양효에 붙어 있기 때문이라고 해석하였다.

고형은 "신하가 눈물을 줄줄 흘리며 슬퍼하고 탄식하는 것은(臣下出涕戚嗟), 불행한 일을 만났기 때문이나(乃遭遇不幸之事), 길한 것으로 돌아가는 것은(而歸于吉者) 왕공에게 붙어 왕공의 비호와 구원을 받기 때문이다(以其附麗于王公, 得王公之庇護, 救助也)"라고 해석하였다.

上九, 王用出征, 有嘉折首, 獲匪其醜, 无咎.
꼭대기 양효는 왕이 출정하여, 기쁜 일이 있어 적의 머리를 베었고,
악한 그 적을 사로잡았으니, 허물이 없다.

'용用'은 행하다(行), 베풀다(施), 시행施行하다는 뜻이다. '출정出征'은 출병이다. '가嘉'는 기쁜 일(喜事)이다. '절수折首'는 '참수斬首'와 같다. '비匪'는 악하다는 뜻의 악惡이다. 『집해』에 우번은 "'추醜'는 무리라는 뜻의 유類(醜, 類也)"라고 하였다. '추醜'는 무리라는 뜻의 중衆이며, 적을 가리킨다. '획추獲醜'는 적의 무리를 사로잡은 것을 말한다.

象曰 '王用出征', 以正邦也. ('獲匪其醜', 大有功也.)
'왕이 출정한다'는 것은 나라를 안정시킨다는 것이다.
('악한 그 적을 사로잡았다'는 것은 크게 공이 있다는 것이다.)

'王用出征', 以正邦也.

'이以' 뒤에 '지之'자가 생략되어 있다. '이以'는 용用이며, '지之'는 '왕용출정王用出征'을 가리킨다. '정正'은 정定과 같다(고형). '정방正邦'은 나라를 안정시킨다는 뜻이다. 「상」은 효사 '왕용출정王用出征'을, 왕이 출정하여 싸움에 이겨 나라를 안정시킨다고 해석하였다.

('獲匪其醜', 大有功也.)

현행 통행본에는 '獲匪其醜, 大有功也'가 없으나, 『석문』에 "왕숙 본에는 이 아래에 다시 '획비기추, 대유공야'가 있다(王肅本, 此下更有'獲匪其醜, 大有功也')"라고 하였다. 「상」은 효사 '획비기추獲匪其醜'를, 왕이 악한 그 적을 사로잡았으니 크게 전공이 있다고 해석하였다.

리 「상」에서 '구咎', '도道', '구久'와 '용容', '공公', '방邦'은 운이다.

유백민: '咎', 四十四有, 古音杲. 與下'道', 三十三皓. '久', 音韭, 四十四有. 爲韻.
'容', 三鐘. 與下'公', 一東. '邦', 博工反, 音崩. 爲韻.

스즈키: '구咎', '도道', '구久'와 '용容', '공公', '방邦'.

상象

하

31. 함咸

䷞ 象曰 山上有澤, 咸. 君子以虛受人.

산 위에 못이 있는 것이 함의 상이다.

군자는 이 상을 본받아 겸허하게 백성을 받아들인다.

山上有澤, 咸.

함은 아랫괘가 간艮이고 윗괘는 태兌이다. 간은 산(山)이고 태는 못(澤)이다. 그런즉 '산 위에 못이 있는 것'이 함의 상이다. 산은 높으나 아래에 있고, 못은 낮으나 위에 있으니, 산과 못은 기를 통하여 감응한다. 「상」은 '함咸'을 감응하다(感), 움직이다(動)는 뜻으로 새겼다.

『집해』에 최경은 "산은 높으나 내려오고 못은 낮으나 올라가서, 산과 못이 기를 통하는 것이 함의 상이다(山高而降, 澤下而升, 山澤通氣, 咸之象也)"라고 하였다.

君子以虛受人

'군자'는 「단」의 '성인'이며, 최고 통치자이다. '허虛'는 겸허謙虛 혹은 허심虛心이다. '수受'는 용容이며, 받아들인다는 뜻이다. '인人'은 백성이다. '수인受人'은 백성을 받아들이는 것이다. 산 위에 못이 있으니, 산과 못은 기를 통하여 위아래는 감응한다. 군자는 이 상을 보고 이를 본받아 겸허한 마음으로 백성을 받아들여 서로 감응한다.

정이는 "군자는 산과 못이 기를 통하는 상을 보고, 그 마음을 비워 사람을 받아들인다. 사람의 마음은 비면 받아들일 수 있고, 가득 차면 들어갈 수 없다. 마음을 비운다는 것은 무아이다. 마음에 사사로운 주인이 없으면 감응하여 통하지 아니하는 것이 없다(君子觀山澤通氣之象, 而虛其中以受於人. 夫人中虛則能受, 實則不能入矣. 虛中者, 无我也. 中无私主, 則无感不通)"라고 하였다. 정이의 해석이 아주 좋다.

初六, 咸其拇.

처음 음효는 엄지발가락을 움직인다.

'함咸'은 '감感'으로 읽으며, 움직인다는 뜻의 동動이다. 『설문』 심부心部에 "'감感'은 사람의 마음을 움직이는 것(感, 動人心也)"이라고 하였다. 사람의 마음을 움직인다(感動)는 뜻이 파생되어 사물을 움직이는 것 또한 '감感'이라고 한다. 『이아』 「석고釋詁」

에 "'감感'은 움직인다는 뜻의 동動"이라고 하였다. '기其'는 뜻 없이 들어간 어조사이다. 『석문』에 "'무拇'는 무茂와 후后의 반절이다(拇, 茂后反)"라고 하고, "마융, 정현, 설우는 '엄지발가락'이라 하였다(馬鄭薛云足大指也)", 『집해』에는 '모母'로 되어 있는데, 우번은 "엄지발가락(母, 足大指也)"이라고 하였다. '무拇'는 엄지발가락이다. '함기무'는 엄지발가락을 움직인다는 말이다.

象曰 '咸其拇', 志在外也.
'엄지발가락을 움직인다'는 것은 뜻이 밖에 있다는 것이다.

'지志'는 처음 음효가 지향하는 뜻이다. '외外'는 외괘外卦, 즉 윗괘의 넷째 양효를 가리킨다. 「상」은 효사 '함기무咸其拇'를, 엄지발가락을 움직이는 것은 처음 음효가 지향하는 뜻이 윗괘의 넷째 양효에 있다고 해석하였다.

『집해』에 우번은 "(처음 음효는) 자신의 자리가 아니나 멀리 응하고 있으니, 넷째 양효로 가서 바름을 얻으므로 '지재외'라고 하였다. 넷째 양효를 말한다(失位遠應, 之四得正, 故志在外, 謂四也)", 왕필은 "넷째 양효는 윗괘에 속한다(四屬外也)"라고 하였다. 처음 음효와 넷째 양효는 서로 응한다. 왕필 이후 모두 이를 따랐다.

고형은 '외外'를 단순히 밖으로 보고, "엄지발가락을 움직이는 것은 그 뜻이 밖으로 나가는 데 있다('咸其拇', 言其志在外出也)"라고 해석하였다. 이렇게 해석하여도 통한다.

「소상」에 '지재외야志在外也'는 3곳 기록되어 있는데, 모두 아랫괘에 쓰였다. 11번 태泰 初九를 참고하라.

六二, 咸其腓, 凶, 居吉.
둘째 음효는 장딴지를 움직이니 흉하나, 머무르면 길하다.

'함咸'은 움직인다는 뜻의 동動이다. '기其'는 뜻 없이 들어간 어조사이다. 『설문』 육부肉部에 "'비腓'는 장딴지(腓, 脛腨)", 『집해』에 우번은 "'비腓'는 장딴지(腓, 脚膞)"라고 하였다. '비腓'는 장딴지(膞)이다. '함기비'는 장딴지를 움직인다는 말이다. '거居'는 머무른다는 뜻이다.

象曰 雖'凶居吉', 順不害也.
비록 '흉하나 머무르면 길하다'는 것은 유순하여 (혹은 삼가면) 해가 없다는 것이다.

「상」은 '순順'을 가지고 효사의 '거居'를, '불해不害'를 가지고 '길吉'을 해석하였다. 둘째 음효는 음이므로 '순順'이라 하였고, 중정中正이므로 '불해不害'라고 하였다. '순불해야'는 유순하여 해가 없다는 말이다. 「상」은 효사 '흉거길凶居吉'을, 둘째 음효가 유순하여 해가 없으므로, 흉하나 머무르면 길하다고 해석하였다.

굴만리는 '순順'을 '신愼'으로 읽었다. 고형은 "'순順'은 당연히 '신愼'으로 읽어야 하며, 삼가는 것이다(順當讀爲愼, 謹身也)"라고 하고, "장딴지를 움직여 멀리 가는 것은 비록 흉하나(動其腓而遠行雖凶), 삼가여 나가지 않고 편안히 거하여 움직이지 않으면(但謹身不出, 安居不動), 해가 없고 길하다(則无咎害, 乃吉也)"라고 해석하였다.

九三, 咸其股, 執其隨, 往吝.

셋째 양효는 다리를 움직여 남을 따르는 것을 견지하니, 가면 어렵다.

'함咸'은 움직인다는 뜻의 동動이다. '기其'는 뜻 없이 들어간 어조사이다. '고股'는 다리이다. '함기고'는 다리를 움직인다는 말이다. '다리를 움직인다'는 것은 출행한다는 것이다. '집執'은 고집하다, 견지한다는 뜻이다. '수隨'는 따른다(從)는 뜻이다. 「상」은 '수隨'를 '수인隨人'으로 읽어, "남을 따르는 것"으로 해석하였다. '집기수'는 다른 사람을 추종하는 것을 견지한다는 말이다. '인吝'은 어렵다는 뜻의 난難이다. 『집해』에는 '구咎'로 되어 있는 데, 최경은 주에서 '往吝窮也'라고 썼다.

象曰 '咸其股', 亦不處也. 志在'隨'人, 所'執'下也.

'다리를 움직인다'는 것은 또한 가만히 있지 않는다는 것이다.

뜻이 남을 '따르는데' 있으니, '견지하는 것'이 아래에 있다는 것이다.

'咸其股', 亦不處也.

'처處'는 지止의 뜻이며, 멈추어 움직이지 않는 것이다. '불처不處'는 가만히 있지 않는다는 것, 즉 움직인다는 것이다. 「상」은 효사 '함기고咸其股'를, 다리를 움직인다는 것은 가만히 있지 않는 것이라고 해석하였다.

志在'隨'人, 所'執'下也.

'소집하야所執下也'는 '소집재하야所執在下也'가 맞는 표현이다. 4글자로 맞추기 위해 의도적으로 '재在'자를 생략하였다. '인人'과 '하下'는 둘째 음효를 가리킨다. 셋째 양효는 둘째 음효와 이웃하고(比) 있으니(효위), 셋째 양효(남)가 아래의 둘째 음효(여)

를 따르는 상이다(효상). 「상」은 효사 '집기수執其隨'를, 셋째 양효는 비록 꼭대기 음효와 응하고 있으나, 그 뜻이 둘째 음효를 따르는 데 있으니, 견지하는 것이 아래의 둘째 음효에 있다고 해석하였다.

고형은 "'하下'는 스스로 낮추어 아래에 처하는 것(下, 自卑居下也)"이라 하고, "그 뜻이 다른 사람을 따르는 데 있으니(其志在隨從他人), 견지하고 있는 주장은 스스로 낮추어 기꺼이 사람의 아래에 처한다는 것이다(所持之主張是自卑而甘居人下也)"라고 해석하였다. 필자는 상수로, 고형은 의리로 해석하였는데, 두 가지 모두 통한다.

九四, 貞吉, 悔亡. 憧憧往來, 朋從爾思.
넷째 양효는 바르게 하여 길하니 뉘우침이 없어진다.
뜻을 정하지 못하고 왔다 갔다 하니, 벗이 너의 생각을 따른다.

'정貞'은 바르다는 뜻의 정正이다. '회悔'는 뉘우친다, '망亡'은 없어진다는 뜻이다. '정길회망貞吉悔亡'은 뜻과 행실을 바르게 하여 길하니, 뉘우침이 장차 없어진다는 말이다. 『설문』 심부心部에 "'동憧'은 뜻이 정해지지 않은 것(意不定)"이라고 하였다. '동동憧憧'은 마음이 잡히지 않는 모양, 왔다 갔다 하는 모양이다. 『석문』에 왕숙은 "갔다 왔다 하는 것이 끊이지 않는 모양(王肅云往來不絶皃)", 유표는 "뜻이 정해지지 않은 것(劉云意未定也)"이라 하였고, 『집해』에 우번은 '회사려懷思慮', 즉 마음이 잡히지 않는 모양으로 해석하였다. '붕朋'은 벗이다. '이爾'는 너 여汝이다. '사思'는 생각하다는 뜻의 여慮이다(굴만리). 고형은 "'사思'는 어기사이며 '재哉'와 같다(思, 語氣詞, 猶哉也)"라고 하고, 벗들이 모두 너를 따른다(朋友皆隨從汝)라고 해석하였다.

象曰 '貞吉悔亡', 未感害也. '憧憧往來', 未光大也.
'바르게 하여 길하니 뉘우침이 없어진다'는 것은 해로움을 느끼지 않는다는 것이다.
'뜻을 정하지 못하고 왔다 갔다 한다'는 것은 (생각하는 것이) 넓고 크지 않다는 것이다.

'貞吉悔亡', 未感害也.

「상」은 '미감해未感害'를 가지고 효사의 '회망悔亡'을 해석하였다. 「상」은 효사 '정길회망貞吉悔亡'을, 뜻과 행실을 바르게 하여 길하니 뉘우침이 없어진다는 것은 해로움을 느끼지 않는 것이라고 해석하였다.

'憧憧往來', 未光大也.

'광光'은 넓다는 뜻의 광廣이다. '미광대야'는 넓고 크지 않다는 말이다. 「상」은 효사 '동동왕래憧憧往來'를, 생각하는 것이 넓고 크지 않기 때문에 뜻을 정하지 못하고 왔다 갔다 한다고 해석하였다. 그래서 그 벗이 너의 생각을 따른다는 것이다.

「계사」 하·5장에 "『역』에 말하기를 '뜻을 정하지 못하고 왔다 갔다 하니, 벗이 너의 생각을 따른다'고 하였다. 공자께서 말씀하셨다. '천하 사람은 무엇을 생각하고 무엇을 근심하는가? 천하 사람은 같은 곳으로 귀결되나 생각하는 길은 다르고, 같이 한 곳에 이르나 근심은 백 가지이다. 천하 사람은 무엇을 생각하고 무엇을 근심하는가? 해가 지면 달이 뜨고, 달이 지면 해가 뜬다. 해와 달이 서로 바뀌어 밝음이 생겨난다. 추위가 가면 더위가 오고, 더위가 가면 추위가 온다. 추위와 더위가 서로 바뀌어 해가 이루어진다. 가는 것은 굽는 것이고, 오는 것은 펴는 것이다. 굽는 것과 펴는 것이 서로 감응하여 이로움이 생겨난다. 자벌레가 굽는 것은 펼침을 구하기 위해서이다. 용과 뱀이 몸을 숨기는 것은 몸을 보존하기 위해서이다. (주역점의) 이치에 정통하여 신묘한 경지에 들어가는 것은 그것의 쓰임을 다하기 위해서이다. (주역점을) 잘 사용하여 몸을 편안히 하는 것은 그 덕(작용)을 높이기 위해서이다. 이것을 지나쳐서 가면 (주역점의 미묘한 도리를) 알지 못한다. (주역점의) 신묘함을 다하고 그 변화를 아니, 덕이 성대한 것이다'(易曰 憧憧往來, 朋從爾思. 子曰 天下何思何慮? 天下同歸而殊涂, 一致而百慮. 天下何思何慮? 日往則月來, 月往則日來, 日月相推而明生焉. 寒往則署來, 署往則寒來, 寒暑相推而歲成焉. 往者屈也, 來者信也, 屈信相感而利生焉. 尺蠖之屈, 以求信也. 龍蛇之蟄, 以存身也. 精義入神, 以致用也. 利用安身, 以崇德也. 過此以往, 未之或知也. 窮神知化, 德之盛也)"라고 하였다. 「계사」는 뜻을 정하지 못하고 왔다 갔다 하니, 벗이 너가 점쳐 알려준 것을 따른다고 해석하였는데, 「상」의 해석과 다르다.

九五, 咸其脢, 无悔.

다섯째 양효는 등살을 움직이니, 뉘우침이 없다.

'함咸'은 움직인다는 뜻의 동動이다. '기其'는 뜻 없이 들어간 어조사이다. 『설문』 육부肉部에 "'매脢'는 등살(脢, 背肉也)"이라고 하였다. 『석문』에 "'매脢'는 무武와 배杯의 반절이다. 가슴의 위, 입의 아래이다. 정현은 등뼈 살이라고 하였는데 『설문』도 같다. 『광아』에는 등심을 '매脢'라고 하였다(脢, 武杯反. 心之上, 口之下也. 鄭云背脊肉也. 說文同. 廣雅云胂謂之脢)"라고 하였다. 『정의』에 마융은 "등(背)", 정현은 "등뼈 살(脊肉)", 『집해』에 우번은 "등뼈 살(夾脊肉)"이라고 하였다. '함기매'는 등살을 움직인다는 말이다.

象曰 '咸其脢', 志(在)末也.
'등살을 움직인다'는 것은 뜻이 끝에 있다는 것이다.

'지말야志末也'는 '지재말야志在末也'가 맞는 표현이다. '재在'자가 떨어져 나갔을 것이다. '말末'은 꼭대기 음효를 가리킨다. 28번 대과大過 「단」에 '본말약야本末弱也'라고 하였는데, '말末'은 대과 꼭대기 음효를 가리킨다. 또 「계사」 하·9장에 "처음 효는 알기 어려우나, 꼭대기 효는 알기 쉬우니, 근본과 말단이기 때문이다(其初難知, 其上易知, 本末也)"라고 하였는데, '말末'은 꼭대기 효를 가리킨다. 다섯째 양효는 꼭대기 음효의 아래에 있으니(효위), 꼭대기 음효를 등에 지고 있는 상이다(효상). 다섯째와 꼭대기는 음양이 서로 이웃하여 있으므로 뉘우침이 없다고 하였다. 「상」은 효사 '함기매咸其脢'를, 그 뜻이 꼭대기 음효에 있으므로 등살을 움직인다고 해석하였다.

『집해』에 이정조는 "'말末'은 꼭대기 양효이다.……다섯째 양효는 꼭대기 음효와 이웃하고 있다.……'지말志末'은 다섯째 양효의 뜻이 꼭대기 양효에 감응하는 것을 말한다(末猶上也.……五比於上.……志末者, 謂五志感於上也)"라고 하였다. 고형은 '말末'을 대수롭지 않는 일(微末之事)로 보고, "사람이 등살을 움직여 물건을 지는데(人動其背肉以負物), 그 뜻이 대수롭지 않는 일에 있으므로(其志之所在乃微末之事), 뉘우침이 없다(可以无悔也)"라고 해석하였다.

上六, 咸其輔頰舌.
꼭대기 음효는 뺨과 혀를 움직인다.

'함咸'은 움직인다는 뜻의 동動이다. '기其'는 뜻 없이 들어간 어조사이다. 『석문』에 "'보輔'는 마융이 위턱이라 하였다. 우번은 '부酺'로 쓰고, 귀와 눈 사이(輔, 馬云上頷也. 虞作酺, 云耳目之間)"라고 하였다. 『집해』에 우번은 "귀와 눈 사이를 '보협'이라 한다(耳目之間稱輔頰)"라고 하였다. '보輔'는 '부酺'로 읽으며, 뺨이라는 뜻이고, '협頰' 역시 뺨이다. '보협輔頰'은 뺨이다. '설舌'은 혀이다.

象曰 '咸其輔頰舌', 滕口說也.
'뺨과 혀를 움직인다'는 것은 구설에 올랐다는 것이다.

'등滕'은 물이 솟다, 물이 끓어오른다는 뜻이다. '등구설滕口說'에 대한 해석은 분분하다.

첫째, 『정의』에 정현은 '등縢'을 '구송口送'으로 읽고, "함도가 지극히 엷으므로 다만 말을 보내어 서로 감응할 뿐(咸道極薄, 徒送口舌言語相感而已)"이라고 해석하였다.

둘째, 『집해』에는 '등縢'이 '잉媵'으로 되어 있는데, 우번은 '잉媵'으로 읽어, 보내다는 뜻의 송送으로 보고, '등구설'은 말을 보내는 것(媵口說也)이라고 해석하였다.

셋째, 왕필은 "뺨과 혀를 움직인다는 것은 곧 말을 잘한다는 것이다(咸其輔頰舌, 則縢口說也)"라고 하여 '등구설'을 말을 잘하는 것(善於言說)으로 해석하였다.

다섯째, 공영달은 '등縢'을 '경여競與'의 뜻으로 읽고, 말을 다투는 것(競爲言說)으로 해석하였다.

여섯째, 정이와 주희는 '등縢'을 오른다는 뜻의 '등騰'으로 읽었다. 정이는 "오직 지극한 정성만이 사람을 감동시킬 수 있는데, 부드러운 말을 입과 혀에 올리니, 말이 어찌 사람을 감동시킬 수 있겠는가를 말한 것이다(唯至誠爲能感人, 乃以柔說騰揚於口舌, 言說豈能感於人乎)"라고 해석하였다.

일곱째, 래지덕은 "입을 열어 하고 싶은 대로 말하는 모양(張口騁辭貌)"이라고 하였다.

여덟째, 유백민은 "'협頰'은 맹희孟喜가 '협俠'으로 썼는데, 가볍다는 뜻의 경輕이다(頰, 孟喜作俠, 輕也). '협설俠舌'은 말을 가볍게 하는 것이다(俠舌, 謂輕言也)" 하고, "입과 혀가 있으나 참됨이 없는 것(有其口舌而無其實)"이라고 해석하였다.

아홉째, 고형은 말을 물 흐르듯 잘하는 것(口若懸河)으로 해석하였다.

열째, 진고응은 "'등縢'은 묶는다는 뜻의 '등縢'으로 읽어야 하는 것이 아닌가 한다('縢'疑讀爲'縢'). 『예기』「단궁」 주에 『석문』에 말하기를 '등縢은 등縢으로도 썼다'고 하였다(『禮記』「檀弓」注『釋文』云'縢, 本又作縢'). 『설문』과 『광아』「석고」에 '등縢은 봉한다는 뜻의 함緘'이라고 하였다(『說文』, 『廣雅』「釋詁」'縢, 緘也'). 성인의 감동은 마음을 감동하는 데 있지(聖人之感在於感心), 말에 있지 않으니(不在口說), 「상전」은 입을 다물고 말이 없는 것으로 이를 경계하였다(故「象傳」戒之以緘言寡言)"라고 하였다. 그는 "입을 다물고 말이 없는 것(緘言寡言)"으로 해석하였다.

열한째, 필자는 정이와 주희를 따라 '등縢'을 오른다는 뜻의 등騰으로 읽었다. 두 글자는 음이 같아 옛날에 통용되었다. '구설口說'은 오늘날의 '구설口舌'이며, 시비하는 말로 해석하였다. '등구설縢口說'은 구설에 올랐다, 즉 구설수가 있다는 말이다. 「상」은 효사 '함기보협설咸其輔頰舌'을, 뺨과 혀를 움직인다는 것은 구설에 올랐다는 것이라고 해석하였다.

함 「상」에서 '외外', '해害'와 '처處', '하下'와 '해害', '대大'와 '말末', '설說'은 운이다.

유백민: '外', 十四泰. 與下'害', 十四泰. 爲韻.
'處', 八語. 與下'下', 音戶. 爲韻.
'害', 十四泰. 與下'大', 十四泰. 爲韻.
'末', 十三末. 與下'說', 十七薛. 爲韻.

스즈키: '외外', '해害'와 '처處', '하下'와 '해害', '대大'와 '말末', '설說'.

32. 항恒

䷟ 象曰 雷風, 恒. 君子以立不易方.
우레와 바람이 항의 상이다.
군자는 이 상을 본받아 변하지 않는 항구한 도를 확립한다.

雷風, 恒.

항은 윗괘가 진震이고 아랫괘는 손巽이다. 진은 우레(雷)이고 손은 바람(風)이다. 그런즉 '우레와 바람'이 항의 상이다. 우레는 위에서 움직이고 바람은 아래에서 불고 있으니, 이것은 천지간의 항구한 현상이다. 「상」은 '항恒'을 항구하다(久)는 뜻으로 새겼다.

君子以立不易方

'군자'는 최고 통치자이다. '입立'은 동사이며, 확립한다는 뜻이다. '불역不易'은 변하지 않는다는 뜻이며, 괘명 '항恒'이다. '방方'은 '도道'와 같으며, 항도恒道이다. '불역방不易方'은 불변의 항도, 즉 변하지 않는 항구한 도이다. '입불역방'은 변하지 않는 항구한 도를 확립한다는 말이다. 우레는 위에서 움직이고 바람은 아래에서 불고 있으니, 이것은 천지간의 항구적인 현상이다. 군자는 이 상을 보고 이를 본받아 변하지 않는 항구한 도를 확립한다.

공영달은 '입立'을 입신立身, '방方'을 도道, '도'는 항구지도로 보고, "군자는 입신하여 항구한 도를 얻으므로 도를 바꾸지 않는다, '방'은 '도'와 같다(君子立身, 得其恒久之道, 故不改易其方. 方猶道也)", 정이는 '입立'을 자립自立, '방方'을 방소方所로 보고, "군자는 우레와 바람이 서로 더불어 항의 상을 이루는 것을 보고, 그 덕을 항구히 하고 항구한 도의 한 가운데에 스스로 서서, 그 있는 곳을 바꾸지 않는다(君子觀雷風相與成恒之象, 以常久其德, 自立於大中常久之道, 不變易其方所也)", 고형은 "'입불역방'을 그 도에 서서 바꾸지 않는 것(立不易方, 謂立于其道而不改易也)"이라 하고, "군자는 그 도를 세워 이를 항구히 지녀 바꾸지 않으니(君子觀此卦象及卦名, 從而立于其道, 持之以恒, 而不改易), 형벌을 범하지 않고 또 덕교를 위반하지 않는다(既不觸犯刑罰, 亦不違反德教)"라고 해석하였다. 그는 윗괘 뇌雷를 형벌에, 아랫괘 풍風을 덕교에 비유하였다.

初六, 浚恒, 貞凶, 无攸利.
처음 음효는 깊이 파는 것이 오래 되었으니, 바르게 해도 흉하여 이로울 것이 없다.

『석문』에 "'준浚'은 순荀과 윤潤의 반절이다. 깊다는 뜻의 심深이다. 정현은 '준濬'으로 썼다(浚, 荀潤反. 深也. 鄭作濬)"라고 하였다. '준浚'과 '준濬'은 음도 뜻도 같아 옛날에 통용되었다. 『집해』에 후과와 우번은 "'준浚'은 깊다는 뜻의 심深"이라고 하였다. '준浚'은 깊다는 뜻의 심深, 파다는 뜻의 굴掘이며, 흙을 깊이 판다는 뜻이다. 후과는 "'항恒'은 항구하다는 뜻의 구久"라고 하였다. '정貞'은 바르다는 뜻의 정正이다. '정흉貞凶'은 바르게 해도 또한 흉하다는 것이다.

象曰 '浚恒'之'凶', 始求深也.
'깊이 파는 것이 오래 되었으니, 흉하다'는 것은 처음부터 깊이 파고자 하였기 때문이다.

'시始'는 처음 음효를 가리킨다. 처음 음효는 괘의 처음(始)에 있으므로(효위) 처음 시작하는 상이다(효상). 「상」은 '시始'를 가지고 처음 음효를, '심深'을 가지고 효사의 '준浚'을 해석하였다. '시구심야始求深也'는 처음부터 깊이 파고자 하였다는 말이다. 「상」은 효사 '준항흉浚恒凶'은 처음부터 깊이 파고자 하였기 때문에 파는 것이 오래 되어 흉하다고 해석하였다.

九二, 悔亡.
둘째 양효는 뉘우침이 없어진다.

'회悔'는 뉘우치다(恨), '망亡'은 없어지다(失)는 뜻이다.

象曰 '九二悔亡', 能久中也.
'둘째 양효가 뉘우침이 없어진다'는 것은

항구히 가운데 자리에 있을 수 있기 때문이다.

'구久'는 항구하다(恒)는 뜻이다. '중中'은 둘째 양효가 아랫괘의 가운데 자리에 있다는 것이며(효위), 항구히 중도를 행할 수 있는 상이다(효상). 중도란 뜻과 행실이 바른 것을 말한다. '구중久中'은 가운데 자리에서 항구하다는 것, 즉 항구히 중도를 행한다는 것이다. 「상」은 효사 '회망悔亡'을, 둘째 양효가 뉘우침이 없어지는 것은 가운데 자리에서 항구히 중도를 행할 수 있기 때문이라고 해석하였다.

九三, 不恒其德, 或承之羞, 貞吝.
셋째 양효는 그 덕을 항구히 하지 않으면,
혹 부끄러움을 받을 것이니, 바르게 해도 어렵다.

'항恒'은 항구하다는 뜻의 구久, '기其'는 자신을 가리킨다. 『설문』 수부手部에 "'승承'은 받든다는 뜻의 봉奉, 받는다는 뜻의 수受"라고 하였다. '수羞'는 부끄러워하다는 뜻의 치恥이다. '정貞'은 바르다는 뜻의 정正이다. '인吝은 어렵다는 뜻의 난難이다. '정린貞吝'은 행하는 것이 비록 바르나 또한 어려움을 만난다는 뜻이다.

象曰 '不恒其德', 无所容也.
'그 덕을 항구히 하지 않는다'는 것은 받아들이는 곳이 없다는 것이다.

'용容'은 용납하다(納), 받아들이다(受)는 뜻이다. '무소용야无所容也'는 받아들이는 곳이 없다는 말이다. 「상」은 효사 '불항기덕不恒其德'을, 그 덕을 항구히 지키지 않고 변덕이 심하면, 사람들이 신임하지 않고 배척할 것이니, 장차 받아들이는 곳이 없어, 혹 부끄러움을 받고 바르게 해도 어렵다고 해석하였다. 리離 九四 「상」에도 '无所容也'라고 하였다.

九四, 田无禽.
넷째 양효는 밭에 새와 짐승이 없다.

'전田'은 밭이며, '금禽'은 새와 짐승의 총칭이다. 공영달은 '전田'을 사냥하다는 뜻의 엽獵으로 읽고 "사냥을 해도 새와 짐승을 잡지 못한다"고 해석하였는데, 이렇게 해석하여도 통한다. 굴만리는 "'전田'은 사냥하다는 뜻의 전畋과 같고(田同畋), '금禽'은 사로잡는다는 뜻의 금擒과 같다(禽同擒)"라고 하였다.

象曰 久非其位, 安得'禽'也.
자신의 자리가 아닌 곳에 항구히 있으니, 어찌 '새와 짐승'을 잡을 수 있겠는가?

'비기위非其位'는 곧 '부당위不當位'이다. 「상」은 '비기위非其位'를 가지고 효사의 '전무금田无禽'을 해석하였다. '기其'는 자신을, '위位'는 넷째 양효의 자리를 가리킨다. '비기위非其位'는 넷째 양효는 양이면서 음의 자리에 있다는 것이며(효위), 처한 자리가 합당하지 않는 상이다(효상). '안安'은 의문사 하何이다. '득得'은 새와 짐승을 잡는 것이다. 「상」은 효사 '전무금田无禽'을, 넷째 양효는 양이면서 음의 자리에 항구히 있으니, 자신의 자리가 아닌데(밭에 새와 짐승이 없는데), 어찌 새와 짐승을 잡을 수 있겠는가? 라고 해석하였다.

六五, 恒其德, 貞, 婦人吉, 夫子凶.
다섯째 음효는 그 덕을 항구히 하는 것은 바른 것이나,
부인은 길하고, 남편은 흉하다.

'항恒'은 항구하다는 뜻의 구久이다. '기其'는 자신을 가리킨다. '정貞'은 바르다는 뜻의 정正이다. '부자夫子'는 남편이다.

象曰 '婦人貞吉', 從一而終也. '夫子'制義, 從婦'凶'也.
'부인이 바르게 하여 길하다'는 것은 남편을 좇아 (일생을) 마치기 때문이다.
'남편'은 상황에 따라 알맞은 조치를 취하니, 부인을 따르면 '흉하다'는 것이다.

'婦人貞吉', 從一而終也.

「상」은 '종일이종從一而終'을 가지고 효사의 '항기덕恒其德'을 해석하였다. '일一'은 일부一夫, 즉 한 남편을 가리킨다. '종일從一'은 '종부從夫'와 같으며, 한 남편만을 따르는 것이다. '종終'은 종생終生, 즉 생을 마치는 것이다. '종일이종從一而終'이 바로 '항덕恒德'이다. 「상」은 효사 '부인정길婦人貞吉'을, 부인은 한 남편을 좇아 일생을 마치기 때문에 그 덕을 항구히 하여 남편을 따르면 길하다고 해석하였다.

'夫子' 制義, 從婦 '凶' 也.

「상」은 '종부從婦'를 가지고 효사의 '부자흉夫子凶'을 해석하였다. '제制'는 만든다는 뜻의 조造, '의義'는 알맞다는 뜻의 의宜이다. '제의制義'는 때에 따라 알맞게 한다(隨時制宜), 즉 상황에 따라 알맞은 조치를 취한다는 뜻이다. 「상」은 효사 '부자흉夫子凶'을, 남편은 일의 상황에 따라 적당한 조치를 취하니, 그 덕을 항구히 하여 부인이 한 남편을 따르는 것처럼 부인을 따르면 흉하다고 해석하였다.

上六, 振恒, 凶.

꼭대기 음효는 움직임이 오래 가니, 흉하다.

『석문』에 "'진振'은 마융이 '움직인다는 뜻의 동動'이라고 하였다. 장번은 '진震'으로 썼다(振, 馬云動也. 張作震)"라고 하였다. 『집해』에는 '진震'으로 되어 있는데, 우번은 '동動'으로 해석하였다. 왕필, 공영달은 "움직인다는 뜻의 동動"으로 읽었다. '항恒'은 항구하다는 뜻의 구久이다.

> 象曰 '振恒'在上, 大无功也.
>
> '움직임이 오래 가는 것'이 위에 있으니, 크게 공이 없다는 것이다.

'상上'은 꼭대기 음효를 가리킨다. 꼭대기 음효는 한 괘의 가장 끝에 있어(효위), 더 이상 움직일 수 없는 상이다(효상). 「상」은 '대무공大无功'을 가지고 효사의 '흉凶'을 해석하였다. 「상」은 효사 '진항振恒'을, 꼭대기 음효는 한 괘의 끝에 있어 움직임이 오래 갈 수 없는데도 움직임이 오래가니 크게 공이 없다고 해석하였다. 그래서 흉하다는 것이다.

왕필은 "괘의 꼭대기에 처하고, 움직임의 극에 거하여, 이것을 항으로 하니 베풀어도 얻는 것이 없다(處卦之上, 居動之極, 以此爲恒, 无施而得也)"라고 하였다. 사師 六三 「상」에도 '大无功也'라고 하였다.

항 「상」에서 '방方', '심深', '중中', '용容', '금禽', '종終', '흉凶', '공功'은 운이다.

유백민: '深', 二十一侵. 與下'中', 一東. '容', 三鍾. '禽', 二十一侵, 叶渠容切. '窮', 一東. '明', 彌郎切. '光', 十一唐. '長', 十陽. 爲韻. 古東與侵通, 亦與唐陽通. ('終', '凶', '功'은 말하지 않고, 항 「상」에 없는 '窮', '明', '光', '長'을 말하였다.)

스즈키: '심深', '중中', '용容', '금禽', '종終', '흉凶', '공功'.

33. 둔遯

> ䷠ 象曰 天下有山, 遯. 君子以遠小人, 不惡而嚴.
> 하늘 아래에 산이 있는 것이 둔의 상이다.
> 군자는 이 상을 본받아 소인을 멀리하되, 미워하지 아니하고 엄하게 대한다.

天下有山, 遯.

둔은 윗괘가 건乾이고 아랫괘는 간艮이다. 건은 하늘(天)이고 간은 산(山)이다. 그런즉 '하늘 아래에 산이 있는 것'이 둔의 상이다. 하늘 아래에 산이 있으니, 산은 하늘을 침범한다. 소인은 득세하여 군자를 침범하고 있으니, 군자는 은둔한다. 「상」은 '둔遯'을 은둔하다(隱)는 뜻으로 새겼다.

최경은 "하늘은 군자에, 산은 소인에 비유하였다. 소인이 점차 자라나는 것은 산이 하늘을 침범하는 것과 같고, 군자가 은둔하는 것은 하늘이 산을 멀리하는 것과 같다. 그러므로 '하늘 아래에 산이 있는 것을 둔'이라 말한 것이다(天喩君子, 山比小人. 小人浸長, 若山之侵天. 君子遁避, 若天之遠山. 故言天下有山遯也)"라고 하였다.

고형은 "「상전」은 하늘을 조정에(象傳以天比朝廷), 산을 현인에 비유하여(以山比賢人), 하늘 아래에 산이 있는 것을 조정 아래에 현인이 있는 것으로 비유하였다(以天下有山比朝廷之下有賢人). 현인이 조정 위에 있지 않고(賢人不在朝廷之上), 조정 아래에 있으니(而在朝廷之下), 곧 은둔한 것이다(乃退隱于野), 그래서 괘명이 '둔'이다(是以卦名曰遯)"라고 하였다.

君子以遠小人

'군자'는 최고 통치자이다. '원遠'은 멀리하는 것이다. '소인小人'은 도덕 수양이 천박한 사람이다. '원소인遠小人'은 소인을 멀리한다는 말이다. 『집해』에 후과는 "두 음이 점차 강성하고, 네 양은 떨어져 나가니, 군자는 피한다(羣小浸盛, 剛德殞削, 故君子避之)"라고 하였다. 진고응은 "'군자'는 네 양효이고(君子, 指四陽爻), '소인'은 두 음효이다(小人, 指二陰爻)"라고 하였다.

不惡而嚴

'오惡'는 미워하다(憎惡), '엄嚴'은 준엄하다(威嚴)는 뜻이다. '불오이엄'은 미워하지 아니하고 준엄하게 대한다는 말이다. 하늘 아래에 산이 있으니, 산이 하늘을 침범하듯, 소인이 득세하여 군자를 침범하고 있다. 군자는 이 상을 보고 이를 본받아 소인을 멀리하되, 하늘이 산을 포용하고 있는 것처럼 소인을 미워하지 아니하고 준엄한 태도로 대한다.

정이는 "군자는 그 상을 보고 소인을 멀리한다. 소인을 멀리하는 방법은 만약 나쁜 소리와 추한 낯빛을 보이면 소인의 원한과 분노를 불러들이니, 다만 엄숙하고 위엄이 있어 소인으로 하여금 두려워하게 한다면 저절로 멀어진다(君子觀其象, 以避遠乎小人, 遠小人之道, 若以惡聲厲色, 適足以致其怨忿, 唯在乎矜莊威嚴, 使知敬畏, 則自然遠矣)"라고 하였다.

初六, 遯尾, 厲, 勿用有攸往.

처음 음효는 은둔하여 꼬리를 감추니 위태롭다. 갈 곳이 있어도 가지 말라.

'둔遯'은 은둔하다(隱)는 뜻이다. '미尾'에 대해 몇 가지 해석이 있다.

첫째, 『집해』에 육적은 '미尾'를 '후後'로 보고, "음기가 이미 둘째 음효에 이르렀는데, 처음 음효는 그 뒤에 있으므로 '둔미'라 하였다(陰氣已至於二, 而初在其後, 故曰遯尾也)"라고 해석하였다. 왕필 역시 '미尾'를 '후後'로 보고, "'미尾'라는 것은 가장 몸(괘체) 뒤에 있는 것이다(尾之爲物, 最在體後者也)"라고 하였다. 처음 음효는 한 괘의 가장 아래에 있다는 것이다. 왕필이 이렇게 해석하자 뒷사람들은 이를 따랐다. 공영달은 "가장 뒤에서 은둔하는 사람(最在後遯者也)"이라고 하였다.

둘째, 정이는 "다른 괘는 아래 효(下)를 처음 효(初)라고 한다. 둔은 가서 은둔하는 것이다. 앞에 있는 사람은 먼저 나아가므로 처음(初)은 곧 꼬리(尾)가 된다. 꼬리는 뒤에 있는 것이니, 은둔하는데 뒤에 처지는 것이다. 그래서 위태로운 것이다(他卦以下爲初. 遯者往遯也, 在前者先進, 故初乃爲尾. 尾, 在後之物, 遯而在後不及者也, 是以危也)"라고 하였다. 그는 처음 음효라는 효위를 가지고 '미尾'를 해석하였는데, 래지덕은 이를 따라 "'미尾'는 처음 음효이다. 아래에 있으므로 '미'라고 하였다(尾者, 初也. 因在下, 故曰尾)"라고 하였다.

셋째, 고형은 "'미尾'는 당연히 '미微'로 읽어야 하며(尾當讀爲微), 몸을 숨긴다는 뜻이다(而訓爲隱藏). '미尾'와 '미微'는 옛날에 통용되었다(尾, 微古通用). '미微'에는 몸을 숨긴다는 뜻이 있으니(微有隱藏之義), '둔미遯尾'는 '둔미遯微'이며(遯尾卽遯微), 도망을 가서 몸을 숨기는 것을 말한다(謂逃遯而隱藏). '둔미려遯尾厲'는 도망을 가서 몸을 숨기니 몸이 위태로움에 처해 있다는 말이다('遯尾厲', 謂逃去而隱藏, 以身在危險之中也). '갈 곳이 있어도 가지 말라'는 것은 갈 곳이 있으면 다른 사람에게 발각되기 때문이다('勿用有攸

往', 因有所往則被人發現也)"라고 하였다.

넷째, 진고응은 '미尾'를 다른 사람의 뒤를 따른다는 '미수尾隨'로 새기고, "다른 사람의 뒤를 따라서 은둔한다는 뜻(尾隨在別人後面隱遯有危險)"으로 해석하였다.

다섯째, 필자는 「상」의 해석을 따라 '둔미遯尾'를 은둔하여 꼬리를 감추는 것으로 해석하였다.

象曰 '遯尾'之'厲', 不往何災也.

'은둔하여 꼬리를 감추니 위태롭다'는 것은 가지 않으면 재앙이 없다는 것이다.

「상」은 '재災'를 가지고 효사의 '여厲'를, '불왕하재야不往何災也'를 가지고 효사의 '물용유유왕勿用有攸往'을 해석하였다. 「상」은 효사 '둔미려遯尾厲'를, 은둔하여 꼬리를 감추니 위태롭다는 것은 이미 은둔하여 꼭꼭 숨었으니 갈 곳이 있어도 가지 않으면 아무런 재앙이 없는 것이라고 해석하였다.

六二, 執之用黃牛之革, 莫之勝說.

둘째 음효는 (은둔하는 사람을) 황소가죽으로 묶어두니, 벗겨내지 못한다.

고형은 "'집執'은 집縶의 가차자이며, 묶는다는 뜻의 반絆이다(執借爲縶, 絆也)"라고 하였다. '지之'는 은둔하는 사람을 가리킨다. '용用'은 이以와 같다. '혁革'은 짐승 가죽이다. '황우지혁黃牛之革'은 황소의 가죽으로 만든 끈이며, 단단하여 끊기가 어렵다. 『집해』에 우번은 "'막莫'은 없다는 뜻의 무无, '승勝'은 할 수 있다는 뜻의 능能, '열說'은 푼다는 뜻의 해解"라고 하였다. '막지승莫之勝'은 할 수 없다(不能)는 뜻이다. '열說'은 『석문』에 '해열야解說也'라고 하였는데, 벗어나다는 뜻의 해解, 탈脫이다.

象曰 '執用黃牛', (以)固志也.

'황소가죽으로 묶는다'는 것은 (은둔하려는) 뜻이 견고하기 때문이다.

'집용황우執用黃牛'는 '집지용황우지혁執之用黃牛之革'을 줄인 말이다. '지志'에 대해 해석이 분분하다.

첫째, 공영달은 '은둔하는 사람의 뜻(遯者之志)'이라고 하였다.

둘째, 정이는 심지心志로 보고, "상하(둘째와 다섯째 효)가 가운데의 유순한 도로 서로 단단히 묶어 그 심지가 매우 견고한 것이 소의 가죽으로 묶어놓은 것과 같다(上下以中

順之道相固結, 其心志甚堅, 如執之以牛革也)"라고 하였다.

셋째, 주희는 '은둔하려는 뜻(遯之志)'으로 보았다.

넷째, 래지덕은 '둘째와 다섯째 효가 중정하여 서로 합하는 뜻(其二五中正相合之志)'으로 보았다.

다섯재, 고형은 "'지志'를 당연히 '지之'로 해야 하는 것이 아닌가 한다. 옮겨 쓰면서 잘못되었을 것이다(志疑當作之, 轉寫而誤)"라고 하고, "황소의 가죽으로 묶으면 묶는 것이 견고한 것이지(執用牛革, 乃固其所執), 뜻이 견고한 것이 아니다(非固志也). 옛날 책에는 '지之'와 '지志'를 종종 함께 썼다(古書之, 志二字往往相亂)"라고 하고, 『역전』에서 예를 들어, "익괘益卦 넷째 음효 「상」에 '고공종告公從, 이익지야以益志也'라고 하였고, 혁괘革卦 넷째 양효 「상」에 '개명지길改命之吉, 신지야信志也'라고 하였는데, 두 '지志'자는 모두 '지之'로 해야 한다(二志字均當作之)"라고 하였다. 그는 '황소가죽으로 묶는다'는 것은 가죽 끈이 견고하여 벗겨내지 못하기 때문이라고 해석하였다.

여섯째, 진고응은 "둘째 음효가 아랫괘의 가운데 자리에 있어('固志', 是說六二居中當位), 중정의 뜻을 고수하는 것을 말한 것이다(固守中正之志)"라고 하였다.

일곱째, 필자는 '고지固志'를 다섯째 양효 「상」의 '이정지야以正志也'와 같은 뜻으로 보았다. '고지固志'는 곧 '정지正志'이다. '정正'은 가운데 자리와 자신의 자리에 있다는 말이다. '지志'는 주희의 해석처럼 은둔하려는 뜻이다. 둘째 음효는 가운데 자리에 있으므로(효위) 은둔하려는 뜻이 견고한 상이다(효상). '고지야固志也'는 '이지고야以志固也'로 하는 것이 바르다. 은둔하려는 뜻이 견고하기 때문이라는 말이다. 운을 맞추기 위해 의도적으로 글자를 도치하였다. 「상」의 '재災', '지志', '비憊'는 운이다. 「상」은 효사 '집용황우執用黃牛'를, 황소 가죽으로 묶는 것은 둘째 음효가 중정의 자리에 있어 은둔하려는 뜻이 견고하기 때문이라고 해석하였다. '황소 가죽'으로 무엇을 묶는가에 대해 「상」은 해설하지 않았는데, 필자는 아래 효사를 따라 은둔하는 사람을 가리키는 것으로 여겼다.

九三, 係遯, 有疾厲, 畜臣妾吉.
셋째 양효는 은둔하는 사람을 묶어두니, 병이 있어 위태로우나,
신첩을 기르면 길하다.

『석문』에 "'계係'는 고古와 예詣의 반절이다. 매다는 뜻의 계繫로 썼다(係, 古詣反. 本或作繫)"라고 하였다. '둔遯'은 은둔하는 사람을 가리킨다. '계둔係遯'은 은둔하는 사람을 끈으로 묶어둔다는 뜻이다. 『집해』에 우번은 "'여厲'는 위태롭다는 뜻의 위危"라고 하

였다. '축畜'은 '휵'으로도 발음하며, 기른다는 뜻의 양養이다. 고형은 "옛날에 남자 노예를 '신臣'(古稱男奴隷爲臣), 여자 노예를 '첩妾'이라 칭하였다(女奴隷爲妾)"라고 하였다.

象曰 '係遯'之'厲', 有疾憊也. '畜臣妾吉', 不可大事也.
'은둔하는 사람을 묶어두니, 병이 있어 위태롭다'는 것은
병이 있어 매우 힘들어한다는 것이다.
'신첩을 기르면 길하다'는 것은 큰일은 할 수 없다는 것이다.

'係遯'之'厲', 有疾憊也.

『석문』에 정현은 "'비憊'는 피곤하다는 뜻의 곤困(憊, 鄭云困也)"이라고 하였다. '비憊'는 매우 피곤하다, 매우 지치다(疲極)는 뜻이다. 「상」은 '비憊'를 가지고 효사의 '여厲'를 해석하였다. '유질비야有疾憊也'는 병이 있어 매우 힘들어한다는 말이다. 「상」은 효사 '계둔려系遯厲'를, 은둔하는 사람을 묶어두니, 병이 있어 매우 힘들어한다고 해석하였다.

'畜臣妾吉', 不可大事也.

「상」은 효사 '축신첩길畜臣妾吉'을, 남녀 노예를 기르면 길하다는 것은 노예를 기르는 일은 큰일(大事)이 아니며, 노예는 기를 수 있으나 다른 큰일은 할 수 없다고 해석하였다.

『집해』에 순상은 "'대사大事'는 다섯째 양효와 더불어 천하를 다스리는 일을 말한다. 은둔의 세월에 단지 집에 거하며 신첩을 기르는 것은 할 수 있으나, 나라를 다스리는 큰일은 할 수가 없다(大事, 謂與五同任天下之政. 潛遯之世, 但可居家畜養臣妾, 不可治國之大事)"라고 하였다.

九四, 好遯, 君子吉, 小人否.
넷째 양효는 은둔을 좋아하니, 군자는 길하나 소인은 막힌다.

'호好'는 즐기다, 좋아하다는 뜻의 낙樂이다(굴만리). '둔遯'은 은둔한다는 뜻이다. '호둔好遯'은 은둔을 좋아한다는 뜻이다. '군자'는 도덕 수양이 훌륭한 사람, '소인'은 그렇지 못한 사람이다. 『석문』에 정현과 왕숙은 "'비否'는 비備와 비鄙의 반절이다. 막힌다는 뜻의 색塞이다(鄭王肅備鄙反, 云塞也)"라고 하였다. 『집해』에 후과는 '흉凶'으로, 고형은 '불길不吉'로 해석하였다.

象曰 '君子好遯, 小人否'也.
'군자는 은둔을 좋아하나, 소인은 막힌다'는 것이다.

'君子好遯'은 '君子好遯吉'을 4글자로 줄인 것이다. 「상」은 효사를, 군자는 은둔을 좋아하기 때문에 길하고, 소인은 은둔을 좋아하면 막힌다고 해석하였다.

九五, 嘉遯, 貞吉.
다섯째 양효는 은둔을 아름답게 여기니, 바르게 하여 길하다.

공영달은 "'가嘉'는 아름답다는 뜻의 미美(嘉, 美也)"라고 하였다. 뒷사람들은 모두 이를 따라 '가미嘉美'로 해석하였다. '둔遯'은 은둔한다는 뜻이다. '가둔嘉遯'은 은둔을 아름답게 여긴다는 뜻이다. '정貞'은 바르다는 뜻의 정正이다.

象曰 '嘉遯貞吉', 以正志也.
'은둔을 아름답게 여기니, 바르게 하여 길하다'는 것은 (은둔하려는) 뜻이 바르기 때문이다.

'이정지야以正志也'는 '이지정야以志正也'로 하는 것이 바르다. 은둔하려는 뜻이 바르기 때문이라는 말이다. 운을 맞추기 위해 의도적으로 글자를 도치하였다. 「상」의 '비否', '지志', '의疑'는 운이다. '이以'는 인因으로 읽는다. 「상」은 '정正'을 가지고 효사의 '정貞'을 해석하였다. '정正'은 다섯째 양효가 중정의 자리에 있다는 것이다. '지志'는 은둔하려는 뜻이다. 다섯째 양효는 가운데 자리에 있으므로(효위) 은둔하려는 뜻이 바른 상이다(효상). 「상」은 '이정지야以正志也'를 가지고 효사의 '정길貞吉'을 해석하였다. 「상」은 효사 '가둔정길嘉遯貞吉'을, 은둔을 아름답게 여기는 것은 다섯째 양효가 중정의 자리에 있어 은둔하려는 뜻이 바르기 때문이라고 해석하였다.

정이는 "다섯째 양효는 가운데 자리에서 바른 자리를 얻었고, 중정을 얻은 둘째 음효와 응하고 있으니, 이것이 '뜻이 바른 것'이다(居中得正, 而應中正, 是其志正也)"라고 하였다.

上九, 肥遯, 无不利.
꼭대기 양효는 나는 듯 은둔하니, 이롭지 않음이 없다.

유백민은 이부손李富孫의 『역경이문석易經異文釋』에서 인용하여 "'비둔肥遯'은 본래 비둔飛遯으로 썼다. 비飛와 비肥는 음의 바뀐 것이다. 비肥는 옛날에 비巸로 썼는데, 옛날의 비蜚자와 글자가 서로 비슷하며, 오늘날의 비飛자이다(肥遯, 本亦作飛遯. 飛, 肥, 音之轉. 肥, 古作巸, 與古蜚字相近, 卽今之飛字)"라고 하였다. 굴만리도 송요관宋姚寬의 『서계총화西溪叢話』 권상卷上에서 인용하여 같은 주장을 하였다. 이경지, 고형, 진고응도 '비飛'로 읽었다(肥當讀爲飛, 古本亦作飛). '비肥'는 난다는 뜻의 비飛로 읽는다. '둔遯'은 은둔한다는 뜻이다. '비둔肥遯'은 '비둔飛遯'이며, 나는 듯 은둔한다는 뜻이다.

象曰 '肥遯无不利', 无所疑也.
'나는 듯 은둔하니, 이롭지 않음이 없다'는 것은 의심할 것이 없다는 것이다.

「상」은 효사를, 의심할 것도 없이 나는 듯 은둔하니, 이롭지 않음이 없다고 해석하였다. 혹은 나는 듯 은둔하니, 의심할 것도 없이 이롭지 않음이 없다고 해석하여도 통한다.

「소상」에서 '무소의야无所疑也'는 ①둔遯 上九 ②승升 九三 2곳, '유소의야有所疑也'는 ①소축小畜 上九 ②기제旣濟 六四 2곳 기록되어 있다.

둔「상」에서 '재災', '지志', '비憊', '사事', '비否', '지志', '의疑'는 운이다.
유백민: '災', 十六咍, 叶音菑. 與下'志', 七志. '憊', 十六怪. '事', 七志.
'否', 五旨. '志', 七志. '疑', 七志. 以平上去通爲一韻.
스즈키: '재災', '지志', '비憊', '사事', '비否', '지志', '의疑'.

34. 대장大壯

䷡ 象曰 雷在天上, 大壯. 君子以非禮弗履.
우레가 하늘 위에 있는 것이 대장의 상이다.
군자는 이 상을 본받아 예가 아니면 행하지 아니한다.

雷在天上, 大壯.

대장은 윗괘가 진震이고 아랫괘는 건乾이다. 진은 우레(雷)이고 건은 하늘(天)이다.

그런즉 '우레가 하늘 위에 있는 것'이 대장의 상이다. 우레가 하늘 위에 있으니, 소리와 위엄이 하늘을 지나쳐 크게 건장하다. 「상」을 '대장大壯'을 크게 건장하다(太壯)는 뜻으로 새겼다.

君子以非禮弗履

'군자'는 최고 통치자이다. '이履'는 밟는다는 뜻의 천踐이다. 우레가 하늘 위에 있으니, 소리와 위엄이 건장하여 백리를 진동한다. 군자는 이 상을 보고 이를 본받아 예에 어긋나는 일은 행하지 아니한다. '비례불리非禮弗履'는 군자가 크게 건장한 것(大壯), 즉 매우 공명정대한 것을 표현한 것이다.

『논어』「안연顏淵」에 같은 기록이 있다.

> 非禮勿視, 非禮勿聽, 非禮勿言, 非禮勿動.
> 예가 아니면 보지도, 듣지도, 말하지도, 움직이지도 말라.

이 네 가지를 총괄한 것이 바로 「상」의 '비례불리'이다.

정이는 "우레가 하늘 위에서 진동하니 크고 씩씩하다. 군자는 대장의 상을 보고 그 씩씩함을 행한다. 군자가 크게 씩씩하다는 것은 자신을 이기고 예로 돌아가는 것만한 것이 없다. 옛사람이 말하기를 '스스로 이기는 것을 강이라 한다'라고 하였고, 『중용』의 '군자는 화和하면서도 흐르지 아니하고', '중中에 서서 기울지 아니한다'라고 한 것에 대해, 모두 '강하다 꿋꿋함이여', '물불을 가리지 않는다', '흰 칼날을 밟는다'라고 말하였으니, 무부의 용맹으로도 할 수 있는 것이다. 극기복례에 이르러서는 군자가 크게 씩씩한 것이 아니면 불가능한 것이니, 그러므로 '군자는 예가 아니면 행하지 아니한다'라고 한 것이다(雷震於天上, 大而壯也. 君子觀大壯之象, 以行其壯. 君子之大壯者, 莫若克己復禮. 古人云 '自勝之謂强.'『中庸』於'和而不流', '中立而不倚', 皆曰'强哉矯', '赴湯火', '蹈白刃', 武夫之勇可能也. 至於克己復禮, 則非君子之大壯不可能也, 故云 君子以非禮弗履)"라고 하였다.

> 初九, 壯于趾, 征凶, 有孚.
> 처음 양효는 발이 튼튼하나 출행하면 흉하니, 믿음이 있다.

'장壯'은 건장하다, 씩씩하다, 튼튼하다는 뜻이다. '지趾'는 발(足)이다. 『집해』에 우번은 "'정征'은 행行"이라고 하였다. 출행이다. '부孚'는 믿음이라는 뜻의 신信이다.

象曰 '壯于趾', 其'孚'窮也.
'발이 튼튼하다'는 것은 '믿음'이 궁하기 때문이다.

'기其'는 어조사이다. 4글자로 맞추기 위하여 뜻 없이 들어간 것이다. '부孚'는 '신信'자로 써야 한다. 「상」이 잘못 썼다. '신信'으로 쓰는 것이 「상」의 통례이다. 왕필은 '言其信窮'이라고 하였다. 「상」은 '궁窮'을 가지고 효사의 '흉凶'을 해석하였다. 「상」은 효사 '장우지壯于趾'를, 발이 튼튼하나 출행하면 흉한 것은 믿음이 궁하기 때문이라고 해석하였다.

九二, 貞吉.
둘째 양효는 바르게 하여 길하다.

'정貞'은 바르다는 뜻의 정正이다. 「상」은 '정貞'을 '중中'으로 해석하였다.

象曰 '九二貞吉', 以中也.
'둘째 양효의 바르게 하여 길하다'는 것은 가운데 자리에 있기 때문이다.

'이중야以中也'는 '이득중야以得中也'로 하는 것이 바르다. 「상」을 지은 사람이 잘못하여 '득得'자를 빠뜨렸다. 가운데 자리를 얻었다는 말이다. 57번 손巽 둘째 양효 「상」에 '득중야得中也'라고 하였는데, '이득중야以得中也'로 하는 것이 바르다. '이以'는 원인을 나타내는 전치사이며, 인因으로 읽는다. '중中'은 둘째 양효가 아랫괘의 가운데 자리에 있다는 것이다. 둘째 양효는 아랫괘의 가운데 자리에 있으니(효위), 중도를 행하는 상이다(효상). 중도란 뜻과 행실이 바른 것을 말한다. '중中'은 곧 '정正'이며, 「상」은 '중中'을 가지고 효사의 '정貞'을 해석하였다. 「상」은 효사 '정길貞吉'을, 둘째 양효가 가운데 자리에서 뜻과 행실을 바르게 행하기 때문에 길하다고 해석하였다.

九三, 小人用壯, 君子用罔, 貞厲. 羝羊觸藩, 羸其角.
셋째 양효는 소인은 힘을 쓰고 군자는 망을 사용하니, 바르게 해도 위태롭다.
숫양이 울타리를 받아 그 뿔을 매어 놓는다.

'장壯'은 건장하다, 씩씩하다, 튼튼하다는 뜻이다. 『석문』에 "'망罔'은 그물이라는 뜻의 라羅(罔, 羅也)"라고 하였다. '망罔'은 '망網'이며, 그물이라는 뜻이다. '저양羝羊'은 숫양(牡羊)이다. '촉觸'은 떠받다(觝)는 뜻이다. '번藩'은 울타리(籬)이다. '리羸'에 대해, 『석문』에 "율律과 비悲의 반절(羸, 律悲反)"이라 하고, "마융은 큰 밧줄이라 하였고(馬云大索), 왕숙은 검은 새끼 '류縲'로 썼고(王肅作縲), 정현, 우번은 매다는 뜻의 '류纍'로 썼고(鄭虞作纍), 촉재는 매다는 뜻의 '루累'로 썼고(蜀才作累), 장번은 칡덩굴 '류虆'로 썼다(張作虆)"라고 하였는데, 모두 매다, 묶는다는 뜻으로 말하였다. 공영달은 "잡아서 매어 묶는 것(羸, 拘纍纏繞也)"이라 하였고, 고형은 "'리羸'는 루累의 가차자이며(羸借爲累), 매다는 뜻의 계係이다(係也)"라고 하였다. '기其'는 저양羝羊을 가리킨다. '각角'은 숫양의 뿔이다.

> 象曰 '小人用壯, 君子罔'也.
> '소인은 힘을 쓰고, 군자는 망을 사용한다'는 것이다.

'망罔'자 앞에 '용用'자가 있어야 효사와 일치하고 뜻이 통한다. 4글자로 구절을 맞추기 위해 의도적으로 '용用'자를 생략하였다. 「교감기校勘記」에 "고본에는 '망罔'자 앞에 '용用'자가 있는데, 아니다(古本罔上有用字, 非)"라고 하였다. 「상」은 운을 맞추기 위해 효사를 인용하였을 뿐, 해석은 하지 않았다. 「상」의 '궁窮', '중中', '망罔', '왕往', '당當', '상詳', '장長'은 운이다.

九四, 貞吉, 悔亡. 藩決不羸, 壯于大輿之輹.
넷째 양효는 바르게 하니 길하고 뉘우침이 없어진다.
울타리가 부서졌는데 양의 뿔을 매어 놓지 않으면,
큰 수레의 바퀴통을 상하게 할 것이다.

'번藩'은 울타리(籬), '결決'은 깨뜨리다(破), '리羸'는 매다(係), '장壯'은 상하다(傷), '대여大輿'는 큰 수레, '복輹'은 수레의 바퀴통이다. 『석문』에 "복輻으로도 썼다(本又作輻)"라고 하였는데, '복輻'은 수레의 바퀴살이다. 『집해』에는 '복腹'으로 되어 있다.

> 象曰 '藩決不羸', 尙往也.
> '울타리가 부서졌는데 양의 뿔을 매어 놓지 않는다'는 것은 또 가서 받는다는 것이다.

'상尙'은 또한, 다시, 여전히, 아직 환還이며, 동작이나 상태가 지속됨을 나타낸다.

'왕往'은 가다는 뜻의 행行이다. 「상」은 효사 '번결불리藩決不羸'를, 숫양이 뿔로 받아 울타리가 부서졌는데, 그 뿔을 매어놓지 않으면 양은 여전히 가서 큰 수레의 바퀴통을 받아 상하게 할 것이라고 해석하였다.

六五, 喪羊于易, 无悔.

① 다섯째 음효는 양을 쉽게 잃었으나, 뉘우침이 없다.

② 다섯째 음효는 양을 밭두둑에서 잃었으나, 뉘우침이 없다.

'상喪'은 잃는다는 뜻의 실失이다. '이易'에 대해 두 가지 해석이 있다.

첫째, '이易'는 쉽다는 뜻의 '용이容易'의 '이易'이다. 왕필은 '이易'를 험난險難의 반대되는 뜻으로 읽었고, 공영달은 '평이平易'로, 정이는 '화이和易'로, 주희는 '용이容易'로 읽었다. 주희는 "'이易'는 용이容易의 '이易'이다. 홀연히 잃어버린 것을 깨닫지 못함을 말한다(易, 容易之易. 言忽然不覺其亡也)"라고 하였다.

둘째, 『석문』에 "육적이 '역埸'으로 쓰고, 밭두둑이라고 하였다(陸作埸, 謂壃埸也)"라고 한 것이다. 주희는 "혹은 밭두둑이라는 '역埸'으로 써도 통한다(或作疆埸之埸, 亦通)"라고 하였고, 래지덕은 "'역易'은 '역埸'이며, 밭두렁이다(易卽埸, 田畔地也)"라고 하였다. 두 가지 모두 통한다.

象曰 '喪羊于易', 位不當也.

'양을 쉽게 잃었다'는 것은 자리가 합당하지 않기 때문이다.

'부당不當'은 다섯째 음효가 음이면서 양의 자리에 있다는 것이며(효위), 처한 자리가 합당하지 않는 상이다(효상). 「상」은 효사 '상양우이喪羊于易'를, 양을 쉽게 잃은 것은 다섯째 음효의 자리가 합당하지 않기 때문이라고 해석하였다.

上六, 羝羊觸藩, 不能退, 不能遂, 无攸利. 艱則吉.

꼭대기 음효는 숫양이 울타리를 받아 물러설 수도 나아갈 수도 없으니, 이로울 것 없다. 어려움은 길하다.

'저양羝羊'은 숫양(牡羊)이다. '촉觸'은 떠받다(觝)는 뜻이다. '번藩'은 울타리(籬)이다. 『집해』에 우번은 "'수遂'는 나아가다는 뜻의 진進"이라고 하였다. '간艱'은 어렵다는 뜻의 난難이다.

象曰 '不能退, 不能遂', 不詳也. '艱則吉', 咎不長也.

'물러설 수도 나아갈 수도 없다'는 것은 잘한 것이 아니라는 것이다.

'어려움은 길하다'는 것은 허물은 오래가지 않는다는 것이다.

'不能退, 不能遂', 不詳也.

「상」은 '불상不詳'을 가지고 효사의 '무유리无攸利'를 해석하였다. '상詳'은 '상祥'으로 읽는다. 두 글자는 옛날에 통용되었다. '상詳'은 자세하다(審), '상祥'은 상서롭다(瑞)는 뜻이다. 『석문』에 "'상詳'은 자세하다는 뜻의 심審(詳, 審也)"이라 하고, "정현과 왕숙은 '상祥'으로 쓰고, '잘한다는 뜻의 선'(鄭王肅作祥, 善也)"이라고 하였다. 공영달은 '상詳'을 '상祥'으로 읽고, '선善'의 뜻으로 새겼다. 즉 '불상야不詳也'는 잘한 것이 아니라는 말이다(進退不定, 非爲善也). 『설문』 시부示部에 "'상祥'은 복(祥, 福也)"이라고 하였는데, 단옥재는 "잘하는 것을 '상祥'이라고 한다(善者謂之祥)"라고 하였다. 「상」은 효사 '불능퇴不能退, 불능수不能遂'를, 숫양이 울타리를 받아 물러설 수도 나아갈 수도 없으니 잘한 것이 아니라고 해석하였다. 그래서 이로울 것이 없다는 것이다.

'艱則吉', 咎不長也.

「상」은 '구咎'를 가지고 효사의 '간艱'을, '부장不長'을 가지고 '길吉'을 해석하였다. '부장不長'은 꼭대기 음효의 효위를 가지고 말한 것이다. 꼭대기 음효는 한 괘의 꼭대기에 있으므로(효위) 오래 가지 않는 상이다(효상). 「상」은 효사 '간즉길艱則吉'을, 숫양이 어려움에 처하여도 곧 벗어날 수 있으므로 허물은 오래 가지 않는다고 해석하였다. 그래서 길하다는 것이다.

대장 「상」에서 '궁窮', '중中', '망罔', '왕往', '당當', '상詳', '장長'은 운이다.

유백민: '窮', 一東. 與下'中', 一東. '罔', 三十六養. '往', 三十六養. '當', 十一唐, 四十二宕二韻. '詳', 十陽. '長', 十陽, 三十六陽二韻. 以平上通爲一韻.

스즈키: '궁窮', '중中', '망罔', '왕往', '당當', '상祥', '장長'.

35. 진晉

☲☷ 象曰 明出地上, 晉. 君子以自昭明德.
해가 땅 위에 떠오르는 것이 진의 상이다.
군자는 이 상을 본받아 스스로 밝은 덕을 밝힌다.

明出地上, 晉.

진은 윗괘가 리離이고 아랫괘는 곤坤이다. 리는 해(日)이고 곤은 땅(地)이다. 그런즉 '해가 땅 위에 떠오르는 것'이 진의 상이다. 해가 땅 위에 떠오르면 위로 나아간다. 「상」은 '진晉'을 나아가다(進)는 뜻으로 새겼다.

君子以自昭明德

'군자'는 최고 통치자이다. '소昭' 밝다는 뜻의 명明이다. '명덕明德'은 사람이 본래 갖고 있는 밝은 덕성, 즉 도덕심이다. '자소명덕自昭明德'은 스스로 밝은 덕을 밝힌다는 말이다. 공영달은 "'소昭' 또한 밝다는 뜻의 명明이다. 스스로 자신의 덕을 분명히 밝힌다는 말이다(昭亦明也. 謂自顯明其德也)"라고 하였다. 해가 땅 위에 떠오르면 위로 올라간다. 군자는 이 괘상을 보고 이를 본받아 자신이 본래 가지고 있는 밝은 덕성을 더욱 밝게 닦는다.

『대학』에 "강고에 이르기를 '잘 덕을 밝혔다'라고 하였고, 태갑에 이르기를 '이 하늘의 밝은 명을 돌아보셨다'라고 하였으며, 제전에는 '큰 덕을 밝힐 수 있으셨다'라고 말하였으니, 모두 스스로 밝히는 것이다(康誥曰 '克明德.' 太甲曰 '顧諟天之明命.' 帝典曰 '克明峻德.' 皆自明也)"라고 하였다. 『대학』의 '자명自明'이 곧 「상」의 '자소自昭'이다. 「상」의 '소명덕昭明德'은 바로 『대학』의 '명명덕明明德'이다.

初六, 晉如摧如, 貞吉. 罔孚, 裕无咎.
처음 음효는 나아가기도 하고 물러나기도 하니, 바르게 하여 길하다.
믿음이 없으나 관대하여 허물이 없다.

'진晉'은 나아가다는 뜻의 진進이며, 적을 공격한다는 뜻이다. '여如'는 '지之'와 같다. 『석문』에 "'최摧'는 죄罪와 뇌雷의 반절이다. 물러나다는 뜻의 퇴退이다(摧, 罪雷反. 退也)"라고 하였는데, 후퇴한다는 뜻이다. 왕필은 '진명퇴순進明退順(밝음에 나아가고 유순함에 물러난다)'이라고 하였는데, 공영달은 하씨何氏의 말을 인용하여 "'최摧'는 물러난다는 뜻의 퇴退"라고 하였다. '정貞'은 바르다는 뜻의 정正이다. '망罔'은 없다는 뜻의 무無이다. '부孚'는 믿음이라는 뜻의 신信이다. '유裕'는 너그럽다, 관대하다는 뜻의 관寬이다(굴만리). 「상」은 '裕无咎'로 붙여 읽었다.

象曰 '晉如摧如', 獨行正也. '裕无咎', 未受命也.
'나아가기도 하고 물러나기도 한다'는 것은 홀로 바름을 행한다는 것이다.
'관대하여 허물이 없다'는 것은 명령을 받지 않았다는 것이다.

'晉如摧如', 獨行正也.

「상」은 '정正'을 가지고 효사의 '정貞'을 해석하였다. 「상」은 효사 '진여최여晉如摧如'를, 나아가기도 하고 물러나기도 한다는 것은 홀로 그 바름을 행하는 것이라고 해석하였다. 그래서 길하다는 것이다.

'裕无咎', 未受命也.

'미未'는 부정 부사이다. '수受'는 받는 것이다. '명命'은 임금의 명령이다. '미수명야'는 임금의 명령을 받지 않았다는 말이다. 「상」은 '유무구裕无咎'를, 믿음이 없으나 명령을 받지 않고 바르게 하니 관대하여 허물이 없다고 해석하였다. 즉 임금의 명령을 받지 않고 나아가기도 하고 물러나기도 하여 홀로 바름을 행하니 진퇴에 믿음이 없으나 관대하여 허물이 없다는 것이다. 또 '미未'를 뜻이 없는 어조사로 보고, "'관대하여 허물이 없다'는 것은 명령을 받았다는 것이다"라고 해석할 수 있다. 유백민이 이를 따랐다. 두 가지 모두 통한다. 임臨 六二 「상」에 '咸臨吉无不利, 未順命也'라고 하였다.

六二, 晉如愁如, 貞吉. 受茲介福于其王母.
둘째 음효는 나아가기도 하고 근심하기도 하니, 바르게 하여 길하다.
이에 왕모에게 큰상을 받는다.

'진晉'은 나아가다는 뜻의 진進이다. '수愁'는 근심하다는 뜻의 우憂이다. 『석문』에 정현이 "얼굴색이 변하는 모양(鄭云變色皃)"이라고 하였는데, 근심하는 것이다. 공영달은 "밝지 않는 것을 근심하는 것(憂其不昭也)"이라고 하였다. '정貞'은 바르다는 뜻의 정正이다. '자茲'는 지금, 이에(乃)의 뜻이다. '차此'로 읽어도 무방하다. 『석문』에 마융과

『집해』에 우번은 "'개介'는 크다는 뜻의 대大"라고 하였다. '복福'은 곧 상이다. '개복介福'는 '대복大福'이며, 구가역은 "'대복大福'은 말과 많은 물건(大福, 謂馬與蕃庶之物是也)"이라고 하였다. '우于'는 '유由'와 같다. '기其'는 '진여수여進如愁如'하는 사람을 가리킨다. '왕모王母'는 조모이다.

象曰 '受茲介福', 以中正也.
'큰상을 받는다'는 것은 중정의 도를 행하기 때문이다.

'이以'는 인因으로 읽는다. '중정中正'은 둘째 음효가 아랫괘의 가운데 자리에 있고 또 음이 음의 자리에 있다는 것이며(효위), 중정의 도를 행하는 상이다(효상). 「상」은 효사 '수자개복受茲介福'을, 왕모에게 큰상을 받는다는 것은 둘째 음효가 가운데와 바른 자리에서 중정의 도를 행하기 때문이라고 해석하였다.

「소상」에 '중정中正'은 모두 7곳 기록되어 있다. 5번 수需 九五 「상」을 참고하라.

六三, 衆允, 悔亡.
셋째 음효는 뭇사람이 믿으니, 뉘우침이 없어진다.

『설문』 인부儿部에 "'윤允'은 믿는다는 뜻의 신信"이라고 하였다. 『집해』에 우번도 "'윤允'은 믿는다는 뜻의 신信"이라고 하였다. '회悔'는 뉘우친다는 뜻이고, '망亡'은 없어진다는 뜻이다.

象曰 '衆允'之志, 上行也.
'뭇사람이 믿는' 뜻은 위로 행하기 때문이다.

이 구절은 '衆允悔亡, 志上行也', 혹은 '六三悔亡, 志上行也'로 하는 것이 바르다. "'뭇사람이 믿으니 뉘우침이 없어진다'는 것은 뜻이 위로 행하기 때문이다" 혹은 "'셋째 음효의 뉘우침이 없어진다'는 것은 뜻이 위로 행하기 때문이다"라는 말이다. '상上'은 윗괘 리, 혹은 꼭대기 양효, 혹은 '상尙'으로 읽어, 세 가지로 해석할 수 있다.

첫째, 왕필은 "여러 음과 더불어 같이 믿고, 유순하게 밝음에 붙어 있다(與衆同信, 順而麗明)"라고 하여, '상上'을 윗괘로 보았는데, 공영달이 이를 따랐다. 정이는 "'상행上行'은 위로 유순하게 해에 붙어 있는 것이다. 위로 크게 밝은 임금을 좇으니, 많은 뜻이 같은 것이다(上行, 上順麗於大明也. 上從大明之君, 衆志之所同也)", 래지덕은 "'상上'은 해

(上者, 大明也)"라고 하였다.

둘째, '상上'을 꼭대기 양효로 보고, 셋째 음효는 꼭대기 양효와 뜻이 서로 응하기 때문에 뭇사람이 믿는다고 해석하여도 통한다. 굴만리가 이렇게 해석하였다.

셋째, 고형은 '상上'을 '상尙'으로 읽고, "뭇사람이 믿는 것은 뜻이 또한 행한다는 것이다"라고 해석하였다. 세 가지 해석은 모두 통한다.

「상」은 효사 '중윤지지衆允之志'를, 뭇사람이 믿는 뜻은 셋째 음효가 위로 행하기 때문이라고 해석하였다.

九四, 晉如鼫鼠, 貞厲.

넷째 양효는 나아가는 것이 다람쥐와 같으니, 바르게 해도 위태롭다.

'진晉'은 나아가다는 뜻의 진進이다. 고형은 "'여如'는 같다는 뜻의 사似"라고 하였다. '석서鼫鼠'는 다람쥐이다. 다람쥐는 빠르기는 하나 상대에게 두려움을 줄 만한 위엄은 없다. 『석문』에 "'석鼫'은 자하전에 '석碩'으로 되어 있다(鼫, 子夏傳作碩)"라고 하였는데, 『집해』에는 '석鼫'이 '석碩'으로 되어 있다. '석서碩鼠'는 큰 쥐이다. '정貞'은 바르다는 뜻의 정正이다. '여厲'는 위태롭다는 뜻의 위危이다.

象曰 '鼫鼠貞厲', 位不當也.

'다람쥐와 같으니, 바르게 해도 위태롭다'는 것은 자리가 합당하지 않기 때문이다.

'부당不當'은 넷째 양효가 양이면서 음의 자리에 있다는 것이며(효위), 처한 자리가 합당하지 않는 상이다(효상). 「상」은 효사 '석서정려鼫鼠貞厲'를, 넷째 양효의 자리가 합당하지 않기 때문에 바르게 해도 위태롭다고 해석하였다.

六五, 悔亡, 失得勿恤. 往吉, 无攸利.

다섯째 음효는 뉘우침이 없어지니, 잃고 얻는 것은 근심하지 말라.
가면 길하여 이롭지 않음이 없다.

'회悔'는 뉘우치다(恨)는 뜻이고, '망亡'은 없어지다(無)는 뜻이다. '실失'은 잃는 것이고, '득得'은 얻는 것이다. 『석문』에 "'득得'은 맹희, 마융, 정현, 우번, 왕숙 본에는 '시矢'로 되어 있다. 마융과 왕숙은 '리는 화살'이라고 하였다. 우번은 '시矢는 옛날 서誓' 자라고 하였다(得, 孟馬鄭虞王肅本作矢. 馬王云離爲矢, 虞云矢古誓字)", 『집해』에는 '득得'으로 되어 있는데, 우번은 '시矢'로 읽고, "'시矢'는 옛날 '서誓'자이다. '서誓'는 믿음 신信의 뜻이다(矢, 古誓字. 誓, 信也)"라고 하였다. 또 우번은 '물勿'을 '무无'로 읽고, "'휼恤'은 근심이라는 뜻의 우憂"라고 하였다. 마융과 왕숙을 따라 해석하면 '실시물휼失矢勿恤'은 화살을 잃었으나 근심이 없다는 것이고, 우번을 따라 해석하면 '실시물휼失矢勿恤'은 믿음을 잃었으나 근심이 없다는 말이다.

象曰 '失得勿恤', 往有慶也.
'잃고 얻는 것은 근심하지 말라'는 것은 가면 경사가 있다는 것이다.

「상」은 '왕유경往有慶'을 가지고 효사의 '왕길往吉, 무불리无不利'를 해석하였다. 「상」은 효사 '실득물휼失得勿恤'을, 잃고 얻는 것은 근심하지 말라는 것은 가면 경사가 있는 것이라고 해석하였다.

「소상」에 '왕유경야往有慶也'는 ① 진晉 六五 ② 규睽 六五, 2곳 기록되어 있다.

上九, 晉其角, 維用伐邑, 厲吉, 无咎, 貞吝.
꼭대기 양효는 뿔을 앞세워 나아가 고을을 정벌하니,
위태로우나 길하며, 허물이 없으나 바르게 해도 어렵다.

'진晉'은 나아가다는 뜻의 진進이다. 고형은 "'진기각晉其角'은 짐승이 그 뿔을 앞세워 물건을 떠받는 것이다(進其角, 獸進其角以觸物)"라고 하였다. '유維'는 발어사이다. '용用'은 행行이다. '벌伐'은 정벌하다는 뜻의 정征이다. '읍邑'은 대부가 다스리는 봉읍封邑이다. '정린貞吝'은 고을을 정벌하는 것이 비록 바르다 해도 또한 어려움이 있다는 말이다. '인吝'은 어렵다는 뜻의 난難이다.

象曰 '維用伐邑', 道未光也.
'고을을 정벌한다'는 것은 도가 밝지 않기 때문이다.

'도道'는 치도治道, 즉 다스림의 방법이다. '도미광야道未光也'는 다스리는 방법이 좋지 안다는 말이다. 「상」은 효사 '유용벌읍維用伐邑'을, 고을을 정벌하는 것은 그 곳에서 다스리는 방법(도)이 좋지 않기 때문이라고 해석하였다. 즉 잘못 다스리고 있으니 고을을 정벌한다는 것이다.

진 「상」에서 '정正', '명命', '정正'과 '행行', '당當', '경慶', '광光'은 운이다.
유백민: '正', 四十五勁. 與下'命', 彌吝切. 爲韻.
'行', 戶郎反. 與下'當', 十一唐, 四十二宕二韻. '慶', 音羌. '光', 十一唐. 爲韻.
スズキ: '정正', '명命', '정正'과 '행行', '당當', '경慶', '광光'.

36. 명이明夷

☷☲ 象曰 明入地中, 明夷. 君子以莅衆用晦而明.
해가 땅 속으로 들어가는 것이 명이의 상이다.
군자는 이 상을 본받아 백성에 임하는 것이 밖으로는 어두우나 안으로는 밝다.

明入地中, 明夷.

명이는 아랫괘가 리離이고 윗괘는 곤坤이다. 리는 해(日)이고 곤은 땅(地)이다. 그런즉 '해가 땅 속으로 들어가는 것'이 명이의 상이다. 즉 해의 밝음이 땅 밖에 나타나지 않고 땅 속에 있는 것이다. 해가 땅 속으로 들어갔으니 밝음(明)이 상하여(夷), 어둡다. 「상」은 '명이明夷'를 어둡다(晦)는 뜻으로 새겼다.

君子以莅衆用晦而明

'군자'는 최고 통치자이다. '이莅'는 임한다는 뜻의 임臨이다. 공영달은 '이중莅衆'을 '임어중臨於衆'이라고 하였다. '임한다(莅)'는 것은 다스린다(治)는 뜻이다. '중衆'은 백성이다. '이중莅衆'은 백성에 임한다는 말이다. '용用'은 '이以'와 같다. 백성에 임하는 것은 '회이명晦而明'으로써 한다는 것이다. 「상」은 '회晦'를 가지고 괘사의 '명이明夷'를 해석하였다. '회晦'는 어둡다는 뜻이며, '명明'과 서로 짝이 된다. '회晦'는 윗괘(外) 지地, '명明'은 아랫괘(內) 화火를 가리킨다. 「단」에는 '회기명晦其明'이라고 하였다.

해가 땅 속으로 들어가니, 밖은 어두우나 안은 밝다. 군자는 이 상을 보고 이를 본받아 백성에 임하는 것이 밖으로는 어두우나 안으로는 밝다. 즉 밖으로는 어둡고 어리석은 것 같으나 안으로는 실로 밝고 명석하다는 것이다.

初九, 明夷于飛, 垂其翼. 君子于行, 三日不食. 有攸往, 主人有言.
처음 양효는 어두울 때 나는데, 날개를 드리운다.

군자가 가는데, 삼 일을 먹지 못한다. 갈 곳이 있으니 주인이 말이 있다.

'명이明夷'는 해가 땅 속으로 들어간 것이니, 어둡다는 뜻이다. '우비于飛'는 새가 날아가는 것이다. '수垂'는 드리운다, '기其'는 날아가는 새, '익翼'은 날개이다. '수기익'은 새가 날아가면서 날개를 드리우는 것이다. '행行'은 군자가 어두울 때를 만나 은둔하는 것이다.

象曰 '君子于行', 義'不食'也.
'군자가 간다'는 것은 마땅히 '먹지 못한다'는 것이다.

'의義'는 마땅하다는 뜻의 의宜이다. 두 글자는 음도 뜻도 같아 옛날에 통용되었다. 「상」은 효사 '군자우행君子于行'을, 군자가 어두울 때를 만나 은둔하는데, 삼 일 동안 먹지 못하는 것은 마땅한 것이라고 해석하였다.

『집해』에 순상은 "어두운 군주가 위에 있으니, 밝은 덕이 있는 사람은 마땅히 녹을 먹지 않는다(暗昧在上, 有明德者, 義不食祿也)", 고형은 '의義'를 절의節義의 '의義'로 새기고(義, 乃節義之義), "절의가 있어 먹지 않는다"라고 해석하였다.

六二, 明夷夷于左股, 用拯馬壯, 吉.
둘째 음효는 어두울 때 왼쪽 다리를 다쳤는데, 타고 가는 말이 튼튼하니, 길하다.

'명이明夷'는 해가 땅 속으로 들어간 것이니, 어둡다는 뜻이다. 뒤의 '이夷'자는 다치다는 뜻의 상傷이다. '좌고左股'는 왼쪽 다리이다. '용用'은 '이以'이며, 원인을 나타내는 전치사 인因으로 읽는다. 『석문』에 "'증拯'은 구제하다는 증(拯, 救之拯)"이라고 하였다. 공영달은 '증제拯濟'라고 하였는데, '증拯'은 구원하다(救), 구제하다(濟)는 뜻이다. '증마拯馬'는 구제하는 말, 즉 군자가 타고 가는 말이다. '장壯'은 건장하다, 튼튼하다는 뜻이다. 59번 환渙 처음 음효 효사에도 '用拯馬壯, 吉'이라고 하였다.

象曰 '六二'之'吉', 順以則也.
'둘째 음효가 길한 것'은 (말이) 유순하여 잘 달리기 때문이다.

이 구절은 '六二之吉, 以中正也'로 하는 것이 바르다. "'둘째 음효가 길한 것'은 중정의 자리에서 중정의 도를 행하기 때문이다"라는 말이다. 운을 맞추기 위해 의도적으로 '順以則也'로 바뀌 썼다. 「상」의 '식食', '칙則', '득得', '획獲', '식息', '국國', '칙則'은 운이다.

「상」은 '순이칙順以則'을 가지고 효사의 '용증마장用拯馬壯'을 해석하였다. '순順'은 유순하다, '이以'는 '이而'와 같다. '칙則'은 법칙이며, 말이 잘 달리는 법칙을 가리킨다. 둘째 음효는 음이 음의 자리에 있으며(효위), 유순한 상이다(효상). '순이칙야順以則也'는 유순하여 잘 달리기 때문이라는 말이다. 「상」은 효사를, 어두울 때 왼쪽 다리를 다쳤으나 길한 것은 타고 가는 말이 유순하여 잘 달리기 때문이라고 해석하였다.

정이는 둘째 음효의 효위를 가지고 해석하여, '칙則'은 중정의 도라고 하였다. "둘째 음효가 길을 얻은 것은 유순한 곳에서 법칙이 있기 때문이다. 칙은 중정의 도를 말한다. 유순하여 중정을 얻었으니, 밝음이 상한 때에 처하여 그 길함을 보존할 수 있는 것이다(六二之得吉者, 以其順處而有法則也. 則, 謂中正之道. 能順而得中正, 所以處明傷之時而能保其吉也)"라고 하였다. 즉 둘째 음효가 길한 것은 유순하여 중정을 얻었기 때문이라는 것이다.

九三, 明夷于南狩, 得其大首, 不可疾貞.
셋째 양효는 어두울 때 남쪽으로 사냥을 가서 큰 머리의 짐승을 잡았다.
바른 것을 싫어해서는 안 된다.

'명이明夷'는 해가 땅 속으로 들어간 것이니, 어둡다는 뜻이다. '수狩'는 사냥하다는 뜻의 엽獵이다. 『집해』에 구가역은 "한 해가 다 갈 때 사냥하는 것을 '수狩'라고 한다(歲終田獵曰狩也)", 이정조는 "겨울사냥을 '수狩'라고 한다(冬獵曰狩也)"라고 하였다. '득得'은 짐승을 잡는다는 획獲의 뜻이다. '기其'는 어조사이다. '대수大首'는 큰 머리의 짐승, 맹수라는 뜻이다. '질疾'은 미워하다, 싫어하다는 뜻의 오惡이다. '정貞'은 바르다는 뜻의 정正이다.

象曰 '南狩'之志, 乃得大也.
'남쪽으로 사냥'을 간 뜻은 큰 머리 짐승을 잡는 것이다.

왕필 본에는 '乃得大也'로 되어 있다. 「교감기」에 "석경, 악본, 민, 감, 모본에는 '내대득야乃大得也'로 되어 있다. 소疏에도 '是其志大得也'라고 하였다. '대득大得'이 맞다. 잘못해서 글자가 바뀌었을 뿐이다(石經, 岳本, 閩, 監, 毛本作乃大得也. 疏亦云'是其志大得也'. 案大得是也, 誤倒耳)"라고 하였다. 『집해』에는 '乃大得也'로 되어 있고, 정이와 주희 본도 『집해』와 같다.

① 왕필 본: '乃得大也'는 '得大首也'로 읽고, '大首得也'로 하는 것이 운에 맞다.
② 『집해』: '乃大得也'는 '得大首也'로 읽고, '大首得也'로 하는 것이 운에 맞다.

어느 쪽이든 「상」을 지은 사람이 실수하여 잘못 기술하였다. 「상」은 '득대得大' 혹은 '대득大得'을 가지고 효사의 '득기대수得其大首'를 해석하였다. 「상」은 효사 '남수南狩'를, 남쪽으로 사냥을 간 뜻은 큰 머리의 짐승을 잡는 것이라고 해석하였다. 즉 큰 머리 짐승을 잡기 위해 남쪽으로 사냥을 갔다는 것이다.

필자는 '불가질정不可疾貞'에 대해 「상」이 어떻게 해석하였는지 이해할 수 없다.

六四, 入于左腹, 獲明夷之心, 于出門庭.
넷째 음효는 왼쪽 배에 들어가,
어두울 때 숨으려는 마음을 얻어서, 문 안뜰을 나간다.

'명이明夷'는 해가 땅 속으로 들어간 것이니, 어둡다는 뜻이다. '명이지심明夷之心'은 어두울 때 은둔하려는 마음이다. '문정門庭'은 문 안의 뜰이다. 주희는 "이 효사의 뜻은 자세히 알 수 없다(此爻之義, 未詳)"라고 하였다. 고형은 "'복腹'은 복複으로 읽으며, 동굴이다(腹讀爲複, 山洞也). '획獲'은 도달한다는 뜻이다(獲, 達到也)"라고 하고, "군자가 왼쪽 동굴로 들어가(君子入于左邊的山洞), 머물 수 있는가를 보고(見其可居), 여기에 머물기를 결정하였는데(決留于此), 여기에 이르자(君子至此), 어려움을 만나 물러나 은거하려는 뜻을 달성하였으니(達到遭難退隱之志愿), 즉 문 안뜰을 나설 때 품은 뜻이다(卽在出離家門所抱之志愿)"라고 해석하였다.

象曰 '入于左腹', 獲心意也.
'왼쪽 배에 들어간다'는 것은 마음의 뜻을 얻었다는 것이다.

'획심의야獲心意也'는 '심의획야心意獲也'라고 해야 운이 맞게 된다. 「상」의 '식食', '칙則', '득得', '획獲', '식息', '국國', '칙則'은 운이다. 「상」을 지은 사람이 실수하여 글자를 도치하지 않았다. 유백민은 이 구절의 운을 말하지 않았고, 스즈키는 '의意'자를 운으로 보았는데, 왜 '의意'자가 운이 되는가에 대해 설명하지 않았다.

「상」은 '획심의獲心意'를 가지고 효사의 '획명이지심獲明夷之心'을 해석하였다. '획심의야獲心意也'는 마음의 뜻을 얻었다는 말이다. 「상」은 '입우좌복入于左腹'을, 왼쪽 배에 들어가 어두울 때 숨으려는 마음의 뜻을 얻었다고 해석하였다. 필자는 「상」이 이 구절을 어떻게 해석하였는지 이해할 수 없다. 고형은 "군자가 머무를 수 있는 좋은 곳을 만나(君子遇到可居之佳境), 물러나 은거하려는 마음의 뜻을 이루었다(達到退隱之心意也)"라고 해석하였다.

六五, 箕子之明夷, 利貞.
다섯째 음효는 기자가 밝음을 숨기니, 바르게 하여 이롭다.

'기자箕子'는 은나라 마지막 왕 주紂의 숙부이다. '지之'는 주격조사이다. '명이明夷'의 '명明'은 밝음이다. '이夷'는 없어지다는 뜻의 멸滅이다. '명이明夷'는 밝음을 숨긴다는 뜻이다. '밝음'은 곧 현명함이다. '정貞'은 바르다는 뜻의 정正이다.

象曰 '箕子'之'貞', '明'不可息也.
'기자가 바르다'는 것은 '밝음'은 없앨 수 없다는 것이다.

'명明'은 '명이明夷'의 '명明'이다. '식息'은 없어지다는 뜻의 식熄으로 읽는다. 공영달은 "소멸하다는 뜻의 멸滅(息, 滅也)"이라고 하였다. '불가식不可息'은 없앨 수 없다는 말이다. 「상」은 '명明'을 가지고 효사의 '명明'을, '식息'을 가지고 '이夷'를 해석하였다. 「상」은 효사 '기자지정箕子之貞'을, 기자가 어려움을 만나 자신의 밝음을 숨기나 그 밝음은 없앨 수 없으니, 바르게 하여 이롭다고 해석하였다. 즉 기자의 현명함은 없앨 수 없다는 것이다.

上六, 不明晦. 初登于天, 後入于地.
꼭대기 음효는 밝지 않고 어둡다.
(해가) 처음에는 하늘로 올랐다가 뒤에는 땅으로 들어갔다.

'불명不明'은 해가 져서 밝지 않다는 것이다. '회晦'는 어둡다는 뜻의 명冥이다. '불명회不明晦'는 해가 져서 밝지 않고 어둡다는 뜻이다. '초初'와 '후後'는 시간적 전후 순서를 나타낸 것이다.

象曰 '初登于天', 照四國也. '後入于地', 失則也.

'처음에는 하늘로 올랐다'는 것은 사방을 비춘다는 것이다.
'뒤에는 땅으로 들어갔다'는 것은 (밝음의) 법도를 잃었다는 것이다.

'初登于天', 照四國也.

'국國'은 '방方'으로 쓰는 것이 바르다. 운을 맞추기 위해 의도적으로 '국國'으로 썼다. '사국四國'은 '사방四方'이며, 천하이다. '조사국照四國'은 사방을 비춘다는 말이다. 「상」은 효사 '초등우천初登于天'을, 해가 처음에는 하늘로 올라가 사방을 비춘다고 해석하였다.

'後入于地', 失則也.

'실칙야失則也'는 '실명야失明也'로 하는 것이 바르다. "밝음을 잃었다는 것이다"는 말이다. 운을 맞추기 위해 의도적으로 글자를 고쳤다. 공영달은 '칙則'을 '법칙'으로 읽었다(失則者, 由失法則, 故誅滅也). '칙則'은 밝음의 법칙이다. 「상」은 효사 '후입우지後入于地'를, 뒤에는 해가 땅으로 들어가 밝음의 법도를 잃고 어둡다고 해석하였다.

명이 「상」에서 '식食', '칙則', '득得', '획獲', '식息', '국國', '칙則'은 운이다.
유백민: '食', 二十四職. 與下'則', '得', 二十五德. '息', 二十四職.
'國', 二十五德. 以去入通爲一韻.
스즈키: '식食', '칙則', '득得', '의意', '식息', '국國', '칙則'.

37. 가인家人

䷤ 象曰 風自火出, 家人. 君子以言有物, 而行有恒.
바람이 불에서 나오는 것이 가인의 상이다.
군자는 이 상을 본받아 말에는 내용이 있고, 행동에는 항심이 있다.

風自火出, 家人.

가인은 윗괘가 손巽이고 아랫괘는 리離이다. 손은 바람(風)이고 리는 불(火)이다. 그런즉 '바람이 불에서 나오는 것'이 가인의 상이다. 바람이 불에서 나오니 음식은 익어 집안사람이 함께 나누어 먹는다. 「상」은 '가인家人'을 집안사람(一家之人)이라는 뜻으로 새겼다.

君子以言有物

'군자'는 최고 통치자이다. '물物'은 어떤 내용을 가리킨다. '언유물言有物'은 말에는 어떤 내용이 있다는 말이다.

而行有恒

'행行'은 행동이다. '항恒'은 변함없이 일정한 마음, 항구한 마음(恒心)이라는 뜻이다. 공영달은 '일정함(常)'으로 읽었다. '행유항行有恒'은 행동에는 항심이 있다는 말이다. 바람이 불에서 나오니, 안에서 밖으로 이르는 상이다. 군자는 이 상을 보고 이를 본받아 말에는 내용이 있고, 행동에는 항심을 지녀야 한다.

「상」의 뜻은 '말에서 내용이 나오고, 행동에서 항심이 나온다'는 것이다. 말은 횡설수설해서는 안 되고, 행동은 이랬다저랬다 해서는 안 된다는 것이다. 말(言)과 행동(行)은 아랫괘(內) 불(火)이고, 내용(物)과 항심(恒)은 윗괘(外) 바람(風)이다. 그래서 군자는 바람이 불에서 나오는(風自火出) 가인의 상을 보고 말에는 내용이 있고, 행동에는 항심이 있어야 한다는 것이다.

정이는 "'물物'은 사실이고, '항恒'은 상도법칙을 말한다. 덕업이 밖에서 드러나는 것은 언행을 안에서 삼가는 데서 비롯되는 것이다. 말을 삼가고 행동을 닦으면, 몸은 바르게 되고 집안은 다스려진다(物謂事實, 恒謂常度法則也. 德業之著於外, 由言行之謹於內也. 言愼行修, 則身正而家治矣)"라고 하였다. 정이는 「상」을 "말은 사실을 근거하고, 행동에는 일정한 법칙이 있다"라고 해석하였다.

고형은 "「상전」은 바람을 덕교에(象傳以風比德敎), 불을 사람의 명철함에 비유하여(以火比人之明哲), 바람이 불에서 나오는 것을 덕교가 명철함에서 나오는 것에 비유하였다(以風自火出比德敎出于明哲). 사람이 명철한 덕을 가지고 있으면(人有明哲之德), 비로소 말에 내용이 있을 수 있고(始能言之有物), 행동에 항구함이 있을 수 있으니(行之有恒), 다른 사람을 가르칠 수 있다(乃可敎育他人)"라고 하였다.

진고응은 "「상전」은 리를 자명한 덕에(象傳以離爲自明之德), 손을 가정의 교화로 여겼다(以巽爲家之敎化). 가정의 교화는 군자의 자명한 덕에서 나오고(家之敎化出於君子自明之德), 가정의 교화의 좋고 나쁨은(家庭敎化之好壞), 군자의 명덕과 수신의 정황에서 결정되니(決定於君子明德自修的情況), 군자의 '반신'과 '언유물이행유항'은 바로 이 뜻이다(君子的'反身', '言有物而行有恒'便是這個意思)"라고 하였다.

初九, 閑有家, 悔亡.
처음 양효는 집안에서 한가하니, 뉘우침이 없어진다.

'한閑'은 한가하다는 뜻의 한閒이다. '유有'는 '우于'로 읽는다. 두 글자는 음이 비슷하여 옛날에 통용되었다. '한우가閑于家'는 집안에서 한가하게 지내는 것이다. 『석문』에 마융은 "'한閑'은 막는다는 뜻의 난闌, 방비한다는 뜻의 방防(馬云闌也, 防也)"이라 하여 "집안을 방비한다"라고 해석하였는데, 왕필 이후 이 해석을 따랐다. 『석문』에 정현은 '습習'으로 읽고(鄭云習也), "집안일을 익힌다"라고 해석하였다. 『집해』에 순상은 "처음 양효는 잠겨 있는 자리에 있으니, 나라 일에 간여하지 아니하고 집안일을 익힐 뿐이다(初在潛位, 未干國政, 閑習家事而已)"라고 하였다.

象曰 '閑有家', 志未變也.
'집안에서 한가하다'는 것은 뜻이 변하지 않는다는 것이다.

'지志'는 출사하지 않는 뜻이다. 「상」은 효사 '한유가閑有家'를, 집안에서 한가하다는 것은 출사하지 않겠다는 뜻이 변하지 않는 것이라고 해석하였다. 그래서 뉘우침이 없어진다는 것이다.

「소상」에 '지미변야志未變也'는 ①가인家人 初九 ②중부中孚 初九, 2곳 기록되어 있다.

六二, 无攸遂, 在中饋, 貞吉.
둘째 음효는 가는 곳 없이 집안에서 음식을 하여 가족에게 주니,
바르게 하여 길하다.

'유攸'는 '소所'와 같다. '수遂'는 대장大壯 꼭대기 음효의 '불능수不能遂, 불능퇴不能退'의 '수遂'와 같으며, 나아간다는 뜻의 진進이다. 『광아』「석고釋詁」에 "'수遂'는 가다는 뜻의 왕往"이라고 하였다. '무유수无攸遂'는 '무소왕행无所往行'이며, 가는 곳이 없다는 말이다.

'중中'은 가중家中이다. 『석문』에 "'궤饋'는 거巨와 괴愧의 반절이다. 먹이는 것이다(饋, 巨愧反, 食也)"라고 하였는데, 음식을 갖추어 사람에게 주는 것이다. '중궤中饋'는 '내궤內饋'이며, 집안에서 음식을 하여 가족에게 주는 것이다. '정貞'은 바르다는 뜻의 정正이다.

象曰 '六二'之'吉', 順以巽也.
'둘째 음효가 길하다'는 것은 유순하여 복종하기 때문이다.

'순順'은 유순하다, '이以'는 '이而'와 같으며, '손巽'은 복종(伏)이다. 둘째 음효가 유순하고 복종하는 대상에는 두 가지가 있다. 하나는 『집해』에 구가역은 '다섯째 양효(九五)'라고 하였다(巽順於五). 둘째 음효는 다섯째 양효와 응하고 있으니(효위), 음이 유순하여 양에게 복종하는 상이다(효상). 또 하나는 고형이 '셋째 양효(九三)'라고 하였다. 둘째 음효는 셋째 양효의 아래에 있으니(효위), 음이 유순하여 양에게 복종하는 상이다(효상). 두 가지 해석은 모두 통한다.

「상」은 효사를, 여자가 밖으로 나돌아다니지 아니하고 집안에서 음식을 하여 가족에게 주는 것은 유순하여 남자에게 복종하기 때문이라고 해석하였다. 그래서 길하다는 것이다.

「소상」에 '순이손야順以巽也'는 3곳 기록되어 있다. 4번 몽蒙 六五 「상」을 참고하라.

九三, 家人嗃嗃, 悔厲吉. 婦子嘻嘻, 終吝.
셋째 양효는 집안사람이 슬피 우니, 뉘우치고 위태로우나 길하다.
부녀자가 웃음소리를 내니, 마침내 어렵다.

『석문』에 "'학嗃'은 호呼와 낙落의 반절, 또 호呼와 학學의 반절(嗃, 呼落反, 又呼學反)"이라 하고, 마융은 "기뻐하여 만족하는 모양(馬云悅樂自得皃)"이라고 하였다. "'희嘻'는 희喜와 비悲의 반절(嘻, 喜悲反)"이라 하고, 마융은 "웃음소리(馬云笑聲)"라고 하였다. 『집해』에 후과는 "'학학嗃嗃'은 엄한 것, '희희嘻嘻'는 웃는 것(嗃嗃, 嚴也. 嘻嘻, 笑也)"이라고 하였다. '학嗃'은 왕필이 엄하다는 뜻의 '엄嚴'으로 읽은 후, 뒷사람들은 대개 이를 따랐다. 정이는 "문장의 뜻과 음으로 뜻으로 보니, '오오嗷嗷'와 같은 유이다(以文義及音義觀之, 與嗷嗷相類)"라고 하였는데, '학학嗃嗃'은 '오오嗷嗷'와 같으며, 슬피 우는 소리이다. '희희嘻嘻'는 웃음소리이다. '학학'과 '희희'는 짝으로 사용되었다.

象曰 '家人嗃嗃', 未失也. '婦子嘻嘻', 失家節也.
'집안사람이 슬피 운다'는 것은 집안의 절도를 잃지 않았다는 것이다.
'부녀자가 웃음소리를 낸다'는 것은 집안의 절도를 잃었다는 것이다.

'家人嗃嗃', 未失也.

'미실未失'은 '실가절失家節'과 짝이 되니, '미실가절未失家節'을 줄인 것이며, 집안의 절도를 잃지 않았다는 말이다. 「상」은 효사 '가인학학家人嗃嗃'을, 집안사람이 슬피 우는 것은 집안의 절도를 잃지 않은 것이므로 길하다고 해석하였다. 고형은 '미실未失'을 '미유과실未有過失'로 읽고, "과실이 없다"라고 해석하였다.

'婦子嘻嘻', 失家節也.

'부자희희婦子嘻嘻'는 부녀자가 웃음소리를 내는 것은 집안의 절도를 잃은 것이므로 마침내 어렵다고 해석하였다.

六四, 富家, 大吉.
넷째 음효는 부유한 가정이니, 크게 길하다.

象曰 '富家大吉', 順在位也.
'부유한 가정이니, 크게 길하다'는 것은 순종하여 자신의 자리에 있기 때문이다.

『집해』에 우번은 "다섯째 양효에 순종한다(順於五)"라고 하였다. '순順'은 넷째 음효가 다섯째 양효의 아래에 있으니(효위), 양에게 순종하는 상이다(효상). '재위在位'는 넷째 음효는 음이 음의 자리에 있다는 것이며(효위), 자신의 자리에 처하여 직분을 다하고 있는 상이다(효상). '순재위야順在位也'는 순종하여 자신의 자리에 있다는 말이다. 「상」은 효사 '부가대길富家大吉'을, 넷째 음효가 다섯째 양효에 순종하여 자신의 자리에서 직분을 다하고 있기 때문에 가정이 부유하게 되어 크게 길하다고 해석하였다.

九五, 王假有家, 勿恤, 吉.
다섯째 양효는 왕이 집에 왔으니, 근심하지 말라. 길하다.

『석문』에 "'격假'은 갱更과 백白의 반절이다. 이르다는 뜻의 지至이다(假. 更白反. 至也), 정현은 오른다는 뜻의 등(鄭云登也)"이라고 하였다. 왕필은 "'격假'은 이르다는 뜻의 지至"라고 하였다. '유有'는 '우于'로 읽는다. 두 글자는 음이 비슷하여 옛날에 통용되었다. '가家'는 신하나 백성의 집을 가리킨다. 『집해』에 육적은 "'휼恤'은 근심하다는 뜻의 우憂"라고 하였다.

象曰 '王假有家', 交相愛也.
'왕이 집에 왔다'는 것은 서로 사랑한다는 것이다.

'교交'와 '상相'은 뜻이 같다. 「상」은 '교상애交相愛'를 가지고 효사의 '물휼勿恤'을 해석하였다. 다섯째 양효는 임금이고 둘째 음효는 신하 혹은 백성이다. 다섯째 양효와 둘째 음효는 서로 응하고 있으니(효위), 왕과 신하 혹은 백성이 서로 사랑하는 상이다(효상). 「상」은 효사 '왕격유가王假有家'를, 왕이 집에 온 것은 왕과 신하 혹은 백성이 서로 사랑하기 때문이라고 해석하였다. 그래서 근심하지 말라는 것이고 길하다는 것이다.

고형은 "'격假'은 '격格'으로 읽는다(假讀爲格). 두 글자는 옛날에 통용되었다(假, 格古通用). '격格'은 바르다는 뜻의 정正이다(格, 正也). '유有'는 '기其'로 읽고 왕을 가리킨다(有猶其也, 指王)" 하고, "왕이 그 집안을 바르게 하니, 집안사람이 서로 사랑한다(王正其家, 則家人交相愛也)"라고 해석하였다.

上九, 有孚威如, 終吉.
꼭대기 양효는 믿음이 있고 위엄이 있으니, 마침내 길하다.

'부孚'는 믿음이라는 뜻의 신信이다. '위威'는 위엄이 있다는 것이다. '여如'는 연然과 같다. '위여威如'는 위연威然과 같으며, 위엄이 있는 모양을 가리킨다.

象曰 '威如'之'吉', 反身之謂也.
'위엄이 있으니 길하다'는 것은 자신을 되돌아보는 것을 말한다.

'반신지위야反身之謂也'는 '이반신야以反身也'로 하는 것이 바르다. "'위엄이 있으니 길하다'는 것은 자신을 되돌아보기 때문이다"라는 말이다. 운을 맞추기 위해 의도적으로 '위謂'자를 넣어 5글자가 되었다. 「상」의 '위位', '애愛', '위謂'는 운이다.

'반反'은 되돌아본다는 뜻이다. '반신反身'은 자신을 되돌아보고 잘못을 반성한다는 말이다. 건蹇 「상」에 "군자는 이 상을 본받아 자신을 되돌아보고 덕을 닦는다(君子以反身修德)"라고 하였는데 그 뜻은 같다. 「상」은 효사를, 자신을 되돌아보고 잘못을 자신에게서 구하니, 위엄이 있어 마침내 길하다고 해석하였다.

옛말에 자신을 되돌아보고 반성하는 것을 '반신反身'이라고 하였다.

① 『맹자』 「진심盡心」 상에 "자신을 되돌아보고 참되면, 즐거움이 이 보다 큰 것이

없다(反身而誠, 樂莫大焉)"라고 하였다.

② 『중용』에 "자신을 되돌아보고 참되지 않으면, 어버이에게 효순치 못하다(反諸身不誠, 不順乎親矣)"라고 하였다(21장).

또 자신을 되돌아보고 반성하는 것을 '자반自反'이라고도 하였다.

① 『맹자』「이루離婁」 하에 "자신을 되돌아보아서 인자하고, 자신을 되돌아보아서 예의롭고, 자신을 되돌아보아서 정성스럽다(自反而仁矣. 自反而有禮矣. 自反而忠矣)"라고 하였다.

② 『예기禮記』「악기樂記」에 "그런 후에 자신을 되돌아볼 수 있다(然後能自反也)"라고 하였다.

또 '반反'이라고도 하였다.

① 『맹자』「이루」 상에 "남을 사랑하는데도 가까워지지 않으면, 그 인자함을 반성하라. 남을 다스리는데 다스려지지 않으면, 그 지혜를 반성하라. 남을 예로써 대하는데 반응이 없으면, 그 공경함을 반성하라. 행하여 기대하는 바를 얻지 못하는 것이 있으면, 모두 자신에게서 그 원인을 구하라(愛人不親, 反其仁. 治人不治, 反其智. 禮人不答, 反其敬. 行有不得者, 皆反求諸己)"라고 하였다.

② 『중용』에 "공자께서는 '활쏘기는 군자에 비슷함이 있으니, 정곡을 잃으면 되돌아보고 자신에게서 구하는 것이다'고 하였다(孔子曰 '射有似乎君子, 失諸正鵠, 反求諸其身)"라고 한 것(14장) 등이 그 예이다.

가인「상」에서 '변變', '손巽'과 '실失', '절節'과 '위位', '애愛', '위謂'는 운이다.

유백민: '變', 三十三線. 與下'巽', 叶算, 二十六慁. 爲韻. 古線, 慁同用.

'失', 五質. 與下'節', 十六屑. 爲韻.

'位', 六至. 與下'愛', 十九代. '謂', 八未. 爲韻.

스즈키: '변變', '손巽'과 '실失', '절節'과 '위位', '애愛', '위謂'.

38. 규睽

䷥ 象曰 上火下澤, 睽. 君子以同而異.

위는 불이고 아래가 못인 것이 규의 상이다.

군자는 이 상을 본받아 사물의 같은 것과 다른 것을 구별한다.

上火下澤, 睽.

규는 윗괘가 리離이고 아랫괘는 태兌이다. 리는 불(火)이고 태는 못(澤)이다. 그런즉 '위는 불이고 아래가 못인 것'이 규의 상이다. '上火下澤'은 「단」의 '火動而上, 澤動而下'와 같은 말이다. 즉 "불은 움직여 올라가고, 못은 움직여 내려간다"는 말이다. 불은 위로 올라가고 못의 물은 아래로 내려가니, 서로 떨어져 어긋난다. 「상」은 '규睽'를 어긋나다(乖), 떨어지다(離)는 뜻으로 새겼다. 『집해』에 순상은 "불의 성질은 위로 타오르고, 못의 성질은 아래를 적시니, 그래서 '규'라고 한다(火性炎上, 澤性潤下, 故曰睽也)"라고 하였다.

君子以同而異

이 구절은 '君子以辨同而異'로 하는 것이 바르다. '이以' 뒤에 동사 '변辨'자가 있어야 완전한 문장이 되는데, '변辨'자를 빠뜨렸을 것이다. '동同'은 사물의 같은 점을 말하고, '이異'는 사물의 다른 점을 말한다. '변동이이辨同而異'는 사물의 같은 것과 다른 것을 구별한다는 말이다. 「단」의 '이녀동거二女同居'는 '동同'이고, '기지부동행其志不同行'은 '이異'이다. 또 '천지규天地睽'는 '이異'이나 '기사동其事同'은 '동同'이다.

위는 불이고 아래가 못이니, 불은 위로 올라가고 못의 물은 아래로 내려가 성질이 서로 다르다. 군자는 이 상을 보고 이를 본받아 사물의 같은 것과 다른 것을 서로 구별한다.

정이는 "위는 불이고 아래가 못이니, 이 두 가지의 물성은 어긋나 다르다. 그래서 어긋나 떨어지는 상이다. 군자는 어긋나 다른 상을 보고, 크게 같은 것 가운데에서 당연히 다른 것을 안다(上火下澤, 二物之性違異, 所以爲睽離之象. 君子觀睽異之象, 於大同之中而知所當異也)"라고 하였다.

고형은 "'동이同異' 두 글자는 모두 동사이다(同異二字皆是動詞), '동同'은 서로 같은 사물을 종합하는 것이고(同是綜合相同之事物), '이異'는 서로 다른 사물을 분석하는 것이다(異是分析相異之事物). '동이이同而異'는 사물의 같은 점을 종합하고 또 그 가운데의 다른 점을 분석한다는 말이다('同而異'謂綜合事物之同而又分析其中之異)"라고 하였다.

初九, 悔亡. 喪馬勿逐自復. 見惡人, 无咎.
처음 양효는 뉘우침이 없어진다. 잃은 말은 찾지 않아도 스스로 돌아온다.
나쁜 사람을 만나보니 허물이 없다.

'상喪'은 잃다(失), '축逐'은 뒤쫓다(追), 찾다(尋)는 뜻이다. '복復'은 돌아오다(返), '악

惡'은 악하다(不善, 不良)는 뜻이다. '견見'은 만나보는 것이다. 찾아가서 만나든지, 찾아온 사람을 만나든지, 우연히 만나든지, 모두 통한다.

象曰 '見惡人', 以辟 '咎'也.
'나쁜 사람을 만나본다'는 것은 허물을 피한다는 것이다.

'이以' 뒤에 '지之'자가 생략되어 있다. '이以'는 용用이며, '지之'는 나쁜 사람을 만나보는 것(見惡人)을 가리킨다. 『석문』에 "'辟'는 음이 피(辟, 音避)"라고 하였는데, 『집해』에는 '피避'로 되어 있다. '피辟'는 피한다는 뜻의 피避로 읽는다. 「상」은 '피구避咎'를 가지고 효사의 '무구无咎'를 해석하였다. 「상」은 효사 '견악인見惡人'을, 나쁜 사람을 만나보니 허물이 없다는 것은 나쁜 사람을 만나보는 것으로 허물을 피하는 것이라고 해석하였다. 즉 우리말에서 '액땜'을 했다는 것이다.

九二, 遇主于巷, 无咎.
둘째 양효는 주인을 거리에서 만나니, 허물이 없다.

'우遇'는 만나다(逢)는 뜻이다. 『집해』에 최경은 "'우遇'는 기약 없이 만나는 것(遇者, 不期而會)"이라고 하였다. 즉 우연히 만난다는 것이다. '주主'는 주인이다. 『석문』에 "'항巷'은 호戶와 강絳의 반절이다. 『설문』에 '마을 안에 있는 길'이라 하였다(戶絳反. 說文云里中道也)"라고 하였다. '항巷'은 동네의 거리 혹은 골목이다.

象曰 '遇主于巷', 未失道也.
'주인을 거리에서 만난다'는 것은 길을 잃지 않는다는 것이다.

'도道'는 길(路)이다. '실도失道'는 길을 잃는 것이다. 「상」은 효사 '우주우항遇主于巷'을, 주인을 거리에서 만났으니 길을 잃지 않는다고 해석하였다. 또는 '주主'를 다섯째 음효로 보고, 둘째 양효는 다섯째 음효와 서로 응하므로 "정도를 잃지 않는다"라고 해석하여도 통한다.

六三, 見輿曳, 其牛掣, 其人天且劓, 无初有終.
셋째 음효는 수레를 끌고 가는 것을 보았는데, 소는 힘들게 당기고,
사람은 이마에 자자刺字하고 코가 잘린 죄인이었다. 처음은 없으나 마침은 있다.

'여輿'는 수레이다. '예曳'는 끈다는 뜻의 납拉이다. '기우其牛'는 수레를 끌고 가는 소이다. '체掣'는 끈다는 뜻의 예曳, 당긴다는 뜻의 만挽이며, 매우 힘들게 당기는 모양이다. '기인其人'은 수레를 끌고 가는 사람이다. 『석문』에 "'천天'은 자자剌字하는 것이다. 마융은 '경剠은 이마에 그 죄명을 자자剌字하는 것인데, 천天이라고 한다'(天, 剠也. 馬云剠, 鑿其額, 曰天)"라고 하고, "'의劓'는 어魚와 기器의 반절이다. 코를 자르는 것이다(劓, 魚器反. 截鼻也)"라고 하였다. 『집해』에 우번은 "이마에 자자剌字하는 것이 '천天', 코를 베는 것이 '의劓'(黥額爲天, 割鼻爲劓)"라고 하였다. '천天'은 이마에 글자를 새겨 넣는 형벌인 묵형墨刑이고, '의劓'는 코를 베는 형벌인 의형劓刑이다. '기인천차의'는 소를 끌고 가는 사람이 묵형과 의형을 받은 죄인이라는 말이다.

象曰 '見輿曳', 位不當也. '无初有終', 遇剛也.

'수레를 끌고 가는 것을 본다'는 것은 자리가 합당하지 않기 때문이다.
'처음은 없으나 마침은 있다'는 것은 강을 만났기 때문이다.

'見輿曳', 位不當也.

'위부당位不當'은 셋째 음효가 음이면서 양의 자리에 있다는 것이며(효위), 처한 자리가 합당하지 않은 상이다(효상). 「상」은 효사 '견여예見輿曳'를, 수레를 끌고 가는 것을 보았는데, 소는 힘들게 당기고, 사람은 이마에 자자剌字하고 코가 잘린 죄인이었다는 것은 셋째 음효의 자리가 합당하지 않기 때문이라고 해석하였다. 즉 수레를 끌고 가는 사람이 수레를 끌고 갈 능력이 부족하면서 수레를 끌고 가고 있다는 것이다.

'无初有終', 遇剛也.

'우遇'는 만나다는 뜻의 봉逢이다. '강剛'에 대해 두 가지 해석이 있다.

첫째, 전통적인 해석이다. '강剛'은 꼭대기 양효를 가리킨다. 셋째 음효와 꼭대기 양효는 음양이 서로 응한다. 왕필이 이렇게 해석하자 뒷사람들은 모두 이를 따랐다.

둘째, 고형의 해석이다. '강剛'은 넷째 양효를 가리킨다. 셋째 음효는 음효이고 유이며, 넷째 양효는 양효이고 강이다. 셋째 음효는 위로 나아가 넷째 양효를 만나니, 이것이 유가 강을 만나는 것이며, 약한 사람이 강한 사람을 만나 도움을 받는 것을 상징한다. 굴만리도 이렇게 해석하였다. 두 가지 해석은 모두 통한다.

「상」은 효사 '무초유종无初有終'을, 처음은 없으나 마침은 있는 것은 셋째 음효가 꼭대기 양효 혹은 넷째 양효를 만났기 때문이라고 해석하였다. 즉 수레를 끌고 가는 사람이 수레를 끌고 갈 능력이 부족하여 힘들게 수레를 끌고 가다가(无初) 강한 힘을 지닌 사람을 만나 도움을 받았으므로 좋은 결과가 있게 되었다(有終)는 것이다. 좋은 결과라는 것은 마침내 수레를 잘 끌고 갔다는 것이다.

九四, 睽孤遇元夫, 交孚, 厲, 无咎.
넷째 양효는 떨어져서 외로운 사람이 큰 사내를 만나,
믿음으로 사귀니, 위태로우나 허물이 없다.

'규睽'는 어긋나다(乖), 떨어지다(離)는 뜻이다. '고孤'는 외로운 사람이다. '규고睽孤'는 주어이며, 떨어져서 외로운 사람이라는 뜻이다. '우遇'는 동사이며, 만나다(逢)는 뜻이다. '원元'은 크다는 뜻의 대大이다. '원부元夫'는 목적어이며, 큰 사내라는 뜻이다. 굴만리는 '이혼한 사내(離婚之夫)'라고 하였다. '교交'는 사귀다(際), '부孚'는 믿음(信), '여厲'는 위태롭다는 뜻의 위危이다.

象曰 '交孚无咎', 志行也.
'믿음으로 사귀니, 허물이 없다'는 것은 뜻을 행한다는 것이다.

'지행志行'은 '행지行志'로 하는 것이 바르다. 운을 맞추기 위해 의도적으로 글자를 도치하였다. 「상」의 '당當', '강剛', '행行', '경慶', '망亡'은 운이다. '지志'는 믿음으로 사귀는 뜻이다. '지행志行'은 뜻을 행한다는 것, 즉 목적을 이루었다는 것이다. 「상」은 효사 '교부무구交孚无咎'를, 믿음으로 사귀니 뜻을 행하여 허물이 없다고 해석하였다. 즉 믿음으로 사귀는 뜻을 이루었다는 것이다.

「소상」에 '지행志行'은 ①이履 九四 ②비否 九四 ③규睽 九四 ④미제未濟 九四, 모두 4곳 기록되어 있다. 4곳 모두 양효가 음의 자리에 있으며, 운을 맞추기 위해 의도적으로 글자를 도치하였다.

六五, 悔亡, 厥宗噬膚, 往何咎.
다섯째 음효는 뉘우침이 없어진다.
종묘에 가서 고기를 먹으니, 가면 무슨 허물이 있겠는가.

『백서』에는 '궐厥'이 오른다는 뜻의 등登으로 되어 있는데, 「상」은 '왕往'을 가지고 '궐厥'을 해석하였다. '종宗'은 조상을 모신 사당, 종묘이다. '서噬'는 씹다(齧), 먹다(吃)는 뜻이다. '부膚'는 고기(肉)이다.

象曰 '厥宗噬膚', 往有慶也.
'종묘에 가서 고기를 먹는다'는 것은 가면 경사가 있다는 것이다.

「상」은 '왕往'을 가지고 효사의 '궐厥'을, '유경有慶'을 가지고 '서부噬膚'를 해석하였다. '유경有慶'은 경사스러운 일이 있다는 것이다. 「상」은 효사 '궐종서부厥宗噬膚'를, 종묘에 가서 고기를 먹는다는 것은 종묘에 가면 경사스러운 일이 있는 것이라고 해석하였다.

「소상」에 '왕유경야往有慶也'는 ① 진晉 六五 ② 규睽 六五, 2곳 기록되어 있다.

上九, 睽孤見豕負塗, 載鬼一車, 先張之弧, 後說之弧, 匪寇婚媾. 往遇雨則吉.
꼭대기 양효는 떨어져서 외로운 사람이 돼지가 등에 진흙을 묻힌 것과
한 수레 가득 귀신을 싣고 있는 것을 보고,
먼저 활을 당겨 쏘려고 하다가 뒤에 활을 내려놓으니,
도적이 아니라 혼인하러 가는 것이다. 가다가 비를 만나니 길하다.

'규睽'는 어긋나다(乖), 떨어지다(離)는 뜻이다. '고孤'는 외로운 사람이다. '시豕'는 돼지이다. 『집해』에 우번은 "'시부豕負'는 돼지 등이라는 뜻의 '시배豕背', '도塗'는 진흙이라는 뜻의 '니도泥塗'"라고 하였다. '재載'는 싣다(乘), '일거一車'는 한 수레 가득이다. '장張'은 활을 당긴다는 뜻이다. '지之'는 '기其'와 같다(고형). 『석문』에 "'호弧'는 음이 호胡이며, 활 궁弓이다(弧, 音胡, 弓也)"라고 하였다. 『석문』에 "'說'은 토吐와 활活의 반절(說, 吐活反)"이라고 하였다. '열說'은 '탈脫'로 읽는다. 『집해』에 우번은 "놓는다는 뜻의 치置(說, 猶置也)"라고 하였다. '호弧'는 『집해』에 '호壺'로 되어 있다. 『석문』에 "'호壺'로도 썼다. 경방, 마융, 정현, 왕숙, 적자현은 '호壺'로 썼다(弧, 本亦作壺. 京馬鄭王肅翟子玄作壺)"라고 하였다. 우번은 "'비匪'는 비非"라고 하였다. '혼婚'은 '혼婚'과 같다. '혼구婚媾'는 '혼인婚姻'이다.

象曰 '遇雨'之'吉', 羣疑亡也.
'비를 만나니 길하다'는 것은 모든 의심이 없어졌다는 것이다.

'군의羣疑'는 효사의 돼지가 등에 진흙을 묻힌 것, 한 수레 가득 귀신을 싣고 있는 것, 활을 당겼다가 내려놓은 것, 혼인하는 것을 도적으로 여긴 것 등등의 의심을 말한다. '망亡'은 없다는 뜻의 무無, 없어지다는 뜻의 멸滅이다. 「상」은 효사 '우우즉길遇雨

則吉'을, 가다가 비를 만나니 길한 것은 효사의 모든 의심이 없어졌기 때문이라고 해석하였다. 즉 비가 와서 모든 의심이 깨끗하게 씻어졌다는 것이다.

규 「상」에서 '구咎', '도道'와 '당當', '강剛', '행行', '경慶', '망亡'은 운이다.
유백민: '咎', 四十四有, 叶音考. 與下'道', 三十二皓. 爲韻.
'當', 十一唐. 與下'剛', '行', 戶郎反. '慶', 音羌. '亡', 十陽. 爲韻.
스즈키: '구咎', '도道'와 '당當', '강剛', '행行', '경慶', '망亡'.

39. 건蹇

䷦ 象曰 山上有水, 蹇. 君子以反身修德.
산 위에 물이 있는 것이 건의 상이다.
군자는 이 상을 본받아 자신을 되돌아보고 덕을 닦는다.

山上有水, 蹇.

건은 아랫괘가 간艮이고 윗괘는 감坎이다. 간은 산(山)이고 감은 물(水)이다. 그런즉 '산 위에 물이 있는 것'이 건의 상이다. 산 위에 물이 있으니, 물은 평지처럼 흘러가기 어렵다. 「상」은 '건蹇'을 어렵다(難)는 뜻으로 새겼다.

『집해』에 최경은 "산 위는 지극히 험한데, 물을 더하니, 건(어려움)의 상이다(山上至險, 加之以水, 蹇之象也)"라고 하였다.

君子以反身修德

'군자'는 최고 통치자이다. '반신反身'은 '반구어신反求於身'이며, 자신을 되돌아보고 잘못을 반성한다는 말이다. 『집해』에는 '수修'가 '수脩'로 되어 있다. 두 글자는 음도 뜻도 같아 옛날에 통용되었다. '수덕修德'은 '수신修身'이다. 산 위에 물이 있으니, 물은 평지처럼 흘러가기 어렵다. 즉 어려운 상황에 처하여 있다는 것이다. 군자는 이 상을 보고 이를 본받아 자신을 반성하고 그 덕을 닦아 어려움을 극복한다.

정이는 "군자가 험난함을 만나면 반드시 자신을 되돌아보고 잘못을 자신에게서 찾아서 스스로 수양함을 증진시킨다. 맹자가 말하기를 '행하여 기대하는 바를 얻지 못하는 것이 있으면, 모두 자신에게서 그 원인을 구하라'고 하였다. 그러므로 어려움을 만나면 반드시 스스로 자신을 반성하니, 잃는 것이 있겠는가? 이것이 자신을 되돌아 본다는 것이다(君子之遇險阻, 必反求諸己而益自修. 孟子曰 '行有不得者, 皆反求諸己.' 故遇艱蹇, 必自省於身, 有失而致之乎? 是反身也)"라고 하였다.

初六, 往蹇, 來譽.
처음 음효는 가는 것은 어려우나, 오는 것은 영예가 있다.

'건蹇'은 어렵다는 뜻의 난難이다. '예譽'는 영예榮譽이다.

象曰 '往蹇來譽', 宜待也.
① '가는 것은 어려우나, 오는 것은 영예가 있다'는 것은 때에 알맞기 때문이다.
② '가는 것은 어려우나, 오는 것은 영예가 있다'는 것은 마땅히 때를 기다리기 때문이다.

'의대宜待'에 대해 두 가지 해석이 있다. 『석문』에 "장번 본에서 '의시야宜時也'라고 되어 있고(張本作宜時也), 정현 본에는 '의대시야宜待時也'라고 되어 있다(鄭本宜待時也)"라고 하였는데, 두 가지 모두 통한다.

첫째, 장번 본에 의하면, '대待'는 '시時'로 읽은 것이며, '의대宜待'는 곧 '의시宜時'이니, '시의時宜'라는 뜻이다. 「상」은 효사 '왕건래예往蹇來譽'를, 가는 것은 어려우나 오는 것은 영예가 있는 것은 가고 오는 것이 때에 알맞기(時宜) 때문이라고 해석하였다.

둘째, 정현 본에 따르면, '의대宜待'는 '의대시야宜待時也'이며, 마땅히 때를 기다린다는 뜻이다. 「상」은 효사 '왕건래예往蹇來譽'를, 가는 것은 어려우나 오는 것은 영예가 있는 것은 마땅히 가고 오는 그 때를 기다리기 때문이라고 해석하였다.

필자는 건蹇 「상」이 모두 4글자로 효사를 해석하였으므로 이 구절도 당연히 '宜待時也'로 해야 맞는다고 생각한다. 『집해』에도 '의대시야宜待時也'로 되어 있다. 유백민은 '宜待也'로 읽고 '대待'자를 운으로 보았고, 스즈키는 '宜待時也'로 읽고 '시時'자를 운으로 보았다. '대待'로 읽든 '시時'로 읽든, 두 글자 모두 운에 맞다.

六二, 王臣蹇蹇, 匪躬之故.
둘째 음효는 왕의 신하들이 어렵고 또 어려우나, 자신으로 말미암은 것이 아니다.

'왕신王臣'은 왕의 신하들이다. '건蹇'은 어렵다는 뜻의 난難이다. '건건蹇蹇'은 건지

우건蹇之又蹇, 어렵고 또 어렵다는 뜻이다. '비匪'는 '비非'로 읽는다. '궁躬'은 자신을 가리킨다. '고故'는 연고, 까닭이라는 뜻이다.

象曰 '王臣蹇蹇', 終无尤也.
'왕의 신하들이 어렵고 또 어렵다'는 것은 끝내 (그들에게) 허물이 없다는 것이다.

'우尤'는 허물이라는 뜻의 과過이다. 「상」은 '종무우終无尤'를 가지고 효사의 '비궁지고匪躬之故'를 해석하였다. 「상」은 효사 '왕신건건王臣蹇蹇'을, 왕의 신하들이 어렵고 또 어려운 것은 자신으로 말미암은 것이 아니므로 끝내 그들에게 허물이 없다고 해석하였다.

「소상」에 '종무우아終无尤也'는 5곳 기록되어 있고, '중무우아中无尤也'는 한 곳 기록되어 있다. 22번 비賁 六四 「상」을 참고하라.

九三, 往蹇, 來反.
셋째 양효는 가는 것은 어려우나, 오는 것은 쉽다.

'건蹇'은 어렵다는 뜻의 난難이다. '반反'은 건蹇의 반대라는 뜻이므로, 당연히 쉽다는 것이다.

象曰 '往蹇來反', 內喜之也.
'가는 것은 어려우나, 오는 것은 쉽다'는 것은 속으로 기뻐한다는 것이다.

『석문』에 "'희喜'는 서려침徐呂忱이 '허許와 의意의 반절'이라고 하였다. 좋아한다는 뜻의 '호好'와 같다(喜, 徐許意反. 猶好也)"라고 하였다. '희喜'는 기뻐한다(悅)는 뜻이다. '내희內喜'는 마음속으로 기뻐하는 것이다. '내희지아內喜之也'는 마음속으로 기뻐한다는 말이다. 「상」은 효사 '왕건래반往蹇來反'을, 가는 것은 어려우나 오는 것은 쉬우므로 마음속으로 기뻐한다고 해석하였다.

『집해』에 우번은 "'내內'는 처음과 둘째의 두 음효를 말한다(內, 謂二陰也)", 굴만리는 '둘째 음효(六二)'를 말한 것이라고 하였다.

六四, 往蹇, 來連.
넷째 음효는 가는 것은 어려우나, 오는 것은 연을 타고 온다.

'건蹇'은 어렵다는 뜻의 난難이다. 『집해』에 우번은 "'연連'은 손수레라는 뜻의 연輦"이라고 하였다. '연連'과 '연輦'은 발음이 같아 옛날에 통용되었다. '연連'은 잇다(續), '연輦'은 왕이 타는 수레이다. '내연來輦'은 올 때에 연을 타고 온다는 말이다.

象曰 '往蹇來連', 當位實也.
'가는 것은 어려우나, 오는 것은 연을 타고 온다'는 것은
합당한 자리에서 부유하기 때문이다.

'당위當位'는 넷째 음효는 음이 음의 자리에 있다는 것이며(효위), 합당한 자리에 처해 있는 상이다(효상). '실實'에 대해, 『집해』에 순상은 "바른 자리에 처하여 다섯째 양효를 잇는 것(處正承陽)", 정이는 "음이 음의 자리에 있는 것(以陰居陰)"으로 해석하였다. 『설문』 면부宀部에 "'실實'은 부유하다는 뜻의 부富이다. 면宀과 관貫으로 되어 있다. 관貫은 재물이다(實, 富也, 从宀貫. 貫爲貨物)"라고 하였다. 단옥재는 "파생된 뜻이 초목의 열매이다. 회의 문자이며, 신神과 질質의 반절이다. 재물이 집안에 가득한 것이 '실實'이다(引伸之爲艸木之實. 會意. 神質切. 以貨物充於屋下是爲實)"라고 하였다. '당위실야當位實也'는 합당한 자리에서 부유하다는 말이다. 「상」은 효사 '왕건래연往蹇來連'을, 가는 것은 어려우나 오는 것은 연을 타고 온다는 것은 넷째 음효가 합당한 자리에 처하여 부유하기 때문이라고 해석하였다.

「소상」에 '당위當位'는 ①비賁 六四 ②건蹇 六四, 2곳 기록되어 있고, '실實'자는 4곳 기록되어 있다. 4번 몽蒙 六四 「상」을 참고하라.

九五, 大蹇, 朋來.
다섯째 양효는 크게 어려우니, 벗들이 온다.

'건蹇'은 어렵다는 뜻의 난難이다. '대건大蹇'은 크게 어렵다는 것이다. '붕래朋來'는 벗들이 와서 돕는다는 것이다.

象曰 '大蹇朋來', 以中節也.
'크게 어려우니, 벗들이 온다'는 것은 절도에 맞기 때문이다.

'이중절야以中節也'는 '이중야以中也'로 하는 것이 바르다. "'크게 어려우니, 벗들이 온다'는 것은 가운데 자리에 있기 때문이다"는 말이다. 운을 맞추기 위해 의도적으로

'절節'자를 넣었다. 「상」의 '실實'과 '절節'은 운이다.

'이以'는 인因으로 읽는다. '중中'은 다섯째 양효가 윗괘의 가운데 자리에 있다는 것이며(효위), 절도에 맞는 상이다(효상). '절節'은 절도이다. '중절中節'은 『중용』의 '發而皆中節'의 '중절'과 같으며, 절도에 맞는다는 뜻이다. 「상」은 효사 '대건붕래大蹇朋來'를, 크게 어려우니, 벗들이 와서 도와주는 것은 다섯째 양효가 가운데 자리에서 절도에 맞기 때문이라고 해석하였다.

上六, 往蹇, 來碩, 吉. 利見大人.
꼭대기 음효는 가는 것은 어려우나, 오는 것은 크니 길하다.
대인을 만나보는 것이 이롭다.

'건蹇'은 어렵다는 뜻의 난難이다. 공영달은 "'석碩'은 크다는 뜻의 대大"라고 하고, "뜻을 크게 얻었다(志大得矣)", 『집해』에 후과는 "셋째 양효의 덕이 크다(三德碩大)", 정이는 "관유를 말한 것(碩, 大也, 寬裕之稱)"이라고 하였다.

象曰 '往蹇來碩', 志在內也. '利見大人', 以從貴也.
'가는 것은 어려우나, 오는 것은 크다'는 것은 뜻이 안에 있다는 것이다.
'대인을 만나보는 것이 길하다'는 것은 귀인을 따르기 때문이다.

'往蹇來碩', 志在內也.

왕필은 "응하는 것이 안에 있다(有應在內)"라고 하여 '내內'를 아랫괘의 셋째 양효로 보았다. 공영달은 이를 따라 '유응재삼有應在三'이라고 하였다. 정이는 "꼭대기 음효가 셋째 양효와 응하고 다섯째 양효를 따르는 것이 '지재내'이다(上六應三而從五, 志在內也)"라고 하였다. 꼭대기 음효는 셋째 양효와 서로 응하고 있으니(효위), 뜻이 안에 있는 상이다(효상). 「상」은 효사 '왕건래석往蹇來碩'을, 가는 것은 어려우나 오는 것은 크다는 것은 꼭대기 음효의 뜻이 셋째 양효에 있기 때문이라고 해석하였다.

「소상」에 '지재내야志在內也'는 ① 임臨 上六 ② 건蹇 上六, 2곳 기록되어 있는데, 윗괘에 쓰였으며, ① 임臨 上六은 六三과 응하지 않으나 ② 건蹇 上六은 九三과 응한다. '지재외야志在外也'는 모두 3곳 기록되어 있다. 11번 태泰 初九 「상」을 참고하라.

'利見大人', 以從貴也.

'이以'는 인因으로 읽는다. 「상」은 '귀貴'를 가지고 효사의 '대인大人'을 해석하였다.

『집해』에 후과는 "다섯째 양효가 대인이다(五爲大人)", 정이는 "다섯째 양효의 귀인을 따른다(從九五之貴)"라고 하여, '귀貴'를 다섯째 양효로 보았다. 꼭대기 음효는 다섯째 양효와 서로 이웃하고(比) 있으니(효위), 귀인을 따르는 상이다(효상). 「상」은 효사 '이견대인利見大人'을, 꼭대기 음효가 다섯째 양효와 이웃하여 그를 따르기 때문에 대인을 만나보는 것이 이롭다고 해석하였다.

「소상」에 '이종귀야以從貴也'는 ① 건蹇 上六 ② 정鼎 初六, 2곳 기록되어 있다.

건 「상」에서 '대待', '우尤', '지之'와 '실實', '절節'과 '내內', '귀貴'는 운이다.

유백민: '待', 十五海. 與下'尤', 羽其反, 叶音怡. '之', 七之. 爲韻.
'實', 五質. '節', 十六屑. '內', 十八隊. '貴', 八未.
以平上通爲一韻. 待, 鄭本作'宜待時', 於韻更切.

스즈키: '시時', '우尤', '지之'와 '실實', '절節'과 '내內', '귀貴'.

40. 해解

䷧ 象曰 雷雨作, 解. 君子以赦過宥罪.

우레와 비가 일어나는 것이 해의 상이다.

군자는 이 상을 본받아 잘못이 있는 사람을 용서하고 죄를 지은 사람을 관대하게 대한다.

雷雨作, 解.

해는 윗괘가 진震이고 아랫괘는 감坎이다. 진은 우레(雷)이고 감은 비(雨)이다. 그런즉 '우레와 비가 일어나는 것'이 해의 상이다. 우레와 비가 일어나니, 천지가 풀린다. 「상」은 '해解'를 풀리다(緩)는 뜻으로 새겼다. 「단」의 "천지가 풀리니 우레와 비가 일어난다(天地解而雷雨作)"와 같은 말이다. '작作'은 일어나다는 뜻의 기起이다.

君子以赦過宥罪

'군자'는 최고 통치자이다. '사赦'는 용서하다(免), '과過'는 과실(尤)이다. '사과赦過'는 잘못이 있는 사람을 용서한다는 말이다. '유宥'는 관대하다(寬), '죄罪'는 죄를 지은 사람이다. '유죄宥罪'는 죄를 지은 사람을 관대하게 대한다는 말이다. 우레와 비가 일어나니, 천지가 풀린다. 군자는 이 상을 보고 이를 본받아 과실이 있는 사람을 용서하고 죄를 지은 사람을 관대하게 대하여 이들을 풀어준다.

공영달은 "'사赦'는 방면을 말하고, '과過'는 과실을 말하고, '유宥'는 관유를 말하고, '죄罪'는 이전에 범한 것을 말한다. 과실이 가벼우면 방면하고, 죄가 무거우면 관대히 처리하니, 모두 푼다는 뜻이다(赦謂放免, 過謂誤失, 宥謂寬宥, 罪謂故犯. 過輕則赦, 罪重則宥, 皆解緩之義也)"라고 하였다.

初六, 无咎.
처음 음효는 허물이 없다.

象曰 剛柔之際, 義'无咎'也.
강유가 교접하니, 마땅히 '허물이 없다'는 것이다.

'강유剛柔'에 대해 두 가지 해석이 있다.

첫째, 처음 음효와 넷째 양효가 서로 응한다고 보는 것이다. 정이는 "처음 음효와 넷째 양효가 서로 응하는 것이 강과 유가 서로 교접하는 것이다(初四相應, 是剛柔相際接也)"라고 하였다. 뒷사람들은 대개 이를 따랐다.

둘째, 고형의 해석이다. '강유剛柔'는 처음 음효와 둘째 양효가 교접하는 것을 말하며, 두 효는 서로 접하고 있으니 음양이 교접한다는 것이다. 굴만리, 진고응도 이렇게 보았다. 진고응은 둘째 양효는 '득중도得中道'이고, 넷째 양효는 '미당위未當位'이니, 당연히 둘째 양효를 가리키는 것이 맞는다고 하였다. 두 가지 해석은 모두 통한다.

'제際'는 서로 교접交接한다는 뜻이다. 『집해』에 우번은 '강유시교剛柔始交'로 읽었다. '의義'는 마땅하다는 뜻의 의宜이다. 「상」은 효사 '무구无咎'를, 처음 음효 유와 넷째 혹은 둘째 양효 강이 서로 교접하고 있으므로 허물이 없다고 해석하였다.

「소상」에 '강유제剛柔際'는 ①감坎 六四와 ②해解 初九 2곳 기록되어 있다.

① 감坎 六四 「상」: '樽酒簋貳', 剛柔際也.
'술병의 술과 밥그릇 두 개'라는 것은 강과 유가 교접하고 있다는 것이다.

② 해解 初九 「상」: 剛柔之際, 義'无咎'也.
강유가 교접하니, 마땅히 '허물이 없다'는 것이다.

①감坎 六四 「상」은 강(九五)과 유(六四)가 교접한다는 것이므로 ②해解 初九 「상」

은 처음 음효와 둘째 양효가 교접하는 것으로 보는 것이 타당할 것이다.

「소상」에 '의무구義无咎'는 ①복復 六三 ②해解 初六 ③점漸 初六 ④기제旣濟 初九 등 4곳 기록되어 있다. 「소상」에 '의무구義无咎'와 같은 형식이 12곳 있다. 13번 동인同人 九四를 참고하라.

九二, 田獲三狐, 得黃矢, 貞吉.
둘째 양효는 밭에서 여우 세 마리를 잡고,
누런 화살촉을 얻었으니, 바르게 하여 길하다.

'전田'은 밭이다. 『집해』에 우번은 "사냥하다는 뜻의 엽獵"이라 하였는데, 이렇게 읽어도 통한다. '황시黃矢'는 누런 화살촉이다. '정貞'은 바르다는 뜻의 정正이다.

象曰 '九二''貞吉', 得中道也.
'둘째 양효가 바르게 하여 길하다'는 것은 중도를 얻었기 때문이다.

'득중도야得中道也'는 '이득중야以得中也' 혹은 '득중야得中也'로 하는 것이 바르다. "'둘째 양효가 바르게 하여 길하다'는 것은 가운데 자리를 얻었기 때문이다"는 말이다. 운을 맞추기 위해 의도적으로 '도道'자를 넣었다. 「상」의 '구咎', '도道', '추醜', '구咎'는 운이다. 「상」은 '중도中道'를 가지고 효사의 '정貞'을 해석하였다. '중中'은 '정正'이며, 곧 '정貞'이다. '중도中道'는 둘째 양효가 아랫괘의 가운데 자리에 있다는 것이며(효위), 중도를 얻은 상이다(효상). '중도中道'는 '정도正道'이며, 뜻과 행실이 바르다는 것이다. 「상」은 효사 '정길貞吉'을, 바르게 하여 길한 것은 둘째 양효가 가운제 자리에서 중도를 얻었기 때문이라고 해석하였다.

「소상」에 '득중도야得中道也'는 ①고蠱 九二 ②리離 六二 ③해解 九二 ④쾌夬 九二 등 4곳 기록되어 있고, '이중도야以中道也'는 ①기제旣濟 六二 한 곳 기록되어 있다. 5곳 모두 운을 맞추기 위해 의도적으로 '도道'자를 삽입하였다.

六三, 負且乘, 致寇至, 貞吝.
셋째 음효는 물건을 지고 수레를 타고 있으니, 도적을 불러들인다.
바르게 해도 어렵다.

『집해』에 우번은 "'부負'는 등에 지다는 뜻의 배倍(負, 倍也)"라고 하였다. '부負'는 등에 물건을 지는 것(擔)이다. 고형은 "'차且'는 '이而'와 같다(且猶而也)"라고 하였다. '승乘'은 수레(車)를 타는 것이다. '치致'는 불러오다, 초래하다는 뜻의 초招이다. '구寇'는 도적이다. '정貞'은 바르다는 뜻의 정正이다. '정린貞吝'은 하는 일이 비록 바르나 또한 어려움이 있다는 것이다.

> 象曰 '負且乘', 亦可醜也. 自我'致'戎, 又誰咎也.
> '물건을 지고 수레를 타고 있다'는 것은 또한 추할 수 있다는 것이다.
> 내 스스로 도적을 '불러들이니', 또 누구를 탓하겠는가?

'負且乘', 亦可醜也.

'추醜'는 추하다(惡)는 뜻이다. 「상」은 효사 '부차승負且乘'을, 물건을 지고 수레를 타고 있으니, 추할 수 있는 일이라고 해석하였다.

自我'致'戎, 又誰咎也.

'자아自我'는 내 스스로 라는 뜻이다. '치융致戎'은 효사의 '치구致寇'이다. 『석문』에 "어떤 책에는 또 '치구致寇'로 되어 있다(本又作致寇)"라고 하였다. '구咎'는 허물 과過이다. 「상」은 효사 '치구지致寇至'를, 내 스스로 도적을 불러들이니 다른 사람을 탓할 수 없다고 해석하였다.

「계사」 상·8장에 "공자께서 말씀하셨다. 『역』을 지은 사람은 도적을 아는 것인가. 『역』에 이르기를 '물건을 지고 수레를 타고 있으니, 도적을 불러들인다'라고 하였다. 물건을 진다는 것은 소인의 일이다. 수레라는 것은 군자가 타는 기구이다. 소인이면서 군자의 수레를 타고 있으니, 도적이 이를 강탈하려고 생각하는 것이다. 윗사람은 나태하고 아랫사람은 난폭하면, 도적이 이를 치려고 생각하는 것이다. 재물을 간직하는데 게을러 도적을 가르치고, 용모를 요염하게 꾸며 음란을 가르친다. 『역』에 이르기를 '물건을 지고 수레를 타고 있으니, 도적을 불러들인다'고 한 것은 도적을 끌어들인다는 것이다(子曰 作易者其知盜乎. 易曰 '負且乘, 致寇至.' 負也者, 小人之事也. 乘也者, 君子之器也. 小人而乘君子之器, 盜思奪之矣. 上慢下暴, 盜思伐之矣. 慢藏誨盜. 冶容誨淫. 易曰 '負且乘, 致寇至.' 盜之招也)"라고 하였다. 「계사」는 자신의 신분에 맞지 않는 일을 하여 도적을 끌어들이게 되니, 행동을 신중히 해야 한다고 해석하였는데, 「상」의 해석과 다르다.

「소상」에 '우수구야又誰咎也'는 ①동인同人 初九 ②해解 六三 ③절節 九二 등 모두 3곳 기록되어 있는데, 해解 六三을 제외한 나머지 두 괘의 효사에는 '무구无咎'가 있다.

九四, 解而拇, 朋至斯孚.
넷째 양효는 너의 엄지발가락을 벗기는데, 벗이 와서 믿게 되었다.

'해解'는 벗긴다는 뜻의 탈脫이다. 공영달은 "'이而'는 너 여汝"라고 하였다. 『석문』에 "'무拇'는 무茂와 후后의 반절이다. 육적은 '엄지발가락', 왕숙은 '엄지손가락'이라고 하였다. 순상은 '모母'로 썼다(拇, 茂后反. 陸云足大指. 王肅云手大指. 荀作母)"라고 하였다. 공영달은 "'무拇'는 엄지발가락"이라고 하였다. '붕朋'은 붕우朋友이다. '사斯'는 개사이며 '내乃'와 같다. 백화로 '于是'이다. '부孚'는 믿음이라는 뜻의 신信이다.

象曰 '解而拇', 未當位也.
'너의 엄지발가락을 벗긴다'는 것은 합당한 자리가 아니기 때문이다.

'당위當位'는 음양이 각각 자신의 자리에 있는 것이다. '미당위未當位'는 '부당위不當位'와 같으며, 넷째 양효가 양이면서 음의 자리에 있다는 것이며(효위), 처한 자리가 합당하지 않은 상이다(효상). 「상」은 효사 '해이무解而拇'를, 너의 엄지발가락을 벗긴다는 것은 넷째 양효가 합당한 자리에 있지 않기 때문이라고 해석하였다. 필자는 「상」이 효사를 어떻게 해석한 것인지 이해할 수 없다.

六五, 君子維有解, 吉. 有孚于小人.
다섯째 음효는 군자는 묶여 있다가 풀려나니 길하다.
소인에게 (군자에 대한) 믿음이 있다.

'군자'는 도덕 수양이 훌륭한 사람이고, '소인'은 그렇지 못한 사람이다. '유維'는 묶는다는 뜻의 계係이다. 『집해』에는 '유惟'로 되어 있다. '해解'는 풀려나다는 뜻의 석釋이다. '부孚'는 믿음이라는 뜻의 신信이다.

象曰 '君子有解', '小人'退也.
'군자가 풀려난다'는 것은 '소인'이 물러난다는 것이다.

「상」은 효사를 4글자로 인용하기 위해 의도적으로 효사의 '유維'자를 생략하였다. 「상」은 효사 '군자유해君子有解'를, 군자가 묶여 있다가 풀려나니, 소인은 군자에 대한 믿음이 있어 그 자리에서 물러난다고 해석하였다.

上六, 公用射隼于高墉之上, 獲之, 无不利.
꼭대기 음효는 공公이 높은 성벽 위에서 매를 쏘아 잡으니, 이롭지 않음이 없다.

'용用'은 행한다는 뜻의 행行이다. '준隼'은 매(鷹)다. '용墉'은 성벽이다. 『석문』에 마융은 '성城'이라고 하였다(馬云城也). 『집해』에는 '용庸'으로 되어 있다. '획獲'은 잡는다는 뜻의 포捕이다. '지之'는 매(隼)를 가리킨다.

象曰 '公用射隼', 以解悖也.
'공이 매를 쏜다'는 것은 사나운 것을 없앤다는 것이다.

'이以' 뒤에 '지之'자가 생략되어 있다. '이以'는 용用이며, '지之'는 공이 매를 쏘는 것(公用射隼)을 가리킨다. 「상」은 '해解'를 가지고 효사의 '사射'를, '패悖'를 가지고 '준隼'을 해석하였다. 공영달은 '해解'를 없애다, 제거한다는 뜻의 '제해除解'로 새기고, "'패悖'는 사납다, 거스른다는 뜻의 역逆"이라고 하였다. 「상」은 효사 '공용사준公用射隼'을, 공이 매를 쏘아 사나운 것을 제거한다고 해석하였다. 이것은 공이 패역한 자를 깨끗이 없애는 것에 비유한 것이다.

『집해』에 구가역은 "'준隼'은 맹금(鷙鳥)이다. 지금 식작食雀을 잡았다는 것은 그 성질이 해로워 폭군을 깨우쳐준 것이다. 음효가 양효의 자리를 훔쳤으니, 만사가 패란하다. 지금 활을 쏘아 없애니 그러므로 '패란한 것을 없앤다'라고 한 것이다(隼, 鷙鳥也. 今捕食雀者, 其性疾害, 喩暴君也. 陰盜陽位, 萬事悖亂. 今射去之, 故曰以解悖也)"라고 하였다.

「계사」 하·5장에 "『역』에 말하였다. '공이 높은 성벽 위에서 매를 쏘아 잡으니, 이롭지 않음이 없다.' 공자께서 말씀하셨다. '매는 새이다. 활과 화살은 도구이다. 활을 쏘는 것은 사람이다. 군자는 몸에 도구를 감추고 때를 기다려 움직이니 무슨 불리함이 있겠는가. 움직여도 막힘이 없으니, 그래서 나가면 얻는 바가 있는 것이다. 이것은 도구를 갖추고 움직이는 것을 말한 것이다'(易曰 公用射隼于高墉之上, 獲之, 无不利. 子曰 隼者, 禽也. 弓矢者, 器也. 射之者, 人也. 君子藏器于身, 待時而動, 何不利之有. 動而不括, 是以出而有獲. 語成器而動者也)"라고 하였다. 이 해석은 「상」과 같지 않다.

해 「상」에서 '구咎', '도道', '추醜', '구咎'와 '위位', '퇴退', '패悖'는 운이다.
유백민: '咎', 四十四有. 與下'道', 三十二皓. '醜', 四十四有. 爲韻.
'位', 六至. 與下'退', '悖', 十八隊. 爲韻.
스즈키: '구咎', '도道', '추醜', '구咎'와 '위位', '퇴退', '패悖'.

41. 손損

☶☱ 象曰 山下有澤, 損. 君子以懲忿窒欲.
산 아래에 못이 있는 것이 손의 상이다.
군자는 이 상을 본받아 분노를 제지하고 탐욕을 막는다.

山下有澤, 損.

손은 윗괘가 간艮이고 아랫괘는 태兌이다. 간은 산(山)이고 태는 못(澤)이다. 그런즉 '산 아래에 못이 있는 것'이 손의 상이다. 산 아래에 못이 있으니, 못은 자신을 낮추어 산을 높인다. 「상」은 '손損'을 덜어내다(減), 잃다(失)는 뜻으로 새겼다. 『석문』에 "'손損'은 예豫와 본本의 반절이다. 덜어낸다는 뜻이고, 또 잃는다는 뜻으로도 새긴다(損, 豫本反. 省減之義也. 又訓失)"라고 하였다.

공영달은 "못이 산 아래에 있으니, 못은 낮고 산은 높은 것이, 못이 스스로 덜어내어 산을 높이는 상과 같다(澤在山下, 澤卑山高, 似澤之自損, 以崇山之象也)"라고 하였다.

君子以懲忿窒欲

'군자'는 최고 통치자이다. 『석문』에는 '징懲'이 '징徵'으로 되어 있는데, "유표는 '징懲'으로 썼다"라고 하였다. 『집해』에도 '징徵'으로 되어 있는데, 우번도 '징徵'으로 썼다. 두 글자는 음이 같아 옛날에 통용되었다. 혜동惠棟은 『구경고의九經古義』에서 "옛날에 '懲'자는 모두 '徵'으로 썼다(古懲字皆作徵)"라고 하였다. 『석문』에 "'징徵'은 지止"라고 하였는데, '징懲'은 제지制止하다, 억지抑止한다는 뜻이며, '질窒'과 같은 뜻으로 사용되었다. '분忿'은 분노(怒)이다. '징분懲忿'은 분노를 제지한다는 말이다. 『석문』에 "'질窒'은 정현과 유표가 '치懫'로 썼다. '치懫'는 막는다는 뜻의 지止이다(窒, 鄭劉作懫. 懫, 止也)"라고 하였다. '질窒'은 멈추다, 막는다는 뜻의 색塞이다. '욕欲'은 '욕慾'이며, 탐욕(慾)이다. '질욕窒欲'은 탐욕을 막는다는 말이다. 산 아래에 못이 있으니, 못은 자신을 낮추어 산을 높인다. 군자는 이 상을 보고 이를 본받아 분노를 제지하고 탐욕을 막아 스스로 덕행을 높인다.

初九, 已事遄往, 无咎, 酌損之.
처음 양효는 제사를 지내는 일은 빨리 가야 허물이 없으니,
(제품을) 헤아려 덜어낼 수 있다.

'사巳'는 『석문』에 '이已'로 되어 있는데, "'已'는 음은 이以이다. 이以로도 썼다(已, 音以. 本亦作以)"라고 하고, "우번은 제사라는 뜻의 사祀로 썼다(虞作祀)"라고 하였다. 『집해』에는 '사祀'로 되어 있다. '사巳'는 제사라는 뜻의 사祀이다. 우번은 "'사祀'는 옛날에 '사巳'로 썼다(祀, 舊作巳也)", 굴만리는 "'사祀'는 갑골문에 사巳로 썼다(祀, 甲骨文作巳)"라고 하였다. 『석문』에 "'천遄'은 시市와 전專의 반절이며, 빠르다는 뜻의 속速이다(遄, 市專反, 速也)", 『집해』에 우번도 "빠르다는 뜻의 속速"이라고 하였다. 우번은 "'작酌'은 취한다는 뜻의 취取"라고 하였는데, '작酌'은 헤아리다(量), 고려하다(慮)는 뜻이다. 굴만리는 "헤아려 제품을 덜어낸다(酌損祭品)"라고 하였다. '지之'는 제품을 가리킨다.

象曰 '巳事遄往', 尙合志也.
'제사를 지내는 일은 빨리 가야 한다'는 것은 위와 뜻을 합하기 때문이다.

'상尙'은 '상上'으로 읽는다. 두 글자는 음이 같아 옛날에 통용되었다. '상尙'은 당연히 '상上'으로 읽으며, 넷째 음효를 가리킨다. 처음 양효는 넷째 음효와 음양이 응하므로 '합지合志'라고 하였다. 『집해』에 우번은 '상上'을 위의 둘째 양효로 보고, "다섯째 음효와 뜻을 합한다(二上合志於五也)"라고 하였다. 「상」은 효사 '사사천왕巳事遄往'을, 제사를 지내는 일은 빨리 가야 하는 것은 처음 양효가 넷째 음효와 뜻을 합하기 때문이라고 해석하였다.

「소상」에 '상합지야上合志也'는 모두 4곳 기록되어 있다. 9번 소축小畜 六四「상」을 참고하라.

九二, 利貞. 征凶. 弗損益之.
둘째 양효는 바르게 하여 이롭다. 가면 흉하다. 덜지도 더하지도 않는다.

'정貞'은 바르다는 뜻의 정正이다. 『집해』에 우번은 '정征'을 행行으로 읽었다(征, 行也). 출행하면 흉하다는 말이다. '불弗'은 '불不'과 같다. '손損'은 덜어내다, '익益'은 더한다는 뜻이다. '지之'는 형식목적어이다.

象曰 '九二''利貞', 中以爲志也.
'둘째 양효가 바르게 하여 이롭다'는 것은
가운데 자리에서 중도를 행하는 것을 뜻으로 여기기 때문이다.

'중이위지中以爲志'는 '이중위지以中爲志'이다.「상」은 '중中'을 가지고 효사의 '정貞'을 해석하였다. '중中'은 둘째 양효가 아랫괘의 가운데 자리에 있다는 것이며(효위), 중도를 지키고 있는 상이다(효상). '중도'는 '정도正道'이며, 뜻과 행실이 바르다는 것이다.「상」은 효사 '이정利貞'을, 바르게 하여 이롭다는 것은 둘째 양효가 아랫괘의 가운데 자리에서 중도를 행하는 것을 뜻으로 여기기 때문이라고 해석하였다. '바르게 하면 이롭다'는 것은 '가면 흉하다'는 것이요, '덜지도 더하지도 않는다'는 것이다. 이것이 곧 중도를 뜻으로 여기는 것이다.

六三, 三人行則損一人, 一人行則得其友.
셋째 음효는 세 사람이 가면 한 사람을 잃게 되고, 한 사람이 가면 그 벗을 얻게 된다.

象曰 '一人行', '三'則疑也.
한 사람이 가면 그 벗을 얻게 되고, 세 사람이 가면 의심한다는 것이다.

'일인행一人行'은 '一人行則得其友'를 줄인 것이며, 한 사람이 가면 그 벗을 얻게 된다는 말이다. '삼즉의야三則疑也'는 '三人行則損一人, 疑也'를 줄인 것이며, 세 사람이 가면 한 사람을 잃게 되는 것은 의심하기 때문이라는 말이다.「상」은 효사를, 한 사람이 가면 벗을 얻게 되고, 세 사람이 가면 의심하여 한 사람을 잃게 된다고 해석하였다.

「계사」 하·5장에 "천기와 지기가 뒤섞이니, 만물이 가지런히 자라난다. 남녀가 정기를 합하니, 만물이 태어나 자라난다.『역』에 이르기를 '세 사람이 가면 한 사람을 잃게 되고, 한 사람이 가면 그 벗을 얻게 된다'고 하였다. 하나에 이르는 것을 말한 것이다(天地絪縕, 萬物化醇. 男女構精, 萬物化生. 易曰 '三人行, 則損一人. 一人行, 則得其友'. 言致一也)"라고 하였다.「계사」는 '세 사람이 가면 한 사람을 잃게 되고, 한 사람이 가면 그 벗을 얻게 된다'는 것은 결국 두 사람이 있게 되며, 둘이 하나가 된다는 것으로 해석하였다. 이것은 천기와 지기가 하나가 되어 만물이 화순하고, 남자와 여자가 하나가 되어 만물이 화생한다는 것이다.「계사」는 효사를 천지 남녀가 하나로 합하는 것으로 해석하였으니,「상」의 해석과 아주 다르다.

六四, 損其疾, 使遄有喜, 无咎.
넷째 음효는 병을 덜어내려고,
사람으로 하여금 빨리 제사를 지내게 하여 병이 나으니, 허물이 없다.

'기其'는 어조사이다. '사使'는 사람으로 하여금 제사를 지내게 한다는 말이다. '천遄'은 빠르다는 뜻의 속速이다. '유희有喜'는 병이 낫는 것이다.

象曰 '損其疾', 亦可'喜'也.
'병을 덜어낸다'는 것은 또한 나을 수 있다는 것이다.

「상」은 효사 '손기질損其疾'을, 병을 덜어내려고 사람으로 하여금 빨리 제사를 지내게 하니, 또한 나을 수 있다고 해석하였다.

六五, 或益之十朋之龜, 弗克違, 元吉.
다섯째 음효는 어떤 사람이 10붕의 값이 있는 거북을 더해주니,
거절할 수 없어 크게 길하다.

'혹或'은 어떤 사람이다. '익益'은 더하다는 뜻의 가加이다. 고형은 "주나라 때는 조개(貝)를 화폐로 사용하였는데(西周以貝爲貨幣), 10패를 '붕朋'이라 하였다(十貝曰朋)"라고 하였다. '십붕十朋'은 100패이며, 가치가 있다는 것이다. 굴만리는 "'극克'은 할 수 있다는 능能이며, '가可'와 같다(克, 能, 猶可也)"라고 하였다. '위違'는 어기다(背), 거절하다(拒)는 뜻이다.

象曰 '六五''元吉', 自上祐也.
'다섯째 음효가 크게 길하다'는 것은 하늘이 돕기 때문이다.

'상上'에 대해, 『집해』에 후과는 "꼭대기 양효의 보우(上九之祐)"라고 하였다. 공영달은 "'상'은 하늘을 말한다(上, 謂天也)"라고 하였는데, 정이와 래지덕이 이를 따랐다. 두 가지 모두 통한다. '우祐'는 돕는다는 뜻의 조助이다. 『석문』에 "'우佑'로도 썼다(本亦作佑)"라고 하였는데, 두 글자는 음과 뜻이 같아 옛날에 통용되었다. '자상우야自上祐也'는 하늘이 돕는다는 말이다. 「상」은 효사 '원길元吉'을, 하늘이 도와 어떤 사람이 가치 있는 거북을 더해주니 거절할 수 없어 크게 길하다고 해석하였다.

上九, 弗損益之, 无咎, 貞吉. 利有攸往, 得臣无家.
꼭대기 양효는 덜지도 더하지도 않으니, 허물이 없으며 바르게 하여 길하다.
갈 곳이 있으면 이로우니, 집 없는 신복을 얻는다.

'정貞'은 바르다는 뜻의 정正이다. '정길貞吉'은 덜지도 더하지도 않으니 바른 것이어서 길하다는 말이다. '신臣'은 남자 노예이다. '무가无家'는 신복에게 집이 없음을 말한다.

> 象曰 '弗損益之', 大得志也.
> '덜지도 더하지도 않는다'는 것은 크게 뜻을 얻었다는 것이다.

'득得'은 '득신무가得臣无家'의 '득得'이며, 크게 뜻을 얻었다는 것은 집 없는 신복을 얻었다는 것이다. '지志'는 집 없는 신복을 얻은 뜻이다. '대득지大得志'는 집 없는 신복을 얻는 뜻을 크게 얻었다는 말이다. 「상」은 효사 '불손익지弗損益之'를, 덜지도 더하지도 않으니, 크게 뜻을 얻은 것이라고 해석하였다.

「소상」에 '대득지야大得志也'는 ①손損 上九 ②익益 九五 ③승升 六五 등 3곳 기록되어 있다.

손 「상」에서 '지志', '지志', '의疑', '희喜', '우祐', '지志'는 운이다.
유백민: '志', 七志. 與下'疑', 七之. '喜', 六止. '祐', 音以. 以平上去通爲一韻.
스즈키: '지志', '지志', '의疑', '희喜', '우祐', '지志'.

42. 익益

> ䷩ 象曰 風雷, 益. 君子以見善則遷, 有過則改.
> 바람과 우레가 익의 상이다.
> 군자는 이 상을 본받아 선을 보면 옮겨 따르고, 과실이 있으면 고친다.

風雷, 益.

익은 윗괘가 손巽이고 아랫괘는 진震이다. 손은 바람(風)이고 진은 우레(雷)이다. 그런즉 '바람과 우레가 함께 있는 것'이 익의 상이다. 바람과 우레가 함께 있으니, 바람과 우레는 서로 그 힘을 더한다. 「상」은 '익益'을 더하다(加), 돕다(助)는 뜻으로 새겼다.

君子以見善則遷

'군자'는 최고 통치자이다. '천遷'은 옮기다(徙)는 뜻이다. '견선즉천見善則遷'은 선을 보면 옮겨 따른다는 말이다.

有過則改

'유과즉개有過則改'는 과실이 있으면 고친다는 말이다. 바람과 우레가 함께 있으니, 바람과 우레는 서로 그 힘을 더한다. 군자는 이 상을 보고 이를 본받아 선행을 보면 옮겨 따르고, 과실이 있으면 고쳐서, 자신의 덕성을 날로 더해 나간다.

정이는 "바람이 세차면 우레는 빠르고, 우레가 격렬하면 바람이 심하니, 이 두 가지는 서로 더하는 것이다. 군자는 바람과 우레가 서로 더하는 상을 보고 자신에게 더하는 것을 구한다. 익의 도를 행하는데, 선을 보면 옮겨 따르고 과실이 있으면 고치는 것만한 것은 없다(風烈則雷迅, 雷激則風怒, 二物相益者也. 君子觀風雷相益之象, 而求益於己. 爲益之道, 无若見善則遷, 有過則改也)"라고 하였다. 정이의 해석이 아주 좋다. 굴만리는 "옛사람들은 바람과 우레를 두려워하였는데, 하늘의 꾸짖음으로 여겼다. 그래서 선을 보면 옮겨 따르고, 과실이 있으면 고쳤다(古人畏風雷, 以爲天譴, 故曰遷善改過)"라고 하였다. 굴만리의 해석도 좋다.

初九, 利用爲大作, 元吉, 无咎.
처음 양효는 큰일을 하면 이롭고, 크게 길하여 허물이 없다.

'용用'은 '어於'와 같다(굴만리, 고형). '위爲'는 동사이며, 작作, 주做와 같다. '대작大作'은 '대사大事'이다. 「상」은 '사事'를 가지고 효사의 '대작大作'을 해석하였다. 공영달은 "큰일을 일으키는 것(大作, 謂興作大事也)"이라고 하였다. '원元'은 크다는 뜻의 대大이다.

象曰 '元吉无咎', 下不厚事也.
'크게 길하여 허물이 없다'는 것은 큰일을 하는데 아랫사람이 게으르지 않다는 것이다.

'하下'는 처음 양효를 가리키며(효위), 아래에 처해 있는 사람의 상이다(효상). '후사厚事'에 대해 두 가지 해석이 있다.

첫째, 공영달은 '후사厚事'를 대사大事라고 하였고(厚事, 猶大事), 정이는 '중대한 일(重大之事)'이라고 하였는데, 주희는 "아랫사람은 본래 중대한 일을 맡는 것은 마땅하지 않기 때문에, 중대한 일을 맡기게 되면 허물을 막기에 부족하다(下本不當任厚事, 故不如是, 不足以塞咎也)"라고 해석하였다. 즉 "'크게 길하여 허물이 없다'는 것은 아랫사람은 큰일을 하지 않는다는 것이다"라고 해석한 것이다.

둘째, 유월兪樾은 『군경평의羣經平議』에서 "'후厚'는 뒤 후後(厚, 後也)"라고 하였다. 두 글자는 음이 같으므로 서로 가차할 수 있다. '사事'는 효사의 '대작大作'을 가리킨다. '불후사不後事'는 일의 뒤에 있지 않다는 것, 즉 일을 하는데 태만하지 않다는 뜻이다. 즉 "'크게 길하여 허물이 없다'는 것은 아랫사람이 큰일을 하는데 게으르지 않다는 것이다"라고 해석한 것이다. 유월의 해석이 좋다. 필자는 이를 따랐다.

「상」은 효사 '원길무구元吉无咎'를, 큰일을 하는데 아랫사람(처음 양효)이 게으르지 않으므로 크게 길하여 허물이 없다고 해석하였다.

六二, 或益之十朋之龜, 弗克違, 永貞吉. 王用享于帝, 吉.
둘째 음효는 어떤 사람이 10붕의 값이 있는 거북을 더해주니, 거절할 수 없어,
영원히 바르게 하면 길하다. 왕이 상제에게 제사를 올리니 길하다.

'혹或'은 어떤 사람이다. '익益'은 더한다는 뜻의 가加이다. 고형은 "주나라 때는 조개(貝)를 화폐로 사용하였는데(西周以貝爲貨幣), 10패를 '붕朋'이라 하였다(十貝曰朋)"라고 하였다. '십붕十朋'은 100패이며, 가치가 있다는 것이다. '극克'은 할 수 있다는 능能의 뜻이다. '위違'는 어기다(逆), 거절하다(拒)는 뜻이다. '정貞'은 바르다는 뜻의 정正이다. '이영정利永貞'은 영원히 바르게 하면 길하다는 것이다. '향享'은 제사를 올리는 것이다. 공영달은 "'제帝'는 하늘(帝, 天也)"이라고 하였다. '제帝'는 천제天帝, 상제上帝이며, 하느님이다.

象曰 '或益之', 自外來也.
'어떤 사람이 10붕의 값이 있는 거북을 더해준다'는 것은 밖에서 왔다는 것이다.

'외外'에 대해 네 가지 해석이 있다.

첫째, '외外'를 외부, 혹은 외지라고 해석하는 것이다. 왕필은 "'자외래'는 부르지 않았는데 스스로 온 것이다(自外來, 不召自至)"라고 하였는데, 공영달은 "'자외래'는 더해주는 사람이 외지에서 스스로 와서 부르지도 않았는데 이른 것임을 밝힌 것이다(自外來者, 明益之者, 從外自來, 不召而至也)"라고 하였다. 정이는 "둘째 음효는 중정이면서 가운데가 비었으니, 여러 사람의 도움을 얻을 수 있는 것이다……여러 사람이 외지에서

와서 도와주는 것이다(二, 中正虛中, 能得衆人之益者也.……衆人自外來益之矣)"라고 하였다.

둘째, '외外'를 효로 해석하는 것이다. 『집해』에 우번은 "건의 꼭대기 효를 '외'라고 칭하는데, 이것이 와서 익의 처음 효가 되었다(乾上稱外, 來益初也)"라고 하였다. 즉 익益(䷩)은 비否(䷋)를 근본으로 하였는데, 비의 윗괘인 건(☰)의 꼭대기 양효가 아래로 내려와 곤(☷)의 처음 효가 되었다는 말이다. 처음 양효를 가지고 둘째 음효를 해석한 것은 납득하기가 어렵다. '외外'를 종괘로 해석하면, 익의 종괘는 손(䷨)이므로, 손의 다섯째 음효가 익의 둘째 음효가 되었다고 해석할 수 있다. 그러나 종괘를 즐겨 사용한 래지덕은 오히려 "어디서 왔는지 알지 못함을 말한 것이다. 꼭대기 양효의 '자외래'와 같다(言不知所從來也. 與上九自外來同)"라고 하였다. 그가 이 구절을 종괘로 해석하지 못한 것은 이 구절과 똑같은 꼭대기 양효의 '자외래'를 종괘로 해석할 수 없었기 때문이다.

셋째, '외外'를 윗괘 다섯째 양효로 해석하는 것이다. 다섯째 양효는 윗괘(外)에 있고 둘째 음효와 음양이 응하고 있으므로 이런 해석도 가능하다. 굴만리, 유백민이 이렇게 해석하였다. '외外'를 윗괘로 보게 되면 똑같은 구절인 꼭대기 양효 「상」의 '自外來也'는 해석이 난감해진다.

넷째, 필자는 '외外'를 효위로 해석하지 않고 문장으로 해석하였다. 이것이 오히려 본뜻에 가깝다. 「상」은 효사 '혹익지或益之'를, 어떤 사람이 외지에서 와서 10붕의 값이 있는 거북을 더해준다고 해석하였다. 고형은 '익益'을 '매賣'로 읽고(益猶賣也) "어떤 사람이 밖에서 와서 그 거북을 판다(有人自外來賣其龜也)"라고 해석하였다.

六三, 益之用凶事, 无咎. 有孚中行, 告公用圭.
셋째 음효는 흉한 일을 도와주니 허물이 없다.
믿음을 지니고 길 가운데로 가서, 규圭를 가지고 공公에게 알린다.

'익益'은 돕는다는 뜻의 조助이다. '지之'는 어조사이다. 「상」은 '지之'자를 생략하고 인용하였다. '용用'은 어於와 같다. '부孚'는 믿음이라는 뜻의 신信이다. '유부有孚'는 믿음이 있다는 말이다. '중행中行'은 중도中道, 즉 길 가운데이다. '용用'은 '이以'이다. '규圭'는 '규珪'로 읽으며, 옥으로 만든 신표信標이다.

象曰 '益用凶事', 固有之也.
'흉한 일을 도와준다'는 것은 본래 있던 것이다.

'고固'는 원래, 본래부터라는 뜻이다. '고유지固有之'는 본래부터 있었다는 말이다. 「상」은 효사 '익용흉사益用凶事'를, 흉한 일을 도와주는 것은 본래 있던 것이라고 해석하였다. 즉 흉한 일을 도와주는 것은 본래부터 그러했다는 말이다.

「소상」에 '고유지야固有之也'는 ①무망无妄 九四 ②익益 六三, 2곳 기록되어 있다.

六四, 中行告公從, 利用爲依遷國.
넷째 음효는 길 가운데로 가서 공에게 알려 (공이) 따르니,
이를 좇아 나라를 옮기는 것이 이롭다.

'중행中行'은 중도中道이며, 길 가운데라는 말이다. '용用'은 '어於'와 같다. '위爲'는 동사이다. '의依'는 앞의 '종從'과 같으며, 의종依從은 따른다는 뜻이다. '천국遷國'은 천도遷都를 말하며, 제후의 나라를 옮기는 것이다. '국國'은 제후의 나라이다.

'利用爲依遷國'은 처음 양효의 '利用爲大作'과 형식이 같으며, '利於爲從之遷國'으로 읽으면 뜻이 반듯하게 된다. 혹은 '利於爲依公遷國'으로 읽어, '의依'를 의지하다는 뜻으로 새기고 "공에 의지하여 나라를 옮기는 것이 이롭다"라고 해석하여도 통한다.

象曰 '告公從', 以益志也.
'공에게 알려 (공이) 따른다'는 것은 (나라를 옮기려는) 뜻을 도와준다는 것이다.

'이以' 뒤에 '지之'자가 생략되어 있다. '이以'는 용用이며, '지之'는 공이 따르는 것(公從)을 가리킨다. '지志'는 천국지지遷國之志, 나라를 옮기는 뜻이다. 「상」은 효사 '고공종告公從'을, 공에게 알려 공이 따르는 것은 공이 나라를 옮기려는 뜻을 도와준다는 것이라고 해석하였다.

고형은 "'지志'는 당연히 '지之'로 써야 한다(志當作之)" 하고, "'공에게 알려 따른다'는 것은 천국을 도와준다는 것이다(公因而助之遷國也)"라고 해석하였다.

九五, 有孚惠心, 勿問元吉. 有孚惠我德.
다섯째 양효는 믿음을 가지고 마음을 베푸니, 묻지 않아도 크게 길하다.
믿음을 가지고 나의 덕을 베푼다.

'부孚'는 믿음이라는 뜻의 신信이다. '혜惠'는 주다(賜), 베풀다(施)는 뜻이다. '물勿'은

'불不'과 같다. '원元'은 크다는 뜻의 대大이다.

象曰 '有孚惠心', 勿問之矣. '惠我德', 大得志也.
'믿음을 가지고 마음을 베푼다'는 것은 묻지 않는다는 것이다.
'나의 덕을 베푼다'는 것은 크게 뜻을 얻는다는 것이다.

'有孚惠心', 勿問之矣.

'지之'는 '유부혜심有孚惠心'을 가리킨다. '물문지勿問之'는 묻지 않는다는 것이다. 『집해』에 최경은 "'문問'은 언言과 같다(問, 猶言也)"라고 하였는데, "말하지 않는다"라고 해석한 것이다. 「상」은 효사 '유부혜심有孚惠心'을, 믿음을 가지고 마음을 베푸니 묻지 않아도 크게 길하다고 해석하였다.

'惠我德', 大得志也.

「상」은 '혜아덕惠我德'을, 나의 덕을 베푸니 사람들이 믿고 따르므로 크게 뜻을 얻는 것이라고 해석하였다.
「소상」에 '대득지야大得志也'는 ①손損 上九 ②익益 九五 ③승升 六五 등 3곳 기록되어 있다.

上九, 莫益之, 或擊之, 立心勿恒, 凶.
꼭대기 양효는 도와주는 사람이 없는데 어떤 사람이 공격을 하니,
마음을 세워 항구하지 말라. 흉하다.

『집해』에 우번은 "'막莫'은 없다는 뜻의 무無"라고 하였다. '익益'은 돕는다는 뜻의 조助이다. 두 개의 '지之'는 형식목적어이다. '혹或'은 어떤 사람이다. '격擊'은 친다는 뜻의 공攻이다. '항恒'은 항구하다는 뜻의 구久이다.

象曰 '莫益之', 偏辭也. '或擊之', 自外來也.
'도와주는 사람이 없다'는 것은 (많은 사람이) 두루 거절한다는 것이다.
'어떤 사람이 공격을 한다'는 것은 밖에서 왔다는 것이다.

'莫益之', 偏辭也.

'편偏'은 치우치다(側)는 뜻이다. '편사偏辭'에 대해, 왕필은 '한 사람의 말(一家之言)',

정이는 '자신에 치우친 말(偏己之辭)'로 해석하였다. 『석문』에 "'편偏'은 맹희가 '변徧'으로 썼다(偏, 孟作徧)"라고 하였고, 『집해』에는 '편偏'이 '변徧'으로 되어 있다. '편偏'은 '변徧'으로 읽으며, 두루, 널리라는 뜻의 보普이다. '변徧'에 대해, 『석문』에 맹희는 "주잡周匝(云周匝也)", 『집해』에 우번은 "주잡周币"이라고 하였는데, '주잡周匝'과 '주잡周币'은 같으며, 역시 보普의 뜻이다. '사辭'는 거절하다(不應)는 뜻이다. '변사徧辭'는 두루 거절한다, 많은 사람이 거절한다는 뜻이다. '외外'는 외부, 외지라는 뜻이다. 「상」은 효사 '막익지莫益之'를, 도와주는 사람이 없다는 것은 많은 사람이 도와주는 것을 두루 거절하는 것이라고 해석하였다.

'或擊之', 自外來也.

「상」은 효사 '혹격지或擊之'를, 어떤 사람이 공격을 하니 그 공격은 외부에서 온 것이라고 해석하였다.

「계사」 하 · 5장에 "공자께서 말씀하셨다. 군자는 그 몸을 편안히 한 후에 움직이고, 그 마음을 평온하게 한 후에 말을 하며, 사귐을 정한 후에 도움을 구한다. 군자는 이 세 가지를 닦으므로 안전하다. 위태로움을 무릅쓰고 움직이면 백성들은 함께 하지 않는다. 두려움을 품고 말을 하면 백성들은 응하지 않는다. 사귐이 없이 구하면 백성들은 도와주지 않는다. 도와주는 사람이 없으면 해치는 사람이 있게 된다. 『역』에 이르기를 '도와주는 사람이 없는데 어떤 사람이 공격을 하니, 마음을 세워 항구하지 말라. 흉하다'고 하였다(子曰 君子安其身而後動, 易其心而後語, 定其交而後求, 君子脩此三者, 故全也. 危以動, 則民不與也. 懼以語, 則民不應也. 无交而求, 則民不與也. 莫之與, 則傷之者至矣. 易曰 莫益之, 或擊之, 立心勿恒, 凶)"라고 하였다. 「계사」는 '막익지莫益之'와 '혹격지或擊之'의 원인은 그 사람이 위태로움을 무릅쓰고 움직이고, 두려움을 품고 말을 하며, 사귐이 없이 도움을 구하는 것으로 해석하였으니, 「상」의 해석과는 다르다.

익 「상」에서 '사事', '내來', '지之', '지志', '지之', '지志', '사辭', '내來'는 운이다.

유백민: '事', 七志. 與下'來', 十六咍. '之', 七之. '志', 七志. '辭', 七之. 以平去通爲一韻.

스즈키: '사事', '내來', '지之', '지志', '지之', '지志', '사辭', '내來'.

43. 쾌夬

䷪ 象曰 澤上於天, 夬. 君子以施祿及下, 居德則忌.

못이 하늘 위에 있는 것이 쾌의 상이다.
군자는 이 상을 본받아 백성에게 녹을 베풀고,
덕에 안주하여 베풀지 않는 것을 꺼린다.

澤上於天, 夬.

쾌는 윗괘가 태兌이고 아랫괘는 건乾이다. 태는 못(澤)이고 건은 하늘(天)이다. 그런즉 '못이 하늘 위에 있는 것'이 쾌의 상이다. 못이 하늘 위에 있으니, 못은 터져 비가 되어 아래로 내려 만물을 윤택하게 한다. 「상」은 '쾌夬'를 터지다, 결단하다(決)는 뜻으로 새겼다.

君子以施祿及下

'군자'는 최고 통치자이다. '시施'는 베풀다(惠)는 뜻이다. '녹祿'은 봉록이며, 군자가 베푸는 은택恩澤에 비유한 말이다. '급及'은 이른다는 뜻의 지至이다. '하下'는 백성을 가리킨다. '시록급하施祿及下'는 녹을 베푸는 것이 아래(백성)에 이른다는 말이다.

居德則忌

'거居'는 '시施'의 반대 개념이며, 베풀지 않는다는 것이다. 즉 안거安居, 안주하는 것이다. '덕德'은 '시록급하施祿及下'의 덕, 은택이다. '거덕居德'은 덕을 베풀지 않고 자신의 덕에 안주한다는 말이다. '거덕居德'과 '시록施祿'은 짝이다. 『설문』 심부心部에 "'기忌'는 미워한다는 뜻이다. 심心으로 되어 있고, 기己는 성음이다(忌. 憎惡也. 从心, 己聲)"라고 하였다. '기忌'는 꺼린다는 뜻의 휘諱이다. '거덕즉기居德則忌'는 덕에 안주하여 베풀지 않는 것을 꺼린다는 말이다. 못이 하늘 위에 있으니, 못은 터져 반드시 비가 되어 아래로 내려 만물을 윤택하게 한다. 군자는 이 상을 보고 이를 본받아 백성들에게 은택을 베풀고, 덕을 베풀지 않고 이에 안주하는 것을 꺼린다.

주희는 "'거덕즉기'는 자세하게 알지 못한다(居德則忌, 未詳)"라고 하였다. 즉 분명히 몰라 해석하지 못하겠다는 것이다. 굴만리는 '즉기則忌'를 '명기明忌'로 읽고, "마땅히 꺼리는 것을 밝힌다(應明其禁忌也)", 고형은 "'거덕'은 덕에 처하는 것이고(居德, 處于德也), '기忌'는 당연히 '이異'로 읽어야 하며(忌當讀爲異), 등용하여 사용한다는 것이다(擧

而用之也)" 하고, "백성은 스스로 덕에 처할 수 있고(庶民能自處于德), 군자는 이들을 등용하여 사용한다(君子則擧而用之)", 진고응은 "덕택을 쌓아두고 혼자 차지하는 것을 가장 꺼린다(最忌屯積福澤自家占有)"라고 해석하였다.

初九, 壯于前趾, 往不勝, 爲咎.
처음 양효는 씩씩하게 앞으로 나아가나, 가도 이기지 못하여 허물이 된다.

'장壯'은 건장하다, 씩씩하다, 튼튼하다는 뜻이다. '지趾'는 발(足)이다. 『집해』에 "순상은 '지止'로 썼다(荀作止)"라고 하였는데, 두 글자는 음도 뜻도 같아 옛날에 통용되었다. '장우전지壯于前趾'는 씩씩하게 앞으로 나아간다는 말이다. '왕往'은 앞으로 나아가는 것이다.

象曰 '不勝而往', '咎'也.
'이기지 못하는데 간다'는 것은 '허물'이라는 것이다.

「상」은 효사 '왕불승往不勝'을, 이기지 못하는데 씩씩하게 앞으로 나아가는 것은 허물이라고 효사 그대로 해석하였다.

九二, 惕號, 莫夜有戎, 勿恤.
둘째 양효는 두려워하여 울부짖으니,
밤이 아닌데 적이 쳐들어 왔으나 근심하지 말라.

『집해』에 우번은 "'척惕'은 두려워한다는 뜻의 구懼"라고 하였다. '호號'는 울부짖다(咷)는 뜻이다. 『석문』에 "'막莫'은 정현이 '무無'라고 하였는데, '무야無夜'는 밤이 아닌 것이다(莫, 鄭云無也. 無夜, 非一夜)"라고 하였다. '막莫'은 불不, 비非의 뜻이다. '융戎'은 군사(兵)이며, 적이다. '휼恤'은 근심하다는 뜻의 우憂이다.

象曰 '有戎勿恤', 得中道也.
'적이 쳐들어 왔으나 근심하지 말라'는 것은 중도를 얻었기 때문이다.

'득중도야得中道也'는 '이득중야以得中也'로 하는 것이 바르다. 운을 맞추고 4글자로 만들기 위해 의도적으로 '도道'자를 삽입하였다. 「상」의 '구咎', '도道', '구咎'는 운이다.

'중도中道'는 둘째 양효가 아랫괘의 가운데 자리에 있다는 것이며(효위), 중도를 행하는 상이다(효상). '중도'는 정도이며, 뜻과 행실이 바르다는 말이다. 「상」은 효사 '유융물휼有戎勿恤'을, 밤이 아닌데 적이 쳐들어 왔으나 둘째 양효가 가운데 자리에서 중도를 얻었기 때문에 근심할 필요가 없다고 해석하였다.

「소상」에 '득중도야得中道也'는 ①고蠱 九二 ②리離 六二 ③해解 九二 ④쾌夬 九二 등 4곳 기록되어 있고, '이중도야以中道也'는 ①기제旣濟 六二 한 곳 기록되어 있다. 5곳 모두 운을 맞추기 위해 의도적으로 '도道'자를 삽입하였다.

九三, 壯于頄, 有凶. 君子夬夬, 獨行遇雨若濡, 有慍, 无咎.
셋째 양효는 얼굴에 씩씩한 기색을 띠니 흉하다.
군자가 과단성이 있어, 혼자 가다가 비를 만나 옷이 젖으니, 불쾌하나 허물은 없다.

'장壯'은 건장하다, 씩씩하다, 튼튼하다는 뜻이다. 『석문』에 "'규頄'는 구求와 귀龜의 반절이다. 광대뼈 권顴이다(頄, 求龜反. 顴也)" 하고, 또 적원은 "광대뼈(翟云面顴, 頬間骨也)"라고 하였다. 『집해』에 적원은 "얼굴(頄, 面也)"이라고 하였는데, '규頄'는 얼굴(面)이다. '장우규壯于頄'는 얼굴에 씩씩한 기색을 띤다는 것이다. '쾌夬'는 결단하다는 뜻의 결決이며, '쾌쾌夬夬'는 결이우결決而又決, 즉 과단성이 있다는 것이다. '약若'은 '이而'와 같다(왕념손). '유濡'는 젖는다는 뜻의 습濕이다. '온慍'은 불쾌하다는 뜻이다.

象曰 '君子夬夬', 終'无咎'也.
'군자가 과단성이 있다'는 것은 마침내 '허물'이 없다는 것이다.

「상」은 효사 '군자쾌쾌君子夬夬'를, 군자가 과단성이 있어, 홀로 가다가 비를 만나 옷이 젖으니, 불쾌하나 마침내 허물이 없다고 해석하였다.

九四, 臀无膚, 其行次且. 牽羊悔亡, 聞言不信.
넷째 양효는 엉덩이에 살이 없어 걷는 것이 어렵다.
양을 끌고 가면 뉘우침이 없어지니, 들은 말은 믿지 않는다.

'둔臀'은 엉덩이이다. '부膚'는 살(肉)이다. 『석문』에 "'차次'는 '자趑'로도 썼다(次, 本亦作趑)" 하고, 마융은 "뒷걸음치며 앞으로 가지 못하는 것(馬云卻行不前也)"이라고 하였다. 또 "'차且'는 '저趄'로도 썼다(且, 本亦作趄)" 하고, 마융은 "어조사(馬云語助也)", 왕숙은

"걷는 것에 방해가 되는 것(王肅云趑趄, 行止之礙也)"이라고 하였다. 『집해』에 우번도 '차차次且'를 '자저趑趄'로 읽었는데, '자저趑趄'는 걷는 것이 어려운 것(前行艱難)이다.

象曰 '其行次且', 位不當也. '聞言不信', 聰不明也.
'걷는 것이 어렵다'는 것은 자리가 합당하지 않기 때문이다.
'들은 말은 믿지 않는다'는 것은 들은 것이 분명하지 않기 때문이다.

'其行次且', 位不當也.

'위부당位不當'은 넷째 양효가 양이면서 음의 자리에 있다는 것이며(효위), 처한 자리가 합당하지 않는 상이다(효상). 「상」은 효사 '기행차차其行次且'를, 넷째 양효가 양이면서 음의 자리에 있어 처한 자리가 합당하지 않기 때문에 걷는 것이 어렵다고 해석하였다.

'聞言不信', 聰不明也.

'총聰'은 '총聽'과 같다. 공영달은 "'총聽'은 듣는다는 뜻의 청聽"이라고 하였다. 「상」은 '총聰'을 가지고 효사의 '문聞'을, '불명不明'을 가지고 '불신不信'을 해석하였다. '총불명야聰不明也'는 들은 것이 분명하지 않다는 말이다. 「상」은 효사 '문언불신聞言不信'을, 들은 말을 믿지 않는 것은 들은 것이 분명하지 않기 때문이라고 해석하였다.

「소상」에 '총불명야聰不明也'는 ① 서합噬嗑 上九 ② 쾌夬 九四, 2곳 기록되어 있다.

九五, 莧陸夬夬, 中行无咎.
다섯째 양효는 기뻐하고 화목하고 과단성이 있으니, 중도를 행하여 허물이 없다.

『석문』에 "'莧'은 한閑과 변辯의 반절(莧, 閑辯反)"이라고 하였다. 『집해』에 우번은 "'현莧'은 기뻐한다는 뜻의 열說이다. '현'은 공자가 빙그레 웃는다는 현莧으로 읽는다. '목睦'은 화목이다(莧, 說也. 莧, 讀夫子莞爾而笑之莧. 睦, 和睦也)"라고 하였다. 우번이 말한 '목睦'은 '육陸'자를 잘못 쓴 것이다. 『석문』에 "'육陸'은 촉재가 '목睦'으로 썼는데, 목睦은 친하다, 통한다는 뜻이다(陸, 蜀才作睦. 睦, 親也, 通也)"라고 하였다. 「상」은 '현莧'을 기뻐하다는 뜻의 열悅, '육陸'은 화목하다는 뜻의 목睦으로 읽었다. '열목悅睦'은 기뻐하고 화목하다는 뜻이다. '쾌夬'는 결단하다는 뜻의 결決이며, '쾌쾌夬夬'는 과단성이 있다는 말이다. '중행中行'은 중도를 행한다는 뜻이다.

象曰 '中行无咎', 中未光也.
'중도를 행하여 허물이 없다'는 것은 중도를 행하는 것이 넓지 않기 때문이다.

'중미광야中未光也'는 '중이미광야中以未光也'로 하는 것이 바르다. 4글자로 만들기 위해 의도적으로 '이以'자를 생략하였다. '중中'은 다섯째 양효가 윗괘의 가운데 자리에 있다는 것이며(효위), 중도를 행하는 상이다(효상). 「상」은 '중中'을 가지고 효사의 '중행中行'을 해석하였다. 중도를 행하는 것이 곧 기뻐하고(莧), 화목하고(睦), 과단성이 있는 것(夬夬)이다. '광光'은 넓다는 뜻의 광廣으로 읽는다. 「상」은 효사 '중행무구中行无咎'를, 중도를 행하여 허물이 없다는 것은 중도를 실행하는 것이 어려운 것이기 때문에 중도를 행하는 것이 넓지 않다고 해석하였다. 그래서 중도를 행하여 허물이 없다는 것이다. 즉 중도를 행하는 것이 넓지 않기 때문에 행하는 것이 어려운데 중도를 행하여 허물이 없다는 것이다.

上六, 无號, 終有凶.
꼭대기 음효는 울부짖는 소리가 없으니, 마침내 흉하다.

'호號'는 울부짖다(咷)는 뜻이다.

象曰 '无號'之'凶', 終不可長也.
'울부짖는 소리가 없으니 마침내 흉하다'는 것은 마침내 오래 갈 수 없다는 것이다.

'종終'은 꼭대기 음효를 가리킨다. '장長'은 오래 구久의 뜻이다. 꼭대기 음효는 한 괘의 끝에 처하여(효위), 다섯 양에 의해 결단 나는 상이므로(효상) '마침내 오래 갈 수 없다'고 한 것이다. 「상」은 효사 '무호흉无號凶'을, 울부짖는 소리가 없으니 흉한 것은 꼭대기 음효가 괘의 끝에 처하여 마침내 오래 갈 수 없기 때문이라고 해석하였다.

「소상」에 '종불가장야終不可長也'는 ① 쾌夬 上六 ② 소과小過 九四, 2곳 기록되어 있다.

쾌 「상」에서 '구咎', '도道', '구咎'와 '당當', '명明', '광光', '장長'은 운이다.
유백민: '咎', 四十四有. 與下'道', 三十二晧. 爲韻.
'當', 十一唐, 四十二宕二韻. 與下'明', 彌郎反. '光', 十一唐.
'長', 十陽, 三十六養二韻. 爲韻.
스즈키: '구咎', '도道', '구咎'와 '당當', '명明', '광光', '장長'.

44. 구姤

䷫ 象曰 天下有風, 姤. 后以施命誥四方.

하늘 아래에 바람이 있는 것이 구의 상이다.

임금은 이 상을 본받아 교명을 베풀어 사방에 알린다.

天下有風, 姤.

구는 윗괘가 건乾이고 아랫괘는 손巽이다. 건은 하늘(天)이고 손은 바람(風)이다. 그런즉 '하늘 아래에 바람이 있는 것'이 구의 상이다. 하늘 아래에 바람이 있으니, 바람은 만물에 두루 불어 바람과 만물이 서로 만나지 않는 것이 없다. 「상」은 '구姤'를 만나다(遇)는 뜻으로 새겼다.

后以施命誥四方

『집해』에 우번은 "'후后'는 뒤를 이은 임금(后, 繼體之君)"이라고 하였는데, '후后'는 임금(君)이며, 당연히 최고 통치자이다. '명命'은 후后의 명령(令)이다. '시명施命'은 교명敎命, 교령敎令, 정령政令을 내리는 것이다. '고誥'는 알린다는 뜻의 고告이다. '사방四方'은 천하이다. '고사방誥四方'은 사방에 알린다는 말이다. 하늘 아래에 바람이 있으니, 바람은 만물에 두루 불어 바람과 만물이 서로 만나지 않는 것이 없다. 임금은 이 상을 보고 이를 본받아 교명을 베풀어 사방에 알린다.

공영달은 "바람이 하늘 아래에 불고 있으니, 만나지 않는 것이 없으므로 만나는 상이다. '후이시명고사방'은 바람이 불어 풀이 눕는 것은 하늘의 위엄 있는 교령이니, 임금은 이를 본받아 교명을 베풀어 사방에 알린다(風行天下, 則无物不遇, 故爲遇象. 后以施命誥四方者, 風行草偃, 天之威令, 故人君法此, 以施敎命, 誥於四方也)"라고 하였다.

고형은 "「상전」은 또 하늘을 임금에(象傳又以天比君), 바람을 교령에 비유하여(以風比敎令), 하늘 아래에 바람이 있는 것을 임금이 위에서 백성에게 교령을 베푸는 것에 비유하였다(以天下有風比君在上施其敎令于臣民)"라고 하였다.

「대상」에 유사한 문장이 3곳 있다.

① 風行地上, 觀. 先王以省方觀民設敎.
바람이 땅 위에서 부는 것이 관의 상이다.
선왕은 이 상을 본받아 나라를 순시하여 백성을 살피며 교화를 베푼다.

② 天下有風, 姤. 后以施命誥四方.
하늘 아래에 바람이 있는 것이 구의 상이다.
임금은 이 상을 본받아 교명을 베풀어 사방에 알린다.

③ 隨風, 巽. 君子以申命行事.
바람과 바람이 서로 따라서 부는 것이 손의 상이다.
군자는 이 상을 본받아 교명을 거듭하고 정사를 행한다.

세 괘 모두 '바람(巽)'이 나왔다. 「상」은 '손巽'을 교화, 교명으로 여긴 것이다.

初六, 繫于金柅, 貞吉. 有攸往, 見凶, 羸豕孚蹢躅.
처음 음효는 금 실패에 매여 있으니, 바르게 하여 길하다.
갈 곳이 있으면 흉함을 보니, 돼지를 끈으로 묶어 당기나 멈추어 나아가지 않는다.

'니柅'에 대해 두 가지 해석이 있다. 공영달은 "'니'에 대해 여러 주장이 같지 않다. 왕숙의 무리는 모두 '실을 뽑는 기구이며 부인이 사용하는 것'이라고 하였다. 오직 마융은 '수레 아래에서 바퀴를 멈추게 하여 움직이지 않게 하는 것'이라고 하였다(柅之爲物, 衆說不同. 王肅之徒, 皆爲織績之器, 婦人所用. 惟馬云 柅者, 在車之下, 所以止輪令不動者也)"라고 하였는데, 하나는 실패라는 것이고, 또 하나는 제동기라는 것이다.

『집해』에 구가역은 '실이 실패에 매여 있다(絲繫於柅)', 래지덕은 '실을 감는 도구(收絲之具)'라고 하여 실패로 보았고, 왕필은 '제동의 중심(制動之主)', 정이와 주희는 '수레를 멈추게 하는 것(止車之物)'이라고 하여 제동기로 보았다. 두 가지 해석은 모두 통한다. 필자는 실을 감는 실패로 해석하였다.

'정貞'은 바르다는 뜻의 정正이다. 『석문』에 "'리羸'는 육적이 '루累'로 읽었다(羸, 陸讀爲累)"라고 하였는데, 끈으로 물건을 매는 것이다. 『집해』에 송충은 '큰 밧줄(大索)'이라 하고, "돼지를 매는 것(所以繫豕者也)"이라고 하였다. 고형은 "'부孚'는 당긴다는 뜻의 부捊로 읽는다. 끌어당긴다는 뜻이다(孚讀爲捊, 牽引也)"라고 하였다. '척蹢'은 머뭇거리다. '촉躅'도 머뭇거린다는 뜻이다. '척촉蹢躅'은 발을 멈춘 채 나아가지 않는 것이다.

象曰 '繫于金柅', 柔道牽也.
'금 실패에 매여 있다'는 것은 유한 것이 이끌린다는 것이다.

'니柅'에 대해, 『집해』에 우번은 둘째 양효로 보고 "둘째 양효에 이끌린다(牽於二也)"

라고 해석하였다. 왕필은 넷째 양효(柅者,……謂九四也)로 보았다. 처음 음효는 유이고, 둘째 혹은 넷째 양효는 강이다. 처음 음효는 둘째 양효의 아래에 있으니, 혹은 넷째 양효와 응하고 있으니(효위), 유한 것이 강한 것에 이끌리는 상이다(효상). '유도柔道'는 음도陰道이며(우번), 유한 것, 부드러운 것이다. '견牽'은 끈다(引)는 뜻이다. 「상」은 효사 '계우금니繫于金柅'를, 부드러운 실이 강한 금 실패에 매여 있는 것은 처음 음효의 유한 것이 둘째 혹은 넷째 양효의 강한 것에 이끌리는 것이라고 해석하였다.

九二, 包有魚, 无咎, 不利賓.
둘째 양효는 부엌에 물고기가 있으니 허물이 없으나,
손님에게 대접하면 이롭지 않다.

『석문』에 "'포包'는 또 포庖로 썼다(包, 本亦作庖)"라고 하였다. '포包'는 '포庖'로 읽는다. '포包'는 싸다(裹)는 뜻이고, '포庖'는 부엌(廚)이다. '빈賓'은 손님(客)이다. '불리빈不利賓'은 물고기를 손님에게 대접하면 이롭지 않다는 말이다.

象曰 '包有魚', 義不及'賓'也.
'부엌에 물고기가 있다'는 것은 마땅히 '손님'에게 대접하지 않는다는 것이다.

'의義'는 '의宜'로 읽는다. 「상」은 '불급빈不及賓'을 가지고 효사의 '불리빈不利賓'을 해석하였다. 「상」은 효사 '포유어包有魚'를, 부엌에 물고기가 있으나 손님에게 대접하면 이롭지 않으므로 마땅히 손님에게 대접하지 않는 것이라고 해석하였다. 즉 손님에게 대접하면 이롭지 않다는 것이다. 손님에게 대접하면 내가 먹을 것이 없기 때문이다.

九三, 臀无膚, 其行次且, 厲, 无大咎.
셋째 양효는 엉덩이에 살이 없어 걷는 것이 어려우니, 위태로우나 큰 허물은 없다.

'둔臀'은 엉덩이이다. '부膚'는 살(肉)이다. 『집해』에 우번은 '차차次且'를 '자저趑趄'로, 이정조는 '자저趑趄'로 읽었는데, 걷는 것이 어려운 것(前行艱難)이다. '여厲'는 위태롭다는 뜻의 위危이다.

象曰 '其行次且', 行未牽也.

'걷는 것이 어렵다'는 것은 끌려가는 것이 아니라는 것이다.

'행미견야行未牽也'은 '미견행야未牽行也'으로 하는 것이 바르다. 운을 맞추기 위해 의도적으로 글자를 도치하였다. 「상」의 '견牽', '빈賓', '견牽', '민民', '정正', '명命', '인吝'은 운이다. 「상」은 효사 '기행차차其行次且'를, 엉덩이에 살이 없어 걷는 것이 어려우나, 끌려가는 것이 아니므로, 위태로우나 큰 허물은 없다고 해석하였다.

九四, 包无魚, 起凶.
넷째 양효는 부엌에 물고기가 없으니, 흉함을 일으킨다.

'포包'는 부엌이라는 뜻의 포庖로 읽는다. '기起'는 일어나다는 뜻의 흥興(굴만리), 야기하다는 뜻이다.

象曰 '无魚'之'凶', 遠民也.
'부엌에 물고기가 없어 흉하다'는 것은 백성에서 멀어졌다는 것이다.

'원민遠民'은 원어민遠於民이며, 백성에서 멀어졌다는 말이다. 넷째 양효는 양효이면서 음의 자리에 있으니(효위), 자신의 자리를 잃은 상이다(효상). 자리를 잃었으니 백성에게서 멀어졌다는 것이다. 「상」은 효사를, 부엌에 물고기가 없어 흉한 것은 백성에서 멀어져 백성들이 물고기를 잡아주지 않기 때문이라고 해석하였다. 혹은 '원민遠民'을 '실민失民'으로 읽어, "민심을 잃었기 때문"이라고 해석하여도 통한다.
『집해』에 최경은 '민'을 처음 음효로 보고, "넷째 양효는 비록 처음 음효와 응하나 자신의 자리를 잃었다(雖與初應, 而失其位)"라고 하여 효위로 '원민遠民'을 해석하였다.

九五, 以杞包瓜, 含章, 有隕自天.
다섯째 양효는 냇버들로 참외를 싸니,
아름다움을 머금고 있으며, 하늘에서 내려온 것이다.

'기杞'는 냇버들이다. 『석문』에 정현은 '버드나무(鄭云柳也)', 설우는 "버들의 부드럽고 약한 나무(柳柔脆木也)", 『집해』에 우번은 "'기杞'는 냇버들이며, 나무 이름이다(杞, 杞柳, 木名也)"라고 하였다. '포包'는 싸다는 뜻의 과裹, '과瓜'는 외, 참외, 모과이다. '함含'은 품다, 머금다(銜), '장章'은 아름답다(美)는 뜻이다. '함장含章'은 속에 중정의 미덕을 품고 있다는 말이다. '운隕'은 내려오다(降), 떨어지다(落)는 뜻이다(우번).

象曰 '九五''含章', 中正也. '有隕自天', 志不舍命也.
'다섯째 양효'가 '아름다움을 품고 있다'는 것은 중정의 덕이 있기 때문이다.
'하늘에서 내려온 것이다'는 것은 (다섯째 양효의) 뜻이 천명을 어기지 않는다는 것이다.

'九五' '含章', 中正也.

'중정야中正也'는 '이중정야以中正也'로 하는 것이 바르다. 「상」을 지은 사람이 실수하여 '이以'자를 빠뜨렸을 것이다. '중정中正'은 다섯째 양효가 윗괘의 가운데와 바른 자리에 있다는 것이며(효위), 중정의 덕을 지닌 상이다(효상). 「상」은 효사 '함장含章'을, 아름다움을 품고 있다는 것은 다섯째 양효가 중정의 미덕을 품고 있는 것이라고 해석하였다.

「소상」에 '중정中正'은 모두 7곳 기록되어 있다. 7곳 가운데 44번 구姤 九五, 48번 정井 九五, 2곳은 '中正也'로 되어 있고, 나머지 5곳은 '以中正也'로 되어 있다. 5번 수需 九五 「상」을 참고하라.

'有隕自天', 志不舍命也.

'지志'는 다섯째 양효의 뜻이다. 『석문』에 "'사舍'는 음이 사捨(舍, 音捨)"라고 하였다. '사舍'는 '사捨'로 읽으며, 버리다(棄), 어기다(違)는 뜻이다. 정이는 '위違'로 읽었다(舍, 違也). '명命'은 효사의 '천天'을 두고 한 말이므로 당연히 '천명'이다. 정이는 '천리天理'라고 하였다. '사명舍命'은 천명을 어긴다는 말이다. 「상」은 효사 '유운자천有隕自天'을, 하늘에서 내려 온 것이라는 것은 다섯째 양효의 뜻이 하늘의 명을 어기지 않는 것이라고 해석하였다. 필자는 「상」이 효사를 어떻게 해석한 것인지 분명하게 이해할 수 없다.

上九, 姤其角, 吝, 无咎.
꼭대기 양효는 짐승의 뿔을 만나니, 어려우나 허물은 없다.

'구姤'는 '구遘'로 읽으며, 만난다는 뜻의 우遇이다. '인吝'은 어렵다는 뜻의 난難이다.

象曰 '姤其角', 上窮'吝'也.

'짐승의 뿔을 만난다'는 것은 위가 궁하여 '어렵다'는 것이다.

'상上'은 꼭대기 양효를 가리킨다. 꼭대기 양효는 한 괘의 꼭대기에 있어(효위) 궁한 지경에 빠져 어려움에 처해 있는 상이다(효상). 「상」은 효사 '구기각姤其角'을, 짐승의 뿔을 만난다는 것은 꼭대기 양효가 궁하여 어려움에 처하였다고 해석하였다. 「상」은 '무구无咎'에 대해서는 해석하지 않았다.

진고응은 이 구절을 '姤其角吝, 上窮也.'로 해야 한다고 하였다. "'짐승의 뿔을 만나니 어렵다'는 것은 위(꼭대기 양효)가 궁하기 때문이다"라는 말이다. 진고응의 주장이 맞을 것이다. 「상」의 '정正', '명命', '궁窮'은 운이 된다.

구 「상」에서 '견牽', '빈賓', '견牽', '민民', '정正', '명命', '인吝'은 운이다.
유백민: '牽', 一先. 與下'賓', '民', 十七眞. '正', 十四淸, 四十五勁二韻.
'命', 彌吝反. '吝', 二十一震. 以平去通爲一韻.
스즈키: '견牽', '빈賓', '견牽', '민民'과 '정正', '명命', '인吝'.

45. 췌萃

䷬ 象曰 澤上於地, 萃. 君子以除戎器, 戒不虞.
못이 땅 위에 있는 것이 췌의 상이다.
군자는 이 상을 본받아 병기를 수리하고, 의외의 환난을 경계한다.

澤上於地, 萃.

췌는 윗괘가 태兌이고 아랫괘는 곤坤이다. 태는 못(澤)이고 곤은 땅(地)이다. 그런즉 '못이 땅 위에 있는 것'이 췌의 상이다. 못이 땅 위에 있으니, 못의 물은 땅 위에 모인다. 「상」은 '췌萃'를 모이다(聚)는 뜻으로 새겼다.

君子以除戎器

'군자'는 최고 통치자이다. 『석문』에 "왕숙, 요신, 육적은 '제除'는 닦는다는 뜻의 수치脩治와 같다(王肅姚陸云除猶脩治)" 하고 "정현은 없앤다는 뜻, 촉재는 병기를 없애고 문덕을 닦는 것(鄭云除去也. 蜀才云除去戎器, 脩行文德也)"이라고 하였다. 『집해』에 우번은

"'제除'는 수리한다는 뜻이고, '융戎'은 병사라는 뜻(除, 脩. 戎, 兵也)"이라고 하였다. '융기戎器'는 '병기兵器'이다. '제융기除戎器'는 '수병기修兵器'이며, 병기를 수리하는 것이다.

戒不虞

'계戒'는 경계하다(警), '우虞'는 헤아리다(度)는 뜻이다. '불우不虞'는 '불측不測'과 같으며, 헤아릴 수 없는 일, 의외의 일이다. '계불우戒不虞'는 헤아릴 수 없는 의외의 일을 경계한다는 말이다. 고형은 "'불우不虞'는 헤아릴 수 없는 일(不虞謂不能度料之事), 즉 의외의 환난을 말한다(卽意外之患)"라고 하였다. 못이 땅 위에 있으니, 못의 물이 모여 넘쳐나 의외의 수재를 일으킨다. 군자는 이 상을 보고 이를 본받아 병기를 수리하고 무리들이 모여 발생할 수 있는 의외의 환난을 경계한다.

공영달은 "'제除'는 수리하는 것이다. 사람들이 이미 모였다면 방비가 없어서는 안 된다. 그러므로 군자는 이러한 때에 병기를 수리하여 의외의 환난을 경계한다(除者, 治也. 人旣聚會, 不可无防備. 故君子於此時, 脩治戎器, 以戒備不虞也)", 정이는 "무릇 사물이 모이면, 생각지도 않은 일이 일어난다. 그러므로 무리가 모이면 다툼이 있고, 사물이 모이면 쟁탈이 있다. 대체로 모인 것이 많기 때문이다. 그러므로 모인 상을 보고 경계하는 것이다(凡物之萃, 則有不虞度之事, 故衆聚則有爭, 物聚則有奪. 大率旣聚則多故矣, 故觀萃象而戒也)"라고 하였다.

初六, 有孚不終, 乃亂乃萃. 若號, 一握爲笑, 勿恤, 往无咎.
처음 음효는 믿음이 있으나 끝까지 가지 못하고, (뜻이) 어지러워 모인다.
만약 울부짖는다면 한 집에 있는 사람들이 웃을 것이니,
근심하지 말고 가면 허물이 없다.

'부孚'는 믿음이라는 뜻의 신信이다. '부종不終'은 믿음이 끝까지 계속되지 않는다는 뜻이다. 두 개의 '내乃'는 발어사이며 뜻이 없다. 진고응은 '우又'로 읽었다. '난亂'은 뜻이 어지럽다는 것이다. '췌萃'는 모이다는 뜻의 취聚이다. '호號'는 울부짖다(咷)는 뜻이다. 『석문』에 "'악握'은 오烏와 학學의 반절(握, 烏學反)"이라 하고, "정현은 '부삼위옥夫三爲屋'의 옥屋으로 읽었다. 촉재도 같다(鄭云握當讀爲夫三爲屋之屋. 蜀才同)"라고 하였다. 옛날 정전제井田制에 백 무畝을 '부夫'라고 하고(百畝爲夫), 3부를 '옥屋'이라고 하였다(三夫爲屋). 『백서』에도 '악握'이 '옥屋'으로 되어 있다. '휼恤'은 근심한다는 뜻의 우憂이다.

象曰 '乃亂乃萃', 其志亂也.
'어지러워 모인다'는 것은 그 뜻이 어지럽다는 것이다.

'기其'는 췌萃를 가리키고, '지志'는 모이는 뜻이다. 「상」은 효사 '내란내췌乃亂乃萃'를, 어지러워 모인다는 것은 모이는 뜻이 어지러워 모인다고 해석하였다. 효사의 해석은 일정한 것이 없으며, 「상」의 내용을 가지고 효사를 이해한다는 것은 불가능하다.

六二, 引吉, 无咎, 孚乃利用禴.
둘째 음효는 크게 길하여 허물이 없으니, 믿음으로 간소한 제사를 지내면 이롭다.

'인길引吉'은 서로 이끄니 길하다고 해석할 수도 있고, 또 '대길大吉'로 읽어, 크게 길하다고 해석할 수도 있고, 또 '인引'을 '홍弘'으로 읽어, 크게 길하다고 해석할 수도 있다. 고형은 "'인引'은 당연히 '홍弘'으로 써야 한다(引當作弘), 글자 모양이 비슷하여 잘못 썼다(形似而誤). 갑골문에 자주 '홍길弘吉'이 나오는 것이 증거이다(殷墟卜辭常云'弘吉', 可證)"라고 하였다. '홍弘'은 크다는 뜻의 대大이다. 「상」은 '대길' 혹은 '홍길'로 읽은 것 같이 보인다.

'부孚'는 믿음이라는 뜻의 신信이다. '내乃'는 접속사이다. '용用'는 '우于'로 읽는다. '약禴'은 제사 이름이다. 『석문』에 "'약禴'은 양羊과 약略의 반절(禴, 羊略反)"이라 하고. "은나라의 봄 제사 이름이다. 마융과 왕숙도 같다. 정현은 여름 제사 이름이라고 하였다(殷春祭名. 馬王肅同. 鄭云夏祭名)", 『집해』에 우번은 "여름 제사(禴, 夏祭也)"라고 하였다. 왕필은 "사철 제사에 간소한 것(四時祭之省者也)"이라 하고 또 "귀신에게 간소한 제사를 올리는 것(省薄薦於鬼神也)"이라고 하였다. 밥과 채소 등만을 사용하고 큰 희생은 사용하지 않는 간소한 제사를 가리킨다.

象曰 '引吉无咎', 中未變也.
'크게 길하여 허물이 없다'는 것은 중도를 행하는 것이 변하지 않기 때문이다.

'중미광야中未光也'는 '중이미광야中以未光也'로 하는 것이 바르다. 4글자로 만들기 위해 의도적으로 '이以'자를 생략하였다. 중中'은 둘째 음효가 아랫괘의 가운데 자리에 있다는 것이며(효위), 중도를 행하는 상이다(효상). 「상」은 효사 '인길무구引吉无咎'를, 둘째 음효가 아랫괘의 가운데 자리에 있어 중도를 행하는 것이 변하지 않기 때문에 크게 길하여 허물이 없다고 해석하였다. 진고응은 '중中'을 심중心中, 내심內心으로, '변變'을 변란變亂으로 새기고, "둘째 양효가 중정을 지켜, 마음속이 어지럽지 않기 때문이다(因爲六二持守中正, 內心不亂)"라고 해석하였다.

六三, 萃如嗟如, 无攸利. 往无咎, 小吝.
셋째 음효는 모여서 한숨을 쉬니, 이로울 것 없다.
가면 허물이 없으나 조금 어렵다.

'췌萃'는 모이다는 뜻의 취聚이다. '차嗟'는 한숨을 쉬는 것(嘆)이다. '췌여차여'는 사람이 서로 모여 탄식하는 것이다. '인吝'은 어렵다는 뜻의 난難이다.

象曰 '往无咎', 上巽也.
'가면 허물이 없다'는 것은 위에 복종하기 때문이다.

'손巽'은 복종하다(伏)는 뜻이다. '상上'에 대해 네 가지 해석이 있다.

첫째, 『집해』에 우번은 "넷째 양효를 가리킨다(動之四, 故上巽)"라고 하였다. 즉 셋째 음효는 넷째 양효의 아래에 있으니(효위), 아래가 위에 복종하는 상이라는 것이다(효상). 유백민, 진고응이 이를 따랐다.

둘째, 왕필은 꼭대기 음효로 보았다. "꼭대기 음효는 유순하여 사물을 기다리는 것(巽以待物者也)"이라고 하였는데, 공영달이 이를 따랐다. 정이, 주희, 래지덕, 진몽뢰, 굴만리 등도 꼭대기 음효를 가리킨다고 하였다. 셋째 음효는 꼭대기 음효와 서로 응하는 관계에 있기 때문이라는 것이다.

셋째, 왕부지는 '상上'을 윗괘의 두 양효를 가리킨다고 하였는데, 상병화가 이를 따랐다.

넷째, 고형은 "'상上'은 상尙으로 읽으며(上讀爲尙), 손은 복종이다(巽, 伏從也)" 하고 "'가면 허물이 없다'는 것은 임금에게 복종하는 것을 숭상하기 때문이다('往无咎', 以其重尙伏從君上也)"라고 해석하고, 임금을 넷째 양효로 보았다. 이러한 해석은 모두 통한다.

「상」은 효사 '왕무구往无咎'를, 가면 허물이 없는 것은 위에 복종하기 때문이라고 해석하였다.

九四, 大吉, 无咎.
넷째 양효는 크게 길하나 허물이 없다.

「상」은 크게 길하나 허물이 없는 것(大吉而无咎)으로 해석하였다.

象曰 '大吉无咎', 位不當也.
'크게 길하나 허물이 없다'는 것은 자리가 합당하지 않기 때문이다.

'위부당位不當'은 넷째 양효는 양이면서 음의 자리에 있다는 것이며(효위), 처한 자리가 합당하지 않는 상이다(효상). 「상」은 효사 '대길무구大吉无咎'를, 크게 길하나 허물이 없는 것은 넷째 양효의 자리가 합당하지 않기 때문이라고 해석하였다.

『집해』에 우번은 "움직여 위로 올라가 바른 자리를 얻어, 다섯째 양효를 잇고 처음 음효와 응하니, 그래서 크게 길하나 허물이 없다(動而得正, 承五應初, 故大吉而无咎矣)"라고 하였다.

九五, 萃有位, 无咎. 匪孚, 元永貞, 悔亡.
다섯째 양효는 자리에 모이니 허물이 없다.
믿음이 없으나 크고 영원히 바르게 하니 뉘우침이 없어진다.

'췌萃'는 모이다는 뜻의 취聚이다. '유有'는 어於와 같다. '비匪'는 '비非'이다. '부孚'는 믿음이라는 뜻의 신信이다. '원元'은 크다는 뜻의 대大이다. '정貞'은 바르다는 뜻의 정正이다.

象曰 '萃有位', 志未光也.
'자리에 모인다'는 것은 모이는 뜻이 밝지 않다는 것이다.

『석문』에는 '미광야未光也'로 되어 있는데, "어떤 책에는 '志未光也'로 되어 있다(一本作志未光也)"라고 하였다. '지志'는 모이는 뜻이다. '지미광志未光'은 모이는 뜻이 밝지 않다는 말이다. 「상」은 효사 '췌유위萃有位'를, 자리에 모인다는 것은 모이는 뜻이 밝지 않은 것이라고 해석하였다. 즉 덕을 보고 모이지 않고 자리를 보고 모이니, 모이는 뜻이 밝지 않다는 것이다. 혹은 '광光'을 '광廣'으로 읽어 "뜻이 넓지 않다는 것이다"라고 해석하여도 통한다. 「상」은 효사 '무구无咎'를 해석하지 않았다.

上六, 齎咨涕洟, 无咎.
꼭대기 음효는 한숨을 쉬며 눈물 콧물을 흘리나, 허물이 없다.

『석문』에 "'재자齎咨'는 탄식하는 글(齎咨, 嗟嘆之辭也)"이라 하고, 마융은 "슬퍼하고 원망하는 소리(馬云悲聲怨聲)"라고 하였다. 왕필은 "'재자齎咨'는 탄식하는 글(齎咨, 嗟嘆之辭也)"이라고 하였는데, 뒷사람들은 대개 이를 따랐다. '재자齎咨'는 '자차咨嗟'이며(정이), 한숨을 쉰다는 뜻이다. 『석문』에 정현과 『집해』에 우번은 "눈에서 나오는 것이 '체涕', 코에서 나오는 것이 '이洟'(鄭云自目曰涕, 自鼻曰洟)"라고 하였다. '체涕'는 눈물, '이洟'는 콧물을 흘리는 것이다.

고형은 "'재齎'는 가지다는 뜻의 지持이며(齎, 持也), '자咨'는 『집해』에 '자資'로 되어 있다(咨, 集解本作資). '자咨'는 자資의 가차자이며, 재물이라는 뜻이다(咨借爲資, 財也)" 하고, "귀족이 지위를 잃어(貴族失位), 재화를 지니고(携持財貨), 울면서 다른 곳으로 떠나니(哭泣而棄它方), 참으로 불길한 상이나(誠爲不吉之象), 아직 재화를 지니고 있어(然尙有財貨), 안락하게 살아갈 수 있으므로(可過安閑生活), 허물이 없다(故无咎)"라고 해석하였다.

象曰 '齎咨涕洟', 未安上也.
'한숨을 쉬며 눈물 콧물을 흘린다'는 것은 윗자리에서 편안하지 않다는 것이다.

'미안상야未安上也'는 '상미안야上未安也'로 하는 것이 바르다. 운을 맞추기 위해 의도적으로 글자를 도치하였다. 「상」의 '당當', '광光', '상上'은 운이다. '상上'은 꼭대기 음효를 가리킨다. 꼭대기 음효는 한 괘의 꼭대기에 있으니(효위), 궁한 지경에 처해 있는 상이다(효상). 「상」은 효사 '재자체이齎咨涕洟'를, 한숨을 쉬며 눈물 콧물을 흘리는 것은 꼭대기 음효가 윗자리에서 편안하지 않기 때문이라고 해석하였다. 「상」은 효사 '무구无咎'를 해석하지 않았다.

췌 「상」에서 '난亂', '변變', '손巽'과 '당當', '광光', '상上'은 운이다.

유백민: '亂', 二十九換. 與下'變', 三十三線. '巽', 二十六恩. 爲韻.
'當', 十一唐, 四十二宕二韻. 與下'光', 十一唐. '上', 三十六養, 四十一漾二韻. 以平去通爲一韻.

스즈키: '난亂', '변變', '손巽'과 '당當', '광光', '상上'.

䷭ 象曰 地中生木, 升. 君子以順德, 積小以高大.

땅 속에서 나무가 자라나오는 것이 승의 상이다.

군자는 이 상을 본받아 덕을 좇아 나아가고, 작은 것을 쌓아 큰 것을 이룬다.

地中生木, 升.

승은 윗괘가 곤坤이고 아랫괘는 손巽이다. 곤은 땅(地)이고 손은 나무(木)이다. 그런즉 '땅 속에서 나무가 자라나오는 것'이 승의 상이다. 땅 속에서 나무가 자라나오니, 점차 위로 올라간다. 「상」은 '승升'을 위로 올라가다(上)는 뜻으로 새겼다.

君子以順德

'군자'는 최고 통치자이다. '순順'은 따르다, 좇는다는 뜻이며, 차례를 따라 점차 나아간다, 순서를 좇아 점차 나아간다는 뜻이다. '덕德'은 도덕 수양이다. '순덕順德'은 덕을 좇아 나아간다는 말이다.

積小以高大

『석문』에 "'이고대以高大'는 '이성고대以成高大'로도 썼다(以高大, 本或作以成高大)"라고 하였는데, 『집해』에도 '이성고대以成高大'로 되어 있다. '고高'자는 '성成'자를 잘못 쓴 것이다. '이성대以成大'라고 해야 '적積'과 '성成', '소小'와 '대大'가 서로 짝이 된다. '이以'는 '이而'와 같다. '적소이성대積小以成大'는 작은 것을 쌓아 큰 것을 이룬다는 말이다. 땅 속에서 나무가 자라 나오니, 점차 위로 올라간다. 군자는 이 상을 보고 이를 본받아 덕을 좇아 나아가고, 작은 것을 쌓아 큰 것을 이룬다.

공영달은 "땅 속에서 나무가 나오니, 미세한 것에서 시작하여 높고 큰 것에 이르는 것이므로, 올라가는 상이다(地中生木, 始於微細, 以至高大, 故爲升象也)", 정이는 "군자는 승의 상을 보고 순응으로써 그 덕을 닦아, 미소한 것을 쌓아서 높고 큰 것에 이른다. 순응하면 나아갈 수 있고, 거스르면 물러나게 된다. 만물이 나아가는 것은 모두 순응하는 도로써 한다(君子觀升之象, 以順脩其德, 積累微小, 以至高大也. 順則可進, 逆乃退也. 萬物之進, 皆以順道也)"라고 하였다.

初六, 允升, 大吉.

처음 음효는 믿음이 있어 위로 오르니, 크게 길하다.

『설문』 인부儿部에 "'윤允'은 믿는다는 뜻의 신信"이라고 하였다. 왕필은 '당當'으로 읽고 "위로 오를 때(當升之時)"라고 해석하였다. '승升'은 위로 오른다는 뜻의 상上이다.

象曰 '允升大吉', 上合志也.
'믿음이 있어 위로 오르니, 크게 길하다'는 것은 위와 뜻을 합하기 때문이다.

'상上'에 대해, 구가역, 왕필, 공영달, 진고응은 둘째와 셋째 양효로 보았고, 정이는 둘째 양효, 래지덕은 넷째 음효, 유백민은 윗괘의 세 음효(其志固與上之三陰合也)를 가리킨다고 하였다. 고형은 '상上'을 상尙으로 읽고(上讀爲尙), "또한 뜻과 부합한다"라고 해석하였다. 이러한 해석은 모두 통한다. 필자는 정이의 해석을 따랐다.

'지志'는 서로 믿는 뜻이다. '합지合志'는 믿는 뜻을 합한다는 말이다. '상上'은 둘째 양효를 가리키며, 처음 음효는 둘째 양효와 서로 이웃하고 있으니(효위), 믿고 뜻을 합하는 상이다(효상). 「상」은 효사 '윤승대길允升大吉'을, 믿음이 있어 위로 오르니 크게 길하다는 것은 처음 음효가 둘째 양효와 믿는 뜻을 합하기 때문이라고 해석하였다.

정이는 '윤允'을 믿고 따른다는 '신종信從'으로 뜻을 새기고 "'상上'은 둘째 양효이다. 둘째 양효를 따라 위로 오르니, 둘째 양효와 뜻을 같이 하는 것이다. 강剛하고 중도中道를 행하는 현인을 믿고 따를 수 있으니, 그래서 크게 길하다(上謂九二. 從二而升, 乃與二同志也. 能信從剛中之賢, 所以大吉)"라고 하였다.

「소상」에 '상합지야上合志也'는 모두 4곳 기록되어 있다. 소축小畜 六四 「상」을 참고하라.

九二, 孚乃利用禴, 无咎.
둘째 양효는 믿음으로 간소한 제사를 올리니 이롭고, 허물이 없다.

'부孚'는 믿음이라는 뜻의 신信이다. '내乃'는 접속사이다. '용用'는 '우于'로 읽는다. '약禴'은 제사 이름이다. 밥과 채소 등만을 사용하고 큰 희생은 사용하지 않는 간소한 제사를 가리킨다.

象曰 '九二'之'孚', 有喜也.
① '둘째 양효'가 '믿음으로 간소한 제사를 올린다'는 것은 앞으로 기쁜 일이 있다

는 것이다.

② '둘째 양효'가 '믿음으로 간소한 제사를 올린다'는 것은 기쁜 일이 있기 때문이다.

「상」은 효사를, ①간소한 제사를 올린다 해도 믿음을 다 한다면, 귀신이 복을 내려 장차 기쁜 일이 있다 ②기쁜 일이 있어 믿음으로 간소한 제사를 올린다고 해석하였다. 두 가지 해석은 모두 통한다.

「소상」에 '유희야有喜也'는 ① 대축大畜 六四 ② 승升 九二, 2곳 기록되어 있다.

九三, 升虛邑.

셋째 양효는 텅 빈 고을에 오른다.

『석문』에 "'허虛'는 공空"이라고 하였다. 공영달은 "'허虛'는 공허(升空虛之邑也)"라고 하였다. '허읍虛邑'은 사람이 없는 텅 빈 고을이라는 뜻이다. 굴만리는 "지키지 않는 고을(無守備之邑也)"이라고 하였다.

象曰 '升虛邑', 无所疑也.

'텅 빈 고을에 오른다'는 것은 의심할 바가 없다는 것이다.

왕필은 "가면 반드시 고을을 얻는다(往必得邑)"라고 하였고, 공영달은 "텅 빈 고을에 가면 반드시 고을을 얻을 수 있으니, 무엇을 의심하겠는가?(往必得邑, 何所疑乎?)"라고 하였다. 「상」은 효사 '승허읍升虛邑'을, 텅 빈 고을에 오르면, 고을을 얻을 수 있는 것은 의심할 바가 없다고 해석하였다.

「소상」에서 '무소의야无所疑也'는 ①둔遯 上九 ②승升 九三 2곳, '유소의야有所疑也'는 ①소축小畜 上九 ②기제旣濟 六四 2곳 기록되어 있다.

六四, 王用亨于岐山, 吉, 无咎.

넷째 음효는 왕이 기산에 제사를 올리니, 길하여 허물이 없다.

'용用'은 동사이며, 행하다(行)는 뜻이다. 왕필 본과 『석문』에는 '형亨'으로 되어 있으나, 『집해』에는 '향享'으로 되어 있다. 『백서』에는 글자가 떨어져 나가고 없다. '형亨'은 '향享'으로 읽으며, 제사를 올린다는 뜻이다. 『석문』에 마융은 '제(祭也)', 정현은

'헌(獻也)'이라고 하였는데, 같은 뜻이다. '기산岐山'은 주나라 경내의 산 이름이다. 문왕의 할아버지 고공단보古公亶父는 기산에 정착하여 주나라의 기틀을 닦았다. 지금 섬서성陝西省 기산현岐山縣 동북쪽에 있다.

象曰 '王用亨于岐山', 順事也.
'왕이 기산에 제사를 올린다'는 것은 제사를 신중히 한다는 것이다.

『석문』에 "'순順'은 '신愼'으로도 썼다(順, 本又作愼)"라고 하였다. 고형과 굴만리는 '순順'을 신중하다는 뜻의 신愼으로 읽었다. 두 글자는 옛날에 통용되었다. 「상」은 '사事'를 가지고 효사의 '형亨'을 해석하였다. '사事'는 제사를 올리는 일이다. 진고응은 "나아가는 일(升進之事)"이라고 하였다. '순사順事'는 제사를 신중히 한다는 말이다. 「상」은 효사 '왕용형우기산王用亨于岐山'을, 왕이 신중히 기산에 제사를 올리니, 길하여 허물이 없다고 해석하였다.

六五, 貞吉, 升階.
다섯째 음효는 바르게 하여 길하니, 점차 위로 오른다.

'정貞'은 바르다는 뜻의 정正이다. '정길貞吉'은 뜻과 행실을 바르게 하여 길하다는 말이다. '계階'는 층계, 계단이다. '승계升階'는 계단을 오르는 것, 즉 점차 위로 올라간다는 말이다.

象曰 '貞吉升階', 大得志也.
'바르게 하여 길하니, 점차 위로 오른다'는 것은 크게 뜻을 얻었다는 것이다.

다섯째 음효는 음이면서 임금의 자리에 있으며, 아래로 둘째 양효와 응하고 있으니(효위), 크게 뜻을 얻은 상이다(효상). 「상」은 효사를, 바르게 하여 길하니 점차 위로 오른다는 것은 크게 뜻을 얻은 것이라고 해석하였다.
「소상」에 '대득지야大得志也'는 ①손損 上九 ②익益 九五 ③승升 六五 등 3곳 기록되어 있다.

上六, 冥升, 利于不息之貞.
꼭대기 음효는 밤에 오르니, 멈추지 않고 바르게 하여 이롭다.

『석문』에 "'명冥'은 어둡다는 뜻(冥, 闇昧之義也)"이라고 하였다. '명冥'은 밤(夜)이다. '명승冥升'은 어두운 밤에 쉬지 않고 위로 올라간다는 말이다. '식息'은 멈춘다(止)는 뜻이다. '정貞'은 바르다는 뜻의 정正이다.

象曰 '冥升'在上, 消不富也.
'밤에 오른다'는 것이 위에 있으니, 부유하지 아니한 것을 사라지게 한다는 것이다.

'상上'은 꼭대기 음효를 가리킨다. 꼭대기 음효는 한 괘의 꼭대기에 있으니(효위), 윗자리에 처하고 있는 상이다(효상). '소消'는 사라지다, 꺼지다는 뜻의 멸滅, 제거하다, 없애다는 뜻의 제除이다. '소불부야消不富也'는 부유하지 아니한 것을 사라지게 한다는 말이다. 「상」은 효사 '명승冥升'을, 사람이 윗자리에 있으면서도 밤에 멈추지 않고 위로 오르니(밤에도 쉬지 않고 부지런히 일하니), 부유하지 아니한 것을 없애고 부유해진다고 해석하였다.

승「상」에서 '지志', '희喜', '의疑', '사事', '지志', '부富'는 운이다.
유백민: '志', 七志. 與下'喜', 六止. '疑', 七之. '事', 七至. '富', 方二反. 以平上去通爲一韻.
스즈키: '지志', '희喜', '의疑', '사事', '지志', '부富'.

47. 곤困

䷮ 象曰 澤无水, 困. 君子以致命遂志.
못에 물이 없는 것이 곤의 상이다.
군자는 이 상을 본받아 생명을 버리고 뜻을 행한다.

澤无水, 困.

곤은 윗괘가 태兌이고 아랫괘는 감坎이다. 태는 못(澤)이고 감은 물(水)이다. 그런즉 물이 못 아래의 땅 속으로 스며들어 '못에 물이 없는 것'이 곤의 상이다. 못에 물이 없으니, 수초와 고기는 말라죽는다. 「상」은 '곤困'을 곤궁하다(窮), 곤란하다(困)는 뜻으로 새겼다.

왕필은 "못에 물이 없는 것은 물이 못 밑에 있다는 것이다. 물이 못 밑에 있으니 곤의 상이다(澤无水, 則水在澤下. 水在澤下, 困之象也)"라고 하였다.

君子以致命遂志

'군자'는 최고 통치자이다. 『논어』「자장子張」에 "선비는 위태로움을 보면 생명을 버린다(士見危致命)", 「헌문憲問」에 "위태로움을 보면 생명을 버린다(見危授命)"라고 하였다. 고형은 "'치명致命'은 곧 '수명授命'이며(致命猶授命), 생명을 버린다는 뜻(卽舍棄生命之意)"이라고 하였다. '수遂'는 행한다는 뜻의 행行이다. '지志'는 군자의 뜻이다. '수지遂志'는 그 뜻을 행한다는 것이다. 못에 물이 없으니, 수초와 고기는 말라죽는다. 군자는 이 상을 보고 이를 본받아 곤궁한 지경에 처하여 생명을 버리고 그 뜻을 행한다. 즉 죽을 각오로 일을 추진한다는 것이다. 유백민은 '수遂'를 이룬다는 뜻의 성成으로 새기고 "'수지遂志'는 뜻하는 바를 이루는 것(遂志, 則完成其所志也)", 진고응은 "천명에 통달하여, 원하는 것을 성취한다(通達天命, 成就志願)"라고 해석하였다.

初六, 臀困于株木, 入于幽谷, 三歲不覿.
처음 음효는 엉덩이가 나무 그루터기에 곤란을 받고,
어두운 골짜기로 들어가 삼 년을 보지 못한다.

'둔臀'은 엉덩이이다. '곤困'은 동사이며, 곤란을 받는다는 뜻이다. '주목株木'은 나무 그루터기이다. 정이는 "가지와 잎이 없는 나무(无枝葉之木也)", 고형은 "나무막대(木棍也)"라고 하였다. '유幽'는 어둡다는 뜻의 암暗이다. '유곡幽谷'은 어두운 골짜기이다. '삼세三歲'는 삼 년이다. 『석문』에 "'적覿'은 보다는 뜻의 견見"이라고 하였다.

象曰 '入于幽谷', 幽不明也.
'어두운 골짜기로 들어간다'는 것은 어두워 밝지 않다는 것이다.

'유幽'는 곧 '불명不明'이다. 「상」은 '불명不明'을 가지고 효사의 '유幽'를 해석하였다. 「상」은 효사 '입우유곡入于幽谷'을, 어두워 밝지 않은 골짜기로 들어가 삼 년을 보지 못한다고 해석하였다.

「소상」에 '유불명야幽不明也'는 ① 곤困 初六 ② 풍豐 九四, 2곳 기록되어 있다.

① '入于幽谷', 幽不明也. '어두운 골짜기로 들어간다'는 것은 어두워 밝지 않다는

것이다.

② ‘日中見斗’, 幽不明也. ‘한낮에 북두성을 본다’는 것은 어두워 밝지 않다는 것이다.

九二, 困于酒食, 朱紱方來. 利用享祀, 征凶, 无咎.
둘째 양효는 술과 음식을 너무 먹어 곤란을 받고 있는데, 주불이 왔다.
제사를 지내면 이로우나, 정벌하면 흉하다. 허물이 없다.

‘곤우주사困于酒食’는 술을 지나치게 마시고 음식을 너무 많이 먹었다는 것이다. ‘주불朱紱’에 대해, 『집해』에 이정조는 “종묘의 제사 때 입는 옷(宗廟之服)”, 고형은 “‘주朱’는 단홍색이다(朱, 丹紅色). ‘불紱’은 오늘날 ‘폐슬蔽膝’(무릎덮개)이라 칭한다(紱, 今稱蔽膝). 긴 옷의 무릎 부분에 이어서 장식한 것이다(縫在長衣之膝前以爲飾). 주나라 때 천자가 주불을 하였고(周代天子朱紱), 천자의 명으로 제후나 공경들 또한 이를 하였다(諸侯及王朝之公卿亦朱紱, 由天子命之)”라고 하였다. ‘용用’은 ‘우于’와 같다. ‘향사享祀’는 제사이다.

象曰 ‘困于酒食’, 中有慶也.
‘술과 음식을 너무 먹어 곤란을 받는다’는 것은
중도를 행하여 경사가 있다는 것이다.

‘중中’은 둘째 양효가 아랫괘의 가운데 자리에 있다는 것이며(효위), 중도를 행하는 상이다(효상). 중도는 정도이며, 뜻과 행실이 바르다는 말이다. 「상」은 효사 ‘곤우주식困于酒食’을, 술과 음식을 너무 먹어 곤란을 받는데, 천자가 하사한 주불을 받으니, 뜻과 행실을 바르게 하여 경사가 있다고 해석하였다.

六三, 困于石, 據于蒺藜, 入于其宮, 不見其妻, 凶.
셋째 음효는 돌에 곤란을 받고, 가시나무에 의지하여,
집에 들어가도 아내를 보지 못하니, 흉하다.

‘곤우석困于石’은 돌에 걸려 넘어진다는 뜻이다. ‘거據’는 의지하다는 뜻의 의依이다(굴만리). ‘질蒺’은 남가새라는 풀이름이다. ‘리蔾’는 『석문』, 『집해』, 왕필 본, 주희 본에는 ‘리蔾’, 호원, 장재, 정이, 래지덕, 왕부지 본에는 ‘려藜’로 되어 있다. 본래는 ‘리蔾’로 기록되어 있는 것을 송대의 유학자들이 ‘려藜’로 고친 것임을 알 수 있다. ‘리蔾’는 남가새라는 풀이름이며, '려藜' 또한 명아주라는 풀이름이다. 『백서』에는 '리莉'로 되어 있는데, 말리라는 늘푸른떨기나무 이름이다. '질리蒺藜'는 『석문』에 '자초茨草'라고 하였는데, 가시나무이다. 『집해』에 우번은 "나무이름(木名)"이라고 하였다. 두 개의 '기其'는 돌에 곤란을 받고 가시나무에 의지하고 있는 사람을 가리킨다. '궁宮'은 집(室)이다.

象曰 '據于蒺藜', 乘剛也. '入于其宮, 不見其妻', 不祥也.

'가시나무에 의지한다'는 것은 강을 탔기 때문이다.

'집에 들어가도 아내를 보지 못한다'는 것은 상서롭지 않다는 것이다.

'據于蒺藜', 乘剛也.

'승강乘剛'은 유가 강을 탔다는 것이며, 셋째 음효가 둘째 양효의 위에 있다는 것이다. 셋째 음효가 둘째 양효 위에 있으니(효위), 약한 것이 강한 것에 의지하고 있는 상이다(효상). 「상」은 효사 '거우질리據于蒺藜'를, 가시나무에 의지한다는 것은 셋째 음효가 둘째 양효를 탔기 때문이라고 해석하였다.

「소상」에 '승강야乘剛也'는 모두 5곳 기록되어 있다. 3번 준屯 六二 「상」을 참고하라.

'入于其宮, 不見其妻', 不祥也.

'상祥'은 상서롭다는 뜻이다. 「상」은 '불상不祥'을 가지고 효사의 '흉凶'을 해석하였다. 「상」은 효사 '입우기궁入于其宮, 불견기처不見其妻'를, 집에 들어가도 아내를 보지 못한다는 것은 상서롭지 않은 일이라고 해석하였다.

「계사」 하·5장에 "『역』에 이르기를 '돌에 걸려 넘어지고, 가시나무에 의지하여, 집에 들어가도 아내를 보지 못하니, 흉하다'라고 하였다. 공자께서 말씀하셨다. '곤경을 당할 바가 아니데 곤경을 당하고 있으니, 이름은 반드시 욕된다. 의지할 바가 아닌데 의지하고 있으니, 몸은 반드시 위태롭다. 욕될 뿐만 아니라 또 위태로워 죽을 때가 장차 이른 것이니, 아내는 어찌 볼 수 있겠는가?'(易曰 '困于石, 據于蒺藜, 入于其宮, 不見其妻, 凶.' 子曰 非所困而困焉, 名必辱, 非所據而據焉, 身必危. 旣辱且危, 死期將至, 妻其可得見邪)"라고 하였다.

九四, 來徐徐, 困于金車, 吝, 有終.

넷째 양효는 오는 것이 더딘 것은 금수레에게 곤란을 받기 때문이니,

어려우나 마침이 있다.

'서서徐徐'는 천천히 더딘 것을 말한다. 『석문』에 "'서서徐徐'는 의심하고 두려워하는 모양이다. 마융은 '편안하게 가는 모양'이라고 하였다. 자하는 '荼荼'로 썼는데, 적현도 같다. '荼'의 음은 도圖이며, '마음속으로 결정하지 않았다는 뜻'이라고 하였다. 왕숙은 '여여余余'로 썼다(徐徐, 疑懼皃. 馬云安行皃. 子夏作荼荼, 翟同. 荼陰圖. 云內不定之意. 王肅作余余)"라고 하였다. 『집해』에는 '도도荼荼'로 되어 있는데, 우번은 "느긋한 것(荼荼, 舒遲也)"이라고 하였다. '금거金車'는 『석문』에 "'금여金輿'라고도 썼다(本亦作金輿)"라고 하였는데, 황금으로 장식한 수레이며, 수레가 호화롭고 귀한 것이다. 고형은 "금수레는 이를 타고 있는 귀인을 상징한다(此金車象徵乘金車之貴人)"라고 하였다. '종終'은 좋은 결과를 말한다.

> 象曰 '來徐徐', 志在下也. 雖不當位, 有與也.
> '오는 것이 더디다'는 것은 뜻이 아래에 있기 때문이다.
> 비록 합당한 자리는 아니나, '마침이 있다'는 것이다.

'來徐徐', 志在下也.

'지志'는 넷째 양효의 뜻이다. '하下'에 대해, 왕필은 처음 음효를 가리킨다(下, 謂初也)고 하였는데, 뒷사람은 모두 이를 따랐다. 넷째 양효와 처름 음효는 음양이 서로 응한다. 고형은 넷째 양효로 보고, "넷째 양효는 다섯째 양효의 아래에 있으니(九四居九五之下), 작은 관리가 기꺼이 대관大官의 아래에 있는 것을 상징한다(象小官甘居大官之下)"라고 하였다. 즉 넷째 양효의 뜻이 다섯째 양효의 아래에 있는 것이라는 말이다. 두 가지 해석은 모두 통한다. 「상」은 효사 '내서서來徐徐'를, 넷째 양효의 뜻이 처음 음효에 있으므로 오는 것이 더디다고 해석하였다.

雖不當位, 有與也.

'부당위不當位'는 넷째 양효는 양이면서 음의 자리에 있다는 것이며(효위), 처한 자리가 합당하지 않는 상이다(효상). '여與'에 대해 세 가지 해석이 있다.

첫째, 『집해』에 최경은 '有與於援, 故有終也'(도움이 있으므로 마침이 있다)라고 하여 '여與'를 돕는다는 뜻의 원援으로 보았고, 고형은 '조助', 진고응은 '상조相助'라고 하였다. 즉 "비록 합당한 자리는 아니나, 도움이 있다"라고 해석하는 것이다.

둘째, 정이는 넷째 양효와 처음 음효는 서로 응하므로, 처음 음효와 더불어 같이 있는 것(雖居不當位而未善, 然其正應相與, 故有終也)이라고 하였다. 래지덕이 이를 따랐다. 즉 "비록 합당한 자리는 아니나, 더불어 같이 있다"라고 해석하는 것이다.

셋째, 필자의 해석이다. '유여야有與也'는 '유종야有終也'로 하는 것이 바르다. '유종有終'은 효사의 '유종有終'을 인용한 것이다. '하下'와 운을 맞추기 위해 의도적으로 '여與'자를 쓴 것이다. '하下(hu4)'와 '여與(yu3)'는 운이다. 즉 "비록 합당한 자리는 아니나, 마침이 있다"라고 해석하는 것이다. '마침이 있다'는 것은 좋은 결과가 있다는 것이다.

「상」은 넷째 양효는 양이면서 음의 자리에 있어, 비록 합당한 자리에 있는 것이 아니어서 어려우나 좋은 결과가 있다고 해석하였다.

九五, 劓刖, 困于赤紱, 乃徐有說, 利用祭祀.
다섯째 양효는 코가 잘리고 발이 잘리니, 대부에게 곤란을 받으나,
마침내 서서히 벗어나, 제사를 지내면 이롭다.

『집해』에 우번은 "코를 베는 것을 '의劓', 발을 자르는 것을 '월刖'이라고 한다(割鼻曰劓. 斷足曰刖)"라고 하였다. '의劓'는 죄인의 코를 베는 형벌이고, '월刖'은 발을 자르는 형벌이다. 『집해』에 최경은 "'적불赤紱'은 천자의 제복祭服을 꾸미는 것(赤紱, 天子祭服之飾)"이라고 하였다. 고형은 "'적불赤紱'은 붉은 색의 무릎을 덮는 것이며(赤紱, 赤色之蔽膝), 대부가 입었던 것이다(大夫所服). '적불'은 이것을 입은 대부를 상징한다(此赤紱象徵服赤紱之大夫)"라고 하였다. '내乃'는 부사이며, 결국, 마침내의 뜻이다. '서徐'는 천천히 완緩이다. '열說'은 벗어나다는 뜻의 탈脫이다. '용用'은 '우于'와 같다. 『석문』에 "'제사祭祀'는 '향사享祀'로도 썼다(祭祀, 本亦作享祀)"라고 하였다. '제사祭祀'와 '향사享祀'는 같은 뜻이다.

象曰 '劓刖', 志未得也. '乃徐有說', 以中直也.
'利用祭祀', 受福也.
'코가 잘리고 발이 잘린다'는 것은 뜻을 얻지 못하였다는 것이다.
'마침내 서서히 벗어난다'는 것은 중정의 자리를 얻었기 때문이다.
'제사를 지내면 이롭다'는 것은 복을 받기 때문이다.

'劓刖', 志未得也.

'지미득야志未得也'은 '미득지야未得志也'로 하는 것이 바르다. 운을 맞추기 위해 의

도적으로 글자를 도치하였다.「상」의 '득得', '직直', '복福'은 운이다.「상」은 효사 '의월劓刖'을, 코가 잘리고 발이 잘리는 것은 뜻을 얻지 못한 것이라고 해석하였다.

「소상」에 '지미득야志未得也'는 ①동인同人 上九 ②겸謙 上六 ③곤困 九五, 3곳 기록되어 있다.

'乃徐有說', 以中直也.

'이以'는 인因으로 읽는다. '중직中直'은 '중정中正'이다. '득得', '복福'과 운을 맞추기 위해 의도적으로 '직直'자를 썼다. '직直'과 '정正'은 뜻이 같다.「문언」에 "곧은 것은 바른 것이다(直其正也)"라고 하였다. 다섯째 양효는 윗괘의 가운데와 바른 자리에 있으며(효위), 중정의 도를 행하는 상이다(효상).「상」은 효사 '내서유열乃徐有說'을, 중정의 자리를 얻었으므로 마침내 서서히 대부에게 곤란을 받는 지경에서 벗어난다고 해석하였다.

「소상」에 '중직中直'은 2곳 기록되어 있다. 13번 동인同人 九五「상」을 참고하라.

'利用祭祀', 受福也.

「상」은 효사 '이용제사利用祭祀'를, 제사를 지내면 귀신의 보살핌을 얻어 복을 받는다고 해석하였다.

上六, 困于葛藟, 于臲卼, 曰動悔有悔, 征吉.
꼭대기 음효는 칡덩굴에 곤란을 받아, 마음이 불안하니,
움직이면 뉘우치고 또 뉘우친다. 가면 길하다.

'갈류葛藟'는 칡덩굴(葛蔓)이다. '곤우갈류困于葛藟'는 칡덩굴에 걸려 넘어진다는 말이다. '우于'는 잘못 들어간 것이거나, '이以'자를 잘못 쓴 것이 아닌가 한다. '얼臲'은 불안한 모양, '올卼'은 위태하다는 뜻의 위危이다. '얼올臲卼'은 마음이 불안한 모양이다. '왈曰'은 발어사(고형)이거나, 잘못 들어간 글자이다.「상」에는 '왈'자를 인용하지 않았다. '유有'는 우又로 읽는다.「상」은 '정征'을 '행行'으로 읽었다.

象曰 '困于葛藟', 未當也. '動悔有悔', '吉'行也.
'칡덩굴에 곤란을 받는다'는 것은 마땅하지 않다는 것이다.
'움직이면 뉘우치고 또 뉘우친다'는 것은 가면 '길하다'는 것이다.

'困于葛藟', 未當也.

'미당未當'은 마땅하지 않다는 것이다. 이것은 효위를 말한 것이 아니라 행위를 말한 것이다. 「상」은 효사 '곤우갈류困于葛藟'를, 칡덩굴에 곤란을 받는 것은 마땅하지 않은 것이라고 해석하였다.

「소상」에 '미당야未當也'는 ①곤困 上六 ②귀매歸妹 六三, 2곳 기록되어 있다.

'動悔有悔', '吉'行也.

「상」은 '행行'을 가지고 효사의 '정征'을 해석하였다. '길행吉行'은 효사의 '정길征吉'이며, 가면 길하다는 말이다. '행길行吉'이라 하지 않고 '길행吉行'이라고 한 것은 '당當'과 운을 맞추기 위해서이다. 「상」은 효사 '동회유회動悔有悔'를, 뉘우치고 또 뉘우쳐, 뒷날의 교훈으로 삼으면 가는 것은 길하다고 해석하였다. 『집해』에 우번은 "양을 타고 있으므로 움직이면 뉘우친다(乘陽, 故動悔)"라고 하였다.

곤「상」에서 '명明', '경慶', '강剛', '상祥'과 '하下', '여與'와 '득得', '직直', '복福'과 '당當', '행行'은 운이다.

유백민: '明', 彌郎反. 與下'慶', 音羌. '剛', 十一唐. '祥', 十陽. 爲韻.
'下', 音戶. 與下'與', 八語. 爲韻.
'得', 二十五德. 與下'直', 二十四職. '福', 方墨反. 爲韻.
'當', 十一唐, 二十四宕二韻. 與下'行', 戶郎反. 爲韻.

스즈키: '명明', '경慶', '강剛', '상祥'과 '하下', '여與'와 '득得', '직直', '복福'과 '당當', '행行'. (스즈키는 '祥'을 '詳'으로 고쳐 썼다)

48. 정井

䷯ 象曰 木上有水, 井. 君子以勞民勸相.

나무 위에 물이 있는 것이 정의 상이다.

군자는 이 상을 본받아 백성을 위로하고 서로 돕기를 권장한다.

木上有水, 井.

정은 아랫괘가 손巽이고 윗괘는 감坎이다. 손은 나무(木)이고 감은 물(水)이다. 그런즉 '나무 위에 물이 있는 것', 즉 나무 두레박을 우물에 넣어 물을 퍼 올리는 것이 정의 상이다. 「상」은 '정井'을 우물(井)로 뜻을 새겼다.

君子以勞民勸相

'군자'는 최고 통치자이다. '노勞'는 위로慰勞의 뜻이다. '노민勞民'은 백성을 위로한다(勞徠其民)는 뜻이다. '권勸'은 권장하다, '상相'은 『집해』에 우번이 "돕는다는 뜻의 조助"라고 하였다. '권상勸相'은 돕기를 권장한다(勸民相助)는 말이다. 나무 위에 물이 있으니, 즉 나무 두레박을 우물에 넣어 물을 퍼 올리니, 우물은 사람을 기르는 무궁한 덕을 지니고 있다. 군자는 이 상을 보고 이를 본받아 백성을 위로하고, 서로 돕기를 권장한다.

정이는 "군자는 정의 상을 보고, 정의 덕을 본받아, 백성을 위로하고, 서로 돕는 도를 권장한다. 백성을 위로한다는 것은 우물의 쓰임을 본받는 것이고, 백성을 권장하여 서로 돕게 하는 것은 우물의 베풂을 본받는 것이다(君子觀井之象, 法井之德, 以勞徠其民, 以勸勉以相助之道也. 勞徠其民, 法井之用也. 勸民使相助, 法井之施也)"라고 하였다.

初六, 井泥不食, 舊井无禽.
처음 음효는 우물에 진흙이 차여 물을 마실 수 없고,
오래된 우물에 새가 날아오지 않는다.

두 개의 '정井'자는 같은 우물이다. '니泥'는 진흙이다. 『집해』에 우번은 "'식食'은 음용한다는 뜻의 용用"이라고 하였다. '구舊'는 오래다는 뜻의 구久와 같다. '금禽'은 새를 가리킨다. 우물이 오래 되어 진흙이 차였고, 또 폐정廢井이 되어 새가 날아오지 않는다는 말이다. 왕필은 "새는 오래된 우물물을 먹지 않는다(禽所不嚮)"라고 하였다.

象曰 '井泥不食', 下也. '舊井无禽', 時舍也.
'우물에 진흙이 차여 물을 마실 수 없다'는 것은 아래에 있기 때문이다.
'오래된 우물에 새가 날아오지 않는다'는 것은 오래 되어 버렸다는 것이다.

'井泥不食', 下也.

'하下'는 '유재하柔在下'이며, 처음 음효를 가리킨다. 28번 대과 「상」 처음 음효의 '유재하柔在下'와 같다. 처음 음효는 한 괘의 가장 아래에 있으니(효위), 우물의 위치가 낮은 상이다(효상). 「상」은 효사 '정니불식井泥不食'을, 우물에 진흙이 차여 물을 마실 수 없다는 것은 처음 음효가 아래에 있기 때문이라고 해석하였다. 즉 우물이 낮은 곳에 있어 진흙이 차여 더 이상 사용할 수가 없다는 것이다.

'舊井无禽', 時舍也.

「상」은 '시時'를 가지고 효사의 '구舊'를 해석하였다. 『석문』에는 '시사時舍'가 '기사棄舍'로 되어 있는데, "'사舍'는 음이 사捨(舍, 音捨)"라고 하였다. '기棄'와 '사捨'는 뜻이 같으며, 버린다는 뜻이다. 「상」은 효사 '구정무금舊井无禽'을, 오래된 우물에 새가 날아오지 않는다는 것은 우물을 사용한 때가 이미 오래 되어 내버려두고 사용하지 않는 것이라고 해석하였다.

九二, 井谷射鮒, 甕敝漏.
둘째 양효는 우물 속의 붕어를 활로 쏘아 잡으려다,
두레박을 깨뜨리니 물이 새어 나온다.

'곡谷'은 밑이라는 뜻의 저底, 속이라는 뜻의 중中과 같다. '정곡井谷'은 우물 속이다. 『석문』에 "'사射'는 식食과 역亦의 반절이다. 서려침은 식食과 야夜의 반절이라고 하였다. 정현과 왕숙은 '역亦'으로 발음하고 싫어한다는 뜻의 염厭이라고 하였다. 순상은 '야耶'로 썼다(射, 食亦反. 注同. 徐食夜反. 鄭王肅音亦, 云厭也. 荀作耶)"라고 하였다. '射'의 발음에 대해, 육덕명은 '食(shi2)'와 '亦(yi4)'의 반절 'shi'로, 서여침은 '食(shi2)과 '夜(ye4)'의 반절 'she'로 발음하였는데, 두 사람의 발음 표기가 달랐을 뿐 두 발음은 거의 같다. 우리말로 발음하면 '석'과 '사'가 되지만, '석(shi)'과 '사(she)'는 오늘날 중국 발음이 비슷하며, 옛날에는 거의 같았을 것이다. 정현과 왕숙은 '역(yi4)'으로 발음하였는데, '역'으로 발음하면 '염厭'으로 뜻을 새겨야 한다. '射'는 '사'로 발음하는 것이 맞다. '사射'는 활을 쏘는 것이다.

『집해』에 우번은 "'부鮒'는 작은 물고기(小鮮也)", 『석문』에는 "물고기 이름(魚名也)"이라고 하였다. 『석문』에 정현은 "'옹甕'은 물을 담는 그릇(鄭作甕, 云亭水器也)"이라고 하였다. '옹甕'은 물을 긷는 두레박이다. '폐敝'는 깨다는 뜻의 파破이다. '누漏'는 물이 새다는 뜻의 설泄이다. '옹폐루甕敝漏'는 두레박을 깨뜨리니 물이 새어 나온다는 말이다.

象曰 '井谷射鮒', 无與也.
'우물 속의 붕어를 활로 쏘아 잡는다'는 것은 함께 있지 않는다는 것이다.

'무여야无與也'는 『석문』에 '무여지야无與之也'로 되어 있는데, "'즉막지여야則莫之與也'로도 되어 있다(亦本作則莫之與也)"라고 하였다. '여與'에 대해 몇 가지 해석이 있다.

첫째, '무여无與'는 '무응無應'의 뜻이다. 둘째 양효가 다섯째 양효와 응하지 않는다는 것이다. 즉 "서로 응하지 않는다는 것이다"라고 해석한 것이다. 왕필이 이렇게 해석하자 뒷사람들은 모두 이를 따랐다.

둘째, 『집해』에 최경은 "붕어를 잡아 사람에게 주지 않는다(唯得於鮒, 无與於人也)"라고 해석하였다.

셋째, 고형은 '여與'는 돕는다는 뜻의 조助로 새길 수 있고(與可訓助), 조助는 더한다는 뜻의 익益으로 새길 수 있다(助可訓益). '무여无與'는 무익無益과 같으며(无與猶无益也), "무익하다는 것이다"라고 해석하였다.

넷째, 필자는 문맥을 보고 우물 속의 붕어를 활로 쏘아 잡으려다가 두레박을 깨뜨리니, 우물과 두레박은 더불어 있지 않는다고 해석하였다. 이러한 해석은 모두 통한다. 「상」은 효사 '정곡사부井谷射鮒'를, 우물 속의 붕어를 활로 쏘아 잡으려다가 두레박을 깨뜨리니, 우물과 두레박은 함께 있지 않는다고 해석하였다.

九三, 井渫不食, 爲我心惻. 可用汲, 王明並受其福.
셋째 양효는 우물을 쳐도 먹지 않으니, 내 마음이 슬프다.
물을 길을 수 있으나, 왕이 현명해야 모두 그 복을 받는다.

『석문』에 "'설渫'은 식息과 열列의 반절이다. 수리한다는 뜻의 치治이다(渫, 息列反. 徐又食列反. 黃云治也)"라고 하였다. '설渫'은 우물을 쳐 물을 깨끗하게 하는 것이다. 『집해』에는 '설渫'이 '설泄'로 되어 있는데, 순상은 없앤다는 뜻의 '거去'로 읽고 "더럽고 흐린 것을 없애고, 청결하다는 뜻(泄去穢濁, 淸潔之意也)"이라고 하였다.

왕필은 "'위爲'는 하여금 사使와 같다(爲, 猶使也)"라고 하였다. '위아심측爲我心惻'은 '사아심측使我心惻'으로 읽는다. 『석문』에 "'측惻'은 아프다는 뜻의 통痛(惻, 說文云痛也)", 『설문』 심부心部에 "아프다는 뜻의 통痛", 『집해』에 간보는 "슬퍼하는 것(惻, 傷悼也)"이라고 하였다. '측惻'은 슬프다는 뜻의 비悲이다. '용用'은 '이以'와 같다. '가용可用'은 '가이可以'이다. '급汲'은 물을 긷는다는 뜻이다. '명明'은 영명英明, 현명賢明의 뜻이다. '병並'은 함께 구俱이다.

象曰 '井渫不食', 行'惻'也. 求'王明', '受福'也.
'우물을 쳐도 먹지 않는다'는 것은 '슬프다'는 것이다.

'왕의 현명함'을 구하여야 '복을 받는다'는 것이다.

'井渫不食', 行'惻'也.

「상」은 '행行'을 가지고 효사의 '위爲'를 해석하였다. '행측行惻'은 효사의 '위측爲惻'이다. '측惻'은 슬퍼하다는 뜻이다. '행측行惻'은 '사인상심使人傷心'의 뜻이다. 「상」은 효사 '정설불식井渫不食'을, 우물을 쳐도 먹지 않으니 내 마음이 슬프다고 해석하였다.

求'王明', '受福'也.

「상」은 효사 '왕명병수기복王明並受其福'을, 왕의 현명함을 구하여야 백성이 복을 받는다고 하였다. 「상」은 효사를 그대로 인용하여 해석하면서 '병수복야並受福也' 4글자로 하지 않은 것은 '時舍也', '无與也', '行惻也', '受福也', '脩井也', '中正也', '大成也' 모두 3글자로 맞추었기 때문이다.

六四, 井甃, 无咎.
넷째 음효는 우물의 벽을 쌓으니, 허물이 없다.

『석문』에 "'추甃'는 측側과 구舊의 반절이다. 『자하전』에는 '수리하는 것'이라 하고, 어떤 책에는 '우물에 벽돌을 쌓는 것은 추라 한다'라고 하고, 『자림』에는 '우물 벽'이라고 하였다(甃, 側舊反. 子夏傳云脩治也. 本云以甎壘井曰甃. 字林云井壁也)"라고 하였다. '추甃'는 돌이나 벽돌로 우물 벽을 쌓는 것이다.

象曰 '井甃无咎', 脩井也.
'우물의 벽을 쌓으니, 허물이 없다'는 것은 우물을 수리한다는 것이다.

'수脩'는 '수修'와 같다. 『집해』에 우번은 "'수脩'는 고친다는 뜻의 치治"라고 하였다. 「상」은 효사 '정추무구井甃无咎'를, 우물의 벽을 쌓아 수리를 하니 허물이 없다고 해석하였다.

九五, 井洌, 寒泉食.
다섯째 양효는 우물이 맑고 차가운 샘물은 마신다.

『설문』 수부水部에는 "'열洌'은 물이 맑은 것(洌, 水清也)", 『석문』에는 "깨끗하다는 뜻의 결(音列, 潔也)", 『집해』에 최경은 "청결한 것(洌, 淸潔也)"이라고 하였다. '열洌'은 맑다는 뜻의 청淸이다. 옛사람들은 우물(井)은 샘물(泉)이 아래에서 나오는 것이라고 여겼다.

象曰 '寒泉之食', 中正也.
'차가운 샘물은 마신다'는 것은 중정의 덕이 있기 때문이다.

'중정야中正也'는 '이중정야以中正也'로 하는 것이 바르다. 3글자로 맞추기 위해 의도적으로 '이以'자를 생략하였다. '중정中正'은 다섯째 양효가 윗괘의 가운데 자리와 바른 자리에 있다는 것이며(효위), 중정의 덕을 지니고 있는 상이다(효상). 「상」은 효사를, 다섯째 양효가 중정의 덕을 지니고 있으므로 우물이 맑고 차가운 샘물은 마신다고 해석하였다.

「소상」에 '중정中正'은 모두 7곳 기록되어 있다. 7곳 가운데 44번 구姤 九五, 48번 정井 九五, 2곳은 '中正也'로 되어 있고, 나머지 5곳은 '以中正也'로 되어 있다. 5번 수需 九五 「상」을 참고하라.

上六, 井收勿幕, 有孚, 元吉.
꼭대기 음효는 우물물을 다 길어 두레박과 줄을 거두고 덮개를 덮지 않으니 (다른 사람이 물을 긷는 데 편하게 하므로), 믿음이 있어, 크게 길하다.

'수收'는 물을 다 긷고 두레박과 줄을 거두는 것이다. 『석문』에 마융은 "물을 긷는 것(馬云汲也)"이라고 하였다. 『집해』에 우번은 "'수收'는 도르래로 두레박줄을 거두는 것을 말한다(收謂以轆轤收繘也)"라고 하였다. '물勿'은 '불不'과 같다. 우번은 "'막幕'은 덮개(幕, 蓋也)"라고 하였다. 왕필은 "'막幕'은 덮는다는 뜻의 복覆과 같다(幕, 猶覆也)"라고 하였는데 『석문』에도 "덮는 것(覆也)"이라고 하였다. '부孚'는 믿음이라는 뜻의 신信이다. '원元'은 크다는 뜻의 대大이다.

象曰 '元吉'在'上', 大成也.
'크게 길하다'는 것이 위에 있으니, 크게 이루었다는 것이다.

'원길재상元吉在上'은 '상육원길上六元吉'과 같다. '상上'은 꼭대기 음효를 가리킨다. 꼭대기 음효는 한 괘의 꼭대기에 있으니(효위), 우물이 사람을 기르는 공을 크게 이룬

상이다(효상). 「상」은 '대大'를 가지고 효사의 '원元'을, '성成'을 가지고 '길吉'을 해석하였다. '대성大成'은 우물이 사람을 기르는 공을 크게 이루었다는 말이다. 「상」은 효사 '원길元吉'을, 꼭대기 음효는 정의 꼭대기 자리에 있으니, 우물이 사람을 기르는 공을 이미 크게 이루었으므로 크게 길하다고 해석하였다. 정이는 "크게 길한 것이 괘의 꼭대기에 있으니, 우물의 도가 크게 이루어진 것이다. 우물은 꼭대기로써 공을 이룬다(以大善之吉, 在卦之上, 井道之大成也. 井以上爲成功)"라고 하였다.

정 「상」에서 '하下', '사舍', '여與'와 '측惻', '복福'과 '정井', '정正', '성成'은 운이다.

유백민: '下', 音戶. 與下'舍', 古音暑. '與', 八語. 爲韻.
'井', 四十靜. 與下'正', 十四淸, 四十五勁二韻. '成', 十四淸. 爲韻.
(유백민은 '측惻', '복福'이 운인 것을 말하지 않았다.)

스즈키: '하下', '사舍', '여與'와 '측惻', '복福'과 '정井', '정正', '성成'.

49. 혁革

䷰ 象曰 澤中有火, 革. 君子以治厤明時.
못 속에 불이 있는 것이 혁의 상이다.
군자는 이 상을 본받아 역법을 바로잡아 절기를 밝힌다.

澤中有火, 革.

혁은 윗괘가 태兌이고 아랫괘는 리離이다. 태는 못(澤)이고 리는 불(火)이다. 그런즉 '못 속에 불이 있는 것'이 혁의 상이다. 못 속에 불이 있으니, 물과 불은 서로 없애어 변혁이 일어난다. 「상」은 '혁革'을 변혁의 뜻과 처음 양효에서 '가죽'의 뜻, 둘째 음효와 셋째 양효, 꼭대기 음효에서는 바꾸다(改)는 뜻으로 새겼다.

君子以治厤明時

'군자'는 최고 통치자이다. 공영달은 '치治'를 바로잡는다는 뜻의 수치脩治로 읽었다. '역厤'은 '역曆'의 옛글자이며, 역법이다. 왕필 본에는 '厤', 『집해』에는 '歷'으로 되어 있다. '치력治厤'은 역법을 바로잡는다는 뜻이다.

'시時'에 대해, 『집해』에 우번은 「단」을 따라 '사시四時'로, 공영달은 '천시天時'로, 고형은 '시령時令'(절기)으로 읽었다. 모두 통한다. 그러나 '시時' 앞에 '역厤'을 말하였으므로 절기로 보는 것이 타당하다. '치력명시治厤明時'는 역법을 바로잡아 절기를 밝힌다는 말이다. 못 속에 불이 있으니, 물과 불은 서로 없애어 변혁이 일어난다. 군자는 이 상을 보고 이를 본받아 역법을 바로잡아 절기를 명확히 한다. 즉 변혁의 때를 알고 절기에 적응하여 백성을 이끌어 나간다는 말이다.

정이는 「단」을 따라 '시時'를 '사시四時'로 보았다. "군자는 변혁의 상을 보고, 일월성신이 옮기는 것을 미루어서 역수를 바로잡고, 사시의 순서를 밝힌다. 무릇 변역의 도는 일이 지극히 크고, 원리가 지극히 밝으며, 조화가 지극히 드러나는 것은 사시만 한 것이 없다. 사시를 살펴 변혁에 순응하면 천지와 더불어 그 순서를 합하는 것이다(君子觀變革之象, 推日月星辰之遷易, 而以治厤數, 明四時之序也. 夫變易之道, 事之至大, 理之至明, 跡之至著, 莫如四時. 觀四時而順變革, 則與天地合其序矣)"라고 하였다. 주희와 래지덕이 이를 따랐다.

初九, 鞏用黃牛之革.
처음 양효는 황소의 가죽으로 만든 끈을 사용하여 묶는다.

『석문』과 『집해』에 간보는 "'공鞏'은 견고하다는 뜻의 고固"라고 하였다. '공鞏'은 묶는다는 뜻의 속束이며, 가죽으로 물건을 묶는 것(以皮束物)이다. '용用'은 '이以'와 같다. '황우黃牛'는 황소이다. '혁革'은 짐승의 가죽에 털을 제거한 것이다. '황우지혁黃牛之革'은 황소의 가죽을 사용하여 만든 끈이다.

象曰 '鞏用黃牛', 不可以有爲也.
'황소의 가죽으로 만든 끈을 사용하여 묶는다'는 것은 움직일 수 없다는 것이다.

'위爲'는 어떤 행위이며, 움직인다는 뜻의 동動과 같다. 「상」은 효사를, 황소의 가죽으로 만든 끈을 사용하여 단단히 묶었으므로 묶인 사람은 움직일 수 없다고 해석하였다.

六二, 巳日乃革之, 征吉, 无咎.
둘째 음효는 개혁을 이룬 날에 바꾸니, 정벌하면 길하여 허물이 없다.

「단」에 '巳日乃孚, 革而信之'라고 하였다. "개혁을 이룬 날에 믿음을 가진다는 것은 개혁하여 백성이 믿는다는 것이다"는 말이다. 「단」은 '혁革'을 가지고 괘사의 '사일巳日'을, '이而'를 가지고 '내乃'를, '신信'을 가지고 '부孚'를 해석하였다. '사일巳日'은 개혁을 이룬 날이다. '내乃'는 접속사 이而이다. '혁革'은 바꾼다는 뜻의 개改이다. '혁지革之'는 정벌하는 날을 바꾸는 것을 말한다.

象曰 '巳日革之', 行有嘉也.
'개혁을 이룬 날에 바꾼다'는 것은 가면 경사스러운 일이 있다는 것이다.

'가嘉'는 경사스러운 일이다. 「상」은 '행行'을 가지고 효사의 '정征'을, '가嘉'를 가지고 '길吉'을 해석하였다. 즉 '행유가行有嘉'는 효사의 '정길征吉'을 해석한 것이며, 정벌하면 경사스런 일이 있다는 말이다. 「상」은 효사 '사일혁지巳日革之'를, 개혁을 이룬 날에 정벌하는 날을 바꾸니, 정벌하면 경사스러운 일이 있다고 해석하였다.

九三, 征凶, 貞厲. 革言三就有孚.
셋째 양효는 정벌하면 흉하니, 바르게 해도 위태롭다.
(정벌하려는) 말을 바꾸니 세 번 나아가면 믿음이 있다.

'정貞'은 바르다는 뜻의 정正이다. '여厲'는 위태롭다는 뜻의 위危이다. '혁언革言'은 정벌하려는 말을 바꾸는 것이다. '취就'는 나아가다는 뜻의 즉卽이며, 정벌하러 나아가는 것이다. '부孚'는 믿음이라는 뜻의 신信이다.

象曰 '革言三就', 又何之矣.
'(정벌하려는) 말을 바꾸니 세 번 나아가면 믿음이 있다'는 것은
또 어디로 가겠는가 하는 것이다.

'혁언삼취革言三就'는 '혁언삼취유부革言三就有孚'를 줄인 말이다. '지之'는 가다는 뜻의 왕往이다. '하지의何之矣'는 어디로 가겠는가, 어찌하겠는가라는 말이다. 「상」은 효사 '혁언삼취革言三就'를, 정벌하려는 말을 바꾸니 세 번 나아가면 믿음이 있다는 것은 정벌하려는 말을 바꾸니, 사람들이 믿지 않으므로 세 번 나아가면 사람들이 믿지 않고 또 어찌하겠는가라고 해석하였다.

九四, 悔亡. 有孚改命, 吉.

넷째 양효는 뉘우침이 없어진다. 믿음을 가지고 명을 바꾸니, 길하다.

'회悔'는 뉘우치다(恨)는 뜻이다. '부孚'는 믿음이라는 뜻의 신信이다. '개명改命'은 명령을 바꾼다는 뜻이다.

象曰 '改命'之'吉', 信志也.
'명을 바꾸니 길하다'는 것은 뜻을 믿는다는 것이다.

'지志'는 명을 바꾸는 뜻이다. 「상」은 '신信'을 가지고 효사의 '부孚'를 해석하였다. 「상」은 효사 '개명길改命吉'을, 명을 바꾸니 길하다는 것은 명을 바꾸는 뜻을 믿어 길하다고 해석하였다.
「소상」에 '신지야信志也'는 ① 혁革 九四 ② 태兌 九二, 2곳 기록되어 있다.

九五, 大人虎變, 未占有孚.
다섯째 양효는 대인이 호랑이처럼 변하니, 점을 치지 않아도 믿음이 있다.

'대인大人'은 도덕 수양이 훌륭한 사람이다. '점占'은 시초점이다. '부孚'는 믿음이라는 뜻의 신信이다.

象曰 '大人虎變', 其文炳也.
'대인이 호랑이처럼 변한다'는 것은 그 풍채가 빛난다는 것이다.

「상」은 '기其'를 가지고 효사의 '대인大人'을, '문文'을 가지고 '호虎'를, '병炳'을 가지고 '변變'을 해석하였다. '문文'은 문채文采이며, 아름다운 모양, 외관, 즉 풍채를 가리킨다. '병炳'은 빛나다, 선명하다는 뜻의 광光이다. '기문병야其文炳也'는 대인의 풍채가 빛난다는 말이다. 「상」은 효사 '대인호변大人虎變'을, 대인이 호랑이처럼 변한다는 것은 대인의 풍채가 호랑이처럼 빛나는 것이라고 해석하였다.
'기문병야其文炳也'는 '기병문야其炳文也'로 하면 아래의 '군君'과 운이 맞게 된다.

上六, 君子豹變, 小人革面. 征凶, 居貞吉.
꼭대기 음효는 군자는 표범처럼 변하고, 소인은 얼굴을 바꾼다.
정벌하면 흉하나, 바름에 거하면 길하다.

'군자'는 도덕 수양이 훌륭한 사람이고, '소인'은 그렇지 못한 사람이다. '표豹'는 표범이다. '혁革'은 바꾼다는 뜻의 개改이다. '면面'은 얼굴이다. '정貞'은 바르다는 뜻의 정正이다.

象曰 '君子豹變', 其文蔚也. '小人革面', 順以從君也.
'군자는 표범처럼 변한다'는 것은 그 풍채가 아름답다는 것이다.
'소인은 얼굴을 바꾼다'는 것은 순응하여 군자를 따른다는 것이다.

'君子豹變', 其文蔚也.

「상」은 '기其'를 가지고 효사의 '군자'를, '문文'을 가지고 '표豹'를, '위蔚'를 가지고 '변變'을 해석하였다. '문文'은 문채文采이며, 아름다운 모양, 외관, 즉 풍채를 가리킨다. 『석문』에 "'위蔚'는 『광아』에 '무성하다는 뜻의 무茂', 『설문』에 '문채가 아름답다는 뜻의 비斐'로 썼다(蔚, 廣雅云茂也, 數也. 說文作斐)"라고 하였다. 『설문』 문부文部에 "'비斐'는 문채를 분별하는 것이다. 문文으로 되어 있고, 비非는 성음이다. 『역』에 '군자표변, 기문비야'라고 하였다(斐, 分別文也. 从文, 非聲. 易曰君子豹變, 其文斐也)"라고 하여, '울蔚'이 '비斐'로 되어 있다. 「상」은 효사 '군자표변君子豹變'을, 군자가 표범처럼 변한다는 것은 군자의 풍채가 표범처럼 아름다운 것이라고 해석하였다.

'기문위야其文蔚也'는 '기위문야其蔚文也'로 하면 앞의 '문文'과 이곳의 '문文'과 뒤의 '군君'은 운이 맞게 된다. '병炳', '위蔚', '군君'은 운이 맞지 않는다.

'小人革面', 順以從君也.

'이以'는 '이而'이다. '군君'은 군자이다. 「상」은 효사 '소인혁면小人革面'을, 소인은 얼굴을 바꾼다는 것은 순응하여 군자를 따르는 것이라고 해석하였다.

혁 「상」에서 '위爲', '가嘉', '지之', '지志'는 운이다.

유백민: '爲', 古音譌. 與下'嘉', 九麻. '之', 七之. '志', 七志.
九麻古多與七之通. 以平去通爲一韻.
『睿川易義合編』: "惟'炳', '蔚', '君'三字不叶. 意者當自爲句, 或曰其炳文也, 其蔚文也, 文與君字相韻."

스즈키: '위爲', '가嘉', '지之', '지志'와 '병炳', '위蔚', '군君'.

☲ 象曰 木上有火, 鼎. 君子以正位凝命.
나무 위에 불이 있는 것이 정의 상이다.
군자는 이 상을 본받아 자리를 바르게 하여 사명을 완수한다.

木上有火, 鼎.

정은 아랫괘가 손巽이고 윗괘는 리離이다. 손은 나무(木)이고 리는 불(火)이다. 그런즉 '나무 위에 불이 있는 것'이 정의 상이다. 나무 위에 불이 있으니, 밥을 짓는 솥의 상이다. 「상」은 '정鼎'을 솥으로 뜻을 새겼다.

君子以正位凝命

'군자'는 최고 통치자이다. '정위正位'는 자신의 자리를 바르게 한다는 말이다. 『석문』에 정현과 『집해』에 우번은 "'응凝'은 이룬다는 뜻의 성成"이라고 하였다. '명命'은 자신에게 주어진 사명이다. '응명凝命'은 '성명成命'이며, 사명을 완수한다는 말이다. 나무 위에 불이 있으니, 밥을 짓는 솥의 상이다. 솥은 반듯하게 자신의 자리에서 그 임무를 완수한다. 군자는 이 상을 보고 이를 본받아 반듯하게 자신의 자리에 처하여 자신의 사명을 완수한다. 솥의 사명은 음식을 완성하는 것이고, 군자의 사명은 백성을 잘 통치하는 것이다.

정이는 "정은 상을 본뜬 그릇이다. 그 모양은 단정하고 그 몸은 안정되고 무게가 있다. 솥의 단정한 상을 취하면 그 자리를 바르게 하는 것이니, 있는 자리를 바르게 하는 것을 말한다. 군자는 처한 곳을 반드시 바르게 하니, 그 자리가 조금이라도 바르지 않다면 앉지 않으며, 어느 쪽으로 기울거나 기대어서는 안 된다. 솥의 안정되고 무게가 있는 상을 취하면 명령을 모으는 것이니, 그 명령을 안정되고 무게가 있게 하는 것이다(鼎者法象之器, 其形端正, 其體安重. 取其端正之象, 則以正其位, 謂正其所居之位. 君子所處必正, 其小至於席不正不坐, 毋跛毋倚. 取其安重之象, 則凝其命令, 安重其命令也)"라고 하였다.

初六, 鼎顚趾, 利出否. 得妾以其子, 无咎.
처음 음효는 솥의 발을 뒤집어 나쁜 것을 제거하니 이롭다.
시녀와 그 자식을 얻으니, 허물이 없다.

『석문』에 "'전顚'은 뒤집는다는 뜻의 도倒"라고 하였다. 『집해』에 우번은 "'지趾'는 발(足)"이라고 하였다. '출出'은 배척하여 내치는 것(黜)이다. 『석문』에 "'비否'는 비悲와 이已의 반절이며, 나쁘다는 뜻의 악惡이다(否, 悲已反, 惡也)"라고 하였다. 왕필은 "좋지 않은 물건(否, 謂不善之物)"이라고 하였다. '첩妾'은 시녀, 계집종이다. '이以'는 접속사 여與와 같다(고형, 굴만리).

象曰 '鼎顚趾', 未悖也. '利出否', 以從貴也.
'솥의 발을 뒤집는다'는 것은 어긋난 것이 아니라는 것이다.
'나쁜 것을 제거하니 이롭다'는 것은 귀인을 따르기 때문이다.

'鼎顚趾', 未悖也.

『석문』에 "'패悖'는 필必과 내內의 반절이다. 거스르다, 어긋나다는 뜻의 역逆이다(悖, 必內反, 逆也)"라고 하였다. '미패未悖'는 도리에 어긋난 것이 아니라는 말이다. 「상」은 효사 '정전지鼎顚趾'를, 솥의 발을 뒤집는 것은 솥 속의 더러운 것을 깨끗이 제거한다는 것이니 도리에 어긋난 것이 아니라고 해석하였다.

'利出否', 以從貴也.

'이以'는 인因으로 읽는다. '귀貴'는 양효이며, 귀인이다. 이에 대해 세 가지 해석이 있다.

첫째, 왕필은 '새 것을 받아들이는 것(納新)'이라고 하였는데, 공영달은 이를 따라 '새로운 것(新貴也)'이라고 하였다.

둘째, 정이는 효위로 해석하여 넷째 양효를 가리킨다고 하였다. 처음 음효는 넷째 양효와 음양이 서로 응한다. 주희가 이를 따랐다.

셋째, 고형은 둘째 양효를 가리킨다고 하였다. 처음 음효는 둘째 양효 아래에 있으니(효위), 낮은 사람이 귀인에게 복종하는 상이다(효상). 세 가지 해석은 모두 통한다.

「상」은 효사 '이출비利出否'를, 나쁜 것(간악한 사람)을 제거하니 이롭다는 것은 처음 음효가 넷째 양효 혹은 둘째 양효라는 귀인을 따르기 때문이라고 해석하였다.

「소상」에 '이종귀야以從貴也'는 ①건蹇 上六 ②정鼎 初六, 2곳 기록되어 있다. 건蹇 上六의 '귀貴'는 九五를 가리킨다.

九二, 鼎有實, 我仇有疾, 不我能卽, 吉.

둘째 양효는 솥 속에 먹을 것이 있는데,

아내가 병이 들어 나에게 올 수 없으니, 길하다.

'실實'은 음식물을 가리킨다. 『석문』에 "'구仇'는 짝이라는 뜻의 필匹"이라고 하였다. '아구유질我仇有疾'은 '아처유병我妻有病'과 같다. '즉卽'은 나아간다는 뜻의 취就이다. 고형은 "'불아능즉不我能卽'은 '불능즉아不能卽我'의 도치문이며, 나에게 올 수 없다는 말이다(謂不能至我家也)"라고 하였다.

象曰 '鼎有實', 愼所之也. '我仇有疾', 終无尤也.
'솥 속에 먹을 것이 있다'는 것은 가는 것을 삼간다는 것이다.
'아내가 병이 들었다'는 것은 끝내 허물이 없다는 것이다.

'鼎有實', 愼所之也.

'신愼'은 삼가다(謹), '지之'는 가다(往)는 뜻이다. '신소지愼所之'는 가는 것을 삼간다는 말이다. 「상」은 효사 '정유실鼎有實'을, 솥 속에 먹을 것을 놓아두고 다른 곳으로 가는 것을 삼간다고 해석하였다.

'我仇有疾', 終无尤也.

「상」은 '종무우終无尤'를 가지고 효사의 '길吉'을 해석하였다. '우尤'는 허물이라는 뜻의 과過이다. '종무우終无尤'는 끝내 허물이 없다는 말이다. 「상」은 효사 '아구유질我仇有疾'을, 아내가 병이 들어 나에게 올 수 없으니, 음식을 혼자 먹을 수 있어 끝내 허물이 없다고 해석하였다.

「소상」에 '종무우야終无尤也'는 ①비賁 六四 ②박剝 六五 ③건蹇 六二 ④정鼎 九二 ⑤여旅 六二 등 5곳 기록되어 있고, '중무우야中无尤也'는 대축大畜 九二 한 곳 기록되어 있다.

九三, 鼎耳革, 其行塞, 雉膏不食, 方雨虧悔, 終吉.
셋째 양효는 솥의 귀가 떨어져 나가 옮기지 못하여, 꿩고기를 먹지 못했는데,
마침 비가 내려 꿩고기의 맛이 헐었으니 뉘우치나, 마침내 길하다.

'혁革'은 제거하다, 떨어져 나가다는 뜻의 거去이다. '정이혁鼎耳革'은 솥의 귀가 떨어져 나갔다는 것이다. '기其'는 솥을 가리킨다. '행行'은 솥을 옮기는 것이다. '색塞'은 멈추다(止)는 뜻이다. '치雉'는 꿩, '고膏'는 고기(肉)이다. 『석문』에 정현은 "맛있는 것

(鄭云雉膏, 食之美也)"이라고 하였다. '방方'은 바야흐로, 방금(今), '휴虧'는 헌다는 뜻의 훼毁이다.

象曰 '鼎耳革', 失其義也.
'솥의 귀가 떨어져 나갔다'는 것은 솥이 마땅함을 잃었다는 것이다.

'기其'는 솥을 가리킨다. '의義'는 마땅하다는 뜻의 의宜로 읽는다. '실기의야失其義也'는 솥이 마땅함을 잃었다는 말이다. 「상」은 효사 '정이혁鼎耳革'을, 솥의 귀가 떨어져 나갔다는 것은 솥을 옮기지 못하니 솥으로서의 마땅함을 잃었다고 해석하였다. 『집해』에 우번은 "솥은 귀를 들고 옮기는 것인데, 귀가 떨어져 나가 옮기지 못하므로, 그 마땅함을 잃은 것이다(鼎以耳行, 耳革行塞, 故失其義也)"라고 하였다.

九四, 鼎折足, 覆公餗, 其形渥, 凶.
넷째 양효는 솥의 다리가 부러져 공公의 음식을 엎질러, 그 몸이 젖으니 흉하다.

'절折'은 부러지다(斷), 『석문』에 "'복覆'은 방芳과 목目의 반절(覆, 芳目反)"이라고 하였다. '복覆'은 엎지르다(倒)는 뜻이다. '공公'은 어느 제후를 가리킨다. 『석문』에 "'속餗'은 송送과 녹鹿의 반절이다. 마융은 '죽', 정현은 '나물'(餗, 送鹿反. 馬云鍵也. 鄭云菜也)"이라고 하였다. '속餗'은 솥 안에 든 음식물이다. '기其'는 처음 음효의 시녀(妾)를 가리키며, 솥으로 음식을 한 사람이다. '형形'은 몸(體)이며, 솥으로 음식을 한 사람의 몸을 가리킨다. 『집해』에는 '형形'이 '형刑'으로 되어 있다. 『석문』에 "'악渥'은 어於와 각角의 반절이다. 젖는다는 뜻의 점沾이다(渥, 於角反, 沾也)"라고 하였다.

象曰 '覆公餗', 信如何也.
'공의 음식을 엎질렀다'는 것은 참으로 어찌하겠는가 하는 것이다.

'신信'은 참으로라는 뜻의 실實, 진眞, 성誠이다. 「상」은 효사 '복공속覆公餗'을, 공의 음식을 엎질러 온몸이 젖으니 이 일을 참으로 어찌하면 좋겠는가? 흉하다고 해석하였다. 즉 어찌할 수 없다는 말이다.

「계사」 하·5장에 "공자께서 말씀하셨다. 덕은 부족하면서 자리는 높고, 지혜는 작으면서 도모하는 것은 크며, 역량은 보잘것없으면서 임무가 무거우면, 화가 미치지 않음이 드물다. 『역』에 이르기를 '솥의 다리가 부러져 공公의 음식을 엎질러, 형벌을 받으니 흉하다'라고 한 것은 임무를 감당해 낼 수 없음을 말한 것이다(子曰 德薄而位尊, 知小而謀大, 力小而任重, 鮮不及矣, 易曰 鼎折足, 覆公餗, 其形渥, 凶. 言不勝其任也)"라고 하였다. 「계사」는 솥이 임무를 감당하지 못해 다리가 부러져 공의 음식을 엎질러 형벌을 받으니 흉하다, 즉 능력이 부족하면서 큰 임무를 맡아 감당해 낼 수 없는 것으로 해석하였는데, 「상」의 해석과 다르다.

『집해』에는 '형악形渥'이 '형악刑渥'으로 되어 있다. 우번은 "'악渥'은 큰 형벌(大刑)"이라고 하였는데, 『석문』에 "정현은 형벌을 가하다는 뜻의 '옥剭'으로 썼다(鄭作剭)"라고 하였다. 「계사」는 이와 같이 해석한 것이다.

六五, 鼎黃耳金鉉, 利貞.
다섯째 음효는 솥에 황색귀와 금 고리를 걸었으니, 바르게 하여 이롭다.

'황이黃耳'는 솥의 귀가 황색이라는 것이다. 『석문』에 마융은 "'현鉉'은 솥을 들어 올리는 것(馬云鉉, 扛鼎而擧之也)"이라고 하였다. '현鉉'은 솥을 들어 올리는 고리이다. '정貞'은 바르다는 뜻의 정正이다.

象曰 '鼎黃耳', 中以爲實也.
'솥에 황색 귀와 금 고리를 걸었다'는 것은 중도를 행하여 부유해졌다는 것이다.

'중이위실中以爲實'은 '이중위실以中爲實'이다. '중中'은 다섯째 음효가 윗괘의 가운데 자리에 있다는 것이며(효위), 중도를 행하는 상이다(효상). 중도는 정도이며, 뜻과 행실이 바르다는 말이다. 『집해』에 육적은 '득중승양得中承陽'이라고 하여, '실實'을 양으로 해석하였다. 『설문』 면부宀部에 "'실實'은 부유하다는 뜻의 부富(實, 富也)"라고 하였다. 「상」은 효사 '정황이鼎黃耳'를, 솥에 황색 귀와 금 고리를 걸었다는 것은 솥의 주인이 뜻과 행실을 바르게 하여 부유해진 것이라고 해석하였다.

上九, 鼎玉鉉, 大吉, 无不利.
꼭대기 양효는 솥에 옥고리를 걸었으니, 크게 길하여 이롭지 않음이 없다.

'옥현玉鉉'은 옥으로 고리를 한 것이다. 옥고리는 금 고리보다 더욱 호화롭고 진귀한 물건이다. 당시 '옥玉'은 최고의 보물이었다.

> 象曰 '玉鉉'在上, 剛柔節也.
> '옥고리를 걸었다'는 것이 위에 있으니, 강과 유가 절도가 있다는 것이다.

'옥현재상玉鉉在上'은 '상구옥현上九玉鉉'으로 읽는 것이 자연스럽다. "꼭대기 양효의 옥고리를 걸었다는 것은"이라는 말이다. '강유절剛柔節'에 대해 세 가지 해석이 있다.

첫째, 꼭대기 양효는 양이면서(剛) 음의 자리(柔)에 있다는 것이다. 왕필은 "몸은 강인데 유의 자리에 있다(體剛履柔)"라고 하였는데, 뒷사람들은 모두 '이양거음以陽居陰'이라고 하여 이를 따랐다.

둘째, 『집해』에 송충은 "비록 자신의 자리는 아니나, 음양이 서로 이어서 강과 유가 절도가 있다(雖非其位, 陰陽相承, 剛柔之節也)"라고 하였다. 즉 '강剛'은 꼭대기 양효를, '유柔'는 다섯째 음효로 보고, 꼭대기 양효는 비록 음의 자리에 있으나, 다섯째 음효와 음양이 서로 이었으므로 강과 유가 절도가 있다고 해석하였다. 고형, 굴만리가 이를 따랐다.

셋째, 필자의 해석이다. '상上'은 꼭대기 양효를 가리킨다. 꼭대기 양효는 한 괘의 꼭대기에 있으며(효위), 솥의 윗부분의 상이다(효상). '강剛'은 솥을, '유柔'는 옥고리를 가리킨다. '절節'은 절도가 있다는 것, 즉 조화를 이룬다는 뜻이다. 「상」은 효사를, 솥의 꼭대기에 옥고리를 걸었으니, 솥(剛)과 옥고리(柔)가 조화(節)를 잘 이루어 크게 길하여 이롭지 않음이 없다고 해석하였다. 세 가지 해석은 모두 통한다.

정 「상」에서 '패悖', '귀貴'와 '지之', '우尤'와 '의義', '하何'와 '실實', '절節'은 운이다.

유백민: '悖', 十八隊. 與下'貴', 八味. 爲韻.
'之', 七之. 與下'尤', 羽其反, 音怡. 爲韻.
'義', 古音魚賀反. 與下'何', 七歌. 爲韻.
'實', 五質. 與下'節', 十六屑. 爲韻.

스즈키: '패悖', '귀貴'와 '지之', '우尤'와 '의義', '하何'와 '실實', '절節'.

51. 진震

> ䷲ 象曰 洊雷, 震. 君子以恐懼脩省.
> 우레가 겹쳐 있는 것이 진의 상이다.

군자는 이 상을 본받아 두려워하여 몸을 닦고 허물을 살핀다.

洊雷, 震.

공영달은 "'천洊'은 겹친다는 뜻의 중重이다. 거듭하는 것이다(洊者, 重也. 因仍也)"라고 하였다. 진은 두 개의 진震이 서로 겹쳐 있으며, 진은 우레(雷)이다. 그런즉 '우레가 겹쳐 있는 것'이 진의 상이다. 우레가 겹쳐 있으니, 우레가 연이어 일어난다. 「상」은 '진震'을 우레(雷)라는 뜻으로 새겼다.

君子以恐懼脩省

'군자'는 최고 통치자이다. '공恐'은 두려워한다는 뜻의 구懼이다. '공恐'과 '구懼'는 뜻이 같다. '수脩'는 '수修'로 읽는다. '성省'은 살피다는 뜻의 찰察이다. '수성修省'은 공영달이 '수신성찰기과修身省察己過'라고 하였는데, '수신성과修身省過'이며, 자신의 몸을 닦고 허물을 살핀다는 뜻이다. 우레가 겹쳐 있으니, 우레가 연이어 일어난다. 군자는 이 상을 보고 이를 본받아 두려워하여 몸을 닦고 허물을 살핀다.

정이는 "군자는 우레가 겹쳐 위엄 있는 상을 보고, 두려워하여 스스로 닦고 살핀다. 군자는 하늘의 위엄을 두려워하면, 그 몸을 닦아 바르게 하고, 그 허물을 살피며, 잘못이 있으면 고친다. 우레뿐만 아니라 놀라고 두려워하는 일을 만나면 모두 당연히 이와 같이 해야 한다(君子觀洊雷威震之象, 以恐懼自修飭循省也. 君子畏天之威, 則修正其身, 思省其過, 咎而改之. 不唯雷震, 凡遇驚懼之事, 皆當如是)"라고 하였다. 정이의 해석이 아주 좋다. 유백민은 "두려워하는 것은 마음에서, 몸을 닦고 허물을 살피는 것은 일에서 나타난다(恐懼作於心, 修省見於事)"라고 하였다.

初九, 震來虩虩, 後笑言啞啞, 吉.
처음 양효는 우레가 울려 두려워하다가, 웃음소리를 내니, 길하다.

'진震'은 우레이다. 『석문』에 "'혁虩'은 허許와 역逆의 반절이다. 마융은 '두려워하는 모양'이라고 하였는데 정현도 같다. 순상은 '색색愬愬'으로 썼다(虩, 許逆反. 馬云恐懼皃. 鄭同. 荀作愬愬)"라고 하였다. '혁혁虩虩'은 두려워하는 모양이다. '색색'도 같은 뜻이다(恐懼貌). '후後'자는 잘못 들어간 글자이다. 「상」에는 '후後'자가 없다. 효사는 괘사의 앞부분을 그대로 인용하였는데, 괘사에도 '후後'자가 없다. 이 글자가 없어야 4글자 짝이 맞다. 『석문』에 "'언言'은 어語로도 썼다(言, 亦作語)" 하고, 마융은 "'아아啞啞'는 웃음소리(啞啞, 馬云笑聲)"라고 하였다.

象曰 '震來虩虩', 恐致福也. '笑言啞啞', 後有則也.
'우레가 울려 두려워한다'는 것은 두려워하는 것이 복을 가져온다는 것이다.
'웃음소리를 낸다'는 것은 두려워한 뒤에 법도가 있다는 것이다.

'震來虩虩', 恐致福也.

「상」과 「단」의 해석은 같다. '공恐'은 두려워하다는 뜻의 구懼이다. 「상」은 '공恐'을 가지고 효사의 '혁虩'을 해석하였다. '치致'는 도치導致이며, 어떤 사태를 야기하다, 가져오다, 불러오다(招)는 뜻이다. '공치복야恐致福也'는 우레가 울려 두려워하는 것이 복을 가져온다는 말이다. 「상」은 효사 '진래혁혁震來虩虩'을, 우레가 울려 두려워하는 것이 결과적으로 복을 가져온다고 해석하였다.

'笑言啞啞', 後有則也.

'후유칙야後有則也'는 '후유상야後有常也'로 하는 것이 바르다. 운을 맞추기 위해 의도적으로 '칙則'자로 바꿔 썼다. 「상」의 '복福'과 '칙則'은 운이다. '후後'는 두려워한 뒤를 가리킨다. '칙則'은 법도이며, 일상의 법도를 가리킨다. '후유칙後有則'은 우레가 울려 두려워한 뒤에 일상의 법도, 즉 정상을 되찾는다는 말이다. 「상」은 효사 '소언아아笑言啞啞'를, 우레가 울려 두려워한 뒤에 웃음소리를 내니 일상의 법도를 되찾은 것이라고 해석하였다. 즉 일상으로 되돌아왔다는 것이다.

六二, 震來厲, 億喪貝, 躋于九陵, 勿逐, 七日得.
둘째 음효는 우레가 울려 위태로워, 재화를 크게 잃고,
높은 언덕에 올랐는데, 찾지 않아도 칠 일이면 얻는다.

『집해』에 우번은 "'여厲'는 위태롭다는 뜻의 위危"라고 하였다. 또 우번은 '억億'은 "안타까워하는 말(惜辭)", 간보는 "감탄하는 말(歎辭)"이라고 하였다. 『석문』에는 "'억億'은 '희噫'로도 썼다. 두 글자는 같다. 어於와 기其의 반절이다. 어조사이다(億, 本又作噫. 同. 於其反. 辭也)"라고 하였는데, '억億'을 어조사로 본 것이다. 고형은 발어사로 보았다. 「상」은 다섯째 음효에서 '억億'을 '대大'로 해석하였다. 간보는 "'패貝'는 보화(貝, 寶貨)", 공영달은 "화폐(貝, 資貨)"라고 하였다. 옛날에는 조개(貝)를 화폐로 사용하였다. '억상패億喪貝'는 재화를 크게 잃었다는 말이다. 『석문』에 "'제躋'는 오른다는 뜻의 승升"이라고 하였다. 『설문』 족부足部에 '등登'이라고 하였다. '우于'는 『집해』에 '어於'로 되어 있다. '능陵'은 고개라는 뜻의 영嶺이다. '구릉九陵'은 정이가 "언덕이 높은 것(陵之高

也)", 고형은 "아홉 번 겹친 고개이며(九重之嶺), 고개가 높음을 형용한 것(形容其高)"이라고 하였다. '축逐'은 쫓는다는 뜻의 추追이며, 여기에서는 찾는다는 뜻의 심尋이다.

象曰 '震來厲', 乘剛也.
'우레가 울려 위태롭다'는 것은 강을 탔기 때문이다.

'승강乘剛'은 유가 강을 탔다는 말이다. '강剛'은 처음 양효를 가리키며, 둘째 음효가 처음 양효 위에 있다는 것이다. 둘째 음효는 처음 양효 위에 있으니(효위), 우레가 울려 위태로워 크게 재화를 잃은 상이다(효상). 「상」은 효사 '진래려震來厲'를, 우레가 울려 위태로워 크게 재화를 잃은 것은 둘째 음효가 처음 양효를 탔기 때문이라고 해석하였다.

「소상」에 '승강야乘剛也'는 모두 5곳 기록되어 있다. 3번 준屯 六二 「상」을 참고하라.

六三, 震蘇蘇, 震行, 无眚.
셋째 음효는 우레가 울려 무서워 불안하나, 우레 속을 걸어가도 재앙이 없다.

『석문』에 "'소소蘇蘇'는 정현이 '불안한 것'이라 하였다(蘇蘇, 鄭云不安也)" 하고, 왕필은 '구소소야懼蘇蘇也'라고 하여 '구懼'의 뜻으로 새겼다. '소소蘇蘇'는 무서워서 불안한 모양이다. '행行'은 우레가 울리는데 걸어가는 것이다. 다섯째 음효 「상」의 '위행危行'과 같다. '생眚'은 재앙이라는 뜻의 재災이다.

象曰 '震蘇蘇', 位不當也.
'우레가 울려 무서워 불안하다'는 것은 자리가 합당하지 않기 때문이다.

'위부당位不當'은 셋째 음효가 음이면서 양의 자리에 있다는 것이며(효위), 처한 자리가 합당하지 않는 상이다(효상). 「상」은 효사 '진소소震蘇蘇'를, 우레가 울려 무서워 불안한 것은 셋째 음효의 자리가 합당하지 않기 때문이라고 해석하였다.

「소상」에 '위부당位不當'은 모두 16곳 기록되어 있다. 10번 이履 六三 「상」을 참고하라.

九四, 震遂泥.

넷째 양효는 우레가 일어나 진흙 위에 떨어졌다.

『석문』에 "순상 본은 '수遂'를 '대隊'로 썼다(荀本遂作隊)"라고 하였는데, 고형은 "'수遂'는 '대隊'의 가차자이며(遂借爲隊), '대隊'는 옛 추墜자이다(隊卽古墜字)"라고 하였다. '수遂'는 추墜로 읽으며, 떨어지다는 뜻의 낙落이다. '니泥'는 진흙(泥土)이다.

象曰 '震遂泥', 未光也.
'우레가 일어나 진흙 위에 떨어졌다'는 것은 넓지 않다는 것이다.

'광光'은 넓다는 뜻의 광廣으로 읽는다. '미광未廣'은 우레가 떨어진 것이 그리 넓지 않다는 말이다. 「상」은 효사를, 우레가 일어나 떨어진 것이 다만 진흙 위일 뿐, 그 범위가 그리 넓지 않다고 해석하였다.

「소상」에 '미광야未光也'는 모두 3곳 기록되어 있다. 21번 서합噬嗑 九四 「상」을 참고하라.

六五, 震往來厲, 意无喪有事.
다섯째 음효는 우레가 갔다 왔다 하여 위태로우나, 일에는 크게 잃는 것이 없다.

'여厲'는 위태롭다는 뜻의 위危이다. '의意'는 왕필 본에는 '의意', 『집해』에는 '억億', 『백서』에는 '의意'로 되어 있다. '의意'는 둘째 음효의 '억億'으로 읽어야 한다. 「상」은 '대大'를 가지고 효사의 '억億'을 해석하였다. 『석문』에 "10만을 억이라 한다(十萬曰億)"라고 하였는데, 이것이 많다, 크다는 뜻으로 사용된 것이다. 「상」은 '억무상億无喪'을 '대무상大无喪'으로 해석하였다. '유有'는 '우于'와 같다. '사事'는 일 고故이다. 『집해』에 우번은 "제사를 지내는 일(事, 謂祭祀之事)"이라고 하였다.

象曰 '震往來厲', 危行也. 其事在中, 大'无喪'也.
'우레가 갔다 왔다 하여 위태롭다'는 것은 위태로움 속에 행한다는 것이다.
그 일은 중도를 얻은 데에 있으므로 크게 '잃는 것이 없다'는 것이다.

'震往來厲', 危行也.

「상」은 '위危'를 가지고 효사의 '여厲'를 해석하였다. '위행危行'은 우레가 일어나 위태로움 속에 행한다는 것이다. 「상」은 효사 '진왕래려震往來厲'를, 우레가 왔다 갔다 하여 위태롭다는 것은 위태로움 속에 행하는 것이라고 해석하였다.

其事在中, 大'无喪'也.

'기사재중其事在中, 대무상야大无喪也'는 당연히 '대무상大无喪, 기사재중야其事在中也'라고 하는 것이 바르다. 운을 맞추기 위해 의도적으로 구절을 도치하였다. 「상」의 '강剛', '당當', '광光', '행行', '상喪'은 운이다. '기사其事'는 위행危行, 즉 위태로움 속에 행하는 일을 가리킨다. '중中'은 다섯째 음효가 윗괘의 가운데 자리에 있다는 것이며(효위), 중도를 얻은 상이다(효상). 「상」은 '대大'를 가지고 효사의 '억億'을 해석하였다. 「상」은 효사 '억무상億无喪'을, 위태로움 속에 행하는 그 일은 다섯째 음효가 가운데 자리에 있으므로 크게 잃는 것이 없다고 해석하였다. 즉 중도를 얻었기 때문에 위태로움 속에 행하여도 크게 잃을 것이 없다는 것이다.

上六, 震索索, 視矍矍, 征凶. 震不于其躬于其鄰, 无咎. 婚媾有言.
꼭대기 음효는 우레 소리에 놀라 떨며, 두려워하여 둘러보니, 가면 흉하다.
우레는 그 몸에 미치지 아니하고 이웃에 미치니, 허물이 없다.
혼인을 하면 말이 있다.

『석문』에 "'삭索'은 상桑과 낙洛의 반절이다. 두려워하다는 뜻의 구懼이다(愬, 桑洛反. 懼也)"라고 하고, 마융은 "마음이 불안한 모양(馬云內不安皃)"이라고 하였다. '삭삭索索'은 무서워 벌벌 떠는 모양이다. '진삭삭震索索'은 우레 소리에 놀라 부들부들 떠는 것을 말한다. 『석문』에 "'확矍'은 서려침이 '허許와 박縛의 반절'이라고 하였다. 마융은 '마음이 얻지 못한 모양', 정현은 '눈이 바르지 않는 것'(矍, 徐許縛反. 馬云中未得之皃. 鄭云目不正)"이라고 하였다. '확矍'은 놀라 돌아보는 것이다. '확확矍矍'은 두려워하며 사방을 둘러보는 모습이다. '정征'은 벌伐의 뜻이 아니라 행行의 뜻이다. '정흉征凶'은 길을 걸어가면 위험하다는 말이다. '궁躬'은 신身이며, 자신을 가리킨다. '혼婚'은 '혼婚'과 같다. '혼구婚媾'는 '혼인婚姻'이다. '언言'은 말이 있다는 뜻이며, 과실이 있다는 말이다.

象曰 '震索索', 中未得也. 雖'凶' '无咎', 畏鄰戒也.
'우레 소리에 놀라 떤다'는 것은 중도를 얻지 못했기 때문이다.
비록 '흉하나' '허물이 없다'는 것은 이웃의 재난을 두려워하여 경계하기 때문이다.

'震索索', 中未得也.

공영달은 "'중미득야'는 '미득중야'와 같다(中未得也者, 猶言未得中也)"라고 하였다. '중미득야中未得也'는 '미득중야未得中也'로 하는 것이 바르다. 운을 맞추기 위해 의도적으로 글자를 도치하였다. 「상」의 '득得'과 '계戒'는 운이다. 두 글자가 운이 아니라면 구태여 글자를 도치할 이유가 없다. 스즈키는 '득得'과 '계戒'를 운으로 보았고, 유백민은 운으로 말하지 않았다. '중미득야中未得也'는 꼭대기 음효가 가운데 자리를 얻지 못하였다는 것이며(효위), 중도를 얻지 못한 상이다(효상). 「상」은 효사 '진삭삭震索索'을, 꼭대기 음효가 가운데 자리를 얻지 못하여, 중도를 행하지 못하기 때문에 우레 소리에 놀라 떨고, 가면 흉하다고 해석하였다.

雖'凶' '无咎', 畏鄰戒也.

'외畏'는 두려워하다(懼), '인鄰'은 이웃이다. '외린畏鄰'은 우레가 이웃에 미쳐, 이웃이 당한 재난을 두려워한다는 것이다. 「상」은 효사 '흉凶' '무구无咎'를, 우레가 그 몸에 미치지 아니하고 이웃에 미치니, 이웃의 재난을 두려워하여 경계하기 때문에 비록 흉하나 허물이 없다고 해석하였다.

진 「상」에서 '복福', '칙則'과 '강剛', '당當', '광光', '행行', '상喪'과 '득得', '계戒'는 운이다.

유백민: '福', 方墨反(叶音逼). 與下'則', 二十五德. 爲韻.
'剛', 十一唐. 與下'當', 十一唐, 四十二宕二韻. '光', 十一唐. '行', 戶郎反.
'喪', 十一唐, 四十二宕二韻. 爲韻.
(유백민은 '得', '戒'는 운으로 말하지 않았다)

스즈키: '복福', '칙則'과 '강剛', '당當', '광光', '행行', '상喪'과 '득得', '계戒'.

52. 간艮

䷳ 象曰 兼山, 艮. 君子以思不出其位.

산이 겹쳐 있는 것이 간의 상이다.
군자는 이 상을 본받아 생각하는 것이 그 본분을 벗어나지 아니한다.

兼山, 艮.

『설문』 화부禾部에 "'겸兼'은 함께 하는 것(兼, 幷也)"이라고 하였다. '겸삼兼山'은 두 개의 산이 겹쳐 있는 것이다. 간은 두 개의 간艮이 서로 겹쳐 있으며, 간은 산山이다. 그런즉 '산이 겹쳐 있는 것'이 간의 상이다. 두 개의 산이 겹쳐 있으니, 산은 자신의 자리를 벗어나지 아니한다. 「상」은 '간艮'을 산(山)과 멈추다(止)는 뜻으로 새겼다.

君子以思不出其位

'군자'는 최고 통치자이다. '사思'는 자신의 일에 대해 생각하는 것이다. '출出'은 벗어나는 것(脫)이다. '기其'는 군자 자신을, '위位'는 지위, 신분, 본분을 가리킨다. '사불출기위思不出其位'는 자신의 본분에서 벗어나지 아니한다는 말이며, 「단」의 '지기소止其所'이다. 두 개의 산이 겹쳐 있으니, 산은 자신의 자리를 벗어나지 아니한다. 군자는 이 상을 보고 이를 본받아 생각하는 것이 그 본분을 벗어나지 아니한다. 이 구절은 『논어』 「헌문憲問」에 나오는 말이다.

> 曾子曰 "君子思不出其位."
> 증자께서 말씀하셨다. "군자는 생각하는 것이 자신의 본분에서 벗어나지 아니한다."

정이는 "군자는 간의 멈춤의 상을 보고, 멈추는 곳에서 생각하는 것이 편안하여 그 본분을 벗어나지 아니한다. '위位'는 처한 곳의 본분이다. 만사는 각각 그 처한 곳이 있고, 그 처한 곳을 얻으면 멈추어 편안하다. 만약 당연히 가야 할 때 멈추고, 빨라야 할 때 느리며, 혹은 지나치고 혹은 미치지 못하는 것은 모두 그 본분을 벗어난 것이다. 하물며 본분을 벗어난다면 본분에 의거한 것이 아닌 것이다(君子觀艮止之象, 而思安所止, 不出其位也. 位者, 所處之分也. 萬事各有其所, 得其所則止而安. 若當行而止, 當速而久, 或過或不及, 皆出其位也, 況踰分非據乎)"라고 하였다.

> 初六, 艮其趾, 无咎. 利永貞.
> 처음 음효는 발을 멈추니 허물이 없다. 영원히 바르게 하면 이롭다.

'간艮'은 멈춘다는 뜻의 지止이다. '지趾'는 발(足)이다. 『석문』에 "순상은 '지止'로 썼다(荀作止)"라고 하였는데, 두 글자는 음과 뜻이 같아 옛날에 통용되었다. '정貞'은 바르다는 뜻의 정正이다. '영정永貞'은 영원히 바르게 한다는 뜻이다.

象曰 '艮其趾', 未失正也.
'발을 멈춘다'는 것은 바름을 잃지 않는다는 것이다.

'간기지艮其趾'는 발을 멈추어 움직이지 않는다는 뜻이다. 「상」은 '정正'을 가지고 효사의 '정貞'을 해석하였다. 처음 음효는 간의 가장 아래에 있으니(효위), 발의 상이다(효상). 처음 음효는 멈춰야 할 때 가장 아래에서 움직이지 않고 있으니, 바름을 잃지 않은 것이다. 「상」은 효사 '간기지艮其趾'를, 발을 멈추어 움직이지 않으니, 바름을 잃지 않는 것이라고 해석하였다. 그래서 허물이 없다는 것이다.

六二, 艮其腓, 不拯其隨, 其心不快.
둘째 음효는 장딴지를 멈추고, 추종을 계속하지 않으니, 그 마음이 불쾌하다.

'간艮'은 멈춘다는 뜻의 지止이다. 『석문』에 "'비腓'는 부符와 비非의 반절(腓, 符非反)"이라고 하였다. '비腓'는 장딴지(足肚)이다. '간기비艮其腓'는 장딴지를 멈추고 움직이지 않는 것이다. 『석문』에는 '부증不拯'이 '불승不承'으로 되어 있는데, "'승承'은 음이 구조한다는 '증拯'이다(承, 音拯救之拯)"라고 하였다. '증拯'은 '승承'으로 읽는다. '증拯'은 구조하다(救), 돕다(助)는 뜻이고, '승承'은 잇다(連), 계속하다(繼)는 뜻이다. 『백서』에는 '등登', 『집해』에는 '증拯'으로 되어 있는데, 우번은 "'증拯'은 취한다는 뜻의 취取"라고 하였다. '수隨'는 따른다는 뜻의 종從이다. 30번 함괘咸卦 셋째 양효의 '집기수執其隨'의 '수隨'와 같으며, 다른 사람을 추종하는 것이다.

象曰 '不拯其隨', 未退聽也.
'추종을 계속하지 않는다'는 것은 물러나 듣지 않는다는 것이다.

「상」은 효사 '부증기수不拯其隨'를, 장딴지를 멈추고 추종을 계속하지 않는 것은 물러나 추종하는 사람의 말을 듣지 않는 것이라고 해석하였다. 『집해』에는 '퇴退'가 '위違'로 되어 있다. "듣는 것을 어기지 않다"는 말이다. 정이는 '퇴청退聽'을 아래에 따르는 것(下從)이라고 하였다. '하下'는 처음 음효를 가리킨다.

九三, 艮其限, 列其夤, 厲, 薰心.
셋째 양효는 허리를 멈추고 등살을 찢으니, 위태로워 마음이 혼란하다.

'간艮'은 멈춘다는 뜻의 지止이다. 『집해』에 우번은 "'한限'은 허리띠를 두르는 곳(限, 要帶處也)"이라고 하였는데, '한限'은 허리(腰)이다. 『석문』에 "마융이 '한限'을 '요要'라고 하였는데, 정현, 순상, 우번도 같다(馬云限, 要也, 鄭荀虞同)"라고 하였다. '요要'는 허리 요腰이다. 간기한艮其限'은 허리를 멈추고 움직이지 않는다는 뜻이다.

『집해』에는 '열列'이 '열裂'로 되어 있다. '열列'은 '열裂'로 읽으며, 가죽과 고기를 찢는 것이다. 『석문』에 "'인夤'은 인引과 진眞의 반절이다. 마융이 '등뼈 살'이라고 하였다(夤, 引眞反. 馬云夾脊肉也)", 『집해』에 우번은 "등살(脊肉)", 왕필도 "등살(夤, 當中脊之肉也)"이라고 하였다. 『집해』에는 '훈熏'이 '혼閽'으로 되어 있다. 고형은 "'훈熏'과 '혼閽'은 모두 '혼惛'의 가차자이며(薰, 閽皆借爲惛), 마음이 혼란하다는 뜻이다(心中迷亂)"라고 하였다. '훈薰'은 향초, 향내, 태운다, '혼閽'은 문지기(守門人), '혼惛'은 사리에 어둡다, 어지럽다는 뜻이다. '훈심薰心'은 '혼심惛心'이며 마음이 어지럽다는 말이다.

象曰 '艮其限', 危'薰心'也.
'허리를 멈춘다'는 것은 위태로워 마음이 혼란하다는 것이다.

「상」은 '위危'를 가지고 효사의 '여厲'를 해석하였다. 「상」은 효사 '간기한艮其限'을, 허리를 멈춘다는 것은 위태로워 마음이 혼란한 것이라고, 효사 그대로 해석하였다. 필자는 「상」이 효사를 어떻게 해석하였는지 이해할 수 없다. 「상」을 지은 사람은 효사가 무슨 말인지 이해하지 못하였을 것이다.

六四, 艮其身, 无咎.
넷째 음효는 몸을 멈추니, 허물이 없다.

간艮은 멈춘다는 뜻의 지止이다. '신身'은 몸이라는 뜻의 궁躬이다. 『집해』에 우번은 "배(身, 腹也)"라고 하였다.

象曰 '艮其身', 止諸躬也.
'몸을 멈춘다'는 것은 몸을 멈춘다는 것이다.

'저諸'는 '지어之於'의 줄임말이다. 「상」은 '지止'를 가지고 효사의 '간艮'을, '저諸'를 가지고 '기其'를, '궁躬'을 가지고 '신身'을 해석하였다. 「상」은 효사 '간기신艮其身'을, 몸을 멈추는 것이라고 해석하였다.

六五, 艮其輔, 言有序, 悔亡.
다섯째 음효는 뺨을 멈추니, 말에 조리가 있어, 뉘우침이 없어진다.

'간艮'은 멈춘다는 뜻의 지止이다. '보輔'는 뺨이라는 뜻의 보䩉이며, 입(口)을 가리킨다. '간기보艮其輔'는 입을 움직이지 않는 것, 즉 말을 아낀다는 뜻이다. '서序'는 조리이다. '언유서言有序'는 말에 조리가 있다는 것이다. 『집해』에는 '언기서言有序'가 '언유부言有孚'로 되어 있다. 말에 믿음이 있다는 뜻이다.

象曰 '艮其輔', 以中正也.
'뺨을 멈춘다'는 것은 중정의 도를 행하기 때문이다.

'이以'는 인因으로 읽는다. '중정中正'은 다섯째 음효가 윗괘의 가운데 자리에 있다는 것이며(효위), 중정의 도를 행하는 상이다(효상). 중정의 도는 곧 말을 아끼고, 말에 조리가 있는 것이다. 「상」은 효사 '간기보艮其輔'를, 뺨을 멈춘다는 것은 다섯째 음효가 중정의 도를 행하기 때문에 말을 아끼고, 말에 조리가 있다고 해석하였다.

주희는 "'정正'자는 불필요한 글자이다. 협운에서 알 수 있다(正字羨文, 叶韻可見)"라고 하였다. 스즈키는 이를 따라 '以中也'로 읽고, '中'자를 운으로 보았다.

「소상」에 '중정中正'은 모두 7곳 기록되어 있다. 5번 수需 九五 「상」을 참고하라.

上九, 敦艮, 吉.
꼭대기 양효는 돈후하게 멈추니, 길하다.

공영달은 "'돈敦'은 도탑다는 뜻의 후厚"라고 하였다. '간艮'은 멈춘다는 뜻의 지止이다.

象曰 '敦艮'之'吉', 以厚終也.
'돈후하게 멈추니, 길하다'는 것은 돈후하게 끝나기 때문이다.

'이以'는 인因으로 읽는다. 「상」은 '후厚'를 가지고 효사의 '돈敦'을 해석하였다. '종終'은 꼭대기 양효를 가리킨다. 꼭대기 양효는 한 괘의 꼭대기에 있으니(효위), 일이 끝나는 상이다(효상). 「상」은 효사를, 돈후하게 멈춘다는 것은 돈후하게 끝나기 때문에 길하다고 해석하였다.

간「상」에서 '정正', '청聽'과 '심心', '궁躬', '정正', '종終'은 운이다.
유백민: '正', 四十五勁. 與下'聽', 四十五勁. 爲韻.
'心', 吳棫『音補』·"思容切". 與下'躬', '正', '終', 一東. 爲韻.
스즈키: '정正', '청聽'과 '심心', '궁躬', '중中', '종終'.

53. 점漸

䷴ 象曰 山上有木, 漸. 君子以居賢德善俗.
산 위에 나무가 있는 것이 점의 상이다.
군자는 이 상을 본받아 밝은 덕을 축적하여 풍속을 좋게 한다.

山上有木, 漸.

점은 아랫괘가 간艮이고 윗괘는 손巽이다. 간은 산山이고 손은 나무(木)이다. 그런즉 '산 위에 나무가 있는 것'이 점의 상이다. 산 위에 나무가 있으니, 나무는 점차 자라나 위로 나아간다. 「상」은 '점漸'을 점차 나아가다(漸進)는 뜻으로 새겼다.

君子以居賢德善俗

'군자'는 최고 통치자이다. '거居'는 쌓는다는 뜻의 축蓄이다. '현덕賢德'은 '명덕明德'이며, 밝은 덕성이다. 주희는 "'현賢'자는 잘못 들어간 글자이거나 아니면 '선善'자 아래에 빠진 글자가 있을 것이다(疑賢字衍, 或善下有脫字)"라고 하였다. 『석문』에 "'선속善俗'은 왕숙 본에 '선풍속善風俗'으로 되어 있다(善俗, 王肅本作善風俗)"라고 하였다. '선善'자 뒤에 '풍風'자가 빠졌다. 이 글자가 있어야 '居賢德'과 '善風俗'은 3글자 짝이 된다. '거현덕居賢德'은 수기修己이고, '선풍속善風俗'은 치인治人이다. 진고응은 "'거현덕居賢德' 「단」의 '진이정進以正'이며, 곧 내성內聖이다. '선풍속善風俗'은 「단」의 '가이정방可以正邦'이며, 곧 외왕外王이다"라고 하였다. 산 위에 나무가 있으니, 나무는 점차 자라나 위로 나아간다. 군자는 이 상을 보고 이를 본받아 밝은 덕을 점차 축적하여 풍속을 좋게 한다.

初六, 鴻漸于干, 小子厲, 有言, 无咎.
처음 음효는 기러기가 물가로 날아가는데,

어린아이가 위태로우니, 말을 하여 가지 못하게 하면 허물이 없다.

『집해』에 우번은 "'홍鴻'은 큰 기러기(鴻, 大鴈也)"라고 하고, "'점漸'은 나아간다는 뜻의 진進"이라고 하였다. 『석문』에 "'우간于干'은 정현이 '물가'라고 하였으니, 물이 머무르는 곳이다. 육적은 '물가를 간干이라 한다'고 하였다. 『모전』에 '시경은 물가라고 하고, 또 시내'라고 하였다. 순상과 왕숙은 '산속의 시냇물'이라 하였다. 적현은 '물가'라고 하였다(于干, 鄭云于水傍, 故停水處. 陸云水畔稱干. 毛傳詩云涯也, 又云澗也. 荀王肅云山間澗水也. 翟云涯也)", 우번은 "시냇물이 산에서 흘러내려 가는 것(小水從山流下稱干)"이라고 하였다. 공영달은 "'홍鴻'은 물새, '간干'은 물가(鴻, 水鳥也. 干, 水涯也)"라고 하였다. '홍鴻'은 기러기(雁)이다. '간干'은 '안岸'의 가차자이며(고형), 물가, 기슭이라는 뜻이다. '소자小子'는 어린아이이다. '유언有言'은 물가로 가지 못하게 말하는 것이다.

象曰 '小子'之'厲', 義'无咎'也.
'어린아이가 위태롭다'는 것은 마땅히 '허물이 없다'는 것이다.

'의義'는 마땅하다는 뜻의 의宜이다. 「상」은 효사 '소자려小子厲'를, 어린아이가 물가로 가면 위태로우니, 말을 하여 가지 못하게 하면 마땅히 허물이 없다고 해석하였다.

「소상」에 '의무구義无咎'는 ①복復 六三 ②해解 初六 ③점漸 初六 ④기제既濟 初九 등 4곳 기록되어 있다. 「소상」에 '의무구義无咎'와 같은 형식이 12곳 있다. 13번 동인同人 九四를 참고하라.

六二, 鴻漸于磐, 飮食衎衎, 吉.
둘째 음효는 기러기가 물가 너럭바위로 날아가,
마시고 먹으며 즐거워하니, 길하다.

『석문』에 "'반磐'은 산의 돌이 편안한 것이다. 마융은 산속의 너럭바위(磐, 山石之安也. 馬云山中磐紆)"라고 하였고, 『집해』에 우번은 "돌을 모은 것을 '반磐'이라 한다(聚石稱磐)"라고 하였다. '반磐'은 반석, 너럭바위라는 뜻이며, 물가의 너럭바위를 말한다. 『이아』「석고」에 "'간衎'은 즐거워하다는 뜻의 낙樂"이라고 하였다. '간衎'은 기뻐하다(喜), 즐거워하다(樂)는 뜻이다. '간간衎衎'은 즐거워하는 모양이다.

象曰 '飮食衎衎', 不素飽也.

'마시고 먹으며 즐거워한다'는 것은 그저 배불리 먹는 것이 아니라는 것이다.

『집해』에 우번은 "'소素'는 공연히 공空"이라고 하였다. 『시경』 「벌단伐檀」에 "불소찬혜不素餐兮"라고 하였는데, '소포素飽'는 '소찬素餐'과 같으며, 놀고먹는다는 뜻이다. '불소포不素飽'는 그저 배불리 먹는 것이 아니라는 말이다. 「상」은 효사 '음식간간飮食衎衎'을, 기러기가 마시고 먹으며 즐거워하는 것은 자신이 물에 들어가 물을 마시고 물고기를 잡아먹는 것이지, 그저 배불리 먹는 것이 아니라고 해석하였다. (이것은 고형의 해석이다)

주준성은 "'소素'는 혹은 당연히 색索으로 써야 하며, 구한다는 뜻의 구求이다. 『논어』에 '먹음에 배부름을 구하지 아니한다'고 하였다(素, 或當作索, 求也. 『論語』 食無求飽)"라고 하였다. '불소포不素飽'는 『논어』의 '무구포無求飽'와 같으며, '소素'를 '구求'의 뜻으로 읽으면, "배부른 것을 구하지 아니한다"는 말이다. 즉 기러기가 물가 너럭바위로 날아가 마시고 먹으며 즐거워한다는 것은 음식을 알맞게 먹는 것이지, 지나치게 많이 먹는 것이 아니라는 것이다. 둘째 음효는 가운데(得中)와 바른 자리(得正)를 얻었으므로 이러한 해석도 통한다. 진고응도 이렇게 해석하였다.

九三, 鴻漸于陸, 夫征不復, 婦孕不育, 凶. 利禦寇.
셋째 양효는 기러기가 뭍으로 날아가는데, 남편은 출정하여 돌아오지 아니하고, 부인은 아이를 가졌으나 유산하였으니, 흉하다. 도적을 막으면 이롭다.

『석문』에 "'육陸'은 높은 곳의 꼭대기이다. 마융은 '산위의 높은 평지'라고 하였다(陸, 高之頂也. 馬云山上高平曰陸)", 『집해』에 우번은 "'육陸'은 높은 평지(高平稱陸)"라고 하였다. 『설문』 부부阜部에 "높고 평평한 땅(陸, 高平地)"이라고 하였는데, '육陸'은 물가보다 높은 곳, 뭍이다. '복復'은 돌아온다는 뜻의 반返이다.

『설문』 자부子部에 "'잉孕'은 아이를 배는 것(孕, 裹子也)", 『석문』에 정현은 "잉태한 것(鄭云猶娠也)", 『집해』에 우번은 "'잉孕'은 임신妊娠, '육育'은 아이를 낳는다는 뜻의 생生"이라고 하였다. '잉孕'은 아이를 배는 것이고, '육育'은 생육生育이며, '불육不育'은 유산이다. '어禦'는 막는다(防), '구寇'는 왜구倭寇의 구寇이며, 떼를 지어 재물을 약탈하고 사람을 죽이는 강도이다. 『집해』에는 '利用禦寇'로 되어 있고, 공영달도 이 구절을 해석하면서 '利用禦寇'라고 하였다. '이용利用'은 '이우利于'와 같다.

象曰 '夫征不復', 離羣醜也. '婦孕不育', 失其道也.

'利用禦寇', 順相保也.
'남편은 출정하여 돌아오지 않는다'는 것은 무리에서 떨어졌기 때문이다.
'부인은 아이를 가졌으나 유산하였다'는 것은 그 도를 잃었다는 것이다.
'도적을 막으면 이롭다'는 것은 화순하여 서로 보위한다는 것이다.

'夫征不復', 離羣醜也.

'리離'는 떨어지다(別), '군羣'은 무리(衆), '추醜'도 무리(衆)이다. '군추羣醜'는 무리이며, 군대의 대오를 가리킨다. '리군추離羣醜'는 무리에서 떨어졌다는 말이다. 「상」은 효사 '부정불복夫征不復'을, 남편은 출정하여 돌아오지 않는 것은 출정한 남편이 동료의 무리에서 떨어졌기 때문이라고 해석하였다. 즉 출정한 남편이 대오에서 낙오하여 무리에서 떨어졌기 때문에 돌아오지 않는다는 것이다.

'婦孕不育', 失其道也.

'도道'는 부도婦道, 즉 부인이 걸어가야 할 길이다. '실기도失其道'는 부인의 도를 잃었다는 말이다. 「상」은 효사 '부잉불육婦孕不育'을, 부인이 임신하였으나 유산한 것은 부인의 도를 잃은 것이라고 해석하였다.

'利用禦寇', 順相保也.

'이용利用'은 '이우利于'로 읽는다. 4글자 짝을 맞추기 위해 의도적으로 '용用'자를 넣었다. '순順'은 순종하다, 화순하다는 뜻이고, '상보相保'는 서로 도와 나라를 보위한다는 뜻이다. 「상」은 효사 '이어구利禦寇'를, 도적을 막으면 이롭다는 것은 사람들이 화순하여 서로 나라를 보위하는 것이라고 해석하였다.

六四, 鴻漸于木, 或得其桷, 无咎.
넷째 음효는 기러기가 나무로 날아가, 혹 서까래를 얻었으니, 허물이 없다.

『설문』 목부木部에 "'각桷'은 서까래이다. 목木으로 되어 있고, 각角은 성음이다. 서까래가 네모진 것을 '각桷'이라고 한다(桷, 榱也. 从木, 角聲. 椽方曰桷)", 『석문』에 "적현이 네모진 것을 '각桷'이라고 하였다. 각은 서까래이다(桷, 翟云方曰桷, 桷, 椽也)", 『집해』에 우번은 "'각桷'은 서까래이며, 네모진 것이다(桷者, 椽也. 方者謂之桷)"라고 하였다. 이것은 기러기가 앉을 곳이다. '혹득기각或得其桷'은 기러기가 앉을 곳을 얻었다는 말이다.

象曰 '或得其桷', 順以巽也.
'혹 서까래를 얻었다'는 것은 유순하여 복종하기 때문이다.

'순順'은 유순한 것이고, '손巽'은 복종하는 것이다. 넷째 음효가 유순하고 복종한다는 것이다. 넷째 음효는 다섯째 양효의 아래에 있으니(효위), 음이 양에게 유순하여 복종하는 상이다(효상). 「상」은 효사 '혹득기각或得其桷'을, 기러기가 나무로 날아가서 혹 그 앉을 곳을 얻었다는 것은 넷째 음효가 다섯째 양효에게 유순하여 복종하기 때문이라고 해석하였다.

「소상」에 '순이손야順以巽也'는 3곳 기록되어 있다. 4번 몽蒙 六五 「상」을 참고하라.

九五, 鴻漸于陵, 婦三歲不孕, 終莫之勝, 吉.
다섯째 양효는 기러기가 언덕으로 날아가는데,
부인이 삼 년 동안 아이를 갖지 못하다가, 마침내 아이를 가졌으니, 길하다.

『집해』에 우번은 "'능陵'은 언덕(陵, 丘)"이라고 하였다. '능陵'은 언덕, 고개 영嶺이며, '육陸'보다 높다. '잉孕'은 아이를 배다는 뜻이다. '막지莫之'는 없다(無), 아니다(不)는 뜻이다. '막지승莫之勝'은 이기지 못한다, 즉 아이를 가졌다는 말이다.

象曰 '終莫之勝吉', 得所願也.
'마침내 아이를 가졌으니 길하다'는 것은 원하는 바를 얻었다는 것이다.

'종막지승終莫之勝'은 마침내 아이를 가졌다는 말이다. 「상」은 효사 '종막지승길終莫之勝吉'을, 부인이 삼 년 동안 아이를 갖지 못하다가 마침내 아이를 갖게 되었으니, 원하는 바를 이루어 길하다고 해석하였다.

上九, 鴻漸于陸, 其羽可用爲儀, 吉.
꼭대기 양효는 기러기가 뭍으로 날아가는데,
그 깃털은 용모를 꾸미는 데 사용할 수 있으니, 길하다.

'육陸'은 뭍이다. '의儀'에 대해 여러 가지 해석이 있다.

첫째, 왕필은 "(꼭대기 양효는) 숭고하고 맑고 심원하니, 용모가 고귀할 수 있다(峨峨淸遠, 儀可貴也)"라고 하여, '의儀'를 '의표儀表'라고 해석하였다. '의표'는 풍채, 의용, 용모,

외양, 모양, 모습이라는 뜻이다. 공영달은 이를 따라 "그 깃털을 사물의 용모로 사용할 수 있다(其羽可用爲物之儀表)"라고 하고, '용우표의用羽表儀'(깃털을 가지고 용모를 드러내다)라고 하였다. 즉 깃털을 가지고 용모를 꾸민다는 말이다.

둘째, 정이는 '의법儀法'으로 읽었는데, '의법'은 의전儀典이며, 예의의 규범, 본보기, 혹은 의식儀式이라는 뜻이다. 그는 「상」을 해석하면서, "예의의 규범으로 사용할 수 있는 것은 순서가 있으므로 어지럽게 해서는 안 된다(可用爲儀法者, 以其有序而不可亂也)"라고 하였다.

셋째, 주희는 '의儀'를 '의식儀飾'이라 하고, 깃털을 가지고 깃발을 꾸미는 것으로 해석하였는데, 상병화가 이를 따랐다.

넷째, 래지덕은 '의儀'를 의칙儀則으로 읽고 '백세지사百世之師'라고 하였다. 즉 사람이 지켜야 할 법칙으로 해석한 것인데, 왕부지가 이를 따랐다.

다섯째, 주준성은 '우의羽儀'라고 하고, 우익羽翼, 즉 보좌하는 사람(此鴻羽爲賢人之喩)이라고 하였다.

여섯째, 굴만리는 "닭의 깃털로 관을 장식한 것(蓋冠上飾, 若後世之錦鷄翎也)"이라고 하였다.

일곱째, 유백민은 『서경』「익직益稷」과 『주례』「악사樂師」에서 '의儀'자의 용례를 들어, "'의儀'는 춤춘다는 뜻의 무舞이며, 무구 또한 '의儀'라고 한다(儀, 舞也. 舞具亦謂之儀)"라고 하였다. 즉 새의 깃으로 엮어 만든 춤출 때 사용하는 도구로 해석한 것이다. 고형도 이와 같이 해석하였다.

여덟째, 진고응은 '의식儀飾'이라고 하였는데, 깃털을 가지고 용모를 꾸민다는 뜻으로 해석하였다.

필자는 왕필의 해석이 비교적 「상」의 본뜻과 부합한다고 생각하여 이를 따랐다.

象曰 '其羽可用爲儀吉', 不可亂也.
'그 깃털은 용모를 꾸미는 데 사용할 수 있어 길하다'는 것은
함부로 해서는 안 된다는 것이다.

'난亂'은 어지럽게 아무렇게나 하는 것이다. 「상」은 효사 '기우가용위의길其羽可用爲儀吉'을, 기러기의 깃털을 용모를 꾸미는 데 사용하는 것은 사용하는 방식이 있는 것이지, 함부로 아무렇게나 해서는 안 된다고 해석하였다.

점 「상」에서 '구咎', '포飽', '추醜', '도道', '보保'와 '손巽', '원願', '난亂'은 운이다.

유백민: '咎', 四十四有. 與下'飽', 三十一巧. '醜', 四十四有.
'道', 三十二皓. '保', 三十二皓. 相韻.
'巽', 二十六恩, 叶巽去聲. 與下'願', 二十五願. '亂', 二十九換. 相韻.
스즈키: '구咎', '포飽', '추醜', '도道', '보保'와 '손巽', '원願', '난亂'.

54. 귀매歸妹

䷵ 象曰 澤上有雷, 歸妹. 君子以永終知敝.
못 위에 우레가 있는 것이 귀매의 상이다.
군자는 이 상을 본받아 오래 가서 끝을 맺고 (끝을 맺지 못하는) 폐단을 안다.

澤上有雷, 歸妹.

귀매는 아랫괘가 태兌이고 윗괘는 진震이다. 태는 못(澤)이고 진은 우레(雷)이다. 그런즉 '못 위에 우레가 있는 것'이 귀매의 상이다. 천기가 따뜻할 때 우레는 못 위로 나온다. 못 위에 우레가 있으니, 때는 봄이요, 남녀가 결혼할 때이다. 「상」은 '귀매歸妹'를 여자가 시집가다(嫁)는 뜻으로 새겼다.

정이는 "우레는 위에서 움직이고, 못은 이를 따라 움직인다. 양은 위에서 움직이고, 음은 기뻐하여 따르니, 여자가 남자를 따르는 상이다(雷震於上, 澤隨而動, 陽動於上, 陰說而從, 女從男之象也)"라고 하였다.

君子以永終知敝

'군자'는 최고 통치자이다. '영종永終'은 부부가 함께 오래 살고 끝을 맺는 것이다. 『석문』에는 '폐敝'가 '폐弊'로 되어 있다. '폐敝'는 '폐弊'로 읽는다. '폐敝'는 옷이 해지다, 무너지다(敗)는 뜻이고, '폐弊' 병폐, 폐단이라는 뜻이다. '지폐知敝'는 '지부종지폐知不終之弊', 즉 함께 끝을 맺지 못하는 좋지 않은 점을 안다는 뜻이다. 못 위에 우레가 있으니, 때는 봄이요, 남녀가 결혼할 때이다. 군자는 이 상을 보고 이를 본받아 남녀가 짝을 이루어 검은머리가 흰머리 되도록 오래 가서 끝을 맺고, 끝을 맺지 못하는 폐단을 안다.

정이는 '영종永終'과 '지폐知敝'를 두 가지로 해석하였다. 하나는, "군자는 남녀가 교합하여 자식을 낳아 대를 이어가는 상을 보고, 그 마침을 영원히 하고, 나쁜 점이 있음을 안다(君子觀男女配合, 生息相續之象, 而以永其終, 知有敝也)"라고 하여, '영종'은 자식을 낳아 대를 이어, 그 전함을 영원히 한다는 것(永終謂生息嗣續, 永久其傳也)이고, '지폐'는 사물의 나쁜 점을 안다는 것이니, 서로 이어가는 도(知敝謂知物有敝壞, 而爲相續之道也)라고 하였다. 또 하나는 "부부의 도는 당연히 항상 영원하여 마침이 있어야 하며, 반드시 폐단의 이치가 있음을 알고 경계하고 삼가야 한다. 폐괴는 부부의 사이가 멀어지는 것이다(夫婦之道, 當常永有終, 必知其有敝壞之理而戒愼之. 敝壞謂離隙)"라고 하여, '영종'은 부부가 함께 영원히 오래 살아 끝남이 있는 것이고, '폐'는 부부 사이가 멀어지는 것이라고 하였다.

初九, 歸妹以娣, 跛能履, 征吉.
처음 양효는 여자가 시집을 가면서 여동생과 함께 간다.
절름발이가 걸을 수 있으니, 가면 길하다.

'귀歸'는 시집가다는 뜻의 가嫁이다. '매妹'는 소녀를 칭한 것이다. '이以'는 함께 여與와 같다. 『설문』 여부女部에 "'제娣'는 여동생(同夫之女弟也)"이라고 하였다. '파跛'는 절름발이이며, 「상」에서 시집가는데 딸려 가는 여동생에 비유하였다. 여동생은 정실부인이 아니므로 '파跛'라고 한 것이다. '이履'는 밟는다는 뜻의 천踐이다. '파능리跛能履'는 절름발이가 걸을 수 있다는 말이며, 여동생이 함께 시집갈 수 있다는 뜻이다. 『집해』에는 '파능리跛能履'가 '파이리跛而履'로 되어 있다. "절름발이이면서 걸으려고 한다"는 말이다. 이렇게 해석해도 통한다. '정征'은 정벌이 아니라, 행行의 뜻이다.

象曰 '歸妹以娣', 以恒也. '跛能履吉', 相承也.
'여자가 시집을 가면서 여동생과 함께 간다'는 것은 예부터 항상 있어 온 일이다.
'절름발이가 걸을 수 있으니 길하다'는 것은 서로 (남편을) 받든다는 것이다.

'歸妹以娣', 以恒也.

주준성은 "'이항以恒'은 어떤 책에는 '이以'자가 없다(象傳以恒也. 一本無以字)"라고 하였는데, '이以'자는 잘못 들어간 글자이다. '인因' 혹은 '용用' 혹은 '급及' 혹은 '이而'의 뜻도 아니고 '이以' 뒤에 '지之'자가 생략된 것도 아니다. '항恒'은 항상 상常이다. 「상」은 효사 '귀매이제歸妹以娣'를, 여자가 시집을 가면서 여동생과 함께 가는 것은 옛날부터 항상 있어 온 일이라고 해석하였다. 당시 귀족들은 딸을 시집보내면서 여동생을 함께 보냈는데, 함께 딸려간 사람을 '잉媵'이라 하였고, 이런 제도를 '제잉제娣媵制'라고 하였다.

'跛能履吉', 相承也.

「상」은 '파跛'를 함께 딸려간 여동생(娣)으로 해석하였다. '상相'은 시집간 여자와 함께 간 여동생을 가리킨다. '승承'은 받든다는 뜻의 봉奉이다. '상승相承'은 시집간 여자와 그 여동생이 서로 남편을 받든다는 말이다. 「상」은 효사 '파능리길跛能履吉'을, 절름발이가 걸을 수 있으니 길하다는 것은 시집간 여자와 그 여동생이 함께 남편을 받드는 것이라고 해석하였다. 그래서 길하다는 것이다.

九二, 眇能視, 利幽人之貞.
둘째 양효는 눈먼 사람이 볼 수 있으니, 여자가 바르게 하여 이롭다.

'묘眇'는 눈이 멀다는 뜻의 맹盲이다. 『집해』에는 '능能'이 '이而'로 되어 있다. '유인幽人'은 여자를 가리킨다. 옛말에 여자가 거주하는 방을 '유인지실幽人之室'이라고 하였다. '정貞'은 바르다는 뜻의 정正이다.

象曰 '利幽人之貞', 未變常也.
'여자가 바르게 하여 이롭다'는 것은 항상 그러함(바르게 함)을 변하지 않는다는 것이다.

『집해』에 우번은 "'상常'은 항恒"이라고 하였는데, 항상 그러함이다. 둘째 양효는 아랫괘의 가운데 자리에 있으니(효위), 항상 바르게 함을 지키는 상이다(효상). 「상」은 '상常'을 가지고 효사의 '정貞'을 해석하였다. 「상」은 효사 '이유인지정利幽人之貞'을, 여자가 바르게 하는 것은 항상 그러해야 하며, 이것을 변하지 않는 것이라고 해석하였다. 그래서 이롭다는 것이다.

六三, 歸妹以須, 反歸以娣.
셋째 음효는 여자가 시집을 가면서 언니와 함께 갔다가,
그 언니는 시집간 여동생과 함께 친정으로 돌아온다.

'귀歸'는 시집가다는 뜻의 가嫁이다. '매妹'는 소녀를 칭한 것이다. '이以'는 급及과 같다. 고형은 "'수須'는 '수嬃'의 가차자이며(須借爲嬃), 언니이다(姊)"라고 하였다. 「상」

에서도 '언니'로 이해하였다. '반귀反歸'는 시집에서 쫓겨나 친정으로 돌아오는 것을 말한다. '제娣'는 여동생이다. 당시 귀족들은 딸을 시집보내면서 여동생을 딸려 보내는 것이 상례였지, 언니를 딸려 보내지 않았다. 언니를 딸려 보냈다가 그 여동생과 함께 친정으로 되돌아오니 좋지 않은 상이다.

象曰 '歸妹以須', 未當也.
'여자가 시집을 가면서 언니와 함께 간다'는 것은 합당하지 않다는 것이다.

『집해』에는 '미당야未當也'가 '위미당야位未當也'로 되어 있다. '미당未當'은 셋째 음효는 음이면서 양의 자리에 있다는 것이며(효위), 처한 자리가 합당하지 않은 상이다(효상). 시집가는 여자는 정실正室이고, 딸려간 여자는 첩妾이었다. 정실은 존귀하나 첩은 비천하다. 지금 시집가는 여자가 언니를 시녀로 데리고 가니, 이것은 합당한 일이 아니다. 「상」은 효사 '귀매이수歸妹以須'를, 여자가 시집을 가면서 언니와 함께 가는 것은 합당한 일이 아니라고 해석하였다.

「소상」에 '미당야未當也'는 ①곤困 上六 ②귀매歸妹 六三, 2곳 기록되어 있다.

九四, 歸妹愆期, 遲歸有時.
넷째 양효는 여자가 시집가는 때를 넘겼는데,
늦게 시집가는 것은 기다리는 것이 있기 때문이다.

'귀歸'는 시집가다는 뜻의 가嫁이다. '매妹'는 소녀를 칭한 것이다. 『석문』에 마융은 "'건愆'은 지나치다는 뜻의 과過"라고 하였다. 『집해』에 우번도 같은 뜻(愆, 過也)으로 말하였다. 공영달은 "'건기愆期'는 과기過期"라고 하였는데, 시집가는 나이를 넘기는 것이다. 『석문』에 "'지遲'는 늦다는 뜻의 만晩, 늦추다, 미룬다는 뜻의 완緩"이라고 하였다. 때를 놓치다(失時)는 뜻이다. 「상」은 '시時'를 기다린다는 뜻의 대待로 해석하였다.

象曰 '愆期'之志, 有待而行也.
'시집가는 때를 넘기는' 뜻은 기다렸다가 시집간다는 것이다.

『석문』에 "'有待而行也'는 어떤 책에 '대待'를 '시時'로 썼다(一本待作時)"라고 하였다. 「상」은 '대待'를 가지고 효사의 '시時'를 해석하였다. 고형은 "'시時'는 '대待'를 가차한 것(時借爲待)"이라고 하였다. '행行'은 시집가다는 뜻의 가嫁와 같다. 「상」은 효사 '건기愆期'를, 여자가 시집가는 때를 넘기는 뜻은 기다렸다가 시집가는 것이라고 해석하였다. 기다리는 것이 좋은 짝인지 아니면 좋은 때인지 「상」은 말하지 않았다. 『집해』에 우번은 "남자를 기다려 시집간다(待男行矣)", 진고응은 "좋은 때를 기다려 시집간다(等待良機而出嫁)"라고 하였다.

六五, 帝乙歸妹, 其君之袂不如其娣之袂良. 月幾望, 吉.
다섯째 음효는 제을이 딸을 시집보내는데,
부인의 용모가 그 여동생보다 아름답지 못하다. 보름이 지난 후면 길하다.

'제을帝乙'은 은의 마지막 왕 주紂의 아버지이다. '귀매歸妹'는 그 딸을 주나라 문왕文王에게 시집보내는 것이다. '군君'은 왕의 부인 혹은 제후의 부인을 칭하는 말이다. '몌袂'는 소매라는 뜻의 수袖이다. 고형은 "'몌袂'는 얼姎의 가차자이며(袂借爲姎), 용모라는 뜻의 모貌와 같다(姎猶貌也)"라고 하였다. 진고응은 '몌袂'를 소매 수袖로 읽고 "공주의 복식이 딸려가는 여자의 복식보다 화려하지 못하다(公主的服飾不如陪嫁女的服飾華貴)"라고 해석하였는데, 첩으로 딸려가는 여동생의 복식이 정실인 언니보다 더 화려하다는 것은 말이 성립되지 않는다. 고형의 해석이 「상」의 뜻과 부합한다. '양良'은 아름답다는 뜻의 미美이다. '기幾'는 이미 기既로 읽는다. 『석문』에 순상은 '기既'로 썼고(荀作既), 『백서』에도 '기既'로 되어 있다. '기幾'는 '기既'와 음이 같아 가차하였다. '망望'은 보름날(음력 열다섯 날)이다. '기망既望'은 음력 열여섯 날, 즉 보름이 지난 후이다.

象曰 '帝乙歸妹', '不如其娣之袂良'也, 其位在中, 以貴行也.
'제을이 딸을 시집보내는데', '부인의 용모가 그 여동생보다 아름답지 못하다'고 하나, 그 자리가 가운데에 있어 존귀한 몸으로 시집가는 것이다.

'帝乙歸妹', '不如其娣之袂良' 也,

효사 '帝乙歸妹, 其君之袂不如其娣之袂良'을 줄여서 인용하였다. '야也'자는 잘못 들어간 글자이다. 효사에는 이 글자가 없다.

其位在中, 以貴行也.

'기위其位'는 시집가는 딸의 자리를 가리킨다. '중中'은 다섯째 음효가 윗괘의 가운데 자리에 있다는 것이고(효위), '귀貴' 역시 다섯째 음효가 존귀한 자리에 있다는 것이며(효위), 여자가 가운데 자리를 얻어 존귀한 자리에 처해 있는 상이다(효상). '이以'는 '용用'과 같다. '행行'은 시집가다는 뜻의 가嫁이다. 「상」은 효사를, 제을이 딸을 시집보내는데, 부인의 용모가 그 여동생보다 아름답지 못하나, 부인의 자리가 정실正室이므로 존귀한 신분으로 시집을 가는 것이라고 해석하였다.

上六, 女承筐无實, 士刲羊无血, 无攸利.
꼭대기 음효는 여자가 대바구니를 들었으나 과일이 없고,
남자가 양을 칼로 찔렀으나 피가 없으니, 이로울 것 없다.

'여女'는 아직 시집가지 않은 여자를 가리킨다. '승承'은 두 손으로 받든다는 뜻의 봉捧이다. '광筐'은 대광주리이고, '실實'은 열매, 과일이다. '사士'는 아직 장가들지 않은 남자를 가리킨다. 『석문』에 마융은 "'규刲'는 찌른다는 뜻의 자刺", 『집해』에 우번은 "찌른다는 뜻의 자刾"라고 하였다.

象曰 '上六''无實', '承'虛'筐'也.
'꼭대기 음효의 과일이 없다'는 것은 빈 '대바구니'를 '들었다'는 것이다.

'허虛'는 비었다는 뜻의 공空이다. 「상」은 효사 '여승광무실女承筐无實'을, 여자가 대바구니를 들었으나 과일이 없다는 것은 빈 대바구니를 든 것이라고 해석하였다.

귀매 「상」에서 '항恒', '승承'과 '상常', '당當', '행行', '양良', '행行', '광筐'은 운이다.
유백민: '恒', 十七登. 與下'承', 十六蒸. 相韻.
'常', 十陽. 與下'當', 十一唐, 四十二宕二韻.
'行', 戶郎反. '良', 十陽. '筐', 十陽. 相韻.
스즈키: '항恒', '승承', '상常', '당當', '행行', '양良', '행行', '광筐'.

55. 풍豐

䷶ 象曰 雷電皆至, 豐. 君子以折獄致刑.
우레와 번개가 함께 일어나는 것이 풍의 상이다.

군자는 이 상을 본받아 송사를 판결하고 형벌을 행한다.

雷電皆至, 豐.

풍은 윗괘가 진震이고 아랫괘는 리離이다. 진은 우레(雷)이고 리는 번개(電)이다. 그런즉 '우레와 번개가 함께 일어나는 것'이 풍의 상이다. 우레와 번개가 함께 일어나니, 우레는 위엄이 큰 것이고, 번개는 밝음이 큰 것이다. 이것은 하늘에서 큰 것이다. 「상」은 '풍豐'을 크다(大)는 뜻으로 새겼다

정이는 "'리'는 밝음이니, 비추어 살피는 상이다. '진'은 움직임이니, 위엄 있게 결단하는 상이다(離, 明也, 照察之象. 震, 動也, 威斷之象)"라고 하였다.

君子以折獄致刑

'군자'는 최고 통치자이다. 『석문』에 "'절折'은 지之와 설舌의 반절이다. 판단한다는 뜻의 단이다(折, 之舌反. 斷也)"이라고 하였다. '옥獄'은 송사이다. '절옥折獄'은 송사를 판결하는 것이다. '치형致刑'은 용형用刑, 행형行刑이며, 형벌을 행하는 것이다. 우레와 번개가 함께 일어나니, 우레는 위엄이 있고 번개는 밝게 비추는 상이다. 군자는 이 상을 보고 이를 본받아 밝게 송사를 판결하고 위엄 있게 형벌을 행한다. 「상」의 구성은 아래와 같다.

☳ ……雷……위엄……致刑
☲ ……電……밝음……折獄

初九, 遇其配主, 雖旬无咎, 往有尙.
처음 양효는 여주인을 만나니,
다만 십 일 동안에는 허물이 없으며, 가면 상이 있다.

『설문』 유부酉部에 "'배配'는 술의 빛깔(配, 酒色也)"이라고 하였는데, 단옥재는 "본뜻이 이와 같다. 후인들이 '비妃'자로 가차하여 사용하자 본뜻은 없어졌다(本義如是. 後人借爲妃字而本義廢矣)"라고 하고 "'비妃'는 짝이라는 뜻의 필匹"이라고 하였다. 『석문』에 "정현은 '비妃'로 쓰고, '좋은 짝을 비妃라 한다'(配, 鄭作妃, 云嘉耦曰妃)"라고 하였다. 고형은 "'배配'는 '비妃'로 읽으며(配讀爲妃), '비妃'는 처와 같다(妃猶妻也). '배주配主'는 여주인이다(配主謂女主人)"라고 하였다. 진고응은 "'배配'는 『백서』에 '비肥'로 되어 있다. 도탑다, 인후하다는 뜻이다('配', 帛書作'肥', 厚, 仁厚)" 하고 "인후한 주인을 만났다(遇到仁

厚之主)"라고 해석하였다.

고형은 "'수雖'는 '유唯'로 읽는다(雖讀爲唯)"라고 하였다. 『백서』에는 '유唯'로 되어 있다. '유唯'로 읽는 것이 「상」의 뜻과 부합한다. '유唯'는 '다만', '단지'라는 부사로 새길 수 있고, 혹은 어조사 혹은 발어사로 읽어도 통한다. '순旬'은 십 일 동안을 가리킨다. '상尙'은 '상賞'으로 읽는다.

象曰 '雖旬无咎', 過旬災也.
'다만 십 일 동안에는 허물이 없다'는 것은 십 일이 지나면 재앙이 있다는 것이다.

'과순재야過旬災也'는 '과순유재야過旬有災也'로 하는 것이 바르다. 4글자 짝을 맞추기 위해 의도적으로 '유有'자를 생략하였다. 「상」은 효사의 '수雖'를 '유唯'로 읽었다. 「상」은 효사 '수순무구雖旬无咎'를, 다만 십 일 동안에는 허물이 없다는 것은 십 일이 지나면 때를 놓쳐 재앙이 있는 것이라고 해석하였다.

六二, 豐其蔀, 日中見斗. 往得疑疾, 有孚發若, 吉.
둘째 음효는 막을 크게 쳐놓고, 한낮에 북두성을 본다.
가면 의심하는 병을 얻으니, 믿음을 가지고 (뜻을) 나타내면 길하다.

'풍豐'은 크다는 뜻의 대大이다. '부蔀'는 막, 차양이라는 뜻의 붕棚이다. 나무를 받치고 그 위를 막으로 덮어 해를 가리는 것이다. '일중日中'은 한낮이다. '두斗'는 북두성이다. '의질疑疾'은 의심하는 병이다. '부孚'는 믿음이라는 뜻의 신信이다. '발發'은 나타내다(現)는 뜻이다. 곤坤 六三 「상」에 "'含章可貞', 以時發也"의 '發'과 같다. 고형은 "'약若'은 지之와 같다(若猶之也)"라고 하였다. 진고응은 어조사라고 하였다.

象曰 '有孚發若', 信以發志也.
'믿음을 가지고 나타낸다'는 것은 믿음을 가지고 뜻을 나타낸다는 것이다.

'신이발지信以發志'는 '이신발지以信發志'이다. 「상」은 '신信'을 가지고 효사의 '부孚'를 해석하였다. '발發'은 펴다(舒), 나타내다(現)는 뜻이다. '지志'는 의심하는 병을 없애려는 뜻이다. '발지發志'는 뜻을 나타낸다는 말이며, 의심하는 병을 없애려는 뜻을 나타내는 것이다. 「상」은 효사 '유부발약有孚發若'을, 믿음을 가지고 의심하는 병을 없애려는 뜻을 나타내면 길하다고 해석하였다.

九三, 豐其沛, 日中見沫. 折其右肱, 无咎.
셋째 양효는 막을 크게 쳐놓고, 한낮에 작은 별을 본다.
오른팔을 부러뜨리나, 허물이 없다.

'풍豐'은 크다는 뜻의 대大이다. 『석문』에 "'패沛'는 어떤 책에는 기旗라는 뜻의 '패旆'로 썼는데, '천막, 휘장, 장막'을 말한다(沛, 本或作旆, 謂幡幔也)"라고 하였다. 『집해』에 우번은 "'매沫'는 작은 별(沫, 小星也)", 구가역은 "북두성의 자루에 해당하는 별 뒤의 작은 별(沫, 斗杓後小星也)"이라고 하였다. '굉肱'은 팔이라는 뜻의 비臂이다.

象曰 '豐其沛', 不可大事也. '折其右肱', 終不可用也.
'막을 크게 쳐놓는다'는 것은 큰일은 할 수 없다는 것이다.
'오른팔을 부러뜨린다'는 것은 끝내 사용할 수 없다는 것이다.

'豐其沛', 不可大事也.

「상」은 효사 '풍기패豐其沛'를, 막을 크게 쳐 햇빛을 가리고 외부와 단절하니, 큰일은 할 수 없다고 해석하였다.

'折其右肱', 終不可用也.

「상」은 효사 '절기우굉折其右肱'을, 오른팔을 부러뜨린다는 것은 부러진 그 팔을 끝내 사용할 수 없다고 해석하였다. 「상」이 쓰였던 당시에는 한 번 팔을 부러뜨리면 더 이상 사용하지 못했을 것이다. 이것은 당시의 경험을 기술한 것이다. 「상」은 효사의 '무구无咎'에 대해 해석하지 않았다.

「소상」에 '종불가용終不可用'은 ① 박剝 上九 ② 풍豐 九三, 2곳 기록되어 있다.

九四, 豐其蔀, 日中見斗. 遇其夷主, 吉.
넷째 양효는 막을 크게 쳐놓고, 한낮에 북두성을 본다.
온화한 주인을 만나니 길하다.

'풍豐'은 크다는 뜻의 대大이다. '부蔀'는 막, 차양이라는 뜻의 붕棚이다. 나무를 받치고 그 위를 막으로 덮어 해를 가리는 것이다. '일중日中'은 한낮이다. '두斗'는 북두성이다. '이夷'는 온화하다는 뜻의 화和이다. 고형은 '상常'으로 새기고, "'이주夷主'는 항상 기숙한 곳의 주인(常寄寓之主人)", 진고응은 "'이夷'는 평평하다는 뜻의 평平이다. '평

平'은 바르다는 뜻의 정正이다('夷', 平也. '平', 正也')" 하고 "'이주夷主'는 공평무사한 군주('夷主', 卽平正公允之君主)"라고 해석하였다.

象曰 '豐其蔀', 位不當也. '日中見斗', 幽不明也.
'遇其夷主', '吉'行也.
'막을 크게 쳐놓는다'는 것은 자리가 합당하지 않다는 것이다.
'한낮에 북두성을 본다'는 것은 어두워 밝지 않다는 것이다.
'온화한 주인을 만난다'는 것은 가는 것이 길하다는 것이다.

'豐其蔀', 位不當也.

'위부당位不當'은 넷째 양효가 양이면서 음의 자리에 있다는 것이며(효위), 막을 쳐놓은 자리가 합당하지 않는 상이다(효상). 「상」은 효사 '풍기부豐其蔀'를, 막을 크게 쳐놓고 햇빛을 가리니, 막을 쳐놓은 자리가 합당하지 않다고 해석하였다.

「소상」에 '위부당位不當'은 모두 16곳 기록되어 있다. 10번 이履 六三 「상」을 참고하라.

'日中見斗', 幽不明也.

'유幽'는 어둡다는 뜻의 암暗이다. 「상」은 효사 '일중견두日中見斗'를, 한낮에 북두성을 보는 것은 막을 크게 쳐 햇빛을 가리니, 어두워 밝지 않다고 해석하였다. 즉 막을 크게 쳐 햇빛을 가리니, 어두워 밝지 않으므로 한낮에 북두성을 본다는 것이다.

「소상」에 '유불명야幽不明也'는 ① 곤困 初六 ② 풍豐 九四, 2곳 기록되어 있다.

'遇其夷主', '吉'行也.

'길행吉行'은 '행길行吉'로 하는 것이 바르다. 운을 맞추기 위해서 의도적으로 글자를 도치하였다. 「상」의 '당當', '명明', '행行', '경慶', '상翔', '장藏'은 운이다. 「상」은 효사 '우기이주遇其夷主'를, 온화한 주인을 만난다는 것은 주인을 만나 거주할 곳을 얻었으니, 가는 것이 길하다고 해석하였다.

六五, 來章有慶譽, 吉.
다섯째 음효는 아름다움이 오니, 경사도 있고 명예도 있어 길하다.

'장章'에 대해, 『집해』에 우번은 드러난다는 뜻의 '현顯'으로 새겼는데, 왕필과 공영달이 이를 따랐다. 정이는 아름답다는 뜻의 '장미章美'로, 주희는 밝다는 뜻의 '명明'으로 읽었는데, 래지덕, 굴만리, 유백민, 진고응 등이 이를 따랐다. 고형은 '문장文章'의 장章으로 읽었다. 「상」은 곤괘坤卦 셋째 음효와 구괘姤卦 다섯째 양효의 '함장含章'을 모두 아름답다는 뜻의 장미章美의 '장章'으로 읽었다. '내장來章'은 아름다움이 온다는 뜻이다. '경慶'은 경사이다. '예譽'는 명예이다.

象曰 '六五'之'吉', '有慶'也.
'다섯째 음효'가 '길하다'는 것은 '경사가 있다'는 것이다.

'유경야有慶也'는 '유경예야有慶譽也'로 써야 한다. 「상」을 지은 사람이 의도적으로 '예譽'자를 생략하였다. 「상」은 '경慶'을 가지고 효사의 '길吉'을 해석하였다. 「상」은 효사의 뜻을 분명히 해석하지 않고, 내용을 그대로 인용하였다. 즉 다섯째 음효가 길한 것은 경사가 있기 때문이라고 해석하였다.

「소상」에 '유경야有慶也'는 ① 대축大畜 六五 ② 풍豐 六五 ③ 태兌 九四, 3곳 기록되어 있다. '대유경야大有慶也'는 ① 이履 上九 ② 이頤 上九, 2곳, '왕유경야往有慶也'는 ① 진晉 六五 ② 규睽 六五, 2곳 기록되어 있다.

上六, 豐其屋, 蔀其家, 闚其戶, 闃其无人. 三歲不覿, 凶.
꼭대기 음효는 집이 크고 막을 쳐 집안을 가렸으니,
집안을 들여다보아도 사람이 없어 텅 비어 고요하다.
삼 년이 지나도 사람을 볼 수 없으니, 흉하다.

'풍豐'은 크다는 뜻의 대大이다. '부蔀'는 동사로 사용되었으며, 막을 치는 것이다. '규闚'는 '규窺'와 같다. 『석문』에 "'규闚'는 고苦와 규規의 반절이다. 이등은 '작게 보는 것'이라고 하였다(闚, 苦規反. 李登云小視)", 공영달은 "보다는 뜻의 시視"라고 하였다. '격闃'은 『석문』에 "고요하다는 뜻의 정靜(字林云靜也)", 『집해』에 우번은 '공空', 공영달은 "고요하다는 뜻의 적寂"으로 읽었다. 텅 비어 고요한 것(空靜)이다. '적覿'은 보다는 뜻의 견見이다.

象曰 '豐其屋', 天際翔也. '闚其戶, 闃其无人', 自藏也.
'집이 크다'는 것은 하늘가를 난다는 것이다.
'집안을 들여다보아도 사람이 없어 텅 비어 고요하다'는 것은 스스로 숨었다는 것이다.

'豐其屋', 天際翔也.

'천제天際'는 하늘가이다. '상翔'은 난다는 뜻의 비飛이다. 『집해』에는 '상翔'이 '상祥'으로 되어 있다. 굴만리는 '천제상天際翔'을 "집이 높고 큰 것을 말한 것(言屋之高大也)" 이라고 하였다. '천제상야天際翔也'는 집의 처마가 하늘 높이 나는 듯 치솟아 올랐다는 말이다. 「상」은 효사 '풍기옥豐其屋'을, 집이 크다는 것은 집이 하늘가를 나는 것 같이 크다고 해석하였다.

'闚其戶, 闃其无人', 自藏也.

'장藏'은 숨는다는 뜻의 은隱이다. '자장自藏'은 스스로 숨었다는 말이다. 「상」은 효사 '규기호闚其戶, 격기무인闃其无人'을, 큰 집에 사는 사람이 스스로 숨었으므로 집안을 들여다보아도 사람이 없어 텅 비어 고요하다고 해석하였다.

풍「상」에서 '재災', '지志', '사事', '용用'과 '당當', '명明', '행行', '경慶', '상翔', '장藏'은 운이다.

유백민: '災', 十六咍. 與下'志', 七志. '事', 七志. '用' 三用, 叶音以. 爲韻
'當', 十一唐, 四十二宕二韻. 與下'明', 彌郎反. '行', 戶郎反.
'慶', 古音羌. '翔', 十陽. '藏', 十一唐. 以平去通爲一韻.

스즈키: '재災', '지志', '사事', '용用'과 '당當', '명明', '행行', '경慶', '상翔', '장藏'.

56. 여旅

☶☲ 象曰 山上有火, 旅. 君子以明愼用刑, 而不留獄.

산 위에 불이 있는 것이 여의 상이다.
군자는 이 상을 본받아 밝고 신중하게 형벌을 사용하여,
송사를 남겨두지 아니한다.

山上有火, 旅.

여는 아랫괘가 간艮이고 윗괘는 리離이다. 간은 산山이고 리는 불(火)이다. 그런즉

'산 위에 불이 있는 것'이 여의 상이다. 산 위에 불이 있으니, 불은 이곳저곳으로 옮겨 붙는다. 「상」은 '여旅'를 나그네(旅人)라는 뜻으로 새겼다. 『집해』에 후과는 "불이 산 위에 있어, 오래 가지 못하니, 나그네의 상이다(火在山上, 勢非長久, 旅之象也)"라고 하였다.

君子以明愼用刑

'군자'는 최고 통치자이다. '명明'은 밝다(光), '신愼'은 신중하다(謹), '용用'은 쓰다(可施行), '형刑'은 형벌이다. '명신용형明愼用刑'은 밝고 신중하게 형벌을 사용한다는 말이다.

而不留獄

'이而'는 순접이다. '유留'는 '유遺'로 읽는다. '유留'는 머무르다(住), '유遺'는 남기다(餘)는 뜻이다. 두 글자는 음이 같아 옛날에 통용되었다. 진고응은 '유留'를 '계류稽留'로 읽었다. '옥獄'은 송사이다. '불유옥不留獄'은 송사를 남기지 않는다는 말이다. 산 위에 불이 있으니, 불은 이곳저곳으로 빨리 옮겨 붙으며, 온 산을 밝게 비춘다. 군자는 이 상을 보고 이를 본받아 밝고 신중하게 형벌을 사용하고, 송사를 신속히 처리하여 남겨 두지 않는다.

初六, 旅瑣瑣, 斯其所取災.

처음 음효는 나그네가 꾀죄죄하니, 이것이 재앙을 불러들인 것이다.

'여旅'는 나그네이다. '쇄瑣'는 자질구레하다, 하찮다는 뜻이다. '쇄쇄瑣瑣'에 대해, 『석문』에 "실悉과 과果의 반절(瑣瑣, 悉果反)"이라 하고, 정현은 "잘다(小也)", 마융은 "피폐한 모양(疲弊皃)", 왕숙은 "자질구레한 모양(細小皃)"이라 하였고, 『집해』에 육적은 "잘다(小也)", 우번은 "가장 가려진 모양(最蔽之貌也)", 공영달은 "자질구레하고 하찮은 모양(細小卑賤之貌)", 정이는 "천하고 자질구레한 모양(猥細之狀)", 래지덕은 "하찮고 비루한 모양(細屑猥鄙貌)"이라고 하였는데, 뒷사람들은 모두 이렇게 해석하였다. 고형은 의심한다는 뜻의 '솨惢'로 읽고, "'솨솨惢惢'는 의심이 많은 것(多疑也)"이라고 하였는데, 진고응이 이를 따랐다. 굴만리는 "성정이 넓지 않고 인색한 것(瑣瑣, 疑謂性情不恢宏, 而吝嗇也)"이라고 하였다. '사斯'는 이것 차此이며, '여쇄쇄旅瑣瑣'를 가리킨다. '소所' 뒤에 '이以'자가 있어야 한다. 옮겨 쓰면서 빠뜨렸을 것이다. '사기소취재斯其所取災'는 '차기소이취재此其所以取災'이며, 이것이 재앙을 불러들인 까닭이라는 말이다.

象曰 '旅瑣瑣', 志窮'災'也.
'나그네가 꾀죄죄하다'는 것은 뜻이 궁하여 '재앙'을 불러들인다는 것이다.

'지궁재야志窮災也'는 '지궁취재야志窮取災也'로 하는 것이 바르다. 4글자로 만들기 위해 의도적으로 '취取'자를 생략하였다. 지志'는 나그네의 심지心志이다. 「상」은 '궁窮'을 가지고 효사의 '쇄쇄瑣瑣'를 해석하였다. '지궁재야'는 뜻이 궁하여 재앙을 불러들인다는 말이다. 「상」은 효사 '여쇄쇄旅瑣瑣'를, 나그네가 꾀죄죄하다는 것은 심지가 궁하여 재앙을 불러들이는 것이라고 해석하였다.

六二, 旅卽次, 懷其資, 得童僕貞.
둘째 음효는 나그네가 객사에 들어,
품속에 재화를 간직하고, 사내종을 바르게 얻었다.

『집해』에 구가역은 "'즉卽'은 나아가다 취就, '차次'는 집 사舍, '자資'는 재화 재財"라고 하였다. '차次'는 객사이다. '회懷'는 품속에 간직하다(藏)는 뜻이다. '자資'는 재화이다. '자資' 뒤에 '부斧'자가 있어야 한다. 『석문』에 "'회기자懷其資'는 '회기자부懷其資斧'로도 썼는데, 아니다(懷其資, 本或作懷其資斧, 非)"라고 하였는데, 넷째 양효에는 '득기자부得其資斧'로 되어 있다. '동童'은 종이라는 뜻의 복僕이다. 『설문』 건부辛部에 "남자 종을 '동童', 여자 종을 '첩妾'이라 한다(童, 奴曰童, 女曰妾)"라고 하였다. '동복童僕'은 사내종이다. 『집해』에는 '童僕'이 '僮僕'으로 되어 있는데, 뜻은 같다. '정貞'은 바르다는 뜻의 정正이다. '득동복정得童僕貞'은 나그네가 사내종을 바르게 얻었다는 말이다.

象曰 '得童僕貞', 終无尤也.
'사내종을 바르게 얻었다'는 것은 마침내 허물이 없다는 것이다.

'우尤'는 허물, 과오라는 뜻의 과過이다. 「상」은 효사 '득동복정得童僕貞'을, 나그네가 사내종을 바르게 얻었으므로, 마침내 허물이 없다고 해석하였다. 고형은 '정貞'자 아래에 '길吉'자가 빠졌다 하고, 「상」의 '무우无尤'는 '길吉'을 해석한 것이라고 하였다(象傳以'无尤'釋經文之'吉', 可證象傳作者所據本經文'貞'下有'吉'字).

「소상」에 '종무우야終无尤也'는 5곳 기록되어 있다. 22번 비賁 六四 「상」을 참고하라.

九三, 旅焚其次, 喪其童僕, 貞厲.
셋째 양효는 나그네가 객사를 불태우고,
사내종을 잃었으니, 바르게 해도 위태롭다.

'분焚'은 불사르다(燒), '차次'는 객사이다. '상喪'은 잃다(失), '동복童僕'은 사내종이다. '정貞'은 바르다는 뜻의 정正이다. '정려貞厲'는 나그네가 바르게 한다 해도 위태롭다는 말이다.

象曰 '旅焚其次', 亦以傷矣. 以旅與下, 其義'喪'也.
'나그네가 객사를 불태운다'는 것은 또한 (마음이) 상하였다는 것이다.
나그네와 사내종이 함께 있었기 때문에, 마땅히 '잃었다'는 것이다.

'旅焚其次', 亦以傷矣.

'이以' 뒤에 '之'자가 생략되어 있다. '이以'는 '용用'이며, '지之'는 객사를 불태운 것(旅焚其次)을 가리킨다. '상傷'은 나그네의 마음이 상하였다는 뜻이다. 「상」은 효사 '여분기차旅焚其次'를, 나그네가 객사를 불태운다는 것은 또한 나그네의 마음이 상하였다고 해석하였다. 고형은 '이以'를 '이已'로 읽고(以讀爲已), '상傷'을 손해로 새기고, "나그네가 또한 이미 손해를 보았다는 것이다(旅客亦已受損害矣)"라고 해석하였다.

以旅與下, 其義'喪'也.

이 구절은 '喪其童僕, 義也'로 하는 것이 바르다. "'사내종을 잃었다'는 것은 마땅하다는 것이다"라는 뜻이다. '상傷'과 '상喪', 두 글자의 운을 맞추고 또 4글자로 만들기 위해 문장 구성을 의도적으로 「상」의 형식에 맞지 않게 바꾼 것이다. 「상」을 지은 사람은 문장력이 뛰어난 사람이었다.

'이以'는 원인을 나타내는 전치사이며, 인因의 뜻이다. '여與'는 두 사람이 함께 있는 것이다. '하下'는 효사의 '동복童僕'이며, 사내종을 가리킨다. '이려여하以旅與下'는 "나그네와 사내종이 함께 있었기 때문에"라는 말이다. '기其'는 어조사이다. 4글자로 만들기 위해 뜻 없이 들어갔다. '의義'는 마땅하다는 뜻의 의宜로 읽는다. '기의상야'는 마땅히 잃었다는 말이다. 「상」은 효사 '상기동복喪其童僕'을, 나그네와 사내종이 함께 있었기 때문에, 객사에 불이 나 사내종을 잃은 것은 마땅한 것이라고 해석하였다.

九四, 旅于處, 得其資斧, 我心不快.

넷째 양효는 나그네가 머무를 곳을 얻고, 재화도 얻었으나, 내 마음이 불쾌하다.

'처處'는 거주하는 곳을 말한다. 고형은 "'자資'는 재화이고(資, 貨也), '부斧'는 도끼 모양의 동으로 만든 화폐이며(斧, 銅幣之作斧形者), '자부資斧'는 화폐를 말한다(資斧, 猶言錢幣也)"라고 하였다. '아我'는 나그네(旅)를 가리킨다.

> 象曰 '旅于處', 未得位也. '得其資斧', '心'未'快'也.
> '나그네가 머무를 곳을 얻었다'는 것은 합당한 자리를 얻지 못했다는 것이다.
> '재화도 얻었다'는 것은 마음이 유쾌하지 않다는 것이다.

'旅于處', 未得位也.

'미득위未得位'는 넷째 양효는 양이면서 음의 자리에 있다는 것이며(효위), 처한 자리가 합당하지 않는 상이다(효상). 「상」은 효사 '여우처旅于處'를, 나그네가 다시 머무를 곳을 얻었으나, 합당한 자리를 얻지 못하였다고 해석하였다.

'得其資斧', '心'未'快'也.

「상」은 '심미쾌心未快'를 가지고 효사의 '심불쾌心不快'를 해석하였다. 「상」은 효사 '득기자부得其資斧'를, 나그네가 잃은 재화를 다시 얻었으나 마음이 유쾌하지 않다고 해석하였다.

六五, 射雉, 一矢亡, 終以譽命.
다섯째 음효는 꿩을 쏘아 화살 하나로 잡으니, 마침내 명예와 작명을 받는다.

'사射'는 활을 쏘는 것이다. '射'의 발음에 대해, ①『석문』에 "'射'는 식食과 역亦의 반절(射, 食亦反)"이라고 하였다. 우리 발음으로 하면 '석'이 된다. 현대 중국 발음으로 '食'은 shi2, '亦'은 yi4이며, 반절은 'shi'가 된다. '射'의 현대 중국 발음은 she4이다. 'shi'와 'she'의 옛날 발음은 거의 같았을 것이다. ②주희는 "'射'는 석石과 역亦의 반절(射, 石亦反)"이라고 하였다. 우리 발음으로 하면 '석'이 된다. 현대 중국 발음으로 '石'은 shi2, '亦'은 yi4이며, 반절은 'shi'가 된다. '射'의 중국 발음은 she4이다. 'shi'와 'she'의 옛날 발음은 거의 같았을 것이다. 그래서 '射'의 발음은 '석'이 아니라 '사'이다. 이것이 바른 발음이다. '치雉'는 꿩, '망亡'은 죽다(死)는 뜻이다. 굴만리는 "'이以'는 이르다는 뜻의 급及"이라고 하였다. '예譽'는 명예이다. 공영달은 "'명命'은 작명爵

命"이라고 하였다.

象曰 '終以譽命', 上逮也.
'마침내 명예와 작명을 받는다'는 것은 위에서 명예와 작명을 내린다는 것이다.

'상上'은 꼭대기 양효를 가리킨다. 다섯째 음효는 꼭대기 양효의 아래에 있으니(효위), 꼭대기 양효로부터 명예와 작명을 받는 상이다(효상). 『집해』에 우번은 "'체逮'는 이른다는 뜻의 급及", 공영달도 '급及', 정이는 '주다(與)', 고형은 '하사하다(賜)', 진고응은 '시여施與'의 뜻으로 새겼다. 모두 통한다. 「상」은 효사 '종이예명終以譽命'을, 꿩을 쏘아 화살 하나로 명중시켜 잡으니 마침내 명예와 작명을 받는다는 것은 위에 있는 사람이 명예와 작명을 내리는 것이라고 해석하였다.

上九, 鳥焚其巢, 旅人先笑後號咷, 喪牛于易, 凶.
꼭대기 양효는 새가 둥지를 불태우고, 나그네가 먼저 웃다가 뒤에 울부짖는다.
소를 쉽게 잃으니, 흉하다.

'소巢'는 새의 둥지이다. '조분기소鳥焚其巢'는 나그네가 머무는 곳이 불에 탔다는 말이다. '호號'와 '도咷'는 크게 울부짖는다는 뜻이다. '이易'는 쉽다는 뜻의 용이容易의 '이易'이다. (34번 대장괘 다섯째 음효의 설명을 참고하라.) 여기에서는 '旅人先笑後號咷'라고 하였는데, 동인同人 九五에는 '同人先號咷而後笑'라고 하였다.

象曰 以'旅'在'上', 其義'焚'也. '喪牛于易', 終莫之聞也.
'나그네'이면서 '윗자리'에 있으니, 마땅히 '불태워진 것'이다.
'소를 쉽게 잃었다'는 것은 끝내 (소에 대해) 듣지 못했다는 것이다.

以'旅'在'上', 其義'焚'也.

'이以'는 '용用'의 뜻이다. '상上'은 꼭대기 양효를 가리킨다. 꼭대기 양효는 한 괘의 꼭대기에 있으니(효위), 윗자리에 있는 상이다(효상). '기其'는 어조사이다. 4글자로 만들기 위해 뜻 없이 들어갔다. '의義'는 마땅하다는 뜻의 의宜로 읽는다. 『석문』에 "마융은 '의義'는 의宜이다. 어떤 책에는 '宜其焚也'로 되어 있다(馬云義, 宜也. 一本作宜其焚也)"라고 하였다. '기의분야'는 마땅히 불태워진 것이라는 말이다. 「상」은 효사 '조분기소鳥焚其巢'를, 새가 둥지를 불태운다는 것은 나그네이면서 윗자리에 있으니, 마땅히 머무는 곳이 불태워진 것이라고 해석하였다.

'喪牛于易', 終莫之聞也.

『석문』에 '상우지흉喪牛之凶'으로 되어 있는데, "'상우우역喪牛于易'으로도 썼다(喪牛之凶, 本亦作喪牛于易)"라고 하였다. '막지莫之'는 없다(無), 아니다(不)는 뜻이다. '문聞'은 잃은 소에 대해 듣는 것을 말한다. '종막지문야'는 끝내 듣지 못했다는 말이다. 「상」은 효사 '상우우이喪牛于易'를, 소를 쉽게 잃었다는 것은 끝내 잃은 소에 대해 듣지 못한 것이라고 해석하였다.

여 「상」에서 '재災', '우尤'와 '상傷', '상喪'과 '위位', '쾌快', '체逮'와 '분焚', '문聞'은 운이다.

유백민: '災', 十六咍. 與下'尤', 羽其反. 爲韻.
'傷', 十陽. 與下'喪', 十一唐, 四十二宕二韻. 爲韻.
'位', 六至. 與下'快', 十七夬, 叶音愧. '逮', 十九代, 叶音第. 相韻.
'焚', 二十文. 與下'聞', 二十文. 爲韻.

스즈키: '재災', '우尤'와 '상傷', '상喪'과 '위位', '쾌快', '체逮'와 '분焚', '문聞'.

57. 손巽

☴ 象曰 隨風, 巽. 君子以申命行事.
바람과 바람이 서로 따라서 부는 것이 손의 상이다.
군자는 이 상을 본받아 교명을 거듭하여 정사를 행한다.

隨風, 巽.

'수隨'는 따른다는 뜻의 종從이다. 손은 두 개의 손이 서로 겹쳐 있으며, 손은 바람(風)이다. 그런즉 '바람과 바람이 서로 따라서 부는 것'이 손의 상이다. 바람과 바람이 서로 따라서 불고 있으니, 어디에도 들어가지 않는 곳이 없다. 「상」은 '손巽'을 들어가다(入)는 뜻으로 새겼다.

君子以申命行事

'군자'는 최고 통치자이다. '신申'은 거듭하다(再), 되풀이하다(重)는 뜻이다. '명命'은 군자가 내리는 명령, 즉 교명이다. '신명申命'은 교명을 거듭한다는 뜻이다. '행行'은 행하다(履), '사事'는 정사政事이다. '행사行事'는 정사를 행한다는 뜻이다. '신명행사申命行事'는 교명을 거듭하여 정사를 행한다는 말이다. 바람과 바람이 서로 따라서 불고 있으니, 바람이 거듭 불고 있다. 군자는 이 상을 보고 이를 본받아 교명을 거듭하여 정사를 추진한다.

정이는 "두 개의 바람이 서로 겹쳐 있으니, 바람을 따르는 것이다, 따른다(隨)는 것은 서로 잇는다는 뜻이다. 군자는 두 개의 손이 서로 이어서 유순한 상을 보고, 명령을 거듭하여 정사를 행한다. 따르는 것이 더불어 겹쳐 있으니, 위아래 모두 유순하다. 위가 아래에 유순하여 명령을 내리고, 아래는 위에 유순하여 명령을 따른다. 위아래 모두 유순하니 손이 겹친 뜻이다. 정사를 명령하니, 이치에 순응하면 민심과 합하여, 백성은 순종하는 것이다(兩風相重, 隨風也. 隨, 相繼之義. 君子觀重巽相繼以順之象, 而以申命令, 行政事. 隨與重, 上下皆順也. 上順下而出之, 下順上而從之, 上下皆順, 重巽之義也. 命令政事, 順理則合民心, 而民順從矣)"라고 하였다. 정이는 「상」의 '손巽'을 순順으로, '명命'을 명령으로 해석하였다.

初六, 進退, 利武人之貞.
처음 음효는 진격하거나 퇴각하거나, 무인이 바르게 하여 이롭다.

'진퇴進退'는 행군을 가리켜 말한 것이다. '정貞'은 바르다는 뜻의 정正이다.

象曰 '進退', 志疑也. '利武人之貞', 志治也.
'진격하거나 퇴각하거나 한다'는 것은 뜻을 의심한다는 것이다.
'무인이 바르게 하여 이롭다'는 것은 뜻을 다스린다는 것이다.

'進退', 志疑也.

'지志'는 무인의 심지心志이다. '지의야志疑也'는 '의지야疑志也'로 하는 것이 바르다. 운을 맞추기 위해 의도적으로 글자를 도치하였다. '의疑'와 '치治'는 운이다. 「상」은 효사 '진퇴進退'를, 진격하거나 퇴각하거나 무인이 심지를 의심하여 결정하지 못한다고 해석하였다.

'利武人之貞', 志治也.

'치治'는 다스리다, 안정된다는 뜻이다. '지치야志治也'는 '치지야治志也'로 하는 것이 바르다. 운을 맞추기 위해 의도적으로 글자를 도치하였다. '의疑'와 '치治'는 운이다. 「상」은 효사 '이무인지정利武人之貞'을, 무인이 심지를 안정시켜 진격과 퇴각을 결정할 수 있으므로 바르게 하여 이롭다고 해석하였다.

九二, 巽在牀下, 用史巫紛若, 吉, 无咎.
둘째 양효는 상 아래로 들어가니,
사무史巫로 하여금 (귀신을 쫓는다고) 어수선하나, 길하여 허물이 없다.

『석문』에 "'손巽'은 손孫과 문問의 반절이다. 들어간다는 뜻의 입入이다(巽, 孫問反. 入也)"라고 하였다. '상牀'은 사람이 눕는 곳이다. '용用'은 사使의 뜻이다. '사무史巫'는 조정 안에서 귀신과 교역하는 일을 맡고 있는 정식 직관이며, 미신 활동에 종사하는 사람, 즉 무당이다. '분紛'은 분잡하다(雜), 어지럽다(亂)는 뜻이다. '약若'은 어조사이다. '분약紛若'은 어수선하다는 것이다.

象曰 '紛若'之'吉', 得中也.
'어수선하나 길하다'는 것은 중도를 얻었기 때문이다.

'득중得中' 앞에 '이以'자가 있어야 한다. '이以'는 인因의 뜻이다. '지의야志疑也', '지치야志治也', '득중야得中也', '지궁야志窮也', '유공야有功也' 등과 함께 3글자의 운율을 살리기 위해 의도적으로 '이以'자를 생략하였다.
'득중得中'은 둘째 양효가 아랫괘의 가운데 자리를 얻었다는 것이며(효위), 중도를 얻은 상이다(효상). 「상」은 효사를, 사람이 상 아래로 들어간 것은 뭔가 잘못된 것이며, 사무로 하여금 이를 바로잡게 한다고 사방이 어수선하나 길한 것은 둘째 양효가 가운데 자리를 얻었기 때문이라고 해석하였다.

九三, 頻巽, 吝.
셋째 양효는 찡그리며 들어가니, 어렵다.

'빈頻'은 찡그린다는 뜻의 축蹙이다. 『석문』에는 '빈축頻顣'으로 썼다. '손巽'은 들어간다는 뜻의 입入이다. '인吝'은 어렵다는 뜻의 난難이다.

象曰 '頻巽'之'吝', 志窮也.
'찡그리며 들어가니, 어렵다'는 것은 뜻이 궁하다는 것이다.

'지志'는 심지이다. '궁窮'은 심지가 궁하다는 말이다. 「상」은 '궁窮'을 가지고 효사의 '인吝'을 해석하였다. 「상」은 효사를, 찡그리며 들어가니 심지가 궁하여 어렵다고 해석하였다.

六四, 悔亡, 田獲三品.
넷째 음효는 뉘우침이 없어지니, 밭에서 세 종류의 짐승을 잡았다.

『집해』에 우번은 '전田'을 밭으로(地中稱田), 공영달은 "사냥하다는 뜻의 엽獵"으로 읽었다. 두 가지 다 통한다. '획獲'은 짐승을 잡다(捕), 얻다(得)는 뜻이다. '품品'은 종류라는 뜻의 종種, 유類, 또는 가지, 물건이라는 뜻의 물物이다. '삼품三品'은 삼종三種, 삼물三物, 즉 세 종류의 짐승이라는 말이다(굴만리).

象曰 '田獲三品', 有功也.
'밭에서 세 종류의 짐승을 잡았다'는 것은 공이 있다는 것이다.

'공功'은 세 종류의 짐승을 잡은 공이다. 「상」은 효사 '전획삼품田獲三品'을, 밭에서 세 종류의 짐승을 잡은 것은 짐승을 잡은 공이 있는 것이라고 해석하였다.

九五. 貞吉, 悔亡, 无不利. 无初有終. 先庚三日, 後庚三日, 吉.
다섯째 양효는 바르게 하여 길하고 뉘우침이 없어지니, 이롭지 않음이 없다.
처음은 없으나 마침은 있다. 경일庚日의 삼 일 전과 경일庚日의 삼 일 후가 길하다.

'정貞'은 바르다는 뜻의 정正이다. '정길貞吉'은 뜻과 행실을 바르게 하여 길하다는 말이다. 좋은 결과를 '종終'이라고 한다. 경일庚日의 삼 일 전은 정일丁日이고, 삼 일 후는 계일癸日이다. 『석문』에는 '선신先申'으로 쓰고, "'갑甲'자로도 썼는데, 아니다(或作甲字, 非)"라고 하였다.

象曰 '九五'之'吉', 位正中也.
'다섯째 양효가 길하다'는 것은 자리가 정중이기 때문이다.

'위정중야位正中也'는 '위중정야位中正也'로 하는 것이 바르다. 운을 맞추기 위해 의도적으로 글자를 도치하였다. 「상」의 '중中', '궁窮', '공功', '중中', '궁窮', '흉凶'은 운이다. '위정중야位正中也'는 다섯째 양효가 윗괘의 가운데와 바른 자리에 있다는 것이며(효위), 정중의 도를 행하는 상이다(효상). 「상」은 효사를, 다섯째 양효가 정중의 자리에 있으므로 바르게 하여 길하다고 해석하였다.

「소상」에 '정중正中'은 3곳, '중정中正'은 모두 7곳 기록되어 있다. 8번 비比 九五 「상」과 5번 수需 九五 「상」을 참고하라.

上九, 巽在牀下, 喪其資斧, 貞凶.

꼭대기 양효는 상 아래에 들어가, 재화를 잃으니, 바르게 해도 흉하다.

'손巽'은 들어간다는 뜻의 입入이다. '상牀'은 사람이 눕는 곳이다. '자資'는 재화이다. 『집해』에는 '자資'가 '제齊'로 되어 있다. '부斧'는 도끼 모양의 동으로 만든 화폐이다. '자부資斧'는 화폐를 말한다. '정貞'은 바르다는 뜻의 정正이다.

象曰 '巽在牀下', 上窮也. '喪其資斧', 正乎'凶'也.

'상 아래에 들어간다'는 것은 위가 궁하다는 것이다.

'재화를 잃는다'는 것은 바르게 해도 '흉하다'는 것이다.

'巽在牀下', 上窮也.

'상上'은 꼭대기 양효를 가리킨다. 꼭대기 양효는 한 괘의 꼭대기에 있으니(효위), 궁한 상이다(효상). 「상」은 효사 '손재상하巽在牀下'를, 상 아래로 들어가는 것은 꼭대기 양효가 위에서 궁하기 때문이라고 해석하였다.

「소상」에 '상궁야上窮也'는 ①수隨 上六 ②손巽 上九, 2곳 기록되어 있다.

'喪其資斧', 正乎 '凶' 也.

「상」은 '정正'을 가지고 효사의 '정貞'을 해석하였다. 고형은 "'호乎'는 '이而'와 같다(乎猶而也)"라고 하였다. 「상」은 효사 '상기자부喪其資斧'를, 재화를 잃으니, 바르게 해도 흉하다고 해석하였다.

손 「상」에서 '의疑', '치治'와 '중中', '궁窮', '공功', '중中', '궁窮', '흉凶'은 운이다.

유백민: '疑', 七之. 與下'治', 七之, 七志二韻. 相韻.

'中', 一東. 與下'窮', 一東. '功', 一東. '中', 一東. '凶', 三鍾. 爲韻.

스즈키: '의疑', '치治'와 '중中', '궁窮', '공功', '중中', '궁窮', '흉凶'.

58. 태兌

䷹ 象曰 麗澤, 兌. 君子以朋友講習.

두 개의 못이 서로 연이어 있는 것이 태의 상이다.

군자는 이 상을 본받아 벗들과 강습한다.

麗澤, 兌.

『석문』에 "'여麗'는 잇는다는 뜻의 연連이다. 정현은 '이離'로 쓰고, '나란하다는 뜻의 병併'이라고 하였다(麗, 連也. 鄭作離, 云有併也)", 왕필도 "'여麗'는 '연連'과 같다(麗猶連也)", 정이는 붙어 있다는 뜻의 '부려附麗'라고 하였다. '여麗'는 붙는다는 뜻의 부附이다. 정현처럼 '리'로도 발음한다. '여택麗澤'은 연택連澤, 양택兩澤이며, 두 개의 못이 서로 연이어 있는 것이다. 태는 두 개의 태兌가 서로 겹쳐 있으며, 태는 못(澤)이다. 그런즉 '두 개의 못이 서로 연이어 있는 것'이 태의 상이다. 두 개의 못이 서로 연이어 있으니, 물은 기뻐하여 교류한다. 「상」은 '태兌'를 기뻐하다(說)는 뜻으로 새겼다.

君子以朋友講習

'군자'는 최고 통치자이다. '강講'은 익히다, '습習'도 익힌다는 뜻이다. '강습講習'은 배워(學) 익히는(習) 것이다. '학이시습學而時習'은 학문의 도이다. 공자는 '학이시습'하면 '열說(悅)'하다고 하였고, 「상」은 '붕우강습'하여 '태兌(悅)'하다고 하였다. 두 개의 못이 서로 연이어 있으니, 그 물은 교류한다. 군자는 이 상을 보고 이를 본받아 벗들과 강습하여 지식을 교류한다.

공영달은 "같이 수학한 사람을 '붕朋'이라 하고, 같은 뜻을 가진 사람을 '우友'라고 한다. 붕우가 모여 더불어 도의를 강습하니, 서로 기뻐함이 지극한 것이 이 보다 더 큰 것은 없다(同門曰朋, 同志曰友. 朋友聚居, 講習道義, 相說之盛, 莫過於此也)"라고 하였다. 그의 설명은 아주 좋다.

진고응은 "두 개의 조개껍질을 꿰어 겹친 것이 '붕朋'이고(兩串貝殼相重爲'朋'), 두 손을 포갠 것이 '우友'이고(兩手相合爲'友'), 두 사물이 서로 교류하는 것이 '강講'이고(兩物

相交爲'講'), 한 가지 일을 중복하여 하는 것이 '습習'이다(重複做一件事情爲'習'). 총괄하면, '붕', '우', '강', '습'은 모두 서로 겹친다는 뜻이 있다(總之, 朋, 友, 講, 習皆有相重之義). 못이 서로 윤택하게 하여 서로 보태니(澤之相潤相益), 사물은 기뻐한다(物所欣悅). 벗이 도를 논하고 업을 익혀(朋友論道習業), 서로 보태니(相互滋益), 사람이 기뻐한다(人所欣悅)" 라고 하였다.

初九, 和兌, 吉.
처음 양효는 온화하게 기뻐하니, 길하다.

'화和'는 온화하다는 뜻이다. '태兌'는 기뻐하다는 뜻의 열悅이다. '화태和兌'는 온화하게 기뻐하는 것이다.

象曰 '和悅'之'吉', 行未疑也.
'온화하게 기뻐하니, 길하다'는 것은 행함에 의심이 없다는 것이다.

'행미의야行未疑也'는 '행미유소의야行未有所疑也'가 완전한 문장이다. 4글자로 만들기 위해 의도적으로 글자를 생략하였다. 백화로 해석하면 '行事沒有疑惑', '行爲不爲人所疑心'이다. 「상」은 효사를, 얼굴에 온화한 화색을 띠고 기뻐한다는 것은 행함에 의심이 없는 것이라고 해석하였다.

九二, 孚兌, 吉, 悔亡.
둘째 양효는 믿음 있게 기뻐하니, 길하여 뉘우침이 없어진다.

'부孚'는 믿음이라는 뜻의 신信이다. 태兌'는 기뻐하다는 뜻의 열悅이다. '부태孚兌'는 믿음 있게 기뻐하는 것이다.

象曰 '孚兌'之'吉', 信志也.
'믿음 있게 기뻐하니, 길하다'는 것은 (기뻐하는) 뜻을 믿는다는 것이다.

「상」은 '신信'을 가지고 효사의 '부孚'를 해석하였다. '지志'는 기뻐하는 뜻이다. 「상」은 효사를, 믿음 있게 기뻐한다는 것은 사람들이 기뻐하는 뜻을 믿는 것이니 길하다고 해석하였다. 고형은 '지志'를 '지之'로 읽고, "사람이 믿는다는 것이다(孚兌則他人亦信

任之)”라고 해석하였다.

「소상」에 ‘신지야信志也’는 ① 혁革 九四 ② 태兌 九二, 2곳 기록되어 있다.

六三, 來兌, 凶.

셋째 음효는 와서 기뻐하니, 흉하다.

‘태兌’는 기뻐하다는 뜻의 열悅이다. ‘내태來兌’에 대해 해석이 분분하다.

첫째, 『집해』에 우번은 “대장에서 와서, 자신의 자리가 아니므로 흉하다(從大壯來, 失位, 故來兌凶矣)”라고 하였는데, 대장大壯(䷡)의 다섯째 음효가 태兌(䷹)의 셋째 음효로 왔다는 말이다.

둘째, 왕필은 “음이 자신의 자리가 아닌데 거하여, 와서 기쁨을 구하는 것이다(以陰柔之質, 履非其位, 來求說者也)”라고 하여, ‘내來’를 ‘내구來求’로 읽었다. 공영달, 굴만리가 이를 따랐다.

셋째, 정이는 “‘내태來兌’는 나아가 기쁨을 구하는 것이다. 아래의 양과 이웃하여, 자신을 굽히는 것이 도가 아닌데, 나아가 기쁨을 구하니, 그래서 흉하다(來兌, 就之以求說也. 比於在下之陽, 枉己非道, 就以求說, 所以凶也)”라고 하여, ‘來兌’를 ‘就之以求說’로 해석하였다.

넷째, 주희는 “위로 응하는 것이 없어 되돌아와 두 양에게 나아가 기쁨을 구하니, 흉의 도이다(上无所應, 而反來就二陽以求說, 凶之道也)”라고 하였는데, 래지덕이 이를 따랐다.

다섯째, 고형은 “‘내태來兌’는 외부의 사물이 와서 기뻐하는 것이니(‘來兌’者, 外界事物來便喜悅之), 시비선악을 따지지 않는 것이다(不計其是非善惡也)”라고 하였다.

여섯째, 진고응은 “『역전』에서 효가 아래에서 위로 올라가는 것을 ‘왕往’이라 하고(『易傳』中, 爻自下而上爲‘往’), 위에서 아래로 내려오는 것을 ‘내來’라고 한다(自上而下爲‘來’). 셋째 음효는 아래로 내려와 둘째 양효에서 기쁨을 취하니(六三來下取悅於九二), 그래서 ‘내태來兌’라고 한 것이다(所以說‘來兌’)”라고 해석하였다.

왕필의 해석이 「상」의 뜻과 비교적 부합한다.

象曰 ‘來兌’之‘凶’, 位不當也.

‘와서 기뻐하니, 흉하다’는 것은 자리가 합당하지 않기 때문이다.

‘위부당位不當’은 셋째 음효가 음이면서 양의 자리에 있다는 것이며(효위), 처한 자리가 합당하지 않는 상이다(효상). 「상」은 효사를, 와서 기뻐하니 흉한 것은 셋째 음효가 양의 자리에 와서 그 자리가 합당하지 않기 때문이라고 해석하였다.
「소상」에 '위부당位不當'은 모두 16곳 기록되어 있다. 10번 이履 六三을 참고하라.

九四, 商兌未寧. 介疾有喜.
넷째 양효는 상의하여 기뻐하나 편안하지 못하다. 큰 병이 낫는다.

『석문』에 "'상商'은 의논한다는 뜻의 상량商量(商, 商量也)", 왕필도 '상량商量'이라고 하였다. '태兌'는 기뻐하다는 뜻의 열悅이다. '녕寧'은 편안하다는 뜻의 안安이다. 『석문』에 마융은 "'개介'는 크다는 뜻의 대大"라고 하였다. '질疾'은 병이다. '유희有喜'는 병이 낫는 것이다.

象曰 '九四'之'喜', 有慶也.
'넷째 양효가 낫는다'는 것은 경사가 있다는 것이다.

「상」은 '경慶'을 가지고 효사의 '희喜'를 해석하였다. 「상」은 효사를, 큰 병이 낫는다는 것은 경사가 있는 것이라고 해석하였다.
「소상」에 '유경야有慶也'는 ① 대축大畜 六五 ② 풍豐 六五 ③ 태兌 九四, 3곳 기록되어 있다. '대유경야大有慶也'는 ① 이履 上九 ② 이頤 上九 2곳, '왕유경야往有慶也'는 ① 진晉 六五 ② 규睽 六五, 2곳 기록되어 있다.

九五, 孚于剝, 有厲.
다섯째 양효는 몰락할 때 믿음이 있으나, 위태롭다.

'부孚'는 믿음이라는 뜻의 신信이다. '박剝'은 박락剝落, 박삭剝削, 몰락한다는 뜻이다.

象曰 '孚于剝', 位正當也.
'몰락할 때 믿음이 있다'는 것은 자리가 바르고 합당하기 때문이다.

'위정당位正當' 다섯째 양효가 윗괘의 가운데와 바른 자리에 있다는 것이며(효위), 정도를 지켜 합당한 자리에 처해 있는 상이다(효상). 「상」은 효사 '부우박孚于剝'을, 몰락할 때 처하여 믿음이 있는 것은 다섯째 양효의 자리가 바르고 합당하기 때문이라고 해석하였다.

「소상」에 '위정당位正當'은 ①이履 九五 ②비否 九五 ③태兌 九五 ④중부中孚 九五, 모두 4곳 기록되어 있다. 4곳 모두 다섯째 양효가 자신의 자리에 있다.

上六, 引兌.

꼭대기 음효는 이끌려서 기뻐한다.

'태兌'는 기뻐하다는 뜻의 열悅이다. 왕필은 '인引'을 '견인見引'이라고 하였는데, 이끌림을 받는다는 뜻이다. 굴만리는 '견인牽引'이라고 하였다. '인태引兌'는 이끌려서 기뻐한다는 뜻이다.

象曰 '上六''引兌', 未光也.

'꼭대기 음효가 이끌려서 기뻐한다'는 것은 밝지 않다는 것이다.

「상」은 효사를, 이끌려서 기뻐한다는 것은 그 덕이 밝지 않은 것이라고 해석하였다. 혹은 '광光'을 '광廣'으로 읽어, 이끌려서 기뻐한다는 것은 그 덕이 넓지 않는 것이라고 해석하여도 통한다.

「소상」에 '미광야未光也'는 ①서합噬嗑 九四 ②진震 九四 ③태兌 上六, 3곳 기록되어 있다. ①과 ③은 '光'의 뜻으로, ②는 '廣'의 뜻으로 쓰였다. 「소상」에 '~光也'는 모두 9곳 기록되어 있다. 2번 곤坤 六二 「상」을 참고하라.

태 「상」에서 '의疑', '지志'와 '당當', '경慶', '당當', '광光'은 운이다.

유백민: '疑', 七之. 與下'志', 七志. 爲韻.

'當', 十一唐, 四十二宕二韻. 與下'慶', 音羌. '光', 十一唐. 以平去通爲一韻.

스즈키: '의疑', '지志'와 '당當', '경慶', '당當', '광光'.

59. 환渙

☴☵ 象曰 風行水上, 渙. 先王以享于帝立廟.

바람이 물위에서 부는 것이 환의 상이다.

선왕은 이 상을 본받아 상제에게 제사를 올리고 종묘를 세운다.

風行水上, 渙.

환은 윗괘가 손巽이고 아랫괘는 감坎이다. 손은 바람(風)이고 감은 물(水)이다. 그런즉 '바람이 물위에서 부는 것'이 환의 상이다. 바람이 물위에서 불고 있으니, 물결이 크게 일어나 물은 세차게 흘러가며 사방으로 흩어진다. 「상」은 '환渙'을 흩어지다(散), 물이 세차게 흘러가다(水流洶涌奔蕩)는 뜻으로 새겼다.

先王以享于帝立廟

'선왕'은 옛날의 이상적인 통치자이다. 『집해』에 우번은 "'향享'은 제사를 올린다는 뜻의 제祭"라고 하였다. '제帝'는 천제天帝(순상), 상제上帝(공영달)이다. '천제'나 '상제'는 같은 개념이며, 우리말의 '하느님'이다. 16번 예豫 「상」과 50번 정鼎 「단」에 '상제上帝'라고 하였다. '향우제享于帝'는 상제에게 제사를 올린다는 말이다. '묘廟'는 『집해』에 순상이 '종묘宗廟'라고 하였다. '입묘立廟'는 종묘를 세운다는 말이다. 바람이 물위에서 불면 물결은 크게 일어나 물은 세차게 흘러가며 사방으로 흩어진다. 선왕은 이 상을 보고 이를 본받아 상제에 제사를 올리고 종묘를 세워, 민심을 수습하여 백성이 흩어지는 것을 막는다.

순상은 "천명을 받은 왕이 흩어진 백성을 모으는데, 위로는 천제에게 제사를 올리고, 아래로는 종묘를 세운다(受命之王, 收集散民, 上享天帝, 下立宗廟也)"라고 하였다.

정이는 "바람이 물위에 부니, 흩어지는 상이 있다. 선왕은 이 상을 보고 천하가 흩어지는 것을 구하기 위해, 상제에게 제사를 올리고 종묘를 세우는 것에 이른다. 인심을 거두어들이는 데는 종묘만한 것이 없다. 제사를 올려 보답하는 것은 그 마음에서 나온다. 그러므로 상제에게 제사를 올리고 종묘를 세우는 것은 인심이 귀착하는 곳이다. 인심을 묶고 흩어짐을 합하는 방법은 이것보다 큰 것이 없다(風行水上, 有渙散之象. 先王觀是象, 救天下之渙散, 至于享帝立廟也. 收合人心, 无如宗廟. 祭祀之報, 出于其心. 故享帝立廟, 人心之所歸也. 繫人心, 合離散之道, 无大於此)"라고 하였다.

初六, 用拯馬壯, 吉.
처음 음효는 타고 가는 말이 튼튼하니, 길하다.

'용用'은 '이以'이며, 원인을 나타내는 전치사 인因으로 읽는다. 『석문』에 "'증拯'은 구제하다는 증拯(拯, 救之拯也)"이라 하고 "복만용은 '구제하다는 뜻의 제濟'(伏曼容云濟

也)"라고 하였다. '증拯'은 공영달이 '증제拯濟'라고 하였는데, '증拯'은 '제濟'와 뜻이 같으며, 구제하다(濟), 구원하다(救)는 뜻이다. '증마拯馬'는 구제하는 말이며, 왕이 타고 가는 말이다. 『백서』에는 '증마拯馬'가 '증마撜馬'로 되어 있는데, '증撜' 역시 건지다, 구제하다는 뜻의 증拯이다. '장壯'은 건장하다, 튼튼하다는 뜻이다. 36번 명이明夷 둘째 음효 효사에도 '用拯馬壯, 吉'이라고 하였다.

象曰 '初六'之'吉', 順也.
'처음 음효가 길하다'는 것은 순종하기 때문이다.

'순야順也'는 '이순야以順也'로 하는 것이 바르다. 「상」을 지은 사람이 '이以'자를 빠뜨렸다. '이以'는 인因의 뜻이다. '순順'은 처음 음효(初六)의 효위를 가지고 말한 것이다. 처음 음효는 둘째 양효의 아래에 있으니(효위), 유가 강에 순종하며, 말이 사람에게 순종하는 상이다(효상). 「상」은 효사를, 타고 가는 말이 온순하여 사람에 순종하기 때문에 길하다고 해석하였다.

九二, 渙奔其机, 悔亡.
둘째 양효는 물이 섬돌을 세차게 휩쓸고 흘러가니, 뉘우침이 없어진다.

'환渙'은 물이 세차게 휩쓸고 흘러간다는 뜻이다. '분奔'은 급히 달리는(急赴) 것이다. 『백서』에는 '궤机'가 '계階'로 되어 있다. '궤机'는 당연히 '계階'로 읽어야 한다. '궤机'는 책상이고, '계階'는 섬돌, 계단이라는 뜻이다.

象曰 '渙奔其机', 得願也.
'물이 섬돌을 세차게 휩쓸고 흘러간다'는 것은 원하는 바를 얻었다는 것이다.

'득원야得願也'는 '득소원야得所願也'로 하는 것이 바르다. 「상」을 지은 사람이 '소所'자를 빠뜨렸다. 53번 점漸 九五 「상」에는 '得所願也'라고 하였다. 「상」은 '득원得願'을 가지고 효사의 '회망悔亡'을 해석하였다. '득원得願'은 원하는 바를 얻었다는 말이다. 「상」은 효사를, 물이 섬돌을 세차게 휩쓸고 흘러가 주위를 깨끗이 청소하니, 이것은 원하는 바를 얻은 것이어서 뉘우침이 없어진다고 해석하였다.

六三, 渙其躬, 无悔.

셋째 음효는 물이 몸을 세차게 휩쓸고 흘러가나, 뉘우침이 없다.

'환渙'은 물이 세차게 휩쓸고 흘러간다는 뜻이다. '궁躬'은 신身이며, 자신을 가리킨다. 『집해』에 순상은 "몸 가운데가 '궁躬'이다(體中曰躬)"라고 하였는데, 배(腹)와 가슴(胸)을 가리킨다.

象曰 '渙其躬', 志在外也.
'물이 몸을 세차게 휩쓸고 흘러간다'는 것은 뜻이 밖에 있다는 것이다.

'지志'는 재난을 구제받으려는 뜻이다. '외外'는 윗괘의 꼭대기 양효를 가리킨다. 왕필은 "강과 뜻을 합한다(與剛合志)"라고 하였는데, '강剛'은 꼭대기 양효를 가리킨다. 셋째 음효와 꼭대기 양효는 음양이 서로 응하고 있다. 「상」은 효사를, 물이 몸을 세차게 휩쓸고 흘러가나 뉘우침이 없는 것은 셋째 음효의 뜻이 꼭대기 양효의 구원을 받아 재난에서 벗어나는 데 있기 때문이라고 해석하였다.
「소상」에 '지재외야志在外也'는 3곳 기록되어 있는데, 모두 아랫괘에 쓰였다. 11번 태泰 初九를 참고하라.

六四, 渙其羣, 元吉. 渙有丘, 匪夷所思.
넷째 음효는 물이 무리를 세차게 휩쓸고 흘러가니, 크게 길하다.
물이 언덕을 세차게 휩쓸고 흘러간다면, 평소의 생각이 아니다.

'환渙'은 물이 세차게 휩쓸고 흘러간다는 뜻이다. '군羣'은 무리 중衆이다. '원元'은 크다는 뜻의 대大이다. '유有'는 '우于'와 같다. '비匪'는 '비非'로 읽는다. 고형은 "'이夷'는 평상平常"이라고 하였다. '비이소사匪夷所思'는 평소에 생각하는 바가 아니라는 것이다.

象曰 '渙其羣元吉', 光大也.
'물이 무리를 세차게 휩쓸고 흘러가니, 크게 길하다'는 것은 넓고 크다는 것이다.

「상」은 '군羣'을 사악한 무리로 여겼다. '광光'은 넓다는 뜻의 광廣으로 읽는다. '광대光大'는 물이 세차게 휩쓸고 흘러가는 것이 넓고 크다는 말이다. 「상」은 효사 '환기군渙其羣, 원길元吉'을, 물의 힘이 넓고 커서 사악한 무리를 세차게 휩쓸고 흘러가니,

크게 길하다고 해석하였다.

九五, 渙汗其大號. 渙王居, 无咎.
다섯째 양효는 땀을 뻘뻘 흘리며 크게 울부짖는다.
물이 왕의 거소를 세차게 휩쓸고 흘러가나, 허물이 없다.

'환한기渙汗其'는 '환기한渙其汗'으로 읽어야 한다(고형). 『백서』에는 '환기간渙其肝'으로 되어 있는데, '간肝'과 '한汗'은 같은 발음 계열이며, 옛날에 통용되었다. 앞의 '환渙'은 땀을 뻘뻘 흘리는 것이다. '한汗'은 땀이다. '호號'는 울부짖다(咷)는 뜻이다. '渙其汗大號'의 주어는 앞 효사의 '무리(羣)'이다. 「상」은 사악한 무리로 본 것이다. '왕거王居'는 왕의 거소이다.

象曰 '王居无咎', 正位也.
'왕의 거소는 허물이 없다'는 것은 자리가 바르기 때문이다.

'정위야正位也'는 '위중정야位中正也'로 하는 것이 바르다. 「상」을 지은 사람이 '中'자를 빠뜨렸고, 또 운을 맞추기 위해 의도적으로 글자를 도치하였다. 「상」의 '외外', '대大', '위位', '해害'는 운이다. '정正'은 양이 양의 자리에 있다는 것이다. '정위正位'는 다섯째 양효가 윗괘의 가운데와 바른 자리에 있다는 것이며(효위), 왕이 바른 자리에 처하여 중도를 행하는 상이다(효상). 「상」은 효사 '왕거무구王居无咎'를, 물이 사악한 무리를 세차게 휩쓸고 흘러가니, 사악한 무리들이 땀을 뻘뻘 흘리며 크게 울부짖는다. 물이 왕의 거소를 세차게 휩쓸고 흘러가나 허물이 없는 것은 다섯째 양효가 윗괘의 가운데와 바른 자리에 있기 때문이라고 해석하였다. 즉 왕이 자신의 자리에 처하여 중도를 행하기 때문이라는 것이다.

上九, 渙其血, 去逖出, 无咎.
꼭대기 양효는 피를 줄줄 흘리니, 멀리 떠나가면 허물이 없다.

'환渙'은 피를 줄줄 흘리는 것이다. '거去'는 떠나간다는 뜻의 이離이다. 「상」은 '적逖'을 멀다는 뜻의 원遠으로 새겼다. '출出'은 가다는 뜻의 주走와 같다.

象曰 '渙其血', 遠害也.

'피를 줄줄 흘린다'는 것은 해를 멀리한다는 것이다.

「상」은 '원遠'을 가지고 효사의 '적逖'을, '해害'를 가지고 '혈血'을 해석하였다. 「상」은 효사 '환기혈渙其血'을, 피를 줄줄 흘리니 멀리 떠나가면 해를 멀리하는 것이라고 해석하였다.

환「상」에서 '순順', '원願'과 '외外', '대大', '위位', '해害'는 운이다.
유백민: '順', 二十二稕. 與下'願', 二十五願. 相韻.
'外', 十四泰. 與下'大', 十四泰. '位', 六至. '害', 十四泰. 爲韻.
스즈키: '순順', '원願'과 '외外', '대大', '위位', '해害'.

60. 절節

䷻ 象曰 澤上有水, 節. 君子以制數度, 議德行.
못 위에 물이 있는 것이 절의 상이다.
군자는 이 상을 본받아 여러 제도를 만들고 덕행을 논의한다.

澤上有水, 節.

절은 아랫괘가 태兌이고 윗괘는 감坎이다. 태는 못(澤)이고 감은 물(水)이다. 그런즉 '못 위에 물이 있는 것'이 절의 상이다. 못 위에 물이 있으니, 물은 못 밖으로 넘쳐흘러 둑을 쌓아 절제해야 한다. 「상」은 '절節'을 절제(制)의 뜻으로 새겼다.

『집해』에 후과는 "못 위에 물이 있으니 둑으로 절제한다(澤上有水, 以隄防爲節)", 유백민은 "못이 물을 담는 것은 한계가 있다(澤之容水, 其容有限). 못이 허하면 물을 채우고, 가득 차면 물을 흘러 보내니(虛則納之, 滿則泄之), 물은 못으로 절제된다(水以澤爲節也)"라고 하였다.

君子以制數度

'군자'는 최고 통치자이다. '제制'는 제정한다는 뜻이다. '수數'는 몇 가지, 여러 가지이며, 제도의 수를 나타낸 것이다. '도度'는 제도이다. '수도數度'는 여러 가지 제도이다. 고형은 "'수도數度'는 제도制度와 같다(數度猶制度). 제도에는 등급의 수가 있으므로

'수도數度'라고 한 것이다(因其有等級之數, 故謂之數度)"라고 하였다. 이렇게 해석하여도 통한다. '제수도制數度'는 여러 제도를 제정한다는 말이다.

議德行

'의議'는 의논하다는 뜻이다. '의덕행議德行'은 덕행을 논의한다는 말이다. 못 위에 물이 있으니, 물은 못 밖으로 넘쳐흘러 둑을 쌓아 절제해야 한다. 군자는 이 상을 보고 이를 본받아 여러 제도를 만들어 백성을 절제하고 덕행을 논의하여 결정하다.

정이는 "못이 물을 담는 것은 한계가 있어, 지나치면 가득 차 넘치니, 그래서 절제가 있으므로 절이다. 군자는 절의 상을 보고, 많고 적은 법제를 제정한다. 무릇 사물의 대소, 경중, 고하高下, 문질文質은 모두 많고 적은 법제가 있으니 그래서 절이다. '수數'는 많고 적음이다. '도度'는 법제이다. '의덕행議德行'은 심중에 간직하고 있는 것은 '덕'이고, 밖으로 나타나는 것은 '행'이다. 사람의 덕행은 당연히 의로우면 절도에 맞는다. '의'는 의논하여 절도에 맞는 것을 구하는 것이다(澤之容水有限, 過則盈溢, 是有節, 故爲節也. 君子觀節之象, 以制立數度. 凡物之大小, 輕重, 高下, 文質, 皆有數度, 所以爲節也. 數, 多寡. 度, 法制. 議德行者, 存諸在中爲德, 發於外爲行. 人之德行當義則中節. 議, 謂商度求中節也)"라고 하였다.

初九, 不出戶庭, 无咎.
처음 양효는 집 뜰을 나가지 않으니, 허물이 없다.

'불출不出'은 나가지 않는 것이다. '호정戶庭'은 집 안의 뜰이다. 『집해』에 최경은 "'호정戶庭'은 실정室庭"이라고 하였다. 집 마당, 안마당이란 뜻이다. 주희는 "집 밖의 뜰('戶庭', 戶外之庭也)"이라고 하였다.

象曰 '不出戶庭', 知通塞也.
'집 뜰을 나가지 않는다'는 것은 통하고 막히는 것을 알기 때문이다.

'통通'은 통하는 것이고, '색塞'은 막혀서 통하지 않는 것이다. 「상」은 효사 '불출호정不出戶庭'을, 집 뜰을 나가지 않는 것은 통하고 막히는 것을 알기 때문이라고 해석하였다. 즉 지금 막혀있으므로 집 뜰을 나가지 않으니 허물이 없다는 것이다.

「계사」 상·8장에 "'집 뜰을 나가지 않으니 허물이 없다.' 공자께서 말씀하셨다. '어지러움이 일어나는 것은 말이 씨가 된다. 임금이 비밀을 지키지 않으면 신하를 잃게 되고, 신하가 비밀을 지키지 않으면 몸을 잃게 되며, 기밀 사항이 지켜지지 않으면 해를 당하게 된다. 그래서 군자는 신중히 비밀을 지켜 집 뜰을 나가지 않는 것이다'('不出戶庭, 无咎'. 子曰 亂之所生也, 則言語以爲階. 君不密則失臣, 臣不密則失身, 幾事不密則害成. 是以君子愼密而不出也)"라고 하였다. 「계사」는 집 뜰을 나가지 않는 것을 말을 신중히 하고 비밀을 지키는 것으로 해석하였으니, 「상」의 해석과 매우 다르다.

九二, 不出門庭, 凶.
둘째 양효는 문 안뜰을 나가지 않으니, 흉하다.

'문정門庭'은 문 안의 뜰이다.

象曰 '不出門庭凶', 失時極也.
'문 안뜰을 나가지 않으니 흉하다'는 것은 때를 잃은 것이 극에 이르렀다는 것이다.

'실시극야失時極也'는 '이실시야以失時也'로 하는 것이 바르다. 운을 맞추기 위해 의도적으로 '극極'자를 넣었다. '색塞'과 '극極'은 운이다. "'문 안뜰을 나가지 않으니 흉하다'는 것은 문 안뜰을 나가야 할 때를 잃었기 때문이다"라는 말이다. 또 '실시극과야失時極過也'로 해도 통한다. 운을 맞추고 4글자로 만들기 위해 의도적으로 '과過'자를 생략한 것으로도 볼 수 있다. "'문 안뜰을 나가지 않으니 흉하다'는 것은 때를 잃은 것이 극히 지나쳤다는 것이다"라는 말이다.

'시時'는 '출문정지시出門庭之時', 문 안뜰을 나가야 할 때이다. '극極'은 극에 이르다, 매우 지나치다는 뜻이다. 「상」은 효사를, 문 안뜰을 나가지 않는 것은 나가야 할 때를 잃은 것이 극에 이르렀기 때문이니, 흉하다고 해석하였다.

『집해』에 우번은 "'극極'은 중(極, 中也)"이라고 하였는데, '극極'을 '중中'으로 읽어, "때의 알맞음을 잃었다"라고 해석하여도 통한다. 우번은 둘째 양효는 가운데 자리에 있고(中) 양이면서 음의 자리에 있는 것(以陽居陰)을 가지고 '실시중失時中'을 해석하지 않았다. '극極'에는 '중中'의 뜻이 있다. 진고응은 "'극極'은 중中이며, 알맞다는 뜻('極', 中, 適當)"이라 하고 "적당한 시기를 잃었기 때문이다(因爲他喪失了適當的時機)"라고 해석하였다.

六三, 不節若, 則嗟若, 无咎.
셋째 음효는 절제하지 않으니, 탄식하나, 허물이 없다.

'절節'은 절제이다. '차嗟'는 탄식한다(嘆)는 뜻이다. 두 개의 '약若'은 언焉과 같은 어조사이다. 왕필은 "'약若'은 어조사(若, 辭也)"라고 하였다.

象曰 '不節之嗟', 又誰'咎'也.
'절제하지 않으니 탄식한다'는 것은 또 누구의 허물이겠는가.

「상」은 효사를, 절제하지 않으니 탄식하는 것은 다른 사람의 허물이 아니라, 절제하지 않은 자신의 허물이라고 해석하였다.

왕필은 "음이 양의 자리에 처하고, 유가 강을 탔으니, 절제의 도를 어겨 탄식함에 이른 것이다. 자신이 불러들인 것이니, 허물을 탓할 바가 없다(以陰處陽, 以柔乘剛, 違節之道以至哀嗟. 自己所致, 无所怨咎)"라고 하였다.

「소상」에 '우수구야又誰咎也'는 ①동인同人 初九 ②해解 六三 ③절節 九二 등 모두 3곳 기록되어 있는데, 해解 六三을 제외한 나머지 두 괘의 효사에는 '무구无咎'가 있다.

六四, 安節, 亨.
넷째 음효는 절제에 안주하니, 형통하다.

'안安'은 편안하다, '절節'은 절제이다. 굴만리는 "'안절安節'은 안어절安於節"이라고 하였다. '안절安節'은 절제에 안주한다는 뜻이다. '형亨'은 형통하다는 뜻의 통通이다.

象曰 '安節'之'亨', 承上道也.
'절제에 안주하니 형통하다'는 것은 윗사람의 도를 받든다는 것이다.

'승상도야承上道也'는 '승상야承上也'로 하는 것이 바르다. 운을 맞추기 위해 의도적으로 '도道'자를 넣었다. '구咎'와 '도道'는 운이다. '승承'은 받든다는 뜻의 봉奉이다. '상上'은 다섯째 양효를 가리키며, 넷째 음효는 다섯째 양효의 아래에 있으니(효위), 윗사람을 받드는 상이다(효상). '도道'는 절제지도節制之道이다. 「상」은 효사를, 절제에 안주한다는 것은 넷째 음효가 다섯째 양효(의 절제의 도)를 받드는 것이므로 형통하다고 해석하였다.

九五, 甘節, 吉. 往有尙.

다섯째 양효는 절제를 달게 여기니 길하다. 가면 상이 있다.

'감甘'은 달게 여긴다, '절節'은 절제이다. '감절甘節'은 절제를 달게 여긴다는 뜻이다. '상尙'은 '상賞'으로 읽는다.

象曰 '甘節'之'吉', 居位中也.
'절제를 달게 여기니 길하다'는 것은 바른 자리에 거하여 중도를 행하기 때문이다.

'거위중야居位中也'는 '위정중야位正中也'로 하는 것이 바르다. 운을 맞추기 위해 의도적으로 '정正'을 생략하고 '거居'자를 더하였다. '중中', '궁窮'은 운이다. '거위중야居位中也'는 '위정중야位正中也'로 하면 더 확실한데 「상」을 지은 사람이 실수하였을 것이다.

'거위居位'는 다섯째 양효가 양이 양의 자리에 있다는 것이고, '중中'은 다섯째 양효가 윗괘의 가운데 자리에 있다는 것이며(효위), 바른 자리에서 중도를 행하는 상이다(효상). 「상」은 효사를, 절제를 달게 여기니 길한 것은 다섯째 양효가 바른 자리에 거하여 중도를 행하기 때문이라고 해석하였다. 그래서 가면 상이 있다는 것이다.

上六, 苦節, 貞凶, 悔亡.
꼭대기 음효는 절제를 고통으로 여기니, 바르게 해도 흉하나, 뉘우침이 없어진다.

'고苦'는 쓰다, '절節'은 절제이다. '고절苦節'은 절제를 고통으로 여긴다는 뜻이다. '정貞'은 바르다는 뜻의 정正이다.

象曰 '苦節貞凶', 其道窮也.
'절제를 고통으로 여기니, 바르게 해도 흉하다'는 것은 그 도가 궁하다는 것이다.

'기其'는 꼭대기 음효를 가리킨다. '도道'는 절제지도節制之道이다. '궁窮'은 꼭대기 음효의 효위를 가리킨다. 꼭대기 음효는 한 괘의 꼭대기에 있으니(효위), 궁한 상이다(효상). 「상」은 효사를, 절제를 고통으로 여기니, 꼭대기 음효의 절제의 도가 꼭대기에 이르러 궁하므로 바르게 해도 흉하다고 해석하였다.

『집해』에 순상은 "위로 양을 타고, 아래로 응하는 것이 없으니, 그 도가 궁한 것이다(乘陽於上, 无應於下, 故其道窮也)"라고 하였다.

「소상」에 '기도궁야其道窮也'는 ①곤坤 上六 ②절節 上六, 2곳 기록되어 있다.

절「상」에서 '색塞', '극極'과 '구咎', '도道'와 '중中', '궁窮'은 운이다.
유백민: '塞', 二十五德. 與下'極', 二十四職. 相韻.
'咎', 四十四有, 叶音杲. 與下'道', 三十二皓. 相韻.
'中', 一東. 與下'窮', 一東. 相韻.
スズキ: 색塞', '극極'과 '구咎', '도道'와 '중中', '궁窮'.

61. 중부中孚

☴☱ 象曰 澤上有風, 中孚. 君子以議獄緩死.
못 위에 바람이 있는 것이 중부의 상이다.
군자는 이 상을 본받아 송사를 심의하여 사형을 늦춘다.

澤上有風, 中孚.

중부는 아랫괘가 태兌이고 윗괘는 손巽이다. 태는 못(澤)이고 손은 바람(風)이다. 그런즉 '못 위에 바람이 있는 것'이 중부의 상이다. 못 위에 바람이 있으니, 바람에 따라 물결이 움직이는 것이 거짓이 없다. 「상」은 '중부中孚'를 마음속(中)이 진실한 것(孚)으로 뜻을 새겼다.

君子以議獄緩死

'군자'는 최고 통치자이다. '의議'는 의논議論, 상의商議, 심의審議한다는 뜻이다. '옥獄'은 송사이다. '완緩'은 늦추다(遲), '사死'는 사형이다. '의옥완사議獄緩死'는 송사를 심의하여 사형을 늦춘다는 말이다. 못 위에 바람이 있으니, 바람에 따라 물결이 움직이는 것이 거짓이 없다. 군자는 이 상을 보고 이를 본받아 송사를 심의하여 사형을 늦추어, 마음속에 믿음이 있음을 보여준다.

공영달은 "바람이 못 위에 불고 있으니, 이르지 않는 곳이 없다. 이것은 믿음이 사물에 미치는 것이 이르지 않는 것이 없는 것과 같다(風行澤上, 无所不周. 其猶信之被物, 无所不至)"라고 하였다.

初九, 虞吉, 有它不燕.
처음 양효는 (믿음에) 편안히 있으면 길하나,
다른 것을 구하려 하면 편안하지 못하다.

'우虞'는 『집해』에 순상이 "편안하다는 뜻의 안安", 왕필은 "오로지라는 뜻의 전專", 정이는 "헤아린다는 뜻의 탁度"으로 읽었다. '유타有它'는 다른 것을 얻으려 한다는 뜻이다. 공영달은 "'연燕'은 편안하다는 뜻의 안安"이라고 하였다.

象曰 '初九''虞吉', 志未變也.
'처음 양효가 (믿음에) 편안히 있으면 길하다'는 것은 뜻이 변하지 않는다는 것이다.

'지志'는 중부지지中孚之志이다. 「상」은 '지미변志未變'을 가지고 효사의 '유타불연有它不燕'을 해석하였다. 「상」은 효사 '우길虞吉'을, 마음속에 믿음을 지니고 편안히 있으면 길한 것은 다른 것을 얻으려고 하지 않으므로 믿음에 대한 뜻이 변하지 않는 것이라고 해석하였다.
「소상」에 '지미변야志未變也'는 ①가인家人 初九 ②중부中孚 初九, 2곳 기록되어 있다.

九二, 鳴鶴在陰, 其子和之. 我有好爵, 吾與爾靡之.
둘째 양효는 학이 나무 그늘에서 울고 있으니, 그 새끼가 화답하네.
나에게 좋은 술이 있으니, 너와 함께 마시네.

'음陰'은 그늘이라는 뜻의 '음蔭'이며, 나무 그늘이다. '기其'는 나무 그늘에서 울고 있는 어미 학을 가리킨다. '자子'는 학의 새끼이다. '화和'는 응應한다는 뜻이다. '지之'은 어미 학을 가리킨다. 고형은 "'작爵'은 작은 참새 모양의 술잔('爵', 飮酒之器, 形似小雀)"이라고 하였다. 여기에서는 술을 가리킨다. 『석문』에 "'미靡'는 한시에 함께 '공'이라고 하였는데, 맹희도 같다(靡, 韓詩云共也. 孟同)", 『집해』에 우번도 "'미靡'는 함께 공共"이라고 하였다. '지之'는 좋은 술(好爵)을 가리킨다.

象曰 '其子和之', 中心願也.
'그 새끼가 화답한다'는 것은 마음속으로 원한다는 것이다.

'중中'은 둘째 양효가 아랫괘의 가운데에 있다는 것이며(효위), 마음속의 상이다(효상). '중심원中心願'에 대해, 공영달은 '믿음을 가지고 응하는 것(得誠信而應之)'이라 하였고, 정이는 '참으로 원하는 것(誠意所願)'이라고 하였다. '중심中心'은 '심중心中'이며 '내심內心'이다. 「상」은 효사 '기자화지其子和之'를, 학의 새끼가 어미의 울음소리에 화답하는 것은 학의 새끼가 그 어미를 마음속으로 원한다는 것이다, 즉 진실로 원하는 것이라고 해석하였다.

「계사」 상·8장에 "'학이 나무 그늘에서 울고 있으니, 그 새끼가 화답하네. 나에게 좋은 술이 있으니 너와 함께 마시네.' 공자께서 말씀하셨다. '군자가 집에 있으면서 말하는 것이 선하면 천리 밖에서도 응하니, 하물며 가까운 곳에 있는 사람이겠는가. 집에 있으면서 말하는 것이 불선하면 천리 밖에서도 따르지 않으니, 하물며 가까운 곳에 있는 사람이겠는가. 말은 몸에서 나와 백성에 미치고, 행동은 가까운 데서 시작하여 멀리까지 나타난다. 말과 행동은 군자의 중요한 관건이다. 중요한 관건이 발하니 영광과 욕됨의 주인이다. 말과 행동은 군자가 천지를 움직이는 것이니, 신중하지 않을 수 있겠는가!'('鳴鶴在陰, 其子和之. 我有好爵, 吾與爾靡之.' 子曰 君子居其室, 出其言善, 則千里之外應之, 況其邇者乎. 居其室, 出其言不善, 則千里之外違之, 況其邇者乎. 言出乎身, 加乎民. 行發乎邇, 見乎遠. 言行君子之樞机, 樞机之發, 榮辱之主也. 言行君子之所以動天地也, 可不愼乎)"라고 하였다. 「계사」는 군자의 언행이 선하면 사람들이 따르고, 불선하면 따르지 않으니, 언행에 신중해야 한다는 것으로 효사를 해석한 것이니, 「상」의 해석과 매우 다르다.

「소상」에 '중심원야中心願也'는 ① 태泰 六四 ② 중부中孚 九二 2곳 기록되어 있는데, 모두 '심중心中'으로 읽어야 한다.

六三, 得敵, 或鼓或罷, 或泣或歌.
셋째 음효는 적을 사로잡았으나, 혹 북을 두드리기도 하고, 혹 지쳐 있기도 하며, 혹 울기도 하고, 혹 노래를 부르기도 한다.

'득적得敵'은 적을 사로잡았다는 말이다. '고鼓'는 북을 두드리는 것이고, '피罷'는 피로하다(疲)는 것이며, '읍泣'은 울다, '가歌'는 노래한다는 뜻이다.

象曰 '或鼓或罷', 位不當也.
'혹 북을 두드리기도 하고, 혹 지쳐 있기도 한다'는 것은 자리가 합당하지 않기 때문이다.

'위부당位不當'은 셋째 음효는 음이면서 양의 자리에 있다는 것이며(효위), 처한 자리가 합당하지 않는 상이다(효상). 「상」은 효사 '혹고혹피或鼓或罷'를, 혹 북을 두드리고 혹 지쳐 있기도 하는 것은 셋째 음효의 자리가 합당하지 않기 때문이라고 해석하였다.

「소상」에 '위부당야位不當也'는 모두 16곳 기록되어 있다. 10번 이履 六三 「상」을 참고하라.

六四, 月幾望, 馬匹亡, 无咎.

넷째 음효는 보름이 지난 후에 말이 짝을 잃었으나, 허물이 없다.

『석문』에 "'기幾'는 경방은 '근近', 순상은 '기旣'로 썼다(幾, 音機, 又音祈. 京作近, 荀作旣)"라고 하였다. 『백서』에는 '기旣'로 되어 있다. '기幾'는 '기旣'로 읽는다. 두 글자는 음이 같아 가차하였다. '망望'은 보름날(음력 열다섯 날)이다. '기망旣望'은 음력 열여섯 날, 즉 보름이 지난 후이다. 왕필과 공영달은 '기幾'를 '근近'으로 읽고 "보름에 가까운 날"이라고 해석하였는데, 이렇게 해석하여도 통한다. '필匹'은 짝이라는 뜻의 배配이다. '망亡'은 잃는다는 뜻의 상喪이다. 38번 규睽 初九에 '喪馬勿逐自復'(잃은 말은 찾지 않아도 스스로 돌아온다)이라고 하였다. '마필망馬匹亡'은 말이 짝을 잃었다는 것이다.

象曰 '馬匹亡', 絶類上也.

'말이 짝을 잃었다'는 것은 동류와 끊고 위를 따른다는 것이다.

'절류상絶類上'에 대해 몇 가지 해석이 있다.

첫째, 『집해』에 우번은 "송의 처음 음효가 넷째의 자리로 가서 윗괘와 끊는 것이다(訟初之四, 體與上絶)"라고 하였다. 즉 송訟(䷅)의 처음 음효와 넷째 양효가 자리를 바꾸면, 윗괘인 건과 끊고, 송은 변하여 중부中孚(䷼)가 된다는 말이다. 주준성이 이를 따랐다.

둘째, 왕필은 "'유類'는 셋째 음효를 말한다. 넷째와 셋째는 모두 음효이므로 '유類'라고 한 것이다(類, 謂三. 俱陰爻, 故曰類也)"라고 하였는데, 공영달은 "셋째의 동류와 끊고, 둘째와 더불어 다투지 않으며, 위로 다섯째 양효를 받든다(絶三之類, 不與二爭, 而上承於五也)"라고 하였다. 즉 넷째 음효는 셋째 음효의 동류와 끊고 위로 다섯째 양효를 받든다고 해석한 것이다. 왕부지, 굴만리가 이를 따랐다.

셋째, 정이는 "그 동류를 끊고 위로 다섯째 양효를 따르는 것이다. '유類'는 응을 말한다(絶其類而上從五也. 類, 謂應也)"라고 하였다. 즉 동류는 처음 양효를 가리킨다. 넷째 음효와 처음 양효는 음양이 서로 응하므로 '유類'라고 한 것이라는 말이다. 또 말하기를 "위로 다섯째 양효를 따르고 처음 양효에 매이지 않는 것이 그 짝을 잃은 것이다. 처음 양효에 매이면 나아가지 못하고, 믿음의 공을 이룰 수 없다(上從五而不繫於初, 是亡其匹也. 繫初則不進, 不能成孚之功也)"라고 하였다. 즉 넷째 음효는 처음 양효의 동류와 끊고 위로 다섯째 양효를 따른다고 해석한 것이다. 주희, 래지덕, 진몽뢰, 상병화, 유백민 등이 이를 따랐다. 진고응은 둘째와 셋째 모두 취하였다.

넷째, 고형은 "'절絶'은 철저히 막는 것(絶, 杜絶也), '유類'는 유사한 것(類, 類似也)"이라 하고, "말을 잃은 후에 경계심을 더욱 강화하여 예방하고 방지하니(失馬之後, 加强警惕, 預爲防止), 지난번과 유사한 사건을 끊어버리므로 허물이 없다(以杜絶類似上次之事件, 故无咎也)"라고 해석하였다.

다섯째, 필자의 주장이다. '절류상야絶類上也'는 '절류종상야絶類從上也'로 하는 것이 바르다. 4글자 짝으로 만들기 위해 의도적으로 '종從'자를 생략하였다. 「상」은 '절絶'을 가지고 효사의 '망亡'을, '유類'를 가지고 '필匹'을 해석하였다. '유類'는 왕필처럼 셋째 음효, 혹은 정이처럼 처음 양효를 가리키고, '상上'은 다섯째 양효를 가리킨다. 「상」은 효사 '마필망馬匹亡'을, 말이 짝을 잃었다는 것은 동류와 끊고 위를 따르는 것이라고 해석하였다. 즉 말이 짝을 버려두고 주인을 따른다는 것이다. 이러한 해석은 모두 통한다.

주희는 "넷째 음효는 음의 자리에 있어 바름을 얻었고, 임금에 가까이 있으니, '달이 보름에 가까운' 상이다. '마필馬匹'은 처음 양효와 자신이 짝임을 말한 것인데, 넷째 음효가 처음 양효와 끊고 위로 다섯째 양효를 믿으므로 '말이 짝을 잃은' 상이다. 점을 치는 사람이 이와 같으면 '허물이 없다'는 것이다(六四居陰得正, 位近於君, 爲'月幾望'之象. 馬匹, 謂初與己爲匹, 四乃絶之, 而上以信於五, 故爲'馬匹亡'之象. 占者如是, 則'无咎'也)"라고 하였다. '월기망月幾望'은 효사에 3곳 기록되어 있다. ①9번 소축小畜 꼭대기 양효(上九), ②54번 귀매歸妹 다섯째 음효(六五), ③61번 중부中孚 넷째 음효(六四)이다. 중부 넷째 음효는 다섯째 양효와 가까워 '기幾'를 '근近'으로 뜻을 새길 수 있다. 그러나 소축小畜 꼭대기 양효는 이미 다섯째 효를 지났고, 귀매歸妹 다섯째 음효는 다섯째 자리에 있다. 주희처럼 '기幾'를 '근近'으로 새길 수 없게 되어 있다. 주희는 소축小畜에서는 "음이 성하여 양을 저지함(陰旣盛而抗陽)", 귀매歸妹에서는 "여덕의 성함(女德之盛)"을 가지고 '월기망'을 해석하였는데, 중부의 해석과는 다르다. '절류상야絶類上也'에 대한 주희의 해석은 전통적인 해석인데 이것이 「상」의 본뜻인지는 알 수 없다.

九五, 有孚攣如, 无咎.
다섯째 양효는 믿음을 가지고 이어 묶으니, 허물이 없다.

'부孚'는 믿음이라는 뜻의 신信이다. 『설문』 수부手部에 "'연攣'은 매다는 뜻의 계係이다. 수手로 되어 있고, 연䜌은 성음이다(攣, 係也. 从手, 䜌聲)"라고 하였다. '여如'는 어조사이다. '연여攣如'는 서로 이어 묶는 것이다. 믿음을 가지고 마음을 이어 묶는다는 것이다.

象曰 '有孚攣如', 位正當也.
'믿음을 가지고 이어 묶는다'는 것은 자리가 바르고 합당하기 때문이다.

'위정당位正當'은 다섯째 양효가 윗괘의 가운데와 바른 자리에 있다는 것이며(효위), 행하는 일과 처한 자리가 합당한 상이다(효상). 「상」은 효사를, 믿음을 가지고 이어 묶으면 허물이 없는 것은 다섯째 양효의 자리가 바르고 합당하기 때문이라고 해석하였다.

「소상」에 '위정당야位正當也'는 ①이履 九五 ②비否 九五 ③태兌 九五 ④중부中孚 九五, 모두 4곳 기록되어 있다. 4곳 모두 다섯째 양효가 자신의 자리에 있다.

上九, 翰音登于天, 貞凶.
꼭대기 양효는 닭이 하늘로 올라가니, 바르게 해도 흉하다.

'한음翰音'은 닭(鷄)의 다른 이름이다. 『집해』에 우번은 "제사 때 희생으로 올리는 닭을 '한음'이라 한다(薦牲雞稱翰音)"라고 하였다. '등登'은 오른다는 뜻의 승升이다. '정貞'은 바르다는 뜻의 정正이다.

象曰 '翰音登于天', 何可長也.
'닭이 하늘로 올라갔다'는 것은 오래 갈 수 없다는 것이다.

'하가장何可長'은 꼭대기 양효를 가리켜 말한 것이다. 꼭대기 양효는 한 괘의 꼭대기에 있으니(효위), 오래 갈 수 없는 상이다(효상). 「상」은 효사를, 날지 못하는 닭이 하늘로 날아 올라갔으니, 오래 가지 않고 땅에 떨어진다고 해석하였다.

「소상」에 '하가장何可長'은 모두 4곳 기록되어 있다. 3번 준屯 上六 「상」을 참고하라.

중부 「상」에서 '변變', '원願'과 '당當', '상上', '당當', '장長'은 운이다.
유백민: '變', 三十三線. 與下'願', 二十五願. 相韻.
　　'當', 十一唐. 四十二宕二韻. 與下'上', 三十六養, 四十一漾二韻.
　　'長', 十陽, 三十六養二韻. 以平上通爲一韻.
스즈키: '변變', '원願'과 '당當', '상上', '당當', '장長'.

62. 소과小過

䷽ 象曰 山上有雷, 小過. 君子以行過乎恭, 喪過乎哀, 用過乎儉.
산 위에 우레가 있는 것이 소과의 상이다.
군자는 이 상을 본받아 행함에 공손함을 지나치고,
상을 치르면서 슬퍼함을 지나치며, 재물을 쓰면서 검소함을 지나친다.

山上有雷, 小過.

소과는 아랫괘가 간艮이고 윗괘는 진震이다. 간은 산山이고 진은 우레(雷)이다. 그런즉 '산 위에 우레가 있는 것'이 소과의 상이다. 산 위에 우레가 있으니, 우레는 산 위를 조금 지나쳤을 뿐 아직 하늘에는 이르지 않았다. 「상」은 '소과小過'를 조금 지나치다(小有過越)는 뜻으로 새겼다.

『집해』에 후과는 "산은 크나 우레는 작다. 산 위에 우레가 있으니, 작은 것이 큰 것을 지나치므로 '소과'라고 한 것이다(山大而雷小, 山上有雷, 小過於大, 故曰小過)"라고 하였다.

君子以行過乎恭

'군자'는 최고 통치자이다. '행行'은 행동, '과過'는 지나치다, '호乎'는 '어於'와 같다. '공恭'은 공손함이다. '행과호공行過乎恭'은 행함에 공손함을 지나친다는 말이다. 즉 공손함이 지나치도록 행동한다는 것이다.

喪過乎哀

'상喪'은 장례를 치르는 것이다. '과過'는 지나치다, '호乎'는 '어於'와 같다. '애哀'는 슬퍼함이다. '상과호애喪過乎哀'는 상을 치르면서 슬퍼함을 지나친다는 말이다. 즉 슬퍼함이 지나치도록 상을 치른다는 것이다.

用過乎儉

『집해』에 우번은 '용用'을 '재용財用'이라고 하였다. '용用'은 재물을 쓰는 것이고, '과過'는 지나치다, '호乎'는 '어於'와 같다. '검儉'은 검소함이다. '용과호검用過乎儉'은 재물을 쓰면서 검소함을 지나친다는 말이다. 즉 검소함이 지나치도록 재물을 쓴다는 것이다. 산 위에 우레가 있으니, 우레는 높은 산 위에 있을 뿐 아직 하늘에는 이르지 않았다. 이것은 조금 지나친 것이다. 군자는 이 상을 보고 이를 본받아 행함에 조금 지나칠 정도로 공손하고, 상을 치르면서 조금 지나칠 정도로 슬퍼하며, 재물을 쓰면서 조금 지나칠 정도로 절약한다.

정이는 "우레가 산 위에서 진동하니, 그 소리가 평소보다 지나치므로 소과이다. 천하의 일은 때로는 마땅히 지나쳐야 할 것이 있으나, 심히 지나쳐서는 안 되기 때문에 소과(조금 지나치는 것)이다. 군자는 소과의 상을 보고, 일이 마땅히 지나쳐야 할 것은 힘쓰니, 행함에 공손함을 지나치고, 상을 치르면서 슬퍼함을 지나치며, 재물을 쓰면서 검소함을 지나치는 것이 그것이다. 지나쳐야 할 것을 지나치는 것은 그 마땅함이다. 지나치지 말아야 할 것을 지나치면 지나친 것이다(雷震於山上, 其聲過常, 故爲小過. 天下之事, 有時當過, 而不可過甚, 故爲小過. 君子觀小過之象, 事之宜過者則勉之, 行過乎恭, 喪過乎哀, 用過乎儉是也. 當過而過, 乃其宜也. 不當過而過, 則過矣)"라고 하였다.

初六, 飛鳥以凶.

처음 음효는 날아가는 새가 흉을 가져온다.

이 구절에 대해 여러 가지 해석이 있다.

첫째, 왕필은 "소과는 위로 날아가면 거스르는 것이고 아래로 날아가면 순응하는 것인데, 처음 음효는 윗괘(넷째 양효)와 응한다. 나아가 거스르는 곳으로 가니, 앉을 곳이 없으므로 날아가는 새의 흉이다(小過, 上逆下順, 而應在上卦. 進而之逆, 无所錯足, 飛鳥之凶也)"라고 하였다. 공영달도 같은 내용을 말하였다.

둘째, 정이는 "처음 음효의 지나침이 날아가는 새가 빠른 것과 같으니, 그래서 흉하다(其過如飛鳥之迅疾, 所以凶也)"라고 하였다.

셋째, 주희는 "(처음 음효는 넷째 양효와 응하므로) 날아가는 새가 위로 날아가니 흉하다(初六陰柔, 上應九四. 又居過時, 上而不下者也)"라고 하였다.

넷째, 래지덕은 '이以'를 인因으로 읽고 "날아가니 흉하다(因飛而致凶)"라고 하였다.

다섯째, 왕부지 역시 "날아가니 흉하다(以飛故凶)"라고 하였다.

여섯째, 상병화는 "간은 새이다. 처음 음효는 넷째 양효와 응하나 둘째 음효라는 적이 가로막고 있고, 또 음이 양의 자리에 있으니 흉하다(艮爲鳥. 四雖有應, 二得敵, 應予阻格, 又失位, 故凶)"라고 하였다.

일곱째, 굴만리는 "'이以'는 '급及'이고 또 '이而'와 같다(以, 及也. 又以, 猶而也)"라고 하고, "날아가는 새가 흉함에 이른다(飛鳥及凶)", "(날아가는 새는 높이 올라가는 것이 마땅하고 아래로 내려가는 것이 마땅하지 않으므로) 날아가는 새가 아래로 날아가니 흉하다(飛鳥而凶)"라고 하였다.

여덟째, 유백민은 '이以'를 '유有'로 읽고(以, 猶'有'也. '以''有'古通用) "(넷째 양효와 응하므로) 날아가는 새가 위로 날아가니 흉함이 있다"라고 하였다.

아홉째, 이경지는 '이以'를 '여與'로 읽고 "날아가는 새가 지나가며 흉을 가져온다(飛鳥經過, 帶來了凶兆)"라고 하였다.

열째, 고형은 "'이以'자 아래에 '시矢'자가 빠졌다(以下疑當有矢字)" 하고 "날아가는 새가 화살에 맞은 채로 날아가니 흉하다(飛鳥以矢, 謂鳥被人射中, 帶矢而飛)"라고 하였다.

열한째, 진고응은 "(위로 올라가 대사를 도모하므로) 새가 위로 날아가니 흉하다(鳥兒向上飛而有凶險)"라고 하였다.

열두째, 필자는 '이以'는 주다는 뜻의 '여與'로 새기고, "날아가는 새가 흉을 가져온다"라고 해석하였다. 전통적인 해석은 주희와 같이 "처음 음효는 넷째 양효와 응하므로, 새가 위로 날아가니 흉하다"라고 새긴다. 이러한 해석은 다 통하나 필자의 해석이 비교적 「상」의 뜻과 부합한다.

象曰 '飛鳥以凶', 不可如何也.
'날아가는 새가 흉을 가져온다'는 것은 어찌할 도리가 없다는 것이다.

'불가여하不可如何'는 어찌할 도리가 없다(无可奈何)는 말이다. 「상」은 효사를, 날아가는 새가 흉을 가져오는 것은 어찌할 수 없는 것이라고 해석하였다.

六二, 過其祖, 遇其妣, 不及其君, 遇其臣, 无咎.
둘째 음효는 할아버지 앞을 지나쳐 할머니를 만나고,
임금의 뒤에 떨어져 신하를 만나니, 허물이 없다.

'과過'는 그 앞을 지나쳐간다는 뜻이다. '조祖'는 할아버지이다. '우遇'는 만나다는 뜻의 봉逢이다. '비妣'는 할머니이다. '급及'은 지至이며, '불급不及'은 그 뒤에서 가는 것이다.

象曰 '不及其君', 臣不可過也.
'임금의 뒤에 떨어져 있다'는 것은 신하가 임금을 지나칠 수 없다는 것이다.

「상」은 효사 '불급기군不及其君'을, 신하는 임금을 앞서 갈 수 없으므로 임금의 뒤에 떨어져 있으니 허물이 없다고 해석하였다. 「상」은 효사의 앞부분 '過其祖, 遇其妣'는 해석하지 않았으므로 어떻게 이해하였는지 알 수 없다.

九三, 弗過防之, 從或戕之, 凶.
셋째 양효는 지나치지 않을 때 방지하고,
(지나침을) 따르면 혹 그 몸을 망치니, 흉하다.

'불弗'은 '불不'과 같다. '과過'는 지나치다는 뜻이다. '불과弗過'는 지나치지 않는다는 뜻이다. '방防'은 방지하다(禦), '지之'는 형식 목적어이다. '종從'은 따른다는 뜻의 수隨이며, 지나침을 따른다는 뜻이다. '장戕'은 죽이다는 뜻의 살殺(우번), 다친다는 뜻의 상傷이다. '지之'는 '종從'하는 사람을 가리킨다.

象曰 '從或戕之', '凶'如何也.
'(지나침을) 따르면 혹 그 몸을 망친다'는 것은 흉함은 어찌하지 못한다는 것이다.

'흉여하凶如何'는 그 흉함은 어찌할 수 없다는 것이다. 「상」은 효사 '종혹장지從或戕之'를, 지나치게 되면 혹 그 몸을 망친다는 것은 흉함은 어찌하지 못한다고 해석하였다.

九四, 无咎, 弗過遇之, 往厲必戒. 勿用, 永貞.
넷째 양효는 허물이 없으니, 지나치지 않을 때 만나며,
위태로운 곳으로 가면 반드시 경고한다.
(이런 일은) 하지 말라. 영원히 바르게 해야 한다.

'불과弗過'는 지나치지 않는다는 뜻이다. '우遇'는 만나다는 뜻의 봉逢이다. '지之'는

형식 목적어이다. '왕往'은 행行이며, '여厲'는 위태롭다(危)는 뜻이다. '계戒'는 경고하는 것이다. '물용勿用'은 하지 말라는 뜻이다. '영정永貞'은 영원히 바르게 해야 한다는 뜻이다.

象曰 '弗過遇之', 位不當也. '往厲必戒', 終不可長也.
'지나치지 않을 때 만난다'는 것은 자리가 합당하지 않기 때문이다.
'위태로운 곳으로 가면 반드시 경고한다'는 것은 끝내 오래 갈 수 없다는 것이다.

'弗過遇之', 位不當也.

'위부당位不當'은 넷째 양효가 양이면서 음의 자리에 있다는 것이며(효위), 처한 자리가 합당하지 않는 상이다(효상). 「상」은 효사 '불과우지弗過遇之'를, 만나는 것은 장차 지나치기 때문이니, 이것은 넷째 양효의 자리가 합당하지 않기 때문이라고 해석하였다.

「소상」에 '위부당야位不當也'는 모두 16곳 기록되어 있다. 10번 이履 六三 「상」을 참고하라.

'往厲必戒', 終不可長也.

'장長'은 오래 구久이다. 기제旣濟 꼭대기 음효 「상」에서는 '何可久也'라고 하였다. 「상」은 효사 '왕려필계往厲必戒'를, 경고해야 하는 것은 장차 위태로운 곳으로 가기 때문이니, 위태로운 곳으로 가면 끝내 오래 갈 수 없다고 해석하였다.

「소상」에 '종불가장야終不可長也'는 ① 쾌夬 上六 ② 소과小過 九四, 2곳 기록되어 있다.

六五, 密雲不雨, 自我西郊, 公弋取彼在穴.
다섯째 음효는 짙은 구름이 일어도 비가 오지 않으니, 우리 서쪽들에서부터이다.
공公이 주살을 새에게 쏘아 그 새를 굴에서 취한다.

'밀密'은 빽빽하다(稠), '밀운密雲'은 짙은 구름이라는 뜻이다. '불우不雨'는 비가 오지 않는다는 말이다. '서교西郊'는 서쪽 교외이다. 『집해』에 우번은 "'익弋'은 주살(弋, 矰繳射也)"이라고 하였다. 가느다란 끈을 화살에 매어 새를 쏘는 것이다. '피彼'는 새를 가리킨다. '혈穴'은 굴이다.

象曰 '密雲不雨', 已上也.

① '짙은 구름이 일어도 비가 오지 않는다'는 것은 다섯째 음효가 위에 있기 때문이다.

② '짙은 구름이 일어도 비가 오지 않는다'는 것은 (구름이) 이미 (하늘로) 올라갔기 때문이다.

'이상已上'에 대해 해석이 분분하다.

첫째, 왕필은 "양이 이미 위에 있으므로 멈추었다(陽已上, 故止也)"라고 하였는데, 공영달은 "아랫괘인 간의 양효가 이미 한 괘의 꼭대기에 있으므로 멈춤을 이루었다(以艮之陽爻, 已上於一卦之上, 而成止)"라고 하였다. 이들은 '상上'을 아랫괘인 간의 꼭대기 양효로 보았다.

둘째, 정이는 "양은 내려오고 음은 올라가, 음양이 교합하면 조화를 이루어 비가 된다. 음은 이미 위에 있으니 구름이 비록 짙으나 어찌 비를 이룰 수 있겠는가? 음이 지나쳐 큰 것을 이룰 수 없다는 뜻이다(陽降陰升, 合則和而成雨. 陰已在上, 雲雖密, 豈能成雨乎? 陰過不能成大之義也)"라고 하였는데, '상上'을 다섯째 음효가 위에 있는 것으로 해석하였다.

셋째, 주희는 "'이상已上'은 매우 높은 것(已上, 太高也)"이라고 하였는데, 래지덕 역시 다섯째 음효가 위에 있는 것으로 해석하였다.

넷째, 유백민은 다섯째와 꼭대기 음효가 위에 있는 것(六五與上六以柔遇柔, 此已上也)으로 해석하였다.

다섯째, 고형은 "구름이 이미 하늘로 올라갔다(已上, 雲已上升于天)"라고 해석하였다.

여섯째, 진고응은 "다섯째 음효가 위로 올라갔다(六五一味上進)"라고 해석하였다.

이러한 해석은 모두 통한다. '이상已上'은 다섯째 음효가 위에 있다, 혹은 구름이 이미 하늘로 올라갔다는 말이다. 「상」은 효사 '밀운불우密雲不雨'를, 짙은 구름이 일어도 비가 오지 않는 것은 다섯째 음효가 위에 있기 때문, 혹은 구름이 이미 하늘로 올라갔기 때문이라고 해석하였다.

上六, 弗遇過之, 飛鳥離之, 凶. 是謂災眚.

꼭대기 음효는 만나지 않아 지나치고, 날아가는 새를 그물로 잡으니, 흉하다.

이것을 재앙이라고 한다.

'우遇'는 만난다는 뜻의 봉逢이다. '과過'는 지나치다, '지之'는 형식 목적어이다. '리

離'는 공영달이 '라망羅網'으로 읽었다. 『백서』에도 '라羅'로 되어 있다. '리離'는 그물이라는 뜻의 '라羅'로 읽으며, 그물을 쳐서 날아가는 새를 잡는 것이다. '생眚'은 재앙이라 뜻의 재災와 같다.

> 象曰 '弗遇過之', 已亢也.
> '만나지 않아 지나친다'는 것은 이미 끝에 이르렀기 때문이다.

'이已'는 이미, '항亢'은 끝이라는 뜻의 극極이다(공영달). 건乾 꼭대기 양효의 '항룡유회亢龍有悔'의 '항亢'과 같으며, 꼭대기 음효를 가리켜 말한 것이다. 꼭대기 음효는 한 괘의 꼭대기에 있으니(효위), 지나쳐 끝에 이른 상이다(효상). 「상」은 효사 '불우과지弗遇過之'를, 만나지 않아 지나친다는 것은 꼭대기 음효가 이미 끝에 이르렀기 때문이라고 해석하였다.

소과 「상」에서 '하何', '과過', '하何'와 '당當', '장長', '상上', '항亢'은 운이다.
유백민: '何', 七歌. 與下'過', 八戈. 相韻.
(유백민은 '당當', '장長', '상上', '항亢'은 운으로 말하지 않았다. 빠뜨렸을 것이다.)
스즈키: '하何', '과過', '하何'와 '당當', '장長', '상上', '항亢'.

63. 기제既濟

> ䷾ 象曰 水在火上, 既濟. 君子以思患而豫防之.
> 물이 불 위에 있는 것이 기제의 상이다.
> 군자는 이 상을 본받아 재난을 생각하고 이를 미리 방비한다.

水在火上, 既濟.

기제는 윗괘가 감坎이고 아랫괘는 리離이다. 감은 물(水)이고 리는 불(火)이다. 그런즉 '물이 불 위에 있는 것'이 기제의 상이다. 물이 불 위에 있으니, 물은 아래로 내려오고 불은 위로 올라가, 음양이 교합하여 일은 이미 이루어졌다. 「상」은 '기제既濟'를 일이 이미 이루어졌다(事已成)는 뜻으로 새겼다.

君子以思患而豫防之

'군자'는 최고 통치자이다. '환患'은 환난, 재난이다. '사환思患'은 앞으로 있을 재난을 생각한다는 뜻이다. '예豫'는 '예預'와 같으며, 미리, 먼저라는 뜻의 선先이다. '방防'은 방비하다(備), '지之'는 '환患'을 가리킨다. '예방지豫防之'는 재난을 미리 방비한다는 뜻이다. '사환이예방지'는 재난을 생각하고 이를 미리 방비한다는 말이다. 물이 불 위에 있으니, 물은 아래로 내려오고 불은 위로 올라가, 음양이 교합하여 일은 이미 이루어졌다. 군자는 이 상을 보고 이를 본받아 일이 이루어졌을 때 장차 일어날 재난을 생각하고 이를 미리 방비한다.

정이는 "물과 불이 이미 교합하여 각각 그 쓰임을 얻으니 기제이다. 때는 이미 이루어진 때이나, 다만 재난이 일어날 것을 염려하므로 재난을 생각하고 예방하여, 재난에 이르지 않도록 하는 것이다. 예로부터 천하가 이미 이루어졌는데 재앙을 불러오는 것은 대개 재난을 생각하여 예방하지 않았기 때문이다(水火既交, 各得其用, 爲既濟. 時當既濟, 唯慮患害之生, 故思而(患)豫防, 使不至於患也. 自古天下既濟而致禍亂者, 蓋不能思患而豫防也)"라고 하였다. 굴만리는 "물과 불은 모두 재난을 일으킬 수 있다(以水火皆可以成災也)"라고 하였다.

初九, 曳其輪, 濡其尾, 无咎.
처음 양효는 수레바퀴를 끌며, 그 뒤를 적시나, 허물이 없다.

'예曳'는 끈다는 뜻의 타拖이다. 두 개의 '기其'는 수레를 가리킨다. '윤輪'은 수레바퀴이다. '유濡'는 물에 젖다(霑)는 뜻이다. '미尾'는 수레의 뒷부분을 가리킨다.

象曰 '曳其輪', 義'无咎'也.
'수레바퀴를 끈다'는 것은 마땅히 '허물이 없다'는 것이다.

'의義'는 마땅하다는 뜻의 의宜로 읽는다. 「상」은 효사 '예기륜曳其輪'을, 수레바퀴를 끌며, 그 뒤를 적시나 마땅히 허물이 없다고 해석하였다. 즉 수레의 뒷부분을 적시는 것은 아무런 문제가 될 수 없다는 것이다.

「소상」에 '의무구義无咎'는 ①복復 六三 ②해解 初六 ③점漸 初六 ④기제既濟 初九 등 4곳 기록되어 있다. 「소상」에 '의무구義无咎'와 같은 형식이 12곳 있다. 13번 동인同人 九四를 참고하라.

六二, 婦喪其茀, 勿逐, 七日得.
둘째 음효는 부인이 머리 노리개를 잃었으나, 찾지 않아도 칠 일이면 얻는다.

'상喪'은 잃는다는 뜻의 실失이다. 『백서』에는 '불茀'이 '발發'로 되어 있다. 『석문』에는 '불茀'로 되어 있는데, "'불茀'은 방方과 불拂의 반절이다. 간보는 '마불馬髴'이라 하였고, 『자하전』에는 '불髴'로 썼다(茀, 方拂反, 干云馬髴也. 子夏作髴)"라고 하였다. 『집해』에는 '불髴'로 되어 있다. 『석문』의 '불茀'과 『백서』의 '발發'은 모두 『집해』의 '불髴'로 읽는다. '불茀'은 풀이 우거지다(茂), '불髴'은 부녀자의 머리를 장식하는 노리개이다. 『석문』에 육덕명은 "머리를 꾸미는 것(茀, 首飾也)", 『집해』에 우번은 "부인이 머리를 꾸미는 것(婦人之首飾)", 왕숙은 "머리를 꾸미는 것(首飾)"이라고 하였다. '축逐'은 찾는다는 뜻의 심尋이다.

象曰 '七日得', 以中道也.
'칠 일이면 얻는다'는 것은 중도를 얻었기 때문이다.

'이중도야以中道也'는 '이중야以中也'로 하는 것이 바르다. 운을 맞추고 4글자로 만들기 위해 의도적으로 '도道'자를 넣었다. 「상」의 '구咎'와 '도道'는 운이다. '이以'는 인因으로 읽는다. '중도中道'는 둘째 음효가 아랫괘의 가운데 자리에 있다는 것이며(효위), 부인이 중도를 얻은 상이다(효상). 「상」은 효사 '칠일득七日得'을, 부인이 머리 노리개를 잃었으나, 찾지 않아도 칠일이면 얻는다는 것은 부인이 중도를 얻었기 때문이라고 해석하였다.

「소상」에 '이중도야以中道也'는 ①기제旣濟 六二 한 곳 기록되어 있고, '득중도야得中道也'는 ①고蠱 九二 ②리離 六二 ③해解 九二 ④쾌夬 九二 등 4곳 기록되어 있다. 5곳 모두 운을 맞추기 위해 의도적으로 '도道'자를 삽입하였다.

九三, 高宗伐鬼方, 三年克之, 小人勿用.
셋째 양효는 고종이 귀방을 정벌하는데, 삼 년 만에 이겼다. 소인은 쓰지 말라.

'고종高宗'은 은나라 22대 왕 무정武丁이다. '벌伐'은 정벌(征)이다. '귀방鬼方'은 중국 서북 지역에 있었던 나라 이름이다. '극克'은 이기다(勝)는 뜻이다.

象曰 '三年克之', 憊也.

'삼 년 만에 이겼다'는 것은 몹시 지쳤다는 것이다.

'비憊'는 고달프다, 매우 피곤하다, 몹시 지친다는 뜻의 피罷이다. 「상」은 효사 '삼년극지三年克之'를, 고종이 귀방을 정벌하는데, 삼 년의 긴 세월이 걸려 몹시 지쳤다고 해석하였다. 즉 귀방을 정벌하는 것이 그만큼 힘들었다는 말이다.

六四, 繻有衣袽, 終日戒.
넷째 음효는 해진 저고리가 젖었으니, 종일 조심해야 한다.

왕필은 "'수繻'는 마땅히 젖는다는 뜻의 '유濡'로 읽는다(繻宜曰濡)"라고 하였다. '수繻'는 고운 깁(細密羅), '유濡'는 젖다(霑)는 뜻이다. '수繻'는 '유濡'로 읽으며, 음과 글자 모양이 비슷하여 가차하였다. 고형은 "'수繻'는 『설문계전』에 '유濡'로 인용되어 있으니(繻, 說文繫傳引作濡), 당연히 '유濡'로 써야 한다(按當作濡). 옮겨 쓰면서 잘못되었다(轉寫而誤)"라고 하였다. '유有'는 '우于'와 같다. '의衣'는 윗옷이다. 아래옷은 '상裳'이라고 한다. '녀袽'는 『집해』에 우번이 '패의敗衣'라고 하였는데, 해진 옷이다. '의녀衣袽'는 저고리가 해어졌다는 뜻이다. '계戒'는 조심하다, 삼가다는 뜻의 신愼이다.

象曰 '終日戒', 有所疑也.
'종일 조심해야 한다'는 것은 의심하는 바가 있다는 것이다.

「상」은 효사 '종일계終日戒'를, 해진 저고리가 젖었으니, 의심하는 바가 있으므로 종일 조심해야 한다고 해석하였다.
「소상」에 '유소의야有所疑也'는 ①소축小畜 上九 ②기제旣濟 六四 2곳, '무소의야无所疑也'도 ①둔遯 上九 ②승升 九三, 2곳 기록되어 있다.

九五, 東鄰殺牛, 不如西鄰之禴祭, 實受其福. (吉).
다섯째 양효는 동쪽 이웃에서 소를 잡는 것이,
서쪽 이웃의 간소한 제사만 못하니, 실제 그 복을 받는다.

『백서』에는 '살우殺牛' 아래에 '이제以祭' 두 글자가 있으나, 「상」은 '이제以祭' 없이 해석하였다. '동린東鄰'은 은나라를, '서린西鄰'은 주나라를 가리킨다. 왕필은 "'우牛'는 제사가 성대한 것이고, '약禴'은 제사가 간소한 것이다(牛, 祭之盛者也. 禴, 祭之薄者也)"라고 하였다. 『석문』에 "'약禴'은 양羊과 략略의 반절이다. 제사가 간소한 것이다(禴, 羊略反. 祭之薄者)"라고 하였다. '약제禴祭'는 밥과 채소만을 사용하고 큰 희생은 사용하지 않은 간소한 제사를 말한다. 「상」에는 효사 끝에 '길吉'자가 있다. 『백서』에도 있다.

象曰 '東鄰殺牛', '不如西鄰'之時也. '實受其福', 吉大來也.
'동쪽 이웃에서 소를 잡는 것이' '서쪽 이웃의 간소한 제사만 못하다.'
'실제 그 복을 받는다'는 것은 길함이 크게 온다는 것이다.

'東鄰殺牛', '不如西鄰' 之時也.

'시時'에 대해 해석이 분분하다.

첫째, 왕필은 '합시合時'라고 하였는데, 공영달은 '합제사지시合祭祀之時'로 해석하였다.

둘째, 『집해』에 최경은 '기제지시旣濟之時'라고 하였다.

셋째, 정이는 "둘째 음효의 때(二之時)"라고 하고, 둘째 음효는 아래에 있으니 "나아감이 있을 때(有進之時)"라고 하였다.

넷째, 주희는 "다섯째 음효는 존위에 거하여 때가 이미 지나갔으니, 둘째 음효가 아래에서 비로소 때를 얻은 것만 못하다(九五居尊而時已過, 不如六二之在下而始得時也)"라고 하였다. 다섯째, 래지덕은 '지시知時'라고 하였다.

여섯째, 굴만리는 '시의時宜'라고 하였다.

일곱째, 고형은 "『광아』「석고」에 '시는 훌륭하다는 뜻의 선(時, 善也)'이라고 하였다. '시時'는 제물이 훌륭한 것을 말한다(此時謂祭品之善也). 옛말에 식품이나 제물이 훌륭한 것을 '시時'라 하였다(古語謂食品祭品之善爲時)"라고 하였다.

여덟째, 진고응은 '지천시知天時', '순천시順天時'라고 해석하였다.

아홉째, 필자는 '시時'의 자리에 원문을 따라 '약제禴祭'가 들어가야 한다고 생각한다. '시時'자를 넣은 것은 운을 맞추기 위해서이다. 「상」의 '비德', '의疑', '시時', '내來', '구久'는 운이다. 「상」은 효사를, 동쪽 이웃이 소를 잡아 성대한 제사를 지내는 것이 서쪽 이웃이 밥과 채소 등만을 사용한 간소한 제사만 못하다고 해석하였다. 「상」은 효사를 그대로 인용하였다.

'實受其福', 吉大來也.

「상」은 '길吉'을 가지고 효사의 '복福'을 해석하였다. 「상」은 효사 '실수기복實受其福'을, 실제 그 복을 받는다는 것은 그 길복이 크게 오는 것이라고 해석하였다.

「상」은 효사를 해석하면서 '實受其福, 吉大來也'라고만 하는 것이 맞다. 효사 전체를 인용한 것은 「상」을 지은 사람의 실수였다.

上六, 濡其首, 厲.
꼭대기 음효는 머리를 적시니, 위태롭다.

'유濡'는 물에 젖다(霑), '여厲'는 위태롭다(危)는 뜻이다.

象曰 '濡其首厲', 何可久也.
'머리를 적시니 위태롭다'는 것은 오래 갈 수 없다는 것이다.

'하가구何可久'는 어찌 오래 갈 수 있겠는가 라는 말이며, 꼭대기 음효를 가리켜 말한 것이다. 꼭대기 음효는 한 괘의 꼭대기에 있으니(효위), 오래 갈 수 없는 상이다(효상). 「상」은 효사를, 물을 건너다가 머리를 적시니, 오래 갈 수 없으므로 위태롭다고 해석하였다.

「소상」에 '하가구야何可久也'는 ① 대과大過 九五 ② 리離 九三 ③ 기제旣濟 上六 등 모두 3곳 기록되어 있다.

기제 「상」에서 '구咎', '도道'와 '비憊', '의疑', '시時', '내來', '구久'는 운이다.
유백민: '咎', 四十四有, 叶音杲. 與下'道', 三十二皓. 相韻.
'憊', 十六怪. 與下'疑', 七之,『韻補』叶魚記切. '時', 七之.『韻補』叶上紙切.
'來', 十六咍, 叶良置切. '久', 音几. 以平上去通爲一韻.
스즈키: '구咎', '도道'와 '비憊', '의疑', '시時', '내來', '구久'.

64. 미제未濟

䷿ 象曰 火在水上, 未濟. 君子以愼辨物居方.
불이 물위에 있는 것이 미제의 상이다.
군자는 이 상을 본받아 신중히 사물을 분별하여 각각 그 자리에 있게 한다.

火在水上, 未濟.

미제는 윗괘가 리離이고 아랫괘는 감坎이다. 리는 불(火)이고 감은 물(水)이다. 그런즉 '불이 물위에 있는 것'이 미제의 상이다. 불이 물위에 있으니, 불은 위로 올라가고 물은 아래로 내려와, 음양이 교합하지 않으니 일은 이루어지지 않는다. 「상」은 '미제未濟'를 일이 이루어지지 않는다(事未成)는 뜻으로 새겼다.

君子以愼辨物居方

'군자'는 최고 통치자이다. '신愼'은 신중하다(謹)는 뜻이고, 『집해』에 우번은 "'변辨'은 분별하다는 뜻의 별別"이라 하였고, '물物'은 만물이다. '신변물愼辨物'은 신중히 사물을 분별한다는 말이다. '거居'는 처處의 뜻이며, '방方'은 소所의 뜻이다. '거방居方' 사이에 '기其'자가 있어야 '愼辨物'과 '居其方'이 3글자 짝이 된다. 「상」을 지은 사람이 빠뜨렸을 것이다. '기其'는 '물物'을 가리킨다. '거방居方'은 각각 그 자리에 있게 한다는 말이다. 이 구절은 '君子以愼辨物而居其方'이 완전한 문장이다.

'변물거방辨物居方'에 대해, 왕필은 "사물이 각각 있을 곳에 있게 하는 것(令物各當其所也)"이라고 하였는데, '각당기소各當其所'를 『석문』에서 '각득기소各得其所'라고 하고 "어떤 책에는 '득得'을 '당當'으로 썼다(一本得作當)"라고 하였다. 불이 물위에 있으니, 불은 위로 올라가고 물은 아래로 내려와, 음양이 교합하지 않으니 일은 이루어지지 않는다. 군자는 이 상을 보고 이를 본받아 신중히 사물을 분별하여 각각 자신의 자리에 있게 한다.

공영달은 "군자는 미제의 때를 보고, 강유가 바른 자리를 잃었으니, 그러므로 신중을 덕으로 하여, 사물을 분별하여 각각 그 자리에 있게 하여, 모두 편안히 있을 곳을 얻게 하니 그래서 이루는 것이다(君子見未濟之時, 剛柔失正, 故用愼爲德, 辨別衆物, 各居其方, 使皆得安其所, 所以濟也)", 정이는 "물과 불이 서로 교합하지 않으니 서로 이루지 아니하는 것을 쓰임으로 하므로 미제이다. 불이 물위에 있으니, 있을 곳이 아니다. 군자는 처한 것이 부당한 상을 보고, 신중히 사물에 처하고 그 합당함을 분별하여, 각각 그 있을 곳에 있게 하니, 그 있을 곳에 멈추는 것을 말한 것이다(水火不交, 不相濟爲用, 故爲未濟. 火在水上, 非其處也. 君子觀其處不當之象, 以愼處於事物, 辨其所當, 各居其方, 謂止於其所也)"라고 하였다.

初六, 濡其尾, 吝.

처음 음효는 뒤를 적시니, 어렵다.

'유濡'는 물에 젖다(霑), '미尾'는 꼬리, '인吝'은 어렵다는 뜻의 난難이다.

象曰 '濡其尾', 亦不知極也.
'뒤를 적신다'는 것은 또한 뒤를 모른다는 것이다.

'부지극不知極'에 대해 몇 가지 해석이 있다.

첫째, 『집해』에 우번은 "넷째 양효가 다섯째 음효 아래에 있으니 '미尾'라고 칭하였다. '극極'은 가운데 자리이다. 넷째 양효가 감의 가운데에 있음을 말한 것이니, 가운데 자리에서 꼬리를 적시니 '부지극'이다(四在五後, 故稱尾. 極, 中也. 謂四居坎中, 以濡其尾, 是不知極也)"라고 하였다. 그는 호체互體로 해석하였는데, 전혀 사리에 맞지 않다.

둘째, 왕필은 '부지기극자不知紀極者'라고 하였는데, 공영달은 "그침이 없는 것을 말한 것(言无休已也)"이라고 해석하였다.

셋째, 정이는 "재주와 힘을 헤아리지 못하고 나아가다가, 뒤를 적시는 데 이르렀으니, 이것은 알지 못하는 것의 극치이다(不度其才力而進, 至於濡尾, 是不知之極也)"라고 하였다. 래지덕과 유백민이 이와 같이 해석하였다.

넷째, 주희는 "'극極'자는 자세히 알지 못한다. 위아래는 운 또한 맞지 않는다. 혹 '경敬'자가 아닌가 한다. 지금 또 해석을 비워둔다(極字未詳, 考上下韻亦不叶. 或恐是敬字. 今且闕之)"라고 하였다. 주희는 '극極'과 '정正'이 운이 되지 않으므로 '경敬'으로 써야 하는 것이 아닌가 여겼다.

다섯째, 굴만리는 '종극終極'이라 하고, '부지극不知極'은 「단」의 '불속종不續終'(계속하여 끝까지 건널 수 없다)과 같다고 하였다.

여섯째, 고형은 "'극極'은 당연히 '경儆'으로 써야 한다(極當作儆). 글자 모양이 비슷하여 잘못되었다(形近而誤). '경儆'과 아래 문장의 '정正'자는 운이다(儆與下文正字諧韻). 『설문』에 '경은 경계하다는 뜻의 계(儆, 戒也)'라고 하였다. '경儆'과 '경警'은 같은 뜻이다(儆與警, 又同). '역부지경야亦不知儆也'는 경계하는 것을 모른다는 말이다(其不知儆戒也)"라고 하였다. 고형이 가장 정확하게 해석하였다.

일곱째, 진고응은 '극極'을 시극時極, 시무時務로 읽고, "상황를 알지 못한다(不識時務)"라고 해석하였다.

여덟째, 필자는 '극極'을 '미尾'로 해석하였다. '미尾'는 신체의 끝이므로 '극極'이라고 한 것이다. 「상」은 '극極'을 가지고 효사의 '미尾'를 해석하였다. 「상」은 효사 '유기미濡其尾'를, 뒤를 적시는 것은 뒤를 모르기 때문이라고 해석하였다. 즉 뒤를 조심할 줄 몰랐다는 것이다.

九二, 曳其輪, 貞吉.

둘째 양효는 수레바퀴를 끌고 가니, 바르게 하여 길하다.

'예曳'는 끈다는 뜻의 타拖이다. '기其'는 수레를 가리킨다. '윤輪'은 수레바퀴이다. '정貞'은 바르다는 뜻의 정正이다.

象曰 '九二''貞吉', 中以行正也.
'둘째 양효가 바르게 하여 길하다'는 것은
가운데 자리에서 바름을 행하기 때문이다.

'중이행정中以行正'은 '이중행정以中行正'이다. '중中'은 둘째 양효가 아랫괘의 가운데 자리에 있다는 것이며(효위), 중도를 행하는 상이다(효상). 「상」은 '정正'을 가지고 효사의 '정貞'을 해석하였다. 「상」은 효사 '정길貞吉'을, 둘째 양효가 아랫괘의 가운데 자리에서 중도를 지니고 바름을 행하기 때문에 바르게 하여 길하다고 해석하였다.

진고응은 "왕인지는 '정正은 당연히 직直으로 읽어야 한다'고 하였는데(王引之以爲正當作直), 이렇게 읽어야 '극極'과 직부職部의 운이 맞는다(與極同協職部韻)"라고 하였다. 운을 맞추기 위해서 '극極'을 '경儆'으로 읽든가 아니면 '정正'을 '직直'으로 읽어야 한다. 고형을 따라 '극極'을 '경儆'으로 읽으면 '경儆'과 '정正'은 운이 맞고, 왕인지를 따라 '정正'을 '직直'으로 읽으면 '극極'과 '직直'은 운이 맞다. 두 가지 모두 통한다. 필자는 왕인지를 따라 '정正'을 '직直'으로 읽었다. '정正'은 곧 '직直'이다. 「상」에서 운을 맞추기 위해 의도적으로 '정正'을 '직直'으로 바꿔 쓴 곳이 13번 동인同人 九五와 47번 곤困 九五, 2곳 있다. 여기에서 '직直'으로 바꿔 쓰지 않은 것은 '정正'을 가지고 효사의 '정貞'을 해석하면서 「상」을 지은 사람이 실수하였을 것이다.

六三, 未濟, 征凶. 利涉大川.

셋째 음효는 일이 이루어지지 않았으니 정벌하면 흉하다. 큰 내를 건너면 이롭다.

'제濟'는 이룬다는 뜻의 성成이다. '미제未濟'는 일이 이루어지지 않았다(事未成)는 뜻이다. '정征'은 '벌伐'이다. '섭涉'은 건너다는 뜻의 도渡이다. 주희는 "'이利'자 앞에 당연히 '불不'자가 있어야 하는 것이 아닌가 한다(或疑利字上當有不字)"라고 하였다. 과연 주희답다. 고형도(利上當有不字, 轉寫脫去), 진고응도(或疑'利'上脫'不'字) 이를 따랐다.

象曰 '未濟征凶', 位不當也.

'일이 이루어지지 않았으니 정벌하면 흉하다'는 것은 자리가 합당하지 않기 때문이다.

'위부당位不當'은 셋째 음효가 음이면서 양의 자리에 있다는 것이며(효위), 처한 자리가 합당하지 않는 상이다(효상). 「상」은 효사 '미제정흉未濟貞凶'을, 일이 이루어지지 않았으니 정벌하면 흉하다는 것은 셋째 음효가 음이면서 양의 자리에 있기 때문이라고 해석하였다.

「소상」에 '위부당야位不當也'는 모두 16곳 기록되어 있다. 10번 이履 六三 「상」을 참고하라.

九四, 貞吉, 悔亡. 震用伐鬼方, 三年, 有賞于大國.

넷째 양효는 바르게 하여 길하고 뉘우침이 없어진다.

진이 귀방을 정벌하는 데 삼 년이 걸렸다. 대국으로부터 상을 받는다.

'정貞'은 바르다는 뜻의 정正이다. '정길貞吉'은 행하는 일을 바르게 하여 길하다는 것이다. '진震'은 사람 이름이다. '용用'은 시행施行하다, '벌伐'은 '정征'이다. '귀방鬼方'은 나라 이름이다. '대국大國'은 은을 가리킨다. 『집해』에는 '대방大邦'으로 되어 있고, 우번의 해석에도 이 용어가 2차례 기록되어 있다. 본래는 '대방大邦'이었는데, 한초 유생들이 유방의 이름을 피휘하기 위해 '대국大國'으로 바꿔 썼을 것이다.

象曰 '貞吉悔亡', 志行也.

'바르게 하여 길하고 뉘우침이 없어진다'는 것은 뜻을 행한다는 것이다.

'지행야志行也'는 '행지야行志也'로 하는 것이 바르다. 운을 맞추기 위해 의도적으로 글자를 도치하였다. '당當'과 '행行'은 운이다. '지志'는 벌귀방지지伐鬼方之志, 진이 귀방을 정벌하려는 뜻이다. '행行'은 목적을 달성한다는 것, 즉 진이 귀방을 정벌하려는 뜻을 행한다는 것이다. 「상」은 효사 '정길회망貞吉悔亡'을, 바르게 하여 길하고 뉘우침이 없어진다는 것은 진이 귀방을 정벌하려는 뜻을 행하는 것이라고 해석하였다.

「소상」에 '지행志行'은 ① 이履 九四 ② 비否 九四 ③ 규睽 九四 ④ 미제未濟 九四, 모두 4곳 기록되어 있다. 4곳 모두 양효가 음의 자리에 있으며, 운을 맞추기 위해 의도적으로 글자를 도치하였다.

六五, 貞吉, 无悔. 君子之光, 有孚, 吉.
다섯째 음효는 바르게 하여 길하고 뉘우침이 없다.
군자의 빛남은 믿음이 있는 것이니, 길하다.

'정貞'은 바르다는 뜻의 정正이다. '군자'는 도덕 수양이 훌륭한 사람이다. '광光'은 「상」에서 '빛남(暉)'으로 해석하였다. '부孚'는 믿음이라는 뜻의 신信이다.

象曰 '君子之光', 其暉'吉'也.
'군자가 빛난다'는 것은 그 빛남이 '길하다'는 것이다.

'기其'는 '군자'를 가리킨다. 『설문』에 "'운暈'은 빛(暈, 光也)"이라고 하였는데, 단옥재는 "전서체에서 '휘暉'는 '운暈'으로 썼다(篆體暉當作暈)"라고 하였다. 『석문』에 "'휘暉'는 허許와 귀歸의 반절이다. '휘輝'로도 썼다(暉, 許歸反. 字又作輝)"라고 하였다. '휘暉'는 '휘輝', '휘煇'와 같으며, 빛나다(光)는 뜻이다. 정이는 "빛나는 것(暉, 光之散也)"이라고 하였다. 「상」은 '휘暉'를 가지고 효사의 '광光'을 해석하였다. 「상」은 효사 '군자지광君子之光'을, 군자가 빛난다는 것은 믿음이 있는 것이니, 그 빛남이 길하다고 해석하였다.

上九, 有孚于飲酒, 无咎. 濡其首, 有孚失是.
꼭대기 양효는 술을 마시는데 믿음이 있으니 허물이 없다.
머리를 적시니 믿음은 있으나 바름을 잃었다.

'부孚'는 믿음이라는 뜻의 신信이다. '유濡'는 젖다(霑)는 뜻이다. 『집해』에 우번은 "'시是'는 바르다는 뜻의 정正"이라고 하였다.

象曰 '飲酒濡首', 亦不知節也.
'술을 마시며 머리를 적신다'는 것은 또한 절제를 모른다는 것이다.

'절節'에 대해, 『집해』에 우번은 '지止', 공영달은 '지절止節'이라고 하였는데, 모두 절제의 뜻이다. '부지절야不知節也'는 절제를 모른다는 말이다. 「상」은 효사 '음주유수飲酒濡首'를, 술을 마시며 머리를 적시는 것은 또한 자신을 절제할 줄 모르는 것이라고 해석하였다.

미제「상」에서 '극極', '직直'과 '당當', '행行'과 '길吉', '절節'은 운이다.

유백민: 『本義』‥"極字未詳, 考上下韻亦不叶. 或恐是敬字, 今且闕之."

『養新錄易韻』‥"極从亟. 亟, 敬聲相近."『廣韻』‥"亟, 敬也."

'敬'與下'中以行正也'之'正'字協韻. (유백민은 '극極', '정正'을 운으로 보지 않았다.)

'當', 十一唐, 四十二宕二韻. 與下'行', 戶郎反. 相韻.

'吉', 五質. 與下'節', 十六屑. 相韻.

스즈키: '극極', '정正'과 '당當', '행行'과 '길吉', '절節'.

문언
文言

가. '문언文言'의 뜻

「문언」은 건곤 두 괘의 괘효사를 해석한 것이다. '문언'의 뜻에 대해 몇 가지 주장을 열거하겠다.

첫째, 『집해』의 기록이다.

① 유환劉瓛은 "글에 의거하여 그 이치를 말하였으므로 '문언'이다(依文而言其理, 故曰文言)"라고 하여, '문언'을 '의문언리依文言理'로 읽었다.

② 요신姚信은 "건곤은 『역』의 문이다. 글은 건곤을 말하였으니, 62괘 모두 이를 본떴다(乾坤爲門戶, 文說乾坤, 六十二卦皆放焉)"라고 하여, '문언'을 '문설건곤文說乾坤'으로 읽었다.

둘째, 『정의』의 기록이다.

① 장 씨는 "문은 글로 꾸미는 것이다. 건곤의 덕은 크므로 특별히 글로 꾸며 '문언'이라 하였다(莊氏云, 文爲文飾, 以乾坤德大, 故特文飾以爲文言)"라고 하여, '문언'을 '문식文飾'으로 해석하였다.

② 공영달은 이 말을 부정하여 "당연히 두 괘의 경문을 해석한 것을 말하므로 '문언'이라 칭하였다(當謂釋二卦之經文, 故稱文言)"라고 하여, '문언'을 '석이괘지경문釋二卦之經文'으로 해석하였다.

셋째, 『석문』의 기록이다.

① 육덕명은 "괘 아래의 말을 글로 꾸민 것(文飾卦下之言也)"이라고 하여, '문언'을 '문식文飾'으로 해석하였다.

② 양나라 무제는 "문언은 문왕이 지은 것이다"(梁武帝云, 文言是文王所制)라고 하였는데, 문왕이 지었으므로 '文言'(문왕의 말)이라고 하였다는 것이다.

이상의 주장을 정리하면, ①'문언'은 '문사文辭'로 읽어 건곤 두 괘를 해석한 '글'로 새길 수 있고, ②또 건곤 두 괘를 해설한 말(言)을 기록한 글(文), ③혹은 글(文)을 가지고 건곤 두 괘를 해설한 말(言)을 기록한 것으로도 해석할 수 있다.

「문언」이라는 편명은 「문언」을 지은 사람이 붙인 것이다. 필자의 『천하제일의 명문 주역 계사전』 750-751쪽을 참고하라.

나.「문언」의 구조

「문언」은 건곤 두 괘의 괘효사를 해석한 것이다. 건괘를 해석한 것을 '건「문언」', 곤괘를 해석한 것을 '곤「문언」'이라고 한다. '건「문언」'은 네 단락으로, '곤「문언」'은 한 단락으로 구성되어 있다.

먼저 '건「문언」'에 대해, 첫째 단락은 괘사 '원형리정'을 건의 4덕으로 여겨 이것으로 군자가 행하는 4가지 덕으로 해석하였고, 또 인간사를 가지고 건괘 여섯 효의 효사를 해석하였다. 둘째 단락도 인간사를 가지고 각 효의 효사를 해석하였다. 셋째 단락은 천도 사계절의 변화를 가지고 각 효의 효사를 해석하였다. 넷째 단락은 괘사 '원형리정'을 건의 4덕으로 여기고, 또「단」의 일부 내용을 인용하여 건괘를 찬양하고 이어서 여섯 효의 효사를 해석하였다.

그다음 '곤「문언」'은 땅의 덕을 가지고 곤괘를 찬양하고 이어서 인간사를 가지고 곤괘 여섯 효의 효사를 해석하였다.

다.「문언」의 괘효사 해석 방식

공영달은「문언」을 '의리심오義理深奧'라고 표현하였다. 건괘 첫째 단락은 공자와 문답 형식을 빌려 기술하고 있는데, 공자를 빌렸으므로 그 근본 취지는 당연히 유가의 입장이며 의리가 심오할 수밖에 없다.「문언」은 유가의 의리를 가지고 건곤 두 괘를 해설하면서,「단」과「상」의 효위설을 일부 취하여 상수로도 해석하였다. 지금「문언」의 건곤 두 괘의 괘효사 해석 방식을 상수와 의리, 두 부분으로 나누어 해설하겠다.

1. 상수로 해석함

「문언」은 괘효사를 해석하면서 간혹 상수로 해석하였는데,「단」과「상」의 효위설의 범주를 넘지 않는다. 여기에 상수로 해석한 것을 모두 인용하겠다.

① 둘째와 다섯째 자리를 '중中'이라고 하였다.

건「문언」 넷째 단락 九三, 九四: 重剛而不中. 강이 겹쳤으나 가운데 자리가 아니다.

'중中'은 위아래 괘의 가운데 자리를 가리키며, '부중不中'은 셋째와 넷째 양효는 윗괘와 아랫괘의 가운데 자리에 있지 않다는 말이다.

② 둘째 양효가 아랫괘의 가운데 자리에 있는 것을 '정중正中'이라고 하였다.

건 「문언」 첫째 단락 九二: '見龍在田, 利見大人', 何謂也? 子曰 "龍德而正中者也."
둘째 양효의 '나타난 용이 밭에 있으니, 대인을 만나보는 것이 이롭다'는 것은 무엇을 말한 것입니까? 공자께서 말씀하셨다. "용의 덕이 바르고 알맞은 것이다."

『역전』에서 음효가 음의 자리에, 양효가 양의 자리에 있는 것을 '정正'이라 하고, 아랫괘와 윗괘의 가운데 자리를 '중中'이라고 한다. 여섯 효 가운데 처음(初), 셋째(三), 다섯째(五)는 양의 자리이고, 둘째(二), 넷째(三), 꼭대기(上)는 음의 자리이다. 지금 둘째 양효는 양이면서 음의 자리에 있으며, 아랫괘의 가운데 자리에 있으니, '중中'이지만 '정正'이 아니다. 그러나 효례爻例에서 둘째(二)와 다섯째(五)는 양효든 음효든 또한 '중정中正'이라고도 칭한다. '正中'은 '中正'이 바른 표현이다. 「문언」은 잘못 썼다. '용덕이정중자'는 용의 덕이 바르고 알맞다는 말이며, 둘째 양효의 효위를 가지고 용의 덕을 설명한 것이다. 이것은 효사의 '밭에 나타난 용'을 바르고 알맞는(正中) 도를 행하는 대인에 비유한 것이다. 둘째 양효는 아랫괘의 가운데 자리에 있으며(효위) 대인이 바르고 알맞은 도를 행하는 상이다(효상).

③ 처음 효를 '하下'라고 하였다.

건 「문언」 둘째 단락 初九: '潛龍勿用', 下也.
'숨어 있는 용이니 움직이지 말라'는 것은 아래에 있다는 것이다.

'하下'는 처음 양효를 가리키며, 처음 양효는 한 괘의 아랫자리에 있으니(효위) 숨어있는 용의 상이다(효상). 「문언」은 효사의 '잠룡물용'을, 숨어 있는 용이니 움직이지 말라는 것은 처음 양효가 한 괘의 아랫자리에 있는 것이라고 해석하였다.

④ 다섯째 효를 '천天', '정위正位'라고 하였다.

건 「문언」 셋째 단락 九五: '飛龍在天', 乃位乎天德.

'나는 용이 하늘에 있다'는 것은 곧 하늘의 덕을 이루는 것이다.

곤 「문언」 六五: 君子'黃'中通理, 正位居體.
군자는 아름다움이 마음속에 있어 사리에 통달하고, 바른 자리에서 예를 지킨다.

'정위正位'는 바른 자리, 즉 존위尊位이며, 다섯째 음효의 자리를 가리킨다. 다섯째 음효는 윗괘의 가운데 자리에 있으며(효위), 군자가 바른 자리에 있는 상이다(효상).

⑤ 둘째 효를 '전田', 셋째 효를 '인人', 다섯째 효를 '천天'이라고 하였다.

건 「문언」 넷째 단락 九三: 九三, 重剛而不中, 上不在天, 下不在田.
셋째 양효는 강이 겹쳤으나 가운데 자리가 아니며, 위로는 하늘에 있지 아니하고, 아래로는 밭에 있지 아니하다.

건 「문언」 넷째 단락 九四: 九四, 重剛而不中, 上不在天, 下不在田, 中不在人.
넷째 양효는 강이 겹쳤으나 가운데 자리가 아니며, 위로는 하늘에 있지 아니하고, 아래로는 밭에 있지 아니하며, 가운데로는 사람에 있지 아니하다.

'천天'은 다섯째 양효를, '전田'은 둘째 양효를, '인人'은 셋째 양효를 가리킨다. 「계사」 하·10장에 "천도도 있고, 인도도 있고, 지도도 있다. 삼재를 겸하여 둘로 하므로 여섯 효이다(有天道焉, 有人道焉, 有地道焉. 兼三才而兩之, 故六)"라고 하였는데, 이것은 한 괘 여섯 효 가운데, 처음(初)과 둘째(二)는 땅(地)에, 셋째(三)와 넷째(四)는 사람(人)에, 다섯째(五)와 꼭대기(上) 하늘(天)에 해당된다는 말이다. 「계사」에서 넷째 양효는 사람의 자리에 해당되는데, 「문언」에서 '가운데로는 사람에 있지 아니하다'고 하였다. 「문언」은 둘째 양효를 '밭(田)'으로, 셋째 양효를 '사람(人)'으로, 다섯째 양효를 '하늘(天)'로 여겼으며, 「계사」와 같은 방식으로 해석하지 않았다. 이것은 「문언」과 「계사」를 지은 사람이 다르기 때문이다. '위로는 하늘에 있지 아니하고, 아래로는 밭에 있지 아니하며, 가운데로는 사람에 있지 아니하다'는 말은 넷째 양효는 다섯째 양효의 자리에도 둘째 양효의 자리에도 셋째 양효의 자리에도 있지 않다는 말이다.

⑥ 꼭대기 효는 '궁窮', '극極'이라고 하였다.

건「문언」둘째 단락 上九: 亢龍有悔, 窮之災也.
'끝까지 올라간 용이니 뉘우침이 있다'는 것은 궁극에는 재앙이 있다는 것이다.

건「문언」셋째 단락 上九: 亢龍有悔, 與時偕極.
'끝까지 올라간 용이니 뉘우침이 있다'는 것은 때와 더불어 모두 끝에 이른다는 것이다.

⑦ 건「문언」첫째 단락 꼭대기 양효에서 인용하였다.

> 上九曰 '亢龍有悔', 何謂也? 子曰 "貴而无位, 高而无民, 賢人在下位而无輔, 是以動而有悔也."
> 꼭대기 양효의 '높이 올라간 용이니, 뉘우침이 있다'는 것은 무엇을 말한 것입니까?
> 공자께서 말씀하셨다. "귀해도 지위가 없고, 높은 자리에 있어도 백성이 없으며,
> 현명한 사람이 아랫자리에 있어도 도움이 없으니,
> 그래서 움직이면 뉘우침이 있다는 것이다."

후한의 순상은 '賢人在下位而无輔'를 해석하면서, "꼭대기는 셋째와 응하는데, 셋째 양효는 덕이 반듯하므로 '현명한 사람'이라고 하였다. 셋째 양효는 아랫괘에 있으므로 '아랫자리에 있다'고 하였다. 두 양은 서로 응하지 않으므로 '도움이 없다'고 하였다(謂上應三, 三陽德正, 故曰賢人. 別體在下, 故曰在下位. 兩陽无應, 故无輔)"라고 하여, '응應'을 가지고 해석하였는데, 이것이「문언」의 본뜻인지는 알 수 없다.

이상, 필자는「문언」이 상수로 해석한 여섯 가지를 말하였는데, 건「문언」에서 상수로 해석하였지, 곤「문언」에서는 건「문언」만큼 상수를 취하여 해석하지 않았다.

2. 의리로 해석함

「문언」은 짧은 글이지만 문장 전체가 유가의 의리를 가지고 건곤 두 괘의 괘효사를 해석한 것이다. 여기에서 그 내용을 간단히 소개하겠다.

(1) 건「문언」첫째 단락

① 괘사 '元亨利貞'의 해석
건괘의 '원형리정'은 본래 점 글(占辭)에 불과하나,「문언」에서는 건괘의 4덕으로

여겨 이것으로 군자가 행하는 4가지 덕으로 해석하였다. 즉 건은 선하고(元), 아름답고(亨), 의롭고(利), 바르다(貞). 군자는 이 4가지 덕을 행하는 사람이니, 그러므로 인자하고(元), 예절 바르고(亨), 의롭고(利), 바르다(貞)는 것이다.

② 처음 양효 효사 '潛龍勿用'의 해석

'잠룡潛龍'을 은거하는 군자에 비유하였다. 군자는 은거하여 속세에 영합하지 아니하고, 명성을 얻고자 추구하지 않으며, 세상을 숨어서 살아가니 번민이 없고, 세상 사람들이 옳다고 여기지 않아도 번민이 없다. 즐거운 일은 행하고, 근심되는 일은 하지 않는다. 이러한 군자의 의지는 확고하여 변할 수 없으니, '잠룡'이라고 하였다는 것이다.

③ 둘째 양효 효사 '見龍在田, 利見大人'의 해석

'현룡재전見龍在田'을 임금의 덕을 지닌 대인이 바르고 알맞은 도(正中)를 행하는 것으로 해석하였다. '정중'의 내용은 '언신言信', '행근行謹', '한사존성閑邪存誠', '선세불벌善世不伐', '덕박교화德博敎化' 다섯 가지이다. 이것은 '밭에 나타난 용'이 비록 임금의 자리에 있지 않으나, 임금의 덕을 가지고 있음에 비유한 것이다.

④ 셋째 양효 효사 '君子終日乾乾, 夕惕若, 厲无咎'의 해석

'건건乾乾'을 군자가 진덕수업하는 것으로 해석하였다. '진덕수업'은 『대학』의 '수신修身'이다. 진덕수업한 결과 군자는 윗자리에 있으면서 교만하지 아니하고, 아랫자리에 있으면서 근심하지 아니하니, 그러므로 부지런히 힘쓰고 때에 따라 두려워하면, 비록 위태로우나 허물이 없다는 것이다.

⑤ 넷째 양효 효사 '或躍在淵, 无咎'의 해석

'혹약재연或躍在淵'을 군자가 진덕수업하여 때에 맞게 행동하는 것으로 해석하였다. 군자는 덕에 나아가(進德) 사업을 닦으려고(脩業) 노력한다. 이것은 항상 때에 맞게 행동하고자 함이니, 그러므로 '허물이 없다'는 것이다.

⑥ 다섯째 양효 효사 '飛龍在天, 利見大人'의 해석

효사를 성인이 일어나니 만인이 따르는 것으로 해석하였다. 같은 소리는 서로 응하고, 같은 기운은 서로 구한다. 물은 습한 곳으로 흐르고, 불은 건조한 것으로 나아간다. 구름은 용을 좇고 바람은 범을 따른다. 성인이 일어나니 만인이 따른다는 것이다.

⑦ 꼭대기 양효 효사 '亢龍有悔'의 해석

'항룡亢龍'을 귀해도 지위가 없고, 높은 자리에 있어도 백성이 없으며, 현명한 사람이 아랫자리에 있어도 도움이 없는 것으로 해석하였다. 그래서 움직이면 뉘우침이 있다는 것이다.

(2) 건 「문언」 둘째 단락

인간사를 가지고 일곱 효의 효사를 해석하였다. 즉 처음 양효부터, '아래에 있다', '잠시 머무른다', '일을 행한다', '스스로 시험한다', '위에서 다스린다', '궁극에는 재앙이 있다', '천하가 다스려진다'는 순서로 해석하였다.

(3) 건 「문언」 셋째 단락

천도 사계절의 변화를 가지고 일곱 효의 효사를 해석하였다. 즉 처음 양효부터, '양기가 잠기어 감춰 있다', '천하가 아름답고 밝다', '때와 더불어 모두 부지런히 행한다', '천도가 변한다', '하늘의 덕을 이룬다', '때와 더불어 모두 끝에 이른다', '하늘의 법칙을 나타낸다'는 순서로 해석하였다.

(4) 건 「문언」 넷째 단락

① 괘사 '元亨利貞'의 해석

'원형리정'을 건괘의 4덕으로 여겨, "건은 만물이 비롯되고(元) 형통하다(亨). 만물을 이롭게 하고(利) 바르다(貞)"라고 해석하였다. 또 「단」의 일부 내용을 인용하여 건괘를 찬양하였다. 즉 건이 여섯 용을 타고 하늘에서 운행하니, 하늘에서 구름이 흐르고 비가 내려 천하가 평화롭다는 것이다.

② 처음 양효 효사 '潛龍勿用'의 해석

'잠룡물용'을 군자가 덕행을 실행할 때가 아직 오지 않았다고 해석하였다. 그래서 '잠潛'이라는 말은 덕이 숨어서 나타나지 않은 것이요, 덕을 행하고자 하여도 아직 때가 이르지 않은 것이니, 그래서 군자는 '움직이지 않는 것'이라는 것이다.

③ 둘째 양효 효사 '見龍在田, 利見大人'의 해석

둘째 양효가 '군덕君德'인 것은 배움으로 지식을 쌓고(學聚), 물어서 옳고 그름을 분별하고(問辯), 너그러움으로 편안히 머물고(寬居), 사랑으로 행하기(仁行) 때문이라는 것이다. 즉 수기치인 한다는 것이다.

④ 셋째 양효 효사 '君子終日乾乾, 夕惕若, 厲无咎'의 해석

셋째 양효는 위로는 하늘의 자리(九五)에 있지 아니하고, 아래로는 땅의 자리(九二)에 있지 아니하니, 곧 사람의 자리(九三)에 있는 것이며, 사람이 중정中正의 도를 얻어 행하지 못하고 있으므로 '부지런히 힘쓰고' 때에 따라 '두려워한다면' 비록 위태로운 지경에 처해 있으나 '허물이 없다'는 것이다.

⑤ 넷째 양효 효사 '或躍在淵, 无咎'의 해석

넷째 양효는 위로는 하늘에 있지 아니하고(九五), 아래로는 밭에 있지 아니하며(九二), 가운데로는 사람에 있지 아니하니(九三), 그래서 '혹或'이라고 한 것이다. '혹'은 의심하는 것을 내보여 정하지 않은 것이니, 그래서 '허물이 없다'는 것이다.

⑥ 다섯째 양효 효사 '飛龍在天, 利見大人'의 해석

'대인'을 극력 찬양하였다. 대인의 덕은 천지의 덕만큼 넓고 크며, 현명함은 해와 달만큼 밝고, 행하는 일은 사계절만큼 순서가 바르고, 길흉을 선견하는 것은 귀신처럼 정확하고, 하늘보다 앞서 행하나 하늘은 대인이 미리 하는 것을 어기지 않으며, 하늘보다 뒤에 행하나 하늘의 때에 부합하여 일을 행한다. 대인이 하늘을 알고 하늘에 순응하여 움직이니, 하늘도 대인의 뜻을 어기지 않거늘 하물며 사람이 어기겠는가! 귀신이 어기겠는가!

⑦ 꼭대기 양효 효사 '亢龍有悔'의 해석

'항亢'이라는 말은 나아가는 것을 알아도 물러나는 것을 알지 못하며, 생존하는 것을 알아도 망하는 것을 알지 못하며, 얻는 것을 알아도 잃는 것을 알지 못하는 것이다. 오직 성인만이 나아가는 것과 물러나는 것, 생존하는 것과 망하는 것을 알고 그 바른 것을 잃지 않는다.

(5) 곤 「문언」

① 괘사 해석

땅의 덕(地德)을 가지고 곤괘를 찬양하였다. 땅은 하늘을 유순히 받들므로 그 덕은 지극히 부드럽고, 그 운행은 만물을 낳고 기르니 강건하며, 지극히 고요하나 그 덕은 반듯하다. 하늘은 사계절의 변화 등 일정한 도를 가지고 있고, 곤이 건에 순응하듯 땅도 하늘의 변화에 순응하여 만물을 낳고 기르는 일정한 규율을 갖게 된다. 곤의 도는 지극히 유순하니, 하늘의 도를 받들어 때에 맞게 운행한다.

② 처음 음효 효사 '履霜, 堅冰至'의 해석

효사는 자연계의 순서를 말한 것이며, 이것을 인간사에 비유하면, 선이 점차 쌓여 복이 이르고, 악이 점차 쌓여 화가 이르며, 군신과 부자 간의 죄악이 점차 쌓여 신하와 자식이 그 임금과 그 아비를 시해함에 이른다는 것이니, 이것은 곧 필연적 순서라는 것이다.

③ 둘째 음효 효사 '直方大, 不習无不利'의 해석

'직방直方'을 경敬과 의義에 결부하여 윤리적으로 해석하였다. 즉 공경함(直)과 의로움(方)이 확립되어 도덕적으로 완성되면 군자가 행하는 것은 의심할 여지가 없다는 것이다.

④ 셋째 음효 효사 '含章可貞, 或從王事, 无成有終'의 해석

셋째 음효는 땅, 아내, 신하를 상징하니, 이들은 각각 하늘, 남편, 임금에 순응한다. '이루는 것'은 하늘, 남편, 임금이 하는 것이니 이루는 것은 없으나, '마치는 것'은 땅, 아내, 신하가 하는 것이니 마치는 것은 있다고 해석하였다. 즉 '유성有成'은 천과 양이 하는 것이고, '유종有終'은 지와 음이 한다는 것이다.

⑤ 넷째 음효 효사 '括囊, 无咎无譽'의 해석

'괄낭括囊'을 천지가 닫혀 현인이 은둔하는 것으로 해석하였다. 이것은 근신의 도를 행함을 말한 것이다. '괄낭'은 근신하는 태도를, '무구무예'는 근신한 결과이다.

⑥ 다섯째 음효 효사 '黃裳, 元吉'의 해석

'황상黃裳'을 황색치마는 저고리에 가려진 치마이니, 군자의 마음속이 아름답다는 것에 비유하였다. 군자는 아름다움이 마음속에 있어 사리에 통달하고, 바른 자리에서 예를 지키며, 아름다움이 마음속에 있어 행동에 나타나고 사업에 나타나니, 아름다움이 지극하다는 것이다.

⑦ 꼭대기 음효 효사 '龍戰于野, 其血玄黃'의 해석

'용전우야龍戰于野'를 꼭대기 음효가 음의 극성한 자리에 있어 양과 세력이 비슷하여, 음양이 서로 싸우는 것이라고 해석하였다.

이상, 필자는 「문언」의 전체 내용을 요약하여, 건곤 두 괘의 괘사와 효사를 유가의

의리로 해석하였음을 설명하였다. 「문언」은 순유 사상으로 일관하였다.

라. 「문언」의 운에 대하여

필자는 앞에서 「단」과 「상」의 운에 대해 설명하였다. 「문언」도 정연하게 운을 사용하였다. 예를 들겠다.

① 건 「문언」 둘째 단락

'潛龍勿用', 下也.
'見龍在田', 時舍也.
'終日乾乾', 行事也.
'或躍在淵', 自試也.
'飛龍在天', 上治也.
'亢龍有悔', 窮之災也.
乾元'用九', 天下治也.

원문에서 '하下', '사舍', '사事', '시試', '치治', '재災', '치治'는 운이다.

② 건 「문언」 셋째 단락

'潛龍勿用', 陽氣潛藏.
'見龍在田', 天下文明.
'終日乾乾', 與時偕行.
'或躍在淵', 乾道乃革.
'飛龍在天', 乃位乎天德.
'亢龍有悔', 與時偕極.
乾元'用九', 乃見天則.

원문에서 '장藏', '명明', '행行'과 '혁革', '덕德', '극極', '칙則'은 운이다.

③ 곤「문언」 괘사 해석

坤至柔而動也剛, 至靜而德方.
後得主而有常, 含萬物而化光.
坤道其順乎, 承天而時行.

원문에서 '강剛', '방方', '상常', '광光', '행行'은 운이다.

「문언」은 운을 맞추기 위해 의도적으로 글자를 바꾼 것이 한 곳 있다.

先天而天弗違, 後天而奉天時.
天且弗違, 而況於人乎, 況於鬼神乎.
하늘보다 앞서 행하나 하늘은 (대인의 뜻을) 어기지 아니하고,
하늘보다 뒤에 행하나 (대인은) 하늘의 때를 받든다.
하늘도 (대인의 뜻을) 어기지 않는데,
하물며 사람이 어기겠는가! 하물며 귀신이 어기겠는가!

'天時'는 '天命'으로 하는 것이 바르다. 운을 맞추기 위하여 의도적으로 글자를 바꾸었다. 원문에서 '위違', '시時'와 '인人', '신神'은 운이다. 이 한 곳 외에「문언」은「단」과「상」처럼 운을 맞추기 의도적으로 글자를 도치하거나 구절을 도치한 곳은 없다.

이상 필자는「문언」에서 운을 사용하였다는 것을 밝혔다.

건「문언」

文言曰 '元'者, 善之長也. '亨'者, 嘉之會也. '利'者, 義之和也. '貞'者, 事之幹也. 君子體仁足以長人, 嘉會足以合禮, 利物足以和義, 貞固足以幹事. 君子行此四德者, 故曰 '乾, 元, 亨, 利, 貞.'

'원'은 선함의 으뜸이다. '형'은 아름다움이 모인 것이다. '이'는 의로움의 조화이다. '정'은 일의 근본이다. 군자는 인을 행하여 사람의 어른이 될 수 있고, 아름다움을 모아 예에 합할 수 있으며, 만물을 이롭게 하여 의로움과 조화할 수 있고, 바름을 굳게 지켜 일의 근본이 될 수 있다. 군자는 이 네 가지 덕을 행하는 것이니, 그러므로 '건은 선하고(元), 아름답고(嘉), 의롭고(義), 바르다(正)'고 한 것이다.

여기에서부터 건「문언」의 첫째 단락이며, 먼저 건괘 괘사 '원형리정'을 해석하였다.

1. 건의 4덕 '원형리정'을 설명하였다.
   ① '元'者, 善之長也.… 원은 가장 선한 것임.
   ② '亨'者, 嘉之會也.… 형은 가장 아름다운 것임.
   ③ '利'者, 義之和也.… 이는 가장 의로운 것임.
   ④ '貞'者, 事之幹也.… 정은 가장 근본적인 것임.

2. 군자의 4덕 '원형리정'을 설명하였다.
   ① 君子體仁足以長人… 군자는 인을 행하여 사람의 어른이 될 수 있음.
   ② 嘉會足以合禮… 아름다움을 모아 예에 합할 수 있음.
   ③ 利物足以和義… 만물을 이롭게 하여 의로움과 조화할 수 있음.
   ④ 貞固足以幹事… 바름을 굳게 지켜 일의 근본이 될 수 있음.

3. 군자는 4가지 덕을 행하는 사람이다.
   ① 君子行此四德者… 군자는 네 가지 덕을 행함.
   ② 故曰 '乾, 元, 亨, 利, 貞.'… 그러므로 '건은 선하고, 아름답고, 의롭고, 바르다'고 함.

「문언」은 '원형리정'을 두 가지로 해석하고 있는데, 하나는 건의 4덕으로, 또 하나는 군자가 행하는 4덕으로 해석하였다. 이 문장은『좌전』의 내용을 조금 수정하여 인용한 것에 불과하다.

『좌전』「양공襄公 9년」(B.C.564)

穆姜薨於東宮. 始往而筮之, 遇艮☶之八. 史曰 "是謂艮之隨☱. 隨, 其出也. 君必速出." 姜曰 "亡! 是於周易曰 '隨. 元, 亨, 利, 貞. 无咎.' 元, 體之長也. 亨, 嘉之會也. 利, 義之和也. 貞, 事之幹也. 體仁足以長人, 嘉德足以合禮, 利物足以和義, 貞固足以幹事, 然故不可誣也, 是以雖隨无咎. 今我婦人, 而與於亂, 固在下位, 而有不仁, 不可謂元. 不靖國家, 不可謂亨. 作而害身, 不可謂利. 棄位而姣, 不可謂貞. 有四德者, 雖隨而無咎. 我皆無之, 豈隨也哉? 我則取惡, 能無咎乎? 必死於此, 弗得出矣."

목강이 동궁에서 훙거하였다. 목강이 처음 동궁으로 자리를 옮겨 시초점을 쳐, 간괘艮卦☶ 한 음효의 영수가 변하지 않는 8을 얻었다. 점치는 관리가 말하기를 "이것은 간괘가 수괘隨卦☱로 변한 것입니다. 수는 밖으로 나간다(出)는 뜻이니, 군께서는 빨리 동궁을 빠져 나가십시오"라고 하였다. 목강이 말하기를 "그럴 수 없다. 수괘는 『주역』에서 '수는 원형리정이니 허물이 없다'라고 하였다. 원元은 행함의 으뜸이요, 형亨은 아름다움이 모인 것이요, 이利는 의로움의 조화요, 정貞은 모든 일의 근본이다. 인을 행하는 것은 사람의 어른이 될 수 있고, 아름다운 덕은 예와 합할 수 있으며, 만물을 이롭게 하는 것은 의로움과 조화할 수 있고, 바름을 굳게 지키는 것은 모든 일의 근본이 될 수 있다. 그러므로 속일 수 없는 것이다. 그래서 비록 수괘이지만 허물이 없다고 한 것이다. 그런데 지금 나는 제후의 부인이면서 난에 가담한데다, 본래 아랫자리에 있으면서도 인자하지 못하였으니 원元이라 이를 수 없고, 나라를 편안하게 하지 못하였으니 형亨이라 이를 수 없으며, 일을 도모하여 몸을 해쳤으니 이利라고 이를 수 없고, 제후 부인의 자리임을 생각하지 않고 음란하게 행동하였으니 정貞이라고 이를 수가 없다. 이 네 가지 덕을 갖추어야 비록 수괘를 얻었다 하더라도 허물이 없는 것이다. 나는 이 네 가지 덕이 없는데 어찌 수괘가 내 운이 되겠는가? 나는 나쁜 짓을 하였는데 어찌 허물이 없겠는가? 반드시 여기에서 죽을 것이니 나갈 수 없다"라고 하였다.

목강은 '원형리정'을, 원元은 행함의 으뜸이요, 형亨은 아름다움이 모인 것이요, 이利는 의로움의 조화요, 정貞은 모든 일의 근본이라고 해석하였다. 이어 '원형리정'을 설명하여 "인을 행하는 것은 사람의 어른이 될 수 있고(원), 아름다운 덕은 예와 합할 수 있으며(형), 만물을 이롭게 하는 것은 의로움과 조화할 수 있고(이), 바름을 굳게 지키는 것은 모든 일의 근본이 될 수 있다(정)"라고 하였다. 이것은 '원형리정'에 대한 최초의 의리역적 해석이다.

『좌전』과 「문언」을 비교해 보면, ①『좌전』은 '체지장야體之長也'라고 하였는데, 「문언」은 '선지장야善之長也'라고 하였다. 「소공昭公 12년」 전傳에는 '元, 善之長也'라고 하였는데, 「문언」을 지은 사람은 '체體'의 뜻을 분명하게 이해하지 못해 '선지장야善之長也'로 바꾼 것이다. ②『좌전』은 '체인족이장인體仁足以長人'이라고 하였는데, 「문언」은 이 구절의 주어로 '군자君子'를 삽입하여 '君子體仁足以長人'이라고 하였으며, ③『좌전』은 '가덕족이합례嘉德足以合禮'라고 하였는데, 「문언」은 '가회족이합례嘉會足以合禮'라고 하였다. 이 3곳 외에는 서로 일치한다.

『좌전』은 '원형리정'을 수괘의 네 가지 덕으로 여겨 이것을 가지고 사람의 네 가지 덕으로 해석하였고, 「문언」 역시 건괘의 네 가지 덕으로 여겨 이것으로 군자가 행하는 네 가지 덕으로 해석하였다. 「문언」이 『좌전』의 내용을 조금 수정하여 인용하였다.

이하 「문언」의 각 구절을 해석하겠다.

元者, 善之長也.

'선善'은 착하다는 도덕 개념이다. 군자에게는 '인仁'이다. '장長'은 첫째, 으뜸이라는 뜻의 수首이다. '선지장善之長'은 선의 으뜸(善之首)이라는 말이다. 즉 원은 가장 선한 것이라는 말이다. '선지장善之長'은 『대학』의 '지선至善'이다. 『좌전』 「소공 16년」 전傳에 '元, 善之長也'가 기록되어 있는데 「문언」은 이것을 인용하였다.

亨者, 嘉之會也.

『설문』 주부壴部에 "'가嘉'는 아름답다는 뜻의 미美이다. 주壴로 되어 있고, 가加는 성음이다(嘉, 美也. 从壴, 加聲)", 또 회부會部에 "'회會'는 합한다는 뜻의 합合이다. 집亼과 증曾의 생략된 글자로 되어 있다(會, 合也. 从亼曾省)"라고 하였다. '가지회嘉之會'는 아름다움이 모인 것이라는 말이다. 즉 형은 가장 아름다운 것이라는 말이다.

利者, 義之和也.

'의義'는 의로움이며, 도덕 개념이다. '화和'는 조화, 화합이라는 뜻이다. '의지화義之和'는 의로움의 조화라는 말이다. 즉 이는 가장 의로운 것이라는 말이다.

貞者, 事之幹也.

『역전』은 '정貞'을 바르다는 뜻의 정正으로 읽었다. 『석문』에 "'간幹'은 고古와 단旦의 반절(幹, 古旦反)"이라고 하였다. 줄기(草木莖), 일을 맡다(幹事), 사물의 중요한 부분

(本) 등의 뜻이 있다. 굴만리, 유백민, 진고응 등은 '간幹'을 '본本'으로 읽었다. 근본, 주관하다는 뜻이다. '사지간事之幹'은 모든 일의 근본이라는 말이다. 즉 정(바른 것)은 모든 일의 근본이라는 말이다.

여기까지 건의 4덕, '원, 형, 이, 정'을 설명하였다. 건은 선하고, 아름답고, 의롭고, 바르다는 것이다. 이하 군자의 4덕으로 다시 '원, 형, 이, 정'을 설명하였다.

君子體仁足以長人

'원元'의 덕을 말하였다. '군자'는 도덕 수양이 훌륭한 사람이다. '체體'는 동사이며, 체득하다 혹은 행한다는 뜻의 행行이다. 정이는 "본받다(比而效之謂之體)"는 뜻으로 새겼고, 주희는 체용體用의 체(以仁爲體)로 보았는데, 이학적인 해석이다. 고형은 "체體는 이履로 읽으며, 실천하다, 행한다는 뜻이다(體讀爲履, 踐也, 行也)"라고 하였는데, 진고응이 아래 넷째 단락에서 '仁以行之'를 인용하여 이를 따랐다. '체인體仁'은 '행인行仁'이며, 인을 행한다는 뜻이다. 『석문』에 "경방, 순상, 동우 본에는 '체신體信'으로 되어 있다(京房, 荀爽, 董遇本作體信)"라고 하였다.

'족이足以'는 충분히 무엇을 할 수 있다, 무엇을 하는 데에 족하다는 뜻이다. '장長'은 동사이며, 어른이 된다는 뜻이다. '장인長人'은 사람의 어른이 된다는 뜻이며, 남을 이끌어 가는 리더, CEO이다. 군자가 인을 행하는 것이 '원元'의 덕德이다. 군자는 원의 덕이 있으니 인을 행하여 사람을 이끌어 가는 리더가 될 수 있다는 것이다.

공영달은 '체體'를 형체로 보고, "군자는 몸에 인도를 품고 널리 사랑을 베풀므로 사람의 어른이 될 수 있다. 인은 곧 선이니, 인덕을 행하여 하늘의 원덕을 본받는 것을 말한다(君子之人, 體包仁道, 泛愛施生, 足以尊長於人也. 仁則善也, 謂行仁德, 法天之元德也)"라고 해석하였다.

嘉會足以合禮

'형亨'의 덕을 말하였다. 군자는 형의 덕이 있으니 아름다움을 모아 예에 합할 수 있다는 말이다. 공영달은 "'아름다움을 모아 예에 합할 수 있다'는 것은 군자가 만물의 아름다움을 모아 예에 배합할 수 있다는 말이니, 하늘의 형덕을 본받는 것을 말한다(嘉會足以合禮者, 言君子能使萬物嘉美集會, 足以配合於禮, 謂法天之亨也)"라고 하였다.

利物足以和義

'이利'의 덕을 말하였다. 군자는 이의 덕이 있으니 만물을 이롭게 하여 의로움과 조화할 수 있다는 말이다. 공영달은 "'만물을 이롭게 하여 의로움과 조화할 수 있다'는 것은 군자가 만물을 이롭게 하여 각각 그 올바름을 얻게 하니, 의로움과 화합할 수 있다는 말이며, 하늘의 이덕을 본받는 것이다(利物足以和義者, 言君子利益萬物, 使物各得其宜, 足以和合於義, 法天之利也)"라고 하였다. 『석문』에 "'이물利物'은 맹희, 경방, 순상, 육적은 '이지利之'로 썼다(利物, 孟喜京荀陸績作利之)"라고 하였다. 고형은 '이인利人'으로 읽었다. '物'은 곧 '人'이다.

貞固足以幹事

'정貞'의 덕을 말하였다. '정고貞固'는 바름(正)을 굳게 지키는 것이다. 주희는 "바름이 있는 곳을 알아 굳게 지키는 것(貞固者, 知正之所在而固守之)"이라고 하였다. 군자는 정의 덕이 있으니 바름을 굳게 지켜 일을 성사할 수 있다는 말이다. 공영달은 "'바름을 굳게 지켜 일의 근본이 될 수 있다'는 것은 군자가 바름을 견지하여 사물을 이룰 수 있음을 말한 것이다. 이것은 하늘의 정덕을 본받는 것이다(貞固足以幹事者, 言君子能堅固貞正, 令物得成, 使事皆幹濟. 此法天之貞也)"라고 하였다. '物'과 '事', '得成'과 '幹濟'는 같은 말이다.

君子行此四德者

'사덕四德'은 인자하고(仁), 예절 바르고(禮), 의롭고(義), 바른 것(正)이다. 고형은 인仁, 예禮, 의義, 정正이라고 하였는데, 진고응이 이를 따랐다. '원元'은 군자가 인을 행하여 선할(善) 수 있는 것이다. '형亨'은 군자가 예와 합하여 아름다울(嘉) 수 있는 것이다. '이利'는 군자가 의로움과 조화하여 만물을 이롭게 할 수 있는 것이다. '정貞'은 군자가 바름을 굳게 지켜 모든 일을 성사할 수 있는 것이다. 군자는 '인자하고(仁)', '예절 바르고(禮)', '의롭고(義)', '바르다(正)'는 것이니, 이 네 가지 덕을 행하는 사람이라는 것이다.

故曰 '乾. 元, 亨, 利, 貞.'

군자는 이 네 가지 덕을 행하는 사람이니, 그러므로 '건은 선하고(元), 아름답고(亨), 의롭고(利), 바르다(貞)'라고 한 것이다.

건괘의 '원형리정'은 본래 점 글(占辭)에 불과하나, 「문언」에서는 건괘의 4덕으로 여겨 이것으로 군자가 행하는 네 가지 덕으로 해석하였다. 위의 내용을 정리하면 다음과 같다.

	건의 4덕		군자의 4덕
원元 ……	선善(선하다)	……	인仁(인자하다)
형亨 ……	가嘉(아름답다)	……	예禮(예절 바르다)
이利 ……	의義(의롭다)	……	의義(의롭다)
정貞 ……	정正(바르다)	……	정正(바르다)

건괘 괘사 '원형리정'에 대해 「단」과 「문언」의 해석을 비교하여 설명하면 다음과 같다.

乾, 元亨利貞.
「단」: 건은 크게 형통하고, 바르게 하여 이롭다.
「문언」: ① 건은 선하고, 아름답고, 의롭고, 바르다.
② 군자는 인자하고, 예절 바르고, 의롭고, 바르다.

'건乾'은 괘명이며, 하늘이다. 「단」과 「상」은 '천天'과 '건健'을 가지고 괘명 '건乾'을 해석하였다. 「단」은 '건, 원형, 이정'으로 읽었다. '원元'은 크다는 뜻의 대大, '형亨'은 형통하다는 뜻의 통通, '이利'는 이롭다, '정貞'은 바르다는 뜻의 정正이다. '원'은 크게라는 부사, '형'은 형통하다는 형용사, '이'는 이롭다는 형용사, '정'은 바르다는 형용사 혹은 바르게 하다는 동사이다. '원형'은 크게 형통하다, '이정'은 바르게 하여 이롭다는 뜻이다. 건은 크게 형통하고(大通), 바르게 하여(正) 이롭다(利)는 것이다.

「문언」은 '건, 원, 형, 이, 정'으로 읽고, ①건의 4덕과 ②군자의 4덕으로 해석하였다. ①건의 4덕으로 말하면, '원元'은 선하다는 뜻의 선善, '형亨'은 아름답다는 뜻의 가嘉, '이利'는 의롭다는 뜻의 의義, '정貞'은 바르다는 뜻의 정正이다. 건은 선하고(善), 아름답고(嘉), 의롭고(義), 바르다(正)는 네 가지 덕을 가지고 있다. ②군자의 4덕으로 말하면, '원元'은 인자하고(仁), '형亨'은 예절 바르고(禮), '이利'는 의롭고(義), '정貞'은 바르다(正)는 것이니, 군자는 이 네 가지 덕을 행하는 사람이다.

건괘 괘사 '원형리정'은 본래 단순히 점 글에 불과한 것이지만, 「단」과 「문언」에서는 점 글의 차원을 넘어 철학적으로 해석하였다. 「단」과 「문언」의 이러한 해석은 그 이후 깊은 영향을 끼쳤다.

初九曰 '潛龍勿用', 何謂也? 子曰 "龍德而隱者也. 不易乎世, 不成乎名, 遯世无悶, 不見是而无悶, 樂則行之, 憂則違之, 確乎其不可拔, '潛龍'也."
처음 양효의 '숨어 있는 용이니, 움직이지 말라'는 것은 무엇을 말한 것입니까? 공자께서 말씀하셨다. "용의 덕이 숨어 있는 것이다. 세상에 따라 변하지 아니하고, 명성을 이루고자 추구하지 아니하며, 세상을 숨어서 살아가니 번민이 없고, 옳다고 여기지 않아도 번민이 없다. 즐거우면 행하고, 근심되면 피하며, 확고하여 변할 수 없으니, '숨어 있는 용'이라고 한 것이다."

여기에서부터 인간사를 가지고 건괘 여섯 효의 효사를 해석하였다. 먼저 처음 양효(初九) 효사를 해석하였다.

1. 효사를 들었다.
   ① 初九曰 … 처음 양효임.
   ② '潛龍勿用' … 처음 양효 효사를 들었음.
   ③ 何謂也? … 무엇을 말한 것인가?

2. 군자가 은거하는 것에 비유하였다.
   1) 용의 덕이 숨어 있는 것이다.
      ① 子曰 … 공자에 가탁함.
      ② 龍德而隱者也 … 용의 덕이 숨어 있는 것임.

   2) 은거하는 군자의 덕을 구체적으로 설명하였다.
      ① 不易乎世 … 세상에 따라 변하지 아니함.
      ② 不成乎名 … 명성을 이루고자 추구하지 아니함.
      ③ 遯世无悶 … 세상을 숨어서 살아가니 번민이 없음.
      ④ 不見是而无悶 … 옳다고 여기지 않아도 번민이 없음.
      ⑤ 樂則行之 … 즐거우면 행함.
      ⑥ 憂則違之 … 근심되면 피함.
      ⑦ 確乎其不可拔 … 확고하여 변할 수 없음.
      ⑧ '潛龍'也 … '숨어 있는 용'이라고 한 것임.

子曰

'자子'는 공자를 가리키며, 공자에 가탁하였다. 진고응은 "여기에서부터 '是以動而有悔'까지는 모두 선생과 학생의 문답 형식을 가지고 말한 것이고(自此至'是以動而有悔'皆以師生問答形式立說), 「계사」와 『백서』의 「이삼자」 「역지의」 「요」 「목화」 「소력」 등의 말한 형식과 서로 비슷하며(與「繫辭」及『帛書』「二三子」「易之義」「要」「繆和」「昭力」等立說形式相近), 어떤 문자는 중복된다(有些文字還與之重合). 이른바 '자왈'이라는 것은 역학 경학자의 말인데 공자에 가탁한 것이다(所謂'子曰'乃『易』學經師之言而假托孔子者)"라고 하였다.

龍德而隱者也

'용덕龍德'은 군자의 덕이다. 건괘 처음 효(初九)가 양효이므로 '용덕'이라고 하였다. '이而'는 '지之'와 같으며, 주격 조사로 사용하였다. 『논어』 「헌문憲問」에 "군자는 자신의 말이 행동보다 지나치는 것을 부끄러워한다(君子恥其言而過其行)"라고 한 것을 황간皇侃은 『논어의소論語義疏』에서 "'이而'는 지之로 한다(而作之)"라고 하였는데, '이而'가 주격 조사로 사용된 예이다. 「문언」은 '은隱'을 가지고 효사의 '잠潛'을 해석하였다. '은隱'은 처음 양효를 가리켜 말한 것이다. 처음 양효는 한 괘의 아랫자리에 있으니(효위), 군자가 은거하고 있는 상이다(효상). '용덕이은자'는 용의 덕이 숨어 있다는 말이며, 효사의 '숨어 있는 용(潛龍)'을 은거하는 군자에 비유하였다. 이하 '龍德而隱者'를 구체적으로 설명하였다.

不易乎世

'역易'은 변하다(變), 바꾸다(換), 옮기다(移)는 뜻이다. '호乎'는 어於와 같다. '세世'는 세속, 세상이다. '불역호세'는 세상에 따라 변하지 않는다는 말이다. 군자는 은거하여 세속에 영합하지 않는다는 것이다. 『집해』에는 '不易世'로 되어 있는데, 당나라 최경은 '不易乎世'로 읽었다.

不成乎名

'명名'은 명예, 명성이다. '불성호명'은 명성을 이루고자 추구하지 않는다는 말이다. 군자는 은거하고 있으니 명성을 얻고자 추구하는 일도 없다는 것이다. 『석문』에는 '不成名'으로 되어 있는데, "어떤 책에는 '불성호명'으로 되어 있다(一本作不成乎名)"라고 하였다. 『집해』에도 '不成名'으로 되어 있는데, "당나라 이후의 책에는 '불역호세', '불성호명'으로 되어 있다(唐以後本, 不易乎世, 不成乎名)"라고 하였다. 본래는 '不易世, 不成名'으로 되어 있는 것을 당나라 유생들이 '不易乎世, 不成乎名'으로 다듬었을 것이다.

遯世无悶

'둔遯'은 숨는다는 뜻의 은隱이다. 『석문』에 "'둔遯'은 도徒와 돈頓의 반절(遯, 徒頓反)이라고 하였다. '둔세遯世'는 세상을 숨어서 살아가는 것이다. '민悶'은 번민(煩)이다. '둔세무민'은 세상을 숨어서 살아가니 번민이 없다는 말이다. 군자는 은거하여 세상을 숨어서 살아가니 근심할 것이 없다는 것이다. 28번 대과大過 「상」에 같은 말이 있다.

> 象曰 澤滅木, 大過. 君子以獨立不懼, 遯世无悶.
> 못이 나무를 침몰시키는 것이 대과의 상이다.
> 군자는 이 상을 본받아 홀로 서서 두려워하지 아니하고,
> 세상을 숨어서 살아가니 번민이 없다.

不見是而无悶

'견見'은 피동을 나타낸 것이며, '시是'는 옳다(非之對)는 뜻이다. '불견시不見是'는 옳다고 봐주지 않는다, 옳다고 여기지 않는다는 뜻이다. '민悶'은 번민(煩)이다. '불견시이무민'은 세상 사람들이 옳다고 여기지 않아도 번민이 없다는 말이다. 군자는 이미 세속적인 일을 초월하였으므로 세상 사람들의 이목 따위에는 관심이 없다는 것이다. 『집해』에 최경은 "세상 사람들이 비록 자신을 옳다고 여기지 않아도, 자신은 도에 어긋나지 않았음을 알기 때문에 번민이 없다(世人雖不已是, 而已知不違道, 故无悶)"라고 해석하였다. 『중용』의 "遯世不見知而不悔(세상을 숨어 살아 알아주지 않아도 후회하지 않는다)"와 같은 말이다(11장). 또 『맹자』 「등문공」 하下에 '獨行其道'(홀로 자신의 길을 걸어간다)라고 하였는데 같은 말이다.

樂則行之

'낙樂은 마음에서 느끼는 즐거움이다. '행行'은 행한다는 뜻이다. '낙즉행지'는 군자는 즐거운 일은 행한다는 말이다.

憂則違之

'우憂'는 마음에서 느끼는 근심(慮)이다. '위違'는 피하다(避), 즉 행하지 않는다는 뜻이다. '우즉위지'는 근심되는 일은 하지 않는다는 말이다. '낙樂'과 '우憂', '행지行之'와

'위지違之'는 서로 짝이 된다. 즐거운 일은 앞의 4구절을 가리키고, 근심되는 일은 그 반대를 가리킨다. '樂則行之, 憂則違之'는 『논어』「태백」의 '天下有道則見, 無道則隱'과 같은 말이다.

確乎其不可拔

'확確'은 확실하다(實), 확고하다(固)는 뜻이다. 『석문』에 정현은 "단단하고 높은 모양(鄭云堅高之皃)", 『집해』에 우번은 "강한 모양(確, 剛貌也)"이라고 하였다. '호乎'는 형용사나 부사 뒤에 붙은 개사이다. '확호確乎'는 확실히, 확고하다는 뜻이다. '기其'는 용덕을 가리킨다. '불가不可'는 무엇을 할 수 없다는 뜻의 조동사이다. '발拔'은 『석문』에 정현이 "변하다, 옮긴다는 뜻의 이移"라고 하였다. '불가발不可拔'은 변할 수 없다는 뜻이다. '확호기불가발'은 확고하여 변할 수 없다는 말이다. 정이는 '발拔'을 '탈奪'로 읽어, '不可拔'을 '不可奪'로 새기고, "빼앗을 수 없다"라고 해석하였다.

'潛龍' 也

'잠룡'은 은거하는 군자에 비유하였다. 군자는 세상에 따라 변하지 아니하고, 명성을 이루고자 추구하지 아니하며, 세상을 숨어서 살아가니 번민이 없고, 옳다고 여기지 않아도 번민이 없다. 즐거우면 행하고, 근심되면 피한다. 이러한 군자의 의지는 확고하여 변할 수 없으니, '잠룡'이라고 하였다는 말이다.

「문언」은 처음 양효 효사 '잠룡물용'을 군자가 은거하는 것으로 해석하였다.

九二曰 '見龍在田, 利見大人', 何謂也? 子曰 "龍德而正中者也. 庸言之信, 庸行之謹, 閑邪存其誠, 善世而不伐, 德博而化, 易曰 '見龍在田, 利見大人', 君德也."

둘째 양효의 '나타난 용이 밭에 있으니, 대인을 만나보는 것이 이롭다'는 것은 무엇을 말한 것입니까? 공자께서 말씀하셨다. "용의 덕이 바르고 알맞은 것이다. 일상으로 하는 말에는 믿음이 있고, 일상으로 하는 행위는 삼가며, 사악한 것을 막고 참된 것을 간직하며, 세상 사람을 선하게 만들어도 자랑하지 아니하고, 덕은 넓어서 사람을 감화시키니, 『역』에 '나타난 용이 밭에 있으니, 대인을 만나보는 것이 이롭다'고 말한 것은 임금의 덕이다."

둘째 양효(九二) 효사를 해석하였다.

1. 효사를 들었다.
   ① 九二曰…둘째 양효임.
   ② '見龍在田, 利見大人'…둘째 양효 효사를 들었음.
   ③ 何謂也?…무엇을 말한 것인가?

2. 임금의 덕에 비유하였다.
   1) 용의 덕이 바르고 알맞은 것이다.
      ① 子曰…공자에 가탁하였음.
      ② 龍德而正中者也…용의 덕이 바르고 알맞은 것임.

   2) 바르고 알맞은 도를 구체적으로 설명하였다.
      ① 庸言之信…일상으로 하는 말에는 믿음이 있음.
      ② 庸行之謹…일상으로 하는 행위는 삼감.
      ③ 閑邪存其誠…사악한 것을 막고 참된 것을 간직함.
      ④ 善世而不伐…세상 사람을 선하게 만들어도 자랑하지 아니함.
      ⑤ 德博而化…덕은 넓어서 사람을 감화시킴.

   3) 효사는 임금의 덕을 말한 것이다.
      ① 易曰 '見龍在田, 利見大人'…효사를 인용하였음.
      ② 君德也…임금의 덕임.

둘째 양효에서 '신信', '근謹'은 운이다.
유백민: '信', 二十一震. 與下'謹', 十九隱. 以上去通爲一韻.
스즈키: '신信', '근謹'.

子曰

공자에 가탁하였다.

龍德而正中者也

'용덕龍德'은 임금의 덕(君德)이다. '이而'는 '지之'와 같으며, 주격 조사로 사용하였다. '정중正中'은 둘째 양효가 아랫괘의 가운데 자리에 있다는 것이며(효위), 대인이 중정의 도를 행하는 상이다(효상). 『역전』에서 음효가 음의 자리에 있고, 양효가 양의 자리에 있는 것을 '정正'이라 하고, 아랫괘와 윗괘의 가운데 자리를 '중中'이라고 한다. 여섯 효 가운데 처음(初), 셋째(三), 다섯째(五)는 양의 자리이고, 둘째(二), 넷째(三), 꼭대기(上)는 음의 자리이다. 지금 둘째 양효는 양이면서 음의 자리에 있으며, 아랫괘의 가운데 자리에 있으니, '중中'이지만 '정正'이 아니다. 그러나 효례爻例에서 둘째(二)와 다섯째(五)는 양효든 음효든 또한 '중정中正'이라고도 칭한다. '正中'은 '中正'이 바른 표현이다. 「문언」은 잘못 썼다. '용덕이정중자'는 용의 덕이 바르고 알맞다는 말이며, 효위를 가지고 용의 덕을 설명한 것이다. 이것은 효사의 '밭에 나타난 용'을 바르고 알맞는(正中) 도를 행하는 대인에 비유한 것이다. '바르고 알맞은' 내용은 아래에서 말하고 있다. 이하 '龍德而正中者'를 설명하였다.

庸言之信

『집해』에 구가역은 "'용庸'은 항상의 상常이다. 말은 항상 믿음으로, 행위는 항상 삼가는 것을 말한다(九家易說 庸, 常也. 謂言常以信, 行常以謹矣)", 공영달은 "처음부터 끝까지 일상으로 하는 말은 믿고, 일상으로 하는 행동은 삼간다(從始至末, 常言之信實, 常行之謹愼)", 주희는 "일상으로 하는 말은 또한 믿고, 일상으로 하는 행위는 또한 삼가니 덕의 성함이 지극한 것이다(常言亦信, 常行亦謹, 盛德之至也)"라고 하여, '용언庸言'을 상언常言, '용행庸行'을 상행常行이라고 하였다. '용庸'은 항상의 상常이다. '용언庸言'은 일상으로 하는 말이다. 고형은 "용은 정중에서 나왔다(庸由正中而來). 정중은 지나침이 없고, 모자라지 않음이 없고, 치우침이 없고, 사악함이 없는 것이다(正中者, 无過, 无不及, 无偏, 无邪也). 정중의 말이 곧 용언이고(正中之言乃爲庸言), 정중의 행동이 곧 용행이다(正中之行乃爲庸行)"라고 하였다.

'지之'는 '유有'로 읽는다. 주희는 '常言亦信, 常行亦謹'이라 하여 '역亦'으로 읽었는데, 배학해裴學海는 『고서허자집석古書虛字集釋』에서 '亦'으로 읽었다. 고형은 '시是'로 읽었다(之猶是也). '신信'은 믿음이다. '용언지신'은 일상으로 하는 말에는 믿음이 있다는 말이다.

庸行之謹

'용행庸行'은 일상으로 하는 행위이다. '지之'는 '유有'로 읽는다. '근謹'은 조심, 삼가다(愼)는 뜻이다. '용행지근'은 일상으로 하는 행위에는 삼감이 있다는 말이다. 『중용』의 '庸德之行, 庸言之謹'과 같은 말이다(13장).

閑邪存其誠

『집해』에 송충은 "'한閑'은 막는다는 뜻의 방防"이라고 하였다. '사邪'는 사악함이다. '사邪'의 내용은 재물을 보면 갖고 싶고(소유욕), 맛있는 음식을 보면 먹고 싶고(식욕), 아름다운 여자를 보면 품고 싶은 것(성욕) 등, 인간의 본능이다. '존存'은 간직하다(保存)는 뜻이다. '기其'는 어조사이며, 없어도 무방하다. '성誠'은 참됨이며, '사邪'의 반대이다. '한사존기성'은 사악한 것을 막고 참된 것을 간직한다는 말이다. 이 구절은 '閑邪而存誠'으로 읽어야 아래의 '善世而不伐'과 짝이 된다.

인간은 본능에 의해 한 순간에 무너질 수 있는 존재이다. 『논어』「안연顔淵」의 '非禮勿視, 非禮勿聽, 非禮勿言, 非禮勿動'(예가 아니면 보지도, 듣지도, 말하지도, 움직이지도 말라)이라는 공자의 말이 바로 「문언」의 '閑邪存其誠'이며, 참으로 의미심장한 말이다.

善世而不伐

'선세善世'는 세상 사람을 선하게 만드는 것이다. 공영달은 "세상에 선한 일을 하는 것(爲善於世)"이라고 하였는데, 이렇게 해석하여도 통한다. 진고응은 공영달과 같이 해석하고 또 '治世'로도 해석하였다(亦可訓爲治世). '벌伐'은 자랑하다는 뜻의 긍矜이다. '선세이불벌'은 세상 사람을 선하게 만들어도 자랑하지 아니한다는 말이며, 겸허하다는 것이다.

德博而化

'박博'은 넓다는 뜻의 광廣이다. '화化'는 『설문』 비부匕部에 '교행教行'이라고 하였는데, 단옥재는 "위에서 가르침을 행하면, 아래에서 교화하여 이룬다(教行於上, 則化成於下)"라고 하였다. '화化'는 사람을 감화, 교화시키는 것이다. '화化' 뒤에 '지之'자가 있어야 5글자가 짝이 되어 문장이 바르다. '덕박이화'는 덕은 넓어서 사람을 감화시킨다는 말이다. 이 다섯 구절이 바로 '정중正中'의 내용이다.

易曰 '見龍在田, 利見大人', 君德也.

'군덕君德'은 임금의 덕이며, 용덕龍德이고, 정중正中의 덕을 말한다. '정중'의 내용은 '언신言信', '행근行謹', '한사존성閑邪存誠', '선세불벌善世不伐', '덕박교화德博教化' 다섯 가지이다. 이것은 '밭에 나타난 용'이 비록 임금의 자리에 있지 않으나, 임금의 덕을 가지고 있음에 비유한 것이다.

「문언」은 둘째 양효 효사 '현룡재전, 이견대인'을 임금의 덕을 지닌 대인이 바르고 알맞은 도를 행하는 것으로 해석하였다.

九三曰 '君子終日乾乾, 夕惕若, 厲无咎', 何謂也? 子曰 "君子進德脩業. 忠信, 所以進德也. 脩辭立其誠, 所以居業也. 知至至之, 可與(言)幾也. 知終終之, 可與存義也. 是故居上位而不驕, 在下位而不憂. 故乾乾因其時而惕, 雖危无咎矣."
셋째 양효의 '군자는 종일 부지런히 힘쓰고 저녁에는 두려워한다면, 위태로우나 허물이 없다'는 것은 무엇을 말한 것입니까? 공자께서 말씀하셨다. "군자는 덕에 나아가 사업을 닦는다. 정성과 믿음이 덕에 나아가는 것이다. 말을 닦아 참됨을 세우는 것이 사업에 머무는 것이다. 덕에 나아가는 것이 이를 곳을 미리 알고 그곳에 이르니, 기미를 말할 수 있으며, 사업을 닦는 것이 마칠 곳을 미리 알고 그곳에 마치니, 올바름을 보존할 수 있는 것이다. 그러므로 윗자리에 있으면서 교만하지 아니하고, 아랫자리에 있으면서 근심하지 아니한다. 그러므로 부지런히 힘쓰고 때에 따라 두려워하면, 비록 위태로우나 허물이 없는 것이다."

셋째 양효(九三) 효사를 해석하였다.

1. 효사를 들었다.
   ① 九三曰 … 셋째 양효임.
   ② '君子終日乾乾, 夕惕若, 厲, 无咎' … 셋째 양효 효사를 들었음.
   ③ 何謂也? … 무엇을 말한 것인가?

2. 군자가 진덕수업하는 것으로 설명하였다.
   1) 군자는 진덕수업을 한다.
      ① 子曰 … 공자에 가탁하였음.
      ② 君子進德脩業 … 군자는 덕에 나아가 사업을 닦음.

   2) 진덕을 설명하였다.
      ① 忠信 … 정성과 믿음을 들었음.
      ② 所以進德也 … 덕에 나아가는 것임.

   3) 수업을 설명하였다.
      ① 脩辭立其誠 … 말을 닦아 그 참됨을 세움.
      ② 所以居業也 … 사업에 머무는 것임.

4) 진덕이 이르는 곳을 미리 아는 것을 말하였다.

① 知至至之…이를 곳을 알고 그곳에 이름.

② 可與(言)幾也…기미를 말할 수 있음.

5) 수업이 마치는 곳을 미리 아는 것을 말하였다.

① 知終終之…마칠 곳을 알고 그곳에 마침.

② 可與存義也…올바름을 보존할 수 있음.

6) 진덕한 결과를 말하였다.

① 是故居上位而不驕…윗자리에 있으면서 교만하지 아니함.

7) 수업한 결과를 말하였다.

① 在下位而不憂…아랫자리에 있으면서 근심하지 아니함.

8) 결어를 말하였다.

① 故乾乾因其時而惕…부지런히 힘쓰고 때에 따라 두려워함.

② 雖危无咎矣…비록 위태로우나 허물이 없음.

셋째 양효에서 '기幾', '의義'와 '교驕', '우憂', '구咎'는 운이다.
유백민: '驕', 四宵. 與下'憂', 十八尤. 以平上通爲一韻.
스즈키: 운을 말하지 않았다.

子曰

공자에 가탁하였다.

君子進德脩業

'군자'는 도덕 수양이 훌륭한 사람이다. '진進'은 나아가다(前進), 쌓다(積)는 뜻이다. '덕德'은 덕성이며, 바로 뒤의 '충신忠信'을 가리킨다. '진덕進德'은 충신忠信의 덕을 쌓는 것이다. '수脩'는 '수修'와 같으며, 닦다(治)는 뜻이다. 『집해』에 송충은 "'업業'은 일(業, 事也)"이라고 하였다. '업業'은 군자가 하고자 하는 일, 즉 사업事業의 뜻이다. 군자의 사업이란 수신修身하는 것이다. '수업脩業'은 수신하는 것이며, 바로 뒤의 '수사립기성脩辭立其誠'이다. '진덕수업'은 덕에 나아가 사업을 닦는다는 말이다. 『대학』의 '修

身'이며, 효사의 '군자가 하루 종일 부지런히 힘쓰는 것(君子終日乾乾)'을 설명한 것이다. 즉 군자가 '종일건건'하는 것은 진덕수업이라는 말이다. 즉 군자는 하루 종일 수신한다는 것이다.

忠信

'진덕進德'을 설명하였다. '충忠'은 정성이고, '신信'은 믿음이다. '충신忠信'은 인간 수양하는 것이며, 내면적 수양이다. 『논어』「공야장公冶長」에 "열 집 정도의 작은 고을에도 반드시 나와 같이 정성과 믿음을 가진 사람이 있으나, 나만큼 배우기를 좋아하는 사람은 없다(十室之邑, 必有忠信如丘者焉, 不如丘之好學也)"라고 하였다. '충신忠信'은 『논어』에서 가져온 것이다.

所以進德也

"정성과 믿음이 덕에 나아가는 것"이라는 말이다.

脩辭立其誠

'수업脩業'을 설명하였다. '수脩'는 '수修'와 같으며, 닦는다는 뜻이다. '사辭'는 언사言辭, 즉 말이다. '수사脩辭'는 말을 닦는 것이다. 정이는 '택언擇言'(말을 가려하는 것)이라고 하였다. '말(辭)'은 예나 지금이나 인간에게 커다란 문제이다. 「계사」 상·8장에 "말과 행동은 군자의 중요한 관건이다(言行, 君子之樞機)"라고 하였다. '입立'은 '성成'이며, 이루다, 확립하다는 뜻이다. '기其'는 어조사이다. 5글자로 만들기 위해 뜻 없이 들어간 것이다. 진고응은 "'기其'자는 '성誠'자의 '언言' 변을 따라 잘못 들어간 것이 아닌가 한다('其'字疑涉'誠'字之'言'旁而衍)"라고 하였다. '성誠'은 참됨(眞)이다. '입기성立其誠'은 참됨을 세우는 것이다. 행실을 참되게 한다, 참되게 행동한다는 말이다. '수사립기성'은 말을 닦아 참됨을 세운다는 말이며, 외면적 수양이다.

'성誠'은 수신修身의 마침이다. 『중용』에도 있다(20장). '誠者, 天之道也. 誠之者 人之道也'(참된 것은 하늘의 도이고, 참되게 사는 것은 사람이 걸어가야 할 길이다). 필자는 『예기』의 「대학」과 「중용」, 『주역』의 「문언」을 지은 사람들은 동학이고, 모두 공자의 후학이며, 노나라 사람들이라고 생각한다.

所以居業也

"말을 닦아 참됨을 세우는 것이 사업에 머무는 것"이라는 말이다. '진덕進德'은 '충신忠信'이고, '거업居業'은 '수사립기성脩辭立其誠'이다.

『집해』에 순상은 "'수사'는 '종일건건'을 말하고, '입성'은 '석척약려'를 말하며, '거업'은 셋째 효의 자리에 있는 것이다(脩辭, 謂終日乾乾. 立誠, 謂夕惕若厲. 居業, 謂居三也)", 정이는 "셋째 양효는 아래 괘의 꼭대기에 있어 임금의 덕이 이미 드러난 것이니, 장차 무엇을 하겠는가? 오직 덕에 나아가 사업을 닦는 것뿐이다. 안으로는 정성과 믿음을 쌓으니, 덕에 나아가는 것이다. 말을 가려 하고 뜻을 돈독히 하니, 사업에 머무는 것이다(三居下之上, 而君德已著, 將何爲哉? 唯進德脩業而已. 內積忠信, 所以進德也. 擇言篤志, 所以居業也)", 주희는 "'충신'은 마음에서 주로 하는 것이고, '수사'는 일에 나타나는 것이다(忠信, 主於心者. 修辭, 見於事者)"라고 하였다.

知至至之

'진덕'을 설명하였다. 주희는 "'지지지지'는 진덕의 일(知至至之, 進德之事)"이라고 하였다. 앞의 '지至'는 명사, 뒤의 '지至'는 동사이다. '지지知至'는 진덕의 발전이 어디까지 이르는가를 미리 아는 것이다. '지지至之'는 그곳에 이를 수 있도록 노력한다는 것이다. '지지지지'는 진덕이 이를 곳을 미리 알고 그곳에 이른다는 말이다. 즉 내면적 수양이 이를 곳을 알아 그곳에 이른다는 것이다.

可與(言)幾也

통행본에는 '여與'자 아래에 '언言'자가 없으나, 완원阮元은 「교감기」에 "고본과 족리 본에는 '여與'자 아래에 '언言'자가 있다(古本, 足利本與下有言字)"라고 하였다. 『석문』에도 없다. 『집해』에도 없는데, 최경은 '可與言微也'라고 하여 '言'자를 인용하였다. '언'자가 있어야 아래의 '可與存義也'와 짝이 된다. '여與'는 '이以'와 같다. '可與'는 '可以'이며, 무엇을 할 수 있다는 말이다. '기幾'는 기미, 낌새라는 뜻이다. 『석문』에 "사리가 처음에 은밀한 것을 기라고 한다(理初始微名幾)"라고 하였다. 『설문』 요부幺部에 "'기幾'는 은밀한 것(幾, 微也)"이라고 하였다.

「계사」에 기록이 있다.

> 幾者, 動之微, 吉(凶)之先見者也.
> '기'는 움직임이 은밀한 것이고, 길흉이 먼저 나타나는 것이다. (하·5장)

'가여언기야'는 기미를 말할 수 있다는 말이다. 내면적 수양이므로 '기幾'라고 하였다. '기幾'는 진덕이 이를 수 있는 기미이다. 군자는 진덕이 어디까지 이를 수 있는가를 미리 알고 그곳에 이를 수 있도록 노력하니, 진덕에 이를 수 있는 기미를 말할 수 있다는 것이다.

知終終之

'수업'을 설명하였다. 주희는 "'지종종지'는 거업의 일이다(知終終之, 居業之事)"라고 하였다. 앞의 '종終'은 명사, 뒤의 '종終'은 동사이다. '지종知終'은 수업이 장차 어디에서 마칠 것인가를 미리 아는 것이다. '종지終之'는 그곳에서 마칠 수 있도록 노력하는 것이다. '지종종지'는 진덕수업이 마칠 곳을 미리 알고 그곳에 마친다는 말이다. 즉 외면적 수양이 마칠 곳을 알아 그곳에서 마친다는 것이다.

可與存義也

'가여可與'는 '가이可以'로 읽는다. '존存'은 보존한다는 뜻이다. 『집해』에 요신은 "義者, 宜也"라고 하였다. '의義'는 알맞다, 올바르다는 뜻의 의宜로 읽는다. '가여존의야'는 올바름을 보존할 수 있는 말이다. 외면적 수양이므로 '의義'라고 하였다. '의義'는 수업이 마칠 수 있는 올바름이다. 군자는 수업이 장차 어디에서 마칠 것인가를 미리 알고 그곳에서 마칠 수 있도록 노력하니, 수업을 마칠 수 있는 올바름을 보존할 수 있다는 것이다.

是故居上位而不驕

'진덕'의 결과를 말하였다. '상위上位'는 셋째 양효가 아랫괘의 가장 위에 있다는 것이다. '교驕'는 교만하다(自矜), 방자하다(肆)는 뜻이다. '거상위이불교'는 윗자리에 있으면서 교만하지 아니한다는 말이다. 진덕의 결과, 정성과 믿음이 있는 사람, 즉 내면적으로 수양이 된 사람은 윗자리에 있어도 교만하지 않는다는 것이다.

在下位而不憂

'수업'의 결과를 말하였다. '하위下位'는 셋째 양효가 한 괘에서 아랫괘에 있다는 것이다. '우憂'는 근심(慮)하는 것이다. '재하위이불우'는 아랫자리에 있으면서 근심하지 아니한다는 말이다. 수업의 결과, 말을 닦아 참됨을 세운 사람, 즉 외면적으로 수양이 된 사람은 아랫자리에 있어도 근심하지 아니한다는 것이다. 『중용』 14장에 유사한 말이 있다.

> 在上位, 不陵下. 在下位, 不援上. 正己而不求於人, 則無怨, 上不怨天, 下不尤人.
> 윗자리에 있어도 아랫사람을 업신여기지 아니하며,

아랫자리에 있어도 윗사람을 붙잡지 아니한다.
자신을 바르게 하여 잘못을 남에게서 구하지 아니하면 원망이 없을 것이니,
위로는 하늘을 원망하지 아니하며, 아래로는 남을 탓하지 아니한다.

故乾乾因其時而惕

'건건乾乾'은 '건건健健'이며, 부지런히 힘쓴다는 뜻이다. '인因'은 따르다(隨)는 뜻이다. '기其'는 어조사이다. 없어도 상관없다. '시時'는 상황이다. '인시因時'는 '수시隨時'와 같으며, 때(상황)에 따른다는 말이다. '척惕'은 두려워하다는 뜻의 구懼이다. '건건인기시이척'은 부지런히 힘쓰고 때에 따라 두려워한다는 말이다.

「문언」은 '윗자리에 있으면서 교만하지 아니한다'는 것을 가지고 '건건乾乾'을, '아랫자리에 있으면서 근심하지 아니한다'는 것을 가지고 '인시이척因時而惕'을 해석하였다. '불교不驕'와 '불우不憂'는 진덕수업을 한 결과이며, 그 결과 '故乾乾因其時而惕, 雖危无咎矣'가 된다는 것이다.

雖危无咎矣

「문언」은 '위危'를 가지고 효사의 '여厲'를 해석하였고, 원문을 '厲无咎'로 붙여 읽었다. '수위무구의'는 비록 위태로우나 허물이 없다는 말이다. 윗자리에 있으면서 교만하지 아니하고, 아랫자리에 있으면서 근심하지 아니한다. 그러므로 부지런히 힘쓰고 때에 따라 두려워하면, 비록 위태로우나 허물이 없다는 것이다.

「문언」은 셋째 양효 효사의 '건건'을 군자가 진덕수업하는 것으로 해석하였다.

九四曰 '或躍在淵, 无咎', 何謂也? 子曰 "上下无常, 非爲邪也. 進退无恒, 非離羣也. 君子進德脩業, 欲及時也, 故无咎."

넷째 양효의 '혹 뛰어오르거나 못에 있으니, 허물이 없다'는 것을 무엇을 말한 것입니까? 공자께서 말씀하셨다. "위로 오르거나 아래에 있는 것이 일정함이 없는 것은 사악함을 행해서가 아니다. 나아가고 물러나는 것이 항구함이 없는 것은 무리에 붙어서가 아니다. 군자가 덕에 나아가 사업을 닦는 것은 때에 이르러 움직이고자 함이니, 그러므로 허물이 없는 것이다."

넷째 양효(九四) 효사를 해석하였다.

1. 효사를 들었다.
   ① 九四曰…넷째 양효임.
   ② '或躍在淵, 无咎'…넷째 양효 효사를 들었음.
   ③ 何謂也?…무엇을 말한 것인가?

2. '혹약재연或躍在淵'을 설명하였다.
   ① 子曰…공자에 가탁하였음.
   ② 上下无常…위로 오르거나 아래에 있는 것이 일정함이 없음.
   ③ 非爲邪也…사악함을 행해서가 아님.
   ④ 進退无恒…나아가고 물러나는 것이 항구함이 없음.
   ⑤ 非離羣也…무리에 붙어서가 아님.

3. '무구无咎'를 설명하였다.
   ① 君子進德脩業…군자가 덕에 나아가 사업을 닦음.
   ② 欲及時也…뜻이 때에 이르러 움직이고자 함임.
   ③ 故无咎…그래서 허물이 없는 것임.

子曰

공자에 가탁하였다.

上下无常

'상上'은 위로 오르는 것이며, 효사의 '약躍'을 가리키고, '하下'는 아래에 있는 것이며, 효사의 '연淵'을 가리킨다. '상하上下'는 위로 오르거나 아래에 있다는 말이다. '상常'은 일정하다(不變)는 뜻이다. '무상无常'은 일정함이 없다, 즉 변한다는 뜻이다. '상하무상'은 위로 오르거나 아래에 있는 것이 일정함이 없다는 말이다.

非爲邪也

'위爲'는 행한다는 뜻이고, '사邪'는 사악함이다. '비위사야'는 사악함을 행해서가 아니라는 말이다. 위로 오르거나 아래에 있는 것이 일정함이 없는 것은 사악함을 행해서가 아니라는 것이다.

進退无恒

'진進'은 나아간다는 뜻이며, 효사의 '약躍'을 가리키고, '퇴退'는 물러난다는 뜻이며, 효사의 '연淵'을 가리킨다. '진퇴進退'는 나아가고 물러난다는 말이다. '항恒'은 항구하다(久)는 뜻이다. '무항无恒'은 항구함이 없다는 뜻이다. '진퇴무항'은 나아가고 물러나는 것이 항구함이 없다는 말이다.

'상上'과 '진進'은 효사의 '약躍'이고, '하下'와 '퇴退'는 효사의 '재연在淵'이다. '상常'은 '항恒'과 같은 개념이다. '상하무상'은 '진퇴무항'과 같은 말이다.

非離羣也

'이離'는 '여麗'로 읽으며, 붙다(附)는 뜻이다. 진고응은 "'이離'는 당연히 '여麗'의 뜻으로 사용하였으며, 붙는다는 뜻이다('離'當用爲'麗', 依附, 趨附)"라고 하였다. 정이와 주희는 떨어지다(別)는 뜻으로 읽었다. '군羣'는 무리(類)이다. '비리군야'는 무리에 붙어서가 아니라는 말이다. 즉 무리에 빌붙어서 그들과 영합하지 아니한다는 것이다.

君子進德脩業

'군자'는 도덕 수양이 훌륭한 사람이다. '진進'은 나아가다, 쌓는다는 뜻의 적積이다. '덕德'은 덕성이다. '진덕'은 덕을 쌓는 것이다. '수脩'는 '수修'와 같으며, 닦는다는 뜻이다. '업業'은 군자가 하고자 하는 일, 즉 사업事業의 뜻이다. 군자의 사업이란 수신修身하는 것이다. '진덕수업'은 덕에 나아가 사업을 닦는다는 말이다.

欲及時也

'욕欲'은 하고자 한다, '급及'은 이르다(至), '시時'는 상하진퇴지시上下進退之時이다. '욕급시야'는 때에 이르러 움직이고자 한다는 말이다.

故无咎

그래서 '허물이 없다'는 것이다.

효사에서 '용이 혹 뛰어오르거나 못에 있다'는 것을, 군자가 혹은 위로 오르고 혹은 아래에 있으며 혹은 나아가고 혹은 물러나는 것에 비유하였다. 군자가 높은 자리로 올라가거나 낮은 자리에 있는 것이 일정함이 없는 것은 사악함을 행해서가 아니며, 나아가거나 물러가는 것이 항구함이 없는 것은 무리에 빌붙어 세속에 영합하려는 것도 아니다. 다만 군자는 덕에 나아가 사업을 닦으려고 노력한다. 이것은 항상 때에 맞게 행동하고자 함이다. 그러므로 '허물이 없다'는 것이다.

「문언」은 넷째 양효 효사 '혹약재연'을 군자가 진덕수업하여 때에 맞게 행동하는 것으로 해석하였다.

九五曰 '飛龍在天, 利見大人', 何謂也? 子曰 "同聲相應, 同氣相求. 水流濕, 火就燥. 雲從龍, 風從虎. 聖人作而萬物覩. 本乎天者親上, 本乎地者親下, 則各從其類也."
다섯째 양효의 '나는 용이 하늘에 있으니, 대인을 만나보는 것이 이롭다'는 것은 무엇을 말한 것입니까? 공자께서 말씀하셨다. "같은 소리는 서로 응하고, 같은 기운은 서로 구한다. 물은 습한 곳으로 흐르고, 불은 건조한 것으로 나아간다. 구름은 용을 좇고 바람은 범을 따른다. 성인이 일어나니 만인이 따른다. 하늘에 근본을 둔 것은 위에 따르고, 땅에 근본을 둔 것은 아래에 따르니, 각각 그 동류를 좇는다."

다섯째 양효(九五) 효사를 해석하였다.

1. 효사를 들었다.
   ① 九五曰 … 다섯째 양효임.
   ② '飛龍在天, 利見大人' … 다섯째 양효 효사를 들었음.
   ③ 何謂也? … 무엇을 말한 것인가?

2. '비룡재천飛龍在天'을 설명하였다.
   ① 子曰 … 공자에 가탁하였음.
   ② 同聲相應 … 같은 소리는 서로 응함.
   ③ 同氣相求 … 같은 기운은 서로 구함.
   ④ 水流濕 … 물은 습한 곳으로 흐름.
   ⑤ 火就燥 … 불은 건조한 것으로 나아감.
   ⑥ 雲從龍 … 구름은 용을 좇음.
   ⑦ 風從虎 … 바람은 범을 따름.

3. '이견대인利見大人'을 설명하였다.
   ① 聖人作而萬物覩 … 성인이 일어나니 만인이 따름.

② 本乎天者親上…하늘에 근본을 둔 것은 위에 따름.
③ 本乎地者親下…땅에 근본을 둔 것은 아래에 따름.
④ 則各從其類也…각각 동류를 좇음.

다섯째 양효에서 '구求', '조燥'와 '호虎', '도覩', '하下'는 운이다.
유백민: '求', 十八尤. '燥', 三十二晧. 以平上通爲一韻.
'虎', 十姥. 與下'覩', 十姥. '下', 音戶. 以平上通爲一韻.
스즈키: '구求', '조燥'와 '호虎', '도覩', '하下'.

이하 '비룡재천'을 설명하였다.

同聲相應

'동성상응'은 같은 소리는 서로 응한다는 말이다. 같은 부류끼리 말이 맞는다.

同氣相求

'동기상구'는 같은 기운은 서로 구한다는 말이다. 동류는 서로 어울린다.

水流濕

'수류습'은 물은 습한 곳으로 흐른다는 말이다. 물은 아래로 흐른다.

火就燥

'화취조'는 불은 건조한 것으로 나아간다는 말이다. 불은 위로 나아간다.

雲從龍

'운종룡'은 구름은 용을 좇는다는 말이다. 용이 나는 곳에 구름이 일어난다.

風從虎

'풍종호'는 바람은 범을 따른다는 말이다. 범이 가는 곳에 바람이 따른다.

이상, 효사 '비룡재천'을 설명하면서 '나는 용(飛龍)'과 '하늘(在天)'이 서로 응하는 것을 말하였다. 정이는 '건지이오乾之二五', 즉 둘째와 다섯째 효가 서로 응하는 것으로 설명하였다.

이하 '이견대인'을 설명하였다.

聖人作而萬物覩

'성인'은 효사의 '대인'이다. '작作'은 『석문』에 "정현은 '일어난다는 뜻의 기起'라고 하였고, 마융은 '기起'로 썼다(作, 鄭云起也. 馬融作起)"라고 하였다. 정이는 "'물物'은 사람(物, 人也)", 주희는 "'물'은 사람과 같다(物, 猶人也)"라고 하였다. 「문언」은 '도覩'를 가지고 효사의 '견見'을 해석하였다. '도覩'는 우러러보는 것이다. 우러러본다는 것은 따른다(從)는 뜻이다. 『집해』에 우번은 "'도覩'는 보는 것(覩, 見也)"이라 하였고, 고형은 "'도'는 당연히 저著로 읽어야 한다(覩當讀爲著). 두 글자는 같은 성음 계열이며 옛날에는 통용되었다(二字同聲系, 古通用)" 하고, '저著'는 따른다는 뜻의 부附라고 하였다. '성인작이만물도'는 성인이 일어나니 만인이 따른다는 말이며, 효사 '이견대인'을 설명한 것이다.

本乎天者親上

'본本'은 근본을 둔다는 뜻이다. '호乎'는 '어於'와 같다. '친親'은 친하다, 가깝다는 뜻의 근近이다. '본호천자친상'은 하늘에 근본을 둔 것은 위에 따른다는 말이다. 해와 달과 별과 같이 하늘에 근본을 둔 것은 위에 붙어 있다.

本乎地者親下

'본호지자친하'는 땅에 근본을 둔 것은 아래에 따른다는 말이다. 새와 짐승과 초목과 같이 땅에 근본을 둔 것은 아래에 붙어 있다.

『집해』에 순상은 "동물은 하늘의 움직임과 가깝고, 식물은 땅의 고요함과 가깝다(動物親於天之動. 植物親於地之靜)", 정이는 "하늘에 근본을 둔 것은 해와 달과 별과 같은 것이고, 땅에 근본을 둔 것은 벌레와 짐승과 초목과 같은 것이다(本乎天者, 如日月星辰. 本乎地者, 如蟲獸草木)", 주희는 "하늘에 근본은 둔 것은 동물을 말하고, 땅에 근본을 둔 것은 식물을 말한다(本乎天者, 謂動物. 本乎地者, 謂植物)"라고 하였다.

則各從其類也

'각各'은 '本乎天者'와 '本乎地者' 모두 가리킨다. '종從'은 '친親'의 뜻을 말한 것이다. '기其'는 각각의 자신을 가리킨다. '유類'는 동류이다. '각종기류야'는 만물은 각각 그 동류를 좇는다는 말이다. 이 구절은 '이견대인'을 설명하면서 '성인이 일어나니 만인이 따른다'를 덧붙여 설명하였다.

「문언」은 다섯째 양효 효사 '비룡재천, 이견대인'을 성인이 일어나니 만인이 따르는 것으로 해석하였다.

上九曰 '亢龍有悔', 何謂也? 子曰 "貴而无位, 高而无民, 賢人在下位而无輔, 是以動而有悔也."
꼭대기 양효의 '높이 올라간 용이니, 뉘우침이 있다'는 것은 무엇을 말한 것입니까? 공자께서 말씀하셨다. "귀해도 지위가 없고, 높은 자리에 있어도 백성이 없으며, 현명한 사람이 아랫자리에 있어도 도움이 없으니, 그래서 움직이면 뉘우침이 있다는 것이다."

꼭대기 양효(上九) 효사를 해석하였다.

1. 효사를 들었다.
   ① 上九曰 … 꼭대기 양효임.
   ② '亢龍有悔' … 꼭대기 양효 효사를 들었음.
   ③ 何謂也? … 무엇을 말한 것인가?

2. '항룡亢龍'을 설명하였다.
   ① 子曰 … 공자에 가탁함.
   ② 貴而无位 … 귀해도 지위가 없음.
   ③ 高而无民 … 높은 자리에 있어도 백성이 없음.
   ④ 賢人在下位而无輔 … 현명한 사람이 아랫자리에 있어도 도움이 없음.

3. '유회有悔'를 설명하였다.
   ① 是以動而有悔也 … 그래서 움직이면 뉘우침이 있음.

貴而无位

'귀이무위'는 귀해도 지위가 없다는 말이다. 『집해』에 순상은 "꼭대기에 있으므로 존귀하고, 자리를 잃었으므로 자리가 없다(在上, 故貴. 失位, 故无位)"라고 하였다. 꼭대기 양효는 한 괘에서 가장 높은 곳에 있으므로 존귀하나, 양이 음의 자리에 있으므로 지위가 없다는 것이다.

高而无民

'고이무민'은 높은 자리에 있어도 백성이 없다는 말이다. 『집해』에 하타는 "다섯째 양효의 제왕의 자리에 처하지 않으므로 백성이 없는 것이다(既不處九五帝王之位, 故无民

也)", 공영달은 "여섯 효 모두 음이 없으니, 백성이 없는 것이다(六爻皆无陰, 是无民也)"라고 하였다.

「문언」은 '귀貴'와 '고高'를 가지고 효사의 '항亢'을 해석하였다. 또 꼭대기 양효는 양이므로 '귀貴'라고 하고, 꼭대기에 있으므로 '고高'라고 하였다.

賢人在下位而无輔

'현인재하이무보'는 현명한 사람이 아랫자리에 있어도 도움이 없다는 말이다. 『집해』에 순상은 "꼭대기는 셋째와 응하는데, 셋째 양효는 덕이 반듯하므로 '현명한 사람'이라고 하였다. 셋째 양효는 아랫괘에 있으므로 '아랫자리에 있다'고 하였다. 두 양은 서로 응하지 않으므로 '도움이 없다'고 하였다(謂上應三, 三陽德正, 故曰賢人. 別體在下, 故曰在下位. 兩陽无應, 故无輔)"라고 해석하였다. 순상은 '응'을 가지고 해석하였는데, 「문언」의 본뜻인지 알 수 없다. 주희는 "다섯째 양효 아래를 말한 것(賢人在下位, 謂九五以下)"이라고 하여, 다섯째 양효 아래의 네 효를 현인으로 보았다.

是以動而有悔也

'시이동이유회야'는 그래서 움직이면 뉘우침이 있다는 말이다. 『집해』에 순상은 "올라가는 것이 극에 이르면 당연히 내려와야 하므로 '뉘우침이 있다'고 하였다(升極當降, 故有悔)"라고 해석하였다.

「문언」은 효사 '항룡'을 '귀해도 지위가 없고, 높은 자리에 있어도 백성이 없으며, 현명한 사람이 아랫자리에 있어도 도움이 없는 것'으로 해석하였다. 그래서 움직이면 뉘우침이 있다는 것이다. 이 문장은「문언」의 건괘 여섯 효사를 해석한 전체 문장 가운데, 유일하게 상수로 해석할 수 있는 문장이다.「계사」상·8장에도 똑같이 기록되어 있다.

'潛龍勿用', 下也. '見龍在田', 時舍也. '終日乾乾', 行事也. '或躍在淵', 自試也. '飛龍在天', 上治也. '亢龍有悔', 窮之災也. 乾元'用九', 天下治也.

'숨어있는 용이니 움직이지 말라'는 것은 아래에 있다는 것이다. '나타난 용이 밭에 있다'는 것은 잠시 머무른다는 것이다. '종일 부지런히 힘쓴다'는 것은 일을 행한다는 것이다. '혹 뛰어오르거나 못에 있다'는 것은 스스로 시험한다는 것이다. '나는 용이 하늘에 있다'는 것은 위에서 다스린다는 것이다. '끝까지 올라간 용이니 뉘우침이 있다'는 것은 궁극에는 재앙이 있다는 것이다. 건원의 용구는 천하가 다스려진다는 것이다.

원문에서 '하下', '사舍', '사事', '시試', '치治', '재災', '치治'는 운이다.

유백민: '下', 音戶. '舍', 音暑. '事', 七志. '試', 七志. '治', 七之, 七志二韻. '災', 十六咍. 以平上通爲一韻.

스즈키: '하下', '사舍', '사事', '시試', '치治', '재災', '치治'.

여기에서부터 건「문언」의 둘째 단락이며, 인간사를 가지고 각 효의 효사를 해석하였다.

'潛龍勿用', 下也.

「문언」은 '하下'를 가지고 효사의 '잠潛'을 해석하였다. '하下'는 처음 양효를 가리키며, 처음 양효는 한 괘의 아래에 있으니(효위) 숨어 있는 용의 상이다(효상). 「문언」은 효사 '잠룡물용'을, 숨어 있는 용이니 움직이지 말라는 것은 처음 양효가 한 괘의 아랫자리에 있는 것이라고 해석하였다.

고형은 "'하야下也' 두 글자는 뜻이 완전하지 않다('下也'二字意不完整). '하下'자 위에 '처處'자가 떨어져 나간 것이 아닌가 한다('下'字上疑脫'處'字). 왕필은 '잠룡물용은 무엇인가? 반드시 아래에 처한 것이다'라고 하였는데(王弼曰 : '潛龍勿用, 何乎? 必窮處于下也'), 왕필 본에는 원래 '처'자가 있은 것 같다(似王本原有處字)"라고 하였다. 그는 '處下也'라고 읽었다. 이렇게 되어야 '處下也', '時舍也', '行事也', '自試也', '上治也'는 모두 3글자로 이어진다.

그러나 정괘井卦 처음 음효「상」에도 같은 기록이 있다.

'井泥不食', 下也.
'우물에 진흙이 차여 물을 마실 수 없다'는 것은 아래에 있다는 것이다.

건괘 처음 양효「상」에도 기록이 있다.

'潛龍勿用', 陽在下也.
'잠겨 있는 용이니 사용하지 말라'는 것은 양이 아래에 있다는 것이다.

「상」은 효위를 가지고 말하였다. 처음 양효는 건괘의 가장 아래에 있으니(효위), 잠겨 있는 용의 상이다(효상).

'見龍在田', 時舍也.

'시時'는 잠시(暫), '사舍'는 집(屋)이며, 머물다(居)는 뜻이다. '시사時舍'는 잠시 머문다는 말이다. '밭(田)'은 용이 오랫동안 머무는 곳이 아니며, '나타난 용이 밭에 있다'는 것은 대인이 잠시 머무르고 있는 것에 비유한 말이다. 『집해』에 우번은 "둘째 효는 왕의 자리가 아니므로 잠시 머문다(二非王位, 暫時舍也)"라고 하였다. 「문언」은 효사 '현룡재전'을, 나타난 용이 밭에 있다는 것은 잠시 머무르는 것이라고 해석하였다. 정이는 '시時'는 '수시隨時', '사舍'는 '지止'로 읽고, "때에 따라 멈추는 것이다(隨時而止也)", 진고응은 '사舍'를 '서舒'로 읽고, "양기가 발하니(陽氣舒發) 때가 되었다(時機已到)"라고 해석하였다.

정괘井卦 처음 음효「상」에도 '時舍'가 나오는데 해석은 다르다.

> '舊井无禽', 時舍也.
> '오래 된 우물에 새가 날아오지 않는다'는 것은 때가 지나서 버렸다는 것이다.

'사舍'는 '사捨'로 읽으며, 버리다(棄)는 뜻이다.

'終日乾乾', 行事也.

'사事'는 업業이고, '업業'은 진덕수업이다. '행사行事'는 진덕수업의 일을 행한다(行進德脩業之事)는 말이다. 「문언」은 효사 '종일건건'을, 종일 부지런히 힘쓴다는 것은 군자가 부지런히 진덕수업의 일을 행하는 것이라고 해석하였다.

'或躍在淵', 自試也.

'시試'는 시험하다(驗)는 뜻이다. '자시自試'는 스스로 시험한다는 말이다. 넷째 양효는 위로 뛰어오르고자 하고, 또 못에 있고자 한다. 「문언」은 효사 '혹약재연'을, 혹 뛰어오르거나 못에 있다는 것은 군자가 자신의 재능을 스스로 시험하고 있는 것이라고 해석하였다.

'飛龍在天', 上治也.

「문언」은 '상上'을 가지고 효사의 '천天'을 해석하였다. '상치上治'는 위에서 다스린다는 말이다. 다섯째 양효는 임금의 자리에 있다. 『집해』에 하타는 "성덕을 지니고 높은 자리에 있어, 위에서 백성을 다스린다는 것이다(以聖德而居高位, 在上而治民也)"라고 하였다. 「문언」은 효사 '비룡재천'을, 나는 용이 하늘에 있다는 것은 대인이 위에서 다스리는 것이라고 해석하였다.

'亢龍有悔', 窮之災也.

「문언」은 '궁窮'을 가지고 효사의 '항亢'을, '재災'를 가지고 '회悔'를 해석하였다. '궁窮'은 꼭대기 양효의 효위를 가리켜 말한 것이다. 꼭대기 양효는 한 괘의 꼭대기에 있으므로(효위), 궁극에 처해 있는 상이다(효상). '지之'는 '유有'로 읽는다. '재災'는 재앙(殃)이다. '궁지재'는 궁극에는 재앙이 있다는 말이다. 「문언」은 효사 '항룡유회'를, 끝까지 올라간 용이니 뉘우침이 있다는 것은 모든 일이 지나쳐 궁극에는 재앙을 불러들이는 것이라고 해석하였다.

무망괘无妄卦괘 꼭대기 양효 「상」에서 같은 기록이 있다.

> '无妄之行', 窮之災也.
> 도리에 어긋남이 없이 행한다는 것은 궁극에는 재앙이 있다는 것이다.

도리에 어긋남이 없이 행하나 꼭대기 양효의 효위가 극에 이른 것이므로 궁극에는 재앙이 있다는 것이다.

乾元'用九', 天下治也.

'건원乾元'은 건괘의 원덕元德을 말한다. 「문언」은 하늘의 원덕은 용구用九에 갖춰 있다고 여겼다. '용구'는 건괘 여섯 양효를 가리킨다. 「문언」은 용구 효사를, 나타난 여러 용들의 우두머리가 없으니 길하다고 하는 것은 나타난 여러 용들이 우두머리가 없이 모두 하늘의 원덕元德을 지니고 있으니, 천하는 편안히 잘 다스려진다고 해석하였다. 즉 여섯 양효(用九)는 모두 하늘의 원덕(乾元)을 가지고 있으니 천하는 다스려진다는 것이다.

> '潛龍勿用', 陽氣潛藏. '見龍在田', 天下文明. '終日乾乾', 與時偕行. '或躍在淵', 乾道乃革. '飛龍在天', 乃位乎天德. '亢龍有悔', 與時偕極. 乾元'用九', 乃見天則.

'숨어 있는 용이니 움직이지 말라'는 것은 양기가 잠기어 감춰 있다는 것이다. '나타난 용이 밭에 있다'는 것은 천하가 아름답고 밝다는 것이다. '종일 부지런히 힘쓴다'는 것은 때와 더불어 모두 부지런히 행한다는 것이다. '혹 뛰어오르거나 못에 있다'는 것은 천도가 변한다는 것이다. '나는 용이 하늘에 있다'는 것은 하늘의 덕을 이룬다는 것이다. '끝까지 올라간 용이니 뉘우침이 있다'는 것은 때와 더불어 모두 끝에 이른다는 것이다. 건원의 용구는 하늘의 법칙을 나타낸다는 것이다.

원문에서 '장藏', '명明', '행行'과 '혁革', '덕德', '극極', '칙則'은 운이다.
유백민: '藏', 十一唐. 與下'明', 彌郎反. '行', 戶郎反. 爲韻.
'革', 音棘. 與下'德', 二十五德. '極', 二十四職. '則', 二十五德. 爲韻.
스즈키: '장藏', '명明', '행行'과 '혁革', '덕德', '극極', '칙則'.

여기에서부터 건「문언」의 셋째 단락이며, 천도 사계절의 변화를 가지고 각 효의 효사를 해석하였다.

『집해』에 하타는 건괘 여섯 효를 1년 역曆에 안배하여 계절의 변화를 가지고 효사를 해석하였다. 아래에 그 내용을 소개하겠다.

'潛龍勿用', 陽氣潛藏.……當十一月, 陽氣雖動, 猶在地中.
'見龍在田', 天下文明.……하타의 설명은 기록이 없으나, 此當一月이다.
'終日乾乾', 與時偕行.……此當三月, 陽氣浸長, 萬物將盛, 與天之運俱行不息也.
'或躍在淵', 乾道乃革.……此當五月, 微陰初起, 陽將改變, 故云乃革也.
'飛龍在天', 乃位乎天德.……此當七月, 萬物盛長, 天功大成, 故云天德也.
'亢龍有悔', 與時偕極.……此當九月, 陽氣大衰, 向將極盡, 故云偕極也.
乾元'用九', 乃見天則.……陽消, 天氣之常. 天象法則, 自然可見.

이러한 해석은 고형의 것이 아주 훌륭하다. 고형은 다음과 같이 주장하였다.

「문언」은 1년 12개월을 6효에 분배하여, 각 효를 각각 2개월에 안배한 것처럼 보인다. 건괘의 여섯 양효는 위치의 순서에 따라 위로 올라가는데, 하늘의 양기가 시간의 순서에 따라 위로 올라가는 것을 상징하였다. 용의 활동을 양기가 위로 올라가는 것으로 여겼으므로 각 효의 효사는 또 천도 사계절의 변화를 대표한다. 이것은 선진 시대 음양가의 설에 가까운 것이다.

「文言」似將一年十二月分配于六爻, 每爻占兩月. 認爲··乾卦之六個陽爻循位次而上升, 乃象天之陽氣循時序而上升. 而龍之活動則以陽氣之上升爲轉移, 故各爻爻辭又代表天道四時之變化. 此近于先秦陰陽家之說矣.

아래에서 하나라의 역曆과 주나라의 역曆을 가지고 효사를 해석한 것은 고형의 해석을 인용한 것이다.

'潛龍勿用', 陽氣潛藏.

「문언」은 '양기陽氣'를 가지고 효사의 '龍'을 해석하였다. '잠潛'은 잠기다(沈), 감추다(藏), '장藏'은 감추다(隱)는 뜻이다. '양기잠장'은 양기가 잠기어 감춰 있다는 말이다. 처음 양효는 양효가 아래에 있으므로 양기가 땅 아래에 잠겨 감춰 있는 것을 상징한다. 이 시기는 대략 주나라 역으로 정월과 2월에 해당하고, 하나라의 역으로는 11월과 12월에 해당하며, 용은 물속에 잠기어 움직이지(潛藏) 않는다.

'見龍在田', 天下文明.

'천하문명'에 대해 두 가지 해석이 있다. 첫째, '문文'은 아름답다(美)는 뜻이다. '천하문명'은 천하가 아름답고 밝다는 말이다. 둘째 양효는 양효가 한 자리 위로 올라간 것이니, 양기가 땅 위에 나타난 것을 상징한다. 이 시기는 대략 주나라 역으로 3월과 4월에 해당하며, 하나라의 역으로는 정월과 2월에 해당한다. 초목이 처음 자라나 대지는 아름다운 무늬(文)로 밝음(明)을 이루니, 용 또한 밭에 나타난 것이다.

둘째, 「단」에도 '文明'이라는 말이 나오는데, 모두 개화의 개념으로 쓰였다.

① 文明以健, 中正而應, 君子正也. (동인同人「단」)
문명하고 강건하며, 중정의 자리에 있으면서 응하니, 군자의 바름이다.

② 其德剛健而文明, 應乎天而時行. (대유大有「단」)
그 덕은 강건하고 문명하며, 하늘에 응하여 때에 맞게 행한다.

동인은 윗괘가 건(☰)이고 아랫괘는 리(☲)이다. 대유는 윗괘가 리(☲)이고 아랫괘는 건(☰)이다. 건은 강건함이고 리는 문명이다. 「단」은 리(☲)의 괘덕을 문명으로 본 것이다. '문명'은 개화의 개념이다. 정이와 주희는 "문명의 교화(文明之化)"라고 해석하였다. 따라서 '천하문명'은 천하가 문명하다는 것이라고 해석할 수 있다. 즉 용이 밭에 나타나 천하를 개화한다는 것이다. 두 가지 해석은 모두 통한다.

'終日乾乾', 與時偕行.

'시時'는 천시天時이다. '해偕'는 모두(俱), '행行'은 건행健行, 즉 부지런히 행한다는 뜻이다. '여시해행'은 때와 더불어 모두 부지런히 행한다는 말이다. 셋째 양효는 양효가 또 한 자리 위로 올라간 것이니, 양기가 또 위로 올라간 것을 상징한다. 이 시기는 대략 주나라 역으로 5월과 6월에 해당하며, 하나라의 역으로는 3월과 4월에 해당하니, 초목은 때와 더불어 모두 자라난다. 천시와 더불어 모두 부지런히 힘써 게을리 하지 않는다.

'或躍在淵', 乾道乃革.

'건도乾道'는 천도이다. '내乃'는 부사 즉卽이다. '혁革'은 변하다, 바뀐다는 뜻의 개改이다. '건도내혁'은 천도가 변한다는 말이다. 넷째 양효는 양효가 또 한 자리 위로 올라간 것이니, 양기가 또 위로 올라가 더욱 번성한 것을 상징한다. 이 시기는 대략 주나라 역으로 7월과 8월에 해당하며, 하나라의 역으로는 5월과 6월에 해당하니, 따뜻한 것에서 더운 것으로 나아가 천도는 변하는 것이다. 천도가 변하는 때에 용은 혹 못 위로 뛰어 오르거나 못에 있어 변하고자 한다.

공영달은 넷째 양효는 "건괘 아랫괘에서 벗어나 윗괘로 진입하는 것이므로 혁이라고 하였다(去下體, 入上體, 故云乃革)", 정이도 "아랫자리를 떠나 윗자리로 오르니, 위아래가 바뀌는 것이다(離下位而升上位, 上下革矣)", 주희도 "아래를 떠나 위로 오르니, 변혁의 때이다(離下而上, 變革之時)"라고 해석하였다.

'飛龍在天', 乃位乎天德.

'내乃'는 잘못 들어갔다. 이 글자가 없어야 전문이 4글자로 구성된다. 고형은 "'위位'는 당연히 입立으로 읽어야 한다(爲當讀爲立). 『광아廣雅』「석고釋詁」에 '입은 이룬다는 뜻의 성(立, 成也)'이라 하였고, 『장자』「천지天地」에 '덕을 이루는 것을 입立이라 한다(德成之謂立)'"라고 하였다. 두 글자는 옛날에 통용되었다. '호乎'는 우리말에서 목적격 조사이다. '천덕天德'은 만물을 이루는 것이다. '입호천덕'은 천덕을 이룬다는 말이며, 만물이 이루어졌다는 뜻이다. 다섯째 양효는 양효가 위로 올라가 매우 높은 자리에 이른 것이니, 양기가 위로 올라가 크게 번성한 것을 상징한다. 이 시기는 대략 주나라 역으로 9월과 10월에 해당하며, 하나라의 역으로는 7월과 8월에 해당하니, 초목은 성장하며 천덕의 공은 이미 이루었으므로 용은 하늘을 나는 것이다.

'亢龍有悔', 與時偕極.

「문언」은 '극極'을 가지고 효사의 '항亢'을 해석하였다. '해극偕極'은 모두 최고점에 이른 것이다. '여시해극'은 때와 더불어 모두 끝에 이른 것이라는 말이다. 꼭대기 양효는 양효가 위로 올라가 한 괘의 가장 높은 자리에 이른 것이니, 양기가 극에 달한 것을 상징한다. 극에 이르면 반드시 쇠퇴하니, 이 시기는 대략 주나라 역으로 11월과 12월에 해당하며, 하나라의 역으로는 9월과 10월에 해당한다. 양기는 극성한 것에서 쇠하고 초목 또한 극성한 것에서 쇠하며, 용 또한 끝까지 올라가서 뉘우침이 있으니, 모두 때와 더불어 극에 이른 것이다.

乾元'用九', 乃見天則.

'건원乾元'은 건괘의 원덕元德을 말한다. '내乃'는 부사 즉卽이다. '현見'은 나타나다는 뜻의 현現으로 읽는다. '천칙天則'은 하늘의 법칙이며, 천도가 운행하는 규율이다. '내현천칙'은 하늘의 법칙을 나타낸 것이라는 말이다. 「문언」은 하늘의 원덕은 용구用九에 갖춰 있다고 여겼다. '용구'는 건괘 여섯 양효를 가리킨다. 여섯 양효가 자리의 순서에 따라 위로 올라가는 것은 양기가 시간의 순서에 따라 위로 올라가는 것을 상징하므로 '용구'는 하늘의 법칙을 나타낸 것이다. 즉 처음 양효 '잠룡물용'부터 꼭대기 양효 '항룡유회'에 이르기까지, 여섯 양효는 모두 하늘의 법칙을 나타낸 것이라는 말이다. 즉 '양기잠장', '천하문명', '여시해행', '건도내혁', '위호천덕', '여시해극'은 모두 하늘의 법칙이라는 것이다. 용구 효사의 "나타난 여러 용들의 우두머리가 없으니, 길하다(見群龍无首, 吉)"라고 한 것은 여섯 용은 우두머리가 없이 모두 하늘의 법칙에 따라 활동을 하고 있다는 말이며, 여섯 양효(용)는 모두 하늘의 법칙을 나타낸 것이라는 말이다.

이상의 내용을 정리하면 다음과 같다.

'潛龍勿用'……주력周曆 정월과 2월, 하력夏曆 11월과 12월……陽氣潛藏.
'見龍在田'……주력 3월과 4월, 하력 정월과 2월……天下文明.
'終日乾乾'……주력 5월과 6월, 하력 3월과 4월……與時偕行.
'或躍在淵'……주력 7월과 8월, 하력 5월과 6월……乾道乃革.
'飛龍在天'……주력 9월 10월, 하력 7월과 8월……乃位乎天德.
'亢龍有悔'……주력 11월과 12월, 하력 9월과 10월……與時偕極.

乾元'用九'……건괘 여섯 양효는 '乃見天則'한 것임.

> 乾'元(亨)'者, 始而亨者也. '利貞'者, 性情也. 乾始能以美利利天下, 不言所利, 大矣哉. 大哉乾乎! 剛健中正, 純粹精也. 六爻發揮, 旁通情也. 時乘六龍, 以御天也. 雲行雨施, 天下平也.
>
> 건의 '원(형)'은 만물이 비롯되고 형통하다는 것이다. '이정'은 건의 성정이다. 건은 비로소 커다란 이로움으로 천하를 이롭게 할 수 있으나, 이로운 바를 말하지 않으니, 위대하기도 하다. 위대하다, 건이여! 강건하고 중정하며, 순수하고 정묘하다. 여섯 효가 변동하여, 널리 정황에 통한다. 때에 맞게 여섯 용을 타고 하늘에서 운행한다. 구름이 흐르고 비가 내리니, 천하가 평화롭다.

여기에서부터 건「문언」의 넷째 단락이다. 본 단락에서는 건괘 괘사 '원형리정'을 건괘의 4덕으로 해석하였다. 또「단」의 일부 내용을 인용하여 건괘를 찬양하고 이어서 효사를 해석하였다.

1. 건괘 괘사 '원형리정'을 해석하였다.
   1) '원형'을 해석하였다.
      ① 乾'元(亨)'者… '원형'을 들었음.
      ② 始而亨者也… 만물이 비롯되고 형통하다는 것임.

   2) '이정'을 해석하였다.
      ① '利貞'者… '이정'을 들었음.
      ② 性情也… 건의 성정임.

2. 건괘를 찬양하였다.
   1) 건은 천하를 이롭게 한다.
      ① 乾始能以美利利天下… 건은 비로소 커다란 이로움으로 천하를 이롭게 할 수 있음.
      ② 不言所利… 이로운 바를 말하지 않음.
      ③ 大矣哉… 위대하기도 함.

2) 건은 위대하다.

① 大哉乾乎…건은 위대함.

② 剛健中正…강건하고 중정함.

③ 純粹精也…순수하고 정묘함.

3) 여섯 효는 널리 정황에 통한다.

① 六爻發揮…여섯 효가 변동함.

② 旁通情也…널리 정황에 통함.

4) 하늘을 운행한다.

① 時乘六龍…때에 맞게 여섯 용을 탐.

② 以御天也…하늘에서 운행함.

5) 천하가 평화롭다.

① 雲行雨施…구름이 흐르고 비가 내림.

② 天下平也…천하가 평화로움.

원문에서 '건乾', '정正', '정精', '정情', '천天', '평平'은 운이다.

유백민: '正', 十四淸, 四十五勁二韻. 與下'精''情', 十四淸.
'天', 一先. '平', 十二庚. 爲韻.

스즈키: '정精', '정情', '천天', '평平'.

乾'元(亨)'者

건괘 괘사 '원형'을 해석하였다. '건원乾元' 아래에 '형亨'자가 있어야 아래의 '이정利貞'과 짝이 된다. 왕인지王引之는 "위魏나라 당시에 이미 '건원' 아래에 '형'자가 떨어져 나갔다(魏時, '乾元'下已脫'亨'字, 因上'乾元用九'而誤脫)"라고 하였는데(『經義述聞』 二), 이것은 왕필 본을 근거하여 말한 것이다. 「문언」이 쓰인 당시에는 '형亨'자가 있었다. 왕인지의 말처럼 "위의 '건원용구'를 따라 잘못하여 떨어져 나간 것"이다. 한대 유생의 소행이었을 것이다.

始而亨者也

「문언」은 '시始'를 가지고 괘사의 '원元'을, '형亨'을 가지고 '형亨'을 해석하였다.

'시始'는 「단」의 '만물자시萬物資始'의 '시始'이며, 만물이 비롯된다는 말이다. 「계사」 상·1장에 "건은 위대한 시작을 행한다(乾知大始)"라고 하였다. "건의 '원형'은 만물이 비롯되고 형통하다"는 것이다. 진고응은 "'시이형始而亨'의 '형亨'은 당연히 '통通'으로 해야 하는 것이 아닌가 한다('始而亨'的'亨'疑當作'通'). '시始'는 '원元'을 해석한 것이고('始'釋'元'), '통通'은 '형亨'을 해석한 것이다('通'釋'亨')"라고 하였다. 그의 주장은 사리에 부합한다.

'利貞' 者

건괘 괘사 '이정'을 해석하였다. '이利'는 만물을 이롭게 하는 것(利物)이고, '정貞'은 바르다(貞固)는 뜻이다.

性情也

'성정性情'은 이학에서 말하는 인성론적인 '성', '정'의 개념이 아니라 단순히 성격, 성질, 성미의 뜻이다. '성정'은 건의 성정을 가리킨다. "만물을 이롭게 하고 바른 것이 건의 성정"이라는 말이다. 『집해』에 간보는 '만물의 성(萬物之性)', '만물의 정(萬物之情)'이라 하였고, 왕필은 "건원이 아니면 무엇이 사물의 시작에 통할 수 있으며, 그 정을 성으로 하지 않으면 무엇이 항구히 그 정을 행할 수 있겠는가(不爲乾元, 何能通物之始. 不性其情, 何能久行其情)"라고 하였다.

본 단락에서는 '원형리정'을 건괘의 4덕으로 해석하였다. 즉 "건은 만물이 비롯되고(元) 형통하다(亨). 만물을 이롭게 하고(利) 바르다(貞)"라고 해석한 것이다.

또 '건, 원형, 이정.'으로 읽고, 건의 4덕으로 해석한 것이다. '원'은 비롯된다는 뜻의 시始, '형'은 형통하다는 뜻의 통通, '이'는 만물을 이롭게 한다는 뜻의 이물利物, '정'은 바르다는 뜻의 정正이다. 건은 만물이 비롯되고 형통하다. 만물을 이롭게 하고 바르다는 네 가지 덕을 가지고 있다.

乾始能以美利利天下

건이 만물을 이롭게 하는 것을 찬양하였다. '시始'는 비로소, 처음으로라는 뜻이다. 즉 건괘에서부터 비로소, 처음으로라는 뜻이다. '능能'은 『집해』에 '이而'로 되어 있다. 두 글자는 고음이 같아 통용되었다(李富孫 『易經異文釋』 一). 진고응은 "'능能'자는 '시始' '이以'와 음과 뜻이 같아 옛날에 통용되었으므로('能'字與'始''以'音義同, 古通用), '시始' 혹은 '이以'를 따라 잘못 들어간 글자가 아닌가 한다(故疑涉'始'或'以'而衍)"라고 하였다.

'이以'는 '용用'과 같다. 앞의 '이利'는 명사이고, 뒤의 '이利'는 동사이다. '미리美利'

는 '대리大利'와 같다. 왕부지는 "'미리美利'는 이로움이 바른 것이다. 천하를 이롭게 하여 통하지 아니함이 없는 것이다(美利, 利之正也. 利天下無不通也)"라고 하였다. 천하를 이롭게 한다(利天下)는 것은 만물을 이롭게 한다(利物)는 말과 같다. "건은 비로소 커다란 이로움으로 천하를 이롭게 할 수 있다"는 말이다.

不言所利

'불언소리'는 이로운 바를 말하지 아니한다는 말이다. "건은 비로소 커다란 이로움으로 천하를 이롭게 할 수 있으나 이로운 바를 말하지 아니한다"는 것이다.

『논어』「양화陽貨」에 같은 말이 있다.

> 子曰 天何言哉? 四時行焉, 百物生焉, 天何焉哉?
> 하늘이 무슨 말을 하던가? 말이 없어도 사계절은 행하고 만물이 자라난다.
> 하늘이 무슨 말을 하던가?

『장자』「지북유知北遊」에도 같은 말이 있다.

> 天地有大美而不言.
> 천지는 커다란 아름다움을 가지고 있으나 말하지 아니한다.

大矣哉

건은 커다란 이로움으로 천하를 이롭게 하나, 이롭게 하는 바를 말하지 않으니 참으로 위대하기도 하다는 말이다.

주희는 이 구절을 4덕에 배합하여 "始者, 元而亨者. 利天下者, 利也. 不言所利者, 貞也"라고 하였다. 즉 '시始'는 '원元'과 '형亨'에, '이천하利天下'는 '이利'에, '불언소리不言所利'는 '정貞'에 해당시켰다.

大哉乾乎!

이하 건괘를 찬양하였다. '대재大哉'는 정이가 "건도의 큼을 찬양한 것(大哉, 贊乾道之大也)"이라고 하였다. 아래에 '건이 대재'인 것을 말하였다.

剛健中正

'강건剛健'은 건의 덕이며, 건이 강건하다는 것이다. 건은 여섯 효가 모두 강이고 강건하다. '중정中正'은 건이 중정하다는 것이다. 건의 여섯 효 가운데 둘째(九二)와 다섯째(九五)는 가운데 자리에 있으므로 '중中'이고, 처음(初九), 셋째(九三), 다섯째(九五)는 양이 양의 자리에 있으므로 '정正'이다. 다섯째 양효(九五)는 가운데 자리(中)와 바른 자리(正)를 얻었다.

주희는 "'강剛'은 체로 말한 것이고, '건健'은 용을 겸하여 말한 것이며, '중中'은 행함에 지나침도 모자람도 없는 것이며, '정正'은 서는 것이 치우치지 않은 것이다(剛以體言, 健兼用言. 中者, 其行无過不及. 正者, 其立不偏)"라고 해석하였는데, '체용'을 가지고 해석한 것은 이학적인 해석이다.

純粹精也

'순수純粹'는 건이 순수하다는 것이다. 건은 여섯 효가 모두 강이고 유가 없으니 순수하다. '정精'은 건이 정묘하다는 것이다. "위대하다, 건이여! 강건하고 중정하며, 순수하고 정묘하다"는 말이다.

『집해』에 최근崔覲은 "섞이지 않은 것을 '순純'이라 하고, 변하지 않는 것을 '수粹'라고 한다. 건은 순수한 정이므로 강건중정의 4덕을 가지고 있음을 말한다(不雜曰純, 不變曰粹. 言乾是純粹之情, 故有剛健中正之四德也)"라고 하였다.

래지덕은 "'순純'은 건괘 여섯 효가 모두 순양이어서 음이 섞이지 않은 것이고, '수粹'는 섞이지 않아서 매우 아름다운 것이며, '정精'은 섞이지 않아서 지극한 것이다(純者, 純陽而不雜以陰也. 粹者, 不雜而良美也. 精者, 不雜之極至也)"라고 하였다.

고형은 "색이 물들지 않은 것을 '순純'이라 하고(色不雜曰純), 쌀이 섞이지 않은 것을 '수粹'라고 하고(米不染曰粹), 쌀이 지극히 가는 것을 '정精'이라 한다(米至細曰精)"라고 하였다.

'강건' '중정' '순수' '정'은 래지덕의 해석처럼 건괘 여섯 효가 모두 양임을 가리켜 말한 것이다. 건이 강건하고 중정하며 순수하고 정묘한 것을 찬양하였다.

정이는 '剛健中正純粹, 精也.'로 읽고, "강건중정순수 여섯 가지로 건도를 형용하니, 정은 이 여섯 가지가 정밀함의 지극함을 말한다(以剛健中正純粹六者, 形容乾道, 精, 謂六者之精極)"라고 하였다. 즉 그는 '剛, 健, 中, 正, 純, 粹, 精也'로 읽고 "강, 건, 중, 정, 순, 수한 것이 정하다"라고 해석하였다.

주희는 '剛健中正, 純粹精也.'로 읽고, "강은 체로 말한 것이고, '건'은 용을 겸하여 말한 것이며, '중'은 행함에 지나침도 모자람도 없는 것이요, '정'은 서는 것이 치우치지 않은 것이니, 4가지는 건의 덕이다. '순'은 음유에 섞이지 않은 것이요, '수'는 사악함에 섞이지 않는 것이니, 대개 강건중정이 지극함이요, 정은 또 순수함이 지극한 것이다.(剛, 以體言. 健, 兼用言. 中者, 其行无過不及. 正者, 其立不偏. 四者, 乾之德也. 純者, 不雜於陰柔. 粹者, 不雜於邪惡. 蓋剛健中正之至極, 而精者, 又純粹之至極也)"라고 하였다. 즉 그는 "강, 건, 중, 정한 것이 순, 수하고 정하다"라고 해석하였다.

六爻發揮

'육효'는 건괘 여섯 양효를 가리킨다. '휘揮'는 휘두르다(振), 움직이다(動)는 뜻이다. 『석문』에 『광아』를 인용하여 "휘揮는 움직인다는 뜻의 동動(廣雅云動也)"이라고 하였다. '발휘發揮'는 발동, 변동, 변화라는 뜻이다. '육효발휘'는 건괘의 여섯 효가 변동한다는 말이다. 『집해』에 육적은 "건괘의 여섯 효가 발휘 변동한다(乾六爻發揮變動)"라고 하였다. 건괘 여섯 효가 변화하여 64괘 384효가 된다. 『석문』에 왕숙은 '휘揮'를 흩어진다는 뜻의 산散으로 읽었는데(揮, 王肅云散也), 바로 이 뜻이다.

旁通情也

'방旁'은 두루(遍), 두루 미치다(溥), 넓다(廣)는 뜻이고, '통通'은 통하다(達)는 뜻이다 '방통旁通'은 널리 통한다는 뜻이다. '정情'은 정황, 상황이라는 뜻이다. 진고응은 "천지만물의 정리(天地萬物的情理)"라고 하였다. 본 단락에서 두 개의 '情'자는 개념이 다르다. '性情也'는 성정을 말한 것이고, '旁通情也'는 널리 정황에 통한다는 말이다. 건괘의 여섯 효가 변동하여 자연과 인간의 일 등의 정황에 넓게 통한다, 즉 자연계와 인간계의 모든 일에 관통한다는 것이다.

『집해』에 육적은 "건괘의 여섯 효가 발휘 변동하여, 널리 곤에 통하니, 곤이 건과 섞여 육십사괘를 이룬다(乾六爻發揮變動, 旁通於坤, 坤來入乾, 以成六十四卦)"라고 하였다.

정이는 '정情'을 뜻(義)으로 새기고, "여섯 효로 발휘하고 널리 통하여 건의 뜻을 다하였다(以六爻發揮, 旁通, 盡其情義)", 주희는 "'방통'은 곡진하다는 말과 같다(旁通, 猶言曲盡)"라고 하여, "건의 뜻을 곡진히 하였다"라고 해석하였다.

時乘六龍

「문언」은 「단」의 "해가 들어가고 나오니, 상하 사방은 이로써 정해지며, 때에 맞게 여섯 용을 타고 하늘에서 운행한다(大明終始, 六位時成, 時乘六龍以御天)"는 구절을 인용하여 기술하였다. 「단」은 '대명大明'을 주어로 하여 '시승육룡'을 말하였지만, 「문언」은 '건'을 주어로 말하였다. '시時'는 적시適時이며, 때에 맞게라는 뜻이다. '육룡六龍'은 '육효六爻'이다. '시승육룡'은 때에 맞게 여섯 용을 탄다는 말이다.

以御天也

'이以'는 '이而'와 같다. 『집해』에 순상은 "'어御'는 운행한다는 뜻의 행(御者, 行也)"이라고 하였다. '천天'은 건괘의 상이다. '이어천야'는 하늘에서 운행한다는 말이다. 즉 건이 때에 맞게 여섯 용(六爻)을 타고 하늘에서 운행한다는 것이다.

雲行雨施

'운행우시'는 구름이 흐르고 비가 내린다는 말이다.

天下平也

'천하평야'는 천하가 평화롭다는 말이다. 하늘에서 구름이 흐르고 비가 내리니 천하가 평화롭다는 것이다. 「문언」은 「단」의 일부 내용을 인용하고 다시 덧붙여 건괘를 찬양하였다. 건이 여섯 용을 타고 하늘에서 운행하니, 하늘에서 구름이 흐르고 비가 내려 천하가 평화롭다는 것이다. '천하평야天下平也'는 「단」의 '만국함녕萬國咸寧'이며, 「문언」이 한나라 초기, 천하가 통일되었을 때 쓰였다는 것을 말해주고 있다.

君子以成德爲行, 日可見之行也. '潛'之爲言也, 隱而未見, 行而未成, 是以君子弗'用'也.

군자는 덕을 이루는 것을 행실로 여기니, (덕을 이루는 것은) 날마다 행실에서 나타난다. '잠'이라는 말은 (덕이) 숨어서 나타나지 않은 것이요, (덕을) 행하고자 하여도 아직 (때가) 이르지 않은 것이니, 그래서 군자는 '움직이지 않는 것'이다.

건괘 처음 양효(初九) 효사 '潛龍勿用'을 해석하였다.

1. 군자의 덕은 행실에서 나타난다.
   ① 君子以成德爲行 … 군자는 덕을 이루는 것을 행실로 여김.
   ② 日可見之行也 … 날마다 행실에서 나타남.

2. 효사의 '잠'을 설명하였다.
   ① '潛'之爲言也 … 효사의 '잠'을 들었음.
   ② 隱而未見 … 덕이 숨어서 나타나지 않은 것임.
   ③ 行而未成 … 행하고자 하여도 아직 (때가) 이르지 않은 것임.

④ 是以君子弗'用'也…그래서 군자는 '움직이지 않는 것'임.

君子以成德爲行

'군자'는 도덕 수양이 훌륭한 사람이다. '성成'은 이룬다는 성취成就의 뜻이다. '덕德'은 도덕 수양을 말하며, 내적 공부이다. '성덕成德'은 덕을 이루는 것이며 곧 수신이다. 덕을 이루는 것은 행동에서 나타난다. '행行'은 행실을 말하며, 외적 행위이다. '군자이성덕위행'은 군자는 덕을 이루는 것을 행실로 여긴다는 말이다. 군자의 행실을 보면 그 사람의 수양 정도를 알 수 있다는 것이다.

日可見之行也

'일日'은 『석문』에는 '왈曰', 『집해』에는 '일日'로 되어 있다. 일日'은 날마다, '현見'은 나타난다는 현現으로 읽는다. '지之'는 '성덕'을 가리키며, 뒤에 '어於'자가 있는 것이 순조롭다. 행行'은 행실을 말하며, 외적 행위이다. '일가현지행야'는 덕을 이루는 것은 날마다 행실에서 나타난다는 말이다. 이 구절은 '日可見之於行實也'로 읽는 것이 바르다. 진고응은 '每日都要見之於具體行動'이라고 하였다.

정이는 "덕이 이루어져서 그 일(덕)이 나타날 수 있는 것이 행실이다(德之成, 其事可見者, 行也)", 주희는 "'성덕'은 이미 이루어진 덕이다. 처음 양효는 본래 덕을 이루었으나 다만 그 행실이 나타나지 않았을 뿐이다(成德, 已成之德也. 初九, 固成德, 但其行未可見爾)"라고 하여, "날로 나타날 수 있는 것이 행실이다"라고 해석하였다.

'潛' 之爲言也

'잠潛'은 처음 양효 효사 '潛龍勿用'의 '잠'이며, 숨어 있다(隱)는 뜻이다. '잠지위언야'는 '잠'이라는 말은 어떻다는 것이다. 아래에 '잠'을 설명하였다.

隱而未見

「문언」은 '은隱'을 가지고 '잠潛'을 해석하였다. '은隱'은 숨다(遯)는 뜻이다. 『석문』에 "'현見'은 현賢과 편遍의 반절(見, 賢遍反)"이라고 하였다. '현見'은 나타나다는 현現으로 읽는다. '미현未見'은 나타나지 않은 것이다. '은이미현'은 덕이 숨어서 나타나지 않은 것이라는 말이다.

行而未成

'행行'은 덕을 행하는 것이다. '성成'은 '급及'으로 읽는 것이 바르다. 두 글자는 모양이 비슷하여 잘못 썼다. '미성未成'은 '미급未及'이며, 아직 때가 되지 않았다는 뜻이다. '행이미성'은 덕을 행하고자 하여도 아직 때가 이르지 않은 것이라는 말이다.

정이는 "처음 양효는 바야흐로 잠기고 숨어서 나타나지 않아, 그 행실이 이루어지지 않았으니, 이루어지지 않았으면 드러나지 않는다(初方潛隱未見, 其行未成, 未成未著也)"라고 하여, "행실이 이루어지지 않은 것이다"라고 해석하였고, 주희는 "처음 양효는 본래 덕을 이루었으나 다만 그 행실이 나타나지 않았을 뿐이다(成德, 已成之德也. 初九, 固成德, 但其行未可見爾)"라고 하여, "행실이 나타나지 않은 것이다"라고 해석하였다.

是以君子弗'用'也

'불용弗用'은 효사의 '물용勿用'이다. '물勿'과 '불不(弗)'과 '무無'는 모두 '말라', '아니다', '없다'는 뜻을 가지고 있다. "'잠'이라는 말은 덕이 숨어서 나타나지 않은 것이요, 덕을 행하고자 하여도 아직 때가 이르지 않은 것이니, 그래서 군자는 '움직이지 않는 것'이다"라는 말이다.

「문언」은 처음 양효의 효사 '잠룡물용'을 군자가 덕행을 실행할 때가 아직 오지 않았다고 해석하였다.

> 君子學以聚之, 問以辯之, 寬以居之, 仁以行之. 易曰 '見龍在田, 利見大人', 君德也.
>
> 군자는 배움으로 지식을 쌓고, 물어서 옳고 그름을 분별하고, 너그러움으로 편안히 머물고, 사랑으로 행한다. 『역』에 이르기를 "나타난 용이 밭에 있으니, 대인을 만나보는 것이 이롭다"고 한 것은 임금의 덕이다.

건괘 둘째 양효(九二) 효사 '見龍在田, 利見大人'을 해석하였다.

1. 군자는 '학취學聚' '문변問辨' '관거寬居' '인행仁行'한다.
   ① 君子學以聚之 … 군자는 배움으로 지식을 쌓음.
   ② 問以辯之 … 물어서 옳고 그름을 분별함.
   ③ 寬以居之 … 너그러움으로 편안히 머무름.
   ④ 仁以行之 … 사랑으로 행함.

2. 임금의 덕이다.

① 易曰 '見龍在田, 利見大人'… 효사를 들었음.

② 君德也… 임금의 덕임.

君子學以聚之

'學以聚之'는 '以學聚之'가 바른 표현이다. 문장의 멋을 위해 임의로 도치하였다. '이以'는 용用과 같다. '학學'은 보고 듣고 배우는 것이다. '취聚'는 쌓다(積)는 뜻이다. '지之'는 지식을 가리킨다. '학이취지'는 군자는 배움으로써 지식을 쌓는다는 말이다.

問以辯之

'문問'은 모르는 것을 묻는 것이다. '이以'는 용用과 같다. '변辯'은 '변辨'으로 읽으며, 옳고 그름을 분별하는 것이다. 『석문』과 『집해』에도 '辯'으로 되어 있다. 두 글자는 옛날에 통용되었다. '문이변지'는 물어서 옳고 그름을 분별한다는 말이다. 정이는 '지之'를 덕행으로 보고, "'학취문변'은 덕에 나아가는 것(學聚問辨, 進德也)"이라고 하였다.

'학취'와 '문변'은 내면적 수양이며, 수신修身에 해당한다.

寬以居之

'관寬'은 관대하다(裕)는 뜻이다. '이以'는 용用과 같다. '거居'는 안거安居, 즉 편안히 머문다는 뜻이다. '관이거지'는 너그러움으로써 편안히 머문다는 말이다.

仁以行之

'인仁'은 공자의 인이다. 『논어』「안연顏淵」에 공자가 "인은 사람을 사랑하는 것(樊遲問仁. 子曰 愛人)"이라고 하였다. '이以'는 용用과 같다. '행行'은 실행한다는 뜻이다. '인이행지'는 사랑으로써 행한다는 말이다. 군자는 모든 사람들에게 관용의 덕으로 대하고, 사랑으로 실행하여 그 덕을 발휘한다는 말이다. 『중용』에 "힘써 행하는 것은 인에 가깝다(力行近乎仁)"라고 하였다(20장). 정이는 "'관거인행'은 사업을 닦는 것(寬居仁行, 修業也)"이라고 하였다.

'관거'와 '인행'은 외면적 수양이며, 치인治人에 해당한다.

『대학』에 비유하여 설명하면,

學以聚之는 격물格物, 치지致知에,

問以辨之는 성의誠意, 정심正心에,

寬以居之는 수신修身, 제가齊家에,
仁以行之는 치국治國, 평천하平天下에 해당한다. 그래서 '임금의 덕'이라는 것이다.

易曰 '見龍在田, 利見大人', 君德也.

둘째 양효가 '군덕君德'인 것은 '학취學聚' '문변問辨'하고(修己) '관거寬居' '인행仁行'하기(治人) 때문이다. 『중용』 20장에도 이와 유사한 문장이 있다.

> 博學之, 審問之, 愼思之, 明辨之, 篤行之
> 널리 배우고, 자세히 물으며, 신중히 생각하고, 밝게 분별하며, 돈독하게 행한다.

필자는 『예기』의 「대학」과 「중용」, 『주역』의 「문언」을 지은 사람들은 동학이고, 모두 공자의 후학이며, 노나라 사람들이라고 생각한다.

九三, 重剛而不中, 上不在天, 下不在田, 故'乾乾'因其時而'惕', 雖危'无咎'矣.
셋째 양효는 강이 겹쳤으나 가운데 자리가 아니며, 위로는 하늘에 있지 아니하고, 아래로는 밭에 있지 아니하니, 그러므로 '부지런히 힘쓰고' 때에 따라 '두려워한다면' 비록 위태로우나 '허물이 없다'는 것이다.

건괘 셋째 양효(九三) 효사 '君子終日乾乾, 夕惕若, 厲无咎'를 해석하였다.

1. 셋째 양효의 효위를 가지고 설명하였다.
   ① 九三 … 셋째 양효를 들었음.
   ② 重剛而不中 … 강이 겹쳤으나 가운데 자리가 아님.
   ③ 上不在天 … 위로는 하늘에 있지 아니함.
   ④ 下不在田 … 아래로는 밭에 있지 아니함.

2. 효사를 설명하였다.
   ① 故'乾乾'因其時而'惕' … '부지런히 힘쓰고' 때에 따라 '두려워함'.
   ② 雖危'无咎'矣 … 비록 위태로우나 '허물이 없다'는 것임.

원문에서 '천天', '전田'은 운이다.

유백민은 운을 말하지 않았다.

스즈키: '천天', '전田'.

九三

셋째 양효를 들었다. 셋째 양효는 아랫괘의 꼭대기에 자리하고 있다.

重剛而不中

'중重'은 겹치다(複)는 뜻이다. '강剛'은 양효를 가리킨다. '중강重剛'은 강을 겹쳤다는 말이며, 이에 대해 몇 가지 해석이 있다.

첫째, 『집해』에 우번은 "건과 건이 접하였으므로 중강이다(以乾接乾, 故重剛)"라고 하였다. 건괘는 아랫괘도 건이고 윗괘도 건이며, 두 개의 건이 접하였으므로 '중강'이라고 하였다는 것이다.

둘째, 공영달은 "위아래가 모두 양이므로 중강이다(上下俱陽, 故重剛)"라고 하였다. 셋째 양효의 아래 효인 둘째 양효와 위의 효인 넷째 양효는 모두 강이므로 '중강'이라고 하였다는 것이다.

셋째, 정이는 "셋째 양효는 강이 겹쳤으므로 강이 성한 것이다(三重剛, 剛之盛也)"라고 하여, 양이 양의 자리에 있는 것으로 해석하였다. 주희도 이를 따라 "양효가 양의 자리에 있는 것(重剛謂陽爻陽位)"이라고 하였다. 즉 한 괘에서 처음, 셋째, 다섯째는 양의 자리이고, 둘째, 넷째, 꼭대기는 음의 자리인데, 지금 셋째 양효는 양이 양의 자리에 있으므로 '중강'이라고 하였다는 것이다. 유백민이 이를 따랐다.

넷째, 래지덕은 "셋째 양효는 아랫괘의 위에 있고, 넷째 양효는 윗괘의 아래에 있으니 교접하는 곳이다. 강이 강과 접하였으므로 중강이라 하였다(三居下卦之上, 四居上卦之下, 交接處, 以剛接剛, 故曰重剛)"라고 하여, 셋째 양효와 넷째 양효가 접하는 것으로 '중강'을 해석하였다.

다섯째, 고형은 "둘째 양효는 양효이고 강이며(九二爲陽爻, 爲剛), 셋째 양효 또한 양효이고 강이므로 '중강'이라 한 것이다(九三又爲陽爻, 爲剛, 是爲'重剛')"라고 하였다.

여섯째, 진고응은 "셋째 양효의 위아래가 모두 양효인 것을 말한다('重剛'謂此爻之上下前後均爲陽爻). 건괘의 '중강'은 둘째, 셋째, 넷째, 다섯째 효인데(乾卦之'重剛'者爲二, 三, 四, 五爻), 둘째와 다섯째는 아랫괘와 윗괘의 가운데 자리에 있으므로(然二與五處下卦與上卦之中位), 셋째 양효와 넷째 양효만 '중강이부중'이다(故只有九三, 九四爲'重剛而不中')"라고 하였다.

일곱째, 이렇게도 볼 수 있다. 처음 양효, 둘째 양효는 모두 강이고, 셋째 양효도 강이므로 강이 겹쳤으니 '중강'이라고 하였다는 것이다. 이러한 해석은 모두 통하나 고형의 해석이 가장 합리적이다.

'중中'은 위아래 괘의 가운데 자리를 가리킨다. '부중不中'은 셋째 양효는 윗괘와 아랫괘의 가운데 자리에 있지 않다는 것이며(효위), 중정中正의 도를 얻어 행하지 못하는 상이다(효상). '중강이부중'은 강이 겹쳤으니 가운데 자리가 아니라는 말이다.

上不在天

'상上'은 셋째 양효의 위를, '천天'은 다섯째 양효를 가리킨다. 다섯째 양효 효사에 '飛龍在天'이라고 하였다. '상부재천'은 셋째 양효는 위로는 하늘에 있지 아니한다는 말이다. 즉 셋째 양효는 위로 다섯째 양효의 자리가 아니라는 것이다.

下不在田

'하下'는 셋째 양효의 아래를, '전田'은 둘째 양효를 가리킨다. 둘째 양효 효사에 '見龍在田'이라고 하였다. 다섯째와 둘째, 두 효는 중도를 얻은 것이다. '하부재전'은 셋째 양효는 아래로는 밭에 있지 아니한다는 말이다. 즉 셋째 양효는 아래로 둘째 양효의 자리가 아니라는 것이다.

故'乾乾'因其時而'惕'

'건건乾乾'은 '건건健健'으로 읽으며 부지런히 힘쓰는 것이다. '인因'은 따르다(隨)는 뜻이다. '기其'는 어조사이며, 없어도 상관없다. '시時'는 상황이다. '인시因時'는 '수시隋時'와 같으며, 때에 따른다는 말이다. '척惕'은 두려워하다(懼)는 뜻이다. '건건인기시이척'은 부지런히 힘쓰고 때에 따라 두려워한다는 말이다.

雖危'无咎'矣

「문언」은 '위危'를 가지고 효사의 '여厲'를 해석하였다. 셋째 양효는 위로는 하늘의 자리(九五)에 있지 아니하고, 아래로는 땅의 자리(九二)에 있지 아니하니, 곧 사람의 자리(九三)에 있는 것이며, 사람이 중정中正의 도를 얻어 행하지 못하고 있으므로 '부지런히 힘쓰고' 때에 따라 '두려워한다면' 비록 위태로운 지경에 처해 있으나 '허물이 없다'는 것이다.

九四, 重剛而不中, 上不在天, 下不在田, 中不在人, 故'或'之. 或之者, 疑之也, 故'无咎'.

넷째 양효는 강이 겹쳤으나 가운데 자리가 아니며, 위로는 하늘에 있지 아니하고, 아래로는 밭에 있지 아니하며, 가운데로는 사람에 있지 아니하니, 그러므로 '혹'이라고 하였다. 혹이라는 것은 의심하는 것이니, 그러므로 '허물이 없다'는 것이다.

건괘 넷째 양효(九四) 효사 '或躍在淵, 无咎'를 해석하였다.

1. 넷째 양효의 효위를 가지고 '혹'을 설명하였다.
   ① 九四 … 넷째 양효를 들었음.
   ② 重剛而不中 … 강이 겹쳤으나 가운데 자리가 아님.
   ③ 上不在天 … 위로는 하늘에 있지 아니함.
   ④ 下不在田 … 아래로는 밭에 있지 아니함.
   ⑤ 中不在人 … 가운데로는 사람에 있지 아니함.
   ⑥ 故'或'之 … 그러므로 '혹'이라고 하였음.

2. '무구'를 설명하였다.
   ① 或之者 … 효사의 '혹'을 들었음.
   ② 疑之也 … 의심하는 것임.
   ③ 故'无咎' … 그러므로 '허물이 없다'는 것임.

원문에서 '천天', '전田', '인人'은 운이다.
유백민: '天', 一先. 與下'田', 一先. '人', 十七眞. 爲韻.
스즈키: '천天', '전田', '인人'.

九四

넷째 양효를 들었다. 넷째 양효는 윗괘의 아래에 자리하고 있다.

重剛而不中

'중重'은 겹치다(複)는 뜻이다. '강剛'은 양효를 가리킨다. '중강'에 대해 앞에서 여러 주장을 들어 설명하였다. 정이와 주희의 설을 가지고 말하면, '중강'은 양효가 양의 자리에 있다는 것인데, 지금 넷째 양효는 양이 음의 자리에 있는데 '중강'이라고 한 것이다. 이에 대해 정이는 설명하지 않았고, 주희는 "넷째 양효는 '중강'이 아니다. '중重'자는 잘못 들어간 것이 아닌가 한다(九四非中剛. 重字疑衍)"라고 하였는데, 유백민은 "넷째 양효는 아래의 건에서 위의 건에 접하므로 강이 겹친 뜻이니(乾四, 由下乾而接上乾, 爲重剛之義), '중'자는 잘못 들어간 글자가 아니다(則'重'字可不爲衍文也)"라고 하였다. 고형은 "셋째 양효는 양효이고 강이며(九三爲陽爻, 爲剛), 넷째 양효 또한 양효이고 강이므로 '중강'이라 한 것이다(九四又爲陽爻, 爲剛, 是爲'重剛')"라고 하였다.

'중中'은 위아래 괘의 가운데 자리를 가리킨다. '부중不中'은 넷째 양효 역시 윗괘와 아랫괘의 가운데 자리에 있지 않다는 것이며(효위), 중정中正의 도를 얻어 행하지 못하는 상이다(효상). '중강이부중'은 강이 겹쳤으니 가운데 자리가 아니라는 말이다.

上不在天

'상上' 넷째 양효의 위를, '천天'은 다섯째 양효를 가리킨다. 다섯째 양효 효사에 '飛龍在天'이라고 하였다. '상부재천'은 넷째 양효는 위로는 하늘에 있지 아니한다는 말이다. 즉 넷째 양효는 위로 다섯째 양효의 자리가 아니라는 것이다.

下不在田

'하下'는 넷째 양효의 아래를, '전田'은 둘째 양효를 가리킨다. 둘째 양효 효사에 '見龍在田'이라고 하였다. '하부재전'은 넷째 양효는 아래로는 밭에 있지 아니한다는 말이다. 즉 넷째 양효는 아래로 둘째 양효의 자리가 아니라는 것이다.

中不在人

'중中'은 가운데 자리를, '인人'은 셋째 양효를 가리킨다. 셋째 양효 효사에 '君子終日乾乾'이라고 하였다. '중부재인'은 셋째 양효는 가운데로는 사람에 있지 아니한다는 말이다.

「계사」 하·10장에 "천도도 있고, 인도도 있고, 지도도 있다. 삼재를 겸하여 둘로 하므로 여섯 효이다(有天道焉, 有人道焉, 有地道焉. 兼三才而兩之, 故六)"라고 하였는데, 이것은 한 괘 여섯 효 가운데, 처음(初)과 둘째(二)는 땅(地)에, 셋째(三)와 넷째(四)는 사람(人)에, 다섯째(五)와 꼭대기(上) 하늘(天)에 해당된다는 것이다. 「계사」에서 넷째 양효는 사람의 자리에 해당되는데, 「문언」에서 "가운데로는 사람에 있지 아니하다"라고 하였다. 「문언」은 둘째 양효를 '밭(田)'으로, 셋째 양효를 '사람(人)'으로, 다섯째 양효를 '하늘(天)'로 여겼으며, 「계사」와 같은 방식으로 해석하지 않았다. 이것은 「문언」과 「계사」를 지은 사람이 다르기 때문이다.

공영달은 "셋째와 넷째는 모두 인도人道이나, 인도 가운데 사람은 아래로 땅에 가깝고 위로는 하늘에서 멀다. 셋째 양효는 둘째와 가까우니, 아래로는 땅에 가까워 바로 인도이므로, 셋째 양효는 '중부재인'이라고 말하지 않았다. 넷째 양효는 위로 하늘에 가깝고 아래로는 땅에서 멀리 있으니, 사람이 처하는 곳이 아니므로 특별히 '중부재인'이라고 말한 것이다(三之與四, 俱爲人道, 但人道之中, 人下近於地, 上遠於天. 九三近二, 是下近於地, 正是人道, 故九三不云'中不在人'. 九四則上近於天, 下遠於地, 非人所處, 故特云'中不在人')"라고 하였다.

故'或'之

넷째 양효는 강이 겹쳤으나 가운데 자리가 아니며, 위로는 하늘에 있지 아니하고, 아래로는 밭에 있지 아니하며, 가운데로는 사람에 있지 아니하니, 그러므로 효사에서 '혹'이라고 하였다는 것이다. '지之'는 형식 목적어이다.

或之者, 疑之也, 故'无咎'.

두 개의 '지之'는 형식 목적어이다. 「문언」은 '의疑'를 가지고 효사의 '혹或'을 해석하였다. 정이는 "'의疑'라는 것은 결정하지 못한 말이니, 반드시라고 할 수 없는 곳에 처한 것이다(疑者, 未定之辭, 處非可必也)", 주희는 "'혹或'은 때에 따르고 결정하지 못한 것이다(或者, 隨時而未定也)"라고 하였다. 혹이라는 것은(或之者) 의심하는 것이니(疑之也), 그러므로 '허물이 없다'는 것이다(故无咎).

"위로는 하늘에 있지 아니하고, 아래로는 밭에 있지 아니하며, 가운데로는 사람에 있지 아니한다"는 말은 넷째 양효는 다섯째 양효의 자리에도 둘째 양효의 자리에도 셋째 양효의 자리에도 있지 않다는 말이다. 그래서 '혹或'이라고 한 것이다. 「문언」은 '혹或'을 의혹의 혹惑으로 읽었다. '혹'은 의심하는 것을 내보여 정하지 않은 것이다. 그래서 '허물이 없다'는 것이다.

夫'大人'者, 與天地合其德, 與日月合其明, 與四時合其序, 與鬼神合其吉凶. 先天而天弗違, 後天而奉天時. 天且弗違, 而況於人乎, 況於鬼神乎.

무릇 '대인'은 천지와 더불어 그 덕을 합하고, 해와 달과 더불어 그 밝음을 합하며, 사계절과 더불어 그 순서를 합하고, 귀신과 더불어 그 길흉을 합한다. 하늘보다 앞서 행하나 하늘은 (대인의 뜻을) 어기지 아니하고, 하늘보다 뒤에 행하나 (대인은) 하늘의 때를 받든다. 하늘도 (대인의 뜻을) 어기지 않는데 하물며 사람이겠는가! 하물며 귀신이겠는가!

건괘 다섯째 양효(九五) 효사 '飛龍在天, 利見大人'을 해석하였다.

1. 효사의 '대인'을 설명하였다.
   ① 夫'大人'者…대인을 들었음.
   ② 與天地合其德…천지와 더불어 그 덕을 합함.
   ③ 與日月合其明…해와 달과 더불어 그 밝음을 합함.
   ④ 與四時合其序…사계절과 더불어 그 순서를 합함.
   ⑤ 與鬼神合其吉凶…귀신과 더불어 그 길흉을 합함.

2. 대인은 하늘과 뜻을 합한다.
   ① 先天而天弗違…하늘보다 앞서 행하나 하늘은 (대인의 뜻을) 어기지 아니함.
   ② 後天而奉天時…하늘보다 뒤에 행하나 (대인은) 하늘의 때를 받듦.

3. 하늘도 대인의 뜻을 어기지 않는다.
   ① 天且弗違…하늘도 (대인의 뜻을) 어기지 않음.
   ② 而況於人乎…사람도 어기지 않음.
   ③ 況於鬼神乎…귀신도 어기지 않음.

원문에서 '위違', '시時'와 '인人', '신神'은 운이다.
유백민: '違', 八微. 與下 '時', 七之. 爲韻.
(유백민은 '인人', '신神'은 운으로 말하지 않았다.)
스즈키: '위違', '시時'와 '인人', '신神'.

夫'大人'者

다섯째 양효 효사 '利見大人'의 '대인'을 극력 찬양하였다. '부夫'는 발어사이다. 『석문』에 "發端之字"라고 하였다.

與天地合其德

'천지天地'는 자연의 하늘과 땅이다. '천지의 덕'은 생생지덕生生之德, 만물을 낳고 또 낳아 기르는 덕이다. 「계사」 하·1장에 "천지의 큰 덕을 생이라 한다(天地之大德曰生)"라고 하였다. 천지의 덕은 넓고 크다. 「계사」 상·6장에 "역은 넓기도 하고 크기도 하다(夫易, 廣矣, 大矣)", "넓고 큰 것은 천지와 짝한다(廣大配天地)"라고 하였다. '대인'은 천지와 같은 덕을 가진 사람, 즉 생생生生하는 사람, 남을 도와주는 사람이지 해치는 사람이 아니다. "무릇 대인은 천지와 더불어 그 덕을 합한다"는 것은 대인의 덕이 천지의 덕만큼 넓고 크다는 말이다.

與日月合其明

"해와 달과 더불어 그 밝음을 합한다"는 것은 대인이 현명함은 해와 달만큼 밝다는 말이다.

與四時合其序

"사계절과 더불어 그 순서를 합한다"는 것은 대인이 행하는 일은 사계절만큼 순서가 바르다는 말이다. 『대학』에도 기록이 있다.

> 物有本末, 事有終始. 知所先後, 則近道矣.
> 사물에는 근본과 말단이 있고, 일에는 끝과 시작이 있다.
> 먼저 하고 뒤에 할 것을 알면 도에 가깝다.

與鬼神合其吉凶

"귀신과 더불어 그 길흉을 합한다"는 것은 대인이 길흉을 선견하는 것은 귀신처럼 정확하다는 말이다. '귀신鬼神'은 길흉을 행사하는 신령스런 존재이다.

先天而天弗違

'선천先天'은 하늘보다 먼저 행한다는 말이다. 천시를 알기 전에, 천명을 받기 전에 행한다는 것이다. '천시天時'는 곧 '천명天命'이다. '천불위天弗違'는 하늘은 대인의 뜻을 어기지 아니한다는 말이다. "하늘보다 먼저 행하나 하늘은 대인의 뜻을 어기지 않는다"는 것은 대인이 하늘보다 앞서 행하나 하늘은 대인이 미리 하는 것을 어기지 않는다는 말이다. 즉 하늘과 대인의 뜻은 부합한다는 것이다. 진고응은 "'천불위'는 당연히 '불위천'으로 해야 한다('天弗違'當爲'弗違天'之倒裝)"라고 하고, "하늘을 어기지 않는 것은 천도와 합치하는 것이다(不違背天卽與天道契合)"라고 해석하였다.

後天而奉天時

'후천後天'은 하늘보다 뒤에 행한다는 말이다. 천시를 안 후에, 천명을 받은 후에 행한다는 것이다. '천시天時'는 '천명天命'으로 하는 것이 바르다. 운을 맞추기 위해 의도적으로 '시時'자로 바꾸었다. '위違'와 '시時'는 운이다. 『집해』에 우번은 "'봉奉'은 받들어 행하는 것(奉, 承行)"이라고 하였다. '봉천시奉天時'는 대인은 하늘의 때를 받든다는 말이다. "하늘보다 뒤에 행하나 대인은 하늘의 때를 받든다"는 것은 대인이 하늘보다 뒤에 행하나 하늘의 때에 부합하여 일을 행한다는 말이다. 즉 대인과 하늘의 뜻은 부합한다는 것이다.

天且弗違

"하늘도 대인의 뜻을 어기지 않는다"는 것은 하늘도 대인의 뜻과 부합한다는 것이다.

而況於人乎

"하물며 사람이겠는가!"라는 것은 사람도 대인의 뜻을 어길 수 없다는 말이다.

況於鬼神乎

'귀신鬼神'은 앞의 '與鬼神合其吉凶'과 같은 '귀신'이다. 여기에서 '인人'과 짝으로 들었으며, 인간의 능력을 초월한, 길흉을 행사하는 신령스러운 존재이다. "하물며 귀신이겠는가!"라는 것은 귀신도 대인의 뜻을 어길 수 없다는 말이다.

대인이 하늘을 알고 하늘에 순응하여 움직이니, 하늘도 대인의 뜻을 어기지 않거늘 하물며 사람이 어기겠는가! 귀신이 어기겠는가!

'亢'之爲言也, 知進而不知退, 知存而不知亡, 知得而不知喪. 其唯聖人乎! 知進退存亡而不失其正者, 其唯聖人乎!

'항'이라는 말은 나아가는 것을 알아도 물러나는 것을 알지 못하며, 생존하는 것을 알아도 망하는 것을 알지 못하며, 얻는 것을 알아도 잃는 것을 알지 못하는 것이다. 오직 성인인 것인가! 나아가는 것과 물러나는 것, 생존하는 것과 망하는 것을 알고 그 바른 것을 잃지 않는 것은, 오직 성인인 것인가!

건괘 꼭대기 양효(上九) 효사 '亢龍有悔'를 해석하였다.

1. 효사의 '항亢'을 설명하였다.
   ① '亢'之爲言也 … '항'을 들었음.
   ② 知進而不知退 … 나아가는 것을 알아도 물러나는 것을 알지 못함.
   ③ 知存而不知亡 … 생존하는 것을 알아도 망하는 것을 알지 못함.
   ④ 知得而不知喪 … 얻는 것을 알아도 잃는 것을 알지 못함.

2. '성인'을 찬양하였다.
   ① 其唯聖人乎 … 성인을 들었음.
   ② 知進退存亡而不失其正者 … 진퇴존망을 알고 그 바른 것을 잃지 않음.
   ③ 其唯聖人乎 … 성인을 찬양하였음.

원문에서 '망亡', '상喪'은 운이다.
유백민: '亡', 十陽. 與下'喪', 十一唐, 四十二宕. 爲韻.
스즈키: '망亡', '상喪'.

'亢' 之爲言也

『설문』 항부亢部에 "'항亢'은 사람의 목(亢, 人頸也)"이라고 하였는데, 단옥재는 "항의 파생된 뜻이 고(亢之引申爲高也)"라고 하였다. 사람의 목은 인체에서 높은 곳에 있다. 『석문』은 자하전을 인용하여 "끝(極也)"이라 하고 또 『광운廣韻』을 인용하여 "높은 것(高也)"이라고 하였다. '항亢'은 높다는 뜻의 고高, 끝이라는 뜻의 극極이다. '항지위언야'는 항이라는 말은 어떻다는 말이다.

知進而不知退

"나아가는 것을 알아도 물러나는 것을 알지 못한다"는 말이다.

知存而不知亡

"생존하는 것을 알아도 망하는 것을 알지 못한다"는 말이다.

知得而不知喪

"얻는 것을 알아도 잃는 것을 알지 못한다"는 말이다.

其唯聖人乎

'기其'는 감탄을 나타내는 조사이다. '유唯'는 강조를 나타내는 부사이며, 다만, 오직(獨)이라는 뜻이다. '성인聖人'은 효사의 대인이다. '유기성인호'는 오직 성인인 것인가!라는 말이다.

知進退存亡而不失其正者

"나아가는 것과 물러나는 것, 생존하는 것과 망하는 것을 알고 그 바른 것을 잃지 않는 것은"이라는 말이다.

其唯聖人乎

"오직 성인인 것인가! 나아가는 것과 물러나는 것, 생존하는 것과 망하는 것을 알고 그 바른 것을 잃지 않는 것은, 오직 성인인 것인가!"라는 말이다.

건괘 꼭대기 양효의 효사를 해석한 이 문장에 대해 세 가지 해석이 있다.

첫째, 『집해』, 왕필, 정이, 주희, 래지덕 등은 '知得而不知喪' 아래에 점을 찍어 문장을 끊었다. '항'이라는 것은 용이 하늘 끝까지 올라가 더 이상 올라갈 곳이 없다는 말이다. 더 이상 올라갈 곳이 없는 높은 곳에 처하여 나아가는 것을 알아도 물러나는 것을 알지 못하며, 생존하는 것을 알아도 망하는 것을 알지 못하며, 얻는 것을 알아도 잃는 것을 알지 못한다. 성인은 나아가고 물러나는 것, 생존하는 것과 망하는 것을 알아 두려움을 간직하고 그 바른 것을 잃지 않으니, 오직 성인만이 그러하다는 말이다.

둘째, "항이라는 것은 나아가는 것을 알아도 물러나는 것을 알지 못하며, 생존하는 것을 알아도 망하는 것을 알지 못하며, 얻는 것을 알아도 잃는 것을 알지 못하는 것이니, 그것은 오직 성인이 그러하겠는가?(성인은 그러하게 어리석지가 않다) 나아가는 것과 물러나는 것, 생존하는 것과 망하는 것을 알고 그 바른 것을 잃지 않는 것이 오직 성인인 것이다!"라고 해석하는 것이다.

셋째, 『석문』에 "왕숙 본에서는 '우인愚人'이라 하였고, 뒤의 것은 '성인'이라 하였다(王肅本作愚人, 後結始作聖人)"라고 하였다. 왕숙 본에는 앞의 '성인聖人'을 어리석은 사람이라는 뜻의 '우인愚人'이라고 하였다는 것이다. '우인'은 성인에 반대되는 말이다. 즉 "항이라는 것은 나아가는 것을 알아도 물러나는 것을 알지 못하며, 생존하는 것을 알아도 망하는 것을 알지 못하며, 얻는 것을 알아도 잃는 것을 알지 못하는 것이니, 곧 어리석은 사람이다. 나아가는 것과 물러나는 것, 생존하는 것과 망하는 것을 알고 그 바른 것을 잃지 않는 것이 곧 성인이다"는 말이다. 고형이 이렇게 해석하였다. 세 가지 해석은 모두 통한다.

필자는 앞의 '其唯聖人乎'는 뒤의 말을 강조하기 위한 감탄의 말로 보는 것이 바르다고 생각한다. "오직 성인인 것인가! 나아가는 것과 물러나는 것, 생존하는 것과 망하는 것을 알고 그 바른 것을 잃지 않는 것은, 오직 성인인 것인가!" 두 번 사용하여 강조하였다. 성인은 진퇴존망을 알고 바름을 잃지 않는 사람이다. 주희는 "'기유성인호'를 두 번 말한 것은, 처음은 가설하여 물었고 끝에는 스스로 응답한 것이다(再言其有聖人乎, 始若設問而卒自應之)"라고 하였다.

문언文言

곤「문언」

文言曰 坤, 至柔而動也剛, 至靜而德(也)方. 後得主而有常, 含萬物而化光. 坤道其順乎, 承天而時行.
곤은 지극히 부드러우나 운행은 강건하며, 지극히 고요하나 덕은 반듯하다. 뒤에 하면 하늘을 주인으로 얻어 일정한 도를 갖게 되며, 만물을 품어서 기르는 것이 광대하다. 곤의 도는 그 유순한 것인가! 하늘을 받들어 때에 맞게 운행한다.

여기에서부터 곤「문언」이다. 먼저 곤괘 괘사를 해석하였다.

1. 괘명 곤을 들어 덕성을 설명하였다.
   ① 坤, 至柔而動也剛 … 곤은 지극히 부드러우나 운행은 강건함.
   ② 至靜而德(也)方 … 지극히 고요하나 덕은 반듯함.

2. 「단」의 '後順得常'을 가지고 괘사 '後得主'를 해석하였다.
   ① 後得主而有常 … 뒤에 하면 하늘을 주인으로 얻어 일정한 도가 있음.

3. 「단」의 '含弘光大'를 가지고 곤의 덕을 말하였다.
   ① 含萬物而化光 … 만물을 품어서 기르는 것이 광대함.

4. 「단」의 '乃順承天'을 가지고 곤도를 설명하였다.
   ① 坤道其順乎 … 곤의 도는 유순함.
   ② 承天而時行 … 하늘을 받들어 때에 맞게 운행함.

원문에서 '강剛', '방方', '상常', '광光', '행行'은 운이다.
유백민: '剛', 十一唐. 與下'方', 十陽. '常', 十陽. '光', 十一唐. '行', 音戶郎反. 爲韻.
스즈키: '강剛', '방方', '상常', '광光', '행行'.

坤, 至柔而動也剛

이하 괘명 '곤坤'을 들어 덕성을 설명하였다. '지至'는 지극하다(極), '유柔'는 부드럽다는 뜻이며, 곤의 덕성이다. '동動'은 다음 구절의 '덕德'과 같은 개념이며, 곤의 운행을 말한다. 곤의 운행은 만물을 낳아 기르는 것이다. '야也'는 어기를 나타내는 조사이다. '강剛'은 강건하다는 뜻이다. 땅은 하나도 빠뜨리지 아니하고 만물을 낳아 기르므로 '剛'이라고 하였다. '지유이동야강'은 곤은 지극히 부드러우나 운행은 강건하다는 말이다. 땅은 하늘을 유순히 받들므로 그 덕은 지극히 부드럽고, 그 운행은 만물을 낳아 기르니 강건하다는 것이다. 인간계에 비유하면, 어머니는 지극히 부드러우나 자식을 낳아 기르는 것은 강하다는 말과 같다.

공영달은 "여섯 효 모두 음인 것이 지극히 부드러운 것이다. 몸은 비록 지극히 부드러우나 움직이는 것은 강하다(六爻皆陰是至柔也. 體雖至柔而運動也剛)"라고 하였다.

至靜而德(也)方

'지至'는 지극하다(極), '정靜'은 고요하다는 뜻이다. '덕德'은 앞의 '동動'과 같은 개념이며, 만물을 낳아 기르는 것이다. '德' 뒤에 '也'자가 있어야 앞 구절의 '動也剛'과 짝이 된다. '방方'은 반듯하다는 뜻이다. 옛날 사람들은 하늘은 움직이나 땅은 고요하며(天動地靜), 하늘은 둥그나 땅은 반듯하다(天圓地方)고 여겼다. '지정이덕방'은 지극히 고요하나 덕은 반듯하다는 말이다.

공영달은 "땅은 움직이지 않는 것이 지극히 고요한 것이고, 만물을 낳되 그릇되지 않는 것이 덕은 반듯할 수 있는 것이다(地體不動是至靜, 生物不邪是德能方正)"라고 하였다.

진고응은 "'至柔而動也剛, 至靜而德方'은 당연히 '至柔而德方, 至靜而動剛'으로 쓰고 이해해야 한다"라고 하고, "'유방柔方'은 『장자』「인간세人間世」의 '外曲而內直'과 『문자文子』「미명微明」의 '智欲圓而行欲方'이며, '정동靜動'은 「계사」의 '靜翕動闢'이다. 「문언」이 순서를 바꿔 쓴 것은 「단」의 '牝馬地類(至柔), 行地无疆(動剛), 安(至靜)貞(德方)之吉……'의 순서에 응하였기 때문일 것이다"라고 하였다. 과연 진고응다운 분석이다.

後得主而有常

「단」의 '後順得常'을 가지고 괘사 '君子有攸往, 先迷後得主'를 해석하였다. 괘사는 본래 군자가 길을 가는 것에 대해 말하였으나 「문언」은 땅의 도를 가지고 해석하였다. '후後'는 하늘보다 뒤에 운행한다는 것이고, '주主'는 하늘을, '상常'은 일정한 도(常道)를 가리킨다. 즉 괘사의 '선미先迷'는 땅의 도가 하늘보다 앞서 운행하면 바른 길을 잃는 것이고, '후득주後得主'는 하늘보다 뒤에 운행하면 하늘을 주인으로 얻는다는 말이다. '유상有常'은 땅이 일정한 규율을 갖게 된다는 말이다. '후득주이유상'은 하늘보다 뒤에 하면 하늘을 주인으로 얻어 일정한 도를 갖게 된다는 말이다. 즉 땅이 하늘보다 뒤에 행하니, 하늘을 주인으로 얻어 일정한 규율을 갖게 된다는 것이며, 땅은 하늘을 따라 일정한 자연법칙을 갖게 된다는 것이다. 하늘은 사계절의 변화 등 일정한 도를 가지고 있고, 곤이 건에 순응하듯 땅도 하늘의 변화에 순응하여 만물을 낳고 기르는 일정한 규율을 갖게 된다는 것이다.

유백민은 "곤도는 먼저 하면 미혹하고, 뒤에 하면 주인을 얻는 것이 곤의 변하지 않는 도(謂坤道先則迷, 而後則得主, 是爲坤之常道也)"라고 하였다. 고형은 "천도에 춘하추동의 변화가 있은 후에(天道有春夏秋冬之變化) 지도에는 흙과 물이 따뜻하고 덥고 서늘하고 차가운 변화가 있고(而後地道有水土暖熱凉寒之變化), 또 초목이 태어나 자라고 늙어가는 변화가 있으며(而後草木有生長成老之變化), 동물 또한 천도의 변화에 적응하여 자신이 살아가는 것을 변화하니(動物亦適應天道之變化而變化其生活), 지도와 만물은 모두 하늘을 주인으로 하는 것을 볼 수 있다(可見地與萬物皆以天爲主)"라고 하였다. 그의 설명은 매우 구체적이다.

'後得主而有常'은 바로 뒤 구절의 '承天而時行'과 같은 말이다. '후득주後得主'는 '승천承天'이고, '유상有常'은 '시행時行'이다.

含萬物而化光

「단」의 '含弘光大'를 가지고 곤의 덕을 말하였다. '함含'은 품는다, '화化'는 화육化育, 즉 기른다는 뜻이다. 정이는 '공화功化(공로)'로 해석하였다. '광光'은 광廣을 가차한 것이며, 넓다는 뜻이다. 『집해』에 간보는 '대'로 읽었다(光, 大也). "땅은 만물을 품어서 기르는 것이 광대하다"는 말이다. 땅은 모든 것을 포용하여 기른다.

坤道其順乎

「단」의 '乃順承天'을 가지고 곤도를 해석하였다. '곤도坤道'는 '승천承天'(하늘을 받드는 것)이고, '순順'은 '시행時行'(때에 맞게 운행하는 것)이다. '기其'는 감탄을 나타내는 조사이다. "곤도는 그 유순한 것인가!"라는 말이다.

承天而時行

'승承'은 받들다(奉), '시時'는 적시適時이며, 때에 맞게 일을 행한다는 것이다. '행行'은 운행이며, 만물을 낳아 기르는 것이다. '승천이시행'은 하늘을 받들어 때에 맞게 운행한다는 말이다. 곤의 도는 지극히 유순하니, 하늘의 도를 받들어 때에 맞게 만물을 낳아 기른다는 것이다. '승천承天'은 '곤도坤道'이고, '시행時行'은 '순順'이다.

'承天而時行'은 바로 앞 구절의 '後得主而有常'과 같은 말이다. '승천承天'은 '후득주後得主'이고, '시행時行'은 '유상有常'이다.

『집해』에 순상은 "하늘이 베푸는 것을 받들어, 사계절에 따라 운행한다(承天之施, 因四時而行之也)"라고 하였다. 하늘은 춘하추동의 사계절의 운행이 있고, 땅은 이를 받들어 때에 맞게 자라고 무성하고 열매 맺고 사라지게 한다는 것이다.

진고응은 '시時'를 시是, '행行'을 동動으로 새기고, '承天是行'은 隨天而動이라고 해석하였다. 즉 "하늘을 따라 움직인다"는 것이다.

積善之家, 必有餘慶. 積不善之家, 必有餘殃. 臣弑其君, 子弑其父, 非一朝一夕之故, 其所由來者漸矣, 由辯之不早辯也. 『易』曰 '履霜, 堅冰至', 蓋言順也.

선을 쌓은 집안에는 반드시 경사가 남고, 불선을 쌓은 집안에는 반드시 재앙이 남는다. 신하가 그 임금을 시해하고, 자식이 그 아비를 살해하는 것은 하루아침 하루저녁에 그렇게 되는 것이 아니니, 그 유래한 바가 점차 그렇게 된 것이요, 살펴야 할 것을 일찍 살피지 않았기 때문이다. 『역』에 이르기를 "서리를 밟으니, 굳은 얼음이 언다"는 것은 대개 필연적 순서를 말한 것이다

처음 음효(初六) 효사 '履霜, 堅冰至'를 해석하였다.

1. 선을 쌓은 집안에는 경사가 남는다.
   ① 積善之家 … 선을 쌓은 집안임.
   ② 必有餘慶 … 반드시 경사가 남음.

2. 악을 쌓은 집안에는 재앙이 남는다.
   ① 積不善之家 … 불선을 쌓은 집안임.
   ② 必有餘殃 … 반드시 재앙이 남음.

3. 악행이 점차 쌓여서 그렇게 된 것이다.
   ① 臣弑其君 … 신하가 그 임금을 시해함.
   ② 子弑其父 … 자식이 그 아비를 살해함.
   ③ 非一朝一夕之故 … 하루아침 하루저녁에 그렇게 되는 것이 아님.
   ④ 其所由來者漸矣 … 그 유래한 바가 점차 그렇게 된 것임.
   ⑤ 由辯之不早辯也 … 살펴야 할 것을 일찍 살피지 않았기 때문임.

4. 효사는 필연적 순서를 말한 것이다.

① 『易』曰 '履霜, 堅冰至'… 효사를 들었음.

② 蓋言順也… 대개 필연적 순서를 말한 것임.

원문에서 '경慶', '앙殃'과 '점漸', '변辯'은 운이다.

유백민: '慶', 古音羌. '殃', 十陽. 爲韻.

스즈키: '경慶', '앙殃'과 '점漸', '변辯'은 운이다.

積善之家

'적積'은 쌓다(蓄), '선善'은 도덕적 행실, 선행이다. '적선積善'은 선을 쌓는 것이다. '적선지가'는 선행을 쌓은 집안이다.

必有餘慶

'필必'은 필연적 결과를 말한 것이다. '여餘'는 남다(剩), 넉넉하다(饒)는 뜻이다. '경慶'은 경사이다. '필유여경'은 반드시 경사가 남아돈다는 말이다.

積不善之家

'불선不善'은 악이다. '악惡'은 용어 자체가 불경하다고 여겨 '불선'으로 쓴 것이다. '적불선積不善'은 불선을 쌓는 것이다. '적불선지가'는 악행을 쌓은 집안이다.

必有餘殃

'앙殃'은 재앙이다. 『석문』에 정현은 '화악(鄭云禍惡也)'이라 하였고, 『설문』에는 '흉(『說文』云凶也)'이라고 하였다. '필유여경'은 반드시 재앙이 남아돈다는 말이다. 선을 쌓은 집안에는 반드시 경사가 남고, 불선을 쌓은 집안에는 반드시 재앙이 남는다는 것이다.

臣弑其君

'시弑'는 시해한다는 뜻이며, 아랫사람이 윗사람을 죽이는 것이다. 『석문』에 "'시弑'는 식式과 지志의 반절(弑, 式志反)이다. 어떤 책에는 혹 살殺로 썼다(本或作殺)"라고 하였다. '신시기군'은 신하가 자신의 임금을 시해한다는 말이다.

子弑其父

'자시기부'는 자식이 그 아비를 살해한다는 말이다.

非一朝一夕之故

'일조一朝'는 하루아침, '일석一夕'은 하루저녁이다. '고故'는 까닭(緣故)이라는 뜻이다. 신하가 그 임금을 시해하고, 자식이 그 아비를 살해하는 것은 하루아침 하루저녁에 그렇게 되는 것이 아니라는 말이다.

其所由來者漸矣

'기其'는 '臣弑其君, 子弑其父'를 가리킨다. '점漸'은 점차의 뜻이다. "그 유래한 바가 점차 그렇게 된 것"이라는 말이다. 신하가 그 임금을 시해하고, 자식이 그 아비를 살해하는 것은 하루아침 하루저녁에 그렇게 되는 것이 아니니, 그 유래한 바가 점차 그렇게 된 것이라는 것이다.

由辯之不早辯也

'유由'는 원인을 나타내는 전치사 인因과 같다. '변辯'은 '변辨'으로 읽으며, 살피다는 뜻의 찰察이다. 『석문』에 "마융은 분별하다는 뜻의 별別이라고 하였다. 순상은 변變으로 썼다(馬云別也. 荀作變)"라고 하였다. '부조不早'는 일찍이 하지 않았다는 뜻이다. "일찍이 살피지 않았기 때문"이라는 말이다. 신하가 그 임금을 시해하고, 자식이 그 아비를 시해하는 것은 하루아침 하루저녁에 그렇게 되는 것이 아니니, 그 유래한 바가 점차 그렇게 된 것이요, 살펴야 할 것을 일찍 살피지 않았기 때문이라는 것이다.

『易』曰 '履霜, 堅冰至'

곤괘 처음 음효 효사를 인용하였다. "서리를 밟으니 굳은 얼음이 언다"는 말이다.

蓋言順也

'개蓋'는 대개, 아마의 뜻이다. '순順'은 처음 양효 「상」의 '순치기도馴致其道'의 순馴이며, 사물이 점차 되어 가는(漸致) 필연적 순서를 가리킨다. 즉 원인과 결과가 필연적으로 이어진다는 것이다. 고형은 "옛말에 사물이 발전하는 필연적 순서를 '순'이라고 칭하였다(順, 古語稱事物發展之必然順序爲順)"라고 하였다. '개언순야'는 대개 필연적 순서를 말한 것이라는 말이다.

정이는 "서리가 얼음에 이르고, 작은 악이 큰 것에 이르는 것은 모두 일의 형세가 순서대로 자라나는 것이다(霜而至於冰, 小惡而至於大, 皆事勢之順長也)"라고 하였다.

주희는 "옛글자에 '순順'과 '신愼'은 통용되었다. '순'은 당연히 '신'으로 써야 한다. 당연히 은미할 때에 분별해야 함을 말한 것이다(古字順愼通用, 按此當作愼. 言當辨之於微

也)"라고 하였다. 그는 '순順'을 신중하다는 뜻의 '신愼'으로 읽었는데, 이렇게 읽어도 통한다.

고형은 "'서리를 밟으니, 굳은 얼음이 언다'는 것은 자연계의 일종의 필연적 순서를 말한 것이다('履霜, 堅冰至', 乃言自然界之一種必然順序也). 이것을 인간사에 비유하면(以比喩人事), 선이 점차 쌓여 복이 이르고(善漸積而福慶至), 악이 점차 쌓여 화가 이르며(惡漸積而禍殃至), 군신과 부자 간의 죄악이 점차 쌓여 신하와 자식이 그 임금과 그 아비를 시해함에 이른다는 것이니(君臣父子間之罪惡漸積而臣子之弑至), 이것은 곧 필연적 순서라는 것이다(乃社會上之幾種必然順序也)"라고 하였다.

이 단락은 처음 음효의 효사를 자연계의 필연적 순서로 보고, 이를 인간계에 적용하여 해석하였다.

'直'其正也, '方'其義也. 君子敬以直內, 義以方外, 敬義立而德不孤. (『易』曰) '直方, 大不習, 无不利', 則不疑其所行也.

'곧은 것'은 공경함이고, '반듯한 것'은 의로움이다. 군자는 공경함으로써 그 안을(마음을) 곧게 하고, 의로움으로써 그 밖을(행실을) 반듯하게 하니, 공경함과 의로움이 확립되면 덕이 있는 사람은 외롭지 않다. (『역』에 이르기를) "곧고 반듯하니, 크게 익히지 않아도 이롭지 않음이 없다"는 것은 행하는 바를 의심하지 않는다는 것이다.

둘째 음효(六二) 효사 '直方, 大不習, 无不利.'를 해석하였다.

1. '직'은 공경함이고, '방'은 의로움이다.
   ① '直'其正也 … '곧은 것'은 공경함임.
   ② '方'其義也 … '반듯한 것'은 의로움임.

2. 군자는 '경'과 '의'를 확립한다.
   ① 君子敬以直內 … 군자는 공경함으로써 그 안을 곧게 함.
   ② 義以方外 … 의로움으로써 그 밖을 반듯하게 함.
   ③ 敬義立而德不孤 … 공경함과 의로움이 확립되면 덕이 있는 사람은 외롭지 않음.

3. 효사는 행하는 바를 의심하지 않는다는 것을 말하였다.

① (『易』曰) '直方, 大不習无不利' … 효사를 들었음.

② 則不疑其所行也 … 행하는 바를 의심하지 않는다는 것임.

원문에서 '내內', '외外'는 운이다.
유백민: '內', 十一隊. 與下'外', 十四泰. 爲韻.
스즈키: '내內', '외外'.

'直' 其正也

'직直'은 효사의 '直'이며, 곧은 것이다. '기其'는 '시是'로 읽으며, 동사이다. '정正'은 바른 것이다. '直其正也'는 '直是正也'이며, 곧은 것은 바른 것이라는 말이다.

혜동惠棟의 『주역술周易述』에 "'정正'은 당연히 '경敬'자를 잘못 쓴 것이다(正, 當爲敬字之訛也)"라고 하였다. 진고응은 다음과 같이 주장하였다.

'敬以直內', '敬義立'은 모두 '直其正也, 方其義也'를 이어서 말한 것이다. 따라서 '直其正也'는 당연히 '直其敬也'로 써야 한다. '정正'은 '경敬'의 성음이 잘못된 것이다. 『禮記』「曲禮」 상의 소疏에 '在心爲敬'이라 하였으므로 그래서 '敬以直內'라고 하였다. ('內'는 마음을 말한다. 『禮記』「雜記」 하의 疏에 '內는 心과 같다'라고 하였다.) 두 개의 '기其'자는 '내乃'로 새긴다(고형설). 직은 마음으로 공경하는 것이고, 방은 하는 일이 의로움에 합한다는 것이다.
'敬以直內', '敬義立'都是承'直其正也, 方其義也'而說, 所以'直其正也'當作'直其敬也', '正'爲'敬'聲之誤. 『禮記』「曲禮」上疏'在心爲敬', 所以說'敬以直內'('內'謂心, 『禮記』「雜記」下疏'內猶心也'). 兩個'其'字訓爲'乃'(高亨說). 直乃是內心恭敬, 方乃是行事合義.

진고응은 아주 명쾌하게 설명하였다. 아래 구절에서 '敬以直內', '義以方外', '敬義立而德不孤'라고 하여 '경'과 '의'를 이어 열거한 것을 보면, '정正'은 당연히 '경敬'으로 써야 한다. '직기경야'는 곧은 것은 공경함이라는 말이다.

'方' 其義也

'방方'은 효사의 '方'이며, 반듯한 것이다. '기其'는 '시是'로 읽으며, 동사이다. '의義'는 의로움이다. '方其義也'는 '方是義也'이며, 반듯한 것은 의로움이라는 말이다.

공영달은 "'직기정'은 일반적으로 곧은 것은 바른 것이라 일컫고, '방기의'는 일반적으로 반듯한 것은 의로운 것이라고 일컫는다(直其正者, 經稱直是其正也. 方其義者, 經稱方是其義也)"라고 하여, '직기정直其正'을 '직시기정直是其正', '방기의方其義'를 '방시기의方是其義'라고 읽었다.

정이는 '直言其正也, 方言其義也'라고 하여, "직은 그 바름을 말한 것이고, 방은 그 의로움을 말한 것"이라고 새겼다. 고형은 "'기其'는 내乃와 같다(其猶乃也)"라고 하여 동사로 보았다. '곧은 것'은 바른 것이며, '반듯한 것'은 의로운 것이라는 말이다.

君子敬以直內

'군자'는 도덕 수양이 훌륭한 사람이다. '경敬'은 공경이다. '이以'는 '용用'과 같다. '직直'은 곧게 하다는 동사이다. '내內'는 마음이다. 공영달은 "'내內'는 마음을 말한다(內謂心也)"라고 하였다. '군자경이직내'는 군자는 공경함으로써 그 마음을 곧게 한다는 말이다. 즉 군자는 남을 공경하는 것으로 마음속을 곧게 한다는 것이다.

義以方外

'의義'는 의로움이다. '이以'는 '용用'과 같다. '방方'은 반듯하게 하다는 동사이다. '외外'는 밖으로 나타나는 행실이다. '의이방외'는 의로움으로써 그 행실을 반듯하게 한다는 말이다. 즉 군자는 항상 공경하는 마음을 품고, 항상 의롭게 행동한다는 것이다. '경敬'은 내면적 수양이고, '의義'는 외면적 수양이다. 정이는 "군자는 공경함을 주로 하여 그 마음을 곧게 하고, 의로움을 지켜 그 밖을 반듯하게 한다. 공경함이 확립되면 마음은 곧고, 의로움이 드러나면 밖은 반듯하다(君子主敬以直其內, 守義以方其外. 敬立而內直, 義形而外方)"라고 하였다.

敬義立而德不孤

'입立'은 확립한다는 뜻이다. '덕德'은 덕이 있는 사람이다. '불고不孤'는 외롭지 않다는 뜻이며, 효사 '직直, 방方, 대大'의 '대大'를 가리킨다. 주희는 "'불고不孤'는 '대大'를 말한 것(不孤, 言大也)"이라고 하였다. 즉 경과 의가 확립되면 덕이 있는 사람은 외롭지 않아 반드시 성대(大)하다는 것이다. 고형은 '대大'를 "잘못 들어간 글자(衍文)"라고 하였다. 경과 의가 확립된다는 것은 도덕적으로 완성된다는 말이다. 즉 도덕적으로 완성하면 덕이 있는 사람은 외롭지 않다는 것이다.

'덕불고德不孤'는 『논어』「이인里仁」에서 인용한 것이다.

德不孤, 必有隣.

덕이 있는 사람은 외롭지 않으니, 반드시 이웃이 있다.

(『易』曰) '直方, 大不習, 无不利',

곤괘 둘째 음효 효사를 인용하였다. 『석문』에 "장번 본에는 앞부분에 '역왈'이 있는데, 다른 책에는 모두 없다(張璠本也上有易曰, 衆書皆无)"라고 하였다. 있는 것이 맞다. 효사를 인용한 처음 음효와 넷째 음효에는 모두 '역왈'이 있다. "곧고 반듯하니, 크게 익히지 않아도 이롭지 않음이 없다"는 말이다. 즉 군자는 경과 의가 확립되었으니 힘들게 도덕 수양을 하지 않아도 이롭지 않음이 없다는 것이다.

則不疑其所行也.

'불의不疑'는 의심하지 않는다, '기其'는 군자를 가리킨다. '소행所行'은 군자가 행하는 것이며, 도덕적 실천이다. '불의기소행야'는 군자가 행하는 것을 의심하지 않는다는 말이다. 즉 '곧고 반듯하니, 크게 익히지 않아도 이롭지 않음이 없다'는 것은 공경함(直)과 의로움(方)이 확립되어 도덕적으로 완성되면 군자가 행하는 것은 의심할 여지가 없다는 것이다.

이 단락은 둘째 음효의 '직방'을 윤리적으로 해석한 것이다.

陰雖有美, '含'之以'從王事', 弗敢成也. 地道也, 妻道也, 臣道也. 地道 '无成', 而代'有終'也.

음은 비록 아름다움을 가지고 있으나, 아름다움을 '품고' '왕의 일을 따라도' 감히 이루지 못한다. (이것이) 땅의 도요, 아내의 도요, 신하의 도이다. 땅의 도는 '이루는 것은 없으나' 대신에 '마치는 것은 있다'. (땅의 도는 '이루는 것은 없으나' 하늘의 도를 대신하여 '마치는 것은 있다'.)

셋째 음효(六三) 효사 '含章可貞, 或從王事, 无成有終.'을 해석하였다.

1. 셋째 음효는 아름다움을 품고 왕의 일을 따르나 이루지 못한다.
   ① 陰雖有美 … 음은 비록 아름다움을 가지고 있음.
   ② '含'之以'從王事' … 아름다움을 '품고' '왕의 일을 따름'.
   ③ 弗敢成也 … 감히 이루지 못함.

2. 이루지 못하는 것이 음의 도이다.
   ① 地道也 … 땅의 도임.
   ② 妻道也 … 아내의 도임.
   ③ 臣道也 … 신하의 도임.

3. 지도는 이루지 못하나 대신에 마침은 있다.
   ① 地道'无成' … 땅의 도는 '이루는 것은 없음'.
   ② 而代'有終'也 … 대신에 '마치는 것은 있음'.

陰雖有美

'음陰'은 셋째 음효(六三)를 가리킨다. 「문언」은 '미美'를 가지고 효사의 '장章'을 해석하였다. '음수유미'는 음은 비록 아름다움을 가지고 있으나 어떻다는 말이다. 고형은 "미는 문장과 바름을 가리킨다(美指文章與貞正)"라고 하였다.

'含' 之以'從王事'

'함含'은 효사 '含章可貞'의 '함含'이며, 머금다(銜), 품다(容)는 뜻이다. '지之'는 미美를 가리킨다. '이以'는 뒤에 '지之'자가 생략된 것으로 보아도 좋고, '이而'로 읽어도 된다. 생략된 '지之'는 '함지含之'를 가리킨다. '종從'은 따르다(隨)는 뜻이다. "아름다움을 품고 왕의 일을 따른다"는 말이다.

弗敢成也

효사 '무성无成'을 말한 것이다. '불弗'은 '불不'과 같다. '불감성야'는 감히 이루지 못한다는 말이다. 셋째 음효는 음이므로 비록 아름다움을 가지고 있으나, 아름다움을 '품고' '왕의 일을 따라도' 감히 이루지 못한다는 것이다.

地道也

'지地'는 음에 속한다. 왕의 일을 따라도 감히 이루지 못하는 그것이 땅의 도라는 말이다. 이루는 것은 하늘이며, 양이다.

妻道也

'처妻'는 음에 속한다. '처도'는 이루지 못하는 것이다. 이루는 것은 남편이며, 양이다.

臣道也

'신臣'은 음에 속한다. '신도'는 이루지 못하는 것이다. 이루는 것은 임금이며, 양이다.

地道'无成'

땅의 도는 이루는 것이 없다는 말이다. 이루는 것은 천도가 한다. 천도는 양이다.

而代'有終'也

『설문』에 인부人部에 "'대代'는 바꾼다는 뜻의 경(代, 更也)"이라고 하였다. 고형은 바꾸다, 교체하다는 뜻의 '경대更代'로 읽었다. '대代'는 대신하다는 뜻의 체替이다. '대유종야'는 대신에 마침이 있다는 말이다. 이 구절에 대해 두 가지로 해석할 수 있다.

첫째, "땅의 도는 '이루는 것은 없으나' 대신에 '마치는 것은 있다'"라고 해석하는 것이다. 즉 이루는 것이 없는 대신에 마치는 것은 있다는 것이다. 셋째 음효는 비록 아름다움을 가지고 있으나, 아름다움을 품고 왕업에 종사하여도 감히 이루지 못한다. 이것이 땅의 도요, 아내의 도요, 신하의 도이다. 땅의 도는 이루는 것은 없으나 그 대신에 유종의 미를 이룰 수 있다는 것이다.

둘째, "땅의 도는 '이루는 것은 없으나' 하늘의 도를 대신하여 '마치는 것은 있다'"라고 해석하는 것이다.

『집해』에 송충은 "신하는 비록 재덕을 가지고 있다 해도, 품고 감추어 임금을 따르며, 감히 명성을 이루어서는 안 된다. 땅은 하늘의 공을 마칠 수 있고, 신하는 임금의 일을 마칠 수 있으며, 아내는 남편의 일을 마칠 수 있으니, 그러므로 '대신하여 마침이 있다'라고 한 것이다(臣子雖有才美, 含藏以從其上, 不敢有所成名也. 地得終天功, 臣得終君事, 婦得終夫業 故曰代有終也)"라고 하였다.

공영달은 "지도는 낮고 부드러워, 감히 앞서서 사물을 이루지 못하고, 반드시 양을 기다려 비로소 따라한 후에 양을 대신하여 마침이 있다(地道卑柔, 无敢先唱成物, 必待陽始先唱, 而後代陽有終也)"라고 하여 '代陽'으로 읽었다.

정이는 "지도는 하늘을 대신하여 만물을 마치나 공을 이루는 것은 하늘이 주로 하는 것이다(地道代天終物而成功則主於天也)"라고 하여 '代天'으로 읽었다.

셋째 음효는 비록 아름다움을 가지고 있으나, 아름다움을 품고 왕업에 종사하여도 감히 이루지 못한다. 이것이 곧 땅의 도요, 아내의 도요, 신하의 도이다. 땅의 도는 이루는 것은 없으나 하늘의 대신하여 유종의 미를 이룰 수 있다는 것이다. 두 가지 해석은 다 통한다.

이 단락은 셋째 음효가 땅, 아내, 신하를 상징하니, 이들은 각각 하늘, 남편, 임금에 순응한다. '이루는 것'은 하늘, 남편, 임금이 하는 것이니 이루는 것은 없으나, '마치는 것'은 땅, 아내, 신하가 하는 것이니 마치는 것은 있다고 해석하였다.

「문언」은 효사 '无成有終'을 음도이기 때문이라고 해석하였다. 즉 '유성有成'은 천과 양이 하는 것이고, '유종有終'은 지와 음이 하는 것이라는 말이다.

天地變化, 草木蕃. 天地閉, 賢人隱. 『易』曰 '括囊, 无咎无譽', 蓋言謹也.

천지가 변화하니, 초목이 무성하다. 천지가 닫히니, 현인이 숨는다. 『역』에 이르기를 "주머니를 묶으니, 허물도 없고 명예도 없다"는 것은 대개 근신함을 말한 것이다.

넷째 음효(六四) 효사 '括囊, 无咎无譽.'를 해석하였다.

1. 천지가 열리니 초목이 무성하다.
   ① 天地變化 … 천지가 변화함.
   ② 草木蕃 … 초목이 무성함.

2. 천지가 닫히니 현인이 숨는다.
   ① 天地閉 … 천지가 닫힘.
   ② 賢人隱 … 현인이 숨음.

3. 효사는 근신함을 말한 것이다.
   ① 『易』曰 '括囊, 无咎无譽' … 효사를 들었음.
   ② 蓋言謹也 … 근심함을 말한 것임.

원문에서 '번蕃', '은隱', '근謹'은 운이다.
유백민과 스즈키는 운을 말하지 않았다.

天地變化

'천지변화'는 천지가 변화하여 봄여름이 된다는 말이다.

草木蕃

'초목'은 모든 생물을 가리킨다. 『설문』에 "'번蕃'은 풀이 무성한 것(蕃, 艸茂也)"이라고 하였다. '초목번'은 초목이 무성하다는 말이다. 천지가 변화하여 봄여름이 되니, 음양의 기가 서로 교류하여 모든 생물이 번성하다는 것이다.

공영달은 "'천지변화'는 음양 두 기가 서로 통하여 만물을 낳아 기르므로 초목이 무성하다(天地變化, 謂二氣交通, 生養萬物, 故草木蕃滋)"라고 하였다.

天地閉

'폐閉'는 막힌다는 뜻의 색塞이다. 『석문』에 "닫는다는 뜻의 합闔"이라고 하였다. '천지폐'는 천지가 막혀서 가을 겨울이 된다는 말이다.

賢人隱

'은隱'은 숨다(遯)는 뜻이다. '현인은'은 현인은 숨는다는 말이다. 천지가 가을 겨울이 되어, 음양의 기가 교류하지 않으니 초목은 시들고 모든 일이 막힌다. 이러한 난세를 만나 현인은 은둔한다는 것이다.

공영달은 "'천지폐, 현인은'은 음양 두 기가 서로 통하지 않아 천지가 막히고 닫히니 현인은 숨는다(天地閉, 賢人隱者, 謂二氣不相交通, 天地否閉, 賢人潛隱)"라고 하였다.

『易』曰 '括囊, 无咎无譽',

곤괘 넷째 음효 효사를 인용하였다. "주머니를 묶으니, 허물도 없고 명예도 없다"는 말이다.

蓋言謹也.

'개蓋'는 대개, 아마라는 뜻이다. '근謹'은 삼가다, 근신하다(愼)는 뜻이다. '개언근야'는 대개 근신함을 말한 것이라는 말이다. 「문언」은 '근謹'을 가지고 효사 '괄낭'을 해석하였다. 즉 넷째 음효의 '괄낭括囊'을 천지가 닫혀 현인이 은둔하는 것으로 해석하였는데, 이것은 근신의 도를 행함을 말한 것이다. '괄낭'은 근신하는 태도를 말하고, '무구무예'는 근신한 결과이다(고형).

『논어』「태백泰伯」에도 기록이 있다.

> 天下有道則見, 天下無道則隱.
> 천하에 도가 있으면 출사하고, 도가 없으면 은둔한다.

‘천하유도’는 사회 질서가 확립되어 있는 것, ‘천하무도’는 사회 질서가 붕괴된 것을 말한다. ‘天下有道則見’는 「문언」의 ‘天地變化, 草木蕃’에, ‘天下無道則隱’은 ‘天地閉, 賢人隱’에 해당된다.

정이는 “천지가 서로 감응하면 만물을 변화시켜 초목이 번성하고 군신이 서로 사귀어 도가 형통하다. 천지가 막히면 만물은 이루지 못하고 군신의 도는 끊어져 현자는 은둔한다. 넷째 음효는 막히는 때에 주머니를 묶어 감추면 비록 명예는 없으나 무구를 얻을 수 있으니, 당연히 근신하여 스스로 지키는 것을 말한다(天地交感, 則變化萬物, 草木蕃盛, 君臣相際而道亨. 天地閉隔, 則萬物不遂, 君臣道絶, 賢者隱遯. 四於閉隔之時, 括囊晦藏, 則雖无令譽, 可得无咎, 言當謹自守也)”라고 하였다.

君子‘黃’中通理, 正位居體, 美在其中, 而暢於四支, 發於事業, 美之至也.
군자는 아름다움이 마음속에 있어 사리에 통달하고, 바른 자리에서 예를 지키며, 아름다움이 마음속에 있어 사지에 이르고, 사업에 나타나니, 아름다움이 지극한 것이다.

다섯째 음효(六五) 효사 ‘黃裳, 元吉.’을 해석하였다.

1. 군자는 아름다움이 마음속에 있다.
   ① 君子‘黃’中通理 … 군자는 아름다움이 마음속에 있어 사리에 통달함.
   ② 正位居體 … 바른 자리에서 예를 지킴.

2. 아름다움이 사지에 이르고 사업에 나타난다.
   ① 美在其中 … 아름다움이 마음속에 있음.
   ② 而暢於四支 … 사지에 이름.
   ③ 發於事業 … 사업에 나타남.
   ④ 美之至也 … 아름다움이 지극한 것임.

원문에서 ‘이理’, ‘체體(예禮)’와 ‘지支(肢)’, ‘지至’는 운이다.
유백민: ‘理’, 六止. 與下‘體’, 十一薺. 爲韻.
스즈키: 운을 말하지 않았다.

君子'黃'中通理

'군자'는 도덕 수양이 훌륭한 사람이다. '황黃'은 효사 '황상黃裳'의 '黃'이며, 아름다움에 비유하였다. '황중黃中'은 바로 뒤 구절의 '미재기중美在其中'이며, 「상」의 '문재중文在中'과 같다. 정이는 '문거중文居中'이라 하였다(黃裳, 文居中也). 주희는 "'황상'은 중덕이 안에 있음을 말하니, '황'자의 뜻을 해석한 것이다(黃裳, 言中德在內, 釋黃字之義也)"라고 하고, "'미재기중'은 다시 '황중'을 해석한 것(美在其中, 復釋黃中)"이라고 하였다. '황중'은 아름다움이 마음속에 있다는 말이다. '이理'는 사리事理이다. '통리通理'는 사리에 통달한다는 것이다. '황중통리'는 아름다움이 마음속에 있어 사리에 통달한다는 말이다.

공영달은 "황색이 가운데에 거하여 사방의 색을 아우르고, 신하의 직무를 받드니, 사물의 이치를 통달하여 아는 것이다(以黃居中, 兼四方之色, 奉承臣職, 是通曉物理也)"라고 하여, 오행방위설을 가지고 '황중통리'를 해석하였다. 오행방위설에서 황은 토土이며, 오행의 가운데 자리에 있고, 황색 역시 오색 중에서 가운데 자리에 있다. 그러나 『역전』에는 오행의 관념이 없으며, 오행을 『주역』의 범주에 끌어들인 것은 전한의 경방京房(B.C. 77~37)이었다.

正位居體

'정위正位'는 바른 자리 즉 존위尊位이며, 다섯째 음효의 자리를 가리킨다. 다섯째 음효는 윗괘의 가운데 자리에 있으며(효위), 군자가 바른 자리에 있는 상이다(효상). '체體'에 대해 해석이 분분하다.

첫째, 『집해』에 우번은 "다섯째는 바로 양의 자리이므로 '정위'라고 하였다. 간艮은 머무는 것(居)이다. '체'는 사지를 말한다. 간艮은 두 팔이고, 손巽은 두 다리이다(五正陽位, 故曰正位. 艮爲居. 體, 謂四支也. 艮爲兩肱, 巽爲兩股)"라고 하여, '체'를 사지四肢로 보고, 간손 두 괘를 가지고 설명하였다.

둘째, 공영달은 "가운데에 거하여 바른 자리를 얻은 것이 '정위'이고, 윗괘의 가운데 자리에 처한 것이 '거체'이다(居中得正是正位也. 處上體之中是居體也)"라고 하여, '체'를 윗괘의 가운데 자리(中)로 본 것이다.

셋째, 정이는 "바른 자리에 거하나 아래의 몸(하체)이 되는 것을 잃지 않는다(居正位而不失爲下之體)"라고 하였고, 주희도 "비록 존위에 있으나 하체에 머무니, '상裳'자를 해석한 뜻이다(雖在尊位而居下體, 釋裳字之義也)"라고 하였으며, 래지덕 역시 이들을 따라 "'정위'는 존위에 거하는 것이다. '체'는 건곤의 정체이다. 건양은 상체이고, 곤음은 하체이니, 비록 존위에 있으나 하체에 거한 것을 말한 것이다. 그러므로 의衣라 하지 않고 상裳이라 한 것이다(正位, 居尊位也. 體者, 乾坤之定體也. 乾陽乃上體, 坤陰乃下體, 言雖在尊位, 而居下體, 故不曰衣而曰裳)"라고 하였다. 이들은 '체'를 효사의 치마(裳)는 아래에 입는 옷이므로 하체下體로 본 것이며, '정위거체'를 다섯째 음효는 존위에 있으나 하체에 거하는 것이라고 해석하였다.

넷째, 고형은 "'체體'는 '예禮'를 가차한 것이며, 두 글자는 옛날에 통용되었다(體借爲禮, 二字古通用). 『역』에도 그런 예가 있다(易中亦有之). 「계사」 상에 '지숭례비'라고 한 것을, 『석문』에 '예는 촉재가 체로 썼다'라고 하였고(「繫辭」上曰: '知崇禮卑', 『釋文』: '禮, 蜀才作體'), 『집해』에서는 '체體'로 되어 있다(『集解』本作體). 또 '이행기전례而行其典禮'라고 한 것을, 『석문』에서 '전례는 요신이 전체典體로 하였다'라고 한 것 등이 그 증거이다(又曰: '而行其典禮', 『釋文』: '典禮姚作典體', 是其證). '거체居體'는 '거례居禮'이니, 곧 예를 지킴(守禮)을 말한 것과 같다(居體卽居禮, 猶言守禮)"라고 하였다. 이러한 해석은 모두 통한다.

다섯째, 필자의 해석이다. 『맹자』 「등문공滕文公」 하에 다음과 같은 기록이 있다.

> 居天下之廣居 천하의 넓은 곳에 살며
> 立天下之正位 천하의 바른 자리에 서며
> 行天下之大道 천하의 대도를 걷는다.

'居天下之廣居'는 인仁을, '立天下之正位'는 예禮를, '行天下之大道'는 의義를 가리킨다. 즉 '인仁'에 살며, '예禮'를 지키며, '의義'를 행한다는 말이다.

'정위거체'는 『맹자』의 '立天下之正位'와 같으며, '天下之正位'는 '예禮'를 가리킨다. 즉 천하의 바른 자리에 서는 것은 예를 실천하는 것이라는 말이다. 『논어』 「위정爲政」에 '삼십이립三十而立'이라고 하였는데, '입立' 뒤에 '우례于禮'가 생략되어 있다. 즉 '三十而立于禮'이며, '예禮'는 '입立'하는 것이다. 즉 예는 지키는 것, 실천하는 것이라는 말이다. 필자는 『맹자』의 말을 들어 고형과 같이 '체體'를 '예禮'로 읽고, "바른 자리에서 예를 지킨다"라고 해석하였다. 『주역절중』(以禮居身)과 굴만리도 필자와 같이 해석하였다.

美在其中

「문언」은 '미美'를 가지고 효사의 '황黃'을 해석하였다. '중中'은 심중心中이다. '미재기중'은 '황중黃中'과 같으며, 아름다움이 마음속에 있다는 말이다. 주희는 "'미재기중'은 다시 '황중'을 해석한 것(美在其中, 復釋黃中)"이라고 하였다.

而暢於四支

'창暢'은 통하다(通), 이르다(達)는 뜻이다. '지支'는 '지肢'로 읽으며, '사지四肢'는 팔과 다리이다. '창어사지'는 팔과 다리에 이른다는 말이며, 행동에 나타난다는 것이다. 공영달은 "사방에 비유한 것(比于四方)"이라고 하였다. '창어사지'는 『대학』의 '誠於中, 形於外'와 같은 말이다. 마음속이 참되면 밖으로 드러난다는 말이다.

發於事業

'사업事業'에 대해, 공영달은 "추구하는 것을 '사'라 하고, 일이 이루어지는 것을 '업'이라 한다(所營謂之事, 事成謂之業)"라고 하였다. '사업'은 군자가 추구하는 일이며, 진덕수업進德修業, 즉 수신修身하는 것이다. 건「문언」첫째 단락 셋째 양효에 '수업修業' '거업居業'이라고 하였는데, 이곳의 '사업'과 같은 뜻이다. '발어사업'은 사업에 나타난다는 말이며, 아름다움이 수신하는 일에 나타난다는 것이다.

美之至也

'지至'는 지극하다(極)는 뜻이다. '미지지야'는 아름다움이 지극하다는 말이다. 군자는 아름다움이 마음속에 있어 사리에 통달하고, 바른 자리에서 예를 지키며, 아름다움이 마음속에 있어 행동에 나타나고 사업에 나타나니, 아름다움이 지극하다는 것이다.

이 단락은 다섯째 음효 효사의 '황상'을, 황색치마는 저고리에 가려진 치마이니, 군자의 마음속이 아름답다는 것에 비유하여 해석하였다.

陰疑於陽必'戰', 爲其嫌於无陽也, 故稱'龍'焉. 猶未離其類也, 故稱'血'焉. 夫'玄黃'者, 天地之雜(色)也, 天玄而地黃.
음이 양에 견주면 반드시 '싸움'을 하게 되니, 음이 양과 비슷하므로 '용'이라고 칭한 것이다. 여전히 음의 유에서 떨어지지 않으므로 '피'라고 칭하였다. 무릇 '현황'이라는 것은 하늘과 땅이 뒤섞인 색이니, 하늘은 검고 땅은 누렇다.

꼭대기 음효(上六) 효사 '龍戰于野, 其血玄黃.'을 해석하였다.

1. 음이 양과 비슷하여 '용'이라고 칭하였다.
   ① 陰疑於陽必'戰'…음이 양에 견주면 반드시 '싸움'을 하게 됨.

② 爲其嫌於无陽也 … 음이 양과 비슷함.

③ 故稱'龍'焉 … 그래서 '용'이라고 칭함.

2. 여전히 음이므로 '피'라고 칭하였다.

① 猶未離其類也 … 여전히 음의 유에서 떨어지지 않음.

② 故稱'血'焉 … 그래서 '피'라고 칭함.

3. 효사의 '현황'을 설명하였다.

① 夫'玄黃'者 … 효사의 '현황'을 들었음.

② 天地之雜(色)也 … 하늘과 땅이 뒤섞인 색임.

③ 天玄而地黃 … 하늘은 검고 땅은 황색임.

陰疑於陽必'戰'

이하 효사 '龍戰于野'를 해석하였다. '음陰'은 꼭대기 음효를 가리킨다. '의疑'에 대해 몇 가지 해석이 있다.

첫째, 『집해』에 맹희는 "陰乃上薄, 疑似于陽, 必與陽戰也"라고 하여, '의疑'를 '사似'의 뜻으로 읽었다.

둘째, 주희는 "'의疑'는 적과 세력이 균등하여 작고 큰 차이가 없는 것을 말한다(疑, 謂鈞敵而无小大之差也)"라고 하였다. '균鈞'은 '균均'이며. '无小大之差'이다.

셋째, 고형은 왕인지의 말을 들어 "'의疑'는 당연히 의擬로 읽어야 한다(疑當讀爲擬). 의擬는 비교하다는 뜻의 비比와 같다(擬猶比也)"라고 하였으며, 굴만리와 진고응도 '의擬'로 읽었다. '사似'와 '균鈞'과 '의擬'는 모두 같은 뜻이다.

'의疑'는 '의擬'로 읽으며, 견주다(擬), 비교하다(比)는 뜻이다. 『석문』에는 "순상, 우번, 요신, 촉재 본에는 '응凝'으로 되어 있다(荀虞姚信蜀才本作凝)"라고 하였다. '전戰'은 효사 '龍戰于野'의 전戰이다. '음의어양필전'은 음이 양에 견주면 반드시 '싸움'을 하게 된다는 말이다.

『집해』에 맹희는 "음은 꼭대기에 가까워지니, 양과 비슷하여, 반드시 양과 싸우게 된다(陰乃上薄, 疑似于陽, 必與陽戰也)"라고 하였다. 꼭대기 음효는 곤괘의 꼭대기에 있으니, 음이 극성한 자리에 있다. 양과 세력이 비슷하여 서로 견줄 만하니, 반드시 음과 양이 서로 싸움을 하게 된다는 것이다.

爲其嫌於无陽也

'위爲'는 이다, 되다, 하다는 뜻이다. '기其'는 꼭대기 음효를 가리킨다. 『설문』에 여부女部에 "'혐嫌'은 마음이 고르지 않은 것이다. 여女로 되어 있고, 겸兼은 성음이다. 또 의심한다는 뜻이다(嫌, 不平於心也. 从女, 兼聲. 一曰疑也)"라고 하였다. '혐嫌'은 앞의 '의疑'와 같으며, '의擬'로 읽는다. '嫌於陽'은 '疑於陽'이며, '擬於陽'이다. 『집해』에는 '爲其兼于陽也'로 되어 있으며, '무无'자가 없다. '무'자가 없어야 문장이 통한다. 진고응은 "'无'는 '於'의 음을 따라 잘못 들어갔을 것(蓋'无'涉'於'音而衍)"이라고 하였다. '위기혐어양야'는 음이 양과 비슷하다는 말이다.

고형은 다음과 같이 설명하였다.

『집해』에는 '无'자가 없는데, 순상 본에 의거한 것이다. 왕인지는 "순상 본이 뛰어났다. 『설문』에 '혐嫌은 의疑의 뜻'이라고 하였다. '혐우양嫌于陽'은 앞의 '의우양疑于陽'이다. '의疑'는 '의擬'라는 말이다. 음이 꼭대기에서 성하여 양과 비슷하므로 '혐우양'이라고 말한 것이다"라고 하였다. 왕인지의 설명이 맞다. 왕필 본에는 '无'자가 잘못 들어갔다. 두 물체가 서로 비슷한 것을 '혐嫌'이라고 하므로, '혐嫌'은 '의疑'로 뜻을 새길 수 있다. 그런즉 '혐어양嫌於陽'은 곤괘 꼭대기 음이 극성함에 이르러 그 세력이 양과 같음을 말한 것이다. 「문언」의 뜻은 꼭대기 음효는 음효이고 용은 양에 속하는 것인데, 효사에 '용'을 말한 것은 무엇 때문인가? 꼭대기 음효는 극성한 음이고 그 세력은 양과 같기 때문이라는 것이다.

『集解』無'无'字, 乃據荀爽本也. 王引之曰:"荀本爲長. 『說文』:'嫌, 疑也'. 嫌于陽卽上文之疑于陽也. 疑之言擬也. 陰盛上擬于陽, 故曰嫌于陽." 王說是也, 王弼本衍'无'字. 兩物相似謂之嫌, 故嫌可訓疑. 然則嫌于陽謂坤上六之陰達于極盛, 其勢力等于陽也. 「文言」之意:上六爲陰爻, 而龍爲陽類之物, 爻辭言'龍'者何也? 因上六乃極盛之陰, 其勢力等于陽也."

고형의 설명은 명쾌하다.

故稱'龍'焉

'용龍'은 양에 속하는 것인데 왜 곤괘 꼭대기 음효 효사에서 '용'을 말하였는가? 꼭대기 음효는 음의 세력이 강성하여 양과 비슷하므로 효사에서 '용'이라고 칭하였다는 것이다. 「문언」은 효사 '용전우야'를 음이 양과 세력이 비슷하여 서로 싸우는 것으로 해석하였다.

猶未離其類也

이하 효사 '기혈현황'을 해석하였다. '유猶'는 아직(尙), 여전히(還)라는 뜻이다. '리離'는 떨어지다, '기其'는 꼭대기 음효를, '유類'는 동류, 즉 처음 효부터 다섯째 효까지 다섯 음을 가리킨다. '유미리기류야'는 여전히 음의 유에서 떨어지지 않았다는 말이다. 즉 꼭대기 음효는 음이 강성하여 양과 비슷하나, 여전히 음이라는 말이다.

故稱'血'焉

순상은 "피는 음에 비유한 것(血以喩陰)"이라 하였고, 주희는 "피는 음에 속한다(血, 陰屬)"라고 하였다. 꼭대기 음효는 비록 양과 세력을 견줄 만하나 자신은 여전히 음의 유에서 떨어지지 않았으며, 피 또한 음의 유이기 때문에 효사에서 '피'라고 칭하였다는 말이다.

夫'玄黃'者

효사의 '玄黃'을 설명하였다. '현玄'은 검은 색, '황黃'은 누런색이다. '부현황자'는 무릇 '현황'이라는 것은이라는 말이다.

天地之雜(色)也

완원阮元의 「교감기」에 "고본에는 '잡雜' 아래에 '색色'자가 있다(古本雜下有色者)"라고 하였다. '색'자가 있는 것이 좋다. '잡색雜色'은 뒤섞인 색이다. '천지지잡색'은 하늘과 땅이 뒤섞인 색이라는 말이다. 하늘은 검고 땅은 누렇다. 검은 색과 황색이 뒤섞인 색이라는 것이다.

天玄而地黃

"하늘은 검고 땅은 누렇다"는 말이다. "무릇 '현황'이라는 것은 하늘과 땅이 뒤섞인 것이니, 하늘은 검고 땅은 누렇다"는 말이다. 용의 피가 하늘과 땅의 색이 혼합된 색, 즉 검은색과 누런색이 뒤섞인 색이라는 것이다.

이 단락은 꼭대기 음효 효사 '용전우야'를 꼭대기 음효가 음의 극성한 자리에 있어 양과 세력이 비슷하여, 음양이 서로 싸우는 것이라고 해석하였다.

「단」과 「상」은 제나라의 동일한 유생의 작품

「단」은 괘사를, 「상」은 효사를 해석하였다. 일반적으로 괘사와 효사는 각각 따로 해석하는 것이 아니라 함께 해석하는 것이 기본 상식이다. 그런데 「단」은 왜 괘사만 해석하고 효사는 해석하지 않았는가? 「상」에서 효사를 해석하였기 때문이다. 「상」은 왜 효사만 해석하고 괘사는 해석하지 않았는가? 「단」에서 괘사를 해석하였기 때문이다. 여기에서 「단」과 「상」은 당연히 한 사람이 지었을 것이라고 어렵지 않게 추측할 수 있다. 필자는 「단」과 「상」은 동일한 사람이 지었고, 그 사람은 제나라 유생이라는 것을 주장하고자 한다. 아래에 12가지 예를 들어 논증하겠다.

1. 기술 형식이 같다.

「단」의 괘사 해석의 형식은 대체로 먼저 괘사를 한 구절 인용하고 그다음 4글자로 해석하였다. 이것이 정형이다. 괘사는 대부분 짧으나, 문장이 길 경우, 「단」은 한 구절씩 인용하여 해석하였고, 구절을 빠뜨리거나 생략한 예는 없다. 한 구절을 인용하면서 4글자로 인용하고, 해석도 4글자로 하였다. 예를 들겠다.

① 곤坤

괘사: 坤, 元亨. 利牝馬之貞. 君子有攸往, 先迷後得主, 利. 西南得朋, 東北喪朋. 安貞吉.

「단」: 坤厚載物, 德合无疆. 含弘光大, 品物咸'亨'. …… 괘사 '원형'을 해석하였다.
'牝馬'地類, 行地无疆, 柔順'利貞'. …… 괘사 '이빈마지정'을 해석하였다.
'君子'攸行 …… 괘사 '군자유유왕'을 인용하였다.
'先迷'失道, '後'順'得'常. …… 괘사 '선미후득주'를 인용하고 해석하였다.
'西南得朋', 乃與類行. …… 괘사 '서남득붕'을 인용하고 해석하였다.
'東北喪朋', 乃終有慶. …… 괘사 '동북상붕'을 인용하고 해석하였다.
'安貞'之'吉', 應地无疆. …… 괘사 '안정길'을 인용하고 해석하였다.

괘사 '元亨'은 '坤厚載物, 德合无疆. 含弘光大, 品物咸亨'으로 하여 4글자 4구절로 해석하였다. 괘사 '利牝馬之貞'은 '牝馬'와 '利貞'으로 나누어 '牝馬地類, 行地无疆, 柔順利貞'으로 4글자를 만들었고, 괘사 '君子有攸往'에서 '所'자를 생략하고 '君子攸行' 4글자로 만들어 인용하였으며, 괘사 '先迷後得主'를 '先迷'와 '後得'으로 나누어 '先迷失道, 後順得常'으로 4글자를 만들었고, 괘사 '安貞吉'에 '之'자를 넣어

'安貞之吉'로 하여 4글자를 만든 것이다.

② 건蹇

괘사: 蹇, 利西南, 不利東北. 利見大人. 貞吉.

「단」: '蹇, 利西南', 往得中也. …… 괘명 '건'과 괘사 '이서남'을 인용하고 해석하였다.

'不利東北', 其道窮也. …… 괘사 '불리동북'을 인용하고 해석하였다.

'利見大人', 往有功也. …… 괘사 '이견대인'을 인용하고 해석하였다.

當位'貞吉', 以正邦也. …… 괘사 '정길'을 인용하고 해석하였다.

괘사 '貞吉'은 4글자로 만들기 위해 의도적으로 '當位'를 삽입하였다.

예로 들은 두 괘는 괘사 한 구절을 4글자로 인용하고, 4글자로 해석한 전형적인 문장이다. 육십사괘 「단」은 모두 이러한 형식으로 되어 있는 것은 아니다. 어떤 경우에는 구절을 나누지 않고 괘사 전체를 인용하고 해석한 경우도 있다. 41번 손損이 그렇다.

괘사: 損, 有孚, 元吉, 无咎, 可貞, 利有攸往. 曷之用? 二簋可用享.

「단」: '損而有孚, 元吉, 无咎, 可貞, 利有攸往. 曷之用, 二簋可用享',

二簋應有時. 損剛益柔有時, 損益盈虛, 與時偕行.

먼저 괘사 전체를 인용한 후 해석하였다. 이 외에 먼저 해석한 후에 괘사 전체를 인용한 경우도 있다. 10번 이履가 그렇다.

괘사: (履), 履虎尾, 不咥人, 亨.

「단」: 履, 柔履剛也. 說而應乎乾, 是以'履虎尾, 不咥人, 亨.'

'柔履剛也'는 괘체를 가지고 괘명을 해석한 것이고, '說而應乎乾'은 괘덕을 가지고 괘사 전체를 해석한 것이다.

「단」이 괘사를 해석하면서 취한 주된 형식은 먼저 괘사 한 구절을 4글자로 인용하고 이어 4글자로 해석한 것이다. 그러나 괘사를 4글자로 인용하지 않은 경우도 많다. 그 이유는 괘사는 한 글자 혹은 2글자 혹은 3글자 혹은 4글자 혹은 5글자로 한 구절을 이루는데, 「단」은 이것을 그대로 인용하였기 때문이다. 예를 들어 앞의 이괘履卦

괘사에서 '이호미履虎尾'는 3글자, '부절인不咥人'은 3글자, '형亨'은 한 글자로 되어 있다. 그래서 괘사를 4글자로 만들어 인용할 수 없었던 것이다.

그러나 「단」의 괘사 해석의 전형은 먼저 괘사 한 구절을 4글자로 인용하고 이어 4글자로 해석한 것이다. 이것은 「상」의 형식과 같다. 「상」은 대부분 먼저 효사를 4글자로 인용하고 이어 4글자로 해석하였다. 1번 건乾을 예로 들겠다.

潛龍勿用, 陽在下也.
見龍在田, 德施普也.
終日乾乾, 反復道也.
或躍在淵, 進无咎也.
飛龍在天, 大人造也.
亢龍有悔, 盈不可久也.
用九天德, 不可爲首也.

이것이 「상」이 취한 주된 형식이다. 「단」과 「상」이 괘사와 효사를 해석한 기술 형식은 같다.

2. 유가 사상을 바탕으로 하였다.

「단」과 「상」은 유가 사상을 바탕으로 기술하였다는 것은 이미 앞에서 수차례 언급하였다. 『역전』은 제나라 직하 유생들이 지은 것이고, 직하는 유학이 대세였다. 「단」과 「상」은 당연히 유학의 영향을 크게 받은 유생의 작품이다.

필자는 책머리에 「단」을 해설하면서, 「단」의 괘사 해석의 방식으로 상수와 의리 두 가지를 언급하고, 의리로 해석한 부분에서 공자의 '정명론'(家人), 맹자의 '혁명설'(革), 순자의 '부부의 도'(咸), 3가지를 인용하여 유가를 취한 예로 들었다. 또 「상」을 해설하면서 「상」의 효사 해석의 방식으로 상수와 의리 두 가지를 언급하고, 의리로 해석한 부분에서 '순천휴명順天休命'(大有)이니 '비례불리非禮弗履'(大壯)니 '자소명덕自昭明德'(晉)이니 '수신修身'(復, 初九)이니 '반신反身'(家人, 上九)이니 하는 중요한 유가의 용어를 예로 들었다. 이러한 것들은 「단」과 「상」이 유가 사상을 바탕으로 기술하였다는 것을 충분히 말해주고 있다. 이 외에도 「단」과 「상」에는 '시時', '시중時中', '중도中道' 등의 유가의 중요한 개념이 곳곳에 기록되어 있다. 필자의 『내 눈으로 읽은 주역: 역전해설』에 이 개념이 잘 정리되어 있으니 이것을 참고하라. 「단」과 「상」이 유가 사상을 바탕으로 기술되었다는 것은 더 이상 설명이 필요 없을 것이다.

전한 무제武帝(재위: B.C.141~87)가 동중서董仲舒(B.C.188?~116?)의 건의를 받아들여 '파출백가罷黜百家, 존독유술獨尊儒術'한 것은 이미 전국 중후기 이후부터 그렇게 될 수밖에 없었던 싹이 트고 있었다. 『역전』이 이것을 말해주고 있다.

3. 인용한 도가 사상이 같다.

제나라 직하는 유학이 대세였고 또 황로黃老 사상이 유행하였다. '황로'는 황제와 노자를 가리키는데, 이른바 도가가 도교로 발전하는 과정 중의 사상이었다. 직하에 황로 사상이 유행한 것은 전국 중기 '전국칠웅'으로 불리는 일곱 나라가 정립하여 싸웠던 어지러운 시대적 상황과 또 교전을 통한 나라 사이의 활발한 문화적 교류에도 원인이 있었을 것이다.

(1)「단」에 '천행天行', '손익損益', '소식영허消息盈虛' 등과 같은 공맹의 원시 유학에서는 사용하지 않은 용어들이 기록되어 있는 것은 모두 도가의 영향을 받은 것이다. 이미 앞에서 설명하였지만 여기에서 다시 한 번 더 기술하겠다.

1) '천행天行'을 기술함

① 고蠱「단」: '先甲三日, 後甲三日', 終則有始, 天行也.
'갑일의 삼 일 전과 갑일의 삼 일 후'라는 것은 끝나면 또 시작하는 것이니,
하늘의 운행이다.

② 박剝「단」: 君子尙消息盈虛, 天行也.
군자는 사라지고 자라나며 가득하고 비는 것을 중시하니, 하늘의 운행이다.

③ 복復「단」: '反復其道, 七日來復', 天行也.
'그 길을 되돌아오는데, 칠 일이면 돌아온다'는 것은 하늘의 운행이다.

『장자』의 기록

① 知天樂者, 其生也天行, 其死也物化.(「天道」)
하늘의 즐거움을 아는 사람은 그 생은 하늘의 운행이고,
죽음은 사물이 변화한 것이다.

② 聖人之生也天行, 其死也物化.(「刻意」)
성인의 생은 하늘의 운행이고, 죽음은 사물이 변화한 것이다.

③ 動而以天行.(「刻意」) 하늘의 운행에 따라 움직인다.

2) '손익損益', '소식영허消息盈虛'를 기술함

① 손損「단」: 損益盈虛, 與時偕行.

덜고 더하고 차고 비는 것은 때와 더불어 함께 행한다.

② 풍豐「단」: 天地盈虛, 與時消息.

천지가 차고 비는 것은 사시四時와 더불어 사라지고 자라나는 것이다.

『노자』의 기록

① 爲學日益, 爲道日損. 損之又損, 以至於無爲.(48장)

학문을 하면 지식이나 욕구가 나날이 늘고,

도를 닦으면 지식이나 욕구가 나날이 줄어든다.

줄어들고 또 줄어들어 무위의 경지에 이르게 된다.

② 天之道, 損有餘而補不足. 人之道, 則不然, 損不足以奉有餘.(77장)

하늘의 도는 남는 것을 덜어내고, 모자라는 것을 더해 준다.

사람의 도는 그렇지 않으니, 모자라는 것을 덜어내어 남는 것을 받들게 한다.

『장자』의 기록

① 消息盈虛, 終則有始.(「秋水」)

사라지고 자라나며 가득하고 비며, 끝나면 또 시작한다.

② 消息滿虛, 一晦一明.(「田子方」)

사라지고 자라나며 가득하고 비며, 한 번 어둡고 한 번 밝다.

(2)「상」에도 간단하나 '天行'과 '消息盈虛' 사상이 기록되어 있다.

① 건乾「단」: 天行, 健. 君子以自强不息.

하늘의 운행이 강건한 것이 건의 상이다.

군자는 이 상을 본받아 스스로 강하여 멈추지 않는다.

② 건乾 上九「상」: '亢龍有悔', 盈不可久也.

'끝까지 올라간 용이니 뉘우침이 있다'는 것은 가득 찬 것은 오래 갈 수 없기 때문이다.

'천행天行'은 '소식영허消息盈虛'이며, '종즉유시終則有始'하는 것이다.

이상 '천행'과 '소식영허'라는 비록 간단한 내용이지만,「단」과「상」이 인용한 도가 사상은 같다.

4. 괘사와 효사를 해석한 방식이 같다.

「단」과 「상」의 괘사와 효사를 해석한 방식은 상수와 의리, 두 가지이다. 이것은 「단」과 「상」의 창작이 아니라 춘추 점서역 이래로 내려오는 괘효사에 대한 전통적 해석 방식이다. 필자의 『춘추 점서역』을 참고하라.

(1) 「단」의 괘사 해석 방식.

1) 상수로 해석……① 괘체로 해석……㉠ 괘 ㉡ 효 ㉢ 효위, 3가지를 가지고 해석.
② 괘상으로 해석
③ 괘덕으로 해석

2) 의리로 해석……① 유가로 해석
② 도가로 해석
③ 천도를 가지고 인사를 해석

(2) 「상」의 효사 해석 방식.

1) 상수로 해석……효위설

2) 의리로 해석……유가로 해석

「단」에서 상수로 해석하면서 괘체, 괘상, 괘덕 등 다양한 방식을 사용하였으나, 「상」에서는 효위설만 적용한 것은 「단」은 괘사를, 「상」은 효사를 해석하였기 때문이다. 또 의리로 해석하면서 「단」은 유가, 도가, 천도를 가지고 인사를 해석하는 방법을 취하였으나, 「상」은 유가 일색이고 도가 사상은 조금이며, 천도를 가지고 인사를 해석한 내용이 없는 것은 「단」은 문장을 이어지게 썼고, 「상」은 4글자로 간략하게 해석하였기 때문이다. 「단」과 「상」이 괘사와 효사를 해석한 방식은 같다.

5. 효위설이 같다.

「단」과 「상」의 효위설을 간단하게 정리하겠다.

① '中'…「단」은 '大中', '中正', '正中', 「상」은 '中正', '正中', '中直', '中道'라고도 하였다. 운을 맞추기 위해 같은 뜻의 용어를 여러 용어로 다양하게 바꿔 사용한 것이다.

② '當位'…「단」은 '得位', '位當', '正位', 「상」은 '位正當', '正位', '正', '居位', '在

位'라고도 하였다. 운을 맞추기 위해 '당위'를 다양하게 표현한 것이다.

③ '不當位'…「단」은 '位不當', '失位', 「상」은 '未當位', '位不當', '非其位', '未得位', '不當', '未當'이라고도 하였다. 운을 맞추기 위해 같은 뜻의 용어를 여러 용어로 다양하게 바꿔 표현하였다.

④ '乘'…「단」과 「상」은 같은 뜻으로 사용하였다.

이 외에 「단」에서는 ①다섯째 양효(九五)의 자리를 '尊位', '天位', '帝位'라고 하였고, ②'應'과 '敵應'을 사용하였는데, 이것은 괘체로 해석하였기 때문이다. 「상」에서는 ①처음 효를 '下', '卑', '始'라고도 칭하였고, ②꼭대기 효를 '上', '窮', '終', '亢', '盈'이라고 칭하였으며, ③효가 서로 이웃하여 친근한 것을 '比'라고 하였는데, 「단」에는 이 효위를 말하지 않은 것은 괘사를 해석하였기 때문이다.

「단」은 괘사를, 「상」은 효사를 해석한 것이다. 괘사는 대체로 짧은 한 문장으로 되어 있고, 효사는 짧으나 6문장으로 되어 있다. 효위설은 당연히 「단」 보다 「상」이 더 다양할 수밖에 없다. 효위설은 「단」과 「상」을 지은 사람의 창작이 아니라 전국 중후기 이후 괘효사에 대한 일반적인 해석 방식일 것이다. 이상 필자는 「단」과 「상」의 효위설이 같음을 말하였다.

6. 괘상을 말한 순서가 같다.

「단」과 「상」은 괘상을 말하면서 먼저 윗괘를 들고 이어 아랫괘를 말하였다. 예를 들겠다.

① ䷢ 진晉 「단」: 晉, 晉也. 明出地上. 진은 나아간다는 뜻이다. 해가 땅 위에 떠오른다.

「상」: 明出地上, 晉. 해가 땅 위에 떠오르는 것이 진의 상이다.

진은 윗괘가 리離이고 아랫괘는 곤坤이다. 리는 해(明)이고 곤은 땅(地)이다. 그런즉 진의 괘상은 해가 땅 위에 떠오르는 것이다. 「단」과 「상」은 괘상을 말하면서 먼저 윗괘를 들고 이어 아랫괘를 말하였다. 이것은 육십사괘 「단」과 「상」의 통례이다.

그런데 먼저 아랫괘를 들고 이어 윗괘를 말한 것도 있다. 예를 들겠다.

② ䷣ 명이明夷 「단」: 明入地中, 明夷. 해가 땅 속으로 들어가는 것이 명이이다.

「상」: 明入地中, 明夷. 해가 땅 속으로 들어가는 것이 명이의 상이다.

명이는 아랫괘가 리離이고 윗괘는 곤坤이다. 리는 해(明)이고 곤은 땅(地)이다. 그런즉 명이의 괘상은 해가 땅 속으로 들어가는 것이다. 명이에서 「단」과 「상」은 먼저 아랫괘를 들고 이어 윗괘를 말하였다.

「단」에서 윗괘+아랫괘를 말한 것은 모두 59괘이고, 아랫괘+윗괘를 말한 것은 준屯, 서합噬嗑, 명이明夷, 정井, 정鼎 등 5괘이다. 「상」에서 윗괘+아랫괘가 47괘, 아랫괘+윗괘를 말한 것은 비比, 태泰, 임臨, 서합噬嗑, 복復, 대축大畜, 함咸, 명이明夷, 건蹇, 정井, 정鼎, 점漸, 귀매歸妹, 여旅, 절節, 중부中孚, 소과小過 등 17괘이다.

서로 약간의 예외가 있으나 「단」과 「상」이 괘상을 말한 순서는 같다.

7. 취한 괘상이 같다.

「단」과 「상」에서 취한 괘상을 비교하여 모두 정리하겠다.

건乾 … 「단」: 강(剛), 하늘(天).
「상」: 하늘(天).
곤坤 … 「단」: 땅(地).
「상」: 땅(地).
진震 … 「단」: 우레(雷).
「상」: 우레(雷).
손巽 … 「단」: 바람(風), 나무(木).
「상」: 바람(風), 나무(木).
감坎 … 「단」: 비(雨), 험난함(險).
「상」: 물(水), 비(雨), 구름(雲), 샘(泉).
리離 … 「단」: 해(明), 불(火), 번개(電), 둘째딸(中女).
「상」: 불(火), 해(明), 번개(電).
간艮 … 「단」: 산(山), 두터움(篤實).
「상」: 산(山).
태兌 … 「단」: 못(澤), 물(水), 막내딸(少女).
「상」: 못(澤).

참고로 「단」「상」과 같은 시기에 쓰인 「계사」에서 취한 상을 소개하겠다(하·2장).

건 … 둥글다(圓), 쇠(金).

곤 … 땅(地).

진 … 움직임(動), 수레(車), 우레(雷).

손 … 나무(木).

감 … 물(水).

리 … 해(日), 줄(繩).

간 … 멈춤(止).

태 … 소(牛), 말(馬), 나무(木), 구덩이.

「단」「상」과 「계사」가 취한 상을 비교해 보면 같은 것도 있으나 대부분 다르다. 「계사」는 다른 사람이 썼기 때문이다. 「단」과 「상」이 취한 괘상은 같다.

8. 괘명의 해석이 같다.

「단」과 「상」의 육십사괘 괘명의 해석은 같다. 해석이 다른 부분이 있으나 뜻은 거의 대동소이하다. 아래에 해석이 다른 부분을 모두 열거하겠다.

① 사師 … 「단」: 무리, 백성.
「상」: 무리, 군대.

② 비比 … 「단」: 보필하다(輔).
「상」: 친근하다(親).

③ 동인同人 … 「단」: 응하는 것(應).
「상」: 사람들과 함께 하다(與人同).

④ 수隨 … 「단」: 따르다(從).
「상」: 따르다(從), 뒤쫓다(追).

⑤ 이頤 … 「단」: 기르다(養).
「상」: 먹는 것(食物).

⑥ 대과大過 … 「단」: 큰 것이 잘못되었다. 큰 것이 지나쳤다.
「상」: 크게 잘못 되었다.

⑦ 감坎 … 「단」: 험난하다(險).
「상」: 구덩이(坑).

⑧ 함咸 … 「단」: 감응하다(感).
「상」: 감응하다(感), 움직이다(動).

⑨ 대장大壯 … 「단」: 큰 것이 건장하다.

「상」: 크게 건장하다.

⑩ 손損…「단」: 덜어내다(減).
「상」: 덜어내다(減), 잃다(失).

⑪ 익益…「단」: 더하다(加).
「상」: 더하다(加), 돕다(助).

⑫ 쾌夬…「단」: 결단하다(決).
「상」: 터지다, 결단하다.

⑬ 곤困…「단」: 곤궁하다(窮).
「상」: 곤궁하다(窮), 곤란하다(困).

⑭ 혁革…「단」: 개혁(革), 바꾸다(改).
「상」: 변혁, 가죽, 바꾸다(改).

⑮ 절節…「단」: 절도.
「상」: 절제(制).

⑯ 소과小過…「단」: 작은 것이 잘못되었다(小者過也).
「상」: 조금 지나치다(小有過越).

이상 「단」과 「상」이 괘명을 다르게 해석한 16곳을 모두 열거하였다. 뜻은 거의 대동소이하다. ③동인同人은 「단」에서 응하는 것(應), 「상」에서 사람들과 함께 하는 것(與人同)으로 새겼는데, 같은 뜻이다. 응하므로 함께 하는 것이다. ⑤이頤는 「단」에서 기르다(養), 「상」에서 먹는 것(食物)으로 뜻을 새겼는데, 먹어서 생명을 기른다(養生)는 것이다. 「단」과 「상」이 괘명을 해석한 것은 같다.

9. 운을 사용한 것이 같다.

「단」과 「상」은 괘사와 효사를 해석하면서 운을 가장 중시하였다. 운을 모르면서 「단」과 「상」을 이해한다는 것은 불가능하다. 「단」은 64괘사를, 「상」은 386효사를 해석한 것이다. 당연히 「단」보다 「상」의 운이 더 복잡하고 그 양이 많아지게 되었다. 「단」과 「상」이 동일하게 운을 사용한 것에 대해 간단한 예를 들겠다.

① 서합噬嗑 괘사: 噬嗑, 亨. 利用獄.

「단」: '噬嗑而亨', 剛柔分, 動而明, 雷電合而章.
柔得中而上行, 雖不當位, '利用獄'也.

「상」: 象曰 '屨校滅趾', 不行也.

象曰 '噬膚滅鼻', 乘剛也.
象曰 '遇毒', 位不當也.
象曰 '利艱貞吉', 未光也.
象曰 '貞厲无咎', 得當也.
象曰 '何校滅耳', 聰不明也.

서합 「단」에서 '형亨', '명明', '장章', '행行'이 운이고, 「상」에서 '행行', '강剛', '당當', '광光', '당當', '명明'이 운韻이다. 「단」과 「상」이 사용한 운은 같다

② 귀매歸妹 괘사: 歸妹, 征凶, 无攸利.
「단」: '歸妹', 天地之大義也. 天地不交, 而萬物不興.
'歸妹', 人之終始也. (男女不交, 而後世不昌).
說以動, 所(以)'歸妹'也. '征凶', 位不當也. '无攸利', 柔乘剛也.
「상」: 象曰 '歸妹以娣', 以恒也. '跛能履吉', 相承也.
象曰 '利幽人之貞', 未變常也.
象曰 '歸妹以須', 未當也.
象曰 '愆期'之志, 有待而行也.
象曰 '帝乙歸妹', '不如其娣之袂良'也, 其位在中, 以貴行也.
象曰 '上六''无實', '承'虛'筐'也.

귀매 「단」에서 '흥興', '창昌', '당當', '강剛'이 운이고, 「상」에서 '항恒', '승承'과 '상常', '당當', '행行', '양良', '행行', '광筐'이 운이다. 「단」과 「상」이 같은 운을 사용하였다는 것을 한 눈에 알 수 있다. 서합과 귀매만 그런 것이 아니다. 「단」과 「상」이 같은 운을 사용한 것은 육십사괘 곳곳에서 읽을 수 있다.

「단」과 「상」은 운을 맞추기 위해 의도적으로 앞뒤 글자를 도치하기도 하고, 다른 글자로 바꾸기도 하였다. 필자는 이미 앞에서 「단」과 「상」의 운의 사용에 대해 자세히 기술하였으므로 여기에서 중복하여 인용하지 않겠다. 「단」과 「상」이 운을 사용한 것은 같다.

10. 동일한 내용과 표현이 많다.

「단」과 「상」에는 동일한 내용과 표현이 많다. 아래에 설명하겠다.

(1) 동일한 내용

① 곤坤「단」: 坤厚載物. 곤은 두터이 만물을 싣는다.
「상」: 君子以厚德載物. 군자는 이 상을 본받아 덕을 두터이 하여 만물을 싣는다.

② 태泰「단」: 天地交而萬物通也. 천지가 교합하여 만물이 형통하다.
「상」: 天地交, 泰. 천지가 교합하는 것이 태의 상이다.

③ 비否「단」: 天地不交而萬物不通也. 천지가 교합하지 못하여 만물이 형통하지 아니한다.
「상」: 天地不交, 否. 천지가 교합하지 못하는 것이 비의 상이다.

④ 규睽「단」: 天地睽而其事同也, 男女睽而其志通也, 萬物睽而其事類也.
천지는 어긋나지만 그 일은 같고, 남녀는 어긋나지만 그 뜻은 통하며, 만물은 어긋나지만 그 일은 유사하다.
「상」: 君子以同而異. 군자는 이 상을 본받아 사물의 같은 것과 다른 것을 구별한다.

⑤ 구姤「단」: 剛遇中正, 天下大行也.
강이 중정의 자리를 만나니, 중정의 도가 천하에 크게 행한다.
「상」: 后以施命誥四方. 임금은 이 상을 본받아 교명을 베풀어 사방에 알린다.

⑥ 정鼎「단」: 聖人亨以享上帝. 성인은 요리하여 상제에게 제사를 올린다.
예豫「상」: 先王以作樂崇德, 殷薦之上帝, 以配祖考.
선왕은 이 상을 본받아 음악을 만들어 공덕을 높이 받들고,
성대하게 상제에게 제사를 올리고 조상에게 배향한다.

'상제上帝'는 '천제天帝'와 같으며, 하느님이다. 「단」과 「상」에서 '상제'는 제사를 올리는 동일한 개념이다. 이상 필자는 간단히 6가지 예를 들었는데, 「단」과 「상」에서 동일한 내용은 얼마든지 찾을 수 있다.

(2) 동일한 표현

① 서합噬嗑「단」: 雷電而章. 우레와 번개가 합하여 선명하다.
「상」: 雷電, 噬嗑. 우레와 번개가 함께 일어나는 것이 서합의 상이다.

② 명이明夷「단」: 明入地中, 明夷. 해가 땅 속으로 들어가는 것이 명이이다.
「상」: 明入地中, 明夷. 해가 땅 속으로 들어가는 것이 명이의 상이다.

③ 정井 「단」: 巽乎水而上水, 井. 나무 두레박을 물에 넣어 물을 퍼 올리는 것이 정이다.

「상」: 木上有水, 井. 나무 위에 물이 있는 것이 정의 상이다.

④ 정鼎 「단」: 以木巽火, 亨飪也. 나무를 불에 넣어 요리하는 것이다.

「상」: 木上有火, 鼎. 나무 위에 불이 있는 것이 정의 상이다.

「단」과 「상」은 괘상을 말하면서 먼저 윗괘를 들고 이어 아랫괘를 말하였는데, 이 4가지는 먼저 아랫괘를 들고 이어 윗괘를 말하였다. 표현한 것이 동일하다.

⑤ 감坎 「단」: '習坎', 重險也. '습감'은 험난함이 겹친 것이다.

「상」: 水洊至, 習坎. 물이 연이어 이르는 것이 습감의 상이다.

괘명 '習坎'의 '習'자는 잘못 들어간 것이다. 괘명이 '坎'이지 '習坎'이 아니다. 「단」과 「상」은 똑같이 '習坎'이라는 괘명을 사용하였다.

⑥ 진晉 「단」: 晉, 進也. 明出地上. 진은 나아간다는 뜻이다. 해가 땅 위에 떠오른다.

「상」: 明出地上, 晉. 해가 땅 위에 떠오르는 것이 진의 상이다.

⑦ 해解 「단」: 天地解而雷雨作, 雷雨作而百果草木皆甲柝.

천지가 풀리니 우레와 비가 일어나며, 우레와 비가 일어나니 백과와 초목이 모두 땅에서 나와 잎을 피운다.

「상」: 雷雨作, 解. 우레와 비가 일어나는 것이 해의 상이다.

「단」과 「상」은 해解의 괘상을 동일하게 '雷雨作'이라고 표현하였다.

⑧ 진震 「단」: '震來虩虩', 恐致福也. '笑言啞啞', 後有則也.

初九 「상」: '震來虩虩', 恐致福也. '笑言啞啞', 後有則也.

'우레가 울려 두려워한다'는 것은 두려워하는 것이 복을 가져온다는 것이다.

'웃음소리를 낸다'는 것은 두려워한 뒤에 법도가 있다는 것이다.

이상 필자가 예로 들은 8가지 외에도 「단」과 「상」에는 동일한 표현이 많이 있다.

① '以正邦也'는 건蹇「단」과 리離 上九「상」등 2곳에 쓰였다.

② '有慶也'는 승升「단」과 대축大畜 六五, 풍豐 六五, 태兌 六五「상」등 4곳에 쓰였다.

③ 귀매歸妹「단」의 '位不當也'는「상」에서 16곳 쓰였다.

④ '其道窮也'는 비比, 건蹇, 절節, 기제旣濟「단」과 곤坤 上六, 절節 上六「상」등 6곳에 쓰였다.

⑤ 익益「단」의 '中正有慶'과 곤困 九二「상」의 '中有慶也'는 유사하다.

⑥ 구姤「단」의 '不可與長也'와 쾌夬 上六, 소과小過 九四「상」의 '終不可長也'는 유사한 표현이다. 필자가 미처 찾아내지 못한 곳도 많이 있을 것이다.

(3)「단」과「상」에는 운을 맞추기 위해 의도적으로 글자를 도치하거나 바꾸었는데, 이미 앞에서 자세하게 정리하였으므로 여기에서는 간단하게 예를 들겠다.

1) 글자를 도치한 것

① 몽蒙「단」: '志應也'는 '應志也'로 하는 것이 바르다.
손巽 初六「상」: '志疑也'는 '疑志也'로 하는 것이 바르다.

② 수需「단」: '正中也'는 '中正也'로 하는 것이 바르다.
수隨 九五「상」: '位正中也'는 '位中正也'로 하는 것이 바르다.

③ 소축小畜「단」: '志行也'는 '行志也'로 하는 것이 바르다.
이履 九四「상」: '志行也'는 '行志也'로 하는 것이 바르다.

2) 글자를 바꾼 것

① 무망无妄「단」: '天之命'은 '天之道'로 하는 것이 바르다.
명이明夷 上六「상」: '失則也'는 '失明也'로 하는 것이 바르다.

② 익益「단」: '木道乃行'은 '木道乃動'으로 하는 것이 바르다.
무망无妄 九五「상」: '不可試也'는 '不可服也'로 하는 것이 바르다.

③ 진震「단」: '後有則也'는 '後有常也'로 하는 것이 바르다.
진震 初九「상」: 後有則也'는 '後有常也'로 하는 것이 바르다.

「단」보다「상」이 예가 더 많다. 그 이유는 앞에서 이미 말하였다.

필자가 여기에서 주장하고자 하는 것은「단」과「상」에는 동일한 내용과 동일한 표현이 많다는 것이고, 따라서 동일한 사람이 지었다는 것이다.

11. '志'자의 쓰임이 같다.

「단」과 「상」이 괘사와 효사를 해석하면서 가장 즐겨 사용한 용어가 '志'자이다. 「단」에 10곳, 「상」에 52곳 나온다. 단순어이면서 「단」과 「상」에 '志'자만큼 즐겨 인용된 용어는 없다. 필자는 「단」에 쓰인 10곳을 4가지로 분류하여 「상」과 비교하겠다.

(1) 주+술로 쓰인 것

1. 몽蒙 「단」: 志應也. ('應志也'가 바름)

(2) '志行也'로 표기한 것

1. 소축小畜 「단」: 剛中而志行也. ('行志也'가 바름)
2. 예豫 「단」: 剛應而志行. ('行志'가 바름)
3. 승升 「단」: 南征吉, 志行也. ('行志也'가 바름)
4. 손巽 「단」: 剛巽乎中正而志行. ('行志'가 바름)

(3) 심지의 뜻

1. 명이明夷 「단」: 內難而能正其志.

(4) 지향의 뜻

1. 동인同人 「단」: 君子爲能通天下之志.
2. 규睽 「단」: 其志不同行.
3. 男女睽而其志通也.
4. 혁革 「단」: 其志不相得.

(1)과 (2)의 주+술은 술+목으로 하는 것이 바르다. 운을 맞추기 위해 의도적으로 글자를 도치하였다. 이 4가지를 「상」과 비교해 보면 모두 부합한다.

(1) 「단」의 '志應也'와 표현이 일치하는 것

이履 六三 「상」: 志剛也.

손巽 初六 「상」: 志疑也. ('疑志也'가 바름)

志治也. ('治志也'가 바름)

손巽 九三 「상」: 志窮也.

이履 六三과 손巽 九三은 주+술로, 손巽 初六의 두 곳은 술+목으로 읽어야 한다. 모두 운을 맞추기 위해 의도적으로 그렇게 한 것이다.

(2) 「단」의 '志行也'와 동일한 것

이履 九四 「상」: 志行也.

비否 九四 「상」: 志行也.

규睽 九四 「상」: 志行也.

미제未濟 九四 「상」: 志行也.

「상」의 '志行也'는 「단」과 마찬가지로 4곳 모두 '行志也'로 읽어야 한다. 운을 맞추기 위해 의도적으로 글자를 도치하였다.

(3) 심지의 뜻

준屯 初九, 임臨 初九 「상」: 志行正也.

예豫 初六 「상」: 志窮凶也.

예豫 九四 「상」: 志大行也.

고蠱 上九 「상」: 志可則也.

명이明夷 九三 「상」: 南狩之志.

가인家人 初九, 중부中孚 初九 「상」: 志未變也.

췌萃 初六 「상」: 其志亂也.

귀매歸妹 九四 「상」: 愆期之志.

여旅 初六 「상」: 志窮災也.

(4) 지향의 뜻

소축小畜 六四, 대축大畜 九三, 승升 初六 「상」: 上合志也.

태泰 初九, 함咸 初六, 환渙 六三 「상」: 志在外也.

비否 初六 「상」: 志在君也.

수隨 六三 「상」: 志舍下也.

임臨 上六, 건蹇 上六 「상」: 志在內也.

함咸 九三 「상」: 志在隨人.

진晉 六三 「상」: 志上行也.

손損 初九 「상」: 尙合志也.

곤困 九五 「상」: 志在下也.

필자는 「상」의 52곳 '志'자를 모두 인용하지 못하였다. 「단」보다 「상」에 '志'자가 훨씬 많은 것은 「단」은 64괘 괘사를, 「상」은 386효 효사를 해석하였기 때문이다. 필자가 주장하고자 하는 것은 「단」과 「상」의 '志'자의 쓰임이 같다는 것이고, 따라서 동일한 사람이 지었다는 것이다.

12. 「단」과 「상」은 제나라 유생이, 「문언」은 노나라 유생이 지었다.

필자는 이제 가장 어려운 문제와 부딪히게 되었다. 「단」과 「상」은 제나라 유생이 지었다는 확실한 증거도 없거니와 「문언」은 노나라 유생이 지었다는 정확한 근거도 없다. 그러나 지금 이것을 말해야 한다. 이것은 필자가 『주역』을 연구하면서 반드시 넘어가야 할 또 하나의 신기루 같은 산이다. 인간에게는 넘지 못할 어떠한 산도 없다.

필자는 유가와 도가 사상을 가지고 이것을 논증하고자 한다. 즉 ①「문언」은 유가 사상으로 일관하였고 도가 성분이 조금도 없다. ②「단」과 「상」은 유가 사상을 바탕으로 하였으나 도가 사상을 미미하게 언급하였다. ③「계사」는 유가 사상을 바탕으로 하였으나 도가 사상이 농후하다. 이것을 가지고 필자의 주장을 전개하겠다.

한 가지 예를 들어보겠다.

① 곤坤 「문언」: 後得主而有常, 含萬物而化光.
뒤에 하면 하늘을 주인으로 얻어 일정한 도를 갖게 되며,
만물을 품어서 기르는 것이 광대하다.
② 곤坤 「단」: 君子有行, 先迷失道, 後順得常.
군자가 갈 곳이 있어 먼저 갈피를 잡지 못하여 길을 잃으나,
뒤에 순조롭게 바른 길을 얻는다.
③ 곤坤 六二 「상」: '十年乃字', 反常也.
'십 년이 되어 시집간다'는 것은 일상의 도로 되돌아온다는 것이다.
④ 「계사」 상·1장: 動靜有常, 剛柔斷矣.
시초를 나누고(動) 합함(靜)에 일정한 법칙이 있으니, 강과 유가 나누어진다.

4곳 모두 '常'자를 썼는데, 개념은 다르다.

① 곤坤 「문언」의 '常'은 땅이 갖는 일정한 자연법칙을 가리킨다. 즉 땅이 하늘보다 뒤에 행하니, 하늘을 주인으로 얻어 일정한 자연법칙을 갖게 된다는 것이다. 즉

하늘은 춘하추동 사계절의 운행이 있고, 땅은 이를 따라서 때에 맞게 자라고 무성하고 열매 맺고 사라지게 한다는 것이다. 이것을 『주역』으로 말하면 '곤도坤道', 자연계로 말하면 '지도地道', 인간계로 말하면 '부도婦道'이다. 즉 아내는 남편을 따르니 아내가 걸어가야 할 길을 갖게 된다는 것이다.

② 곤坤 「단」의 '常'은 '상도常道'이며, 바른 길(正道)이다. 군자가 도덕 수행을 하는데, 먼저는 미혹하여 가야 할 길을 잃었지만, 뒤에는 순조롭게 바른 길로 돌아온다는 것이다.

③ 곤坤 六二 「상」의 '常'은 여자가 남자를 따르는 일상적인 윤리이다. 여자가 정조를 지켜 시집가지 않다가 십 년이 되어 시집가니, 남자를 따르는 일상적인 도로 되돌아왔다는 것이다.

④ 「계사」의 '常'은 『노자』의 '道'와 같은 개념이며, 일정불변의 법칙, 변하지 않는 규율이다. 주역점을 치면서 시초를 때로는 나누고(動) 때로는 합하여(靜) 신출귀몰하게 셈하는 것에 일정한 법칙(常)이 있다는 것이다. '동정動靜', '상常', '강유剛柔'는 모두 『노자』 용어이다.

'常'이라는 글자는 같으나 개념은 다르다. 「문언」의 '常'은 땅의 길(地道), 여자가 걸어가야 할 길(婦道)을, 「단」은 군자가 걸어가야 할 바른 길(君道), 「상」은 여자가 걸어가야 할 길(女道)을 가리키고, 「계사」는 『노자』의 '道'이며, 변화 속의 불변자, 변화의 배후에서 변화를 주관하는 것이다. 「단」 「상」 「문언」의 '常'은 유가 사상에 속하고, 「계사」의 '常'은 도가 사상에 해당된다. 개념이 명백하지 않은가!

필자는 '常'자를 예로 들어 「단」 「상」 「문언」과 「계사」를 분별하였다. 그러나 논제의 핵심인 「단」 「상」과 「문언」은 아직 분별하지 못하였다. 이들 역시 도가 사상의 인용 여부를 가지고 분별하겠다.

필자는 앞에서 「단」과 「상」이 인용한 도가 사상은 같다고 기술하였다. 중복하여 인용하지 않고 간단하게 설명하겠다. 「단」에 '천행天行', '손익損益', '소식영허消息盈虛' 등과 같은 공맹의 원시 유학에서는 사용하지 않은 용어들이 등장하는 것은 모두 도가의 영향을 받은 것이고, 「상」에도 간단하나 '天行'과 '消息盈虛' 사상이 기록되어 있는 것은 모두 도가 사상의 영향을 받은 것이다. 그러나 「문언」에는 도가 성분이라고 언급할 것이 없다.

「문언」에 한 가지 기록이 있다.

건 「문언」: 乾始能以美利利天下, 不言所利, 大矣哉.

건은 비로소 커다란 이로움으로 천하를 이롭게 할 수 있으나,

이로운 바를 말하지 않으니, 위대하기도 하다.

『논어』에도 같은 기록이 있다.

天何言哉? 四時行焉, 百物生焉, 天何言哉?(「陽貨」)
하늘이 무슨 말을 하던가? 말이 없어도 사계절은 행하고 만물이 자라난다.
하늘이 무슨 말을 하던가?

『장자』에도 기록이 있다.

天地有大美而不言, 四時有明法而不議, 萬物有成理而不說.(「知北遊」)
천지는 만물을 낳는 큰 아름다움을 지니고 있으나 말하지 아니하고,
사시는 밝은 법을 가지고 있으나 의존하지 않으며,
만물은 생성의 이치를 지니고 있으나 설명하지 않는다.

「문언」의 기록은, 하늘이 사시를 바뀌게 하고 만물을 자라나게 하지만 아무런 자랑도 하지 않는다는 『논어』에 바탕을 두었지, 사시의 밝은 법(明法)과 만물의 생성의 이치(成理)와 결부시켜 말한 『장자』와는 거리가 멀다. 이것은 '大矣哉'와 '何言哉'에서 느끼는 어감이 그렇고, 또 「문언」의 건곤 두 괘의 괘효사에 대한 설명이 모두 인간사를 두고 기술한 것이라는 사실만 봐도 명백한 일이다.

필자는 「단」과 「상」의 도가 성분에 대해 필자의 능력이 닿는 데까지 밝혔으나, 「문언」의 도가 성분은 밝히지 못하였다. 그 이유는 『예기』의 「대학」 「중용」과 마찬가지로 도가 성분이 없기 때문이다. 즉 「문언」은 ①시종 유가 사상으로 일관하였고, ②도가 사상은 한 곳도 없다. 「단」과 「상」은 ①유가 사상을 바탕으로 하였으나, ②도가 성분이 있다는 것이다.

이제 결론을 말하겠다.

사마천의 『사기』 「중니제자열전」에 기록되어 있는 공자의 77인의 제자들은 대부분 노나라 사람들이었다. 이것은 노나라에서 유학이 크게 발전할 수밖에 없었던 확실한 증거이다. 제나라 직하의 노나라 유생들은 자신들이 공맹의 후학이라는 사실에 대단한 자부심을 가지고 있었을 것이다. 공맹을 따라 인간의 내면적 심성의 수양을 통해 도덕 국가의 건설과 평천하를 꿈꾸었던 그들에게 초월적인 도가 사상은 뜬구름을 잡는 것마냥 받아들이기 어려웠을 것이다. 전국 후기, 노나라 유생들에 의해 「문

언」은 물론 『예기』의 「대학」과 「중용」이 쓰였다. 「문언」은 순유 사상으로 일관하고, 「문언」과 「대학」과 「중용」의 내용에 서로 일치하는 점이 많다는 것이 그 증거이다. 이에 대해 「문언」의 본문을 참고하라.

제나라는 노나라와 이웃하고 있어 공자의 영향을 받아 유학이 크게 성행하였다. 제나라 외의 여섯 나라는 제나라만큼 그 영향을 받지 못하였다. 『제론』이 그 증거이다. 직하의 제나라 유생들은 공맹을 숭상하였으나 노나라 유생들만큼 자부심을 갖고 있지는 않았을 것이다. 제자백가들이 모여든 직하에서 그들은 현실의 초월을 중시한 도가 사상도 쉽게 접하며 수용하였을 것이다. 직하에 황로 사상이 유행한 것이 그 증거이다. 그러나 도가는 유가만큼 그들의 정신세계를 지배하지는 못하였을 것이다. 그들은 여전히 공맹을 따라 수신修身하고 치인治人하여 평천하할 수 있다고 믿었을 것이다. 그래서 제나라 유생이 쓴 「단」과 「상」에는 유가 사상을 바탕으로 하여, 도가 사상은 미미하나마 언급되었던 것이다.

직하의 초나라 유생들은 도가 사상을 전파한 당사자들이었을 것이다. 그들은 도가 사상에 정통하고 있었으나 그 시대의 지식인으로서 시대적 사회적 현실은 도가보다 유가 사상이 필요하다는 사실을 뼈저리게 느끼고 있었을 것이다. '학學'하기 위해 직하로 모여든 그들에게 노자의 '절학무우絶學無憂'보다는(20장) 공자의 '학이시습學而時習'이 더욱 마음에 와 닿았을 것이고(「學而」), 따라서 유가가 현실에 부합한다는 사실을 어렵지 않게 깨달았을 것이다. 그들은 공맹을 섭렵하고 순자도 공부하며 쉽게 유가에 동화되었을 것이다. 그러나 도가 사상 또한 버리지 못했을 것이다. 초나라 유생이 쓴 「계사」는 유가 사상을 바탕으로 하였으나 도가 사상이 농후할 수밖에 없었던 것이다.

필자는 유가와 도가 사상을 가지고 「단」과 「상」은 제나라의 동일한 유생의 작품이고, 「문언」은 노나라 유생이 썼다는 것을 주장하였다. 앞으로 필자는 이 주장을 더욱 섬세하게 다듬을 것이다. 필자의 주장이 맞든 어쨌든 후학들에게 조그마한 도움이라도 되어 더욱 훌륭하고 성숙한 주장이 나오기를 기대할 것이다.

이상, 필자는 12가지를 들어 「단」과 「상」은 제나라의 동일한 유생이 지었다는 것을 주장하였다. 지은 시기는 전국 후기, 지은 장소는 제나라 직하에서, 지은 사람은 제나라 유생이었다. 필자의 주장은 『역전』이 세상에 나온 이후 최초의 주장일 것이다. 대한민국의 훌륭한 학자님들은 필자의 주장을 두고 "추측성의 글을 남발하고 있다"느니 "번역하는 것이라면 필요 없다"느니 "돼먹지 않았다"느니 "엉터리 놈"이라느니 시정잡배처럼 치졸하게 헐뜯지 않을 것이다. 학자답게 「단」과 「상」이 동일한 사람이 지은 것이 아니라는 증거를 제시하고, 제나라 유생이 짓지 않았다는 근거도 제시하며 필자에게 훌륭한 가르침을 베풀 것이다. 필자 역시 이에 답하여 정중하게 반론을 제기할 것이며 더욱 섬세한 결론을 얻을 수 있도록 노력할 것이다.

「단」의 변괘설變卦說

이제 「단」의 변괘설에 대해 설명해야 한다. 필자는 『주역 계사전』에서 「단」의 변괘에 관련되는 19구절을 정리하였다(43쪽). 지금 이것을 중심으로 「단」의 변괘설에 대해 말하겠다.

1. '변괘'와 '괘변'

'변괘'와 '괘변'은 다르다. '변괘'는 시초를 셈하여 괘를 얻어 이것을 변화시키는 것이다. 즉 본괘가 지괘로 변하는 것이다. 『좌전』과 『국어』에 기록되어 있는 22조의 점친 사례는, 먼저 시초를 셈하여 본괘를 얻고 그다음 이를 변화시켜 지괘를 얻어, 본괘의 변효의 효사를 가지고 점을 판단하였다. 지괘의 용도는 본괘의 변효를 지시하는 것이었다. 예를 들겠다.

① 『좌전』 「장공莊公 22년」(B.C.672)
遇觀䷓之否䷋ 관괘가 비괘로 변하는 것을 얻었다.

관괘의 넷째 음효가 양효로 변하여 비괘가 된 것이다. 그래서 관괘의 넷째 음효 효사 '觀國之光, 利用賓于王'을 가지고 점을 풀이하였다.

② 『좌전』 「민공閔公 원년」(B.C.661)
遇屯䷂之比䷇ 준괘가 비괘로 변하는 것을 얻었다.

준괘의 처음 양효가 변하여 비괘가 된 것이다. 준괘의 처음 양효 효사로 점을 판단해야 하나, 효사는 점친 상황과 부합하지 않으므로, 준괘와 비괘의 괘명과 괘상을 가지고 점을 판단하였다.

이와 같이 '변괘'는 점을 치면서 변효를 지시하기 위해 본괘를 지괘로 변화시킨 것이다.

'괘변'은 괘 자체의 변화를 말한다. 예를 들어 '복覆'과 '변變'이 그렇다. '복'은 래지덕의 종괘綜卦이며, 한 괘를 뒤집어 보는 것이다. 즉 준屯䷂의 복은 몽蒙䷃이고, 수需䷄의 복은 송訟䷅이다. '변'은 래지덕의 착괘錯卦이며, 한 괘의 음효는 양효로, 양효는 음효로 바뀌는 것이다. 즉 건乾䷀과 곤坤䷁, 감坎䷜과 리離䷝ 등이다. 육십사괘는 '복'으로 이어지는 것이 48괘, '변'으로 이어지는 것이 여덟 괘, '복'과 '변'으로 이어지는 것이 여덟 괘이다. '복'과 '변' 외에도 '승강升降', '호체互體', '방통旁通', '소식消息' 등등도 모두 괘변에 속한다.

'변괘'는 넓은 의미에서 '괘변'을 포함한다. '변괘설'은 춘추 점서역에서 시작되어 「단」을 거치면서 점차 발전하여 한대에 이르러 '괘변설'로 꽃을 피우게 된다. 즉 한대 상수역은 춘추 점서역을 시원으로 하여, 「단」을 거치면서 발전하게 된 것이다. 필자는 「단」이 확실하게 '괘변'을 말하지 않았으므로 춘추 점서역을 따라 '변괘설'이라고 하였는데, 이 용어는 '괘변설'이라고 바꿔 사용하여도 무방하다. 아래에서 말한 맹희의 '십이소식괘', 경방의 '팔궁괘'는 모두 한대의 괘변설을 대표하며, 「단」에서 비롯되었다.

2. 맹희의 십이소식괘

맹희의 그 유명한 십이소식괘消息卦는 「단」에서 나왔다. '소消'는 사라지다(滅), '식息'은 자라나다(長)는 뜻이다. '소식消息'이라는 용어는 「단」에서 가져온 것이다. 먼저 「단」의 기록을 인용하겠다.

① ䷊ 태泰 「단」: 君子道長, 小人道消也. 군자의 도는 자라나고, 소인의 도는 사라진다.

䷋ 비否 「단」: 小人道長, 君子道消也. 소인의 도는 자나라고, 군자의 도는 사라진다.

군자는 양, 소인은 음이다. 태괘는 세 양이 아래에 있으니 양이 점차 자라는 상이고, 세 음이 위에 있으니 음이 점차 사라지는 상이다. 비괘는 세 음이 아래에 있으니 음이 점차 자라나는 상이고, 세 양이 위에 있으니 양이 점차 자라나는 상이다.

② ䷒ 임臨 「단」: 剛浸而長. 강이 점점 자라난다.

䷠ 둔遯 「단」: (柔)浸而長. 유가 점점 자라난다.

임괘의 아래 두 효는 양효이고 강이다. 위의 네 효는 모두 음효이고 유이다. 임괘는 강이 점점 자라나는 것이며, 군자의 도가 점차 자라나는 것을 상징한다. 둔괘는 아래 두 음효가 점차 자라나고 양은 점차 사라지니, 소인의 세력이 점차 자라나서 군자는 은둔하는 상이다.

③ ䷖ 박剝「단」: 柔變剛也. 유가 강을 변하게 하는 것이다.
䷗ 복復「단」: 剛反. 剛長也. 강이 돌아왔다. 강이 자라난다.
䷪ 쾌夬「단」: 剛決柔也. 剛長乃終也. 강이 유를 결단한다. 강이 자라나서 끝을 맺는다.

박괘는 아래의 다섯 음효가 세력이 매우 강성하여 꼭대기의 미약한 한 양효를 떨쳐내고 있다. 꼭대기의 한 양효는 장차 떨어져 나가는 상이다. 복괘는 아래에 한 양효가 돌아와 자라나는 상이다. 쾌괘는 다섯 양효가 아래에, 한 음효가 꼭대기에 있다. 아래의 다섯 양의 세력이 꼭대기의 한 음을 결단하는 상이다.

④ ䷖ 박剝「단」: 君子尙消息盈虛, 天行也.
군자는 사라지고 자라나며 가득하고 비는 것을 중시하니, 하늘의 운행이다.

양이 자라나고 음은 사라지며, 또 음이 자라나고 양은 사라지며, 양이 점차 자라나 가득하고 음은 점차 비며, 음이 점차 자라나 가득하고 양은 점차 비는 것은 하늘의 운행이라는 것이다.

이상, 필자는 십이소식괘와 관련된「단」의 내용을 모두 인용하였다. 전한 맹희孟喜(B.C.90?~B.C.40?)가 주창한 '십이소식괘十二消息卦'는 '십이벽괘十二辟卦', '십이군괘十二君卦', '십이월괘十二月卦', '십이월주괘十二月主卦'라고도 한다. '벽辟'과 '군君'과 '주主'는 뜻이 같으며, '열두 임금괘'라는 뜻이다. 그는 음양이 사라지고 자라나는 순서에 따라 12괘를 다음과 같이 배열하였다.

䷗	䷒	䷊	䷡	䷪	䷀
復	臨	泰	大壯	夬	乾
十一月	十二月	正月	二月	三月	四月

䷫	䷠	䷋	䷓	䷖	䷁
姤	遯	否	觀	剝	坤
五月	六月	七月	八月	九月	十月

위의 여섯 괘, 복에서 건까지는 양이 자라나고 음이 사라지는 과정이며, 식괘息卦라고 하고, 아래의 여섯 괘, 구에서 곤까지는 음이 자라나고 양이 사라지는 과정이며, 소괘消卦라고 한다. 맹희는 이 12괘를 하력夏曆 12개월에 안배하고, 또 12괘를 24절기에 안배하여, 24절기 가운데 양력으로 매달 중순에 드는 12절기를 배합하였다. 또 12괘는 모두 72효이므로 72후候에 배합하였다. 즉 복괘 처음 양효는 양기가 처음 움직이는 것을 나타내고, 11월 동지冬至 다음의 기후이며, 건괘 여섯 효는 모두 양이니, 양기가 극성한 것을 나타내고, 4월 소만小滿 다음의 기후이다. 구괘 처음 음효는 음기가 처음 움직이는 것을 나타내고, 5월 하지夏至 다음의 기후이며, 곤괘 여섯 효는 모두 음이니, 음기가 극성한 것을 나타내고, 10월 소설小雪 다음의 기후이다. 이렇게 하여 십이소식괘는 24절기와 72기후의 변화를 상징한다. 맹희의 십이소식괘는 그 기원이 「단」에 있었다.

3. 경방의 팔궁괘

춘추 점서역에 건곤생육자괘乾坤生六子卦와 관련된 기록이 있다.

『춘추』「민공閔公 元年」: 진震(☳)은 장남(兄長之), 곤坤(☷)은 어머니(母覆之).
「민공 3年」: 건乾(☰)은 아버지(同復于父).
『국어』「진어晉語」: 곤(☷)은 어머니(坤, 母也), 진(☳)은 장남(震, 長男也).

이 기록을 미루어 춘추 시대에 이미 건곤과 여섯 자식이 일가를 이루었음을 알 수 있다.

또 「민공閔公 2年」과 「희공僖公 25年」에 리離(☲)는 신하(臣), 「선공宣公 12年」에 태兌(☱)는 약한 것(弱), 「양공襄公 25年」에 감坎(☵)은 남편(夫), 태(☱)는 아내(妻), 「소공昭公 元年」에 간艮(☶)은 남자(男), 손巽(☴)은 여자(女) 등이 기록되어 있다. 이것은 당시에 이미 건·진·감·간 4괘는 양괘, 곤·손·리·태 4괘는 음괘에 해당시켰다는 것을 말해주고 있다.

「단」에도 기록이 있다.

① ䷐ 수隨「단」: 剛來而下柔. 강이 와서 유 아래에 있다.
강은 아랫괘 진, 유는 윗괘 태이다.

② ䷑ 고蠱「단」: 剛上而柔下. 강이 위에 있고 유가 아래에 있다.
강은 윗괘 간, 유는 아랫괘 손이다.

③ ䷕ 비賁「단」: 柔來而文剛. 유가 와서 강을 꾸민다.
剛上而文柔. 강이 위에서 유를 꾸민다.
유는 아랫괘 리, 강은 윗괘 간이다.

④ ䷞ 함咸「단」: 柔上而剛下, 二氣感應以相與.
유가 위에 강은 아래에 있어, 두 기가 감응하여 함께 있다.
男下女. 남자가 여자의 아래에 있다.

유는 윗괘 태, 강은 아랫괘 간이다. '이기二氣'는 윗괘의 유인 태와 아랫괘의 강인 간, 즉 음양 두 기를 가리킨다. 태는 못이며 음이고, 간은 산이며 양이다. 산과 못은 기를 통한다.

남자는 아랫괘 간, 여자는 윗괘 태이다. 간은 소남少男, 태는 소녀少女이다.

⑤ ䷟ 항恒「단」: 剛上而柔下. 강이 위에 유는 아래에 있다.
강은 윗괘 진, 유는 아랫괘 손이다.

⑥ ䷥ 규睽「단」: 二女同居. 두 여자가 동거한다.
윗괘인 리는 둘째딸(中女), 아랫괘인 태는 막내딸(少女)이다. 리와 태가 한 괘를 이루고 있다.

⑦ ䷰ 혁革「단」: 水火相息, 二女同居. 물과 불이 서로 없애고, 두 여자가 동거한다.

윗괘인 태는 못, 아랫괘인 리는 불이다. 윗괘인 태는 막내딸(少女), 아랫괘인 리는 둘째딸(中女)이다. 태와 리가 한 괘를 이루고 있다.

「단」의 기록을 정리하면, 강은 진(☳)·간(☶)이고, 유는 태(☱)·손(☴)·리(☲)이다. 남자는 간(☶), 여자는 태(☱)·리(☲)이다. 이것을 통해 「단」이 쓰인 그 시대에 이미 건·진·감·간 4괘는 양괘에, 곤·손·리·태 4괘는 음괘에 해당시켰음을 알 수 있다. 또 건은 아버지, 진은 맏아들, 감은 둘째아들, 간은 막내아들이고, 곤은 어머니, 손은 맏딸, 리는 둘째딸, 태는 막내딸이었음을 알 수 있다.

「설괘」 제10장을 인용하겠다.

乾, 天也, 故稱乎父. 坤, 地也, 故稱乎母. 震一索而得男, 故謂之長男. 巽一索而得女, 故謂之長女. 坎再索而得男, 故謂之中男. 離再索而得女, 故謂之中女. 艮三索而得男, 故謂之少男. 兌三索而得女, 故謂之少女.
건은 하늘이므로 아버지라 일컫고, 곤은 땅이므로 어머니라고 일컫는다. 진은 (건이 곤에게) 한 번 구하여 아들을 얻은 것이니, 그러므로 맏아들이라고 한다. 손은 (곤이 건에게) 한 번 구하여 딸을 얻은 것이니, 그러므로 맏딸이라고 한다. 감은 (건이 곤에게) 두 번 구하여 아들을 얻은 것이니, 그러므로 둘째아들이라고 한다. 리는 (곤이 건에게) 두 번 구하여 딸을 얻은 것이니, 그러므로 둘째딸이라고 한다. 간은 (건이 곤에게) 세 번 구하여 아들을 얻은 것이니, 그러므로 막내아들이라고 한다. 태는 (곤이 건에게) 세 번 구하여 딸을 얻은 것이니, 그러므로 막내딸이라고 한다.

「설괘」의 팔괘 배열순서는 건(☰), 곤(☷), 진(☳), 손(☴), 감(☵), 리(☲), 간(☶), 태(☱)이다. 인간계로 말하면 아버지, 어머니, 맏아들, 맏딸, 둘째아들, 둘째딸, 막내아들, 막내딸이다. 건(☰)·진(☳)·감(☵)·간(☶) 4괘는 양괘이고 남자이며, 곤(☷)·손(☴)·리(☲)·태(☱) 4괘는 음괘이고 여자이다. 이러한 건곤생육자괘乾坤生六子卦는 「설괘」의 독창적인 주장이 아니라 춘추 점서역에서 「단」을 거쳐 내려오던 내용을 정리한 것에 불과하다.

이제 전한 경방京房(B.C.77~B.C.37)의 팔궁괘에 대해 설명하겠다.

'팔궁괘八宮卦'는 팔괘를 같은 괘와 겹친 여덟 괘를 말한다. '팔순괘八純卦', '팔궁본위괘八宮本位卦'라고도 한다. 여덟 괘의 괘명 뒤에 각각 '궁宮'자를 붙여 '건궁乾宮', '곤궁坤宮' 등등으로 칭하므로 '팔궁괘'라고 하였다.

팔궁괘의 배열순서는 건, 진, 감, 간, 곤, 손, 리, 태이다. '건·진·감·간' 4괘는 양괘, '곤·손·리·태' 4괘는 음괘이다. 이 여덟 괘를 '팔순八純' 혹은 '상세上世'라고 한다. 한 궁은 7개의 괘를 거느린다. 즉 '건궁'에 해당하는 괘는 7괘, '곤궁'에 해당하는 괘도 7괘이다. 한 궁의 해당하는 7괘는 처음 괘부터 '일세一世', '이세二世', '삼세三世', '사세四世', '오세五世', '유혼游魂', '귀혼歸魂'이라고 칭한다. 아래에 각각 분별하여 설명하겠다.

	乾	震	坎	艮	坤	巽	離	兌
八純. 上世	䷀	䷲	䷜	䷳	䷁	䷸	䷝	䷹

이 팔궁괘는 팔괘를 같은 괘와 겹친 여덟 괘이다. '팔순괘'라고도 하며, 각 괘의 꼭대기 효는 고정 불변의 효이므로 '상세上世'라고 칭하였다. '상上'은 꼭대기 효를 가리킨다. 각 궁은 처음 효부터 변하여 각각 일곱 개의 괘를 거느리게 된다.

	姤	豫	節	賁	復	小畜	旅	困
一世								

'일세一世'는 팔궁괘의 처음 효가 변하여 얻은 괘이다. 즉 팔궁괘의 처음 효가 양효는 음효로, 음효는 양효로 변한 것이다. 건궁의 처음 양효가 음효로 변하여 구姤가 되고, 진궁의 처음 양효가 음효로 변하여 예豫가 되고, 감궁의 처음 음효가 양효로 변하여 절節이 되고, 간궁의 처음 음효가 양효로 변하여 비賁가 되었다. 곤궁의 처음 음효가 양효로 변하여 복復이 되고, 손궁의 처음 음효가 양효로 변하여 소축小畜이 되고, 리궁의 처음 양효가 음효로 변하여 여旅가 되고, 태궁의 처음 양효가 음효로 변하여 곤困이 되었다.

이와 같이 각 궁의 처음 효가 양효는 음효로, 음효는 양효로 변하여 일세一世 여덟 괘를 이루었다. 처음 효가 변하였으므로 '一世'라고 칭한 것이다.

	遯	解	屯	大畜	臨	家人	鼎	萃
二世								

'이세二世'는 팔궁괘의 둘째 효가 변하여 얻은 괘이다. 처음 효는 '一世'에서 이미 변하였으므로 변한 그대로 두고, 둘째 효를 양효는 음효로, 음효는 양효로 변화시킨 것이다. 건궁의 둘째 양효가 음효로 변하여 둔遯이 되고, 곤궁의 둘째 음효가 양효로 변하여 임臨이 되었다. 이와 같이 각 궁의 둘째 효가 양효는 음효로, 음효는 양효로 변하여 二世 여덟 괘를 이루었다. 둘째 효가 변하였으므로 '二世'라고 칭한 것이다.

	否	恒	旣濟	損	泰	益	未濟	咸
三世								

'삼세三世'는 팔궁괘의 셋째 효가 변하여 얻은 괘이다. 처음 효와 둘째 효는 이미 변하였으므로 변한 그대로 두고, 셋째 효를 양효는 음효로, 음효는 양효로 변화시킨 것이다. 건궁의 셋째 양효가 음효로 변하여 비否가 되고, 곤궁의 셋째 음효가 양효로 변

하여 태泰가 되었다. 이와 같이 각 궁의 셋째 효가 양효는 음효로, 음효는 양효로 변하여 三世 여덟 괘를 이루었다. 셋째 효가 변하였으므로 '三世'라고 칭한 것이다.

	觀	升	革	睽	大壯	无妄	蒙	蹇
四世	䷓	䷭	䷰	䷥	䷡	䷘	䷃	䷦

'사세四世'는 팔궁괘의 넷째 효가 변하여 얻은 괘이다. 처음 효와 둘째 효와 셋째 효는 이미 변하였으므로 변한 그대로 두고, 넷째 효를 양효는 음효로, 음효는 양효로 변화시킨 것이다. 건궁의 넷째 양효가 음효로 변하여 관觀이 되고, 곤궁의 넷째 음효가 양효로 변하여 대장大壯이 되었다. 이와 같이 각 궁의 넷째 효가 양효는 음효로, 음효는 양효로 변하여 四世 여덟 괘를 이루었다. 넷째 효가 변하였으므로 '四世'라고 칭한 것이다.

	剝	井	豐	履	夬	噬嗑	渙	謙
五世	䷖	䷯	䷶	䷉	䷪	䷔	䷺	䷎

'오세五世'는 팔궁괘의 다섯째 효가 변하여 얻은 괘이다. 처음 효와 둘째 효와 셋째 효와 넷째 효는 이미 변하였으므로 변한 그대로 두고, 다섯째 효를 양효는 음효로, 음효는 양효로 변화시킨 것이다. 건궁의 다섯째 양효가 음효로 변하여 박剝이 되고, 곤궁의 다섯째 음효가 양효로 변하여 쾌夬가 되었다. 이와 같이 각 궁의 다섯째 효가 양효는 음효로, 음효는 양효로 변하여 五世 여덟 괘를 이루었다. 다섯째 효가 변하였으므로 '五世'라고 칭한 것이다.

	晉	大過	明夷	中孚	需	頤	訟	小過
游魂	䷢	䷛	䷣	䷼	䷄	䷚	䷅	䷽

'유혼游魂'은 오세괘의 넷째 효를 변화시켜 얻은 괘이다. 팔궁괘는 오세의 변화를 경과하면 더 이상 변화 시킬 수가 없게 되므로(꼭대기 효는 변화시키지 않는다) 오세괘의 넷째 효를 변화시켜 유혼괘를 얻은 것이다. 넷째 효를 변화시키면 본 궁괘의 넷째 효와 같게 된다. 본 궁괘의 모습을 되찾았지만 아랫괘의 자리로 돌아가지 못하고 윗괘의 넷째 자리에 머무는 것이 마치 영혼이 떠도는 것과 같으므로 '유혼'이라고 칭하였다. 오세의 박剝의 넷째 음효가 양효로 변하여 진晉이 되고, 쾌夬의 넷째 양효가 음효

로 변하여 수需가 되었다. 이와 같이 오세괘의 넷째 효가 양효는 음효로, 음효는 양효로 변하여 游魂 여덟 괘를 이루었다.

	大有	隨	師	漸	比	蠱	同人	歸妹
歸魂	䷍	䷐	䷆	䷴	䷇	䷑	䷌	䷵

'귀혼歸魂'은 유혼괘의 아래 세 효를 변화시켜 얻은 괘이다. 유혼괘의 아래 세 효를 변화시키면 본 궁괘의 아랫괘와 같게 된다. 이것은 영혼이 본 궁괘로 돌아가는 것과 같으므로 '귀혼'이라고 칭하였다. 유혼괘의 진晉의 아래 세 음효가 양효로 변하여 대유大有가 되고, 수需의 아래 세 양효가 음효로 변하여 비比가 되었다. 이와 같이 유혼괘의 아래 세 효가 양효는 음효로, 음효는 양효로 변하여 歸魂 여덟 괘를 이루었다.

'유혼'과 '귀혼'이라는 용어는 「계사」 상·4장의 '精氣爲物, 游魂爲變, 是故知鬼神之情狀'에서 가져온 것이다. 경방은 『경씨역전京氏易傳』에서 "'일세'와 '이세'는 '지역地易', '삼세'와 '사세'는 '인역人易', '오세'와 '상세'는 '천역天易', '유혼'과 '귀혼'은 '귀역鬼易'이다(易有四世, 一世二世爲地易, 三世四世爲人易, 五世八純爲天易, 游魂歸魂爲鬼易)"라고 하였다.

이와 같이 팔궁괘를 각각 7차례 변화시켜 한 궁괘는 일곱 괘를 얻는다.

건궁乾宮: 구姤, 둔遯, 비否, 관觀, 박剝, 진晉, 대유大有.

진궁震宮: 예豫, 해解, 항恒, 승升, 정井, 대과大過, 수隨.

감궁坎宮: 절節, 준屯, 기제旣濟, 혁革, 풍豐, 명이明夷, 사師.

간궁艮宮: 비賁, 대축大畜, 손損, 규睽, 이履, 중부中孚, 점漸.

곤궁坤宮: 복復, 임臨, 태泰, 대장大壯, 쾌夬, 수需, 비比.

손궁巽宮: 소축小畜, 가인家人, 익益, 무망无妄, 서합噬嗑, 이頤, 고蠱.

리궁離宮: 여旅, 정鼎, 미제未濟, 몽蒙, 환渙, 송訟, 동인同人.

태궁兌宮: 곤困, 췌萃, 함咸, 건蹇, 겸謙, 소과小過, 귀매歸妹.

이렇게 하여 경방의 팔궁괘의 육십사괘 배열은 건에서 시작하여 귀매에서 끝난다.

팔궁괘에는 '세응世應'이라는 용어가 있다. '세世'는 세효世爻이며, 팔궁괘 중의 '주효主爻'를 가리킨다. '세효世爻'는 '世之主爻'라는 말이다. 이것을 '거세居世', '임세臨世', '치세治世' 등으로도 칭한다. '응應'은 응효應爻이며, 「단」의 효위설에서 말하는 음양효가 서로 응하는 것이다. 즉 한 괘 여섯 효의 처음과 넷째, 둘째와 다섯째, 셋째와 꼭대기는 음양이 서로 응하며, 양과 양, 음과 음은 적응敵應한다. '응효應爻'는 '呼應之爻'라는 말이다. 경방의 '세응'은 「단」의 주효설과 응위설이 발전한 것이다.

한 괘 여섯 효에서 처음 효는 원사元士, 둘째 효는 대부大夫, 셋째 효는 삼공三公, 넷째 효는 제후諸侯, 다섯째 효는 천자天子, 꼭대기 효는 종묘宗廟에 해당된다. 한 괘 여섯 효는 각각 귀하고 천한 등급의 자리를 가지고 있다. 이것은 「계사」 상·3장의 '列貴賤者存乎位'의 논법을 발휘한 것이다. 각 괘는 한 효를 주효主爻로 하는데, 이 효가 한 괘의 길흉을 결정하며, 바로 '세효世爻'이다. 팔궁괘에서 팔순괘(上世卦)의 세효는 꼭대기 효이며, 상효종묘上爻宗廟를 주효로 한다. 일세괘의 세효는 처음 효이며, 초효원사初爻元士를 주효로 한다. 이세괘의 세효는 둘째 효이며 이효대부二爻大夫를 주효로 한다. 삼세괘의 세효는 셋째 효이며, 삼효삼공三爻三公을 주효로 한다. 사세괘의 주효는 넷째 효이며, 사효제후四爻諸侯를 주효로 한다. 오세괘의 세효는 다섯째 효이며, 오효천자五爻天子를 주효로 한다. 유혼괘의 세효는 넷째 효이며, 사효제후四爻諸侯를 주효로 한다. 귀혼괘의 세효는 셋째 효이며, 삼효삼공三爻三公을 주효로 한다.

세효世爻가 있으면 반드시 응효應爻가 있다. 세효가 윗괘에 있으면 응효는 아랫괘에, 세효가 아랫괘에 있으면 응효는 윗괘에 있다. 상세괘의 세효는 꼭대기 효이며, 응효는 셋째 효이다. 일세괘의 세효는 처음 효이며, 응효는 넷째 효이다. 이세괘의 세효는 둘째 효이며, 응효는 다섯째 효이다. 삼세괘의 세효는 셋째 효이며, 응효는 꼭대기 효이다. 사세괘의 세효는 넷째 효이며, 응효는 처음 효이다. 오세괘의 세효는 다섯째 효이며, 응효는 둘째 효이다. 유혼괘의 세효는 넷째 효이며, 응효는 처음 효이다. 귀혼괘의 세효는 셋째 효이며, 응효는 꼭대기 효이다.

이상, 필자는 경방의 팔궁괘에 대해 설명하였다. 팔궁괘 외에도 더 설명이 필요한 것이 있다. 삼국 시대 오나라 우번虞翻의 괘변설, 북송의 이지재李之才의 괘변설, 남송의 주희의 괘변도 등이다. 그러나 이것까지 언급하면 너무 깊이 들어가는 것이므로 여기에서 설명을 생략하겠다.

필자는 「단」의 변괘를 말하면서 맹희의 십이소식괘와 경방의 팔궁괘를 예로 들었다. 말하고자 하는 요지는 괘변의 설은 춘추 점서역에서 비롯하여 「단」을 거치며 더욱 발전하여 한대에 이르러 활짝 꽃이 피었다는 것이다.

「단」의 주효설主爻說

'주효主爻'는 한 괘의 우두머리 효, 으뜸 효라는 뜻이다. 이 개념은 「단」에서 처음 쓰였다.

☲ 무망无妄「단」: 无妄, 剛自外來而爲主於內.

무망은 강이 윗괘에서 와서 아랫괘의 주효가 되었다.

'강剛'은 처음 양효를, '외外'는 윗괘 건을, '주主'는 주효이며, '내內'는 아랫괘 진을 가리킨다. 『역전』에서 진震(☳)·감坎(☵)·간艮(☶) 세 양괘는 양효를 주효로 하고, 손巽(☴)·리離(☲)·태兌(☱) 세 음괘는 음효를 주효로 한다. 무망의 아랫괘 진은 처음 양효를 주효로 한다는 말이다. 「단」에서 '주효'는 안타깝게도 무망괘 한 곳밖에 기록이 없는데, 이것을 통하여 「단」에서 이미 주효설을 제창하였음을 알 수 있다. 앞에서 경방의 '세효'는 바로 「단」의 '주효설'의 발전이다.

위나라 왕필(226~249)은 본격적으로 주효설을 주장하였다. 그는 『주역약례周易略例』「명단明彖」에 다음과 같이 말하였다.

六爻相錯, 可擧一以明也. 剛柔相乘, 可立主以定也.

여섯 효는 음양이 서로 뒤섞이니 한 효를 취하여 한 괘의 뜻을 밝힐 수 있다.

한 괘는 강유가 서로 위아래에 자리하니 주효를 세워 한 괘의 뜻을 정할 수 있다.

夫少者, 多之所貴也. 寡者, 衆之所宗也. 一卦五陽而一陰, 則一陰爲之主矣. 五陰而一陽, 則一陽爲之主矣. 夫陰之所求者陽也. 陽之所求者陰也. 陽苟一焉, 五陰何得不同而歸之? 陰苟隻焉, 五陽何得不同而從之? 故陰爻雖賤, 而爲一卦之主者, 處其至少之地也.

무릇 적은 것은 많은 것이 귀하게 여기는 것이고, 부족한 것은 넉넉한 것이 종주로 여기는 것이다. 한 괘가 다섯 양에 한 음이면 한 음이 주효가 되고, 다섯 음에 한 양이면 한 양이 주효가 된다. 음이 구하는 것은 양이고 양이 구하는 것은 음이다. 만약 양이 하나면 다섯 음은 어떻게 서로 다른 양을 얻어 돌아가겠는가? 만약 음이 하나면 다섯 양은 어떻게 서로 다른 음을 얻어 따르겠는가? 그러므로 음효는 비록 천하나 한 괘의 주효가 되는 것은 지극히 적은 곳에 처하기 때문이다.

다섯 양에 한 음인 괘는 동인同人(䷌), 대유大有(䷍), 이履(䷉), 소축小畜(䷈), 쾌夬(䷪), 구姤(䷫) 등이며 한 음을 주효로 한다. 이履「단」 왕필 주에서 "무릇 단사라는 것은 한 괘의 주효가 되는 것을 설명한 것이다. 괘체를 이루는 것은 셋째 음효에 있다.……셋째 음효는 이괘의 주효이다(凡彖者, 言乎一卦之所以爲主也. 成卦之體, 在六三也.……三爲履主)"라고 하였다.

다섯 음에 한 양인 괘는 박剝(䷖), 복復(䷗), 사師(䷆), 비比(䷇), 겸謙(䷎), 예豫(䷏) 등이며 한 양을 주효로 한다. 사師 九二 왕필 주에 "(둘째 양효는) 사에서 가운데 자리를 얻은 것이다. 임금의 은총을 받아 사괘의 주효가 된다(在師而得其中者也. 承上之寵, 爲師之主)"라고 하였다.

「약례하略例下」에서 다음과 같이 말하였다.

凡彖者, 通論一卦之體者也. 一卦之體, 必由一爻爲主, 則指明一爻之美, 以統一卦之義, 大有之類是也.
무릇 단사는 한 괘의 괘체를 통론한 것이다. 한 괘의 괘체는 반드시 한 효를 주효로 하니, 한 효의 아름다움을 밝혀 한 괘의 뜻을 통괄한 것을 가리키며, 대유의 유가 이것이다.

이상, 필자는 왕필의 『주역약례』에 기록되어 있는 주효설에 대해 소개하였다. 주효설은 「단」에서 비롯되어 한대를 거치며 발전하여 위나라 왕필에 이르러 확립된 것이다. 필자는 이것을 말하고자 하였다.

「단」

ㄱ

ㄴ

ㄷ

ㄹ

ㅁ

ㅂ

ㅅ

ㅇ

ㅈ

ㅎ

「상」

ㄱ

ㄴ

ㄷ

ㄹ

ㅁ

ㅂ

ㅅ

ㅇ

ㅈ

「문언」

ㄱ

ㄴ

ㄷ

ㅁ

ㅂ

ㅅ

ㅇ

ㅈ

ㅊ

ㅋ

ㅎ